제7판

인간의 학습

Jeanne Ellis Ormrod 지음

김인규, 강지현, 여태철, 윤경희, 임은미, 임진영, 하혜숙, 황매향 옮김

Σ 시그마프레스

인간의 학습, 제7판

발행일 | 2017년 2월 28일 1쇄 발행

지은이 | Jeanne Ellis Ormrod
옮긴이 | 김인규, 강지현, 여태철, 윤경희, 임은미, 임진영, 하혜숙, 황매향
발행인 | 강학경
발행처 | (주)시그마프레스
디자인 | 송현주
편　집 | 문수진

등록번호 | 제10-2642호
주소 | 서울특별시 영등포구 양평로 22길 21 선유도코오롱디지털타워 A401~403호
전자우편 | sigma@spress.co.kr
홈페이지 | http://www.sigmapress.co.kr
전화 | (02)323-4845, (02)2062-5184~8
팩스 | (02)323-4197

ISBN | 978-89-6866-882-1

HUMAN LEARNING, 7th Edition

* 책값은 뒤표지에 있습니다.
* 이 도서의 국립중앙도서관 출판예정도서목록(CIP)은 서지정보유통지원시스템 홈페이지(http://seoji.nl.go.kr)와 국가자료공동목록시스템(http://www.nl.go.kr/kolisnet)에서 이용하실 수 있습니다.(CIP제어번호 : CIP2017004863)

역자서문

인간은 일평생 학습하는 존재로서 인간의 행동, 정서, 생각의 대부분은 학습의 결과라고 할 수 있다. 인간의 성장과 행복을 다루는 교육과 상담에 있어서도 학습은 핵심적인 과정이라고 할 수 있다. 그렇기에 인간이 어떻게 배워 가며, 어떻게 해야 효과적으로 배울 수 있는지에 대해서 많은 관심과 노력이 있어 왔다.

역자들은 인간에 대한 과학적 연구에 관심을 갖고 있는 교육심리학과 교육상담학 분야의 전공자들로서 인간의 건강한 성장과 행복한 삶을 이해하고 조력하기 위한 연구 모임을 진행하고 있다. 이 과정에서 한국인의 발달과업과 인간 학습의 과정에 대한 연구를 실시하게 되었다. 인간 생활의 핵심 현상인 학습의 과정에 대한 연구를 위해 적절한 문헌을 찾던 중에 이 영역을 명쾌하게, 그리고 풍성하게 다루고 있는 J. E. Ormrod의 *Human Learning*을 발견하여 번역하게 되었다.

교육학 및 상담학 교육과정에서 학습이론에 관한 강좌는 필수이다. 그런데 이 분야에 대한 지금까지의 책들은 지나치게 추상적이고 이론적인 학습심리학에 치우쳐 있고, 인간과 교육을 접목한 학습이론을 쉽게 서술한 책을 찾아보기 힘들었다. 그러나 이 책은 기존의 학습이론을 인간의 교육장면에 적용한 구체적인 사례를 다양하게 제시하는 방식으로 서술되어 있다. 이 책은 1990년에 초판이 발간되었으며 역자들은 2008년에 발간된 제5판을 번역한 바 있다. 이번에 번역한 책은 2016년에 발간된 제7판으로서 저자는 책의 전체적인 구성을 새롭게 하고 인간 학습에 대한 최신 연구 결과들과 문헌을 소개하며 많은 실제 사례를 보여주고 있다. 따라서 이 책은 전체적인 학습이론의 개관뿐만 아니라 최신 학습이론과 연구 결과, 그리고 그 교육적 적용의 문제를 다루고자 하는 이들에게 많은 도움이 될 것이다.

이 책은 전체 7개의 부로 구성되어 있다. 제1부 인간 학습 개관에서는 학습에 대한 관점(제1장)과 학습과 뇌(제2장)를 다루었으며, 제2부 행동주의 학습관에서는 행동주의 원리와 이론(제3장)과 행동주의 원리의 적용(제4장)을 다루었다. 제3부 사회인지이론에서는 사회인지이론(제5장)을 살펴보았고, 제4부 학습에 대한 인지주의적 관점에서는 인지주의 개관(제6장), 기억의 기본 구성요소(제7장), 장기기억 : 저장과 인출 과정(제8장), 지식의 본질(제9장)을 다루었다. 제5부 발달적 관점에서는 인지에 대한 발달적 관점(제10장), 사회문화적 이론과 기타 맥락적 관점(제11장)을 살펴보았고, 제6부 복합학습과 인지에서는 메타인지, 자기조절 학습, 공부전략(제12장), 전이, 문제 해결, 비판적 사고(제13장)를 다루었고, 마지막 제7부 동기에서는 동기와 정서(제14장), 동기의 인지적 요인(제15장)을 다루었다.

번역 과정에서 가능한 원문에 충실하게 정확한 내용을 전달하고자 노력하였으나 부족한 부분도 있을 것이다. 독자들이 이러한 점을 고려하여 이 책을 활용해주기를 바라며 혹 오역이 있다면 언제든지 역자들에게 알려주기를 바란다.

이 책을 번역하도록 격려와 지도, 때로는 질책을 해주신 한국인간과학회 이성진 고문님께 깊이 감사드린다. 또한 번역을 허락한 저자와 출판을 기꺼이 맡아준 (주)시그마프레스 강학경 사장님, 그리고 꼼꼼하게 편집을 해준 편집부 직원 여러분에게 깊은 감사를 드린다.

2017년 2월

한국인간과학회 역자 일동

저자서문

이 책을 저술하고 내용을 업데이트하는 것을 늘 즐긴다. 해마다 인간이 어떻게 생각하고 학습하는지에 관한 흥미롭고 새로운 연구 결과들이 나온다. 그에 따라 모든 연령의 학습자들이 교실 안팎에서 생산적이고 유용하게 사용할 수 있는 정보와 기술, 신념, 동기, 그리고 태도를 습득하도록 돕고자 하는 전략들 역시 해마다 나온다. 여러분이 본문에서 인간 학습의 본질을 탐색할 때 이 주제뿐 아니라 나의 열정이 잘 전달되기를 바란다.

나는 특정한 독자들, 즉 학습에 대하여 배우고 싶지만 그 정도의 심리학적 배경이 충분하지 않은 이들을 염두에 두고 이 책을 집필하였다. 이런 독자들은 학습이론의 역사적 근원을 공부하는 것에서 도움을 받을 수도 있지만, 최근의 관점과 아이디어들을 연구하는 데 집중하는 것을 더 좋아한다. 그들은 학습이론을 매력적으로 느낄 수도 있지만 그 이론이 현장과 관련성이 없을 때는 흥미를 잃곤 한다. 그들은 연구자들이 아주 유사한 방법으로 인간의 학습 및 사고 과정을 설명할 때 트집 잡는 듯이 의견 충돌하는 것에 휩싸이는 것을 원하지 않는다. 그들은 딱딱하고 간결한 교과서를 읽을 수도 있지만 서로 다른 개념들이 어떻게 연결되는지를 보여주거나 풍부한 예를 제공하거나 특히 자료에 대한 의미 있는 학습, 즉 진정한 이해를 강조하는 책을 통해 보다 효과적으로 학습할 수 있을 것이다.

제7판의 특징

이전 판 독자들은 제7판에 많은 변화가 있음을 알게 될 것이다. 늘 그렇듯이 인지, 학습, 교수의 실제에 관한 현재의 이론적 관점 및 연구 결과들을 반영하기 위해 무수히 많은 부분을 갱신했다. 더불어 몇몇 장에서 공학기반 개입의 범위를 늘렸다. 또한 어색하거나 애매하게 느껴지는 부분들을 명확하게 하고, 불필요한 중복 표현들을 없애 글을 간결하게 만드는 것 역시 공들인 부분이다.

더욱 눈여겨볼 만한 변화는 장 수가 15장으로 줄었다는 것이다. 행동주의 관련 장은 주제를 많이 재조직하고 2개 장, 즉 '행동주의 원리와 이론'(제3장)과 '행동주의 원리의 적용'(제4장)으로 줄였다. 더불어 장기기억 저장 및 인출 관련 장이 '너무 많은 정보'라 여겨지는 몇 가지 아이디어와 예시를 삭제함으로써 1개 장, 즉 '장기기억 : 저장 및 인출 과정'(제8장)으로 통합되었다.

더불어 인간의 학습에 대한 이해가 계속 진보되는 데 발맞추어 몇 가지 주제를 더하거나 확장했고, '너무 많은 정보'라 생각되는 몇 가지 주제를 삭제하였다. 주목할 만한 예는 다음과 같다.

- 제1장 : 검토자들의 요청에 의해 여러 종류의 학습 연구에 대한 새롭고 간단한 논의, 이론들이 다른 맥락적 관점 및 신경과학을 포함하면서 시간에 따라 어떻게 진화하게 되었는지에 대한 논의의 갱신, 새로운 이론적 방향성을 현장 그림으로 나타내기 위해 그림 1.2를 확장함
- 제2장 : 뇌의 발달 부분에서 청소년기의 위험 감수에 대한 새로운 논의, 뇌의 발달 중 유전/환경적인 상호작용에 대한 새로운 논의, 수면과 운동에 대한 중요성에 관련된 새로운 내용 추가
- 제3장 : 검토자들의 요청에 의해 TV 광고에 나타나는 고전적 조건형성에 대한 논의, 강화에 대한 논의에서 작동적 조건형성이라는 용어를 다시 사용하고, 이어지는 절에서 도구적 조건형성이라는 용어를 다시 사용, 검토자들의 요청에 의해 고전적 조건형성에 있어 강화가 무엇을 의미하는지에 대한 설명, 정적 강화를 다룬 부분에서 토큰 강화물에 대한 새로운 내용 추가
- 제4장 : 수업목표 부분에 공통 핵심 교과목(Common Core) 추가, 고부담시험(high-stakes test), 역순 설계 및 채점기준표(backward design and rubrics)와 관련한 논의들과 함께 행동주의 관점에서 본 평가 실제(assessment practices)에 대한 새로운 부분 추가
- 제5장 : 반두라(Bandura, 1997)가 했던 논의를 더욱 정확하게 대변하기 위해서, 자기효능감에 영향을 끼치는 요인 중 하나로 정서 상태(emotional state)를 생리적 상태(physiological state)로 바꿈, 자기조절의 새로운 개인차 변인(individual difference variable)으로써 의도적 통제(effortful control)의 추가, 자기점검의 전략으로 비디오 기술 추가, 교사의 자기효능감에 대한 새로운 내용 추가
- 제6장 : 일반적인 가정들을 장의 초반으로 옮겨 3, 5장의 구성과 병치되도록 함, 인지주의 개념과 사회인지이론 간의 더욱 명확한 연결(ties)
- 제7장 : 장에서 눈에 잘 띄도록 부제와 함께 중앙집행장치(central executive)에 대한 논의 확장, 5장과 마찬가지로 의도적 통제에 대한 논의, 장기기억의 영구성 혹은 비영구성에 대한 논의 확장, 이전 판에는 특별히 명시되지 않았던 인지적 부하(cognitive load)라는 개념에 대한 소개, 웹사이트와 교육용 소프트웨어에서 생산적인 링크를 고르는 사안을 포함하여, 어떻게 학생들이 유익한 방법으로 그들의 주의를 돌리도록 도울 수 있을지에 대한 논의 확장, 주의집중 및 작업기억 용량을 향상시키기 위한 컴퓨터기반 전략의 가능한 가치에 대한 새로운 내용 추가(아직 위와 같은 접근의 실행 가능성에 대한 결정이 내려지지 않았기 때문에, '가능한'이라는 단어를 사용한 것에 유의할 것)

- 제8장 : 약간의 내용이 7장으로 옮겨지면서 내용이 압축됨, 반복을 최소화하기 위한 내용의 재구성, 각주에서 학습 양식(learning style)에 관한 문헌의 비평
- 제9장 : 유의미한 개념적 변화(conceptual change)를 거치는 어려움에 대한 가능한 신경학적 설명의 추가, 개념적 변화를 장려하는 방법 중 하나로 선다형 형성평가 과제에 대한 새로운 논의
- 제10장 : 인지적 부하를 탐구학습의 한 논점으로 추가
- 제11장 : 실천 공동체(community of practice)에 대한 새로운 논의, 적절한 주변적 참여(legitimate peripheral participation)의 개념이 본문에 추가됨, 브론펜브레너(Bronfenbrenner)의 생태적 체계이론(ecological systems theory)에 대한 제목, 새로운 부분 및 그림과 함께 다른 맥락이론가의 시각에 대한 확장된 논의, 기능발달을 위해 수행을 보조하거나 가상현실 세트를 제공하기 위한 공학기반 전략에 대한 새로운 내용, 공학기반 협력학습에 대한 확장된 논의
- 제12장 : 하이퍼텍스트와 인터넷에서 중요한 메타인지(metacognition) 기술 및 전략에 대한 새로운 논의, 공동조절학습(co-regulated learning)이 수반할 수 있는 것의 확장, 현재 제8장에 있는 효과적인 저장 과정의 논의 중복을 줄임, 인식론적 믿음(epistemic belief)에 대한 확장된 논의, 공학기반 메타인지 비계설정(scaffolding)의 예로 Betty's Brain을 포함
- 제13장 : 적응적 전문성(adaptive expertise) 개념을 전이 및 문제 해결에 대한 논의에 추가, 공학기반 지원(예 : 지능적 튜터링 시스템)에 중점을 두어, 학생들의 문제 해결을 위한 가능성 있는 비계설정에 대한 확장된 논의 추가, 공학기반 반실제적 활동(semi-authentic activities)에 대한 새로운 내용을 포함하여 실제적 활동(authentic activities)에 대한 확장된 논의 추가, 선다형 문제가 어떻게 전이를 평가할 수 있는지를 묘사하는 새로운 그림 추가, 비판적 사고(critical thinking)에 대한 확장된 논의
- 제14장 : 사람-환경 상호작용을 강조하기 위해 상황적 동기(situated motivation)에 대한 논의 확장, 이 주제에 관한 가장 최근의 저술에 맞춰 (자기결정성이라는 단어보다) 자율성(autonomy)이라는 단어에 더 큰 강조점을 둠, 소속감 및 친애 욕구(need for affiliation) 관련 자료를 포함하기 위해 관계 욕구(need for relatedness)에 대한 부분 확장, 동기의 개인차 변인으로서 한 사람의 정체성에 대한 새로운 부분 추가, 기질에 대한 논의에 적응성(adaptability) 추가, 감정 상태 중 하나로 지루함(boredom)에 대한 새로운 논의
- 제15장 : 흥미 개발에 영향을 끼치는 사회문화적 영향을 포함하기 위해 흥미에 대한 논의 추가, 쉽게 해치우기 목표를 포함하기 위해 작업회피목표에 대한 절의 확장, 자기조절 부분의 중요 용어로서 정서조절(emotion regulation) 추가, 학습 활동에 있어 학생 확인 목표(student-identified goal)에 관한 인식론적 믿음의 새로운 논의

Jeanne Ellis Ormrod

요약 차례

차례

제1부 인간 학습 개관

제1장 | 학습에 대한 관점

제2장 | 학습과 뇌

제2부 행동주의 학습관

제3장 | 행동주의 원리와 이론

제4장 | 행동주의 원리의 적용

제3부 사회인지이론

제5장 | 사회인지이론

제4부 학습에 대한 인지주의적 관점

제6장 | 인지주의 개관

제7장 | 기억의 기본 구성요소

제8장 | 장기기억 : 저장과 인출 과정

제9장 | 지식의 본질

제5부 발달적 관점

제10장 | 인지에 대한 발달적 관점

제11장 | 사회문화적 이론과 기타 맥락적 관점

제6부 복합학습과 인지

제12장 | 메타인지, 자기조절 학습, 공부전략

제13장 | 전이, 문제 해결, 비판적 사고

제7부 동기

제14장 | 동기와 정서

제15장 | 동기의 인지적 요인

인간 학습 개관

1

학습에 대한 관점

학습 성과

1.1 학습이 무엇인지, 또 학습이 한 사람의 행동에서 나타날 수 있도록 하는 다양한 방법을 설명한다.

1.2 학습의 본질을 조사하기 위해 심리학자들이 사용해온 몇 가지 연구 유형을 간단히 설명한다.

1.3 학습의 원리와 이론을 구분하고, 원리와 이론 둘 다 어떻게 효과적인 교수적, 치료적 개입의 개발을 이끌 수 있는지 설명한다.

1.4 1900년대 초기 이후에 나타나고 진보해온 학습의 다양한 이론적 관점에 대해 설명한다.

아들 알렉스가 유치원에 다닐 때 선생님이 나에게 알렉스의 신발에 제발 뭔가를 해달라고 요청했다. 나는 매일 아침 알렉스의 신발끈을 정성껏 묶어서 알렉스를 보냈다. 그러나 알렉스가 교실 문에 도착할 때쯤에는 언제나 신발끈이 풀어지고 나풀거렸다. 알렉스의 선생님이 신발끈을 다시 묶어준 지 10분도 안 돼서 신발끈은 항상 풀어졌다. 알렉스와 나는 신발끈 묶기 연습을 계속 시도했지만 거의 성공하지 못했다. 대신에 나는 매일 아침 신발끈을 묶을 때 이중매듭으로 하자고 제안했다. 그런데 알렉스는 그것이 너무 유치해 보인다고 말하며 거절했다. 나는 끈 대신에 가죽 찍찍이가 부착된 신발 두 켤레를 샀다. 그러나 알렉스가 그 신발에 강한 충격을 줘서 가죽에서 찍찍이가 떨어져 나가게 해 버렸다. 3월쯤, 선생님은 알렉스의 신발을 매일 여러 번 묶어줘야 하는 것에 화가 났고, 알렉스에게 스스로 신발 묶는 법을 배우라고 강하게 말했다. 그래서 나는 알렉스와 함께 앉아서 신발끈을 흉하지 않게 묶는 방법을 수없이 많이 보여주었다. 그러다가 마지막에는 이런 말로 알렉스를 유혹하게 되었다. "알렉스, 네가 신발끈 묶는 것을 배우면 25센트를 줄게." 알렉스는 5분 안에 완벽하게 신발끈을 묶었다. 그 후에 우리는 유치원에서 적어도 신발에 대해서는 단 한 마디의 불평도 듣지 않았다.

딸 티나는 4학년 때 뺄셈문제 숙제를 상당히 어려워했다. 내가 티나에게 뺄셈을 연습하라고 계속 잔소리를 했음에도 불구하고 기초적인 뺄셈 계산방법을 쉽게 배우지 못했고, 그 결과 티나는 두 자릿수와 세 자릿수 뺄셈문제를 풀 수 없었다. 어느 날 밤, 티나가 "이 바보 같은 문제"라고 하면서 30분 동안 신경질을 내자 남편은 티나에게 뺄셈은 덧셈을 뒤집어 놓은 것과 같고, 덧셈을 알면 뺄셈에 도움이 된다고 설명해주었다. 티나 머리에서 뭔가가 갑자기 이해되었고, 때문에 우리는 뺄셈에 대한 신경질에 더 이상 시달리지 않았다. 곱셈과 나눗셈은 그녀에게 계속 문제가 되었고, 더 나중에 배우게 되는 분수에 대해서는 이야기하지 않고 싶다. 그렇지만 티나는 적어도 뺄셈에 대한 미스터리는 풀 수 있었다.

인간의 학습은 여러 형식을 취한다. 어떤 학습은 아이가 신발끈을 묶을 때처럼 그 예를 쉽게 관찰할 수 있다. 또 어떤 학습은 아이가 수학 원리를 더 잘 이해하게 될 때처럼 그 예를 상당히 포착하기 어렵다. 그리고 사람들은 여러 가지 이유 때문에 배운다. 어떤 사람은 성취가 가져다주는 외적인 보상, 예를 들면 좋은 성적, 인정, 또는 돈을 위해 배운다. 그런데 또 어떤 사람들은 덜 명확하지만 좀 더 내면적인 이유인, 아마도 성취감, 만족감, 또는 단순히 인생을 더 편안하게 만들기 위해 배운다.

학습의 중요성

많은 동물들이 인간들에 비해 뭔가를 쉽게 할 수 있을 것 같다. 예를 들어 조류는 우리 인간이 반드시 배워야만 하는 많은 지식을 가지고 태어난다. 조류는 집 짓는 기술을 생물학적으로 가지고 태어나는 것 같다. 그러나 우리는 골조를 세우고 지붕을 덮고 벽을 말리는 것을 배우거나 다른 사람들을 고용해서 이 일을 하도록 해야 한다. 조류는 남쪽으로 날아가려고 할 때 배우지 않고도 어떻게 갈 수 있는지 정확하게 안다. 그러나 우리는 달력과 지도를 보아야만 한다. 조류는 본능적으로 새끼를 어떻게 양육할지를 안다. 반면에 우리는 임산부 교실에 참석하고 육아서를 읽고, 다른 사람들이 기저귀를 어떻게 교체하는지를 봐야 한다.

그렇지만 인간은 조류보다 앞서 있다. 인간은 자신을 위해 아주 튼튼하고 더 안전한 집을 만드는 것을 배웠고, 편리한 운송양식을 개발했으며, 자녀를 위해 더 잘 먹고 양육해서 각 세대가 이전 세대보다 더 크고 강하고 건강하게 성장할 수 있도록 하고 있다. 반면에 조류는 수세기 동안 취해온 원시적인 생활방식 그대로 살아가고 있다.

인간은 많은 지식과 다양한 행동을 획득하는 능력이 있어서 지구상에 존재하는 어떤 종보다도 더 많은 유연성과 적응력을 가진다. 우리의 행동은 본능적인 것이 거의 없고 많은 것들이 학습된 것이기 때문에 우리는 우리의 경험으로부터 이익을 얻을 수 있다. 우리는 어떤 행동이 성공적인 결과를 이끌고 그렇지 않은지를 발견하고 그에 따라 우리의 행동을 수정한다.

그림 1.1 15살 된 솜자이의 코끼리 그림

어른들이 선조나 자신의 경험에서 수집한 지혜를 아이들에게 넘겨주기 때문에, 각 세대가 더 지적으로 행동할 수 있는 것은 당연한 사실이다.

틀림없이 인간 외에 많은 동물들이 일생 동안 상당히 많은 것을 배운다. 우리 집 개 토비는 저녁식사가 4시 전후에 제공되고 목줄을 다는 것은 곧 산책을 나간다는 것을 뜻한다고 배웠다. 고양이 게이샤는 변기가 세탁실에 있다는 것과 안기고 싶지 않을 때 시끄러운 소리를 내면 사람들이 자기를 건드리지 못하게 하는 데 효과적이라는 것을 배웠다. 어느 여름 내가 블루베리 나무를 사무실 창밖에 심었을 때, 주위의 새들은 그 나무가 풍부한 음식의 재료이고 내가 새들을 놀라게 하기 위해 걸었던 알루미늄 파이 접시가 실제로 그들에게 해가 되지 않을 것임을 재빨리 알아챘다.

인간이 아닌 일반 동물들을 관찰하고 그들에 대한 글을 읽을수록 우리 인간들이 그들의 지능과 학습 능력을 상당히 과소평가한다는 것을 확신하게 된다. 한 예로 그림 1.1을 보자.

내가 2006년에 태국에 있는 매타만 코끼리 캠프를 방문했을 때 15살 된 솜자이의 그림을 보았다. 솜자이는 코끼리를 어떻게 그리는지 분명히 안다. 가장 주목할 만한 사실은 솜자이가 코끼리라는 것이다. 2006년에 솜자이는 내가 보여준 이 그림과 매우 비슷한 그림들만을 그리고 있었다. 하지만 2008년에 내가 캠프에 다시 방문했을 때 그는 그의 레퍼토리를 상당히 확장시켰고, 나무를 붙잡고 있거나 농구공을 골대에 던지는(코끼리 농구공은 컸다) 코끼리의 그림을 그릴 수 있었다. 솜자이의 작품에 대한 호가는 내가 2006년에 지불했던 20달러에서 100달러로 치솟았고, 몇 년 후에 코끼리 솜자이의 그림들은 온라인에서 600~700달러에 팔리고 있었다.

그러나 인간 외에 일반 동물들이 배울 수 있는 것에는 한계가 있다. 예를 들어 매우 적은 비율의 코끼리만이 솜자이처럼 숙련된 화가가 되고, 그것도 집중적인 훈련을 통해서 가능해진다(유튜브에서 코끼리 화가에 대한 몇 가지 동영상을 찾을 수 있다). 더 나아가서 그들의 예술적인 레퍼토리는 대체로 코끼리, 꽃, 나무, 그리고 몇 가지 간단한 배경 디테일에 한정되어 있는 것으로 보인다. 솜자이의 그림에서 산들이 그러한 예이다. 알려진 바에 의하면 많은 코끼리들은 그림 그릴 의향을 거의 가지고 있지 않고, 대부분은 그저 무작위적인 붓질을 캔버스 위에 하는 경우이다.

솜자이와 그의 재능 있는 동료들과는 달리 대부분의 인간은 코끼리와 꽃뿐 아니라 무수히 많은 다른 것들을 많은 훈련이나 지도 없이 그릴 수 있다. 인간에게 있어서 그림은 단순한 연속된 붓질이 아니다. 대신 인간은 내적인 '무엇', 아마도 코끼리나 꽃에 대한 정신적 심상과 물리적 실체를 종이 위에 표현하기 위해 일정한 전략을 사용하며, 그래서 그러한 '무엇'을 그들의 다양한 예술적 시도에 유연하게 맞출 수 있다.

그러므로 우리 인간들은 다른 동물이 할 수 없는 방식으로 생각하고 배우는 능력을 물려주는 것으로 보인다. 인간이 사는 구체적인 환경은 인간이 어떤 지식과 기술을 배울 것인지에 커다란 영향을 끼치지만, 다재다능하고 다양한 상황과 환경에 적응할 수 있는 인간의 능력은 다른 동물의 능력을 훨씬 능가한다.

학습의 정의

아들 알렉스가 신발끈을 묶는 것을 배우고 딸 티나가 뺄셈이 덧셈과 어떻게 관련되는지를 배운 것은 둘 다 인간 학습의 예이다. 다른 예들을 생각해보자.

- 6살 난 소년의 엄마가 아들이 집안일을 도와야 용돈을 줄 수 있다고 주장한다. 2~3주 동안 모은 용돈으로 소년은 그가 선택한 저렴한 장난감을 살 수 있다. 일에 대한 보상을 받고 그것을 저축하는 과정에서 그 아이는 돈의 소중함을 알게 된다.
- 작은 시골에서 온 대학생이 처음으로 자기의 견해와는 다른 정치적 견해에 노출되었다. 학우와 열띤 토론 끝에 자신의 철학에 대해 반성하고 점차로 수정하게 된다.
- 한 아기가 이웃집 개에게 지나치게 다정하게 대했는데, 그 개가 아이의 손을 물었다. 이 사건 이후 아이는 개를 볼 때마다 울면서 재빨리 엄마한테 달려간다.

위에서 볼 수 있듯이 학습은 우리가 기술이나 지식을 습득하는 것뿐 아니라 가치, 태도, 정서적 반응까지 습득하는 것을 뜻한다.

앞으로의 논의를 위해, 여기서는 **학습**(learning)을 '경험의 결과에 의한 정신적 표상이나 연합에서의 장기적인 변화'라고 정의할 것이다. 이 정의를 세 부분으로 나누어보자. 첫째, 학습은 장기적 변화이다. 누군가에게 전화를 걸고 잊어버릴 만큼만 전화번호를 기억하는 경우처럼 짧고 임시적인 정보의 이용은 학습이 아니다. 다만 이것이 평생 지속될 필요 역시 없다. 둘째, 학습은 정신적 표상이나 연합을 포함하는데 아마도 뇌에 기초하는 것으로 보인다. 셋째, 학습은 생리적인 성숙, 피로, 알코올이나 약물의 사용, 또는 정신병이나 치매의 발병 때문에 생기는 것이 아닌 경험의 결과로서의 변화이다.

어떤 때는 학습은 매우 수동적인 과정이라서 학습자에게 일어난 어떤 일 때문에 발생하기도 한다. 그렇지만 더욱 빈번한 경우 학습은 학습자로 하여금 무엇, 자세히 말하자면 물리적, 정신적, 혹은 이상적으로 물리적임과 동시에 정신적인 무언가를 하도록 요구한다.

학습 발생시기의 결정

많은 심리학자들이 위에서 제시했던 학습의 정의에 대해 동의를 할 것이다. 그러나 어떤 이들은 정신적 표상이나 연합에서의 변화보다는 행동에서의 변화에 초점을 맞추는 것을 좋아한다. 사실 학습을 어떻게 정의하든 관계없이 학습이 실제로 어떤 사람의 행동에 반영되는 것을 볼 때에만 학습이 일어났다는 것을 안다. 예를 들어 다음과 같은 학습자를 볼 수 있다.

- 처음으로 정확하게 신발끈을 묶는 것처럼 완벽하게 새로운 행동을 수행하는 것
- 학우에게 공격적이지 않고 학우와 좀 더 자주 협력하는 것처럼 현재의 행동 빈도가 변화하는 것
- 다양한 뺄셈문제를 전보다 빨리 암산하는 것처럼 행동의 속도가 변화하는 것
- 원하는 물건을 얻기 위한 수단으로 점점 격렬한 신경질을 분출하는 것처럼 행동의 강도가 변화하는 것
- 특별한 주제에 대해 지도를 받은 후 좀 더 깊이 있고 자세하게 주제에 대해 토론하는 것처럼 행동의 복잡성이 변화하는 것
- 이전에는 개들과 간절히 상호작용하기를 원했으나 나중에는 개를 보고서 울고 뒷걸음질 치는 것처럼 특수한 자극에 대해 다르게 반응하는 것

이 책 전체에 걸쳐 우리는 학습을 평가하는 이러저러한 접근들을 계속 살펴볼 것이다. 더 나아가 우리는 사람들의 학습을 평가하는 방법들이 직간접적으로 그들의 추후 학습에 중요한 영향을 끼치는지 알아볼 것이다.

학습 연구의 유형

심리학자들이 학습에 대한 정의와 학습 발생시기의 결정에 대해 서로 다른 관점을 가지고 있다 하더라도 실제로 그들 모두가 동의하는 한 가지가 있다. 그들은 연구를 통해서 객관적이고 체계적으로 학습에 대해 탐구함으로써 학습의 본질을 가장 잘 이해할 수 있다. 인간과 동물의 학습 과정을 포함한 행동의 체계적 연구는 약 100년 전에 출현하여 심리학을 과학 분야에서 새로이 떠오르는 학문으로 만들었다. 그리고 한 세기 동안 수많은 연구를 통해 인간과 동물들이 어떻게 학습하는지를 탐구해왔다.

인간 학습의 본질을 공부할 때, 어떤 심리학자들은 **기초 연구**(basic research)를 한다. 그들은 엄격하게 통제된 조건하에 특정한 학습 과정을 조사하는데, 이때 주로 실험실에서 이루어지는 부자연스러운 학습 경험들에 대한 사람들의 반응을 본다. 다른 이들은 **응용 연구**(applied research)를 한다. 그들은 사람들의 학습을 실생활에 보다 더 있을 법한 과제와 세트 속에서 조사한다. 예를 들면 어떻게 학생들이 중학교 교실에서 특정 과학 개념을 학습하는지 관찰하는 것이다. 연구에 따라서 수집되는 자료의 종류 역시 다양하다. 어떤 경우에 자료는 **양적**(quantitative)인데, 어떤 것을 측정한 것이거나 숫자의 형태로 나타낸 것이다. 다른 경우에 자료들은 **질적**(qualitative)인데, 그것들이 연구자에게 면밀히 관찰하고 특정한 내용이나 기능의 소유 여부를 판단하도록 하는 복잡한 언어적 혹은 행동적 수행(verbal or behavioral performances)이기 때문이다. 이 모든 유형의 연구와 자료들은 인간의 학습에 대한 우리의 이해에 많은 기여를 했고, 따라서 이 책 전체에서 이러한 연구 및 자료들을 많이 이용할 것이다.

학습 원리와 이론

연구 결과에서 나타나는 일관된 양상은, 학습 원리와 이론의 공식화를 통해 학습 과정에 대해 일반화하는 것으로 심리학자들을 이끌고 있다는 것이다. 학습 **원리**(principle)는 학습에 영향을 주는 어떤 요인들을 확인하고 이러한 요인들이 가지고 있는 특수한 효과에 대해 기술한다. 예를 들어 다음 원리를 생각해보자.

> 어떤 행동 다음에 만족감을 주는 상태(보상)가 이어진다면 그러한 보상이 따르지 않은 행동보다 행동 빈도가 더 증가할 것이다.

이 원리에 의하면, 행동에 뒤따르는 보상과 같은 특수한 요인은 행동 빈도의 증가와 같은 특수한 효과를 가져오는 것으로 볼 수 있다. 이 원리는 다음과 같이 많은 상황에서 관찰될 수 있다.

- 비둘기가 원형으로 몸을 회전할 때마다 작은 빵 조각을 준다. 비둘기는 점점 더 자주 회전하기 시작한다.
- 돌고래가 '말할' 때마다 생선을 주게 되면 금세 아주 수다스럽게 된다.
- 완벽하게 받아쓰기를 완성한 아이가 좋아하는 교사에게 칭찬을 받는다면, 그 아이는 앞으로도 성공하기 위해서 철자법 과제를 부지런히 한다.
- 프랑스풍의 땋은 머리 스타일을 했을 때 칭찬을 받은 어떤 교재의 저자는 특히 파티나 다른 사교행사에 갈 때 더 자주 그 머리 스타일을 하고 간다.

원리는 다양한 상황에 적용할 수 있을 때 가장 유용하다. '보상'원리(많은 심리학자들은 대신에 강화라는 용어를 씀)는 그러한 넓은 적용 가능성의 한 예이다. 그것은 인간뿐 아니라 동물에게도 적용되고 다른 양식의 학습이나 다른 보상에서도 적용된다. 이와 같은 원리가 반복해서 관찰될 때, 즉 시간의 검증을 받을 때 그것은 때때로 **법칙**(law)이라고 부른다.

학습**이론**(theory)은 학습 안에 포함된 잠재적 기제에 대해서 설명해준다. 원리는 어떤 요인이 학습에서 중요한지를 알려주는 반면, 이론은 이러한 요인이 왜 중요한지를 알려준다. 예를 들어 사회인지이론(제5장)의 한 측면을 생각해보자.

> 사람들은 그들이 주의집중하는 것을 학습한다. 보상이 사람들이 학습하려는 정보에 주의를 집중하게 만든다면 그 보상은 학습을 증가시킨다.

여기서 우리는 보상이 왜 학습에 영향을 주는지에 대한 하나의 가능한 설명을 찾을 수 있다. 보상은 주의집중을 증가시키고, 이것은 곧 학습이 일어나게 한다.

학습 원리는 시간에 지남에 따라 상당히 안정되는 경향이 있다. 연구자들이 학습에 영향을 끼치는 많은 동일한 요소들을 반복해서 관찰하기 때문이다. 반면에 학습이론은 새로운 연구 방법이 개발되거나, 새로운 연구가 수행되거나, 새로운 연구 결과가 알려질 때마다 계속해서 바뀐다.

학습이론은 시간에 따라 어떻게 진보해왔는가

1800년대 후반 심리학자들이 처음 본격적으로 학습에 대해 공부하기 시작했을 때, 심리학의 두 가지 지배적인 관점은 구조주의(예 : 빌헬름 분트의 연구)와 기능주의(존 듀이의 저술)이었다. 비록 이 두 관점이 그 근본적인 가정과 학문의 주제에 있어서 큰 차이를 보였지만 공통적인 약점을 공유하고 있었다. 그들은 정확하고 신중하게 정의된 연구 방법론이 부족했다. 특히 구성주의자들에게 있어 학습과 다른 심리학적 현상을 연구하는 주요한 수단은 내성법이었다. 사람들은 그들의 머릿속을 '들여다보고' 그들이 무슨 생각을 하는지 설명하도록 요청을 받았다.

1900년대 초반에 몇몇 심리학자들이 주관성과 과학적 정밀함을 이유로 내성법적 접근을 비판하기 시작했다. 그들은 더 객관적인 연구 방법 없이는 규칙으로서의 심리학이 절대로 진짜 과학이 될 수 없을 것이라 주장했다. 그들은 학습을 객관적이고 과학적인 방법으로 연구하기 위해서는 이론가들이 관찰할 수 있고 객관적으로 측정 가능한 두 가지에 초점을 두어야 한다고 제안했는데, 사람들의 행동(반응)과 그 반응에 선행하고 뒤따르는 환경적인 사건(자극)이 그 두 가지다. 그 이후로 많은 심리학자들이 주로 자극-반응 관계의 분석을 통해 학습과 행동을 묘사하고 이해하려는 시도를 해왔다. 이러한 심리학자들은 행동주의자라 불리고, 그들의 학습이론을 통틀어 **행동주의**(behaviorism)라고 부른다.

행동주의자 관점은 사람이 어떻게 학습하고, 교육적 및 치료적 환경이 인간들을 더욱 효과적으로 학습하고 행동하도록 어떻게 도울 수 있는지에 대한 이해에 크게 기여했다. 그러나 시간이 지나면서 행동주의의 한계는 명확해졌다. 예를 들어 초기 행동주의자들은 학습자들이 실제로 어떠한 방식으로 행동을 할 때, 즉 그들이 반응을 하고, 그 반응에 대한 결과를 경험할 때만 학습이 일어날 수 있다고 믿었다. 그러나 1940년대에 몇몇 심리학자들이 사람들은 단순히 다른 사람들이 하는 것을 보고 그것을 따라 하는 것만으로 새로운 행동을 학습할 수 있다고 제안했다(N. E. Miller & Dollard, 1941). 이 모델링이라는 발상은 **사회학습이론**(social learning theory)이라는 대안적인 관점을 위한 촉매제를 제공했고, 이 이론은 사람들이 그들 주위의 사람들을 관찰하면서 학습하는 방법에 초점을 두었다.

행동주의와 사회학습이론은 북미에서 크게 발달했다. 같은 시기인 20세기 초 유럽의 많은 연구자들은 완전히 다른 방향을 택했는데, 그것은 사람들의 내적 정신 과정의 본질을 밝혀낼 수 있을 듯한 상황과 과업을 제시하는 것이었다. 예를 들어 1920년대 초에 스위스 연구가 장 피아제는 아이들이 성장하면서 변화하는 추론 과정의 수많은 방법을 기록했고, 러시아 심리학자 레프 비고츠키는 아이들의 사회 및 문화적 환경이 그들에게 더 복잡한 사고 능력을 가질 수 있도록 돕는지에 대한 연구를 수행했다. 그리고 독일에서는 **게슈탈트**(Gestalt) 심리학자라 불리는 이론가들이 인간 지각과 문제 해결과 같은 정신 현상들에 관련된 다양한 흥미로운 실험 결과들을 내놓았다.

시간이 지나면서 심리학자들이 인간의 학습이 취할 수 있는 다양한 형태를 계속 탐구함에 따라, 행동 하나에만 국한된 연구는 우리에게 학습에 대한 완벽한 그림을 줄 수 없다는 것이 명확해졌다. 우리는 사람의 사고 과정, 혹은 인지 또한 고려 대상에 포함시켜야 한다는 것을 깨달았다. 매우 다른 관점인 **인지심리학**(cognitive psychology), 혹은 더 간단히 **인지주의**(cognitivism)라 불리는 새로운 관점이 등장했고, 이는 넓고 다양한 정신 현상을 연구하는 객관적이고 과학적인 방법들을 포함했다(예 : Neisser, 1967). 사회학습이론가들 역시 학습에 대한 그들의 설명에 인지 과정을 점차적으로 병합시켰고, 그 결과 지금은 **사회인지이론**(social cognitive theory)이라고 불리는 관점이 되었다.

하지만 행동과 더불어 인지에 대해 초점을 맞춘 이후에도 우리는 인간들이 다른 동물들에 비해 뚜렷하게 가지는 이점을 완벽하게 집어낼 수 없었다. 예를 들어 몇몇 동물(예 : 고릴라, 침팬지, 돌고래, 솜자이와 같은 코끼리, 까마귀)은 거울 속 그들 자신의 모습을 알아볼 수 있는데, 이는 그들이 자기 자신이 어떻게 보이는지에 대한 심상을 가지고 있다는 것을 암시한다(S. T. Parker, Mitchell, & Boccia, 1994; Plotnik, de Waal, & Reiss, 2006; Prior, Schwarz, & Güntürkün, 2008). 더 나아가 어떤 동물들은 그들이 원하는 것을 얻기 위해 간단한 도구를 만들어 사용할 수 있고, 어떠한 문제를 해결하거나 그들의 추후 안녕을 위해 정신적으로 미리 계획을 세울 수 있다(Emery & Clayton, 2004; Köhler, 1925; Plotnik, Lair, Suphachoksahakun, & de Waal, 2011). 예를 들어 까마귀들은 접근하기 힘든 먹이를 얻기 위한 간단한 도구를 만들 수 있고, 그들이 나중에 기억할 수 있는 장소에 지금 당장 먹지 않을 먹이를 숨겨 놓는 방식으로 앞서 계획을 짜기도 한다.

그렇다면 사고와 학습에 있어서 인간의 이점을 어떻게 설명할 수 있을까? 한 가지만 확실히 하자면, 우리의 심리적인 '사고' 장치(특히 피질이라 불리는 뇌의 윗부분)는 분명 다른 동물들에 비해 더욱 복잡하다. 하지만 부분적으로는 우리들의 매우 유연한 언어 기술 덕분에 우리는 다른 동물들에 비해 훨씬 훌륭한 수준으로 서로와 소통하고 협업할 수 있고, 우리와 우리 공동체를 위해 만들어온 정교한 문화들을 통해 우리는 축적된 지식을 다음 세대에게 넘겨준다(Tomasello & Herrmann, 2010). 더 나아가 우리의 사회 및 문화적인 환경은 새로운 도전과 문제들에 도전하는 능력을 향상시켜줄 수 있는 많은 물리적, 사회적 지원 시스템(예 : 기술, 학교)을 갖추고 있다. 러시아 심리학자 레프 비고츠키의 초기 생각에 기반해서 지난 30~40년간 몇몇 심리학자들이 사회적 상호작용과 문화적 유산이 인간 학습과 인지 발달에 영향을 주는 중대한 역할에 관한 이론을 발전시켜왔다. 이러한 상호작용 및 문화에 기반한 관점에 많은 명칭들이 붙여졌다. 가장 널리 쓰이는 명칭은 **사회문화적 이론**(sociocultural theory)이지만, 더 넓게 본다면 그 명칭들을 **맥락이론**(contextual theory)이라고 생각할 수 있다.

한편 최근 의학 및 신경학계의 기술 혁신은 이제 뇌 안을 '들여다볼 수' 있게 해주고, 이를 통해 그 구조와 기능을 점점 세부적으로 공부할 수 있다. 제2장에 소개되어 있는 기술들이 더욱 그러하다. 다른 지식 분야에서 온 몇몇 신경학자, 인지심리학자, 과학자들은 뇌가 인간의 행동과 학습에 어떻게 영향을 미치는지, 또 반대로 사람들의 행동과 학습 경험이 뇌발달에 어떻게 영향을 미치는지 탐구하기 위해 팀을 이루었다. 빠르게 확장하고 있는 이 분야는 **인지신경과학**(cognitive neuroscience)이라 불리고 이미 인간의 학습에 대한 복잡성을 이해하는 데 주목할 만한 공헌을 했다.

그림 1.2는 다양한 학습의 이론들이 어떻게 진보해왔는지를 시각적으로 설명해준다. 하지만 그림에 있는 상자를 상호 배타적인 개체로 해석하지 않도록 주의해야 한다. 현대 심리학

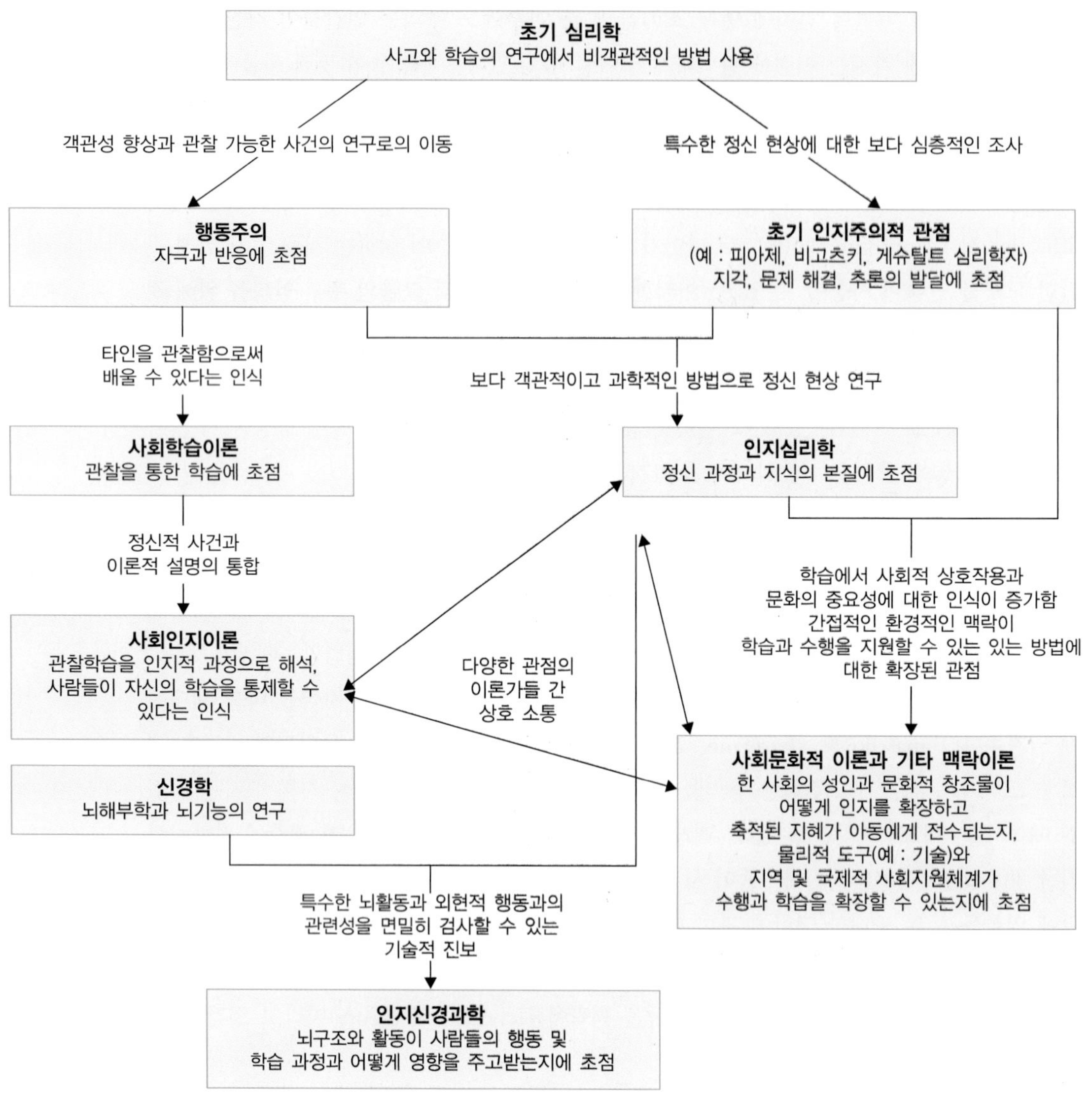

그림 1.2 학습이론의 진보

에서는 많은 이론가들이 인간의 사고와 학습의 복잡한 본질을 더욱 잘 포착하기 위해 두 가지 이상의 이론적 관점을 이용한다('인지심리학'과 '사회인지이론', 그리고 '사회문화적 이론과 기타 맥락이론'의 글상자 간 양방향 화살표를 주목하라). 이후의 장에서 인간 학습의 많은 측면을 고려하면서, 여러분도 두 가지 이상의 관점을 사용하는 것이 도움이 된다는 것을 발견할 것이다.

이론의 장점

확실히, 이론의 변화 가능한 본질은 우리를 좌절하게 만드는데, 왜냐하면 우리가 사람들이 어떻게 배우는지에 대한 최종 진리, 즉 진짜 특종(the real scoop)을 가진다고 결코 확신할 수 없기 때문이다. 그러나 학습이론의 역동적 본질은 매우 복잡하고 복합적인 현상에 대해 우리가 점점 정확한 이해를 할 수 있도록 한다는 데 있다.

이론은 원리 이상의 몇 가지 장점이 있다. 우선, 이론은 많은 연구 결과를 요약하고 수많은 학습 원리를 통합할 수 있도록 해준다. 그런 의미에서 이론은 종종 간결하다. 심리학자들은 이에 대해서 **경제적**이라는 용어를 사용한다.

둘째로, 이론은 새로운 연구를 유도하는 출발점을 제공한다. 이론은 탐구가치가 있는 연구 문제를 던져준다. 보상은 학습할 필요가 있는 것에 대해 사람의 주의집중을 증가시켜주기 때문에 보상이 학습을 유발한다는 이론을 만든다면, 이는 다음의 예측을 이끌어낼 수 있다.

> 특수한 상황이나 과제가 학습하고자 하는 정보에 대한 개인의 주의집중을 이끌어낸다면 보상이 없어도 학습은 일어난다.

사실 이 예측은 연구에 의해 자주 지지되었다(예 : Cermak & Craik, 1979; Faust & Anderson, 1967; T. S. Hyde & Jenkins, 1969).

셋째로, 이론은 연구 결과를 이해하고 설명할 수 있도록 도와준다. 특수한 이론적 관점의 맥락 밖에서 만들어진 연구는 사소하고 일반화할 수 없는 결과를 산출할 수 있다. 그러나 이론적 관점에 의해 해석된다면 같은 결과라도 꽤 의미 있는 것이 될 수 있다. 예를 들어 셀리그먼과 마이어(Seligman and Maier, 1967)의 실험을 생각해보자. 이 고전적 연구에서 개들은 각각 우리에 들어 있었고 여러 번의 고통스럽고 예측할 수 없는 충격이 가해졌다. 일부 개들은 우리 안에 있는 판을 눌러서 고통을 피할 수 있었지만 다른 개들은 피할 수 없었다. 다음 날, 개들은 다른 우리에 놓였고, 다시 충격이 가해졌다. 그러나 이번에는 충격이 올 것이라는 신호(소리)가 충격을 가하기 전에 주어졌다. 그래서 개들은 그 소리를 듣자마자 울타리 너머로 뛰어올라 충격을 피할 수 있었다. 전날 충격을 피할 수 있었던 개들은 새로운 상황에서 모두 충격을 피하는 것을 배웠다. 그러나 전에 피할 수 없었던 개들은 충격을 피하는 것은 배울 수 없었다.[1] 이 실험은 표면적으로 인간 학습과 특별히 유관해 보이지는 않는다. 그러나 셀리그먼과 그의 동료들은 이 실험과 다른 실험들을 바탕으로 **학습된 무기력** 이론을 개발했다. 사람

---

1 만약 개에 대한 이 '충격적인' 대우에 (나에게도 그렇듯이) 화가 난다면, 연구자들은 더 이상 실험 참가자들에게 자신이 원하는 대로 할 수 없다는 것을 꼭 알아두라. 그들은 연구에서 인간 및 동물들을 대하는 방법에 한해 엄격한 윤리적 지침을 따라야 한다. 대학과 다른 연구 기관들은 기관감사위원회(Institutional Review Boards, IRBs; 사람과 관련된 연구 담당)와 동물실험윤리위원회(Institutional Animal Care and Use Comittees, IACUCs; 동물과 관련된 연구 담당)에 연구 프로젝트에 대한 검사를 받아야 한다.

들이 어떤 상황에서 불쾌하거나 고통스러운 경우에 대해 아무런 통제를 할 수 없는 것을 배웠다면 다음 번 상황에서 통제가 가능한데도 혐오스러운 경우를 피하거나 벗어나려고 하지 않을 것이다. 제15장에서 우리는 학습된 무기력을 좀 더 면밀히 살펴보고 귀인이론이라고 알려진 일반적인 이론 틀에 통합할 것이다.

이론은 네 번째 장점도 가지고 있다. 인간 학습과 수행에 내재하는 기제에 대한 아이디어를 제공함으로써, 이론은 궁극적으로 인간 학습을 최대한도로 촉진하는 학습환경과 수업 전략을 계획하는 데 도움을 줄 수 있다. 예를 들어 주의집중이 학습 과정에서 필수적인 요소라는 이론에 익숙한 교사를 생각해보자. 그 교사는 교과에 대한 학생들의 주의집중을 증가시킬 것 같은 다양한 접근, 아마도 흥미로운 독서자료를 제공하고, 호기심을 유발하는 문제를 내는 것과 같은 접근을 잘 식별하여 사용할 수 있다. 이에 비해 보상받은 행동이 학습된다는 원리에만 익숙한 교사를 생각해보자. 그 교사는 교실 학습과제와 무관한 것에 주의집중하도록 유도함으로써 역효과를 내는 장난감이나 장신구 같은 보상을 사용할 수 있다.

이론의 잠재적 단점

이론은 장점도 있지만 단점도 가지고 있다. 우선, 연구자들이 학습에 대해 발견해왔던 모든 것을 설명할 만한 단일 이론은 없다. 최근의 학습이론들은 학습의 특정 측면에 초점을 맞추는 경향이 있다. 예를 들어 행동주의이론들은 학습을 특정의 외현적 반응을 포함하는 상황에만 한정한다. 인지주의이론들은 사람들이 정보를 해석하고 통합하고 기억하는 방식에 초점을 맞추는 경향이 있다. 그리고 사회문화이론은 대인관계 과정과 문화적 창작물이 어떻게 중요하게 되었는지를 주로 다룬다. 한 특정 관점을 고수하는 이론가들은 그 관점에 딱 맞지 않는 현상을 무시하거나 인정하지 않는다.

둘째, 이론은 새로운 정보가 발표되는 것에 영향을 주어서 우리가 학습에 대해 가지는 지식을 편향되게 한다. 예를 들어 몇몇 연구자들이 특수한 학습이론을 제안하고 그 생각을 뒷받침할 연구를 수행했다고 생각해보자. 그들이 기대했던 것과 반대되는 결과를 얻어서 그들의 이론에 의문이 제기된다. 만약 이 연구자들이 그 이론이 옳다는 것을 보여주기 위해 전념한다면 그들은 반대되는 결과를 발표하지 않을 것이다. 이런 식으로 이론은 진짜 정확한 학습 과정의 이해로 가는 걸음을 때때로 방해할 수 있다.

이론과 원리에 대한 관점

대부분의 심리학자들은 공개적으로 한 이론적 관점을 지지하기 마련이고, 대학원 교육과 연구 프로그램이 인지적 전통에 뿌리를 박고 있는 나 또한 예외가 아니다. 그러나 나는 다양한 이론이 모두 특별한 통찰을 제공하고 그 이론들이 인간의 학습에 대해 얘기해줄 만한 중요한 것을 가지고 있다고 굳게 믿고 있다. 이 책을 읽는 여러분은 모든 관점에 동등하게 열린 마음으로 접근하기를 바란다. 앞으로 몇십 년간 더 많은 연구가 진행될수록, 학습이론은 새로 출현하는 증거를 설명하기 위해 계속 수정될 것이고, 그 수준은 아마 내가 이 책을 3~4년에 한 번씩 상당하게 수정해야 할 정도일 것이다. 이런 의미에서 어느 한 이론도 사실로 간주될 수 없다. 이것은 궁극의 진실인가의 맥락보다 유용함의 맥락에서 이론들을 생각할 때에 더 도움이 될 것이다.

동시에, 일반적인 원리들을 학습 과정 내의 인과관계에서 비교적 지속적인 결과로 생각할 수도 있다. 보상 원리는 에드워드 손다이크에 의해 1898년에 소개되었고 그 이후로 하나 혹은 다른 형식으로 남아 있다. 그러나 보상이 왜 학습에 영향을 주는지에 대한 손다이크의 원래 이론은 다른 설명들에 의해 대부분 대체되어 왔다.

원리와 이론 둘 다 성공적인 학습이 잘 일어날 것 같은 조건을 예측하는 데 도움을 준다. 이러한 방식에서 원칙과 이론이 유용한 한, 원리와 이론 없이 지내는 것보다 불완전하고 임시적일지라도 이론과 함께하는 것이 더 낫다.

학습에 대한 지식을 수업 실제에 적용하기

방대한 양의 학습이 교실 상황에서 일어나고 그것들은 대부분 유익하다. 예를 들어 대부분의 학생이 어떻게 읽고, 다른 수에서 한 수를 어떻게 빼는지를 배우는 곳이 교실이다. 불행히도, 학생들은 학교에서 그들의 최고의 흥밋거리가 아닌 것들을 배울 수도 있다. 예를 들어 학생들이 읽는 것을 배웠다 하더라도, 그들이 읽은 것을 기억하는 '최선의' 방법으로 그것을 꼭 이해하려는 노력 없이 그대로 암기하는 것을 통해 학습할 수도 있다. 그리고 학생들이 뺄셈을 배웠다 하더라도, 수학공부는 지겹고 헛된 수고라는 것을 배울 수도 있다.

사회의 생산적인 구성원이 되기 위해 필요로 하게 될 지식과 기술을 습득하기 위해 인간은 환경에 매우 의존적이기 때문에 초 · 중 · 고등학교와 대학 등의 교육기관에서 일어나는 학습을 운에 맡길 수는 없다. 학생의 생산적인 학습을 극대화하기 위해, 교사들은 학습에 영향을 주는 요인들(원리)과 학습에 내재하는 과정들(이론)을 이해해야만 한다. 그들은 다양한 수업 실제의 효과성에 관하여 연구물에 의존해야 한다.

다양한 이론적 방향성들이 인간의 학습에 대해 뚜렷하게 다른 방법으로 접근하기 때문에 그들은 교육적 환경에서 사람의 학습과 성취를 향상시키기 위해 뭔가 다른 전략들을 처방할 수도 있다. 나는 여러분에게 이 책에서 만날 다양한 이론에 열린 마음을 가질 뿐 아니라 내가 설명하는 다양한 수업 전략들에 절충적인 태도를 가지고, 한 가지 접근법을 선택해 그것을 옳은 것으로 규정하고자 하는 유혹을 뿌리치길 바란다. 책에 포함된 모든 전략은 특정한 상황에 적용 가능하며, 이것은 현재의 환경적 조건이나 학습되고 있는 특정한 주제, 그리고 수업 목표에 따라 달라진다.

이 책의 개관

인간의 학습에 대한 탐구를 할 때 심리학적 기초에서 출발하는 것이 좋은데, 그것은 제2장에서 다루게 될 것이다. 제2장에서는 인간 신경계의 모든 요소를 살펴보고 학습이 뇌의 어디에서 어떻게 일어나는지 숙고해볼 것이다. 또한 뇌연구가 교실환경에서의 사고, 학습, 지도에 대해 어떤 것을 말해주며 어떤 것을 말해주지 않는지에 대해 생각해볼 것이다.

제2부에서는 환경적 사건(자극)과 그에 대한 결과로 얻는 사람들의 행동(반응) 간의 관계에 초점을 맞춘 행동주의적 관점에서 본 학습의 원리와 이론을 탐구할 것이다. 우리는 행동주의 관점의 기반이 되는 몇 가지 일반적인 가정을 알아보고, 어떻게 학습이 한 사람의 환경 안의 각각 일정한 자극과 자극의 쌍 혹은 반응-결과의 유관(contingency)에 의해 일어날 수 있는지 검토해보는 것으로 시작할 것이다(제3장). 그 뒤 행동주의 원리가 교육적, 치료적 환경에서 어떻게 효과적으로 적용될 수 있는지 알아볼 것이다(제4장).

제3부(제5장)에서는 사회인지이론이 행동주의에서 인지주의로 주제를 전환하게끔 도와줄 것이다. 여러분도 알 수 있겠지만, 사회인지이론은 행동주의와 인지주의 개념의 적절한 조화를 제공하는데, 사람들이 남들을 관찰하는 것을 통해 무엇을 어떻게 배우는지, 또 자기조절 기술의 획득과 함께 대부분의 사람들이 어떻게 점점 더 그들 자신의 행동에 대한 통제권을 가질 수 있는지에 관한 내용이다.

제4부에서는 본질상 거의 완전하게 인지적인 학습이론들로 넘어갈 것이다. 우리는 사람들이 어떻게 생각하고 학습하는지에 대한 이해에 도움을 준 오래된, 또 최근의 몇 가지 인지적 관점들을 살펴볼 것이다(제6장). 그 후에 학습과 기억에 수반되는 몇몇 정신적 과정들에 초점을 맞출 것이고(제7장, 제8장), 그러한 과정이 생산해내는 지식의 본질에 대해서도 역시 초점을 맞출 것이다(제9장).

제5부에서는 발달적, 사회문화적, 그 외 다른 맥락적 관점에서 바라본 학습과 인지에 대해 조사해볼 것이다. 그 부분에서는 두 획기적인 발달이론가들의 작품을 만나볼 것인데, 그들은 스위스의 연구자 장 피아제(제10장)와 러시아의 심리학자 레프 비고츠키(제11장)다. 더불어 이 두 이론가의 생각을 바탕으로 한 동시대 연구자들의 결과물 역시 만나볼 것이다.

제6부로 넘어가면서 우리는 인간 학습과 인지의 더욱 복잡한 측면을 살펴볼 것이다. 특히 우리는 사람이 어떻게 그들의 사고 과정을 이해하고 조절하는지, 즉 메타인지(제12장)라 불리는 현상에 대해 바라볼 것이고, 어떻게 사람들이 한 상황에서 학습한 것들을 새로운 과제와 문제에 효과적으로 적용하는지에 대해 알아볼 것이다(제13장).

마지막으로 제7부에서 우리는 동기가 학습에서 하는 역할에 대해 이야기할 것이다. 우리는 동기가 학습과 행동에 끼치는 영향을 알아보고, 인간이 가진 몇 가지 기본적인 욕구를 찾아보고, 감정(정서)이 동기와 학습 모두에 어떻게 밀접하게 얽혀 있는지를 알아볼 것이다(제14

장). 또한 동기의 과정에 들어가고 동기 과정을 형성하는 많은 인지적 요인들을 확인할 것이다.

책 전체에서, 우리가 공부하고 있는 원리와 이론의 교육적 시사점을 확인할 것이다. 이 책의 마지막 장을 끝낼 때, 심리학이 교실 안팎에서 교수와 학습을 확장할 수 있는 방법을 제공하기 위해 많은 것을 가지고 있다는 것을 확신하게 되기를 바란다.

요약

학습은 인간이 다른 동물에 비해서 상당한 정도의 융통성과 적응성을 갖도록 한다. 학습의 본질에 대한 많은 심리학자들의 생각을 통합할 수 있는 정의는 **경험적 결과에 의한 정신적 표상이나 연합에서의 장기적 변화**이다. 그러나 일부 심리학자들은 학습을 정의할 때 정신적 변화보다 행동의 변화를 더 선호한다. 그리고 사실, 우리가 어떤 종류의 행동 변화를 진짜로 관찰할 수 있을 때만 학습이 일어난다고 확신할 수 있다.

인간 학습의 본질에 대한 정확하고 믿을 만한 이해는 객관적이고 체계적인 연구를 통해 학습을 연구할 때에만 나올 수 있다. 연구물에 나타난 일관된 양상은 심리학자들이 학습에 대한 **원리**, 즉 학습에 영향을 주는 요소에 대한 기술과 **이론**, 즉 그러한 요소들이 왜 효과를 가지는지에 대한 설명 둘 다를 공식화하도록 유도해왔다는 것이다. 원리는 시간적으로 꽤 안정적인 경향이 있다. 이에 반해 이론은 새로운 연구물이 보고되면서 계속 진보한다. 효율적인 교사와 실천가들은 교수 실제와 개입을 계획하고 수행할 때 매우 다양한 연구물, 원리, 이론적 관점에 의존해야 한다.

2

학습과 뇌

학습 성과

2.1 *신경계의 세 가지 주요 구성요소인 뉴런, 시냅스, 신경계 세포의 특성과 기능에 대해 기술한다.*

2.2 *인간 뇌의 다양한 주요 구조를 구분하고, 대부분의 상황에서 학습자의 '좌뇌' 또는 '우뇌'를 가르치는 것에 대해 언급하는 것이 거의 의미가 없는 이유를 설명한다.*

2.3 *시냅스의 생산, 분화, 시냅스 전정, 수초화, 가소성, 민감한 시기 등을 포함해 뇌발달의 주요 현상을 기술하고, 유기체가 자신의 물리적 또는 사회적 환경으로부터 어떤 것을 학습하기 위해 '미리 연결되어 있는(prewired)' 방식에 대해서도 기술한다.*

2.4 *학습과 기억에 관여할 것으로 예상되는 네 가지 신경학적 현상을 기술한다.*

2.5 *지금까지 밝혀진 뇌의 건강과 발달을 반영한 교육적 실천이 무엇인지 도출한다.*

내 가족 중 한 사람은 뇌손상을 당했는데, 개인정보보호를 위해 L이라고 지칭하려고 한다. L은 어릴 때 거의 모든 부분에서 정상이었다. 학교에서도 잘 적응하고, 방과 후에는 전형적인 '남자아이'들의 놀이를 하면서 친구들과 어울리고, 가족과 함께 여행도 다니면서 보냈다. L을 아는 사람들은 똑똑하고, 따뜻하고, 정이 많은 아이라고 말하곤 했다. 그런데 어쩌면 그때도 L의 뇌에는 약간의 손상이 있었던 것 같다. 예를 들면 L은 만족을 지연시키기를 힘들어했는데, 언제나 모든 것을 지금, 지금, 지금 원했다. 매일 일어나는 일상적인 의사결정에서도 잘못된 선택을 하는 경우가 많았는데, L이 키우던 거북이를 침대에 내버려두어

거북이가 침대 아래로 떨어져 등이 깨져 그다음 날 죽어 버린 일도 있었고, 싫어하는 장난감을 뒷베란다에서 망치로 내리쳐 아직도 베란다엔 그 자국이 남아 있기도 하다.

L이 17세가 되자 상황이 더 심각해졌다. 통행금지가 있고 그걸 어기면 심한 벌을 받게 됨에도 불구하고, 동이 틀 무렵까지 바깥에 있거나 다음 날 오후가 다 되어서야 집에 들어오기도 했다. 점점 더 공격적이고 반항적인 모습으로 변해갔고, 부모는 그런 L의 행동을 이해할 수 없었다. L은 가끔 아침에 일어나 학교 가는 것까지 거부했다. 성적은 곤두박질쳤고 고등학교 3학년 12월에는 수강과목 부족으로 졸업이 불가능해졌다. L의 통제불능 행동 때문에 결국 1월에 청소년 구치소로 보내졌다. 재판을 기다리는 동안은 움직일 수 없을 정도로 지쳐서 거의 혼수상태가 되었다. 아무것도 먹지 않고, 말도 못하고, 걷지도 못했다. 재판이 있던 날 L은 휠체어를 타고 법정에 나왔고, 거의 제대로 반응하지 못했다. 판사는 주립 정신병원으로 L을 보냈다.

L은 공식적으로 **양극성장애** 진단을 받았는데, 의기양양한 기분과 극단적으로 활동적인 조증의 기간과 깊은 슬픔과 무기력 상태(우울증) 기간이 교대로 나타나는 병이다. 특히 조증 기간 동안 L은 정신증을 보였는데, 정상적인 기능을 못할 정도로 사고 과정이 손상되었다. 추론을 하지 못하고, 적절한 결정을 못하며, 충동을 통제하지 못했다. 더구나 아무 소리가 들리지 않는데도 무슨 소리가 난다며 환청 증상도 보였다. 이런 정신병적 증상들은 **정신분열증**과 같은 심각한 정신병의 증상이기도 하다.

올바른 약물치료는 효과적이어서, 약을 먹으면 진정이 되고, 사고도 명료해지며, 충동도 통제되고, 일상생활에서 일어나는 일들을 제대로 해석하며 이에 적절하게 반응할 수 있었다. 약물치료 덕분에 졸업장도 받을 수 있었고, 전문대에서 실시하는 졸업자격 강좌에서도 B학점을 받았다. 그러나 많은 정신병 환자들과 마찬가지로 L도 항상 약을 잘 먹는 것은 아니었다. 약을 먹지 않으면 L의 뇌는 또 복잡하게 엉키고 그때의 행동으로 인해 감옥에 가게 되었고, 운이 좋으면 병원으로 보내졌다. L은 정신증 상태에서 자신이 한 행동과 자신에게 일어난 일을 기억하지 못했는데, 정신증의 전형적인 현상 같다.

인간의 뇌는 매우 복잡한 기계로, 작동의 원리와 오작동의 원리를 알아내기 위해 오랫동안 많은 연구자들이 노력하고 있다. 뇌연구는 지난 20년 동안 상당한 발전을 보여 왔고, 인간의 뇌구조와 생리에 관한 지식은 해마다 급속한 발전을 하고 있다.

이 장에서는 사고와 학습의 생물학적 토대에 대해 살펴볼 것이다. 현미경으로 볼 수 있는 인간 신경계의 기본 구성요소를 연결해보는 것에서 시작할 것이다. 그리고 뇌의 여러 부위와 각 부위의 기능을 알아볼 것이다. 다음으로, 시간에 따른 뇌의 발달을 추적해보면서 L의 뇌가 왜 손상되었는지에 대한 의문을 풀어볼 것이다. 마지막으로 현재까지 축적된 뇌에 대한 지식과 연구로부터 얻을 수 있는 또는 얻을 수 없는 교육적 시사점이 무엇인지 생각해볼 것이다. 이런 주제를 다루면서 최근 교육학 관련 문헌에서 급속도로 퍼지고 있는 뇌에 관한 미신들도 바로잡을 것이다.

신경계의 기본 구성요소

인간의 신경계는 중추신경계와 말초신경계의 두 가지 중요한 요소로 구성된다. 뇌와 척수로 구성되는 **중추신경계**(central nervous system)는 조정센터이다. 보고, 듣고, 냄새 맡고, 맛보고, 느끼는 등의 감각과 팔과 다리를 움직이는 것과 같은 행동을 연결해준다. **말초신경계**(peripheral nervous system)는 연락체계로, 특화된 **수용세포**에서 빛, 소리, 화학물질, 열, 압력과 같은 환경의 특정 자극(정보)을 받아서 중추신경계에 전달하고, 그 자극에 어떻게 반응할 것인가에 관한 방향성을 근육이나 장기와 같은 몸의 각 부위로 다시 보낸다.

신경세포, 즉 **뉴런**(neuron)은 신경계가 정보를 보내고 조정할 수 있는 방법을 제공해준다. 그러나 신기하게도 신경들끼리는 직접적으로 서로 접촉하지 않는다. 대신 화학적 메시지를 **시냅스**(synapse)라고 하는 좁은 공간을 통해 인접한 뉴런들에 보낸다. 그리고 뉴런들은 **신경교세포**(glial cell)의 도움을 받아 구조와 모양을 유지하게 된다. 신경계를 이루는 기본 단위들을 하나씩 살펴보도록 하자.

뉴런

인간의 몸에는 세 가지 서로 다른 역할을 하는 뉴런이 있다. **감각뉴런**(sensory neuron)은 수용세포에서 들어오는 정보를 받아들인다. 감각뉴런은 이 정보를 **연합뉴런**(interneuron)에 보내는데, 연합뉴런은 여러 곳에서 온 자극을 통합하고 해석한다. 그 결과 얻어진 '결정'은 **운동뉴런**(motor neuron)에 전해지는데, 몸의 적절한 곳에서 행동하고 반응하도록 하는 정보를 전달한다.[1] 예상할 수 있듯이 감각뉴런과 운동뉴런은 말초신경계에 있다. 약 1,000억 개에 달하는 연합뉴런의 대부분은 뇌의 중추신경계에 있다(C. S. Goodman & Tessier-Lavigne, 1997; D. J. Siegel, 2012). 뇌를 구성하는 뉴런은 갈색과 회색의 중간 정도 색을 띠어 **회질**(gray matter)이라고 부르기도 한다.

뉴런은 모양과 크기에 있어 다양하지만 여러 면에서 서로 공통점을 갖는다(그림 2.1). 먼저, 모든 세포와 마찬가지로 세포의 핵을 가지고 있으며 세포의 건강을 책임지는 세포체인 **신경세포체**(soma)가 있다. 그리고 가지 모양의 구조를 가진 수많은 **수상돌기**(dendrites)가 신경세포체에 연결되어 있는데, 다른 뉴런으로부터 정보를 받아들이는 역할을 한다. 또한 팔처럼 길게 뻗은 구조의 **축색돌기**(axon)를 가지고 있는데, 다른 신경에 정보를 전달하는 역할을 하고 경우에 따라서 하나 이상의 축색돌기가 있는 신경도 있다. 축색돌기의 말단은 여러 개의

1 감각뉴런, 연합뉴런, 운동뉴런 각각을 수용뉴런(receptor neuron), 조정뉴런(adjuster neuron), 효과뉴런(effector neuron)이라고 명명하는 경우도 있다.

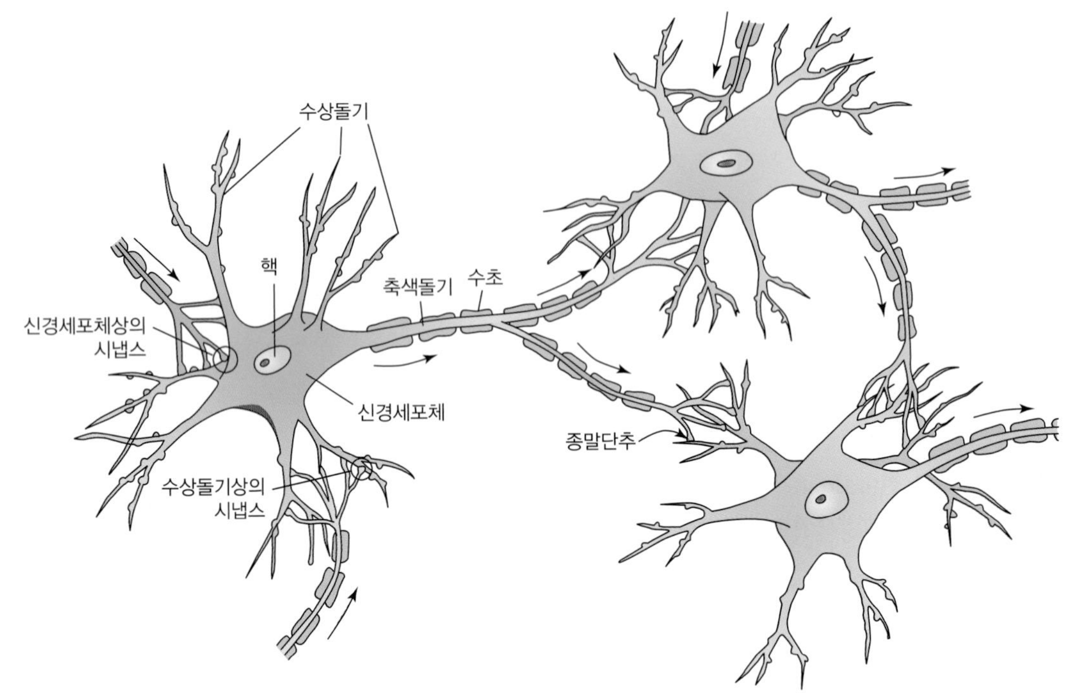

그림 2.1 뉴런과 그 연결망의 모습

가지로 갈라지는데, 각 가지의 끝에는 **종말단추**(terminal button)가 있어 그 소낭 속에 여러 화학물질을 보관한다. 어떤 신경세포는 흰색의 지방질인 **수초**(myelin sheath)에 둘러싸여 있기도 한다.

신경세포의 수상돌기가 수용세포나 다른 뉴런의 자극을 받으면, 수상돌기는 전기적으로 충전이 된다. 어떤 경우 정전기력이 너무 미약해서 '무시'되기도 한다. 그러나 정전기가 **흥분역치**(threshold of excitation)라는 어느 정도 수준 이상이 되면, 신경에는 '불이 붙고', 축색돌기를 통해 전기적 자극을 종말단추에 보낸다. 축색돌기가 수초로 감싸져 있을 경우 전기 충격은 훨씬 빨리 전달되고 '전기적 자극'은 마치 개구리가 도약을 하듯이 수초 사이를 뛰어넘어 간다. 수초가 없는 축색돌기에서는 자극의 전달 속도가 늦다.

시냅스

뉴런의 축색돌기가 뻗어 나간 말단은 다음 신경의 수상돌기를 향해 뻗어 있지만 수상돌기(경우에 따라서는 신경세포체)와 서로 맞닿아 있지는 않다. 하나의 뉴런에서의 정보 전달은 전위차로 이루어지지만 뉴런과 뉴런 사이의 정보 전달은 화학적 작용으로 이루어진다. 전기적 자극이 뉴런의 축색을 따라 전달될 때, 종말단추에서 **신경전달물질**(neurotransmitter)이라는 화학물질을 분비하라는 신호를 보낸다. 신경전달물질은 시냅스를 지나 인접 뉴런의 수상돌기나 신경세포체를 자극한다.

신경이 분비하는 신경전달물질에 따라 신경의 종류도 다양하다. 건강이나 운동과 관련된 기사에서 도파민, 에피네프린, 노르에피네프린, 세로토닌, 아미노산, 펩타이드 등의 용어를 흔히 보게 된다. 이것들이 모두 신경전달물질인데 각각은 신경계 내에서 서로 다른 역할을 하고 있다. 예를 들어 도파민은 앞으로 살펴보게 될 전두 피질의 핵심적인 신경전달물질로 의식, 계획, 관련 없는 행동이나 사고의 억제에 관여한다(Goldman-Rakic, 1992; M. I. Posner & Rothbart, 2007). 어떤 학자들은 정신분열증이나 다른 정신장애가 도파민 양의 이상에 기인하는 것이라고 주장한다(Barch, 2003; Clarke, Dalley, Crofts, Robbins, & Roberts, 2004; E. Walker, Shapiro, Esterberg, & Trotman, 2010). (L이 의사결정과 충동조절에서 어려움을 겪었던 것을 떠올려보기 바란다.)

하나의 뉴런은 수없이 많은 뉴런들과 시냅스로 연결되어 있다(C. S. Goodman & Tessier-Lavigne, 1997; Lichtman, 2001; Mareschal et al., 2007). 어떤 신경전달물질은 자신이 자극하는 신경의 전기적 활성 수준을 높이는 반면, 어떤 신경전달물질은 전기적 활성 수준을 억제한다(낮춘다). 그리고 자극을 받은 신경이 활성화되는지 여부는 이러한 전기적 활성 수준의 증가 또는 감소가 얼마나 큰지에 달려 있다.

신경교세포

신경계를 이루는 세포 중 약 10%만이 뉴런이고, 나머지는 1~5조 개에 달하는 신경교세포(또는 신경교)이다. 신경교세포는 흰색을 띠고 있어 백질이라고 불리기도 한다. 그림 2.1에는 뉴런들 사이에 공간이 비어 있는 것처럼 보이지만 그렇지 않다. 다양한 모양과 크기의 신경교세포가 그 공간을 꽉 차게 메우고 있다.

신경교세포는 특화된 여러 가지 기능을 하는 것처럼 보인다(Koob, 2009; Oberheim et al., 2009). 어떤 신경교세포는 '영양분 제공자'로서 뉴런으로 가는 혈액의 공급을 조절한다. '의사' 신경교세포는 감염과 상처로부터 보호해주고, '청소부' 신경교세포는 뇌 속의 불필요한 쓰레기들을 없애준다. 또한 많은 뉴런들의 효율성을 높여주는 축색돌기를 감싸는 수초도 공급해준다. 그리고 많은 신경교세포는 학습과 기억에서 직접적이고 핵심적인 역할을 하는데, 이 부분은 이 장의 뒷부분에서 알아볼 것이다.

인간 뇌의 기본 구성요소인 뉴런, 시냅스, 신경교세포는 숨을 쉬거나 잠을 자는 것과 같이 생존을 가능하게 하고, 친구나 가족을 알아차리는 것과 같이 당면한 자극을 분별하게 하며, 계획 세우기, 읽기, 수학문제 풀기 등과 같이 인간만 가능한 의식적 사고작용을 가능하게 한다.

뇌의 구조와 기능

경우에 따라 감각신경이 척수의 운동신경에 직접 연결되어 생각이 관여되지 않는 자동화된 반응인 **반사**(reflex)를 가능하게 한다. 예들 들면 뜨거운 것을 만졌을 때 감각신경은 손끝에서부터 팔을 통해 척수에 신호를 보내고 다시 이 신호가 운동신경에 전달되어 팔과 손의 근육이 재빨리 손을 뗄 수 있게 하는 것이다. 뇌는 분명 열감을 지각하지만, 척수가 상황을 맡아 위험으로부터 몸을 피신시키고 난 후에 지각한다.

그러나 대부분의 경우 외부에서 오는 정보가 뇌를 거치고 나면, 뇌는 반응을 할 것인지와 어떻게 반응할 것인지를 판단하게 된다. 수조 개가 되는 뇌세포가 현미경으로나 관찰 가능하고, 무수히 상호 연결되어 있어서, 뇌가 어떻게 일하고 어떤 영역이 어떤 기능에 기여하는지 알아내는 것은 상당히 어려운 과제이다. 그럼에도 불구하고 이 분야는 상당한 발전을 보이고 있는데 지금부터 그 내용을 살펴볼 것이다.

뇌연구의 방법

뇌를 연구하는 학자들은 다음과 같은 다양한 방법을 사용해오고 있다.

- **동물 연구** : 실험 쥐와 같은 동물로 자유롭게 연구를 수행해온 연구자들은 인간을 대상으로 연구하지는 않는다. 예를 들면 동물의 뇌 가운데 일부를 제거하거나, 작은 바늘을 삽입하여 전기적으로 자극을 주거나, 특정 호르몬의 수준을 높이거나, 특정 신경전달물질을 차단하는 화학물질을 주사한다. 이렇게 한 다음 동물 행동의 변화를 관찰하고, 이러한 변화를 통해 해당 뇌부위, 호르몬, 신경전달물질의 기능을 추정한다.[2]
- **시체 해부 연구** : 자신의 뇌를 사후에 연구 목적으로 사용하도록 생존 시에 기부하는 사람들이 있다. 또는 사망 후 법적 친인척이 뇌를 기부하는 경우도 있다. 아동부터 성인에 이르는 다양한 연령의 뇌를 검토함으로써 전형적인 뇌의 구조와 뇌의 해부학적 구조가 발달 과정을 통해 어떻게 변화하는지 확인할 수 있다.
- **뇌손상 또는 뇌병변 환자들의 사례연구** : 이 분야 학자들은 뇌손상이나 정신분열증, 난독증과 같은 뇌병변을 가진 사람들이 무엇을 할 수 있고 무엇을 할 수 없는지 자세하게 기록한다. 또한 사후에 특정 손상 부위나 비정상적인 뇌구조의 영역이 어디인지를 확인하고 검토한다. 어떤 능력의 부족이 어떤 뇌의 비정상과 일관되게 나타나면, 연구자들은 그 뇌의 영역이 그 능력을 발휘하는 데 중심적인 역할을 하는 곳이라고 결론을 내리게 된다.
- **전기적 기록** : 전극을 두피의 특정 부위에 붙이고 뇌의 전기적 활동 형태를 기록한다. **뇌파도**

2 앞서 제1장의 각주에 표시했듯이, 이런 종류의 연구는 동물에 해를 끼치는 장점과 단점을 고려해 판단하는 동물실험윤리위원회(IACUC)의 허가를 받아야 한다.

(electroencephalograph, EEG)로 알려진 뇌파 기록을 보면, 잠잘 때와 깨어 있을 때 같이 서로 다른 활동을 할 때 서로 다른 형태의 파형이 나타난다. 특정한 과제를 하는 동안의 뇌파 기록을 수집하여 그 과제를 수행하는 동안 뇌활동의 특성을 나타내는 **사상관련전위**(event-related potentials, ERP)를 만들어낸다.

◆ **뇌영상** : 기술의 발달로 어떤 과제를 수행할 때 뇌의 여러 부위에서 일어나는 혈액의 흐름이나 대사활동의 정도를 사진으로 찍을 수 있게 되었다. 양전자단층촬영(PET), 단일광자방출단층촬영(SPECT), 컴퓨터단층촬영(CAT), 자기공명영상(MRI), 기능성 자기공명영상(fMRI), 자기뇌도측정법(MEG) 등이 가장 많이 사용되는 방법이다. 아주 간단한 활동에서도 뇌의 2개 이상의 영역이 상호작용하는 것이 밝혀지면서 fcMRI 뇌스캔을 사용하기 시작했는데, 이를 통해 주어진 한 상황에서 어떤 뇌영역들이 동시에 일관된 활동을 보이는지 확인할 수 있다.

지금까지 살펴본 어떤 방법도 완벽하지 않다. 실험실의 쥐는 인간의 복잡하고 세련된 인지적 능력을 가지고 있지 않다. 정상인의 시체 해부 연구에서는 아동 중기 또는 청소년기 이후에 시냅스의 수가 전반적으로 감소하는 것으로 나타났지만, 아동들이 성장하면서 어느 정도까지 새로운 시냅스를 형성하게 되는지에 대한 정보를 제공해주지 못했다. 뇌손상은 뇌의 여러 부위에 동시에 영향을 미칠 수 있다. EEG는 특정한 사고 과정이 정확하게 어디에서 일어나고 있는지 말해주지 못한다. 또한 뇌영상 기술은 고가의 진단 장비를 필요로 하면서도 기초연구에서는 그 활용도가 제한적이다. 그러나 이런 다양한 방법을 통해 인간의 뇌가 어떻게 활동하고 발달하는지에 대한 수수께끼가 풀려가고 있다.

뇌의 구조

인간의 뇌는 서로 다른 기능을 갖는 서로 구별되는 구조로 구성되어 있는데, 이 장에서는 그림 2.2에 나타나 있는 구조에 대해 알아볼 것이다. 이러한 구조들은 크게 세 부분으로 나뉘는데, 진화의 과정을 거치면서 서로 다른 시점에서 발달한 것들이다. **후뇌**(hindbrain)는 뇌의 가장 아래에 자리 잡고 있으면서 척수가 두개골을 통해 들어가는 부분으로 진화 과정과 태아 발달에서도 가장 먼저 발달하는 곳으로 보인다. 연수, 뇌교, 소뇌 등의 구조로 이루어져 있고, 숨쉬기, 삼키기, 잠, 심박동 등 생존에 필요한 기본적인 생리적 과정을 관장한다. 뇌의 아래 뒤쪽에 있는 소뇌는 걷기, 자전거 타기, 테니스 치기 등 균형 잡기와 복잡한 운동을 담당한다.

후뇌 다음으로 진화한 뇌는 **중뇌**(midbrain)로 시운동을 조절하고 협응하는 시각 및 청각을 지원하는 역할을 맡고 있다. 중뇌의 중요한 부분들은 **망상형성체**(reticular formation) 혹은 **망상활성체**(reticular activating system, RAS)로 주로 불리고 후뇌까지 뻗어 있다. 망상활성체는 주의집중과 의식에서 중요한 기능을 담당하는데, 몸의 수용체가 받아들이는 자극 가운데 중

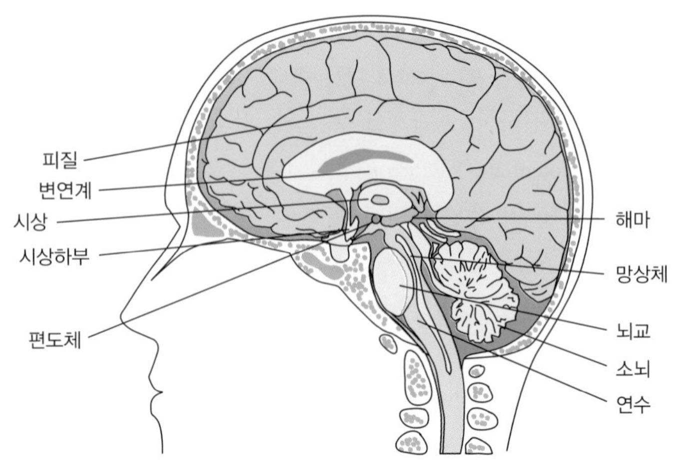

그림 2.2 뇌의 주요 부분. 이 그림은 뇌의 중앙 부분을 보여주기 때문에 피질의 좌우 측면의 모습은 생략되었다.

요한 것이 어떤 것인지를 알려준다.

마지막은 **전뇌**(forebrain)로 뇌의 앞 위쪽에 위치하고 있다. 전뇌는 영장류, 특히 인간의 뇌에서 거의 대부분의 정신적 작용이 일어나는 곳이다. 두꺼우면서 빗질을 하지 않은 가발 같은 **대뇌피질**(cerebral cortex)이 위를 덮고 있는데 이를 그냥 **피질**(cortex)이라고도 부른다. 겉 표면이 마치 거울상과 같이 마주 보면서 2개로 나뉘어 있는데 이를 **뇌반구**(hemisphere)라고 부른다. 신경학자들은 피질의 뇌반구를 네 가지 영역으로 구분하고, 두개골을 싸고 있다는 의미에서 엽이라는 이름을 붙여 그림 2.3과 같이 전두엽, 두정엽, 후두엽, 측두엽이라고 명명했다.

- 전두엽(frontal lobe) : 피질의 제일 앞 위쪽에 위치하고 있으며 의식적인 사고 과정의 대부분이 일어나는 곳이다. 언어, 주의집중, 추론, 의사결정, 계획, 자기조절, 학습전략, 문제 해결, 의식적으로 통제하는 행동, 다른 사람의 행동에 대한 해석 등 다양한 '인간적인' 활동을 대부분 책임지고 있다. 뿐만 아니라 전두엽은 관련 없고 부적절한 생각과 행동을 의도적으로 억제한다. 전두엽의 가장 앞쪽에 있어 전전두엽(prefrontal lobe)이라고 불리는 곳은 특히 의식과 통제적 사고에서 중요한 역할을 한다. (L의 병은 전두엽 피질의 기능 이상과 관련이 있는 것이 아닐까 생각해본다.)
- 두정엽(parietal lobe) : 피질의 위쪽 뒤편에 위치하고 있고 온도, 압력, 질감, 동통과 같은 신체 감각정보를 받아들이고 해석하는 역할을 담당한다. 또한 주의집중, 단어의 소리정보 처리, 사물이나 사건의 공간적 특성에 대한 사고 등에도 관여한다.
- 후두엽(occipital lobe) : 피질의 가장 뒤편에 위치하고 시각정보의 해석과 기억을 주로 담당한다.
- 측두엽(temporal lobe) : 귀 뒤편의 양쪽에 위치하고 있고 말을 하거나 음악을 듣는 등 청

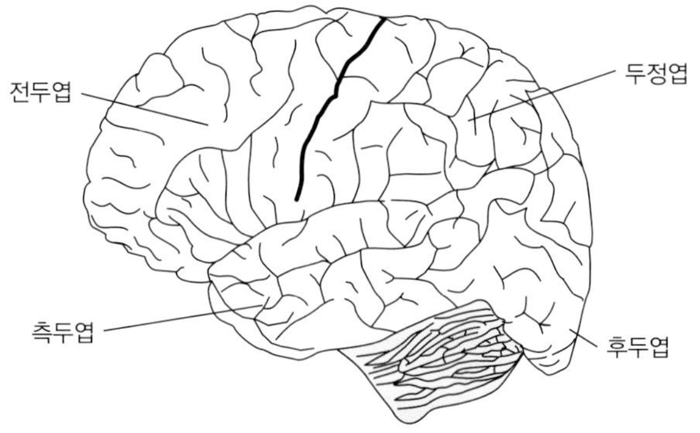

그림 2.3 피질의 옆모습

각정보의 해석과 기억을 담당한다. 또한 오랫동안 기억해두는 것(나중에 장기기억이라고 배우게 된다)과 관련하여 특히 개념과 상식의 장기기억에 중요한 역할을 한다.

어떤 연구자들은 무슨 정신 과정이 피질의 어느 부위인지 비교적 구체적으로 지정하기도 했다. 그러나 많은 피질 영역들은 분명하게 어느 한 가지 활동에 특화되어 있지 않다. **연합 영역**이라고 불리는 영역에서는 피질의 여러 영역이나 뇌의 다른 부위로부터 오는 정보들을 모두 통합하는데, 이것은 복잡한 사고와 행동의 필요조건이다.

피질의 내부에는 전뇌의 여러 부위가 자리 잡고 있는데, 다음은 그 대표적인 구조들이다.

- **변연계**(limbic system) : 피질과 가장 가까이 연결되어 있는 여러 구조들을 묶어서 변연계라고 부르는데, 학습, 기억, 감정, 동기에 필수적인 구조이다. **해마**(hippocampus)라고 불리는 작고 해마처럼 생긴 구조는 의식적 학습 내용(무의식적 학습이 아닌)의 학습과 기억에 밀접하게 관련된다. **편도체**(amygdala)는 두려움, 스트레스, 화, 우울과 같은 불쾌한 감정이나 공격성과 같은 자동화된 감정반응을 주로 관장한다. 또한 편도체는 어떤 감정을 특정 자극이나 기억과 연합해준다. 그림 2.2는 하나의 해마와 하나의 편도체만 표현하고 있지만, 모두 각 뇌반구에 하나씩 2개가 있다.
- **시상**(thalamus) : 뇌의 중앙에 위치하고 있는 시상은 '교환기(switchboard operator)'로 여러 감각뉴런에서 들어오는 정보를 모아서 피질의 적절한 장소로 보내는 역할을 담당하고 있다. 또한 각성, 주의, 공포 등에도 관여한다.
- **시상하부**(hypothalamus) : 시상의 바로 아래에 위치한 시상하부는 호흡, 체온, 허기와 갈증, 짝짓기, 싸움, 해로운 것으로부터의 도피 등 생존과 관련된 여러 활동을 조절한다.

좌우 뇌반구

좌뇌와 우뇌는 어느 정도 특화된 기능을 맡고 있다. 좌반구는 몸의 오른쪽을 관장하고 우반구는 몸의 왼쪽을 관장한다. 대부분 사람들의 경우 좌반구는 언어를 담당하는데, 특히 왼쪽 전두엽에 위치한 브로카 영역(Broca's area)과 베르니케 영역(Wernicke's area)이 말하기와 언어 이해를 각각 담당하고 있다. 읽기와 수학적 계산 기술 역시 좌반구에 주로 의존하고 있는 것 같다. 이에 반해 우반구는 공간에 물건을 배치하고, 모양을 지각하며, 양을 비교하고, 그림을 그리며, 이미지를 상상으로 조작하고, 얼굴이나 표정을 알아차리며, 몸짓을 해석하는 등의 시지각 및 공간지각 과정을 주로 담당한다. 일반적으로 좌뇌는 세부사항을 잘 다루고 우뇌는 전체를 보거나 구성하기를 잘한다(Booth, 2007; Byrnes, 2001; R. Ornstein, 1997; D. J. Siegel, 2012; M. S. C. Thomas & Johnson, 2008).

그러나 사람들이 흔히 알고 있는 것과는 달리, 하나의 뇌반구만을 사용하여 사고하는 경우는 거의 없다. '좌뇌' 사고 또는 '우뇌' 사고라는 것은 실제 존재하지 않는다. 두 뇌반구는 많은 신경의 다발인 **뇌량**(corpus callosum)으로 연결되어 있고, 뇌량을 통해 두 뇌반구는 서로 정보를 주고받을 수 있어 모든 일상적 행동을 할 때마다 협력하게 된다. 좌반구가 문장의 구조와 단어의 뜻과 같은 기본적인 사항을 다루게 되는데, 이럴 경우 글자 그대로 듣거나 읽어서 해석하게 될 가능성이 있다. 우반구는 다중적인 의미 파악이나 맥락을 적용한 이해를 더 잘하기 때문에 빈정거림, 아이러니, 은유, 말장난 등을 알아차릴 수 있다(Beeman & Chiarello, 1998; Goel et al., 2007; R. Ornstein, 1997). 우반구가 없다면 아래와 같은 유머(인터넷에 유사한 내용이 많이 있음)에서 어떤 게 우스운지 알 수 없을 것이다.

> 한 여성이 일란성 쌍둥이를 출산했다. 아내와 남편은 돈이 너무 없어, 안타깝게도 아기를 입양시키고 키우지 않기로 했다. 스페인의 한 부부가 한 아기를 입양하고 후안(Juan)이라고 이름을 지었다. 이집트의 한 부부가 다른 아기를 입양하고 아말(Amal)이라고 이름을 지었다. 몇 년 후 스페인 부부가 후안의 사진을 보내왔다. "아, 아말의 사진도 하나 있었으면 좋겠다."라고 아내가 말하자, "여보, 그런데 그 애들은 일란성 쌍둥이였잖아. 후안을 보면 바로 아말을 본 거나 마찬가지야."라고 남편이 답했다.

이 유머는 '하나를 봤다면 모든 것을 본 것이다'라는 흔히 쓰는 표현을 인용해 만들어진 이야기임을 알아야 재미있다고 느낄 것이다. 이렇게 연결시키는 것은 우뇌를 사용해 가능할 것이다.

약 80%의 사람들은 좌반구와 우반구가 지금까지 설명한 것과 같이 서로 다른 기능을 갖는다. 오른손잡이의 90% 이상은 좌반구가 언어의 일차적 뇌반구로 기능하지만, 왼손잡이의 경우 60% 정도만이 좌반구가 언어의 일차적 뇌반구로 기능한다. 사고가 얼마나 한쪽으로 기울었는지에 있어서도 개인차가 있는데, 어떤 사람들은 상황에 따라서 어느 한쪽 또는 반대쪽으로 한쪽만을 사용하여 생각을 하는 반면, 어떤 사람들은 항상 양쪽을 모두 균형 있게 사용한다(R. Ornstein, 1997; D. J. Siegel, 2012).

지금까지 살펴본 바와 같이 뇌의 어느 부분이 어떤 기능을 담당하는지는 특히 피질의 경우 그렇게 확실하지 않다. 한 영역이 다른 영역에서 담당하던 기능을 수행하는 경우도 종종 있다. 예를 들면 생후 1년이 되기 전에 좌반구에 손상을 입거나 심한 뇌전증의 치료를 위해 좌반구의 일부를 수술로 제거한 경우 우반구가 그 역할을 수행하여 정상적으로 언어를 획득하게 된다. 어느 정도는 피질의 어느 부위가 어떤 종류의 정보를 처리할 것인지는 다양한 감각뉴런에서 온 어떤 정보가 어떤 장소에서 끝나는지에 달려 있다. 수술로 인해 정보가 가야 할 곳이 재정비되면 피질은 그 변화에 적응하게 된다. 나아가 피질의 서로 다른 영역들은 그 부분의 피질이 활발하게 변화되고 성숙되는 동안 어떤 특정 자극과 과제가 주어졌는지에 따라 서로 다른 역할을 맡게 된다(Beeman & Chiarello, 1998; Bryck & Fisher, 2012; Doidge, 2007; D. L. Mills & Sheehan, 2007; R. Ornstein, 1997; Stiles & Thal, 1993).

뇌구조의 상호 연관성

뇌구조에 관한 지금까지의 논의에서 알 수 있듯이 주의집중, 학습, 기억, 운동 기술 등 일상생활 기능의 여러 측면이 다양한 장소에서 다루어지고 있다. 바로 앞에서 살펴본 바와 같이 세상을 이해하고 적절히 반응하기 위해 두 뇌반구는 함께 협력한다. 그리고 모든 뉴런 하나하나가 다른 뉴런과 수백 개의 시냅스로 연결되어 있다. 뇌를 통과하는 정보는 감각정보가 처음 뇌에 닿는 지점인 정보처리체계의 '아래'에서, 정보를 통합하고 해석하거나 행동을 선택하고 통제하는 지점인 '위'로 이동할 뿐만 아니라, 그 반대방향 또는 다른 감각 양상과 운동 기능의 영역을 가로질러 이동하기도 한다. 어떤 것을 학습하거나 사고하는 것은 뇌의 여러 영역에 걸쳐 일어나는 경향이 있다(Chein & Schneider, 2012; Gonsalves & Cohen, 2010; Pereira, Detre, & Botvinick, 2011).

그렇다면 인간의 뇌와 같이 복잡하게 서로 연결된 체제는 어떻게 만들어지는 것일까? 자연은 참으로 놀라운 작품을 만들어낸다. 이제부터 뇌가 어떻게 생겨나고 발달해 가는지를 살펴보도록 하자.

뇌의 발달

뇌에 관해 널리 퍼져 있는 오해 가운데 하나는 생애 초기에 모든 '성장'이 이루어지므로 유치원에 들어가기 이전에 책 읽기, 바이올린 배우기, 미술 등 가능한 다양하고 많은 자극을 쏟아부어 그 발달 과정을 촉진해야 한다는 것이다. 그러나 이것은 진실과는 아주 거리가 멀다. 출생 이전과 생후 몇 년 사이에 뇌발달의 많은 부분이 이루어지는 것은 사실이지만, 뇌발달은 아동기, 청소년기를 거쳐 성인 초기까지도 꾸준히 지속된다. 나아가 뇌의 초기 발달을 촉진하는 경험이라는 것은 매우 평범한 것들이지 아이와 부모를 지치게 만드는 별도의 활동은 아니다.

출생 전 발달

수정 후 25일이 지나면 뇌는 작은 관의 모양으로 나타나기 시작한다. 이 관은 점점 길어져 안으로 접히면서 주머니를 만들기 시작한다. 이때 3개의 방이 생기는데, 각각이 발달하여 전뇌, 중뇌, 후뇌가 된다. 5~20주에는 매초 5~10만 개의 새로운 세포가 생성되어 엄청난 속도로 관의 내부에서 뉴런이 만들어진다(M. Diamond & Hopson, 1998). 전부는 아니지만 대부분의 뉴런이 이때 생성되는 것이다(Bruer, 1999; C. A. Nelson, Thomas, & de Haan, 2006; R. A. Thompson & Nelson, 2001).

임신 2기에 접어들면, 뉴런은 여러 가지 화학물질과 신경교세포의 도움을 받아 여러 장소로 이동한다. 어떤 장소에 도달하면 수상돌기와 축색돌기를 뻗어 서로 연결을 만든다. 이렇게 연결되는 세포들은 계속 생존하게 되어 특화된 기능을 발휘하게 되지만, 거의 반 정도는 연결에 실패하여 사라져 없어진다(M. Diamond & Hopson, 1998; Goldman-Rakic, 1986; Huttenlocher, 1993). 그러나 이러한 손실을 슬퍼할 필요는 없다. 인간의 몸은 뉴런을 과잉 생산하게 프로그램되어 있고, 뇌에는 항상 충분한 양의 뉴런이 존재하도록 만들어져 있다. 과잉 생산된 것들은 더 이상 필요하지 않고 그래서 없어지는 것이다.

유아 및 아동 초기의 발달

출생에서 만 3세 사이에 뇌는 크기 면에서 3배로 커지는데, 신경교세포의 증식이 주된 원인이다(Koob, 2009; Lenroot & Giedd, 2007). 대뇌피질은 출생 시에 가장 덜 발달된 부분으로 유아기와 아동 초기에 일어나는 피질의 변화가 아동의 사고력 및 추리력 발달의 대부분이라고 할 수 있다(예 : M. A. Bell, Wolfe, & Adkins, 2007; M. I. Posner & Rothbart, 2007; Quartz & Sejnowski, 1997).

출생 초기의 뇌발달을 특징짓는 중요한 과정으로는 시냅스 형성, 분화, 시냅스 전정(가지치기), 수초화 등이 대표적이다.

시냅스 형성

뉴런은 출생 이전에 벌써 시냅스를 만들기 시작하지만, 출생 직후 **시냅스 형성**(synaptogenesis) 속도가 급속도로 빨라진다. 뉴런이 새로운 수상돌기를 여러 방향으로 계속 만들어내면서 인접 뉴런과 연결을 늘려 간다. 이러한 시냅스 형성 과정 덕분에 아이들은 어른들보다 훨씬 더 많은 시냅스를 가지게 된다. 결국 시냅스의 급속한 증가는 멈추게 되는데, 예를 들면 청각 피질(측두엽)은 생후 3개월 정도에, 시각 피질(후두엽)은 생후 12개월에, 전두엽은 생후 2~3년에 시냅스 수가 최고조에 달하게 된다(Bauer, DeBoer, & Lukowski, 2007; Bruer, 1999; Byrnes, 2001; Huttenlocher, 1979, 1990).

분화

뉴런들이 각각 시냅스를 만들어 가면서 동시에 특화된 기능을 갖기 시작한다(McCall & Plemons, 2001; Neville & Bruer, 2001). **분화**(differentiation)라고 불리는 과정을 통해 뉴런들은 나름의 임무를 맡게 되고 다른 뉴런들과는 구별된 특성을 갖게 된다.

시냅스 전정

일상생활 속에서 무수히 많은 자극과 경험을 만나게 될 때 어떤 시냅스는 활용이 쉽고 자주 사용되는 반면, 어떤 시냅스는 별로 쓸모가 없어 점점 사라지게 된다. 이러한 가지치기, 즉 **시냅스 전정**(synaptic pruning)은 시스템적으로 그렇게 작동하도록 구축되어 있다. 뉴런의 생존과 성장을 위해서는 **영양인자**(trophic factor)라고 하는 화학물질이 필요한데, 뉴런이 다른 뉴런에 정보를 전달하면서 그 정보를 받는 뉴런이 이런 화학물질을 분비하게 만든다. 뉴런은 동일한 뉴런으로부터 규칙적으로 영양인자를 받게 되면 이 뉴런과 튼튼한 시냅스를 형성하게 된다. 어떤 뉴런으로부터는 영양인자를 받지만 다른 뉴런으로부터 영양인자를 받지 못하면 영양인자를 공급하지 않은 '비지지적인' 뉴런으로 뻗은 축색돌기를 철회한다. 그리고 어떤 뉴런이 '자극을 받지 못해서' 다른 뉴런을 흥분시키지 못하면, 약해지거나 없어지게 되는 것이다(Byrnes, 2001). 뇌의 어떤 부분은 취학 전 또는 초등학교 저학년 시기와 같이 이른 시기에 시냅스 전정이 일어나는 반면, 또 다른 부분은 더 늦게 나타나서 청소년기까지 계속된다(Bauer et al., 2007; Bruer, 1999; Huttenlocher & Dabholkar, 1997).

우리의 뇌가 과잉되게 많은 시냅스를 만들어서 이후에 남는 부분을 없애는 이유는 무엇인가? 시냅스의 경우 많다는 것이 반드시 좋은 것은 아니다. 우리가 필요로 하는 것보다 더 많은 시냅스를 만드는 것은 다양한 조건과 환경에 적응할 수 있는 잠재력이라는 주장도 있다. 환경의 규칙성을 발견해나가다 보면, 어떤 시냅스는 우리가 전형적으로 접하게 되는 것들과 일관되지 않거나 거기에 반응하는 데 필요하지 않아서 쓸모가 없어진다. 효율적인 학습과 행동에는 어떤 것에 대해 생각하고 행동하는 것도 필요하지만 어떤 것을 생각하지 않거나 행동하지 않는 것, 다시 말해 생각과 행동의 억압도 필요하다. 시냅스 전정은 뇌를 보다 효율적으로 만들어주는 자연의 섭리이다(Bryck & Fisher, 2012; Haier, 2001; C. A. Nelson et al., 2006).

수초화

앞서 언급했듯이 뉴런의 축색돌기는 수초로 감싸져 있는 경우가 있어 전기 자극이 축색을 따라 이동하는 속도를 빠르게 한다. 뉴런이 처음 형성될 때는 수초가 없지만, 신경교세포의 도움을 받아 나중에 만들어진다. 뉴런의 축색을 감싸는 과정인 **수초화**(myelination)는 오랜 시간에 걸쳐 서서히 진행된다. 기본적인 생존에 필요한 영역에서는 출생 직전 시기에 수초화가 시작되지만, 대부분은 생후 몇 년에 걸쳐 차례차례 이루어진다. 뿐만 아니라 수초화를 통해 뇌는 보다 빠르고 효율적이고 지적으로 환경에 반응할 수 있게 된다(Bryck & Fisher, 2012; M. Diamond & Hopson, 1998; Jung & Haier, 2007).

아동 중기, 청소년기, 성인기의 발달

피질에서는 시냅스 전정이 아동 중기와 청소년기에도 계속되고 수초화도 20대 이후까지 이어진다(Bauer et al., 2007; Bryck & Fisher, 2012; McGivern, Andersen, Byrd, Mutter, & Reilly, 2002; Merzenich, 2001; Steinberg, 2009). 사고와 학습의 중심 역할을 하는 전두엽, 측두엽, 해마, 편도체, 뇌량 등 여러 뇌 부위는 아동 중기부터 청소년기 후반 또는 성인기까지 그 크기가 상당히 커진다(Giedd, Blumenthal et al., 1999; Lenroot & Giedd, 2007; Sowell & Jernigan, 1998; E. F. Walker, 2002). 청소년기 후반에서 성인기 초반 기간 동안 전두엽이 상당히 성장한다는 것이 입증되고 있는데, 주의집중, 계획성, 충동조절 등의 능력이 이 시기에 크게 증가하는 것이다(Luna & Sweeney, 2004; Sowell, Thompson, Holmes, Jernigan, & Toga, 1999; Steinberg, 2009).

청소년기 뇌는 아직 성인의 뇌가 아니다라고 앞서 강조했었다. 사춘기가 되면 호르몬(예 : 여성 호르몬, 남성 호르몬)과 뇌구조의 계속적 성장이 일어나고 신경전달물질에도 변화가 생긴다(Bauer et al., 2007; Kolb, Gibb, & Robinson, 2003; E. F. Walker, 2002). 또한 사춘기에는 쾌락추구의 역할을 하는 뇌영역에서도 눈에 띄는 변화가 동반되는데, 즐거운 활동과 즉각적인 보상에 대한 욕구를 높일 가능성이 있다. 이성적인 결정을 하고 스스로 절제하는 것을 돕는 전두엽 영역이 완전히 성숙하는 것은 10대 후반에나 20대 초가 되는 이후이다(Figner & Weber, 2011; Luna, Paulsen, Padmanabhan, & Geier, 2013; Somerville, Jones, & Casey, 2010). 이런 이유로 많은 청소년들은 미리 계획하거나 자신의 충동을 억제하기 힘들어한다(Spear, 2007; Steinberg, Cauffman, Woolard, Graham, & Banich, 2009). 뿐만 아니라 논리에 근거("나쁜 결과가 나올 가능성이 높아")한 것이 아니라 감정에 근거("재미있을 거야")해 결정을 내리는 경향이 있다(Cleveland, Gibbons, Gerrard, Pomery, & Brody, 2005; V. F. Reyna & Farley, 2006; Steinberg, 2007). 따라서 청소년들의 위험 감수는 재미있는 것이 가장 첫 번째 우선순위가 되고 또래들이 하는 것을 보거나 제안하는 것을 듣고 쉽게 휩쓸리는 사회적 상황에서 매우 흔하게 일어난다.

L이 청소년기, 특히 고등학교 때 심해진 증상을 떠올려보면 알 수 있듯이, 대부분의 경우 양극성장애나 정신분열증은 청소년기 또는 성인기에 이르러서야 나타난다. 이러한 장애는 어느 정도는 뇌의 구조 이상이나 신경전달물질의 농도 이상에 기인하는데, 이러한 비정상적 상태는 사춘기 이전에는 나타나지 않거나 적어도 영향을 미치지 않는다(Benes, 2007; N. R. Carlson, 1999; Giedd, Jeffries et al., 1999; Jacobsen, Giedd, Berquin et al., 1997; Jacobsen,

Giedd, Castellanos et al., 1997).

뇌발달에 영향을 미치는 요인

유전은 뇌발달에 분명히 영향을 미치며 세포 이동, 시냅스 형성, 수초화 등의 과정을 이끈다. 대부분의 경우 뇌 스스로의 성장과 재구조화가 올바른 방향으로 이루어질 수 있게 만들어주는 것은 유전이다. 그러나 유전정보는 잘못된 방향으로 나아갈 수도 있는데, 난독증, 정신분열증, 다운증후군과 같은 장애를 초래하기도 한다.

환경적 요인도 역시 영향을 미친다. 그중 중요한 요인은 출생 전과 후의 영양인데, 뉴런의 생산과 수초화 그리고 신경교세포의 성장에 영향을 미친다(D. Benton, 2008; Byrnes, 2001; Sigman & Whaley, 1998). 납, 수은, 살충제 등의 환경적 독소도 뇌발달에 상당한 영향을 미칠 수 있는데, 특히 임신 중이나 출생 후 2~3년간이 위험하다(Hubbs-Tait, Nation, Krebs, & Bellinger, 2005; Koger, Schettler, & Weiss, 2005). 임신 기간 동안 술을 많이 마실 경우, 태어난 아이는 치명적인 **태아 알코올 증후군**을 보이는데 얼굴 생김새가 다르고, 운동협응력이 떨어지며, 언어발달이 늦고, 정신지체를 보인다(Mattson & Riley, 1998).

개인의 경험도 역시 큰 차이를 만들어낸다. 예를 들어 아동이 살아가는 가정의 환경은 따뜻하고 양육적일 수도 있고 험하고 학대적일 수도 있는데, 뇌가 구조화되어 가는 과정 자체에 영향을 미친다(Ayoub & Rappolt-Schlichtmann, 2007; Repetti, Taylor, & Saxbe, 2007). 그리고 새로운 도전과 학습의 기회도 영향을 미친다. 연령에 적합한 학습은 뇌기능을 향상시키는데, 이미 있는 뉴런, 시냅스, 신경교세포를 더 풍성하게 하기도 하고, 이들의 새로운 성장을 촉진하기도 한다(Koob, 2009; C. A. Nelson et al., 2006). 예를 들어 읽기, 주판, 악기, 저글링 등 새로운 기술을 배우는 기회는 관련된 뇌구조의 크기, 조직, 기능 등에서 눈에 띄는 변화를 가져온다(Castro-Caldas et al., 1999; Draganski et al., 2004; Elbert, Pantev, Wienbruch, Rockstroh, & Taub, 1995; K. L. Hyde et al., 2009; Kitayama, 2013). 이렇게 뇌가 서로 다른 상황이나 경험에 대해 스스로 적응해가는 것을 **가소성**(plasticity)을 가진 것이라고 한다.

지금까지 연구자들은 유전과 환경의 영향이 구분하기 불가능할 정도로 밀접히 관련되어 있다는 점을 밝혀오고 있다. 무엇보다 유전자는 그 역할을 다하기 위해 환경의 뒷받침을 필요로 한다. 예를 들면 특별히 '똑똑한' 유전자를 가지고 태어난 아이도 충분한 영양과 발달을 지원하는 환경적 자극이 있을 때에만 최대의 신경계적 발달을 이룰 수 있다(Sigman & Whaley, 1998; Turkheimer, Haley, Waldron, D'Onofrio, & Gottesman, 2003). 둘째, 아이들은 자신의 타고난 능력에 맞는 환경적 조건을 찾는 경향이 있다(Nisbett et al., 2012; Tucker-Drob, Briley, & Harden, 2013). 예를 들어 탁월한 수추리력을 타고난 아이들은 고급 수학 반에 들어가고 나아가 여러 방식으로 자신의 타고난 역량을 키워 나간다. 중간 정도의 수추리력을 타고난 아이들은 그런 도전을 하려고 하지 않고, 이에 따라 수학적 기술을 향상시킬 기회가 적어지고 그와 관련된 뇌구조의 발달 기회도 함께 적어진다. 마지막으로, 유전의 영향을 받는 신경계 발달의 어떤 부분은 발달의 특정 시기의 환경적 영향에 매우 민감한데, 이제 유전-환경 상호작용이 실현되는 특성에 대해 알아볼 것이다.

뇌발달의 결정적 또는 민감한 시기

뇌는 변화하는 상황에 대해 상당히 적응적이지만, 환경이 보내는 자극이 너무 적거나 계속 잘못된 자극을 보낼 경우라고 해서 항상 그 반대의 일이 일어나는 것은 아니다. 때로는 환경적 자극이 언제 주어지는지에 따라 달라지기도 한다. 예를 들어 다음의 사례를 보자 — 10세 이전에 훈련을 받았던 연주자들은 그 이후 훈련을 시작한 연주자들보다 악기를 연주할 때 뇌의 특정 부위 활성 수준이 더 높다(Elbert et al., 1995). 10세 이전에 훈련을 받은 연주자들이 반드시 연주를 더 잘하는 것은 아니지만, 10세 이후에 훈련을 받은 연주자들은 뇌의 발달을 충분히 이룰 수 있는 기회를 놓친 것 같다.

어떤 인지적 능력은 일정한 연령에만 정상적인 발달을 위해 환경적 자극이 필수적인 **결정적 시기**(critical periods)가 있는 것 같다. 또 어떤 인지적 능력은 **민감한 시기**(sensitive periods)를 갖는다고 할 수 있는데, 어떤 연령 동안 보다 강력한 영향력을 갖지만 그 시기가 지났다고 해서 기회의 창이 완전히 닫히는 것은 아니다.

연구자들은 시지각 발달의 결정적 시기에 대해 계속 밝혀오고 있다(Bruer, 1999; Hubel, Wiesel, & Levay, 1977; Levay, Wiesel, & Hubel, 1980). 예를 들면 태어날 때 시각을 가리는 백내장을 가진 경우 수술 시기가 시각정보처리를 맡은 뇌 부위의 발달에 절대적인 영향을 미친다. 만약 백내장을 만 2세 이전에 제거하게 되면 비교적 정상적인 시력을 발달시키지만, 수술을 이후로 미루게 되면 그쪽 눈은 제한적인 시력만 갖게 되거나 기능적으로 눈이 멀게 된다(Bruer, 1999; Maurer, Lewis, Brent, & Levin, 1999; Ostrovsky, Andalman, & Sinha, 2006).

언어발달에 있어서도 결정적 시기 또는 민감한 시기가 존재하는 것으로 보인다. 생애 초기 언어에 거의 또는 전혀 노출되지 않는 경우 이후에는 아무리 집중적인 언어교육을 해도 언어를 습득하기 쉽지 않다(Curtiss, 1977; Newport, 1990). 또한 생후 수일 또는 수 주까지는 다양한 언어에서 사용되는 소리를 모두 구별할 수 있지만, 6개월 이후에는 자신이 주로 듣는 언어에서의 소리 차이만 듣는다(P. K. Kuhl, Tsao, & Liu, 2003; P. K. Kuhl, Williams, & Lacerda, 1992). 예를 들어 영어권의 사람들은 'L' 발음과 'R' 발음을 서로 다른 소리로 취급하지만, 일본어를 사용하는 사람들에게는 하나의 소리이다. 따라서 영어를 쓰는 아이들은 이 두 음의 차이를 계속 듣지만 일본어를 쓰는 아이들은 이 두 음의 차이를 구분하는 능력을 금방 잃게 된다. 대학원 때 기숙사 룸메이트였던 키쿠코는 학교에 들어가지 전까지는 영어를 배운 적이 없는 일본인이었다. 키쿠코는 비가 오는 날 umbrella(우산)가 아닌 umblella를 가지고 온다고 말하며, 체육관에서 트랙을 돌 때 lap(랩타임, 한 바퀴 돌 때 걸리는 시간)이 아니라 rap을 잰다고 말하곤 했다.

제2외국어 학습에 관한 연구들도 언어발달의 결정적 시기를 제안하고 있다. 제2외국어의 발음을 문제없이 하려고 하면 적어도 청소년기 중반 이전, 더 나아가 취학 전이나 초등학교 저학년 시기에 제2외국어를 배워야 한다(Bialystok, 1994a; Flege, Munro, & MacKay, 1995; M. S. C. Thomas & Johnson, 2008). 5~10세 정도에 제2외국어에 몰입하게 되면 제2외국어의 복잡한 문장구조를 보다 쉽게 습득할 수도 있다(Bialystok, 1994a, 1994b; Birdsong, 2006; Bortfeld & Whitehurst, 2001). 나이가 언어습득에 미치는 영향은 제2외국어의 발음과 문장구조가 많이 다를 때 특히 그 영향력이 크다(Bialystok, 1994a; Doupe & Kuhl, 1999; Strozer, 1994).

다시 '뇌발달의 결정적 또는 민감한 시기는 어느 정도인가?'라는 질문으로 돌아가보자. 시지각과 같은 어떤 기본적인 능력과 언어발달의 어떤 측면은 상당히 경직된 결정적 시기를 갖는 것 같다. 그러나 이런 영역의 기회의 창도 보다 구체적인 능력 수준으로 내려가면 달라진다. 예를 들어 색채 지각, 운동 지각, 깊이 지각은 서로 다른 발달의 시간대를 이루고 있고, 소리 변별, 발음, 의미구조의 습득도 서로 다른 발달의 시간대를 이룬다(Bruer, 1999; Neville & Bruer, 2001; M. S. C. Thomas & Johnson, 2008). 나아가 기회의 창은 그 기간을 지나서도 서서히 닫히고, 적절한 경험이 제공될 경우에는 꽤 오랫동안 좁지만 계속 열려 있기도 한다.

그러나 학교와 대학에서 가르치는 주제나 기능의 대부분은 읽기나 산수 같은 기초적인 것이라 해도 결정적 시기나 민감한 시기를 갖지 않는다(Bavelier & Neville, 2002; McCall & Plemons, 2001; C. A. Nelson et al., 2006). 십대 또는 성인이 될 때까지 접해보지 않은 주제나 기술도 충분히 숙달될 수 있는 경우도 적지 않다. 예를 들면 나는 16세 이전까지 운전을 배워보지 않았고, 대학에 들어와서부터 심리학 공부를 시작했으며, 대학원에 가서야 처음 라켓볼을 해보았지만, 오랜 시간의 연습을 통해 이런 것들을 상당히 잘하게 되었다.

경험 기대 가소성과 경험 의존 가소성

초기 경험이라고 하면 정확하게 언제까지가 중요하고 언제부터 중요하지 않은가? 그리노프, 블랙, 월러스(Greenough, Black, & Wallace, 1987)는 서로 모순을 보이는 자료를 구분해주고 있다. 자연의 섭리에 따라 우리의 뇌는 우리가 속한 특정한 물리적 환경이나 문화적 환경에 적응할 수 있도록 진화되어 왔지만, 우리 스스로 뇌발달을 이룰 자극을 이미 가지고 있기도 하다. 여러 영역에 걸쳐 인간이 가지고 있는 시지각이나 언어와 같은 기술들은 우리 뇌가 **경험을 기대하고**(experience-expectant) 있었던 것으로, 환경을 만나면서 겪게 되는 경험을 통해 능력을 정교화한다. 뇌는 양쪽 눈으로부터 들어오는 시각정보를 해석할 수 있는 능력을 가지고 있지만, 한쪽이 보이지 않으면 그것을 보완하기 위해 재구조화를 한다(Bavelier & Neville, 2002; T. V. Mitchell, 2007). 여러 언어의 소리를 구분하는 능력을 가지고 태어났지만, 모국어를 알아차리는 데 필요하지 않은 세세한 차이는 무시하고 언어이해에 중요한 소리를 효과적으로 구분할 수 있는 길을 연다. 시냅스 형성, 분화, 시냅스 전정 등의 현상은 뇌가 다양한 환경에 적응할 수 있도록 초기에 준비되어 있다가 실제로 접하는 환경에서 0의 상태에서부터 시작할 수 있는 기제를 제공할 것이다(Bruer & Greenough, 2001; P. K. Kuhl, Conboy, Padden, Nelson, & Pruitt, 2005; M. S. C. Thomas & Johnson, 2008). 이러한 0점 출발은 모국어를 이해하고 말하는 것과 같은 일상적인 상황을 효과적으로 다룰 수 있는 뇌의 능력을 확실히 향상시켜 주지만, 일상적 사고가 과일반화(override)되어 나중에 제2외국어를 배우는 것과 같이 전혀 다른 것을 하기가 어려워진다.

독서, 음악, 운전, 심리학, 라켓볼 등 많은 새로운 내용 영역이나 기술 영역이 비교적 최근에 인간의 문화에 포함되었고 모든 문화에 존재하고 있는 것도 아니기 때문에, 이런 것들은 자연의 섭리가 진화적 유산으로 마련해둘 시간도 그럴 방향성도 없었다(Bruer, 1997, 1999; Byrnes, 2001; M. Wolf, Gottwald, Galante, Norton, & Miller, 2009). 특정 문화나 사회집단에만 고유하게 존재하는 영역이나 기술은 **경험 의존적**(experience-dependent)이다. 이들은 환경이 이것을 길러줄 때만 나타나고, 어느 연령에서든 나타날 수 있다. 사람이나 동물이나 모두 평생에 걸쳐 약한 시냅스를 강화하고 새로운 시냅스를 만들면서 많은 경험 의존적인 가소성을 발휘한다(Greenough et al., 1987; Maguire et al., 2000; Merzenich, 2001; C. A. Nelson et al., 2006). 예를 들어 85세인 나의 시어머니는 애리조나에서 뉴햄프셔의 우리 집 근처로 이사 왔다. 그녀는 은행, 철물점, 미용실, 식료품점 등에 가고, 비슷한 취미를 가진 사람들을 찾고, 동네와 주에 돌고 있는 정치적 이슈를 아는 등과 같은 새로운 지역사회에서 지내기 위해 필요한 여러 가지 지식과 기술을 쉽게 배우셨다.

학습에 대한 뇌의 준비도

언어발달에 대해 다시 한 번 살펴보기로 하겠다. 언어를 말하거나 이해하는 것은 정말 기적 같은 일이다. 다양한 자음과 모음을 만들어내기 위해 필요한 미묘한 움직임을 익혀야 할 뿐만 아니라 수만 개의 단어 뜻과 언어학자들조차 체계화하기 힘들어할 만큼 많고 복잡한 문장 구조까지 익혀야 한다. 아이들이 어떻게 그렇게 빨리 언어를 습득할 수 있는지는 아직도 아동발달 분야의 큰 수수께끼로 남아 있다. 태어날 때부터 어떤 언어를 알고 있는 것이 아닌 것은 분명한데, 어떤 언어든지 많이 듣는 언어를 습득하는 데 필요한 어떤 조력체제를 가지고 있는 것으로 보인다. 예를 들면 앞에서도 살펴보았듯이, 어린 유아들은 아주 비슷한 발음의 미묘한 차이를 탐지할 수 있다. 더구나 그들은 하나의 소리를 작은 음절로 나눌 수 있고, 들은 내용에서 공통적인 패턴을 확인할 수 있으며, 경험을 어떤 식으로 범주화하는 몇 가지 내장된 개념들(예 : 빨강, 분홍, 노랑과 같은 색깔)을 가지고 있는 듯하다. 그들은 또한 어떤 식으로 문법적 구조를 형성하도록 하는 보편 문법을 가지고 있는 듯하다(Chomsky, 2006; Gopnik, 1997; D. Lightfoot, 1999; O'Grady, 1997; Pinker, 2007).

어떤 학자들은 다른 영역도 마찬가지로 이미 준비되어 있다고 제안하고 있다. 다음은 유아들을 대상으로 한 연구 결과들이다.

- 생후 24시간 내에 유아는 가까이 있는 사물과 멀리 떨어져 있는 사물을 구분하는 능력을 가지고 있음을 확인할 수 있다(A. Slater, Mattock, & Brown, 1990). 거리에 관한 것을 학습할 수 있을 만큼의 기회가 주어지지 않았지만 거리를 판단할 수 있는 것이다.
- 생후 하루 이틀 만에 유아는 입을 오므리거나 입을 벌리거나 혀를 내미는 등 성인의 표정을 흉내 낼 수 있다(T. F. Field, Woodson, Greenberg, & Cohen, 1982; Meltzoff & Moore, 1977; Reissland, 1988). 남들이 어떤 행동을 하는 것을 볼 때 그것과 자신이 할 수 있는 것을 연결할 수 있는 것 같다. 인간을 포함하여 영장류에게는 스스로 어떤 행동을 하거나 다른 사람이 같은 행동을 하는 것을 볼 때 동시에 활성화되는 뉴런을 가지고 있다(Gallese, Gernsbacher, Heyes, Hickok, & Iacoboni, 2011; Murata et al., 1997; Rizzolatti & Sinigaglia, 2008). 이런 뉴런을 **거울뉴런**(mirror neuron)이라고 부르는데, 유아가 그렇게 이른 시기에 다른 사람의 흉내를 내는 것도 이 뉴런 덕분이다. 다른 사람의 행동을 볼 때 자신이 그 행동을 할 때 사용하는 것과 같은 신경을 사용하는 것이다.
- 생후 3~4개월이 되면 어떤 딱딱한 사물이 다른 것을 통과하거나, 어떤 사물이 공중에서 멈추는 것처럼 보이거나, 중간에 이동하는 것이 보이지 않고 갑자기 한 장소에서 다른 장소로 옮겨지는 것을 볼 때 놀라는 반응을 보인다(Baillargeon, 1994; Spelke, 1994; Spelke, Breinlinger, Macomber, & Jacobson, 1992). 이것은 유아가 사물이 경계를 가지고 있는 어떤 실체라서 잡고 있지 않으면 떨어지고 그렇기 때문에 공중에 있는 사물은 계속 움직일 것이고 어느 정도는 예측이 가능하다는 것을 알기 때문이다.

이러한 연구 결과들에 기초하여 유아들이 물리적 현상에 대한 **핵심적인 지식**(core knowledge)들을 생물학적으로 이미 가지고 있다는 이론이 대두된다(예 : Baillargeon, 2004; M. Cole & Hatano, 2007; Spelke, 2000). 이런 지식은 물론 진화론적으로 획득된 것으로 환경에 대한 학습을 시작할 수 있는 기반이 되는데, 이것은 다른 종의 진화 과정에서도 발견된다(Spelke, 2000).

인간의 뇌가 어느 정도까지 이미 준비되어 있는지 지식을 획득할 수 있는 소인을 얼마나 가지고 있는지는 아직 풀리지 않고 있는 문제로 해답을 얻는 데는 시간이 더 필요할 것이다. 출생 시점에서 유아가 어떤 지식을 가지고 있다는 것을 측정할 수 없다면, 유아들이 보이는 능력들이 타고난 지식이 아니라 경험과 연습에 의한 것이라는 가능성을 배제할 수 없다. 실험복을 입은 연구자들이 분만실에서 신생아를 '연구'해야 한다고 하면서 데려간다고 상상해보라. 어느 부모가 거기에 동의서를 써 줄 수 있을지 매우 의심스럽다.

학습에 관한 생리학적 기초

생리학적 관점에서 볼 때 학습은 어디에서 어떻게 일어나는가? 많은 연구자들은 학습은 기본적으로 뉴런들 사이의 연결에 변화가 생기는 것이라고 보는데, 특히 기존 시냅스의 강화 또는 약화나 뉴런의 수용 부분인 수상돌기의 숫자나 복잡성의 변화로 본다(예 : Hebb, 1949; Lichtman, 2001; M. I. Posner & Rothbart, 2007; Trachtenberg et al., 2002). 그러나 또 다른 현상도 존재하고 있다. 한 개인이 가진 모든 뉴런은 태아 초기 첫 몇 주에 모두 만들어진다는 것이 지금까지 알려진 것이었다. 최근에는 새로운 뉴런이 만들어지는 **뉴런 생성**(neurogenesis)이 해마, 전두엽, 측두엽 등 특정 영역에서는 전 생애에 걸쳐 일어나고 있음이 확인되었다. 새로운 학습 경험은 새로 생긴 뉴런의 생존비율을 높이고 성숙을 도와주는 듯하며 학습 경험이 없으면 이 뉴런은 천천히 사라진다(Gould, Beylin, Tanapat, Reeves, & Shors, 1999; Leuner et al., 2004; C. A. Nelson et al., 2006; Sapolsky, 1999; Spalding et al., 2013).

성상세포(astrocyte)로 알려진 별 모양의 신경교세포는 학습과 기억에 뉴런 이상으로 중요한 것 같다. 인간에게 있어서, 성상세포는 수적으로 뉴런을 훨씬 능가하며, 화학적으로 서로 간에 그리고 뉴런들과 무수히 연결되어 있다. 그리고 뉴런이 하는 일과 뉴런들이 얼마나 상호 교류를 할지에 대해 상당한 통제를 하는 듯하다(X. Han et al., 2013; Koob, 2009; Oberheim et al., 2009; Verkhratsky & Butt, 2007).

새롭게 획득된 정보와 기술들이 **공고화**(consolidation)라고 불리는 과정을 거쳐 대뇌피질에 '자리를 잡기 위해서는(firm up)' 어느 정도 시간이 필요하다(예 : Rasch & Born, 2008; M. P. Walker, 2005; Wixted, 2005). 공고화는 몇 분, 몇 시간, 며칠, 혹은 그 이상 걸릴 수 있는 아주 점진적인 과정인 것 같다. 신경과학자들은 여전히 공고화의 기저가 되는 특수한 신경학적 기제에 대하여 탐구한다. 신경학적 기제로는 낮은 수준의 무의식적 활성화나 반복적 시연이나 새로운 연결의 강화가 있을 수 있다(Bauer et al., 2007; Rasch & Born, 2008; D. J. Siegel, 2012). 어떠한 경우이든, 두뇌 손상과 다른 신체적 외상 사건이 공고화를 의미심장하게 붕괴시킬 수 있다. 예를 들면 교통사고 등으로 머리를 다친 사람들은 오래전 일은 잘 기억하면서 사고가 나기 직전 몇 초, 몇 분, 며칠, 몇 주, 몇 개월 동안 일어난 일에 대해 기억하지 못하는 경우가 있다. 부상을 입은 후 잠깐 동안 의식을 잃었을 경우 이런 **역행성 기억상실**(retrograde amnesia) 현상이 흔히 나타나는데, 최근에 새로 일어났던 일에 대해 더 이상 생각할 수 없었기 때문인 것으로 가정하고 있다(D. J. Siegel, 2012; Squire & Alvarez, 1998; Wixted, 2005).

학습이 어디에서 일어나는가에 대한 답은 '여러 장소에서'이다. 새로운 정보와 사건에 주의를 집중하고 생각할 때 전두엽이 활성화되는데, 이미 획득한 지식에 비추어 새로 들어온 정보를 해석할 때는 정도의 차이는 있지만 대뇌피질의 모든 곳이 활성화된다(Byrnes, 2001; Cacioppo et al., 2007; Huey, Krueger, & Grafman, 2006). 해마 모양의 해마가 학습 과정의 중심 역할을 하는데, 뇌의 여러 부위에서 동시에 들어오는 정보를 통합한다. 그러고 나서 해마는 새로 만들어진 기억을 나중에 다시 회상할 수 있도록 하는 공고화 과정의 중심 역할을 한다(Bauer, 2002; Davachi & Dobbins, 2008; Shohamy & Turk-Browne, 2013; Squire & Alvarez, 1998). 변연계에 함께 존재하는 편도체는 어린 시절에 형성되는 언어 사용 이전의 정서적 기억에 기여한다(Cunningham & Brosch, 2012; LeDoux, 1998; Wisner Fries & Pollak, 2007).

학습이 어디에서 어떻게 일어나는지 밝히고 있지만, 뇌의 구조와 생리학에 관한 지식이 학습에 관한 모든 것을, 특히 교육과정에서 학습을 최대한 촉진하고 증진할 방법을 설명해주고 있는 것은 아님을 기억해야 한다. 이제 뇌에 관한 연구들이 적절하고 효과적인 교육 실제에 어떤 의미를 갖는지 살펴보기로 하자.

뇌연구의 교육적 시사점

의도는 좋지만 잘못된 정보를 가진 사람들이 최근 뇌연구의 발달을 극찬하면서 교육에 주는 시사점들을 과장하고 있다. 예를 들면 '더 나은 뇌 만들기', '뇌기반 교육과정', '우뇌교육'이라는 주장을 하고 있다. 이런 용어들은 뇌의 기능에 대해 제대로 알지 못한 채 나온 것들이다. 뇌연구는 아주 초기 단계에 있고, 뇌기능에 대해 지금까지 밝혀진 것들은 잠정적인 것들이고 논란의 여지가 많다. 다음은 지금까지의 연구를 통해 자신 있게 내릴 수 있는 결론들이다.

- **시냅스의 손실은 피할 수 없는 일인 동시에 바람직한 것이다.** 어린 시절에 형성된 시냅스를 보존하기 위해 노력한다는 입장에서 유아기와 아동 초기에 가능한 자극이 많은 환경에 있어야 하고 따라서 교육, 운동, 예술을 가능한 일찍 시작해야 한다고 주장하는 사람들이 있다. 그러나 시냅스를 키워주는 지지체의 공급이 제한적이기 때문에 시냅스 전정은 피할 수 없다는 것을 앞서 확인했다. 그리고 이러한 시냅스 전정은 불필요한 시냅스를 제거하여 뇌의 효율성을 높여주기 때문에 오히려 이롭다. 시냅스 생성과 시냅스 전정의 과정은 인간의 적응과 유연성을 가능하게 하는 자연의 이치인 것이다. 많은 학습과 추상적 사고와 같은 인

지적 능력의 발달은 대부분의 시냅스 전정이 완료된 다음에 나타난다(Bruer, 1999).

- **여러 가지 환경이 경험-기대 영역의 정상적인 신경계 발달을 돕는다.** 결정적 시기라고 하는 특정한 연령에서 특정 자극이 발달에 결정적인 역할을 하는 발달 영역의 경우, 그에 필요한 자극은 아동이 실제로 어떤 문화를 접하는 경험 속에 있어야 한다. 예를 들면 양쪽 눈으로 보는 능력을 습득하기 위해서는 두 눈에 규칙적으로 똑같은 시각자극이 들어와야 한다. 언어의 정상적 발달을 촉진하기 위해서는 실제 말이든 일부러 만든 신호든 언어에 계속 노출되어야 한다(Bruer, 1999; McCall & Plemons, 2001; Newport, 1990). 이러한 경험은 풍부한 양육환경이나 유치원만이 아니라 저소득층의 빈곤층이나 개발도상국의 원주민 집단에서도 제공된다.
- **전 생애를 통해 풍요로운 환경과 경험은 경험-의존 영역에서의 발달을 상당히 향상시킨다.** 대부분의 사회문화적 환경이 경험-기대 능력을 충분히 양육하더라도, 어떤 환경적 조건은 경험-의존 능력의 발달에 특히 더 유익하다. 예를 들면 좋은 조기교육을 받은 아동이 인지적으로 유리해지는데, 예컨대 더 많은 지식과 기술을 습득하고 지능검사에서도 더 높은 점수를 받는다(NICHD Early Child Care Research Network, 2002; Nisbett et al., 2012; Schweinhart et al., 2005; Zigler, 2003). 그러나 생애 초기 획득된 이러한 이득은 학령기 동안 촉진적인 경험을 이어가지 못하면 시간이 지나면서 약화되어 결국에는 사라진다(Brofenbrenner, 1999; Brooks-Gunn, 2003; Farran, 2001; Raudenbush, 2009). 교육자와 정책입안자들은 모든 달걀을 하나의 연령 바구니에 담지 말아야 한다. 인지적 발달의 촉진은 장기간 동안 지속되어야 하는 일이다.
- **결정적 시기와 민감한 시기로 특징지어지는 발달 영역에서 기회의 창은 최소한 조금씩은 열려 있는 경우가 많다.** 결정적 시기와 민감한 시기의 개념은 특정한 능력이 양육되는 최적의 시간을 말해주는 개념이지만, 그것이 유일한 시기를 의미하지는 않는다. 여러 원인에 의해 아동은 적절한 시기에 필요한 자극에 거의 노출되지 못하거나 아예 노출되지 못할 수 있다. 예를 들면 부모의 경제력 때문에 백내장 수술을 미루게 되거나 태어날 때부터 청각장애인 경우 실제로 지각할 수 있는 수화 같은 언어적 자극은 학교에 들어가야 처음 접하게 된다. 연구자와 교육자들은 어떤 것을 그 시기에 했는가 못했는가에 대해 너무 얽매이지 말고, 이렇게 결정적 시기를 놓쳐버린 아이들의 결손을 보충하기 위해 어떻게 개입하고 조력할 것인가에 노력을 기울여야 할 것이다(Bruer, 1999; Feuerstein, Feuerstein, & Falki, 2010).

그러나 매우 중요한 유의사항 한 가지를 언급하려고 한다. 중요한 결정적 시기는 출생 전 시기인데, 뇌발달이 제대로 이루어지기 위해 임신 초기 첫 몇 개월 동안은 적절한 영양 공급과 유해물질(납, 수은, 방사선 등)로부터의 보호가 필수적이다. 이 시기에 영양이 부족하거나 유해물질에 노출될 경우 발생하는 부작용은 이후에 회복되지 않는 것으로 밝혀지고 있다.

- ‘좌뇌 교육’이나 ‘우뇌 교육’이라는 것은 없다. 많은 아동이나 성인이 뇌반구 중 어느 한쪽이 더 발달되어 있다고 주장하면서 ‘좌뇌’ 학습자 또는 ‘우뇌’ 학습자라고 구분하여 명명하고, 교육도 각 뇌반구의 선호에 맞게 맞춤형으로 제공되어야 한다고 주장하는 사람들이 있다. 이러한 이분법적 주장은 훈육이 잘 안 되고 합리적인 사고를 싫어하는 학생들을 정당화하기 위해 사용해온 ‘사이비과학’이다. 우리가 지금까지 살펴본 바와 같이, 뇌반구는 양쪽 모두 어떤 사고나 학습을 하더라도 긴밀하게 협력하고 있다. 전두엽 절제술을 하지 않는 이상(절대로 권장하는 것은 아님) 한쪽 반구만을 훈련시키는 것은 아무 소용이 없을 것이다.
- 좋은 수면 습관과 규칙적인 운동은 뇌기능을 향상시킨다. 잘 알고 있겠지만, 잘 자고 일어나면 정신적으로 더 민첩해지고 해를 끼치는 병균들을 물리칠 수 있도록 해준다. 더불어 수면은 뇌가 새로운 기억을 공고화하는 과정을 도와 보다 오랫동안 기억할 수 있게 해준다(Hu, Stylos-Allan, & Walker, 2006; Payne & Kensinger, 2010; Rasch & Born, 2008).

  또한 운동은 특히 심혈관계의 안정을 돕는 유산소운동이 포함될 때 도움이 되는 것 같다. 운동은 사람들이 당장 할 일을 할 때 보다 생산적이 되도록 돕는 뇌구조의 기능을 특히 향상시키는 데 도움이 된다(Castelli, Hillman, Buck, & Erwin, 2007; K. I. Erickson et al., 2011; Tomporowski, Davis, Miller, & Naglieri, 2008).
- 뇌연구는 학습과 인지에 관한 이론을 정교화하는 데 도움을 주고 있지만, 무엇을 가르치고 그것을 가르치기 위한 최선의 방법이 무엇인지에 대해서는 거의 말해주지 않고 있다. 뇌의 구조와 기능에 대한 연구가 거듭될수록 사람들이 어떻게 생각하고 배우는지에 대한 다양한 심리학적 설명은 긍정하기도 하고 부정하기도 할 것이다(예 : Byrnes, 2007; Varma, McCandliss, & Schwartz, 2008). 그리고 심리학자들이 학습과 인지에 관한 이론들을 발전시켜 나감에 따라, 효과적인 학습과 행동을 촉진할 수 있는 교수법과 치료적 개입이 보다 명확해질 것이다.

어떤 경우든 사고, 지식, 해석 등과 같은 심리적 현상을 단지 생리적인 현상만으로 설명할 수는 없을 것이다(예 : G. A. Miller, 2010; Poldrack, 2010; Veenman, 2011 참조). 예를 들면 뇌연구가 어떤 정보와 기술이 인간에게 가장 중요한 것이라고 말할 수는 없을 것인데, 무엇이 중요한 것인지는 문화적으로 다를 수 있고 우선순위를 정하는 것은 가치개입적인 판단이기 때문이다(L. Bloom & Tinker, 2001; Chalmers, 1996; H. Gardner, 2000). 그리고 뇌연구는 학습자들의 주요 정보 및 기술의 습득을 우리가 어떻게 잘 도와줄 수 있을 것인지에 대한 막연한 몇 가지 지침만을 이 정도로 제공해주었다(Bandura, 2006; D. Kuhn & Franklin, 2006; Varma et al., 2008). 다행히 앞으로 전개될 학습이론들은 뇌의 구조나 생리학이 아닌 인간 행동에 대한 연구에서 도출된 것들로 다양하고 효과적인 교수법과 개입 전략을 제공할 것이다.

요약

모든 메시지는 (a) 각 뉴런을 통과하는 전기적 이동과 (b) 뉴런과 뉴런을 잇는 시냅스를 지나가는 화학적 이동의 두 가지 과정을 통해 뇌와 척수를 포함한 인간의 신경계를 지나간다. 척수에 있는 시냅스가 기본적인 몇 가지 반사를 담당하고 있지만, 신체 전반에 걸친 대부분의 결정은 뇌에서 이루어진다.

동물 연구, 시신의 뇌에 대한 연구, 뇌손상 환자에 대한 사례연구, 피질의 전기적 정보 기록, 뇌영상 기술 등 다양한 연구 방법의 발전과 함께 뇌가 어떻게 기능하는지에 대해 많은 것이 밝혀지고 있다. 의식, 사고, 학습을 비롯한 인간의 고등 기능은 인간에게 있어 가장 최근에 진화한 뇌의 부위인 전뇌가 주로 담당한다. 어떤 단어를 식별하거나 이해하는 것, 정보의 한 부분을 기억하는 것과 같은 간단한 과제 처리 과정에도 좌반구와 우반구를 포함한 뇌의 여러 부위가 협력하여 수행한다.

뇌는 태아 첫 달 말부터 시작되어 6개월이 지나면 개인이 평생 갖게 되는 대부분의 뉴런 생성이 완료되고 그들의 종착지로 이동하기 시작한다. 뉴런 사이의 시냅스는 출생 후부터 생성되기 시작하는데, 출생 직후 시냅스 생성 속도는 급속히 증가하여 성인보다 더 많은 시냅스를 갖게 된다. 아동기와 청소년기를 지나면서 환경에 적응하고 효율성을 높이기 위해 뇌에서 사용되지 않는 시냅스들이 전정 과정을 통해 줄어들기 시작한다. 뇌발달의 대부분이 출생 이전부터 아동 초기에 일어나지만, 뇌의 구조와 신경전달물질의 작은 변화들은 청소년기와 성인기에도 지속된다. 신경계 발달의 과정은 유전적 정보를 따르지만, 영양상태, 환경유해물질, 학습 경험 역시 영향을 미친다.

시지각과 언어와 같은 기본적이고 오랫동안 지속되는 인간 능력의 발달에는 결정적 시기가 존재하고 있다는 증거가 많다. 그러나 글을 읽고 쓰는 능력이나 수학과 같은 다양한 능력은 어느 나이에도 습득될 수 있고, 새로운 지식과 기능의 습득 능력은 전 생애를 통해 유지된다. 언어의 어떤 요소나 물리적 세계에 대한 기본 지식과 같은 특정한 지식이나 기능은 인간의 생존에 필수적인 것으로 이미 가지고 태어나거나 적어도 매우 빠른 속도로 쉽게 습득된다고 가정하는 학자들이 많다.

많은 학자들은 기존 시냅스의 변형, 새로운 시냅스의 생성, 새로운 뉴런의 생성이 학습의 주된 과정이라고 본다. 그러나 별 모양의 신경교세포인 성상세포가 학습과 기억에 중요한 역할을 한다는 것이 점차 밝혀지고 있다.

때때로 교육자들은 뇌연구 결과로부터 근거 없는 시사점을 도출해내곤 한다. 생애 초기 경험이 중요하긴 하지만 유아나 학령전기 아동에 대한 집중적이고 구조화된 조기교육 프로그램은 시냅스 전정을 막지 못하고, 이러한 조기교육이 신경계 발달에 어떤 이득이 되는지 밝혀지지 않고 있다. 나아가 모든 과제와 활동에서 뇌의 양 반구는 서로 협력하여 기능하고 있기 때문에 우뇌 교육 또는 좌뇌 교육이라고 하는 것은 정말 근거가 없는 주장이다. 뇌연구의 결과들은 심리학자들이 학습과 인지에 대한 이론적 설명을 정교화하는 데 도움을 주고 있지만, 효과적인 교수적 실무에 관한 지침을 충분히 제공해오고 있지는 않다.

행동주의 학습관

제3장 행동주의 원리와 이론

제4장 행동주의 원리의 적용

3

행동주의 원리와 이론

학습 성과

3.1 행동주의 학습이론의 기저가 되는 주요 가정을 확인한다.

3.2 고전적 조건형성이 어떻게 일어나는지 설명하고, 고전적 조건형성의 예와 행동상의 관련 현상을 인지할 수 있으며, 고전적 조건형성된 비생산적 반응들을 교사나 치료자가 감소시키거나 제거할 수 있는 적어도 두 가지 접근법을 기술한다.

3.3 작동적 조건형성은 무엇이며 그것은 언제 잘 일어나는지 기술하고, 작동적 조건형성의 예와 실생활 장면에서의 관련 현상들을 인식한다.

3.4 정적 강화, 부적 강화, 벌의 여러 예를 확인하고, 부적 강화와 벌이 어떤 점에서 차이가 있는지 설명한다.

3.5 인지와 동기 요인이 현대 학습이론에서 때때로 어떤 역할을 하는지 설명한다.

나의 아이들은 어릴 때 종종 자신들의 상황을 개선하기 위한 행동을 했다. 가령 알렉스는 몹시 원하는 것을 사기 위해 돈이 필요할 때는 그런 경우가 아니라면 결코 하지 않을 행동을 한다. 이를테면 잔디를 깎는다든가 욕조를 닦는다든가 한다. 제프는 형보다 돈에 관심이 덜하지만 친구랑 함께 밤을 새기 위해서는 재해지구라 부르는 자신의 침실을 기꺼이 청소한다.

나의 아이들은 또한 불쾌한 상황이 일어나도록 하는 행동을 하지 않는 것을 학습했다. 가령 티나가 사춘기에 접어들자 밤늦게 친구들을 만나러 공원이나 편의점에 몰래 빠져나가는 짜릿함을 알았다. 웬일인지 티나는 인형 머리를 베개 위에 놓고 담요를 침대 커버에 쑤셔 넣어 사람이 있는 것처럼 한다면 결코 들키지 않으리라고 생각했다. 티나는 몇 번이나 이렇게 했는지 확실히 말할 수 없지만 나는 두 번 이러한 상황을 발견하고 티나가 돌아올 때 사용하려고 한

침실 창문을 재빨리 잠갔다. 추운 밤공기 때문에 티나는 집에 들어오기 위해 어쩔 수 없이 현관문 초인종을 눌러야 했다. 하룻밤의 위반에 대해 2주간의 외출금지를 당한 후 티나는 야간 통행금지 시간을 좀 더 진지하게 받아들이기 시작했다.

결과가 행동에 영향을 미친다는 개념은 100년 넘게 심리학자들의 사고에 영향을 미쳤으며 특히 행동주의 학습이론을 지배해왔다. 이 장에서는 행동주의 접근법의 기저가 되는 몇 가지 기본 가정들을 살펴보고 나서 지배적인 두 행동주의 이론으로 돌아가고자 한다. 그중 하나는 고전적 조건형성으로서, 한 환경에서 두 가지 자극이 동시에 나타날 때 일어나는 학습 현상을 설명한다. 다른 하나는 작동적 조건형성으로서, 보상하는(강화하는) 결과가 학습과 수행을 어떻게 증진할 수 있는지에 초점을 둔다. 이 장의 마지막에 가서는 혐오스러운 결과가 학습자 행동에 미치는 영향을 검토할 것이다.

행동주의의 기본 가정

제1장에서 언급했듯이 초기 학습 연구는 **내성법**에 많이 의존했다. 이것은 사람들에게 내부 마음을 '들여다보도록' 하고 그들의 생각하는 바를 기술하도록 하는 방법이다. 그러나 1900년대 초에 몇몇 심리학자들은 그런 자기성찰이 매우 주관적이어서 반드시 정확한 것은 아니라고 주장했다. 이 주장은 후기 연구에서 입증이 되었다(예 : Nisbett & Wilson, 1977; Zuriff, 1985). 러시아 생리학자 이반 파블로프(Ivan Pavlov)와 미국의 심리학자 에드워드 손다이크(Edward Thorndike)의 연구를 시발점으로 하여 보다 객관적인 학습 연구 접근법이 출현했다. 이들은 쉽게 볼 수 있고 객관적으로 기술하고 측정할 수 있는 **행동**을 일차적으로 관찰했고, 그래서 행동주의 운동이 탄생했다.

행동주의자들은 학습을 설명하는 구체적 과정들에는 항상 동의하는 것은 아니었지만 일정한 기본 가정들은 역사적으로 공유해왔다.

- 학습 원리는 여러 행동과 여러 동물 종에도 똑같이 적용될 수 있어야 한다. 많은 행동주의자들은 인간과 동물이 유사한 방식으로 학습한다고 가정을 한다. 이 가정은 **등위성**(equipotentiality)으로 알려진 것이다. 이 가정에 기초하여, 행동주의자들은 쥐, 비둘기 같은 동물들의 연구에서 나온 원리들을 인간 학습에 종종 적용한다. 그들은 학습에 대해 논의할 때 인간과 동물을 총칭하기 위해 보통 **유기체**(organism)라는 용어를 사용한다.
- 학습 과정은 연구의 초점을 자극과 반응에 둘 때 가장 객관적으로 연구될 수 있다. 행동주의자들은 심리학자들이 물질계의 현상을 연구하는 화학자와 물리학자들처럼 객관적이고 과학적인 탐구 방법으로 학습을 연구해야 한다고 믿는다. 심리학자들은 관찰하고 측정할 수 있는 두 가지에 초점을 맞춤으로써 — 보다 구체적으로 환경 내의 **자극**(stimuli)과 그 자극에 대한

유기체의 **반응**(responses)에 초점을 맞춤으로써 — 그런 객관성을 유지할 수 있다. 행동주의 학습 원리는 자극(**S**)과 반응(**R**)의 관계를 기술한다. 그래서 행동주의를 때때로 **S-R 심리학**(S-R psychology)이라고 부른다.

- **대체로 내적 과정은 과학적 연구에서 제외되거나 최소화된다.** 많은 행동주의자들은 내적 과정(예 : 사고와 동기)을 직접 관찰하고 측정할 수 없기 때문에 학습이 어떻게 일어나는지 설명하고 탐구하는 데 이 과정을 제외해야 한다고 믿는다(예 : Kimble, 2000; J. B. Watson, 1925). 이들 행동주의자들은 유기체를 **블랙박스**로 기술한다. 이 박스는 자극의 영향을 받고 반응이 나오는 곳이지만 박스 내부에서 일어나는 일은 불가사의한 채 남아 있다.[1]

  모든 행동주의자들이 엄격한 블랙박스 관점을 가지고 있는 것은 아니다. 어떤 행동주의자들은 동기와 자극-반응 연합 강도와 같은 유기체(organism, O) 내의 요인도 학습과 행동의 이해에 중요하다고 주장한다(예 : Hull, 1943, 1952). 이런 **신행동주의**(neobehaviorist) 이론가들은 때때로 S-R이론가라기보다는 S-O-R(자극-유기체-반응)이론가로 불린다. 특히 최근 수십 년간 몇몇 행동주의자들은 환경적 사태뿐 아니라 인지 과정도 고려할 때만 인간과 동물의 행동을 충분히 이해할 수 있음을 인정했다(예 : DeGrandpre, 2000; De Houwer, 2011; Rachlin, 1991).

- **학습은 행동 변화를 수반한다.** 제1장에서 나는 학습을 정신적 표상이나 연합의 장기적 변화를 수반하는 것으로 정의했다. 행동주의자들은 이와 대조적으로, 전통적으로 학습을 행동의 변화로 정의했다. 사실 우리는 학습이 어떤 사람의 행동으로 반영될 때만 학습이 일어났음을 확정할 수 있다.

  행동주의자들이 학습의 설명에 점점 인지적 요인을 끌어들임에 따라 많은 행동주의자들은 행동에 기초한 학습의 정의를 철회했다. 그 대신 학습과 행동을 사실은 관련되어 있음에도 분리된 실체로 다룬다. 많은 행동주의 법칙들은 학습 자체에 영향을 미치는 요인보다는 학습된 행동의 **수행**에 영향을 미치는 요인을 이해하는 데 보다 더 적절히 적용된다고 수많은 심리학자들은 주장했다(예 : W. K. Estes, 1969; Herrnstein, 1977; B. Schwartz & Reisberg, 1991).

- **유기체는 빈 백지로 태어난다.** 어떤 종 특유의 본능(예 : 새의 집짓기)과 기질적 장애(인간의 정신병)를 제외하면, 유기체는 특별한 방식으로 행동하려는 경향성을 가지고 태어나지는 않는다고 많은 행동주의자들은 주장했다. 그 대신 유기체는 환경과의 경험으로 점점 채워지는 '빈 백지'(blank slate 혹은 라틴어로 *tabula rasa*)로 세상에 태어난다. 개개의 유기체는 그렇게 각자 독특한 환경적 경험을 가지고 있기 때문에 각자 자신의 독특한 행동을 습득하게 될 것이다.

---

1 인간 행동과 학습의 연구는 절대적으로 자극과 반응에 초점을 맞추어야 한다는 이 생각은 가끔 급진적 행동주의로 불린다.

- 학습은 대체로 환경적 사건들의 결과이다. 행동주의자들은 학습이라는 용어를 사용하는 대신 **조건형성**(conditioning)이라는 말을 종종 사용한다. 즉 유기체는 환경적 사건들에 의해 조건형성된다는 것이다. '조건형성된다'와 같이 동사 표현이 수동형인 것은 학습이 경험의 결과이기 때문에 유기체가 통제할 수 없는 방식으로 종종 일어난다는 많은 행동주의자들의 믿음을 암시한다.

  스키너와 같은 초기 행동주의자들은 **결정론자**(determinist)들이다. 그들은 유기체의 유전적 행동, 과거 경험 그리고 현재 환경적 상황을 완전히 안다면 유기체의 다음 행동을 100% 정확히 예언할 수 있을 것이라고 제언했다. 요즈음 대부분 행동주의자들은 완전한 결정론적 생각을 버렸다. 그들의 관점에 의하면 모든 유기체의 행동은 자극-반응 연합과 유전적 특질만으로 설명할 수 없는 어느 정도의 변이성을 나타낸다(예 : R. Epstein, 1991; Rachlin, 1991). 유기체가 이전에 여러 자극에 대한 반응을 어떻게 학습했는지 살펴보는 것은 사람들과 동물들이 현재 왜 그렇게 행동하는지를 이해하는 데 확실히 도움이 된다. 그러나 우리는 결코 100% 확실하게 그들의 미래 행동을 예언할 수는 없을 것이다.
- 가장 유용한 이론은 간명한 것인 경향이 있다. 행동주의자들에 따르면 우리는 가능한 적은 학습원리로 가장 단순한 것에서부터 가장 복잡한 것에 이르는 모든 행동의 학습을 설명해야 한다. 이 가정은 학습과 행동을 설명하는 데 있어서 **간명성**(parsimony)을 선호함을 반영한다. 우리는 우리가 탐색하는 첫 번째 행동주의 이론인 고전적 조건형성에서 그런 간명성의 예를 볼 것이다.

고전적 조건형성

1900년대 초 러시아 생리학자 파블로프는 타액 분비가 음식 소화에 어떤 도움을 주는지 알아보기 위하여 개를 가지고 일련의 실험을 했다. 그는 개의 타액을 모으기 위하여 개의 입을 절개 수술했으며, 개를 움직이지 못하게 가죽 끈으로 묶고, 개에게 고기 가루를 주어 그 결과 개가 분비하는 타액량을 측정했다. 개가 이러한 경험을 몇 번 한 후에는 고기를 보기 전이나 냄새를 맡기 전인데도 실험실 조교가 방에 들어서자마자 타액을 분비하는 것을 파블로프는 주목했다. 개는 실험실 조교의 등장 의미가 음식이 온다는 것임을 확실하게 학습하여 그에 따른 반응을 한 것이었다. 파블로프는 그렇게 우연히 알게 된 학습 과정에 대해 그 이후 여러 해 동안 체계적인 연구를 하여 마침내 연구 결과를 그의 저서 조건반사(*Conditioned Reflexes*)(Pavlov, 1927)에 요약했다.

파블로프의 초기 연구는 다음과 같이 이루어졌다.

1. 그는 처음에 개가 빛, 음차 소리, 벨소리와 같은 어떤 자극에 대한 반응으로 타액을 분

비하는지 관찰했다. 앞으로 논의할 때는 문제의 자극으로 간단하게 벨소리만을 사용하겠다. 당연히 벨소리가 특히 개의 식욕을 돋우지 않았고 따라서 개는 타액을 분비하지 않았다.

2. 파블로프는 다시 벨소리를 울렸고, 그 직후 약간의 고기 가루를 제시했다. 물론 개는 타액을 분비했다. 파블로프는 여러 번 더 벨을 울렸고 그 직후 항상 고기를 주었다. 개는 매번 타액을 분비했다.
3. 그다음 파블로프는 고기를 제시하지 않고 벨소리만 울렸으며, 개는 타액을 분비했다. 그러므로 이전에는 개가 반응하지 않았던(1단계) 벨소리에 이제 반응을 했다. 경험의 결과 행동에 변화가 일어난 것이다. 행동주의자의 관점에 따르면 그때 학습이 일어난 것이다.

파블로프가 관찰한 현상은 이제는 통상 **고전적 조건형성**(classical conditioning)으로 알려져 있다.[2] 파블로프의 실험을 파블로프가 한 방식대로 세 단계로 분석해보자.

1. 유기체가 드러나게 반응하지 않는 자극인 **중립자극**(neutral stimulus, NS)을 확인한다. 파블로프 개의 경우, 벨소리는 원래 타액 분비를 인출하지 않는 중립자극이었다.
2. 중립자극은 반응을 유도하는 또 다른 자극 직전에 제시된다. 후자의 자극을 **무조건자극**(unconditioned stimulus, UCS)이라 부르고, 그에 대한 반응을 **무조건반응**(unconditioned response, UCR)이라 부른다. 왜냐하면 유기체는 그 자극에 대한 반응을 학습에 의하지 않고 무조건적으로 하기 때문이다. 파블로프 개에게 있어서 고기 가루는 타액 분비라는 무조건반응을 하게 하는 무조건자극이다.
3. 이전의 중립자극이 무조건자극과 짝지어진 이후로는 반응을 인출하기 때문에 더 이상 '중립적'이지 않다. NS는 유기체가 **조건반응**(conditioned response, CR)을 하도록 학습한 **조건자극**(conditioned stimulus, CS)이 되었다.[3] 파블로프 실험에서 벨소리는 고기(무조건자극)와 여러 번 짝지어진 후 그 자체로 타액 분비라는 조건반응을 유발하는 조건자극이 된다. 그림 3.1의 도표는 고전적 조건형성의 과정을 도식화한 것이다.

파블로프 이후 다른 행동주의자들은 많은 종들에서 고전적 조건형성을 관찰했다. 예를 들면 신생아(Boiler, 1997; Lipsitt & Kaye, 1964; Reese & Lipsitt, 1970), 자궁 속의 태아(Macfarlane, 1978), 실험실 쥐(Cain, Blouin, & Barad, 2003), 무지개송어(Nordgreen, Janczak, Hovland, Ranheim, & Horsberg, 2010), 달팽이(Samarova et al., 2005)에게서도

---

2 어떤 심리학자들은 이 대신 반응적 조건형성이라는 용어를 사용하는데 이 용어는 스키너가 자극에 대한 불수의적 반응의 성격을 나타내기 위해 이름붙인 것이다.

3 파블로프의 원래 용어는 사실 uncondition*al* stimulus, uncondition*al* response, condition*al* stimulus, condition*al* response였는데 대부분의 고전적 조건형성의 문헌에는 'uncondition*ed*'로 잘못 번역되어 있다.

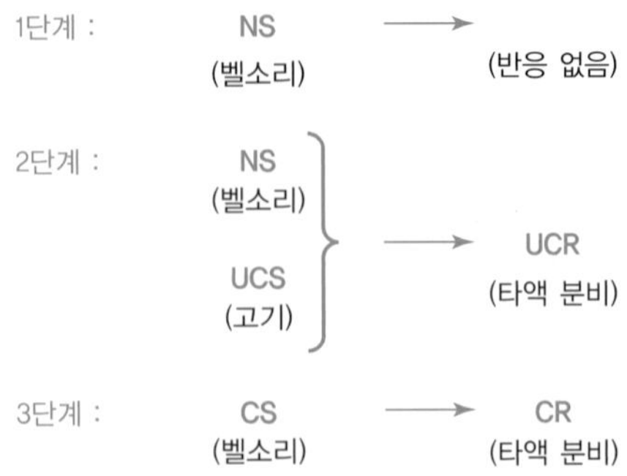

그림 3.1 파블로프의 개 학습 방법에 대한 고전적 조건형성 분석

1단계 : NS (벨소리) → (반응 없음)

2단계 : NS (벨소리) + UCS (고기) → UCR (타액 분비)

3단계 : CS (벨소리) → CR (타액 분비)

나타났다. 고전적 조건형성의 적용 가능성은 확실히 넓은 동물왕국에까지 확대된다.

파블로프 실험이 보여준 바와 같이, 고전적 조건형성은 보통 두 자극이 거의 동시에 제시될 때 일어난다. 이 자극 중 하나는 무조건자극이다 — 그것은 무조건반응을 인출한다. 두 번째 자극은 무조건자극과 연합됨으로써 역시 어떤 반응을 인출하기 시작한다. 그것은 조건반응을 유발하는 조건자극이 된다. 많은 경우 조건형성은 비교적 빨리 일어난다. 유기체는 보통 두 자극의 동시 제시가 다섯 번이나 여섯 번째 그리고 가끔은 한 번만의 짝지움으로도 조건반응을 나타낸다(Rescorla, 1988).

고전적 조건형성은 조건자극이 무조건자극의 바로 **직전**, 즉 0.5초 정도 전에 제시될 때 대체로 일어나는 경향이 있다. 이런 이유 때문에 몇몇 심리학자들은 고전적 조건형성을 **신호학습**(signal learning)의 한 형태라고 말한다. 조건자극은 앞서 제시됨으로써 다음에 무조건자극이 온다는 신호의 역할을 한다. 마치 파블로프의 개가 벨소리는 맛있는 고기 가루가 온다는 것을 알려준다는 것을 학습했던 것처럼 말이다.

고전적 조건형성은 학습자가 통제하지 못하는 반응인 **불수의적** 반응을 항상 포함한다. 자극이 반응을 **인출**(elicit)한다고 말할 때 그것은 자극이 반응을 자동적으로 일으키며 그 일에 학습자가 선택을 많이 하지 못한다는 것을 의미한다. 대부분의 경우 조건반응은 무조건반응과 유사하다. 그러나 두 반응은 우선 어느 자극이 반응을 인출하느냐의 관점에서 그리고 가끔은 반응 강도의 측면에서 서로 다르다. 그리고 때로는 조건반응이 무조건반응과 아주 다르며 완전히 반대이기까지 하다(이에 대한 사례는 조금 후에 제시하겠다). 그러나 어떻게라도 해서 조건반응은 유기체로 하여금 곧 뒤따라오는 무조건자극을 예견하고 준비하도록 한다.

인간 학습의 고전적 조건형성

우리는 다양한 불수의적 반응, 특히 생리적 작용이나 정서와 연합되어 있는 반응들을 사람들이 어떻게 배우는지 이해하기 위하여 고전적 조건형성을 사용할 수 있다. 예를 들면 특정한 음식이 위경련과 연합된 결과로 그 음식에 대한 혐오감을 발달시킬 수 있다(Garb &

조건자극은 무조건자극이 온다는 신호의 역할을 하기도 한다.

Stunkard, 1974; Logue, 1979). 예시를 들어보면, 오이 샐러드 드레싱의 크림 맛(CS)이 임신 시기의 입덧(UCS)과 연합된 이후로 나의 오이 드레싱에 대한 혐오감(CR)은 여러 해 동안 지속되었다.

고전적 조건형성은 공포증을 설명하는 데도 유용한 관점을 제공한다(Mineka & Zinbarg, 2006). 예를 들면 나는 벌이라는 곤충에 대해서는 좀 유난스럽다. 벌이 가까이 오면 소리를 지르고 팔을 미친듯이 휘저으며 여기저기 뛰어 다닌다. 물론 나도 꼼짝 않고 가만히 있는 것이 더 낫다는 것을 안다. 하지만 그것이 마음대로 되지 않는다. 벌에 대한 나의 과잉행동은 아마도 어린 시절 벌에 쏘여 심한 고통을 받은 경험 때문인 것 같다. 고전적 조건형성 용어로 벌(CS)은 아픈 쏘임(UCS)과 예전에 연합되어서 나는 점점 혐오스러운 벌을 무서워하게(CR) 하게 되었다. 이와 유사하게, 어떤 품종의 개에게 물린 사람은 그 품종을 두려워하거나 모든 개를 두려워하게 된다.

고전적으로 조건화된 공포로 가장 잘 알려진 예는 왓슨과 레이너(John Watson & Rosalie Rayner, 1920)가 사용한 절차로 흰쥐를 무서워하게 된 유아인 '앨버트'의 경우일 것이다. 앨버트는 차분하고, 울거나 무서운 반응을 잘 보이지 않는 11개월 아이였다.[4] 어느 날 앨버트에게 흰쥐를 보여주었다. 그가 쥐에게 다가가 쥐를 만지자마자 그 뒤에 있는 큰 금속막대를 쳐서 크고 불쾌한 소리를 내었다. 앨버트는 큰 소리에 깜짝 놀라 펄쩍 뛰었다. 그럼에도 불구하고 그는 다른 손으로 쥐를 만지려고 다가갔고, 금속막대는 다시 한 번 더 울렸다. 쥐(CS)와 큰소리(UCS)가 다섯 번 정도 더 짝지어지니까 앨버트는 진짜 쥐 공포증을 갖게 되었다 — 그는 쥐를 볼 때마다 발작적으로 소리내어 울었고 가능한 한 빨리 기어서 달아났다. 앨버트는

[4] 최근 증거에 의해 밝혀진 바에 의하면 앨버트는 평범한 유아가 아니고 의미 있는 신경학적 손상이 있었던 것 같다(예 : Fridlund, Beck, Goldie, & Irons, 2012 참조).

한 번도 큰 소음과 짝지어본 적이 없는 토끼, 개, 모피 코트, 면화, 솜털같은 수염이 있는 산타클로스 가면 등에도 이와 유사한 방식으로 공포반응을 나타냈다고 왓슨과 레이너는 보고했다. (왓슨과 레이너는 불쌍한 앨버트의 조건형성을 소거하지 못했다. 다행히 요즈음 미국심리학회의 윤리 규정은 이런 부주의를 금지하고 있다. 사실 아마도 그 연구 전체를 금지할 것이다).

태도 역시 부분적으로는 고전적 조건형성의 결과일 수 있다(예 : Walther, Weil, & Düsing, 2011). 한 연구 실험(M. A. Olson & Fazio, 2001)에서 대학생들은 컴퓨터 앞에 앉아서 포켓몬 비디오 게임 시리즈에 나오는 낯선 여러 캐릭터를 보았다. 첫 번째 캐릭터는 일관성 있게 '훌륭한', '멋진'과 같은 긍정적 감정을 유발하는 단어와, 강아지와 인기 있는 아이스크림 그림과 같은 긍정적 이미지와 함께 제시되었다. 두 번째 캐릭터는 일관성 있게 '지독한', '끔찍한' 등과 같은 부정적 감정을 유발하는 단어와, 바퀴벌레와 칼을 든 남자 그림과 같은 이미지와 함께 제시되었다. 다른 캐릭터들은 좀 더 중립적인 단어 및 이미지와 짝을 이루었다. 그 후 학생들에게 그들이 보았던 몇몇 만화 캐릭터와 다른 이미지들에다 −4(불쾌한)에서 +4(유쾌한)까지의 척도에 평정하도록 했더니 불쾌한 자극과 연합된 주인공보다 유쾌한 자극과 연합된 주인공에게 더 우호적인 점수를 주었다.

강아지, 사랑스러운 어린이, 연인들의 감미로운 순간들을 보여주면서 여러분에게 "와우, 맛있겠다!"라는 정서적 반응을 불러일으키는 많은 TV 광고에 대해서 생각해보라. 그런 광고가 어떤 음료수, 인스턴트 음식, 혹은 약물과 같은 구체적 상품을 동시에 눈에 띄게 제시한다면 그들은 고전적 조건형성을 이용하여 그 상품에 대한 긍정적 태도를 불러일으켜 판매를 높일 수 있다(Aiken, 2002; J. Kim, Lim, & Bhargava, 1998).

앞에서 나는 조건반응이 때때로 무조건반응과 아주 다르다는 언급을 했다. 어떤 약물이 생리적 작용에 미치는 영향에 대한 예가 하나 있다. 유기체가 어떤 약물(예 : 모르핀이나 인슐린)을 흡수할 때, 무조건자극인 그 약물은 자연스럽게 어떤 생리적 반응(예 : 통증의 감소나 저혈당)을 일으킨다. 그러나 이 약들보다 앞서 제시된 자극들, 예컨대 빛, 소리, 환경적 맥락과 같은 것들은 기묘하게도 반대의 반응, 즉 통감 증가나 고혈당을 인출하기 시작하는데 아마도 이것은 곧이어 올 약물자극을 준비하는 반작용일 것이다(예 : Flaherty et al., 1980; S. Siegel, 1975, 1979). 그런 생리적 반응은 니코틴, 알코올, 마약 중독 현상을 설명하는 한 가지 방식이다. 습관적 흡연자와 마약 남용자들은 전에 중독 물질을 사용했던 환경으로 되돌아가면, 그의 몸은 그 물질이 좀 더 필요하도록 하기 위한 반작용적 방식으로 반응한다. 그러는 사이에 몸은 약물에 대한 내성을 더 키우고 필요로 하는 생리적 상태를 얻기 위해 더 많은 양의 약물을 필요로 한다(C. A. Conklin, 2006; McDonald & Siegel, 2004; S. Siegel, 2005; S. Siegel, Baptista, Kim, McDonald, & Weise-Kelly, 2000).

고전적 조건형성의 여러 현상

파블로프와 그 외 행동주의자들은 고전적 조건형성과 관련된 수많은 현상을 기술했다. 여기에서는 특히 인간 학습과 관련되는 몇 가지를 기술하겠다.

연합의 편향

어떤 자극들의 연합은 다른 자극들의 연합보다 더 잘 이루어지는 경향이 있다. 이런 현상을 **연합의 편향**(associative bias)이라고 한다(J. Garcia & Koelling, 1966; Hollis, 1997; B. Schwartz & Reisberg, 1991). 진화가 여기에서 작용했다고 볼 수 있다 — 우리의 조상들은 새로운 음식이 메스꺼움을 유발하면 그 음식과 메스꺼움을 연합시켜 둘 간의 인과관계를 반영함으로써 환경의 적응력을 더 높일 수 있었다(Öhman & Mineka, 2003; Timberlake & Lucas, 1989).

조건관계의 중요성

파블로프는 무조건자극과 예비 조건자극이 거의 동시에 제시될 때 고전적 조건형성이 일어난다고 주장했다. 즉 두 자극 간의 **인접성**(contiguity)이 있어야 한다는 것이다. 그러나 인접성만으로는 불충분한 듯하다. 앞에서 본 것처럼 조건자극이 무조건자극 바로 직전에 제시될 때 고전적 조건형성이 가장 잘 일어나는 경향이 있다. CS와 UCS가 정확하게 동시에 제시될 때는 고전적 조건형성이 덜 일어나는 경향이 있고, CS가 UCS보다 나중에 제시될 때는 거의 일어나지 않는다(예 : R. R, Miller & Barnet, 1993). 그리고 어떤 경우에는 시간적 근접성이 필요하지 않기도 하다. 예컨대 조건자극(음식)과 무조건자극(메스꺼움)의 간격이 24시간 정도 될 때도 사람들은 그 음식에 대한 혐오감을 형성시킨다(Logue, 1979).

보다 최근 이론가들은 **조건관계**(contingency)가 필수조건이라고 넌지시 말했다 — 가능성 있는 조건자극은 무조건자극이 뒤따라오려고 할 때만 생긴다. 다시 말하면, CS가 UCS가 곧이어 올 것이라는 신호로서의 역할을 할 때라는 것이다(내가 앞에서 '신호학습'에 대하여 언급한 것을 회상해보라). 평소에 따로 제시되는 두 자극이 몇 번 우연히 동시발생적으로 일어났다고 해서 고전적 조건형성이 잘 일어나지는 않는다(예 : Gallistel & Gibbon, 2001; Rescorla, 1988; Vansteenwegen, Crombez, Baeyens, Hermans, & Eelen, 2000).

소거

벨이 꾸준히 고기 가루와 함께 울린 후에 개가 벨소리만으로 타액 분비하는 것을 학습한 파블로프의 개를 기억하자. 그러나 만약 고기 가루가 함께 제시되지 않고 벨소리만 계속 울리게 되면 어떤 일이 일어날까? 무조건자극 없이 조건자극만 반복해서 제시하면 조건반응이 계속 약해지는 것을 파블로프는 발견했다. 마침내 개는 더 이상 벨소리에 타액을 분비하지 않았다. 다시 말하면, 조건반응이 사라졌다. 파블로프는 이 현상을 **소거**(extinction)라고 불렀다.

조건반응은 때로 소거되기도 하고, 소거되지 않기도 한다.[5] 종종 쉽게 소거가 되지 않는 것은 인간이나 동물은 무서운 자극을 회피하는 경향이 있어서 무조건자극이 없을 때 조건자극을 만나게 되는 기회가 줄어들게 되기 때문이다(이 점에 대해서는 회피학습을 다루는 다음 절에서 더 살펴볼 것이다). 두 번째 이유는 다음에 기술할 자발적 회복 현상이다.

자발적 회복

파블로프가 고기 가루 없이 벨소리를 반복해서 제시함으로써 개의 침 흘리는 조건반응을 재빠르게 소거시켰다 하더라도 다음 날 그가 실험실에 들어갔을 때 마치 소거가 일어난 적이 없었던 것처럼 벨소리는 다시 한 번 개의 타액 분비를 인출했음을 발견했다. 이전에 소거된 후 타액 분비 반응이 이렇게 재현하는 것을 파블로프는 **자발적 회복**(spontaneous recovery)이라고 불렀다.

보다 일반적 용어로 말하면, 자발적 회복은 소거 후 휴식을 하면 조건반응이 재발하는 것이다. 소거가 한 맥락에서만 일어났으면 조건반응은 특히 다시 나타나는 경향이 있다. 그 반응은 소거가 일어나지 않았던 맥락에서 재발할 것이다(Bouton, 1994; R. R. Miller & Laborda, 2011). 예를 들어 나의 벌 공포증으로 돌아가보자. 만약 내가 친구들과 밖에 앉아 있는데 한 마리 벌이 내 가까이에서 날면 나는 마침내 진정하여 평정을 되찾는다. 그러나 그 이후, 다른 친구들과 함께 있는 다른 상황에 처하면, 나의 첫 반응은 다시 한 번 냉정을 잃는 것이다.

조건반응이 자발적 회복 시 나타날 때 그것은 초기 조건반응보다 전형적으로 더 약하고, 더 빨리 소거된다는 것을 파블로프는 발견했다. 자발적 회복이 여러 번 관찰되는 상황(각각의 회복은 각 휴식 기간이 지나서 일어나는 것이다)에서는 CR의 재발이 점점 약해지며 점점 빨리 사라진다.

일반화

어린 앨버트가 흰쥐에 대한 공포반응이 조건형성된 이후 토끼, 개, 흰 모피 코트, 면화, 솜털 같은 수염이 달린 산타클로스 가면도 무서워하게 되었다는 사실을 회상해보자. 학습자가 다른 자극에 대해서도 조건자극에 대해 반응하는 방식으로 반응할 때 **일반화**(generalization)가 일어난 것이다. 한 자극이 조건자극과 유사할수록 일반화의 가능성은 더 커진다. 앨버트는 쥐처럼 희고 솜털 같은 모든 물체에 대해 공포반응을 나타내었지만 희지 않고 솜털 같지도 않

5 최근 연구 결과들은 체계적 소거 절차가 처음 조건형성 시킨 이후 6시간 이내에 진행되면 소거가 아주 효과적일 수 있다고 했다. 추후 빨리 소거하면 확실히 뇌에 자극-반응 연합이 공고해지는 것이 저지된다(Schiller et al., 2010).

은 장난감 블록을 무서워하지는 않았다. 이와 유사하게, 학대하는 아버지를 무서워하는 아동은 그 공포반응을 다른 남자 성인에게 일반화하지만 여자 성인에게는 일반화하지 않는다.

조건반응의 새로운 자극에 대한 일반화는 흔한 현상이다(Bouton, 1994; N. C. Huff & LaBar, 2010; McAllister & McAllister, 1965). 조건형성된 공포반응의 일반화는 사실 어떤 경우에는 시간의 흐름에 따라 확대될 수 있어서 학습자는 점점 더 많은 물체를 무서워하게 된다. 따라서 빨리 소거되지 않는 역기능적 조건반응은 해가 갈수록 더 다루기 힘들어지기도 한다.

자극변별

파블로프는 개가 고음에 대한 반응으로 타액을 분비하는 것을 조건형성 시켰을 때 저음에도 일반화하는 것을 관찰했다. 개에게 두 음조의 차이를 가르치기 위하여 파블로프는 고음은 고기 가루와 함께 반복적으로 제시하고, 저음은 고기 가루 없이 제시했다. 두 음조를 그렇게 여러 번 제시하고 나니까 개는 마침내 고음에서만 타액을 분비하는 것을 학습했다. 파블로프의 용어로 두 음조 간의 **차별화**가 일어난 것이었다. 오늘날 심리학자들은 이러한 현상에 대해 **자극변별**(stimulus discrimination)이라는 용어를 더 자주 사용한다.

자극변별은 한 자극(CS+)이 무조건자극과 함께 제시되고 다른 자극(CS−)이 UCS 없이 제시될 때 일어난다. 개인은 CS+에 대한 조건반응을 습득하지만 그 반응을 CS−에까지 일반화하지 않는다. 혹은 반복 경험을 통해서 CS−가 반드시 똑같은 반응을 일으키지 않는다는 것을 배운다(N. C. Huff & LaBar, 2010). 아버지에게 학대받는 아동이 다른 성인 남성들과는 긍정적인 상호작용을 한다면 아버지에 대한 그녀의 두려움이 그 남성들에게는 똑같이 일반화되지 않은 것이다.

고차적 조건형성

조건형성된 자극-반응 연합은 때때로 서로 등을 업는 형태(피기백 방식)를 취한다. 예를 들면 파블로프 개가 벨소리를 듣고 타액을 분비하는 것이 조건형성되었고, 그 이후 벨소리가 불빛과 같은 중립자극과 함께 제시되었을 때 그 중립자극 또한 고기와 직접 연합된 적이 없는데도 타액 분비 반응을 인출하기 시작하곤 했다. 이러한 현상을 **이차적 조건형성**(second-order conditioning), 혹은 좀 더 일반적으로 **고차적 조건형성**(higher-order conditioning)이라고 한다.

고차적 조건형성은 다음과 같이 작동한다 — 첫째, 중립자극(NS_1)은 무조건자극(UCS)과 짝지어짐으로써 조건자극(CS_1)이 되며 그래서 곧 조건반응(CR)을 인출한다. 다음, 두 번째 중립자극(NS_2)은 CS_1과 짝지어지고 그래서 역시 조건반응을 인출하기 시작한다. 그 두 번째 자극 또한 조건자극(CS_2)이 된다. 고차적 조건형성의 다이어그램이 그림 3.2에 제시되었다. 1단계와 2단계는 원래의 조건형성을 기술한다. 3단계와 4단계는 고차적 조건형성을 기술한다.

그림 3.2 고차적 조건형성의 예

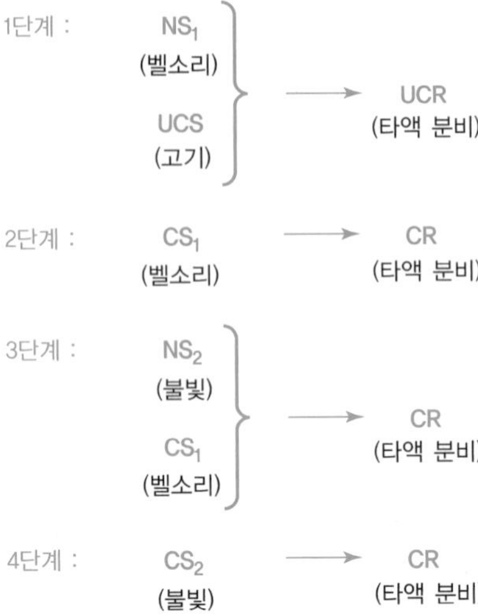

비합리적인 공포증 같이 보이는 것은 고차적 조건형성에 그 뿌리가 있을 수 있다(예 : Klein, 1987; Wessa & Flor, 2007).[6] 예를 들면 학생은 학습 과제(처음에 NS)에 실패하여 신체적 벌(공포라는 UCR을 인출하는 UCS)과 연합된다. 그 시점에서 실패(이제는 CS)는 상당한 불안을 인출하기 시작한다. 그다음에 어려운 시험, 급우들 앞에서의 구두발표, 학교 자체와 같은 또 다른 상황이 자극이 되어 실패와 자주 연합된다. 이런 식으로 학생은 시험불안, 대중연설공포, 학교기피증까지 형성할 수 있다. 그러나 신체적 벌을 결코 받은 경험이 없을 때에도 많은 사람들은 실패 공포증을 가지게 된다는 점을 주목해야 한다(상세한 내용은 제14장에서 다룰 것이다).

고차적 조건형성은 특정한 사람, 사물, 상황에 대한 태도를 설명하기도 한다(Aiken, 2002). 예로서 앞에서 언급한 포켓몬 캐릭터 실험으로 가보자(M. A. Olson & Fazio, 2001). 사람들은 멋진 혹은 끔찍한 같은 단어에 대해 특별한 감정을 가지고 태어나지도 않고, 맛있는 아이스크림이나 바퀴벌레 그림에 대한 타고난 반응을 반드시 가지고 있는 것도 아니다. 오히려 사람들은 경험이 쌓임에 따라 단어와 이미지에 대한 특별한 감정을 습득하게 되고 이 단어와 이미지들은 고차적인 고전적 조건형성을 위한 출발점을 제공할 수 있게 된다.

고전적 조건형성된 비생산적 반응의 제거

예컨대 비합리적 공포반응과 같이 고전적 조건형성된 몇몇 반응들은 일상생활 기능을 심각하게 손상시킬 수 있다. 그러나 우리가 살펴본 것처럼, 간단한 소거 과정으로 그것들을 쉽게

6 외상후 스트레스장애(posttraumatic stress disorder, PTSD)가 고차적 조건형성 때문에 얼마나 어려운지에 대한 좋은 논의를 살펴보고자 한다면 Wessa and Flor(2007)를 참조하라.

제거하기는 어렵다. 자발적 회복 현상은 학습된 CS-CR 연결이 탈학습이 안 된다는 것을 시사한다. 즉 그 연합은 어딘가에 숨어 있으면서 사납게 드러나기를 기다린다(R. R. Miller & Laborda, 2011).

고전적 조건형성된 반응을 성공적으로 제거하기 위해서는 현존하는 CS-CR 연합을 보다 더 강한 다른 CS-CR 연합으로 제압할 필요가 있다. **역조건형성**(counterconditioning)이라는 전략이 이런 일을 종종 일으킬 수 있다. 예를 들어 토끼를 무서워하는 두 살배기 남아인 '피터'를 대상으로 존스(Mary Cover Jones, 1924)가 수행한 고전적 연구를 살펴보자. 존스는 피터의 공포증을 제거하기 위해 피터를 높은 의자에 앉혀 사탕을 주었다. 그가 사탕을 먹을 때 존스는 토끼를 방 안 먼 쪽에 데리고 왔다. 다른 상황이라면 토끼가 불안을 유발할 수 있었을 것이다. 그러나 피터가 사탕을 먹을 때 느끼는 즐거움의 강도가 더 강해 토끼가 나타났을 때 느꼈을 불안을 압도했다. 존스는 피터에게 사탕을 주고 높은 의자에 앉힌 다음 토끼를 이전보다 조금씩 더 가까이 데리고 오는 이러한 절차를 두 달에 걸쳐 매일 반복했으며 결국 토끼에 대한 피터의 불안을 없앴다. 보다 최근에, 연구자들은 전기로 번쩍이는 장남감 및 축제 장식품들을 무서워하는 8세 소년의 공포증을 줄이는 것을 도와주기 위하여 이와 유사한 절차를 사용했다(Ricciardi, Luiselli, & Camare, 2006).

일반적으로 역조건형성은 다음 단계에 따라 일어난다.

1. 현존하는 조건반응과 **양립할 수 없는**(incompatible) 새로운 반응을 선택한다. 기존 반응과 새로운 반응은 동시에 수행할 수 없기 때문에 서로 양립 불가능하다. 고전적으로 조건형성된 반응은 성격상 보통은 정서적이기 때문에 양립 불가능한 반응은 일종의 반대되는 정서반응이다. 예를 들어 어린 피터의 경우에는 공포의 양립 불가능한 반응으로 행복감을 사용했다. 공포와 불안은 신체적으로 긴장을 유발하기 때문에 그 대안적 반응은 이완을 내포하는 것이 될 것이다.
2. 양립 불가능한 반응을 인출하는 자극을 확인해야 한다. 예를 들면 사탕은 피터에게 '행복한' 반응을 인출한다. 만약 우리가 어떤 사람으로 하여금 이전에 불쾌감을 일으킨 자극에 대해 행복한 반응을 형성하도록 돕고자 한다면 친구, 파티, 맛있는 음식과 같은 이미 즐거움을 일으키는 자극을 찾을 필요가 있다. 대신 어떤 사람이 이완반응을 습득하도록 하기를 원한다면, 그 사람에게 시원하고 향기로운 초원이나 수영장의 비치 의자에 누워 있는 것을 상상하도록 할 수 있다.
3. 새로운 반응을 일으키는 자극을 제시하고, 바람직하지 못한 조건반응을 일으키는 조건자극을 그 상황에 점진적으로 도입한다. 토끼에 대한 피터의 공포를 다루기 위해 존스는 피터에게 먼저 사탕을 주었다. 그리고 피터에게서 멀리 떨어진 거리에 토끼를 제시했는데 매회기가 진행될 때마다 토끼를 조금씩 가까이 점진적으로 접근시켰다. 역조건형성

의 비결은 바람직한 반응을 일으키는 자극이 바람직하지 못한 반응을 일으키는 자극보다 항상 더 강한 효과를 가지도록 하는 것이다. 그렇지 않으면 바람직하지 못한 반응이 우세해질 수 있다.

필수 통계학 강좌를 두려워하는 많은 대학원생들에게 내가 추천했던 기법은 역조건형성의 자기관리식 버전이다. 나는 수학문제들이 불안을 일으키지 않도록 그들의 수준보다 낮은 데서 시작하는, 필요하다면 기본 연산부터 시작하는 수학 교재를 찾도록 권했다. 그 교재를 가지고 공부할 때 학생들은 수학을 실패보다 성공과 연합하기 시작한다. 제4장에서 기술한 프로그램 수업은 어떤 학과목에 대한 불안을 감소시키는 데 유용할 수 있는 또 다른 기법이다. 왜냐하면 그것은 학생이 어려울 수 있는 내용을 쉽고 작은 단계로 나아가게 하기 때문이다.

체계적 둔감법(systematic desensitization)이라는 치료적 기법은 많은 조건형성된 불안반응을 다루기 위하여 역조건형성을 이용한다. 보통은 어떤 자극의 출현을 과도하게 두려워하는 사람에게 그러한 자극을 포함하는 스트레스 상황 속에 있는 자신을 상상하면서 이완하도록 한다. 그렇게 함으로써 그들은 점진적으로 불안을 이완반응과 대체시킨다(Head & Gross, 2009; Wolpe, 1969; Wolpe & Plaud, 1997). 이에 대한 대안으로 사람들은 고글과 컴퓨터 영상을 이용하여 일련의 스트레스 상황을 가상적으로 '경험'하면서 내내 이완을 하는 노력을 할 수 있다(P. Anderson, Rothbaum, & Hodges, 2003; Garcia-Palacios, Hoffman, Carlin, Furness, & Botella, 2002). 일반적으로 어떤 자극의 이미지에 대해 새로운 반응을 학습하면 그 자극 자체로 일반화되는 것 같다.

체계적 둔감법은 시험불안과 대중연설공포증과 같은 문제들을 다루는 방법으로 널리 사용되었다(Head & Gross, 2009; Hopf & Ayres, 1992; W. K. Silverman & Kearney, 1991). 그러나 학생의 시험성적 부진의 학업적 원인을 치료하지 않고 시험불안만을 다루는 것은 시험점수를 함께 올리지 않은 채 시험불안을 감소시키는 것이라는 점을 지적해야겠다(Cassady, 2010b; Naveh-Benjamin, 1991; Tryon, 1980).

고전적 조건형성과 관련되는 현상을 검토할 때, 우리는 불수의적 반응에 초점을 두었다. 다음 주제인 작동적 조건형성은 이와 대조적으로 학습자의 통제하에 있을 것 같은 반응과 관련된다.

작동적 조건형성

1890년대 후기 컬럼비아대학교 박사학위논문을 위한 연구에서 에드워드 손다이크는 고양이를 '문제상자'라는 기구 속에 넣었는데, 문제상자의 문은 철사고리와 같은 장치를 적절히 조종해야만 열리게 되어 있었다. 손다이크는 고양이가 상자 밖으로 나가기 위해 수많은 마구잡

이식 행동을 하는 것을 발견했다. 고양이는 결국 우연히 그 고리를 끌어당겨 문을 열고 나가게 되었다. 고양이가 두 번째로 그 상자에 들어왔을 때 다시 시행착오적 행동을 했지만 가까스로 문을 열고 나가는 데 이전보다 시간이 덜 걸렸다. 차후 연이어 상자로 돌아갔을 때, 고양이가 문을 열고 나가는 데 걸리는 시간은 점점 짧아졌다. 손다이크는 문제상자 속의 고양이를 관찰한 후, 학습은 시행착오 행동과 다양한 행동의 결과인 어떤 행동의 점진적 '새김' 및 다른 행동의 '근절'로 이루어진다는 결론을 내렸다. 자극에 대한 반응의 학습은 그 행동의 결과에 의해 영향을 받는다고 결론지었다(Thorndike, 1898, 1911). 손다이크의 **효과의 법칙**은 다음과 같이 요약할 수 있다.[7]

> 만족이 뒤따르는 반응은 강화된다. 불만족이 뒤따르는 반응은 약화된다.

다시 말해 손다이크는 보상받은 반응은 증가하고, 벌 받은 반응은 감소하고 사라질 가능성이 있다고 제언했다.

손다이크의 후기 연구(1932a, 1932b)는 벌이 반응을 약화시키는 데 그렇게 효과적이지 않기도 하다는 것을 지적했다. 한 실험에서, 대학생들은 긴 스페인어 단어 각각에 대한 영어의 뜻을 선택하도록 하는 선다형 스페인어 어휘 시험을 치렀다. 학생이 오지선다 중 정확한 영어 단어를 선택할 때마다 실험자는 보상을 주는 의미에서 "맞았어요!"라고 말했다. 학생이 틀린 답을 할 때마다 실험자는 벌을 주는 의미에서 "틀렸어요!"라고 말했다. 이러한 과정에서 보상을 받았던 학생의 반응은 증가했지만 벌을 받았던 학생의 반응은 반드시 감소하지는 않았다. 손다이크(1935)는 그의 **수정된 효과의 법칙**에서 보상이 그보다 앞선 행동을 강화한다는 주장은 계속했지만 벌의 효과는 강조하지 않았다. 그 대신, 벌은 학습에 **간접적인** 효과를 준다고 제언했다—학습자는 화나는 사태를 경험하고 나면, 벌 받은 반응의 수행을 상쇄하는 다른 어떤 행동을 하기도 한다. 예컨대 울거나 달아나는 것과 같은 행동을 하게 된다.

1930년대에 또 한 명의 미국 심리학자인 B. F. 스키너는 손다이크의 연구에 기초를 두기 시작했다(예 : 1938, 1953, 1958, 1971, 1989). 손다이크와 마찬가지로 스키너는 유기체는 어떤 결과를 수반하는 행동을 습득한다는 것을 제안했다. 스키너는 결과의 효과를 객관적이고 정확하게 연구하기 위하여 **스키너 상자**로 알려진 실험 장치를 개발했는데 그것은 동물 학습 연구에서 널리 인기를 얻었다. 그림 3.3에서 보는 바와 같이 쥐 행동 연구에서 사용된 스키너 상자에는 금속막대가 있는데 그것을 누르면 음식 접시가 쥐 앞으로 흔들거려 쥐가 먹이를 움켜쥘 수 있게 되어 있다. 비둘기를 위한 상자에는 금속막대 대신 불이 켜진 플라스틱 원반이 한쪽 벽면에 붙어 있다. 비둘기가 그 원반을 쪼면 음식 접시가 짧은 시간 동안 비둘기가 접근할 수 있도록 흔들거린다.

---

7 손다이크의 이론을 때때로 **연결주의**라고 한다. 그러나 그것을 우리가 제9장에서 논의할 보다 현대의 관점인 **연결주의**나 **병렬분산처리**와 혼동해서는 안 된다.

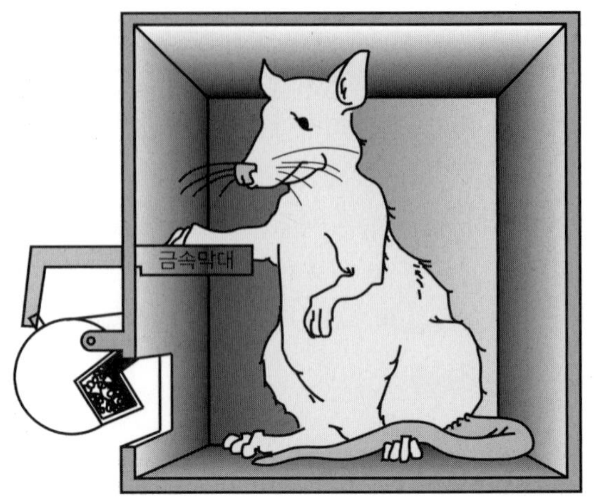

그림 3.3 전형적인 스키너 상자 : 음식접시가 강화를 제공하기 위하여 동물이 접근할 수 있도록 흔들거린다.

스키너는 먹이를 얻기 위하여 쥐가 금속막대를 누르고, 비둘기가 플라스틱 원반을 쪼는 것을 학습할 것이라는 것을 알았다. 여러 조건하의 스키너 상자에서 쥐와 비둘기를 관찰한 후, 스키너(1938)는 **작동적 조건형성**(operant conditioning)의 기본 원리를 공식화했는데 그것은 다음과 같이 의역할 수 있다.

강화자를 수반하는 반응은 강화되어 다시 일어날 확률이 높아진다.

즉 강화받은 반응은 빈도가 증가하는 경향이 있으며 이 반응의 증가는 행동의 변화이기 때문에 학습이 일어나고 있음을 의미한다.

스키너는 행동의 빈도를 증가시키는 결과물을 묘사하기 위하여 보상이라는 용어 대신 강화자라는 용어를 의도적으로 사용했다. 보상이라는 단어는 행동 뒤에 따르는 자극이나 사태가 유쾌하고 바람직하다는 의미를 내포하고 있는데 그 함의는 스키너가 두 가지 이유 때문에 피하고자 했던 것이다. 첫째는 어떤 개인은 다른 사람이 불쾌한 결과물이라고 믿는 것을 위하여 일할 수 있다. 예를 들면 나의 딸 티나는 어릴 때 내가 발끈 화내는 것을 보기를 즐겼기 때문에 나를 화나게 하는 일이라고 생각되는 짓을 가끔 했다. 둘째, 많은 행동주의자들처럼, 스키너는 심리학적 원리를 객관적으로 관찰 가능한 사태에 한정짓기를 좋아했다. 강화자를 '유쾌함'이나 '바람직함'이라는 말 대신 행동에 미치는 효과라는 말로 정의한다. '유쾌함'이나 '바람직함'이라는 용어는 주관적 판단을 내포하기 때문이다.

강화자는 바로 직전의 반응 빈도를 증가시키는 자극이나 사태이다.
(반응 뒤에 강화자를 오게 하는 행위를 **강화**라고 부른다.)

작동적 조건형성과 강화자의 정의를 제시했기 때문에 나의 정의가 가지는 문제점 하나를 지적할 필요가 있다—둘을 함께 생각하면, 그들은 순환논법을 구성한다. 작동적 조건형성은 강화자가 뒤따를 때 행동이 증가하는 것이라고 나는 말했다. 그러나 강화자를 행동을 증가시키는 것이라고 말하는 것 외에 다른 방식으로 정의할 수는 없는 것 같다. 그래서 행동 증가를 설명하기 위하여 강화를 사용하고, 강화를 설명하기 위하여 행동 증가를 사용하고 있다! 다행히, 미엘(Meehl, 1950)의 논문은 학습이론가들이 강화자의 **초상황적 일반성**(transituational generality)을 지적함으로써 이 순환적 혼돈에서 벗어날 수 있도록 했다—단일 강화자는 그것이 음식이든, 돈이든, 좋은 친구와 외박할 기회든 무엇이든 간에 많은 여러 상황에서의 많은 여러 행동을 증가시키는 경향이 있다.

스키너의 작동적 조건형성의 원리는 인간이 왜 종종 그렇게 행동하는지를 설명하는 아주 유용하고 강력한 방법임이 입증되었고, 수업 상황과 치료적 상황에 그것을 적용하는 것은 거의 무한하다. 실제로 학업적, 사회적, 심리운동적 행동은 작동적 조건형성을 통하여 학습되거나 수정될 수 있다. 불행히도, 바람직하지 못한 행동이 바람직한 행동만큼 아주 쉽게 강화될 수 있다. 공격과 범죄 행위는 종종 성공적인 결과를 이끌어낸다—범죄는 항상 이익을 준다. 학교 상황에서 보다 생산적인 행동이 교사와 급우들의 주의를 얻지 못할 때 파괴적 행동은 종종 주의를 얻기도 한다(McGinnis, Houchins-Juárez, McDaniel, & Kennedy, 2010; M. M. Mueller, Nkosi, & Hine, 2011).

교사로서 여러 해 동안, 나는 내가 장려하고자 하는 학생의 행동이 무엇인지 끊임없이 생각하여 그러한 행동 다음에 강화물이 오도록 노력했다. 예를 들면 대체로 조용한 학생들이 질문에 답을 하거나 개인 의견을 발표하기 위하여 손을 들 때 그들을 지명하여 가능한 한 긍정적인 피드백을 주었다. 나는 또한 학급 학생들에게 정보만 주기보다 학급을 생기있고, 흥미롭고, 재미있게 하여 학생들이 가장 오고 싶은 장소가 되도록 강화했다. 한편, 장기적으로 볼 때 학생들에게 최선의 이익이 되지 않는 행동은 강화하지 않으려고 노력했다. 예를 들면 학생들이 낙제 점수를 올리기 위하여 나를 찾아와서 부가 과제의 기회를 간청할 때 나는 변함없이 거절을 했다. 그 이유는 간단하다—나는 좋은 학점이 전 학기에 걸친 좋은 학습 습관과 높은 학업성취의 결과이기를 바라지 나의 연구실 문에서 구걸하는 행위의 결과이기를 바라지 않는다. 교사들은 그들이 무엇을 강화하고 무엇을 강화하지 않는지에 대하여 대단히 조심해야 한다.

작동적 조건형성이 일어나기 위한 주요 조건

다음의 세 가지 핵심 조건은 작동적 조건형성이 일어날 가능성에 영향을 미친다.

- 강화자는 반응 다음에 와야 한다. 반응 앞에 오는 '강화자'는 거의 반응에 영향을 미치지 않는다. 예를 들면 여러 해 전에 나의 대학에 있는 두 명의 강사들은 학점 부여가 학생들을 과도

하게 불안하게 하여 효과적으로 학습하지 못하게 한다고 염려했다. 그래서 그들은 수업 첫날 모든 학생들은 학기말에 A학점을 받을 것이라고 공표했다. 많은 학생들은 그 첫날 이후 수업에 전혀 참석하지 않았고 그래서 학점이 방해할 학습도 거의 없게 되었다.

- **이상적으로는, 강화자는 즉시 뒤따라와야 한다.** 강화자는 바로 즉시 앞선 반응을 강화하는 경향이 있다. 예를 들어 학부 심리학 전공 시절 나의 실험실 파트너와 내가 함께 연구한 비둘기인 에델을 생각해보자. 우리의 과제는 에델이 스키너 상자 안에 있는 플라스틱 원반을 쪼도록 가르치는 것이었고, 에델은 이 행동을 학습하는 데 얼마의 진전이 있어 왔다. 그러나 한 번은 비둘기가 원반을 쫀 후 너무 오래 지나서 강화를 주었고, 그러는 동안 비둘기는 빙 돌기 시작했다. 에델은 먹이를 먹은 후 미친듯이 시계 반대방향으로 돌기 시작했고, 수 분이 지난 후에야 우리는 그를 원반 쪼는 반응으로 되돌릴 수 있었다.

  즉시적 강화는 특히 어린 아동과 동물들과 일할 때 중요하다(예 : Critchfield & Kollins, 2001; Green, Fry, & Myerson, 1994). 많은 청소년들조차 장래 그들의 행동 결과가 불리할 가능성이 있는데도 불구하고 즉각적인 쾌락을 가져오는 행동을 한다(예 : 수업이 있는 밤에 파티를 한다)(V. F. Reyna & Farley, 2006; Steinberg et al., 2009). 그러나 학교는 지연된 강화로 악명이 높다. 예컨대 과제를 잘한 데 대한 즉각적인 피드백보다는 학기말의 학점 형태로 강화를 준다.

- **강화자는 반응을 조건으로 해야 한다.** 이상적으로는 강화자는 원하는 반응이 일어났을 때만 제시되어야 한다. 즉 강화자가 반응을 **조건으로** 할 때이다. 예를 들면 교사들은 소풍을 가기 전에 학생들이 충족시켜야 할 조건을 종종 명시한다 — 허가증을 가져와야 한다든가 이전 과제를 완성해야 한다든가 하는 등. 교사들이 이야기한 조건을 실천하지 않은 아동들을 나쁘게 느끼면서도 그들을 소풍에 데려가면, 강화는 반응을 조건으로 하지 않은 것이고, 아동들은 기준에 맞는 행동을 학습하지 않게 된다. 학습하는 것이 있다면, 그것은 규칙은 어겨도 된다는 것이 될 것이다.

작동적 조건형성과 고전적 조건형성의 비교

고전적 조건형성이든 작동적 조건형성이든 유기체는 특수한 반응의 증가를 나타낸다. 그러나 작동적 조건형성은 세 가지 중요한 방식에서 고전적 조건형성과 차이를 나타낸다(그림 3.4 참조). 앞에서 살펴본 것처럼, 고전적 조건형성은 두 자극이 짝지어짐으로써 나타난 결과이다 — 무조건자극(UCS)과 처음에 중립자극이다가 조건자극이 된 것(CS). 유기체는 CS에 대하여 새로운 조건반응(CR)하는 것을 배워서 CS → CR 연합을 습득한다. CR은 자동적이고 불수의적이어서 유기체는 그가 하고 있는 것에 대해 사실상 통제를 못한다. 행동주의자들은 CS가 CR을 인출한다고 일반적으로 말한다.

대조적으로, 작동적 조건형성은 반응 뒤에 강화자극이 따라온 결과이다(우리는 강화자극

	고전적 조건형성	작동적 조건형성
발생 시기	두 자극(UCS와 CS)이 짝지어짐	강화자극(S_{Rf})이 반응(R)에 뒤따라옴
습득한 연합	CS → CR	R → S_{Rf}
반응의 성격	불수의적 : 자극에 의해 인출된	수의적 : 유기체에 의해 방출된

그림 3.4 고전적 조건형성과 작동적 조건형성의 차이

의 기호로 S_{Rf}를 사용할 것이다).[8] 유기체는 고전적 조건형성에서처럼 S → R 연합을 습득하기보다는 특수한 결과와 반응을 연합하게 됨으로써 R → S_{Rf} 연합을 습득하게 된다. 학습된 반응은 유기체가 방출한 수의적인 것이어서 유기체는 반응을 일으킬지 말지에 대한 통제를 완전히 할 수 있다. 스키너는 유기체가 수의적으로 환경에 작용하여 영향을 미친다는 사실을 반영하기 위하여 **작동적**이라는 용어를 만들었다.

어떤 이론가들은 고전적 조건형성과 작동적 조건형성이 모두 같은 기초 학습 과정에 근거한다고 제언했다(G. H. Bower & Hilgard, 1981; Donahoe & Vegas, 2004). 그러나 대부분의 상황에서 고전적 조건형성과 작동적 조건형성의 모델들은 다른 학습 현상을 설명하는 데 차별적으로 유용하기 때문에 많은 심리학자들은 그것들을 서로 다른 학습 형태로 계속 취급한다.

강화의 여러 형태

행동주의자들은 학습자의 행동을 강화하여 증가시킬 수 있는 다양한 종류의 자극과 사태를 확인했다. 그들은 강화자를 일반적인 두 범주로 구분한다 — 일차적 대 이차적. 그들은 또한 강화가 두 가지 중 하나의 형태로 일어날 수 있음을 제안한다 — 긍정적 또는 부정적.

일차적 대 이차적 강화자

일차적 강화자(primary reinforcer)는 생물학에 기초를 둔, 선천적 필요나 욕구를 충족시킨다. 가령 음식, 물, 따뜻함 등과 같은 일차적 강화자는 생리적 안녕에 필수적이다. 신체적 애착과 타인의 미소와 같은 일차적 강화자는 사회적 응집력을 높이고 그래서 사람의 생존 기회를 간접적으로 확대시킨다(Harlow & Zimmerman, 1959; Vollmer & Hackenberg, 2001). 일차적 강화자로 작용하는 결과물에 대해서는 개인차가 있을 수 있다. 예컨대 성은 어떤 사람들에게

---

8 몇몇 행동주의자들은 고전적 조건형성을 논의할 때 강화라는 용어를 사용한다. 그러나 그들은 스키너가 사용한 의미와 다른 의미를 말한다. 좀 더 구체적으로 말하면, 그들은 특정한 반응(UCR)을 인출하는 무조건자극(UCS)과 조건자극(CS)이 될 자극과의 짝지움을 말하고 있다. 두 자극의 지속적인 짝지움을 새로운 조건자극 → 조건반응(CS → CR) 연결을 '강화하는 것'이라고 한다. 개인적으로, 나는 행동주의자들이 이런 방식으로 그 용어를 사용하지 않았으면 한다. 왜냐하면 그들의 저작을 읽는 사람들에게 상당한 혼동을 줄 수 있기 때문이다.

는 강화자가 되지만 다른 사람들에게는 강화를 하지 않는다. 그리고 특수한 약물이 약물 중독자에게는 일차적 강화자가 되지만 비중독자에게는 반드시 그렇지 않을 수 있다(예 : Lejuez, Schaal, & O'Donnell, 1998).

조건 강화자로 알려진 **이차적 강화자**(secondary reinforcer)는 처음에는 중립자극이던 것이 다른 강화자와의 연합을 반복함으로써 학습자에게 강화를 하게 된 것이다. 이차적 강화자의 예는 선천적인 생물학적, 사회적 필요를 충족시키지 않는 칭찬, 좋은 학점, 돈 등이다.[9]

이차적 강화자는 어떻게 강화적 가치를 가지게 되는가? 초기의 한 견해는 고전적 조건형성과 관련짓는다 ─ 이전에는 중립자극이었던 자극이 만족감(UCR)을 인출하는 기존의 강화자(UCS)와 짝지어지면서 같은 만족감(CR)을 인출하기 시작한다(Bersh, 1951; D'Amato, 1955). 대안적 관점은 이차적 강화자는 일차적 강화자가 차후에 올 것이라는 정보를 제공한다는 것이다(G. H. Bower, McLean, & Meachem, 1966; Fantino, Preston, & Dunn, 1993; Green & Rachlin, 1977; Mazur, 1993). 이 두 번째 설명은 단연 인지적 의미를 지닌다 ─ 학습자는 '무의식적으로' 환경에 단지 반응하기보다는 환경에 대한 **정보를 추구**하는 것이다.

우리의 생활 속에서 일차적 강화자와 이차적 강화자의 상대적 영향력은 아마도 경제적 상황에 따라 많이 다를 것이다. 음식과 따뜻함과 같은 생물학적 필수품이 거의 없을 때는 그것과 밀접하게 관련되어 있는 돈과 같은 이차적 강화자는 물론, 이 일차적 강화자들도 행동을 강화하는 중요한 요인이 될 수 있다. 그러나 찬장에 음식이 가득하고 집이 따뜻한 경제적으로 풍족한 시기에는 칭찬이나 학점 같은 이차적 강화자가 학습 과정에서 중요한 역할을 더 많이 할 것이다.

정적 강화

사람들이 그들에게 강화를 주는 자극과 사태를 생각할 때는 일반적으로 **정적 강화**(positive reinforcement)에 대하여 생각한다. 정적 강화는 반응 후 자극을 **제시**하는 일을 포함한다. 정적 강화는 여러 가지 형태를 취할 수 있다 ─ 어떤 것은 바깥 환경에 의해 제공되기 때문에 **외재적 강화자**(extrinsic reinforcer)가 되는 반면 어떤 강화자는 학습자 내부에서 오는 **내재적 강화자**(intrinsic reinforcer)이다.

물질적 강화자 **물질적 강화자**(material reinforcer) 혹은 유형 강화자는 음식이나 장난감과 같은 실제적 사물이다. 물질적 강화자는 특히 동물과 어린 아동들의 행동 변화에 효과가 높을 수 있다. 그러나 대부분의 심리학자들은 교사들은 어떤 강화자도 전혀 효과가 없을 때 마지막

[9] 칭찬은 사회적 관계를 향상시키기 때문에 일차적 강화자가 될 수 있다는 논박을 할 수 있다. 그러나 칭찬에는 학습된 행동인 언어가 포함되어 있으며 모든 개인에게 강화가 되는 것도 아니기 때문에 이차적 강화자의 범주에 속한다(예 : Vollmer & Hackenberg, 2001 참조). 더구나, 지적장애를 가진 어떤 사람들은 칭찬에 호의적으로 반응하기 위하여 체계적으로 훈련을 받아야 한다(예 : Dozier, Iwata, Thomason-Sassi, Worsdell, & Wilson, 2012 참조).

수단으로만 물질적 강화자를 사용할 것을 권한다. 바라던 물건들은 수업 활동에서 학생들의 주의를 산만하게 하는 경향이 있어 긴 안목으로 볼 때는 역효과가 나타날 수 있다.

사회적 강화자 **사회적 강화자**(social reinforcer)는 한 사람이 다른 사람에게 긍정적인 관심을 전달하기 위하여 하는 몸짓이나 신호이다(예 : 미소, 관심이나 칭찬). 교실 상황에서 교사의 관심, 인정, 칭찬은 강력한 강화자가 될 수 있다(P. Burnett, 2001; McKerchar & Thompson, 2004; N. M. Rodriguez, Thompson, & Baynham, 2010).[10] 동료들의 주의와 인정 또한 효과적일 수 있다(Bealieu, Hanley, & Roberson, 2013; Flood, Wilder, Flood, & Masuda, 2002; Grauvogel-MacAleese & Wallace, 2010).

활동 강화자 비행동주의적으로 말하면, **활동 강화자**(activity reinforcer)는 좋아하는 활동에 참여하는 기회이다. (퀴즈 : 나의 이 정의에서 어느 단어가 비행동주의적인가? 그리고 이유는 무엇인가?) 프리맥(David Premack, 1959, 1963)은 어떤 활동을 할 때 다른 활동을 할 수 있다면 전자의 활동을 자주 하게 된다는 것을 발견했다. 활동 강화자에 대한 **프리맥의 원리**(Premack principle)는 다음과 같다.

> 일반적으로 높은 빈도를 나타내는 반응이 일반적으로 낮은 빈도를 나타내는 반응을 조건으로 그 반응 다음에 오면, 높은 빈도의 반응은 낮은 빈도의 반응 비율을 증가시킨다.

높은 빈도의 반응은 본질적으로 학습자가 즐기는 반응인 반면, 낮은 빈도의 반응은 학습자가 즐기지 않는 반응이다. 따라서 프리맥의 원리를 달리 진술하면, 학습자는 차후에 보다 좋아하는 일을 하기 위하여 덜 좋아하는 일을 수행할 것이라는 것이다.

예를 들면 나는 집안일을 거의 하지 않는다. 나는 조용한 방에 틀어박혀 인간 학습과 행동에 대한 책을 읽거나 글을 쓰는 것을 훨씬 좋아한다. 나는 집안일을 한 조건으로 추리소설 읽기나 손님접대와 같은 높은 빈도의 행동을 할 때 집안일을 더 잘하는 경향이 있음을 발견했다. 이와 유사하게, 학생들의 적절한 교실행동은 프리맥의 원리를 통해 개선할 수 있다. 예컨대 어린 아동들에게 일정 기간 동안 조용히 주목하고 있어야만 높은 빈도의 행동(예 : 친구와 상호작용하기)을 하게 함으로써 의자에 조용히 앉아 주목하는 것을 빨리 가르칠 수 있다(Azrin, Vinas, & Ehle, 2007; Homme, deBaca, Devine, Steinhorst, & Rickert, 1963).

토큰 강화자 **토큰 강화자**(token reinforcer)는 학습자가 그것을 모아서 바라는 물건이나 특권을 '구입'할 때 사용하는 작고, 무의미한 품목이다(예 : 포커칩, 특별히 표시된 색종이, 기록 차트에 붙이는 스티커). 예를 들면 학급 담임은 학생들에게 숙제를 완성했거나 적절한 교실행

---

[10] 칭찬은 그것이 전달하는 구체적 메시지와 그것이 주어지는 맥락에 따라 부정적일 가능성을 가지고 있음을 여기에서 주목해야 한다. 제14장과 제15장에서 칭찬의 부정적 효과의 가능성을 검토할 것이다.

동을 했을 때 '포인트' 점수를 줄 수 있다. 주말에 학생들은 작은 장신구, 도서실에서의 자유 시간, 급식줄에서 앞에 서기 등과 같은 것을 '사기' 위해 포인트를 사용할 수 있다. 토큰은 **토큰 경제**에서 종종 사용되는데 이에 대해서는 제4장에서 다룰 것이다.

긍정적 피드백 어떤 경우, 물질적, 사회적 강화자는 학습자들이 공부를 잘 하고 있고 의미 있게 발전해나가고 있다는 메시지를 전달하기 때문에 학생들의 교실 행동을 개선하고 학업 기술을 더 잘 배우도록 하기도 한다. 그와 같은 **긍정적 피드백**(positive feedback)은 바라는 행동 변화를 일으키도록 하는 데 확실히 효과적이다(Hattie & Gan, 2011; S. Ryan, Ormond, Imwold, & Rotunda, 2002; Shute, 2008).

한때 나는 필기체 배우는 데 어려움이 있는 학습장애아인 9세 소년 마이클과 하루에 30분씩 여러 주를 함께 공부하며 지낸 적이 있다. 처음 몇 회기 동안에는 마이클도 나도 어떤 진전을 볼 수 없어서 우리는 둘 다 점점 좌절감을 느꼈다. 우리 스스로에게 좀 더 구체적인 피드백을 주기 위하여 나는 그래프 종이에다 도표를 만들었고, 마이클에게 매일 그가 기억할 수 있는 필기체의 숫자를 표시하여 그의 진도를 추적하는 방법을 설명했다. 나는 그에게 3일 연달아 26개의 글자를 정확하게 썼다는 것을 표시하는 페이지 꼭대기의 점선에 다다르면 그에게 특별 선물을 주겠노라고 말했다. 그는 선물로 자주색 펠트펜을 선택했다. 마이클의 매일의 수행은 극적으로 향상되기 시작했다. 그는 놀라운 진전을 보였을 뿐 아니라 자신의 수행치 표시하기와 매일 좀 더 높은 수행치 보기를 기대했다. 2주가 안 되어서 마이클은 펠트펜의 기준을 충족시켰다 — 그는 3일 연달아 26개 글자 필기체 모두를 썼다. 마이클이 그것을 얻은 지 24시간도 지나기 전에 그것을 잃어버렸는데도 괴로워하지 않는 것을 보면 결국 펜은 우리의 성공에 중요한 요소가 아니었던 것 같다. 대신, 그 자신의 향상에 대한 구체적인 긍정적 피드백이 마이클을 학습하도록 도와준 진정한 강화자라고 생각한다.

피드백은 학생들이 무엇을 배웠고, 무엇을 배우지 않았는지를 전달할 때 그리고 그들이 어떻게 수행을 향상시킬 수 있는지를 안내해줄 때 특히 효과적인 것 같다(Hattie & Gan, 2011; Shute, 2008). 그와 같은 상황에서는 부정적 피드백조차 수행을 향상하도록 할 수 있다. 이 사실을 엄격한 행동주의 준거틀에서는 해석하기 어렵다. 학생들은 그들이 받는 정보에 대하여 생각해야 하고 그들의 행동을 수정하기 위하여 그 정보를 사용해야 하며 그리고 나중에는 좀 더 좋아하는 피드백을 얻는 것 같다.

내재적 강화자 종종 학습자는 어떤 행동에 종사할 때 그런 행동이 가져다주는 외적 결과물 때문이 아니라 내적인 좋은 감정(내재적 강화자) 때문에 행동한다. 어려운 문제를 풀고 난 후의 성취감, 값비싼 물건을 주인에게 돌려주었을 때의 뿌듯함, 어려운 과제를 완성하고 난 후의 해방감이 모두 내재적 강화자의 예다. 명백한 외적 강화 없이 오랫동안 어떤 행동에 계속 종사하는 사람들은 아마도 내적 만족의 근원 때문에 일하고 있는 것이다.

내재적 강화자라는 개념은 외재적이고 관찰 가능한 사태에 초점을 두는 전통적인 행동주의에는 딱 들어맞지 않는 개념이다. 그러나 많은 학생들의 경우, 학습을 위한 진정한 강화자는 학습 달성이 가져오는 성공감, 완전정복감, 자부심 등과 같은 내재적 강화자일 것이다. 그런 학생들에게 학업과제를 잘 수행했다는 피드백을 제공하는 강화자는 훨씬 도움이 될 것이다. 학점은 이러한 이유 때문에 강화물이 될 수 있다—좋은 학점은 높은 학업성취를 반영하며 자부심의 이유가 된다.

긍정적 피드백과 그러한 피드백이 가져오는 내재적 강화는 아마도 교실에서의 강화 형태 중 가장 생산적인 것일 것이다. 그러나 교사들은 한 학생에게 강화가 되는 것이 다른 학생에게는 강화가 되지 않을 수도 있다는 것을 기억해야 한다. 아름다움과 같은 강화는 바라보는 사람의 눈에 달려 있다. 사실상 시종일관된 긍정적 피드백과 그 결과로 오는 성공감 및 완전정복감은 수업이 개인의 능력 수준에 맞추어 잘 짜여져 있을 때 그리고 학생들이 학업성취에 가치를 부여하는 것을 배웠을 때만 생길 수 있다. 어떤 이유든 학생들이 학업적 성공을 이루는데 관심이 있을 때라야 사회적, 활동적 강화자—필요하다면 물질적 강화자까지도—와 같은 여러 강화자들은 학생들이 사회에서 필요한 지식과 기술을 습득하는 것을 돕는 데 유용할 수 있다.

부적 강화자

정적 강화와 대조적으로 **부적 강화**(negative reinforcement)는 보통 혐오스럽거나 불쾌한 자극의 제거를 통해 반응을 증가시키는 것이다. 여기에서 부적이라는 단어가 여러분을 미혹에 빠뜨리지 않도록 하자. 그것은 가치판단의 의미를 가지고 있는 것도 아니고, 바람직하지 않은 행동이 개입되었다는 의미도 아니다. 그것은 단지 어떤 것이 상황에서 제거되었다는 사실을 언급할 뿐이다. 가령 쥐에게 불쾌한 전기 충격을 종종 주는 스키너 박스 안의 쥐를 상상해 보라. 쥐가 막대를 누르면 충격이 멈춘다는 사실을 발견할 때 쥐의 막대 누르는 행동은 상당히 증가할 것이다. 다른 예를 하나 더 들면, 여러분이 문을 열 때 점화장치에 열쇠가 꽂혀 있다면 차는 시끄러운 소리를 낸다. 점화장치에서 열쇠를 제거함으로써 여러분은 시끄러운 소리를 멈추게 할 수 있으며, 이 경험으로 인해 앞으로 그럴 경우 열쇠 제거를 더 부지런히 하게 될 것이다.

죄책감이나 불안감의 제거는 인간에게 있어서 극히 강력한 부적 강화자일 수 있다. 아동은 자신이 위반한 행위에 대해 죄책감을 느끼고 그것을 가슴에서 없애기 원하기 때문에 며칠 전 혹은 몇 주 전에 저지른 잘못을 고백하기도 한다. 불안은 학생을 몰아쳐서 학기말 과제를 일찍 완성하게 하여 그가 해야 할 목록에서 할 일 하나를 제거하기도 한다. 같은 기말 과제를 가지고 있는 학생이라도 어떤 학생은 마감 시간까지 질질 끌어서, 과제를 연구하고 쓰는 보다 어려운 면에 대한 불안을 일시적으로나마 제거하기도 한다.

자주 일어나는 도피반응

부적 강화는 유기체가 학습하는 많은 도피 행동을 설명할 것이다. 가령 일련의 전기 충격을 받은 쥐는 충격이 없는 다른 환경으로 도피할 수 있도록 하는 핸들 돌리기를 빨리 학습할 것이다(N. E. Miller, 1948). 이와 유사하게, 아동과 청소년은 교실이나 다른 어떤 곳에서 재미없는 과제와 상황을 벗어나는 여러 가지 방법을 습득한다("나의 개가 숙제한 것을 씹었어요!"). 그리고 부적절한 교실 행동을 함으로써 지겹거나 좌절스러운 학업과제를 회피한다(A. W. Gardner, Wacker, & Boelter, 2009; McKerchar & Thompson, 2004; Romaniuk et al., 2002). "내가 그것을 하지 않고 그가 했어요!"라고 하는 자신의 행동에 대한 거짓말은 운동장 감독관의 무서운 눈을 피하고자 하는 방법이다. 아프지도 않은 복통 호소, 상습적 무단결석, 퇴학 등은 모두 학교 환경을 피하고자 하는 방법이다. 물론, 어떤 도피반응은 생산적이다. 가령 많은 십대들은 원치 않는 성적 구애를 거절하는 재치있는 방법이나 술이나 약물이 난무하는 파티를 떠나는 방법들을 습득한다.

부적 강화는 학생의 행동뿐 아니라 교사의 행동에 영향을 미칠 수 있음을 명심하라. 교사들은 때때로 혐오자극을 즉시 없애지만 장기적으로 볼 때는 효과가 없는 방식으로 행동한다. 특히 학생의 입장에서는 반응이지만 교사의 입장에서는 불쾌한 자극이 되는 학생의 잘못된 행동이 있을 수 있는데 이런 경우 교사는 학생의 그런 행동을 그만두게 하고 싶어 한다. 예를 들어 테일러 선생이 마빈에게 너무 이야기를 많이 한다고 소리치는 경우를 상상해보라. 마빈은 일시적으로 이야기하기를 멈추겠지만 그것이 테일러 선생의 소리치는 행동을 부적으로 강화한다. 그러나 마빈이 테일러 선생의 주의 받기를 좋아한다면—즉 그것이 그에게 정적 강화자라면—그는 곧 다시 떠들어댈 것이다.

작동적 조건형성의 여러 현상

연구자들은 강화의 효과와 관련된 여러 현상을 관찰했다. 이제 인간 학습과 행동에서 종종 볼 수 있는 몇 가지를 살펴보자.

미신적 행동

사건들이 무작위로 일어나고 학습자가 한 행동과 관련없을 때에도 작동적 조건형성은 때때로 일어날 수 있다. 예컨대 스키너는 한번은 여덟 마리 비둘기가 어떤 반응을 하든지 상관하지 않고 정해진 간격에 따라 강화를 주도록 먹이접시를 맞추어 놓고 밤새 새장을 떠났다. 다음 날 아침이 되었을 때 여섯 마리 비둘기가 이상한 행동을 했다. 한 비둘기는 자신의 머리를 새장의 위쪽 구석에 반복적으로 처박았고 다른 두 비둘기는 머리와 몸을 시계추처럼 규칙적으로 흔들었다(B. F. Skinner, 1948).

무작위로 강화를 주면 바로 직전에 한 반응이 무엇이든 그것을 강화하는 경향이 있어서 학습자는 그 반응을 증가시킬 것이고 스키너가 **미신적 행동**(superstitious behavior)이라고 부르는 행동을 보일 것이다. 비행동주의적으로 미신적 행동을 설명하면 반응과 강화가 사실은 관련되지 않는데 학습자는 관련된다고 생각하는 것이다. 가령 학생은 시험치는 날 '행운의 스웨터'를 입을 것이고, 유명 운동선수는 게임하기 전에 항상 어떤 의례적 행동을 하기도 한다.[11]

교실에서의 미신적 행동은 많은 행동 중 어느 행동이 강화를 일으켰는지 학생이 모를 때 일어날 수 있다. 그것을 최대한 줄이기 위하여, 교사들은 칭찬, 관심, 성적 등과 같은 강화자들을 바람직한 행동을 했을 때 주어서 반응-강화 조건관계를 명백히 구체화해야 한다.

조형

반응에 대한 강화를 받기 위해서 학습자는 먼저 반응을 해야 한다. 그러나 때때로 학습자는 특정한 방식으로 행동하려는 경향이나 기술이 부족하다. 그러한 상황을 다루기 위하여 스키너는 **조형**(shaping)이라고 부르는 방법을 도입했다. 새로운 행동을 조형하기 위하여 우리는 바람직한 행동에 조금이라도 근접하는 첫 번째 반응을 강화하는 일부터 시작한다. 그러고 나서 학습자가 그 반응을 상당히 자주 할 때까지 강화를 계속한다. 첫 반응을 자주 하는 지점에 이르면, 우리는 바람직한 행동을 좀 더 닮은 반응들만 강화한다. 그다음에도 역시 보다 더 닮은 행동을 강화하여 종국에는 바람직한 행동 그 자체만을 강화한다. 다시 말하면, 조형은 우리가 궁극적으로 보고자 하는 바람직한 행동에 조금씩 근접하는 행동을 점진적으로 강화하는 과정이다. 그래서 이 절차를 때때로 점진적 접근법이라고 부른다.

가령, 실험실 동료와 내가 비둘기 에델에게 스키너 상자에 있는 원반 쪼는 것을 가르칠 때 에델이 원반 있는 벽면을 볼 때마다 강화하기 시작했다. 일단 이 반응이 상당히 자주 일어나면, 벽면 가까이로 부리를 움직일 때만 강화를 하기 시작했다. 그다음에는 부리가 벽면에 닿을 때만 강화하고, 그다음에는 원반의 반경 2인치 이내를 쫄 때만 강화를 하는 식으로 했다. 우리는 한 시간도 안 되어 에델이 원반을 즐겁게 쪼아서 정확한 쪼기 후에 나오는 먹이를 먹도록 했다.

---

11 그러한 행동은 직접적으로는 그 활동에 대한 자신감을 증진시키고 그럼으로써 활동을 끈기 있게 하도록 해 수행을 사실상 향상시킬 수 있다(Damisch, Stoberock, & Mussweiler, 2010). 이 자신감은 자기효능감의 한 예이다—사회인지이론의 중심인 인지주의 개념(제5장).

나의 교수 중 한 명이 조형에 대한 강의를 한 며칠 후 일단의 학생들이 그 교수를 조형한 일이 전설로 내려오고 있다. 교수가 교실 문 가까이에 서 있을 때마다 학생들은 강의에 흥미를 보이고 몸을 앞으로 기울여 앉았으며 필기를 열심히 했다. 교수가 문에서 떨어져 걸어갈 때마다 학생들은 지겨운 듯한 행동을 했으며 의자에서 몸을 뒤로 빼고 시계를 마음 초조해하며 보았다. 수업이 진행됨에 따라 그들은 교수가 문 쪽으로 점점 더 가까이 갈 때만 강화를 하여 수업 끝날 즈음에는 교수가 복도에서 강의를 하게 되었다.[12]

꼭 같은 방식으로 교사들은 아동들이 학년이 오름에 따라서 학업 기술과 교실 행동을 점진적으로 조형한다. 예를 들어 유치원 아동들은 처음에 줄 칸이 넓은 종이에 글자 쓰기를 배운다. 그리고 글자가 선 안에 잘 들어온 반듯한 것일 때 칭찬을 한다. 아동들이 1학년을 지나면, 줄의 간격은 줄어들고 교사들은 글자를 어떻게 잘 써야 할지를 점점 까다롭게 가르친다. 마침내 많은 아동들은 글자의 크기를 균일하게 쓰기 시작하고 아래 줄만의 도움으로도 글자의 모양을 내다가 결국에는 줄 없이도 잘 쓸 수 있게 된다. 교사들은 또한 학생들이 오래 앉아 있도록 조형한다. 학생들이 나이가 듦에 따라 교사들은 학생들이 점점 오랫동안 의자에 조용히 앉아 있기를 기대한다. 운동 기술 역시 시간의 흐름에 따라 효과적으로 조형할 수 있다. 코치는 긍정적인 피드백을 통해 운동장에서의 행동을 점점 까다롭게 가르침으로써 가능하다(예 : A. M. Harrison & Pyles, 2013).

그러나 교사들과 성인들은 그럴 의도가 없이 바람직하지 않은 행동을 조형할 수도 있다. 이름이 몰리이고 무분별하게 말하고 신체적으로 다른 학생들을 괴롭히거나 그 외 다른 방식으로 수업 활동을 방해하는 한 학생에 대하여 이야기해보자. 몰리의 교사 스미스는 그가 그녀의 그러한 행동을 꾸중함으로써 사실은 그녀가 열망하는 교사의 관심을 주게 되어 본질상 그녀의 파괴적 행동을 강화하고 있었음을 곧 깨닫는다. 스미스는 더 이상 그녀의 파괴적 행동을 강화하지 않기로 결심한다. 불행히도 스미스가 작은 위반행위는 쉽게 무시한다 하더라도 보다 극심한 파괴적 행동을 무시할 수 없어서 그것에 대해 몰리를 호되게 꾸짖는다. 그런 경우 스미스는 몰리의 파괴적 행동을 저지하기보다는 오히려 그것을 조형한다 — 그는 몰리가 강화를 받기 위해서는 작은 파괴적 행동을 할 것이 아니라 아주 큰 파괴적 행동을 해야 함을 무심코 주입하고 있는 것이다.

연쇄법

학습자들은 또한 조형을 통하여 반응들의 순서를 학습할 수 있다. 예를 들면 여러 해 전에 사우스다코타에 있는 관광지를 방문했을 때 나는 병아리가 야구장에서 혼자 '야구'하는 모습을

12 다른 학생들은 그들의 교수에 대한 소문을 기사로 작성했다. 나는 그 이야기가 근거가 거의 없거나 아예 없는 그 도시의 전설 중 하나가 아닐까 생각한다. 그러나 그것은 생생한 한 예를 제공하는 것이고 그래서 여기에 그 내용을 실었다.

보았다 — 병아리는 (닭장 옆에 내가 놓아 둔 25센트 때문에) 특유의 신호음을 듣자마자 본루에 있는 수평 '배트'로 공을 쳐서 전루(bases)를 달렸다. 일단 본루에 돌아오면 먹이 접시에 있는 먹이를 발견하게 되었다. 병아리 훈련사는 이 복잡한 반응의 순서를 아마도 다음과 같이 병아리에게 가르쳤을 것이다. 처음에는 마지막 반응인 본루로 뛰어가는 것만 강화하고 그다음에는 마지막 두 반응인 삼루로 간 다음에 본루로 뛰어가는 것을 강화하는 식으로 하여 종국에는 적절한 시기에 배트를 '휘두르고' 일루에서 본루까지 전 과정을 뛸 때만 강화했을 것이다.

처음에는 한 반응만 강화하고, 그다음에는 연속으로 이루어지는 두 반응에 대해 강화하고, 그다음에는 세 반응의 연속을 강화하는 이 과정을 **연쇄법**(chaining)이라고 한다. 병아리가 야구하는 것을 학습할 수 있는 것과 같이 사람들도 상당히 복잡하고 긴 행동을 연쇄법을 통해 학습할 수 있다. 예를 들면 테니스 교실의 학생들은 라켓 쥐는 것을 학습한 후 공을 주시하면서 네트를 향해 두 발을 벌리고 서는 것을 학습하며 그다음에는 접근하는 공을 향해 움직이면서 자세를 적절히 조절하는 것을 배운 후 공을 맞추기 위해 라켓을 휘두르는 것을 배운다. 이와 유사하게, 1학년 교실의 학생들은 그들의 학습 자료를 옆으로 치우는 것을 학습하고 조용히 책상에 앉는 것을 학습하며 나중에는 점심식사를 하러 가기 전에 교실 문에서 한 줄로 서는 것을 학습한다. 그와 같은 복잡한 행동은 한 번에 한 단계씩, 즉 연쇄법을 통해 보다 쉽게 습득된다.

제1장에 나온 코끼리 그림을 그린 코끼리인 솜자이 이야기로 돌아가보자. 조련사가 코끼리에게 그런 그림을 그리도록 가르친 특수한 기법이 잘 보안된 비밀이라 할지라도 나는 그 접근이 조형과 연쇄법의 조합이라고 생각한다. 처음에 솜자이의 조련사는 보통의 그리는 행동을 조형할 필요가 있었을 것이다. 솜자이는 그의 코로 붓 쥐는 법을 배워야 했고, 이젤 쪽으로 붓을 가리키는 것을 배우며, 붓이 캔버스에 닿을 때 붓을 적절히 누르는 것을 학습하고, 붓을 캔버스를 가로질러 움직이는 것을 학습하는 식이다. 솜자이가 일단 그리는 기술을 습득하면 조련사는 솜자이가 캔버스의 가운데를 가로질러 수평이지만 약간 곡선을 이루는 선(코끼리의 '등')을 그리는 것에 대해 강화했을 것이다. 그러고 나서는 등에다 머리 꼭대기를 더하여 그리는 것에 대하여, 그다음에는 등, 머리, 코 앞쪽 등을 그리는 것에 대하여 강화하는 식이었을 것이다. 시간과 연습과 인내심으로 솜자이는 참으로 긴 반응의 연쇄를 학습했다.[13]

소거

고전적 조건형성에서, 조건자극(CS)이 무조건자극(UCS) 없이 반복적으로 제시될 때 조건반

---

13 병아리가 야구하는 것을 가르치는 절차는 후진 연쇄법을 예시한 것이다. 후진 연쇄법은 연쇄의 마지막 반응에서 시작하여 그 앞의 반응을 하나씩 첨가하는 방식이다. 솜자이가 코끼리 그리는 것을 가르치는 절차는 전진 연쇄법이다. 전진 연쇄법은 연쇄의 첫 반응을 강화한 다음에 그다음 반응을 첨가해나가면서 강화하는 방식이다. 이 두 접근법은 사람들에게 복잡한 새로운 기술을 가르치는 데 효과적일 수 있다(예 : J. O. Cooper, Heron, & Heward, 2007; Slocum & Tiger, 2011 참조).

응(CR)은 감소하다가 결국에는 사라진다. 즉 반응이 소거된다. 반면, 작동적 조건형성에서 **소거**(extinction)는 반응이 더 이상 강화를 받지 않아서 반응의 빈도가 감소할 때 일어난다. 예를 들면 교실의 어릿광대가 자신의 농담에 대해 교사와 급우들이 더 이상 웃지 않는다는 것을 알 때 농담하는 일이 줄어들게 된다. 그들이 손을 들어도 지명을 받지 못하는 학생들은 교실의 토론에 참여하려고 하지 않을 것이다. 공부를 여러 시간 해도 시험에 실패하는 학생들은 결국 공부하기를 멈출 것이다.

소거 과정의 처음 단계에는 소거되는 행동이 잠시 증가하는 것을 가끔 보게 되는데 그러한 현상을 **소거폭발**(extinction burst)이라고 한다(J. O. Cooper et al., 2007; Lerman, Iwata, & Wallace, 1999; McGill, 1999). 나타나는 반응의 종류가 점점 변화하는 현상을 볼 수도 있다(Rachlin, 1991). 예를 들어 자신이 시험을 잘 못 보는 것을 알게 된 학생들은 공부를 더 많이 혹은 이전과 다르게 하려고 할 것이다. 그러나 만약 그러한 노력에도 불구하고 계속 실패를 한다면 그들의 공부행동은 결국 감소하다가 완전히 사라질 것이다.

교실 분위기를 흐리는 농담과 같은 바람직하지 못한 행동을 교사가 확실히 소거하기를 원한다 하더라도 바람직한 행동은 소거되지 않을 만큼 충분히 자주 강화하도록 확실히 할 필요가 있다. 예컨대 교사가 한 명 이상의 학생들이 최선의 노력을 함에도 불구하고 매번 수업 과제에 실패하는 것을 보면, 교사는 문제의 근원을 찾아야 한다. 만약 한 학생만 실패를 한다면, 아마도 그 학생이 보다 적절한 공부 기술을 개발하도록 도와주거나, 보다 개별화된 수업을 받도록 하거나, 자신의 현재 지식과 기능에 보다 잘 맞는 상황에 위치시키는 일이 필요할 것이다. 그러나 만약 많은 학생들이 같은 과제를 너무 어려워하여 완성하지 못한다면, 그러한 과제에 문제가 있거나 관련 교실 수업에 문제가 있을 수 있다.

강화계획의 효과

조건형성 비율과 소거 비율 모두에 영향을 미치는 중요한 요인은 강화의 일관성이다(예 : Pipkin & Vollmer, 2009; Staddon & Higa, 1991). 일관성이 어떤 역할을 하는지 예시하기 위하여, 나의 각 학기 수업에서 지정 교과서를 읽지 않는 소수의 학생들에 대해 내가 하는 공상을 생각해보자.

> 학생은 작은 방에 갇혀 있다. 교과서는 가까운 탁자 위에 놓여 있다. 학생이 책을 지정한 페이지 중 한 부분을 펼치고 그 페이지를 볼 때마다 맛있는 음식 조각 하나가 천장에 있는 구멍에서 떨어진다.

나는 동기화되지 않는 학생들을 내가 만든 스키너 상자 변형인 옴로드 상자 속에 넣기를 본래 좋아한다!

이제 20개의 옴로드 상자 속 20명의 학생들을 상상해보라. 이들 중 10명을 무선적으로 뽑아서 A집단이라 한다 — 그들은 교과서를 펴서 그것을 볼 때마다 음식 한 조각을 받는다. 다른 10명은 B집단이라 한다—그들은 책읽기 행동 중에 4시간마다 한 행동에 대해서 음식을 받지만 나머지 행동에 대해서는 아무것도 받지 않는다. A집단은 **계속적 강화**(continuous reinforcement)를 받고 있다—매 반응 강화를 받는다. B집단은 **간헐적 강화**(intermittent reinforcement)를 받고 있다—어떤 반응은 강화를 받고 어떤 반응은 강화를 받지 않는다. 어떤 집단이 교과서 읽기를 더 빨리, 많이 하게 될까? 물론 그 답은 계속적 강화를 받는 A집단이다. 계속적으로 강화를 받는 반응은 간헐적으로 강화를 받는 반응보다 더 빨리 습득한다.

이제 각자 옴로드 상자 속에 있은 지 몇 시간 후 모든 20명의 학생들의 교과서 읽기 반응의 빈도가 높아지기 시작했으며 그래서 내가 음식 떨어뜨리는 장치를 끈다고 가정해보자. 어느 학생들이 그들은 더 이상 강화를 받지 않는다는 사실을 먼저 알아챌 것인가? 대답은 다시 A집단이다. 매 반응마다 강화를 받은 학생들이 강화가 멈추었다는 사실을 빨리 알아챌 것이고 그래서 그들의 교과서 읽기는 재빨리 소거될 것이다(물론, 그렇지 않았으면, 그들은 심리학 책읽기가 내재적으로 강화하는 활동임을 발견했을 것이다). 이와 대조적으로 B집단 학생들은 그들 반응의 25%만 강화를 받았으며 그래서 그들은 강화받지 않는 것에 익숙해 있다. 이 학생들은 강화가 멈추었다는 사실을 깨닫기 전에 한동안 교과서 읽기를 계속할 것이다. 간헐적으로 강화를 받은 반응은 계속적으로 강화를 받은 반응보다 더 천천히 소거된다.

행동주의자들은 반응이 바람직한 형태로 그리고 바람직한 빈도로 일어날 때까지 계속적으로 강화하기를 항상 권한다. 그 후에는 그것이 소거되지 않도록 간헐적 강화로 강화를 지속해야 한다. 간헐적 강화는 여러 형태의 **강화계획**(reinforcement schedule)에 따를 수 있으며 각각의 강화계획은 소거에 대한 저항과 강화받는 반응의 빈도 및 형태에 대하여 서로 다른 효과를 가지고 있다.

비율계획 **비율계획**(ratio schedule)은 어떤 수의 반응이 일어난 후에 강화가 일어나는 것이다. **고정비율계획**[fixed ratio(FR) schedule]에서 강화자는 어떤 일정한 수의 반응이 일어난 후에 제시된다. 예를 들면 강화는 매 세 번째 반응(1 : 3 비율계획) 후나 매 50번째 반응(1 : 50 계획) 후에 일어날 수 있다. 이와 대조적으로, **변동비율계획**[variable ratio(VR) schedule]은 특정한 그러나 계속적으로 변화하는 수만큼의 반응을 한 후에야 강화가 제시되는 것이다. 이러한 종류의 계획은 강화를 얻는 데 필요한 평균 반응 수로 기술된다. 예를 들어 1 : 5 변동비율계획에서, 강화는 먼저 네 반응 후에 일어날 수 있다. 그러고 나면 일곱 반응 후에, 그다음에는 세 반응 후에 등으로 강화가 일어나지만 평균 다섯 반응마다 강화를 준 셈이다. 여러분도 알 수 있는 바와 같이 변동비율계획에서 강화가 언제 일어날지는 다소 예측 불가능하다.

라스베이거스의 슬롯머신 놀이는 변동비율계획에 따라 강화받는 반응의 한 예다. 동전을 슬롯머신에 넣는 횟수가 많을수록 동전이 다시 나와 강화를 받는 횟수가 많아진다. 그러나 이 동전들은 동전 수를 예측해서 주입하여 나온 동전들이 아니다. 이와 유사하게, 텔레마케

팅은 변동비율계획에 따라 강화를 받는다. 전화를 많이 할수록 많이 팔지만 전화하는 사람은 어느 전화에서 강화를 받을지 결코 모른다.

나의 딸 티나가 초등학교를 다니던 시절, 나는 종종 티나 친구인 '마거릿' 때문에 좌절감을 느꼈다. 마거릿은 뭔가 원할 때마다 귀찮을 정도로 집요했다. '안 돼'라는 대답을 거의 받아들이지 않는다. 티나와 내가 마거릿과 그녀의 엄마와 함께 레스토랑에서 저녁식사를 하던 어느 저녁에 그녀의 집요함의 근원이 무엇인지 나는 알게 되었다. 그 소녀는 음식을 빠르게 먹고는 엄마들이 커피를 마실 동안 레스토랑을 탐색하러 나갔다. 마거릿은 재빠르게 테이블로 돌아와서 요청했다.

"엄마, 비디오 게임 하게 동전 하나만 주세요."
"안 돼."
"제발요, 엄마."
"마거릿, 안 된다고 말했잖아."
"그렇지만 티나는 가지고 있는데요." (나는 멍하니 허공을 본다.)
"안 돼."
"집에 가서 갚아 줄게요."
"마거릿, 안 돼."
"제발 좀 주세요?!" (마거릿은 간절한 얼굴 표정을 한다.)
"오, 좋아, 여기 있다."

마거릿의 요구 행동은 아마도 변동비율강화계획에 따른 것이리라 — 그녀는 엄마에게 집요하게 조르는 일은 결국 수지가 맞다는 사실을 배웠던 것이다.

원하는 행동이 소거되는 것을 방지하는 한 가지 전략은 강화 비율을 점점 늘려나가는 일련의 비율계획을 이용하는 것이다. 이 접근법은 기본 읽기 기술을 습득할 수 없었던 6세 소년에게 적용된 적이 있다(Whitlock, 1966). 처음에 그 소년에게 플래시 카드에 적혀 있는 단어를 읽도록 했다. 그가 단어를 정확하게 읽을 때마다 강화자로서 포커칩을 주었는데 이것은 계속적 강화계획에 해당하는 것이다. 그는 36개 칩이 든 단지로 여러 활동을 할 수 있었다. 가령 두 단지를 모으면 그는 게임을 할 수 있었고, 일곱 단지를 모으면 만화를 볼 수 있었다. 그 소년이 일단 이야기책 읽는 것을 시작으로 하여 책을 읽을 수 있게 되면, 1:2 고정비율계획에 따라 강화를 주었다. 즉 그는 두 단어를 정확하게 읽을 때마다 칩 하나를 받았다. 마침내 그는 네 단어를 읽을 때마다 강화를 받게 되었다(1:4 계획). 그다음에는 매 페이지마다, 즉 10~25단어마다 한 번 강화를 받고 그다음에는 매 이야기마다, 즉 50~70단어마다 한 번 강화를 받고 마지막에는 네 이야기마다 강화를 받았다. 그와 같은 개별화 수업의 15회기를 끝낸 후 강화는 점차 모두 사라지고 소년은 학급 내 정규 읽기 프로그램에 들어갔다. 석 달 후

텔레마케팅은 변동비율계획에 따라 강화를 받는다.

도 그는 여전히 그 학년 수준으로 읽고 있었다. (이 연구에 대해서 내가 항상 감명 받은 점이 있다 — 한 활동을 '구입'하려면 아주 많은 칩이 필요하기 때문에 소년은 사실 거의 활동을 살 수 없었을 것이다. 읽기를 점진적으로 성공한 그 자체가 진정한 강화자라고 나는 생각한다.)

간격계획 **간격계획**(interval schedule)은 어떤 시간적 간격이 경과한 후에 학습자가 첫 번째로 반응하는 것에 강화가 이루어진다. **고정간격계획**[fixed interval(FI) schedule]에서는 시간 간격이 일정하다. 예를 들면 학습자는 5분 동안 얼마나 많은 반응을 했느냐 하는 것과 상관없이 그 5분이 지난 후 첫째 반응에 강화받을 것이다. 강화를 받으면 또 5분이 지나서 한 반응에 대해 강화를 받는다. 고정간격계획은 독특한 '부채꼴' 패턴의 반응 형태를 일으킨다 — 강화를 한 번 받고 나면, 반응비율이 서서히 줄어들다가 간격 시간의 끝이 다가오면 반응비율이 급격히 증가한다(예 : Jarmolowicz, Hayashi, & Pipkin, 2010; Ludvig & Staddon, 2004; Shimoff, Catania, & Matthews, 1981). 예를 들면 나의 딸 티나는 5학년 때 금요일마다 철자 시험을 쳤다. 월요일이 되면 그 주의 철자 단어 목록을 받았기 때문에 목록을 공부할 시간으로 4일간의 저녁시간을 가지게 되었다. 가끔은 수요일에 시작을 했지만 목요일 밤이 되어서야 공부를 하기 시작하는 경우가 더 많았다. 만약 티나의 공부 행동을 그래프로 그려본다면 그림 3.5의 그래프와 같은 모양이 나타날 것이다.

변동간격계획[variable interval(VI) schedule]에서는 강화 전 시간 간격의 길이가 경우마다 다소 예측이 불가능할 정도로 변화한다. 가령 학습자는 8분 후 첫째 반응에 강화를 받고 그다음에는 13분 후 첫째 반응에, 그다음에는 5분 후 첫째 반응에 등으로 강화를 받을 것이며 변

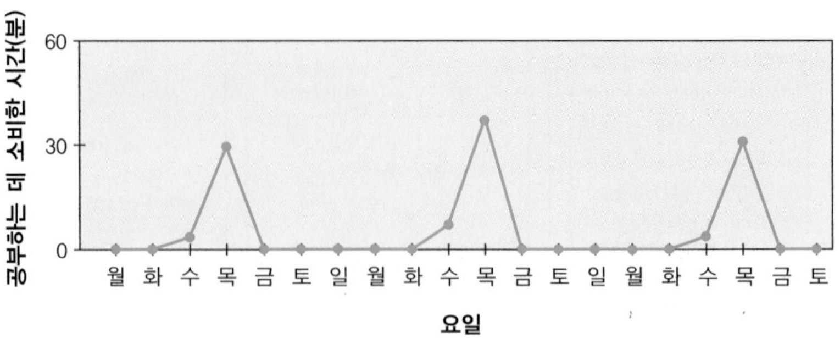

그림 3.5 고정간격계획에 의해 강화받은 반응은 '부채꼴' 모양을 나타낸다.

동간격계획의 정체성은 평균 시간 간격으로 규정된다. 많은 사람들의 경우, 이메일 점검은 변동간격계획에 따라 강화받는 반응이다. 가령 여러분은 중요한 내용이 도착했는지 확인하기 위해 하루에 대여섯 번 이메일을 점검할 것이다. 여러분은 종종 스팸 메일과 피싱만을 발견할 것이다("안녕하세요, 저는 여러분에게 850만 달러를 남긴 먼 친척을 대변하는 변호사 조셉 쉬모입니다. 저에게 여러분의 이름과 은행 계좌번호, 여권번호를 보내 주세요…"). 그러나 가끔은 여러분이 실제로 원하는 하나 혹은 그 이상의 메시지를 발견할 것이다. 여기에서는 오히려 비율계획보다 간격계획이 작용한다 — 여러분은 강화(예 : 원하는 메시지)를 받기 위하여 가끔 이메일을 점검할 필요가 있다. 그러나 매 5~10분 간격처럼 자주 점검한다고 해서 여러분이 받는 이메일 강화량이 증가하지는 않을 것이다.

이와 유사하게, 교실에서 불시에 치는 시험인 '팝' 퀴즈가 항상 있을 수 있다는 말을 들은 학생들은 매일 밤 조금씩 공부를 하는 경향이 있다. 그들은 자신들이 정확히 어느 날에 공부한 것을 발휘하게 될지 절대 모른다. 여러분의 이메일 점검 패턴과 팝 퀴즈를 위해 학생들이 공부하는 패턴은 변동간격계획에서 관찰되는 반응 패턴을 나타내게 된다 — 느리고 안정된 반응 비율. 강화 시까지 평균 시간 간격이 길수록 반응 비율은 더 느릴 것이다(예 : Catania & Reynolds, 1968; Dack, McHugh, & Reed, 2009). (다른 이유 때문에 팝 퀴즈는 일반적으로 권하지 않는다는 점을 주목하라. 그것은 교실에서 학생들의 불안 수준을 증가시킬 수 있으며 그래서 제14장에서 알게 되는 것처럼 학습을 방해하는 높은 불안 수준으로 갈 수 있다. 더구나 팝 퀴즈는 학생들의 과외활동과 가정에서의 할 일 때문에 때때로 그날 받은 숙제를 완성하지 못한다는 사실을 고려하지 않는다.)

비율과 간격계획 둘 다 변동계획의 결과가 고정계획의 결과보다 반응비율이 보다 한결같고 소거에 대한 저항이 더 강하다. 아마도 그 이유는 강화의 예측 불가능성 때문일 것이다 — 다음 반응에서 강화가 올 가능성이 항상 있는 것이다. 대부분의 경우 변동비율계획은 높은 반응비율 때문에 권하게 되고 변동간격계획은 느리지만 한결같은 속도 때문에 더 좋을 수 있다. 이상적으로는 계속적 강화 이후 처음 간헐적 강화로 대체될 때 비율은 1 : 2나 1 : 3 정도로 작고 시간 간격은 짧아야 한다. 그다음에는 강화가 거의 없거나 아예 없어도 반응이 계속될 때까지 비율이나 간격을 점진적으로 증가시킬 수 있다.

차별계획 특정한 반응비율이 요구될 때 **차별적 강화계획**(differential schedule of reinforcement)이 적절하다 — 특정한 수의 반응이 특정한 시간 간격 내에 일어나면 강화를 준다. 예를 들면 **높은 반응의 차별적 비율**(differential rate of high responding, DRH)**계획**은 특정한 기간 내에 특정한 많은 수의 반응이 일어날 때 — 혹은 그 이상일 때 — 만 강화를 준다. 가령 비디오 게임을 위한 돈을 어머니에게 집요하게 요구한 티나의 친구 마거릿을 생각해보자. 마거릿은 강화를 받기 위하여 한 번에 여러 번 동전을 요구해야 했던 점 때문에 실상 변동비율계획보다는 오히려 DRH계획에 의거했던 것이라고 할 수 있다. 비율계획의 경우는 필요한 수만큼의 반응을 하는 데 걸리는 시간은 상관없지만, DRH계획에서는 이 기간이 중요하다. DRH계획은 짧은 기간 내에 많은 반응을 요구하기 때문에 전형적으로 높은 반응비율을 나타낸다.

이론적으로 볼 때, 정규적으로 계획된 시험을 위한 공부는 사실상 DRH계획에 의거한 것이다 — 짧은 기간 내에 공부를 많이 하면 할수록 시험 때 강화를 받을 확률은 높아진다. 그러나 많은 학생들은 시험을 고정간격계획으로 다루어서 지금은 게으름 피우고 나중에 벼락치기 하는 공부 패턴을 그림 3.5에서처럼 나타낸다.

낮은 반응의 차별적 비율(differential rate of low responding, DRL)**계획**은 학습자가 그 반응을 거의 하지 않거나 전혀 하지 않는 기간이 일정 정도 지나고 난 후 처음으로 그 반응을 할 때 강화를 주는 것이다. 이것은 고정간격계획처럼 들릴 수도 있지만 고정간격계획에서는 시간의 간격 내에 일어나는 반응이 강화를 받지 않는다 하더라도 수용은 된다는 사실을 기억하라. DRL계획에 근거한 반응의 한 예는 연료가 과다 주입된 엔진을 가진 차를 애써 시동 걸려고 하는 경우이다. 시동을 걸려고 키를 계속 돌려보지만 차는 부르릉 소리만 낼 것이다. 두 번째 시동을 걸려고 할 때는 몇 분을 기다려야 한다. 그렇지 않으면 작동하지 않을 것이다.

학생이 교사의 도움을 요청하는 행동은 DRL계획에 따라 강화를 가장 적절하게 받는 반응의 한 예이다(예 : J. L. Austin & Bevan, 2011). 학생이 교사의 도움을 요청할 때마다 계속 강화를 주는 것은 그러한 요청의 비율을 높이는 것이 되고 결과적으로 교사에게 지나치게 의존하는 결과를 초래한다. 반면, 일정 기간 한두 번만 도움을 요청하는 — 혹은 전혀 도움을 요청하지 않는 — 학생을 강화하는 것은 학생들에게 독립심을 가지되 가끔 질문하는 것은 상당히 수용할 만한 것이라는 사실을 가르치는 것이 될 것이다(예 : Austin & Bevan, 2011). 그러나 DRL계획을 위한 적절한 반응 패턴을 학습하는 것은 이전에 강화받은 행동을 수행하지 않을 것을 요구하기 때문에 상당한 시간이 걸릴 수 있다(J. O. Cooper et al., 2007).

작동적 조건형성에서 선행자극과 반응의 효과

지금까지 나는 작동적 조건형성을 반응과 그 즉시 뒤따라오는 결과의 연합으로 묘사했다. 그러나 인간이나 동물은 모두 다른 맥락에서 다른 반응을 하는 것을 학습한다. 일반적으로 **선행자극**(antecedent stimuli)과 **선행반응**(antecedent responses)으로 알려진 어떤 자극과 반응은 뒤따라오는 어떤 행동과 뒤따라오지 않는 다른 행동을 위한 발판을 마련한다. 여기에서 우리는 선행자극을 포함하는 여러 개념과 선행반응을 포함하는 개념 — 행동의 추진력 — 을 살펴볼 것이다.

단서

초기 동물실험에서 스키너는 **변별자극**(discriminative stimulus)이라고 하는 어떤 자극이 있을 때만 특수한 반응이 강화를 유발한다는 것을 유기체가 학습할 수 있다는 사실을 발견했다. 이 선행자극은 고전적 조건형성에서처럼 그 반응을 직접적으로 인출하지는 않는다. 오히려 그것은 반응이 강화를 수반할 확률을 증가시킨다. 스키너 용어로 말한다면, 그것은 반응이 강화를 받을 '때를 정한다'. 우리는 이러한 방식으로 그 관계를 도표화할 수 있다(우리는 변별자극을 표현하기 위하여 S+ 기호를 사용할 것이다).

$$(S+)\ R \rightarrow S_{Rf}$$

유기체가 어떤 자극이 있을 때 어떤 반응을 더 잘하려는 경향을 보일 때 행동주의자들은 유기체가 **자극통제**(stimulus control)하에 있다고 한다.

교실에서는 어떤 바라는 행동을 할 때를 정하는 변별자극이 항상 명백한 것은 아니다. 예를 들면 공부자료를 정리하고 점심식사를 하러 갈 준비를 할 때를 정하는 것으로서 유일하고 자연스러운 자극은 11시 55분을 가리키는 벽시계일 것이다. 그와 같은 상황에서 교사들은 학생들로 하여금 어떻게 행동할 것인지 알게 하는 부가적 변별자극을 줄 수 있다. 그러한 전략을 종종 **단서**(cueing)나 **암시**(prompting)라고 한다.

때때로 단서는 학생들에게 바라는 반응을 상기시키는 비언어적 신호를 포함한다. 예를 들어 협동학습 활동 동안에 교사는 학생들에게 크게 말하지 말고 조용히 말할 것을 상기시키기 위하여 잠시 천장의 조명을 빠르게 켰다 껐다 할 수 있을 것이다. 다른 상황에서는 언어적 단서가 보다 유용하다. 가령 식당으로 갈 준비를 하는 초등학교 교사는 학생들에게 "조용히 한 줄로 걸어가세요"라고 말한 다음 지시대로 행동했을 때만 앞으로 나아가도록 할 수 있을 것이다. 중학교 과학교사가 학생들에게 읽기과제를 완성하는 것이 중요함을 상기시키고 싶을 때 "여러분이 69~72페이지의 위대한 원숭이에 대한 내용 읽기를 모두 마친 후에 내일 갈 동물원 관람에 대하여 이야기해주겠어요"라고 말할 수 있을 것이다.

사태 설정

어떤 행동주의자들은 특수한 자극에 대하여 이야기하지 않고 대신 어떤 행동이 잘 일어나는 복잡한 환경적 조건인 **사태 설정**(setting events)에 대하여 이야기한다(예 : M. Carter & Driscoll, 2007; C. A. Davis & Fox, 1999). 예를 들면 놀이 공간이 비교적 작고, 사용 가능한 장난감들(공, 인형, 소꿉)이 단체 활동을 조장하는 것이라면, 유치원 아동들은 자유놀이 시간에 그들의 또래들과 상호작용할 가능성이 더 높다(W. H. Brown, Fox, & Brady, 1987; Frost, Shin, & Jacobs, 1998; S. S. Martin, Brady, & Williams, 1991). 만약 책상이 전통적으로 정렬되어 있어 급우들끼리 면대면 접촉이 최소화되어 있다면 상습적으로 떠드는 학생은 자습할 때 보다 방정한 행동을 하는 경향이 있다(Wannarka & Ruhl, 2008).

일반화

학습자가 하나의 자극(S+)이 있을 때 어떤 방식으로 반응하는 것을 배웠을 때 다른 자극의 출현에도 같은 반응을 할 수 있다 — 이러한 현상을 **일반화**(generalization)라고 한다.[14] 고전적 조건형성에서처럼 작동적 조건형성에서의 일반화는 새로운 자극이 이전에 학습한 선행자극과 유사할 때 잘 일어나는 경향이 있다. 예를 들면 유치원 교실(S+)의 학생들은 종종 손을 들고 지명받기를 기다려서 말하는 것과 같은 합당한 교실행동을 학습한다. 그러한 행동은 유치원 교실과 유사하지 않은 상황(가족 저녁식사 테이블처럼)보다는 유사한 상황(1학년 교실처럼)에서 더 쉽게 일반화하는 경향이 있다. 자극이 원래의 변별자극보다 더 유사하면 좀 더 기꺼이 일반화하는 경향을 **일반화 기울기**(generalization gradient)라고 한다.

자극변별

고전적 조건형성에서 한 자극(CS+)은 무조건자극과 연합하여 제시되고, 다른 자극(CS−)은 UCS 없이 제시될 때 자극변별이 일어난다. 그러나 작동적 조건형성에서 **자극변별**(stimulus discrimination)은 한 반응은 한 자극(S+)이 있을 때 강화되지만 다른 자극(S−)[15]이 있을 때는 강화되지 않을 것임을 학습하는 것이다.

$$(S+)\ \ R \rightarrow S_{Rf}$$
$$(S-)\ \ R \rightarrow \varnothing(\text{강화 없음})$$

따라서 본질적으로, 유기체는 그렇지 않으면 한 상황에서 유사한 상황으로 일반화하고 싶을 때에 일반화하지 않는 것을 학습하는 것이다.

---

14 행동주의자들은 때때로 자극일반화, 즉 유사한 자극에 대하여 이전에 학습한 것과 유사한 방식으로 반응하는 것과 반응일반화, 즉 이전에 습득하고 강화받은 반응과 유사한 반응을 하는 것 사이를 구분한다. 여기에서 우리의 초점은 자극일반화이다.

15 스키너는 S− 기호 대신 S^D(변별자극의 약자)와 S^Δ('S−델타', Δ는 변화를 나타낼 때 통상 사용되는 기호이다)를 사용했다. 여기에서 나는 고전적 조건형성에서의 자극변별과 좀 더 명백히 대비시키기 위하여 S+와 S−를 사용했다.

예로, 한 연구에서 세 초등학급의 아동들은 교사의 도움을 요청하는 적당한 시기를 결정하는 데 어려움을 겪고 있었다. 그들의 교사들은 서로 다른 때에 녹색 목걸이와 빨간색 목걸이를 걸기 시작하면서 아동들에게 다음과 같이 말했다. "내가 녹색 목걸이[S+]를 걸고 있을 동안에 여러분의 질문에 대답할 수 있을 것이다. 빨간색 목걸이[S−]를 하고 있는 동안에는 여러분의 질문에 대답할 수 없을 것이다." 이 간단한 절차는 부적당한 시기에 학생이 질문하는 것을 최소화했다(Cammilleri, Tiger, & Hanley, 2008, p. 301).

행동추진력

많은 경우 학습자들은 이미 바라는 반응과 유사한 반응을 하고 있다면 바라는 그 반응을 더 잘하게 되는 경향이 있다. 이러한 현상을 **행동추진력**(behavioral momentum)이라고 한다. 저성취 청소년들에 대한 연구(Belfiore, Lee, Vargas, & Skinner, 1997)는 이러한 현상을 잘 예시한다. 두 소녀(14세 앨리슨과 15세 로베르타)는 교사들이 부과한 학업과제를 거부한 경력이 있다. 연구자들은 처음에 그 소녀들에게 간단한 한 자릿수 곱셈문제를 제시했다면 나중에는 어려운 세 자릿수 곱셈문제를 풀도록 격려할 수 있다는 것을 발견했다. 보다 일반적으로, 교사들은 쉽고 재미있는 과제를 부과함으로써 보다 복잡하고 좌절을 줄 가능성이 있는 문제로 자연스럽게 나아갈 수 있게 하는 행동추진력을 증진시킬 수 있다(Ardoin, Martens, & Wolfe, 1999; K. Lane, Falk, & Wehby, 2006; D. L. Lee, Lylo, Vostal, & Hua, 2012; Mace et al., 1988).

회피학습

내가 처음 대학교 교수가 되었을 때, 나는 기회가 있을 때마다 교수위원회들에 봉사하는 것에 열렬히 동의했다. 나는 교수위원회를 대학교의 의사결정에 관여하는 수단으로 인식했다. 그러나 오래지 않아 나는 많은 위원회들이 합의점에 다다르지 않은 채 같은 논제를 몇 년씩 다루고 있거나 아니면 너무 많은 것을 다루고 있음을 발견했다. 나는 다른 할 일들—강의 준비, 학생들의 보고서 점수 매기기, 연구하는 일뿐 아니라 세 자녀 키우기까지—이 많았기 때문에 교수회의 하느라 너무 많은 시간을 소비하는 것에 대해 좌절을 느꼈다. 그래서 나는 거기를 일찍 떠날 이유를 찾기 시작했다. 다시 말하면, 나는 혐오자극(비생산적인 위원회들)으로부터 도망가도록 허락하는 도피행동을 습득하고 있었다. 그래서 나는 핑계 찾는 행동을 부적으로 강화받고 있었다. 마침내 나는 위원회 참석 지원을 멈추었고 그래서 이 혐오스러운 사태를 모두 피할 수 있게 되었다.

일반적으로 **회피학습**(avoidance learning)은 고통, 불안, 좌절의 원인이 되는 혐오자극으로부터 벗어나기 위한 학습 과정이다. 회피학습이 일어나기 위해서 학습자는 혐오자극의 출현을 알려주는 단서가 되는 일종의 **전혐오자극**(pre-aversive stimulus)을 가지고 있어야 한다. 가령 부저 소리를 듣고 나면 전기 충격을 받게 되는 쥐들은 부저 소리(전혐오자극)를 듣자마자 허들 뛰어넘는 것을 재빠르게 배워서 고통스러운 충격을 피할 수 있게 된다(Mowrer, 1938, 1939). 이와 유사하게, 아동들이 불쾌한 큰 소리를 피하기 위하여 불이 번쩍이자마자 구리 핸들 당기는 것을 쉽게 배운다(N. M. Robinson & Robinson, 1961). 나의 경우, 위원회 회의의 선포와 새 위원 요청은 전혐오자극이 되어 그다음 바로 위원회 회피행동을 하게 된다.

회피학습은 두 형태 중 하나를 취할 수 있다. **능동적 회피학습**(active avoidance learning)에서는 학습자는 혐오사태를 회피하기 위하여 한 반응을 의도적으로 해야 한다. 불행히도 공부하기는 많은 경우 능동적 회피학습의 한 예다. 이상적으로는 공부하기가 그 자체로 즐거운 활동이어서 내재적 강화를 제공하지만, 많은 사람들은 조금도 그것을 즐기지 않는다. 학생들은 꽤 정규적으로 공부를 함으로써 낙제라는 혐오자극을 회피할 수 있다. 어려운 숙제나 앞에 닥친 시험과 같은 절박한 계기(전혐오자극)가 없을 때는 얼마나 공부하는 행동을 안 하게 되는지를 생각해보라.

수동적 회피학습(passive avoidance learning)에서는 사람들은 어떤 식의 행동을 안 함으로써 혐오사태를 회피할 수 있음을 학습한다. 가령 사회적 상황에서 서툴고 불편함을 느끼는 사람들은 파티나 다른 사회적 상황에 가지 않으려고 한다. 이와 유사하게, 수학에 대해서 어려움을 느끼는 학생들은 수학 상급반을 피할 수만 있다면 등록을 거의 하지 않는다.

행동주의 관점에 의하면, 회피학습은 종종 고전적 조건형성과 작동적 조건형성 모두를 포함하는 두 단계 과정이 되기도 한다(Eelen & Vervliet, 2006; Katagiri, 1987; Mowrer, 1956). 그림 3.6에 예시된 바와 같이, 첫째 단계에서는 전혐오자극과 혐오자극을 시간상 인접하여 제시하기 때문에 학습자는 고전적 조건형성 과정을 통하여 전혐오자극에 대한 공포를 학습한다. 두 번째 단계에서는 회피반응이 부적 강화(두려움을 유발하는 전혐오자극으로부터의 도피)와 내재적 정적 강화(도피에 대한 안도감)도 유도한다.

회피행동은 소거하기 어렵다 — 이전에 혐오적이었던 상황이 모든 불쾌한 근원을 잃었을 때조차도 사람들은 그 상황을 계속 회피해서 이제는 아주 편안한 상황이 되었다는 것을 배울 기

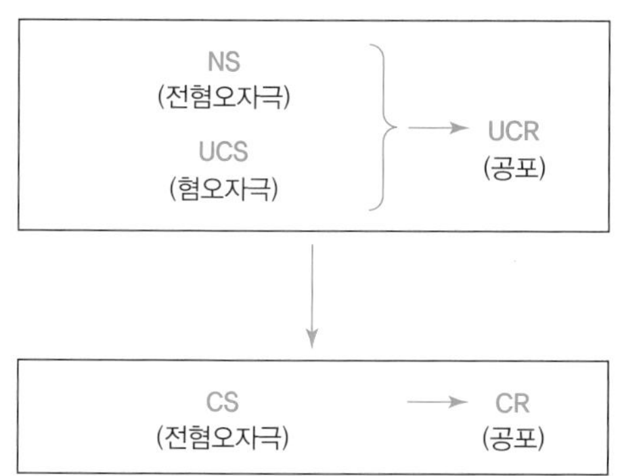

그림 3.6 고전적 조건형성을 통한 전혐오자극에 대한 두려움의 학습

회가 없다. 예를 들어 어떤 학생들은 고전적 조건형성을 통하여 수학이 좌절 및 실패와 규칙적으로 연합되어 수학 불안을 습득한다. 이런 학생들은 지식과 기술이 향상되어 이전에 어려웠던 개념들을 이해할 수 있게 된 후에도 수학 반을 무한정 피하기도 한다. 만약 학생들이 다시는 수학 반에 등록하지 않는다면 수학이 무서울 게 없다는 점을 결코 배우지 못할 것이다.

의심할 여지없이 교실에서의 회피행동을 다루는 최선의 방법은 처음에 그러한 행동을 학습하지 않도록 방지하는 것이다 — 예를 들면 높은 수준의 불안이나 좌절의 원인이 되는 상황을 최소화함으로써.[16] 둘째 대안은 체계적 둔감법을 통하여 고전적으로 조건화된 전혐오자극에 대한 공포반응을 제거하는 것이다. 셋째 접근은 예컨대 처음에는 약간 어려운 감을 일으키기도 하는 덜 '포근하고 폭신한' 것이지만 때때로 효과가 꽤 있는 것이다. 구체적으로 우리는 학습자들이 단지 비생산적인 회피반응을 하지 않도록 하여 그들이 어떤 상황에 대해 두려울 것이 없다는 것을 발견할 수 있도록 한다. 가령 학교의 조언자나 카운슬러는 만성 수학 불안 학생이 수학 반에 등록하도록 강요할 수 있을 것이다. 일단 그 반에 들어가면, 학생은 수학이 좌절시키는 경험이 아니라 보상을 주는 경험이라는 것을 발견할 수 있다. 어떤 상황에서는 당시 학생들이 자신에게 최선의 것이 무엇인지 반드시 아는 것은 아니다.

벌

손다이크(Thorndike, 1932a, 1932b)와 스키너(Skinner, 1938)는 혐오스러운 결과가 그 앞에 오는 행동을 감소시키지 않는 경향이 있음을 지적했다. 예컨대 스키너(Skinner, 1938)는 쥐가 이전에 강화받은 반응에 대해 벌을 받았을 때, 그 반응은 일시적으로 억제되지만 곧 이전에 강화받은 수준으로 되돌아감을 발견했다. 그러나 그 이후 여러 연구들은 어떤 결과들은 바람직하지 않은 반응을 감소시키는 데 효과적일 수 있음을 나타내었다. 그 결과 많은 행동주의자들은 불쾌한 사태가 뒤따르는 반응은 실상 약화된다고 주장하면서 손다이크의 초기 효과의 법칙 중 '벌' 부분을 부활시켰다(예 : Conyers et al., 2004; Lerman & Vorndran, 2002; G. C. Walters & Grusec, 1977), 행동주의자들은 종종 강화의 행동 증진 효과 — 우리가 작동적 조건형성이라고 부르는 — 와 벌의 행동 억제 효과 모두를 포함하여 **도구적 조건형성**(instrumental conditioning)이라는 용어를 사용한다.

대부분의 행동주의자들은 **벌**(punishment)을 행동에 대한 효과의 측면에서 정의한다 — 벌은 그 앞의 반응 빈도를 감소시킨다. 벌은 두 가지 형태 중 한 가지를 취할 수 있다. **벌 I**(punishment I)은 꾸중이나 낙제와 같은 혐오자극을 제시하는 것이다. **벌 II**(punishment II)는

[16] 이 문장에서 '높은 수준'이라는 문구를 주목하라. 적은 양의 불안은 종종 유익하다(제14장 참조). 그리고 가끔 실패와 좌절을 일으키는 도전적인 활동은 학생들의 자기효능감을 향상시킬 수 있고(제5장 참조), 그들의 인지발달을 극대화할 수 있다(제11장 참조).

자극	자극의 성질: 유쾌한	자극의 성질: 혐오적
반응 후 제시	정적 강화 (반응의 증가)	벌 I (반응의 감소)
반응 후 제거	벌 II (반응의 감소)	부적 강화 (반응의 증가)

그림 3.7 정적 강화, 부적 강화, 벌의 대비

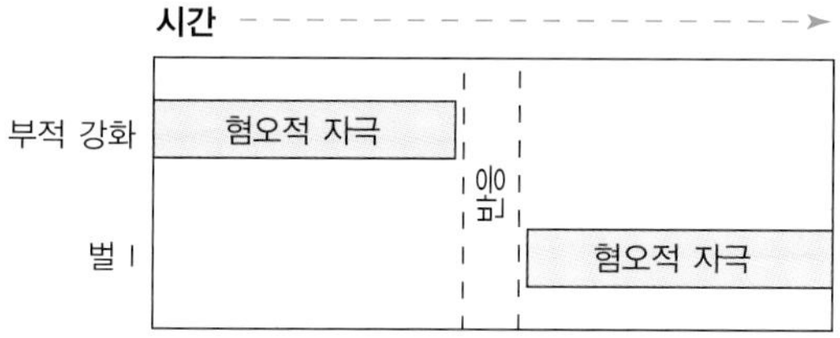

그림 3.8 부적 강화와 벌 I은 혐오스러운 자극이나 반응 중 어느 것이 먼저냐의 관점에서 차이가 있다.

유쾌한 자극을 제거하는 것이다. 벌금(돈을 빼앗기 때문)과 특권 상실(예 : 귀가 시간을 어기는 십대 딸을 가르치기 위한)이 여기에 해당한다.[17]

많은 사람들은 실상 벌을 말할 때 부적 강화라는 말을 잘못 쓴다. 나는 이 점을 충분히 강조하지 않을 수 없다 — 부적 강화는 벌과 같은 것이 아니다. 사실, 그것들은 서로 반대의 효과를 낸다 — 부적 강화는 반응의 빈도를 증가시키는 반면 벌은 반응의 빈도를 감소시킨다. 그림 3.7은 정적 강화, 부적 강화, 벌 I, 벌 II의 차이를 예시한다.

많은 심리학 학생들이 혼동하는 이유 중 하나는 부적 강화와 벌 I이 둘 다 혐오스러운 자극을 포함하기 때문이다. 둘 간의 중요한 차이는 사건의 순서에 관한 것이다. 부적 강화는 반응이 방출될 때 혐오자극이 중지된다. 그러나 벌 I의 경우는 반응이 방출될 때 혐오자극이 시작된다. 그림 3.8은 이 차이점을 도표로 예시한다. 혐오자극의 종결은 반응을 부적으로 강화하는 것이다. 혐오자극의 개시는 반응을 벌하는 것이다.

벌의 어떤 형태는 부작용이 있다. 그러나 다른 형태들은 단기나 장기적인 해로움 없이 재빨리 행동을 감소시킬 수 있다. 예를 들면 한 연구에서(R. V. Hall et al., 1971, 실험 1), 벌은 안드레아라는 7세 농아 소녀의 공격적 행동을 실제로 제거했다. 처음에 이 소녀는 자신의 몸과 자신을 접촉하는 다른 사람의 몸을 꼬집고 깨물었다. 그러한 반응의 빈도는 하루 평균 72번이 될 정도로 높아서 정상적인 학과 수업이 불가능했다. 중재를 하지 않고 자료를 수집한

[17] 벌에서 제시하든 빼앗든 어떤 자극들은 그 자체로 혐오스럽거나 유쾌한 것이다. 예를 들어 실상 유기체라면 고통스러운 전기 충격을 혐오스러운 것으로 지각할 것이다. 다른 자극들은 고전적 조건형성을 통하여 혐오스럽거나 유쾌할 수 있다. 또한 어떤 행동주의자들은 벌 I과 벌 II 각각을 정적 벌과 부적 벌이라는 용어로 사용한다. 그러나, 정적과 부적이라는 단어는 가치판단으로 잘못 해석되는 경우가 종종 있기 때문에 여기서는 벌 I과 벌 II라는 명칭을 사용한다.

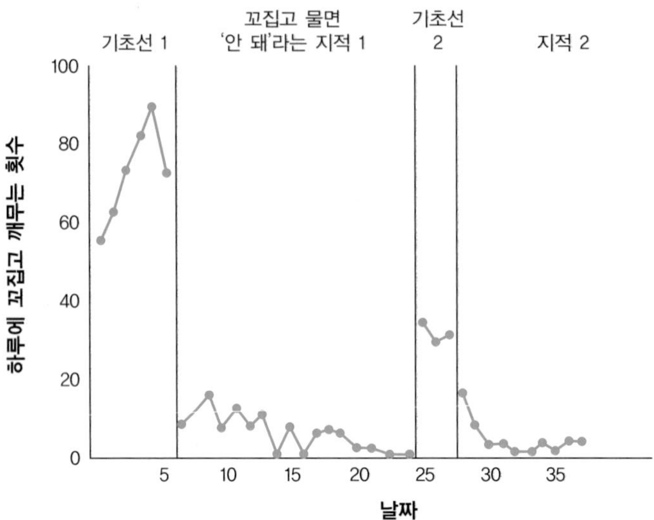

그림 3.9 안드레아가 학교에서 깨물고 꼬집는 횟수

출처 : 허가를 받아 다음의 책에서 복사함. "The Effective Use of Punishment to Modify Behavior in the Classroom" by R. V. Hall, S. Axelrod, M. Foundopoulos, J. Shellman, R. A. Campbell, & S. S. Cranston, 1972, in K. D. O'Leary(Eds.), *Classroom Management : The Successful Use of Behavior Modification*, p. 175. Copyright 1972 by Pergamon Press, Ltd.

기초선 기간 후 공격적 행위에 대한 벌을 주기 시작했다—안드레아가 꼬집거나 깨물 때마다 그녀의 교사는 엄하게 그녀를 손가락으로 가리키면서 "안 돼!"라고 소리쳤다. 그림 3.9는 안드레아의 행동 변화를 보여준다. (행동 변화에 다른 요인이 작용할 가능성을 최소화하기 위하여 25일째 강화 없는 기초선 기간으로 간단히 반전시켰다.) 안드레아가 심한 농아임에도 불구하고 소리치고 지적하고 하는 일이 실상 그녀의 공격적 행동을 제거했다.

효과적인 벌

여러 가지 형태의 벌이 아동들과 청소년들의 부적절한 행동을 감소시키는 데 효과적인 것으로 나타났다. 그것들 중 언어적 질책, 복원, 과잉교정은 불쾌할 수 있는 결과를 부과하는 것이며 벌Ⅰ의 예에 해당한다. 다른 세 가지인 타임아웃, 정학, 반응대가는 강화자를 철회하는 것이며 벌Ⅱ의 예에 해당한다.

언어적 질책 어떤 학생들에게는 교사의 주의가 강화 역할을 한다 하더라도 안드레아와 같은 대부분의 학생들은 꾸중이나 훈계와 같은 **언어적 질책**(verbal reprimand)을 불쾌하고 벌주는 것으로 여긴다. 일반적으로 질책은 즉시적이고 간단하며 감정적이지 않을 때 가장 효과적이다. 질책은 또한 벌 받는 아동 가까이서 조용히 말할 때 가장 효력을 나타내는 경향이 있다. 아마도 그 이유는 친구들의 주의를 덜 끌게 되기 때문일 것이다. 이상적으로는, 질책받는 학생은 더 나은 행동을 할 수 있음을 질책이 전달해야 한다(Landrum & Kauffman, 2006; Owen, Slep, & Heyman, 2012; Schunk, Meece, & Pintrich, 2014; Pfiffner & O'Leary, 1987; Van Houten, Nau, MacKenzie-Keating, Sameoto, & Colavecchia, 1982).

복원과 과잉교정 복원과 과잉교정은 잘못된 행동의 결과들을 수정하는 행위를 하도록 하는 것이다. **복원**(restitution)에서는 잘못한 행동을 한 사람이 잘못을 저지르기 전의 상태로 상황을 되돌려 놓아야 한다. 가령 창문을 부순 아동은 새 것으로 물어내야 하고, 어질러 놓은 아동은 깨끗이 치워 놓아야 한다. 복원은 논리적 결과의 좋은 예로서, 벌이 위반행위에 딱 맞게 주어진다(Dreikurs, 1998; Landrum & Kauffman, 2006).

복원적 과잉교정(restitutional overcorrection)의 경우에, 벌 받는 사람은 이전보다 상황을 더 좋게 해야 한다. 예를 들어 식당에서 음식을 던지는 학생은 식당 바닥 전체를 닦도록 하고, 혹은 한 급우의 감정을 상하게 한 학생은 학급 전체 학생에게 사과하게 할 수 있다.

정적-실천 과잉교정(positive-practice overcorrection)은 한 행동을 반복하도록 하되 그 행동을 과장된 방식으로 정확히 하도록 하는 것이다(J. O. Cooper et al., 2007). 가령 학교의 복도를 위험스럽게 뛰어 내려가는 학생에게 다시 되돌아가서 정상 걸음으로 혹은 아주 천천히 걸어서 복도를 내려가도록 한다. 이와 유사하게, 운전교육학원의 학생이 멈춤 신호를 무시하면 그 구획을 빙 돌아 같은 교차로로 되돌아가서 완전히 멈춘 후(아마도 다섯 번 큰 소리로 헤아린 후) 앞으로 나아가도록 할 것이다.

교사들과 연구자들은 학교에서의 행동을 개선하는 방법으로서 복원적 과잉교정과 정적-실천 과잉교정이 가치 있음에 대한 상충적 견해들을 제시했다. 어떤 경우에는 이 기법들이 지나치게 시간을 낭비하고, 벌 받는 행동에 불필요한 주의를 주는 것일 수 있다. 그러한 접근법이 사용될 때는 교사들이 그것들을 벌로 여기기보다는 학생들의 적절한 행동 습득을 도와주는 수단으로 여길 때 더욱 효과적인 경향이 있다(Alberto & Troutman, 2013; R. G. Carey & Bucher, 1986; Schloss & Smith, 1998; Zirpoli, 2012).

타임아웃 **타임아웃**(time-out)은 친구들이 받을 수 있는 강화를 자신은 받을 수 없는 특정한 기간이다. 교실에서는 학생들에게 머리를 책상에 처박고 있도록 하거나 교실의 가장자리에 앉아서 다른 학생들이 참여하고 있는 재미있는 활동을 조용히 보고 있도록 할 수 있다. 좀 더 심각한 위반을 했을 때는 교실의 먼 구석과 같은 따분하고 지루한 분리 공간에 잠시 학생을 둘 수 있다.[18] 타임아웃의 길이는 항상 매우 짧지만(학생의 연령에 따라 2~10분 정도로 짧다), 학생은 부적절한 행동을 멈출 때까지 나올 수 없다.

---

[18] 역사적으로는, 많은 타임아웃은 타임아웃을 위해 특별히 만든 별개의 고립된 방에 학생들을 두는 것이었다. 이런 방법은 신체적 공격과 같은 심각한 문제행동을 제외하고는 공립학교에서 잘 사용하지 않았다(Alberto & Troutman, 2013).

그러나 타임아웃은 진행되는 교실 활동이 학생에게 재미있고 강화의 근원이 될 때만 효과적임을 명심해야 한다. 만약 그렇지 않고 어려운 과제나 과도한 소란에서 벗어나도록 하는 것이라면 실상은 바람직하지 않은 행동을 강화하여 이를 증가시키게 된다(Alberto & Troutman, 2013; J. M. Donaldson & Vollmer, 2011; McClowry, 1998; Pfiffner & Barkley, & DuPaul, 2006; A. G. White & Bailey, 1990).

학교 내 정학 **학교 내 정학**(in-school suspension)은 타임아웃과 유사하게 학생이 정규 교실 활동을 못하게 하는 것이다. 그러나 정학은 보통 하루 이상 지속되며 학교 건물 내 별개 방에서 성인 감독관의 감시를 가까이서 받는다. 정학 받는 학생들은 다른 급우들이 하는 과제와 같은 과제를 하면서 지냄으로써 학업이 뒤처지지 않도록 한다. 그러나 좋아하는 친구들과 상호작용을 할 수 없다 ― 이것은 대부분의 학생들에게 강화가 되는 학교의 한 면이다. 정학 기간에 적절한 행동을 가르치고 학업 기술을 개인지도하기도 하고, 감독교사가 벌주는 자로서보다는 지원자로서 행동할 때 학교 내 정학 프로그램은 가장 효과적이 된다(Gootman, 1998; Pfiffner et al., 2006; Sheets, 1996; J. S. Sullivan, 1989).

반응대가 **반응대가**(response cost)는 이전에 얻은 강화자를 철회하는 것이다. 속도위반 딱지(그 결과로 벌금을 지불하게 되는)와 이전에 얻은 특권의 상실이 그 예이다. 반응대가는 과제하지 않기, 과잉행동, 파괴적 행동, 공격적 행동과 같은 문제를 감소시키기 위하여 출현했다. 그것은 적절한 행동에 대한 강화와 함께 조합될 때 그리고 학습자들이 전반적인 바람직한 행동 패턴 내에서 약간 빗나감으로써 그들이 얻은 모든 것을 잃지 않을 때 특히 효과적이다(Conyers et al., 2004; Landrum & Kauffman, 2006; E. L. Phillips, Phillips, Fixsen, & Wolf, 1971; Rapport, Murphy, & Bailey, 1982).

비효과적인 벌

네 가지 다른 형태의 벌은 일반적으로 추천하지 않는다 ― 신체적 벌, 심리적 벌, 가외 학습, 학교 밖 정학. 다섯 번째 벌인 휴식시간 안 주기에 대해서는 여러 가지 평가가 있다.

신체적 벌 가벼운 신체적 벌(예 : 찰싹 때리기)은 아주 어린 아동이 해가 될 만한 행동을 하지 못하도록 하는 유일한 수단이기도 하다. 가령 금속물체를 콘센트에 꽂기를 좋아하는 유아에게는 그러한 행동을 계속해서는 안 된다는 정보를 단호하게 빨리 제공해야 한다. 그러나 대부분의 전문가들은 학생들에게 신체적 벌을 가하지 않을 것을 조언한다. 더구나 학교에서 신체적 벌을 가하는 것은 여러 가지 점에서 위법이다. 나이 든 아동에게 신체적 벌을 가하면 교사에 대한 원한, 학교 과제에 대한 부주의나 회피, 거짓말, 공격성, 파괴적 행위, 무단결석 등과 같은 바람직하지 않은 행동을 초래할 수 있다(Doyle, 1990; Hyman et al., 2004;

신체적 벌은 공격성의 모델이 된다.

Landrum & Kauffman, 2006; Lansford et al., 2005). 그것은 또한 공격성 모델을 제공하여 공격성은 수용될 수 있다는 메시지를 전달한다(Landrum & Kauffman, 2006). 가끔씩의 가벼운 신체적 벌은 어떤 경우 신체적 학대로 발전할 수 있다 하더라도 보통은 나중의 문제행동과 상관이 없어 보인다(Baumrind, Larzelere, & Cowan, 2002; Gunnoe & Mariner, 1997; Kazdin & Benjet, 2003).

심리적 벌 그 결과가 학생의 자아존중감이나 정서적 안녕을 심각하게 위협하는 것은 **심리적 벌**(psychological punishment)이며 이를 추천하지 않는다(Brendgen, Wanner, Vitaro, Bukowski, & Tremblay, 2007; G. A. Davis & Thomas, 1989; Hyman et al., 2004; J. E. Walker & Shea, 1995). 당혹스러운 말을 하고 공공장소에서 창피를 주는 것은 신체적 벌의 부작용(예 : 교사에 대한 원한, 학교과제에 대한 부주의, 무단결석)과 같은 것을 초래하며 장기적으로 심리적 해를 입힐 수 있는 잠재력을 지닌다. 심리적 벌은 학생들의 자기지각을 위축시켜 자신의 미래 수행에 대한 기대와 학습동기 및 성취동기를 낮출 수 있다(제5장, 제14장 그리고 제15장의 자기효능감에 대한 논의를 보라).

가외 학습 학생에게 수업시간에 놓친 부분을 마무리하도록 하는 것은 타당하고 정당한 요구이다. 그러나 학생의 잘못된 행동에 대한 벌로서 다른 학생에게 요구하는 이상으로 가외 학습이나 숙제를 부과하는 것은 부적절하다(H. Cooper, 1989; Corno, 1996). 이런 경우는 아주 다른 부작용이 있다 — '학교 공부는 불쾌한 것이다'라는 메시지를 교사가 무심코 전달하게 된다.

학교 밖 정학 학교 밖 정학 — 가장 심각한 형태가 퇴학이다 — 은 보통 학생의 행동을 변화시키는 효과적인 수단이 아니다(American Psychological Association Zero Tolerance Task Force, 2008; Fenning & Bohanon, 2006; Gregory, Skiba, & Noguera, 2010). 상습적으로 나쁜 행

동을 하는 많은 학생들은 학업 과제를 완수하는 데 어려움을 가진다. 가령 많은 고등학교 문제 학생들은 읽기 기술이 부족하다. 그런 학생들을 학교 밖으로 정학시키는 일은 그들을 더 불리하게 하고 학업적 성공의 기회를 더욱 감소시킨다. 거기에다 학생이 학교를 혐오스러운 상황으로 본다면 그 환경에서 벗어나도록 하는 일은 벌을 주는 일이라기보다는 부적 강화를 주는 일이 된다. (불행히도, 그것은 또한 그런 문제 학생들을 제거한 학교 행정관들을 부적으로 강화한다.)

휴식시간 안 주기 어떤 상황에서는 휴식시간 안 주기는 공부 외의 행동을 하느라 정규 수업시간에 학교 공부를 마치지 못한 학생들에게 줄 수 있는 논리적 결과가 될 수 있다. 그러나 연구 결과에 의하면, 특히 초등학생의 경우 학업 활동에서 가끔씩 휴식을 취할 때 학교 공부에 보다 더 효과적으로 집중할 수 있다고 한다(Maxmell, Jarrett, & Dickerson, 1998; Pellegrini & Bohn, 2005; Pellegrini, Huberty, & Jones, 1995). 아마도 가장 좋은 충고는 휴식특권을 아주 가끔씩 철회하고 그 결과가 학생의 교실행동에 미치는 효과를 장기간에 걸쳐 점검하는 것이다.

일반적으로 벌주는 사람이 "나는 너를 염려하며, 장기간 네가 행복하고 풍요롭게 되는 데 도움이 되는 방식으로 행동하기를 원한다"라는 메시지를 동시에 전달할 때 벌의 결과는 가장 효과적인 것 같다. 이것은 또한 벌주는 사람이 여러 상황에서 어떤 벌을 사용할지 결정할 때 그가 생각해야 하는 것이다.

학교 밖 정학은 거의 효과적인 벌이 아니다.

행동주의이론에서 인지와 동기

이 장의 초반부에서 나는 관찰 불가능한 내적 현상이 어떻게 학습 과정에 투입될 수 있는가 하는 생각을 배제하는, 전통적 행동주의자의 학습에 대한 **블랙박스** 개념을 언급했다. 그러나 많은 이론가들은 이제 고전적 조건형성이 두 자극 간의 연합이 아니라 그 자극들의 내적인 **정신적 표상들** 간의 연합 형성을 종종 포함한다는 사실을 믿는다(예 : Bouton, 1994; Forsyth & Eifert, 1998; McDannald & Schoenbaum, 2009). 더구나 조건자극은 무조건자극이 올 것이라는 사실을 유기체가 **예견하도록** — 단연 정신적으로 — 한다(De Houwer, 2011; Hollis, 1997; Mineka & Zinbarg, 2006; Rescorla, 1988). 그러나 고전적 조건형성이 항상 인지를 포함하지는 않는다. 보다 정확하게 표현하면, 고전적 조건형성이 반드시 의식적 자각을 포함하지는 않는다(Baccus, Baldwin, & Packer, 2004; Campanella & Rovee-Collier, 2005; Papka, Ivry, & Woodruff-Pak, 1997). 약물 중독에서 작용한 고전적 조건형성에 대한 이전 논의가 그런 '무의식적인' 학습의 예이다.[19]

또한 많은 심리학자들은 도구적 조건형성 — 강화(작동적 조건형성)를 포함하든 벌을 포함하든 — 이 관찰 가능한 자극과 반응뿐 아니라 관찰 가능하지 않는 정신적 과정을 고려할 때 가장 잘 이해될 수 있다고 최근 제안했다. 예컨대 그들은 어떤 반응이 강화나 벌을 유발할지를 기대하는 유기체에 대하여 이야기한다(예 : Colwill, 1993; M. Gil, De Marco, & Menzel, 2007; Rachlin, 1991). 그들은 인간과 동물 모두 그들이 반응하는 자극들의 정신적 **범주**를 형성한다는 것을 발견한다. 가령 비둘기는 고양이, 꽃, 자동차, 의자 그림에 대해 서로 다른 반응을 함으로써 이들을 변별하는 것을 훈련받을 수 있다(D. A. Sternberg & McClelland, 2012; Wasserman, 1993). 그리고 행동주의자들은 다음과 같은 문구를 사용하기 시작한다. 즉 변별자극에 **주의 기울이기**, 반응-강화 관계를 정신적으로 **약호화**하고 **의미** 발견하기, 환경에 대한 **정보 추구**하기 등은 확실히 인지적 의미를 담고 있는 단어와 구들이다.

동기 역시 점점 등장한다. 일반적으로 강화자가 보다 크고 호소력이 있을수록 반응은 더 빨리 학습되고 더 자주 나타날 것이다(J. W. Atkinson, 1958; S. Siegal & Andrews, 1962; K. Silverman, Preston, Stitzer, & Schuster, 1999; Trosclair-Lasserre, Lerman, Call, Addison, & Kodak, 2008). 그렇다 하더라도 앞에서 지적했듯이 학습자마다 강화나 벌이 되는 결과물이 다른 경향이 있다. 그리고 실상, 어떤 학습자에게 한 경우에는 강화나 벌이 되는데 다른 경우에는 강화나 벌이 **되지 않는** 결과물이 있기도 하다. 학습자의 현재 상황과 동기 상태 — 이를테면 배가 고프거나 배가 부르든, 관심을 열망하거나 혼자 있고 싶어 하든 간에 —

---

19 어떤 이론가들은 편도체가 '무의식적인' 고전적 조건형성에서 중요한 역할을 한다고 주장했다(Byrnes, 2001; LeDoux, 2003). 제2장에서 기억하는 바와 같이, 대뇌 변연계 내에 있는 이 조직은 특정한 정서반응을 특정한 자극과 연결시킬 때 능동적으로 관여한다.

가 어떤 특정한 시기에 어떤 결과물을 선호할 것인지에 대해 영향을 미치는 경향이 있다(예 : Rispoli et al., 2011). 예컨대 아동은 시간을 때울 재미있는 것이 없을 때보다 즐거운 놀잇감으로 둘러싸여 있을 때 어른의 관심을 받기 위하여 나쁜 짓을 하는 경향이 덜하다(Ringdahl, Winborn, Andelman, & Kitsukawa, 2002). 아동이 무엇을 하든 하지 않든 상관없이 이미 어른의 관심을 상당히 받고 있으면, 즉 어른의 주의가 특수한 방식으로 하는 아동의 행동과 조건관계가 없으면, 주의를 끄는 행동 또한 덜하는 경향이 있다(Laraway, Snycerski, Michael, & Poling, 2003).[20]

동기와 인지는 둘 다 **대비효과**(contrast effect)라고 알려진 두 현상 속에서 집단적으로 작용하기도 한다(예 : J. M. McNamara, Fawcett, & Houston, 2013). 한 가지 대비효과인 **고양효과**(elation effect)는 강화의 양이 증가할 때 일어난다 — 유기체의 반응속도는 증가된 강화량을 항상 받았을 때의 속도보다 더 빠르게 된다. 반대의 대비효과인 **하강효과**(depression effect)는 강화의 양이 줄어들 때 일어난다 — 그 결과는 적은 강화량을 항상 받았을 때의 반응속도보다 더 느려진다는 것이다. 예로, 크레스피(Crespi, 1942)에 의해 이루어진 초기 고전 연구에서 쥐는 먼 마지막 지점에 있는 먹이 강화물에 도착하기 위하여 통로를 달렸다. 적은 먹이량에 익숙한 쥐들이 보다 많은 양으로 갑자기 강화를 받으면 항상 보다 많은 양을 받은 쥐들보다 더 빨리 달렸다. 한편, 많은 강화량에 익숙한 쥐가 이제는 적은 양의 먹이를 받기 시작하면 항상 보다 적은 양을 받았던 쥐들보다 더 천천히 달린다.

인간도 대비효과를 나타낸다. 예컨대 매스트와 그 동료들의 연구(Mast, Fagen, Rovee-Collier, & Sullivan, 1984)에서 2~4개월 된 유아들이 6~10개의 색깔 있는 물체가 달린 모빌이 위에서 흔들거리는 아기 침대에 놓여 있었다. 줄의 한쪽 끝은 유아의 발목에 묶여 있었고, 다른 쪽 끝은 당기면 모빌이 돌아가게 하는 장치에 묶여 있었다. 유아는 적절히 다리를 차면 모빌을 움직일 수 있고 그래서 볼거리라는 강화물을 창조할 수 있음을 재빠르게 알아차렸다. 나중에 — 어떤 유아들은 24시간 후에 — 유아들은 유사한 설비에 놓였지만 이때는 두 물체가 달린 모빌만 움직였다. 그들은 울거나 다른 재미있는 거리를 찾는 식으로 하면서 강화가 줄어든 데 대하여 명백히 불만을 표시했다. 그와 같은 발견은 하강효과가 적어도 부분적으로 강화의 감소에 대한 부정적 정서반응에 기인할 수 있음을 암시한다(Flaherty, 1985). 보다 높은 질의 이전 강화에 대한 기억이 학습자로 하여금 미래에도 비슷한 이익을 즐길 수 있으리라는 기대를 형성하도록 한 것 같다(Mast et al., 1984). 그것은 마치 학습자들이 "헤이, 좋은 것에 무슨 일이 일어난거야??!!"라고 생각하는 것과 거의 같다.

나중에 우리가 다른 이론적 관점으로 돌아갈 때 인지와 동기가 학습과 수행에 영향을 미치는 많은 방식을 점점 더 보게 될 것이다. 그러나 다음 장에서 보게 되는 바와 같이 비교적 '무

---

20 행동주의자들은 특수한 자극의 강화 가치나 벌의 가치를 변경하는 사태를 언급하기 위하여 작동 수립과 작동 유발이라는 용어를 종종 사용한다.

의식적이고' '동기화가 안 된' 조건형성조차 교육적 실천과 치료적 방안에 많은 시사점을 준다.

요약

행동주의는 종에 대한 학습 원리의 일반화, 관찰 가능한 사태에 중점 두기, 갓 태어난 유기체의 상대적 백지설을 포함하는 여러 공통된 가정을 공유하는 이론 집단이다. 초기 행동주의자들은 심리학이 학습을 행동 변화로 정의하고 자극-반응 관계에 초점을 둘 때만 진정한 과학이 될 수 있다고 주장했다. 그러나 오늘날에는 학습과 행동을 구분하기도 하고, 어떤 행동주의자들은 자극과 반응의 관계는 인지 요인도 고려할 때 더 잘 이해될 수 있다고 믿는다.

행동주의 전통을 연 연구자는 이반 파블로프로서, 그는 **고전적 조건형성**이라고 하는 과정을 통해 많은 불수의적 반응이 습득된다는 것을 제안했다. 그런 조건형성은 두 자극이 시간적으로 인접하여 제시될 때 일어난다. 한 자극은 **무조건반응(UCR)**을 이미 인출하는 **무조건자극(UCS)**이다. 두 번째 자극은 무조건자극과의 연합을 통해 같은 반응을 인출하기 시작한다 — 그것은 유사한 상황으로 일반화될 수 있는 **조건반응(CR)**을 일으키는 **조건자극(CS)**이 된다. 조건자극이 차후에 무조건자극 없이 여러 번 제시되면, 조건반응은 줄어들거나 완전히 사라지지만(소거), 휴식 기간이 지난 이후 재발하기도 한다(**자발적 회복**).

고전적 조건형성은 인간이 어떤 자극에 대한 생리적 반응(예 : 통증에 대한 민감성의 증가), 정서 반응(예 : 불안), 태도(예 : 호불호)를 어떻게 습득하는지를 설명 가능하게 한다. 고전적 조건형성 된 반응이 비생산적이거나 몸을 쇠약하게 하는 것일 때 — 비합리적인 공포증이 때때로 그러하듯이 — 그것을 양립 불가능한 반응으로 대체하는 것(**역조건형성**)은 효과적인 치료적 개입일 수 있다.

또 다른 초기 행동주의자인 에드워드 손다이크는 수의적 행동의 습득에 초점을 두었으며, 만족스러운 결과(보상)가 오는 반응은 강화되고 따라서 다시 일어날 가능성이 높다고 제언했다. 이어서 B. F. 스키너는 이러한 현상을 **작동적 조건형성**이라고 했으며 **보상**이라는 단어 대신 **강화**라는 단어를 사용했다. 강화는 행동을 증가시키는 결과가 반드시 유쾌하고 바람직한 자극을 포함한다는 암시를 피하는 단어이다. 가령 **부적 강화**의 경우 학습자는 유쾌한 결과를 일으키기보다 불쾌한 자극을 제거한다. 부적 강화는 **회피학습**에서 주요한 역할을 하는 듯하다. 회피학습에서 학습자는 불편하고, 좌절스럽고, 화나게 하는 상황들을 피하도록 하는 반응을 습득한다.

다양한 결과들은 인간 학습자의 행동 변화를 일으키는 데 잠재적으로 효력이 있다. 어떤 것은 외재적 강화자(예 : 특권이나 타인의 관심)인 반면 어떤 것은 보다 내재적이다(예 : 일을 잘한 데 대한 일반적인 만족감). 행동주의자들은 한두 형태의 강화가 주요 역할을 하는 여러 현상을 확인했다. 예를 들어 복잡한 행동은 바라는 행동에 점진적으로 접근하면서 강화하거나(**조형**) 긴 반응 절차를 따라 조금씩 많이 강화해 나감으로써(**연쇄법**) 학습할 수 있다. 이전에는 강화를 받았지만 더 이상 강화를 받지 않게 되면 빈도가 줄어드는 경향이 있다(**소거**). 그러나 **간헐적으로** 반응을 강화하면 사용된 **강화계획**에 따라 특정한 반응 패턴을 띠게 하면서 그 반응을 무한정 유지시킬 수 있다. 선행자극과 반응 역시 학습자가 특정한 행동을 나타낼 가능성에 영향을 준다.

벌에 대한 견해는 지난 세기 동안 상당히 변화했다. 손다이크와 스키너 같은 초기 연구자들은 벌이 행동을 거의 감소시키지 않는다고 결론 내렸지만, 후기 연구자들은 비교적 가벼운 벌(예 : 언어적 질책, 타임아웃, 반응대가)은 다양한 부적절한 행동을 감소시키는 데 꽤 효과적일 수 있음을 발견했다. 사실 행동주의자들은 벌을 행동에 미치는 효과의 측면에서 보통 정의한다 — 그것이 행동을 상당히 빠르게 감소시키지 않는다면 사실 벌이 아니다.

최근 수십 년 동안에 행동주의자들은 인간 행동에 대한 그들의 견해에 인지와 동기 요소를 통합하기 시작했다. 그 결과 행동주의와 인지주의의 구분은 점점 흐릿하게 되었다.

4

행동주의 원리의 적용

학습 성과

4.1 *학급에서 효과적으로 (a) 생산적인 감정들을 끌어낼 수 있고, (b) 훌륭한 행동을 격려할 수 있으며, (c) 학생들의 학업 성과와 사회적인 성공을 방해하는 행동들을 최소화할 수 있는 활동이 무엇인지 찾기 위해 행동주의 원칙을 적용한다.*

4.2 *교사나 상담자가 심각한 문제행동을 다루기 위해 응용행동분석(ABA)이나 긍정적인 행동 지지(PBS)의 한 가지 이상의 요소들을 사용할 수 있는 방법을 설명한다.*

4.3 *행동주의자들의 생각을 학급 지도와 평가의 계획 및 시행에 적용한다.*

4.4 *행동주의를 바탕으로 하는 개입들이 가장 유익한 상황을 찾아낸다.*

최근 수십 년간 인간 학습에 대한 심리학적 연구는 점점 인지주의에 치중해왔다. 그럼에도 행동주의 개념들은 심리학적 탐구와 이론의 구성에 분명한 흔적을 남겼다. 그래서 사실상 모든 학습이론가들은 비록 그들이 내적 사고 과정을 연구하기 원할지라도 결국에는 그 사고 과정이 객관적으로 관찰되고 측정될 수 있는 행동과 연결되어야 한다는 것을 인정하고 있다. 그리고 그들은 학습자의 근접 맥락, 즉 행동에 선행하는 자극과 행동 뒤에 오는 결과들이 학습자가 무엇을 배우고 행동으로 옮기며, 또 무엇을 배우지 않고 행동으로 옮기지 않는지에 중대한 영향을 미칠 수 있음을 인식하고 있다. 그러나 행동주의가 여전히 우리 곁에 남아 있는 가장 중요한 이유는 행동주의 원리를 제대로 적용할 경우 분명한 효과를 볼 수 있기 때문이다(Boyanton, 2010; Roediger, 2004).

이 장에서는 행동주의 원리가 학급 활동과 치료적 개입에 있어서 어떠한 영향을 미칠 수 있는지에 대해 생각해볼 것이고 학급 운영, 응용행동분석, 그리고 학급 지도와 평가를 위한 계획과 시행이라는 세 가지 주제에 중점을 둘 것이다.

학급 운영에 행동주의 원리 적용하기

초보 교사들은 대체로 학급 운영이 자신의 최대 걱정거리라고 이야기한다(Evertson & Weinstein, 2006; V. Jones, 1996; Veenman, 1984). 많은 아동, 청소년, 그리고 젊은이들은 쉽게 학업과제로부터 산만해지고, 이들 중 몇몇은 그들 자신뿐 아니라 주변 사람들의 학습까지 방해하는 파괴적 행동을 계속적으로 하곤 한다.

스키너는 왜 그렇게 많은 학생들이 학교에서 비생산적인 행동을 하는지에 대해 행동주의 관점에서 많은 책을 썼다(예 : Skinner, 1954, 1958, 1968, 1973). 스키너가 제시했듯이 서구 사회의 전통적 교육에 내재해 있는 문제점은 교사가 학생들이 현재보다는 미래에 유용하게 쓸 수 있는 기술을 가르쳐야 한다는 것이다. 예를 들어 설득력 있는 글쓰기 기술과 수학문제를 푸는 기술은 대부분의 학생들이 당면한 현재 생활에서는 바람직한 결과를 가져오지 못한다. 그 결과 교사는 과제행동과 학업성취를 촉진하기 위하여 칭찬, 성적, 그리고 자유시간 등과 같은 인위적 강화물에 의지하는데, 강화물을 일관되게 사용하지 못하고, 바람직한 행동이 나타나고 한참이 지난 후에야 사용할 뿐이다. 스키너에 따르면, 이와 같은 상황에서 교사들은 종종 혐오적인 결과를 낳는 나쁜 행동들 역시 비난, 낙제 또는 정학이라는 방식을 통해 제지해야 할 필요성을 느낀다고 한다. 다시 말해 교사들은 '배우지 않는 학생들을 위협해서 배우도록 유인'해야 하는 것이다(B. F. Skinner, 1968, p. 57). 그러나 나쁜 성과에 대해 자주 처벌을 하는 것은 마음을 산란하게 하고 비생산적인 경향이 있다. 게다가 이는 학생들이 수업과제로부터 도망치거나 이를 회피하기 위한 행동을 하도록 부추길 수 있다.

다음 내용들에서 살펴보겠지만, 고전적 조건형성과 도구적 조건형성에 연관된 원리들은 학생들의 학업과 성취를 극대화하고, 과업에 집중하지 않는다거나 파괴적으로 행동하는 모습을 최소화할 수 있는 교실환경을 조성하는 데 큰 도움을 줄 수 있다. 그리고 이것이 전략적으로 활용될 때, 처벌과 같이 가벼운 불쾌감을 유발하는 결과들은 때때로 학생들에게 장기적으로 큰 이익을 가져다줄 수 있다.

생산적인 학급 분위기 조성하기

몇몇 고전적 조건반응의 지속 가능성과 일반화 가능성은 수업 첫날에는 대체적으로 긍정적이고 낙관적인 학급 분위기가 필요하다는 것을 역설한다. 학생들은 불안, 실망 또는 분노와 같은 감정을 이끌어내는 상황보다는 즐거움, 열정, 흥분 등 기분 좋은 감정을 이끌어낼 수 있는 상황에서 학습 과제를 할 수 있어야 한다. 학생들이 학습과 관련된 일들을 즐거움을 비롯한 다른 좋은 감정과 연합시킬 때 그들은 쉬는 시간에조차 기꺼이 학습에 참여하고자 한다[예 : L. Baker, Scher, & Mackler, 1997; Organisation for Economic Co-operation and Development(OECD), 2007].

반대로 몇몇 교사나 학습 과제가 실패, 답답함, 굴욕감과 연합되면 학교와 교과과정이 엄청난 불안감을 유발하는 요인이 될 수 있다. 어려운 문제, 발표 또는 기말고사와 같은 활동들은 특히나 실패나 창피함과 같은 불쾌한 결과와 연합될 가능성이 높은데, 학생들은 그러한 활동에 참여할 때 금방 불안해질 수 있다(Cassady, 2010a; Zeidner & Matthews, 2005).

교육자들은 종종 학교라는 곳은 학생들이 실패보다는 성공을 경험할 수 있는 곳이 되어야 한다고 주장해왔는데, 고전적 조건형성은 이 주장이 타당하다는 것을 보여준다. 성공의 가능성을 최대화하기 위해서 교사는 교과과정을 수립할 때 학생들의 지식 수준, 기량, 인지적 성숙도를 감안해야 하며, 학생들이 학습 과제를 성공적으로 해내기 위해 필요한 자원과 도움을 제공해야 한다. 교사는 또한 어떤 학생에게 다른 학생들 앞에서 어려운 과제를 수행해보도록 할 경우 각별한 주의를 기울여야 한다. 예를 들어 학생들이 수업 시간에 발표를 해야 할 경우 교사는 발표를 들을 급우들이 긍정적으로 반응할 수 있도록 어떤 내용을 가지고 발표할지, 어떤 방식으로 발표할지에 대해 구체적인 도움을 줄 수 있을 것이다.

하지만 그렇다고 해서 학생들이 절대로 실패를 경험해서는 안 된다고 이야기하는 것은 아니다. 만약 학생들이 학업에 있어서 성공 외에 다른 것은 거의 경험해보지 않는다면 그들은 학교에서 또는 직장에서 언젠가는 반드시 겪게 될 실패나 답답한 감정에 어떻게 대처해야 할지 알지 못할 것이다. 그리고 학생들은 성공을 통해 배우는 것만큼이나 실수를 통해서도 많은 것을 배운다(Bandura, 2008; Minsky, 2006). 만일 교사가 새로운 도전을 할 때 때때로 실수를 하는 것은 당연한 일일 뿐만 아니라 때로는 유익한 일도 될 수 있다는 이야기를 학생들에게 자주 해준다면 학생들은 실수를 하더라도 이를 좀 더 침착하게 받아들일 수 있을 것이다. 하지만 학생들이 학업에 있어서 또는 급우들에게 늘 놀림을 받거나 따돌림을 당하는 등 관계에 있어서 너무 자주 실패를 겪는다면 학교라는 장소는 금세 공포나 불안과 같은 역효과를 낳는 조건반응을 일으키는 조건자극이 될 수 있다. 한 번 조건형성이 이루어지면 이러한 조건에 대한 반응은 없애기가 힘들고, 학생이 앞으로 효과적으로 학습할 수 있는 능력을 키우는 데 방해가 될 수 있다.

학급에서 강화와 벌을 사용하는 것에 대한 우려

역사적으로 많은 사람들은 학령기 아동에게 강화와 벌을 사용하는 것을 비판해왔다. 때때로 근거 없는 비판도 있었지만 진지하게 받아들여야 하는 것도 있었다. 우리는 먼저 이 주제와 관련하여 몇 가지 흔한 근거 없는 통념과 오해에 대해 살펴본 뒤 보다 진정한 우려에 대해 논의할 것이다.

강화와 처벌에 대한 잘못된 믿음과 오해

학급에서 강화와 벌을 사용하는 것에 대한 몇 가지 비판은 행동주의의 원리를 오해하거나 경험적인 발견들에 대해 잘 알지 못하기 때문에 생겨난 것이다. 다음은 구체적인 비판의 내용이다.

- **강화는 뇌물이다.** 강화가 뇌물이라는 주장은 아마도 학급에서의 강화 사용에 대해 가장 자주 제기되는 비판일 것이다. 그러나 뇌물이라는 단어는 강화받는 행동이 다소 비합법적이고 비윤리적이라는 의미를 담고 있다. 이와 반대로 학급에서 강화를 적절하게 사용하는 것은 학업적으로나 사회적으로 바람직한 행동을 포함하는 교육목표의 달성을 용이하게 할 수 있다.
- **강화는 적절한 행동을 위하여 구체적이고 외재적인 보상에 의존하도록 만든다.** 어떤 비평가들은 학생들이 단지 학습 그 자체를 위하여 학습에 임해야 한다고 제안한다. 그들은 교사들이 학습에 대해 강화를 사용하게 되면 학생들은 그들이 목표를 달성할 경우 언제나 구체적인 보상을 받을 것이라는 기대를 갖게 된다고 주장한다. 하지만 이 주장은 두 가지 방식으로 반박할 수 있다. 첫째, 여러분이 제3장에서 배운 것처럼, 강화가 반드시 물질적인 강화물을 수반하는 것은 아니다. 현명한 교사는 모든 경우에 물질적 강화물을 사용하는 대신에 사회적 강화물, 활동, 피드백, 내재적 강화물(예 : 성공이나 성취의 느낌)도 사용할 것이다.

  둘째, 교사들이 행동 변화를 위해 반드시 물질적 강화물을 사용해야 할 경우에도 이러한 강화물들은 다른 방식으로는 절대 가져올 수 없는 바람직한 변화를 일으킨다. 강화는 보다 전통적인 행동 변화 방식이 주요한 학업 기술 및 사회적 기술을 향상시키는 데 실패했거나 비생산적 행동을 감소시키는 데 실패했을 때 유용하다. 만약 메리에게 강화를 통해서라도 읽기를 가르치거나 아니면 전혀 읽기를 가르치지 않거나 하는 것 중 하나를 선택해야 한다면, 분명히 메리에게 읽기를 가르치는 것이 옳다. 또한 우리는 물질적 강화물을 사용할 때 그것을 칭찬과 같은 사회적 사건과 짝지으면 이것이 결국 이차적 강화물이 되고, 이후 물질적 강화물 대신 사용될 수 있음을 기억해야 한다.
- **한 학생을 착하다고 강화하는 것은 다른 학생들에게 나쁘게 행동하라고 가르치는 셈이 된다.** 레슬리는 이렇게 생각한다. '린다가 지난 몇 주간 저렇게 떠드니까 선생님이 린다를 조용히 시키려고 건포도를 주셨단 말이지. 만약 나도 떠들기 시작하면 건포도를 받을 수 있을 거야.' 학생들이 만약 이런 식으로 생각한다면, 강화를 주는 방법이 잘못된 것이다. 모든 학생은 그들의 적절한 행동에 대하여 강화를 받아야 한다. 그 강화는 성공적인 경험이 종종 가져다주는 칭찬이나, 긍정적 피드백 또는 내재적 강화물이 될 수도 있다. 만약 특정한 학생의 행

"여러분 여기를 보세요.
읽기 공부를 하겠어요?"

'뇌물'로서의 강화

동이 건포도와 같은 물질적 강화물에 의해서만 고쳐질 수 있다면 그러한 강화물은 해당 학생을 따로 불러서 신중하게 주어야 한다.

- 벌은 자기존중감을 감소시킨다. 어떤 유형의 벌, 특히 공공연한 창피 주기나 조롱과 같은 심리적 벌은 자기존중감을 정말로 감소시킬 수 있다. 그러나 짧은 타임아웃이나 점잖은 꾸중과 같은 가벼운 벌은 대부분의 경우 학생의 장기적인 정서적 안녕에 부정적인 영향을 거의 미치지 않는다. 실제로, 가벼운 처벌이 학생들이 학습 능력을 키우고 사회적으로 생산적인 행동을 습득할 수 있도록 도움을 주는 경우에는 장기적으로 그들의 자신감을 증진시킬 수 있다.
- 문제행동을 제거하는 것은 그 행동의 원인까지 제거하지는 않기 때문에 그 원인에서 비롯된 또 다른 행동이 나타날 수 있다. 이것은 그럴듯한 우려지만, 많은 경우 사람의 행동에 변화를 주게 되면 간접적으로라도 그 기저 원인 역시 해결된다. 예를 들어 운동장에서 부적절하게 공격적인 행동을 보이는 소녀가 있다고 생각해보자. 이 소녀는 사실은 친구들과 효과적으로 상호작용하기를 원했을지도 모른다. 하지만 그녀는 공격적으로 행동하는 것 외에 다른 방식으로 사회적 상호작용을 시작할 수 있는 방법을 알지 못한다. 그 소녀에게 공격적인 행동에 대해서는 벌을 주고 좋은 사회적 기술은 강화하며 가르치는 것은 그녀가 새로운 친구를 사귈 수 있도록 해줄 뿐만 아니라 공격적인 행동의 기저 원인이었던 친구를 사귀고 싶은 마음 역시 해결해준다.

진정한 우려

교육 맥락에서 강화와 벌을 사용하는 것에 대한 다음과 같은 주요 비판은 보다 진지하게 받아들여져야 할 것이다.

- 강화만을 통해 생산적 행동을 촉진하는 것은 학습을 방해하고 있을 수도 있는 인지적 요인을 무시하는 것이다. 학생이 새로운 기능을 학습할 수 있는 능력은 있지만 그렇게 할 동기가 형성되어 있지 않을 때에는 행동 변화를 일으키기 위해 강화만 일관적으로 사용하면 된다. 그러나 배경지식이 부족하다거나, 알지 못하는 특수한 학습장애를 갖고 있는 것과 같은 인지적인 결함이 새로운 기능의 습득을 방해할 경우에는 강화만으로 부족할 수 있다. 후자의 경우에 교사들은 좀 더 인지학습이론에 기초를 둔 교수 기법을 사용할 필요가 있다. 인지학습이론은 다음 장에서 논의될 것이다.
- 특정 행동에 대한 강화는 장기적으로 볼 때 학습과 수행을 극대화하는 것을 방해할 수 있다. 어떤 과제의 완수에 대한 강화는 학생이 과제를 통해 무언가를 배우기보다는 커닝을 하든, 대충 제출할 수 있을 정도로만 하든, 과제를 빠르게 수행하는 것에 주의와 노력을 기울이게 할 수 있다. 특히 교사가 학생이 어려운 과제나 문제에 대해 융통성 있고 창의적으로 사고하는 것과 같이 복잡한 사고를 하기를 원할 때 외재적 강화를 단지 과제의 수행에만 부여한다면 이는 비생산적일 수 있다(Brophy, 2004; McCaslin & Good, 1996; 또한 제14장 참조).
- 개인적으로 좋아하는 행동에 대한 외재적 강화는 그 행동의 내재적 강화 효과를 약화시킬 수 있다. 사람들은 어떤 활동이 유쾌함이나 성취감과 같은 내재적 보상을 가져오기 때문에 그 활동에 참여하는 경우가 많다. 수많은 연구들은 이러한 상황에 외재적 강화물이 개입되면 처음에는 사람들이 더 자주 이 활동에 참여하려 하지만 이후 그 외재적 강화물이 사라지면 그 행동에 대한 참여가 상당히 감소할 것임을 밝혀냈다. 예를 들면 한 연구에서 그림을 그리면 멋진 '우수 그림상'을 줄 것이라고 약속받은 유치원 아동들은 이후 자유시간에 (a) 비슷한 상을 받았지만 미리 상을 줄 것이라는 이야기를 듣지 않은 아동이나 (b) 그림 그리는 것에 대해 강화를 받지 않은 아동들보다 그림을 덜 그리는 경향이 있었다(Lepper, Greene, & Nisbett, 1973). 그리고 대학생을 대상으로 한 연구에서 대학생들에게 일련의 퍼즐을 풀도록 요청했을 때, 문제를 정확히 풀어서 돈을 받은 학생들은 강화가 멈추면 퍼즐을 계속 풀지 않는 경향이 있었던 반면, 돈 대신 긍정적 피드백만 받은 학생들은 계속해서 퍼즐을 풀었다(Deci, 1971).

  초기에 해당 활동에 대한 관심이 높을 때, 새롭게 제공된 강화물이 장난감이나 돈처럼 유형물일 때, 사람들이 그러한 강화물들이 주어질 것이라는 것을 미리 알 때, 그리고 그 활동을 잘할 때만이 아니라 활동을 하는 것만으로 강화를 받을 때, 외재적 강화물이 그 활동을 수행하고자 하는 내재적 동기를 약화시킬 가능성이 더 높다(Cameron, 2001; Deci, Koestner, & Ryan, 2001). 이때 의기소침효과가 작용하는 것일 수도 있다. 제3장에서 발견한 것처럼 인간과 동물은 모두 예기치 않게 강화의 질이나 양이 감소하는 것을 좋아하지 않는다. 제14장의 자기결정에 대한 논의에서 내재적 동기를 약화시키는 외재적 강화의 효과에 대한 두 번째 가능한 설명에 대해 생각해볼 것이다.

◆ 벌 받은 행동은 잊혀지지 않고 다시 나타날 수 있다. 벌은 반응을 억제한다. 벌은 반응이 덜 일어나도록 만든다. 그러나 이 억압효과는 대체로 일시적이다. 벌주는 것을 멈추거나 벌주는 사람이 없을 때면, 벌 받은 행동은 결국 다시 나타날 수 있다(Appel & Peterson, 1965; Lerman & Vorndran, 2002; Pfiffner & O'Leary, 1987; Skinner, 1938).

◆ 벌은 여러 가지 부작용을 낳을 수 있다. 심한 신체적 벌은 육체적 상해를 유발할 수 있고, 혹독한 심리적 벌은 정서적 안녕에 장기적이고 부정적인 영향을 미칠 수 있다. 제2유형의 벌보다 제1유형의 벌처럼 혐오적 자극을 포함하는 벌은 그다지 가혹하지 않은 벌일지라도 분노, 공포, 그리고 사람을 쇠약하게 만드는 불안과 같은 여러 가지 비생산적 정서반응을 유발할 수 있다. 분노는 특히 공격적 반응을 보이는 경향이 있는 사람들에게 공격성을 유발할 수 있다(J. O. Cooper, Heron, & Heward, 2007; Landrum & Kauffman, 2006; G. C. Walters & Grusec, 1977). 벌이 일으키는 공포와 불안은 고전적 조건형성을 통하여 당시의 상황과 연합될 수 있다(Lerman & Vorndran, 2002; B. F. Skinner, 1938). 예를 들면 교사가 학생에게 벌을 줄 때 그 벌(UCS)은 교사, 과제, 교실과 연합되기도 하고, 그중에 어떤 것은 공포와 불안(CRs)을 일으키는 조건자극(CSs)이 되기도 한다. 유사한 방식으로 운동선수 코치가 경기 중에 잘 못하는 아동을 계속 혼내면 스포츠에 대한 부정적 태도가 생겨날 수 있다(Feltz, Chaase, Moritz, & Sullivan, 1999; R. E. Smith & Smoll, 1997).

또한 우리는 벌과의 연합 때문에 공포와 불안을 일으키는 자극이 도피나 회피행동을 유도하기도 한다는 사실을 기억해야 한다(제3장 참조). 학교에서의 도피와 회피반응은 부주의, 커닝, 거짓말, 교실활동 참여 거부, 무단결석 등과 같은 다양한 형태로 나타난다(예 : Gardner, Wacker, & Boelter, 2009; B. F. Skinner, 1938; Taylor & Romanczyk, 1994).

◆ 한 맥락에서의 행동이 개선되면 다른 맥락에서 문제행동이 더 자주 일어날 수도 있다. 강화나 벌이 한 상황에서 일관성 있게 사용될 때 전반적 행동이 그 상황에서는 향상되지만 다른 상황에서는 악화되는데, 이는 **행동대비**(behavioral contrast)라는 현상이다(J. O. Cooper et al., 2007; S. J. Simon, Ayllon, & Milan, 1982; Wahler, Vigilante, & Strand, 2004). 예컨대 학교에서 나쁜 행동을 하는 아이들이 집에서는 '작은 천사'라고 불리기도 한다. 이 아이들은 집에서는 위반행동에 대해 심한 벌이 따르기 때문에 엄격한 행동 규칙을 가능한 준수한다. 그럴 경우 학교에서는 조금 더 가벼운 벌만 받고도 금지된 행동을 할 수 있기 때문에 그러한 행동을 할 수도 있다.

이러한 우려에도 불구하고, 강화와 벌은 바람직한 행동 변화를 일으키는 아주 효과적인 수단이 될 수 있으며 다음 두 절에서 이를 살펴볼 것이다.

생산적인 행동을 증가시키는 강화의 사용

행동주의자들은 교실에서, 특히 특수교육이 필요한 학생이 한 명 이상 있는 교실에서 강화를 효과적으로 사용할 수 있는 몇 가지 전략을 발견했는데, 이는 다음과 같다.

- 바람직한 행동을 우선적으로 구체화하라. 행동주의자들은 바람직한 행동의 결과, 즉 **도착점 행동**(terminal behavior)은 아주 초기에 구체적이고 관찰 가능한 용어로 묘사되어야 한다고 말하는데, 행동의 형태와 빈도수까지 구체적으로 제시한다면 더할 나위 없이 좋다고 이야기한다. 예를 들면 교사들은 학생들이 '책임감을 배워야 한다'고 말하는 대신 교사의 지시를 따르고, 필요한 책과 준비물을 매일 학교 올 때 잘 가져오고, 모든 과제물을 기한 내에 제출하는 것이 중요하다고 말하는 것이다. 도착점 행동을 우선 명세화함으로써 교사들은 자신과 학생들에게 겨냥할 목표 지점을 제시하고, 그들이 실제 그 목표 지점을 향해 나아가고 있는지를 더 잘 판단할 수 있다.

  바람직한 행동을 확인하고 강화함에 있어서 양뿐 아니라 질도 명세화하는 것이 중요하다. 예를 들면 교사들은 학생들은 단지 책상에 조용히 앉아 있는 것만 강화하기보다는 그 시간에 생산적인 일을 하는 것에 대해서도 강화해야 한다. 그리고 교사들은 학생들이 읽은 책의 수에 대해서만 강화함으로써 짧고 간단한 책을 여러 권 읽도록 부추기기보다는 그들 수준에 맞는 도전적인 읽기 자료들을 읽을 수 있도록 강화해야 한다(McCaslin & Good, 1996).
- 각 학습자를 진정으로 강화하고 있는 결과물이 무엇인지 찾아라. 학교에서 사회적 강화물(예 : 칭찬) 혹은 활동 강화물(예 : 특권)은 종종 아주 효과적이다. 어떤 때는 학생이 무언가를 정확히 해냈다는 것을 즉시 피드백해주기만 해도 학생이 필요로 하는 강화를 모두 충족하는 경우가 있는데, 특히 피드백 없이는 학생 스스로 자신의 성과의 질을 판단할 수 없을 때 그러하다(Hattie & Gan, 2011; J. A. Kulik & Kulik, 1988; Shute, 2008).

  교사들이 행동주의 원리를 적용할 때 저지르는 가장 흔한 실수 중 하나는 특정 결과물이 모든 학생을 강화할 것이라고 생각하는 것이다. 한번은 1학년 담당 교사가 자신의 학생 한 명에 대해 상담을 요청했는데, 그 남자아이는 너무 산만해서 교실에서 반나절밖에 보내지 못한다고 말했다. 산만한 행동을 고쳐주려고 교사는 크고 두꺼운 마분지 한 장을 광대 모양으로 잘라서 칠을 하고 코에다가 조그만 빨간 전구를 붙여 그 아이의 책상에 붙였다고 한다. 아이가 조용히 앉아 있거나 과제에 몰두하는 것과 같이 적절한 행동을 할 때 교사는 빨간 전구 코에 불이 들어오도록 리모컨의 버튼을 누르곤 했다. 그 교사는 "왜 그 아이의 행동이 변하지 않는지를 이해하지 못하겠어요"라고 말했다. 나는 아마도 이 광대가 소년을 강화하지 않는 것 같다고 넌지시 말했다. 그 교사는 "말도 안 되는 소리예요!"라고 하며 "그 광대는 다른 아이들에게 항상 효과가 있었다고요!"라고 말했다.

'강화물'은 학습자를 강화해야 한다.

이 예화가 보여주듯이 몇몇 학생에게 효과가 있는 강화물이 다른 학생들에게는 전혀 효과가 없을 수도 있다. 예를 들어 대부분의 학생이 교사의 칭찬을 강화물로 인식하지만 몇몇 학생은 그들의 개인적인 노력이 공개적으로 주목받는 것을 불편해할 수도 있다. 그런 학생들에게는 따로 불러서 칭찬을 해주거나 그들이 속한 그룹의 성과에 대해 칭찬해주는 것이 더 효과적이다(Fuller, 2001; Jiang, 2010). 그리고 몇몇 학생에게는 물질적 강화물만 효과가 있을 수 있다. 그럴 경우 학교에서 한 행동들에 대해 집에서 부모가 물질적 강화물을 주게 되면 매우 효과적이다(Kelley & Carper, 1998; D. L. Miller & Kelley, 1994).

학생마다 어떤 강화를 해야 할지 교사들이 어떻게 알 수 있을까? 한 가지 방법은 학생의 부모나 학생 자신에게 물어보는 것이다. 그러나 아이들은 자신들이 공부를 하기 위해 실제로 무엇을 얻고 싶어 하는지 잘 모르는 경우도 있다(Atance & Meltzoff, 2006; Northup, 2000). 보다 좋은 방법은 어떤 결과물이 실제로 그들의 행동에 영향을 미치는지를 보기 위해 학생들을 일정 기간 동안 관찰하는 것이다.

교사는 특히 단일 강화물이 자주 사용될 경우 그 강화 가치가 무한정 지속되는 강화물은 없다는 사실을 염두에 두어야 한다(Michael, 2000; E. S. Murphy, McSweeney, Smith & McComas, 2003). 예를 들어 존경하는 사람의 칭찬은 즐겁지만 일상에서 하는 사소한 일들에 대한 지속적인 칭찬은 얼마 후 지겨운 것이 될 것이다. 좋은 것도 지나치게 많이 경험하면 싫어지는 법이다.

◆ **학습자가 행동 변화를 통해 잃는 것보다 얻는 것이 더 많도록 하라.** 의식적으로나 무의식적으로, 아동과 성인은 모두 여러 가지 행동의 결과를 고려할 때 비용-효과 분석을 하게 된다(Eccles & Wigfield, 1985; Feather, 1982; Friman & Poling, 1995; A. C. Perry & Fisher, 2001). 그들이 비록 어떤 반응이 강화될 것임을 알았다 하더라도, 그들이 그렇게 함으로써

너무 많은 것을 잃거나 얻는 것이 너무 적으면 반응을 하지 않을 것이다. 예를 들면 사람들은 분리수거함이 멀리 떨어져 있을 때보다 손이 닿는 가까운 곳에 있을 때 분리수거를 할 가능성이 더 크다(Brothers, Krantz, & McClannahan, 1994; Ludwig, Gray, & Rowell, 1998; O'Connor, Lerman, & Fritz, 2010). 그리고 역사 수업에서 A학점을 얻기 위하여 일주일에 적어도 20시간을 공부해야 한다고 계산하는 대학생을 생각해보자. A라는 학점이 효과적인 강화물이라 할지라도 그것을 얻기 위하여 들여야 할 시간의 양만큼 가치 있지는 않을 것이다.

◆ **반응과 결과의 조건관계를 명시적으로 기술하라.** 강화는 어떤 결과가 어떤 행동 뒤에 따라오는지 학습자들이 정확히 알고 있을 때 훨씬 효과적이다. 예를 들면 유치원 학생은 "가장 조용한 모둠이 쉬는 시간에 맨 앞줄에 설 것이다"라는 말을 들었을 때 적절하게 행동할 가능성이 높다. 고교생은 스페인어 숙제를 다 하면 지방 축제에 참여할 수 있을 것이라는 사실을 알 때 그 숙제를 다 할 가능성이 더 높아진다. 조건관계의 명시화는 적절한 행동과 비적절한 행동에 대한 아주 섬세하고 자연스러운 단서(예 : 다른 사람의 신체 언어)를 이러저러한 이유로 알아차리지 못하는 학습자들에게 특히 중요하다(예 : Fisher, Rodriguez, & Owen, 2013).

조건관계를 전달하는 명시적 방법 중 하나는 학생에게 기대하는 것(도착점 행동)과 학생이 기대를 충족시켰을 때 오는 결과(강화물)를 구체화하는 **조건관계 계약**(contingency contract)을 하는 것이다. 이 계약을 하기 위해서 교사는 학생과 만나서 문제행동에 대해 상의한다(예 : 학급친구들에게 무례한 말을 하는 행동 또는 개인 학습지를 할 때 친구와 떠드는 행동). 그다음에 교사와 학생은 학생이 보여주어야 할 구체적인 행동이 무엇인지 명시하고 이에 동의한다(예 : 학급친구를 존중하며 친근하게 이야기하기, 정해진 시간 내에 과제물 완성하기). 두 사람은 또한 그 행동들에 대한 하나 이상의 강화물에 대해 동의한다(예 : 어느 정도의 자유시간이나 특권을 누릴 수 있는 포인트 따기). 학생과 교사는 함께 학생이 앞으로 보여줘야 할 행동과, 그 행동에 따른 강화물들의 내용에 대한 계약을 맺는다. 조건관계 계약은 학업과 관련된 여러 가지 행동이나 사회적인 행동을 개선하기 위한 매우 효과적인 수단이 될 수 있다(K. L. Lane, Menzies, Bruhn, & Crnobori, 2011; D. L. Miller & Kelley, 1994).

◆ **강화를 일관성 있게 제공하라.** 교실에서와 같은 집단 상황에서는 특정한 개인이 바람직한 행동을 할 때마다 강화를 주는 것은 때때로 비효율적인 일이다. 그러나 제3장에서 살펴봤듯이 간헐적인 강화보다 계속적인 강화가 더욱 빠른 행동 변화를 가져온다. 만약 한 학생의 행동이 매우 산만해서 시간을 많이 낭비하게 했다면, 지금 당장 시간을 조금 더 투자하여 적절한 행동에 대해 계속적으로 강화를 주는 것은 장기적으로는 시간을 절약해줄 것이다. 바람직한 행동을 강화하는 하나의 간단한 전략은 리모컨을 사용하는 것이다. 이 전략은 주

로 동물 훈련에 쓰이지만 아동들에게도 효과적이다.

- **복잡한 행동을 점진적으로 조성하라.** 많은 경우에, 바람직한 행동을 촉진하기 위해서는 행동을 점진적으로 조형하는 과정이 필요하다. 그래서 각 반응이 충분히 학습된 다음에 목표행동에 좀 더 가까운 반응에 강화가 주어져야 한다. 만약 조형하고자 하는 시도가 너무 빨리 진행되어 보다 복잡한 반응으로 넘어가기 전에 이전 반응이 잘 형성되지 않으면 강화는 지속되는 행동 변화를 가져오지 못할 것이다.

  예를 들면 3학년 교사 가르시아가 한시도 가만히 있지 못하는 남자아이에게 조용히 자리에 앉아 있는 행동에 대해 강화하기를 원한다. 그녀의 목표(도착점 행동)는 그 학생이 20분간 조용히 자리에 앉아 있도록 하는 것이다. 가르시아는 처음에는 아이가 1분간 조용히 앉아 있도록 강화해야 할 것이다. 그리고 아이가 1분간 조용히 앉아 있는 행동을 꽤 자주 하게 된 이후에야 조금씩 더 시간을 늘려나가야 할 것이다.

- **강화를 공개적으로 줄 때, 모든 학생이 강화를 얻을 기회를 갖게 하라.** 어떤 학생의 행동을 개선하고자 할 때, 교사는 똑같이 강화를 받을 만한 다른 학생을 자신도 모르게 무시할 수 있다. 더구나 어떤 학생은 특정 행동을 하려고 했으나 다른 이유 때문에 하지 못했을 수도 있다. 베트남에 있을 때는 오전 10시에서 오후 5시까지 학교에서 수업을 받던 어린 소녀가 미국에 이민을 와서 오전 7시 45분에서 오후 3시 45분까지 지속되는 수업 시간에 빠르게 적응해야 하는 경우를 생각해보자.

  > 매주 금요일 방과 후에 선생님은 그 주에 잘했던 아이들에게 조그만 선물을 주곤 했다. 지각을 한 사람들은 선물을 받지 못했다. … 나는 항상 학교에 늦었기 때문에 선물을 한 번도 받지 못했고, 처음에 그것은 상처가 되었다. 나는 고통스러운 시간을 보냈다. 나는 학교에 가고 싶지 않았다. (Igoa, 1995, p. 95)

  궁극적으로 학교는 어떤 방식으로든 모든 학생이 강화를 받을 수 있고 성공할 수 있는 장소가 되어야 한다. 그러나 교실은 바쁘게 돌아가는 장소여서 교사의 관심을 간절히 원하고 필요로 하는 몇몇 학생들을 간과하기가 쉽다. 그와 같은 경우 교사는 명시적으로 아동들에게 강화를 찾고 얻는 적절한 방법을 가르칠 수 있다. 예컨대 손을 들거나 혹은 적절한 때에 교사에게 조용히 다가가거나, "저 잘하고 있나요?", "다음에 할 일이 뭔가요?"하고 질문을 하거나, "보세요, 저 다했어요!"라고 말해서 교사가 학생의 진도가 어디쯤인지를 계속 알 수 있게 하는 것이다(Craft, Alberg, & Heward, 1998, p. 402; K. A. Meyer, 1999).

- **진도를 점검하기 위해 객관적 기준을 사용하라.** 우리가 학습을 정신적 변화로 정의하든 행동적 변화로 정의하든, 실제로 행동상의 변화를 확인할 수 있을 때만 학습이 일어났다는 것을 알 수 있다. 행동주의자들은 구체적이고 객관적인 용어로 그 변화를 평가하라고 권고한다.

좀 더 분명히 말하자면, 강화를 사용하기 이전이나 사용하는 도중에 바람직한 행동이 얼마나 빈번하게 나타났는지를 평가하라는 것이다. 강화를 시작하기 전의 행동 빈도를 행동의 **기초선**(baseline)이라고 부른다. 어떤 행동들은 명시적으로 강화되지 않아도 자주 나타나고, 또 어떤 행동들은 거의 혹은 전혀 나타나지 않는다. 기초선 반응 빈도를 강화 시작 이후의 빈도와 비교할 때라야만 교사와 기타 실천가들은 그들의 강화가 실제적인 결과를 낳고 있는지 아닌지를 판단할 수 있다.

- 만족을 지연할 수 있는 능력을 길러주어라. 앞 장에서 아동과 동물의 경우 조작적 조건형성에서 즉각적 강화가 중요함을 강조했다. 그러나 궁극적으로 사람들이 학교나 사회에서 성공하기 위해서는 **만족을 지연**(delay gratification)할 필요가 있다. 즉 장기적으로 더 만족스러운 결과를 얻기 위해 즉각적인 기쁨을 포기하는 것이다. 일반적으로 만족 지연 능력은 뇌의 성숙으로 인해 나이가 들수록 좋아진다(Green, Fry, & Myerson, 1994; M. I. Posner & Rothbart, 2007; Steinberg et al., 2009).

  즉각적 강화가 불가능한 상황에서는 아이들에게 강화가 나중에 올 것이라고 알려주는 것이 도움이 될 수 있다(S. A. Fowler & Baer, 1981). 예를 들면 어려운 수업을 통해 학생의 인내심을 강화하기를 원하는 교사는 "오늘 아침에 우리가 열심히 공부했으니까 점심시간 이후에는 모두가 아주 좋아하는 연극 연습을 하겠어요"라고 말하는 것이다. 또한 기다리는 시간을 점진적으로 늘려줄 때, 그리고 기다림에 대처하는 전략을 학습할 때 아동들은 더욱 성공적으로 만족을 지연할 수 있다. 예를 들어 잠시 어떤 활동을 하거나 "조금만 기다리면 더 큰 상을 받을 수 있을 거야"라고 스스로 말하는 것이다(Binder, Dixon, & Ghezzi, 2000; M. R. Dixon & Cummings, 2001; Passage, Tincani, & Hantula, 2012).
- 도착점 행동이 일정하게 나타나기 시작하면 학습자로 하여금 외재적 강화물들을 점진적으로 단념하게끔 하라. 이전에 학습한 반응이 더 이상 전혀 강화를 받지 못할 때 그것은 빠르게 사라질 수 있다. 행동주의적 관점에서 볼 때, 다음의 두 조건 중 어느 하나를 통해 그와 같은 소거를 막을 수 있다. 어떤 경우에는 행동의 개선이 내적 성취감 또는 자부심과 같은 내재적 강화를 이끌어내기 시작하여 자발적으로 그 행동을 계속하게 한다. 그러나 모든 중요한 행동이 저절로 내재적 만족을 주는 것은 아니다. 기본적인 수 연산 연습이나 미술 프로젝트 활동 후 정리정돈하기처럼, 바람직한 행동이 지겹지만 필요한 활동을 포함할 때는 간헐적 강화 계획이 그 행동을 무한정 지속시키는 데 도움을 줄 수 있다.

바람직하지 않은 행동을 감소시키는 전략

이 장과 앞 장에서 강화를 통하여 새로운 반응이 학습되고, 수정되고, 유지될 수 있음에 대해 길게 논의했다. 그러나 때로는 어떤 행동을 증가시키기보다 감소시키고, 이상적으로는 제거하는 것이 목표가 될 수 있다. 잘못된 행동을 감소시키고 제거하는 네 가지 가능한 방법은 소거, 비조건관계 강화, 상반 행동의 강화, 그리고 벌이다.

반응을 소거하기

오랜 기간 병원에 입원해 있는 동안 지미라는 아이는 걱정스럽게도 머리를 침대 난간에 계속 박는 습관이 생겼다. 지미가 그렇게 하는 소리를 들을 때마다 간호사들은 그의 방으로 뛰어가서 제지를 했는데, 관심이라는 강화물은 본의 아니게 아이가 머리를 박는 행동을 강화하고 유지시켜버리고 말았다. 한 상담심리학자는 소거를 통하여 아이의 머리 박는 행동을 성공적으로 제거했다. 상해를 방지하기 위하여 보호용 헬멧을 지미의 머리에 씌웠고, 간호사들에게는 지미가 머리를 박아도 이를 무시하도록 시켰다. 동시에 지미가 확실히 관심을 갈구했기 때문에 간호사들은 지미가 머리를 박지 않는 때에는 그와 함께 시간을 보냈다.

소거는 특정한 반응이 더 이상 강화로 이어지지 않도록 하는 것을 말하는데, 이는 교실에서의 부적절한 행동을 제거하는 효과적인 방법이 될 수 있다. 예를 들어 교실에서 산만한 행동을 하는 학생은, 자신이 그 행동을 했을 때 선생님이나 급우들이 자신이 받고 싶어 하는 관심을 더 이상 주지 않는다면 그 행동을 그만둘 것이다. 그리고 커닝을 해서 제출한 과제를 인정해주지 않는다면 과제를 커닝하는 행동은 곧 사라질 것이다. 관심이나 학점처럼 그러한 상황에서 작용해온 특정한 강화물들을 제거하고자 하는 것은 아니다. 단지 그 강화물들이 부적절한 반응과 조건관계에 있지 않다는 것을 확실히 할 필요가 있다는 것이다.

불행히도 여러 가지 이유 때문에 소거는 원하지 않는 행동을 제거하는 방법으로서 완전히 신뢰할 만한 것은 아니다. 첫째, 어떤 반응을 실제로 강화하는 특정한 결과를 항상 찾을 수 있는 것은 아니다. 예를 들면 지미와 같이 머리를 박는 행동을 하는 아동들은 관심을 받기 위해 그러는 것일 수도 있지만 여러 가지 다른 이유에서 그러한 행동을 하기도 한다. 불쾌한 과제를 피하기 위하여(부적 강화의 일종) 그렇게 할 수도 있고, 스스로 자극을 주기 위하여 하는 것일 수도 있는 것이다(Iwata, Pace, Cowdery, & Miltenberger, 1994). 둘째, 여러 강화물이 한 가지 반응을 유지시키고 있을 수도 있고, 그중에는 제거하기 힘든 강화물들도 있을 수 있다. 예를 들면 교사가 계속해서 장난스러운 말을 하는 산만한 아이의 농담을 무시할 수 있다고 하더라도 급우들은 계속해서 웃을 수도 있다. 셋째, 모든 강화의 근원이 제거될 수 있다 할지라도 빈도가 감소하기 전에 갑자기 증가하는 소거 전의 폭발현상이 나타날 수 있다(제3장 참조). 넷째, 소거된 행동은 때때로 자발적 회복을 할 수 있다. 소거되었던 반응이 이후 다른 상황에서 갑자기 다시 나타날 수 있는 것이다(Alberto & Troutman, 2013; B. F. Skinner, 1953). 마지막으로 어떤 반응들은 이전에 간헐적 강화계획으로 강화를 받았기 때문에 특히 소거가 어려울 수 있다. 이러한 이유로 인해 반응이 소거될 수 없을 때에는 다른 접근 방법이 필요하다.

비조건관계 강화 제시하기

어떤 연구자들은 예측 불가능한 때에 관심을 주거나 어려운 과제를 수행할 때 정기적으로 쉬는 시간을 주는 것처럼 원하는 결과를 비조건관계로 제시하는 것이 부적절한 행동의 감소를 가져올 수 있다는 것을 발견했다(J. L. Austin & Soeda, 2008; S. W. Payne & Dozier, 2013; Waller & Higbee, 2010). 이렇게 하면 아동들은 반드시 어떤 행동을 하지 않아도 그들이 원하는 결과를 얻는다. 물론 이 접근법의 주된 단점은 아동이 언제나 비생산적인 행동을 대체하는 적절한 행동을 학습하지는 않는다는 것이다. 이 방법은 가끔은 미신적인 행동을 이끌어내기도 한다(제3장 참조).[1]

다른 행동 강화하기

교사나 치료자는 비조건관계 강화를 사용하는 대신에 없애고자 하는 행동은 강화되지 않게 하면서 앞으로 강화할 특정 행동을 찾아낼 수도 있다. 때때로 학습자는 특정 기간 동안 바람직하지 않은 반응을 제외한 다른 모든 반응에 대해 강화를 받는다. 이 상황에서 학습자는 특정한 그 반응은 결코 해서는 안 된다.[2] 예를 들어 "오늘 경솔한 말을 하는 학생들은 모두 이름을 칠판에 적겠어요. 3시까지 이름이 적히지 않는 학생에게는 30분의 자유 시간을 주겠어요"라고 말하는 교사가 있다고 하자. 이 접근법의 주요 결함은 학생이 그 시간 동안에 다른 부적절한 행동을 하면 잠재적으로 그 부적절한 행동이 강화될 수 있다는 것이다.

더 좋은 전략은 바람직하지 않은 행동에 대한 대안이 되는 바람직한 행동만을 강화하는 것이다(Athens & Vollmer, 2010; Lerman, Kelley, Vorndran, Kuhn, & LaRue, 2002; Vladescu & Kodak, 2010).[3] 이 경우 다른 행동이 제거하고자 하는 행동과 **양립 불가능한 행동**(incompatible behavior)일 때 가장 좋다. 그러한 행동들을 하게 되면 사실상 줄여야 하거나 제거되어야 할 행동들을 하는 것이 불가능해진다. 우리는 이전에 제3장에서 역조건형성에 대해 논의하며 이 개념을 다룬 적이 있는데 지금은 비자발적인 반응이 아니라 자발적인 반응에 대해 이야기하는 것이다. 예를 들면 자리를 자주 벗어나는 부적절한 행동을 하는 아동에게 자리에 앉아 있을 때마다 강화를 주는 방식으로 그 부적절한 행동을 감소시킬 수 있다. 이와 비슷하게, 실수를 할 때마다 부적절하게 감정이 폭발하는 테니스 선수의 경우 가만히 서서 여러 차례 깊은 숨을 내쉰 뒤에 경기를 재개하는 것에 대해 강화를 받을 수 있다(Allen, 1998). 습관적으로 쓰레기를 함부로 버리는 학생은 교내 쓰레기 투기 금지 캠페인을 맡아서 하도록 하

---

1 나는 비조건관계 강화라는 용어가 부적절하다고 생각한다. 왜냐하면 어떠한 특정 행동의 빈도가 늘어나는 것이 아니기 때문이다(제3장에서 강화물과 강화의 정의를 확인하라). 그럼에도 불구하고, 이 용어는 행동주의자들이 전형적으로 사용하는 것이기에 나 또한 사용했다.

2 이 접근법은 다른 행동의 차별강화(DRO 계획)로 알려져 있다.

3 이 접근법은 대안행동의 차별강화(DRA 계획) 혹은 양립 불가능한 행동의 차별강화(DRI 계획)로 알려져 있다.

고 그의 노력을 인정해주고 칭찬해줄 수 있을 것이다(Krumboltz & Krumboltz, 1972). 교사나 치료자들이 일관적으로 바람직한 행동은 강화하고, 바람직하지 않은 행동은 강화하지 않는다는 전제하에 다른(아마도 양립 불가능한) 행동을 강화하는 것은 소거보다 훨씬 효과적이다(J. O. Cooper et al., 2007; Pipkin, Vollmer, & Sloman, 2010; Woods & Miltenberger, 1995).

처벌 사용하기

행동 통제의 수단으로 벌은 너무나도 많이 사용된다(Landrum & Kauffman, 2006; Straus, 2000a, 2000b). 벌이 훈육 수단으로 이렇게나 많이 쓰이는 그럴듯한 한 가지 이유는 벌이 바람직하지 않은 행동을 아주 빨리 감소시키거나 제거해서 벌을 주는 사람을 **부정적으로 강화**하기 때문이다. 개인은 벌을 사용함으로써 원하지 않는 일이 발생하는 것을 적어도 일시적으로는 막을 수 있다.

그럼에도 불구하고 벌은 때로는 바람직하지 않은 행동을 감소시키는 **유일한** 수단이기도 하다(Conyers et al., 2004; Frankel & Simmons, 1985; Lerman & Vorndran, 2002; Pfiffner & O'Leary, 1987). 벌은 특히 어떤 행동이 자신이나 타인을 위협할 가능성이 있을 때 추천되는 방법이다. 그 경우에는 그런 행동을 재빠르게 멈추게 하기 위해 벌을 사용하는 것이 사실상 가장 인간적인 방법일 수 있다.

많은 심리학자와 교육학자는 벌을 효과적으로 사용하기 위한 수많은 제안을 해왔으며 그들 중 많은 것은 부작용을 감소시키기도 한다. 다음에 제시된 내용은 가장 일반적으로 인용되는 지침들이다.

- **지나치게 가혹하지 않으면서 진짜로 벌을 주는 '처벌 방법'을 선택하라.** 벌은 강화와 마찬가지로 그것이 행동에 어떠한 영향을 주는지에 따라 정의된다. 진정한 벌은 처벌 이전에 나타난 반응을 감소시키며, 대개의 경우 아주 빨리 감소시킨다. (예를 들면 제3장의 그림 3.9로 돌아가서 안드레아의 깨물기와 꼬집기가 얼마나 빨리 감소했는지에 주목해보라.) 만약 주어진 결과가 바람직하지 않은 행동을 감소시키지 못한다면 이는 주어진 결과가 '벌을 받는' 개인에게 혐오적이지 않기 때문일 수 있다. 이 경우 주어진 결과가 오히려 바람직하지 않은 행동을 강화하고 있는 것일 수도 있다. 예를 들면 우리 아이들이 자랄 때 우리 집에서 주던 일반적인 '벌'은 자기 방으로 보내지는 것이었다. 나의 두 아들은 자기 방으로 보내지는 것을 정말 싫어했는데, 오랜 시간 동안 방에서 혼자 있기보다는 가족들과 어울리는 것을 더 좋아했기 때문이다. 그러나 딸 티나에게는 자기 침실로 보내지는 벌이 오히려 그녀의 바람직하지 못한 행동을 강화한 것 같았다. 티나는 가구 배치를 다시 하고 라디오를 듣거나 이불 속에서 좋은 책을 읽으면서 시간을 보냈다. 그리고 티나가 이 벌을 받게 만드는 행동, 즉 어

티나는 '벌을 받는다.'

떤 방식으로든 형제들을 화나게 하고 놀리는 행동은 감소하기보다 증가하는 듯했다.

앞서 제3장과 이 장에서 언급했듯이 신체적 처벌이나 여러 사람 앞에서 모욕을 주는 것과 같은 형태의 벌은 효과적이지 않은 경향이 있고, 그러한 벌을 주는 것은 피해야 한다. 어떤 결과물을 사용하든지 부적절한 행동을 하지 않게 할 만큼 강력해야 하지만 지나치게 가혹해서도 안 된다(Landrum & Kauffman, 2006; Lerman & Vorndran, 2002). 잘못의 크기보다 과중한 혹독한 벌은 원한, 적의, 공격성, 회피행동 등과 같은 바람직하지 못한 부작용으로 이어지기 쉽다. 더구나 비록 가혹한 벌이 반응을 빠르게 억압한다 할지라도, 그 반응은 벌을 주는 사람이 떠나면 원래 수준으로 되살아날 수 있다(Appel & Peterson, 1965; Azrin, 1960; Landrum & Kauffman, 2006).

◆ **학습자에게 어떤 행동을 하면 벌을 받게 되는지 미리 알려주어라.** 개인이 어떤 행동을 하면 벌을 받게 되고, 어떤 식의 벌을 받을 것인지에 대해 알고 있을 때 벌이 특정 행동을 하지 않도록 만들 가능성이 가장 크다(Aronfreed, 1968; Landrum & Kauffman, 2006; 제5장도 참조하라). 나는 4살 때 아무런 사전 경고 없이 벌을 받았던 적이 있다. 어느 날 점심에 식탁에 앉아서 '낭비하지 않으면 아쉬운 일이 없을 것이다'라는 속담을 생각하면서 버터 나이프에 묻은 많은 양의 땅콩버터를 혀로 핥아 먹었다. 그러자 한 어른이 나의 행동을 엄하게 꾸짖었고, 나는 크게 충격을 받았다. 당시 나는 바른 생활 소녀였기 때문에 만약 그 행동이 잘못된 것이라는 걸 알았다면 절대 버터 나이프를 핥는 행동을 하지 않았을 것이다.

어떤 반응을 하면 벌을 받는다는 사실을 아는 것만으로도 행동이 개선되는 경우가 종종 있다. 예를 들면 홀과 그의 동료들의 연구(R. V. Hall et al., 1971, 실험 4)에서 프랑스어 수업을 듣는 3명의 고교생은 성적이 낮게 나오면 그에 대한 벌로 방과 후 보충수업을 들어야 한다는 것을 알았을 때 훨씬 높은 성적을 받았다. 데이브, 로이, 데비는 매일 보는 퀴즈 시험에서 계속 D와 F를 받고 있었다. 선생님은 그 학생들이 분명히 프랑스어 과목에 어려움을 겪고 있기 때문에 C보다 낮은 점수를 받을 때마다 방과 후 보충수업을 30분간 받으러

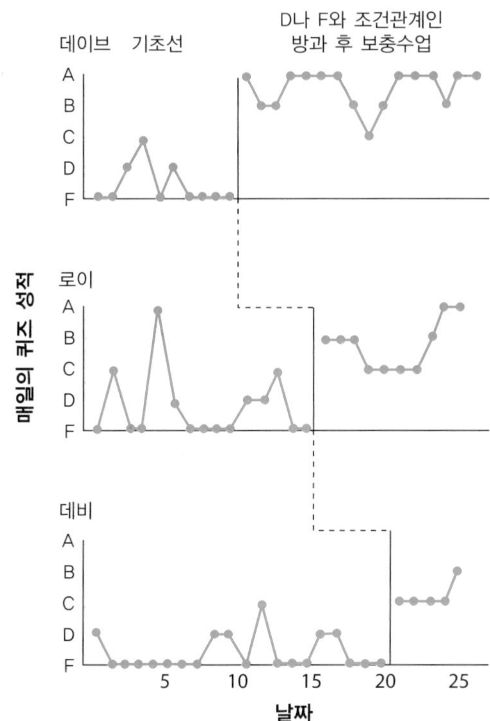

그림 4.1 프랑스어 수업을 수강하는 세 고교생의 퀴즈 성적

출처 : "The Effective Use of Punishment to Modify Behavior in the Classroom" by R. V. Hall, S. Axelrod, M. Foundopoulos, J. Shellman, R. A. Campbell, & S. S. Cranston, 1972, in K. D. O'Leary & S. O'Leary (Eds.), *Classroom Management : The Successful Use of Behavior Modification*, p. 180. Copyright © 1972 by Pergamon Press, Ltd.

오라고 알려주었다. 기초선 기간의 퀴즈 성적과 성적이 나쁘면 벌을 받게 될 때의 성적이 그림 4.1에 나와 있다. 이 연구에서 복합 기초선 접근 방식을 사용했음에 주목하라. 여기서 볼 수 있듯이 일부러 중재의 출발 시점을 학생들마다 다르게 했는데, 이는 학교나 다른 곳에서 일어나는 어떤 요인 때문이 아니라 부과되는 결과물 때문에 행동이 변화되었다는 사실을 보여주기 위함이다. 그림 4.1에서 볼 수 있듯이, 어떤 학생도 방과 후 보충수업을 받을 필요가 없었다. 보충수업을 들어야 한다고 위협을 하는 것만으로도 원하는 학습행동을 이끌어내기에 충분했던 것이다. 아마 퀴즈 준비를 함으로써 그 위협을 일시적으로나마 제거하는 것이 일상적인 학습 습관을 증진시키기에 충분한 부적 강화였을 것이다.

좋은 후속전략은 학습자에게 이전에 금지된 행동에 대해 상기시키는 **단서 주기**(cueing)이다. 예를 들어 교사는 즉각적으로 산만한 행동이나 집중하지 못하는 행동을 감소시키기 위해 찡그린 표정을 짓거나 이맛살을 찌푸리는 등의 보디랭귀지를 사용하거나, 학생에게 가까이 다가가는 신체적인 접근 방식을 취하거나 "루시, 그 잡지를 치워라"와 같은 간단한 말을 건넬 수 있다(Emmer, 1987; Northup et al., 1995; Woolfolk & Brooks, 1985).

많은 교사와 부모가 저지르는 일상적 실수 중 하나는 실제로 벌을 주지 않으면서 줄 거라고 계속 위협하는 것이다. 한 번의 경고는 권할 만하지만 반복적인 위협은 그렇지 않다. 예를 들어 아들에게 계속해서 "토미, 여동생을 한 번만 더 때리면 주말까지 방에서 못 나오게 할 거야"라고 말은 하지만 실제로 그렇게 하지 않는 어머니는 아들에게 반응과 벌의 조건관계가 실제로 존재하지 않는다는 메시지를 전달하고 있는 것이다.

교사와 부모가 벌로 위협은 하면서 종종 실천은 하지 못하는 이유 중 하나는 그들이 종종 터무니없거나 비현실적으로 극단적인 벌을 제안하면서 엄포를 놓기 때문이다. 토미의 어머니는 토미를 '주말까지' 방에서 나오지 못하게 하는 것이 두 사람 모두에게 아주 불편할 것이기 때문에 아들에게 벌을 주지 않는다. 또한 학생이 어떤 행동을 하면 소풍에 데려가지 않을 것이라고 위협하는 교사는 학교에 학생을 남겨두는 것이 계획상 불가능할 경우 실제로 그렇게 할 수 없다.

- **용인되지 않는 행동이 무엇인지 명확하고 구체적인 용어로 설명하라.** 학습자는 어떤 반응이 벌을 초래할 것이지 정확히 알아야 한다. "오늘 오전에 다시 한 번 수업을 산만하게 하면 자유시간이 없을 거야"라는 말을 들은 한 학생은 교사가 말한 '산만한 행동'의 의미를 정확히 이해하지 못해서 계속 수업 시간에 부적절한 행동을 할 수도 있다. 교사는 이렇게 하는 대신 학생을 불러서 다음과 같이 말해야 할 것이다. "레이첼, 이 수업에서는 용인되지 않는 두 가지 행동이 있어. 개별적으로 문제를 풀 때 친구들에게 말을 걸거나 모둠 수업 시간에 자리에서 벗어나면 너는 다른 아이들이 새로운 것을 배우는 걸 방해하게 된단다. 오늘 오전 수업 시간에는 내가 너에게 허락을 할 때만 말하고 자리를 뜨기를 바랄게. 그렇지 않으면 오후에 다른 아이들이 자유시간을 가질 때 너는 책상에 조용히 앉아 있어야 할 거야."
- **가능할 경우 벌은 부적절한 행동이 나타난 직후에 주어라.** 강화의 경우도 마찬가지지만, 벌이 지연될 때 벌의 효과는 극적으로 감소한다. 벌은 잘못된 행동을 한 직후에 줄수록 더욱 효과적이다. 어떠한 이유에서든 벌을 즉시 줄 수 없으면 행동과 결과의 조건관계를 명확히 해주어야 한다(J. O. Cooper et al., 2007; Landrum & Kauffman, 2006; Lerman & Vorndran, 2002).
- **따뜻하고 지지하는 분위기에서 벌을 주어라.** 벌은 주는 사람이 이전에 학습자와 좋은 관계를 수립해 놓았을 때 보다 더 효과적이다(J. Ellis, Fitzsimmons, & Small-McGinley, 2010; Landrum & Kauffman, 2006). 학습자에게 전하는 메시지는 궁극적으로 다음과 같아야 한다. "나는 너를 좋아하고 성공하기를 바라. 그런데 현재 너의 행동은 너의 성공을 방해하고 있단다."
- **그 행동이 왜 용인될 수 없는지 설명하라.** 비록 행동주의자들이 반응과 그 결과에 대해 초점을 맞추는 경향이 있기는 하지만 의미 있는 연구들은 어떤 행동이 왜 용인될 수 없는지에 대한 이유가 주어질 때 벌이 훨씬 효과적이라고 말한다(M. L. Hoffman, 2000; Parke, 1977; D. G. Perry & Perry, 1983; Rothbart, 2011). 예를 들어 앞에서 제시한 예에서 레이첼의 선생님은 레이첼의 부적절한 행동에 대해 설명할 때 이유도 함께 설명했다—"개별적으로 문제

를 풀 때 친구들에게 말을 걸거나 모둠 수업 시간에 자리에서 벗어나면 너는 다른 아이들이 새로운 것을 배우는 걸 방해하게 된단다."

어떤 행동이 왜 용인될 수 없는지에 대한 이유를 설명하는 것은 적어도 네 가지 장점이 있다(Cheyne & Walters, 1970; G. C. Walters & Grusec, 1977).

1. 벌을 줄 때 그 이유를 알려주면 벌을 언제 주는지가 벌의 효과에 영향을 덜 미치게 된다.
2. 이유를 설명하면 한 행동이 벌을 받을 때 이와 유사한 잘못된 행동까지 억압될 가능성이 커진다. 벌의 효과가 다른 잘못된 행동에까지 일반화되는 것이다.
3. 벌의 이유가 주어지면, 벌주는 사람이 없을 때조차도 잘못된 행동들이 억압될 가능성이 커진다.
4. 비교적 나이가 많은 아이들은 왜 어떤 행동을 하면 안 되는지에 대한 이유를 확실히 듣기를 기대하며, 이유를 주지 않으면 반항하는 경향이 있다.

◆ **부적절한 행동에 대한 벌을 일관성 있게 부과하라.** 강화에서도 그랬듯이, 벌은 특정한 반응에 대해 항상 동일하게 주어질 때 훨씬 효과적이다(Leff, 1969; Lerman & Vorndran, 2002; Parke & Deur, 1972). 일관성은 시간상으로도 중요할 뿐만 아니라 맥락상에서도 중요하다(Boyanton, 2010). 만성적인 문제행동을 가지고 있는 학생이 둘 이상의 교사에게 배울 경우 모든 교사는 각자의 노력을 서로 조화시켜야 한다. 그리고 교사와 부모가 어떠한 행동을 강화하고 벌을 줄 것인지에 대해 동의를 하는 것이 가장 좋다. 이러한 방식으로 학교와 가정에서의 행동상 차이를 최소화할 수 있다.

불행히도, 벌을 줄 수 있는 것은 사람들이 위반행동을 하는 것이 적발되었을 때뿐이다. 도둑들은 드물게 체포되고, 속도위반자들은 순찰차가 있는 도로에서 운전할 때만 딱지를 떼인다. 시끄럽게 떠들기, 공격적으로 행동하기, 커닝하기 등과 같이 교실에서 바람직하지 않은 행동들은 벌을 받는 것만큼이나 자주 강화를 받을 수 있다. 학생의 바람직하지 않은 행동을 발견하기 어렵다는 문제에 대처하기 위해서 특히 다음의 두 가지 지침이 중요하다.

◆ **잘못된 행동이 덜 일어나도록 환경을 바꾸어라.** 잘못된 행동을 하려는 유혹을 감소시키거나 가능하면 제거해야 한다. 예를 들면 문제를 일으키는 친구들을 각자 교실의 반대편이나 다른 학급에 배치할 수 있을 것이다. 시험에서 커닝을 하는 행동은 학생들을 멀리 떨어져 앉게 하거나 두 가지 다른 형태의 시험을 치르도록 함으로써 줄일 수 있다(Cizek, 2003).

◆ **보다 적절한 행동을 가르치고 강화하라.** 벌은 그 자체로 개인에게 하지 말아야 할 행동과 대신 해야 할 행동이 무엇인지를 알려준다(B. F. Skinner, 1938). 그러므로 잘못된 행동에 대한 벌은, 보다 생산적인 행동의 강화나 지지와 연합하여 이루어질 때 장기적으로 훨씬 효과적이다(R. G. Carey & Bucher, 1986; J. O. Cooper et al., 2007; Landrum & Kauffman,

2006; Lerman & Vorndran, 2002). 예를 들면 학교에서 공격적인 행동에 대해 벌을 주거나 치료할 때 교사와 치료자는 효과적인 사회적 기술도 가르치고 강화해야 한다는 점을 염두에 두어야 한다. 그리고 교사들이 학생이 커닝하는 것에 대해 벌을 줄 때, 학생에게 좋은 학습 습관도 가르쳐주고 혼자 공부를 잘하고 있을 때에는 강화도 줄 수 있어야 한다.

응용행동분석(ABA)

어떤 문제행동들은 너무 견고하고 비생산적이어서 집중적이고도 체계적인 개입이 필요할 때가 있다. 이런 행동을 다루는 하나의 효과적인 접근 방법이 **응용행동분석**(applied behavior analysis, ABA)인데, **행동수정**, **행동치료**, 혹은 **조건관계 관리**라는 용어로도 사용된다. 응용행동분석은 심각한 문제행동이 대부분의 인간 행동이 그렇듯이 과거와 현재의 반응-결과 조건관계의 결과라는 가정에 기초를 두고 있다. 그것은 강화, 조형, 단서, 소거, 벌과 같은 다양한 행동주의 개념의 적용을 포함하며 특히 학문적, 사회적으로 바람직한 행동을 하도록 지속적으로 격려받아야 하는 학습자들에게 유용하다. 그러므로 응용행동분석은 심각한 학습장애나 정신질환이 있는, 특별한 도움을 필요로 하는 학생들의 교육과 치료에 사용되곤 한다.

자주 사용되는 응용행동분석 전략

응용행동분석 개입이 개인의 상황에 맞게 다르게 활용되는 경향이 있지만 몇 가지 전략은 대부분의 경우 공통적으로 사용된다.

- 개입의 초점이 되는 행동은 관찰 가능하고 측정 가능한 방식으로 확인된다. 행동주의 전통과 동일하게 응용행동분석을 하는 교사와 치료자는 특수하고 구체적인 반응에 그들의 관심을 집중하는데, 그 반응을 **목표행동**(target behavior)이라고 한다. 어떤 경우에 개입은 특정한 목표행동(아마도 바람직한 행동)을 증가시키는 것을 목표로 하는데, 이러한 행동이 앞서 언급했던 도착점 행동이다. 또 다른 경우에 개입은 목표행동(아마도 바람직하지 않은 행동)을 감소시키도록 설계된다.
- 목표행동은 개입 전과 개입 중 모두에서 측정된다. 개입 전과 개입 진행 중 모두에서 목표행동을 객관적으로 측정할 때라야만 특정 개입이 목표행동을 효과적으로 변화시켰는지 판단할 수 있다. 예를 들어 우리는 수업 시간을 5분 간격으로 나누거나 학교에서 보내는 전체의 시간을 1시간 간격으로 나눈 뒤, 특정한 목표행동이 그 사이에 발생하는지, 혹은 얼마나 자주 발생하는지를 판단할 수 있다.

  응용행동분석에서 목표행동은 최대한 객관적으로 관찰되고 기록된다. 한 명 이상의 교사나 치료자가 응용행동분석 개입을 하는 도중에 관찰 기법을 훈련받은 또 다른 사람들이 목표행동의 발생을 관찰하고 기록하도록 하는 것이 가장 좋다. 만약 행동 측정법이 객관적이고 정확하다면, 두 관찰자 간 기록의 일치도[**평정자 간 신뢰도**(interrater reliability)]가 매우 높아야 한다.

◆ **문제행동이 일어나도록 만드는 환경적 조건이 확인된다.** 목표행동에 대한 정보뿐 아니라 그 행동의 직전과 직후에 오는 사건에 대한 정보를 수집하는 것도 종종 도움이 된다. 교사나 치료자는 일반적으로 'ABC' 접근을 취하는데, 그 접근은 일상 환경 속에서 개인을 관찰하고, 다음의 내용과 관련되어 계속 진행 중인 정보를 수집하는 방법이다.

- 선행사건(**A**ntecedents) : 개인이 직면하는 자극과 사건
- 행동(**B**ehaviors) : 개인이 그다음에 보이는 반응
- 결과(**C**onsequences) : 행동 직후에 오는 자극과 사건

예를 들어 자주 급우를 때리는 가상의 학생 조니가 있다고 상상해보자. 수집된 기초선 자료의 일부는 모든 관찰된 선행사건과 각각의 때리는 반응의 결과를 포함하고 있을 수도 있다. 그림 4.2는 5분 간격으로 측정했을 때 이러한 과정이 어떻게 진행되는지를 보여준다. 일단 그와 같은 정보가 수집되면, 교사나 치료자는 자료에서 패턴을 찾으려 하고, 목표행동을 유발하거나 강화할 만한 구체적 사건을 찾는다. 이러한 접근법은 **기능분석**(functional analysis) 혹은 기능적 행동 평가로 알려져 있다(예 : M. M. Mueller, Nkosi, & Hine, 2011).[4] 한 예로 자폐증을 앓고 있는 5세 소년 짐을 생각해보자. 짐의 선생님들은 짐이 학교에 있는 동안 많은 시간을 귀를 막은 채로 지낸다고 보고했다. 연구자들(Tang, Kennedy,

	9:00	9:05	9:10	9:15	9:20	9:25	9:30
선행사건		친구가 그를 집적거리다			아무것도 관찰되지 않음	친구가 그를 때림	
목표행동(때리기)	아니요	예	아니요	아니요	예	예	아니요
결과		꾸중 들음			꾸중 들음	아무것도 관찰되지 않음	

(각 시간은 5분 간격의 출발시점을 가리킴)

그림 4.2 선행사건 및 결과와 관련된 목표행동의 시간 표집

4 어떤 기능분석에서는 교사나 치료자가 영향력 있는 선행사건과 결과에 대한 다양한 가설을 테스트하기 위한 방법으로 환경을 체계적으로 조작한다(예 : S. E. Bloom, Iwata, Fritz, Roscoe, & Carreau, 2011; K. M. Jones, Drew, & Weber, 2000; K. A. Meyer, 1999).

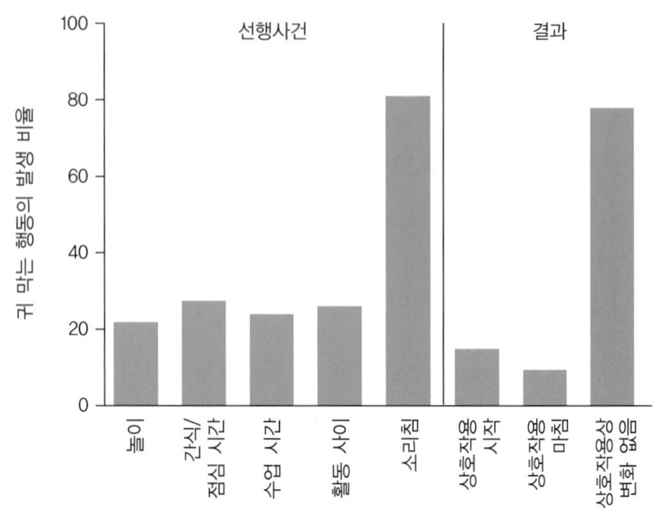

그림 4.3 다양한 선행사건과 후속 결과가 이루어지는 상황에서 짐이 귀를 막는 반응을 보인 빈도

출처 : "Functional Analysis of Stereotypical Ear Covering in a Child with Autism" by J. -C. Tang, C. H. Kennedy, A. Koppekin, & Mary Caruso, 2002, *Journal of Applied Behavior Analysis, 35*, p. 96. Copyright 2002 by the Society for the Experimental Analysis of Behavior, Inc.Behavior, Inc.

Koppekin, & Caruso, 2002)은 짐이 왜 그렇게 자주 귀를 막는 행동을 하는지를 밝혀내는 일을 시작했다. 그들은 30초 간격으로 다음을 기록했다 — (1) 귀를 막는 행동의 발생, (2) 그 당시에 발생한 특정한 사건(즉 반응이 놀이 시간, 간식이나 점심 시간, 수업 시간, 활동과 활동 사이에 일어났는지 그리고 다른 아동이 소리를 지르고 있었는지), 그리고 (3) 각 반응에 대한 교사의 행동(즉 교사가 짐과의 상호작용을 시작했는지, 멈추었는지, 혹은 계속했는지). 그림 4.3은 귀를 막는 행동이 다양한 선행사건과 결과에 따라 얼마나 자주 발생했는지를 보여준다. 여러분이 볼 수 있는 것처럼 교사들은 짐이 귀를 막았을 때 짐을 대하는 행동에 변화를 주지 않았는데, 그러므로 그들은 분명히 목표행동을 강화하지 않고 있었다. 선행자극을 보면 보다 더 잘 이해할 수 있다. 귀를 막는 일의 80%는 급우가 소리를 지른 직후에 일어났다. 짐은 많은 자폐증 아동이 그러하듯 큰 소리에 대해 남보다 더 민감했을 가능성이 크다(R. C. Sullivan, 1994; D. Williams, 1996).

- **구체적인 개입이나 처치 계획이 개발되고 시행된다.** 처치 계획을 개발할 때에는 목표행동을 수정하는 방법을 결정해야 한다. 때때로 행동의 빈도는 행동이 발생할 때마다 강화를 줌으로써 간단하게 증가될 수 있다. 그러나 원하는 반응의 기존 빈도(기초선)가 매우 낮을 때에는 연속적으로 점점 더 비슷한 것들을 강화함으로써 그 반응이 조형되어야만 할 수도 있다. 바람직하지 않은 행동은 소거, 양립 불가능한 행동의 강화, 벌과 같은 방법으로 제거될 수 있다. 많은 경우, 분명한 지시를 주는 것 또한 개입의 일부이다.

개입을 계획할 때에는 이전에 기능분석으로 밝혀진 기능들, 즉 특정 행동이 개인을 위해 하는 명백한 기능들을 다루는 것이 도움이 된다. 또한 생산적인 행동을 촉진하도록 환경을 바꾸는 것도 도움이 된다. 학교에서는 **긍정적 행동 지원**(positive behavior support, PBS)이라고 불리는 접근 방법이 이 두 가지를 모두 행하는데, 다음과 같은 전략들을 이용한다(Crone & Horner, 2003; Koegel, Koegel, & Dunlap, 1996; Ruef, Higgins, Glaeser, & Patnode, 1998; Wheeler & Richey, 2010).

- 부적절한 행동과 동일한 목적을 수행할 수 있는, 그래서 결국에는 부적절한 행동을 대체할 수 있는 행동을 가르쳐라.
- 부적절한 행동을 촉발할 수 있는 조건을 최소화하라.
- 학생의 불안감을 최소화하고 학생이 편안함과 안정감을 느낄 수 있도록 예측 가능한 일과를 수립하라.
- 학생에게 선택의 기회를 주어라. 이러한 방법으로 학생은 종종 부적절한 행동에 의존하지 않고도 원하는 결과를 얻을 수 있다.
- 학업에서 성공을 거둘 확률을 극대화하기 위해 교과과정, 지도 과정 혹은 두 가지 모두에 적응 과정을 만들어라. 예를 들어 학생의 흥미를 증진하거나, 자료를 보다 천천히 제공하거나, 어려운 과제를 쉽고 재미있는 것들 사이에 배치하는 것이다.

긍정적 행동 지원에는 행동주의적 요소가 있지만, 불안감을 최소화하려는 시도, 선택권을 주는 것, 그리고 수업 과제를 완성하게 하는 것에서 볼 수 있듯이 현대 동기부여이론의 내용 또한 포함한다. 위와 같은 요소의 중요성은 제14장과 제15장에서 동기부여와 감정에 대해 논의할 때 더 명확해질 것이다.

◆ **처치를 진행하면서 그 효과가 점검되고, 필요한 경우 수정된다.** 개입 프로그램 기간 중 기초선 비율과 비교해볼 때 원하는 행동이 증가하거나 원하지 않는 행동이 감소할 때 내릴 수 있는 논리적 결론은 개입이 효과적이라는 것이다. 그러나 기초선에서 처치까지 변화가 거의 발견되지 않으면 프로그램을 수정하는 것이 타당하다. 이는 교사나 치료자가 행동을 너무 빨리 조형하려고 하기 때문일 수도 있고, '강화물'이 실제로 강화하고 있지 않기 때문일 수도 있고, 교사나 치료자가 소거를 통해 제거하고자 하는 원치 않는 행동이 그의 통제를 넘어선 다른 강화물에 의해 유지되고 있기 때문일 수도 있다. 어떤 개입 프로그램이 성공적이지 못하다면 이러한 모습들이 나타나고 있지는 않은지, 효과가 없는 이유는 무엇인지를 조심스럽게 살펴보고 적절하게 수정되어야 한다.

◆ **새로 습득한 행동의 일반화를 증진하기 위한 조치가 취해진다.** 학습자들이 종종 한 상황에서 다른 상황에까지 자신이 학습한 반응을 일반화한다 하더라도, 그들이 그렇게 할 거라는 보장은 없다. 사실 어떤 ABA 프로그램들은 완전하게 성공하지는 못하는데, 이는 어떤 자극 상황에서 학습한 반응들이 다른 상황으로까지 일반화되지 않기 때문이다(Alberto & Troutman, 2013; Landrum & Kauffman, 2006; Schloss & Smith, 1998). 심리학자들은 ABA 프로그램을 실시하는 기간에 일반화를 증진할 수 있는 여러 전략을 제안했다.

- 현실적인 상황들을 포함하여 여러 맥락에서 목표행동을 가르쳐라. 가능하다면 원하는 행동이 나타나기를 궁극적으로 바라는 실제 상황에서 그 행동을 가르쳐라.
- 목표행동의 많은 변형들을 가르쳐라. 예를 들면 인간관계 기술을 가르칠 때 타인과 적절히 상호작용하는 다양한 방식을 가르쳐라.
- 환경 속에서 자연스럽게 나타나는 강화물과 원하는 행동과의 관계를 가르쳐라. 예를 들면 개인의 위생상태가 양호할 때 타인과 더 좋은 결과가 주어지는 상호작용을 할 수 있음을 알려주어라.
- 행동이 새로운 상황에서 자발적으로 일어날 때 그 행동을 강화하라. 다시 말해 일반화를 구체적으로 강화하라(Alberto & Troutman, 2013; J. O. Cooper et al., 2007; Haring & Liberty, 1990; B. M. Johnson et al., 2006; T. F. Stokes & Baer, 1977).

◆ **원하는 행동이 습득된 후에 처치가 단계적으로 제거된다.** 일단 도착점 행동에 이르렀으면, ABA 프로그램을 점진적으로 철수한다. 많은 경우 새로 학습한 행동은 저절로 강화로 이어지기 시작한다. 예를 들면 보다 수용할 만한 사회적 행동을 배우는 공격적인 학생은 새로운 친구를 사귀기 시작하며, 또한 마침내 읽기를 학습한 학생은 성공감을 느끼고 읽기를 즐기기 시작한다. 다른 상황에서는 목표행동을 유지하기 위해서 변동비율계획과 같은 간헐적 강화가 필요할 수도 있다.

비록 많은 연구가 ABA 기법이 효과가 있다고 이야기하지만 심리학자들은 이것이 왜 효과가 있는지에 대해 항상 정확하게 알지는 못한다. 이 기법의 효과에 영향을 미치는 하나의 내재적인 요소는 바로 명확히 구체화된 반응-강화 간 상관관계의 사용이다. 바람직한 행동들은 구체적이고 명료한 용어로 묘사되기 때문에 학습자는 자신이 어떻게 행동해야 되는지를 정확히 안다. 그리고 강화로부터 학습자가 얻는 즉각적인 피드백은 그들의 행동이 목표행동인지 아닌지에 대해 명확한 지침을 제공한다.

대집단을 대상으로 응용행동분석 사용하기

지금까지는 개인을 대상으로 응용행동분석을 사용하는 것에 초점을 맞추었다. 그러나 ABA 기법은 학급 학생 모두의 행동과 같은 집단적 행동에 변화를 가져오기 위해서도 사용될 수 있다. 집단에게는 최소 세 가지 방법, 즉 집단 조건관계, 토큰 경제, 그리고 학교 차원의 긍정적 행동 지원이 효과적인 것으로 나타났다.

집단 조건관계

집단 조건관계(group contingency)에서 강화가 일어나기 위해서는 집단 전체가 바람직한 행동을 해야 한다. 예를 들면 한 초기 연구에서는(Lovitt, Guppy, & Blattner, 1969), 집단 조건관계를 통해 32명의 4학년으로 구성된 학급이 매주 치르는 받아쓰기 시험 성적을 향상시켰다. 그 연구의 1단계에서 수업이 평소처럼 진행되었을 때에는(기초선) 평균 12명의 학생만이(38%) 받아쓰기 시험에서 만점을 받았다. 2단계에서는 일주일 동안 네 번에 걸쳐 받아쓰기 시험을 치르게 했는데, 만점을 얻은 학생은 다음 번에 시험을 치를 때 자유시간(강화)을 얻었다. 이렇게 개인에 기초를 둔 조건관계 기간 동안에는 주당 받아쓰기 시험에서 만점을 받은 평균 인원수는 2배 이상(80%) 늘었다. 3단계에서는 2단계의 개인 조건관계가 계속 적용되었고, 이에 더해 학급 전체가 금요일까지 만점을 받는다면 15분간 대중음악을 들을 수 있을 것이라고 했다. 3단계의 집단 조건관계는 한 주에 평균 30명(94%)까지 만점을 받게 했다.

좋은 행동 게임은 집단 조건관계가 교실에서의 잘못된 행동 비율을 어떻게 크게 감소시킬 수 있는지 보여주는 예이다(Bradshaw, Zmuda, Kellam, & Ialongo, 2009; J. M. Donaldson, Vollmer, Krous, Downs, & Berard, 2011; Embry, 2002). 이 접근법을 이용한 가장 오래된 연구(Barrish, Saunders, & Wolf, 1969)에서는 말썽꾸러기들이 많이 모여 있는 4학년 학급(그 반 학생 중 7명이 문제행동으로 인해 교장에게 반복적으로 불려갔다)을 두 팀으로 나누어 읽기와 수학 시간에 그들의 행동을 주의 깊게 관찰했다. 그리고 팀 구성원 중 한 명이 자리를 벗어나거나 큰 소리로 말할 때마다, 칠판 한 구석 지정된 자리에 그 팀을 표시했다. 수업 시간 동안 표시를 가장 적게 받은 팀은 특권을 받았다(예를 들어 점심을 받을 때 맨 앞에 서게 하거나, 이후 자유시간을 주는 것). 만약 두 팀 모두가 표시를 5개 이하로 받으면 두 팀 모두 특권을 받았다.

그림 4.4는 개입의 결과를 보여준다. 처음에 기초선 데이터가 수학과 읽기 시간에 어땠는지 주목하라. 좋은 행동 게임은 23일째 수학시간에 시작되었다. 이때 수학 시간에는 자리를 뜨고 크게 말하는 행동이 급격히 줄어든 한편 읽기 수업 시간 동안에는 계속 높은 빈도를 유지했다. 45일째 되던 날에는 읽기 수업 시간에 게임을 시작했고 수학 수업 시간에는 하지 않았다. 그에 따라 나쁜 행동의 빈도가 어떻게 변화했는지에 주목하라. 51일째 되던 날 다시 수학 시간 중에 게임을 시작했고, 나쁜 행동은 다시 감소했다. 이 상황에서 알려지지 않은 다른 요인이 행동 변화에 영향을 줄 가능성을 최소화하기 위하여 두 가지 기법이 사용되었다. 그것은 (1) 수학과 읽기 시간에 게임을 시작하되 서로 다른 날에 하기, 즉 복합 기초선 접근의 사용과 (2) 강화에서 비강화로 바꾼 다음 다시 강화로 바꾸기, 즉 **반전**이라 불리는 기법의 사용이다.

집단 조건관계는 학업 성취와 교실에서의 행동뿐만 아니라 초등학생들의 야외 활동, 그리고 대학교 기숙사생들의 에너지 절약행동에도 효과가 있는 것으로 나타났다(Bekker et al., 2010; Heck, Collins, & Peterson, 2001). 하지만 어디까지나 그 집단의 모든 사람이 원하는 행동을 할 수 있을 때 그러하다. 또래집단의 압력과 사회적 강화가 여기에서 모종의 역할을 한다. 학생들은 또래 친구들이 잘할 수 있도록 격려하고, 성과가 좋아지면 칭찬을 한다. 또

그림 4.4 수학과 읽기 시간에 이야기하기와 자리 뜨기 행동이 일어난 1분 간격의 비율

출처 : "Good Behavior Game : Effects of Individual Contingencies for Group Consequences on Disruptive Behavior in a Classroom" by H. H. Barrish, M. Saunders, & M. M. Wolf, 1969, *Journal of Applied Behavior Analysis, 2*, p. 122. Copyright 1969 by *Journal of Applied Behavior Analysis*.

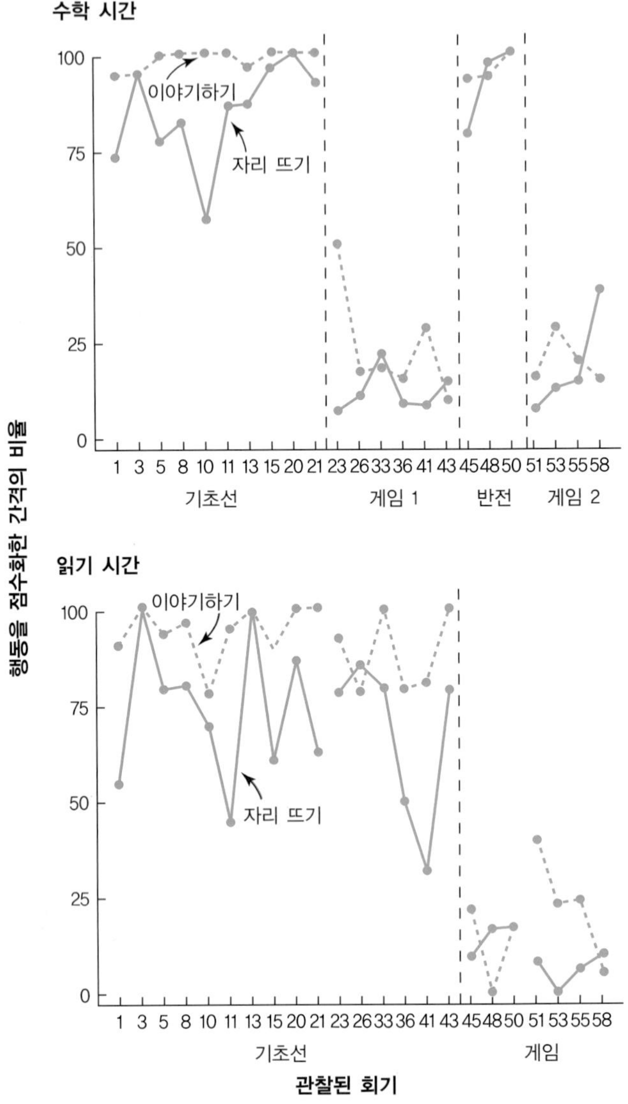

한 학업 성취도를 향상시키길 원하는 경우 성취도가 높은 학생들은 그렇지 못한 친구들을 개인지도나 별도의 연습을 통하여 도와주곤 한다(Pigott, Fantuzzo, & Clement, 1986; S. L. Robinson & Griesemer, 2006; Slavin, 1983b).

집단 조건관계를 사용하는 데 있어 한 가지 어려운 점은 모든 학생에게 강화가 되는 결과물을 찾는 것이다. 한 가지 가능한 전략은 매일 다른 '신비스러운 강화물'을 사용하는 것이다. 예컨대 교사는 자유시간, 추가 휴식, 피자파티 등 여러 가지 가능한 것들이 적힌 종이쪽지를 담은 봉투나 항아리를 준비할 수 있다. 그리고 학생들이 모두 강화의 준거를 충족했을 때

교사나 학생은 종이쪽지를 하나 꺼내어 그날의 깜짝 결과물을 확인한다(S. L. Robinson & Griesemer, 2006).

토큰 경제

토큰 경제(token economy)에서 적절하게 행동하는 개인은 토큰으로 강화를 받는다. 여기서 토큰이란 모조 지폐, 점수, 또는 기록지의 체크표시 등으로 나중에 각 개인이 선택하는 사물이나 특권인 **대체 강화물**(backup reinforcer)로 교환할 수 있다. 토큰 경제는 일반적으로 다음과 같은 요소들을 포함한다.

- 강화받을 반응을 기술한 규칙군 : 규칙은 쉽게 기억될 수 있도록 수가 비교적 적어야 한다.
- 토큰과 교환될 수 있는 여러 가지 대체 강화물 : 예를 들어 자유시간, 좋아하는 활동, 특별 이벤트 참여권, 그리고 작은 장난감이나 장신구가 있다. 한 연구에서는 부모가 주는 용돈도 성공적으로 대체 강화물로 사용되었다(McKenzie, Clark, Wolf, Kothera, & Benson, 1968).
- 대체 강화물을 구입할 수 있는 '상점' : 어린아이들에게는 하루에 최소 한 번의 구매 기회를 주어야 하고, 보다 나이가 많은 아이들에게는 주당 1, 2회의 구매 기회만 주어도 충분하다.

토큰 경제는 집단 상황에서 최소 두 가지 이점을 갖는다. 첫째, 교사나 치료자들은 즉각적인 강화를 주기 위해 쉽게 토큰을 이용할 수 있다. 둘째, 다양한 대체 강화물들이 사용 가능할 때 프로그램에 참여하는 모두가 바람직한 결과를 위해 노력할 수 있는 가능성이 커진다. 사실, 아동과 성인들은 모두 자신이 얻으려고 노력할 강화물에 대한 선택권을 갖는 것을 선호하는 것 같다(Fisher & Mazur, 1997; Sran & Borrero, 2010; Tiger, Hanley, & Hernandez, 2006; Ulke-Kurcuoglu & Kircaali-Iftar, 2010). 토큰은 그 자체로 종종 효과적인 강화물이 된다(Hundert, 1976). 이는 그것이 다른 강화물 및 사건과 반복적으로 연합되어 이차적 강화물이 되었거나 단순히 학습자가 무언가를 잘 하고 있다는 피드백을 주기 때문에 효과적일 수 있다.

학교 차원의 긍정적 행동 지원

어떤 학교들은 모든 학생의 생산적인 행동을 촉진하기 위해 긍정적 행동 지원 프로그램을 도입하는 데 성공했는데, 이러한 프로그램을 **학교 차원의 긍정적 행동 지원**(schoolwide positive behavior support)이라 한다. 이 프로그램은 일반적으로 다음 내용의 대부분, 혹은 전체를 포함한다.

- 원하는 결과를 이끌어내기 위한 생산적인 방법을 포함하여 적절한 행동을 명확하게 정의

하고 가르치기(예 : 교사의 관심)

- 학생이 현재 필요로 하는 것과 학생의 능력 수준을 고려한 교과과정을 편성하고 지도하기
- 학생에게 선택권 부여하기
- 행동이 바른 아동에게 대체로 칭찬을 통해 강화를 주되, 때로는 토큰이나 쿠폰처럼 특별한 상품 및 특권으로 교환 가능한 것들도 제공하기(예 : 학용품, 동물 인형, 체육관에서의 자유시간)
- 학생의 개인적인 필요에 맞는 여러 단계의 지원 제공하기. 어떤 학생들은 상담가나 다른 교직원으로부터 정기적으로 일대일 관리를 받고 그들 중 일부는 만성적인 학문적 · 행동적 문제를 집중적으로 관리하기 위해 철저한 개입을 받도록 하기
- 시설 소개, 훈련 및 다른 유의미한 자료들을 검토하여 프로그램의 효과를 꾸준히 모니터링하기

이러한 전략들을 잘 결합하여 사용하면 학생의 행동에 극적인 변화를 가져올 수 있으며 이전에 많은 훈육상의 문제점을 나타낸 학교에 특히 효과적이다. 더구나 교사들은 자신들이 진정으로 학생의 교실에서의 행동을 개선하고 학문적 성취를 이끌어낼 수 있다는 것에 낙관적인 태도를 갖게 된다(A. Campbell & Anderson, 2011; K. L. Lane et al., 2011; T. J. Lewis, Newcomer, Trussell, & Richter, 2006; Osher, Bear, Sprague, & Doyle, 2010; Warren et al., 2006).

응용행동분석에 인지적 요소를 첨가하기

점점 더 많은 교사, 임상의, 그리고 다른 실무자들이 그들의 접근법을 설명하기 위하여 인지행동수정, 인지행동치료, 인지행동적 개입과 같은 용어들을 사용하면서 ABA 기법에 인지적 요소를 첨가하고 있다. 예를 들어 개입은 원하는 행동에 대한 시범을 포함하기도 하는데, 이는 사회인지이론(제5장 참조)에서 나온 것이다. 다른 흔한 전략은 **코칭**(coaching)인데, 이것은 교사나 치료자가 말로 학생을 가르치고 안내해서 학생이 적절한 행동을 연습할 수 있도록 한다. 인지적 접근 방법은 문제 해결에도 초점을 맞춘다. 예를 들면 교사나 치료자는 학생에게 여러 행동이 문제 상황에 미칠 수 있는 영향에 대해 주의 깊게 생각하고, 원하는 결과를 가져올 것 같은 행동을 선택해보라고 요구할 수 있을 것이다.

본질적으로 개인적 혹은 학교 차원의 긍정적 행동 지원 프로그램은 행동주의와 인지주의 원리를 모두 포함하는 혼성물이다. 예컨대 전형적인 교과과정 및 지도상의 적응에는 앞으로 다루게 될 인지와 기억에 대한 많은 원리들이 사용된다. 일반적으로 점점 더 많은 실무자들이 내가 제1장에서 강조한 내용, 즉 사실상 모든 이론적 관점들이 아동과 성인이 효과적으로 배우고 행동하도록 돕는 데 유용한 통찰을 제공한다는 것에 대해 동의하고 있다.

학급 지도와 평가에서 행동주의의 함의

20세기 중반에 행동주의 개념이 더욱더 유명해지면서 그것은 교육의 실제를 완전히 다른 형태로, 즉 오늘날과 같은 형태로 바꾸는 토대를 마련했다. 다음에 이어질 내용에서 보게 될 테지만, 몇몇 개념은 특히 더 영향력이 있다.

- 학습은 새롭고 생산적인 반응의 습득 및 체화, 또는 비생산적인 반응의 감소를 모두 아우르는 **행동의 변화**를 포함한다.
- 자발적 행동은 하나 혹은 그 이상의 강화 결과물이 뒤따를 때 증가할 가능성이 가장 크다.
- 복잡한 행동은 종종 바람직한 결과물에 대한 연속적인 접근을 강화하는 과정을 통해 점진적으로 조형되어야 한다.
- 교육적, 치료적 개입은 원하는 결과물, 즉 **도착점 행동** 혹은 **목표행동**이 미리 명확하게 정의되었을 때 가장 효과적인 경향이 있다.
- 개입은 또한 학습자의 진도가 처음부터 끝까지 관찰되었을 때(기초선 단계부터 원하는 행동까지) 효과가 극대화되는 경향이 있다.

적극적 반응의 중요성

교사들은 특히 중학생 및 그 이후의 교육 과정에 있어서 학생들에게 다양한 학문적 주제에 대한 현대 사회의 지식을 대부분 강의에 의존해서 전달하고자 한다. 그러한 일방적인 교사-학생 간 접근법은 지식을 학생의 머리에 '들이부을 수 있다'라는 가정에 기초한 것이다. 그러나 행동주의의 관점에서 보면 사람들은 **행동**할 기회가 있을 때, 즉 말하고, 쓰고, 실험하고, 설명할 수 있을 때 학습이라는 것을 할 가능성이 크다(예 : Drevno et al., 1994; K. L. Lane et al., 2011; McDowell & Keenan, 2001). 그러므로 학생에게 어떠한 정보나 기술을 가르치든 그들은 수동적으로 받아들이는 존재가 아닌, 적극적인 응답자가 되어야 한다(예 : B. F. Skinner, 1954, 1968 참조).

그러므로 중요한 새로운 지식과 기술을 규칙적으로 실습하는 것이 중요하다. 예를 들어 덧셈과 뺄셈을 배우는 학생은 적극적으로 그것을 사용하는 과정(플래시카드에 반응하기와 같은 방법이 있을 수 있고 그러한 문제를 많이 풀어보는 것은 더 좋다)을 통해 이를 더 잘 배우고 빠르게 기억해낼 수 있다. 유사하게, 학생의 읽기 능력을 증진시키는 가장 좋은 방법은 단순히 읽고, 읽고, 또 읽는 것이다.

수업 목적과 목표 수립하기

도착점 행동은 때로는 엄격하고, 때로는 조금 더 느슨한 행동주의의 관념으로 교육 현장에서 전통적인 수업에서는 교사가 학생들을 지식에 대한 수동적인 수용자로 대한다. 반면에, 행동주의자들은 학생들이 수업에 적극적으로 참여하는 것이 가능할 때 가장 많이 학습할 수 있을 것이라고 주장한다.

폭넓게 적용되어 왔다. 교사들이 얼마나 행동주의 원리를 고수하는지와 관계없이, 좋은 교사들은 항상 사전에 그들이 한 강의, 단원, 학기, 혹은 1년 동안 이루고자 하는 것이 무엇인지를 결정한다. 교육자들은 다양한 용어(목적, 목표, 숙련, 표적, 척도, 표준, 성과)를 사용하여 그것들을 지칭한다. 이 장의 논의에서는, 장기적인 관점에서 수업에서의 바람직하고도 일반적인 결과를 **수업 목적**(instructional goal)이라 지칭하고, 특정 강의나 단원에서 도달하고자 하는 구체적인 계획된 결과를 **수업 목표**(instructional objective)라 지칭하겠다. 이 책 각 장의 앞부분에 제시되어 있는 학습 성과에서 수업 목표의 예를 확인할 수 있다.[5]

교사의 관점에서 수업 목적과 수업 목표는 몇 가지 유용한 기능을 한다(Gronlund & Brookhart, 2009; B. O. McDonald, Robles-Piña, & Polnick, 2011; Stiggins, 2012; Tomlinson & McTighe, 2006). 첫째, 학생들이 배우길 바라는 것들이 무엇인지 사전에 결정함으로써, 교사는 특정 주제나 기술에 적합한 지도 방식을 택할 수 있다. 예를 들어 교사가 기본적인 덧셈에 대해 가르치고자 할 때, 만약 목표가 몇몇 연산된 값들을 빠르게 상기하는 것이라면 간단한 플래시카드를 사용할 수 있지만, 만약 목표가 덧셈의 적용이라면 실제 문제나 실생활 예제를 사용해야 하는 것이다. (뒤이어 나올 장들에서 확인할 수 있을 테지만, 나는 플래시카드보다는 적용 활동을 훨씬 더 선호한다.) 두 번째 이점은 교사가 구체적인 행동의 관점에서 그들이 원하는 결과물에 대해 설명할 때, 그들이 학급에서 함께 이루고자 하는 것이 무엇인지에 대해 더 쉽게 소통하고 정리할 수 있다는 것이다. 마지막으로, 목적과 목표를 명확히 하면 학생과 수업 프로그램을 평가하는 게 용이해진다. 원하는 결과가 관찰되었는지 여부에 따라 학생의 성과와 프로그램의 효과를 평가하는 것이다.

학생의 관점에서 보면 수업 목적과 수업 목표에는 추가적인 이점이 있다. 수업을 마칠 때쯤 무엇을 할 줄 알아야 하는지를 알고 있는 학생은 어떤 내용에 집중해야 하는지 알고, 노력

5 이 책에서 나는 계속해서 수업 목표라는 용어를 사용해왔다. 그러나 출판사(Pearson)는 이 교과서에 학습 성과(learning outcome)라는 용어를 더 선호한다. 그래서 이 부분의 용어 사용에 비일관성이 있다.

을 기울일 확실한 목표를 갖게 되며, 얼마나 잘 학습했는지를 더 잘 판단할 수 있다(Gronlund & Brookhart, 2009; McAshan, 1979; Stiggins, 2012).

행동 목표

초기에 수업 목표는 행동주의적인 특징을 가지고 있어서 **행동 목표**(behavioral objectives)라고 불렸다. 이상적인 행동 목표는 세 가지 요소를 가지고 있다(Mager, 1962, 1984; Schloss & Smith, 1988). 첫째, 결과는 관찰 가능하고 측정 가능한 행동 용어로 표현된다. 예를 들어 다음의 두 목표에 대해 생각해보자. 이 두 가지는 모두 세계적인 현안과 사건에 대한 학생의 지식에 초점을 두고 있다.

- 학생은 현재 벌어지고 있는 사건들에 대해 알게 될 것이다.
- 학생은 이스라엘과 팔레스타인 사이의 주요 분쟁점에 대해 설명할 것이다.

각각의 경우 어떤 동사가 사용되었는지에 주목하라. 첫 번째 목표는 '~에 대해 알게 될 것이다'라고 쓰인 반면 두 번째 목표는 '~에 대해 설명할 것이다'라고 쓰였다. 인식하다, 이해하다, 음미하다, 알다, 기억하다와 같은 동사들은 학생들이 실제로 무엇을 할 수 있는지에 대해 우리에게 말해주는 바가 거의 없다. 그러나 설명하다, 쓰다, 계산하다, 목록화하다, 선택하다와 같은 동사들은 관찰 가능한 반응을 명백히 전달해주기 때문에 더 도움이 된다.

두 번째로 중요한 행동 목표의 요소는 행동이 나타나야 할 자극조건이다. 예컨대 내가 대학원에서 교육평가에 대해 강의할 때 세웠던 한 가지 목표는 다음과 같다.

- 학생이 검사-재검사 신뢰도를 정확히 계산할 것이다.

그러나 나는 학생들이 검사-재검사 신뢰도를 계산하는 공식을 암기하기를 기대하지는 않았다. 또한 종이와 연필을 이용해 모든 계산을 다 하길 기대한 것도 아니다. 대신에 나는 학생들에게 두 가지 조건하에서 바라는 행동을 하기를 요구했다.

- (a) 상관계수 공식과 (b) 계산기가 주어진다면 학생들은 검사-재검사 신뢰도를 정확히 계산할 것이다.

마지막으로 기존의 행동 목표는 행동 수행이 수용할 만한 것인지를 판단할 기준을 포함한다. 많은 경우 행동이 완전히 옳거나 완전히 그르다고 이야기하기는 어렵다. 그 대신 행동들은 상대적인 '옳음'과 '그름'의 연속선상에서 다양하게 나타난다. 옳고 그른 행동이 명백하지 않은 경우에는 행동 목표는 수용할 만한 수행의 기준을 구체적으로 제시해야 한다. 정답의 개수, 정답률, 제한시간, 수용 가능한 정반응에서의 편차 정도가 이에 해당할 것이다(Mager, 1962, 1984). 이에 대한 두 가지 예시는 다음과 같다.

- 0부터 9까지의 한 자릿수를 더하는 문제 100개가 주어졌을 때 학생은 5분 이내에 최소한 95개의 문제를 맞출 것이다.
- 상관계수 공식과 계산기가 주어졌을 때, 학생은 그 결과가 자동으로 반올림된 컴퓨터 계산 결과와 다르다 할지라도 검사-재검사 신뢰도를 정확하게 계산할 것이다.

수업 목적과 수업 목표에 대한 현재의 관점

전통적 행동 목표는 추상적이기는 하지만 보다 중심적인 교육 목표에 초점을 두기보다는 오히려 자질구레하고 구체적인 세부사항에 초점을 맞춘다는 비판을 받아왔다. 예컨대 많은 행동 목표 목록들은 **고차원적 기능**(higher-level skills)보다는 **저차원적 기능**(lower-level skills)에 초점을 둔다. 훨씬 복잡하고 정교한 사고 학습의 형태를 반영하는 행동보다는 사실적 지식에 의존하는 행동을 강조하는 것이다. 그와 같은 저차원적 목표는 단지 개념화하고 글로 적기가 쉽기 때문에 널리 사용된다.

학생들은 1년 동안에 저차원적 기능과 고차원적 기능이 요구되는 많은 과제를 해야만 한다. 그 모든 과제를 하나하나 언급하는 행동 목표를 기술하는 것은 매우 성가신 일이 될 수 있다. 보다 현실적이고 널리 사용되는 대안은 각각의 목표를 반영하는 행동의 예시를 포함한 몇몇의 일반적이고 비행동적인 목표를 세우는 것이다. 예를 들어 우리가 고등학교 학생들이 자신들이 읽은 내용을 이해하고, 평가하고, 비판하기를 원한다고 하자. 이 목표를 달성하기 위해서는 분명 고차원적인 사고 기능이 필요하다. 이 경우에는 다음과 같이 비판적 사고 기능을 드러내는 몇 가지 행동을 목록화할 수 있을 것이다.

1. 주요 아이디어와 세부 보조사항 구분하기
2. 사실과 의견 구분하기
3. 사실과 추론 구분하기
4. 인과관계 확인하기
5. 논증의 오류 확인하기
6. 타당한 결론과 근거 없는 결론 구분하기
7. 결론의 기저에 깔려 있는 가정 발견하기(Gronlund & Brookhart, 2009, p. 72)

이것은 비판적 읽기에 수반되는 모든 것을 다 나열한 것은 아니지만 우리가 보고자 하는 도착점 행동에 대한 아이디어를 제공한다.

수업 목적과 수업 목표가 특정 정보와 기술(특히 수업 목적과 수업 목표로서 명백히 규명된)에 교사와 학생의 주의를 집중시킨다는 사실을 명심하는 것은 중요하다(R. L. Linn, 2003; McCrudden, Schraw, & Kambe, 2005; Slavin, 1990b). 만약 그것들이 학생이 배워야 하고 할 줄 알아야 하는 모든 것을 아우른다면, 학생의 전체적인 학습과 성취를 증진시킬 수 있다. 그러나 만약 그것들이 학생이 궁극적으로 얻어야 할 몇 가지 지식과 기술만을 포함한다면, 앞의 경우와 달리 몇몇 주요 정보와 기술이 완전히 학습될 가능성이 적어진다.

복잡한 정도가 다를 때 목적과 목표 형성하기

수업 목적, 목표, 표적, 표준, 결과 중 어떤 용어를 사용하든 이것들은 학생에게 가장 중요한 지식과 기술을 반영할 때 가장 유용하다. 문제가 되는 부분은 교사, 부모, 납세자, 그리고 전문가조차도 다양한 학년의 학생들이 성취해야 하는 구체적 목적과 목표가 무엇인지에 대해 의견을 달리한다는 것이다. 예를 들면 어떤 지지자들은 학생들의 사실에 대한 지식을 증진시켜달라고 요구하는데, 이것은 때때로 '기본으로의 회귀'나 '문화 읽기 능력'으로 언급되는 관점이다(예 : Hirsch, 1996). 반면에 다른 지지자들은 학교가 학생들의 문제 해결 능력이나 비판적 사고력과 같은 고차원적 사고 기능을 배양하고, 학생들이 여러 학과목의 중심이 되는 '정신의 습관'(예 : 과학적 추리, 역사적 기록물로부터 추론하기)을 발달시킬 수 있도록 도와주어야 한다고 권한다(예 : Brophy, Alleman, & Knighton, 2009; M. C. Linn, 2008; Monte-Sano, 2008; R. K. Sawyer, 2006). 나는 몇몇 목표들은 반드시 기본적인 곱셈에 대한 지식이나 지도나 지구본에서 남미, 호주, 그리고 파나마 운하가 어디에 있는지 찾을 수 있는 능력과 같이 꽤 간단하게 습득할 수 있는 내용을 반영해야 한다고 생각한다. 그러나 많은 경우, 특히 학생들이 더 나이가 많아질수록 비교적 정교한 학습 수준을 반영하는 목표가 더 바람직하다.

다행히도 교육자들은 학생과 지역교육청의 목적과 목표를 수립할 때 참고할 수 있는 여러 자원을 가지고 있다. 어떤 자원은 목표 **분류학**(taxonomy)의 형태를 취한다. 목표 분류는 학생이 드러내 보이기를 원하는 다양한 행동을 덜 복잡한 것에서 시작하여 더 복잡한 것으로 목록화하여 설명한다. 초기에 널리 사용된 예로 블룸의 교육 목표 분류(B. S. Bloom, Englehart, Furst, Hill, & Krathwohl, 1956)가 있는데, 이는 그림 4.5에 제시된 정보의 지식과 사용에 대한 여섯 가지 일반적 단계에 대해 설명해준다. 블룸과 그의 동료들은 처음에는 여섯 가지 단계에 서열을 매겼는데, 각 단계는 그 앞 단계에 의존한다는 것이었다. 블룸 분류의 위계적인 특징에 대해서는 다시 생각해보아야 하겠지만(L. W. Anderson et al., 2001; Krathwohl, 1994; Marzano & Kendall, 2007), 그럼에도 불구하고 이는 수업 목표가 종종 간단하고 개별적인 사실적 지식뿐 아니라 고차원적인 인지 기능까지도 포함해야 한다는 것을 상기시켜주는 유용한 도구이다. 제8장에서는 학습과 사고에 대한 좀 더 현대적이고 인지적인 관점에 기초하여 개정한 블룸의 분류에 대해 살펴볼 것이다.[6]

여러 학문 분야를 대표하는 국가적이고 국제적인 전문 조직체가 만든 **교과목 표준**(content-

[6] 블룸의 분류보다 다면적이고 광범위한 것을 찾는다면 Marzano와 Kendall(2007)의 *The New Taxonomy of Educational Objectives*를 참조하라.

1. **지식** : 기본적인 사실과 개념을 기억해내기. 예 : 용어의 정의를 말하거나 항목을 기억해내기
2. **이해** : 자신의 말로 새로운 정보 설명하기. 예 : 과학적 원리를 바꾸어 말하거나 교과서의 한 단원을 요약하기
3. **적용** : 정보를 새로운 상황에서 사용하기. 예 : 수학적 원리를 응용문제 해결에 적용하거나 학습의 심리적 이론을 교육 실천에 적용하기
4. **분석** : 정보를 구성요소로 쪼개기. 예 : 철학적 에세이의 기저에 깔려 있는 가정을 발견하거나 주장의 오류 찾아내기
5. **종합** : 정보의 조각들을 합쳐서 새로운 것을 만들기. 예 : 이론을 만들거나 특수한 관점을 방어하기 위한 논리적 답변을 제시하기
6. **평가** : 정보와 생각의 질 판단하기. 예 : 이론을 비판하거나 연구에서 도출된 결론의 적절성을 결정하기

그림 4.5 블룸의 교육 목표 분류

출처 : B. S. Bloom, Englehart, Furst, Hill, & Krathwohl, 1956

area standards)이 또 다른 지침이 된다(예 : National Council for Geographic Education, National Association for Music Education). 그러한 표준들은 보통 학생들의 성취가 보여주어야 하는 특징뿐 아니라 학생들이 매 학년마다 특정 학습 분야에서 배워야 할 지식과 기술에 대해 일반적인 진술의 형식을 띠고 있다. 또한 미국의 주 교육부와 몇몇의 지역교육청에서는 읽기, 쓰기, 수학, 과학, 사회, 그리고 때로는 미술, 음악, 외국어, 체육 분야에 대해 포괄적인 표준 목록을 작성했다. 미국의 대부분 주에서는 공동으로 수학과 영어 과목에 대한 **공동 핵심 교과목 표준**(Common Core State Standards)을 채택했고, 몇 개의 주는 **차세대 과학 표준**(Next Generation Science Standards)을 사용한다. 이 내용은 www.corestandards.org와 www.nextgenscience.org에서 각각 확인할 수 있다.

기존의 분류학과 표준은 교사들이 문제 해결, 비판적 사고, 그리고 이외의 고차적 기능을 포함하는 중요한 목적과 목표에 수업의 초점을 맞추도록 도와주는 데 유용하다. 그러나 그들 중 일부에는 현실적으로 1년 동안 소화하기 불가능한 양의 목록들이 있기 때문에 사용 시 주의가 필요하다(M. C. Linn, 2008; W. H. Schmidt, 2008; R. M. Thomas, 2005). 더구나 그 분류학과 표준들이 언제나 학생의 나이에 따라 성취할 수 있는 것들에 대한 발달연구를 반영하는 것은 아니다(T. M. McDevitt & Ormrod, 2013; vanSledright & Limón, 2006). 게다가 대부분의 분류학과 표준들은 특정 내용 범주의 밖에 있는 중요한 목적들, 즉 일반 학습 전략과 관련된 목적, 자기통제 기술, 인터넷 게시물을 효과적으로 읽기와 비판적으로 분석하기, 사회생활의 기술 등을 간과한다. 그렇다면, 교사들은 어느 정도는 분류학, 또는 표준에 기초한 '상자'에서 벗어나 생각하고 학생의 학습과 성취를 위한 그들만의 목적과 목표를 수립해야 한다.

프로그램 수업과 컴퓨터 보조 수업

학급에서의 강화가 일관적이지 않고 종종 원하는 반응이 나타난 후 한참 만에 제시된다는 스키너의 염려를 회상해보라. 그 상황을 개선하기 위하여 스키너(Skinner, 1954)는 **프로그램 수**

업(programmed instruction, PI)이라고 알려진 기법을 개발했다. 처음에 프로그램 수업은 '교수기계'를 활용했는데, 교수기계란 인쇄물이 담긴 상자로서 여러 장의 인쇄물이 돌돌 감겨 있고 학생은 감긴 것을 풀면서 상자에 나 있는 창을 통해 그 인쇄물의 내용을 볼 수 있다. 1960년대와 1970년대에 PI는 점점 프로그램 교재의 형식을 취했고, 결국에는 컴퓨터 소프트웨어 형식을 취했다.

프로그램 수업의 매체와 관계없이 프로그램 수업은 여러 가지 표준적 특징으로 구성되어 있다. 첫째, 학습될 자료는 일련의 분리된 조각 혹은 **프레임**(frame)을 통해서 제시된다. 첫째 프레임은 적은 양의 새로운 정보조각을 제시하고 그것에 대한 질문을 던진다. 학생은 질문에 답하고 다음 프레임으로 넘어간다. 그 프레임은 질문에 대한 정확한 답이 무엇인지를 알려주고 더 많은 정보를 제시하며, 또 다른 질문을 한다. 학생은 프레임을 통해 계속해서 새로운 정보를 접하고, 질문에 답하며, 정답을 확인한다. 이 접근 방법에는 몇 가지 주요 원리가 내재해 있다.

- 능동적 반응 : 학생은 각 프레임에서 반응을 해야 한다.
- 조형 : 수업은 학생이 이미 알고 있는 정보에서 시작한다. 새로운 정보는 작은 조각으로 나뉘고, 수업은 점점 어려운 조각을 점진적으로 제시하면서 진행된다. 연속되는 조각이 제시되고 점점 난이도가 높아지는 질문에 답을 하면서 점진적으로 그 주제를 숙달하게 된다.
- 즉각적 강화 : 조형은 아주 천천히 진행되기 때문에 학생은 대부분의 경우 언제나 정확한 반응을 한다. 이러한 방식으로 학생은 부적절한 반응보다는 적절한 반응을 연습하고, 때문에 강화의 확률이 상당히 높다. 각각의 정확한 대답은 그것이 맞았다는 사실을 피드백해주는 방식으로 즉시 강화된다.[7]
- 학습 속도의 개인차 : 학생들은 각자의 속도에 맞추어 프로그램을 진행하기 때문에 모든 학생은 결국 배운 내용을 숙달할 수 있다.

초기 프로그램 수업은 **선형 프로그램**(linear program)을 사용했다. 모든 학생은 동일한 프레임 절차에 따라 정확하게 같은 순서로 프로그램을 진행했다. 1961년 크로더와 마틴(Crowder & Martin)은 **분지형 프로그램**(branching program)을 도입했는데, 그것은 일반적으로 선형 프로그램보다 더 큰 단계로 진행되며(각 단계는 더 많은 정보를 제시함), 그래서 반응에서의 오류 비율이 다소 높다. 부정확하게 반응하는 학생은 새로운 내용을 계속 학습하기 전에 잘못

7 스키너는 실수가 학습을 방해한다고 믿었는데, 실수를 할 때 학생들이 부정확한 반응을 연습한다고 생각했기 때문이다. 이와는 대조적으로, 많은 인지이론가들은 실수가 때때로 도움이 될 수도 있다고 믿는데, 실수가 학생들로 하여금 그들의 추론과 문제 해결 전략을 검토하고 재평가하도록 하기 때문이다(예 : 제9장의 개념 변화에 대한 논의 참조).

반응한 내용에 대해 더 연습할 수 있도록 하나 이상의 '교정 프레임'으로 인도받는다. 분지형 프로그램의 주요 이점은 특정 개념이나 기술로 인해 어려움을 겪고 있는 학생들에게만 교정 수업 프레임을 제공한다는 것이다. 다른 학생들은 자신들이 필요로 하지 않는 연습을 하면서 시간을 낭비하지 않고 바로 새로운 정보로 나아갈 수 있다.

그러나 불행히도 분지형 프로그램은 교재 형태로 사용하기에는 번거로울 수 있다. 학생들이 질문에 어떻게 답했는지에 따라 각자 다른 페이지를 보아야 하기 때문이다. 그러나 디지털 기술을 사용하면 분지형 프로그램을 사용하기가 매우 쉽다. 이러한 방식을 **컴퓨터 보조 수업**(computer-assisted instruction, CAI)이라고 부른다. 컴퓨터는 자동적으로 학생이 제시한 반응에 맞는 적절한 프레임을 하나 이상 제시한다. 또한 새로운 주제에 대한 학생의 이해도를 높이기 위해 동영상, 애니메이션, 다른 그래픽 자료를 보여줄 수 있다. 게다가 소프트웨어는 학생의 정답률은 어느 정도인지, 학생이 프로그램을 얼마나 빨리 소화해내는지에 대한 정보를 포함한 개별 학생의 진행 자료를 기록하고 보관할 수 있다. 교사는 이 자료를 가지고 프로그램에서 각 학생의 진도 사항을 점검할 수 있고, 수업 내용에 대해 유별나게 어려움을 겪고 있는 학생들이 누구인지 확인할 수 있다. 마지막으로, 컴퓨터 기술은 실제 교사가 와서 가르칠 수 없을 경우에도 수업을 제공할 수 있다. 예를 들면 CAI는 고등학교나 대학으로부터 멀리 떨어진 지역까지도 수업을 전달할 수 있다.

컴퓨터에 기반을 두지 않은 프로그램 수업이 면대면 수업 방식과 비교했을 때 갖는 이점은 거의 없는 것으로 보인다(C. C. Kulik, Schwalb, & Kulik, 1982; J. A. Kulik, Cohen, & Ebeling, 1980). 반면에 컴퓨터 보조 수업은 적어도 전통적 수업 방법과 비교해볼 때 때때로 보다 뛰어난 학업 성취를 이끌어내고, 학업에 대한 학생의 태도를 개선한다. 그러나 컴퓨터 보조 수업과 전통적 방법에서 학업 성취도의 차이는 작거나 보통 정도이다(Blok, Oostdam, Otter, & Overmaat, 2002; Fletcher-Flinn & Gravatt, 1995; Luyben, Hipworth, & Pappas, 2003; Sosa, Berger, Saw, & Mary, 2011; Tamin, Bernard, Brokhovski, Abrami, & Schmid, 2011). 평균적으로, CAI는 전통적 수업 방법을 대체하기보다는 이를 지원하는 방식으로 사용될 때 더 효과적이다(Baudoin, Dettinger, & Eldringhoff, 2011; Warschauer, 2011).

인지주의가 인간 학습이론을 점점 주도함에 따라 디지털 기술을 활용한 수업은 더 이상 전통적이고 행동주의에 기초한 컴퓨터 보조 수업 접근에 한정되지 않는다. 그래서 때때로 컴퓨터 보조 수업이 아닌 **컴퓨터 기반 수업**(CBI)이나 **컴퓨터 보조 학습**(CAL)과 같은 제목의 참고문헌을 보게 될 것이다. 오늘날의 기술 기반 수업은 학생을 실제와 같은 활동에 참여하도록 하는 시뮬레이션(예 : 동물 해부, 비행기 조종하기), 특정한 문제 영역을 진단하고 그 문제를 다루는 **지능적 개인교사**, 컴퓨터 도구(예 : 스프레드시트, 그래픽 프로그램, 작곡 소프트웨어), 그리고 도전적인 문제와 게임 등 여러 가지 혁신적인 것을 포함한다. 이 책의 후반부에서 우리는 컴퓨터 기술이 개념 변화를 촉진하는 데 어떻게 사용될 수 있는지(제9장), 집단학습과

의미 형성을 증진하기 위하여 어떻게 사용되는지(제11장), 어떻게 더 효과적인 학습전략을 세우게 하는지(제12장), 그리고 어떻게 진정한 문제 해결 과제를 제공하는지(제13장)에 대해 생각해볼 것이다.

완전학습

적절한 환경이 주어지면, 사람들이 많은 복잡한 행동을 습득할 수 있다는 믿음이 행동주의 관점에 내재해 있다. 그와 같은 낙관주의는 **완전학습**(mastery learning)에 반영되어 있는데, 완전학습이란 학생들이 다음 진도를 나가기 전에 앞의 내용을 숙달하게 하는 수업 접근법이다. 이 접근법은 학생들에게 충분한 시간과 수업이 주어진다면 대부분의 학생들이 학과목을 숙달할 수 있다는 가정에 바탕을 두고 있다. 완전학습은 1960년대(행동주의의 전성기)에 널리 성행했고, 이후 많은 교육자들은 어떤 형태로든 그것을 옹호해왔다(예 : B. S. Bloom, 1981; J. B. Carroll, 1989; Gentile & Lalley, 2003; Knutson, Simmons, Good, & McDonagh, 2004; Piotrowski & Reason, 2000).

완전학습은 부분적으로 조형의 개념에 기초를 둔다. 처음에는 비교적 간단한 반응이 자주 나타날 때까지, 즉 숙달될 때까지 강화되며, 그다음에는 약간 더 어려운 반응이 강화되고, 결국 원하는 도착점 행동이 습득될 때까지 이렇게 한다. 조형과 마찬가지로 완전학습도 대부분의 경우 다음의 요소를 포함한다.

- 작고 분리된 단원들 : 강좌 내용이 수많은 단원이나 과로 분리되어 있으며 각 단원에는 적은 분량의 내용이 포함되어 있다.
- 논리적 계열 : 각 단원은 다음 단원의 기초가 되는 기본 개념과 절차를 먼저 학습할 수 있도록 계열화되어 있다. 기초적인 내용에서 심화된 것들을 포함하는 좀 더 복잡한 개념과 절차들은 나중에 학습된다. 예를 들면 분수의 개념을 학습하는 단원은 당연히 두 분수의 덧셈을 배우는 단원보다 앞에 위치하는 것이다. 강좌 내용의 구성요소들이 간단한 데서 복잡한 데로 나가도록 확인하고 계열화하는 과정을 **과제분석**(task analysis)이라고 한다. (과제분석에 대한 다양한 접근법을 알고 싶다면 R. E. Clark, Feldon, van Merriënboer, Yates, & Early, 2008; Jonassen, Hannum, & Tessmer, 1989를 참조하라.)
- 각 단원을 마무리할 때 숙달된 것을 보이기 : 한 단원에서 다음 단원으로 '진도를 나가기' 전에 학생들은 단원 내용에 대한 시험을 치르든지 해서 현재의 단원을 숙달했다는 것을 보여 주어야 한다.
- 각 단원에 대한 구체적이고 관찰 가능한 숙달 기준 : 어떤 내용이 숙달되었다고 말할 때 이는 특수하고 구체적인 용어로 정의된다. 예를 들면 같은 분모를 가진 분수를 더하는 단원을 넘어가기 위하여 학생들은 시험에서 최소 90%의 정답률을 보여야 할 것이다.

- **별도의 도움이나 연습을 필요로 하는 학생들을 위한 부가적 보충 활동** : 모든 학생이 항상 첫 번째 시도에서부터 자신들이 어떤 내용을 숙달했음을 보일 수 있는 것은 아니다. 수업에 대한 대안적 접근, 다른 자료, 워크북, 스터디 그룹, 그리고 개인지도와 같은 추가적인 지원과 자원들을 그것을 필요로 하는 학생들에게 지원한다.

완전학습에 참여하는 학생들은 종종 자신에게 맞는 속도로 여러 단원의 진도를 나간다. 그래서 학생들은 같은 시점에 서로 다른 단원을 공부하고 있을 수 있다. 그러나 학급 전체가 같은 시간대에 같은 내용으로 진도를 나가는 것도 가능하다. 친구들보다 해당 단원을 더 빨리 완전하게 학습한 학생들은 여러 가지 심화 활동을 수행하거나 아직 그 단원을 아직 공부하고 있는 학생을 개인지도할 수 있다(Block, 1980; Guskey, 1985).

완전학습의 한 형태인 프레드 켈러(Fred Keller)의 **개별화 수업체제**[personalized system of instruction(PSI), **켈러의 방안**(Keller Plan)이라고도 함]는 주로 대학 수준에서 사용된다(Keller, 1968, 1974; 다음의 자료도 참조하라 — E. J. Fox, 2004; Lockee, Larson, Burton, & Moore, 2008; J. G. Sherman, 1992). 분리된 단원, 논리적 계열, 개별 진도, 그리고 다른 완전학습 접근법이 지닌 숙달과 관련된 기준을 자주 측정하는 것 외에도 PSI는 다음의 특징을 포함한다.

- **개인 학습 강조** : 대부분의 학습은 교재와 학습 지침서와 같이 인쇄된 내용을 개별적으로 공부함으로써 일어난다. 일대일 개인교습은 필요할 때마다 추가적인 도움을 제공한다.
- **단원 시험** : 각 단원에 대한 시험은 학생이 그 내용을 숙달했는지 여부를 평가한다. 학생들은 단원 시험을 얼마나 잘 수행했는지에 대해 즉각적인 피드백을 받는다.
- **보충수업 기법** : 교재나 다른 읽기과제 속에 나오는 내용을 보충하기 위하여 강의, 시범, 토론과 같은 전통적인 집단수업 방법을 종종 제공한다. 이 집단수업은 선택적이지만 학생들에게 동기를 부여하고 자극하는 데 도움을 준다.
- **시험 감독관의 활용** : 시험 감독관은 대개 상급반 학생들인데, 이들은 시험을 치르게 하고 점수를 매기며, 학생들이 어려워하는 주제에 대해 학생들을 개인지도한다.

위에서 볼 수 있듯이, 개별화 수업체제 교사는 강의는 많이 하지 않고 주로 커리큘럼 개발자, 시험 출제자, 시험 감독관 조정자, 그리고 기록 유지자로서의 역할을 한다. 개별화 수업체제 교사는 학생들에게 단순히 강좌 내용을 전달하기보다는 그들이 공부지침서와 개인교사의 도움을 받아 스스로 내용을 배워나갈 수 있도록 하는 정교한 시스템을 제공한다.

많은 연구들은 개별화 수업체제를 포함한 완전학습이 좀 더 전통적인 수업 방식보다 학생의 학습을 용이하게 하고 종종 더 높은 학업 성취를 이끌어낸다고 이야기한다(Arlin, 1984; J. L. Austin, 2000; E. J. Fox, 2004; Hattie, 2009; C. C. Kulik, Kulik, & Bangert-Drowns,

1990). 더구나 완전학습 프로그램에 참여한 학생들은 학습한 내용을 좀 더 오래도록 간직한다. 예를 들면 한 연구에서 완전학습에 기반을 둔 심리학 강좌를 듣는 대학생들은 4개월 후 내용의 75~85%를 기억했고, 11개월 후에는 70~80%를 기억했다(DuNann & Weber, 1976; J. A. Kulik, Kulik, & Cohen, 1979; Semb, Ellis, & Araujo, 1993). 그리고 개별화 수업체제는 적어도 보다 좋은 공부 습관을 갖게 한다. 개별화 수업체제 학생들이 꼭 다른 학생들보다 공부를 많이 하는 것은 아니지만 그들은 전통적 강좌의 학생들이 종종 하는 것처럼 미루고 벼락치기를 하기보다는 규칙적으로 공부한다(Born & Davis, 1974; J. A. Kulik et al., 1979). 특히 학업 성취도가 낮은 학생들이 완전학습 접근법으로부터 큰 이익을 얻는 것으로 보인다(DuNann & Weber, 1976; Knutson et al., 2004; C. C. Kulik et al., 1990).

그렇다고 해서 완전학습과 개별화 수업체제에 문제가 없는 것은 아니다(Arlin, 1984; Berliner, 1989; Prawat, 1992). 많은 경우에 빨리 배우는 학생들은 그들의 급우보다 더 적게 지도를 받았는데, 이는 이 학생들에 대한 불평등한 대우가 될 수도 있다는 염려를 낳았다. 더구나 계획상의 이유 때문에 빠른 학습자들이 조금 더 느린 학생들이 그 내용을 완전히 학습할 때까지 기다려야 한다면, 그렇지 않은 경우보다 그들은 덜 배우게 된다. 그러나 모든 학생들에게 자신의 진도대로 공부하도록 허용한다면 교사는 25명 혹은 30명의 학생들이 각자 다른 과제를 각자 다른 속도로 성취해가는 것을 도와주고 꾸준히 그들의 진도를 기록해야 한다. 그래서 교사는 실제로 가르치는 것보다는 자료 배부나 시험 채점과 같은 '관리'를 더 많이 하게 된다.

또 다른 약점은 특히 개별화 수업체제에서 나타났다(Gasper, 1980; Sussman, 1981; Swenson, 1980). 한 가지 어려움은 내용의 숙달을 요구하는 데 있다. 어떤 학생들은 반복되는 평가에도 불구하고 시험통과기준을 충족시키지 못한다. 두 번째 약점은 비록 학생들이 친구들과의 상호작용을 학습에 유익한 것으로 느낄지라도 이 수업체제하에서는 학생들 간의 상호작용이 부족하다는 것이다. 세 번째 문제는 개별 수업체제 강좌의 개별진도 성격과 관련 있는데, 대학 정책이 학생들로 하여금 한 학기 내에 한 강좌를 완수하도록 요구한다면 개별진도 방식이 때로는 절충되어야 한다. 어떤 학생들은 수강취소를 할 수밖에 없을 때까지 미루곤 한다. 강좌 전체를 온라인으로 수강하여 학생들이 교실에 가거나 급우들을 만나는 일이 전혀 없었을 때 개별화 수업체제 강좌의 수강취소 비율이 특히 높았다(C. C. Kulik et al., 1990; J. A. Kulik et al., 1979; Pear & Crone-Todd, 1999). 몇 가지 기법이 개별화 수업체제 강좌에서 미루기와 수강취소를 감소시키는 데 효과가 있는 것으로 나타났다. 그 기법들 중에는 각 단원의 종료 목표 날짜 정하기, 단원을 빨리 마친 경우 보너스 점수 주기, 한 학기 안에 강좌를 마무리해야 한다는 의무규정 없애기 등이 있다(Bufford, 1976; Reiser & Sullivan, 1977; Sussman, 1981).

완전학습은 교사의 주요 목표가 학생들이 나중에 배울 주제를 위해 반드시 알아야 하는 구체적인 기술이나 정보를 학습하도록 하는 데 있을 때 가장 적절할 것이다. 그와 같은 상황에서 특히 학업 성취도가 낮은 학생들의 학업 성취도가 증진되는 이유는 아마 즉각적으로 피드백을 주고 강좌 내용의 숙달을 강조하기 때문일 것이다. 그러나 목표가 기본 정보나 기술을 습득하는 것이 아닐 때, 즉 학생들이 논쟁적 이슈에 대해 더 잘 이해하거나 복잡한 문제를 해결하기 위해 급우들과 협동적으로 공부하게 하는 것일 때 완전학습 접근 방법은 좋은 방식이 아닐 수도 있다.

학교 평가의 실제

도착점 행동에 대한 행동주의 개념은 학급 지도뿐만 아니라 학교 평가 전략에도 영향을 미쳤다. 어떤 교육자들은 **역순 설계**(backward design)의 사용을 옹호하는데, 이것은 수업이 끝날 때 행해지는 평가에 대한 한 가지 이상의 계획을 수업 계획보다 먼저 세우는 것이다(그림 4.6 참조). 교사는 처음에 원하는 수업 목적이나 목표를 수립하고, 시간상 역순으로 목표의 성취를 나타내는 관찰 가능한 학생의 행동을 결정하며(평가), 마지막으로 학생들이 그러한 행동을 습득할 수 있게 하는 적절한 수업 방식과 실습을 계획한다(예 : Tomlinson & McTighe, 2006; G. Wiggins & McTighe, 2005).

현대 교육의 실제가 반영된 또 다른 행동주의 개념은 규칙적으로 학습자의 성과를 모니터하는 것에 대한 강조이다. 수업이 진정으로 효과가 있는지 검증하기 위해 좋은 교사들은 수업을 마칠 때뿐만 아니라 수업을 하는 내내 학생이 어떻게 하고 있는지를 평가하는데 말, 글, 혹은 퀴즈 점수에서 드러나는 행동 변화를 찾아가며 평가를 행한다. **형성평가**(formative assessment)로 알려진 학생의 진도에 대한 현재진행형 평가는 특정 내용에 어려움을 겪고 있는 학생이나 학급 전체를 위해 어떤 후속 수업 전략을 선택해야 할지에 대한 지침을 제공한다(예 : Atkin, Black, & Coffey, 2001; P. Black & Wiliam, 1998; Chappuis, 2009).

형성평가의 전략으로 점점 더 관심을 받고 있는 한 가지 방법은 이차원적 **채점기준표**(rubric)를 사용하는 것이다. 그것은 특정 기술이나 내용 영역과 관련된 학생의 현재 능력의 다양한 측면을 평가하는 기준을 나타내는 표인데, 각 능력과 관련된 다양한 정도의 성과에 대한 구체적인 설명을 포함한다. 예를 들어 그림 4.7은 학생이 쓴 산문의 수준을 평가할 수 있는 채점기준표이다. 기준이 완전히 객관적인 것은 아니지만(예를 들어 '때때로', '조금', '많이'가 무엇을 의미하는지) 그것은 교사들에게 학생이 필요로 하는 보충수업과 활동의 종류가 무엇인지 정확히 알려준다. 또한 채점기준표는 그 자체로서 수업 목적이 될 수 있기 때문에 학생과 교사 모두에게 도움이 된다(Panadero & Jonsson, 2013). (유용한 채점기준표를 설계하는 데 구체적인 지침을 얻고 싶다면 Arter & Chappuis, 2006; Nitko & Brookhart, 2011; Popham, 2006을 참조하라.)

형성평가와 대조적으로, **누적평가**(summative assessment)는 학생들이 궁극적으로 무엇을 배

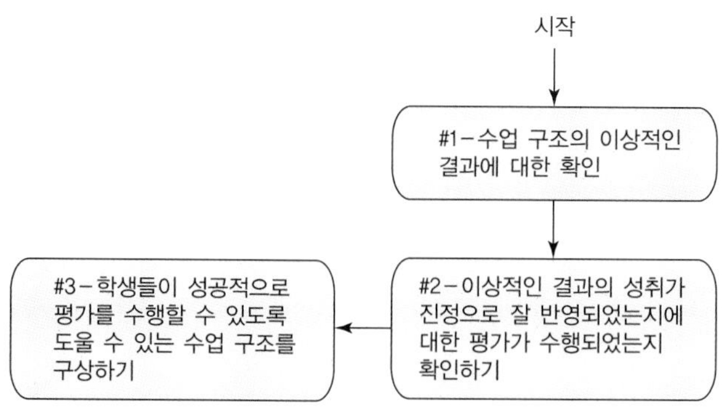

그림 4.6 수업 계획을 세울 때 역순 설계를 하는 경우 교사는 이상적인 결과에서부터 시작하여 그 결과의 성취를 진정으로 반영하는 평가를 설계한다. 그 후 교사는 상상 속에서 시간을 거슬러 올라가서 학생이 미리 설계된 평가를 성공적으로 수행할 수 있도록 돕는 수업 전략을 구상한다.

웠는지 판단하기 위해 수업의 마지막에 실시된다.[8] 누적평가가 수업 목적과 목표에 부합하면, 이는 이전에 배운 내용을 복습하도록 격려하고, 공부에 집중할 수 있게 도와줌으로써 분명히 학생의 학습과 성취를 용이하게 할 수 있다(이 내용에 대해서는 제8장에서 더 자세히 살펴보도록 하자). 그러나 누적평가가 중요한 기술과 능력을 반영하지 못한다면 비생산적일 수 있는데, 교사와 학생의 관심을 평가되는 요소에만 집중시키기 때문이다(Au, 2007; Hursh, 2007; R. L. Linn, 2000, 2003). 그 결과 학생들은 종종 전체적인 성취와 능력을 증진시키지 않으면서 평가에서만 높은 점수를 받는다(Amrein & Berliner, 2002; Jacob, 2003; R. M. Ryan & Brown, 2005).

수업 목적과 평가 방법의 부조화에 대한 우려는 **고부담시험**(high-stakes test)을 더 많이 사용하게 되면서 정점에 이르렀다. 고부담시험은 보통 종이와 연필을 가지고 치르는 누적평가의 하나로, 학생의 진급, 졸업, 교사 연봉, 학교 자금지원과 같은 문제들에 대한 의사결정에 영향을 미친다. 예를 들어 미국에서 2001년에 생긴 아동 낙오 방지법(No Child Left Behind Act)은 간단히 NLCB라고도 불리는데, 모든 주에서 학생이 읽기, 수학, 과학 과목에서 계획된 표준에 부합할 만큼 매년 적절한 진전을 나타내고 있는지를 판단하기 위해 3학년에서 8학년까지는 매년, 10학년에서 12학년까지는 최소 한 번의 평가를 실시할 것을 의무화했다. 여기서 말하는 진전의 정의는 각 주에서 결정하는 것이지만 평가의 결과는 다양한 인종과 사회경제 집단에서 온 모든 학생이 상당한 지식과 기술을 습득하고 있다는 것을 명확히 보여주어야 한다. (인지장애가 있는 학생에게는 다른 평가를 치르게 할 수도 있지만 그들 역시 그들 수준에 맞는 실력의 진전을 보여주어야 한다.) 진전이 있는 학교에게는 교사의 보너스나 더 많은 자금지원과 같은 보상이 주어진다. 진전이 없는 학교에는 제재와 수정조치가 가해지며(예 : 나쁜 평판, 행정상의 구조조정, 직원 해고), 학생에게는 그 지역을 떠나 더 좋은 공립학교에 갈

8 형성평가와 누적평가라는 용어는 행동주의자의 글에서 가져온 것이 아니고 평가에 대해 쓰인 문헌에서 가져온 것이며, 두 가지 용어 모두 좀 더 인지에 기반을 둔 수업 관행과 관련이 있다는 것에 유의하라. 그러므로 제8장에서 인간 기억에 대해 논의하면서 이 개념들을 다시 살펴볼 것이다.

평가항목	우수	보통	미흡
철자	모든 단어의 철자가 올바르게 쓰임	대부분 단어의 철자가 올바르게 쓰임	상당수 단어의 철자가 틀림
구두점 및 대문자 사용	구두점과 대문자가 올바른 위치에 제대로 쓰임	(a) 구두점이 빠졌거나 (b) 구두점이 잘못 쓰였거나 (c) 대문자/소문자가 잘못 쓰인 부분이 몇 군데 있음	구두점 및 대문자가 잘못 쓰인 경우가 많음
문장 완성도	문체에 변화를 주기 위해 일부러 불완전한 문장을 쓴 경우를 제외하고는 글의 처음부터 끝까지 모든 문장이 완전함	문체에 변화를 주려는 의도가 보이지 않음에도 문장이 불완전한 경우가 있거나 접속사 없이 이어진 문장이 있음	문장이 불완전하거나 접속사 없이 이어진 문장이 여러 개 있음. 마침표를 거의 사용하지 않거나 과도하게 사용함
일관성	주제가 명확하게 드러남. 모든 문장이 주제와 관련 있으며 내용이 일관적으로 전달됨	주제가 그리 명확하게 드러나지 않음. 대부분의 문장이 주제와 관련 있으나 내용과 무관한 불필요한 문장이 몇 군데 있음	명확한 주제나 요점 없이 글이 장황하게 쓰임. 갑작스럽게 주제를 벗어나는 내용이 많이 있음
논리력	주제에 대한 글쓴이의 논리 흐름이 독자에게 명확하게 전달됨	주제에 대한 글쓴이의 생각이 논리적으로 전개되는 듯하나 핵심적인 내용이 빠진 부분이 몇 군데 있음	글쓴이의 생각이 아무런 논리적인 흐름 없이 나열됨
설득력	근거를 제시하거나 논증을 통하여 독자를 효과적으로 설득함	주장이나 의견을 뒷받침하기 위해 근거를 제시하거나 논증을 하지만 독자가 반론을 제기할 수 있는 여지가 큼	명확한 근거나 타당한 이유 없이 주장이나 의견을 제시함

그림 4.7 산문 채점기준표 예시

출처 : "Enhancing Learning Through Formative Assessments and Effective Feedback" (interactive learning module) by J. E. Ormrod, 2015, in *Essentials of Educational Psychology* (4th ed.). Copyright 2015, Pearson.

수 있는 선택권이 주어진다.

모든 아동의 학업 성취도를 증진시키고자 하는 NCLB의 의도는 칭찬할 만하다. 그러나 그것을 실제로 시행함에 있어서 많은 논란이 있었다. 한 가지 이유는 NCLB가 요구하는 고부담 시험이 각 지역교육청의 수업 목적이나 중요한 과목 표준에 항상 부합하는 것은 아니었기 때문이다(E. L. Baker, 2007; Polikoff, Porter, & Smithson, 2011). 더구나 성과를 측정하는 몇 가지 기준은 영양상태가 좋지 않거나 학교생활에 앞서 공부할 준비가 거의 되어 있지 않은 아이들에게는 비현실적일 수 있다(Forte, 2010; Hursh, 2007; Mintrop & Sunderman, 2009). 그리고 많은 학생들이 종이와 연필로 치르는 누적평가에 최선을 다할 동기가 별로 없을 수 있기 때문에, 그들이 얼마나 배웠는지가 과소평가되기도 한다(Chabrán, 2003; K. E. Ryan, Ryan, Arbuthnot, & Samuels, 2007; Siskin, 2003). 그러한 문제들이 법을 개정하거나 시행 방식에 변화를 주었을 때 제대로 해결될 수 있을지는 두고 보아야 할 것이다.[9]

행동주의 기법은 언제 가장 유용한가

특히 중요한 행동과 기능을 숙달하기 위해 많은 반복과 연습이 필요할 때, 행동주의 개념과 원리에 기반을 둔 수업 방법은 최소 한 번 이상 사람들에게 도움이 될 수 있다. 그런데 행동주의 접근 방식이 더 잘 맞는 학생 집단이 있을 수 있다. 완전학습이나 프로그램 수업에서 주어지는 것과 같은 잦은 성공의 경험과 강화는 과거 학습에 있어서 성공한 경험이 적은 학생들에게 특히 도움이 된다(Gentile & Lalley, 2003; Gustafsson & Undheim, 1996; Snow, 1989). 만성적 행동문제를 가지고 있는 많은 학생이 그러하듯이 발달지체나 학습장애를 겪고 있는 아동들도 이 범주에 속한다.

학업 과제에 참여할 동기가 거의 없는 학생들도 행동주의 기법에서 도움을 얻을 수 있다. 물질적, 사회적 강화물 혹은 활동 강화물을 과제 완수와 조건관계를 갖도록 만듦으로써 학업 성취에 대한 외재적 강화물을 주면 기본 기능을 숙달하는 데 '무관심'해 보이는 학생들에게 동기를 부여할 수 있다(Cameron, 2001; Covington, 1992; Lepper, 1981).

이것은 만성적으로 큰 불안을 느끼는 학생들에게도 매우 유익하다. 그와 같은 학생들은 교실에서 편안함을 느끼고 학업과제를 잘 수행하기 위해 종종 상당한 구조를 필요로 한다(Corno et al., 2002; Helmke, 1989; Pekrun, 2006). 예컨대 그들은 행동에 대한 기대를 명세화하고 반응-강화의 조건관계를 명확하게 제시하는 교실환경을 필요로 한다. 그들은 또한 잦은 성공의 경험과 긍정적 피드백을 필요로 하는 것으로 보인다. 행동주의 원리에서 나온 많은 방법들은 불안해하는 아동들의 필요를 특히 잘 다룬다. 응용행동분석 기법은 어떤 행동이 강화물을 제공하는지를 명확하게 알려주고, 수업 목표는 학업과 관련하여 원하는 행동을 구체적 용어로 상세히 설명하며, 프로그램 수업과 완전학습은 성공과 긍정적 피드백을 제공한다.

마지막으로, 다른 방법은 거의 효과가 없는 학생들이 있다. 행동주의 원리에 기반을 둔 기법들은 쉽게 원래대로 돌아가는 문제행동들조차도 변화시킬 수 있는 효과적인 방법임이 나타났다(예 : Embry, 2002; M. M. Mueller et al., 2011; Roscoe, Kindle, & Pence, 2010; Webber & Plotts, 2008). 심각한 어린이 자폐증, 행동장애와 같이 고치기 어려운 상태들도 현재 이용 가능한 어떤 방법보다도 응용행동분석을 통해 성공적으로 해결되었다.

그러나 행동주의 접근법이 모든 사람에게 잘 맞는 것은 아니다. 영리한 학생들은 프로그램 수업의 점진적 접근이 느리고 지겹다고 느낄 수 있다. 동기부여가 잘 되어 있고 대학 입학을

[9] 이 책이 2014년에 출판될 때, 미국의 많은 주들이 이 법률의 특정 영역에 대해 면제를 받았다. 그렇지만 면제가 이러한 주들에게 완전한 자유를 주는 것은 아니다. 오히려 각 주는 교육의 질을 향상시키고 학생의 성취도를 증진시킬(특히 예전부터 부진했던 소수인종 학생들을 위해) 포괄적인 계획을 수립하고 시행해야 한다. 한편, 워싱턴의 몇몇 정책 수립자들은 NCLB 법안의 개정에 대해 논했다. 이 일은 앞으로 몇 년간 계속 진행될 것이다.

앞둔 학생들로 구성된 학급에서 토큰 경제를 실시하는 것은 높은 성취를 이루려는 이들의 내재적 열망을 훼손할 수 있다. 특히 인지이론과 같은 다른 학습이론들이 이러한 학생들을 위해 수업을 계획하고 시행하는 데 훨씬 유용할 것이다.

요약

행동주의 원리는 교실 관리에 다양한 영향을 미친다. 예를 들어 고전적 조건형성 패러다임은 학생들이 어두운 분위기보다 밝은 분위기(즐기면서, 재미있게)에서 공부하도록 환경을 조성하는 것의 중요성을 강조한다. 또한 유능한 교사들은 학생이 생산적인 활동을 했을 때 규칙적으로 외재적 강화물(예 : 긍정적 피드백, 제스처, 원하는 활동)이나 내재적 강화물(예 : 일을 잘 완수한 것에 대한 만족감과 자부심)이 제공되도록 한다.

일정한 지침을 따라 잘 계획된 체계적인 강화를 사용하면 학생들의 학급에서의 학습과 행동을 효과적으로 개선할 수 있다. 강화의 효과를 최대화하려면 바람직한 행동이 무엇인지가 먼저 명료화되어야 하고, 강화물은 개개인에게 적합해야 하며, 반응-강화 조건관계는 명시적으로 전달되고 일관적으로 적용되어야 한다. 한편, 부적합한 행동은 소거, 비조건관계 강화, 다른 행동의 강화 혹은 벌을 통해 감소될 수 있다. 몇 가지 전략은 벌의 효과를 증진한다. 예를 들어 무슨 행동을 했을 때 벌을 받고 어떤 벌을 받을 것인지를 미리 알 때, 대체로 따뜻하고 지지적인 상황에서 벌이 주어질 때, 그리고 어떤 행동이 왜 용인될 수 없는지에 대해 설명해줄 때 벌이 더 효과적이다.

응용행동분석(ABA)은 심각하고 만성적인 행동 문제를 다루기 위해 행동주의 원리를 적용하는 것을 포함한다. 응용행동분석은 일반적으로 목표행동에 대한 구체적인 설명과 측정, 여러 가지 반응의 빈도에 변화를 주기 위한 선행사건과 결과의 작동, 그것의 효과를 확인하기 위해 개입을 계속적으로 점검하기, 그리고 일반화와 점진적 제거를 위한 구체적 계획을 포함한다. 집단 조건관계와 토큰 경제, 그리고 학교 차원의 긍정적 행동 지원과 같은 기제들은 교사와 치료자가 대집단 환경에서도 강화를 효과적으로 사용할 수 있도록 해준다.

행동주의 개념은 수업과도 밀접한 관계가 있다. 예를 들어 학생은 적극적으로 행동하고, 배우는 내용과 어떻게든 물리적으로 소통할 때 새로운 정보와 기술을 더 잘 습득할 수 있다. 또한 원하는 도착점 행동이 일반적인 수업 목적과 구체적인 수업 목표의 형태로 사전에 확인될 때, 학생은 더 효과적으로 학습하고 교사는 더 효과적으로 가르칠 수 있다. 목적과 목표를 미리 구체화하면 교사와 학생 간의 소통이 용이해지며, 적합한 수업 방법, 공부전략, 그리고 평가 기법을 선택할 수 있게 한다. 구체적인 목적과 목표는 일반적으로 교사와 학생들이 확인된 구체적인 정보나 기술(잠재적 이익)에 집중하도록 해주고, 확인되지 않은 정보나 기술(몇 가지 중요한 결과들이 간과되었을 경우 불리한 점)에 집중하는 것을 막아준다.

프로그램 수업, **컴퓨터 보조 수업**, **완전학습**은 능동적 반응, 조형, 즉각적 강화와 같은 행동주의 원리들을 포함하고 있다. 일반적으로 컴퓨터에 기반을 두지 않는 프로그램 수업은 전통적 수업 방법과 비슷한 정도의 효과를 갖는 반면, 컴퓨터 보조 수업과 완전학습은 종종 학생의 학습을 향상시킨다. 수업에 대한 행동주의적 접근은 모든 학생들과 함께 하는 강좌보다 학업에서 실패를 경험한 적이 있거나, 동기가 낮거나, 높은 불안감 등을 가진 학생들에게 사용되었을 때 가장 효과가 좋다.

마지막으로, 도착점 행동 개념은 제대로 된 평가를 하기 위해서는 어떻게 해야 하는지에 대한 현대 교육자들의 추천에 반영되어 있다. 어떤 교육자들은 수업 계획에서 **역순 설계** 방법을 지지한다. 이때 교사는 먼저 수업의 바람직한 결과물과 결과와 관련된 한 가지 이상의 누적 평가 방법을 결정한다. 적합한 평가 방식을 결정한 후에 교사는 학생이 평가에서 좋은 결과를 얻을 수 있도록 수업을 계획한다. 인기를 얻고 있는 또 하나의 전략은, 수업 과정 내내 의사결정에 대해 알려주고 안내하기 위한 규칙적인 **형성평가**의 사용이다. 한편 많은 연구자들과 실무자들은 학생의 마지막 성취도를 측정할 때 **고부담시험**을 활용하는 것에 반기를 들었는데, 그러한 시험이 중요한 수업 목적이나 과목 표준을 항상 반영하지는 않으며, 어떤 학생들과 교사들에게는 비현실적인 요구를 하는 것일 수도 있기 때문이다.

사회인지이론

5

사회인지이론

학습 성과

5.1 *사회인지이론의 일반 원리를 이해하고, 환경적 요인(강화와 벌)과 인지적 요인(조건관계 인식, 기대), 학습자의 행동이 서로 영향을 주는 다양한 방식을 이해한다.*

5.2 *모델링이 학습자의 행동에 주는 네 가지 효과를 설명하고 모델링을 사용해서 다른 사람의 운동, 학업, 대인관계 기술 향상을 도울 수 있는 여러 전략을 알게 된다.*

5.3 *자기효능감의 특성, 효과, 기원을 기술하고, 새로운 과제와 내용을 다루기 위해 자신과 다른 사람의 자기효능감을 향상시키는 방법을 설명한다.*

5.4 *자기조절행동의 주요 요소 및 자신과 다른 사람이 더 자기조절을 잘하는 사람이 되도록 돕는 효과적인 전략을 알게 된다.*

어느 해 여름 나의 아들 알렉스와 제프는 삼촌 피트와 함께 지내게 되었는데, 그 삼촌은 매우 크고 힘이 세서 아이 둘을 한꺼번에 자기 어깨까지 들어 올릴 정도였다. 피트의 힘은 엄마나 아빠가 그 애들을 하나씩이라도 들기 힘들어하는 것과 크게 대조가 되었다. 그 후 몇 년 동안 알렉스와 제프는 자주 피트 삼촌처럼 되고 싶다고 했다. 그때마다 나는 "이렇게 해서 삼촌이 키가 크고 힘이 세진 거야"라고 말해서 우리 아이들이 전에는 싫어했던 여러 음식을 먹게 했다. 그렇지만 이렇게 해서도 브로콜리는 먹이지 못했다.

내 딸 티나가 고등학교 다닐 때 친구들이 아침마다 전화해서 그날 티나가 어떤 옷을 입고 학교 갈 것인지를 묻곤 했다. 티나는 확실히 학교에서 패션을 주도하는 아이여서 몇몇 아이들은 티나의 외모를 흉내 내곤 했다. 티나의 옷 취향을 감안할 때 티나를 따르는 아이들의 모습

패션을 주도하는 나의 딸

을 생각하면 오싹한 느낌이 들곤 했다.

매일같이 사람들은 다른 사람들을 관찰하고 그들로부터 배운다. 어린아이들은 슈퍼맨, 탐험가 도라, 피트 삼촌 같은 영웅을 흉내 내려 한다. 청소년들은 서로 보고 흉내 내면서 비슷한 옷을 입고, 유행하는 머리 모양을 하며, 동일한 특별 활동에 참여하기도 한다. 자녀들은 부모를 흉내 내서 비슷한 취미와 흥미를 보이고, 비슷한 정치성향과 종교신념을 갖게 되며, 자신들이 양육받은 방식대로 자기 자녀들을 기른다. 학생들은 교사와 친구들이 하는 것을 보면서 읽기, 쓰기, 더하기, 빼기 등 다양한 학습 기술을 배우기도 한다.

이런 관찰과 모델링에 의한 학습이 **사회인지이론**(social cognitive theory)(예 : Bandura, 1977, 1986, 2006; T. L. Rosenthal & Zimmerman, 1978)의 초점이다. 이 이론은 인간의 많은 학습이 다른 사람을 관찰하고 상호작용하는 데서 비롯된다는 사실을 반영해서 처음에는 **사회학습이론**으로 불렸다. 초기에는 대체로 행동주의 원리에 기반하고 있었으나 지금은 인지주의 입장의 개념도 많이 포함하고 있기 때문에 그 명칭이 사회인지이론으로 점차 바뀌게 되었다.[1]

이 장에서 우리는 환경적 요인과 인지적 요인이 어떻게 상호작용해서 인간의 학습과 행동에 영향을 미치는지에 대한 사회인지이론의 관점을 살펴보려 한다. **모델링**에 포함된 정신 과정, 모델링이 행동에 미치는 영향을 살펴보면서 모델링의 현상을 탐색할 것이다. 우리는 사람들이 여러 행동을 성공적으로 할 수 있다는 신념, 즉 **자기효능감**이 그들이 할 행동을 선택하고 그 행동을 하기 위해 노력하는 데 일정한 역할을 한다는 것을 발견할 것이다. 그리고 우리는 **자기조절**이라는 과정을 통해서 사람들이 어떻게 시간이 지남에 따라 환경조건의 영향을 점점 덜 받게 되는지를 알게 될 것이다. 마지막 부분에서는 사회인지이론이 교육 현장에 주는 여러 시사점을 살펴볼 것이다.

[1] 나는 학생들이 종종 사회학습이론을 우리가 사회적 기술을 습득하는 방법을 주로 다룬다고 잘못 이해하는 것을 보았다. 사실 사회학습/인지이론은 우리로 하여금 많은 비사회적인 행동 — 예를 들어 시험공부하기나 체육관에서 운동기구를 사용하기 — 을 배우는 방법도 이해할 수 있게 해 준다.

사회인지이론의 일반 원리

관찰과 모방에 의한 학습에 대한 체계적인 연구는 1941년 출간된 행동주의자인 닐 밀러(Neal Miller)와 존 돌라드(John Dollard)의 책에서 처음 등장한다. 1960년대 초반에 모방과 모델링의 이론이 행동주의적 뿌리에서 분리되어 형성되기 시작했다. 이 이론의 발달에 스탠퍼드 대학교의 알버트 반두라의 연구와 저술이 많은 기여를 했다(예 : Bandura, 1973, 1977, 1986, 1997; Bandura & Walters, 1963). 이 장에서는 반두라와 그의 아이디어를 확립해온 학자들의 참고문헌을 많이 살펴볼 것이다(예 : Dale Schunk, Barry Zimmerman).

많은 동물은 모방을 통해 새로운 행동을 습득한다(Herbert & Harsh, 1944; Pepperberg, 2007; Zentall, 2003). 그러나 사회인지이론은 인간의 학습을 주로 다루기 때문에 동물실험에 대한 연구는 살펴보지 않을 것이다. 사회인지이론은 다음과 같은 몇 가지 일반 원리에 기초하고 있다.

- **사람들은 다른 사람들의 행동을 관찰하는 것뿐만 아니라 그 행동의 결과를 관찰하는 것을 통해서도 배운다.** 초기의 여러 행동주의자들은 학습은 단순히 시행착오의 과정으로만 보았다. 새로운 상황이 되면 사람들은 여러 반응을 시도하여 바람직한 결과를 가져온 반응은 증가하고 생산적이지 않은 반응은 버려진다. 사회인지이론은 이와는 달리 대부분의 학습은 시행착오 과정을 통해서가 아니라 다른 사람들[**모델**(model)]의 행동과 여러 행동이 가져오는 결과를 관찰하는 것을 통해 이루어진다고 주장한다.
- **학습은 행동 변화 없이도 일어난다.** 제3장에서 보았듯이 행동주의자들은 전통적으로 학습을 행동의 변화라고 정의해왔다. 이 관점에서는 행동의 변화 없이는 학습이 이루어지지 않는다. 사회인지이론은 이와는 달리 사람들이 관찰을 통해서만도 학습을 하기 때문에 이 학습이 반드시 행동으로 나타날 필요가 없다고 본다. 한 번 배운 것은 배우는 동시에 행동으로 나타나기도 하지만 어떤 경우에는 좀 있다가 행동으로 나타나고, 또는 전혀 행동으로 나타나지 않기도 한다.
- **인지는 학습에서 중요한 역할을 한다.** 지난 수십 년에 걸쳐 사회인지이론은 인간 학습에 대한 설명에서 점점 더 '인지적'이 되어 왔다. 예를 들어 현재의 사회인지이론가들은 반응-강화와 반응-벌의 조건관계에 대한 인식과 미래의 조건관계에 대한 기대가 학습과 행동에 영향을 미치는 중요한 요인이라고 주장한다. 그리고 사회인지이론가들은 **주의집중**과 **보유**(기억)를 사용하여 학습이 일어나는 과정을 설명하고자 한다.
- **사람들은 자신의 행동과 환경에 대해 상당한 통제력을 가질 수 있다.** 행동주의자들의 관점에서 보면 인간은 대체로 주위의 환경 — 어떤 자극이 동시에 주어지는가(고전적 조건형성이 이루어짐), 일정한 행동 뒤에 어떤 결과가 주어지는가(작동적 조건형성이 이루어짐) 등 — 에

따라 결정된다. 그러나 현재의 사회인지이론에서는 사람들이 적극적으로 환경을 창조하고 수정한다. 사람들은 스스로를 변화시키든가 다른 사람들로 하여금 지원과 지지를 하도록 설득하기도 하며, 자주 이를 의식적이고 의도적으로 한다. 사회인지이론가들이 주장하듯 인간은 **개인적 대리인**(personal agency)을 가지고 있다(Bandura, 2006, 2008; Shunk & Pajares, 2005).

사회인지이론에서 환경 요인 : 강화와 벌 재조명

모방을 작동적 조건형성의 관점에서 설명한다면 사람들이 다른 사람을 모방하는 것은 그런 모방행동이 강화를 받기 때문이다. 이는 행동주의자인 밀러와 돌라드가 1941년에 주장한 내용이다. 이들에 따르면 사람들은 타인의 행동을 모방반응에 대한 선행자극(특히 변별자극)으로 활용한다. 그리고 관찰자는 모방행동에 대해 강화를 받는다. 몇 해 전 나는 당시 9개월 반 된 손녀 올리비아와 일주일간의 휴가를 보내고 있었다. 그 아이는 내가 있는 쪽으로 기어와 앉아서 내게 손을 내밀어 안아달라고 했다. 그 아이가 기본적인 단어를 배우는 중인 것을 알고 있었기에 나는 그 아이의 내민 손에 대해 "올려?"라는 한 단어의 질문으로 대답하고 그 아이의 반응을 기다렸다. 2~3일 후에 올리비아는 내 말 "올려"를 모방하기 시작했고, 그러면 나는 그 아이를 들어 올려 안아주거나 놀아주었다. '올려'라는 단어는 바로 그 아이의 어휘에 포함되었고 나는 그 아이가 그것을 말하는 것을 지속적으로 강화했다.

밀러와 돌라드는 모방행동은 간헐적 강화를 통해 유지된다고 주장했다. 다른 사람의 반응을 모방하는 것이 항상 보상받지는 않지만 모방행동을 계속하기에 충분한 만큼은 보상이 주어진다. 결국 모방 자체가 하나의 습관이 되는데 밀러와 돌라드는 이를 **일반화된 모방**(generalized imitation)이라고 했다.

행위에 따른 결과는 반두라의 초기 연구에서도 중요한 요소였다(예 : Bandura & Walters, 1963). 그러나 1970년대에 사회인지이론가들은 환경이 모델링을 강화 혹은 벌하는 방법에 대한 관점을 다음과 같이 확대했다.

- 관찰자가 모델에 의해 강화를 받는다. 내가 올리비아를 '올려'라는 단어로 강화했듯이 사람들은 자기가 한 행동을 그대로 따라 하는 사람을 강화한다. 예를 들어 십대 소녀 집단은 자신들과 같은 복장을 한 소녀를 받아들인다. 반사회적인 소년들의 갱집단은 새로운 소년이 '거칠게' 행동할 때만 그를 받아들인다.

  어른들은 아이들이 그 문화에 적합하다고 정해진 행동을 따라 할 때 그들을 강화한다. 예를 들어 나는 아이들이 어렸을 때 가끔 어느 아이가 전화로 다음과 같이 공손한 '어른'의 언어를 사용하는 것을 들은 적이 있다. "죄송합니다만 어머니가 지금 바쁘세요. 성함과 전화번호를 말씀해주시면 몇 분 안에 전화드리도록 할게요." 나는 전화할 때 이런 말을 하곤 했는데 나의 이런 말을 따라 하는 아이를 크게 칭찬했다. 그러나 "엄마, 전화왔어! 서둘러! 바보같은 짓 그만하고!" 같은 말은 우리 집의 어른을 관찰해서는 배울 수 없었으며, 나는 그런 말을 전혀 강화하지 않았다.

- 관찰자는 제삼자에 의해 강화를 받는다. 모델이 아닌 제삼자가 강화를 주는 경우가 있다. 예를 들어 제프가 어렸을 때 그에게 자주 이런 말을 했다. "야, 너 이제 다 컸구나. 알렉스처럼 혼자 옷을 다 입었네."

1960년대 비틀스가 유행하던 시기에 많은 십대들이 비틀스 멤버들처럼 발바리 머리를 뽐내고 다녔다. 그런 머리 모양은 최소한 내가 다니던 고등학교에서는 괜찮은 것이었고, 우리 여학생들은 존 레논보다 머리를 짧게 한 남자아이들은 절대 좋아하지 않았다. 나와 친구들은 비틀스를 모방하는 남자아이들을 강화해주고 있었던 것이다. 어린 시절 우리들은 리키 넬슨이 오지와 해리엇의 모험이라는 텔레비전 시트콤에서 하듯이 기타를 치고 감정표현을 잘 하지 않는 사람은 무조건 강화하곤 했다.

- 모방한 행동 그 자체가 결과를 강화한다. 우리가 다른 사람들을 관찰해서 배우는 많은 행동들은 그 자체로 만족스러운(강화하는) 결과를 낸다. 예를 들어 스페인어 초급반 학생이 *Agua sin gas, por favor*와 *¿Dónde está el baño?*를 정확하게 발음하면 스페인어 사용자와 성공적인 의사소통을 할 수 있다. 테니스 코치의 몸 동작과 팔의 움직임을 비슷하게 따라 하는 사람은 공을 네트를 넘겨 상대방 코트로 잘 보내게 된다.
- 모델의 행동 결과가 관찰자의 행동에 대신 영향을 미친다. 사람들이 모델의 어떤 반응을 관찰하면 그 반응의 결과도 관찰하게 된다. 모델이 그 행동으로 강화를 받게 되면 관찰자는 그 행동을 더 하게 된다. 이 현상은 **대리 강화**(vicarious reinforcement)로 알려져 있다. 예를 들어 애덤이 기타를 치고 무표정한 표정을 짓는 것으로 여자아이들에게 인기 있는 것을 앤디가 관찰하게 되면 앤디는 기타를 사고 기타 레슨을 받거나, 거울 앞에 서서 무표정한 표정 짓는 연습을 할 것이다.

대리 강화 — **대리 처벌**(vicarious punishment) 역시 — 의 힘은 반두라의 초기 연구(Bandura, 1965b)에 극적으로 예시되어 있다. 한 모델이 풍선인형을 때리는 영상을 아이들이 시청했다. 아이들 중 한 집단은 모델이 그런 공격적 행동으로 강화받는 것을 보고, 두 번째 집단은 모델이 벌 받는 것을 보았으며, 세 번째 집단은 모델이 아무런 결과도 받지 않는 것을 보았다. 모델이 공격적 행동에 대해 강화를 받는 것을 본 집단의 아이들은 그 인형이 있는 방에 들어갔을 때 그 인형에게 가장 공격적인 행동을 했다. 그들은 공격적 행동에 대해 대리로 강화를 받은 것이다. 반면에 모델이 공격적 행동에 대해 벌 받는 것을 본 집단의 아이들은 공격적 행동을 거의 하지 않았다. 그들은 그런 행동에 대해 대리로 처벌받은 것이다.

모델의 강화는 관찰자의 행동에도 영향을 미친다.

사회적 학습에 대한 엄격한 행동주의적 분석의 문제점

비록 초기 사회학습이론가들이 모방행동을 조작적 조건화의 관점에서 설명했지만 그들은 몇 가지 어려움에 부딪히게 되었다. 한 가지 문제는 완전히 새로운 행동이 다른 사람이 그 행동을 하는 것을 보기만 해도 습득된다는 것이다(Bandura, 1977, 1986; T. L. Rosenthal, Alford, & Rasp, 1972). 그러나 조작적 조건화에서는 새로운 행동은 통상 현존하는 행동에서 출발하여 점차로 만들어지고 시간이 지나면서 바뀐다.

두 번째 문제점은 **지연된 모방**(delayed imitation)이라는 현상이다. 다른 사람을 관찰해서 배운 어떤 행동들은 처음 관찰이 이루어진 후 며칠, 몇 주 또는 오랜 시간이 지난 후에야 나타난다. 조작적 조건화의 관점에서는 다른 사람의 행동이 모방행동을 일으키는 선행(변별)자극이라면 제3장에서 살펴본 것과 같이 효과는 바로 나타나야 한다.

$$(S+)\ R \rightarrow S_{Rf}$$

지연된 모방이 나타나려면 학습은 변별자극이 있을 때, 강화가 그때 있느냐 없느냐와 관계없이 실제적으로 학습이 이루어져야 한다(Bandura, 1977).

그러나 아직 대리 강화의 강력한 효과에 관한 세 번째 문제가 남아 있다 — 사람들은 가끔 전혀 강화받지 않는 행동을 한다.

행동주의적 분석의 한계점을 다루기 위해 사회인지이론가들은 결과가 종종 학습에 직접적이기보다는 간접적인 영향을 끼친다는 의견을 제시했다(예 : Bandura, 1977, 1986; T. L. Rosenthal & Zimmerman, 1978). 그런 영향에는 인지적 요인이 첨가되어야 하는데 이제 이점을 살펴보도록 하겠다.

사회인지이론에서 인지 요인

사회인지이론에서 인지적 측면은 다음과 같은 핵심적인 아이디어에서 명확하게 드러난다.

- 학습은 (행동적이기보다는) 정신적 변화다. 사회인지이론가들은 관찰을 통한 학습 — **대리 습득**(vicarious acquisition)이라고 불리는 현상 — 과 학습한 것의 실행을 구분한다(Bandura, 1977, 1986; T. L. Rosenthal & Zimmerman, 1978). 반두라는 이 구분의 근거로서 사람들이 관찰했으나 전혀 따라 하지 않은 행동도 말로 설명할 수 있다는 것을 제시했다 — 즉 그들은 행동이 바뀌지는 않았지만 새로운 것을 배운 것이다(Bandura, 1965a). 또한 사람들은 모델의 어떤 행동을 관찰하고 나서 그 행동을 할 이유가 생겨야 그 행동을 하게 된다. 예를 들어 앞에서 인용한 반두라의 실험(Bandura, 1965b)에서 아이들은 풍선인형을 공격하는 모델을 관찰했다. 여러분은 그 공격행동에 대해서 모델에게 주어진 결과(보상, 처벌, 결과 없음)에 따라 그 아이들이 인형에게 공격적인 행동을 하는 정도가 달라졌다는 것을 기억할 것이다. 그러나 연구 후반에 모든 아이들은 모델의 행동을 모방하면 보상(스티커와 과일 주스)을 받는다고 약속을 받았다. 그 순간 세 집단의 차이는 사라져 버렸다! 분명하게 그들 모두가 모델의 행동을 잘 학습한 것이다. 모델에게 주어진 결과는 그 아이들의 초기 행동에는 영향을 미쳤지만 그들의 학습에 영향을 미친 것은 아니었다.
- 학습이 일어나기 위해서는 특정한 인지 과정이 필수적이다. 사회인지이론가들은 사람들이 모델로부터 학습할 때 일어나는 특정한 인지 과정(예 : 생각하기)을 설명한다. 여기에는 모델이 행동하는 것에 주의 기울이기, 모델 수행의 여러 측면을 마음으로 연습하기(rehearsing), 모델이 한 것에 대한 정신적 표상(기억 코드)을 형성하기 등이 있다. 모델링을 다루는 부분에서 이 아이디어에 대해 예를 들어 설명할 것이다.
- 학습자는 반응-결과의 조건관계를 알아야 한다. 사회학습이론가들에 의하면 사람들이 반응-강화와 반응-처벌의 조건관계를 모르면 강화와 처벌은 학습과 행동에 거의 영향을 미치지 못한다(Bandura, 1977, 1986; Spielberger & DeNike, 1966). 즉 어떤 반응이 강화를 이끌어 냈다는 것을 학습자가 정확하게 알아야 강화가 바람직한 행동의 발생 가능성을 높이며, 마찬가지로 특정 행동으로 인해 처벌을 받는다는 것을 학습자가 알아야 벌이 생산적인 효과를 발휘한다. 한 학생이 작문 보고서에 대해 F학점을 받았는데 그 보고서 끝에 '형편없음'과 '구성이 제대로 되어 있지 않음'이라고 코멘트를 받은 상황을 생각해보자. 이런 피드백은 대부분 학생의 작문 능력 향상에 도움이 되지 않는데 그 이유는 그 보고서의 어느 부분이 형편없으며 잘 구성이 되지 않았는지를 명시하지 않았기 때문이다.
- 학습자는 미래의 반응-결과 조건관계에 대한 기대를 형성한다. 사회학습이론가들은 사람들은 그

행동에 대한 대가(예 : 보상)를 기대할 때 학습한 것을 수행할 가능성이 높아진다고 말한다. 예를 들어 나는 여러 해 전에 알래스카의 수도가 주노라는 것을 배웠다. 그러나 나는 알래스카의 수도에 대해 시험을 본 적도 없으며 알래스카에서 수도를 찾기 위해 애써 본 적도 없기 때문에 이 지식을 수행할 이유가 없었다. 물론 이제 그 이유가 생겼다. 내가 50개의 미국 주 중 최소한 1개 주의 수도를 알고 있다는 사실을 여러분이 알아주기를 나는 바라는 것이다.

일반적으로 사람들은 특정 행동에 대하여 보상을 받거나 처벌을 받으면 **결과에 대한 기대**(outcome expectation) — 미래의 행동이 가져올 수 있는 결과에 대한 가설 — 를 형성하고 바람직한 결과를 최대화할 수 있는 방법으로 행동한다(Bandura, 1977, 1986, 1989, 1997; T. L. Rosenthal & Zimmerman, 1978). 사람들은 또한 다른 사람들이 특정 행동에 대해서 강화나 처벌받는 것을 보고서도 결과에 대한 기대를 형성하는데 이는 대리 강화와 처벌의 효과를 설명해준다.

여러분은 조작적 조건화와 사회인지이론에서 강화의 역할이 결정적으로 다르다는 점을 알아야 한다. 조작적 조건화에서는 행동을 뒤따르는 강화가 행동의 학습에 영향을 준다. 그러나 사회인지이론에서는 미래에 주어질 수 있는 강화에 대한 기대인 **인센티브**(incentive)가 그것에 선행하는 행동의 학습에 영향을 준다(Bandura, 1977, 1986).

- 학습자는 다양한 행동을 수행할 수 있는 자신의 능력에 대한 신념을 형성한다. 사람들은 다양한 행동의 결과가 어떨 것인가에 대한 기대를 가질 뿐 아니라 자신이 특정 행동을 성공적으로 수행할 수 있다는 믿음인 **효능감 기대**(efficacy expectation)를 형성한다(Bandura, 1997; Schunk & Pajares, 2004). 예를 들어 여러분이 한 강의실에서 교수가 A학점에 대한 기준을 분명하게 설명하는 것을 듣고 있다고 생각해보자. 그런데 여러분은 그 기준을 충족시킬 지식과 기술을 갖고 있지 않다. 좋은 성적을 얻기 위해 무엇이 필요한지를 여러분은 알고 있지만 여러분은 그 필요한 것을 갖고 있지 않으며(적어도 여러분이 보기에는), 여러분이 무엇을 해도 A학점을 받을 수 없다. 이 장의 후반부에서 흔히 자기효능감(self-efficacy)라고 알려져 있는 효능감 기대의 특성과 효과에 대해 살펴본다.
- 성과와 효능감 기대는 학습이 이루어지는 인지 과정에 영향을 미친다. 학습자가 학습에 필수적인 인지 과정(주의 기울이기, 기억 코드 형성하기 등)을 적극적으로 수행하는 것은 무엇인가를 배우면 강화가 주어질 것인가에 대한 믿음에 달려 있다. 예를 들어 나는 대학에서 가르치기 시작한 처음 몇 년간 만약 내가 학생들에게 어떤 정보에 대한 책임을 지지 않아도 된다고 말한다면 그것은 매우 큰 잘못이라는 점을 힘들게 배웠다. 내가 다음과 같이 말한다면 바로 그렇게 하는 것이다. "다음 5분간 내가 하는 말을 잘 들으세요. 그러나 다음 시험에 나오지는 않을 겁니다." 그러면 학생들은 펜을 내려 놓고 의자에 편하게 기댄다. 아침 수업이라면 뒷줄의 몇 명은 졸기 시작한다. 사람들은 보상이 기대되지 않는 것에는 주의를 잘 기울이지

않는 경향이 있다.

◆ 기대했던 결과가 일어나지 않는 것은 그 자체로 영향력 있는 결과이다. 사회인지의 관점에서 기대했던 강화가 일어나지 않는 것은 종종 처벌의 형식이며, 기대했던 처벌이 일어나지 않는 것은 강화가 된다(Bandura, 1977, 1986). 이 원리들은 기대한 결과가 충족되지 않는 상황을 포함한다. 예를 들어 다시 한 번 교수가 A학점의 기준을 명확하게 설명하는 강의실 장면을 생각해보자. 이번에는 여러분이 그 기준을 충족시킬 능력을 가지고 있다고 생각한다. 여러분은 열심히 공부해서 여러분의 수행이 그 기준을 충족시키게 되고, 여러분은 자연스럽게 A학점을 기대하는데 마지막 순간에 교수가 추가적인 과제 — 20쪽 분량의 연구보고서 — 를 부여한다. 여러분은 이미 이룬 성과에 따른 강화를 기대했는데 그 강화가 주어지지 않았기 때문에 여러분은 아마도 화가 나고 좌절할 것이다(여러분은 처벌받았다고 느낄 수 있다). 기대하지 않았던 결과가 주어지거나 성과가 나타나지 않는 것은 기대했던 강화보다 더 강한 정서적 반응을 불러일으킨다(예 : Mellers & Schwartz, Ho, & Ritov, 1997).

기대한 결과가 일어나지 않는 것을 자신이 아닌 모델에게서 관찰한 것도 마찬가지로 영향력 있다(Bandura, 1973, 1977, 1986). 예를 들어 월터스와 파크(Walters & Parke, 1964)의 연구에서 세 실험집단의 아동들에게 한 여성 실험자가 한 소년에게 그 앞의 장난감을 가지고 놀지 말고 그녀가 준 책을 읽으라고 지시하는 영상을 보여주었다. 그러나 실험자가 방을 나가자 그 소년은 장난감을 가지고 놀기 시작했다. 여기서부터 영상은 다음의 세 가지 결과 중 하나가 그 소년(모델)에게 주어지는 것을 보여주었다.

1. **보상** : 실험자가 돌아와서 아이에게 다른 장난감도 건네주면서 다정하게 놀아준다.
2. **처벌** : 실험자가 돌아와서 소년이 가지고 놀던 장난감을 빼앗고 소년을 잡고 흔들더니 책을 가지고 뒤에 앉게 한다.
3. **결과 없음** : 실험자가 방에 돌아오지 않는다.

네 번째(통제) 집단의 아이들은 영상을 보지 않았다. 연구에 참여한 아이들 각자는 뒤이어 장난감이 많은 방으로 인도되어 장난감을 만지지 말라는 지시와 함께 읽을 책을 받고 15분간 혼자 남겨진다. 보상이 있는 영상을 본 집단의 아동들처럼 결과가 없는 영상을 본 실험집단의 아동들도 장난감을 가지고 논다(즉 실험자의 지시를 따르지 않는다). 처벌이 따르는 영상을 본 실험집단 아동들은 더 순종적이었으나 가장 순종적인 아동들은 네 번째 통제집단 아동들로서 이들은 불순종의 모델 자체를 아예 보지 않았다.

사람들은 다른 사람들이 잘못했는데도 부정적 결과가 따르지 않는 것을 보게 되면 자신들도 잘못을 범하는 경향이 있다. 예를 들어 내 딸 티나가 초등학생일 때 거의 매일 그날 운동장에서 누군가 무엇을 가져갔다는 불평을 하면서 집에 오곤 했다. 운동장을 감독하는 사람이 이런 잘못을 여러 날 동안 무시하자 이런 자유방임주의적인 태도는 그 잘못된 행동을 지속시킬 뿐 아니라 더 증가시켰다. 마찬가지로 다른 사람들이 살인하고도 처벌받지 않는 것을 본 사람들은 범죄행위를 더 저지를 것이다.

상호 원인

우리는 앞에서 외부환경과 학습자의 내적 인지 과정이 어떻게 서로 영향을 미치는지를 살펴보았다. 그러나 영향은 반대방향으로도 일어난다 — 학습자의 행동이 외부환경과 인지 과정에 영향을 미칠 수 있다. 사회인지이론가들은 인간의 학습과 장기간의 발달은 세 가지 일반적 변인 간의 상호작용을 포함한다고 본다.

- 환경(E). 외부세계의 일반적 상황과 즉각적인 자극(강화와 벌 포함)
- 인간(P). 개인의 신체적 특징(예 : 나이, 성역할, 신체적 매력 등), 인지 과정(예 : 주의집중, 기대 등), 사회적 또는 문화적으로 부여된 역할과 명성(예 : 왕, 학생, '인기있는 아이', '괴짜' 등)
- 행동(B). 개인의 관찰 가능한 행동과 반응행동

이 세 가지 변인은 **상호 원인**(reciprocal causation)이라고 알려진 현상 속에서 서로에게 영향을 미친다(Bandura, 1989, 2006, 2008; Schunk & Pajares, 2004; Zimmerman & Schunk, 2003).[2] 사회인지이론가들은 흔히 다음과 같은 그림으로 상호 원인을 표현한다.

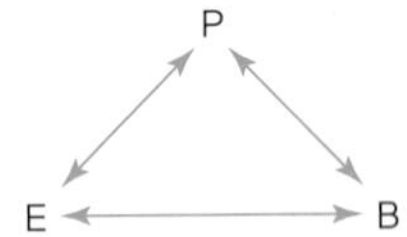

확실히 환경(예 : 강화나 벌의 제공)은 인간의 행동에 영향을 미친다. 그러나 환경에 대한 개인의 지각(인간 변인)도 행동에 동일하게 영향을 미친다. 예를 들어 자주 강화 받는다고 생각하는 사람들은 실제 그들이 강화받는 일정과 관계없이 더 지속적으로 더 열심히 일하는 경향이 있다(A. Baron, Kaufman, & Stauber, 1969; Kaufman, Baron, & Kopp, 1966). 교실에서 학생들은 성공하기 위해 필요한 지원을 교사가 제공할 것이라고 믿으면 학과 과제를 열심히 하려고 한다(Bouchey & Harter, 2005).

반면 행동이 환경과 개인 변인에 영향을 준다. 사람들이 선택한 수업 강좌, 그들이 하는 과외 활동, 그들이 다니는 회사 등 사람이 선택한 반응은 그들의 학습 기회와 그들이 경험하는 결과(환경 변인)를 결정한다. 예를 들어 개인은 전형적으로 강화를 증가시키고 처벌을 줄이는 방식으로 행동하며, 그들의 행동은 새로운 반응--강화를 제공하는 상황에 처하게 한다.[3]

2 반두라는 1989년 이전에는 상호 결정론(reciprocal determinism)이라는 용어를 사용했다.

3 최근 행동주의 문헌에서 유사한 생각을 발견했다. Rosale-Ruiz와 Baer(1997)는 행동적 꼭짓점(behavioral cusp)을

게다가 지속되는 반응의 특성은 개인의 자신감과 미래의 성공에 대한 기대(인간 변인)에 영향을 미친다. 예를 들어 자주 걸려 넘어지는 아이는 스스로를 얼간이라고 생각하기 시작하며, 수학 숙제를 계속 잘해내는 아이는 스스로를 수학 공부에 적성이 있다고 생각하기 시작한다.

마지막으로 인간 변인과 환경 변인은 서로 영향을 미친다. 예를 들어 신체적 매력이 있는 아동(인간 변인)은 친구들로부터 우호적인 반응(환경 변인)을 유발할 가능성이 높다. 그 반대 경우도 일어난다 — 친구들이 한 아이에게 우호적으로 반응하면 그 아이는 자신이 신체적으로나 사회적으로 매력적인 사람이라고 생각하게 된다(Bandura, 2008; Harter, 1996; McCallum & Bracken, 1993).

환경과 인간, 행동 간의 상호작용을 보여주는 가장 좋은 예가 모델링이다. 이제 이 주제에 대해 살펴보자.

모델링

아이들은 출생 후 1, 2일 안에 다른 사람의 얼굴 표정을 모방하기 시작하며 아마도 모방하는 능력을 선천적으로 가지고 있는 것 같다(제2장에서의 **거울 뉴런**에 대한 논의를 생각해보라). 사실 모든 문화에서 인간은 다른 사람의 행동을 모방하는 능력과 경향성을 가지고 있는 것으로 보인다(S. S. Jones, 2007; Nielsen & Tomaselli, 2010).

사회인지이론가들은 상당한 양의 인간 학습은 다른 사람의 행동을 관찰하고 모델링하여 이루어진다고 주장한다(예 : Bandura, 1977, 1986). 여기서는 모델링이 행동에 영향을 미치는 여러 방법, 학습에 가장 잘 영향을 미치는 모델의 유형, 모델링이 될 수 있는 행동의 종류 등을 살펴볼 것이다. 그리고 모델링을 통해 학습이 일어나는 데 핵심적인 4개의 과정을 살펴볼 것이다. 그러나 우선 사회인지이론가들이 **모델링**이라는 용어를 어떤 경우에는 모델이 행하는 것을 기술할 때 사용하고(행동을 시범보임) 어떤 경우에는 관찰자가 행하는 것을 기술할 때 사용하기도 한다(그 행동을 모방함)는 점을 명확히 해야 한다. 나는 이 용어가 사용되는 맥락에서 그 의미가 분명하게 드러나도록 기술했다.

모델링이 행동에 영향을 주는 방법

사회인지이론의 관점에서 볼 때 모델링은 행동에 대해 다음과 같은 몇 가지 효과를 나타낼 수 있다(예 : Bandura, 1977, 1986; Bandura & Walters, 1963; T. L. Rosenthal & Zimmerman, 1978).

'더 멀리 있는 결과에 도달하는 새로운 조건관계를 만나게 하는 행동 변화'로 정의했다(p. 533). 예를 들어 유아가 기기 시작하면 장남감이나 가족, 또는 위험한 물건에 더 잘 접근할 수 있게 된다. 학생이 유창하게 읽을 수 있게 되면 학습과 수업의 새로운 기회를 더 갖게 된다.

- **모델링은 새로운 행동을 가르친다.** 사람들은 전혀 새로운 행동을 다른 사람이 그 행동을 수행하는 것을 관찰하는 것을 통해 배운다. 예를 들어 다른 사람이 내는 소리를 듣고 따라 하는 것을 통해 전에는 몰랐던 단어를 발음하는 것을 배운다(예를 들어 *Arkansas*는 *Kansas*와 비슷해 보이지만 'ar-**can**-ziss'가 아니라 '**ar**-can-saw'로 발음한다). 그리고 부모가 야구방망이를 휘두르는 것을 보고 부모의 구두 지시("공을 계속 봐!")를 따라서 아이는 야구공 치는 방법을 배운다.
- **모델링은 전에 배운 행동의 빈도에 영향을 미친다.** 앞서 살펴본 것처럼 사람들은 그들이 이전에 배운 행동에 대해 다른 사람들이 강화받는 것을 보면 그 행동을 더하는 경향이 있다. 즉 대리 강화는 **촉진**(facilitation)효과가 있다. 그리고 다른 사람들이 처벌받는 것을 보면 행동을 덜하는 경향이 있다. 즉 대리 처벌은 **억제**(inhibition)효과가 있다.
- **모델링은 이전에 금지되었던 행동을 불러일으킬 수 있다.** 이전에 금지되었거나 '나쁜' 것이라고 들어온 행동을 모델이 수행하는 것을, 특히 그 모델이 그 행동으로 인해 강화받는 것을 보게 되면 사람들은 그 행동을 할 가능성이 높아진다. 이 경우 대리 강화는 이전에 금지되었던 행동이 되살아나게 하기 때문에 **탈억제**(disinhibition)의 효과가 있는 것이다. 예를 들어 월터스와 동료들의 연구에서(R. H. Walters & Thomas, 1963; R. H. Walters, Thomas, & Acker, 1962) 성인들의 공격과 폭력행동을 묘사한 영상[이유 없는 반항(Rabel Without a Cause)]이나 중립적인 영상[십대들의 그림 그리기(Picture Making by Teenagers)]을 보고 다른 사람에게 충격을 가하도록 지시를 받았다(충격을 받는 사람들은 실제로 충격을 받지는 않지만 충격을 받는 것처럼 행동하도록 실험자와 약속했다). 공격과 폭력행동을 관찰한 사람들은 더 자주 그리고 더 강한 충격을 주었다. 그 영상은 이전에 금지되었던 공격행동을 확실히 탈억제시킨 것이다.[4]
- **모델링은 유사한 행동을 증가시킨다.** 사람들은 모델의 특정 행동을 관찰하면 그 행동을 똑같이 하기보다는 그와 비슷하게 행동한다. 예를 들어 형이 농구를 잘하는 것을 보지만 형처럼 큰 키의 장점을 갖지 못한 동생은 대신 성공적인 축구 선수가 되려고 노력한다. 1960년대 고등학생이었던 나는 치어리더가 되고 싶었다—당시 그것은 정말 최고였다. 하지만 치어리더가 되기 위해 필요한 신체동작 기술이 없었기에 나는 그것을 대신하여 고적대에서 밴드걸이 되었는데 이것 역시 멋진 일이었다.

효과적인 모델의 특성

반두라는 모델의 세 가지 일반적인 유형을 제시했다. 첫 번째 유형은 물론 **실제 모델**(live

---

4 월터와 동료들의 이 연구는 연구 참여자에게 상당한 심리적 스트레스를 주었다는 점에 주목해야 한다. 이들은 자신들이 다른 사람에게 얼마나 많은 고통을 주려고 했는지를 알게 된다. 이 연구는 미국심리학회가 강력한 연구수행윤리를 제시하고(www.apa.org/ethics/code/index.aspx) 대학과 연구기관들이 연구 참여자의 신체적 · 심리적 안녕을 보호하기 위해 기관감사위원회(IRBs)를 구축하기 훨씬 전인 1960년대 초에 수행되었다.

model)로서 특정 행동을 보여주는 실제 사람이다. 그러나 우리는 책, 영화, 텔레비전, 쇼, 비디오 게임 같은 매체에 나오는 사람이나 주인공 같은 **상징적 모델**(symbolic model)을 통해서도 배울 수 있다. 예를 들어 많은 아동들은 축구 선수, 록 가수, 또는 해리포터나 탐험가 도라 등 소설 속 주인공의 행동을 따라 한다. 마지막으로 어떻게 행동해야 할지에 대한 설명인 **언어적 지시**(verbal instruction)를 통해서도 — 살아 있거나 상징적인 다른 사람이 전혀 없어도 — 우리는 배울 수 있다.

살아 있든 상징적이든 효과적인 모델은 다음과 같은 특성을 갖고 있다.

- **모델은 능력 있다.** 어른이든 아이든 그들이 보기에 기술이 뛰어나고 지식이 있다고 지각되는 사람을 모방하려 한다(Bandura, 1986; Schunk, 1987; Shafto, Goodman, & Frank, 2012). 예를 들어 테니스를 하려는 사람은 공을 네트에 넘기지도 못하는 친구보다는 성공적인 테니스 선수의 동작을 따라 하려 한다. 또한 좋은 기말 보고서를 쓰려고 하는 학생은 그런 숙제를 잘하지 못하는 학생보다는 지속적으로 기말 보고서에서 좋은 성적을 받는 학생의 보고서를 보려고 한다. 어린아이와 유치원생조차도 그들이 모델링하려고 관찰하는 행동이 효과적인지 비효과적인지를 구분하며 바람직한 결과를 낳는 행동을 모방하려 한다(Schulz, Hooppell, & Jenkins, 2008; Want & Harris, 2001).
- **모델은 특권과 힘을 가지고 있다.** 학습자들은 소그룹이나 전체 사회에서 높은 지위, 존경, 힘을 갖고 있는 사람의 행동을 모델링하려고 한다(Bandura, 1986). 예를 들어 아이들은 학급의 열등생이나 구식 노래를 하는 사람보다는 학생 대표나 유명한 록스타의 행동을 모방한다. 한 연구(Sasso & Rude, 1987)에서 연구자들은 친구들에게 인기 있는 아이들과 인기 없는 아이들을 구분했다. 그리고 이들에게 신체적 장애가 있는 아동과 사회적인 상호작용을 시작하는 적절한 방법을 가르쳤다. 이후에 인기 있는 아이들이 장애우에게 다가가 상호작용하는 것을 본 다른 아이들은 그 행동을 잘 따라 했다. 인기 없는 아이들의 사회적인 행동은 영향력이 적었다.
- **모델은 전형적으로 '성에 적합한(gender-appropriate)' 방식으로 행동한다.** 남자들은 전통적인 남자의 전형에 일치하는 행동을 따라 하고 여자들은 전통적인 여성적 행동을 따라 하는 경향이 있다(Leaper & friedman, 2007; C. L. Martin & Ruble, 2004; Schunk, 1987). 예를 들어 아이들이 남녀 성인 모두의 공격적인 모습을 본 연구에서 여자아이들보다 남자아이들이 공격행동을 더 잘 모방했는데, 이는 우리 사회에서 많은 사람들이 공격행동은 여성보다는 남성에게 더 적합한 특성으로 보기 때문일 것이다(Bandura, Rose & Rose, 1961, 1963; Leaper & Friedman, 2007).[5]

5 가장 지속적으로 관찰된 인간의 성차에 대한 것이 물리적 공격에서의 차이다. 평균적으로 남성은 여성보다 물리적으로 공격적이다. 성역할 전형(gender stereotype)은 이 차이를 완전히 설명하지 못하며 호르몬의 차이(예 : 테스토스테론 수준)도 영향을 미치는 것으로 보인다(Carré, Murphy & Hariri, 2013; Lippa, 2002).

모델은 대개 능력 있고, 특권과 힘을 가지고 있다.

이상적으로는 아동과 청소년들이 남성과 여성 모두를 보면서 전형적이지 않은 행동을 포함한 다양한 종류의 행동을 모방해야 한다. 그럴 때 이들은 모든 행동들이 양성에 정말 적합하다는 것을 알게 될 것이다(Bem, 1987; Bussey & Bandura, 1992; Weinraub et al., 1984).

- **모델의 행동은 관찰자의 상황과 관련된다.** 사람들은 어떤 중요한 측면에서 자신들과 유사하다고 보이는 사람들의 행동을 더 잘 따라 한다 — 예를 들어 비슷한 나이나 사회적 지위의 사람들(Braaksma, Rijlaarsdam, & van den Bergh, 2002; Grace, David, & Ryan, 2008; Zimmerman, 2004). 그리고 자신의 상황에서 기능적인 가치가 있는 행동을 더 잘 따라 한다(T. L. Rosenthal & Bandura, 1978; Schunk, 1987). 예를 들어 내 딸은 어릴 때 내 행동을 많이 따라 했지만 내가 옷 입는 것은 따라 하지 않았다. 그 애는 내가 입는 대로 자기가 입으면 학교에서 웃음거리가 될 것이라고 여러 번 말했었다.

모델링을 통해 배울 수 있는 행동

모델링은 상대적으로 단순한 동작(예 : 양치질)으로부터 훨씬 복잡한 동작(예 : 댄스 동작이나 운동 기술)에 이르기까지 광범위한 심리동작 행동 습득의 중요한 기제를 보여준다(Boyer, Miltenberger, Batsche, & Fogel, 2009; Poche, McCubbrey, & Munn, 1982; SooHoo, Takemoto, & McCullagh, 2004; Vintere, Hemmes, Brown, & Poulson, 2004). 이는 사람들이 인지나 정서적 요인과 함께 많은 행동을 습득하는 거의 유일한 방법이다. 다음의 예를 보자.

- 사교성이 뛰어난 사람들이 나오는 비디오를 본 아동은 새로운 사회적 기술을 습득한다(LeBlanc et al., 2003; Nikopoulos & Keenan, 2004).

- 낯선 사람의 유혹에 저항하는 기술을 친구에게서 본 아동은 그런 상황이 닥쳤을 때 저항하려고 한다(Poche, Yoder, & Miltenberger, 1988).
- 다른 사람(예 : 부모)이 특정 자극에 정서적으로 반응하는 것을 본 아동은 같은 방식으로 반응하게 된다(Mineka & Zinbarg, 2006; Mumme & Fernald, 2003; Repacholi & Meltzoff, 2007).
- 주변의 사람들이 인종주의자의 말을 거부하면 따라서 거부하려고 한다(Blanchard, Lilly, & Vaughn, 1991).

특히 학업 기술, 공격성, 대인행동 등 세 가지 행동의 모델링 효과에 대한 연구가 많이 수행되었다.

학업 기술

학생들은 다른 사람이 학업 기술을 수행하는 것을 보면서 많은 학업 기술을 배운다. 예를 들어 학생들은 그들의 교사나 친구들이 그림을 그리거나, 길이를 나누는 문제를 풀거나 논쟁적이고 훌륭한 글을 쓰는 것을 보는 것을 통해 부분적으로 그 방법을 배운다(Braaksma et al., 2002; Geiger, LeBlanc, Dillon, & Bates, 2010; K. R. Harris, Santangelo, & Graham, 2010; Schunk & Hanson, 1985). 모델이 무엇을 하는 방법뿐만 아니라 무엇에 대해 생각하는 방법을 보여줄 때 — 다른 말로 인지적 모델링(cognitive modeling)을 보여줄 때 — 학업 기술 모델링이 더 효과적이다(R. J. Sawyer, Graham, & Harris, 1992; Schunk, 1998; Zimmerman, 2004, 2013). 예를 들어 한 교사가 긴 나눗셈을 하면서 사고 과정을 모델링하는 것을 살펴보자.

> 먼저 어떤 수를 4로 나눌 것인지를 선택해야 해. 276을 선택했어. 이제 왼쪽부터 시작해서 오른쪽으로 움직이면서 4와 같거나 큰 수를 선택해. 2가 4보다 클까? 아니지. 27은 4보다 클까? 그렇지. 그래서 첫 번째 나눗셈은 27을 4로 나누는 거야. 이제는 27과 같거나 약간 작은 수가 나올 때까지 4를 곱하는 거야. 5를 해볼까? 5×4=20. 아냐, 너무 작아. 6을 해보자. 6×4=24. 괜찮군. 7도 해보자. 7×4=28. 아냐. 너무 크잖아. 그러니까 6이 맞다. (Schunk, 1998, p.146)

공격성

공격적이거나 폭력적인 모델을 보면 아동들이 더 공격적이 된다고 보고하는 수많은 연구들이 있다(Bandura, 1965b; Goldstein, Arnold, Rosenberg, Stowe, & Ortiz, 2001; Guerra, Huesmann, & Spindler, 2003). 아이들은 공격행동을 실제 인물을 통해서뿐만 아니라 영화, TV, 비디오 게임 등의 상징적 모델을 통해서도 배운다. 또 유명 음악에 있는 공격적인 가사도 공격성을 증가시킬 수 있다(C. A. Anderson et al., 2003; Carnagey, Anderson, &

Bartholow, 2007; Gentile, 2011).

제1장의 앞부분에서 풍선인형을 때리고 차는 사람이 나오는 영화를 본 아동에 대한 반두라(Bandura, 1965b)의 연구를 살펴보았다. 이 연구는 '모델이 공격행동에 대해 벌 받지 않고 강화받으면 사람들이 더 공격적이 되는가?'라는 질문을 다루고 있다(대답은 '그렇다'이다). 그런데 아동이 비공격적인 모델을 보면 어떨 것인가? 다른 연구(Bandura et al., 1961)에서 취학전 아동을 여러 장난감이 있는 방으로 데려가 그림을 그릴 수 있는 책상에 앉게 했다. 그곳에서 어떤 아동은 공격적인 모델을 관찰했다 — 한 어른이 들어와 풍선인형에게 여러 공격적 행동을 했다(예 : 공중으로 차고, 인형을 다리에 끼우고 인형의 머리를 나무망치로 때리고, '팡', '차버려', '코를 때려' 등의 말을 함). 다른 아동은 비공격적인 모델을 관찰했다 — 한 어른이 들어와 쌓기 블록을 가지고 건설적인 방법으로 놀았다. 또 다른 아동은 놀이방에서 아무런 모델도 보지 못했다. 그리고 이 아이들은 다른 방으로 가서 약간의 좌절을 경험했다 — 재미있는 장남감을 가지고 놀려고 할 때 장난감을 뺏겼다. 마지막으로 이들은 비공격적인 장난감과 공격적인 장난감(풍선인형과 나무망치를 포함함)이 있는 세 번째 방으로 가게 되었고, 여기에서 이들의 공격적 내용이 일방경 뒤의 다른 방에 있는 관찰자에 의해 기록되었다. 공격적인 모델을 본 아동들이 세 집단 중 가장 공격적이었고, 사실 공격적 모델이 보여준 행동을 많이 따라 했다. 비공격적인 모델을 본 아동이 모델을 보지 못한 아동보다 덜 공격적이었다. 공격성과 관련해서 모델은 양쪽으로 영향을 미칠 수 있다 — 공격적인 모델은 아동의 공격성을 증가시키며, 비공격적인 모델은 공격성을 감소시킨다는 것이다.

대인행동

학습자들은 다른 사람을 관찰하고 따라 하면서 많은 대인관계 기술을 습득한다. 예를 들어 학급 내 소집단에서 아동들은 문학 토론을 진행하는 서로의 전략을 사용하는데 여기에서 다른 사람의 의견을 구하는 방법("진수야, 너는 어떻게 생각해?"), 찬성이나 반대를 표현하는 방법("나는 … 때문에 연수에게 찬성이야"), 어떤 관점을 정당화하는 방법("나는 … 때문에 이것은 허용되어서는 안 된다고 생각해") 등을 배우는 것 같다(R. C. Anderson et al., 2001, pp. 14, 16, 25). 그리고 경증 또는 보통의 자폐 스펙트럼 장애를 지닌 아동은 비장애 친구들이 놀면서 좋은 사회적 기술을 사용하는 영상을 보면 같은 나이 친구들과 더 효과적으로 놀게 된다(Nikopoulos & Keenan, 2004).

학습자들은 관찰과 모델링을 통해 자애로움이나 다른 형태의 이타주의를 학습할 수 있다(B. B. Brown, Bakken, Ameringer, & Mahon, 2008; R. Elliott & Vasta, 1970; Jordan, 2003; Rushton, 1982). 한 연구(Rushton, 1980)에서 볼링 게임을 잘한 것에 대해 스스로 토큰으로 보상을 주는 모델을 아이들이 관찰했다. 일부 아이들은 모델이 방 뒤의 포스터에 있는 가난한 아이 바비에게 토큰의 반을 기부하는 것을 보았고 다른 아이들은 모델이 포스터를 무시하고 자기 토큰을 혼자 다 갖는 것을 보았다. 그 후 아이들이 볼링 게임을 하고 스스로 토큰으로 보상하도록 했다. 토큰은 나중에 상품으로 바꿀 수 있었다. 이들은 토큰을 바비에게 기부할 수도 있는데 그렇게 하면 자신의 구매력이 떨어진다. 자비로운 모델을 관찰한 아이들은 이기적인 모델을 본 아이들보다 더 기꺼이 자신들의 토큰을 바비에게 기부했다. 자애로움에서의 이 차이는 2개월 후의 추수 확인에서도 다시 한 번 관찰되었다.

대중매체에서의 모델도 영향을 미친다. 대중매체의 일부 인물들은 공격성을 장려하기보다는 친사회적 행동 — 자신의 행복을 증진하기보다는 다른 사람을 도우려는 행동 — 을 증진한다(D. R. Anderson, 2003; Huston, Watkins, & Kunkel, 1989; Jordan, 2003; Rushton, 1980). 예를 들어 프리드리히와 슈타인의 연구(Friedrich & Stein, 1973)에서 취학전 아이들이 로저스 아저씨의 이웃들이라는 협력, 동정, 나눔 등의 친사회적 행동을 강조하는 아동용 인기 TV 프로그램 4주 분량을 한 번에 시청했다. 이 아이들은 똑같이 4주 동안 공격적인 내용(예 : 배트맨)의 프로그램을 시청한 아이들보다 더 사회적으로 적절한 행동과 덜 공격적인 행동을 보였다.

모델이 어떤 행동을 말하지만 다르게 행동하면 어떨까? 브라이언(Bryan, 1975)의 연구 리뷰를 보면 명백한 결론이 나온다 — 모델이 무엇을 말하지만 다른 것을 행동하면 아이들은 모델이 말한 것이 아니라 행동한 것을 모방한다. 즉 모델이 말한 것을 행동으로 보여야 효과적이다.

효과적인 모델링의 필요조건

반두라(Bandura, 1977, 1986)는 다른 사람의 행동을 모델링하기 위해 주의(attention), 파지(retention), 동작 재현(motor reproduction), 동기화(motivation)의 네 가지 조건이 필요하다고 주장했다.

주의

한 행동을 정확하게 모방하려면 우선 모델에게, 특히 모델링할 행동의 중요한 부분들에 주의를 집중해야 한다. 예를 들어 마르타가 골프 스윙을 배우고 싶어 한다면 프로 골프 선수들이 어떻게 서는지, 다리 모양은 어떤지, 골프채는 어떻게 잡는지 등을 관찰해야 한다. 프로 선수가 목을 어떻게 가다듬는지 또는 양말이 잘 어울리는지 등의 별로 관계없는 것에 주의를 기울이는 것은 도움이 되지 않는다.

나는 5학년 때 매주 하루에 1시간씩 수업을 한 프랑스어 교사를 아직 기억하고 있다. 그녀는 항상 어두운 초록색 모직 옷을 입었는데 불행히도 그 옷은 땀을 흘리는 부분이 청록색으로 변했다. 나는 사람의 적은 땀방울로도 그렇게 멋있게 옷 색깔이 바뀌는 것에 매료되어서 그 청록색 부분에 집중했었다. 나는 모델에 주의를 집중하기는 했으나 실제로는 가장 중요한 그녀의 말에 집중하지 않았기에 프랑스어를 잘 배우지 못했다.

파지

주의를 집중한 후 학습자는 관찰한 행동을 기억해야 한다. 본 것을 단기간이라도 기억하는 간단한 방법은 기억할 필요가 있는 것을 여러 번 반복하는 **연습**(rehearsal)이다. 예를 들어 빈터와 동료들의 연구(Vintere et al., 2004)에서 한 어른이 3~5세의 아이들에게 여러 스텝이 필요한 춤을 보여주었다. 그것을 수행하면서 다양한 스텝을 말로 반복하라고 지시를 받은 아이들이 더 빨리 춤을 배웠다. 예를 들어 '나비 춤'을 출 때 이들은 혼잣말로 "미끄러지고 점프, 미끄러지고 점프, 달리고, 멈추고"를 말했다. '컵 케이크 춤'은 "스텝, 스텝, 점프, 하나, 둘, 셋"을 말하면 더 쉬웠다(p. 309).

반두라에 의하면 사람들은 자신이 관찰한 행동에 대한 언어적인 표상(수행할 행동을 설명하는 단계적 지시나 표식들)과 시각적 이미지를 같이 저장한다. 이같은 언어적, 시각적 **기억 코드**(memory code)는 모델이 관찰한 행동을 시범 보인 직후든 혹은 그 후 얼마 지나서든 관찰자가 그 행동을 수행하려 할 때 안내자의 기능을 한다. 이와 같은 기억 코드의 예로 내 아들 제프의 수영 교사는 닭, 비행기, 군인이라는 단어를 사용해서 기초적 배영의 세 가지 팔동작을 설명한다(그림 5.1 참조). 단어는 이 행동들의 언어적 코드를 제공하고, 교사가 그것을 시범 보여 주어서 언어적 이미지를 형성하도록 촉진한다.

학습자가 관찰한 행동에 대한 기억 코드를 형성하는 데 도움을 받으면 모델로부터 배우는 것이 쉬워진다(예 : Bandura, Jeffery, & Bachicha, 1974; Coates & Hartup, 1969; R. L. Cohen, 1989; Vintere et al., 2004). 예를 들어 거스트의 연구(Gerst, 1971)에서 대학생들이 농아들을 위한 수화의 많은 어려운 동작을 배웠다. 그 동작을 말로 설명하거나 이미지로 그

그림 5.1 사람들은 행동에 언어적 표식이 주어지면 더 쉽게 모델의 행동을 기억한다.

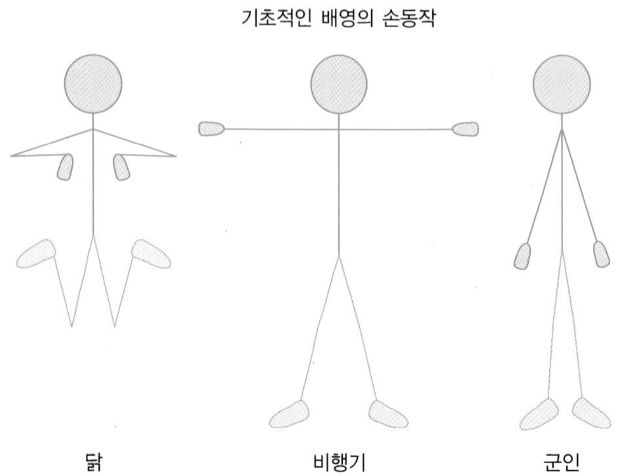

려보라고 지시받은 학생들은 그렇게 지시받지 않은 통제집단 학생보다 더 성공적으로 수화를 기억했다. 손동작을 묘사하는 언어적 표식을 개발하라고 지시받은 학생들이 가장 정확하게 수화를 기억했다.

인지이론가들은 정보를 기억하는 효과적인 방법에 대해서 사회인지이론가보다 훨씬 더 집중적으로 연구해왔다. 그래서 새로운 정보를 **입력**(encoding)하는 것에 대해서는 다음 장에서 더 심층적으로 살펴볼 것이다.

동작 재현

성공적인 모델링의 세 번째 조건은 당연한 것이지만 모델이 보인 행동을 실제로 반복하는 것이다. 신체적인 미성숙이나 힘이 약하거나 장애 때문에 관찰한 행동을 재현하지 못하면 이 세 번째 과정은 분명히 일어날 수 없다. 예를 들어 조음장애를 가지고 있는 아동은 아무리 *sassafras*라는 단어를 많이 들어도 그것을 정확하게 발음할 수 없다. 십대의 형이 축구공을 던지는 것을 보아도 기어 다니는 아이는 던지는 행동을 모방하기 위해 필요한 근육을 가지고 있지 않다.

나는 비만과의 계속적인 전쟁을 하면서 제인 폰다의 운동 교습 비디오테이프를 매일 저녁 열심히(최소한 한 달에 두 번 정도) 시청했다. 제인은 내가 꿈속에서라도 할 수 없을 정도로 이상하게 몸을 꼬아댔다. 나는 몸을 그렇게 여러 번 접을 수 없다. 나의 모델인 제인이 간단하게 하는 것을 모두 재현하는 것은 불가능했다.

학습자는 관찰한 행동을 수행할 수 있는 **능력**을 가지고 있어야 하고, 이상적으로는 관찰하는 동시에 그것을 수행할 **기회**를 가질 수 있어야 한다(예 : Ennis & Chen, 2011; Hayne, Barr, & Herbert, 2003). 관찰하면서 그 행동을 재현하는 것은 다음 두 가지 이유로 학습을 촉진한다. 하나의 이유는 그렇게 하면 학습자가 그 행동을 언어적, 시각적 형태로만이 아니라 **동작의**(motoric) 형태로도 부호화할 수 있다. 즉 그것이 포함하는 구체적인 행동의 형태로 부호화하는 것이다(R. L. Cohen, 1989). 게다가 모델이 있는 곳에서 모델링 행동을 하면 그 행동을 더 잘하기 위한 피드백을 받을 수 있다. 예를 들어 이전에 수학을 계속 잘 못했던 아이가 나눗셈을 배울 때 실제 해보고 즉각적으로 그 수행 정도에 대해 피드백을 받는다면 그런 실행과 피드백이 없는 것보다 훨씬 더 잘 배울 수 있다(Bandura, 1977; Hattie & Gan, 2011; Schunk, 1981; Shute, 2008).[6]

---

[6] 그러나 어떤 아이들은 새롭게 배운 행동을 혼자 해보고 나서 자신이 배운 것을 어른들에게 보이고 싶어 한다는 점을 주의해야 한다. 예를 들어 많은 미국 원주민 아이들이 이렇다(Castagno & Brayboy, 2008; Suina & Smolkin, 1994).

모델링은 신체적인 능력 없이는 일어날 수 없다.

동기화

모델링의 마지막 요인은 동기화이다 — 학습자는 배운 것을 수행하고 싶어 해야 한다. 예를 들어 우리 사회의 많은 사람들이 TV에서 배우가 다른 사람의 가슴에 총을 대고 위협하는 것을 보지만 다행히도 진짜 총으로 그런 행동을 모델링하는 사람은 거의 없다.

부모와 교사가 아동의 모델이지만 아동은 그들이 관찰한 부모나 교사의 행동을 모두 따라하지는 않는다. 예를 들어 나의 아이들은 내가 전화하면서 다른 사람에게 말하는 방식이나 과자 굽는 기술은 모델링하지만 어떤 이유에서인지 브로콜리 요리나 마룻바닥을 걸레질하는 것은 모델링하지 않는다. 아이들은 그렇게 할 어떤 이유(동기)가 있을 때에만 행동을 모델링한다.

요약하자면 반두라가 제시한 성공적인 모델링의 네 가지 조건은 주의, 파지, 동작 재현, 동기화다. 사람에 따라 이 조건들이 다르기 때문에 같은 행동을 사람에 따라 다르게 모델링하기도 한다. 예를 들어 마사와 메리는 테니스 강사의 스윙에서 각각 다른 측면에 주의를 기울인다. 마사는 강사의 자세에 주의를 기울이고 메리는 강사의 라켓 잡는 법에 주의를 기울인다. 또는 두 사람이 스윙에 대해 다른 시각적 이미지를 저장할 수 있다. 마사는 강사가 네트를 마주 보고 서 있는 것을 기억하고, 메리는 강사가 왼쪽 어깨를 네트 쪽으로 향하고 있는 것을 기억한다. 마사가 더 힘이 셀 수 있지만 메리가 테니스를 잘 치고 싶은 마음이 더 클 수 있다. 결과적으로 마사와 메리는 같은 테니스 스윙을 다르게 모델링할 수 있다. 모델링을 위한 네 가지 조건으로 인해 각 개인이 다르게 모델링할 뿐만 아니라 네 가지 중 어느 것이 없으면 아예 모델링이 일어나지 않을 수도 있다.

네 번째 조건인 동기화에서 자기효능감은 중요한 요소인데, 학습자들은 이 면에서 서로 매우 다른 경우가 많다. 이 개념을 잘 살펴보자.

자기효능감

사람들은 자신이 성공적으로 수행할 수 있다고 생각하는, 즉 높은 **자기효능감**(self-efficacy)을 지닌 행동을 더 하려고 한다(Bandura, 1982, 1989, 2006; Schunk & Pajares, 2004). 예를 들어 나는 여러분이 이 책에서 내가 제시한 아이디어들을 이해하고 기억할 능력이 있다고 믿기를 바란다. 즉 나는 여러분이 학습하는 방법을 배우는 것에 대해 높은 자기효능감을 지니고 있기를 바란다. 여러분은 강습을 받고 연습을 하면 멋진 다이빙을 할 수 있다고 생각할 수도 있고 그렇게 생각하지 않을 수도 있다. 즉 다이빙을 배우는 것에 대해 높거나 낮은 자기효능감을 가지고 있다. 숯불 위를 맨발로 걷는 것에 대해서는 매우 회의적일 텐데, 이는 그런 행동에 대한 낮은 자기효능감을 가지고 있는 것이다.

언뜻 보면 자기효능감은 자기개념이나 자기존중감과 비슷하지만 중요한 차이가 있다. 일반적으로 자기개념은 "나는 누구인가?"에 대한 대답이고, 자기존중감은 "나는 얼마나 좋은 사람인가?"에 대한 대답이다.[7] 두 가지 모두 다양한 활동에 관련된다고 여겨져서 사람들은 일반적으로 높거나 낮은 자기개념과 자기존중감을 지니고 있다고 기술된다. 이와는 달리 자기효능감은 "내가 이러이러한 일을 얼마나 잘할 수 있지?"를 다룬다. 즉 이것은 특정한 행동이나 영역에서의 수행 능력에 대한 학습자의 믿음을 말한다. 예를 들어 스완 다이브(양팔을 벌렸다가 입수할 때는 머리 위로 뻗는 다이빙 법-역주)를 배우는 데는 높은 자기효능감이 있는 사람이 수영장 레인 전체를 잠수해서 수영하는 것에 대해서는 낮은 자기효능감을 가질 수 있다. 수학보다는 언어나 사회과학을 배우는 것에 더 높은 자기효능감을 갖고 있는 사람도 있다(Joët, Usher, & Bressoux, 2011; Stodolsky, Salk, & Glaessner, 1991). 최근 학습과 동기이론에서 자기개념과 자기존중보다는 자기효능감이 더 두드러지게 나타나는데 이는 한편으로는 연구자들이 자기효능감을 더 일관성 있게 정의하기 때문이며, 또한 그것이 학습자의 수행을 더 잘 예언하기 때문이다(Bong & Clark, 1999; Bong & Skaalvik, 2003).

자기효능감이 행동과 인지에 영향을 주는 방법

사회인지이론가들에 의하면 사람들의 자기효능감은 학습 성공에 직간접적으로 관련되는 여러 가지에 영향을 미친다(예 : Bandura, 1997, 2000; Pajares, 2009; Schunk & Pajares, 2005; Zimmerman, 1998).

- **활동 선택** : 사람들은 자신이 성공할 수 있다고 생각하는 과제와 활동을 선택하는 경향이 있으며 실패할 것 같은 것은 피하려 한다. 예를 들어 수학을 잘할 수 있다고 생각하는

7 자기개념과 자기존중감의 의미는 상당히 중첩되며, 서로 바꾸어 쓰는 경우가 많기 때문에 그 차이를 구분하려고 지나치게 고민할 필요는 없다(Bracken, 2009; Byrne, 2002; O'Mara, Marsh, Craven, & Debus, 2006).

학생들은 수학적으로 무능력하다고 생각하는 학생에 비해 수학 강좌를 더 들으려 한다 (Eccles, Wigfield, & Schiefele, 1998).

- **목표** : 사람들은 특정 영역에서 높은 자기효능감을 가지고 있을 때 스스로에게 더 높은 목표를 세운다. 예를 들어 청소년들의 진로목표는 낮은 자기효능감을 갖고 있기보다는 높은 자기효능감을 가지고 있는 과목 영역을 반영한다(Bandura, Barbaranelli, Caprara, & Pastorelli, 2001; M.-T. Wang, Eccles, & Kenny, 2013).
- **노력과 지속** : 높은 자기효능감을 갖고 있는 사람은 과제를 수행할 때 노력을 기울이고, 효과적인 학습전략을 사용하며, 시련을 만나도 지속하는 경향이 있다. 과제에 대한 자기효능감이 낮은 사람은 노력을 덜 기울이고 어려움이 생기면 쉽게 포기한다. 사람들이 새로운 주제나 기술을 충분히 습득하지 않았을 때, 즉 어느 정도 더 노력해야 하는 때의 노력과 지속에 대해서 자기효능감이 가장 좋은 예견 지표일 것이다(Schunk & Pajares, 2004). 일단 충분히 습득하고 나면 과제 완성은 빠르고 쉽게 되기 때문에 노력을 기울일 필요가 없게 된다.

이런 요인들의 결과로 초기의 능력 수준이 같더라도 높은 자기효능감을 가진 사람들이 낮은 자기효능감을 가진 사람보다 더 배우고 성취하는 경향이 있다. 즉 처음에는 비슷한 능력을 가지고 있던 사람들 중에 과제를 할 수 있다고 믿는 사람이 성공할 수 없다고 생각하는 사람보다 성공적으로 그 일을 마칠 가능성이 높다. 청소년과 성인 학습자에게 자기효능감은 특히 중요한 요인이다. 이들은 통상 어린 아동보다 과제 학습에 독립적이며, 따라서 어느 정도 스스로 시작할 수 있어야 하기 때문이다(Bembenutty & Karabenik, 2004; Davis-Kean et al., 2008; Schunk & Pajares, 2005; Valentine, DuBois, & Cooper, 2004; Zimmerman & Kitsantas, 2005).

이상적으로는 학습자는 자신이 무엇을 성취할 수 있는지 아닌지에 대해 합리적으로 정확한 감각을 가지고 있어서 자신의 힘을 활용하고 부족한 점을 보완할 수 있어야 한다(Försterling & Morgenstein, 2002; J. Wang & Lin, 2005). 반면 지나치게 자신감이 넘치는 아이도 잘 할 수도 있는데 이는 지나친 자신감으로 인해 도전적인 활동을 하게 되면 새로운 기술과 능력을 개발할 수 있기 때문이다(Assor & Connell, 1992; Bandura, 1997; Pajares, 2009). 여기에서 '나는 배우고자 하면 이것을 배울 수 있어'라는 **학습에 대한 자기효능감**(self-efficacy for learning)과 '나는 이것을 하는 방법을 이미 알고 있어'라는 **수행에 대한 자기효능감**(self-efficacy for performance)을 구분하는 것이 유용하다. 노력을 해서 결국 할 수 있을 것이라는 학습에 대한 자기효능감은 낙관적 측면에 관한 것이고, 수행에 대한 자기효능감은 현재의 능력 수준과 더 관계된 것이다(Lodewyk & Winne, 2005; Schunk & Pajares, 2004; Zimmerman & Kitsantas, 2005).

학습자가 자신의 능력을 과소평가하면 손해를 본다. 그런 상황에서는 낮은 목표를 정하고 작은 장애물을 만나도 쉽게 포기한다. 그러나 너무 자신감이 넘쳐도 문제가 된다. 학습자가 너무 자신이 있으면 비현실적으로 높은 기대를 형성하거나 성공을 위해 충분히 노력하지 않아서 실패하게 된다. 그리고 이들은 약점을 가지고 있다는 것을 모르기 때문에 약점을 보완하려는 노력을 하지 않는다(Bandura, 1997; H. W. Stevenson, Chen, & Uttal, 1990; Zimmerman & Moylan, 2009).

자기효능감의 발달 요인

인지심리학자들과 다른 연구자들은 이전의 성공과 실패, 현재의 심리적 상태, 다른 사람들이 이야기하는 메시지, 다른 사람의 성공과 실패, 소속 집단의 성공과 실패 등 몇 가지 요소가 자기효능감의 개발에 영향을 미친다는 것을 밝혀냈다.

이전의 성공과 실패

의심할 여지없이 특정 과제에 대한 이전 성공과 실패 경험은 사람들의 자기효능감에 영향을 미치는 가장 중요한 요인이다(J. Chen & Morris, 2008; Schunk & Pajares, 2005; Usher & Pajares, 2008; T. Williams & Williams, 2010). 분수를 곱하는 과정을 성공적으로 마친 학생은 나눗셈을 잘 배울 수 있다고 생각할 것이다. 마찬가지로 축구 기술을 잘 습득한 학생은 필드하키나 럭비도 잘할 능력이 있다고 생각할 것이다. 어떤 경우 학습자는 시간이 지남에 따라 경험한 자신의 진보에 근거를 두고 성공을 판단한다. 이와는 달리 동료들과 비교해서 자신이 얼마나 더 잘 수행하는지를 기초로 판단을 하는 학습자도 있다(R. Butler, 1998a; Pajares, 2009; Schunk & Zimmerman, 1997).

일단 높은 자기효능감을 갖게 되면 어쩌다가 실패를 해도 낙관성이 크게 위축되지는 않는다. 사실 역사적으로 성공적이었던 사람들은 성공을 성취하는 과정에서 작은 실패를 경험하면서 지속적인 노력과 인내가 성공의 핵심 요소라는 것을 배운다. 즉 **탄력성 있는 자기효능감**(resilient self-efficacy)을 개발한 것이다(Bandura, 1989, 2008). 그러나 한 특정 과제에서 지속적으로 실패를 경험하면 향후 그 과제에서의 성공에 대해 비관적이 되기 쉽다. 각각의 새로운 실패는 그 과제에 대해 이미 '알고' 있던 내용을 확인시켜준다 — 그들이 그 과제를 잘할 적성이 적거나 없다. 예를 들어 학습장애를 지닌 학생 — 수업 활동에서 계속 실패를 경험하는 학생 — 은 학교에서 배우는 것에 대해 낮은 자기효능감을 갖는다(Klassen & Lynch, 2007; Lackaye & Margalit, 2006).

현재의 신체 상태

지금 여러분이 이 책을 읽는 데 매우 피곤하다고 느낀다고 생각해보자. 아마 지난 밤에 잘 못

잤거나 오늘 너무 일을 많이 해서 정말로 피곤할 수 있다. 여러분의 몸이 지금은 새로운 일을 해서는 안 된다고 말하는 것으로 생각한다면 지금 읽는 것을 잘 기억할 수 있다고 확신하기 어려울 것이다.

보다 일반적으로 사회인지이론가들은 현재의 신체 상태 — 특히 생리적 신호에 대한 해석 — 가 지금 하는 일에 대한 자기효능감에 영향을 미친다고 본다. 예를 들어 일반적인 긴장 — 신경과민이나 안절부절못하는 것으로 나타나는 — 은 학생으로 하여금 그 순간 하려고 하는 일을 할 수 없다고 결론짓게 할 수 있다. 비록 그 긴장이 그 과제와는 상관없이 생겼을 경우에도 그렇다(Bandura, 1997; Ciani, Easter, Summers, & Posada, 2009; Schunk & Pajares, 2005). 그 결과 생긴 낮은 자기효능감은 학생의 수행 수준을 낮게 해서 결국 그 과제 자체가 불안과 스트레스를 일으키게 된다.

다른 사람들로부터의 메시지

다른 사람이 잘했다고 칭찬하거나 성공이 가능하다고 확신을 주면 자기효능감 신념이 어느 정도 높아진다. 학교에서 "넌 노력하면 이 문제를 풀 수 있어", "네가 주디에게 부탁만 하면 그 애가 너와 함께 놀 거야"라고 말해주기만 해도 학생의 자기확신을 약간 끌어올리게 된다. 그러나 학생이 그 과제에서 결국 성공하지 않으면 이 자기확신은 지속되지 않는다(Schunk, 1989a; Schunk & Pajares, 2005).

학습자들이 받는 메시지는 명백하게 진술되기보다는 숨겨져 있는 경우도 있지만 여전히 자기효능감에 영향을 미친다(Hattie & Timperley, 2007; Tunstall & Gipps, 1996). 예를 들어 형편없는 연구 보고서를 잘 쓰게 하려고 건설적인 비평을 할 경우 이 비평은 간접적으로 '나는 네가 더 잘할 수 있다는 것을 알아. 이렇게 하면 돼'라는 메시지를 전하게 되어 학생의 보고서에 대한 자기효능감을 높이게 된다.

행동이 말보다 더 큰 영향력을 발휘하기도 한다 — 어떤 경우에는 격려하는 메시지를, 다른 경우에는 좌절시키는 메시지를 전달한다. 예를 들어 학생에게 너무 쉬운 과제만을 주는 교사는 학생으로 하여금 어려운 과제는 할 수 없다는 생각을 갖게 한다(R. Rosenthal, 1994). 교사가 힘들어하는 학생에게 필요 이상으로 너무 많은 도움을 주게 되면 '나는 네가 스스로 이것을 할 수 없다고 생각해'라는 메시지를 전달하게 된다(Schunk, 1989b).

다른 사람의 성공과 실패

사람들은 다른 사람, 특히 자신과 비슷해 보이는 사람의 성공과 실패를 관찰함으로써 자기효능감을 형성하기도 한다(J. Chen & Morris, 2008; Dijkstra, Kuyper, van der Werf, Buunk, & van der Zee, 2008; Schunk & Pajares, 2005). 예를 들어 학생들이 새로운 과제에서의 성공 가능성을 평가할 때 친구들, 특히 비슷한 능력을 가진 친구들의 성공과 실패를 염두에 둔다. 그러므로 학급친구가 성공적으로 수행하는 것을 보는 것이 교사가 그렇게 하는 것을 보는 것보다 더 효과적이다. 예를 들어 한 연구(Schunk & Hanson, 1985)에서 뺄셈을 잘 못하는 초등학생들에게 25개의 뺄셈문제를 풀게 했다. 다른 학생이 문제를 잘 푸는 것을 본 학생들은 평균 19개를 푼 반면에 교사가 문제 푸는 것을 본 학생들은 평균 13개를, 아무 모델도 보지 못한 학생들은 8개만을 풀었다.

친구 모델이 처음에는 과제에 대해 힘들어하다가 점차로 그것을 완성해가는 것을 보는 것이 처음부터 완벽하게 과제를 수행하는 것을 보는 것보다 효과적이라는 것은 흥미롭다(Kitsantas, Zimmerman, & Cleary, 2000; Schunk, Hanson, & Cox, 1987; Zimmerman & Kitsantas, 2002). 아마도 이런 **대처 모델**(coping model)을 봄으로써 성공은 쉽게 오는 것이 아니라 노력과 연습을 필요로 한다는 것을 학습자들이 배우고, 모델이 성공하기 위해 사용한 전략을 관찰할 기회를 갖게 될 것이다.

집단 전체의 성공과 실패

혼자 일하기보다는 집단으로 일할 때, 그리고 특히 그 집단이 성공을 하게 되면 자기효능감이 더 커진다. 이런 **집단 자기효능감**(collective self-efficacy)은 자신과 다른 사람들의 능력에 대한 인식뿐만 아니라, 효과적으로 함께 일하고 역할과 책임을 조정하는 방법을 아는 것에 대한 지각의 기능을 한다(Bandura, 1997, 2000; Klassen & Usher, 2010).

최근까지 집단 자기효능감에 대한 연구는 성인에게 초점을 두고 있다. 예를 들어 학교의 교사 전체가 학생들의 생활에 의미 있는 변화를 줄 수 있다고 믿으면 다음의 몇 가지 방법으로 학생의 성취에 영향을 미친다.

- 학생들을 더 잘 도울 수 있는 새로운 생각과 교수 전략을 실험해보려 한다.
- 학생들의 수행에 대해 더 높은 기대를 갖고 더 높은 목표를 세운다.
- 학생들을 더 열심히 가르치고 더 지속적으로 학생들을 돕는다(Bandura, 1997; Roeser, Marachi, & Gehlbach, 2002; Skaalvik & Skaalvik, 2008; Tschannen-Moran, Woolfolk Hoy, & Hoy, 1998).

이런 효과는 유사해 보인다—자기효능감은 학습자의 활동 선택, 목표, 노력, 지속성 등에 영향을 미치는 것과 유사하게 교사의 선택, 목표, 노력, 지속성 등에도 영향을 미친다. 그리고 아마도 이것의 결과로 학생들은 학습에 대해 더 높은 자기효능감을 갖게 되고 실제로 더 높은 수준을 성취한다(Goddard, 2001; Goddard, Hoy, & Woolfolk Hoy, 2000; Roeser et al., 2002; Tschannen-Moran et al., 1998).

아이들은 집단이 원활하고 효과적으로 기능한다면 집단으로 작업할 때 더 높은 자기효능감을 가질 것이다(소집단 활동에 대해서는 제11장에서 살펴본다). 이제 아이들은 독립적인 학습과 수행의 기술을 습득해야 하는데 이제 이것에 대해 살펴보자.

자기조절

자라나는 아이들은 주변 사람들이 하는 행동을 계속 관찰하고 자신과 다른 사람의 행동 결과를 관찰하면서 그 사회와 문화에서 어떤 행동이 받아들여지거나 받아들여지지 않는지, 그리고 어떤 행동이 그들의 성공을 가져오거나 가져오지 않을지를 점차 학습하게 된다. 결국 아이들은 어떤 행동이 적합하고 어떤 행동은 적합하지 않은지에 대한 자신만의 생각을 형성하게 되며 그에 따라 행동하게 된다. 이런 **자기조절**(self-regulation)이 발달함에 따라 어린 학습자들은 개인적 대리인의 감각 — 자신의 인생을 상당히 통제할 수 있다는 확신 — 이 커진다(Bandura, 2008).

사회인지이론가만이 자기조절의 특성을 연구하지는 않았다. 행동주의자들(예 : Belfiore & Hornyak, 1998; Newquist, Dozier, & Neidert, 2012)도 여러 인지 및 발달이론가들(예 : 제11장의 비고츠키에 대한 논의와 제12장에서의 자기조절학습 참조)처럼 이에 대해 이야기했다. 그러나 사회인지이론가들은 다른 이론가들이 기초하고 있는 바를 상당한 정도 제공했다. 이 장에서 행동주의와 인지주의의 요소를 혼합하여 자기조절행동의 특성을 살펴보자.

자기조절의 요소

사회인지이론가의 관점에서 보면 자기규제는 기준과 목표 설정, 자기관찰, 자기조절, 자기반응, 자기반성 등의 단계를 거친다(Bandura, 1986, 2008; Schunk, 1989c, 1998; Zimmerman & Schunk, 2004).

기준과 목표 설정 성숙한 인간은 자신의 행동에 대한 기준을 설정하는 경향이 있는데 이는 받아들여질 수 있는 행위가 무엇인가 하는 기준을 세우는 것이다. 그리고 사람들은 자신이 가치 있다고 생각하는 목표를 설정하고 그 목표를 달성하기 위해 많은 행동을 한다.

사람들의 구체적인 기준과 목표는 자신이 관찰한 다른 사람들의 기준과 목표에 어느 정도 의존하고 있다(Bandura, 1986, 2008; Fitzsimmons & Finkel, 2010). 즉 모델의 행동이 학습자의 기준과 목표에 영향을 미친다. 예를 들어 반두라와 쿠퍼스의 연구(Bandura & Kupers, 1964)에서 아동들은 성인이나 아동 모델들이 볼링 게임에서 자신의 수행에 대해 사탕이나 스스로의 칭찬으로 보상을 주는 것을 관찰했다. 일부 아동들은 모델이 20점이나 그 이상(매우 높은 점수)을 얻어야만 보상을 주는 것을 관찰했다. 이 모델들은 19점까지는 계속 자신을 채근했다. 다른 아동들은 모델이 10점 정도를 얻으면 보상을 주는 것을 관찰했다. 그 후 아동들에게 혼자 게임을 하고 원하면 언제든지 사탕을 가질 수 있게 했다. 반두라와 쿠퍼스는 아동들이 자신이 관찰한 모델이 사용한 기준과 매우 유사한 수행 기준을 사용하여 자신에게 강화를 주는 경향이 있음을 발견했다.

자기관찰 행동하는 자신을 관찰하는 것은 자기조절의 중요한 부분이다. 중요한 목표를 향해 나아가기 위해서는 어느 정도 객관성을 갖고 자기 행동의 어느 부분이 잘 되고 어느 부분은 더 개선해야 하는지를 비판적으로 볼 수 있어야 한다.

자기평가 사람들의 행동은 종종 친척, 교사, 학우, 친구, 대중 등 다른 사람에 의해 평가된다. 그러나 결국 사람들은 스스로 세운 기준에 기초하여 자신의 행동을 판단하고 평가한다.

자기반응 사람들은 점차 자기조절을 해나가면서 목표를 달성했을 때 스스로 잘했다고 말하거나 자랑스러워하는 등의 방법으로 자신을 강화하기 시작한다. 또한 자신이 선택한 수행 기준을 충족하지 못했을 때 유감스러워하거나 죄책감을 느끼거나 부끄러워하는 등 스스로를 벌한다. 이런 자기칭찬과 자기비판은 다른 사람들이 주는 강화와 벌처럼 인간의 행동을 변화시키는 영향력이 있다(Bandura, 1977, 1986, 2008).

예를 들어 평범한 지능을 소유했다고 생각하는 제이슨이라는 학생을 살펴보자. 제이슨은 다른 보통의 학생들의 성취와 비슷한 학업 성취 목표를 세울 것이다. 그는 B학점을 받으면 스스로를 칭찬하며, 앞으로도 그 정도의 노력을 기울일 것이다. 그와는 달리 조안나는 그 반에서 성적이 좋은 학생들을 친한 친구로 두고 있다. 조안나가 자신의 능력이 친구들의 능력과 비슷하다고 생각한다면 높은 목표를 세울 것이고 제이슨이 자랑스러워하는 B학점을 받으면 자신을 책망할 것이다. B학점이 그녀의 자기효능감을 떨어뜨리지 않는다면 다음에는 그 과제를 수행할 때 더 열심히 노력할 것이다(Bandura, 1989).

자기반성 정말로 자기조절을 잘하는 사람은 마지막으로 자신의 목표, 지난 성공과 실패, 자신의 능력에 대한 믿음 등을 반성하고 비판적으로 검토해서 잘 맞지 않았던 목표, 행동, 신념을 조정한다. 반두라가 보기에 그런 비판적인 자기반성은 자기조절 중 가장 두드러진 인간적 측면이다(Bandura, 2008). 자기반성은 초인지(metacognition)의 핵심 요소로서 우리는 제12장에서 살펴볼 것이다.

자기조절행동 향상시키기

인간은 생애 초기부터 자신의 행동을 자기조절하는 능력에서 차이를 보인다 — 이는 **의도적 통제**(effortful control)이라고 알려진 개인차 변인이다. 특히 어떤 사람은 다른 사람보다 생산적이지 않은 충동적 반응을 자제하는 능력이 뛰어나다(Casey & Caudle, 2013; Rothbart, 2011; Rothbart, Sheese, & Posner, 2007). 의도적 통제는 뇌, 특히 전전두엽 피질에 기초하고 있다. 제2장에서 보았듯이 전전두엽 피질은 성인 초기 — 10대 후반이 되어야 충분히 성장한다.

비록 어떤 사람들은 다른 사람보다 자기조절 능력이 뛰어나지만 몇 가지 전략이 인간의 행동 통제 능력을 향상시키는 데 도움이 된다. 이런 전략은 **자기통제** 또는 **자기관리**라고도 불리며 자기지시, 자기점검, 자기강화, 자기부여 자극 통제 등이 있다.[8]

자기지시

학습자들에게 그들의 행동을 안내하는 **자기지시**(self-instruction)를 반복하라고 하는 것이 효과적인 전략이다(Hatzigeorgiadis, Zourbanos, Galanis, & Theodorakis, 2011; Meichenbaum, 1985; Schunk, 1989c). 예를 들어 제1장 초반부에 취학전 아동들이 새로운 춤을 배울 때 "미끄러지고, 점프, 미끄러지고, 점프, 뛰고 정지"와 같이 구체적인 반응 순서를 기억하면 더 쉽게 배우는 연구를 살펴보았다(Vintere et al., 2004, p. 309). 자기지시는 운동할 때도 큰 도움이 된다 — 예를 들어 주의집중이 필요할 때 "목표를 본다"라고 혼잣말을 하거나, 올바른 자세를 만들기 위해 "팔꿈치를 높게"라고 말하기(Hatzigeorgiadis et al., 2011, p. 349; Ziegler, 1987). 다른 연구들을 통해 자기지시가 학업과제를 더 효과적으로 수행하는 방법을 습득하기, 사회적 기술 향상하기, 충동적이고 공격적인 행동을 자제하기 등에 효과적임이 밝혀졌다(Alberto & Troutman, 2013; Hughes, 1988; Veenman, 2011; Webber & Plotts, 2008).

마이첸바움(Meichenbaum, 1977)은 아동들이 스스로에게 자신의 행동을 안내할 지시를 주는 방법을 가르치는 다섯 단계를 제시했다.

1. 인지적 모델링 : 성인 모델이 수행을 안내하는 지시를 말하면서 목표 과제를 수행한다.
2. 외현적 타인 안내 : 성인이 말로 지시하는 것을 들으면서 아동이 과제를 수행한다.
3. 외현적 자기안내 : 아동이 지시를 크게 말하면서 과제를 수행한다.
4. 외현적 자기안내 사라져감 : 아동이 지시를 속삭이면서 과제를 수행한다.
5. 내면적 자기지시 : 아동이 속으로 생각하면서 과제를 수행한다.

이 순서를 그림 5.2에 시각적으로 묘사했다. 여기에서 어른은 행동에 대해서만이 아니라 자기지시에 대해서도 모델이 되는 것을 볼 수 있다. 점차 과제를 수행하고 수행을 안내하는 책임이 아동에게 넘어간다.

자기점검

사람들이 자기 행동을 통제할 수 있도록 하는 또 하나의 방법은 응용행동분석 방법으로 다른

[8] 일부 이론가들은 자기통제와 자기조절을 구분한다. 예를 들어 Díaz, Neal, Amaya-Williams(1990)는 자기통제란 다른 사람이 없을 때에도 그가 세운 적절한 행동에 대한 기준을 따르는 것이고 자기조절은 적절한 행동에 대해 자신의 기준을 세우는 것이라고 정의한다. Schunk와 Zimmerman(1997; Kitsantas et al., 2000; Zimmerman & Kitsantas, 1999)은 자기통제는 모델의 수행으로부터 획득된 내적 기준과 자신의 수행을 비교하는 것에 크게 의존하는 반면 진정한 자기조절은 더 자동적이고 유연하며 변화하는 환경에 적응하는 것을 허용한다고 보았다.

	과제 수행	과제 안내
1단계 : 인지적 모델링	성인이 모델로서 바람직한 행동을 수행함	성인이 지시를 말함
2단계 : 외현적 타인 안내	아동이 바람직한 행동을 수행함	성인이 지시를 말함
3단계 : 외현적 자기안내	아동이 바람직한 행동을 수행함	아동이 지시를 크게 반복함
4단계 : 외현적 자기안내 사라져감	아동이 바람직한 행동을 수행함	아동이 지시를 속삭임
5단계 : 내면적 자기지시	아동이 바람직한 행동을 수행함	아동이 지시를 속으로 생각함

그림 5.2 마이첸바움의 자기조절행동 향상 5단계

사람의 행동을 평가하듯이(제4장 참조) 자기 자신의 반응을 관찰하고 평가하는 **자기점검**(self-monitoring)을 하도록 하는 것이다. 단지 반응을 기록하는 것만으로도 행동의 빈도를 변화시킬 수 있다. 예를 들어 우리 가족이 몇 주간 TV 시청 습관을 기록하는 무작위 연구대상에 선정되었었다. 우리는 연구를 위해 특별히 만들어진 양식에 TV를 본 날짜, 시간, 길이, 프로그램 등의 TV 보는 행동을 모두 기록하라고 지시를 받았다. TV를 켜려고 할 때마다 그 기록을 하기 위해 해야 할 일을 떠올리게 되고, 그래서 종종 다른 일을 하곤 했다.

자기점검은 학급 상황에서도 할 수 있다. 예를 들어 수업에 집중하지 못하는 학생에게 일정한 시간마다 울리는 알람을 준다. 알람이 울릴 때마다 학생은 "나는 지금 주의집중하고 있는가?" 하는 질문을 한다. 바람직한 행동이 증가하는 것처럼 바람직하지 않은 행동도 자기점검을 통해 감소할 수 있다. 예를 들어 차례를 어기며 말하기, 교사의 지시를 따르지 않기, 친구를 때리기 등의 파괴적인 학급 행동을 줄이는 데 자기점검이 효과적이었다. 자기점검을 통해 학습자들은 자신들이 얼마나 자주 그런 비생산적인 행동을 하는지를 더 분명하게 알게 되고, 이렇게 알게 되는 것이 행동 개선에 핵심 요인이 된다(DuPaul & Hoff, 1998; K. R. Harris, 1986; Mace, Belfiore, & Hutchinson, 2001; Reid, Trout, & Schartz, 2005; Webber, Scheuerman, McCall, & Colerman, 1993).

비디오 기술을 사용해서 학습자의 자기점검 능력을 더욱 향상시킬 수 있다(Bear, Torgerson, & Dubois-Gerchak, 2010; Hitchcock, Dowrick & Prater, 2003; Prater, Carter, Hitchcock, & Dowrick, 2011). 예를 들어 공격성, 분노 폭발, 과제 수행 거부 등의 행동으로 부모와 교사를 진빠지게 하는 5학년의 머리 좋은 찰스의 사례를 살펴보자. 전통적인 행동주의적 기법(체계적인 칭찬, 타임아웃, 토큰 경제 등), 상담, 자기점검 양식 기록 등 어떤 것도 찰스에게 효과가 없었다. 그런데 특수교육 교사가 수학시간에서의 그의 행동을 비디오로 촬영해서 보여주자 그는 "내가 정말 저렇게 보여요?", "비디오 꺼주세요!"라고 하며 깜짝 놀랐다. 찰스는 '정상적인' 아동이 되기를 강하게 원하게 되었고, 학급에서의 행동이 눈에 띄게 순응적으

로 좋아졌으며, 전에는 거부했던 칭찬, 토큰 등의 강화물을 받아들이기 시작했다(Bear et al., p. 83).

자기강화

교재를 쓰는 것은 중요한 과제이다. 나는 연구실에서 매일 컴퓨터 자판을 두드리면서 내가 왜 따뜻하고 편안한 우리 집 거실에서 정말 재미있고 마음 편한 일을 하지 않고 대신에 이런 일을 열심히 하고 있나 하는 생각을 하기도 한다. 그래도 매일 나는 몇 페이지라도 완성하기 위해 사무실에 나온다. 내가 어떻게 이렇게 하고 있을까? 나는 이 책의 작은 절을 마칠 때마다 나에게 강화를 준다. 예를 들어 여러분들이 방금 읽은 자기효능감 부분을 완성하고는 나에게 내가 좋아하는 TV 게임 쇼를 볼 수 있도록 허용한다. 그러나 나는 이 자기조절에 대한 부분을 완성해야 내 친구들이 그동안 계속했던 친구와 대화(Words with Friends) 게임을 하고 있는지를 스마트폰으로 확인할 수 있다. 나는 이 전략을 개인적으로 '조건부로 여유 부리기(contingent vegging)'라고 부르는데, 일반적으로는 **자기강화**(self-reinforcement)라고 알려져 있다.

사람들은 바람직한 행동을 했을 때 보상이나 특별한 권리를 주지만 행동을 하지 않았을 때에는 강화를 주지 않는 자기강화를 통해서 생산적인 행동을 증가시키기도 한다(Mace et al., 2001; Reid et al., 2005). 예를 들어 나는 제3장에서 언급한 프리맥 원리를 적용해서 책 저술하는 행동을 계속할 수 있다. 내가 좀 더 어려운 과제를 완성하고 나서야 쉽고 즐거운 활동을 하도록 하는 것이다.

학생들이 자신의 성취에 대해서 스스로를 강화하는 것을 배우게 되면 학업 습관과 성취가 향상된다. 이 강화는 스스로에게 자유로운 시간을 주는 것, 작은 축하를 해주는 것, 간단하게 자신을 칭찬하는 것 등일 수 있다(Greiner & Karoly, 1976; S. C. Hayes et al., 1985; Reid et al., 2005). 한 연구(H. C. Stevenson & Fantuzzo, 1986)에서 수학 실력이 좋지 않은 학생들에게 자신이 과제를 잘하면 스스로에게 점수를 주도록 하고 이 점수로 나중에 여러 종류의 물품과 권리를 '구매'할 수 있게 했다. 몇 주가 지나자 이 학생들은 다른 학급친구들처럼 과제와 숙제를 다 잘하게 되었다.

자기부여 자극 통제

제3장에서 다룬 조작적 조건화에 대한 논의를 돌아보면 한 반응은 어떤 자극 상황이 주어지면 나오지만 다른 자극 상황에서는 나오지 않아 자극 통제 아래에 있다. 이 아이디어를 자기조절을 향상시키는 효과적인 도구로 전환할 수 있는데(Mahoney & Thoresen, 1974), 나는 이를 **자기부여 자극 통제**(self-imposed stimulus control)라고 부른다. 어떤 바람직한 행동을 증가시키기 위해 개인에게 그 행동이 가장 잘 일어날 것 같은 환경을 찾아보라고 한다. 예를 들

저자는 자기조절을 하고 있다.

어 매일 공부하는 시간을 늘리고 싶어 하는 학생은 집의 침대보다는 도서관 책상에 앉아 있어야 한다. 거꾸로 바람직하지 않은 행동을 줄이려면 일정한 환경에서만 그 행동에 관계해야 한다. 예를 들어 내가 아는 어떤 심리학자는 담배를 끊기 위하여 자신에게 흡연을 허용하는 장소를 점차 줄여나갔다. 결국 그는 그의 연구실 벽을 보면서만 담배를 피울 수 있게 되었는데, 이 시점에서 그는 금연에 성공했다.

여기에서 우리는 자기조절을 증진하기 위한 기법들은 학습자가 부적절한 행동을 금지할 수 있는 신경 상태에 있고, 자신의 행동을 변화시키려는 동기를 가지고 있어야 효과를 보일 수 있다는 점에 주의해야 한다. 이런 환경이라야 그런 기법들을 통해 학습자들은 자신의 행동뿐만 아니라 환경에 대해서도 통제력을 가지고 있다는 것을 알게 된다(상호 원인에 대한 이전의 논의를 기억해보자). 그러나 세 가지 주의점이 있다. 첫째, 자기조절 전략을 배운 사람들이 바람직한 행동을 수행할 능력을 가지고 있어야 한다. 예를 들어 학습 습관을 변화시키고 싶어 하는 학생들은 성공을 위해 필요한 학업 기술을 가지고 있을 때에야 높은 성적을 얻을 것이다. 둘째, 사람들은 자신이 필요한 행동 변화를 이룰 수 있다고 믿어야 한다. 즉 높은 자기효능감을 가지고 있어야 한다(Pajares, 2009; Schunk, 1998; Zimmerman & Schunk, 2004). 셋째, 사람들은 자신이 빨리 변할 것이라고 기대하지 않아야 한다. 많은 사람들이 하룻밤 사이에 변화하기 원하지만 자신이든 다른 사람이든 누군가를 변화시키는 것은 보통 느리고 점차적인 과정이다. 마치 다이어트를 해서 1주일에 40파운드가 줄어들 수 없는 것처럼 계속 성적이 안 좋던 학생이 금방 장학금을 받는 수준이 될 수는 없다. 자기조절 기법이 효과적이려면 자신에 대한 기대가 실제적이고 현실적이어야 한다.

자기조절의 인지적 측면

우리는 자기조절이 행동뿐만 아니라 인지적 과정을 포함하고 있다는 많은 증거를 보아왔다. 구체적인 예로, 마이첸바움의 자기지시 수업의 마지막 단계(그림 5.2 참조)에서 학습자는 모델이 준 지침을 말하지 않고 단지 생각한다. 일반적으로 수행의 목표 설정, 자기평가, 자기반응(예 : 자랑스러움 또는 부끄러움) 등은 그 특성상 행동적이라기보다는 인지적이다.

최근 들어 심리학자들은 자기조절 개념을 정신 과정 통제에 더욱 명백하게 적용하고 있다. 특히 이제는 자기조절행동만이 아니라 **자기조절 학습**(self-regulated learning)에 대해 말하고 있다. 예를 들어 자기조절 학습자들은 학습행동에 대한 목표를 세우고 그 목표를 성취할 수 있는 학업 전략을 선택하고, 목표를 향해 가는 과정을 점검하고, 필요하면 학업 전략을 변화시킨다. 이 자기조절 학습에 대해서는 앞으로 제12장에서 인지와 사회인지이론가들의 연구를 바탕으로 초인지와 학습전략을 논의하면서 더 상세하게 살펴볼 것이다.

사회인지이론의 교육적 시사점

행동주의자와 사회인지이론가들은 학습에 영향을 미치는 환경 요인에 관심을 두고 변화시켜서 모든 연령의 학습자들이 보다 나은 학업 기술과 보다 적합한 교실 행동을 습득할 수 있도록 도울 수 있다는 낙관적 견해를 갖도록 해준다. 그러나 사회인지이론은 여기에 **상호 원인**(reciprocal causation)이라는 중요한 개념 하나를 추가한다. 교육자는 가르치는 방법과 학급 환경을 선택하고 수정해서 학생의 행동을 개선하고, 이는 학생의 자기효능감과 기타 개인적 특성을 향상시킨다. 이는 학생의 자기조절행동을 지원하고, 이는 학생이 교실 경험에서 더 유익을 얻게 한다. 이처럼 환경, 행동, 개인 변인 간에 계속 상호작용이 일어난다.

사회인지이론은 교실 안에서 실행할 수 있는 많은 시사점을 제시한다. 중요한 몇 가지를 살펴보면 다음과 같다.

- **학생들은 단순히 다른 사람을 관찰하는 것을 통해서도 많은 것을 배운다.** 스키너와 같은 전통적인 행동주의자에 따르면 학습이 이루어지기 위해서는 사람들이 적극적인 반응을 해야 한다. 그러나 이 장에서 우리는 다른 사람을 관찰해서 이루어지는 학습에 관한 많은 사례를 살펴보았다. 게다가 학생들은 대리 경험을 통해 어떤 행동이 받아들여지고 받아들여지지 않는지를 배우는데, 특히 다른 사람이 다양한 반응에 대해 각각 강화나 처벌을 받는 것을 보게 될 때 더 그렇다. 따라서 교사와 학교 관계자들은 강화와 처벌을 시간적으로뿐만 아니라 학생에 따라서도 매우 일관성 있게 제공해야 한다. 사실 학생들은 교사가 학생에 따라 다른 행동 기준을 적용할 때 매우 실망한다(Babad, Avni-Babad, & Rosenthal, 2003; J. Baker, 1999; Certo, Cauley, & Chafin, 2003).
- **행동의 결과를 설명하면 효과적으로 적절한 행동을 증가시키고 부적절한 행동은 감소시킬 수 있다.** 사회인지이론가들은 강화와 처벌은 학습자가 반응-결과의 조건관계를 의식하고 있어야 행동에 영향을 미칠 수 있다고 주장한다. 그러므로 좋은 행동에 대한 보상과 잘못된 행동에 대한 처벌을 약속하는 것은 학생의 행동을 개선하는 효과적인 도구이다. 반면 학생이 행동

과 결과의 관계를 알지 못하는 상태에서 강화나 처벌을 주는 것은 행동 변화를 이끌어내지 못한다.

◆ **모델링은 새로운 행동을 가르치는 조형에 대한 대안을 제공한다.** 행동주의자들은 조형(shaping)을 새로운 반응을 가르치는 효과적인 방법이라고 주장한다. 그러나 특정 행동을 조형하려면 현존하는 행동을 강화하는 것에서부터 시작하여 차별적 강화를 통하여 그 행동을 점차적으로 바꾸어나가야 한다. 복잡한 행동과 기술을 조형하려면 상당한 시간이 소모된다. 사회인지이론은 새로운 행동을 가르칠 수 있는 더 신속하고 효율적인 방법인 모델링을 소개해주었다.

모델을 통해 효과적인 학습이 이루어지려면 교사들은 주의집중, 파지, 동작 재현, 동기화 등의 네 가지 핵심적인 요소들이 이루어지도록 해야 한다. 무엇보다도 교사들은 학생들이 모델에 대해, 특히 모델의 행동 중 학습 내용과 연관된 측면에 주의집중하도록 해야 한다. 둘째, 교사는 학생들이 관찰한 것에 대해 언어적 명칭이나 시각적 이미지 등의 적절한 기억 코드를 형성하도록 하여 관찰 내용의 파지를 촉진할 수 있다. 셋째, 학생들에게 관찰한 행동을 실천해볼 기회를 주고 그 노력에 대한 교정적인 피드백을 해주면 모델링하는 반응을 실제로 행동하도록 촉진하게 된다. 마지막으로 교사는 학생들이 배운 행동을 하고 싶은 동기를 가져야 그 행동을 한다는 것을 명심해야 한다. 많은 아동들이 새로운 기술을 수행할 내적인 수행 동기를 갖고 있지만 다른 아동들은 외적인 대가와 강화가 필요하다. (제14, 15장에서 내적 동기를 강화하는 전략을 중심으로 여러 동기화 전략을 살펴볼 것이다.

◆ **교사, 부모, 기타 성인들은 적절한 행동을 보여주고 적절하지 않은 행동은 보여주지 않도록 노력해야 한다.** 성인은 아동에게 영향력 있는 모델이 될 수 있는 특징(능력, 특권, 권력)을 가지고 있는 경우가 많다. 따라서 이들은 상호작용하는 아동들에게 적절한 행동을 보여주도록 주의해야 한다. 나는 교사나 성인들이 열린 마음, 공감, 신체적 건강에 관심 갖기 등을 보이면 좋지만, 이들이 특정 관점에 대해 경멸을 하거나, 다른 사람의 필요와 관심을 무시하거나, 담배를 피우면 싫다.

예비 교사들에게 가르치는 방법을 배우게 하는 교육심리학자로서의 내 직업은 내가 가르친 것을 실천해야 하기 때문에 매우 부담된다. 내가 학생들에게 잘 조직된 수업, 생생한 사례, 실제 경험, 즉각적 피드백, 교수 목적과 일치하는 평가 등이 효과적인 교육에 중요한 요소라고 가르친다면 나는 내 수업과 저술에서 할 수 있는 한 이를 보여주어야 한다. 말은 이렇게 하고 행동은 다르게 하면 위선적일 뿐만 아니라 비생산적이다.

교사들은 학생들과 매일 상호작용하면서 행동만이 아니라 태도도 보여준다(Pugh, 2002; Rahm & Downey, 2002). 예를 들어 과학교사 케빈 푸(Kevin Pugh, 2002)는 고등학교 동물학 수업에서 적응과 진화 단원을 가르치면서 다음과 같은 말을 해서 지속적으로 과학에 대한 열정을 보여주었다.

- "이번 주에 할 것은 모든 동물이 정말 놀라운 디자인이라는 것을 배우는 것입니다. 왜냐하면 모든 동물은 특정 환경에서 살아남고 번식하기 위해 디자인되었기 때문입니다. 그래서 여러분이 환경에 어떻게 적응해왔는지의 관점에서 동물들을 보는 방법을 배우면 모든 동물이 위대한 창조물임을 알게 될 것입니다"(p. 1108).
- "내가 여기 운전해 오면서 캐나다산 거위들을 보며 '왜 머리가 검고 목은 희지? 그것의 적응적 목적은 뭘까?'를 생각하기 시작했습니다"(p. 1110).

◆ **다양한 다른 모델을 보는 것은 학생의 학습과 발달을 더 향상시킨다.** 성인 모델은 교사와 부모에 국한될 필요는 없다. 다른 성인들을 가끔 학급에 초청할 수 있다. 예를 들어 경찰관, 고위 공무원, 경제인, 간호사 등은 안전, 건전한 시민상, 책임, 건강 등과 관련한 적절한 행동과 태도를 보여줄 수 있다. 상징적 모델도 효과적인데 예를 들어 헬렌 켈러, 마틴 루터 킹, 루스벨트 대통령 같은 사람들의 삶을 공부하는 것은 바람직한 행동을 보여 주는 간단하지만 효과적인 방법이다(Ellenwood & Ryan, 1991; Nucci, 2001).

모델은 적절한 행동을 보여주기만 하는 것이 아니다. 잘 선정된 모델은 다른 집단의 사람들이 하거나 할 수 없는 것에 대한 전통적인 전형적 인식을 깰 수 있다. 예를 들어 교사는 학생들에게 남자 간호사, 여자 기사, 아프리카 출신 미국인 의사, 히스패닉 경영자, 장애가 있는 운동선수 등을 소개해줄 수 있다. 교사가 학생들에게 성공적인 남녀, 다양한 문화와 사회경제적 배경의 사람들, 여러 신체적 장애를 지닌 사람들을 보여줌으로써 학생들이 위대한 일을 할 수 있는 잠재력을 가지고 있다는 것을 알게 해줄 수 있다.

◆ **학생들은 자신이 학교 과제를 수행할 수 있다고 믿어야 한다.** 학생들이 과제를 성공적으로 수행할 것에 대해 확신하는 정도는 개인마다 크게 다르다. 예를 들어 청소년기 남자아이들은 여자아이들보다 수학, 과학, 체육 등에서 높은 자기효능감을 갖는 반면 여자아이들은 영어 수업 과제에서 남자아이들보다 높은 자기효능감을 갖는 경향이 있다(Dunning, Johnson, Ehrlinger, & Kruger, 2003; Joët et al., 2011; Schunk & Pajares, 2005; Wigfield, Eccles, & Pintrich, 1996).

학교 활동과 관련된 학생들의 자기효능감을 높이기 위해 교사는 자기효능감을 증진시키는 요소로 앞서 살펴본 것들을 사용할 수 있다. 예를 들어 교사는 학생들에게 지금 학습하는 것들을 그들과 아주 비슷한 친구들이 잘 배웠다고 말할 수 있다. 교사가 학생들로 하여금 친구들이 과제를 성공적으로 수행하는 것을 실제로 관찰하도록 할 수 있다. 특히 친구가 처음에는 과제를 수행하느라 고생하다가 — 관찰하는 학생 자신의 모습일 수 있다 — 결국 성공하는 것(대처 모델을 기억해보자)을 보게 되면 더 도움이 된다. 그리고 교사는 어려운 과제를 수행하기 위해 학생들이 서로 협력하는 모둠 활동을 계획할 수 있다. 그러나 가장 중요한 것은 교사가 학생 자신의 학급 내 성공을 도와서 높은 자기효능감을 갖게 하는 것이다. 예를 들어 학생들이 기초적인 기술을 숙지하도록 하고 더 어려운 과제에 도전하도록 지도하고 지지해줄 수 있다.

하나의 과제나 기술에 대한 학생의 자기효능감을 변화시키는 것이 전반적인 자기개념이나 자기평가를 변화시키는 것보다 쉽다(Bong & Skaalvik, 2003). 그러나 여러 어려운 주제나 영역에 대해 높은 자기효능감을 갖게 되면 새로운 영역에서도 성공하리라는 확신을 더 갖게 된다. 즉 학교 교과과정 전반에 적용되는 **일반화된 자기효능감**(generalized self-efficacy)을 개발하게 된다(Bong & Skaalvic, 2003; Schunk & Pajares, 2004).

- **교사는 학생들이 성취에 대해 현실적인 기대를 갖도록 해야 한다.** 자라나는 아이들은 점점 자기조절을 하면서 자신의 행동에 대한 기준을 설정하기 시작한다. 그런 기준은 주변의 사람들이 갖고 있는 기준인 경우가 많은데 어떤 경우에는 너무 낙관적이고 어떤 경우에는 너무 비관적이다. 학생의 수행 기준이 비현실적으로 너무 높으면 완벽주의자처럼 계속 실망하고 좌절하게 된다(F. A. Dixon, Dungan, & Young, 2003; Pajares, 2009; Zimmerman & Moylan, 2009). 학생의 기준이 너무 낮으면 저성취를 보일 것이다. 교사는 학생으로 하여금 현재의 능력 수준과 사용 가능한 교수와 지원에 합당한 낙관적인 자기 기대를 갖도록 하여 학생의 학업과 사회적 발전을 촉진할 수 있다.
- **자기조절 기법은 학생의 행동을 개선하는 효과적인 방법이다.** 이 장의 초반부에서 자기지시, 자기조절, 자기강화, 자기부여 자극 통제 등 네 가지 자기조절 향상 기법을 살펴보았다. 학생들이 자신의 행동을 변화시키고자 하는 내적인 동기를 갖고 있다면 이런 기법들이 행동주의적 접근에 대한 실제적인 대안이 될 것이다.
- **교사가 학생의 학업 및 사회적 발달상의 의미 있는 변화를 일으킬 수 있다고 자신의 능력을 믿을 때 더 효과적이다.** 학생이 도전적인 새로운 활동과 기술 영역에서 성공적으로 학습할 수 있다고 믿어야 할 뿐만 아니라 교사도 학생이 성공하도록 도울 수 있다고 믿어야 한다. 이것이 **교사의 자기효능감**(teacher self-efficacy)이다. 높은 수준의 성취를 이룬 학생의 교사는 학생이 개인적으로나 동료들과 집단적으로 공부해서 진정한 변화를 이룰 수 있다고 믿는 경향이 있다(J. A. Langer, 2000; Skaalvik & Skaalvik, 2008; Tschannen-Moran at al., 1998). 결국 교사가 학급에서 하는 것은 단기적으로뿐만 아니라 향후 장기적으로 학생에게 영향을 미친다(Hattie, 2009; Konstantopoulos & Chung, 2011).

  학생처럼 교사도 강점이 너무 많아서 문제일 수도 있다. 가끔 교사가 현재의 지식과 기술에 너무 확신을 가지고 있어서 그들의 효과성을 향상시킬 전문적 발달 관련 활동이 별로 유익하지 않다고 생각하는 경우가 있다(Guskey, 1988; Middleton & Abrams, 2004; Tschannen-Moran et al., 1998). 모든 교사는 또한 학습자여서 학급 활동에 있어서 개선의 여지가 불가피하게 있기 마련이다.

  사회인지이론가들이 분명하게 보여준 바와 같이 우리는 학교와 학급의 사회적 맥락을 무시할 수 없다. 학생들은 매일 보는 부모, 교사, 친구 등의 모델을 통해 배울 수 있고 실제로 배운다. 사회인지이론가들은 우리가 인간이 어떻게 학습하고 행동하는지를 설명할 때 인지적 요소와 환경적 요소를 함께 고려해야 한다는 점도 명확하게 밝혔다. 다음 장에서 인지주의를 살펴보면서 이 인지적 요소들을 더 자세하게 살펴볼 것이다.

요약

사회인지이론은 다른 사람들을 관찰하여 학습하는 방법에 초점을 둔다. 이 관점에는 행동주의적 개념들(예 : 강화와 벌)과 인지적 개념들(예 : 반응-결과 조건관계에 대한 지각과 기대, 기억 코드)이 혼합되어 있다. 환경적 특성과 인지적 특성은 서로 그리고 행동과 계속 상호작용해서 영향을 끼친다.

많은 행동, 신념, 태도들이 다른 사람이 말하고 행동하는 것을 **모델링**하여 학습된다. 효과적인 모델은 능력 있고, 특별한 지위가 있으며, 권위가 있고, '성에 적합'하다고 여겨지는 행동을 하고 관찰자의 상황과 연관된다. 모델링이 이루어지려면 주의집중, 파지, 동작 재연, 동기화 등의 네 가지 조건이 충족되어야 한다.

특정 영역이나 활동을 성공적으로 수행할 수 있다고 믿고 있는 높은 **자기효능감**을 지닌 사람은 도전적인 활동을 선택하고 그런 활동에 꾸준히 노력을 기울이며 오랜 시간이 지났을 때 높은 수준의 성취를 이룬다. 자기효능감은 격려의 말, 다른 사람들(특히 친구들)의 성공, 집단 활동을 통한 성취, 그리고 무엇보다도 해당 영역에서 개인적 성공을 통해 향상된다.

사회인지이론가들은 환경이 행동에 영향을 미치기는 하지만 시간이 지나면 사람이 자신의 행동을 조절하기 시작한다고 주장한다. 사람들은 자신의 수행 수준에 대한 기준을 세우고, 그 기준에 기초하여 자신을 관찰하고 평가하며, 자신이 하거나 하지 못한 것에 대해 스스로를 (정신적 또는 정서적으로만으로도) 강화하거나 벌주고, 자신의 과거 수행과 현재의 목표, 신념에 대해 자기반성한다. 교사는 자기지시, 자기점검, 자기강화, 자기부여 자극 통제 등의 기술을 학생들에게 가르쳐서 그들이 더욱 자기조절을 할 수 있도록 도울 수 있다.

사회인지이론은 교육 실제에 많은 시사점을 제공한다. 예를 들어 교사가 반응-강화 또는 반응-처벌의 조건관계를 설명해주면 학생들은 그 조건관계를 알게 된다. 그래서 어떤 결과가 실제로 주어지지 않은 상태에서 그런 설명만으로도 행동을 변화시킬 수 있다. 수업에서 새로운 기술을 가르칠 때 모델링은 전통적인 행동주의적 기법과는 다른 효과적이고 아마도 더 효율적인 대안을 제공한다. 그러나 모델링은 계획된 수업에만 한정되지 않는다. 교사를 비롯한 성인들은 학생들과의 일상적인 상호작용을 통해 다양한 행동, 태도, 가치를 모델링하게 되므로 이들은 자신의 행동을 통해 공평, 다양한 관점 수용, 건전한 생활양식, 높은 도덕 기준 등을 보이도록 주의해야 한다. 그리고 잠재적으로 도전적인 주제의 문제를 가르칠 때 교사는 학생들에게 그들이 정말 그 주제의 문제를 해결할 능력이 있으며, 교사가 그들이 그것을 이룰 수 있도록 도울 것이라고 믿을 이유를 제공해주어야 한다.

학습에 대한 인지주의적 관점

6

인지주의 개관

학습 성과

6.1 *인지적 학습이론의 기반이 되는 몇 가지 주요 가정을 확인한다.*

6.2 *톨먼의 목적적 행동주의, 게슈탈트 심리학, 언어학습 연구를 포함한 초기 인지적 관점에서 출현한 주요 아이디어들을 설명한다.*

6.3 *최근의 세 가지 일반적인 인지적 관점인 정보처리이론, 구성주의, 맥락이론을 구분하고 각각의 관점들이 인간 학습과 효과적인 교수 실제에 대한 전반적인 이해에 기여할 수 있는 방법들을 설명한다.*

제3장의 내용을 상기해보면, 대부분의 초기 행동주의자들은 내적인 정신적 사건들을 학습이론들에서 의도적으로 누락시켰는데 그것은 관찰과 측정이 불가능하고 객관적으로 연구될 수 없다는 연유에서였다. 그러나 다른 초기 심리학자들은 정신적 사건들, 즉 **인지 과정**(cognitive process)이 인간의 학습에서 단순히 무시할 수 없는 필수적인 부분이라고 굳게 믿었다. 그러한 심리학자 중 한 명은 미국의 행동주의학자인 에드워드 톨먼이었고, 몇몇 다른 이들은 통틀어서 게슈탈트 심리학자라 불리는 독일의 연구자들이었다. 한편 두 명의 개척자와 같은 발달심리학자, 즉 스위스의 장 피아제와 러시아의 레프 비고츠키는 아이들의 인지 과정이 나이가 들면서 어떻게 바뀌는지 연구하고, 그러한 변화를 가능하게 하는 기저의 학습 기제에 대한 유추를 하고 있었다.

다른 영향력 있는 움직임은 20세기 초 · 중반에 이루어졌던 언어학습이라 불리는 영역에서의 연구였다. 언어학습이론가들은 원래 자극-반응 분석을 인간 언어와 언어행동에 적용하려 했으나, 곧 언어기반학습의 복잡함이 때로는 행동주의적 관점에서 설명하기 어렵다는 것을 발견했다. 그 후로 언어학습이론가들은 인지적 과정을 그들의 연구 결과에 대한 설명에 점점 병합하기 시작했다.

1950년대와 1960년대에는 많은 심리학자들이 '생각이 배제된' 인간 학습에 대한 접근에 점점 불만을 갖게 되었다. 뚜렷하게 인지적 경향을 지닌 중요 연구들이 발표되었다. 심리언어학에서 노암 촘스키(Noam Chomsky, 1957), 개념학습에서 브루너와 동료들(Bruner, Goodnow, & Austin, 1956)이 발간한 출판물이 그 예이다. 몇 해 후에는 알버트 반두라가 주의집중과 기대와 같은 개념을 사회학습이론에 소개함으로써(예 : Bandura, 1965b, 1977) 제5장의 사회인지이론이라는 명칭으로 전환이 이루어진다. 뿐만 아니라 두 명의 유명한 초기 제안자인 제롬 브루너(Jerome Bruner, 1961a, 1961b, 1966), 데이비드 오스벨(David Ausubel, 1963, 1968; Ausubel & Robinson, 1969) 때문에 인지적 관점은 교육심리학 문헌에서도 나타나기 시작했다.

1967년에 울릭 나이서(Ulric Neisser)가 발간한 인지심리학은 인지이론을 행동주의의 중요한 대안으로 정당화하는 데 도움을 준 대표적인 책이다. 1970년대 초 대학원생 시절, 나이서의 책은 나의 필수 독서 목록에 있었고, 나는 이 책이 다른 어떤 것보다 학부생 때 습득했던 행동주의적 관점에서 인지주의를 더 지향하는 관점으로 움직이도록 한 것으로 애틋하게 기억하고 있다. 1970년 후반이 되면 대다수의 학습이론가들이 인지주의 시류에 합류했다(Robins, Gosling, & Craik, 1999).

앞으로 몇 쪽에 걸쳐 자세하게 볼 다양한 학습이론은 일반적인 분류인 **인지주의**(cognitivism), 혹은 나이서의 용어로 **인지심리학**(cognitive psychology)[1]에 속한다. 이 장에서 우리는 사실상 모든 인지기반이론의 기저를 이루는 몇 가지 가정을 살펴볼 것이다. 더불어 톨먼, 게슈탈트 심리학, 그리고 초기 언어학습 연구의 공헌을 살펴보고 최근 21세기 심리학적 사고를 지배하고 있는 관점들에 대해 간단히 개관해볼 것이다. 제7장과 제8장에서 우리는 인간 기억에 관련된 이론과 연구 결과를 더욱 면밀히 살펴볼 것이며, 제9장에서는 인간 지식이 취할 수 있는 다양한 형식에 대해 생각해볼 것이다. 제10장과 제11장에서는 인지에 대한 보다 발달적인 접근으로 넘어갈 것이고, 거기서 피아제와 비고츠키의 초기 연구와 그들의 아이디어에 기반한 최근 관점들을 살펴볼 것이다.

인지주의 관점의 일반적 가정

인지적 학습이론에 내재되어 있는 가정들은 행동주의 가정들과는 근본적으로 다르다. 가장 중심적인 가정 몇 가지는 다음과 같다.

---

[1] 내가 받은 인상으로는 어떤 사람들은 인지심리학이라는 용어를 인지 중심의 이론들에 작은 부분집합과 관련시킨다. 특히 제6장의 후반부에서 언급될 정보처리이론을 다룰 때 그렇다. 이 책에서는 인지주의라는 단어를 주로 내적 정신 과정에 초점을 두는 포괄적 용어로 사용한다.

- 일부 학습 과정은 인간에게만 독특한 것일 수 있다. 인간은 복잡한 언어와 같은 종 특유의 능력을 가지고 있기 때문에, 학습에 포함된 과정은 다른 동물과는 많이 다르다. 따라서 인지주의적 관점에 속한 대부분의 연구는 인간을 대상으로 이루어졌고, 이 연구로부터 형성된 이론은 보통은 다른 동물에게 일반화되지는 않는다.
- 학습은 정신적 표상이나 연합의 형성을 포함하는데, 그것이 외현적 행동 변화를 반드시 반영하지는 않는다. 많은 행동주의자들과 같이 학습을 외현적 행동 변화를 요구하기보다, 인지주의이론가들은 학습이 내적, 정신적 변화를 수반한다고 믿는다. 이 아이디어를 이미 앞에서 보았을 것인데 제5장에서 주지했듯이 사회인지이론의 한 가지 주요 원리는 학습은 행동의 변화 없이 일어날 수 있다는 것이다.
- 사람들은 학습 과정에 능동적으로 참여한다. 사람들은 환경조건의 수동적인 희생자가 되기보다, 어느 정도까지 그들이 경험을 정신적으로 처리하는 방법으로 그들의 학습을 통제한다. 개인학습자가 주어진 상황에 대해 다르게 생각하는 한, 그 상황에서 다른 것들을 배울 수 있을 것이다. 다시 말하지만 사회인지이론이 이 부분에서 떠올라야 한다. 예를 들어 상호인과성과 자기조절과 같은 개념과, 다른 누군가의 행동을 성공적으로 모델링하는 데 있어 주의집중과 파지의 중요성을 떠올릴 수 있어야 한다.
- 지식은 조직된다. 개인의 지식, 신념, 태도, 감정은 서로 독립된 것이 아니라 모두 연합되고 상호 연결된다. 학습 과정 자체가 이러한 조직화에 기여한다. 뒤에 있는 장기기억에 대한 논의에서 알 수 있겠지만, 사람들은 통상적으로 새로운 정보를 이미 알고 있는 정보에 관련지을 때 아주 효과적으로 배운다.
- 과학적 탐구는 사람들의 행동에 대해 객관적이고 체계적으로 관찰하는 것에 초점을 맞춰야 한다. 그러나 행동은 종종 관찰할 수 없는 정신 과정에 대한 합리적인 추론을 가능하게 한다. 대부분의 인지이론가들은 학습 연구는 반드시 객관적이어야 하고, 학습이론은 실증적 연구의 결과에 기초해야 한다는 신념을 행동주의자와 공유한다. 또한 행동주의자와 마찬가지로, 인지이론가들은 어떤 종류의 행동 변화를 볼 때까지 학습이 발생했다는 것을 알 수 있는 방식이 없다는 것도 인정한다. 그러나 인지이론가들은 아주 결정적인 점에서 행동주의자와 다르다. 인지주의자들은 사람들이 상이한 자극조건에서 만드는 반응들을 관찰하면서, 그러한 반응을 유도하는 내적인 정신적 과정에 대한 합리적인 추론을 이끌어낼 수 있다고 믿는다. 사실 연구자들은 특수한 인지적 과정에 대한 결론을 유도할 수 있게 하는 연구방법을 점점 독창적으로 설계하게 되었다.

브랜스포드와 프랭크스(Bransford & Franks, 1971)의 영향력 있는 연구는 정신 과정을 객관적으로 연구할 수 있는 방법으로서 추론의 예시를 보여준다. 이 실험에서 대학생들은 24개 문장을 듣고 각 문장에 대한 간단한 질문에 대답했다. 그 문장들은, 바위가 언덕으로 굴러가는 것, 한 사람이 신문을 읽는 것, 산들바람이 부는 것, 그리고 개미가 젤리를 먹는 것과 같은 4개의 일반적 아이디어들에 대해 약간씩 변화를 준 것이다. 예를 들면 개미가 젤리를 먹고 있는 것에 대한 여섯 문장은 다음과 같다.

> 개미가 식탁 위에 있는 맛있는 젤리를 먹었다.
> 부엌에 있는 개미가 식탁 위에 있는 젤리를 먹었다.
> 부엌에 있는 개미가 젤리를 먹었다.
> 개미가 맛있는 젤리를 먹었다.
> 개미가 부엌에 있다.
> 젤리는 식탁 위에 있다.

학생들은 다음에 두 번째 세트의 28개 문장(전과 마찬가지로 동일한 4개의 주제에 대해 약간씩 변화를 준 것)을 들었고, 각 문장이 첫 번째 세트에 있었는지 없었는지를 알아맞히도록 했다. 대부분의 문장(28개 중 24개)은 새 문장이었고, 그 몇 가지 예는 다음과 같다.

> 부엌에 있는 개미가 식탁 위에 있는 맛있는 젤리를 먹었다.
> 부엌에 있는 개미가 맛있는 젤리를 먹었다.
> 개미가 식탁 위에 있는 젤리를 먹었다.
> 젤리는 맛있다.

학생들은 대부분의 새 문장을 앞에 있던 것으로 잘못 인지했다. 많은 정보들을 담고 있는 문장들은 특히 전에 들어봤던 것으로 인지하는 것 같았다. 예를 들어 "개미가 식탁 위에 있는 맛있는 젤리를 먹었다"는 "젤리는 맛있다"보다 더 많이 인지하는 것 같았다. 그러한 결과로부터, 브랜스포드와 프랭크스는 사람들이 단순히 글자 그대로 학습하기보다는 그들이 받은 언어정보로부터 일반적인 아이디어를 추출하고, 기억 속에서 유사한 아이디어로 같이 조직한다고 결론을 내렸다. 실험에서의 문장은 한 주제에 관련된 정보의 대부분 또는 전부를 포함하는 것으로, 학생들의 조직화된 기억과 좀 더 밀접하게 닮았을 수 있고 그래서 그들에게 더 익숙했을 것 같다.

분명히 브랜스포드와 프랭크스는 그들이 설명했던 인지 과정을 직접 관찰하지 못했다. 그러나 그러한 과정은 정말로 그들이 보았던 행동들에 대한 합리적인 설명인 것으로 보인다.

에드워드 톨먼의 목적적 행동주의

에드워드 체이스 톨먼(Edward Chace Tolman, 1932, 1938, 1942, 1959)은 행동주의 전성기 동안 저명한 학습이론가였지만 그의 연구는 뚜렷하게 인지적 경향을 가지고 있었다. 동시대 행동주의자들과 마찬가지로, 톨먼은 연구에서 객관성이 중요하다고 평가했고 연구대상으로

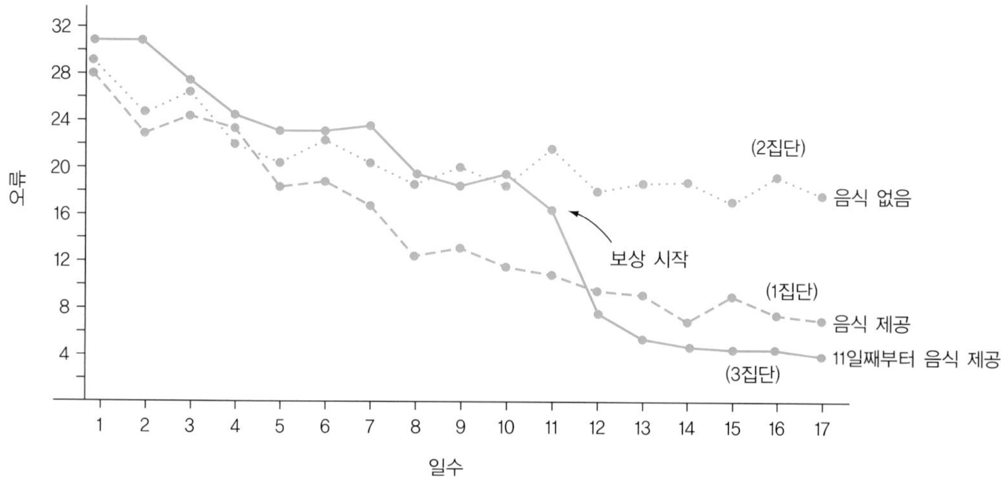

그림 6.1 각각 음식 제공, 음식 없음, 11일째부터 음식을 제공받은 쥐들의 미로 통과

출처 : "Introduction and Removal of Reward, and Maze Performance in Rats" by E. C. Tolman and C. H. Honzik, 1930, *University of California Publications in Psychology, 4*, p. 267. Copyright © 1930 by University of California Press. Adapted with permission.

인간 외의 동물, 특히 쥐를 사용했다. 그러나 동시대 연구자들과 달리 톨먼은 학습이 어떻게 일어나는지에 대한 그의 설명에 내적 정신 현상을 포함시켰다. 다음은 그의 생각의 예들이다.

- **학습은 내적 변화이다.** 그 시대의 다른 행동주의자들이 학습은 행동 변화를 수반한다고 제안한 반면, 톨먼은 학습이 한 유기체의 행동에 꼭 반영되지는 않는 내적 과정이라고 제안했다. 하나의 예로 세 집단의 쥐들이 상이한 강화조건 아래 어려운 미로를 달리게 했던 톨먼과 혼직(Tolman and Honzik, 1930)의 연구를 살펴보자. 1집단의 쥐들은 미로를 통과할 때마다 음식으로 강화를 받았다. 2집단의 쥐들은 성공적인 학습에서 아무런 강화를 받지 못했다. 3집단의 쥐들은 처음 10일 동안은 강화를 받지 못했으나 11일째부터 강화를 받기 시작했다.

  그 연구의 결과는 그림 6.1에 나타나 있다. 자료에 있는 점들은 매일 미로를 지나면서 각 집단의 쥐들이 범한 오류의 평균 횟수를 나타낸다. 2집단과 3집단의 쥐들은 강화를 받지 못하고 있을 때조차 수행이 다소 개선되는 것, 즉 오류가 줄어드는 것을 유념해서 보라. 또한 3집단의 쥐들이 강화를 받기 시작했을 때 미로에서의 수행이 1집단의 수행과 같아지는 것, 실제로는 앞지른 것에 주목하라. 두 집단의 쥐들이 수행에서 다르게 나타나긴 했지만, 3집단의 쥐들도 1집단의 쥐들만큼 분명히 학습을 했던 것이다. 톨먼은 그렇게 관찰되지 않은 학습에 대해 **잠재적 학습**(latent learning)이라는 용어를 사용했다. 톨먼의 관점에서 보면, 강화는 학습보다는 수행에 영향을 주는데, 왜냐하면 강화는 학습된 행동을 나타나게 할 가능성을 높이기 때문이다. 기억하겠지만, 사회인지이론가들 역시 비슷한 결론을 내렸는데 제5장의 대리 습득(vicarious acquisition)에 대한 논의를 참조하기 바란다.

- **행동은 목적적이다.** 톨먼은 학습이 자극-반응 연합이라는 공식으로 보이기보다는 어떤 사건이 다른 사건을 유도하는 학습의 과정, 예를 들어 미로에서 특별한 경로를 따라가면 강화를 유도하는 것을 보인다고 믿었다. 그는 유기체가 어떤 행동을 해서 어떤 목표된 결과에 이르는 것을 배워왔다면, 그 유기체는 그 목표를 달성하기 위해 행동하게 된다고 제안했다. 다른 말로, 행동은 목표 달성의 목적을 갖는다. 톨먼이 행동의 목표지향적 본질을 강조했기 때문에 그의 학습이론을 때때로 **목적적 행동주의**(purposive behaviorism)라고 부른다.
- **기대는 행동에 영향을 준다.** 톨먼에 따르면 유기체가 어떤 행동이 어떤 결과를 산출하는 것을 배우게 되면, 그 행동의 결과에 대한 기대를 형성하기 시작한다. 강화가 반응에 영향을 미치는 것이라기보다는 강화에 대한 유기체의 기대가 그에 앞서 있는 반응에 영향을 미치는 것이다. 여기서도 사회인지이론과 비슷하다는 것을 알 수 있다.

  유기체의 기대가 충족되지 않는다면, 그들의 실망은 행동에서 나타날 것이다. 예를 들어 엘리어트의 실험에서(Tolman, 1932에 설명되어 있음) 쥐들은 미로를 달리면서 둘 중 하나의 강화물을 받았다. 실험집단의 쥐들은 좋아하는 왕겨사료를 받은 반면, 통제집단은 상대적으로 덜 좋아하는 해바라기 씨를 받았다. 실험집단은 통제집단에 비해 미로를 더 빨리 달렸다. 왜냐하면 실험집단의 쥐들은 미로 끝에 분명하게 있을 더 맛있는 음식을 기대하고 있기 때문이었다. 10일째, 실험집단의 쥐들에게 통제집단 쥐들이 쭉 받고 있었던 해바라기 씨 강화로 바꿔주었다. 강화가 바뀐 것을 알고서, 이 쥐들은 전보다 미로를 더 천천히, 심지어 통제집단의 쥐보다 더 천천히 움직이기 시작했다. 그 시점에 두 집단 모두 동등한 강화, 즉 싫어하는 해바라기 씨를 주었기 때문에, 실험집단 쥐의 열등한 수행은 분명히 강화의 변화에 기인한 것으로, 이것은 제3장에 설명했던 하강효과로 끝난 것이다.
- **학습은 정보조직체로 귀결된다.** 미로를 달린 쥐들은 각 교차로에서 취해야 할 적절한 행동을 학습하는 것뿐 아니라 미로의 전반적인 배열, 말하자면 미로의 방향도 배우는 것으로 나타난다. 예를 들어 톨먼, 리치와 칼리쉬(Tolman, Ritchie, & Kalish, 1946)의 연구에서 쥐들은 그림 6.2의 미로 1과 비슷한 미로를 여러 번 달렸다. 다음에 쥐들은 그림 6.2의 미로 2와 유사한 상황에 놓였다. 앞서 음식에 이르던 길이 이제 막혔기 때문에 쥐들은 18개의 다른 길 중에서 선택해야만 했다. 행동주의자들의 일반화 개념을 적용하면, 쥐들이 막힌 길과 아주 유사한 자극에 대해 달리는 반응을 하게 될 것이라고 기대할 수 있다. 그래서 쥐들이 막힌 길과 가까운 길, 특히 9번이나 10번 길을 택할 것이라고 예측할 수 있다. 그러나 어떤 쥐도 9번이나 10번 길 중 하나를 택하지 않았다. 단연 가장 일반적인 선택은 6번 길이었는데, 그 길은 아마 쥐들이 음식을 기대하고 있던 위치로 가는 지름길을 제공하는 길일 것이다.

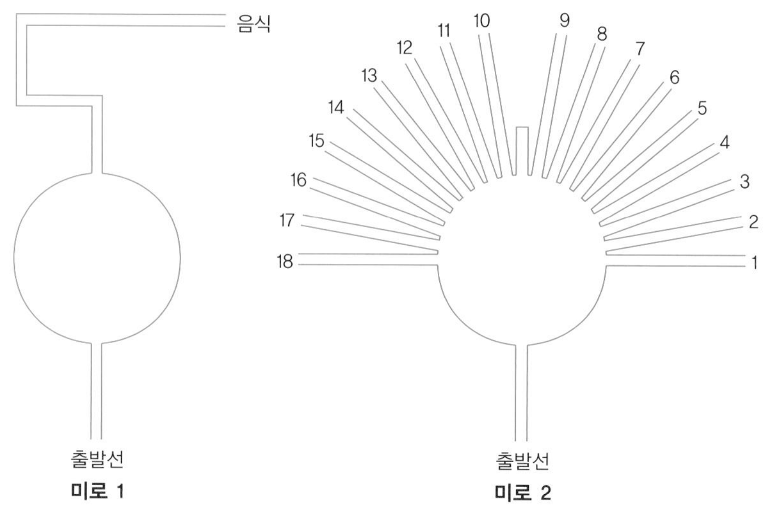

그림 6.2 톨먼, 리치와 칼리쉬(1946)가 사용한 미로

그러한 연구에 기초해서, 톨먼은 쥐들은 그리고 아마 많은 다른 동물도 마찬가지로 환경에 대한 **인지적 지도**(cognitive maps)를 개발한다고 제안한다. 그들은 환경의 상이한 부분이 서로 관계를 맺으면서 놓여 있는 곳에서 학습한다. 사물들이 공간 안에서 어떻게 조직화되는지를 알면 유기체는 한 장소에서 다른 장소로, 가능한 경로 중 가장 짧은 길로 재빨리 그리고 쉽게 도달할 수 있다. 인지적 지도, 또는 정신적 지도 개념은 계속해서 더 많은 현대의 연구자, 심리학자, 그리고 지리학자들 모두에게 똑같이 연구의 주제가 되어 왔다(예 : Downs & Stea, 1977; Foo, Warren, Duchon, & Tarr, 2005; García-Mira & Real, 2005; Salomon, 1979/1994).

톨먼의 연구방법은 분명히 행동주의자들에게서 영향을 받았다. 그러나 유기체 학습의 조직화된 본질에 대한 관점을 개발하는 중에, 톨먼은 이제 살펴볼 독일의 게슈탈트 심리학자들의 아이디어에 영향을 받았다.

게슈탈트 심리학

20세기 전반기에, 행동주의가 지배하는 미국의 심리학과는 아주 다른 학습과 인지의 관점이 독일 심리학자들에게서 발달되었다(예 : Koffka, 1935; Köhler, 1925, 1929, 1947, 1959; Wertheimer, 1912, 1959). **게슈탈트 심리학**(Gestalt psychology)이라고 알려진 이 관점은 지각, 학습, 그리고 문제 해결에 있어서 조직적 과정의 중요성을 강조했다. 다음은 게슈탈트 심리학에서 나온 몇 가지 기본 아이디어이다.

- 지각은 종종 실제와 다르다. 게슈탈트 심리학은 **파이 현상**(phi phenomenon)으로 알려진 베르

트하이머(Wertheimer, 1912)의 착시에 대한 설명과 분석에 그 기원이 있다고 추정한다. 베르트하이머는 두 불빛이 정해진 비율로 순서대로 깜박일 때, 불빛 하나가 앞뒤로 재빨리 움직이는 것처럼 보인다는 것을 관찰했다. 길가의 많은 신호 불빛이 깜박일 때 이런 현상을 볼 수 있다. 사람이 정지된 대상을 관찰하면서 움직임을 본다는 사실에서 베르트하이머는 경험의 지각은 경험 그 자체와 다르다는 결론에 이르렀다.

◆ 전체는 부분의 합 이상이다. 게슈탈트 심리학자들은 다양한 측면의 경험을 서로 분리하여 연구할 때는 인간 경험이 성공적으로 이해될 수 없다고 믿었다. 예를 들어 우리는 2개 이상의 불빛이 제시될 때만 파이현상에서의 운동 환각을 지각한다. 단 하나의 불빛에서는 운동이 지각되지 않는다. 이와 비슷하게, 우리는 특정 계열의 음표를 징글벨의 멜로디인 것으로 알아듣는다. 그런데 조가 바뀌고 그에 따라 연주되는 특정 음표가 달라질 때조차 같은 노래임을 지각한다(Rachlin, 1995). 자극의 조합은 어느 하나의 특정 자극만 있을 때는 분명하지 않은 양상을 보여줄 수 있다. 다시 말해, 전체는 부분의 합 이상이다.

닭을 대상으로 한 볼프강 쾰러(Wolfgang Köhler, 1929)의 **이조**(transposition) 실험은, 외견상 분리된 자극 간 상호관계의 중요성을 보여주고 있다. 암탉에게 2장의 회색 종이를 보여주었는데, 하나가 다른 것보다 더 어두운색이었다. 모이는 양쪽 종이 모두에 놓였으나, 더 어두운 쪽에서만 닭이 먹을 수 있도록 했다. 계속되는 실험에서, 전에 모이를 먹었던 것과 같은 명도를 가진 종이 1장과 좀 더 어두운색의 종이 1장을 닭들에게 보여주었다. 두 번째 상황에서, 닭들은 두 종이 중에 더 어두운 쪽, 다시 말해 전에 강화받지 않았던 종이 쪽으로 가는 경향이 있었다. 닭은 명백하게 두 종의 사이의 관계에 관한 무엇, 즉 더 어두운 것이 더 낫다는 것을 배웠다.

◆ 사람은 경험을 구조화하며, 그것도 예측 가능한 방식으로 구조화하는 경향이 있다. 게슈탈트라는 독일어는 대략 번역하면 '구조화된 전체'를 의미한다. 구조란 반드시 상황에 내재되어 있는 것은 아니다. 대신, 사람이 구조를 부여한다. 예를 들어 그림 6.3a를 보면 양쪽 끝에 한 줄씩 있고, 중간에 3쌍의 2줄을 지각할 것이다. 그런데 그림 6.3b로 주의를 돌려보자. 그 그림에는 특수한 배경 내에 같은 선들이 나타난다. 아마도 이번에는 그 선들을 4개의 사각형의 변을 형성하는 4쌍의 선으로 전과는 다르게 보게 될 것이다. 양쪽 경우 모두에서 선 자체는 동일하지만, 그것을 조직하는 방식(즉 선들을 묶는 방식)은 다르다. 그 선들의 '구조'는 여러분 스스로 각 그림에 부여하는 어떤 것이다.

게슈탈트 학파는 인간이 자신의 경험을 유사하고 예측할 수 있는 방식으로 구조화하는 경향이 있다고 제안했다. 사람들이 정보를 어떻게 조직하는지에 대해 알려준 중요한 원리 중 하나가 **근접성의 법칙**(law of proximity)이다. 사람들은 가까이 있는 것들을 공간적으로 묶어서 하나의 단위로 지각하는 경향이 있다. 예를 들어 다음의 점들을 보라.

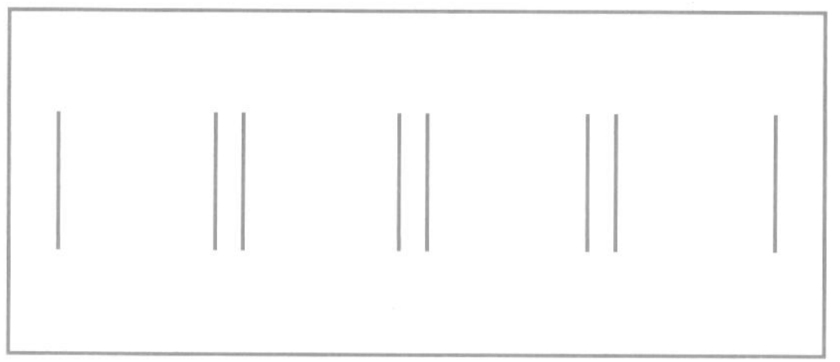

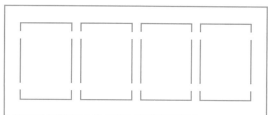

그림 6.3a

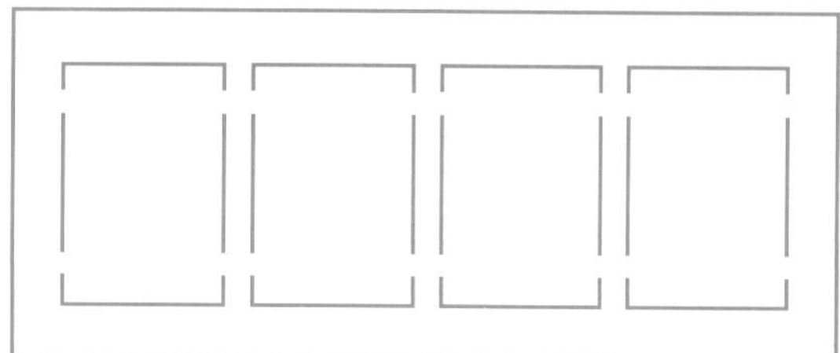

그림 6.3b

●●● ●●● ●●●

여러분은 9개의 점들을 볼 뿐만 아니라, 각각 3점을 가진 3묶음의 배열도 지각할 것이다. 말하자면, 서로 더 가까이 근접해 있는 점들을 어쨌든 같은 것에 속하는 것으로 본다. 같은 방식으로 그림 6.3a를 볼 때, 가까이 있는 선들을 묶어서 쌍을 형성하는 것으로 지각한다. 그리고 ONEVERYHIGHWAY라는 글자를 다음의 두 가지 방식 중 어떤 식으로 묶는지에 따라 어떻게 읽고 해석하는지를 주목해보자.

ONE VERY HIGH WAY

또는

ON EVERY HIGHWAY

게슈탈트 심리학에서 또 하나의 원리는 **유사성의 법칙**(law of similarity)이다. 사람들은 서로 유사한 것을 하나의 단위로 지각하는 경향이 있다. 예를 들어 그림 6.4a를 보라. 그림 속에서 Y자를 볼 수 있는가? 아마도 못 볼 것이다. 그런데 이제 그림 6.4b를 보게 되면, Y가 분명히 보인다. 양쪽 경우 모두 점들의 배열은 동일하지만, 두 번째 경우에는 Y를 만드는 점들이 모두 검은색이고, 사람들은 유사한 검은 점들을 하나의 단위로 지각하는 경향이 있다. 그런데 그 점들의 일부에 의해 만들어진 E나 H 같은 다른 철자들은 주목하지 않았을 것 같다. 생후 6~7개월의 아이들도 세상을 유사성의 법칙에 따라 지각한다는 증거가 있다 (Quinn, Bhatt, Brush, Grimes, & Sharpnack, 2002).

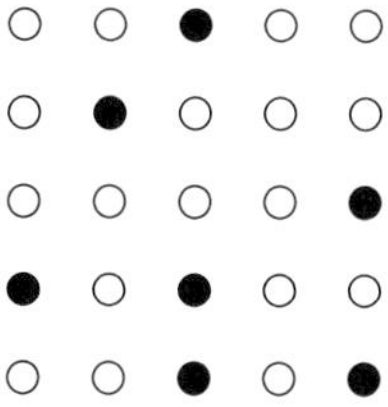

○ ○ ● ○ ○
○ ● ○ ○ ○
○ ○ ○ ○ ●
● ○ ● ○ ○
○ ○ ● ○ ●

그림 6.4a

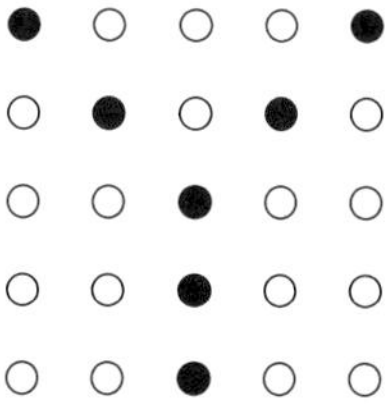

● ○ ○ ○ ●
○ ● ○ ● ○
○ ○ ● ○ ○
○ ○ ● ○ ○
○ ○ ● ○ ○

그림 6.4b

그림 6.5

Singing in the rain

그림 6.6

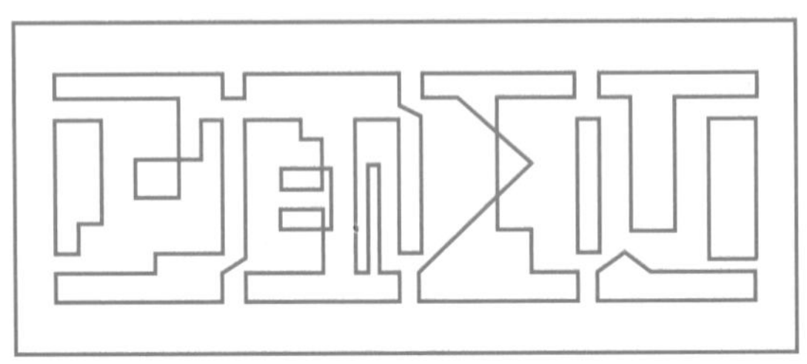

게슈탈트 학파의 다른 하나의 원리는 **완결성의 법칙**(law of closure)이다. 사람들은 완전한 그림을 만들기 위해 빠져 있는 조각을 채우려는 경향이 있다. 예를 들어 그림 6.3b를 볼 때, 4개의 사각형으로 지각하기 위해 빠진 부분을 이어지는 직선처럼 보이도록 채운다. 이와 비슷하게 그림 6.5를 볼 때, 50%의 인쇄가 빠져 있음에도 아마도 'Singing in the rain'이라고 읽을 수 있을 것이다. 여러분은 거기에 없는 것을 쉽게 채운다.

게슈탈트 학파는 사람들이 항상 자신의 경험을 가능한 한 단순하고, 간결하고, 체계적이고, 완전하게 조직화한다는 함축성, 즉 간결성, **엄격성의 법칙**(law of Prägnanz)으로 알려진 원리를 제안했다(Koffka, 1935). 예를 들어 그림 6.3b에서 사각형이 단순하고 체계적인 도형이기 때문에 사각형을 볼 것 같다. 그림 6.6에 보이는 것과 같이 흐트러지고 비뚤어진 모습을 가진 도형에 빠진 부분을 심상적으로 채울 것 같지는 않다. 많은 성공적인 상품 디자이너들이 옹호하는 'KISS'(Keep it simple, stupid!, 단순하게 생각하라) 원칙은 이 함축성의 법칙을 현대에 적용한 것이다.

◆ **학습은 함축성의 법칙을 따른다.** 게슈탈트 심리학자들은 학습이 **기억흔적**(memory trace)[2]의 형성을 포함한다고 제안했다. 이 기억흔적들은 함축성의 법칙을 따르기 때문에, 시간이 갈수록 기억흔적은 실제 입력보다 더 단순하고, 더 간결하고, 더 완전하게 되는 경향이 있다. 예를 들어 그림 6.7과 같은 다소 불규칙적인 대상을 본 후에 사람들은 나중에 원이나 정사각형으로 기억할 것 같다. 다른 예로서, 트버스키(Tversky, 1981)가 사람들이 지도에 대해 공부하고 다음에 기억해서 그 지도를 그리도록 했던 연구를 생각해보자. 사람들의 재생에서의 왜곡은 함축성의 법칙을 따랐다. 구부러지고 불규칙적인 선은 직선으로 했고, 경사진 선은 남북 또는 동서방향의 선으로 표현했고, 전체적으로는 원래 지도에 있었던 것보다 더 잘 배열되었다.

2 많은 현대 인지심리학자들과 신경심리학자들이 이 용어를 기억에 대한 논의에서 사용한다(예 : Brainerd & Reyna, 2004; Suárez, Smal, & Delorenzi, 2010).

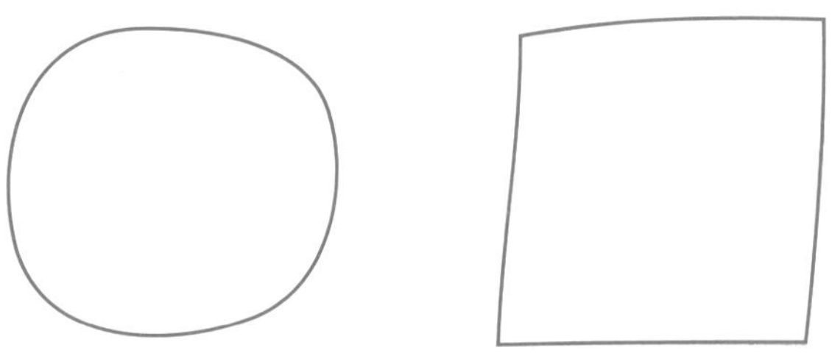

그림 6.7 불규칙한 모양의 그림은 나중에 '원'이나 '정사각형'으로 기억될 수 있다.

◆ 문제 해결은 재구조화와 통찰을 포함한다. 제3장에 기록되어 있듯이, 미국의 초기 행동주의자 손다이크(Thorndike, 1898)는 문제상자에서 고양이가 보여줬던 것 같은 문제 해결은 시행착오의 과정을 수반한다고 설명했다. 이에 반해, 게슈탈트 학파는 사람과 다른 영장류 종들이 문제를 해결하는 방법에 대해 보다 더 인지적인 관점을 제시했다. 예를 들어 쾰러(Köhler, 1925)는 침팬지들이 다양한 문제에 직면하는 것을 관찰한 뒤 문제 해결이 문제의 다양한 요소를 정신적으로 조합하고 재조합하는 것과 결국 문제를 해결하는 조직적 구조를 새로 만들어내는 것을 수반한다고 제안했다. 한 상황에서 술탄이라는 침팬지가 딜레마에 직면했다. 약간의 과일이 우리 밖에, 술탄이 닿을 수 없을 만큼의 먼 곳에 놓여 있다. 술탄은 이전에 과일을 긁어 들이기 위해 막대를 사용했던 경험이 있었다. 그러나 우리 안에 있는 막대 하나는 너무 짧았다. 더 긴 막대가 우리 밖에 있었는데 과일처럼 술탄이 닿을 수 없는 곳에 있었다. 아래 시나리오가 이어서 일어났다.

> 술탄은 둘 중 더 작은 막대로 과일에 닿으려고 노력한다. 성공하지 못하자, 그는 우리 그물에 튀어나온 철사 조각을 뜯어낸다. 그러나 그것 또한 헛수고이다. 다음에 그는 뚫어지게 응시한다. 이러한 실험의 과정 중에는 항상 동물들이 보이는 모든 영역을 유심히 바라보는 상당히 긴 정지의 시간이 있다. 그는 갑자기 작은 막대를 주워 긴 막대 바로 맞은편에 있는 창살 쪽으로 한 번 더 올라가고, 작은 막대로 긴 막대를 자기 쪽으로 끌어오고, 긴 막대를 잡아 과일 맞은편으로 가져간다. 그리고 그 과일을 자기 수중에 넣는다. 그의 눈이 긴 막대에 마주친 순간부터, 그의 진행상황은 하나의 연속된 전체를 형성한다. … (Köhler, 1925, p. 180)

다른 상황에서 술탄이 우리 밖에 그가 닿을 수 없는 곳에 놓인 과일에 다시 직면했을 때, 술탄은 2개의 속이 빈 대나무 막대를 가지고 있었는데, 하나는 다른 것보다 약간 가늘었고 둘 다 과일에 닿기에는 너무 짧았다. 수차례의 시도에서 과일을 획득하지 못한 후, 그는 포기하고서 막대를 가지고 무관심하게 노는 것처럼 보였다. 우연히 술탄은 두 막대가 긴 일직선을 만드는 것과 같은 방식으로 끝과 끝을 붙일 수 있다는 것을 발견했다. 그는 즉시 가는 막대의 끝을 두꺼운 막대 끝으로 밀어 넣어 하나의 긴 막대를 만들었고, 우리 끝으로 달려가서 잡히지 않는 바나나를 손에 넣었다.

위에서 설명했던 어느 상황에서도 술탄은 손다이크가 고양이에 대해 설명했던 무선적인 시행착오 학습에 참여하지는 않았다. 대신 쾰러가 보기에, 술탄은 문제 해결에 관한 갑작스러운 **통찰**(insight)에 이르기까지 다양한 방식으로 문제 요소를 배열하면서, 즉 **재구조화**(restructuring)하면서 가능한 문제 해결책에 대해 생각하는 것처럼 보였다.

게슈탈트 심리학은 학습과 인지를 어떻게 개념화하는지에 대해 심리학자들에게 계속 영향을 주고 있다. 예를 들어 제7장에서 주의집중의 본질에 대해 알아볼 때 또 다른 기본적인 조직화 원리인 전경, 배경에 대해 검토할 것이다. 제8장에서는 지각과 기억의 구성적 과정에 대해 살펴보면서 완결성의 법칙에 대해 보게 될 것이다. 제13장의 문제 해결의 탐색에서는 통찰이라는 게슈탈트 학파의 아이디어를 다시 살펴볼 것이다. 그리고 사람들은 자신이 배운 것을 조직한다는 일반적 아이디어가 이후의 학습과 인지에 대한 논의에서 반복해서 나올 것이다.

언어학습 연구

1920년대 후반부터, 일부 연구자들이 행동주의 원칙을 독특한 인간 행동인 언어에 적용하기 시작했다. 그러한 **언어학습**(verbal learning) 연구는 20세기 중반부 내내, 특히 1930년대부터 1960년대를 거쳐 1970년대 전반까지 계속되었고 인간 학습의 본질에 대한 많은 통찰을 산출했다.

S-R 관점의 용어로 쉽게 분석될 수 있는 2개의 학습 과제, 즉 계열학습과 짝짓기 학습이 언어학습 연구의 중심이 되었다. **계열학습**(serial learning)은 특정한 순서로 일련의 항목들을 학습하는 것을 포함한다. 알파벳, 요일, 그리고 태양계의 행성이 그 예이다. 언어학습이론가들은 계열학습을 다음과 같이 설명했다 — 목록의 첫 번째 항목은 자극이고 두 번째 항목은 반응으로 학습된다. 다음에 두 번째 항목은 자극으로 작용하고 세 번째 항목은 반응으로 학습된다. 그리고 그것이 계속된다.

짝짓기 학습(paired-associate learning)은 항목의 짝을 학습하는 것을 포함한다. 외국어 단어와 같은 영어단어(예 : le papier는 'the paper'의 프랑스어임), 그리고 주와 주도(예 : 알래스카의 주도는 주노임)를 학습하는 것이 두 가지 예이다. 언어학습이론가들은 짝 연합을 독특한 자극-반응 연합으로 기술했다. 각 짝의 첫 항목은 자극이고, 두 번째 항목은 반응이다.

언어학습 연구는 점점 단순한 S-R 연결로 쉽게 설명할 수 없는 결과를 산출했다. 그래서 이론가들은 학습 과정의 논의에 다양한 정신적 현상을 소개하기 시작했다. 이 절에서는 언어학습 연구에서 나타난 몇 가지 일반적인 학습 원리를 설명하고자 한다. 일부 결과들은 행동주의 관점에서 비교적 쉽게 해석되지만 다른 결과들은 인지를 등장시키지 않으면 설명하기 까다롭다.

◆ 계열학습은 특수한 패턴에 의해 특징지어진다. 통상적으로 계열학습과제에서 **계열학습곡선**(serial

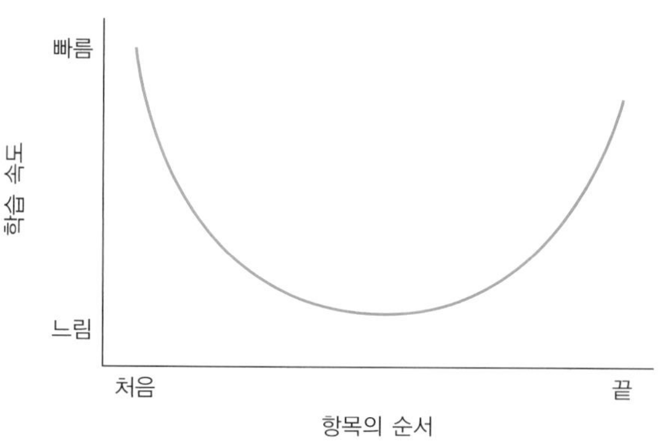

그림 6.8 전형적인 계열학습곡선

learning curve)이 관찰된다. 사람들은 처음의 몇 항목과 마지막의 몇 항목은 중간 항목보다 더 빠르고 쉽게 배운다(J. F. Hall, 1971; McCrary & Hunter, 1953; Roediger & Crowder, 1976). 일련의 목록에서 다양한 항목들을 학습하는 속도를 그래프로 그린다면, 그림 6.8에서 보는 것과 유사한 결과를 얻을 수 있다. 일반적인 예는 대부분의 아이들이 알파벳을 배우는 방식에서 볼 수 있다. 아이들은 처음 철자들(A, B, C, D)과 마지막 철자들(X, Y, Z)을 중간 철자들(예 : J, K, L, M)보다 먼저 배운다.

계열학습곡선에서 첫 항목들을 쉽게 배우고 기억하는 경향은 **초두효과**(primary effect)라고 부르고, 마지막 항목들을 쉽게 배우고 기억하는 경향은 **최신효과**(recency effect)라고 부른다. 언어학습이론가들은 두 효과에 대해서 설명할 때 목록의 양 끝 지점들, 즉 처음과 마지막 항목들이 닻(anchor)으로 작용하고 다음에 다른 항목들이 자극-반응 양식 안에 속할 것이라고 제안했다.

◆ 과잉학습된 자료는 후에 더 쉽게 회상된다. 정보를 완벽하게 학습하고 그다음에 계속해서 그것을 공부한다면 무슨 일이 일어날까? 이러한 **과잉학습**(overlearning)의 과정, 즉 자료를 숙달하고 공부를 계속하면서 연습하는 것은 다음번에 더 정확하게 그 정보를 기억나게 해준다(Krueger, 1929; 또한 Underwood, 1954; K. E. Vaughn & Rawson, 2011 참조). 제4장의 내용을 기억한다면, 연습은 학습에서 중요하다. 아마도 연습이 자극-반응의 연결을 강하게 하기 때문일 것이다.

◆ 분할 연습이 집단적 연습보다 통상적으로 더 효과적이다. 시험을 앞두고 공부해야만 한다고 가정해보자. 시험자료를 숙달하기 위해서는 6시간이 필요하다고 추정된다. 6시간 전부를 한꺼번에 공부하는 것과 공부 시간을 좀 더 작은 단위 즉, 6번의 1시간 단위로 쪼개는 것 중 어느 것이 시험에 유리할까? 언어학습 연구자들은 통상 **분할 연습**(distributed practice), 즉 공부 시간을 몇 번의 경우로 펼치는 것이 **집단적 연습**(massed practice), 즉 공부 시간을 한꺼번에 잡는 것보다 더 좋은 학습 성과를 나타낸다는 것을 발견했다(A. Glenberg, 1976;

Underwood, 1961; Underwood, Kapelak, & Malmi, 1976). 사실, 공부 시간 단위를 쪼개면 쪼갤수록 학습된 정보의 기억이 더 오래 남아 있을 가능성이 많다(Rohrer & Pashler, 2007). 행동주의 관점에서 보면, 집단적 연습은 결국에는 피로로 이어지고 피로는 학습자가 부적절한 반응을 연습하기 시작하는 원인이 될 수 있다.

◆ 한 상황에서의 학습은 종종 다른 상황에서의 학습과 회상에 영향을 미친다. 혼자서 두 세트의 짝짓기를 학습해야만 한다고 가정하자. 두 가지 세트는 다음과 같다.

세트 1	세트 2
집-용	집-종이
식물-썰매	식물-시계
등불-음악	등불-칠면조
양파-베개	양파-의자

첫 번째 세트를 학습하고 다음에 두 번째 세트를 학습한 후에, 첫 번째 세트 자극 단어에 해당하는 반응 단어를 회상하라고 요구한다고 하자. 어려운가? 아마 그렇다면, 두 번째 세트를 배울 때는 같은 단어에 대해 다른 반응을 학습했기 때문이다. 만약에 두 번째 세트의 반응을 학습해야만 하는 것이 아니라면, 첫 번째 세트에서 학습했던 정확한 반응을 기억할 수 있는 좀 더 편안한 시간을 가질 수 있을 것이다.

사람들이 두 세트의 짝짓기를 연속해서 학습할 때, 두 번째 세트의 학습이 첫 번째 세트를 회상하는 능력을 종종 감소시킨다는 것을 관찰했다. 이 현상은 **역행제지**(retroactive inhibition)라고 알려져 있다. 사실 이 상황에서 개인들은 종종 두 번째 세트를 기억하는 것도 마찬가지로 어려움이 있는데, 이 현상은 **순행제지**(proactive inhibition)라고 알려져 있다. 한 시기에 학습한 한 세트의 짝 연합이 그 이전이나 이후에 학습한 세트의 회상을 방해한다는 경향은, 특히 두 세트의 자극단어가 같거나 유사하지만 반응 단어가 다른 경우에 발생하는 것 같다(J. F. Hall, 1971; Osgood, 1949).

다른 상황에서는 한 세트의 정보를 학습하는 것이 다른 시기에 학습하는 정보의 회상을 실제로 개선할 수 있을 것이다. 언어학습이론가들은 이러한 현상을 두 세트의 정보가 학습된 순서에 따라서 **후행촉진**(retroactive facilitation) 또는 **선행촉진**(proactive facilitation)이라고 부른다(J. F. Hall, 1971). 촉진은 두 상황이 유사하거나 동일한 자극을 가지면서 동시에 유사한 반응을 가질 때 가장 잘 일어날 것 같다(Osgood, 1949). 하나의 예를 들면, 자극-반응 짝으로 '집-용'을 학습한 후에 아마도 '집-괴물'은 상당히 쉽게 학습할 수 있을 것 같다.

언어학습이론가들은 역행제지와 순행제지가 언어정보를 망각하는 중요한 요인이라고 제안했다(예 : McGeoch, 1942; Melton & Irwin, 1940; Underwood, 1948). 그래서 처음으로 기억과 관련된 이론적 아이디어들을 논의한 사람들 중에 언어학습이론가들이 있었다.

현대의 많은 인지이론가들도 제지가 기억과 망각에서 중요한 역할을 한다고 제안한다(제8장 참조).

◆ 자료들의 특징들은 사람들이 그 자료를 배울 수 있는 속도에 영향을 준다. 언어학습 연구자들은 언어자료의 학습과 기억을 용이하게 하는 데 영향을 주는 몇 가지 특징을 확인했다.

1. 항목들이 유의미할 때, 즉 그 항목들이 다른 아이디어와 쉽게 연합될 수 있을 때 더 빨리 배운다(Cofer, 1971; Paivio, 1971). 독일 심리학자 헤르만 에빙하우스(Hermann Ebbinghaus, 1913)는 행동주의에 기반을 둔 언어학습 운동이 유행하기 훨씬 전에 우연히 이 원리를 잘 발견했다. 계열학습을 연구주제로 삼아 많은 실험을 했던 에빙하우스는, 일부 단어들은 그가 그 단어를 더 쉽게 기억하도록 돕는 연합을 일으키는 것을 알아냈다. 그는 JAD, MON, ZIV와 같은 그럴듯한 **무의미철자**(nonsense syllables)를 사용함으로써 연합의 영향을 배제하려고 시도했다. 하지만 많은 무의미철자조차도 종종 의미를 가지고 연합을 유도함으로써 배우기 쉽게 만든다(J. F. Hall, 1971). 예를 들어 무의미철자 JAD는 'jade'로 생각하게 하고, MON은 'money'를 생각나게 할 수 있다.
2. 항목들은 발음이 가능할 때 학습과 기억이 더 용이하다(Di Vesta & Ingersoll, 1969; Underwood & Schulz, 1960). 예를 들어 무의미철자 DNK는 BPX보다 더 빨리 배울 것이다. 왜냐하면 대부분의 사람들이 DNK를 보다 쉽게 발음할 수 있기 때문이다.
3. 구체적 항목은 추상적 항목보다 학습과 기억이 더 용이하다(Gorman, 1961; Paivio, 1963). 예를 들어 거북이, 망치, 샌드위치라는 항목은 진리, 즐거움, 경험보다 더 쉽게 배울 수 있다.
4. 항목의 구체성이 항목을 더 쉽게 학습하고 기억하게 만든다는 것에 대한 가능한 한 가지 이유는 구체적 항목은 정신적으로 시각화할 수 있기 때문이다. 일반적으로, 거북이와 같이 정신적 심상을 쉽게 유발하는 항목은 진리처럼 시각화가 어려운 항목보다 더 잘 기억된다(Paivio, 1971). 이러한 시각적 심상 현상, 아주 명료하게 말하면 정신적 현상은 엄격하게 S-R 관점으로 설명되기에는 어렵다.

◆ 사람들은 종종 새로운 정보에 의미를 부여한다. 방금 언급한 유의미성의 효과는 S-R 관점으로도 설명할 수 있다. 자극 단어가 그것과 연합된 많은 다른 단어들을 가질 때, 그러한 연합들 중 하나가 이번에는 학습해야 할 반응과 연합할 수 있다. 그런데 S-R 접근으로 설명하기 더 곤란한 것은 사람들이 정보를 배우고자 할 때 의도적으로 그 정보를 유의미하게 만들 것이라는 사실이다. 예를 들어 부겔스키(Bugelski, 1962)가 성인들에게 무의미철자가 포함된 짝짓기 학습을 하도록 요구했을 때, 그들 모두 짝들을 학습하는 데 도움이 되게끔 의미를 부여했다고 일관되게 보고했다. 예를 들어

어떤 항목은 다른 항목보다 더 유의미하다.

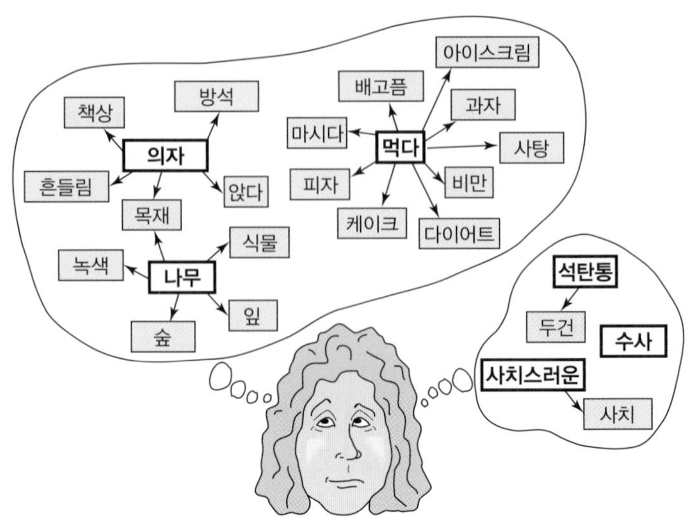

DUP-TEZ

라는 한 쌍이 주어졌을 때, 한 사람은 연결 형성을 돕기 위해 deputize라는 단어를 사용했다. 인지이론이 출현하게 된 것은, 아마도 인간이 의미를 찾으려는 경향성이 있다는 것을 더 잘 설명할 수 있어서이기 때문인 것 같다.

◆ 사람들은 학습한 것을 조직한다. 사람들에게 순서에 상관없는 계열학습과제, 즉 **자유회상**(free recall)이라고 알려진 과제의 항목을 회상하라고 했을 때, 일반적으로 원래 제시된 순서로 항목을 회상하지 않는다. 대신에, 그들의 회상순서는 종종 어떤 종류의 조직적 도식을 반영한다(Bousfield, 1953; Buschke, 1977; Jenkins & Russell, 1952). 예를 들어 부스필드(Bousfield, 1953)의 고전적 실험에서, 대학생들에게 동물, 이름, 채소, 직업의 네 가지 범주에 15개씩, 60개 단어목록이 주어졌다. 이 단어들이 무선적으로 제시되었음에도 불구하고, 학생들은 각 범주 내에서 단어들을 회상하는 경향이 있었다. 예를 들어 전형적인 회상순서는 다음과 같다.

낙타, 기린, 얼룩말, 당나귀, 제이슨, 아담, 하워드, 호박, 양배추, 당근, 상추, 무, 우유배달원, 제빵업자, 치과의사

사람들은 조직할 수 없을 것 같은 자료까지도 조직하려고 한다(Tulving, 1962). 배운 것은 꼭 조직하려고 하는 인간의 경향성은 행동주의 원칙으로는 설명하기 어렵다. 그러나 다음 장들에서 볼 수 있겠지만, 그러한 조직경향성을 인지학습이론에 기초해서 설명하는 것은 아주 쉽게 들어맞는다.

◆ 사람들은 종종 학습하는 데 도움이 되도록 부호화 전략을 사용한다. 앞에서 DUP-TEZ를

'deputize'로 기억하는 것을 예로 들었듯이, 사람들은 종종, 더 학습하기 쉬운 방식으로 정보를 변화시키거나 부호화한다(Underwood & Erlebacher, 1965; A. Y. Wang & Thomas, 2000). 게다가, 실험자들이 사람들에게 정보학습에 도움이 되도록 어떤 부호화 전략을 사용하라고 별도로 말해줄 때 학습이 개선된다. 예를 들어 사람들이 정신적 시각 심상을 형성하는 기술을 훈련받았다면, 그런 훈련을 받지 않은 사람들보다 더 정확하게 단어목록을 기억할 수 있다(Bugelski, Kidd, & Segmen, 1968; J. F. Hall, 1971).

- **사람들은 음어적으로 단어를 학습하는 것보다 일반적인 아이디어를 더 잘 학습할 것 같다.** 사람들이 말 그대로의 정보를 학습할 때보다 아이디어를 학습하는 데 초점을 맞출 때 학습이 더 빨라지고 회상도 더 정확해진다(Briggs & Reed, 1943; H. B. English, Welborn, & Killian, 1934; H. E. Jones & English, 1926). 대부분의 언어학습 연구는 음어적 정보의 학습에 초점을 맞췄다. 그렇게 함으로써, 인간이 실제로 대부분의 언어적 자료를 학습하는 방식을 명백히 무시해왔을 수 있다.

분명히, 초기의 언어학습 연구는 유용한 학습 원칙들을 많이 제공해주었다. 그리고 학습 연구에서 계속해서 사용할 수 있는 계열학습과 짝짓기 학습이라는 2개의 학습 과제를 제공했다. 동시에 인간의 언어행동을 설명하기 위해 S-R 학습 모델을 확장하려고 시도하면서 행동주의적 관점의 약점들을 점차 드러냈다.

보다 최근에, 언어에 기반한 많은 학습 연구는 사람들이 어떻게 유의미한 언어 자료(예 : 산문 구절)를 인위적으로 구성한 계열목록이나 짝짓기보다 잘 학습하는지에 대해 초점이 맞춰져 있다. 사실, 20세기 후반부터 연구자들이 인지적 아이디어를 받아들이기 시작하면서, 더욱 명백히 정신적인 용어들(예 : **기억, 부호화, 시각적 심상**)에 대한 선호로 인해 많은 연구자들이 언어 학습이라는 용어를 사용하지 않게 되었다. 예를 들어 내가 대학원에 재학 중일 때 널리 읽히던 전문잡지인 *Journal of Verbal Learning and Verbal Behavior*는 1985년에 *Journal of Memory and Language*로 바뀌었다.

현대의 인지주의 관점

현대 인지주의이론가들은 학습이 어떻게 발생하는지를 그려내기 위해 어딘가 다른 접근법들을 취해왔다. 인간 학습의 연구에 관한 가장 우세한 접근은, 진행 중인 연구와 학술지 지면 분량에 반영되어 있듯이, 통틀어 **정보처리이론**이라 불리는 일단의 연구들이다. 그러나 2개의 다른 관점, 즉 **구성주의**와 **맥락이론**이 갈수록 상당한 인기를 얻고 있다.

정보처리이론

많은 현대의 이론들은 사람들이 환경으로부터 받아들인 정보에 대해 어떻게 생각하고 처리하는가, 다시 말하면 주변의 자극을 어떻게 지각하고, 지각한 것을 어떻게 기억 속에 '집어넣고', 학습한 것을 사용할 필요가 있을 때 어떻게 '찾고', 새로운 과제나 문제와 씨름하기 위해 학습한 것을 어떻게 사용하는지에 대해 초점을 맞춘다. 그러한 이론은 통틀어 **정보처리이론**(information processing theory)이라고 알려져 있다.

초기의 정보처리 관점들, 특히 1960년대에 나타난 관점들은 인간 학습을 컴퓨터가 전통적으로 정보를 처리해왔던 것과 유사한 것으로 묘사했다. 그러나 곧 컴퓨터에 유추하는 것은 지나치게 단순하다는 것이 명백해졌는데, 사람들은 컴퓨터의 전형이라고 볼 수 있는 하나의 대상이 항상 예측 가능한 다른 것을 유도하는 전략과 같은 알고리즘과는 다른 방식으로 정보를 생각하고 해석하기 때문이다(예 : Hacker, Dunlosky, & Graesser, 2009a; Marcus, 2008; Minsky, 2006; Rubin, 2006). 현재는 정보처리이론이라고 알려진 일반적 관점에는 사람들이 새로운 정보를 어떻게 정신적으로 다루는지에 대한 다양한 특수이론들이 포함된다. 이 이론들 중 일부는 본질상 컴퓨터와 유사하지만, 많은 다른 이론들은 그렇지 않다.

정보처리 연구자들은 인간의 인지가 포함하고 있는 많은 과정을 확인하는 데 아주 많은 도움을 주었다. 그러나 그렇게 함으로써, 때로는 전형적인 인간 학습 상황과 거의 닮지 않은 사소한 과제에 주의를 집중해왔다(Bjorklund, 1997; Hambrick & Engle, 2003; Hintzman, 2011). 그래서 정보처리 연구자들이 사람들이 어떻게 학습하는지에 대해 매우 많은 것을 말해주고 있음에도 불구하고, 정보처리연구자들은 사람들이 학습하면서 정확히 무엇을 획득하는지에 대해서는 다소 명확하지 못했다(P. A. Alexander, White, & Daugherty, 1997). 그런데 나의 관점으로는, 정보처리이론의 가장 큰 취약점은 종합보다는 분석을 더 잘해왔다는 것이다. 하지만 정보처리이론은 인간이 어떻게 생각하고 행동하는지를 전반적으로 설명하기 위해서 다양한 인지 과정들을 통합된 전체 속에 결합시켜야만 한다.

구성주의

인간의 학습에 대한 연구 결과들이 축적되어 갈수록, 학습자가 맞닥뜨린 정보를 단지 흡수하지만은 않는다는 것이 점점 더 명백해졌다. 대신에 사람들은 그들이 획득한 정보에 대해, 종종 독특하고 특유의 방식으로, 능동적으로 그것을 조직하고 이해하려고 한다. 많은 인지이론가들은 지금은 학습을 외부세계에서 곧장 지식을 획득하는 것으로 보기보다는 지식을 **구성**하는 것으로 묘사한다. 다는 아니지만 일부 이론가들은 이러한 관점을 정보처리이론이라기보다는 **구성주의**(constructivism)라고 말한다.

초기의 게슈탈트 심리학자들은 분명히 구성주의 경향을 가지고 있었다. 예를 들어 학습자가 분리된 대상을 하나의 단위로 지각하고(근접성이나 유사성과 같은 법칙을 반영하는 것),

학습자가 보고 있는 것의 빠진 부분을 채울 때(완결성의 법칙을 반영하는 것) 구성이 포함된다. 톨먼의 인지적 지도 개념도 마찬가지로 구성주의 경향을 가진다. 학습자는 자신이 배운 다양한 공간적 관계들을 환경이 배열되는 방식에 대한 일반적인 정신 표상에 결합시킨다. 이러한 상황에서, 각 학습자에게 독특하게 일어나는 구성의 과정을 볼 수 있는데, 여기에는 **개인적 구성주의**(individual constructivism)라고 알려진 관점을 반영할 수 있다.

다른 상황에서, 사람들은 그들의 세계를 이해하기 위해 같이 작업한다. 예를 들어 몇몇 학생들이 스터디그룹을 만들어서 어렵고 혼동되는 교재를 같이 해석하고 더 잘 이해할 수 있다. 다른 예로, 천문학자들은 수 세기를 거치면서 망원경을 통해 관찰한 현상을 점점 더 이해하기 좋게 만들어왔다. 이 과정에서 천문학자들은 천문학의 원리를 계속 추가하고 수정했다. **사회적 구성주의**(social constructivism)라고 알려진 관점은 한 자리에서든 많은 세월이 경과하는 과정에서든 사람들이 새로운 지식을 창출하기 위해 어떻게 같이 작업하는지에 초점을 맞추는 학습이론들을 아우를 수 있다.

구성주의 관점은 심리학자들의 관심을 사람들이 무엇을 학습하는가로 향하게 한다. 제9장에서 설명할 도식, 스크립트, 그리고 사적 이론은 학습자 구성 지식이 취할 수 있는 형식의 예들이다. 또한 구성주의 관점들은 학습을 똑바로 안내하는 고삐를 학습자의 수중에 둔다. 교사는 레모네이드를 잔에 붓듯이 학생들의 머리에 지식을 '쏟아부을' 수 없다. 대신에 학생들은 자신만의 레모네이드를 만들어야만 한다.

그런데 구성주의도 정보처리이론처럼 약점을 가지고 있다. 구성주의는 학습에 내재한 인지과정에 대해 모호한 설명들만 제공했다(Mayer, 2004; Tobias & Duffy, 2009b). 게다가 일부 구성주의자들은 교사가 학생들이 어떻게 교재를 해석하고 교실 활동에서 어떻게 배우는지에 대해 많은 영향을 줄 수 없을 것이라고 제안하고 있어, 학습자 통제에 대한 아이디어가 도를 넘고 있다(예 : Tobias & Duffy, 2009a의 비판 참조). 사실 초, 중, 고, 대학의 교실에서의 셀 수 없는 학생들의 개인적 경험뿐 아니라 많은 연구물에서, 교사의 교수실제가 학생들이 무엇을 배우는지와 어떻게 효과적으로 배우는지에 대해 강력하게 영향을 미칠 수 있다고 말해주고 있다.

맥락이론

많은 **맥락이론**(contextual theory)의 기저에는 사람들의 사고와 학습이 그들의 신체 혹은 근접한 물리적, 사회적, 문화적 환경과 불가분하게 얽혀 있다는 아이디어가 있다. 또한 그중 많은 맥락이론이 사람들의 환경이 그들의 사고와 학습을 증진시킬 수 있는 다양한 지원체계를 제공한다고 제안했다. 학습과 수행에 대한 어떤 환경적 지원은 구체적이고 쉽게 관찰할 수 있다. 예를 들어 사람들이 방정식, 도표, 계산기, 또는 컴퓨터를 이용해서 자료의 분석이나 문제 해결에 도움을 받을 때가 그러한 경우다. 그런데 다른 환경적 지원은 아주 추상적이고 그 사람의 문화에 편재되어 있어서 학습에 영향을 주는 맥락적 요소로 당연하게 여기거나 쉽게 간과하기도 한다. 예를 들어 **동서남북**의 개념을 생각해보자. 여러분이 시골 지역의 길을 찾거나 지도를 볼 때 이 개념을 여러 번 사용했으리란 것에는 의심할 여지가 없다. 이 개념은 명백히 지구와 관련이 있지만, 단지 몇몇 문화에서만 제공하고 있는 창조물이다.

맥락이론은 여러 형태를 띠는데, 그 이론의 초점이 맞춰진 맥락의 유형에 따라 달라진다. 예를 들어 **구체화**(embodiment)이론은 사람의 뇌가 신체의 나머지 부분 및 근접한 물리적 환경 내에 있는 특정 구체적인 대상과 밀접하게 연결되어 기능하는 방법에 대해 다룬다. **분할인지**(distributed cognition)이론은 사람들이 물리적인 대상이나 문화적 창조물을 이용할 수 있을 때나 그 대신에 다른 사람과 같이 아이디어를 생각하고 논의할 수 있을 때 어떻게 더 효과적으로 생각하고 수행하는지에 초점을 맞춘다. 그리고 맥락적 관점이 학습에서 특별히 문화의 영향에 초점을 맞출 때 종종 **사회문화적 이론**이라는 용어로 사용된다. 어떤 맥락이론들은 비고츠키의 인지발달이론에 그 뿌리를 두고 있으므로 그러한 접근법들은 제11장에서 비고츠키의 아이디어를 알아보면서 살펴보도록 할 것이다.

20세기 전반부에 비고츠키와 동료 러시아 학자의 연구를 제외하고는, 맥락적 관점은 상당히 최근에 인간의 학습에 관한 심리학자들의 생각에 추가된 것이다. 맥락이론의 주요한 이점은 그 이론이 우리의 관심을 환경적 맥락의 중요성으로 돌리는 방법, 즉 행동주의 관점으로 되돌리는 것처럼 보이는 아이디어에서 찾을 수 있다. 그러나 중요한 차이점이 있다. 맥락이론의 강조점은 행동주의적 관점처럼 상대적으로 사고가 배제된 조건화를 유발하는 구체적이고 관찰 가능한 자극에 있는 것이 아니라, 바로 '숙고하는' 학습 및 행동을 지원하는 물리적, 사회적, 그리고 문화적인 요인과 같은 일반적 요인에 있다.

인지적 관점의 통합

인지주의자들 사이에서조차 상이한 인지이론들을 어떻게 가장 잘 범주화할 수 있는지에 대한 완벽한 동의가 이루어지지 않았다는 것에 주목하는 것이 중요하다. 간단한 예로, 일부 이론가들은 현대의 정보처리이론을 본질적으로 확실히 구성주의로 묘사한다(Schacter, 2012 참조; 또한 이 책의 제8장 참조).

다양한 인지적 관점 사이의 경계가 분명하지 않음에도 불구하고, 일부 심리학자들과 교육자들은 그것들을 예리하게 구분해야 한다고 주장하고 있다. 이론적 관점을 양분하고자 하는 경향성, 즉 하나는 흑으로 다른 하나는 백으로 묘사하고, 하나는 엄격한 교사 중심의 교수 방법인 반면 다른 하나는 좀 더 학생 중심의 방법을 지원하는 것으로 제안하고, 어떤 경우에는 한 아이를 착한 아이로, 다른 아이를 나쁜 아이로 암시하는 것은 나를 미치게 만들었다. 최근에 그 분야의 몇몇 동료들이 나의 걱정에 대한 공감을 했다(예 : Bereiter & Scardamalia, 1996; Clancey, 1997, 2009; K. R. Harris & Alexander, 1998; Prinz, 2009; R. K. Sawyer

& Greeno, 2009; Sfard, 1998).

지난 45년간 인간의 학습에 대한 수많은 책, 기사와 논문을 읽어오면서, 나는 정보처리이론, 구성주의, 그리고 맥락적 관점에서 나온 아이디어뿐 아니라, 사회인지이론과 최근에 인지적으로 지향된 행동주의적 관점과 같이 이미 앞에서 생각해봤던 이론에서 나온 아이디어들이 모두 인간이 어떻게 학습하는지에 대한 이해에 중요한 공헌을 할 수 있다고 굳게 믿고 있다. 유념해야 할 점은, 제1장의 그림 1.2에서 보인 것처럼, 다양한 이론적 관점들 사이에서는 많은 양의 상호 교류가 있다는 것이다. 종합적으로 말하자면, 사실상 모든 인지주의적 소질을 지닌 학습이론들은 단 한 가지 접근법이 할 수 있는 것보다 인간의 인지에 대한 더욱 완전한 이해를 줄 수 있다(예 : J. R. Anderson, Greeno, Reder, & Simon, 2000; De Houwer, 2011; Duffy, 2009; Leach & Scott, 2008; Zimmerman, 1981). 따라서 우리는 다음 몇 장에서 사람들이 어떻게 사고하고 학습하는지를 계속 탐구할 때 다양한 인지 관점에서 절충해 가져올 것이다.

인지주의 접근의 교육에 대한 일반적인 시사점

우리는 이어지는 내용에서 인지주의 관점들에 대해 더 많은 것을 알아내야만 한다. 그런데, 이 시점에서도 교육 실제에 함의점을 가지는 세 가지를 일반화할 수 있다.

- **학생들은 자신이 참여하는 인지 과정을 통해 자신의 학습을 통제한다.** 스키너(B. F. Skinner, 1954, 1968)와 다른 행동주의자들은 만약 학생들이 무언가를 배우고자 한다면 교실에서 적극적인 반응을 해야만 한다고 주장했다. 인지주의자들도 스키너의 견해에 동의하지만, 그들은 신체 활동보다는 정신 활동을 강조한다(예 : Heal, Hanley, & Layer, 2009; Mayer, 2010a; Rittle-Johnson, 2006). 교실에서 정신적으로 적극적이지 않은 학생들, 즉 즉시 주제에 대해 주의집중하고, 생각하고, 다른 방식으로 인지적인 처리를 하지 않는 학생들은 아주 조금밖에 배우지 못할 것이다. 학습 주제에 정말 정신적으로 관여한 학생에게는, 인지적 처리 과정의 본질상 자신이 무엇을 배우고 어떻게 그것을 효과적으로 배울 수 있는지를 결정할 것이다. 그러므로 교사들은 학생들에게 무엇을 배워야 하는지뿐만 아니라 어떻게 학생들이 그것을 배우기 위해 최선을 다할 수 있을지에 대해서도 고민해야 한다.
- **학생들은 수동적으로 흡수하기보다는 적극적으로 그들의 지식을 건설한다.** 학습은 단순히 환경으로부터 정보를 '흡수하거나', 다른 말로 하면 수동적으로 정보를 '받아들이는' 과정이 아니다. 행동주의자들과 같이, 인지주의이론가들은 제4장에 묘사된 '물주전자 같은 교사 비유(the teacher-as-water-pitcher metaphor)'를 거부한다. 많은 인지이론가들은 학습이 비형식적 경험과 형식적인 교육 둘 다로부터 의미를 생성하는 과정이라고 특징짓는다. 그러므로

학습자가 그들 주위의 사물과 사건을 이해하려고 노력할 때, 전부는 아니지만 관찰한 것과 자신이 가지고 있는 지식 및 신념을 연결해 세상에 대한 지속적이고 고유한 이해를 창조해 낸다.

◆ **교수 실제는 학생들이 교실 자료를 어떻게 정신적으로 처리하며, 또 어떻게 효과적으로 학습할 수 있는지에 대해 중요한 영향을 끼친다.** 언어학습이론가들은 새로운 정보가 의미 있고, 구체적이며, 조직하기에 용이한 정도를 포함하여, 학습을 확장시킬 수 있는 여러 요인을 발견했다. 더 나아가, 기술적 도구나 소그룹 작업의 형태와 같은 환경적 지원체계는 학생들의 학습과 수행 수준의 질에 긍정적인 영향을 끼칠 수 있다. 이어지는 장들에서 우리는 교수자료와 실제의 본질이 학생들의 학습과 발달을 장기적으로 향상시킬 수 있는 많고 많은 방법들에 대해 생각해볼 것이다.

요약

인지적으로 지향된 이론들은 인간 학습을 연구하고 설명하는 가장 지배적인 관점이다. 이 이론들은 학습에 있어서 정신 과정의 중요성을 강조하고, 학습의 많은 측면이 인간에게만 독특하게 존재하는 것이라 제안한다. 인지주의자들은 행동주의자들의 믿음, 즉 학습에 대한 연구는 객관적이어야 하며 학습이론들은 실증적인 연구에 기반을 두어야 한다는 믿음에 동의한다. 하지만 그들은 학습자들이 상이한 자극조건에서 만드는 반응들을 관찰함으로써, 다양한 반응들에 내재하는 것 같은 인지적 과정에 대한 추론을 유도할 수 있다고 제안한다.

인지이론의 뿌리는 1920년대와 1930년대로 거슬러 올라가서 연구와 이론들에서 찾을 수 있다. 예를 들어 에드워드 톨먼은 행동주의자와 유사한 동물학습 연구를 하면서 학습이 어떻게 일어나는가라는 자신의 관점에 정신현상을 포함했다. 게슈탈트 심리학자들은 사람들이 특수한 방식으로 정보를 조직하도록 되어 있다고 제안하면서 지각, 학습과 문제 해결에서 조직 과정의 중요성을 강조한다. 20세기 중반 인간의 언어에 기초한 학습의 연구에 S-R 분석을 적용하려고 했던 언어학습이론가들은 자신들의 연구 결과를 설명할 때 점차 정신적 사건을 통합함으로써 인지주의의 불을 더 타오르게 했다.

21세기 인지주의는 여러 관점을 아우르는데, 인간이 어떻게 사고하고 학습하는지에 대한 우리의 이해에 중요한 기여를 한 정보처리이론, 구성주의, 그리고 맥락적 관점들이 그러한 것들이다. 더 나아가서 이 다양한 관점들은 사람들이 자신의 내부에서 하는 일에 따라 그들이 배우는 것과 그것을 얼마나 잘 기억하고 사용할 수 있는지에 대해 전형적으로 큰 차이를 만든다는 일반적인 결론에 이르렀다. 다행히, 이후의 장에서도 보겠지만, 교사들은 효과적인 인지 과정을 촉진하고 지원하기 위해 많은 일을 할 수 있다.

7

기억의 기본 구성요소

학습 성과

7.1 *기억의 이중저장 모델의 세 요소인 감각 등록기, 작업기억(이것의 중앙집행장치를 포함하여), 그리고 장기기억의 주목할 만한 특징을 확인한다. 그리고 인간의 기억체계 내에 정보의 이동과 본질에 영향을 끼치는 핵심 통제 과정을 확인한다.*

7.2 *이중저장 모델을 지지하거나 의구심을 던지는 몇몇 종류의 연구 증거를 설명한다.*

7.3 *이중저장 모델의 대안으로서 처리 과정 수준과 활성화를 설명한다.*

7.4 *인간의 기억에 대한 일반적인 본질에 대해 배운 것을 적용하여 다양한 주제와 기술 영역에서 학습과 기억을 촉진할 수 있는 교육적 전략을 확인한다.*

이 장의 앞에 있는 자료에 대해 시험을 치른다고 상상해보자. 또한 담당 교수로서 내가 여러분에게, 엉뚱하게 까다로운 시험 문제를 낸다고 상상해보자. "에드워드 C. 톨먼의 중간 이름이 무엇인가?"라는 질문이 주어진다.[1] 여러분은 이 장에서 이 정보를 읽었다는 것을 안다. 그리고 심지어 노트에다 그것을 기록해 놓기까지 했다. 그러나 최선의 노력에도 불구하고 필요한 것을 회상할 수 없다. C로 시작하는 이름 중에서 여러분이 생각할 수 있는 모든 이름을 생각해본 후에, Charles가 아니었다는 것을 매우 확신하면서도 마침내 'Charles'를 적고 시험지를 제출한다. 이후 즉각적으로 복도에서 만난 친구에게 다시 질문해본다. "톨먼의 중간 이름이 뭐냐?"라고. 친구는 "그건 Chace야. 누나가 마빈 Chace라는 사람과 결혼해서 쉽게 기억할 수 있었어."라고 대답한다. 그리고 또 다른 친구가 이렇게 덧붙인다. "나는

[1] 실제로 나는 절대로 여러분에게 그런 질문을 하지 않을 것이다. 그 이유를 제8장에서 찾을 수 있다.

톨먼이 쥐들을 미로로 쫓고 있다(chacing)고 상상하면서 그 이름을 공부했어." 여러분은 두 친구가 우연히 매형이나 시시한 시각적 심상 때문에 그 질문에 답할 수 있었다는 것을 우습게 생각한다. 그러나 이 상황을 직시해보자. 그들은 기억했고 여러분은 기억하지 못했다.

새로운 정보에 대한 단순한 노출이 여러분이 이것을 학습할 것임을 의미하는 것은 아니며, 심지어 여러분이 그것을 했다 하더라도 여러분이 이것을 이후에 기억할 수 있을 것임을 보장하는 것은 아니다. 수많은 변인이 어떤 정보가 첫 번째 장소에 기억될 것인가와 어떤 정보가 거기에 충분히 오랫동안 머물러서 여러분이 이것을 필요로 할 때 회상할 수 있을 것인가를 결정한다. 이 장에서는 기억에 대한 **이중저장 모델**이라는 매우 잘 알려진 모델을 고찰함으로써 인간의 기억에 대해 탐색을 시작할 것이며, 또한 어떻게 기억이 작동하는지에 대한 대안적인 견해 두 가지를 알아보게 될 것이다. 이렇게 함으로써 우리는 정보처리이론에 대해 그려볼 수 있게 될 것이다. 따라서 우리는 우선 기억, 저장, 부호화, 그리고 인출이라는 기본적인 용어에 대해 살펴볼 필요가 있다.

기억 정보처리이론가들은 **기억**(memory)이라는 용어를 두 가지 다른 방식으로 사용한다. 어떤 때는 일정 기간 동안 정보를 저장하는 과정을 일컫는 데 사용한다. 이런 면에서는 기억이 이후에 정보를 회상하는 능력에 대해 훨씬 더 강조된다는 점을 제외하고는 학습과 거의 동일하다. 다른 경우에 이론가들은 **작업기억** 혹은 **장기기억**과 같이 획득된 정보가 '저장되는' 곳의 하나로 인간 기억체계의 특정 장소를 일컫는 데 사용한다.

저장 컴퓨터-아날로그의 초기에 정보처리이론가들은 저장, 부호화, 인출이라는 컴퓨터 용어를 사용하기 시작했으며, 이런 용어는 인간의 인지에 대한 컴퓨터에 기반하지 않은 시각에서도 계속 남아 있다. **저장**(storage)은 새로운 정보를 기억 속에 '집어넣는' 과정이다. 예를 들어 머릿속에

잔느 옴로드의 생일은 8월 22일이다.

라는 것을 **집어넣는다면**, 그 정보를 저장하고 있는 것이다. 우리는 이 장에서 저장 과정에 대해 약간 언급하고 제8장에서 그중 일부에 대해 깊게 검토할 것이다.

부호화 사람들은 정보를 기억 속에 저장할 때 대개 정보를 어떤 방식으로 수정하는데, 이런 **부호화**(encoding)의 과정은 종종 정보를 더 쉽게 저장할 수 있도록 도와준다.[2] 때로 부호는 정보의 **형식을 변화시키는** 것을 포함한다. 예를 들어 나는 언젠가 번호가 22-8-14인 번호자물쇠를 가진 적이 있었다. 나는 재빨리 내 생일의 날과 달이라고 부호화함으로써 앞의 두 번호

2 제5장 모델링에 대한 논의에서 우리는 모델이 보여주었던 특정 행동을 사람들이 기억하기 위해서 언어적 혹은 시각적 기억 부호화를 할 때 보다 더 정확하게 모델의 행동을 기억할 수 있다는 것을 살펴보았다.

를 학습했다. 이 경우에, 나는 숫자정보를 언어적 형식으로 바꾸었다. 부호화는 세상에 대한 기존 지식을 활용하여 새로운 정보를 첨가하는 과정을 포함할 수 있다. 예를 들어 다음의 정보를 생각해보자.

잔느 옴로드는 로드아일랜드 주에서 태어났다.

이것을 읽으면서, 내가 뉴잉글랜드 출신이고, 미국 시민권자라고 결론지을 수 있다. 그것은 내가 실제로 주었던 정보를 가지고 저장할 수 있는 추론들이다. 그러나 다른 부호화 과정, 예를 들어 발생한 구체적인 세세부분보다는 전반적인 의미나 상황의 요지만을 기억함으로써 제시된 정보를 단순화하는 것이다. 예를 들면 실제 날짜를 기억하지 않고, 여러 교재 중 한 책의 저자가 자신의 생일에 대해 이야기한 것을 기억할 수도 있다.

인출 사람들이 전에 저장했던 정보를 다시 사용할 수 있도록 정보를 찾는 과정을 **인출**(retrieval)이라고 부른다. 예를 들어 내가, 여러분이 오는 8월에 있는 내 생일을 기억하고서 나에게 멋진 카드를 보내주기를 희망하고 있다고 하자. 운이 없게도 나는 몇몇 여러분들과 주로 내 수업을 듣는 학생들로부터만 카드를 받았기 때문에 인출이 어떤 때는 아주 쉽고, 다른 경우에는 더 어렵다고 결론내릴 수 있다. 물론, 대안적인 가설은 정보 인출이 발생한다고 해서 행동 변화로 귀결되는 것은 아니라는 것이다.

이중저장 기억 모델

19세기 말에, 하버드대학교의 심리학자 윌리엄 제임스(William James, 1890)는 인간의 기억은 잔상, 1차 기억, 2차 기억의 세 가지 요소를 가지고 있다고 제안했다. 제임스의 모델은 20세기 초반에 행동주의가 득세하던 때에는 거의 무시되었지만, 1960년대에 인지주의가 출현하면서 인간 기억에 있어서 다시 새로운 관심을 받게 되었고, 심리학자 리처드 앳킨슨과 리처드 쉬프린(Richard Atkinson & Richard Shiffrin, 1968, 1971)이 제임스와 유사한 기억 모델을 제안했다. 그림 7.1은 앳킨슨과 쉬프린의 모델에 기반하면서도 보다 최근의 발견점과 용어들을 고려하고 있다. 세 가지 요소에도 불구하고, 그림 7.1의 모델은 **이중저장 모델**(dual-store model)로 알려져 있다. 왜냐하면 작업기억과 장기기억은 명백히 상이한 실체라고 주장하기 때문이다. 이 장의 후반부에서 알 수 있겠지만, 모든 심리학자가 이 주장에 찬성하는 것은 아니다.

앞서 이 모델의 각 부분에 대해서뿐만 아니라 직접적으로 기억 기능에 영향을 주고 그 방식도 포함되는 인지 과정으로서의 다양한 **통제 과정**(control process)에 대해서도 살펴보았다. 이제부터는 이중저장 모델이 여러분이 매년 수천 통의 우편과 이메일을 받는 공식적인 저장체

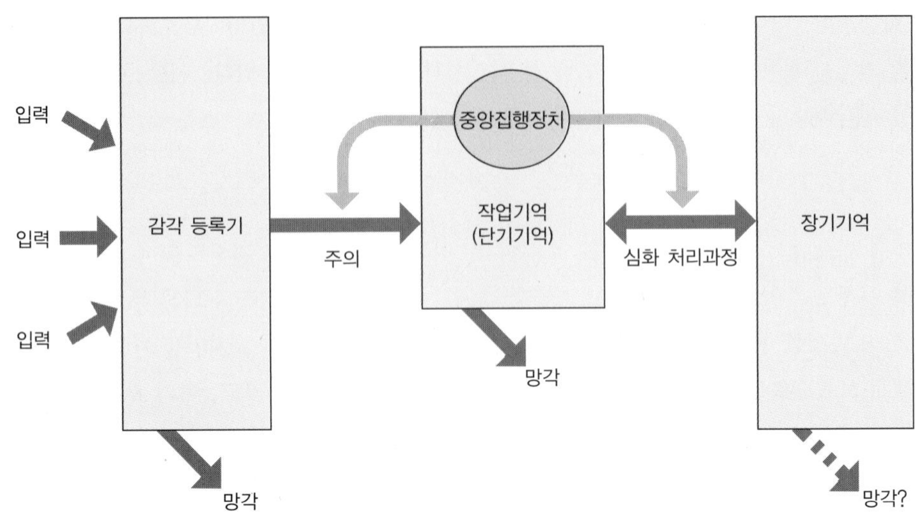

그림 7.1 단순화된 기억의 이중저장 모델

계와 유사하다고 생각하는 게 유용할 것이다. 여러분은 새로운 신용카드 발급제안이나 스팸 메일같은 몇몇 항목은 그것이 무엇이든 보는 즉시 삭제할 것이다. 이런 것들은 더 이상 여러분의 저장체계 중 '감각 등록기'에 있지 않는다. 여러분은 결재해야 할 영수증과 같은 다른 것들을 신속히 다룰 필요가 있으며, 그럴 때에는 다소간 잊을 수도 있지만 여러분은 그것을 처리해서 여러분의 체계 중 '작업기억'에 잠시 동안 놓아둔다. 갱신된 운전면허증과 옛 친구로부터의 갑작스런 이메일과 같은 다른 것들은 나중에 찾을 수 있는 일종의 '장기기억' 저장 방, 아마도 지갑, 파일 캐비닛, 또는 대여금고 속에 넣어두기를 원하는 만큼 충분히 중요한 것일 수 있다.

이중저장 모델의 세 가지 요소에 대해 검토할 때 사용하는 용어가 본질상 종종 비유적일 것임을 기억해주기 바란다. 예를 들어 기억의 세 가지 요소는 반드시 뇌의 다른 세 '부분'에 있는 것은 아니다. 게다가 우리가 기억 과정에 대해 말할 때, 우리가 반드시 신경학적 사태에 관한 것을 이야기하고 있는 것이 아니다. 심리학자들은 기억 과정이 어떻게 생리적으로 발생하고 뇌구조가 인간 기억의 심리학적 모델에 어떻게 관련되는지에 관해 여전히 배워야 할 것이 많다(제2장 참조). 경우에 따라서는 내가 각주에 뇌 속에 어떤 구조와 기능들이 위치해 있을 수도 있는 곳에 대해 제안할 것이다. 그런데 여기서 강조할 점은, 심리학자들이 해부학과 뇌생리학을 연구함으로써가 아니라, 인간의 행동과 수행을 연구함으로써 기억에 대해 배워왔던 것들, 예를 들어 어떤 종류의 사물을 사람들이 기억할 수 있을 것 같은지, 그리고 어떤 상황하에서 가장 효율적으로 기억할 수 있을 것인지에 대한 것이다.

감각 등록기

이중저장 모델의 첫 번째 요소인 **감각 등록기**(sensory register)는, 들어오는 정보가 기본적인 인지 처리 과정을 거치기에 필요한 시간 동안만 그 정보를 붙잡는다.[3] 우리는 아주 짧은 시간 동안 감각 등록기 안에 머물러 있는 모든 환경적 정보를 느낄 수 있다. 예를 들어 여러분이 밤에 금속 막대 중 하나가 몇 분 동안 맹렬히 불꽃을 내는 불꽃놀이를 한 적이 있었다면 분명히 불빛이 꼬리를 남기는 것을 보았을 것이다. 이 불빛꼬리는 공중에 실재하지 않는다. 그것은 불빛을 본 다음 짧은 시간 동안 감각 등록기가 불빛을 잡고 있기 때문에 생기는 것이다. 다른 예로, 1시간 이상 강의실에 앉아 있을 때, 거의 반드시 어떤 시점에는 강사로부터 주의집중력이 흐려져 오락가락할 것이다. 다시 집중해서 강사가 말하고 있는 것을 들으려고 할 때, 다시 집중하기 전에 강사가 말했던 두세 마디 정도는 회상할 수 있다는 것을 알아차릴 수 있다. 수업 중에 정신을 놓고 있다가 다시 정신을 차렸을 때 마지막 두세 마디가 남아 있다 하는 것은, 실은 강사가 말한 것 전부가 감각 등록기 안에 기록되었음을 의미할 수도 있다.

감각 등록기의 특징

언급해야 할 중요한 감각 등록기의 세 가지 특징은 용량, 저장형식, 지속 시간이다.

용량 감각 등록기의 용량은, 심리학자들이 보기에는 매우 큰 용량을 가지고 있다. 예를 들어 생후 6개월 된 영아도 아주 일시적이기는 하지만 자신들이 본 것의 상당량을 기억하는 것으로 보인다(Blaser & Kaldy, 2010; Neisser, 1967).

저장형식 정보는 그 정보를 느꼈던 것과 기본적으로 같은 형식으로 감각 등록기 안에 저장되는 것으로 보인다. 즉 시각적 입력정보는 시각적 형식으로 저장되고, 청각적 입력정보는 청각적 형식으로 저장되는 것과 같다(Coltheart, Lea, & Thompson, 1974; Cowan, 1995; Howard, 1983; Turvey & Kravetz, 1970). 이 점에서, 정보는 아직 학습자에 의해 해석되지 않았다. 다른 말로 하면, 감각 등록기는 정보를 부호화하기 이전에 잡아두는 역할을 한다.[4]

지속 시간 정보는 아주 짧은 시간 동안만 감각 등록기에 머문다. 그러나 정확한 지속 시간은 측정하기 어렵다. 감각 등록기 안에 있는 정보의 특징을 연구하는 데 있어서 한 가지 문제점은, 우리가 사람들에게 감각 등록기에 저장했던 것에 대해 보고하거나 좀 다른 방식으로 처

3 여러분은 또한 감각완충기(sensory buffer), 감각기억(sensory memory), 상(시각적)기억(iconic memory), 의성(청각적) 기억(echoic memory)이라는 용어 역시 볼 것이다.

4 제2장에서 배웠듯이, 다른 종류의 감각자극 처리에는 뇌의 다른 부분이 관여한다. 따라서 감각 등록기는 뇌의 특정 지점에 단독 구조로 위치해 있지 않을 것이다. 그보다는 여러 영역이 각기 다른 감각자극의 감각 등록기로 작용할 것이다.

리하라고 요구할 때, 그 정보는 자동적으로 작업기억으로 넘어가고 그래서 더 이상 우리가 연구하기를 원하는 곳에 존재하지 않는다는 것이다.

앞선 연구에서, 조지 스펄링(George Sperling, 1960)은 감각 등록기 안에 있는 정보의 지속시간을 평가할 수 있는 독창적인 방법을 설계했다. 그의 연구에 참여할 성인들을 모집해서, 스펄링은 세 열에 각각 4개의 글자와 숫자 보여주기를 했다. 보여준 전형적인 배열은 다음과 같다.

7	1	V	F
X	L	5	3
B	4	W	7

각 배열은 1초도 안 되는 아주 순식간만 제시되었고, 다음에 참여자들은 특정 열의 기호 또는 12개 기호 모두를 회상하도록 요구받았다. 한 열만 회상하도록 요구받았을 때, 사람들은 76%의 정확성을 보여주었다. 이는 그 배열이 사라진 후까지 어떤 열을 회상할 필요가 있는지를 듣지 않았기 때문에, 사람들은 그들이 봤던 기호의 76%를 명확하게 거의 기억했다. 그러나 12개 기호 전부를 회상하도록 요구받았을 때는 단지 36%의 정확성만 보여주었다. 스펄링은 이 결과에 대해, 대부분의 정보가 처음에는 저장되었지만 참여자들이 그 정보 전부를 보고할 기회를 갖기 전에 기억에서 사라졌던 것이라고 설명했다. 후속되는 실험에서, 스펄링은 기억해야 할 배열과 어떤 열을 가리키는 신호 사이에 경과하는 시간의 양을 다양하게 했다. 사람들은 4분의 1초 이상의 지체 후에 거의 아무런 배열도 회상할 수 없었다.

스펄링의 초기연구와 보다 최근의 연구 결과로부터 판단하건대, 일부 새로운 시각정보가 입력되지 않는다고 할 때 2초까지 남아 있기도 하지만 감각 등록기 안에서의 시각정보의 지속시간은 아마 1초가 안 될 것 같다(예 : Gold, Murray, Sekuler, Bennett, & Sekuler, 2005; Sligte, Sholte, & Lamme, 2009). 청각정보는 최소한 2초는 지속되기 쉽고 조용한 자극보다 큰 자극일 때 더 지속된다(C. L. Baldwin, 2007; Cowan, Nugent, Elliott, & Saults, 2000; Darwin, Turvey, & Crowder, 1972; Lu, Williamson, & Kaufman, 1992).

왜 청각적 입력정보가 시각적 입력정보보다 더 오래 지속될까? 하나의 가능한 설명은 인간의 말과 같이 청각적으로 입력되는 것의 중요한 원천은 계열적 맥락 속에서만 이해될 수 있다는 것이다(Baddeley, Eysenck, & Anderson, 2009; Dahan, 2010; Grossheinrich, Kademann, Bruder, Bartling, & von Suchodoletz, 2010). 예를 들어 다음과 같은 문장을 생각해보자.

I scream for ice cream.

첫 두 단어를 I scream 또는 ice cream로 해석할 수 있다. 세 번째 단어 for를 들을 때만 첫 두 단어를 정확하게 해석하기 시작할 수 있다. 우리 인간은 위대한 언어 능력을 습득해왔는데,

해석되지 않는 계열적인 청각적 입력정보를 보유할 수 있는 위대한 능력도 진화 과정에서 주어진 것이다.

아마도 두 요인이 감각 등록기에서 정보가 급속하게 소실되는 것을 설명해줄 수 있을 것 같다(Baddeley et al., 2009; Breitmeyer & Ganz, 1976; Lu & Sperling, 2003; Sligte et al., 2009). 첫째, 간섭이 한 요인일 수 있다. 새로 들어온 정보가 이미 그곳에 있던 정보를 효과적으로 대신하면서 기존 정보를 지운다. 또한 새로운 정보가 없을 때조차도 감각 등록기 안에 존재하는 정보는 시간이 흐르면서 사라지거나 쇠퇴한다. 어떤 사례에도, 어떤 상황에도 사람들은 거기에 아주 오랫동안 정보를 저장할 필요가 없다. 아마도 중요한 정보는 작업기억에 들어가면서 충분히 처리될 수 있을 것이다. 정크 메일이나 스팸 메일같이 중요하지 않은 정보는 아마도 내다버리는 것으로 잘 처리될 수 있을 것이다.

작업기억으로의 정보 이동 : 주의집중의 역할

우리가 정보를 감각 등록기에서 작업기억으로 옮기기를 원한다면, 적어도 많은 경우에 우리가 그 정보에 **주의를 기울여야** 하는 것으로 보인다(Atkinson & Shiffrin, 1968; Cowan, 1995; M. I. Posner & Rothbart, 2007). 예를 들어 이 책을 읽으면서 아마도 여러분은 여러분의 눈이 지금 바로 느끼고 있는 아주 작은 부분의 시각적 입력정보에만 주의를 기울이고 있는 중일 것이다. (나는 여러분이 이쪽의 단어들에 주의를 집중하고 있기를 희망한다!) 같은 방식으로, 어느 특정 시간에 여러분에게 들리는 모든 소리에 대해 걱정하지 않는다. 여러분은 오직 주의를 기울이기 위해 어떤 소리만을 선택한다. 본질적으로, 개인이 주의를 기울인 정보는 작업기억으로 옮겨가지만, 이에 반해 주의를 기울이지 않은 정브는 기억체계에서 유실될 수 있다. (그림 7.1의 '감각 등록기' 상자의 아랫부분에 있는 화살표를 주의하기 바란다.)

사람들이 전에 보거나 들었던 것을 기억하지 못하는 하나의 이유는, 진정으로 주의를 기울이지 않았기 때문이다. 마음이 교수의 강의에서 멀리 떠난 채 수업 시간에 앉아 있는 중이라면, 강사가 말한 것을 잊어버렸다고 말하거나 처음에 그것을 전혀 듣지 못했다고 말할 수 있다. 그 상황의 실제는 감각 등록기와 작업기억 중간 어딘가에 있다. 즉 강의가 감각 등록기에 도달했으나 작업기억으로 옮기기 위해 충분히 처리되지 않았다.

사람들이 특별한 자극에 주의를 기울일 때조차도, 그들이 반드시 자극의 중요한 측면에 주의를 기울이는 것은 아니다.[5] 특히 독서자료나 인터넷 웹사이트를 읽는 것과 같이 복잡한 자극을 가진 경우가 그러하다(예 : Carr, 2011; Faust & Anderson, 1967; Kintsch, 2009). 언젠가, 대학 1학년생들에게 심리학개론을 가르치고 있을 때, 첫 두 번의 시험에서 낙제한 어린 여학생이 내 수업에서 실패한 것 때문에 생긴 좌절을 표현하기 위해 연구실로 찾아왔다. 내가

5 행동주의자들은 이 주제를 **명명 자극**(nominal stimulus, 학습자에게 제시되는 것) 대 **효과적인 자극**(effective stimulus, 학습자가 진정으로 주의를 기울이는 것)의 하나라고 일컫는다.

그 여학생에게 책 안에 할당된 읽을거리를 다 읽기 위해 어떻게 노력했는지를 물었을 때, 그 여학생은 "음, 저는 시험범위에 해당하는 장을 쭉 훑어보기 시작하고, 중요하게 보이는 쪽에 가게 되면, 그것을 읽어요."라고 말했다. 계속되는 질문에서, 나는 이 어린 여학생이 할당된 전체 세 쪽 중에서 단 한 쪽만 읽었다는 것을 알았다.

주의집중에 영향을 주는 요인

어떤 종류의 자극은 주의를 유발하는 경향이 있는 데 반해 다른 종류의 자극은 그렇지 않다(Craik, 2006; Mather & Sutherland, 2011; M. I. Posner & Rothbart, 2007). 사람들이 주의를 집중해서 작업기억에 저장하는 것에 영향을 주는 몇 가지 중요한 요인은 다음과 같다.

움직임 여러분이 축제에서 친구 몇 명을 만나기로 약속했다고 하자. 먼저 여러분이 군중 속에서 친구들을 찾을 때, 친구의 주의를 끌기 위해 한 팔이나 양팔을 심하게 흔들 수 있다. 움직이는 대상은 정지되어 있는 것보다 주의를 더 끌 수 있을 것 같다(Abrams & Christ, 2003; L. E. Bahrick, Gogate, & Ruiz, 2002).

크기 다음 글자 중 먼저 눈에 들어오는 것은 어떤 것인가?

A B C D E F G

아마 B와 E가 다른 글자들보다 크기 때문에 다른 글자보다 먼저 눈에 띌 것이다. 주의집중은 큰 대상에 의해 유도되는 경향이 있다. 이것은 신문발행자들이 앞면의 헤드라인을 큰 글자로 식자할 때 적용되고, 광고주가 매력적이지 않을 것 같은 정보를 가는 글씨체로 배치할 때 이용하는 원칙이다.

강도 예를 들어 밝은 색깔과 시끄러운 소리와 같은 더 강한 자극이 주의를 끈다. 교사들이 학생들의 주의를 모으고자 할 때, 자주 평소보다 더 크게 "조용히 해!"라고 말한다. 유사하게, 장난감 제조업자들은 가게 진열장을 이리저리 돌아보는 어린아이들이 엷은 핑크나 베이지색보다 선명한 빨강이나 노란색에 더 끌린다는 것을 알고서, 그들이 생산하는 장난감에 밝은 색깔을 강조한다.

신기성 어떤 방식에서 신기하거나 비일상적인 자극이 사람들의 주의를 끄는 경향이 있다(C. N. Davidson, 2011; K. A. Snyder, 2007). 예를 들어 그림 7.2에 있는 여자들을 보자. 아마도 다른 셋보다 맨 오른쪽에 있는 여자에 더 주의를 집중할 것이다. 머리 둘과 다리 셋을 가진 여자는 일상적으로 보아 왔던 사람이 아니다.

부조화 사람들이 속한 맥락 속에서 이해되지 않는 대상은 사람들의 주의를 붙잡아두는 경향

그림 7.2 신기함은 주의를 끈다.

이 있다(Craik, 2006). 예를 들어 이 문장을 읽어보라.

나는 오늘 아침 토끼까지 산책을 갔다.

다른 단어들보다 **토끼**라는 단어를 보는 데 더 많은 시간을 보내지 않았는가? 그렇다면, 그것은 **토끼**가 나머지 문장과 조화롭지 못하기 때문일 것이다.

사회적 단서 다시 한 번 앞에서 말했던 축제에 대해 상상해보라. 여러분은 이제 친구들과 만났고, 유령의 집에 들어가기 위해 줄을 서 있다. 갑자기 여러분 앞에 있던 많은 사람들이 오른쪽으로 시선을 돌려서 스릴 넘치는 삼회전 공중곡예를 보면서 숨을 몰아쉰다. 거의 확실하게 여러분은 왜 사람들이 숨을 몰아쉬는지를 알기 위해 사람들의 시선을 따라갈 것이다. 사람들은 **다른 사람들**이 보고 반응하는 것을 구경하면서 그것에 더 주의를 기울이기 쉽다(D. A. Baldwin, 2000; Gauvain, 2001; Kingstone, Smilek, Ristic, Friesen, & Eastwood, 2003). 제11장 사회적 참조에 대한 논의에서 알 수 있겠지만, 영아들도 그러한 사회적 단서에 의존한다.

정서 강한 정서적 연상을 가진 자극은 매력을 끈다(Mather & Sutherland, 2011; Rothbart, 2011). 누군가가 혼잡한 방을 알몸으로 휙 지나가고 있으면 거기 있는 사람 전부의 주의집중과 놀람을 유도한다. 또한 **피**와 **살인자**와 같은 표현은 그 말의 정서적 의미 때문에 주의를 모을 수 있다. 물론, 정서적으로 부과된 자극은 우리가 살펴볼 마지막 주의집중 유발 요인인 사적 중요성을 갖게 된다.

사적 중요성 지금까지 내가 나열했던 크기, 강도, 신기함, 부조화, 그리고 정서과 같은 요인들은 주의를 끄는 경향이 있으나 반드시 오랫동안 붙잡아두지는 않는다. 이와 달리 사적 중요성, 즉 사람들이 대상이나 사건 안에서 찾는 의미와 유관성은 주의를 붙잡고 유지시킬 수 있다(Barkley, 1996; Craik, 2006; S. Kaplan & Berman, 2010). 한 학생이 교과서를 읽을 때 손에 가까이 휴대전화가 있다면, 책과 휴대전화 중 그 학생이 주의를 기울이는 자극은, 대부분 어떤 자극이 그 시간에 학생의 동기와 더 밀접한 관계를 갖는지에 달려있다. 책이 흥미롭고 그다음 날 중요한 시험이 계획되어 있다면, 그 학생은 책에 주의를 기울일 것이다. 그러나 휴대전화에 흥미를 돋우는 메시지가 왔거나 책이 지루하고 흥미롭지 않다면, 그 학생은 책이 같은 장소에 있다는 것조차 잊어버릴 수 있다.

잠시, 여러분이 최근에 보았던 교재와 소프트웨어 프로그램 같은 교육 과정 자료에 대해 생각해보라. 그것들은 학생들의 시선을 잡을 것 같은 특징들을 가지고 있는가? 중요한 단어와 개념이 좀 더 크고, 좀 더 **진하게** 또는 비일상적이어서 구별되는가? 이 질문에 대해 아니라고 대답한다면, 아주 당연히 학생들이 그 자료에 주의를 기울이고 배우는 데 어려움이 있을 것이다.

주의의 본질

우리가 무언가에 주의를 기울이길 원할 때 우리가 정신적으로 정말로 행하는 것은 무엇일까? 피상적인 수준에서 그 대답은 간단할 수 있다. '그 무언가에 너의 시선을 집중하면 된다'는 것이다. 그러나 아마도 여러분은 여러분이 특정 대상으로 시선을 향했으나 그것에 전혀 주의를 기울이지 못했던 때를 회상할 수 있을 것이다. 그때 여러분은 아마도 음악작품을 열심히 듣고 있었거나 보이는 곳 어디에도 없는 것에 대해 깊이 생각했을 수 있다(예 : Mack, 2003). 게다가, 사람들은 특별한 방향으로 몸을 향하지 않고서도 적어도 하나의 다른 감각, 즉 청각에 주의를 집중할 수 있다. 예를 들어 수많은 대화가 동시에 이루어지고 있는 파티에 가서, 여러분의 귀가 어디로 향해 있든지 관계없이 많은 사람들 중 단 한 사람에게만 성공적으로 집중할 수 있다. 바로 여러분 앞에 서 있는 사람의 말을 듣고 있을 수도 있고, 그 사람이 불평이 커지면서 자신의 어려움을 1시간 이상 두서없이 말하고 있다면, 대신에 오른쪽이나 왼쪽으로 조금 떨어져 있는 사람의 보다 재미있는 대화에 주의를 맞출 수도 있다. 여러분이 그 불평이 커지는 사람 쪽을 보면서 거짓으로 동의하는 척 고개를 끄덕이고 있을 때조차도 여러분의 주의를 나머지 전체 어디엔가 집중할 수 있다.

다른 것을 무시하면서 한 사람의 구두 메시지에 주의집중할 수 있는 능력, **칵테일파티 현상**(cocktail party phenomenon)이라고 불리는 것은, 따라 말하기(shadowing)라고 불리는 기술을 사용하면서 연구되어왔다. 한 사람이 이어폰으로 동시에 2개의 구두 메시지를 듣고 그 메시지들 중 하나를 반복하라는 요구를 받았다. 두 사람의 말이 매우 다른 음색을 가지고, 다른 주제에 대해 말하고, 상당히 다른 방향에서 메시지가 제시되고 있을 때, 메시지들 중 하나에 초점을 맞추는 것은 상당히 쉽다. 말하는 사람들의 두 음색, 주제, 눈에 보이는 위치가 유사하다면, 하나에만 주의를 집중하는 것이 상당히 어려워지고 때로는 불가능하다(Cherry, 1953). 게다가 두 메시지 중 하나를 따라 말하기한 사람들은 다른 메시지를 거의 알아채지 못한다. 아마 그들은 다른 화자가 남자인지 여자인지는 알아챌 것이다. 그러나 주의를 기울이지 않은 메시지에 포함된 단어를 거의 보고할 수 없고, 전형적으로 그 메시지가 자국어로 말한 것인지 아닌지를 알아차리지조차 못한다(Cherry, 1953).

그러한 결과물이 주어지면서, 일부 초기 인지심리학자들은 청각적 주의집중을 필터에 비유했다. 청자는, 라디오가 한 주파수에 영점을 맞추고 나머지는 꺼버리듯이, 한 메시지를 선택하고 다른 것들을 걸러내기 위해 물리적 특징들을 사용한다(예 : Broadbent, 1958). 그러나 후속되는 연구에서 사람들은 주의집중하지 않을 것 같은 메시지로부터 정보를 전적으로 걸러내지는 않는 것으로 나타났다(J. A. Gray & Wedderburn, 1960; Heatherton, Macrae, & Kelley, 2004; Treisman, 1964). 따라 말하기 실험에 참여한 사람들이 주의집중하지 않는 메시지 속에서 자기 이름과 같이 특별히 의미 있는 단어는 알아차린다. 그들은 또한 단어들이 주의집중하는 메시지에 유의미하게 부합된다면 그 메시지로부터 단어들을 듣는다. 예를 들어 다음의 두 문장을 동시에 듣고 첫 번째 문장만 따라 말하도록 요구받았다고 하자.

화자 1 : 나는 오늘 접시에서 사탕을 샀다.
화자 2 : 제발 대황을 내 가게에 놓아 둬.

여러분은 첫 번째 화자가 두 번째 화자로부터 가게라는 말을 빌려와 "나는 오늘 가게에서 사탕을 샀다."라고 말한다고 들을 가능성이 많다. 왜냐하면 그 문장이 화자가 실제로 말했던 것보다 더 이해되기 때문이다.

많은 심리학자들이 이제는 주의집중이 필터와 같다는 아이디어를 부인하지만, 그것의 정확한 본질을 규명하는 데는 여전히 어려움을 가지고 있다. 거의 확실하게, 그것은 자동적 반응(예 : 즉시 시끄럽고 예기치 못한 소음이 나는 방향으로 시선을 돌리는 것)과 의식적 통제(예 : 칵테일파티에서 어떤 대화를 들을지 결정하는 것) 둘 다를 포함한다. 그것은 또한 어느 정도는 학습을 포함한다. 특히 사람들은 어떤 종류의 자극은 중요하고 다른 것은 쉽게 무시될 수 있다고 배운다(Kruschke, 2003). 일반적으로, 주의집중은 **환경의 특수한 측면의 인지적 처리 과정에 초점이 맞춰지는 것**으로 생각할 수 있다(Barkley, 1996a; Cowan, 1995).[6]

주의집중의 제한된 용량

사람들이 감각 등록기에 기록된 모든 것에 주의를 집중할 수 있다면 학습은 더 쉬워질 것이다. 그러나 불행히도, 사람들은 한 번에 모든 것에 주의를 집중할 수 없다. 예를 들어 그림 7.3을 보라. 언뜻 첫눈에, 흰 술잔을 볼 수 있을 것이다. 그러나 술잔의 어느 쪽이든 검은 부분을 보면, 서로를 응시하는 두 얼굴윤곽('피터'와 '폴')도 볼 수 있을 것이다.

[6] 능뇌, 중뇌, 전뇌 모두 주의에 관여한다. 망상체, 해마, 전두엽과 후두엽은 특히 중요하다(제2장 참조).

그림 7.3 피터-폴 술잔

이제 다음을 시도해보자 — 정확하게 동시에 술잔과 두 얼굴 모두에 초점을 맞추어서 둘 모두의 세부 모습을 명확하게 볼 수 있는지를 보라. 그것이 가능한가? 대부분의 사람들이 술잔에서 얼굴로 그리고 얼굴에서 술잔으로 재빨리 되돌아가도록 초점을 움직일 수 있을지 몰라도, 정확하게 동시에 술잔과 얼굴에 주의집중할 수는 없다. 피터-폴 술잔은 초기 게슈탈트 심리학자들이 **전경-배경**(figure-ground)이라고 불렀던 현상을 예시해준다. 사람들이 한 사물(전경)의 세부에 주의를 기울일 때, 이들은 시야에 있는 그 사물의 배경이 되는 다른 사물(배경)을 면밀히 탐색할 수는 없다. 개인이 색깔과 같은 몇 가지 배경의 현저한 특징에 주목할 수 있을지는 모르지만 이런 것들에 대한 정보는 거의 얻을 수 없다.[7] 이러한 견지에서 볼 때, 언제 2개 혹은 그 이상의 항목들에 대해서 세밀한 정보를 얻는 방법은 한 항목에서 다른 항목으로 주의를 이동시키는 것이다.

그런데 이제 여러분이 친구들과 대화하면서, 또한 차를 운전하고 있는 상황을 생각해보자. 확실히 여러분은 동시에 두 가지, 즉 길과 대화에 주의집중하고 있는 중이다. 그러한 상황을 설명하기 위해 많은 이론가들은, 집중해야 할 자극의 수는 각각에게 얼마나 많은 인지 처리가 요구되느냐에 달려있다고 하면서, 주의집중이 **제한된 처리 용량**(limited processing capacity)을 포함하는 것으로 설명했다(예 : J. R. Anderson, 2005; Cowan, 2007; Pashler, 1992; Sergeant, 1996). 만약에 표준변속기를 가진 차를 어떻게 운전하는지를 배우는 것 같이 어려운 과제에 참여하고 있다면, 모든 주의를 그 과제에만 기울여야 한다. 그래서 친구가 말하는 것을 듣지 못할 수 있다. 그러나 수년간의 운전연습 후에 표준변속기를 운전하는 것과 같이 뭔가를 습관적으로나 자동적으로 할 수 있다면, 친구가 말하고 있는 것에 일부 주의를 쉽게 집중할 수 있다. 운전하는 것과 같은 많은 과제들은 시간이 지나면 점점 자동적으로 되고, 그래서 우리의 주의가 점점 덜 필요하게 된다(자동화라고 알려진 이 현상에 대해 제8장에서 더

7 전경-배경에 대한 최근의 분석에 대해서는 다음을 참조하라 — M. A. Peterson(1994); Peterson & Gibson(1994); Vecera, Vogel, & Woodman(2002).

말할 것이다). 비록 그렇더라도, 사람들이 운전하면서 대화를 할 때(말하자면, 휴대전화를 사용할 때), 그들은 반응 시간이 더 느려지고 교통신호에 덜 주목하기 쉽다(Strayer & Drews, 2007; Strayer & Johnston, 2001). 때때로, 오직 동시에 양 과제를 수행하는 데 상당한 연습이 있을 때에만 이상적으로는 하나나 둘 모두 자동으로 수행함으로써 사람들은 2개의 복잡한 과제 사이에서 주의를 분할하는 데 숙달될 수 있다(N. Carr, 2011; Foerde, Knowlton, & Poldrack, 2006; Kirschner & van Merriënboer, 2013; Lien, Ruthruff, & Johnston, 2006; Ophir, Nass, & Wagner, 2009).

우리가 주의집중을 어떻게 보든 간에 한 가지는 명확하다. 사람들이 종종 동시에 2개의 복잡한 과제에 주의집중할 수 없거나 배울 수 없다는 점에서, 사람들이 그들을 둘러싼 자극에 주의를 집중할 수 있는 용량은 제한되어 있다. 그래서 학습자들은 그들이 처리하기 위해 택하는 정보에 대해 꽤 선택적이어야만 하고, 그들이 받아들인 많은 정보를 무시해야만(그래서 유실해야만) 한다.

이론가들이 둘이 어떻게 밀접하게 관련되는지에 대해 계속 논쟁하고 있지만, 주의집중은 작업기억과 밀접히 관련되어 있다(예 : Cowan, 2007; Downing, 2000; Logie, 2011; Woodman, Vogel, & Luck, 2001). 이제 보게 될 것이지만, 작업기억은 어느 정도까지 주의집중을 통제하고, 주의집중처럼 제한된 용량을 가진다.

작업기억

역사적으로 인지심리학자들은 정보가 정신적으로 처리될 수 있도록 그 정보에 주의집중한 후에 짧은 시간 동안 정보를 붙잡아두는 저장기제를 언급할 때 전형적으로 단기기억(혹은 단기저장)이라는 용어를 사용했다. 그런데 대부분의 이론가들은 이제 이 기억요소가 인지적 처리 자체가 일어나는 곳이라고 믿고 있고, 따라서 **작업기억**(working memory)이라는 용어를 더 빈번하게 사용하고 있다.

본질적으로, 작업기억은 적극적 사고가 일어나고 있는 기억요소이다. 그것을 기억체계의 '인식'이나 '의식'으로 생각할 수도 있다(예 : Paller, Voss, & Westerberg, 2009; Reznick, 2007; Siegel, 2012). 작업기억은 감각 등록기에서 주의집중을 받은 정보를 확인하고, 좀 더 긴 시간 동안 정보를 저장하고, 더 깊이 처리한다. 작업기억은 장기기억으로부터 인출한 정보를 붙잡아두고 처리할 수도 있는데, 그 정보는 새롭게 받아들인 환경적 입력정보를 해석하는 데 도움을 줄 정보이다.

작업기억의 중앙집행장치

많은 최신 이론가들은 작업기억이 **중앙집행장치**(central executive)로 알려진 하위요소를 갖고 있다고 제안해오고 있다(그림 7.1 참조). 중앙집행장치는 '머리 중의 머리'로 기억체계 도처에서 정보의 흐름과 사용을 통제하고 모니터한다(예 : Baddeley, 2007; Banich, 2009; J. H. Bernstein & Waber, 2007). 뇌는 아동기와 청소년기를 거치면서 계속 성장하기 때문에, 이 중앙집행의 기능은 더 정교해지고 효과적이 된다(S. M. Carlson, Davis, & Leach, 2005; Luciana, Conklin, Hooper, & Yarger, 2005; E. Peterson & Welsh, 2014; Zelazo, Müller, Frye, & Marcovitch, 2003).

특정 연령집단 안에서 학습자들은 중앙집행 능력 면에서 상당한 차이를 갖는다. 자신이 집중하는 것을 얼마나 효과적으로 통제하는지와 그것을 얼마나 효과적이고 광범위하게 처리하는지에 있어서 차이를 갖는다(Hasher, Zacks, & May, 1999; Miyake & Friedman, 2012). 이러한 다양성의 일부는 내가 제5장에서 언급한 바 있는 **의식적 통제**(effortful control)로 알려진 뇌기반 특성으로 인한 개인적 차이의 결과이다. 의식적 통제에 있어서의 개인적 차이는 학습자의 충동적 행동을 억제하는 능력에 영향을 미칠 뿐만 아니라, 학습자가 하려고 하는 일에 대한 방해에 저항하여 주의를 유지하는 능력에도 영향을 미친다. 따라서 의식적 통제가 높은 수준의 아동들은 교실에서 높은 성취를 한다(Blair & Razza, 2007; Liew, McTigue, Barrois, & Hughes, 2008; Masten et al., 2012; Rothbart, 2011; Valiente, Lemery-Calfant, Swanson, & Reiser, 2008).[8]

작업기억의 특징

작업기억은 용량, 저장형식, 그리고 지속 시간에서 감각 등록기와는 꽤 다르다.

용량 감각 등록기와 달리, 작업기억은 아주 제한된 용량을 가지는 것으로 나타났다. 다수의 초기연구를 검토한 후에, 조지 밀러(George Miller, 1956)는 작업기억의 용량을 매직 넘버 7±2라고 특징지었다. 사람들이 한 번에 작업기억 안에 기억할 수 있는 단위의 평균 개수는 약 7개로, 5~9개의 단위를 붙잡아둘 수 있다. 작업기억 안에 정보 단위의 수가 7±2 이상으로 증가할 수 없음에도 불구하고, 밀러는 각 단위 안의 정보량은 증가할 수 있다고 제안했다. 예를 들어 학부 심리학 강의에서 작업기억에 대해 논의하면서, 나는 언젠가 학생들에게 다음의 숫자들을 기억해보라고 요구했다.

5 1 8 9 3 4 2 7 6

대부분의 학생들은 6~8개의 숫자 정도를 기억했다. 몇몇 학생들은 다음과 같이 3개씩 그룹으로 묶어서 9개 모두를 기억했다.

8 상당한 정도로 작업기억과 중앙집행장치 간의 연합된 과정은 대뇌피질의 전두엽과 기저핵(basal ganglia)으로 알려진 뇌 중앙의 어떤 구조 내에 위치하는 것으로 나타난다. 예를 들어 전두엽에 손상을 입은 사람들은 주의를 통제하고 행동의 과정을 계획하며 부적절한 반응을 억제하는 데 있어서 어려움을 겪는다(Aron, 2008; Baddeley, 2001; Kimberg, D'Esposito, & Farah, 1997; Miyake & Friedman, 2012).

5-1-8 9-3-4 2-7-6

청킹(chunking)이라고 불리는, 어떤 식으로 정보조각들을 묶는 과정은 작업기억의 한정된 공간에 붙잡아둘 수 있는 정보의 양을 증가시킨다.

최근 수십 년간 7±2라는 밀러의 최초 평가는 가령 앞 문단의 의미 없는 순서의 숫자들에 대한 집중에 주의하더라도 작업기억의 용량에 대한 지나치게 단순한 견해인 것이 보다 명확해지며 또한 짧게 학습하게 될 **유지 시연**(maintenance rehearsal) 과정을 반영하는 것일 수 있다. 대안으로서 코완(Cowan, 2010)은 청년들은 전형적으로 자신의 작업기억에 3~5개의 의미 있는 항목(예 : 짧은 문장)만을 유지할 수 있다고 제안했다. 비틀스의 고전 앨범 제목을 회상하면서 코완은 이 능력을 **마술적 의문의 4**라고 불렀다. 시각적 자극을 붙잡아두는 작업기억 능력도 역시 제한되는데 정확하게 얼마나 많은 시각적 자극을 붙잡아둘 수 있느냐는(아마도 4개, 혹은 하나, 하나 아니면 둘) 각 자극들이 보유될 필요가 얼마나 있느냐에 달려있다(Gallivan et al., 2011; A. M. Murray, Nobre, Clark, Cravo, & Stokes, 2013; W. Zhang & Luck, 2011).

궁극적으로, 작업기억의 진짜 용량을 적어도 그곳에 저장할 수 있는 분절된 항목의 구체적인 수로 확인하는 것은 어려울 수 있다. 그리고 어떤 경우에 학습자는 작업기억의 용량 측면에서 어느 정도 차이가 나타난다(Alloway, Gathercole, Kirkwood, & Elliott, 2009; G. W. Evans & Schamberg, 2009).

게다가, 인지 처리 과정이 작업기억 용량의 일정 부분을 차지하고, 정보 저장에는 그보다 적은 용량을 남겨 놓을 수 있다. 한 예로, 아래에 있는 것처럼 긴 나눗셈 문제를 다 풀 때까지는 이 쪽을 다시 읽지 못하도록 하고서, 이 문제를 머릿속에서 푼다고 하자.

4281÷37

거의 불가능하지 않은가? 42를 37로 나누고 있는 동안(몫이 1이 되고 나머지가 5가 되는 동안), 나뉨수의 마지막 두 숫자를 잊어버렸다는 것을 알 수도 있다. 혹시 작업기억 안에 6개 숫자를 붙잡아두는 데 문제가 없다 하더라도, 그 숫자를 가지고 뭔가를 하면서 여섯 숫자 모두를 붙잡아둘 수 없을 수 있다.

저장형식 특히 그 정보가 언어에 기초한 것일 때, 작업기억에 저장되는 정보 대부분은 **청각적 형식**으로 부호화되는 것으로 보인다(Logie, 2011; Cowan, Saults, & Morey, 2006; M. I. Posner & Rothbart, 2007). 예를 들어 콘래드(Conrad, 1964)의 초기 연구에서, 어른들에게 4분의 3초 간격으로 한 번에 하나씩 글자들을 시각적으로 제시하면서 여섯 글자의 계열을 보여주었다. 마지막 글자를 제시하자마자, 연구 참여자들은 쉽게 회상할 수 없는 어떤 글자들은 추측하면서, 그들이 보았던 여섯 글자들을 적었다. 사람들이 틀리게 회상한 글자는 대체로 이들이 실제로 본 글자의 모양보다는 소리에 더 유사했다. 예를 들어 철자 F는 131번이나 청각적으로 유사한 철자 S로 '기억했지만', 단지 14번만 시각적으로 유사한 P로 기억했다. 이와 유사하게, V는 56번이나 B로 기억했지만 5번만 X로 기억했다.

그런데 작업기억에는 시각적, 공간적, 촉각적, 정신운동적 형식을 포함하여 다른 형식으로도 정보를 부호화하는 방법도 분명히 포함된다(Cowan et al., 2006; J. A. Harris, Miniussi, Harris, & Diamond, 2002; M. I. Posner & Rothbart, 2007; Serences, Ester, Vogel, & Awh, 2009; J. Wood, 2007). 시각적, 공간적 부호화(종종 시공간적 심상이라고 불린다)가 요구되는 과제, 즉 그림 7.4의 A를 보고 그다음에 B를 보자. B도 A와 동일한 3차원의 구성을 보이는가? 이 질문에 답을 하기 위해 여러분은 머릿속에서 정신적으로 B를 '회전'시킬 것이다. 만약 180도를 '회전'시킨다면 여러분은 B가 A와 같다는 것을 정신적으로 '볼' 것이다. 이제 C와 A를 비교해보자. C의 오른편을 '회전'시켜 여러분 쪽으로 약간 내린다면 여러분은 C가 A와 같지 않다는 것을 발견할 것이다. 그대신 C는 A의 거울상이라는 것을 알게 될 것이다. 셰퍼드와 메츨러(Shepard & Metzler, 1971)는 내가 여기서 보여준 것과 유사한 과제를 수행하도록 성인에게 요구한 후 각 도형의 짝에 대한 반응 시간을 측정했다. 결과는 매우 극적이었다. 반응 시간은 거의 완전히, 한 그림이 다른 그림과 나란해지도록 하기 위해 얼마나 많이 회전시켜야만 하는지에 대한 함수였다. 다른 말로 하면, 더 많은 회전은 더 많은 반응 시간으로 귀결되므로, 마치 참여자들이 정신적으로 이미지를 회전하고 있는 것처럼 반응하고 있었다(L. A. Cooper & Shepard, 1973 참조).

많은 이론가들은 작업기억이 상이한 감각 양식을 전문적으로 다루는 2개 이상의 분리된 저장체계를 실제로 포함한다고 믿는다(예 : Baddeley, 2007; Logie, 2011; P. Shah & Miyake, 1996; E. E. Smith, 2000).[9] 이러한 분리된 저장체계의 한 예로, 앨런 배들리(예 : Alan Baddeley, 2001, 2007)는 **음운 고리**(phonological loop)[10]라고 부르는 기제가 적은 양의 청각적 정보를 계속 반복(그러한 반복을 짧게 더 많이)함으로써 그 정보를 신선하게 보존할 수 있다고 주장했다. 한편, **시공간 스케치북**(visuospatial sketchpad)은 시각적 자료의 처리와 단기 파지를 가능하게 한다. 아마도, 작업기억은 중다양식으로부터 나온 정보가 특수한 상황(또는 일화)의 총체적 이해로 통합될 수 있는 장소를 포함할 수도 있다. 배들리는 이 요소를 **일화완충**(episodic buffer)이라고 부른다.

양식 특유의 저장기제를 갖는 것은 어느 정도 우리의 작업기억 용량을 늘리는 데 도움을 주

9 신경학적인 증거가 이러한 생각을 지지한다 — 언어와 청각적 정보처리를 모두 포함하는 과제는 언어적, 청각적 정보처리 과정 각각이 포함되는 과제에 비해 뇌의 다른 부분을 활성화시킨다. 사실, 공간배열과 위치에 대한 기억은 시각적 특징에 대한 정보에 비해 뇌의 더 많은 다른 부분을 포함할 수 있다(Baddeley et al., 2009; Jonides, Lacey, & Nee, 2005; MacAndrew, Klatzky, Fiez, McClelland, & Becker, 2002; Serences et al., 2009).

10 초기 저술에서 배들리는 이것을 조음 고리(articulatory loop)라고 불렀다. 그러나 이것이 발성의 소리를 포함하지만 실제 말하는 것을 굳이 필요로 하는 것은 아니라는 사실을 반영하면서 용어를 변경했다.

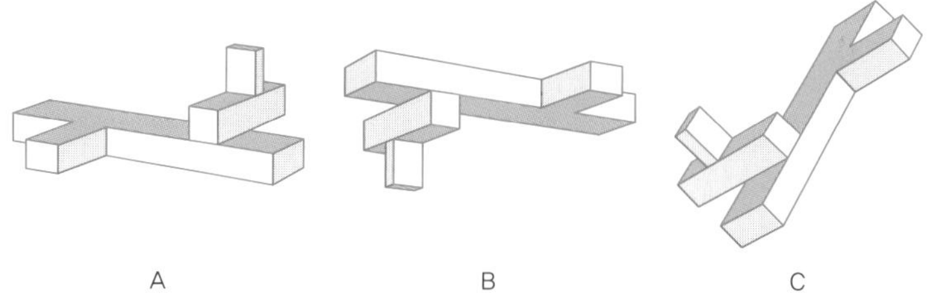

그림 7.4 작업기억의 시각적-공간적 부호화의 예

는 것으로 보인다. 한 과제가 주로 청각이나 시각정보를 포함하고 다른 과제가 보다 시각적이거나 비언어적일 때, 예를 들어 일련의 문장들이 맞는지 틀리는지 판단하는 것(청각적, 언어적 과제)과 그림 7.4에 있는 것과 유사한 과제를 수행하는 것을 동시에 요구받았을 때, 한꺼번에 두 과제를 수행하는 것은 좀 더 쉬울 것이다. 그래도 그런 상황에 있는 사람들은 자신들이 둘 중 하나만 하고 있는 중이라면 그들이 사용할 수 있는 정신적 에너지 전부를 어느 한 과제에 쏟아붓지는 않는다(Dunlosky, Rawson, Marsh, Nathan, & Willingham, 2013; Just et al., 2001; Schumacher et al., 2001).

지속시간 작업기억은 다른 이름인 단기기억이 함의하는 바 단기 바로 그것이다. 피터슨과 피터슨(Peterson & Peterson, 1959)의 실험은 작업기억 안에 정보가 얼마나 오래 지속될 수 있는지에 대한 아이디어를 준다. 이 실험에서, 어른들은 3개의 자음자(예 : *D X P*)를 듣고서, 다음에 즉시 매 시도마다 다른 세 자리 숫자를 셋씩 거꾸로 세도록 요구받았다. 세 자음이 제시된 이후 3~18초 사이에 어디서나 주어지는 신호에 따라, 참여자들은 그 자음들을 회상하도록 요구받았다. 회상이 단지 3초만 지연되면 사람들은 80%의 정확성을 가지고 그 글자들을 기억할 수 있었지만, 18초의 간격이 있을 때는 정확성은 단지 10%였다.

피터슨과 피터슨의 연구 결과 등을 고려할 때 작업기억의 지속시간은 30초를 넘지 않을 것이며 많은 경우 이보다 훨씬 짧을 것이다(예 : W. Zhang & Luck, 2009). 감각 등록기에서도 마찬가지듯이, 쇠퇴와 방해는 작업기억의 짧은 시간폭을 설명하는 데도 제공될 수 있다(Barrouillet & Camos, 2012; Cowan, 2007; Cowan, Wood, Nugent, & Treisman, 1997). 작업기억에 저장된 일부 정보는 그것이 더 깊이 처리되지 않는다면 쉽게 사라질(즉 쇠퇴할) 수 있다. 다른 정보는 새로운 정보에 의해 대체될(나의 교수 중 한 분이 사용한 말로는 '밀어낼') 수 있다. 예를 들어 여러 해 동안 남편, 아이 셋, 개 1마리, 그리고 고양이 2마리와 한 집에서 같이 산 여자로서, 나는 나 자신이 일하는 중간에 방해받고 있는 것을 자주 발견했다. 내가 오븐에서 한 묶음의 과자를 굽고 있고, 제프가 간식을 만들어 달라고 하고, 티나는 어디에 둔 줄 모르는 뭔가를 찾는 것을 도와달라고 했다면, 뭔가 타는 냄새와 같은 새로운 환경적 입력정보와 맞닥뜨릴 때까지 과자는 작업기억에서 밀쳐내질 것 같다. 남편이 나더러 정신을 어디 두고 있느냐고 소리쳤는데 나도 익히 잘 알고 있었다. 확실히 정신이 있었으나, 정신의 작업요소는 제한된 용량을 가졌고, 새로운 정보가 이미 거기에 있던 정보를 간섭했다.

작업기억에서의 통제 과정

작업기억, 특히 그것의 중앙집행장치 요소는, 예를 들어 주의집중을 지시하는 것, 상황을 이해하는 것, 추론을 유도하는 것, 추리하는 것, 계획하는 것, 결정하는 것, 문제를 해결하는 것, 그리고 무관한 생각과 행동을 금지하는 것과 같은 학습, 사고와 행동에 중요한 많은 처리 과정들의 근거지인 것처럼 보인다(Aron, 2008; Banich, 2009; Demetriou, Christou, Spanoudis, & Platsidou, 2002; Miyake & Friedman, 2012). 우리는 이제 작업기억 그 자체의 기능에 영향을 미치는 세 가지 통제 과정, 즉 조직화, 인출, 그리고 유지 시연에 대해 살펴볼 것이다.

조직화 사람들은 종종 어떤 방식으로 조직화함으로써 작업기억 안에 자신이 붙잡아둘 수 있는 것의 양을 증가시킬 수 있다. 이런 조직화는 2개 혹은 그 이상의 정보조각들을 하나의 통합된 단위로 묶는 것과 같은 방식이다. 앞에서 우리는 이런 조직화의 예로 밀러(Miller, 1956)의 청킹 개념을 살펴보았다. 즉 일련의 숫자들에 대해

5 1 8 9 3 4 2 7 6

3개씩 3묶음으로 청킹할 수 있다. 다른 조직화 전략은 숫자에 리듬이나 멜로디까지 부과하는 것이다(G. H. Bower & Springston, 1970). 자주 관찰할 수 있는 그 외의 숫자들을 조직화하는 다른 방식은 숫자에 어떤 의미를 덧붙이는 것으로, 이것은 이전에 장기기억에 저장되어 있던 정보를 인출하는 것을 포함하는 처리 과정이다. 예를 들어 내가 9개의 숫자를 학부수업에서 주었을 때, 그때 대표팀 축구선수였던 데이브라는 이름을 가진 학생이 9개 숫자 모두를 쉽게 기억하고 어렵지 않게 그 목록에 좀 더 많은 것을 더할 수도 있다고 주장했다. 그는 다음과 같은 식으로 그의 접근방법을 설명했다.

> 음, '51'은 제이슨인데 신입생 때 센터로 뛰었던 친구이고, '89'는 제프인데 룸메이트의 고향 출신으로 와이드 리시버입니다. '34'는 존인데, 현재 우리 팀 러닝백입니다. 참, 그 친구 번호가 바뀌었는데, 나는 아직 그 친구 번호를 '34'로 기억하고 있어요. '2'는 다른 또 한 명의 데이브인데 와이드 리시버입니다. 그리고 '76'은 좋은 친구 댄입니다. 내 번호는 75이고 그래서 댄의 라커는 내 것 다음에 있어요.

번호에 의미를 부여함으로써, 데이브는 장기기억 안에 저장된 것을 촉진도 했다. 제8장에서 우리는 그러한 **유의미학습**에 대해 좀 더 자세히 살펴볼 것이다.

인출 작업기억에서 정보의 인출은 종종 아주 쉽고 자동적이다. 그런데 어느 정도까지, 얼마

나 빨리, 쉽게 뭔가를 인출하는가 하는 것은 그곳에 얼마나 많은 정보가 저장되어 있는지에 달려 있을 수 있다. 예를 들어 한 초기연구(S. Sternberg, 1966)에서 대학생들에게 1~6개의 숫자 세트를 주었다. 아마 그들은 그 숫자를 작업기억 안에 저장했을 것이다. 그다음에 추가로 숫자가 주어졌고, 학생들은 그 숫자가 원래의 세트에 있었는지에 대해 질문을 받았다. 학생이 그 질문에 대답하는 데 걸린 시간은 거의 전적으로 작업기억 안에 이미 저장된 숫자 세트의 크기에 달려 있었는데, 세트 길이가 하나 더 길수록 1,000분의 40초 정도 더 긴 반응 시간이 소요되었다. 그 결과로부터, 작업기억에서 정보의 인출은 때때로 원하는 정보가 발견될 때까지 연속해서 그리고 남김없이, 작업기억 내용 전부를 훑어보는 과정일 수 있는 것으로 보인다(J. G. Thomas, Milner, & Haberlandt, 2003 참조).

유지 시연 여러분이 이웃에게 전화를 걸어야 할 때를 상상해보자. 전화번호부 책에서 이웃의 번호를 찾을 것이다. 그 번호에 주의를 기울였기 때문에 번호는 이미 여러분의 작업기억에 들어가 있을 것이다. 그런데 그때 여러분이 휴대전화가 없다는 걸 알았다. 종이와 연필이 손 안에 없다. 휴대전화를 손에 넣기까지 그 번호를 기억하기 위해 무엇을 할 수 있을까? 여러분이 대부분의 사람들과 같다면, 아마도 몇 번이고 반복할 것이다.

정보를 살아 있는 채로 작업기억 안에 보유하기 위해 반복하는 것은 **유지 시연**(maintenance rehearsal)으로 알려진 과정이다. 그것은 종종 목소리를 거의 내지 않는 방식을 취한다(Baddeley, 2007; Landauer, 1962; Sperling, 1967). 유지 시연은 정보를 쇠퇴와 제지의 과정에서 지켜낼 수 있는 수단을 제공한다. 그러한 시연이 불가능하다면, 작업기억에서 정보는 재빨리 사라진다. 한 예로, 앞에서 설명했던 피터슨과 피터슨(Peterson & Peterson, 1959)의 작업기억 지속 시간에 대한 실험을 떠올려보자. 실험 참여자들에게 기억할 필요가 있는 세 자음이 주어진 이후, 회상신호를 줄 때까지 그들은 숫자를 셋씩 거꾸로 세라고 요구받았다. 그렇게 거꾸로 세는 것은 세 글자의 시연을 방해했다. 그렇지 않았다면, 그들은 필요한 만큼 오랫동안 몇 차례나 반복함으로써 아주 간단히 작업기억 안에 보유할 수 있었을 것이다.

사람들이 간단하게 반복을 통하여 작업기억 안에 유지할 수 있는 정보의 양에는 분명히 상한선이 있다. 그리고 이 상한선은 일부 정보가 사라지기 전에 얼마나 많이 반복할 수 있는지를 반영한다(Baddeley, 2007). 한 예시로, 다음의 두 단어목록을 기억하려고 한다고 하자. 목록 1에 있는 단어를 한두 번 읽은 후에, 페이지를 덮고서 메모지에 그 단어들을 다 쓸 수 있을 때까지 반복암송 해보라.

목록 1 : beg, far, hum, late, kick, wheel

이제 다음 단어들을 같은 식으로 해보자.

목록 2 : caterpillar, university, ostentatious, alimony, calamity, interrogation

각 목록은 여섯 항목을 가지고 있는데, 첫 번째 목록이 두 번째 목록보다 단어가 짧고 그래서 상당히 빨리 반복할 수 있기 때문에 기억하기 더 쉽다는 것을 알 수 있을 것 같다. 이에 비해, 두 번째 목록에 있는 각 단어들은 발음하는 것이 너무 길어서 목록의 끝에 가는 시간까지가 더 많이 소요되고 앞의 한두 단어는 사라지기 시작하고 있다는 것을 알 수 있을 것 같다. 긴 항목보다 짧은 항목을 더 많이 기억할 수 있는 이 현상은 **단어 길이 효과**라고 알려져 있다(예 : Baddeley et al., 2009). 여기가 배들리의 음운 고리의 개념이 작동하기 시작하는 곳이다. 배들리는 그 현상을 동시에 여러 개의 접시를 돌리려고 시도하는 서커스 공연자에 비유한다. 그 공연자가 접시가 계속해서 돌아가도록 하기 위해 주기적으로 각 접시에 되돌아오는 것처럼, 마찬가지로 학습자는 자주 돌아와서 각 단어가 기억 속에 생생하게 유지되도록 반복해야만 한다. 두 경우 모두, 동시에 활발하게 유지될 수 있는 항목의 수에는 상한선이 있다.

유지 시연은 어린 아동보다 나이 든 아동이나 어른들에게서 더 자주 관찰된다(Bjorklund & Coyle, 1995; Cowan et al., 2006; Gathercole & Hitch, 1993). 그래서 그것은 어느 정도 학습된 기술인 것 같다. 나 자신도 고등학교나 대학 때 시험쳐야 할 뭔가를 기억하기 어려울 때, 아마도 복잡한 공식이나 음어적 정의, 또는 외관상 무관한 항목들의 목록을 알 필요가 있을 때마다 자주 시연을 사용했다. 시험지를 나눠줄 때 나는 혼잣말로 그 정보를 계속해서 반복했고, 필요할 때 사용할 수 있도록 즉시 시험지 여백에다 그걸 적곤 했다.

유지 시연이 정보를 작업기억 안에 유지하는 데 진짜 유용한 전략임이 분명함에도 불구하고, 교사들은 그 정보가 시연이 중지되면 사라질 것임을 알아야만 한다. 학생들이 유지 시연을 자주 사용하고 있다면(내가 고등학교와 대학에서 사용했던 것처럼), 교사들은 학생들이 그 정보를 장기기억 안에 저장하는 데 어려움을 갖고 있는 것은 아닌지 의심해볼 필요가 있다. 그런데 장기기억은 중요한 정보가 최종적으로 저장되어야 할 장소이다.

장기기억으로의 정보 이동 : 새로운 정보와 기존 지식의 연결

기억의 첫 번째 두 요소에서 저장 과정은 상당히 수월하다. 감각된 무언가가 감각 등록기에 저장되고, 주의집중한 무언가가 작업기억에 저장된다. 장기기억에서의 정보 저장은 그리 간단하지 않다. 이중저장 기억 모델은 더 깊은 처리는 정보를 작업기억에서 장기기억으로 가게 할 필요가 있고, 전형적으로 그러한 처리는 새로운 정보를 이미 장기기억 안에 있는 정보와 연합하는 것을 포함한다(그림 7.1에서 작업기억과 장기기억 사이에 양방향 화살표가 있었다는 것을 기억하라). 다른 말로 하면, 사람들은 정보를 이미 알고 있는 것에 관련지을 때 아주 성공적으로 장기기억 속에 그 정보를 저장한다. 그 이유는 제8장에서 찾을 수 있을 것이다.

이중저장 관점에서, 장기기억 안에 저장이 가능하도록 하는 통제 과정은 작업기억 안에서 일어난다. 앞에서 보았듯이, 작업기억은 한정된 용량을 가지고 한 번에 그만큼의 정보만 처리할 수 있다. 그 결과, 장기기억 저장이 천천히 일어나고, 많은 양이 그 과정 중에 망각된다는 것이다(그림 7.1의 '작업기억' 상자의 아래쪽에 망각되는 것을 나타내는 화살표를 보라). 본질적으로 작업기억은 기억체계 내에서 병목에 해당한다. 그것은 대부분의 정보가 줄곧 장기기억으로 들어가는 것을 막는다.

장기기억

장기기억(long-term memory)은 아마도 인간의 기억체계 가운데 가장 복잡한 요소일 것이다. 이러한 이유 때문에 감각 등록기나 작업기억보다 더 광범위하게 연구되어 왔고, 심리학자들은 그 본질에 대해 수많은 이론을 제공해왔다. 나는 여기서 개요를 설명하고 다음 두 장에서 그 특징과 관련된 통제과정에 대해 좀 더 깊이 설명할 것이다.

장기기억의 특징

많은 장기기억의 내용은 사물들이 어떠하고, 어떠했는지, 어떠할 것인지에 대한 본질, 즉 **서술적 지식**(declarative knowledge)이라고 불리는 지식과 관련된다. 그것은 또한 사물들을 어떻게 처리할지에 대한 지식, 즉 **절차적 지식**(procedural knowledge)이라고 알려진 지식도 포함한다. 그 용량은 분명히 작업기억보다 아주 크고, 저장형식은 더 유연해 보이고, 물론, 지속시간은 아주 더 길다.

용량 이론가들이 결정할 수 있는 한, 장기기억의 용량은 무제한이다. 이것은 한 인간이 필요로 할 수 있었던 것보다 훨씬 더 많은 '여지'를 갖고 있다. 제8장에서 알아보겠지만, 거기에 이미 저장된 정보가 많을수록 추가된 정보가 저장되기가 더 쉽다.

저장형식 대체로 정보는 장기기억 안에 다양한 방식으로 부호화될 것이다. 예를 들어 언어는 정보를 저장하기 위한 하나의 기초를 제공하고, 감각 이미지는 다른 기초를 제공하고, 비언어적 추상관념과 의미, 말하자면, 세계에 대한 일반적 이해는 또 하나의 기초를 제공한다. 결국, 사람들은 좀처럼 자신들이 상황 안에서 정보와 맞닥뜨렸던 바로 그 방식으로 정보를 저장하지는 않는다. 문자 그대로의 문장이나 정확한 정신적 이미지를 기억하기보다는, 사람들은 독특한 해석과 실재에 대한 작거나 중대한 왜곡을 하면서, 그들이 보고 들은 것의 골자를 기억하는 경향이 있다.

장기기억 안 지식의 일부는 **명시적 지식**(explicit knowledge)인데, 그것은 사람들이 쉽게 회상하고 설명할 수 있는 것이다. 그런데 많은 지식은 대신, 사람들이 의식적으로 인출하거나 점검할 수 없는데도 사람들의 행동에 영향을 주는 **암묵적 지식**(implicit knowledge)이다. 우리는 제9장에서 서술 지식과 절차 지식의 본질뿐만 아니라 명시적 지식과 암묵적 지식의 본질을 자세히 살필 것이다.

장기기억 안에서 지식의 또 다른 두드러진 특징은 지식의 상호 연관성이다. 연관된 정보조각들은 같이 연합되는 경향이 있다. 사실 장기기억 안에서의 모든 정보조각은 모든 다른 조각과 직접적으로나 간접적으로 관련되어 있는 것 같다.[11]

지속시간 초기의 정보처리이론에서는 많은 이론가들이 정보가 일단 장기기억에 저장되면, 거기에 특정 형태로 영구적으로 남아 있을 거라고 생각했다(Loftus & Loftus, 1980).[12] 따라서 일부의 '망각'은 단순히 인출의 문제가 된다. 몇몇 증거들은 실제로 정보가 매우 오랜 시간 동안 장기기억 안에 남아 있다는 것을 보여준다(H. P. Bahrick, 1984; D. B. Mitchell, 2006; Semb & Ellis, 1994). 예를 들어 한 연구(H. P. Bahrick, 1984)에서 개인들은 이들이 50년 전 고등학교나 대학에서 배운 뒤 한 번도 사용한 적이 없던 상당한 양의 스페인어를 기억했다. 다른 증거도 사람들이 더 이상 회상하거나 인식하지 못하는 이전에 학습한 정보를 새롭게 학습하는 연구에서 발견된다. 이러한 개인들은 이전에 동일한 자료를 전혀 학습한 적이 없는 사람들에 비해 매우 빠르게 정보를 학습한다(J. S. Bowers, Mattys, & Gage, 2009; C. M. MacLeod, 1988; T. O. Nelson, 1978).

일부의 정보가 장기기억 안에 오랫동안 남아 있다 하더라도, 거기에 저장된 **모든** 정보가 영구히 남아 있다는 것을 결정적으로 보여주는 방법은 없을 것 같다. 장기기억의 지속시간에 대한 질문은 여전히 열려 있고, 우리가 말할 수 있는 최선은 장기기억의 지속시간이 막연히 길다는 것이다.

장기기억에서의 인출에 관해 말한다면, 에드워드 C. 톨먼의 중간 이름은 무엇이었는가? 혹시 친구의 매형, 마빈 **체이스**를 기억했나? 아니면 톨먼이 쥐들을 미로로 **쫓고** 있다고 생각하고 있는가? 제8장을 읽다 보면 사람들이 장기기억 안에 정보의 조각들을 저장하는 방식이 많을수록, 정보가 필요할 때 그 정보를 인출하는 더 좋은 기회를 갖게 된다는 것을 알게 될 것이다.

이중저장 모델의 도전

지금까지 우리는 이중저장(삼요소) 기억 모델이 거의 진리인 것처럼 그것에 대해 말했다. 그러나 모든 심리학자들이 다 그 모델이 인간 기억이 어떻게 기능하는지를 정확하게 표현한다

---

[11] 제2장을 회상해보면, 뇌의 대부분의 뉴런은 다른 뉴런들과 수백 개의 시냅틱 연결을 갖고 있다. 아마도 이러한 시냅스의 많은 것이 장기기억의 조직화된 본질을 설명할 것이다.

[12] 신경외과의사인 와일더 펜필드(예 : Wilder Penfield, 1958, 1969)의 관찰은 장기기억의 영속성에 대한 증거로 초기에 인용되었다. 펜필드는 종종 부분적으로만 마취를 하고 다른 부분은 의식이 깨어 있는 채 수술을 했다. 그렇게 해서 그는 생생한 감각을 발생시키는 약한 전기 자극으로 뇌가 자극되는 비율을 발견했다 — 환자들은 노래를 듣고, 아기를 데려다주고, 혹은 서커스에 가는 것을 생생히 묘사했고 이것은 이들의 삶에 이전에 있었던 사건을 재생하는 것으로 보였다. 불행하게도 펜필드는 그의 환자가 '기억한' 사건이 실제로 발생했던 것인지 여부에 대해서는 결론을 내리지 못했다.

고 동의하지는 않는다. 나 자신도 때로는 세 요소들이 그 모델이 묘사하는 분명히 상이한 실체들인지를 의심하고 있다. 예를 들어 앞에서 감각저장고에서 청각정보가 수 초만 지속되는 것 같다고 지적한 것을 회상해보라. 또한 배들리의 음운 고리가 작업기억 안에서 구두로 된 단어목록들을 유지할 수 있는 방법, 즉 짧고 빨리 발음할 수 있는 단어들로 구성된 목록, 말하자면 그 목록이 2~4초 안에 반복될 수 있는 정도까지에서만 유지된다는 것을 회상해보라. 사실 배들리(Baddeley, 2007)는 작업기억 안에 저장되는 청각정보는 그것이 시연되지 않는다면 약 2초 정도만 지속되는 경향이 있다고 제안했다. 나는 이런 상황에서는 감각 등록기와 작업기억이 겹치는 기제가 있는 게 아닐까 싶다.

나아가 다수의 이론가들은 작업기억과 장기기억이 실제로는 단일 저장 기제의 상이한 측면이라고 논쟁해왔다. 다른 사람들은 관련된 한 아이디어에 이의를 제기해왔는데, 그 아이디어는 작업기억에서 활성화된 의식적인 처리 과정은 실제로는 장기기억에 저장하는 데 필요한 것이라는 것이다. 우리는 이제 이 논쟁들 각각에 관련된 일부 증거를 살펴볼 것이다.

작업기억과 장기기억은 실제로 다른가

제6장에서 설명했던 계열학습곡선으로 되돌아가자. 기억해야 할 항목의 목록이 주어지면, 사람들은 목록의 첫 몇 항목(초두효과)과 마지막 몇 항목(최신효과)을 중간에 있는 항목보다 더 쉽게 회상할 수 있다(기억을 되살리려면 그림 6.8을 다시 한 번 보라). 이 곡선을 설명하기 위해 이중저장 기억 모델을 사용한다면, 사람들이 첫 몇 항목들을 장기기억에 저장할 수 있을 정도로 충분히 처리하고, 전체 목록이 제시된 후에 마지막 몇 항목이 작업기억 안에 계속 붙잡여 있게 한다고 말할 수 있다(예 : Baddeley et al., 2009; Norman, 1969). 그들은 뒷항목들이 중간항목들을 작업기억에서 밀쳐내기 전에 그것들을 적절히 처리할 만큼 충분한 시간이 없기 때문에 많은 중간항목을 유실한다. 이 해석을 지지하는 것은, 제시 속도가 떨어졌을 때(작업기억 안에서 더 많이 처리될 수 있도록 하는 것) 초두효과가 증가하고, 처리가 방해받을 때 초두효과가 사라진다는 연구 결과들이다(Glanzer & Cunitz, 1966; L. R. Peterson & Peterson, 1962). 이에 반해, 최신효과는 회상간격에 더 많이 영향을 받는 것 같다. 목록 회상의 지체가 더 길어질수록, 즉 어떤 항목들이 아직 작업기억 안에 있을 가능성이 줄어들수록 사람들은 목록의 끝에 있는 항목들을 기억하는 데 어려움을 보인다(Glanzer & Cunitz, 1966; Horn, 2008; Postman & Phillips, 1965).

그런데 다른 연구들은, 계열학습에서 최신효과는 장기기억과 구분된 작업기억의 사용을 반영한다는 아이디어에 대해 의문을 던져왔다(R. G. Crowder, 1993; R. L. Greene, 1986; Öztekin, Davachi, & McElree, 2010; Wickelgren, 1973). 예를 들어 타파와 그린(Thapar & Greene, 1993)의 연구에서, 대학생들은 컴퓨터 스크린에서 동시에 두 단어가 제시되는 단어목록을 보았다. 그들은 또한 각 짝의 단어들 다음에 20초의 방해과제(일련의 숫자들을 마음

속으로 더하는 것)를 수행했다. 그 학생들은 방해과제 때문에 작업기억 안에 아무 단어도 가지고 있지 못했을 가능성이 있는데도, 목록에 있는 마지막 몇 단어들을 중간 단어들보다 훨씬 더 잘 기억했다. 이러한 결과를 고려해서, 이론가들은 계열학습곡선은 이중저장 모델만큼 단일저장모델에 의해서도 쉽게 설명될 수 있다고 제안했다. 하나의 가능한 설명은 목록 안에 있는 항목들은 어떤 방식으로나 독특하다면 기억되기 쉽다는 것이다. 목록 끝 가까이에 있는 항목은 위치 때문에 더 잘 기억될 수 있을 것이다. 학습자들은 특별히 단어를 '마지막 단어' 또는 '마지막 전 단어'라고 확인한다(R. L. Greene, 1986; Unsworth, Heitz, & Parks, 2008; R. K. Wagner, 1996). 두 번째 가능성은 단순하게 망각이 처음에 급격하게 일어나고 다음에는 서서히 줄어든다는 것이다. 이것은 많은 상이한 동물들과 상이한 과제에서 입증되는 패턴이다(J. R. Anderson, 1995; Wickelgren, 1973; Wixted & Ebbesen, 1991). 이러한 관점에서, 최신효과는 목록의 마지막 항목들이 아직 급격한 쇠퇴를 겪지 않았기 때문일 수 있다.

작업기억과 장기기억의 구분을 지지하는 것과 반대하는 것 모두에 사용되어 왔던 또 다른 증거들은 뇌손상이나 뇌수술을 경험했던 사람들로부터 나온 것이다. 때때로 이 사람들은 다른 곳에 대응하는 기능의 손실 없이 한 종류의 기억의 장애를 보인다(Atkinson & Shiffrin, 1968; Baddeley et al., 2009; R. K. Wagner, 1996). 일부 개인들은 뇌손상 전에 경험했던 사건을 회상할 수 있으나 새로운 경험들을 유지할 수는 없다. 그러한 장애는 (a) 장기기억이 손상되지 않은 채 남아 있는 동안 작업기억에 문제가 있는 것(이중저장에 대한 설명)으로도, 또는 (b) 일반적인 저장 과정에 문제가 있는 것(단일저장에 대한 설명)으로도 제안할 수 있을 것이다. 다른 뇌손상자들은 새로운 경험들에 대해 간단하게 말할 수 있을 정도의 시간만큼은 그 경험들을 회상할 수 있지만, 수 분 후나 그로부터 어떤 시점에서는 그것들을 기억할 수 없다. 이것은 (a) 작업기억은 기능하고 있지만 새로운 경험이 장기기억에 전이되지 않은 경우(이중저장에 대한 설명)이거나, 또는 (b) 일반적 인출 과정들이 손상된 경우(단일저장에 대한 설명)일 수도 있다.

어느 정도까지는, 작업기억과 장기기억 과정은 뇌의 상이한 부위에 의존하는 것처럼 보인다(Nee, Berman, Moore, & Jonides, 2008; Zola-Morgan & Squire, 1990). 그리고 사람들이 계열목록의 시작 부분이든 아니면 끝부분으로부터 항목들을 회상하고자 할 때, 뇌의 상이한 영역이 활성화된다(Talmi, Grady, Goshen-Gottstein, & Moscovitch, 2005). 그렇다 하더라도, 제2장에서 주목했듯이, 대부분의 학습과 사고과제는 매우 간단한 것조차도 뇌의 많은 부분들을 포함하는 경향이 있다. 확실히 뇌의 상이한 부분은 상이한 과제에서 특화되지만, 인간 학습자는 주어진 기억과제나 구체적인 학습에 상관없이 많은 부분을 의존하기 쉽다(Logie, 2011; Nee et al., 2008).

의식적 사고가 장기기억의 저장에 필요한 것인가

이중저장 모델에서, 정보는 장기기억에 저장되기 전에 반드시 작업기억을 거쳐 가야만 한다. 작업기억은 정의에 의하면 활성화된 의식적인 기제이다. 그렇다면 학습자는 어떤 것을 장기기억에 실제로 저장하는 데 적극적으로 참여해야만 할 것으로 보인다. 그러나 이것이 언제나 그렇지는 않다. 어떤 종류의 정보는, 일단 그것이 한 사람의 주의에 포착되면, 특별하게 그 이상의 처리를 선택하지 않을 때조차 자동적으로 장기기억 안에 저장되는 것으로 보인다(Frensch & Rünger, 2003; Hintzman, 2011; Zacks, Hasher, & Hock, 1986). 예를 들어 이 질문을 생각해보자.

영어에서 베이컨과 파스트라미 중 어떤 단어가 더 자주 나오는가?

아마 베이컨이 더 자주 나오는 단어라고 정확하게 대답하는 데 별 어려움이 없을 것 같다. 해셔와 잭스(Hasher & Zacks, 1984)는 사람들이 횟수를 세어보는 것에 전혀 관심을 갖지 않을 때조차 발생 빈도에 대한 그런 질문에 쉽게 대답할 수 있다는 것을 발견했다. 유사하게, 사람들은 그러한 정보를 의도적으로 처리하지 않고서도 다양한 사건이 발생한 장소에 대한 질문에 대답할 수 있다. 그러한 빈도정보와 위치의 자동저장은 인생에서 꽤 일찍 시작되고 미래의 학습이 세울 수 있는 지식의 기초를 정립하는 데 도움을 줄 수 있다(Siegler & Alibali, 2005).

이렇게 외관상 '의식하지 않고' 처리된 많은 정보는 암묵적 지식(명시적 지식보다는)이 된다. 아마도, 뇌는 적어도 2개의 독특하게 상이한 방식으로 배우고 정보를 장기기억 안에 저장할 가능성이 많다. 하나는 매우 의식적인 방식으로, 작업기억이 적극적인 역할을 한다. 다른 하나는 좀 더 기초적이고 '사고가 없는' 방식으로, 행동주의자가 말한 것과 비슷하게 단순한 자극-자극과 자극-반응 연합의 형성을 포함한다(Bachevalier, Malkova, & Beauregard, 1996; Frensch & Rünger, 2003; D. J. Siegel, 2012).

설명을 훨씬 더 복잡하게 하는 것은, 사고 그 자체가 때로는 작업기억의 범위 밖에서 일어날 가능성이 있다는 것이다. 종종 작업기억의 제한된 용량이 처리할 수 있는 것보다 훨씬 더 많은 정보를 포함하는 복잡한 문제들을, 사람들은 일정 시간 동안 그것들에 대해 적극적으로 생각하지 않을 때 종종 더 효과적으로 다루기도 한다(Dijksterhuis & Nordgren, 2006; Hassin, 2013; Strick, Dijksterhuis, & van Baaren, 2010). 복잡한 문제를 의식적으로 숙고하지 않을 때조차, 사람들은 천천히 그 문제를 분석하고, 문제의 어떤 측면들이 고려되기에 더 중요하고 덜 중요한지를 결정하고, 특정한 양을 막연하게 추정하고, 문제와 관련된 정보를 전체 요약 속에 통합하고 있을 것이라고 제안되었다. 그 결과는, 복잡한 문제가 잠시 동안 작업기억의 제한된 용량의 각광을 받지 못할 때에도, 때때로 더 좋게 해결된다는 것이다. 그렇게 무의식적 사고의 산출물들은 종종 암묵적이고 구체화하기 어렵다. 예를 들어 사람들은 그것들을 자신들이 쉽게 설명할 수 없는 '직관' 또는 '직감'으로 설명할지도 모른다(Bargh & Morsella, 2008; Dijksterhuis & Nordgren, 2006, p. 105).

인간 기억에 대한 대안적 관점

이중저장 모델의 약점을 다루기 위한 시도로 일부 이론가들은 대안적 모델을 제공했다. 여기서 우리는 그것들 중 참신한 두 모델, 처리 수준 모델과 활성화 모델에 대해 살펴볼 것이다. 이들 두 이론은 인간 기억을 구성할 수 있는 가능한 구조들보다는 인간 기억 내에 포함된 인지 과정을 더 강조한다.

처리 수준

인간 기억의 **처리 수준**(levels-of-processing) 모델(Cermak & Craik, 1979; Craik & Lockhart, 1972)은 이중저장 모델에 대한 첫 번째 주요한 이론적 대안이다. 이 관점에 따르면, 투입된 정보는 다수의 상이한 복잡성을 가진 수준들 중 어느 한 수준에서 (앞에서 말했던 작업기억의 중앙집행장치 측면과 유사한) **중앙처리장치**에 의해 처리된다. 이 중앙처리장치는, 한 번에 일정 양만큼 붙잡아둘 수 있다는 점에서 제한된 용량을 가진다. 일시적으로 거기에 붙잡힌 정보는 어느 주어진 시간에만 우리가 의식할 수 있는 정보이다.

정보가 얼마나 오래 그리고 얼마나 잘 기억되느냐 하는 것은 중앙처리장치가 얼마나 철저히 정보를 다루었느냐에 달려 있다. 전혀 처리되지 않은 정보는 이중저장 모델의 감각 등록기에서 하는 것처럼 아주 잠시의 인상만을 남긴다. 표면의 특징(예 : 겉모양, 밝기)에만 주의를 기울이는 것처럼 피상적으로 처리된 정보는, 이중저장 모델의 작업기억에서 하는 것처럼 수 초 동안 지속될 수 있다. 정보가 '깊은' 처리를 거칠 때만, 즉 그 정보가 해석되고, 이해되고, 이전에 배운 정보와 관련될 때만 어떤 길이의 시간 동안이라도 기억한다(이전 지식의 중요성에 대해서는 제8장에서 더 살펴볼 것이다).

상이한 처리 수준이 어떻게 상이한 정보 회상 정도를 이끌어내는지를 예시하는 터너, 뷰이움과 설로(Turnure, Buium, & Thurlow, 1976)의 실험이 있다. 아이들에게 평범한 사물의 짝(예 : 비누와 재킷을 같이 기억하는 것)들을 기억하라고 요구했다. 아이들은 다음의 다섯 가지 방식 중 하나로 그 정보를 처리했다.

1. 이름표 : 그들은 사물들의 이름을 반복했다.
2. 문장 형성 : 그들은 두 사물을 짝으로 포함하는 문장을 만들었다.
3. 문장 반복 : 그들은 두 사물 간의 관계를 진술했던 실험자-생성 문장들을 반복했다(예 : "비누가 재킷 안에 숨어 있다.").

4. **'무엇'을 질문하기** : 그들은 그 사물들 간의 관계에 대한 질문에 대답했다(예 : "비누는 재킷 안에서 무엇을 하고 있나?").
5. **'왜'를 질문하기** : 그들은 그 사물들 간에 특별한 관계가 왜 존재하는지에 관한 질문에 대답했다(예 : "비누는 왜 재킷 안에 숨어 있나?").

이 실험에서, 아이들은 사물들 간의 관계에 대해 생각(즉 처리)하라고 요구받았을 때 가장 효과적으로 학습했다. 즉 질문에 대답하는 조건(조건 4와 5)에서 가장 많은 단어 짝을 회상해냈다. 사물 간의 관계를 표현하는 문장을 반복하는 것(조건 3)은 일부만 회상해냈고, 학습에 가장 덜 효과적인 것은 처음 두 조건이었다. 이름표 조건(조건 1)에서 사물들 간의 어떤 관계도 처리되지 않았고, 문장 형성 조건(조건 2)에서 아이들은 종종 두 사물을 효과적으로 연결하지 못하는 문장을 구성했다(예 : "나는 약간의 비누와 재킷 하나를 가지고 있다.").

학습에 있어서 중요한 요인으로 자주 제기되는 요소 중 하나는 **학습 의도**(intention to learn)이다. 뭔가를 배우려고 의도하는 사람들은 특별히 그 정보를 배우려고 노력하지 않는 사람들보다 더 잘 배우고 기억하는 경향이 있다. 처리 수준 모델의 지지자들은 사람들이 정보를 배우려고 의도하고 있을 때 더 철저하게 정보를 처리하지만, 학습 의도 자체보다는 처리의 깊이가 학습 성공에 영향을 미친다고 주장해왔다. 사실 연구는 이 점을 지지한다. 개인들이 자료를 깊이 처리할 때, 특별히 그것을 배우려고 노력하지 않을 때조차 그들은 종종 그것을 성공적으로 학습한다(예 : Postman, 1964). 다른 말로 하면, 처리의 정도가 두 상황에서 동일하다면 비의도적 학습[종종 **우연적 학습**(incidental learning)이라고 불림]도 의도적 학습만큼이나 효과적이다.

하이드와 젠킨스(Hyde & Jenkins, 1969)의 연구는 깊은 처리의 결과로 우연적 학습이 성공한 예를 보여준다. 대학생들에게 2초마다 한 단어씩의 비율로 제시되는 24단어 목록을 보여줬다. 일부 학생들(통제집단)은 단순히 단어를 학습하라고 들었고, 그래서 그 단어를 의도적으로 학습했을 것이다. 실험집단은 다음과 같이 다른 지시를 받았다.

1. **즐거움 평정** : 학생들은 각 단어의 즐거움 정도를 평정하라고 들었다. 예를 들어 '사랑하다'와 같은 단어는 비교적 즐거운 것으로 평정하고, '미워하다'는 덜 즐거운 것으로 평정할 수 있을 것이다.
2. **글자 수 세기** : 학생들은 각 단어 안에 있는 글자의 수를 세라고 들었다.
3. **E자 세기** : 학생들은 각 단어 안에 있는 E자의 수를 세라고 들었다.

동시에, 각각 다른 지시를 받은 학생들 중 일부는 계속하면서 단어들을 학습하라고 들었다. 이 학생들은 아마도 단어의 의도적인 학습에 참여했을 것이다. 다른 학생들은 단어들을 학습하라고 듣지 못했다. 이 학생들에게는 어떤 단어의 회상이라도 우연적 학습의 결과일 것이다.

하이드와 젠킨스가 부과한 상이한 과제는 상이한 수준의 처리를 유도했다. 단어 속에 있는 글자 모두를 세거나 E자를 센다면, 학습자는 단어의 피상적인 특징만을 볼 필요가 있고, 단어의 의미를 반드시 해석하지 않아도 될 것이다. 그래서 세기 과제는 상대적으로 얕은 처리를 유도할 것이다. 단어의 즐거움을 평정한다면, 학습자는 그 단어의 의미를 검토해야만 한다. 그래서 더 깊은 의미의 처리로 귀결될 것이다. 처리 수준 이론과 일치해서, 글자 수를 세었던 학생보다 단어를 즐거움으로 평정한 학생들이 더 많은 단어를 기억했다. 그런데 더 흥미로운 것은, 단어를 즐거움으로 평정한 우연적 학습 학생들이 의도적 학습을 한 어느 집단만큼이나 많은 단어를 기억했다(사실 그들은 의도적인 학습 세기 집단보다 더 잘했다)는 사실이다. 이것은 단순히 학생들이 학습할 자료의 숨은 의미에 초점을 맞춰야만 하는 사실에 의해서도 학습이 촉진될 수 있었던 경우이다. 학습 의도가 아닌 처리 깊이는 학습에 영향을 주는 결정적인 요인이었다.

처리 수준 모델은 학습과 기억에 대한 심리학자들의 개념화에 확실히 영향을 주었다. 예를 들어 나는 종종 학습이론가들이 정보를 '깊이' 처리하는 것이나 보다 '얕은' 방식에서 처리하는 것에 대해서 글을 쓰는 것을 본다. 그럼에도 불구하고 이 접근의 약점들이 드러났다. 하나는, 처리의 깊이라는 아이디어가 정확한 용어로 정의하거나 측정하기 어려운 모호한 개념이라는 것이다(Baddeley, 1978; Willingham, 2004). 게다가 일부 연구는 항상 그 모델이 예언하는 방식으로 학습 정도가 처리 정도의 함수가 되는 것은 아니라고 지적한다. 예를 들어 정보가 더 자주 반복될수록 그것을 처리하는 깊이를 겪었느냐에 상관없이 더 잘 기억될 수 있다(T. O. Nelson, 1977). 그런데 어떤 경우에 피상적 처리가 더 깊은 처리보다 더 나은 회상을 이끈다는 사실은 처리 수준 모델에 더 큰 타격을 입힌다. 모리스, 브랜스포드와 프랭크스(Morris, Bransford, & Franks, 1977)의 실험에서 대학생들에게 일련의 단어를 주고서 (a) 각 단어가 문장에서 적절하게 사용되었는지 여부('깊은' 의미 처리를 포함하는 과제) 또는 (b) 그 단어가 다른 단어와 압운(rhymed)하는지 여부('피상적인' 음성적 처리를 포함하는 과제)를 물었다. 학생들은 단어를 의미적으로 처리했을 때, 예상치 못한 회상시험에서 보다 많은 단어들을 회상했다. 그러나 단어를 음성적으로 처리했을 때는 학생들이 원래 단어의 압운을 확인하는 데 더 성공적이었다(Stein, 1978 참조).

학습과 더 성공적인 회상에 대한 핵심은 새로운 정보가 의미적으로뿐만 아니라 **정교할** 때, 즉 새로운 자료가 보다 정확하고, 보다 의미 있고, 보다 완전하게 부호화되는 방식으로 학습할 자료에 정보를 추가할 때 정보처리가 더 효과적이라는 것이다(Craik & Tulving, 1975). 우리는 제8장에서 정교화 과정에 대해 좀 더 자세히 검토할 것이다.

활성화

일부 이론가들은 작업기억과 장기기억은 단순히 단일한 기억의 상이한 **활성화**(activation) 상

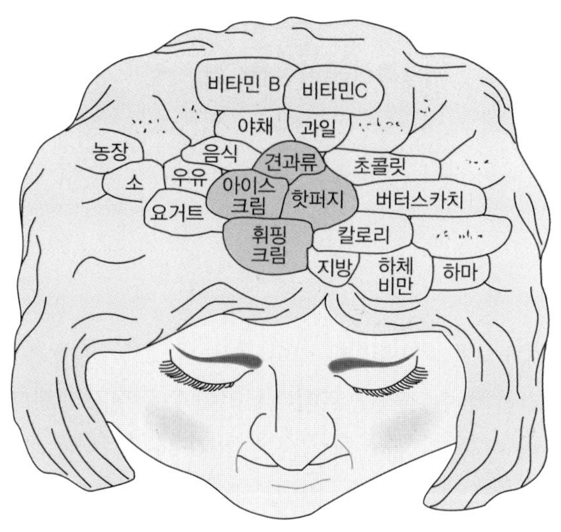

저자는 기억의 부분을 활성화한다.

태를 반영한다고 제안해왔다(예 : J. R. Anderson, 2005; Campo et al., 2005; A. M. Collins & Loftus, 1975; Nee et al., 2008). 이러한 관점에서, 기억에 저장된 모든 정보는 활성화되거나 비활성화된 상태 중 하나에 속한다. 기억 안에 들어오는 정보와 전에 기억 안에 저장되었던 정보 둘 다를 포함하는 현재 활성화된 정보는, 학습자가 주의를 기울이고 처리하고 있는 정보이다. 이것은 앞에서 작업기억 안에 있는 것으로 설명했던 정보이다. 주의가 옮겨가면, 기억 안에 다른 정보조각들이 활성화되고, 전에 활성화되었던 정보는 점차 비활성화된다. 기억 속에 저장된 대부분의 정보는 비활성화된 상태로 있다. 그래서 우리가 의식적으로 그것을 인식할 수 없다. 앞에서 이 정보를 장기기억 안에 있는 것으로 설명했다.

활성화 모델에서 중심 아이디어는, 한 정보조각에서 관련된 정보조각들까지 거의 예외 없이 확장된다는 것이다. 이 아이디어에 대한 증거로, 이론가들은 **점화**(priming)라고 불리는 현상을 지적한다. 랫클리프와 맥쿤(Ratcliff & McKoon, 1981)의 연구에서 예가 제시된다. 대학생들이 처음에 일련의 문장들(예 : 그 의사는 그 책을 싫어했다)을 공부했다. 학생들이 그 문장들을 잘 알게 된 이후에, 그들에게 다수의 명사를 한 번에 하나씩 보여주고, 앞에서 학습했던 문장 속에 단어들이 포함되어 있는지를 물었다. 때로는 명사들이 같은 문장에 있는 다른 명사 뒤에 나오게 했다(예 : 의사를 본 직후에 책을 볼 수 있다). 그런 경우에는, 학생들이 그렇지 않은 경우보다 유의미하게 빨리 두 번째 명사를 보았다고 정확하게 지적했다. 그것은 마치 첫 번째 명사의 제시가 그 명사와 관련된 기억을 활성화시켰고, 그래서 그러한 다른 기억들을 보다 손쉽게 이용할 수 있게 만들었던 것과 같다. 말하자면, 명사 하나의 활성화는 두 번째 명사의 활성화를 자극하거나 점화했다.

심리학과 신경심리학 연구의 작업기억과 장기기억에 대한 논의에서 활성화라는 용어를 더 많이 보게 된다. 이러한 견해가 대중성을 얻어가고 있는 듯하다(예 : Oberauer & Hein, 2012; Öztekin et al., 2010; Was, 2010). 나아가 활성화이론은 사람들이 어떻게 장기기억으로부터 정보를 회상하는지를 이해하는 데 있어 꽤 유용하다. 따라서 이어지는 장들에서 이것을 다시 만나게 될 것이다.

지도는 영토가 아니라는 것을 기억하기

앞부분 '이중저장 모델의 도전'을 쓴 후 내가 씨름했던 어려운 아이디어들의 작업기억을 깨끗하게 청소하기 위해 짧은 휴식시간을 가졌다. (나는 집필 프로젝트 동안에 종종 이렇게 한다. 나는 그것을 '마음의 먼지를 가라앉히는 것'이라고 부르는데, 그것이 내가 더 명료하게 쓰는 것을 돕는다는 것을 안다.) 내가 커피를 끓이고 있는 중에 남편이 부엌에 있길래 어떻게 그렇게 많은 연구 결과가 있음에도 불구하고 인간 기억 모델을 설명하지 못하는지에 대해 놀랍다고 말했었다.

남편의 반응이 도움이 되었다. "지도는 영토가 아냐." 지리학자인 남편은 어떤 지도든 그 지도가 묘사하는 물리적 지역을 완벽하고 정확하게 표현할 수 있는 것은 없다고 살짝 말해주었다. 그 표현을 처음에 했던 사람은 알프레드 코르지브스키(Alfred Korzybski, 1933)인데, 남편은 또 인간의 어떤 추상적 개념도 현실에서 그것에 대응하는 것을 전적으로, 그리고 진실되게 표현할 수는 없다고 말해주었다. 바로 그 본질 때문에, 인간의 추상적 개념들은 삶의 측면을 단순화하도록, 즉 삶의 측면이 더 잘 이해되고 제어하기 쉽도록 만들게 되어 있다.

그래서 이중저장 기억 모델이나 어떤 다른 기억 모델도 그와 같다. 작업기억, 장기기억과 같은 개념은 우리가 일상적인 인간의 행위에서 보는 많은 현상을 설명하는 데 도움을 준다. 그래서 심리학자들이 그 개념들을 계속 사용한다. 또한 우리도 이 책 전체에서 이 개념들을 계속 사용할 것이고, 여러분도 인간의 사고와 학습에 대해 알게 된 것 전부는 아니지만 그중 많은 것을 요약하는 데 있어서 이 개념들이 정말로 유용함을 알게 될 것이다.

기억과 이것의 교육적 시사점에 대한 일반화

확실히 이론가들은 어떻게 기억이 구조화되어 있으며, 이것이 어떻게 기능하는지에 대해 전적으로 동의하지는 않는다. 그러나 우리가 인간의 기억체계에 대해 어떻게 개념화하더라도 이것이 작동하는 것에 대해 몇 가지를 일반화할 수 있다.

- **주의집중은 명시적 기억에 있어서 필수적이다.** 우리가 사용하는 기억 모델이 무엇이건 간에 주의집중이 정보(최소한 우리가 의식적으로 회상할 수 있는 정보의 많은 부분)의 장기기억 보

유에 있어서 결정적이라는 것을 안다. 때로는 특별한 자극에 대한 주의집중이 필요한 전부이다. 다른 경우(예 : 교과서를 읽을 때)에는 자극의 특별한 부분에 주의집중하는 것이 중요하다. 일반적으로 사람들은 어떤 방식으로든 처리하지 않은 것은 명시적으로 기억하지 않게 되는데 그래서 주의집중은 취해야 할 첫 번째 발걸음이다.

옛말에 '말을 물가에 데려갈 수는 있지만 물을 먹일 수는 없다'고 했다. 나의 결론은 '여러분이 그 말을 물가에라도 데려가지 않는다면, 그 말에게 물을 먹일 수 없다'는 것이다. 학생들이 자신들의 주의를 중요한 정보에 집중하도록 돕는 것은 그것을 학습하도록 돕는 첫 번째 발걸음이다. 이것은 그들을 물가로 인도하는 것이다.

그런데 교실은 보통 학생들의 주의집중을 경쟁하게 하는 많은 자극을 가진 살아 있는 환경이다. 예를 들어 대학 수업 중에 있는 자신을 생각해보자. 때로는 강사가 말하는 것에 주의를 기울인다. 그러나 때로는 강사의 성가신 매너, 노트에 있는 낙서, 휴대전화에 들어오는 문자 메시지에 주의가 옮겨간다. 머릿속에서 주말에 할 계획들이나 최근에 친구와 나눴던 불편한 대화 등에 주의를 뺏길 수도 있다. 이러한 마음의 방황은 전 연령대에서 보이는 일반적인 현상이다(Delaney, Sahakyan, Kelley, & Zimmerman, 2010; Immordino-Yang, Christodoulou, & Singh, 2012; Kane et al., 2007).

교실에서 교사들이 하는 것은 학생들이 강의주제에 금방 주의를 기울일 수 있을 정도로 큰 차이를 만들어낼 수 있다. 학생들의 주의를 사로잡고 붙잡아둘 수 있는 몇 가지 효과적인 전략은 다음과 같다.

- **주제와 제시 방식을 다양하게 하라.** 매일매일 같은 주제와 같은 절차의 반복은 지루하게 하고 주의를 감소시킬 수 있다. 주제와 제시 양식의 다양성과 신기함은 학생들의 주의가 계속 수업에 집중될 수 있도록 도와줄 것이다(Ainley, 2006; Krapp, Hidi, & Renninger, 1992; Pekrun, Goetz, Daniels, Stupnisky, & Perry, 2010).
- **상당한 주의와 집중이 요구되는 과제일 때 잦은 휴식을 제공하라.** 장시간 조용하게 집중해서 앉아 있으면, 어른이라도 불안하고 마음이 산란해질 수 있다. 잦은 휴식은 초등학교 1~4학년 학생들, 그리고 지속적으로 주의집중의 문제를 보여왔던 학생에게 특히 중요하다(Pellegrini & Bohn, 2005; Pfiffner, Barkley, & DuPaul, 2006).
- **질문을 하라.** 다른 것 때문에 집중이 되지 않을 때, 질문은 학생들의 주의를 유지하는 데 탁월한 방법이다. 간헐적으로 수업 중에 질문함으로써, 종종 특정 아이들에게 질문을 하거나 모든 학생에게 손을 들게 하거나 미리 인쇄된 ○, × 문제카드나 전기 부저에 대답하도록 함으로써, 교사들은 학생들이 주의집중을 해야만 하는 상황에서 계속 주의집중하도록 도울 수 있다(L. L. Davis & O'Neill, 2004; Glass & Sinha, 2013; Munro & Stephenson, 2009). 그리고 학생들이 책을 읽으면서 대답할 수 있도록 학생들에

게 질문을 함으로써, 교사들은 질문과 관련된 학생들의 내용학습을 증가시키기 쉽다(McCrudden, Magliano, & Schraw, 2010; McCrudden, Schraw, & Kambe, 2005). 우리는 제8장과 제9장에서 교사 질문의 이점들에 대해 추가적으로 고려할 것이다.

- 독립된 과제가 주어졌을 때 방해물을 최소화하라. 대부분의 학생들, 특히 어린 학생들은 환경이 비교적 조용하고 통제될 수 있을 때 독립적인 과제에 도전하는 것에 더 잘 집중할 수 있다(Higgins & Turnure, 1984; Pfiffner et al., 2006).
- 전체 교실 수업 중에도 역시 방해물을 최소화하라. 교사들은 학생들의 휴대전화와 컴퓨터의 잠재적 방해에 대해 예민해야만 한다. 예를 들어 수업 시간에 학생들이 휴대전화를 껐는지 질문해야 하고, 아동과 청소년과 작업하고 있다면 교실 문에서 휴대전화를 확인해야 한다. 또한 인터넷 검색을 해야 하는 수업이 아니라면 컴퓨터의 인터넷 브라우저가 꺼져 있어야 한다(N. Carr, 2011; Hembrooke & Gay, 2003).
- 과제에 머물러 있는 데 어려움이 있는 학생은 교사 가까이에 앉혀라. 학생들은 교사 가까이에 있을 때 주의를 더 잘 기울이는 것 같다. 이런 자리는 특별히 쉽게 산만해지는 발달력이 있는 학생에게 적절하다(Doyle, 1986; Pfiffner et al., 2006; Schwebel & Cherlin, 1972).
- 학생들의 행동을 모니터하라. 행동은 종종 학생들이 주의를 기울이고 있는지 아닌지에 대한 단서를 제공한다. 예를 들어 학생들의 시선이 교사, 교재나 다른 적절한 자극으로 향하고 있다면 분명히 곧 과제를 수행하고 있는 중일 것이다(Grabe, 1986; Piontkowski & Calfee, 1979; Samuels & Turnure, 1974).

◆ 사람들은 한꺼번에 제한된 정보의 양만 처리할 수 있다. 우리는 주의집중과 기억의 '작업' 측면이 제한된 용량을 가진 것으로 특징지었다. 다른 말로 하면, 사람들은 어떤 한 시간에 작은 양의 정보에만 주의집중할 수 있고 생각할 수 있다. 어떤 학습 활동은 **인지적 부담**(cognitive load)을 부과하게 된다. 왜냐하면 그들이 공부하는 것을 이해하고 기억하기 위해서 학습자는 이것을 생각해야 하고 동시에 이것을 생각해야만 하는 특정 방식도 함께 고려해야 하기 때문이다(Mayer, 2011; Plass, Moreno, & Brünken, 2010; Sweller, 1988, 2008). 교육자가 수업을 계획하고 진행할 때 따라서 주어진 시간에 학생들이 합리적으로 다룰 수 있는 작업기억의 용량이 어느 정도일지 고려해야만 한다. 예를 들어 학생들이 자신이 보고 듣고 있는 것을 효과적으로 처리할 수 있도록 시간이 충분하도록 중요한 정보를 제시할 때에는 속도를 맞춰야 한다. 같은 아이디어를 몇 번이고 반복해야 할 수도 있고(각각 새로운 단어로 해야 될 수도 있다), 칠판에 중요한 사항을 적느라 멈춰야 할 수도 있으며, 몇몇 예시를 제공할 수도 있다. 많은 경우에 노트북이나 컴퓨터가 학생들이 자신들이 생성하는 아이디어(아마도 설득적 에세이나 과학 프로젝트에서 대안적 연구 설계를 포함하는 핵심 포인트 같은)를 잘 유지하도록 돕는 외적 기억 보조장치를 제공할 수 있다.

- 학습자는 자신이 공부하고 학습하는 정보에 대해 선택적이어야만 한다. 학생들이 인지적으로 부담되지 않도록 교사가 아무리 노력하더라도 학생들은 자신들이 처리하고 기억할 수 있는 것보다 더 많은 정보를 만나기 마련이고, 그것들 중에 어떤 것이 숙련하기에 가장 중요한 것인지 잘 판단하지 못한다(Brophy, 2008; McCrudden, & Schraw, 2007; Naumann, Richter, Flender, Christmann, & Groeben, 2007). 예를 들어 학생들은 그들의 주의를 재미있고, 중심 주제보다는 상대적으로 하찮은 세부에 둘 수 있다. 혹은 수학 공식을 의미 있는 맥락으로 넣는 언어적 설명을 염두에 두지 않고 수학 공식을 바라볼 수도 있다(P. A. Alexander & Jetton, 1996; Dee-Lucas & Larkin, 1991; Garner, Alexander, Gillingham, Kulikowich, & Brown, 1991).

  과잉정보의 주제는 가능한 연결이 많아서 학생들이 클릭만 하면 정보와 안내를 얻게 되는 소프트웨어 프로그램과 웹사이트 내에서 특히 문제가 된다. 학생들은 종종 어떤 연결이 자신들에게 가장 도움이 될지에 대해 알지 못한다(Azevedo & Witherspoon, 2009; DeStefano & LeFevre, 2005; Warschauer, 2011).

  중요한 정보를 가리키는 **신호**(signal)의 다양성은 학생들이 자신의 주의를 생산적인 방향으로 집중하도록 도울 수 있다. 자연스럽게도 수업을 위해 명시적인 교육 목표를 확인하는 것은 학생들이 구체적으로 학습하고 기억해야만 하는 것에 있어서 거의 도울 수 없다(제4장 참조). 칠판에 핵심 요점을 적는 것은 그것을 좀 더 명확하게 한다. 한 과, 교과서 페이지, 소프트웨어 프로그램 곳곳에 산재한 질문은 학생들의 주의를 필요한 곳으로 방향짓게 해준다(Armbruster, 1984; J. Hartley, Bartlett, & Branthwaite, 1980; Lorch, Lorch, & Inman, 1993; McAndrew, 1983; McCrudden & Schraw, 2007; McDaniel & Einstein, 1989; Naumann et al., 2007; Niederhauser, 2008).

- 주의를 끌려거나 적절하게 속도 맞춘, 구조화된 강의에서도 학습자는 그들이 주의집중하고 의식적으로 생각하는 것을 통제하는 능력 면에서 차이가 있다. 앞서 언급했지만 작업기억(특히 중앙집행장치 요소)은 주의를 안내하고 처리 과정을 생각하는 데 있어서 핵심 주자이다. 그리고 어떤 학습자들은 다른 학습자들보다 훨씬 나은 중앙집행장치를 갖고 있다. 운 좋게도 이러한 기술의 많은 부분은 교육될 수 있고, 제12장에서 자기조절된 학습의 논의에서 이것을 보게 될 것이다.

- 특별한 경험이지만, 학습자는 자신의 주의와 작업기억의 제한된 능력을 확장할 수 있다. 그러나 그렇다 하더라도 아주 적은 부분이다. 최근의 연구들은 특별히 설계된 소프트웨어 프로그램(그리고 또한 빨리 움직이고, 비디오 게임으로 행동이 포장된)이 아동의 주의를 집중시키는 능력을 향상시킨다는 증거를 발견했다(Granic, Lobel, & Engels, 2014; Rothbart, 2011; Tobias, Fletcher, Dai, & Wind, 2011). 다른 연구들은 특정 종류의 과제에 대한 명시적 훈련이 학습자의 작업기억 능력을 향상시킨다고 제안한다. 그러나 이런 연구들은 진정한 인

과관계를 제시하는 잘 짜여진 통제집단을 항상 갖고 있는 것은 아니며, 동일하지 않은 과제에서 항상 수행의 향상을 보이는 결과가 있지도 않았다(Bryck & Fisher, 2012; Melby-Lervåg & Hulme, 2013; Redick et al., 2013). 개인적으로 나는 이 영역에서 좀 더 많은 작업이 실시되기까지 기다리고 지켜보는 자세를 취할 것이다.

- **작업기억의 제한된 용량이 반드시 나쁜 것은 아니다.** 작업기억의 병목현상은 학습자가 받아들이는 정보를 압축하고, 조직하고, 종합하지 않을 수 없게끔 한다(예 : Cowan, 2010; Gagné & Driscoll, 1988). 이러한 처리 과정들은 결국에는 학습자의 가장 좋은 관심 안에 있을 것인데 다음 장에서 발견하게 될 것이다.

요약

많은 인지이론가들은 특히 새로운 지식을 획득하는 학습과 일정 기간 동안 정보를 보유하는 기억을 구분한다. 또한 그들은 일반적으로 정보가 축적되는 '장소'(은유적 표현)를 지칭하기 위해 기억을 사용하기도 한다. 몇몇 정보처리 용어는 컴퓨터 용어에서 차용해왔다 — **저장**은 기억에 정보를 '넣는 것'이고 **부호화**는 보다 효과적으로 정보를 저장하도록 변환하는 것이며, **인출**은 이전에 저장된 정보를 '찾는' 과정이다.

인간의 기억에 대한 최근의 보편적인 이론은 **이중저장 모델**인데 여기서 기억은 3개의 구별되는 요소, 즉 감각 등록기, 작업기억 그리고 장기기억으로 구성된다. 첫 번째 구성요소인 **감각 등록기**는 모든 들어오는 정보를 아주 짧은 시간(매체에 따라 다르겠지만 최대 수 초) 동안만 저장한다. 감각 등록기에 들어온 정보가 어떤 식으로든 처리되지 못하면 — 최소한으로 학습자가 주의를 기울이지 않으면 — 이것은 기억체계에서 사라진다.

이중저장 모델에서 주의집중받은 정보는 단기기억으로도 불리는 **작업기억**으로 이동하게 되고 거기서 적극적으로 처리된다. 작업기억과 중앙처리 요소는 기억체계의 '사고'센터이다. 작업기억은 제한된 용량을 갖는데 예를 들어 대부분의 사람들은 동시에 7개의 개별숫자를 기억하거나 4개의 의미 있는 정보조각을 기억할 수 있다. 작업기억에 저장된 정보는 전형적으로 더 깊게 처리되지 못하면 30초 정도만 지속된다. 학습자가 적극적이고 이전 지식과 연결하고자 하는 정보와 같이 추가적인 처리를 거치게 되는 정보는 세 번째 요소인 **장기기억**으로 이동하게 된다. 장기기억은 영원히는 아니지만 상당히 오랜 시간 동안 매우 많은 정보를 가지고 있을 능력을 갖는 것으로 보인다.

모든 인지이론가들이 인간의 기억이 위에 기술한 3개의 구별되는 요소로 구성되어 있다고 믿는 것은 아니다. 나아가 몇몇 연구 증거들은 학습이 일어나기 위해 '작업기억'과 같은 형태의 의식적인 처리가 반드시 필요한 것은 아니라고 제안한다. 따라서 몇몇 심리학자들은 인간의 기억에 대해 학습자에게 영향을 미치는 중요한 요인으로서 **처리 깊이**에 집중하거나, 기억은 한 번에 아주 작은 부분이 활성화되는 하나의 큰 결합물이라는 제안을 하는 등 대안적인 조망을 제공한다. 그럼에도 불구하고, 이중저장(3개의 요소로 구성된) 모델은 많은 연구 결과를 효과적으로 설명하고 따라서 우리가 인간 기억의 본질에 대해 이해할 수 있도록 돕는 대중적인 기제가 되고 있다.

최근에 보여지는 기억에 대한 조망이 다양하지만 우리는 기억이 교실 장면에서 갖는 시사점에 대해서는 몇 가지 일반화를 할 수 있다. 예를 들어 교사들은 학생이 적극적으로 학급 주제에 주의를 기울여야 하며, 자료의 중요한 부분에 대해서는 특히 더 그래야 한다는 것을 명확히 해야 한다. 또한 교사들은 학습자들이 한 번에 제한된 양의 정보만을 처리할 수 있다는 것도 인식해야 한다. 기억체계의 처리에 있어서의 병목현상은 필수불가결한 나쁜 일이 될 필요가 없다. 이것은 학습자로 하여금 유용한 방식으로 정보가 압축되고 통합되도록 하게 한다.

8

장기기억 : 저장과 인출 과정

학습 성과

8.1 *인간의 학습 과정에서 새로운 정보에 대한 의미 구성과 의미 부여가 어떻게 일어나는지 예를 들어 설명한다.*

8.2 *장기기억에 정보를 저장하는 가능한 방법들로서 시연, 유의미학습, 내적 조직화, 정교화, 시각적 심상의 예를 기술하고 구분한다.*

8.3 *서술적 지식과 절차적 지식을 구분하고, 학습자들이 절차적 지식을 습득할 수 있는 다양한 방법을 기술한다.*

8.4 *작업기억, 사적 지식과 신념(또는 잘못된 신념), 기대, 언어화, 실행, 반복 또는 긴 시간에 걸친 검토 등의 요소들이 장기기억을 어떻게 증진하는지 또는 방해하는지 설명한다.*

8.5 *장기기억으로부터의 인출 기제와 '기억'의 정확성에 영향을 미치는 요인에 대해 심리학자들이 어떻게 생각하는지 기술한다.*

8.6 *장기기억의 저장과 인출 과정에 대해 학습한 내용을 적용하여 학생들이 중요한 정보와 기술을 오랫동안 기억하고 사용할 수 있도록 돕는다.*

지난 몇 년 동안, 많은 학생들이 시험에서 낮은 점수를 받고서 나를 찾아왔다. "저는 열심히 공부했어요!" 한 학생이 잔뜩 실망한 모습으로 애처롭게 얘기를 한다. "저는 제 룸메이트보다 두 배나 많은 시간 동안 공부했는데, 그 애는 A를 받고 난 C−를 받았어요!"

장기기억에 정보를 저장하고 나중에 인출하는 것은 까다로운 일일 수 있다. 두 룸메이트가 강의에서 좋은 성적을 받으려고 똑같이 동기화되어 있을 때, 둘 사이에 차이가 생기는 것은 저장과 인출 과정의 결과일 수 있다. 수십 년이 넘는 시간 동안 학생들의 전형적인 공부 방법에 대해 학생들과 이야기를 나눈 결과, 나는 많은 학생들이 정보를 가장 잘 학습하고 기억하는 방법을 전혀 배우지 못했다는 결론에 도달했다.

학생들이 정보를 장기기억에 효과적으로 저장했을 때조차도, 교사가 그 학생들이 그것 정도는 학습하고 있을 것이라고 생각하는 것을 항상 학습하지는 않는다. 예를 들어 딸 티나가 4학년이었을 때, 하루는 학교 합창부에서 배운 노래에 대해 불평을 하면서 집으로 왔다. "엄마, 노래에 틀린 단어가 있어요."라고 티나가 말했다. 나는 티나가 '아름다운 미국'에 대해 말하고 있다는 것을 알고는 많이 놀랐다. 그런데 딸은 두 번째 소절을 잘못 암기하고 있었다.

All the bastard cities gleam. (모든 엉터리 도시들이 빛나네.)

딸의 어휘가 풍부하다는 것에 대해 오싹해진 후에, 나는 딸에게 문제가 있는 그 구절은 사실은 'Alabaster cities gleam(하얀 도시들이 빛나네)'이라고 인내심을 가지고 설명해주었다. 2주 후에 가족들이 티나의 합창단이 콘서트에서 공연하는 것을 들으러 갔다. 아이들이 '아름다운 미국'을 부르기 시작할 때, 6살 된 알렉스가 내게 고개를 돌리더니 속삭였다. "왜 우주선 하늘(O beautiful for spacious skies)에 대해서 노래를 부르고 있죠?"

장기기억은 비교적 오랜 시간 동안 정보를 저장하는 기제를 제공한다. 그것은 또한 새로운 정보를 해석하는 지식의 기초를 제공한다. 뒤에서 보겠지만 사람들은 자주, 새로 들어오는 정보를 이미 알고 있는 것, 다른 말로 하면 장기기억 속에 이미 있는 것과 관련지음으로써 장기기억에 저장한다. 그렇다면 사람마다 같은 정보를 다르게 저장할 것 같다. 왜냐하면 그 전에 각자의 장기기억 안에 다른 종류의 정보를 저장하고 있기 때문이다. 알렉스가 spacious(넓은)라는 단어는 전에 들어본 적이 없었지만, spaceship(우주선)은 공상과학만화에서 자주 들어본 단어였다. 비슷하게, 티나는 alabaster(하얀)라는 단어에는 익숙하지 않았다. 그렇지만, 음… 거기까지는 가지 말자.

이 장에서 우리는 장기기억의 저장 및 인출과 관련된 여러 과정 — 작업기억이 주된 역할을 하는 — 에 대해 탐색할 것이다. 그리고 제9장에서 사람들의 장기기억에 존재하는 기억내용의 속성에 대해 알아보고, 그것들 중 어떤 부분은 맞지만 어떤 부분은 맞지 않는다는 것을 알게 될 것이다.

구성적 과정으로서의 저장

잠시 동안 여러분의 마음이 비디오카메라처럼 작동하고, 여러분이 보고 들은 것을 전부 녹화한다고 상상해보라. 만약 이 특정한 사건을 기억하고 싶다면, 그에 해당하는 정신의 '동영상'을 찾아 재생하면 마치 거기에 다시 살고 있는 것처럼 완벽하고 정확하게 그 일을 기억해낼 수 있을 것이다. 시험공부를 하는 것이 쉬울 텐데, 교재를 한 번 이상 읽거나 무의미한 사실을 아무 생각 없이 암송할 필요가 없다고 생각할 것이다.[1]

그런데 불행히도, 우리의 마음은 생활사건의 정확한 레코더가 아니다. 제7장에서 살펴보았듯이, 우리는 작업기억에서 한 번에 적은 양의 정보만을 처리할 수 있다. 그리고 우리는 감각 등록기에 저장한 것 중 많은 것을 빨리 잊어버린다. 말하자면, 우리가 환경에서 받아들이는 대부분의 정보는 한 귀나 눈으로 들어왔다가 다른 귀나 눈으로 나가 버린다. 우리가 받아들이는 정보 중 적은 비율만 파지할 수 있기 때문에, 많은 학습이론가들은 장기기억 저장은 종종 구성의 과정을 포함한다고 믿는데, 우리는 우리 주변 세계를 이치에 맞게 이해하기 위해 그 구성에 따라서 우리가 실제로 파지한 정보 중 일부분만을 사용한다.

행동에서 구성의 예

어떤 주어진 시점에서, 환경에 대한 우리의 해석[**지각**(perception)]은 우리가 실제로 환경에서 받아들인 정보[**감각**(sensation)]보다 대개 적거나 많다. 어떤 순간에 감각 등록기에 쏟아져 들어오는 모든 정보를 해석한다는 것은 불가능하기 때문에 지각은 감각보다 적다. 바로 지금, 여러분이 이 책을 보고 있을 때, 빛의 파장이 이 페이지에 튀고 있고, 눈의 망막 안에 있는 빛에 민감한 세포와 만나고 있다. 동시에, 여러분이 일하고 있는 책상, 바닥의 카펫과 벽에 붙은 그림에서도 여러분은 빛의 파동을 받고 있을 수 있다. 여러분의 귀는 아마도 수많은 소리의 파동을 라디오, 주위 사람들의 대화, 에어컨 또는 바깥의 차 소리로부터 받아들일 수 있다. 또 어떤 냄새가 공기를 통해 날아오거나, 어제 먹은 음식의 맛이 입속에 머물러 있을 수도 있다. 이 모든 감각을 해석할 필요도 없고 해석할 수도 없다. 그래서 일부에만 주의집중을 하고 일부는 무시할 것이다.

그런데 지각은 감각보다 많을 수도 있다. 왜냐하면 감각 단독으로는 계속 진행되는 사건의 적절한 해석을 하기에 불충분한 정보를 제공하기 때문이다. 사람들은 감각 등록기로부터 받아들인 데이터를 주어진 환경의 전면적인 지각을 구성하는 데 사용하는 것으로 보인다(Z. Lin & He, 2012; Myin & O'Regan, 2009; Neisser, 1967). 한 예로, 우리 눈이 계속되는 시각적 자극에 대해 그 전부를 보고하지는 않고, 시각 장면에 대해 간헐적으로 스냅사진을 찍

[1] 이 장을 쓰고 있는 2014년에 구글 글래스(Google Glass)가 막 일반인들에게 사용이 가능해졌다. 이를 통해 비록 신경계적 하드웨어는 아니지만 비디오카메라 같은 기억을 많은 사람들이 사용할 날이 머지 않았다.

사람들은 종종 자신들이 보지 못한 것에 대해 가정을 한다. 그런데 그 가정이 정확하지 않을 때 깜짝 놀랄 것이다.

듯이 한 초점에서 다른 초점으로 뛰어넘는다는 사실을 생각해보자. 이러한 초점의 도약, 또는 **단속적 운동**(saccades)은 1초에 4~5번 일어나는데, 그 운동들 사이의 나머지 시간 동안은 주로 시각적 자각이 발생한다(Abrams, 1994; Irwin, 1996). 우리가 매 초마다 4~5번 정도의 시각정보만을 받아들인다면, 우리의 시각 세계는 오래된 흑백 영화의 화면처럼 불규칙적으로 보일 수 있다. 그 대신에 실제로 우리가 부드럽게 흐르는 움직임을 보는 것은, 우리 마음에서 시감각을 해석하면서 일어나는 정신적으로 '메우는 작업'이 있기 때문이다. (이 원리는 제6장에서 언급한 게슈탈트 심리학의 개념 중 완결성을 떠올려줄 것이다.)

인간의 눈이 100% 기능을 할 때조차도 환경의 모습을 불완전하게 제공할 수밖에 없고, 우리가 감각하지 못한 정보에 대해 정신적으로 메우는 일을 해야만 한다. 예를 들어 서점 안으로 걸어가면서 카운터에 있는 서점 직원을 보고 있다고 상상해보자. 여러분은 아마도 그 직원의 머리와 상체만을 볼 수 있지만, 여러분은 그 사람 전신을 지각할 것이다. 여러분은 그 직원이 하체와 두 발을 가지고 있다고 가정한다. 그런데 그 직원이 카운터에서 나왔을 때 조각된 호박과 같은 아주 이상한 하체를 가지고 있는 것을 보게 된다면 깜짝 놀라게 될 것이다.

지각에서 구성이 일어나는 다른 예로, 그림 8.1에 있는 세 그림을 보자. 대부분의 사람들은 왼쪽 그림에 많은 부분이 빠져 있어도 그 그림을 여자의 모습으로 지각한다. 눈, 코, 입, 턱, 그리고 머리카락의 모습에서 의미 있는 지각을 구성할 수 있을 만큼 충분한 용모를 볼 수 있다. 다른 두 그림은 얼굴을 구성할 수 있을 만큼 충분한 정보를 제공하는가? 오른쪽 그림에서 얼굴을 구성하는 것은 더 오랜 시간이 필요하겠지만, 그것도 가능하다.

우리가 듣게 되는 말에서도 얼마나 많은 것을 놓치고 있는지를 생각해보자. 예를 들어 아주 시끄러운 방에서 누군가가 다음과 같이 말하는 것을 듣는다고 하자.

I-an't-ear a -ing in this-lace! (나는 -런 곳-서는 아-것도 들을 수 없어!)

그 사람이 말한 것을 다 듣지 못했어도 아래 문장으로 지각하기에 충분한 정보를 가지고 있다

그림 8.1 이 그림들로부터 사람을 구성할 수 있는가?

출처 : "Age in the Development of Closure Ability in Children" by C. M. Mooney, 1957, *Canadian Journal of Psychology, 11*, p.220. Copyright 1957 by Canadian Psychological Association.

그림 8.2 지각의 틀을 개발할 때 빈도의 역할

출처 : "The Role of Frequency in Developing Perceptual Sets" by B. R. Bugelski & D. A. Alampay, 1961, *Canadian Journal of Psychology, 15*, p.206. Copyright 1961 by Canadian Psychological Association.

고 할 수 있다.

I can't hear a thing in this place! (나는 이런 곳에서는 아무것도 들을 수 없어!)

여러분이 말하는 사람의 말을 전부 들을 때조차도, 여러분이 실제로 '이것… 처럼… 분절된… 단어…'를 듣는 것이 아니라 '소리파동의계속적인흐름'을 듣는다. 단, 특정 언어에 익숙할 때에만 들었던 하나의 긴 소리를 분리된 단어로 정신적으로 나눌 수 있다.

지각의 구성적인 본질 때문에 서로 다른 사람들이 동일한 사물이나 사건을 서로 다르게 지각하거나 해석할 수 있다. 예를 들어 그림 8.2를 자세히 보자. 여러분이 보고 있는 것을 스스로 묘사해보라. 머리, 눈, 코, 입, 턱선의 모습에 주목하라. 여러분이 정말 보고 있는 것이 무엇인가? 사람의 모습인가? 아니면, 쥐의 그림일 수도 있는가? 사실 이 그림은 하나 이상으로 해석할 수 있는 **모호한 자극**(ambiguous stimulus)이다. 어떤 사람은 그 그림을 앞니가 돌출되고, 귀 모양이 이상하고, 뒤통수가 비스듬한 대머리 남자로 지각한다. 이와 달리 다른 사람들은 매우 짧은 앞다리, 긴 꼬리를 몸 옆에 둥글게 말아 가지고 있는 쥐를 지각한다(Bugelski & Alampay, 1961).

장기기억 저장 과정

제7장에서 살펴보았듯이, 어떤 주의를 받은 정보는 비록 이후 과정을 위해 선택되지 않았더라도 자동적으로 장기기억에 저장된다(베이컨과 파스트라미의 빈도에 대한 논의를 떠올려보기 바란다). 그러나 대부분의 명시적 지식 — 자신이 알고 있다고 알고 있고 쉽게 설명하는 정보 — 은 오랫동안 효과적으로 저장되기 위해서는 주의만이 아니라 정신적 노력이 필요하다.

사람들이 명시적 지식을 얻기 위해 어떤 노력을 기울이는지 알아보기 위해 '유령의 전쟁(The War of the Ghosts)'이라는 다음의 짧은 이야기를 읽어보자. 조용히 한 번만 읽어본 다음 책을 덮고서 기억할 수 있는 만큼 이야기 내용을 적어보라.

유령의 전쟁

어느 날 밤 에굴락에서 온 두 청년이 물개를 잡기 위해 강으로 내려갔다. 그들이 그곳에 있는 동안 안개가 자욱해지고 고요해졌다. 그때 그들은 함성소리를 들었는데, '아마 적군일 거야.'라고 생각했다. 그들은 물가로 달아났고, 통나무 뒤에 숨었다. 그때 여러 척의 카누가 다가왔고, 노 젓는 소리가 들렸고, 그중 한 척이 그들에게 다가오는 것을 보았다. 그 카누에는 5명의 남자가 있었는데, 그들이 "여러분들은 무슨 생각을 하고 있소? 우리는 여러분들을 데리고 가고 싶소. 우리는 강 위쪽으로 올라가서 그 사람들과 전쟁을 할 것이오."라고 말했다.

청년 중 한 사람이 "난 활이 없어요."라고 말했다.

"활은 카누 안에 있소."라고 그들이 말했다.

"나는 같이 가지 않을 거예요. 내가 죽을 수도 있어요. 내 친척들이 내가 어디로 갔는지 몰라요. 하지만 너는," 그가 다른 청년에게 고개를 돌리면서 말했다. "그들과 같이 가도 돼."

그래서 청년 중 한 사람은 갔고, 나머지는 집으로 돌아왔다.

그리고 전사들은 강을 거슬러 올라가서 칼라마 반대편에 있는 마을로 갔다. 그 사람들이 물가로 내려와서 싸움이 시작되었고 많은 사람들이 죽었다. 머지않아 청년은 전사 중 한 사람이 "서둘러, 집으로 가자. 인디언이 덮쳐 왔다."라고 말하는 것을 들었다. 그때 그는 '오, 그들은 유령이었구나.'라고 생각했다. 그는 메스껍지는 않았으나, 그가 토했다고 그들이 말했다.

그래서 카누는 에굴락으로 돌아왔고, 청년은 집으로 가기 위해 물가로 왔고 불을 피웠다. 그리고 그는 모든 사람에게 "내가 유령과 동행한 것을 봐. 우리는 싸우러 갔고, 많은 동료들이 죽었어. 그리고 우리를 공격한 사람들도 많이 죽었어. 그들이 내가 습격을 받았지만 메스껍지는 않았다고 말했어."라고 얘기를 했다.

그는 그것을 모두에게 말하고 나서 조용해졌다. 해가 뜨기 시작할 때, 그는 쓰러졌다. 뭔가 검은 것이 그의 입에서 나왔다. 그의 얼굴이 일그러졌다. 사람들이 벌떡 일어나면서 울었다. 그는 죽었다. (Bartlett, 1932, p. 65)

이제 이야기를 덮고서 그 이야기에 대해 기억할 수 있는 모든 것을 적어보라.

일단 적는 것을 끝냈으면, 여러분이 적은 것과 원래의 것을 비교해보라. 어떤 차이점을 알아챘는가? 여러분이 적은 것은 세밀한 부분이 많이 빠져서 원래의 것보다 거의 확실히 짧을 것이다. 앞에서 설명한 구성의 과정에서처럼 아마 뭔가를 덧붙였을 수도 있다. 그런데 아마 이야기 요점은 유지하고 있을 것이다. 여러분은 대체로 적절한 순서에 따라 주요 아이디어와 사건들을 포함할 것이다.

미국의 토착 유령 이야기를 사용하면서, 프레드릭 바틀렛(Frederic Bartlett, 1932)은 유의미한 언어적 정보에 대한 가장 초기의 장기기억 연구 중 하나를 수행했다. 바틀렛은 영국 케임브리지대학교의 학생들에게 그 이야기를 두 번 읽게 한 다음에 여러 번 회상하도록 했다. 학생들이 회상해낸 것은 실제 이야기와 여러 점에서 상이했다.

1. **단어 자체가 바뀌었다.** 다른 말로 하면, 기억은 말을 그대로 받아 적듯이 되지 않는다.
2. **초점은 줄거리를 구성하는 중요한 사건에 맞춰져 있다.** 특별히 이야기에 필수적인 것과 특히 두드러진 것에 대해서는 다소 상세한 기술이 유지되었다. 그러나 중요하지 않은 부분과 의미 없는 정보는 생략되었다. 예를 들어 '뭔가 검은 것이 그의 입에서 나왔다'와 '그는 죽었다'와 같은 부분은 기억될 것 같은 반면, '청년은… 불을 피웠다'와 '칼라마 반대편에 있는 마을'과 같은 부분은 자주 망각될 것 같다.
3. **이야기의 일부분이 왜곡되었고, 이야기를 더 논리적이고 영국 문화에 일치되게 만들기 위해 덧붙여진 정보가 삽입되었다.** 예를 들어 사람들은 거의 '물개를 잡기 위해 강으로' 가지는 않는다. 왜냐하면 물개는 바다동물이고 대부분의 강은 민물이기 때문이다. 그래서 학생들은 그 사람들이 물고기를 잡으러 강으로 갔다고 말할 수 있다. 유사하게, 초자연적인 요소는 대부분의 케임브리지 대학생의 종교적 신념과 편안하게 부합되지 않아서 그것들도 자주 바뀌었다. 한 학생이 원래 이야기를 읽은 6개월 후에 쓴 다음의 회상에서, 일부 내용의 첨가와 왜곡이 분명해 보인다.

> 네 남자가 강으로 내려왔다. 그들은 배에 타고 무기를 가져가자는 말을 들었다. 그들은 "어떤 무기요?"라고 물었고, "전쟁에 사용할 무기요."라는 대답을 들었다. 그들이 전쟁터에 갔을 때 큰 소음과 고함치는 소리를 들었고, "검은 사람이 죽었다."라는 목소리를 들었다. 그리고 그를 그들이 있던 곳에 데려와서 땅에 내려놓았다. 그의 입에서 거품이 일었다. (Bartlett, 1932, pp. 71-72)

이야기의 중심 아이디어인 전쟁은 유지되었지만 6개월 후에 그 이야기는 매우 왜곡되어 있어서 거의 인식할 수 없을 정도이다.

4. 이야기 속의 사건을 묘사할 뿐만 아니라 설명하려는 경향이 있었다. 예를 들어 한 학생은 고집스럽게 괄호를 사용하여 사건을 설명했다.

> 청년은 메스껍지 않았다(즉 부상당하지 않았다). 그러나 그럼에도 불구하고 그들은 집으로 향했다(분명히 반대하는 세력은 싸움을 멈출 용의가 꽤나 있었던 모양이다). (Bartlett, 1932, p. 86)

이러한 발견은 장기기억 저장의 몇 가지 일반적인 원리를 예시해준다. 기억은 학습자가 가지고 있는 지식에 얼마나 의존하는가에 따라 선택되고 구성되고 때로는 왜곡된다. 나아가 인간은 자신이 보고 들은 것 속에서 **의미를 찾고자** 하는 동기를 가지고 있는 것처럼 보인다.

앞 장에서 **서술적 지식**, 즉 사물이 어떠하고 어떠했고 어떠할지에 대한 지식(예 : 사실, 형상, 사건)과 **절차적 지식**, 즉 사물들을 어떻게 처리할지에 대한 지식(예 : 운동 기능, 문제 해결 기술, 학습전략)을 구별하는 것을 소개했다. 서술적 지식과 절차적 지식을 저장하는 것은 중복되는 부분이 있긴 하지만, 다소 상이한 과정을 포함할 수 있다. 이제 따로 또는 결합하여 장기기억 저장에서 나타나는 인지적 과정인 시연, 유의미학습, 내적 조직화, 정교화, 시각적 심상에 대해 살펴볼 것이다. 이 다섯 가지 과정을 살펴본 다음, 서술적 지식의 습득에 초점을 두고 알아보려고 한다. 그러고 나서 이러한 과정이 절차적 지식의 습득에 어떻게 포함될 수 있는지에 대해서 살펴볼 것이다.

시연

시연(rehearsal), 즉 짧은 시간 안에 뭔가를 계속 반복하는 것이 정보를 작업기억 안에 무기한 유지하는 수단이 된다는 것을 앞 장에서 본 것을 기억할 것이다. 앳킨슨과 쉬프린(Atkinson & Shiffrin, 1971)은 그들이 제안한 초기의 이중저장 기억 모델에서 시연은 정보를 장기기억에 저장하는 방법이 된다고 제안했고, 그것을 뒷받침할 몇 가지 증거도 있다. 몇몇 연구에서 사람들은 자주 시연한 항목을 보다 적게 시연한 항목보다 더 잘 기억한다는 것을 보여주었다(T. O. Nelson, 1977; Rundus, 1971; Rundus & Atkinson, 1971). 그러나 다른 이론가들은 정보처리 과정에서 새로운 정보와 기존의 정보를 연합할 수 있을 때, 다른 말로 하면 시연이 유의미학습을 포함할 때만 장기기억 안에 저장될 수 있다고 주장했다(예 : Baddeley, Eysenck, & Anderson, 2009; Craik & Watkins, 1973; Watkins & Watkins, 1974).[2]

학생들이 새로운 것을 공부할 때를 보면 단순히 반복만 하는 경우가 아주 많다. **기계적 학습**(rote learning) 또는 암기라고 흔히 부르는 이 과정은 언어적 정보의 학습을 강조한다. 특히 초등학생과 같은 어린아이들이 새로운 정보를 학습할 때 이 전략을 사용할 것 같음에도 불구

2 시연한 항목에서 의미를 찾는 것을 정교화된 시연이라고 부르기도 한다.

하고(Cuvo, 1975; Gathercole & Hitch, 1993; Lehmann & Hasselhorn, 2007). 고등학생과 대학생들도 마찬가지로 이 전략을 사용하는 것을 봤다. 교사들은 단순반복을 사용한다 하더라도, 결국에는 그것이 정보를 저장하기에는 불충분한 수단이라는 것을 학생들이 이해하도록 해주어야 한다. 이제 우리가 살펴볼 네 가지 과정, 즉 유의미학습, 내적 조직화, 정교화, 그리고 시각적 심상은 장기기억 저장에 확실히 더 효과적인 방법이다.

유의미학습

아래 15개 철자의 문자열을 보자.

MAIGUWRSENNFLOD

그리고 이 문자열을 보자.

MEANINGFULWORDS

두 문자열은 같은 길이이고, 정확히 같은 철자를 포함하고 있다. 어떤 문자열이 학습하기에 더 쉬운가? 의심할 것 없이 두 번째 목록이 이미 알고 있는 단어와 관련지을 수 있기 때문에 더 쉽다고 동의할 것이다. 같은 방식으로 딸 티나는, 자기가 이미 가지고 있던 세계에 대한 지식과 관련지어서 '아름다운 미국'에 있는 소절에 alabaster가 아닌 bastard를 포함시켰고, 아들 알렉스는 spacious skies 대신에 spaceship skies로 들었다. 새로운 정보를 장기기억에 이미 저장되어 있는 지식에 관련지음으로써 사람들은 정보에서 의미를 찾는다. 그래서 이 과정은 종종 **유의미학습**(meaningful learning)이라고 알려져 있다. 이것은 또한 우리가 이해에 관해 이야기할 때 언급할 수 있는 용어이다.

유의미학습은 저장과 인출 모두를 촉진하는 것으로 나타났는데, 그렇게 학습된 정보는 더 빨리 저장되고 더 쉽게 기억되었다(J. R. Anderson, 2005; Craik, 2006; Mayer, 1996). 예를 들어 경력이 많은 배우들은 대본에 포함된 대사를 암기할 때 자신이 맡은 역할의 동기와 욕구를 이해하기 위해 여러 번에 걸쳐 대본 전체를 읽는데, 이를 통해 맡은 역할을 이해하고 대본에 적힌 특정한 단어의 의미를 정확히 이해하는 것이다(Noice & Noice, 1996). 또 다른 예로, 브랜스포드와 존슨(Bransford & Johnson, 1972)의 실험에 있는 다음 구절을 생각해보자.

그 절차는 실제로 매우 간단하다. 먼저 물건들을 그룹별로 정리한다. 물론, 해야 할 것이 얼마나 많으냐에 따라 한 더미로 충분할 수 있다. 만약에 여러분이 다음 단계에서 설비의 부족으로 어디 다른 곳에 가야 할 일이 없다면, 여러분은 준비가 아주 잘 된 것이다. 지나치게 하지 않는 것이 중요하다. 즉 한 번에 너무 많이 하는 것보다 적게 하는 것이 낫다. 당장은 이것이 별로 중요해 보이지 않을 수 있으나, 귀찮은 문제가 금세 발생할 것이다. 게다가 실수는 값비싼 대가를 치른다. 처음에는 모든 절차가 복잡해 보일 것이다. 그러나 그것은 곧바로 생활의 한 국면이 될 것이다. 가까운 장래에 이 일

> 이 필요하지 않을 때를 예견하기는 어렵다. 그러나 그때가 되어도 결코 알아차릴 수 없다. 그 절차가 종료된 후 그 물건들을 여러 그룹으로 다시 정리한다. 그때 그것들을 적절한 장소에 둘 수 있다. 결국 그것들은 다시 한 번 사용될 것이고, 모든 사이클이 반복될 것이다. 그러나 그것은 생활의 부분이다. (p. 722)

이 이야기가 무엇에 관한 것인지 모르기 때문에 읽고 있는 것을 이해하는 데는 약간 어려움이 있을 것이다. 그런데 이번에 다시 한 번 읽을 때 그것이 옷을 세탁하는 것을 설명한다고 생각하면서 읽어보자. 브랜스포드와 존슨은, 그 주제를 안 대학생들이 일들과 주제를 연결 짓지 못했던 학생들보다 두 배나 기억한다는 것을 발견했다.

사람들은 비언어적 자료 또한 자신에게 의미를 가질 때 보다 쉽게 저장할 수 있다. 예를 들어 그림 8.3을 보자. 지금부터 1주일 후에 이것을 기억해서 다시 그릴 수 있을 것 같은가? 만약 '자전거를 타고 있는 카우보이를 위에서 본 조감도'라는 제목을 붙여두면 보다 쉽게 기억할까? 제목이 그림을 자전거와 카우보이 모자라는 익숙한 모양에 연결시켜 주기 때문에 두 번째 질문에 대해서는 거의 '예'라고 대답할 것이다(G. H. Bower, Karlin, & Dueck, 1975).

새로운 정보를 학습자 자신과 관련짓는 것이 학습에 있어 아주 극적인 효과를 가지는데 이를 **자기참조 효과**(self-reference effect)라고 명명한다(Craik, 2006; Heatherton, Macrae, & Kelley, 2004; T. B. Rogers, Kuiper, & Kirker, 1977). 예를 들면 제7장에서 필자의 태어난 달과 날짜를 언급했었다. 필자의 생일을 기억하는가? 만약 그렇다면 아마도 여러분의 생일이 필자의 생일 며칠 앞이나 며칠 뒤로 가까웠을 가능성이 높다(Kesebir & Oishi, 2010). 다시 기억을 되살리기 위해 필자의 생일을 말하면 8월 22일이다. 두 친구의 생일을 잘 기억하고 있는데, 내 생일보다 9일 빠른 13일이 생일인 친구와 바로 하루 다음 날인 23일이 생일인 친구다. 그리고 공동저자의 생일도 기억하는데, 생일이 가깝지 않은 1월이지만 1월 22일로 22일이라는 생일의 날짜가 같아 기억한다. 11월이나 3월에 태어난 친구들의 생일은 기억하기 어려운데 한 친구의 생일만 예외적으로 기억한다. 콜로라도에 살고 있는 한 친구의 생일은 3월 4일인데, '앞으로 행진(March forth, 영어에서 동음이의어)'의 의미 있는 명령어로 해석될 수 있기 때문이다.

그림 8.3

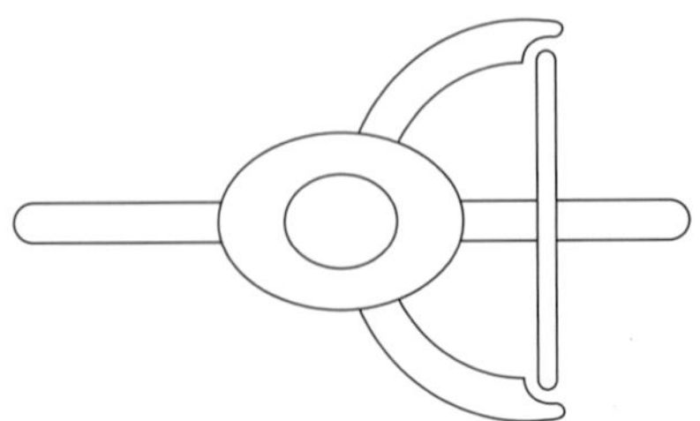

내적 조직화

다양한 정보조각들을 어떤 방식으로 서로 연결할 때, 즉 그 정보가 **내적 조직화**(internal organization)되어 학습될 때, 새로운 정보 덩어리를 효과적으로 저장하고 또한 더 완벽하게 기억할 수 있다. 사실, 사람들은 자신이 받아들인 정보를 조직화하고 통합하는 선천적인 경향성을 가지고 있는 것 같다. 예를 들어 그림 8.4는 제3장에서 설명한 강화와 벌의 종류를 어떻게 조직화할 수 있는지 나타낸다. 사람들은 자신이 접한 정보를 조직하고 통합하는 선천적 경향성을 갖는데, 이미 습득한 조직화 스키마에 기초하는 것이 전형적이다. 제6장의 언어학습의 연구에 대한 논의에서, 우리는 단어목록을 기억하라는 요구를 받은 사람들이 그 단어들을 학습할 때, 모든 동물을 같이 기억하고 모든 채소를 같이 인출하는 것처럼 종종 그 단어들을 범주 속에 집어넣는다는 것을 보았다. 제6장의 브랜스포드와 프랭크스(Bransford & Franks, 1971)의 연구에서, '부엌에 있는 개미가 식탁 위에 있는 맛있는 젤리를 먹었다'라는 문장을 몇 개의 더 짧은 문장과 통합하면서 학생들이 학습했던 것을 기억할 것이다.

바우어, 클라크, 레스골드와 윈젠즈(Bower, Clark, Lesgold, & Winzenz, 1969)의 실험에서 내적 조직화의 효과가 얼마나 극적일 수 있는지를 보여주었다. 대학생들에게 112개 단어를 광물, 식물 등과 같은 4개의 범주에 포함시켜 학습해야 하는 시도가 네 번 주어졌다. 일부 학생들은 단어를 임의적으로 배열한 반면, 다른 학생들은 그림 8.4에 있는 강화와 벌의 예처럼 단어를 4개의 개념 위계 속에 배열했다. 한 번의 시도 후에, 조직된 단어를 공부한 학생들이 단어를 임의로 학습한 학생들보다 세 배나 많은 단어를 학습할 수 있었다. 네 번의 시도 후에, 조직화한 그룹의 학생들은 112개 모두를 기억한 반면, 임의학습 그룹의 학생들은 70개만 기억했다.

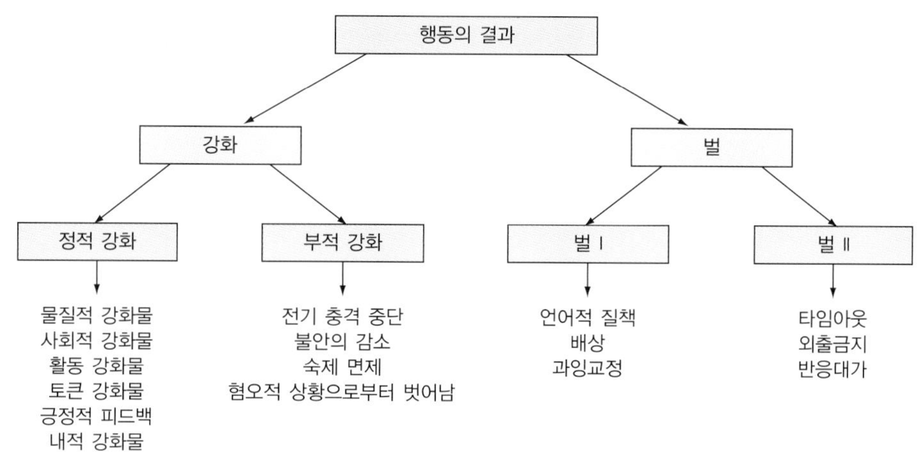

그림 8.4 개념 위계의 예

많은 우수한 학생들이 어떤 정보를 학습할 때 자발적으로 그 정보를 조직하는데, 예를 들면 2개 이상의 사실 사이에서 원인과 결과의 관계를 정의하는데 그렇게 학습자가 생성한 조직화는 꽤 효과적이다(예 : Britton, Stimson, Stennett, & Gülgöz, 1998; McDaniel & Einstein, 1989; D. S. McNamara & Magliano, 2009). 게다가 학생들에게 특정의 조직화된 도식을 제공하는 것이 학생들이 더 효과적으로 학습할 수 있도록 돕는다(예 : R. K. Atkinson et al., 1999; Mayer, 2010b; Niederhauser, 2008).

정교화

사람들은 새로운 정보를 받아들일 때, 거기에다 가정을 설정하고 추론을 하는 것과 같이 자기 나름의 해석을 붙이고, 실제로 전에 받아들였던 정보와 함께 그 해석이 옳다고 학습한다. 그렇다면 **정교화**(elaboration)는 제시된 자료 이상의 학습 과정이다. 나는 정교화가 행간을 학습하는 것이라고 생각한다.[3] 한 예로, 아들 제프가 1학년인가 2학년일 때 '목소리가 나오지 않는 것'이라는 표현을 처음 들었을 때, 사람들이 실제로 목소리를 영원히 잃게 되는 것으로 생각했다고 말한 적이 있다. 여기서 제프는 사람들이 한정된 양의 목소리를 가지고 태어나서 실제로 그것을 다 사용해버린다고 추론했던 것이다. 그래서 제프는 자기에게 있는 목소리를 낭비하지 않기 위해 학교 합창 시간에 실제로 노래를 부르지 않고 단어만 속삭였다.

많은 연구들이 같은 결론을 내렸다. 사람들은 자신이 받아들인 정보를 자주 정교화하고 나중에는 실제 사실과 그것을 정교화한 것을 구별하는 데 어려움을 갖는다(Graesser & Bower, 1990; M. K. Johnson, Bransford, & Solomon, 1973; Loftus, 2003; Reder & Ross, 1983). 실례로, 다음 구절을 딱 한 번만 읽어보라.

> 낸시는 다시 통증을 느끼면서 일어나 실제로 자신이 임신한 것은 아닌지 의아해했다. 그녀가 알고 있는 것을 어떻게 교수에게 말할 것인가? 그리고 돈은 또 다른 문제였다.
>
> 낸시는 의사에게 갔다. 병원에 도착해서 수납자에게 접수를 했다. 간호사를 만나러 갔고, 일상적인 절차를 다 거쳤다. 그다음에 낸시는 체중계에 올라섰고 간호사가 체중을 기록했다. 의사가 진료실로 들어왔고 결과를 검토했다. 의사가 미소를 지으면서 낸시에게 "음, 내 기대가 들어맞는 것 같군요."라고 말했다. 검사가 끝났을 때, 낸시는 병원을 나왔다. (J. Owens, Bower, & Black, 1979, pp. 185-186)

의사가 낸시에게 임신이라고 말했을까? 사실은 그러지 않았다. 그런데 오웬스와 그의 동료들(Owens et al., 1979)이 수행한 연구에서, 학생들이 이 구절을 읽고서 며칠 후 읽은 내용에 대

3 유의미학습과 정교화는 유사한 과정으로 생각될 수 있는데, 두 가지는 겹치는 부분이 많아 학자들도 두 용어를 서로 혼용해서 사용하기도 한다. 그러나 두 용어를 구분해 알아둘 것을 제안한다. 유의미학습은 새로운 정보를 이미 가지고 있던 지식에 연결하는 것을 뜻하고, 정교화는 새로운 정보에 어떤 것을 더하는 것을 포함한다.

해 회상하라고 요구했을 때, 실제로 읽은 것보다 상당히 많은 것을 기억했다. 학생들이 회상한 정교화의 많은 부분이 낸시가 의심하고 있는 컨디션과 직접적으로 관련되었다. 실험에 참여한 다른 부류의 학생들은 그 구절의 두 번째 문단만 읽었다. 그래서 그들은 낸시가 임신을 했다고 생각했던 것에 대해서 알지 못했다. 이 학생들은 상당히 적은 정교화만 추가했다.

정교화된 이해가 정확하지 않을 때가 있는데, 어떤 일반화를 정확하게 파악되지 않은 상황에 대입하기 때문에 발생하는 것 같다(J. J. Williams, Lombrozo, & Rehder, 2013). 그러나 보다 전형적인 정교화는 정확한 가정과 추론을 포함하는데, 이렇게 정확할 경우 저장과 인출을 모두 돕는다. 정교화는 새로운 정보를 같이 묶는 것에 도움이 될 때, 즉 내적으로 조직화하는 것에 도움이 될 때 특히 효과적이다(Graesser & Bower, 1990; N. C. Hall, Hladkyj, Perry, & Ruthig, 2004; McNamara & Magliano, 2009; Muis & Franco, 2009; Stein & Bransford, 1979).

또한 학습자는 완전히 새로운 아이디어, 개념, 절차, 일련의 추리를 구성하기까지 새로운 정보를 정교화하고 통합한다. 이렇게 혼자 힘으로 뭔가를 구성하여 학습하는 것은 다른 사람이 하나의 덩어리로 만들어 제시한 정보를 기억하는 것보다 더 잘 기억하는 경우가 종종 있다. 이 현상은 **생성효과**(generation effect)라고 알려져 있다. 정확하게 제공된 자기구성 지식은 주로 학습자가 새로운 자료에 대해 더 많은 정교화에 개입하는 상황일 때가 그렇지 않은 상황일 때보다 유익한 것으로 나타났다(Mayer, 2010a; McDaniel, Waddill, & Einstein, 1988; D. S. McNamara & Healy, 1995; Wiley & Voss, 1999).

정교화는 몇 가지 이유 때문에 장기기억을 촉진하는 것 같다. 첫째, 정교화된 정보는 장기기억 안에 저장된 다른 유사한 정보와 혼동이 덜 될 것 같다. 둘째, 정교화는 정보가 이후에 인출될 수 있게 하는 추가된 수단을 제공한다. 어느 정도까지는, 정교화가 정보를 찾을 수 있는 더 많은 장소를 제공한다. 그리고 셋째, 정교화는 정보 자체만으로 정확하게 회상할 수 없을 때, 그 정보가 무엇일 것 같은지를 추론하는 데 도움이 될 수 있다(J. R. Anderson, 1995, 2005; Hunt & Worthen, 2006).

시각적 심상

시각적 심상(visual imagery)은 어떤 것이 실제 어떻게 보이는지 또는 어떻게 보일 수 있는지를 나타내는 정신적 '그림'을 의미하는데, 시지각을 가능하게 하는 특정 과정과 뇌영역에 의존한다(Behrmann, 2000; Kosslyn, 1994; Speer, Reynolds, Swallow, & Zacks, 2009). 모든 연령의 사람들은 시각적 정보에 대해서는 아주 정확한 기억을 가진다. 예를 들어 한 연구(Konkle, Brady, Alvarez, & Oliva, 2010)에서, 대학생들이 파도, 골프코스, 놀이공원 등 다양한 범주의 3,000장 가까이 되는 사진을 5시간 30분에 걸쳐 보았다. 그리고 나서 2장의 사진쌍을 보여주고 그중 자신이 봤던 사진이 어느 것인지 고르라고 했을 때 정확도가 상당히 높았다. 파도나 골프코스를 나타내는 64장의 그림에서 본 사진과 보지 않은 사진을 구분하라고 했을 때조차 그 정확도가 76%에 달했다. 그리고 이러한 심상은 상당히 오랫동안 유지되었다. 예를 들면, 다른 연구(D. B. Mitchell, 2006)에서 실험실에서 1~3초 동안 여러 개의 사진을 본 피험자들에게 17년 후 어떤 것을 봤었는지 질문했을 때 우연보다 높은 회상 결과를 보였다.

시각자료에 대한 사람들의 기억은 언어로만 된 자료에 대한 기억보다 더 낫다(Dewhurst & Conway, 1994; Edens & McCormick, 2000; Marley, Szabo, Levin, & Glenberg, 2008; Rubin, 2006). 그리고 일반적으로 사람들은 결합된 정보가 너무 많은 인지적 부하를 제공하지 않는 한 정보가 언어와 시각 모두의 형식으로 제시될 때 더 잘 기억한다(Mayer, 2011; Sadoski & Paivio, 2001).

특히 새로운 자료가 구체적이고 쉽게 시각화할 수 있을 때, 학습자는 때로는 자기 나름의 정신적 심상을 창조해낸다. 예를 들어 학생들이 이야기를 읽거나 수업시간에 설명을 듣고 있는 동안 시각적 심상을 형성할 때 그들이 읽고 들은 것을 보다 효과적으로 이해하고 기억한다(Cothern, Konopak, & Willis, 190; Dewhurst & Conway, 1994; Sadoski & Paivio, 2001; Sweller, 2008). 나아가 자신이 공부한 것에 대해 시각적 심상을 형성하는 것을 따로 가르치면 자료를 더 빨리 배우고 더 효과적으로 기억할 수 있도록 도울 수 있다(M. S. Jones, Levin, Levin, & Beitzel, 2000; Marley et al., 2008; Pressley, Johnson, Symons, McGoldrick, & Kurita, 1989). 따라서 심상은 제12장에서 다룰 기억술이라고 불리는 여러 가지 기억 전략의 기초를 제공한다.

시각적 심상을 사용하는 능력은 학습자의 연령에 따라 많은 차이를 보이는데, 누구는 다른 사람보다 빨리 그리고 쉽게 심상을 형성한다(Behrmann, 2000; J. M. Clark & Paivio, 1991; Kosslyn, 1985). 그러나 심상화를 잘하는 학습자도 사물에 대한 잘못된 심상을 형성하기도 하는데, 세부사항을 빠뜨리거나 바꾸는 것이다(Chambers & Reisberg, 1985; S. Reed, 1974; Sadoski & Paivio, 2001). 카미첼, 호건과 월터스(Carmichael, Hogan, & Walters, 1932)의 초기연구에서 예시한 것처럼, 때로 학습자의 일반적인 지식에 의해 심상이 왜곡되기도 한다. 이 연구에서는 성인들에게 그림 8.5의 왼편에 보이는 그림처럼 단순한 그림을 기억하라고 요구했다. 두 그룹의 사람들에게 그 그림에 대해 상이한 이름을 붙여주었다. 참여자들은 그 그림들을 그들에게 주어진 특정 이름에 좀 더 가까이 부합하는 방식으로 기억하는 경향이 있었다. 예를 들어 그림 8.5에서 볼 수 있듯이, 첫 번째 그림은 '안경'으로 이름붙여졌느냐 아니면 '아령'으로 이름붙여졌느냐에 따라 다르게 재생했다. 비슷하게, 두 번째 그림의 회상은 '강낭콩'이냐 아니면 '카누'냐에 따라 영향을 받았다.

지금까지 살펴본 다섯 가지 장기기억 저장 과정 중 뒷부분에 제시한 세 가지, 즉 내적 조직화, 정교화, 시각적 심상은 본질상 명확히 구성적이다. 그 각각의 과정은 새로운 정보를 장기기억 안에 이미 있던 정보와 연합하는 것을 포함한다. 우리가 정보를 조직할 때, 잘 알려진

그림 8.5 카미쉘, 호건과 월터스(1932)의 연구에서 사용한 실험자극과 참여자들의 재생의 예

출처 : "An Experimental Study of the Effect of Language on the Reproduction of Visually Perceived Form" by L. Carmichael, H. P. Hogan, and A. A. Walters, 1932, *Journal of Experimental Psychology, 15*, p. 80.

범주 위계와 같은 익숙한 틀을 종종 사용하여 새로운 자료에 유의미한 구조를 부여한다. 우리가 정교화할 때, 새로운 정보와 이미 가지고 있던 지식 모두를 사용하여 사태에 대해 합리적인 해석을 구성한다. 우리가 시각적 심상을 사용할 때, 사물이 전형적으로 어떻게 나타날 것인지에 대해 우리가 알고 있는 것에 기초해서 혼자 힘으로 종종 심상을 창조해낸다.

절차적 지식이 습득되는 방법

사람들이 배우는 일부 절차, 예를 들어 수동 기어 차를 운전하고, 꽃을 가꾸고, 배구공을 스파이크하는 것은 주로 외현적 행동으로 이루어져 있다. 많은 다른 절차, 예를 들어 에세이를 쓰고, 대수방정식에서 x를 구하고, 인터넷 검색을 하는 것은 정신적 요소도 가진다. 대부분의 절차는 신체적 행동과 정신적 활동 모두를 포함할 것 같다.

절차적 지식은 연필을 바로 쥐거나 가위를 사용하는 것과 같이 비교적 간단한 행동부터 좀 더 복잡한 행동까지 그 범위가 퍼져 있다. 복잡한 절차는 보통 단번에 학습되지 않는다. 대신에, 일정 시간 동안 천천히 습득되고, 종종 상당히 많은 연습을 해야만 한다(Beilock & Carr, 2004; Charness, Tuffiash, & Jastrzembski, 2004; Chein & Schneider, 2012; Ericsson, 2003).

사람들은 연습을 통해 특정 행위에 해당하는 행동으로 학습한 많은 신체적 절차들이 저장되고 서서히 다듬어진다(Ennis & Chen, 2011; Féry & Morizot, 2000; van Merriënboer & Kester, 2008; Willingham & Goedert-Eschmann, 1999). 그러나 일부 특히 복잡한 절차들은 서술 지식, 다른 말로 하면 어떤 것을 할 수 있는 방법에 대한 정보에 의해 학습될 수 있다(J. R. Anderson, 1983a; Beilock & Carr, 2004; Chein & Schneider, 2012). 학습자는 처음에는 명시적 지식을 사용해 그 과정을 수행한다(제5장의 자기교수에 대한 논의를 생각해보라). 그런데 그렇게 해야만 하는 정도까지는, 학습자의 수행은 느리고 힘들고 집중을 많이 요구할 것 같다. 즉 상당히 많은 작업기억 용량을 소비할 것 같다. 학습자가 계속해서 절차를 연습하면서, 수행이 서서히 더 빨라지고, 더 쉬워지고, 더 효과적으로 된다. 피겨 스케이팅이나 피아노 연주와 같은 특수한 기능에서 예외적인 재능을 보이는 사람들은 일반적으로 상당히 많은 연습을 한다. 그들은 보통 하루에 최소한 3시간에서 4시간 이상의 연습을 10년이 넘는 기간 동안 한다(Ackerman, 2007; Ericsson, 1996).

절차적 지식의 정보 측면과 행동 측면이 학습 과정에서 정확히 어떻게 상호 관련되는지는 아직 명확하지 않다. 일부 이론가들(예 : J. R. Anderson, 1983a, 1987; Beilock & Carr, 2004)은 서술적 지식이 먼저 습득되고, 연습을 하면서 절차적 지식으로 서서히 진보한다고 제안했다. 다른 이론가들(Chein & Schneider, 2012; Willingham & Goedert-Eschmann, 1999)은 사람들이 새로운 절차를 습득하는 과정에서 정보와 행동 모두를 동시에 학습한다고 제안했다. 그러나 사람들이 정보, 말하자면 명백히 서술적 지식의 형태를 띤 정보의 조각은 상당히 빨리 배우는 반면, 적절한 행동은 더 서서히 암묵적인 형태로 배운다. 행동이 아직 불완전하고 신뢰하기 어려울 때, 무엇을 하고 있는지에 더 집중하고 해야 할 것이 무엇인지를 기억하기 위해 서술적 정보를 사용한다(Chein & Schneider, 2012; Gray, 2011). 예를 들어 테니스를 배우기 시작한 사람은 '팔을 똑바로 하라', '공에서 눈을 떼지 마라' 등을 계속 자신에게 상기시킬 것이다. 사람들이 절차의 행동적 측면을 점점 더 잘 조정하고 숙달하게 되면 그러한 언어적 자기지원은 덜 필요해진다.

우리가 이미 논의했던 일부 저장 과정은 서술적 지식뿐만 아니라 절차적 지식을 습득하는 데 있어 어느 정도 역할을 한다. 예를 들어 운동 기능에서 단계의 계열을 언어적으로 시연해보는 것은 사람들의 기능 수행 능력을 증진시킨다(Vintere et al., 2004; Weiss & Klint, 1987). 절차에 대한 삽화나 실제 시범은, 아마도 시각적 심상을 조장하기 때문에 상당히 도움이 된다(Kitsantas, Zimmerman & Cleary, 2000; SooHoo, Takemoto, & McCullagh, 2004). 사실, 체조 기술이나 농구 슛을 수행해보는 것과 같은 행동을 실행하는 것을 혼자서 상상해보는 것은, 그렇게 심상화된 행동이 실제 연습만큼 분명 효과적이지는 않지만, 절차의 습득을 증진시킬 수 있다(Feltz, Landers, & Becker, 1988; Kosslyn, 1985; SooHoo et al., 2004).

절차적 지식은 신체적 요소에 해당될 뿐 아니라 정신적 영역에서도 마찬가지다. 예를 들어 수학문제를 풀고 과학실험을 하는 것이 바로 여기에 해당하는데, 관련된 서술적 지식의 유의미학습과 정교화가 역시 중요하다. 특히 학습자가 어떤 절차가 왜 적절하고 효과적인지 이해해야 하기 때문이다(Baroody, Eiland, Purpura, & Reid, 2013; M. Carr & Biddlecomb, 1998; D. Kuhn & Pease, 2008).

장기기억 저장에 영향을 주는 요인

많은 요인들이 학습자가 장기기억 안에 어떻게 정보를 저장하는지에 영향을 준다. 중요한 요인 중 하나는 시간이다 — 새로운 정보가 신경계를 통해 전달되어 뇌에 제대로 자리를 잡기 위해서는 수 분, 수 시간, 혹은 그 이상의 시간이 걸린다(제2장의 공고화 부분을 떠올려보기 바란다). 시간 이외에도 여러 가지 요인이 기억에 영향을 미친다. 이 절에서는, 특히 많은 영향을 주는 것으로 나타나는 작업기억, 사전 지식, 사전 오개념, 기대 등의 인지적 요인과 언어화, 실행, 검토 등의 행동적 요인에 대해 알아볼 것이다.[4]

작업기억

학습자가 새로운 정보조각과 이미 가지고 있던 정보조각 사이의 연결을 만들기 위해서는 그 둘 사이의 관련성을 알아야만 한다. 다른 말로 하면, 두 조각은 동시에 작업기억 안에 있어야만 한다(Daneman, 1987; Kalyuga, 2010; Nuthall, 2000; Sweller, 2010). 어떤 경우에는, 새로운 정보가 이미 알고 있는 것을 상기시켜 학습자가 그 지식을 작업기억으로 인출하도록 유도한다. 다른 경우에는, 다른 사람(예 : 교사)이 새로운 정보와 전에 배웠던 자료 사이의 관련성을 지적함으로써 관련된 사전 지식의 인출을 촉진할 수 있다.

물론 학습자의 작업기억 '용량'이 적을수록 다양한 정보들이 어떻게 서로 부합하는지를 생각할 수 있는 여지가 적어진다. 예를 들어 작업기억에서 동시에 두 가지 이상의 과제를 수행해야 하는 멀티태스킹을 하고 있을 때, 새로운 정보를 효과적으로 저장하고 회상하는 것이 더 어려워진다(Mayer, 2011; Sweller, 2010; Vergauwe, Barrouillet, & Camos, 2010). 그리고 상대적으로 더 '작은' 작업기억을 가진 학생은 더 큰 작업기억 용량을 가진 학생보다 읽은 자료로부터 더 낮은 수준의 추론을 유도한다(Linderholm & van den Broek, 2002; Oakhill, Cain, & Yuill, 1998).

사전 지식

사람들은 자신이 배우고 있는 것에 관련되는 지식을 실제로 가지고 있을 때만 새로운 정보를 사전 지식에 연결 지을 수 있다. 그래서 장기기억 저장에 영향을 주는 가장 중요한 요인 중 하나가 이미 알고 있는 것이다(예 : Ausubel, Novak, & Hanesian, 1978; Kintsch, 2009; Shapiro, 2004; Sweller, 2010). 장기기억 안에 이미 큰 정보 덩어리를 저장해서 가지고 있는 학습자는, 새로운 경험과 관련지을 수 있고, 따라서 유의미학습, 정교화와 같은 과정에 쉽게 참여할 수 있는 아이디어를 더 많이 가지고 있다. 관련 지식이 부족한 학습자는 비효과적인 암기 학습 전략에 의존해야만 한다(Bandalos, Finney, & Geske, 2003; E. Wood, Willoughby, Bolger, & Younger, 1993). 다른 말로 하면, 지식이 부유한 자는 더 부유해지고, 가난한 자는 상대적으로 가난한 것에 머물게 된다.

---

4 여기에서 학습 양식(learning style)에 대한 논의를 포함하지 않고 있음에 주목하라. 널리 알려진 것과는 달리, 학생들의 다양한 학습 양식의 존재를 입증하기 위해 인용되는 많은 증거들이 그 반대의 주장을 이겨내지 못하고 있다. 나아가 학생들의 반응 양식 – 때로는 학생의 선호 정도에 그치는 – 에 맞춘 교수 전략이 반드시 학업 성취도를 높여주는 것은 아니다(예 : Kirschner & van Merriënboer, 2013; Kozhevnikov, Evans, & Kosslyn, 2014; Krätzig & Arbuthnott, 2006; Mayer & Massa, 2003; Nieto & Bode, 2008 참조).

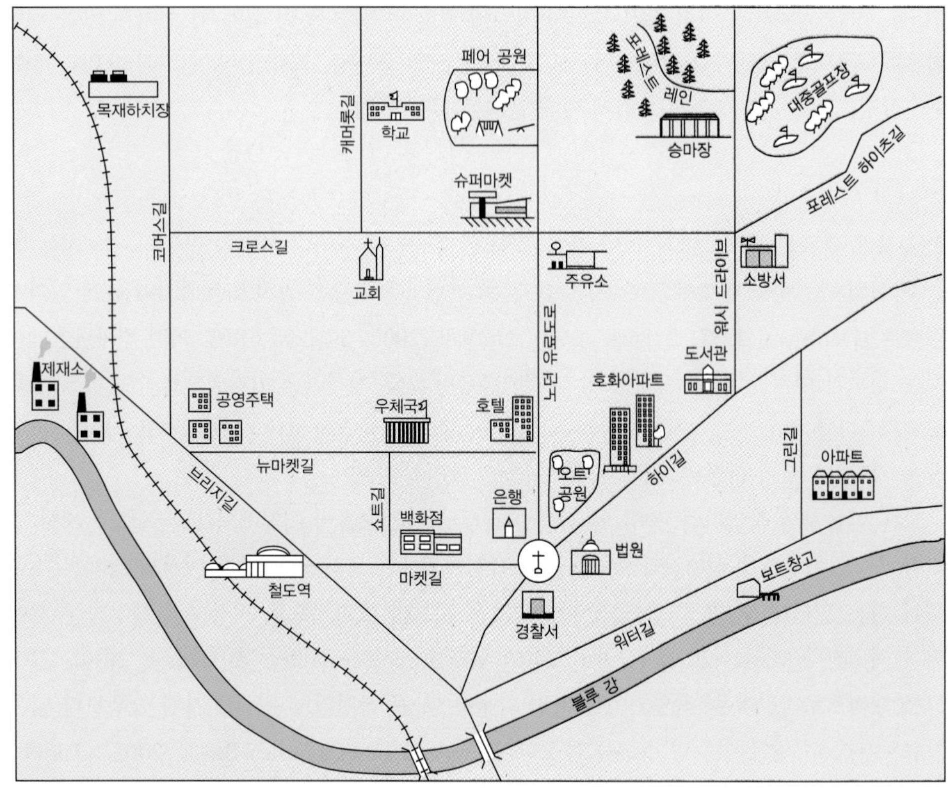

그림 8.6 옴로드 등(1988)의 논리적인 도시 지도

출처 : "Reconceptualizing Map Learning" by J. E. Ormrod, R. K. Ormrod, E. D. Wagner, & R. C. McCallin, 1988, *American Journal of Psychology, 101,* p. 428.

많은 연구들이 새로운 정보의 부호화와 저장에 사전 지식이 중요하다는 것을 실증해준다(Ackerman, 2007; Cromley, Snyder-Hogan, & Luciw-Dubas, 2010b; E. Fox, 2009; Hattie, 2009). 한 예로, 나와 동료들이 한 번은 상이한 학문 분야의 사람들이 지도를 얼마나 잘 배우고 기억하는지에 대한 연구를 수행한 적이 있다(Ormrod, Ormrod, Wagner, & McCallin, 1988). 우리는 지리학, 사회학, 교육학 등 3개 전공의 교수와 학생들에게 2개의 지도를 공부하고 다음에 기억에서 재생해내라고 요구했다. 그림 8.6에서 볼 수 있는 첫 번째 지도는 보통의 도시 같은 패턴에 따라서 배열한 도시, 즉 **논리적인 배열**을 한 도시를 묘사한다. 어떻게 해서 도심의 사무 지구가 다른 곳에서 쉽게 접근할 수 있는 지점에 위치하고 있는지(이것이 전형적임), 제재소, 목재 하치장, 저소득 가구가 철로 근처에 위치해 있는지(이것 또한 전형적임)를 주목하라. 두 번째 지도는 '조비안 바다' 근처에 있는 몇몇 가공의 나라를 묘사하고 있는데 이치에 맞지 않았다. 예를 들면 강이 평지에서 발원해서 산으로 올라가고 있고, 교통망이 서로 연결되지 않으며, 도시로 가는 도로가 없어 보였다. 나와 동료들은 지리학자들이 사회학자나 교육학자보다 논리적 도시 지도를 더 잘 기억할 수 있을 것이라고 예상했다. 왜냐하면 지리학자들은 전형적인 도시 패턴에 대한 지식을 활용하여 그 지도를 유의미하게 학습할 수 있을 것이기 때문이다. 또한 우리는 지리학자들이 비논리적 국가 지도에 대해서는 다른 학문 분야의 사람들에 비해 아무런 이점이 없을 것이라고 예상했다. 왜냐하면 지리학적 원리에 의하면 그 지도가 이치에 맞게 적용될 리가 없기 때문이다. 우리 예상은 그대로 확인되었다. 지리학자들은 논리적 도시 지도에서는 다른 두 집단보다 더 잘 기억했지만 비논리적 국가 지도에서는 그러질 못했다. 우리가 참여자들에게 지도 공부를 할 때 혼잣말을 하라고 요구했기 때문에 그들이 사용하는 전략을 검토할 수 있었다. 예상대로, 지리학자들은 다른 집단보다 더 유의미하게 지도를 학습했고, 세 집단 모두 국가 지도보다 도시 지도를 더 유의미하게 학습했다. 그런데 지리학을 전공하지 않은 사람들은 대부분 단순 반복의 형태로, 기계적 학습전략을 주로 사용했다.

다른 연구들도 비슷한 결과를 나타냈다. 예를 들어 아이와 어른을 불문하고 어떤 사람들은 농구나 축구 같은 특정한 스포츠에 대해 많이 알고 있는데, 비교적 스포츠에 대해 알지 못하는 사람보다 스포츠에 관한 새로운 사실이나 특별한 경기에서 일어났던 일에 대해 더 잘 기억할 수 있다(V. C. Hall & Edmondson, 1992; Kuhara-Kojima, & Hatano, 1991; Schneider, Körkel, & Weinert, 1990). 미국 역사에 대해 더 많이 알고 있는 8학년생이 미국 역사에 대한 지식이 적은 급우보다 역사 교재를 읽을 때 자료를 더 잘 요약하고, 더 잘 추론하고, 답할 수 없는 질문을 더 잘 확인하는 등 더 정교화된 처리 과정을 가지고 참여한다(Hamman et al., 1995). 분수를 제대로 이해하고 있는 중학생이 분수를 제대로 알지 못하는 중학생보다 대수학을 처음 배울 때 더 쉬워 한다(Booth & Newton, 2012).

지금까지 사람들이 얼마나 많은 것을 효과적으로 저장하고 기억하는 데 사전 지식이 어떻게 영향을 미치는지 초점을 두고 주로 살펴보았다. 그러나 사전 지식은 무엇을 저장하고 기억하는지에도 영향을 미친다. 그리고 앤더슨, 레이놀즈, 샬럿과 고츠(Anderson, Reynolds, Schallert, & Goetz, 1977)가 수행한 연구에 있는 다음 구절을 생각해보자.

> 로키는 탈출을 계획하면서 천천히 매트에서 일어났다. 그는 순간 망설이면서 생각했다. 일이 잘 되어 가지는 않는다. 그를 가장 괴롭히는 것은 붙잡혀 있다는 것인데, 특히 자신에 대한 관리가 약해지고 있다는 것이다. 그는 자신의 현재 상황을 생각했다. 그를 붙잡고 있는 것이 강하긴 하지만 깨뜨릴 수 있다고 생각했다. 그러나 그는 타이밍이 완벽해야만 한다는 것을 알았다. 로키는 처음에 난폭했기 때문에 생각보다 너무 심한 벌칙을 받았다는 것을 알고 있다. 상황은 실망을 주고 있는 중이다. 압박이 너무 오랫동안 그를 괴롭히고 있다. 그는 무자비하게 압박당하고 있다. 로키는 지금 화가 나 있다. 그는 자기가 움직일 준비가 되었다고 느꼈다. 그는 성공이냐 실패냐는 다음 몇 초 안에 자신이 행동하는 것에 달려 있다는 것을 알았다. (R. C. Anderson, Reynolds, Schallert, & Goetz, 1977, p. 372)

이 이야기는 레슬링 게임에 관한 것인가? 아니면 감옥 탈출에 관한 것인가? 이 구절을 다시 한 번 읽어보라. 그러면 둘 중 하나에 관한 것이라는 것을 알아차릴 수 있을 것이다. 앤더슨과 동료들은 이 이야기에 대한 학생들의 해석은 그들의 배경에 따라 달라진다는 것을 알았다. 체육교육 전공의 학생들은 이 이야기를 레슬링 게임으로 더 자주 본 반면, 레슬링 지식이 거의 없는 음악교육 전공의 학생들은 감옥 탈출의 내용으로 해석하는 경향이 있었다.

그런데 어떤 주제에 관해 기존 지식을 가지고 있으나, 그 주제에 대한 새로운 정보와 장기기억 안에 이미 저장되어 있는 것을 관련짓지 못하는 경우도 있을 수 있다. 앞에서 살펴보았듯이, 학습자는 '새 것'과 '옛 것'이 작업기억에 동시에 있을 때에만 둘 사이를 연결지을 수 있을 것이다. 이중저장 기억 모델에서 활성화 모델로 잠시 바꾸어 생각한다면, 새 것과 기존 것을 동시에 활성화해야만 한다고 말할 수 있다. 이 장 뒷부분에서 교수전략을 생각해보겠지만, 우리는 교사들이 학생들의 사전 지식을 활성화함으로써 유의미학습과 정교화를 촉진할 수 있게 하는 다양한 방식을 확인할 것이다.

사전 오개념

사람들이 정교화에 참여할 때, 새로운 정보에 대해 생각을 확대하고 더 잘 이해하기 위해 어떤 주제에 대해 이미 알고 있는 것을 사용한다. 그런데 사람들이 정교화하기 위해 부정확한 지식, 즉 **오개념**(misconception)[5]을 사용할 때 어떤 일이 일어나겠는가? 사람들이 새로운 정보가 자신이 현재 세상에 대해 믿고 있는 맥락에서는 확실히 틀린 것이라고 생각한다면, 그 정보를 전적으로 무시할 수 있다. 반대로, 정보를 왜곡하여 자기가 가진 지식과 일치하도록 할 수도 있는데, 그 결과 실제로 보고 듣고 읽었던 것과는 전혀 다른 것을 학습할 수도 있다(P. K. Murphy & Mason, 2006; Porat, 2004; Sneider & Pulos, 1983; Vosniadou, 2008). 그렇다면, 어떤 경우에는 그릇된 정보를 가지는 것이 어떤 주제에 대해 아무런 정보를 가지지 않는 것보다 더 불리하다.

우리는 '유령의 전쟁'이 포함된 바틀렛(Bartlett, 1932)의 연구에서 그러한 잘못된 학습의 예를 보았다. 그 부분에서 많은 학생들이 그 이야기가 영국 문화와 일치되도록 왜곡했다. 이튼, 앤더슨과 스미스(Eaton, Anderson, & Smith, 1984)의 연구에서 다른 예를 볼 수 있다. 5학년 학생들이 과학 수업에서 몇 주 동안 빛에 관한 단원을 공부했다. 사전검사에서는 많은 학생들이 빛에 대해 특별한 오개념을 가지고 있는 것으로 나타났다. 그들은 단지 빛이 사물에 비치고 그 사물을 밝게 하기 때문에 사람들이 사물을 볼 수 있다고 믿었다. 그 단원 수업 동안 인간의 시각에 대해 올바른 설명이 주어졌는데, 빛이 대상에 반사되고 사람의 눈까지 계

5 어떤 학자들은 유년적 신념(naive beliefs) 또는 유년적 개념(naive conceptions)이라고 명명하는 것을 선호하는데, 학습자가 초기 지식과 경험으로부터 얻은 추론이라서 최근의 과학적 이해와 잘 맞지는 않아 정확성이 떨어진다는 점을 반영한다고 본다(예 : M. C. Linn & Eylon, 2011; Schneps & Sadler, 1989 참조).

속 이동을 하면, 눈이 빛을 간파하고 그래서 보는 것이 가능하다는 것이었다. 대부분의 학생들이 이 정보를 읽고 들었음에도 불구하고, 단원 종료 후 치른 시험에서 시각에 대한 오개념을 그대로 유지하고 있었다. 단지 3분의 1 이하의 학생만이 빛은 빛의 원천에서부터 대상으로 이동할 뿐 아니라 대상으로부터 사람의 눈으로 이동한다는 답을 정확하게 썼다.

사전 오개념은 심지어 대학 수준에서도 혼란을 줄 수 있다(D. E. Brown & Hammer, 2008; Evans, 2008; Kendeou & van den Broek, 2005). 예를 들어 심리학 강좌에서 빛은 대상으로부터 인간의 눈으로 이동해야만 한다는 아이디어를 포함한 시각의 본질을 공부한 학부생들이 강좌가 마칠 때에도 종종 반대 방향인 눈에서 대상으로 뭔가가 이동하기 때문에 볼 수 있다고 생각하기도 한다(Winer, Cottrell, Gregg, Fournier, & Bica, 2002). 이와 비슷하게, 교사교육 프로그램에 참가한 학생들이 어떤 개념에 대한 교수의 정의를 무시할 수 있다. 예를 들어 **부적 강화**를 **벌**과 유사한 개념으로 계속 생각할 수 있는데, 이런 학생들은 '좋은 가르침'에 대한 자신의 신념과 모순되는 연구 결과나 권장 교수법을 무시하기 쉽다(Holt-Reynolds, 1992; V. Richardson, 2003; Tillema, 2000).

제9장에서 **사적 이론**(personal theory)의 본질에 대해 검토하면서, 아이들과 어른들이 가질 것 같은 일종의 그릇된 신념에 대해 좀 더 깊이 살펴볼 것이다. 그리고 제9장의 뒷부분에서는 **개념 변화**(conceptual change)에 대해 다룰 예정인데, 학생들의 오개념을 보다 생산적인 이해로 대치하는 전략들을 확인해볼 것이다.

기대

'징글벨'이라는 유명한 노래의 다음 가사를 읽어보라.

Dashing though the snow
In a one-house open sleigh
O'er the fields we go
Laughing all the way!
Bells on bohtail ring
Makng spirits bright
What fun it is to ride end sing
A sleighing song tonight!

이 가사에서 1~2개의 오타를 발견할 수 있을 것이다. 그런데 오타 전부를 찾아냈는가? 전부 5개의 오타가 있는데, 다음과 같다 — 1행의 though, 2행의 house, 5행의 bohtail, 6행의 makng, 7행의 end. 많은 사람들이 그러겠지만 여러분이 잘못된 것을 다 찾지 못했다면, 그것은 단어가 반드시 그렇게 적혀 있을 것이라는 기대가 문장의 해석에 영향을 주었을 것이다.

우리는 종종 우리가 보고 들을 것에 대해 기대를 형성하는데, 기대는 세상이 일반적으로 어떻게 움직일 것인지에 대한 우리의 지식과 신념에 기초하고, 그러한 기대는 새로운 정보를 장기기억 안에 부호화하고 저장하는 방식에 영향을 줄 수 있다(Kaiser, McCloskey, & Proffitt, 1986; Schacter, 1999).

많은 경우에 우리가 받아들일 정보에 대해 의외로 빨리 좋은 아이디어를 가질 때 뭔가를 더 빨리 지각하고 배운다. 아마도 그것은 유관한 장기기억 부분이 이미 활성화되었기 때문일 것이다[제7장의 **점화**(priming)에 대한 논의를 생각해보라]. 예를 들어 능숙한 독서가는 자신이 읽고 있는 내용을 아주 주의 깊게 보지 않는 경향이 있다. 대신에 그들은 그 페이지의 결론을 찾기 위해 문맥, 문장 구문, 주제에 대한 사전 지식, 그리고 저자가 전달하고자 하는 것에 대한 기대 같은 것에 의존한다(Dole, Duffy, Roehler, & Pearson, 1991; R. E. Owens, 1996; Pressley, 2002). 이러한 접근은 보다 빠르고 효과적으로 읽을 수 있게 해주지만 단점도 있다. 여러분이 잘못된 결론으로 도약해서 책의 내용을 잘못 지각하고 잘못 해석할 위험이 있다.

이 장 앞부분에서, 자극은 한 가지 방식 이상으로 해석될 수 있는 **모호한 자극**이라는 개념을 소개했다. 모호한 자극은 특히 사람들의 기대에 따라 부호화될 것 같다(Eysenck & Keane, 1990; J. W. Sherman & Bessenoff, 1999). 예를 들어 그림 8.2의 사람-쥐 그림을 수업 시간에 학생들에게 보여줬을 때, 그전에 설치류 그림을 보아서 쥐를 기대하도록 유도했던 대부분의 학생들이 실제로 쥐나 생쥐로 보는 것을 일관되게 발견했다. 반면, 유사하게 사람을 기대하도록 유도했던 학생들은 대머리 남자로 보았다. 그리고 사회적 관습에 대한 개인의 지식이 다음 대화 중 첫 번째 문장에 대한 잘못된 해석에 어떻게 영향을 미치는지 주목해보라(출처 : Gleitman, 1985, p. 432).

"We're going to have my grandmother for Thanksgiving dinner." (우리는 추수감사절 저녁을 할머니와 함께 먹을 거예요. 혹은 우리는 추수감사절 저녁으로 할머니를 먹을 거예요.)
"You are? Well, we're going to have turkey." (정말? 우리는 칠면조를 먹을건데.)

인간의 행동은 모호한 자극의 좋은 예가 된다. 예를 들어 여러분이 여러분에게 미소짓는 내 행동을 본다면, 몇 가지 결론을 도출할 것이다 — 여러분을 보니 행복해요, 여러분을 보는 것이 행복하지 않지만 예의상 그렇게 하는 것이에요, 여러분을 정말 싫어하지만 도움이 필요해요, 여러분이 입고 있는 옷이 우스꽝스럽게 보여요 등. 사람들은 다른 사람의 행동을 자신의 기대에 따라 해석하는 경향이 있다(Burgess, Wojslawowicz, Rubin, Rose-Krasnor, & Booth-LaForce, 2006; Crick & Dodge, 1996; Ritts, Patterson, & Tubbs, 1992; M. Snyder & Swann, 1978). 그들이 좋아하거나 존경하는 사람에게 바람직한 행동을 기대하고 그래서 그것을 '보는 것' 같다. 이것을 **후광효과**(halo effect)라고 부른다. 이와 마찬가지로, 싫어하는 사람에게 부적절한 행동을 기대하고 그 사람의 행동을 편견을 가지고 지각할 것이다. 이것을 **악**

마의 뿔 효과(horns effect)라고 부른다.

많은 요인이 다른 사람의 행동에 대한 사람들의 기대에 영향을 주고, 그래서 해석에도 영향을 준다. 예를 들어 사람들은 더럽고 부스스한 사람보다 깔끔하고 잘 차려입은 사람에게서 고품격의 행동을 기대하는데, 그래서 '옷차림도 전략(Dress for success)'이라는 금언이 있다(Darley & Gross, 1983). 교사들은 품행이 단정한 학생들이 그렇지 못한 학생들보다 학업성취가 뛰어나길 기대한다. 그래서 특정 학생의 학업성취에 대한 교사의 판단이 학생들이 교실에서 행동하는 방식에 의해 영향을 받는 것 같다(Bennett, Gottesman, Rock, & Cerullo, 1993). 다른 성별, 인종, 민족 배경, 그리고 사회경제적 집단에 대한 고정관념도 또한 영향을 미친다(Darley & Gross, 1983; C. Renya, 2000; J. W. Sherman & Bessenoff, 1999; Stephan & Stephan, 2000).

언어화

장기기억 저장을 분명히 촉진하는 하나의 활동이 **언어화**(verbalization)이다. 언어화는 일어났거나 일어나고 있는 경험에 대해 말하거나 쓰는 것이다. 아이들이 종종 부모나 교사에게 과거와 현재의 사건에 대해 이야기한다. 그 결과 그 사건에 대한 그 아이들의 기억은 확장된다(Fivush, Haden, & Reese, 2006; McGuigan & Salmon, 2004; K. Nelson, 1996). 나이 많은 아이들과 어른들에게 언어화는 **자기설명**(self-explanation)의 형식을 취할 수도 있다. 자기설명은 학습자가 어려운 과목을 이해하기 위해 자신에게 말하는 것이다. 예를 들어 어려운 교재를 읽을 때, 학생들은 자기가 이해한 부분을 알기 쉽게 바꾸어 쓰고, 문제가 있는 부분을 "이 부분은 혼동돼"라는 식으로 표시하고, 제시되어 있는 아이디어로부터 추론을 유도하고, 자신이 읽은 것을 요약할 수도 있다. 학생들이 공부하면서 외현적 자기표현에 참여하도록 격려를 받을 때, 그들은 그 내용을 더 잘 정교화하고 더 잘 이해하고 더 잘 기억할 것 같다(Eysink & de Jong, 2012; Fonseca & Chi, 2011; D. S. McNamara & Magliano, 2009; Renkl, 2011).

쓰기는 장기기억 저장을 촉진할 수 있는 또 다른 형태의 언어화를 제공한다. 예를 들어 학생들이 질문에 대답하고, 자료를 이미 알고 있는 것에 관련짓고, 다양한 관점에서 분석하는 것과 같이 교재에서 읽고 있는 것에 대해 쓰기를 할 때, 그들은 유의미학습, 조직화와 정교화 같은 저장 과정에 더 많이 참여할 수 있을 것 같다(S. L. Benton, 1997; R. E. Burnett & Kastman, 1997; S. Greene & Ackerman, 1995; T. Shanahan, 2004).

실행

실행(enactment)은 외현적 심리운동적 행동에 참여하는 것, 즉 실제로 뭔가를 해보는 것을 의미하는데, 실행은 어떤 방식으로든 학습했던 것을 반영한다. 실행의 중요성은 다른 모습으로 이전 장들에서 소개되었다. 제4장 행동주의에 대한 논의에서 학습에서 능동적 반응의 중요성에 대해 주목했고, 제5장의 사회인지이론에 대한 논의에서 모델링에서 행동의 재생이 중요하다는 것을 주목했다.

다양한 신체 행동이 장기기억 저장을 조장하는 것 같다. 어린아이들은 인형으로 역할극을 하게 하면 이야기를 더 쉽게 기억하고 실제로 도형을 그릴 수 있을 때 기하학적 도형을 더 쉽게 배운다(A. M. Glenberg, Gutierrez, Levin, Japuntich, & Kaschak, 2004; Heindel & Kose, 1990). 물리학을 공부하는 학부생들은, 단순히 다양한 도르래 체계 도식을 볼 때보다 실제 도르래를 가지고 실험할 수 있을 때 도르래 체계가 어떻게 작동하는지에 대해 배운 것을 더 잘 적용할 수 있다(Ferguson & Hegarty, 1995).

사람들이 복잡한 운동 기술을 배울 때, 즉 절차적 지식을 습득하고 있을 때 신체적 실행은 특히 유익하다. 그러한 예로, 일반적으로 사람들은 자신이 어떻게 하고 있는지에 대해 규칙적인 피드백을 받을 때 가장 효과적으로 배울 수 있다. 때때로 피드백은 그들 자신의 수행에서 오기도 한다. 예를 들어 테니스 라켓이나 야구 배트를 가지고 공을 칠 때 공이 어디로 얼마나 멀리 가는지 자신이 볼 수 있다. 그렇지 않을 때는, 무엇을 다르게 해야 할지에 대한 제안을 해줄 수 있는 코치와 같은 실력 있는 사람으로부터 피드백을 받을 필요가 있다(Ennis & Chen, 2011; Proctor & Dutta, 1995; J. V. Stokes, Luiselli, & Reed, 2010).

제3장에서 행동주의자들은 피드백을 정적 강화라고 생각하고, 제5장에서 사회인지이론가들은 피드백이 학습자의 자기효능감에 영향을 준다는 것을 살펴보았다. 여기에서 피드백이 할 수 있는 세 번째 역할을 볼 수 있는데, 피드백은 학습자가 자신의 수행을 증진하도록 도울 수 있는 정보의 원천이 된다. 가능하다면, 교사들은 학생들이 방금 해봤던 것을 회상해서 작업기억 안에 그것을 동시에 저장할 수 있도록 그러한 정보를 즉시 제공해야 하고, 이런 방식으로 그 둘은 더 쉽게 통합될 수 있다(J. R. Anderson, 1987; Shute, 2008).

반복과 검토

우리가 이미 보았듯이, 시연은 아마도 장기기억 저장을 촉진하는 데 상대적으로 비효과적인 방법일 것이다. 그러한 일시적인 시연과 대조를 이루어, 몇 주간, 몇 달 또는 몇 년간 주기적인 간격으로 정보와 절차를 검토하고 연습해보는 것은 파지와 수행을 확장해준다. 이 원리는 모든 연령의 사람, 심지어는 어린 유아들에게까지 적용되는 것으로 보인다(Finn & Roediger, 2011; Proctor & Dutta, 1995; Rohrer & Pashler, 2010; Rovee-Collier, 1993).

본질적으로, 최근의 연구자들은 과잉학습이 기억을 촉진한다는 초기 언어학습이론가들의 연구결과를 지지해왔다. 두 번째 언어학습 원리도 이와 유관하다. 추가적인 학습과 연습 기간을 갖는 것이 일정 시간 동안 한꺼번에 다 해버리는 것보다, 말하자면 집단적 연습보다 분할 연습을 반영하는 것이 일반적으로 더 효과적이다. 최근 인지심리학에서는 이러한 현상을 **간격**

효과(spacing effect)라고 명명하고 있다(Dempster, 1991; Dunlosky, Rawson, Marsh, Nathan, & Willingham, 2013; Kornell, Castell, Eich, & Bjork, 2010; Pashler, Rohrer, Cepeda, & Carpenter, 2007).

학습을 시간적으로 펼칠 경우, 학습이 약간 더 느려질 수 있음에 주목해야 한다. 그것의 이득은 처음 학습의 속도보다는 장기의 파지를 볼 때 보다 명료하게 알 수 있다(Dunlosky et al., 2013; M. C. Linn, 2008; Rawson & Kintsch, 2005). 인터넷을 통해 수행된 한 연구(Cepeda, Vul, Rohrer, Wixted, & Pashler, 2008)에서 그 예를 볼 수 있는데, 세계 각국에 살고 있는 성인들이 "어떤 유럽 국가가 가장 매운 멕시코 음식을 소비할까?"(p. 1097)와 같은 32가지 잘 알려지지 않은 사소한 사실들의 목록을 공부했다. 연구 참여자들은 하루 또는 4개월 후에 다시 공부하는 두 번째 회기를 가졌다. 마지막으로, 일주일에서 1년에 걸친 시간 간격을 둔 세 번째 회기에서 테스트가 실시되었다. 마지막 평가 회기가 늦어지면 늦어질수록 공부를 하는 두 회기의 적절한 간격이 더 길어졌다. 정보를 오랫동안 기억하고 싶다면, 긴 간격에서 주기적으로 복습해야 한다(또한 Pashler et al., 2007; Rohrer & Pashler, 2010 참조). (여러분의 궁금증을 풀어주기 위해, 매운 멕시코 음식을 좋아하는 사람들은 노르웨이 사람들이다.)

우리가 일정 시간 동안 배운 것을 검토하고 연습함으로써 사람들은 몇 가지를 성취할 수 있다. 첫째, 사람들은 추가된 처리 과정에 참여한다. 그 처리 과정은 학습한 정보를 새로운 방식으로 정교화해서 더 철저히 이해할 수 있도록 해준다(Dempster, 1991; Karpicke, 2012; McDaniel & Masson, 1985). 둘째, 특히 다른 맥락에서 같은 정보를 반복해서 검토함으로써 기억 속에 있는 다른 것들과 더 많고 더 강한 연합을 형성한다. 그 결과 이후에 필요할 경우 그 정보를 더 손쉽게 회상할 수 있다(J. R. Anderson, 2005; Calfee, 1981, Vaughn & Rawson, 2011). 계속되는 연습은 세 번째 이득도 가지는 것으로 보인다. 그것은 다음 논의 과제인 자동성을 촉진한다.

자동성의 발달

인지심리학자들은 정보처리 과정을 통제된 처리 과정과 자동화된 처리 과정의 두 가지 유형으로 구분했다(예 : Schneider & Shiffrin, 1977; Shiffrin & Schneider, 1977). **통제된 처리 과정**(controlled processing)은 학습자의 주의집중을 많이 필요로 하고, 학습자의 작업기억 대부분 또는 전부를 사용할 것 같다. 다시 말해 통제된 처리 과정은 의식적인 생각과 노력을 필요로 한다. 자동차 운전을 배우기 위해 필요한 인지적 처리 과정이 하나의 예다. 오래전 여름날 저녁에 아버지가 나에게 1951년산(내가 그만큼 나이 든 것은 아니고, 그 차는 그때 거의 고물이었다) 포드 컨버터블 수동 변속기 차 운전방법을 가르치려고 할 때를 기억한다. 차를 오른쪽 방향으로 돌리려고 하면서 동시에 속도를 체크하고 변속기와 클러치까지 신경 쓰는 것 때문에 모든 주의집중과 작업기억 용량을 소모했다. 사실, 내 작업기억에 과부하가 걸렸던

게 틀림없다. 왜냐하면 클러치 밟는 것을 잊어버려서 차가 갑자기 앞으로 움직였고 아버지가 바깥 쪽으로 거의 튀어나갈 뻔했기 때문이다. 아빠는 다음 날 아침 나를 운전학원에 등록해 주었다.

이에 비해 **자동성**(automaticity)으로도 알려진 **자동화된 처리 과정**(automatic processing)은 의식적인 주의집중이나 노력이 거의 일어나지 않고 작업기억 용량도 거의 필요로 하지 않는다. 어떤 의미에서는 '생각이 없는' 것이다. 통제된 처리 과정은 반복과 연습을 통해 점차 자동적으로 될 수 있다(J. R. Anderson, 2005; Beilock & Carr, 2004; Cheng, 1985). 1951년산 포드로 계속 운전을 하면서, 나는 점차 숙달이 되었고, 운전하는 데 정신적 노력을 점차 덜 들일 수 있게 되었다. 몇 달 동안의 지속적인 연습으로, 내 친구와 메인 스트리트를 운전하고 다니고, 라디오에서 흘러나오는 비틀스 초기 음악에 맞춰 손가락을 두드리고, 그 당시 한 봉지에 12센트 하는 맥도날드 감자튀김을 우적우적 씹어 먹고, 특별한 감정을 갖고 있는 같은 반 남학생이 보도에 있는 것을 볼 수도 있게 되었다. 내 차가 수동 변속기였음에도 불구하고, 운전이 내게는 본질적으로 자동적인 활동이 되었다.

많은 학문적 과제들은 어느 정도 동일한 시간에 몇 개의 하위과제를 수행하는 것이 필요하다. 이 과제의 성공적인 수행을 위해 몇 개의 하위과제는 자동적으로 되어야만 할 것 같다. 독서의 경우를 생각해보자. 읽은 것을 이해하는 것은 종종 통제되고 의식적인 노력을 포함하는 어려운 과제이다. 학생들이 자신이 읽은 것을 이해하려고 한다면, 철자와 단어의 확인과 같은 기초적인 독서 과정은 자동적으로 일어나야만 한다(B. A. Greene & Royer, 1994; Klauda & Guthrie, 2008; Lervåg & Hulme, 2009; Walczyk et al., 2007). 글쓰기도 일부 과정이 자동적으로 되지 않으면 작업기억의 한계를 쉽게 초과할 수 있는 다면적인 과정이다(Berninger, Fuller, & Whitaker, 1996; De La Paz & McCutchen, 2011; Graham, 2006; Limpo & Alves, 2013). 학생들이 복잡한 수학문제를 잘 풀려면 일부 수학적 측면, 특히 기본적인 수학문제는 거의 저절로 되어야 한다(L. S. Fuchs et al., 2013; Hecht & Vagi, 2010; Mayer & Wittrock, 2006). 여기에서 나는 학습자들이 기본적인 지식과 기술에 대한 유의미 학습을 하지 않고 무조건 자동화에 초점을 두어야 한다는 것을 주장하는 것은 아니다. 오히려 학습자들은 처음에는 이해를 하고, 그다음에는 더 복잡한 과제와 문제를 풀기 위해 그것을 자동화해야 한다.

그런데 자동성은 부정적인 측면도 있다. 그중 하나는, 사람들이 어떤 행동을 했는지 안 했는지 기억할 수 없을 정도로 생각조차 하지 않고 습관적인 행동을 할 수 있다(Reason & Mycielska, 1982). 자동성의 좀 더 심각한 단점은, 덜 자동적인 다른 아이디어나 절차가 더 유용할 때도 한 개인이 어떤 아이디어를 재빨리 회상하거나 어떤 절차를 수행할 가능성이 증가한다는 것이다(Killeen, 2001; E. J. Langer, 2000; LeFevre, Bisanz, & Mrkonjic, 1988). 사람들은 훨씬 더 융통성이 있어서, 특별한 반응에 자동적으로 고정되지 않는다면, 독특한 상황 접근법이나 창의적인 문제 해결책을 훨씬 더 잘 식별할 수 있을 것 같다. 제13장 문제 해결에서 정신적 태세(mental set)에 대한 논의를 할 때 이 문제에 대해 다시 다룰 것이다.

장기기억 인출 과정

사람들은 특히 규칙적으로 사용하는 정보일 경우, 쉽고 별다른 노력 없이 어떤 경우엔 시도할 것도 없이 정보를 인출한다(예 : Berntsen, 2010; Hintzman, 2011). 그러나 한동안 사용하지 않았던 어떤 것을 떠올릴 때는 어려움을 겪게 되는데, 느리고 힘들 뿐 아니라 반드시 '찾게' 되는 것도 아니다. 예를 들어 다음은 3개 영어 단어에 대한 정의를 나타내고 있다. 각각의 내용이 어떤 단어를 지칭하고 있는지 알겠는가?

- 고대 이집트에서 사용된 그림 모양의 문자
- 단단한 껍질을 가지고 바다에 살면서 바위나 배에 몸을 붙이고 있는 동물
- 달걀 흰자 거품과 설탕으로 만들어 디저트로 사용되는 단단하고 바삭한 흰색의 것

답을 얻기 위해 단어가 있을 수 있는 여러 '장소'를 들여다보면서 장기기억의 어딘가를 정신적으로 돌아다니고 있는 자신을 발견하게 되는가? 어떤 단어는 입 안에서만 맴돌고 있다고 느낄 수 있다. 단어들 중 어떤 것은 B로 시작하면서 3음절이라는 것은 상당히 확신할지도 모르지만, 결국 무엇인지 찾지 못한다(A. Brown, 1991; R. Brown & McNeill, 1966; 또한 R. Thompson, Emmorey, & Gollan, 2005 참조). [3개 단어는 상형문자(hieroglyphics), 따개비(barnacle), 머랭(meringue)이다. 물론 많은 여러분들은 1~2개 단어들은 처음 들어본 것일 수 있다.]

장기기억 속에서 어떤 것을 노력해서 '찾는' 능력은 부분적으로 뇌, 특히 전전두엽 피질의 성숙 정도에 달려있는데, 영아와 아동 초기에 걸쳐 급격한 성장을 보인다(Oakes & Bauer, 2007). 그렇지만, 장기기억은 그 크기가 너무 커서 모두를 완전히 탐색하는 것은 실제로 불가능한 일이다. 따라서 인출을 위한 노력을 하는 과정에서 전략이 필요한데, 원하는 정보가 논리적으로 있을 만한 장소에서 찾아야 한다. 그리고 찾는 데 얼마나 성공할 것인가는 처음에 어떻게 저장해두었는지에도 어느 정도 관련되는데, 특히 신중하게 잘 조직해서 저장해두었는지 여부가 중요하다.[6]

한 가지 예를 보자. 다락방이 있는 집에서 60년을 살아온 한 여성을 상상해보고, '할머니'

---

[6] 때때로 다른 사람들과 함께 이미 학습한 정보를 함께 인출하는 것이 도움이 된다. 이런 공동 회상(collaborative recall)은 이미 학습한 것을 기억해낼 확률을 높일 수 있다. 그러나 다른 경우에는 한 사람의 말로 인해 다른 그룹원이 잘못된 방향으로 가서 장기기억을 탐색하게 할 수도 있다(예 : Rajaram & Pereira-Pasarin, 2010; Sutton, 2009).

라고 지칭하자. 할머니는 가구, 책, 낡은 옷, 잘 안 쓰는 주방기구, 크리스마스 장식품 등 많은 것을 다락에 보관해두었을 것이다. 정리정돈을 잘하는 분이었다면, 모든 책은 한 곳에, 모든 옷도 또 다른 한 곳에, 모든 크리스마스 장식품도 어딘가 다른 곳에 두었을 것이다. 그러나 정리정돈을 잘 못하시는 분이었다면, 순서대로 쌓아두기만 해서 주방기구가 책이 있는 곳에도 있고 옷이 있는 곳에도 있고 또 어떤 것은 오래된 서랍장 속에 들어가 있거나 낡은 옷장의 첫 칸에 가 있기도 할 것이다. 할머니가 다락방에 물건을 어떻게 두었는지에 따라 나중에 그것을 얼마나 쉽게 찾을 수 있는지가 결정된다. 만약 체계적으로 보관해두었다면 그것이 필요할 때 쉽게 찾을 수 있을 것이다. 그러나 아무렇게나 난잡하게 두었다면, 지난 13년 동안 항상 통조림 병을 어디에 두었는지 찾을 수 없었기 때문에 매년 여름이면 통조림 병을 새로 사야 했을 것이다.

장기기억에서도 마찬가지다. 관련된 정보들끼리 서로 연결되어 저장되어 있을 때 어디에서 그 정보를 찾아야 할지 알기 때문에 인출이 쉽다. 실제 예를 보기 위해, 앞에서 학습한 개념에 대한 다음 질문에 답해보라.

변별자극이 무엇일까?

인출할 수 있는 능력은 어느 정도는 지금까지 공부한 내용을 얼마나 잘 조직화했느냐에 달려 있다. 자극이라는 단어는 행동주의 학습이론에 관해 저장된 정보 사이에 있을 것이다. 변별이라는 단어는 변별에 대한 정보를 보다 구체적으로 살펴볼 것을 제안한다. 만약 변별이라는 지식이 선행자극이라는 것과 관련이 깊어서 선행자극이라는 것에 대해 아는 것과 함께 저장되어 있다면 답을 찾을 수 있을 것이다. 변별자극은 어떤 특정한 반응이 강화를 받을 가능성이 있다는 것을 알려주는 자극으로 반응-강화 조건이 효과를 발휘하는 경우를 만들어준다(제3장 참조).

장기기억의 인출 과정을 작은 손전등을 가지고 크고 어두운 방에서 물건을 찾는 것에 비유한 예(Lindsay & Norman, 1977)가 있다. 어느 날 할머니의 집이 정전되고 달빛도 없는 밤이라고 가정해보자. 할머니는 전기가 나가서 자동 깡통따개와 전깃불을 더 이상 쓸 수 없어서 손전등을 들고 작년 10월에 거기에 두었던 수동 깡통따개를 찾으러 다락으로 간다. 손전등을 켜고 찾기 시작한다. 작은 손전등 하나로 다락 전체를 비출 수는 없다. 한 군데를 목표로 먼저 비추고, 또 그다음 다른 곳을 비춰보면서 결국 깡통따개를 찾게 된다. 만약 할머니가 깡통따개를 둔 장소를 정확하게 안다면 한 번에 한 곳을 비추어서 깡통따개를 찾는 것은 아무 문제가 없다. 그러나 그걸 어디에 두었는지 모른다면 밤새 찾아야 할 것이다. 마찬가지로 장기기억으로부터 정보를 인출하는 것은 기억 속의 여러 작은 '장소'들을 한 번에 한 곳씩 찾는 과정이다. 유사한 개념들과 함께 연결되어 있는 것과 같이 논리적으로 저장되어 있다면 쉽게 찾을 수 있다. 단순암기식으로 무질서하게 저장이 되어 있다면, 한참을 찾아야 하고 결국 찾는 것이 불가능할지도 모른다.

제7장에서 설명한 기억의 활성화 모델로 돌아가보자. 활성화 모델에 따르면, 모든 정보는 기억 속에 활성화 상태 또는 비활성화 상태로 저장된다. 활성화 상태의 정보는 작업기억 속에 머물고 있는 것이고 비활성화 상태의 정보는 장기기억 속에 있는 것이라고 볼 수 있다. 활성화 모델은 장기기억이 어떻게 인출되는지를 설명해준다. 활성화 모델의 관점에서 보면, 장기기억의 출발은 환경의 무엇인가로부터 유발된 것이다. 인출은 저장된 정보망 속의 연결을 통한 **활성화 확산**(spreading activation) 과정이다(예 : J. R. Anderson et al., 2004; A. M. Collins & Loftus, 1975; Siegel, 2012). 정보망은 한 번에 일부만이 활성화되기 때문에 마치 '손전등'처럼 제한된 용량만이 인출되게 된다. 유사한 아이디어가 정보망 상에서 가까이 있을 때 활성화는 정보가 있는 곳까지 도달하게 되고 원하는 정보가 인출되는 것이다.

이 절의 앞부분에서 살펴본 내용으로 다시 돌아가보자. 사람들은 어떤 것을 보다 쉽고 노력을 기울이지 않고 인출하는데, 바로 이런 자동화는 자주 사용하는 것에서 나타난다. 어떤 정보를 상당히 규칙적으로 찾는다면 장기기억의 네트워크 속에서 어떤 활성화된 경로를 거치게 되는데, 어떤 경우에는 매우 빨리 지나갈 수 있도록 도로에 포장이 된 것처럼 준비되어 있을 수 있다.

나아가, 학습자가 정보를 저장할 때 사용했던 것과 유사한 방식으로 정보를 인출할 때 더 쉬워지는데, 이것을 **부호화 특수성**(encoding specificity)이라고 명명한다(Hanna &

Remington, 1996; Tulving, 1983; Tulving & Thomson, 1973; Zeelenberg, 2005). 예를 들어 메리앤과 나이서(Marian & Neisser, 2000)는 영어와 러시아어를 모두 잘하는 러시아나 소련에서 이민 온 대학생들과 인터뷰를 했다. 두 번의 인터뷰를 실시했는데, 한 번은 영어로 진행하고 한 번은 러시아어로 진행했는데, 학생들에게 어떤 단어를 주고 그 단어가 연상시키는 개인적 경험에 대해 이야기해줄 것을 요청했다. 러시아어로 인터뷰했을 때는 자신이 태어난 나라에서 있었던 일을 더 많이 회상했고, 영어로 인터뷰했을 때는 미국 생활에서 있었던 일을 더 많이 회상했다. 어느 정도는 개인의 경험들이 자신이 당시에 사용하고 있던 언어로 부호화되는 것은 아닌가라는 가정을 세워볼 수 있다.

인출 맥락의 중요성

어떤 맥락은 어떤 기억을 불러일으킨다(Balch, Bowman, & Mohler, 1992; Holland, Hendriks, & Aarts, 2005; Schab, 1990). 예를 들어 갓 구운 초코칩 쿠키의 냄새는 어린 시절 집을 떠올려줄 수 있고, 라디오에서 흘러나오는 어떤 노래는 예전 남자친구나 여자친구를 생각나게 할 수 있다. 정보처리 영역에서는 이러한 맥락을 **인출단서**(retrieval cue)라고 명명하는데, 장기기억의 어떤 부분을 활성화시키는 방아쇠 같은 역할을 한다. 경우에 따라 인출단서는 고전적으로 조건화된 반응을 불러일으키기도 한다(Bouton, 1994).

인출단서가 어떻게 작용하는지 알아보기 위해 연습을 해보자. 다음 24개의 단어를 한 번만 읽어보라. 읽기를 마치고 바로 그 단어들을 떠올려보라.

튤립	연필	숟가락	침대	제빵사	루비
모자	산	의사	종이	데이지	셔츠
의자	포크	다이아몬드	계곡	칼	탁자
언덕	군인	장미	볼펜	신발	에메랄드

이제 24개 단어를 읽고, 종이로 단어를 가린 다음 기억할 수 있는 단어를 모두 써보라. **단어목록을 다시 돌아가서 봐서는 안 된다.**

24개 단어를 모두 기억해낼 수 없다면, 다음 단어를 보면 도움이 될지도 모른다.

의류	직업
식사도구	필기구
보석	가구
꽃	지형

이 범주명들은 24개 단어가 속하는 범주들이어서 좀 더 많은 단어를 떠올릴 수 있게 해줄 것이다.

다른 예로, 생물 수업을 들을 때 누구나 여러 층으로 구성된 식물과 동물의 분류체계를 배운다. 여러 수준의 범주 이름을 정확하게 기억하는가? [힌트 : 그중 하나는 문(phylum)이다.] 만약 떠올릴 수 없다면, 아마 다음의 문장이 기억해내는 노력을 줄여줄 것이다.

King Philip comes over for good spaghetti. (필립 왕은 맛있는 스파게티를 먹으러 왔다.)

이 문장에 포함된 각 단어의 첫 글자가 kingdom(계)-phylum(문)-class(강)-order(목)-family(과)-genus(속)-species(종)의 회상을 도울 것이다. 앞글자 소리를 따서 만들어진 것이다. 이 문장은 제12장에서 설명할 암기법의 하나인 **이중 의미 구조**(superimposed meaningful structure)로 역할하게 된다.

인출단서의 단점 중 하나는 때로 장기기억에서 탐색할 영역에 경계를 만들 수 있다는 점이다. 예를 들어 한 실험(J. Brown, 1968)에서, 실험집단의 대학생들에게 미국 주 이름 25개를 주었고, 통제집단에는 아무것도 주지 않았다. 두 집단에게 미국의 50개 주 이름을 말해보라고 했다. 통제집단에 비해 실험집단의 학생들은 처음에 받은 25개 주 이름을 더 많이 기억해냈지만, 나머지 25개 주에 대해서는 통제집단보다 더 적게 기억해냈다. 즉 인출단서는 학습자들의 장기기억 탐색 영역을 제한하여 원하는 정보 탐색을 오히려 방해할 수 있다.

인출에서의 구성

장기기억 인출은 장기기억 저장과 마찬가지로 구성적 과정을 거친다. 사람들은 이전에 저장했던 것 중 일부만을 인출하고, 빈 곳을 기존의 지식이나 신념과 논리적으로 일관된 어떤 것으로 채운다(Schacter, 2012). 예를 들면 '안경'이나 '아령'(그림 8.5 참조)과 같은 표시 때문에 새로 그리라고 했을 때 선들이 달라질 수 있는 연구 결과(Carmichael et al., 1932)를 살펴보았었다. 이 연구에서 참여자들은 회상하는 중 빈 곳을 표시된 이름을 사용해 채웠던 것이다. 마찬가지로 사람들은 그들이 목격한 범죄에 대한 부분적 회상에 그 사건과 연루된 사람들에 대한 사전 신념을 더해 완성한다. 목격자들이 일어난 사건에 대해 상당히 확신한다고 해도 그 증언은 실제 일어난 일을 정확하게 나타내지 않을 수 있다(Brainerd & Reyna, 2005; Loftus, 1991, 1992; Perfect, 2002; Wells, Olson, & Charman, 2002).

인출 과정에서의 구성에 관한 또 다른 예는 미시간의 한 4학년 학생이 미국이 한때 신세계라고 불렸던 이유에 대해 연구자에게 말한 내용에서 볼 수 있다.

영국인들은 잉글랜드에서 살았기 때문에 잘 몰랐어요. … 중국으로 가기를 원했는데 왜냐하면 중국은 그들이 원하는 걸 가지고 있었어요. 컵이나 그런 거, 아니 모피를 가지고 있었어요. 그들은 모피와 그와 비슷한 물건들을 가지고 있었고, 그들은 중국에 가서 그것을 가지고 올 수 있는 좀 더 빠른 길을 원했는데, 미시간에 오게 되었지만 미시간이라고 부르지 않았어요. 미시간에 도착한 것은 영국사람들(British)로 거기에 처음 온 사람들이었고 그래서 그 땅을 자기 것이라고 주장하려고 했는데,

> 여러 가지 이유 때문에 잘 되지 않았어요. 그래서 모피를 가지고 영국으로 돌아가서 그것을 팔았는데 그들은 모피 때문에 그것을 원했어요. 그래서 잉글랜드 사람들(English)도 거기에 도착해서 땅을 빼앗고 주를 만들고, 그리고 정부인지 대장인지가 사인을 하고 그때부터 주라고 부르기 시작했는데, 영국 사람들(British)은 반도 위쪽으로 가서 잠시 더 거기에 머물 거라고 생각했어요. 그러고 나서 전쟁을 해야 했는데, 농부들은 자원해서 나왔는데, 바로 돌아가서 가족들을 모여 있게 하고 다시 돌아왔어요. (VanSledright & Brophy, 1992, p. 849)

이 학생은 학교에서 역사 시간에 배웠던 어떤 사실을 정확하게 회상해냈다. 그러나 이런 사실들을 잘못 기억하고 있는 내용(예 : 초기 무역상들이 중국이 아닌 북아메리카에서 모피를 얻었다)과 자신이 알고 있던 상식[예 : 많은 컵은 도자기(china)로 만든다]에 연결시켰다. 그런데 이 학생은 핵심적인 사실을 모르고 있는 것이 분명한데, 사실 '영국 사람(British)'과 '잉글랜드 사람(English)'은 같은 집단에 속하는 사람들이었다. 그 결과 미시간의 역사에 대한 구성 결과는 역사학자의 심장을 멈춰버릴 내용이 되었다.

섬광기억(flashbulb memory)이라고 명명되는 기억은 마치 '한 장의 사진'을 찍어둔 것처럼 상당히 생생하고 세밀한데, 이 기억들은 개인의 삶에서 의미 있고 강한 감정이 있었던 사건과 관련되는 경우가 종종 있다. 섬광기억은 정확하기도 하고 정확하지 않기도 하기 때문에, 섬광기억의 생생함에 잘못 이끌려서는 안 된다(Hirst et al., 2009; Talarico & Rubin, 2003; Winograd & Neisser, 1992). 한 예로, 1986년 미국인들의 마음에 생생하게 남아 있는 사건 하나가 챌린저호 폭발사건인데, 당시 7명의 우주비행사가 그 자리에서 숨졌다. 미국 대학생들에게 (a) 사고가 있었던 날 아침과 (b) 2년 반 후에 각각 추락사고에 대해 알고 있는 것을 기술해보라고 했다. 2년이 더 지난 후였지만, 학생들은 자신의 기억에 대해 자신감에 차 있었다. 그러한 자신감에도 불구하고 학생들이 기술한 것들은 잘못 생각하고 있는 것들이었다. 예를 들어 한 학생은 그 소식을 들은 날 아침에 다음과 같이 말했다.

> 교리 수업을 듣고 있었는데 지나가는 사람들이 그것에 대해 얘기하기 시작했어요. 자세히는 모르겠지만, 폭발이 있었고 그 교사의 학생들이 그걸 보고 있었다고 하는데 참 안타깝다고 생각했죠. 수업이 끝나고 내 방으로 가서 TV에서 그 사고에 대한 방송을 보았는데 그제야 자세한 내용을 알았어요. (Neisser & Harsch, 1992, p. 9)

같은 학생이 2년 반 후에 떠올린 내용은 다음과 같다.

> 폭발에 대해 처음 들었을 때 저는 신입생 기숙사에서 룸메이트랑 TV를 보고 있었어요. 갑자기 뉴스가 나왔는데 둘 다 충격을 받았어요. 정말 너무 놀라서 위층에 있는 친구한테 가서도 얘기하고 부모님께도 전화를 드렸어요. (Neisser & Harsch, 1992, p. 9)

구성 과정은 우리가 잘못 기억하는 원인이기도 하지만, 장기기억의 인출을 촉진한다. 어떤 사건에 대한 기억이 완전하지 않을 때 이미 알고 있는 것을 가지고 세부사항을 채워 넣는다. 예를 들어 ascertain이라는 단어의 철자를 생각해내려고 할 때, certain이라는 단어와 뜻이 유사하기 때문에 발음이 상당히 달라도 철자를 유사하게 쓸 것이라고 추측할 수 있다. 제2차 세계대전의 막바지 영국의 수상이 누구인가를 떠올릴 때는 "음, 그 당시에 영국에서 가장 중요한 인물은 윈스턴 처칠이었는데"라고 생각하게 될 것이고, 그래서 수상이 그 사람이라는 것을 (정확하게) 결론내릴 것이다.

제시의 힘 : 뒤따르는 정보의 효과

사람들의 기억은 인출할 내용이 무엇이든 그것을 학습한 이후에 제공되는 정보에도 영향을 받는다. 사람들이 새로운 정보가 들어옴에 따라 자신의 지식과 이해의 질을 갱신해가야 하는 것은 좋은 일이다. 그러나 부정확한 언급, 유도심문, 다른 형태의 진실 왜곡 등이 있을 경우 추가된 정보는 오히려 해가 될 수 있다(Fazio, Barber, Rajaram, Ornstein, & Marsh, 2013; G. S. Goodman & Quas, 2008; Loftus & Palmer, 1974; Zaragoza, Payment, Ackil, Drivdahl, & Beck, 2001). 한 예로 3~6세 아동을 데리고 수행된 한 연구(Leichtman & Ceci, 1995)에서 '삼돌이'라고 하는 사람이 한 유치원의 교실을 잠깐 방문했다. 교사가 아이들에게 읽어준 이야기에 대해 설명하고, 교실 주변을 한 바퀴 돌고, 안녕이라고 손을 흔들면서 교실을 떠났다. 나중에 아이들에게 "삼돌이가 흙을 묻히고 들어왔는데 일부러 그런 것일까 우연히 그렇게 된 걸까?"라고 물어보고, "삼돌이는 흙을 묻히고 있는 것에 대해 기분이 좋을까 나쁠까?"라고도 물었다(p. 571). 이 질문을 받은 많은 아이들은 삼돌이가 교실에 와서 인형에는 손을 댄 적이 없었는데, 삼돌이가 곰인형에 흙을 묻히고 갔다고 했다.

이 연구 결과는 **잘못된 정보 효과**(misinformation effect)의 예를 잘 나타내준다. 어떤 사건에 대한 사람들의 기억은 그 이후에 제공된 그 사건에 대한 잘못된 정보에 의해 왜곡된다. 확실히 사람들은 잘못된 정보를 그 사건에 대한 처음 정보에 통합하여 그것이 일어났어야 하는 일로 재구성하는 것이다(Brainerd & Reyna, 2005; J. C. K. Chan, Thomas, & Bulevich, 2009; Loftus, 1992; Principe, Kanaya, Ceci, & Singh, 2006).

인출에서 새로운 '기억'을 만드는 구성

경우에 따라 인출은 거의 전적으로 구성적인데 한 번도 저장하지 않았던 정보를 인출해야 하는 경우가 있다. 다음과 같은 산수문제를 생각해보자.

$1/2 \times 0 = ?$

이 문제에 대한 답을 본 적은 없었어도, 어떤 것도 0과 곱하면 0이 된다는 것을 배운 것은 생각이 날 것이다. 그래서 정확한 답을 만들어낼 수 있다.

$1/2 \times 0 = 0$

그러나 어떤 새로운 '기억'은 실제 근거가 아예 없거나 거의 없는 **잘못된 기억**(false memory)이다(Brainerd & Reyna, 2005; Loftus, 2003, 2004). 예를 들어 사람들에게 가상의 물건이나 사건을 그려보라고 하면, 나중에 그것을 실제 경험한 것처럼 기억하게 될 가능성이 높아지는데, 어린아이들의 경우 실제와 상상을 특히 구분하기 힘들어한다(Foley, Harris, & Herman, 1994; Gonsalves et al., 2004; Mazzoni & Memon, 2003; J. Parker, 1995). 그리고 실험자가 열기구를 타고 있는 어떤 사람의 얼굴을 피실험자의 얼굴로 바꿔 놓은 사진을 본 피실험자는 나중에 자신이 정말 그 행사에 참여한 것처럼 회상한다(Garry & Gerrie, 2005).

잘못된 기억은 자극이 합리적이거나 논리적일 때 더 흔히 나타난다. 단어목록 학습을 할 때, 이전에 보지 않은 단어인데도 이전에 본 단어와 유사하면 그 단어를 본 것으로 생각하는데, 보지 않았던 단어가 학습 과정에서 활성화되었기 때문일 것이다(Brainerd & Reyna, 1998; Roediger & McDermott, 2000; Seamon, Luo, & Gallo, 1998; Urbach, Windmann, Payne, & Kutas, 2005). 그럴듯함도 경험하지 않은 사건에 대한 잘못된 회상을 하게 하는데, 청소년과 성인에게서 더욱 그렇다(D. M. Bernstein & Loftus, 2009; Ghetti & Alexander, 2004). 예를 들어 고등학생들에게 8살 때 어떤 일이 일어났는지 여부를 물어본 실험(Pezdek, Finger, & Hodge, 1997)이 있다. 어떤 사건은 실제 일어난 일이었지만, 실험자들은 2개의 새로운 사건을 만들었다. 하나는 가톨릭교의 어린이 미사 시간의 절차와 관련된 것이었고, 다른 하나는 유대교의 어린이 예배 시간과 관련된 것이었다. 짐작할 수 있겠지만 가톨릭교 학생들은 가톨릭교와 관련된 것을 더 기억했고, 유대교 학생들은 유대교와 관련된 것을 더 기억했으며, 이런 사건에 대한 그들의 일반적 지식이 실제 일어난 일의 많은 세부사항들을 '회상'하게 했다.

이전 기억 떠올리기

챌린저호 참사에 관한 기억을 실험한 연구(Neisser & Harsch, 1992)에서, 많은 학생들이 참사가 있은 지 3년째 되었을 때, 즉 두 번째 면담 6개월 후에 진행된 세 번째 면담에도 응했다. 세 번째 만남에서 대부분의 학생들은 6개월 전의 이야기를 되풀이했다. 그 일에 대해 잘못 기억하고 있는 학생들에게 실제 어디에서 무엇을 했는가에 대한 힌트를 주었지만, 이전 기억에서 벗어나지 못했고 실제 그 참사 당시 아침에 자신이 썼던 글을 보여주었을 때 놀라기까지 했다. 이 학생들은 실제 일어난 일이 아니라 무슨 일이 일어났는지에 대해 자신들이 무슨 얘기를 했는가를 기억하고 있는 것 같았다.

이 연구에서처럼, 어떤 일이 일어났는가에 대한 회상은 그 사건에 대한 이후 기억에 영향을 미치는데 특히 그것을 언어로 기술했을 때는 더욱 그렇다(Karpicke, 2012; E. J. Marsh,

2007; Seligman, Railton, Baumeister, & Sripada, 2013). 신경학적으로 말하면, 어떤 사건을 떠올리는 것을 통해 그것을 뇌 속에서 다시 바꾸고 다시 공고화하는 것으로 새롭게 더 단단히 하는 것이다(Finn & Roediger, 2011; Schiller et al., 2010). 마리온 위니크(Marion Winik)라는 작가는 이 과정에 대해 다음과 같이 기술하고 있다.

> 어린 시절의 기억은 모래로 진주를 만드는 것처럼 새로 만들어지는 것 같다. 어떤 것인지 상상할 수 있을 것이다. 예전 사진을 하나 꺼내어 그것에 대한 기억을 떠올려보고, 어떤 일이 있었는지에 대해 들었던 이야기, 일어났을 것 같은 이야기, 그렇게 되었어야 했던 이야기를 덧붙이면서 이야기가 만들어질 때까지 세부사항들을 추가해보자. 그 이야기를 만들어낸 어른에 기초하여 어린 시절을 거꾸로 만들어가는 데는 심리학 학위도 필요없을 것이다. 완전히 새로 이야기를 지어내었어도 아무 상관이 없다.
>
> 비록 그것이 사실이 아니어도 나는 내가 믿고 있는 과거에 붙박혀 있으니까. (Winik, 1994. p. 40)

교사, 임상가, 법무인, 변호사 등 자신의 업무를 위해 다른 사람들의 기억에 의존하는 사람들은 장기기억 인출의 구성적 속성에 대해 항상 주의해야 한다. 인간의 기억은 때로 정확하다. 그러나 지금까지 살펴본 것처럼 때로는 심하게 왜곡되거나 완전히 새롭게 만들어지기도 한다.

망각

장기기억에 대한 한 가지 사실만은 분명하다. 시간이 지나면서 사람들은 자신이 경험한 일이나 습득했던 구체적인 정보를 조금씩 덜 떠올리게 된다는 것이다. 우리가 왜 학습한 것 중 많은 것을 망각하게 되는지에 대해 학자들은 여러 가지 설명을 하고 있다.

쇠퇴

정보는 특히 거의 사용되지 않거나 아예 사용되지 않을 경우 점점 흐려지거나 **쇠퇴**(decay)한다고 믿는 심리학자들이 늘고 있다(Altmann & Gray, 2002; Byrnes, 2001; Loftus & Loftus, 1980; Schacter, 1999). 일반적으로 어떤 사건의 세부사항은 그 사건의 의미나 요지보다 빨리 사라진다(Brainerd & Reyna, 1992, 2002, 2005; G. Cohen, 2000). 어떤 세부사항이 놀랍거나 개인적으로 의미가 있거나 어떤 점에서 두드러질 때는 이런 원칙이 적용되지 않는다(Davachi & Dobbins, 2008; Hunt & Worthen, 2006; Pansky & Koriat, 2004). 예를 들어 어릴 때의 미국 역사 수업 시간을 생각해보면, 미국 혁명에서 식민지인들이 영국으로부터의 독립을 위해 싸웠다는 배경에 대해서는 기억이 난다. 그리고 나는 이 혁명과 관련된 세부 내용 중 두 가지만 기억하고 있다. 어릴 때 자주 갔었던 기념탑이 벙커힐 전투를 기념하기 위한 것이라는 것과 미국 사람들의 영국 세금정책에 대한 불만을 그린 보스턴 차 사건의 독특한 천연색 그림과 같이 인상적인 것들은 기억이 난다. 그러나 수업 시간에 배웠던 대부분은 어린 시절의 내가 잘 모르고 구분이 되지 않는 사람과 장소에 관한 것들이어서 자세한 내용이 기억나지 않는다.

간섭과 제지

제6장에서 언어학습이론의 순행제지와 역행제지에 대해 설명했었다. 두 가지 경우 모두 한 세트의 언어 자료가 다른 세트의 언어 자료의 회상 능력을 방해하는 경우이다. 최근의 기억 전문가들은 제지라는 용어 대신 **간섭**(interference)이라는 용어를 사용하지만, 여기에 동의하고 있다(예 : Altmann & Gray, 2002; M. C. Anderson, 2009a; Healey, Campbell, Hasher, & Ossher, 2010; Lustig, Konkel, & Jacoby, 2004).

망각에 대한 간섭설은 여러 가지 반응을 학습하게 되면 서로 섞여버린다는 혼란이론(theory of confusion)으로 가장 잘 설명될 수 있을 것이다. 앤더슨(John Anderson, 1974)의 실험은 인지적 틀 속에서 간섭 현상을 이해할 수 있도록 돕는다. 대학생들이 긴 단문목록을 학습했는데 각 문장에는 사람과 장소가 있었다. 그 예를 보면 다음과 같다.

노숙자 1명이 공원에 있다.
노숙자 1명이 교회에 있다.
경찰관 1명이 공원에 있다.
선원 1명이 공원에 있다.

어떤 사람과 장소는 한 문장에만 나오지만 다른 것은 여러 문장에 걸쳐 나온다. 학생들은 "공원에 누가 있나요?"나 "노숙자는 어디에 있나요?"라는 질문에 100% 정확하게 대답할 수 있을 정도로 잘 알 때까지 그 문장들을 익혔다. 사람과 장소가 이전 문장들에서 많이 등장한 것일수록 한 문장에 그 사람과 장소가 이전에 함께 있었는지 결정하는 데 시간이 많이 걸렸다. 앤더슨은 어떤 개념이 다른 개념들과 연합될 때, 예를 들면 노숙자가 여러 장소와 연합되어 있으면 두 번째 세트의 한 문장이 '새로운 것'인지 '오래된 것'인지를 결정하기 위해 이 모든 연합을 다 찾아야 되기 때문이라고 설명한다. 한 개념에 대한 다중 연결은 그 개념과 연결된 정보에 대한 인출 시간을 증가시키는데, 앤더슨은 이것을 **부채꼴 효과**(fan effect, 예 : J. R. Anderson, 1983a; J. R. Anderson et al., 2004)라고 명명했다.

다시 제지라는 용어로 돌아가서 최근 인지심리학의 틀로 이해해보자. 어떤 기억을 인출하는 것은 관련된 기억의 인출을 촉진하지만[제7장의 점화(priming)에 관한 논의를 떠올려보자], 때로 **인출-야기 망각**(retrieval-induced forgetting) 현상이 있어 관련된 기억이 제지된다(Bäuml & Samenieh, 2010; M. D. MacLeod & Saunders, 2008; Román, Soriano, Gómez-

Ariza, & Bajo, 2009; Storm, 2011). 특히 학습자는 어떤 것은 회상하고 관련된 어떤 것은 회상하고 싶지 않을 때 다른 것의 회상을 제지하는 것을 배운다. 예를 들어 터키의 수도를 가장 크고 가장 알려진 도시인 이스탄불이라고 생각한다고 가정하자. 그러나 터키의 수도는 그것과는 다른 앙카라라는 도시이다. 어떤 이유로 터키의 수도를 기억해야 한다면, '앙카라'를 떠올리는 것과 '이스탄불'의 인출을 제지하는 것을 동시에 해야 하는데 특히 어떤 훈련을 통해 그렇게 하는 것을 배워야 한다.

억압

섬광기억에 관해 다룰 때, 정서적 관련이 깊은 사건은 특별히 더 생생하고 세밀하게 기억된다고 배웠다. 그러나 어떤 경우에는 너무 고통스럽고 정서적인 아픔이 너무 커서 그 일이 전혀 기억이 나지 않거나 그 일의 조각들만을 기억하기도 한다(Arrigo & Pezdek, 1997; Nadel & Jacobs, 1998; Ray et al., 2006). **억압**(repression)[7]이라고 명명되는 이 현상은 프로이트(1915/1957, 1922)가 최초로 제안했다. 현대 기억이론에서는 억압을 설명할 때, 고통스러운 정보는 그 장기기억 근처에 다가갈 때마다 불안을 일으키기 시작한다고 본다. 정보가 사라진 것이 아니라 의식적으로 인출되지 않은 것이다(M. C. Anderson & Levy, 2009; S. M. Smith & Moynan, 2008).

억압은 임상적 상황에서 종종 관찰된다(Pezdek & Banks, 1996; Schooler, 2001). 여러 회기의 상담을 하거나 때로는 최면의 도움으로 내담자는 심리적 외상을 준 사건을 조금씩 기억해내다가 결국 모두 기억해내게 된다. 불행히도 억압된 많은 '기억'들은 정확성을 확인할 길이 없는데, 실제 일어나지 않은 일일 수도 있고 그렇지 않을 수도 있다(Geraerts et al., 2009; Loftus, 1993; McNally, 2003). 예를 들면 최면 상태가 과거에 일어난 일에 대해 얘기하고 싶은 마음과 자신감을 높여주긴 하지만 일어난 일에 대한 기억을 반드시 높여주는 것은 아니다(Brainerd & Reyna, 2005; Dinges et al., 1992; Erdelyi, 2010; Lynn, Lock, Myers, & Payne, 1997).

진정한 억압이 일어날 때 그것은 제지의 형태가 될 수 있다. 사람들은 의식적으로나 무의식적으로 높은 불안을 야기하는 외상적 사건을 회상하지 않으려고 하기 때문이다(M. C. Anderson & Green, 2001; M. C. Anderson & Levy, 2009; Ray et al., 2006).[8] 그러나 대부분의 사람들은 고통스러운 정보를 당연한 일로 억압하지는 않는 것 같다(Berntsen, 2010; G. S. Goodman et al., 2003; S. Porter & Peace, 2007).

---

7 심인성 기억상실(psychogenic amnesia)이라는 용어를 사용하기도 하는데, 이는 '억압'이 일어나는 이유는 없이 현상의 속성만을 표현한 것이다(Arrigo & Pezdek, 1997).

8 어떤 것을 의식적 · 의도적으로 기억하지 않으려고 할 때 억압이라는 용어 대신 억제(suppression)와 동기적 망각(motivated forgetting)이라는 용어를 사용하기도 한다(예 : M. C. Anderson, 2009b).

인출 실패

처음에는 기억해내지 못했지만 나중에 떠올리는 경우를 경험해보았을 것이다. '손전등' 비유를 다시 떠올려보면, 원하는 정보를 가지고 있는 장기기억의 영역을 '들여다보지' 못했을 때 인출에 실패한다. 아마도 그 정보는 처음에 지금 생각하는 것과는 다른 방식으로 연결되어 저장되었을 것이다. 또는 그 정보와 다른 생각들과 거의 연결되지 않은 채 저장되었을 수도 있는데, 결과적으로 기억을 다 찾아보았지만 손전등의 초점을 받지 못한 것처럼 활성화되지 못한 것이다.

때로 인출 실패는 미래에 필요한 어떤 것을 하는 것을 잊어버리는 것과도 관련되는데, **미래지향적 기억**(prospective memory)의 문제가 일어난다(Einstein & McDaniel, 2005; S. A. Stokes, Pierroutsakos, & Einstein, 2007). 예를 들어 젊었을 때 종종 안개가 많이 낀 날 아침 미등을 켜고 운전을 하다가 등을 끄는 것을 잊은 적이 많았다. 중요한 약속도 종종 잊는다. 가끔은 수업에 들어갈 때 학생들에게 나누어줄 자료나 수업에 쓸 파일을 놓고 오기도 한다. 이것은 장기기억에서 기억을 잃어버린 것이 아니다. 하루종일 일을 하고 주차장에 가서 자동차의 배터리가 나가버린 것을 보고 아침부터 등을 켜두었다는 것을 기억한다. 이미 약속시간이 지났을 때 그 약속이 생각이 나고, 수업 시간에 그 자료를 나누어주어야 할 시간이 되어서야 가지고 오지 않았다는 사실을 깨닫게 된다. '그래, 맞아'라는 생각을 할 것이다. 이 문제는 중요한 정보를 적절한 시각에 인출하는 것을 잊어버린 것이다. 다행히 나는 기억에 대한 공부를 하면서 이런 건망증을 극복하는 전략을 개발할 수 있었다. 나의 문제는 적절한 시간에 중요한 정보를 잊는 건망증(forget to retrieve)이다.

이 문제를 해결하는 가장 좋은 방법은 기억체제 밖에 마련된 물리적인 자극인 **외적 인출 단서**(external retrieval cue)를 만드는 것임을 찾아냈다. 예를 들면 나는 수년에 걸쳐 다양한 단서들을 만들었고 덕분에 지구상에서 가장 건망증이 적은 교수가 되었다. 휴대전화의 달력을 사용해 참석해야 할 회의와 약속만이 아니라 매주 규칙적으로 해야 할 일까지 모두 적어두고, 해야 할 날 잊어버릴 수 있는 것을 꼭 해야 한다는 것을 알려주는 달력 속의 알람을 미리 설정해둔다. 특정한 날에 해야 할 일이나 어떤 주까지 마쳐야 할 일에 대해 따로 적어서 책상의 잘 보이는 곳에 붙여둔다. 어디에 꼭 가져가야 하는 것이 있을 때는 책상과 연구실 문 사이 바닥에 두어서 연구실을 떠날 때 볼 수밖에 없게 만든다. 내가 하는 방법은 확실하게 기억해야 할 것을 인출하게 할 것이다.

구성 오류

구성이 인출 과정에 오류를 초래하는 것을 앞서 살펴보았다. 구성은 저장과 인출에서 모두 나타나는데, 학습자가 만든 정보가 저장될 때나 한 번도 본 적이 없는 정보를 인출할 때이다. 인출에서의 구성은 특히 인출할 정보에 쇠퇴, 간섭, 인출 실패 등을 통해 빈 자리가 있을 때 일어난다. 따라서 시간이 가면 갈수록 어떤 사건이나 학습한 정보체계를 정확하게 구성하지 못하게 된다(Bergman & Roediger, 1999; Brainerd & Reyna, 2005; Dooling & Christiaansen, 1977).

인출 중 불충분한 자기점검

제5장에서 **자기점검**(self-monitoring)이라고 알려진 자기조절의 하위 과정에 대해 설명했었는데, 자기점검이란 자신의 행동을 직접 관찰하고 평가하는 것을 말한다. 장기기억으로부터 정보를 인출할 때에도 보다 '인지적' 성격이 강한 자기점검을 하는 것 같다. 즉 어떤 것을 정확하게 기억하고 있는지 아닌지 확인하기 위해 기억 내용을 반추해본다는 것이다(Koriat & Goldsmith, 1996). 예를 들면 사람들은 기억 내용이 그럴듯하거나 자신이나 세상에 대해 알고 있는 것과 일관되면 그 내용이 보다 정확하다고 생각하는 경향이 있다. 마치 장기기억에서 바로 자기 앞에 떨어진 것처럼 생생하고 세밀하고 쉬울 때 그 기억의 정확성에 대해 자신감이 생긴다. 그리고 오래전에 일어났던 일에 대한 기억은 희미하다는 것을 알고 있기 때문에 어린 시절의 잘 기억나지 않는 일에 대해서는 실험자가 만들어 넣은 것까지도 그랬던 것 같다고 대답하는 것이다. 제12장에서 배우게 될 **메타인지**와 마찬가지로 자신의 기억의 정확성에 대해 자기점검을 하는 데 필요한 능력은 아동기 동안 발달한다(Ghetti, 2008; Ghetti & Alexander, 2004; Mazzoni & Kirsch, 2002; Mazzoni, Scoboria, & Harvey, 2010).

저장 또는 공고화 실패

'망각'에 대한 마지막 설명은, 어떤 정보가 처음부터 완벽하게 저장되지는 않았다는 것이다. 어떤 정보에 주의를 기울이지 않으면 그 정보는 작업기억에조차 들어오지 않는다. 장기기억에 도달할 수 있도록 충분히 처리하지 않은 정보도 마찬가지다. 장기기억 속에 들어갔더라도 큰 사고가 난 것과 같은 어떤 요인 때문에 공고화 과정이 방해받을 수도 있다(제2장 참조).

어떤 경우 뇌는 **의식적 수준**에서는 인출할 수 없는 암묵적 지식이라는 방식으로만 저장할 수도 있다. 3세 이전에 일어난 일에 대해 거의 또는 전혀 기억하지 못하는 이유에 대한 가장 타당한 설명일 것이다(Nadel, 2005; C. A. Nelson, 1995; Newcombe, Drummey, Fox, Lie, & Ottinger-Albergs, 2000). 심리학자들은 이러한 **유아기 기억상실**(infantile amnesia) 현상에 대해 적어도 두 가지 설명을 제안해왔다. 첫째, 해마와 전두엽과 같은 명시적 지식과 관련되는 뇌구조가 태어날 때는 충분히 발달해 있지 않은데, 특히 전두엽은 생후 몇 년 동안 더 중요한 성장을 한다(C. A. Nelson, Thomas, & de Haan, 2006; Newcombe et al., 2000; Oakes & Bauer, 2007). 둘째, 앞서 **언어화**(verbalization)에서 살펴본 바와 같이 경험에 대해 이야기하는 것이 기억을 증진시키는데, 유아들은 자신이 경험한 것에 대해 다른 사람에게 이야기할 언어를 아직 구사할 수 없다.

지금까지 살펴본 설명은 모두 인간의 다양한 망각문제를 부분적으로 설명할 뿐이다. 그러나 망각은 반드시 나쁜 것만은 아니다. 어떤 특정한 상황에서 학습한 많은 것들은 나중에, 특히 오랜 시간이 지난 후에는 거의 사용하지 않게 되고 그것을 실제로 어떻게 경험했었는지 정확하게 기억할 필요가 거의 없다. 사실 우리가 획득한 모든 정보를 모두 저장한다면 이것이 **정신적 비축**(mental hoarding)이라고 생각될지 몰라도 어떤 것을 인출해야 할 때 그것을 매우 어렵게 만들 것이다(J. R. Anderson & Schooler, 1991; Ratey, 2001; Schacter, 1999). 할머니의 다락을 한 번 더 생각해보라. 만약 손에 한 번이라도 들어왔던 모든 것을 그대로 버리지 않고 다락에 두었다면 어떤 모양새가 되었을까?

장기기억 저장과 인출 과정의 효과적 증진

나는 종종 교육자와 교육심리학자가 교사중심 수업과 학습자중심 수업을 구분하는 것을 듣는다. **교사중심 수업**은 강의나 설명, 교재, 동영상과 같은 학습 교구를 교사가 직접 제시하는 방법을 의미한다. 교사중심법은 종종 학생들이 배우기를 기대하는 것과 본질적으로 같은 형태로 정보를 제공하기 때문에, 때로는 **설명식 수업**(expository instruction)이라고 부른다. 이에 반해 **학습자중심 수업**은, 대개는 계획된 활동의 맥락 내에서 어느 정도는 교사의 지도가 개입되긴 하지만, 학생들이 나름의 지식과 이해를 구성하도록 장려한다. 발견학습, 학급 전체와 소집단토론, 협동학습, 그리고 집단 문제 해결 활동은 모두 학습자중심 수업의 예이다.

나의 견해로는, **교사중심**과 **학습자중심**이라는 용어는 오칭이다. 학생들은 어떤 형태의 수업에서나 그 중심에 있을 것 같다. 그런 점에서 교사는 자신의 학습을 위해서가 아니라 학생들의 학습을 위해 유념하여 수업을 계획해야 한다. 중요한 차이는 초점의 문제가 아니라 통제의 문제이다. 학생들은 교사중심 접근법보다는 학생중심 접근법에서 학습 과정에 더 많은 노력을 기울인다. 그래서 나는 우리가 약간 다른 용어를 사용할 것을 제안한다. **교사주도 수업**(teacher-directed instruction)에서는 교사가 어떤 주제를 다룰 것인지를 선택하고, 수업과정을 지휘하는 것과 같은 것을 하면서 대부분 명령을 한다. **학습자주도 수업**(learner-directed instruction)에서는 학생들이 자신이 다룰 문제와 그 문제를 다룰 방법에 대해 상당히 많은 말을 한다.

최근에 많은 교육자와 교육심리학자들은 교사주도 수업과 학습자주도 수업의 장단점에 대해 치열한 공방을 벌여오고 있다(예 : Chall, 2000; Tobias & Duffy, 2009a). 그러나 주도성에 있어 이분법적으로 어느 한쪽을 선택하는 것이 아니라 어떤 연속선상에서 볼 수 있는데, 다양한 수준의 교사주도성이 서로 다른 상황에서 적절할 수 있다(예 : Baer & Garrett, 2010; Spiro & DeSchryver, 2009). 궁극적으로 교수법에서 가장 중요한 것은 교사가 주도하는지 아니면 학습자가 주도하는지가 아니라 얼마나 효과적으로 저장과 인출 과정을 촉진하는지다. 다음은 본질적으로 교사주도 또는 학습자주도에 상관없이 교수 과정을 이끌 일반적인 원리들이다.

◆ 학생들의 사전 지식을 활성화하고 그것에 기반을 두는 수업이 보다 효과적이다. 학생들이 새로운 자료에 관련지을 수 있는 기존 지식을 가지고 있을 때조차도, 그들은 자주 그것을 연결 짓지 못하기도 한다. 그래서 효과적인 수업은 **사전 지식의 활성화**(prior knowledge activation)를 포함한다. 그것은 학생들이 장기기억으로부터 작업기억으로 유관한 지식을 인출하도록 격려하는 수단이 된다. 예를 들어 교사와 학생들은 수업 주제에 대한 읽기과제를 시작하기 전에 수업 중에 그 주제에 대해 토론할 수 있다(Baer & Garrett, 2010; Hansen & Pearson, 1983; P. T. Wilson & Anderson, 1986). 그리고 그 이전 학년에 배웠던 내용이 새로운 내용을 이해하는 데 중요하다면, 교사들은 그 내용에 대해 빨리 검토해보게 할 수 있다.

학생들이 특정 주제에 대한 지식을 갖고 있지 않아 보일 때, 교사는 학생들이 새로운 개념에 관련지을 수 있는 실제 경험을 제공할 수도 있다. 예를 들어 혁명 이전 1700년대 미국 식민지 이주자들을 고통스럽게 했던 제도인 조세무법정주의를 생각해보자. 어른들은 대부분 조세무법정주의 아이디어를 높은 세금에 대한 자신의 불만과 관련지을 수 있지만 대부분의 5학년생들은 식민지 이주자들의 상황을 이해할 수 있게 하는 경험을 거의 가지지 못한다. 학생들이 식민지 이주민들의 고통에 공감할 수 있도록 하기 위해 학생들이 자신의 의사와는 상관없이 소중한 물건을 잠시 동안 친구에게 주는 활동을 시킬 수 있다. 나는 강의뿐 아니라 책에서도 이러한 경험 생성 전략을 자주 사용한다. 이 장의 앞에서 한 사례로 '유령의 전쟁'을 읽었다. 그리고 그다음에 나는 새로운 개념과 원칙을 학생과 여러분이 방금 했던 경험에 관련짓도록 한다.

수업내용을 익숙한 개념과 상황에 관련짓는 유추 또한 아주 효과적일 수 있다(Bulgren, Deshler, Schumaker, & Lenz, 2000; Donnelly & McDaniel, 1993; Pinker, 2007; Zook, 1991). 예를 들면 이 장의 앞쪽에서 장기기억의 인출과 크고 어두운 방에서 작은 손전등을 가지고 물건을 찾는 것에 비유했다. 여기에 세 가지 다른 사례를 제시한다.

- 지구의 역사를 하루 24시간이라고 생각해보면, 인간은 그날의 마지막 몇 분에 나타났다(Hartmann, Miller, & Lee, 1984).
- 빙하의 성장은 마치 팬케이크 반죽을 팬에 붓는 것과 같다. 가운데로 반죽을 부으면 부을수록 점점 끝쪽으로 퍼져나간다(R. K. Ormrod의 사견).
- 소화기를 통해 음식이 이동하는 과정인 연동운동은 패스트푸드점에서 주는 작은 케첩을 짜는 것과 같다. 한쪽 끝에서 짜기 시작해 점점 손가락을 옮기면서 케첩이 끝까지 나오도록 짠다(Newby, Ertmer, & Stepich, 1994).

- 학생들에게 유의미학습을 하라고 분명하게 격려할 때 유의미학습에 참여할 가능성이 높다. 학생들은 새로운 정보를 이해할 수 있다는 자세를 가지고 새로운 정보에 접근해야만 한다. 다른 말로 하면, **유의미학습 자세**(meaningful learning set)를 가지고 그 정보에 접근해야 한다(Ausubel et al., 1978; M. A. Church, Elliot, & Gable, 2001; Kintsch, 2009). 학생들은 교사들이 음어적인 암송보다 이해를 강조할 때, 예를 들어 교재에 나와 있는 정의를 그대로 재생하기보다는 그들 나름의 언어로 개념들을 설명하라는 기대를 받을 때 유의미학습 태도를 더 가질 것 같다. 그런데 궁극적으로, 학생들은 자신이 새로운 자료를 이해할 수 있다는 확신을 가져야만 한다. 과거에 어떤 내용이 혼동되거나 이해되지 않은 경험을 하면서 배웠던 학생들은 기계적 학습 접근에 더 많이 의지할 것 같다(Ausubel & Robinson, 1969; Bandalos et al., 2003; D. E. Brown & Hammer, 2008).
- 새로운 자료를 조직할 수 있도록 해 주는 수업이 더 효과적이다. 가장 널리 추천되는 방법 중 하나가 **선행조직자**(advance organizer)를 제공하는 것인데, 배울 내용을 훑어보거나 학생들의 사전 지식이나 경험과 어떤 관련이 있는지를 보여주는 것으로 새로운 자료를 소개하는 일반적 방법이다(Ausubel et al., 1978). 특히 자료가 분명하게 조직되지 않고 학생들이 나름대로 자료를 조직하는 데 문제가 있을 경우에, 선행조직자가 학생의 학습을 촉진하는 데 효과적이라는 것을 연구들이 일관되게 보여준다(L. Alexander, Frankiewicz, & Williams, 1979; Corkill, 1992; Mayer, 1984; Naumann, Richter, Flender, Christmann, & Groeben, 2007). 개관, 윤곽 제시, 유추, 예시, 그리고 생각을 촉발하는 질문 등 여러 형태가 모두 효과적인 것인데, 선행조직자는 아주 구체적일 때 더 효과적이다. 예를 들어 제7장에서 제시한 인간의 기억에 대한 다양한 요소에 관해 읽을 때 그림 7.1이 선행조직자로 역할하기를 나는 희망하고 있다.

설명식 수업이 잘 진행되려면, 새로운 정보를 학생들이 기억에 저장할 수 있도록 잘 조직화해 제공하는 것이 이상적이다(Dansereau, 1995; Niederhauser, 2008; Wade, 1992). 예를 들면 교사는 논리적 순서에 따라 제시하거나, 개념들 사이에 존재하는 위계적 관계를 알려주거나, 인과관계를 분명하게 함으로써 학생들의 학습을 촉진할 수 있다. 관련된 배경 지식이 거의 없거나 학습에서의 어려움을 겪었던 학생들에게는 자료가 어떻게 조직화되고 상호 관련되는지 보여주는 것이 특히 중요하다(deLeeuw & Chi, 2003; Krajcik, 1991; Mayer, 2010a; Niederhauser, 2008).

또 하나의 효과적인 전략은, 원으로 표시되는 해당 단원의 개념이나 주요한 아이디어의 그림이기도 하고, 두 개념 또는 아이디어를 같이 묶어주는 선과 단어 또는 구로 나타내는 개념 간의 상호 관련성을 표시한 그림이기도 한 **개념 지도**(concept map) 또는 **지식 지도**(knowledge map)이다. 한 예로, 그림 8.7은 교사가 고대 이집트의 예술에 관한 수업에서 주요 개념을 조직화하는 데 사용할 수 있는 개념 지도를 제시한다. 그러한 조직적 개념은 학

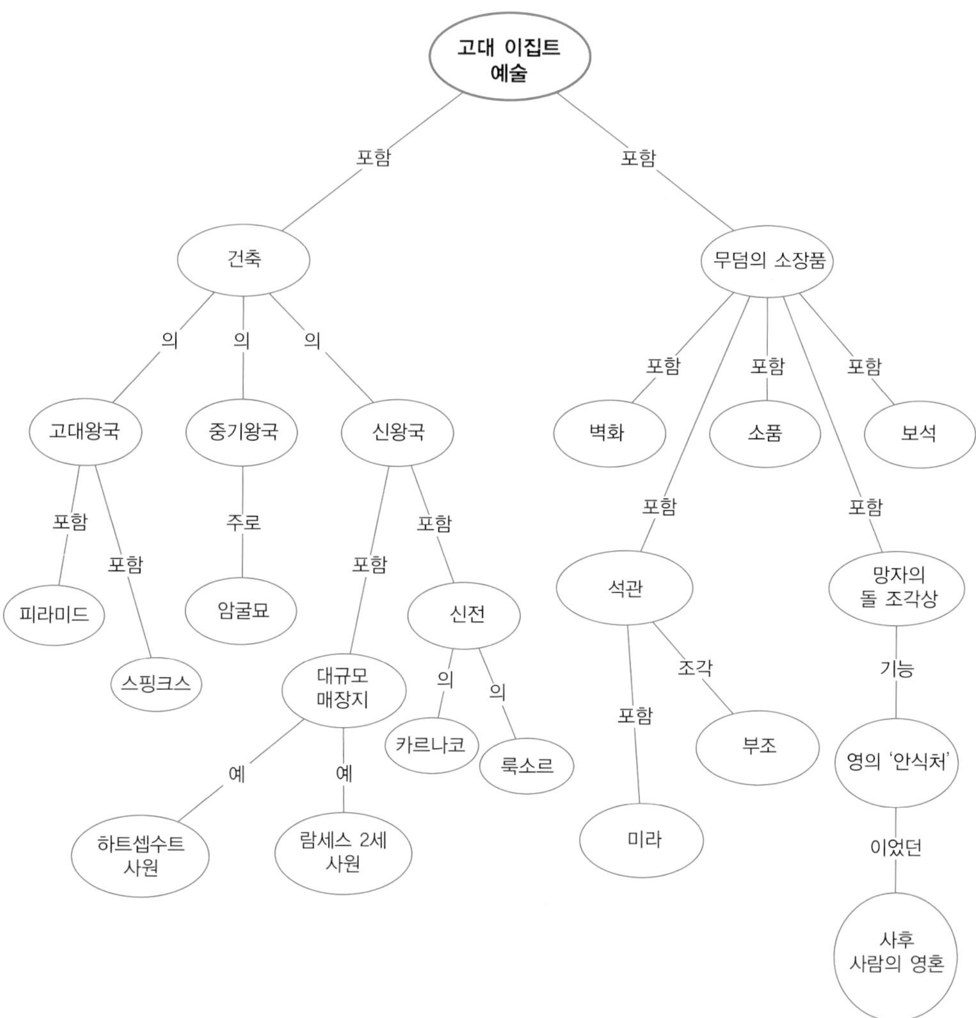

그림 8.7 고대 이집트 예술에 관한 수업에서 사용 가능한 개념 지도

생들이 강의에서 듣거나 교재에서 읽은 것을 학습하고, 조직화하고, 기억하는 데 도움을 줄 수 있다(Hofman & van Oostendorp, 1999; Novak, 1998; O'Donnell, Dansereau, & Hall, 2002; Stull & Mayer, 2007).

- 학생들이 자신이 학습한 것을 정교화하도록 격려하는 수업이 더 효과적이다. 많은 수업 활동이 학생이 수업내용을 정교화하도록 촉진할 수 있을 것이다. 예를 들어 수업 중 토론이나 협동학습 활동 맥락에서 학생들에게 주제에 대해 말하게 하는 것은 거의 강제적으로 그 주제를 가지고 정신적으로 뭔가를 하도록 하는 것이다(관련 전략에 대해서는 제11장에서 다룸). 그리고 학생들이 배운 내용에서 유추해볼 수 있도록 단순히 질문을 하는 것도 매우 생산적이

다(Brophy, Alleman, & Knighton, 2009; Croninger & Valli, 2009; J. A. Langer, 2011; McCrudden & Schraw, 2007).

제4장에서 수업의 목적과 목표에 대해 논의할 때 낮은 수준의 기술과 높은 수준의 기술을 구분했는데, 어떤 것을 단순히 아는 것과 적용, 분석, 종합, 평가 등 그 지식을 가지고 (정신적으로) 어떤 것을 할 수 있는 것 사이의 구분이라고 할 수 있다. **낮은 수준 질문**(lower-level question)과 **높은 수준 질문**(higher-level question)에도 그대로 적용할 수 있는데, 낮은 수준의 질문은 학생들에게 기억에 저장한 것을 상당히 그대로 인출하도록 질문하는 것인 반면, 높은 수준의 질문은 학생들이 자신들이 학습한 것을 정교화하고 이해도를 높일 수 있도록 해준다. 예를 들어 다음은 콜로라도의 한 중학교 과학 교사가 질문할 만한 내용이다. 다음을 읽어볼 때, 로키산맥 국립공원의 고도가 해발 1.5~2마일 이상이라는 점을 염두에 두기 바란다.

> 한 걸스카우트팀이 로키산맥 국립공원에서 하이킹을 하고 있었다. (자신들이 생활하던 곳에서) 하이킹을 하던 것에 비해 산속에서 하이킹을 할 때 숨쉬기가 더 힘들다는 것을 알 수 있었다. 하이킹을 하는 동안, 한 학생이 집에서 사온 선탠로션의 뚜껑을 열었다. 뚜껑을 열자, 공기와 로션이 함께 뿜어져 나왔다.
>
> • 학생들은 왜 숨쉬기가 어려웠을까?
> • 공기와 로션이 왜 뿜어져 나왔을까? (Pugh, Schmidt, & Russell, 2010, p. 9)

교실에서 학생들에게 수 초 만에 수준이 높은 질문에 대한 통찰적이고 창의적인 반응을 하라고 하는 것은 비합리적임을 교사들은 명심해야 한다. 학생들이 이전에 배웠던 것을 떠올리고 이 정보를 새로운 맥락에 어떻게 적용할 것인지를 생각할 시간이 필요하다. 교사들이 적당히 **기다리는 시간**(wait time)을 수업 시간 내에 확보할 때, 즉 생각을 하게 하는 질문을 한 뒤 수 초간 기다려줄 때 보다 많은 학생이 수업에 참여하게 되고 증거나 논리로 자신의 추론을 뒷받침하고 답을 찾지 못할 때 더 궁금해한다(Castagno & Brayboy, 2008; Moon, 2008; Rowe, 1974, 1987; Tobin, 1987). 내가 학생들을 가르쳐본 경험에서 볼 때, 학생들에게 질문 후에 기다려주는 것은 질문에 대한 답이 쉽지 않고 하나의 답만이 있는 것은 아니라는 것을 간접적으로 전달한다. 나는 이런 메시지를 또 다른 방법으로도 암묵적으로 전달하는데, 질문을 하면서 조금 놀란 듯이 '음, 어떻게 생각하나요?'라는 표현을 표정으로 나타낸다.

학생들이 수업 주제에 관해 이미 오개념을 가지고 있다면, 교사들은 정교화가 때로는 잘못된 아이디어를 습득하도록 학생들을 이끌 수 있다는 것을 명심해야 한다. 따라서 교사들은 질문을 하거나, 규칙적인 과제를 부과하거나, 간헐적으로 퀴즈를 내서 수업 자료에 대한 학생들의 이해를 계속해서 모니터해야만 한다. 그리고 학생들의 반응에서 나타나는 오해를 교정해주는 조치를 취해야 한다. 학생들의 일부 오개념은 쉽게 교정되지 않는 완강한 것일 수도 있다. 우리는 제9장의 개념 변화(conceptual change)에 관한 논의에서 그러한 오개념을 변화시킬 수 있는 전략들을 확인할 것이다.

- **시각적 보조도구는 장기기억 저장을 강화할 수 있다.** 우리가 보았듯이, 시각적 심상은 정보를 부호화하는 데 아주 효과적인 방법일 수 있다. 그것은 특히 유의미학습이나 정교화와 같은 다른 저장 과정과 함께 사용할 때 유용할 수 있다. 그래서 정보를 구체적 사물, 실물 모델, 그림, 지도, 컴퓨터 애니메이션, 교육용 동영상[9] 등과 같은 시각적 형태로 제시하는 것은 언어적 자료에 유용한 보충자료가 된다(Butcher, 2006; Carney & Levin, 2002; Mayer, 2010a; Schneps et al., 2014; Verdi & Kulhavy, 2002). 언어적 자료에 추가된 시각적 보조도구는 제한된 작업기억 용량에 지나친 부담일 수 있다고 생각할 수 있으나, 사실 시각적 보조도구는 작업기억에 대한 긴장을 감소시키는 것으로 보인다. 왜냐하면 명백하게 시각적 도구는 학습자가 이해하려고 하는 정보의 일부를 저장하는 작업기억 밖의, 외적인 수단을 제공하기 때문이다(Butcher, 2006; R. Carlson, Chandler, & Sweller, 2003; Plass, Kalyuga, & Leutner, 2010). 시각적 심상을 촉진하는 것에 더하여, 많은 시각적 보조도구는 주요한 아이디어들이 어떻게 관련되고 상호 간에 영향을 주는지를 학생들에게 보여줌으로써 학생들이 정보를 조직하는 데 도움을 주는 하나 이상의 방법을 제공한다(Levin & Mayer, 1993; Winn, 1991).

  또한 학생들에게 공부하고 있는 개념과 원리에 대해 자기 나름대로 그림을 그려보게 하는 것도 효과적이다. 예를 들어 아이들에게 뉴런 도식을 그리면서 신경체계에 대해 공부할 수 있는 방법을 보여주고, 롤러코스터 그림을 그리면서 중력, 마찰, 운동 에너지를 설명할 수 있다(Edens & Potter, 2001; Schwamborn, Mayer, Thillmann, Leopold, & Leutner, 2010; van der Veen, 2012; Van Meter, 2001).

- **절차적 지식을 가르치는 가장 효과적인 방법은 학습해야 할 절차의 속성이 무엇인가에 따라 다르다.** 새로운 기술이 인지적 요소가 거의 없거나 아예 없이 전적으로 행동적이라면, 그림을 그리고 직접 시범을 보이고 언어적으로 각 단계를 연습하고, 즉각적으로 피드백을 주는 것이 상당히 효과적이다(Shute, 2008; SooHoo et al., 2004; J. V. Stokes, Luiselli, & Reed, 2010; Vintere, Hemmes, Brown, & Poulson, 2004; Zimmerman & Kitsantas, 1999). 또한 학습자의 활동을 녹화하는 것도 도움이 되는데, 녹화된 동영상을 보고 수행을 분석하고 장점과 단점을 피드백한다(Bear, Torgerson, & Dubois-Gerchak, 2010; Prater, Carter, Hitchcock, & Dowrick, 2011; J. V. Stokes, Luiselli, Reed, & Fleming, 2010).

  수학문제 풀이, 자동차 엔진 수리, 농구에서의 전략적 플레이 등 상당한 정신적 작업을

[9] 교육용 동영상의 우수한 사례 중 하나는 칸아카데미(www.khanacademy.org)인데, 다양한 주제의 무료 온라인 동영상을 제공한다.

포함하는 절차와 기술에서는 또 다른 전략들이 필요하다. 이런 상황에서 절차에 대한 수업은 그 절차의 원리에 대한 이해를 돕는 수업과 병행되어야 한다. 즉 절차적 지식과 서술적 지식을 함께 가르쳐야 한다. 예를 들어 교사는 자신의 생각을 말로 나타내어 정신적 절차—즉 절차적 지식—에 대해 시범을 보일 수 있다(제5장의 **인지적 모델링**에 대한 논의를 떠올려보라). 마찬가지로 학생들이 연습을 할 때 자신이 무엇을 하고 있는지, 왜 그렇게 하는지를 설명할 것을 요청할 수 있다(deLeeuw & Chi, 2003; Dominowski, 1998). 절차가 아주 복잡할 때, 교사들은 그 절차를 작은 과제로 쪼개고 학생들이 먼저 각 소과제를 나눠서 연습하도록 할 수 있다(J. R. Anderson, Reder, & Simon, 1996; Beilock & Carr, 2004; van Merriënboer & Kester, 2008).

제12장과 제13장에서 메타인지와 문제 해결과 관련하여 절차 지식의 습득을 촉진할 수 있는 추가된 전략들에 대해 각각 설명할 것이다.

◆ **어떤 맥락에서 인출될 정보라면 그 맥락에서 기억되어야 한다.** 사람들은 십중팔구 상황과 관련된 정보를 인출하게 되는데, 그 상황의 다른 측면들과 밀접하게 관련시켜 저장했을 때 더욱 그렇다. 다른 곳에서 저장한 정보는 그 정보가 유용한 상황에서 우연히 그 정보와 마주할 가능성은 극히 적다. 따라서 정보는 인출을 염두에 두고 저장되어야 한다. 이 원리를 적용하기 위해 교사는 교실에서 학습하는 자료를 나중에 인출을 필요로 할 수 있는 다양한 상황과 연결시켜볼 수 있는 기회를 학생들에게 제공해야 한다. 예를 들면 학생들은 수학 교사가 계산, 조사, 공학 등을 포함하는 문제를 수업에서 다루어주면 계산, 조사, 공학과 관련된 수학 지식을 쉽게 인출한다. 마찬가지로 적용을 강조한 심리학 시험 준비를 한 학생들은 심리학적 원리가 적용될 수 있는 여러 상황을 고려해보는 데 시간을 많이 써야 할 것이다. 나아가 학생들은 실제 상황에서 그들이 학습한 것을 사용해볼 기회를 가져야 하는데, 제11장과 제13장에서 이런 **실제 활동**을 알아볼 것이다.

◆ **목표와 목적의 분류체계는 학생들에게 학습한 내용을 생각해보고 적용해보라고 하는 여러 방법의 유용한 자극제가 될 수 있다.** 제4장에서 교수 목표와 목적에 대해 살펴볼 때 블룸의 교육목표 분류를 보았는데, 교사가 촉진하고 평가해야 할 행동을 여섯 가지 복잡한 수준으로 점점 높이고 있었다(B. S. Bloom, Englehart, Furst, Hill, & Krathwohl, 1956). 최근 교육심리학자 공동체(L. W. Anderson et al., 2001)는 지금까지 발달해온 학습 및 인지이론을 반영하여 그 분류체계를 변경했다. 이 분류체계는 네 가지 서로 다른 **지식의 종류**(그림 8.8 참조)와 관련되는 여섯 가지 **인지 처리**의 이차원 구조이다. 6개 인지 과정은 블룸의 분류에서의 여섯 수준(그림 4.5 참조)과 유사하다. 인지적 과정을 명사로 표현하는 대신 동사로 표현했고, 블룸의 **종합**과 **평가** 수준을 **평가한다**와 **창조한다**로 바꿨다. 네 가지 지식의 형태에는 서술적 지식에 속하는 **사실적 지식**과 **개념적 지식**과 함께 **절차적 지식**, **메타인지적 지식**(여기에 대해서는 제12장에서 자세히 살펴볼 것이다)이 포함된다.

앤더슨 등(L. W. Anderson et al., 2001)의 변경된 유형 분류는 여섯 가지 인지 과정을 포함하는데 각각은 네 가지 *지식의 종류*와 관련된다.

인지 과정

1. **기억하다** : 이전에 학습하여 장기기억에 저장한 정보를 재인하거나 재생하는 것
2. **이해하다** : 학습 자료와 메시지로부터 의미를 구성하는 것(예 : 추론하거나 새로운 예를 찾아내거나 요약하는 것)
3. **적용하다** : 익숙하거나 새로운 상황에서 지식을 사용하는 것
4. **분석하다** : 정보를 부분으로 해체하고 각 부분의 상호관계를 알아내는 것
5. **평가하다** : 어떤 준거나 기준을 이용하여 정보를 판단하는 것
6. **창조하다** : 지식과 절차를 보아 통합되고 구조를 가지고 하나가 되는 형태를 만드는 것

지식의 종류

1. **사실적 지식** : 구체적인 정보 하나하나를 아는 것(예 : 사실, 용어)
2. **개념적 지식** : 각 정보들의 보다 일반적인 구조와 상호관계를 아는 것(예 : 일반적 원리, 도식, 모형, 이론)
3. **절차적 지식** : 어떻게 하는 방법을 아는 것(예 : 단계별 순서도, 과학적 연구 방법론)과 사용할 절차를 선택하기 위해 어떤 준거를 적용하는 것
4. **메타인지적 지식** : 사고와 효과적인 학습전략에 대해 아는 것과 자기 자신의 인지 과정을 알아차리는 것

그림 8.8 블룸의 분류에 대한 이차원 모형
출처 : L. W. Anderson et al., 2001.

이 수정된 이차원 분류는 단순한 인지적 과정과 지식에서 보다 복잡한 과정과 지식으로 나아가는 두 가지 연속성을 나타내려고 하고 있다. 그러나 그 구분이 뚜렷한 것은 아닌데 어떤 개념적 지식은 상당히 복잡하고 추상적일 수 있고 절차적 지식 중에는 단순하고 구체적인 것이 있을 수도 있다(L. W. Anderson et al., 2001; Marzano & Kendall, 2007). 어떤 인지적 과정이나 지식의 유형이 다른 것보다 정말로 얼마나 더 복잡한가로 분류체계를 보기보다는 학생들이 가질 수 있는 다양한 지식의 종류와 그것을 새로운 과제와 상황에서 사용하거나 적용하는 여러 가지 다양한 방법으로 간주하는 것이 좋다.[10]

◆ 빠르게 학습하는 것이 항상 더 나은 학습을 의미하지는 않는다. 이 장 앞부분에서 분할 연습이 집단적 연습보다 때로는 더 느리게 학습하도록 하지만, 결국에는 자료를 더 잘 파지할 수 있게 한다는 것에 대해 살펴봤다. 보다 일반적으로, 학생들이 무언가를 아주 빨리 학습한다는 것이 반드시 아주 잘 학습한다는 것을 보여주는 것은 아니다(Phye, 2001; Rohrer & Pashler, 2010; R. A. Schmidt & Bjork, 1992; D. L. Schwartz, Lindgren, & Lewis, 2009). 어떤 주제를 정말로 숙달하기 위해서는, 학생들은 그 주제를 이미 알고 있는 것에 반드시 관련지어야 하고, 다양한 부분들 간에 상호 연결시켜야 하고, 추론하고 다른 방식으로 정교화하고, 자동화되기까지 그 주제의 어떤 측면을 학습해야만 한다. 그러한 일은 어떤 경우에는 아주 오랜 시간이 걸리지만, 중요한 주제와 기능을 위해서 잘 보내야 하는

[10] 또 다른 유용한 분류체계는 마르자노와 켄달(Marzano & Kendall, 2007)의 분류체계인데, 태도와 정서를 포함하면서 다양한 처리 수준을 구분하고 있다. 그 내용이 세밀해 이 책에 담기에는 어렵다고 판단했다.

시간이다.

나아가 학습이 일어나도록 하는 데는 일정량의 피드백이 필수적인데, 어떤 학생의 수행에 대해 계속적인 피드백보다는 간헐적인 피드백이 처음에는 향상속도를 더 느리게 하는 것처럼 보일 수도 있으나, 결국에는 수행을 촉진할 수 있다(R. A. Schmidt & Bjork, 1992). 그것은 학습자가 어떤 과제를 수행하는 것뿐 아니라 각 과제에 유관한 지식을 인출하고, 자신의 수행에 대해 스스로 피드백을 주는 연습이 필요한 때문일 수 있다(R. A. Schmidt & Bjork, 1992; Shute, 2008). 그리고 학생들이 수업 도중에 실수를 할 때 특히 실수를 어떻게 찾고 교정하는지에 대한 피드백을 주면, 가끔씩 저지르는 실수에 대해 안심할 수 있고 결국에는 더 나은 수행을 하게 된다(Keith & Frese, 2005; Mathan & Koedinger, 2005).

- **효과적인 수업은 이미 학습한 내용과 기술에 대한 복습과 연습의 기회를 제공한다.** 앞에서 보았듯이, 1분 미만의 짧은 시간 안에 정보를 시연하는 것은 정보를 장기기억 안에 저장하는 방법으로서 그렇게 효과적이지 않다. 그런데 학습한 정보를 며칠이나 몇 주, 또는 몇 달 동안의 보다 긴 시간에 걸쳐 간헐적으로 반복하는 것은 저장과 파지를 강화한다. 따라서 교사들은 학년 내내 학생들이 그 자료를 복습하고 연습하게 해야 하는데, 이전 수업에서 소개한 자료에 대해 질문하거나, 새로운 수업에 그 자료를 포함시키거나, 교육용 비디오 게임에서 그것을 사용해 연습하게 할 수 있다(예 : S. K. Carpenter, Pashler, & Cepeda, 2009; McDaniel, Anderson, Derbish, & Morrisette, 2007; Plass et al., 2013). 반복은 기초적인 수 문제, 읽기자료에서 자주 나오는 단어, 구두법과 같이 학생들에게 매일 필요한 사실이나 기능에 특히 중요하다. 기초 정보와 기능은 가능하다면 유의미하게 확실히 학습해야 하지만, 또한 학생들이 어느 정도는 자동적으로 인출할 수 있을 때까지 연습도 필요하다.

  수업 종료 시 수업 내용의 요약이나 정리된 개요를 제공하는 것도 또 다른 좋은 전략이다(J. Hartley & Trueman, 1982; Lorch, Lorch, & Inman, 1993; Naumann et al., 2007). 요약은 학생들에게 여러 기능을 제공하는 것 같다. 요약은 (a) 학생들이 자료를 검토하고, (b) 공부한 많은 아이디어 중에서 어떤 것이 가장 중요한지 결정하고, (c) 주요 아이디어를 보다 응집된 조직구조 속에 밀어넣도록 도울 수 있다.

- **교실에서의 평가는 인출과 저장에 중요한 영향을 미친다.** 제4장에서 형성평가와 총괄평가를 구분했다. 형성평가, 총괄평가, 또는 두 가지 모두 잘 계획하면 학생들의 학습과 기억을 여러 측면에서 향상시킨다.

  - **효과적인 저장 과정을 향상시킨다.** 학생들은 자신이 학습한 내용이 어떻게 평가받는지에 따라 서로 다른 방식으로 읽고 공부하는 경향이 있다(J. R. Frederiksen & Collins, 1989; Lundeberg & Fox, 1991; Quelmalz et al., 2013). 예를 들면 시험이 말 그대로를 재생

할 것을 요구할 것이라고 생각할 경우 단순암기 수준에서 사실 하나하나를 기억하는 데 초점을 둔다. 학습한 것을 적용하거나 분석하거나 통합해야 한다면 공부하고 있는 내용이 무엇인지 이해하려고 하고 유의미학습을 하려고 한다. 고차원적 사고 기술을 포함하는 하나 또는 그 이상의 평가에 이차원적 채점 방법을 적용하는 것은 후자를 촉진하는 효과적인 방법이다(Arter & Chappuis, 2006; Panadero & Jonsson, 2013). 작문법은 제4장의 그림 4.7에 제시한 사례를 참고할 수 있는데, 작문 규정의 첫 번째 줄('정확한 맞춤법')을 제외하고, 작문법에서 요구하는 특징에는 이미 학습한 지식과 기능을 적용하거나 정교화하는 능력을 포함한다.

- **시험 전에 복습을 하게 한다.** 시험을 준비하는 것은 수업 자료를 복습하는 한 가지 방법이다(Glass & Sinha, 2013; Halpin & Halpin, 1982; McDaniel, Agarwal, Huelser, McDermott, & Roediger, 2011). 예를 들어 대부분의 학생들은 그것을 그냥 공부하라고 할 때보다 시험을 볼 예정이라고 하면 학습 자료를 더 많이 공부하고 기억도 더 많이 하게 된다. 그러나 학생들은 시험에 나올 것에 대해서만 더 많은 시간을 들여 공부하고 시험에 나오지 않을 것에 대해서는 그렇게 하지 않는다(J. R. Frederiksen & Collins, 1989; N. Frederiksen, 1984b).
- **평가 과정 자체가 복습이 된다.** 시험을 보거나 과제를 하면서 그 과정 안에서 학습한 내용을 인출하고 복습하게 된다. 수업 자료에 대한 시험을 마치는 바로 그 과정이 그 자료를 더 잘 학습할 수 있도록 돕는다(Dempster, 1991; Roediger & Karpicke, 2006; Rohrer & Pashler, 2010; Zaromb & Roediger, 2010). 그러나 다시 한 번 여기에서도 평가의 특징에 따라 달라진다. 약술형 문제와 같이 학습한 내용에 대해 쓰게 하는 과제는 다지선다형 문제와 같이 사실에 대한 재인(recognition)만을 요청하는 과제보다 더 많은 재생(recall)을 하게 한다(A. C. Butler & Roediger, 2007; S. H. K. Kang, McDermott, & Roediger, 2007). 그리고 추론을 하는 것과 같이 자료 그 자체를 넘어서는 것을 요구하는 과제는 이전에 배운 사실을 단순히 재생하는 과제에 비해 더 효과적이다(Chappuis, 2009; Foos & Fisher, 1988).
- **피드백을 제공한다.** 평가는 학생들에게 무엇을 정확하게 배웠고 무엇을 잘못 배웠거나 아직 익히지 못했는지에 대해 구체적으로 알려준다. 예를 들어 학생들은 작문과제에 대한 건설적인 의견을 받게 되는데, 각 반응의 장점과 단점을 지적해주고, 답지의 어디가 애매하고 부정확한지 알려주고, 어떻게 하면 완성도를 높일 수 있고 잘 조직될 수 있는지 제안해줌으로써 학생들의 자료에 대한 이해와 작문 능력을 모두 향상시킨다(J. B. Baron, 1987; P. Black & Wiliam, 1998; Hattie & Timperley, 2007; Krampen, 1987; Shute, 2008).

교실에서 치러지는 전형적인 시험을 보면 대부분 간단한 사실에 대한 지식과 같은 낮은 수준의 기능에 초점을 맞추고 있는데 아마 이런 문항이 가장 만들기 쉽기 때문일 것이다(J. R. Frederiksen & Collins, 1989; J. P. Gee, 2010; Newstead, 2004; Poole, 1994; Silver & Kenney, 1995). 학생들이 사실을 암기하는 것 이상을 하기를 교사가 원한다면, 내용을 자신의 말로 다시 말해보거나, 개념에 대해 스스로 그 예를 만들어보거나, 원리와 절차를 실제 상황과 연결시켜보거나, 문제 해결을 위해 학습 자료를 이용해보거나, 분석적 안목으로 아이디어를 검토해보는 것과 같은 방법으로 정보를 처리하도록 학생들을 자극하는 평가방법을 개발해야 한다. 잘 구성된 문항은 이러한 과정을 촉진하는데, 예를 들어 나는 학생들이 공부한 것을 정교화해야 하는 질문이나 과제를 내려고 노력한다. 학습한 개념을 적용할 수 있는 사례를 찾아보라고 하거나 학습과 기억에 관한 원리를 이용한 다양한 교수 전략을 평가해보라고 한다. 많은 경우 교사들은 다른 방식의 평가 활동을 사용하고 싶어 하는데, 이야기를 만들거나, 일기를 쓰거나, 자료를 모아 종합하거나, 모순된 역사적 비평을 비교하거나, 정부 정책을 비판하거나, 포트폴리오를 만드는 것과 같은 종류의 과제들은 교실에서 배운 내용을 자신의 삶을 포함하여 새로운 문제와 상황에 적용해보게 한다(DiMartino & Castaneda, 2007; R. L. Johnson, Penny, & Gordon, 2009; R. S. Johnson, Mims-Cox, & Doyle-Nichols, 2006; L. Shepard, Hammerness, Darling-Hammond, & Rust, 2005).

요약

많은 심리학자들은 장기기억 저장 과정이 본질적으로 종종 구성적이라고 믿는다. 새로운 자극과 사건을 논리적으로 이해하기 위해 환경으로부터 받아들인 불완전한 자료를 이미 알고 있는 정보와 연결한다는 것이다. 어떤 정보는 무의미한 방식으로 말로 단순히 반복하기만 하는 단순한 **시연**(rehearsal)을 통해 저장되지만, 많은 학자들은 시연이 어떤 것을 필요한 기간 동안 효과적으로 기억하게 하는지에 대해 의문을 제기한다. 그리고 또 다른 인지적 과정은 보다 오래가는 서술적 지식을 만들어낸다. **유의미학습**(meaningful learning)은 새로운 자료를 기억 속에 이미 저장된 유사한 아이디어에 연결하는 것이다. **내적 조직화**(internal organization)는 다양한 새로운 정보조각을 응집력 있고 상호 관련된 전체로 통합하는 것이다. **정교화**(elaboration)는 개인이 이전에 습득한 지식과 신념을 새로운 정보에 부과하는 것을 포함한다. 그리고 **시각적 심상**(visual imagery)은 어느 정도까지는 정보의 물리적 외형을 포착한 정신적 '그림'으로 그 정보를 부호화하는 것이다. 이러한 저장 과정은 운동 기술이나 문제 해결 전략과 같은 절차적 지식의 습득에서도 역할을 하게 되는데, 서술적 지식이 새로운 기술을 습득하는 초기 단계에서 학습자의 노력을 지원해주기 때문이기도 하다.

몇 가지 인지적 요소가 장기기억 저장에 영향을 준다. 학습자는 새로운 정보와 기존 지식 둘 다 동시에 작업기억 안에 있을 때만 둘을 관련짓기 쉽다. 어떤 주제에 대해 더 많은 양의 정확한 기존 지식이 제공될 때 장기기억 저장이 촉진되지만, 너무 많은 양의 아이디어와 기대는 학습한 것과 기억한 것의 왜곡을 초래하기도 한다. 외현적 행동 또한 장기기억 저장에 영향을 준다. 예를 들면 배우고 있는 것을 말해보거나 써보거나 신체적으로 행동해보는 것과 오랜 시간 동안 정보나 기술을 간헐적으로 반복해보는 것은 보다 오랫동안 기억하기 쉽게 해준다. 많은 경우에, 통례의 기초에서 요구되는 지식과 기능은 **자동성**의 수준에서 학습할 수 있을 때까지, 말하자면 노력을 기울이지 않고도 빠르게 인출하고 사용할 수 있을 때까지 계속해서 연습해야 한다.

장기기억으로부터의 인출은 원하는 정보가 찾아질 때까지 한 번에 한 '장소'씩 그 내용을 탐색하는 과정이라고 할 수 있다. 정보가 기억 속에서 다른 많은 내용들과 서로 연결되어 있을 때, 자동화 수준까지 학습되어 있을 때, 관련되는 **인출단서**(retrieval cues)가 제공될 때 인출은 더 쉬워진다. 인출은 구성적 과정인 경우가 많아 어떤 정보들은 바로 인출이 되지만, 어떤 경우는 (더 좋거나 더 나쁜 것에 상관없이) 해당 주제에 대한 이전 지식과 신념에 근거해 세부사항들이 채워지기도 한다. 사람들은 종종 전혀 배운 적이 없는 것을 기억해내는데, 이미 배운 것으로부터 추론을 할 수 있기 때문이거나 장기기억 속의 관련 정보가 학습 경험 중에 활성화되었기 때문에 가능하다. 어떤 특정한 방식으로 이전 사건을 기술하면 학습자들은 미래에도 같은 방식으로 기억할 것이다. 즉 사람들은 자신이 경험한 것 자체만큼이나 그것에 대해 떠올렸던 내용을 경험한 것으로 기억하고 있다.

사람들이 이전에 학습한 내용을 왜 '잊어버리는가'에 대해 지금까지 학자들은 다양한 설명을 하고 있는데, 쇠퇴, 간섭, 제지, 억압, 인출 실패, 구성 오류, 불충분한 자기점검, 완전한 저장 또는 공고화 실패 등이 대표적이다. 망각이 반드시 나쁜 것만은 아니다. 일상생활의 사소한 세부내용들은 거의 사용하지 않고 중요한 정보를 글자 하나하나로 기억할 필요도 거의 없다.

최근의 심리학자들은 교사중심 교수와 학습자중심 교수를 구분하고 있지만, 두 접근은 모두 **교사주도**(teacher-directed) 교수와 **학습자주도**(learner-directed) 교수로 명명되는 것이 낫다. 어떤 접근이 다른 접근에 비해 더 좋다고 주장하는 학자들도 있지만, 사실 각 접근의 효과성은 학생들에게 어떤 인지적 과정을 촉진하는가에 달려있다. 어떤 교수법을 사용하는지와 상관없이 다양한 방법으로 교사는 효과적인 장기기억의 저장과 인출 과정을 촉진할 수 있다. 예를 들면 주제에 대한 학생들의 사전 지식을 활성화하고, 새로운 자료를 조직화하고 통합하는 것을 돕고, 추론을 해보고, 다른 방식으로 정교화해보도록 격려하고, 연습하고 복습할 기회를 많이 제공해줄 수 있다. 교실에서 평가를 실시하는 것 역시 효과적인 저장과 인출 과정을 촉진한다. 학습한 지식과 기술을 새로운 상황과 문제에 적용해보게 하는 것과 같이 학생들이 자신이 습득한 지식과 기술로 궁극적으로 할 수 있는 것에 초점을 두게 함으로써 가능하다.

9

지식의 본질

학습 성과

9.1 *인간의 지식이 갖는 다양한 형태를 설명하고 실제 상황에서 각 형태의 예를 발견한다.*

9.2 *장기기억이 조직될 수 있는 몇 가지 가능한 방법을 설명한다.*

9.3 *개념, 도식, 각본의 일반적인 특징을 설명하고, 이것을 어떻게 학습할 수 있으며 이것이 미래의 학습과 기억에 어떠한 영향을 미치는지 설명한다.*

9.4 *개인이론과 세계관에 대한 예시를 제시하고, 그것을 낳는 환경 조건에 대해 설명한다.*

9.5 *반박하는 정보와 증거가 상당히 있음에도 왜 몇몇 개인이론들과 신념이 없어지지 않는지를 설명하고, 개념적인 변화를 가져올 수 있는 교수 전략에 어떤 것이 있는지를 이야기한다.*

9.6 *전문지식의 본질에 대해 설명하고, 어떻게 그것이 경험과 수업을 통해 발전할 수 있는지 설명할 수 있다. 또한 어떻게 '적은 것이 많은 것'이라는 개념이 개념 변화와 전문지식의 발달에 유용하게 사용될 수 있는지 설명한다.*

다음 질문에 답해보자.

1. 어제 무엇을 했나?
2. 9살 때 어떤 집이나 아파트에 살았나?
3. 명사란 무엇인가?

4. 단순암기와 유의미학습은 어떤 점에서 다른가?
5. 여러분이 살고 있는 지역이나 도시를 돌아보기에 가장 좋은 교통수단은 무엇인가?
6. 향후 20~30년간 이 나라를 이끌어 나갈 사람을 뽑으라고 하면 누구를 뽑겠는가?
7. 자전거는 어떻게 타는가?
8. 대형 매장에서 물건을 살 때 어느 계산대로 가서 줄을 설 것인지를 어떻게 결정하는가?
9. 사람들이 말을 키우는 이유는 무엇인가?
10. 사람들이 집 앞 뜰에 자갈을 깔아두기보다는 잔디를 심어두는 것을 더 좋아하는 이유는 무엇인가?

여러분이 장기기억에 저장해둔 지식 덕분에 대부분의 질문에 큰 어려움 없이 바로 답할 수 있었을 것이라고 생각한다. 여러분이 알고 있는 것의 일부는 질문 1과 2에서 볼 수 있는 것처럼 개인의 인생 경험과 관련 있지만, 대부분은 세상에 대한 보편적 지식이다. 질문 3과 4에 답할 수 있게 해준 지식은 선생님이나 책을 통해 배운 것일 테지만, 대부분은 수년에 걸쳐 스스로 얻게 된 지식일 것이다. 그런데 여러분이 가지고 있는 '지식'의 일부는 사실이라기보다는 여러분의 신념이나 선호를 반영한 것이다(질문 5, 6 참조). 또한 여러분은 할 줄 아는 것도 많다(질문 7, 8 참조). 그리고 여러분은 여러분이 알고 있고, 믿는 것을 활용하여 세상이 왜 이러한 방식으로 돌아가는지에 대한 보다 일반적인 이해를 한다(질문 9, 10 참조).

지금까지 많은 학자들은 인간 지식의 본질에 대해 여러 이론을 제시했는데, 이 모든 것을 하나로 정리하기란 거의 불가능할 것이다. 대신 우리는 이 장에서처럼 지식의 종류를 구분 짓고, 지식이 부호화될 수 있는 형태들에 대해 생각해보고, 장기기억이 조직화될 수 있는 여러 방식에 대해서 알아볼 수 있다. 또한 인간의 지식이 시간이 지나면서 어떻게 수정되는지를 보고(개념 변화) 특정 영역이나 학문의 전문지식을 어떻게 점진적으로 얻게 되는지를 살펴볼 것이다.

지식의 종류

앞의 두 장에서 우리는 지식의 다면적 속성을 구분하는 두 가지 대표적인 구분 방식을 가볍게 살펴보았다. 여기에서는 이 두 가지 구분인 서술적 지식 대 절차적 지식 분류와, 명시적 지식 대 암묵적 지식 분류에 대해 보다 자세히 알아볼 것이다.

서술적 지식과 절차적 지식

제7장에서 처음 언급되었듯이 **서술적 지식**(declarative knowledge)은 사물이 어떠했고, 어떠하며, 어떠할 것인가에 대한 속성과 관련된다. 여러 이론가들은 공통적으로 서술적 지식에

는 개인의 인생 경험에 대한 기억에 해당하는 **일화기억**(episodic memory)[1]과 이런 경험과는 상관없는 일반적인 지식에 해당하는 **의미기억**(semantic memory)의 두 가지 형태가 있다고 본다. 이 두 가지 형태의 서술적 지식은 몇 가지 중요한 면에서 차이가 난다(Tulving, 1983). 예를 들어 우리는 우리가 경험한 어떤 사건은 기억하지만(일화) 세상에 대해서는 어떤 것을 안다(의미). 우리는 특정한 사건이 언제 일어났는지(일화)는 기억해낼 수 있지만, 세상에 대한 특정한 사실을 언제 알게 되었는지(의미)는 알지 못한다. 어떤 일이 일어났던 동일한 장소에 가면 일반적으로 그 일에 대한 기억이 떠오르는 반면 세상에 대한 일반적인 정보는 어디에 있든지 떠올릴 수 있다. 의미기억은 대체로 일화기억에 비해 더 오랫동안 남아 있는데, 예를 들면 어떤 특정한 패스트푸드점의 메뉴(의미)는 기억하지만 거기에서 1년 전 화요일에 무엇을 시켜 먹었는지는 잘 기억하지 못한다(일화). 그리고 일화기억과 의미기억이 저장될 때는 어느 정도까지는 뇌의 다른 부분이 사용된다고 한다(Buckner & Petersen, 1996; Davachi & Dobbins, 2008; Prince, Tsukiura, & Cabeza, 2007).

서술적 지식과 달리 **절차적 지식**(procedural knowledge)은 무언가를 할 줄 아는지와 관련된 지식이다. 예를 들어 여러분은 아마 자전거를 탈 줄 알고, 선물을 포장할 줄 알며, 57과 94를 더할 줄 알 것이다. 이런 것들을 성공적으로 하려면 변화하는 상황에 맞게 행동에도 변화를 주어야 한다. 자전거를 탈 때 진행하는 방향 앞에 어떤 물체가 있으면 진행방향을 왼쪽이나 오른쪽으로 돌릴 수 있어야 하고, 장애물을 만나거나 목적지에 도착하면 완전히 멈출 수도 있어야 하는 것이다. 나중에 산출에 대해 논의할 때 다시 설명하겠지만, 절차적 지식은 여러 가지 상황에서 어떻게 반응할 것인지에 관한 정보인 **조건적 지식**(conditional knowledge)도 포함하고 있다.

일화기억, 의미기억, 절차적 지식은 모두 장기기억 내에서 서로 연결되어 있다. 예를 들어 개가 어떤 동물인지(의미기억)에 대해 생각할 때, 예전에 키우던 안나라는 개가 맥도날드에서 열렸던 친구 티나의 생일파티에서 가지고 온 남은 초콜릿 케이크를 먹었던 일(일화기억)을 떠올리면서, 그 전에 키웠던 토비라는 개의 발에 작은 털 장화를 신겨서 눈이 많이 쌓인 곳에서도 그것이 벗겨지지 않도록 하곤 했던 일(절차적 지식)도 떠올릴 것이다. 안나는 어떻게 초콜릿 케이크를 먹을 수 있었을까? 토비가 눈길에 나갈 때 왜 털 장화가 왜 필요했을까? 왜 털 장화를 어떻게 신기면 잘 벗겨지고, 어떻게 신기면 잘 안 벗겨졌을까? 우리는 서술적 지식과 절차적 지식을 결합하여 **개념적 지식**(conceptual knowledge)이라는 것을 만드는데, 이는 왜 어떤 일이 일어났는지, 왜 어떤 것은 그런 특징을 갖는지, 왜 어떤 방법은 효과적인데 다른 방법은 그렇지 못한지에 대한 우리의 이해를 반영한다(J. R. Anderson, 2005; L. W. Anderson et al., 2001; Spunt, Falk, & Lieberman, 2010). 그런데 '개념적'이라는 말에 속으면 안 된다.

1 이론가들이 개인의 삶에 있어 중요한 사건에 대한 기억에 대해 논할 때 자전적 기억(autobiographical memory)이라는 용어를 사용하기도 한다(예 : Berntsen & Rubin, 2012).

왜냐하면 여기서 말하는 개념이란 단순한 것이 아니기 때문이다. 개념적 지식은 여러 가지 개념과 서술적 지식, 또는 개념과 절차적 지식을 통합하여 특정 상황이나 현상을 이해하도록 하는 것을 포함한다.

명시적 지식과 암묵적 지식

꽃씨를 사온 뒤 그것이 꽃을 피우게 하려면 어떻게 키워야 하는가? 아마 여러분은 이 질문에 쉽게 답할 수 있을 것이고 흙 속에 씨를 심어야 하고, 햇빛을 충분히 받을 수 있게 해야 하고, 규칙적으로 물을 주어야 한다는 등의 일련의 과정을 설명할 것이다. 그러나 자전거를 탈 때 어떻게 균형을 잡는가? 뛰어다닐 때 다리를 어떻게 움직이는가? 문법에 맞게 말을 하거나 글을 쓰기 위해 무엇을 하는가? 같은 질문에 대답하는 것은 어렵다. 여러분에게 이런 일이 아주 간단한 일일지라도 그 행동을 할 때 정확히 무엇을 어떻게 하는지를 짚어내기는 힘들다.

많은 이론가들은 쉽게 떠올릴 수 있고 설명할 수 있는 **명시적 지식**(explicit knowledge)과 의식적으로 떠올리거나 설명할 수는 없지만 어떤 식으로든 우리의 행동에 영향을 미치는 **암묵적 지식**(implicit knowledge)을 구분 짓는다. 때때로 사람들은 어떤 지식이 분명히 자신의 행동에 영향을 미치고 있음에도 자신이 무언가를 배웠다는 사실을 인지하지 못한다. 어떤 종류의 뇌 손상으로 어려움을 겪고 있는 사람들에게서 이러한 현상을 볼 수 있다(Bachevalier, Malkova, & Beauregard, 1996; Gabrieli, Keane, Zarella, & Poldrak, 1997). 또한 모국어나 제2외국어를 배울 때도 암묵적 지식을 습득한다는 증거가 있는데, 우리는 어떻게 문법에 맞는 문장을 말하고 있는지 알지 못하면서도 문법에 맞는 말을 할 수 있다(Chomsky, 2006; N. C. Ellis, 1994).[2]

때때로 지식은 불명확해서 은밀한 방식으로만 우리에게 영향을 미친다. 예를 들어 9세 아동들이 유치원 시절을 함께 보냈던 친구들의 사진을 볼 때 몇몇 친구들에 대해서는 기억이 없을지라도 그들의 생리적인 반응을 보면 이들이 어느 정도는 친구들을 알아보았다는 것을 알 수 있다(Newcombe & Fox, 1994). 또 다른 예를 보면, 대학생들에게 간단한 질문을 하고 왼쪽 또는 오른쪽이라고 답하도록 했을 때(영국 학생들에게 10펜스 동전에서 엘리자베스 여왕의 얼굴이 어느 쪽을 향하고 있는지를 묻거나 일본 학생들에게 헬로키티가 어느 쪽에 리본을 달고 있는지를 물어보면) 거의 대답을 하지 못했다. 그러나 두 가지 그림을 보여주면서 맞는 그림을 찾아보라고 하면 65~80%의 경우 맞는 대답을 했는데, 뛰어난 정답률은 아니지만 그냥 운으로 맞추었다고 보기도 어렵다(Kelly, Burton, Kato, & Akamatsu, 2001).

---

2 명시적 지식의 습득은 제2장에서 설명했던 변연계에 있는 해마에서 주로 담당하는 반면 암묵적 지식의 습득은 소뇌나 편도체와 같은 다른 뇌구조와 더 크게 관련이 있는 것으로 보인다(Marcus, 2008; C. A. Nelson, Thomas, & de Haan, 2006; D. J. Siegel, 2012).

정보가 장기기억에 부호화되는 방식

잠시 동안 장미에 대해 생각해보자. 무엇이 떠오르는가? 꽃, 빨간색, 아름다운, 줄기가 긴, 비싼 등의 단어가 머리에 떠오를 것이다. 장미가 어떻게 생겼는지 마음에 그려볼 수도 있고 향기를 떠올려볼 수도 있다. 어쩌면 장미나무에서 장미를 꺾기 위해 손을 뻗었다가 가시에 손가락이 찔리는 것까지도 느껴볼 수 있을 것이다.

지식은 여러 가지 방식으로 장기기억 속에 부호화될 것이다. 때로는 물리적 특성을 그대로 반영하는 방식으로 부호화되는데, 장미는 어떻게 생겼고 어떤 향기가 나는지가 기록되는 것이다. 한편 지식은 활동으로서도 부호화되는데, 누군가는 가시가 많이 있는 장미 나무로부터 장미를 잘라내는 가장 좋은 방법을 배울 수도 있다. 또한 부호화는 상징적인 방식으로도 이루어질 수 있는데, '장미는 빨갛고, 제비꽃은 파랗다'와 같은 말이나, 수학적 표현 또는 다른 상징체계로 기억 속에 남게 된다. 그리고 마지막으로, 지식은 특정한 물리적 특성, 행동, 그리고 상징을 초월하는 추상적인 의미의 형태를 갖기도 한다. 예를 들어 '장미는 꽃이다'라는 사실은 추상적인 아이디어의 형태로 저장되어 있을 수 있는 것이다. 각각의 부호화 방식에 대해 더 자세히 알아보도록 하자.

외양으로서 부호화

우리가 보고, 듣고, 냄새를 맡는 등의 감각을 해석하는 데 사용하는 뇌의 영역들은 우리가 주변에서 관찰한 것을 기억하고 부호화하는 데 도움을 준다(Barsalou, Simmons, Barbey, & Wilson, 2003; Behrmann, 2000; Speer, Reynolds, Swallow, & Zacks, 2009). 이처럼 지각에 기반을 둔 형식의 부호화를 **심상**이라 한다. 우리는 우리가 가지고 있는 거의 모든 감각 양상에 기반을 두어 이미지를 형성하거나 기억할 수 있다(Minogue & Jones, 2006; Palmiero et al., 2009; Reisberg, 1992).

장기기억 속에 저장되어 있는 이미지는 대개 물리세계에 대한 거칠고 부정확한 그림일 뿐이다. 즉 그 이미지가 우리가 이전에 감각한 것에 대한 모든 세부사항을 포함하지는 않는다는 것이다. 예를 들어 종종 여러분은 '사진처럼 정확한 기억력'을 가진 사람들에 대한 글을 읽게 될지도 모르는데(심리학에서는 **사진적 심상**이라 한다), 대개 시각적 이미지는 고해상도로 찍힌 사진처럼 저장되지 않는다(Chambers & Reisberg, 1985; Nersessian, 2008; S. Reed, 1974; Sadoski & Paivio, 2001).[3] 따라서 그것은 *silhouette*이나 *hors d'oeuvre*와 같이 흔하지 않은 알파벳 배열로 이루어진 단어의 철자를 정확하게 기억해내야 할 때처럼 정확하고 세부적인 정보를 기억해야 할 때에는 유용하지 않을 수도 있다.

---

[3] 사진적 심상은 아스퍼거 증후군 환자에게서 보고된 바가 있다(예 : Milbrath & Siegel, 1996; Ratey & Grandin, 1992; Rubinyi, 2007 참조).

사람들이 말을 할 때 종종 하는 손동작과 같은 **몸짓**(gesture)은 자신의 시각적 이미지나 시공간적 관계에 대한 지식을 전달하려고 할 때 많이 이용된다. 예를 들어 내 남편은 입으로 말하는 만큼이나 손짓을 많이 사용하는데, 어떤 종류의 것에 대해서 말을 할 때는 일관되게 같은 동작을 한다. 잔디 위의 뱀이나 꼬불꼬불한 산길과 같이 굴곡이 있는 것에 대해 말할 때는 항상 마치 뱀처럼 손을 앞으로 움직인다. 어떤 물건의 크기나 모양을 말할 때는 손을 이용해서 그것의 윤곽을 나타내려고 한다. 한번은 콜로라도 산길을 남편이 운전해 가고 있었을 때 어떤 물건의 크기에 대해 물었는데 정말 큰 실수였다. 남편은 그것에 대해 이야기하면서 운전대에서 두 손을 다 뗀 것이다. 정말 그날 도랑에 빠지지 않은 것은 기적이다. 몸짓은 말에서는 잘 드러나지 않는 시각적이고 공간적으로 부호화된 어떤 측면을 나타내는 것이고, 몇몇 경우에는 명시적 지식보다는 암묵적 지식을 전달한다(Goldin-Meadow, 2006; Goldin-Meadow & Beilock, 2010; Krauss, 1998; W.-M. Roth, 2001).

어떤 이미지들은 이전에 경험한 것의 짧은 계열 순서를 보존한다. 예를 들어 나의 어머니가 돌아가신 지 10년이 넘었지만, 나는 여전히 어머니가 전화를 받으실 때 어떻게 말을 하곤 했는지를 떠올릴 수 있다. 어머니는 짧게 침묵한 뒤 점점 음을 높여가며 "어… 여보세요?"라고 하셨다. 시각적 이미지도 마찬가지로 계열 요소를 포함한다. 예를 들어 내가 남편이 뱀에 대해 이야기할 때 어떻게 손을 움직이는지 떠올릴 수 있는 것처럼, 우리는 다른 사람의 행동에 대한 짧은(1초 정도) '동영상'을 마음속에 가지고 있다(Urgolites & Wood, 2013).

활동으로서 부호화

몸짓이 때로 시각적 이미지나 공간 관계를 반영하기는 하지만, 어떤 때에는 정신 운동 행동을 반영할 수도 있다. 정신 운동 행동은 팔, 손, 다리, 목 등 신체 기관의 특정한 움직임의 정신적 표현과 관련이 있다. 점점 더 많은 연구자들이 우리의 지식이 우리가 특정 상황이나 사물에 신체적으로 어떤 반응을 보이는지에 의해 부호화된다는 것을 발견하고 있다(Andres, Olivier, & Badets, 2008; Goldin-Meadow, Cook, & Mitchell, 2009; Spunt et al., 2010; Willems, Hagoort, & Casasanto, 2010). 그러한 부호화에는 표면적으로 봤을 때 몸으로 무언가를 하는 것과는 관련이 없는 서술적 지식조차도 포함될 수 있다. 예를 들어 최근 한 연구(Speer et al., 2009)에서 대학생들은 빨리 걷기, 머리 흔들기, 종이 구기기 등의 다양한 행동을 하는 한 소년에 대한 이야기를 읽었다. 이들의 뇌를 스캔해보니, 위와 같은 행동을 직접 하지 않고 생각만 했음에도 해당 행동을 직접 했을 때 관여하는 뇌의 영역이 활성화된 것으로 나타났다. (왜 이러한 결과가 나타났는지에 대해서는 제11장에서 **구체화**에 대해 논의하며 살펴볼 것이다.)

당연하게도 활동기반 부호화는 절차적 지식에 있어 특히 더 중요하고, 적어도 지식이 농구, 운전하기, 타자치기와 같은 정신 운동 기술과 관련이 있을 때 그러하다. 예를 들어 땅콩버터 샌드위치를 만든다고 생각해보자. 땅콩버터 뚜껑을 열고, 버터나이프를 넣어서 땅콩버터를 뜨는 것을 느낄 수 있는가? 빵 봉지를 묶고 있는 금속 매듭을 풀고 두 조각의 빵을 꺼낸 뒤 다시 봉지에 매듭을 짓는 것을 느낄 수 있는가? 한 손에는 빵을 들고 다른 손으로 땅콩버터를 바르는 것을 느낄 수 있는가? 이것을 상상하면서 손가락이 조금이라도 꿈틀거리지 않았는가?

절차적 지식이 조건적 지식을 포함할 때, 즉 다양한 상황에서 무엇을 해야 할지를 아는 지식을 포함할 때, 절차적 지식이 **산출**(production)의 형태로 부호화된다고 주장하는 학자들도 있다(J. R. Anderson, 1983a, 1995; J. R. Anderson et al., 2004). 산출은 '만약 ~이면 ~다(IF~THEN)'의 법칙으로 가장 잘 표현할 수 있다. 예를 들어 자전거 타기의 산출은 다음과 같은 법칙들로 구성된다.

1. 만약 속도를 높이고 싶으면 페달을 더 빠르게 밟아야 한다.
2. 만약 속도를 늦추고 싶으면 페달을 더 느리게 밟아야 한다.
3. 만약 경로가 오른쪽으로 꺾어지면 핸들을 시계방향으로 틀어야 한다.
4. 만약 경로가 왼쪽으로 꺾어지면 핸들을 반시계방향으로 틀어야 한다.
5. 만약 바로 앞에 장애물이 나타나면 오른쪽이나 왼쪽으로 돌아야 한다.
6. 만약 멈추고 싶으면 핸들에 있는 브레이크를 잡아야 한다.

산출은 중요한 인지적 요소가 들어 있는 절차에도 포함된다. 예를 들어 두 자릿수를 더하는 산출에는 다음과 같은 법칙이 포함된다.

1. 만약 '일'의 자리 합이 9 이하이면, 그 합을 답 칸의 '일'의 자리에 적어야 한다.
2. 만약 '일'의 자리의 합이 10 이상이면, 두 합 중에서 '일'의 자리의 값을 답 칸의 '일'의 자리에 쓰고 '십'의 자리로 '1'을 올려야 한다.
3. 만약 '십'의 자리의 합이 9 이하이면, 그 합을 답 칸의 '십'의 자리에 적어야 한다.
4. 만약 '십'의 자리의 합이 10 이상이면, 그 합의 '일'의 자리 숫자를 답 칸의 '십'의 자리에 쓰고 답 칸의 '백'의 자리에 '1'이라고 써야 한다.

산출의 '만약 ~이면' 부분에는 특정한 행동이 나타나는 조건이 구체화되어 있고, 산출의 '~이다' 부분에는 앞으로 하게 될 행동이 구체적으로 기술된다.

상징으로서 부호화

상징(symbol)은 사물이나 사건을 나타내는 어떤 것인데, 때로는 나타내는 사물이나 사건과 전혀 비슷한 점이 없을 때도 있다. 우리는 인간으로서 우리 경험 중 대부분을 단어, 숫자, 지도 또는 그래프와 같은 상징으로 표현한다(DeLoache, 1995; Flavell, Miller, & Miller, 2002;

Salomon, 1979/1994).

어떤 정보들은 실제 단어로, 다시 말해 **음성언어 부호**(verbal code)로 저장된다(Chiu, Leung, & Kwan, 2007; J. M. Clark & Paivio, 1991; Kray, Eenshuistra, Kerstner, Weidema, & Hommel, 2006; Salomon, 1979/1994).[4] 음성언어 부호가 부호화의 한 형태라는 주장은 일상생활의 경험을 통해서도 입증되고 있고, 이론적으로도 지지를 받고 있다. 첫째로, 사람들은 생활 속의 사물이나 사건에 대해 이름을 붙이는데, 예를 들면 지금 읽고 있는 이것을 책이라고 생각하는 것이다. 두 번째로, 사람들은 때로는 어떤 정보를 문자 그대로 익히는데, 햄릿의 독백인 "죽느냐 사느냐…"라든가 '징글벨'의 가사가 대표적인 예이다. 세 번째로, 사람들은 새로운 과제나 절차를 해 나갈 때 스스로를 안내하기 위해 자기 자신에게 말을 한다(제5장에서 다루었던 자기지시에 대한 논의를 떠올려보라. 제11장에서 논의할 자기 말의 개념 또한 이와 관련이 있다). 마지막으로 사람들은 기억 내에서 사물들을 연관 짓기 위해 언어를 사용한다. 예를 들어 프랑스어로 개는 쉬앙(chien)인데, 나는 이것을 암기할 때 'dog chain'과 연결 지어 생각해서 암기한다. 언어 학습에 대한 연구에서 등장한 여러 원리(예 : 연속적 학습 곡선, serial learning curve)는 주로 음성언어 부호로 저장된 정보에 적용될 수 있을 것이다.

의미로서 부호화

음성언어 부호의 중요성에도 불구하고 장기적으로 보면 사람들은 자신이 보고 들은 것에 대한 일반적이고 근본적인 의미만을 기억할 가능성이 크다. 연구 참가자들은 정보가 제공된 뒤 바로 질문을 받았을 때에는 정보를 정확하게 기억해낼 수 있다. 하지만 시간이 조금 지난 뒤 정보를 다시 떠올려보라고 하면 투입된 정보를 정확하게 기억해낼 수 있는 능력은 급격히 저하되지만 그것의 의미는 여전히 꽤 정확하게 기억한다(Brainerd & Reyna, 1998, 2005; Kintsch, 1977; J. D. Payne & Kensinger, 2010). 예를 들어 앞에서 심상에 대해 읽었던 내용을 떠올려보라. 어떤 것이 기억나는가? 앞에서 읽었던 구체적인 단어들을 기억하지는 못하겠지만 그 부분에서 나왔던 일반적인 내용은 기억할 수 있을 것이다. (일반적인 내용조차 기억나지 않는다면 앞으로 돌아가서 그 부분을 다시 읽기를 바란다!)

어떤 학자들은 의미가 사물이나 사건의 관계에 대한 지식의 단위인 **명제**(proposition)로 저장된다고 본다(예 : J. R. Anderson, 2005; Kintsch, 1998b; van Dijk & Kintsch, 1983). 앤더슨(Anderson, 2005)의 정의를 다시 풀어 쓰면, 명제는 (1) 어떤 독립된 하나의 진술 또는 주장으로 존재할 수 있고 (2) 참인지 거짓인지를 가릴 수 있는 지식의 가장 작은 단위이다. 다음의 문장은 명제의 예를 보여준다.

---

[4] 제5장에서 사회인지이론에 대해 논의했을 때에도 이 내용을 보았을 것이다. 그때는 반두라가 썼던 용어를 사용했기 때문에 단어들이 저장 코드(memory code)의 한 형태라고 이야기했었다.

메리가 좋아하는 삼촌은 빨간색 페라리를 가지고 있다.

이 문장은 다음의 네 가지 서로 다른 의미를 갖는 주장들로 쪼갤 수 있다.

1. 메리에게는 삼촌이 있다.
2. 메리는 삼촌을 좋아한다.
3. 삼촌은 페라리를 가지고 있다.
4. 페라리는 빨간색이다.

각 주장은 참이거나 거짓이다. 어느 것 하나라도 거짓이라면 원래 문장은 거짓이다. 네 가지 주장은 원래 문장을 보았을 때 기억에 저장되어 있는 추상적인 명제의 대략적인 언어적 유추이다.

모든 명제는 두 가지 요소를 가지고 있다. 첫째, 명제는 한 가지 이상의 **논거**(argument), 즉 명제의 주제가 되는 사물이나 사건을 포함한다. 둘째, 명제는 단일 **관계**(relation)를 포함하는데, 이는 논거에 대한 설명이거나 두 가지 이상의 논거 간 관계이다. 예를 들면 '메리에게는 삼촌이 있다'라는 주장에는 '메리'와 '삼촌'이라는 두 가지 논거가 포함되어 있고, '있다'라는 한 가지 관계가 들어 있다. 논거는 보통 문장에서 명사나 대명사로 나타나고, 관계는 주로 형용사, 동사, 부사 등으로 나타난다.

비음성적 시각정보도 의미 면에서 보면 적어도 부분적으로는 저장되는 것처럼 보인다(Mandler & Johnson, 1976; Mandler & Parker, 1976; Mandler & Ritchey, 1977). 맨들러와 존슨(Mandler & Johnson, 1976)이 했던 실험은 이러한 사실을 잘 보여준다. 실험에 참여한 대학생들은 서로 다른 사물이 그려진 선화(線畵)를 보았다. 예를 들어 한 그림은 교사, 학생, 책상, 책꽂이, 국기, 시계, 지구본, 그리고 큰 지도가 있는 교실을 그린 것이었다. 대학생들은 먼저 그림 하나를 본 뒤 그다음 그림을 보았고, 두 번째 그림이 그 전에 보았던 그림과 같은지, 무언가 달라진 점이 있는지에 대해 답해야 했다. 실험에 참여한 학생들은 의미와 관련이 없는 변화(예 : 교사의 치마나 헤어스타일이 바뀐 경우)가 있을 때보다는 일반적인 의미에 변화(예 : 교사가 세계 지도 대신 학생의 그림에 대해 이야기하고 있는 경우)가 있었을 때 그 변화를 발견할 가능성이 훨씬 컸다.

부호화의 형태가 다르다고 해서 서로 배타적인 것은 아니다

앞서 설명한 다양한 형태의 부호화에는 공통적인 부분도 있다. 예를 들어 우리가 습득하는 모든 일반적, 추상적 의미들은 물리적 특징에 대한 회상(이미지)과 특정 사물이나 사건과 관련하여 행했던 물리적 행동을 포함하는 보다 구체적인 경험들에 뿌리를 두고 있을 것이다(Andres et al., 2008; Barsalou et al., 2003; Pinker, 2007). 더구나 우리는 가끔 같은 정보를 동시에 두 가지 이상의 방식으로 부호화한다. 즉 단어(상징)로 부호화하는 동시에 근본적인 의미(명제)로 부호화하거나 단어와 심상으로 부호화하는 것이다. 같은 정보를 다른 방식으로 부호화할 때, 우리는 장기기억에서 이 두 가지 부호를 서로 연관짓는다(Heil, Rösler, & Henninghausen, 1994; Rubin, 2006; Sadoski & Paivio, 2001; Sporer, 1991). 예를 들면 한 실험에서 대학생들은 그림으로 본 정보와 문장으로 읽은 정보를 혼동했다(Pezdek, 1977). 예를 들어 어떤 학생들은 먼저 나무 옆에 주차된 자동차 그림을 본 뒤 '나무 옆에 주차된 자동차 위에는 스키걸이가 있다'라는 문장을 읽었다. 이 학생들은 처음 본 그림에 있는 자동차에는 스키걸이가 없었음에도 불구하고 그 차에도 스키걸이가 있는 것으로 기억하곤 했다. 즉 학생들은 동일한 정보를 시각과 언어로 부호화한 것이다. 마찬가지로, 제8장에서 언급되었던 카미쉘, 호건, 월터스(Carmichael, Hogan, & Walters, 1932)의 연구에서 참가자들은 그림에 붙은 이름표에 따라 그림을 다르게 '기억했다'(예를 들어 안경은 아령과 다르게, 강낭콩은 카누와 다르게 기억되었다. 그림 8.5 참조).

장기기억은 서로 다른 것들에 대한 지식의 조각들이 셀 수 없을 정도로 서로 연결되는 것을 포함한다. 이제부터 이 내용에 대해 살펴볼 것이다.

장기기억의 조직화

장기기억에 대한 현대 이론은 **연합론적**(associationistic)이다. 즉 장기기억에 저장된 다양한 정보의 조각들은 직간접적으로 서로 관련이 있다는 것이다. 종이를 한 장 꺼내거나 휴대전화나 컴퓨터의 쓰기 프로그램을 열어서 직접 해보면 이게 무슨 말인지 실감할 수 있을 것이다. 여러분은 이제 곧 평범하고 일상적인 단어들을 보게 될 것이다. 그 단어들을 읽자마자 머릿속에 떠오르는 첫 번째 단어를 써보자. 그다음에는 첫 번째로 쓴 그 단어가 떠오르게 하는 단어를 적어보자. 첫 단어에서 연상되는 단어부터 시작하여 계속 연상되는 단어들을 차례로 적어 총 10개의 단어를 적어보는 것이다.

준비되었는가? 여기 첫 번째 단어가 있다.

바닷가

10개의 단어목록을 만든 다음 그 단어들을 잘 검토해보라. 여러분의 장기기억 속에 어떤 생각들이 어떤 생각들과 서로 연결되어 있는지 알아차릴 수 있을 것이다.

다음은 나의 장기기억을 가지고 동일한 과정으로 만들어본 단어목록이다.

모래

성

왕

여왕
엘리자베스
영국
런던
극장
Hair
나체

이 목록에서 드러나는 몇 가지 연상관계는 여러분의 것과 비슷할 수도 있다. 예를 들어 바닷가-모래, 그리고 왕-여왕은 매우 흔한 연상이다. 다른 것들은 나만의 것일 수도 있다. 예를 들어 마지막 5개 단어는 내가 대학생 때 영국에 가서 매일 밤 새로운 공연 작품을 보았던 때의 경험이 반영된 것이다. 그때 보았던 작품 가운데 가장 기억에 남았던 작품이 *Hair*라는 뮤지컬이었고, 그 연극에서 몇몇 배우들이 잠깐 나체로 출연했는데 1969년 당시에는 매우 충격적인 장면이었다.

학습자들은 각자 다른 과거의 경험을 가지고 있기 때문에 자신만의 독특한 방법으로 장기기억을 연결하거나 조직한다. 그럼에도 불구하고 사람들이 정보를 조직하는 데 사용하는 조직화 방식에는 몇 가지 공통점이 있다. 최소 세 가지의 장기기억 조직화 모델이 제시되었는데, 위계, 연결망, 병렬분산처리가 그것이다.

위계로서 장기기억

초기에는 장기기억 조직화가 이루어질 때 정보들이 위계를 이루어 저장된다고 보아서 보다 일반적이고 상위의 정보가 위계의 위쪽을 차지하고 보다 구체적이고 하위의 정보가 그 아래를 구성한다고 보았다(Ausubel, 1963, 1968; Ausubel & Robinson, 1969; A. M. Collins & Quillian, 1969, 1972). 그림 9.1에 한 가지 예시가 나와 있는데, 이것은 동물세계에 대해 내가 머릿속에 가지고 있는 위계이다. 가장 일반적인 범주인 동물, 척추동물, 무척추동물이 위계의 가장 윗부분에 자리 하고 있음에 주목하라. 그다음으로는 다양한 하위 범주가 제시되어 있고, 각 범주에 해당되는 구체적인 예시에 도달할 때까지 계속된다(예 : 린틴틴, 티피, 그리고 안나는 모두 독일 셰퍼드였다). 이 그림에서 볼 수 있듯이 나의 위계의 어떤 부분(예 : 척추동물의 분류)은 생물학자의 위계와 비슷할 테지만 나머지 부분에서는 나만의 독특성이 드러난다. 처음 위계를 조직했을 때, 나는 조개가 연체동물인지에 대해 확신이 없었다. 그래서 물음표를 달아 놓았다(조개는 연체동물이 맞다).

장기기억의 일부가 어떻게 위계적으로 조직화되는지를 보여준 오래된 연구에는 콜린스와 퀼리언(Collins & Quillian, 1969)의 연구가 있다. 이 연구에서는 성인 참가자들에게 몇 가지 문장(예 : 카나리아는 노래를 할 수 있다)을 주고 이 문장이 참인지 거짓인지를 이야기하도록

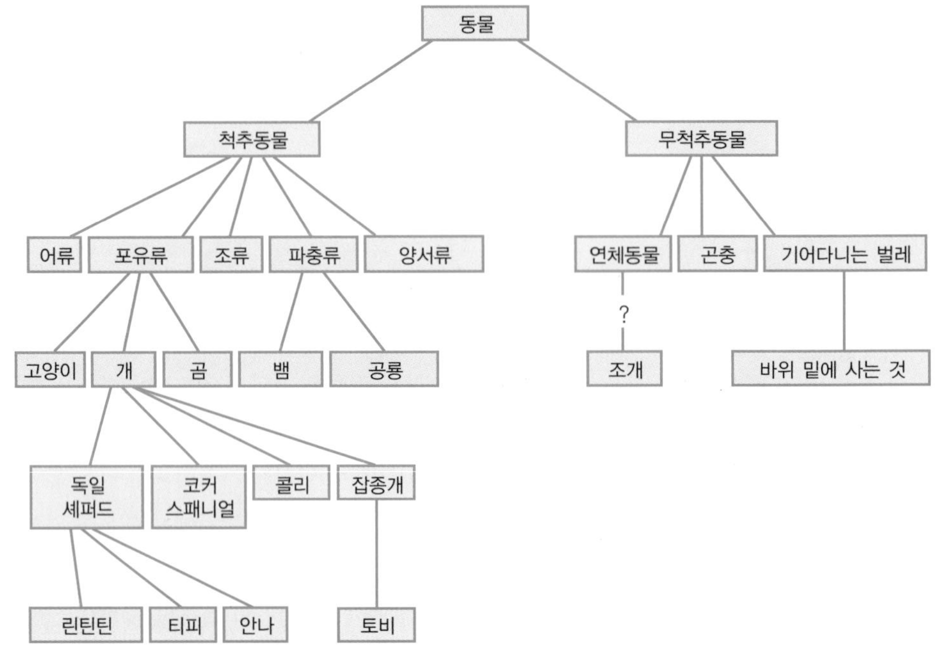

그림 9.1 동물세계에 대한 필자의 위계적 지식

하고 참가자들이 각 문장에 답하는 데 시간이 얼마나 걸렸는지를 측정했다. 참인 문장의 예시와 각 문장에 답을 하는 데 걸린 대략적인 시간은 다음과 같다.

소속된 범주에 관한 문장	**반응 시간(msec)**
카나리아는 카나리아다.	1,000
카나리아는 새다.	1,160
카나리아는 동물이다.	1,240

특성에 관한 문장	**반응 시간(msec)**
카나리아는 노래를 부를 수 있다.	1,300
카나리아는 날 수 있다.	1,380
카나리아는 피부가 있다.	1,470

소속된 범주에 관한 문장에서는 카나리아가 동물인지에 대해, 특성에 관한 문장에서는 카나리아가 피부가 있는지를 판단하는 데 가장 오랜 시간이 걸렸다는 사실을 어떻게 설명할 수 있을까? 콜린스와 퀼리언은 사람의 범주와 범주 특성에 대한 지식이 그림 9.2에서 나타난 것과 비슷하게 위계를 이루어 정리되어 있다고 주장한다. 각 문장의 진위를 밝히기 위해 연구 참가자들은 문장의 두 가지 요소(예 : '카나리아'와 '피부')가 장기기억의 어디에 위치하고 있는지

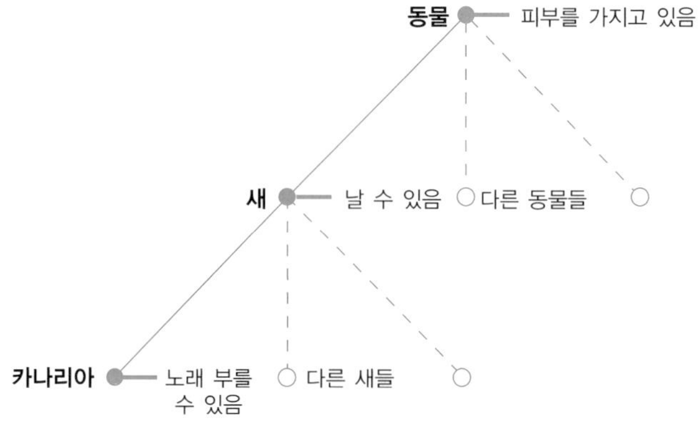

그림 9.2 콜린스와 퀼리언(1969)의 지식 위계 축약

출처 : "Retrieval Time from Semantic Memory" by A. M. Collins & M. R. Quillian, 1969, *Journal of Verbal Learning and Verbal Behavior, 8*, pp. 240-247.

를 확인하고 이 두 가지가 직간접적으로 연결되어 있는지를 확인해야 했다. 위계상에서 멀리 떨어져 있을수록 그것의 진위를 밝히는 데 더 많은 시간이 걸렸고, 그에 따라 반응 시간이 길어진 것이다.

우리가 머릿속에서 어떤 범주들을 다른, 더 일반적인 범주에 포함하는 것은 사실인 것 같으며, 이렇게 함으로써 우리는 의미 있는 학습을 할 수 있다(Ausubel, Novak, & Hanesian, 1978; Chi, 2008; Mandler, 2011). 예를 들어 학생들이 스킹크도마뱀 대해 배울 때 그것이 '색깔이 밝다'거나 '낯을 가려서 보기 힘든 동물'이라는 설명을 들을 때보다 '뱀처럼 생긴 도마뱀의 일종'이라는 설명을 들을 때 더 의미 있는 정보를 학습할 수 있는 것이다. 후자의 설명을 들을 때 학생은 '사막도마뱀'이라는 개념을 보다 일반적인 '도마뱀'이라는 개념의 하위 단계로 저장할 수 있지만 전자의 설명을 들을 때에는 어디에 스킹크도마뱀의 개념을 위치시켜야 할지 알 수 없다.

그럼에도 불구하고, 장기기억의 엄격한 위계 모델은 대체로 관심을 받지 못했다. 첫 번째 이유는 우리가 배우는 정보들이 대부분 위계적인 특징을 가지고 있지 않기 때문이다. 게다가 위계적으로 배열된 정보와 일치하는 예측들이 언제나 맞는 것은 아니다. 예를 들어 카나리아는 새라는 문장의 진위를 밝히는 것이 카나리아는 동물이라는 진위를 밝히는 것보다 빨랐던 것처럼, 콜리(collie)는 **동물**보다는 **포유류**와 위계상에서 더 가깝기 때문에 사람들은 '콜리는 포유류다'라는 문장에 '콜리는 동물이다'라는 문장보다 빠르게 동의할 것이다. 그런데 실제로는 그 반대의 현상이 벌어진다. 사람들은 콜리가 동물이라는 문장에 콜리가 포유류라는 문장보다 빠르게 동의한다(Rips, Shoben, & Smith, 1973). 비록 장기기억에 있는 몇 가지 정보는 위계적으로 배열될 수 있지만 전반적으로 대부분의 정보는 덜 체계적으로 조직화될 것이다.

연결망으로서 장기기억

연결망(network) 모델은 수많은 정보의 조각들이 다양한 연상에 의해 서로 연결되어 기억

그림 9.3 장기기억의 가상적 정보망

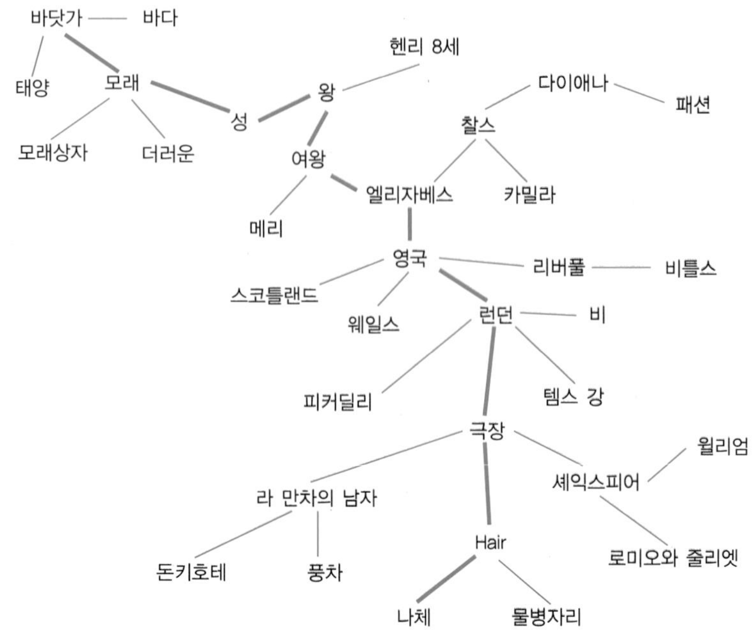

을 구성한다고 본다(예 : G. H. Bower, 2008; Hills, Maouene, Maouene, Sheya, & Smith, 2009; Mandler, 2011). 예를 들어 '바닷가'라는 단어에서 시작되었던 나의 연속적인 연상의 목록으로 되돌아가보자 — 성, 왕, 여왕, 엘리자베스, 영국, 런던, 극장, Hair, 나체. 이 목록은 그림 9.3과 같은 장기기억의 연결망으로부터 만들어진 것일 수도 있다. 사람들은 각기 다른 연상으로 구성된 연결망을 가지고 있을 것이고, 이 때문에 목록도 다르게 만들어낼 것이다. 어떤 사람은 바닷가라는 단어를 보면 과거에 바닷가에서 있었던 경험을 떠올려서 곧바로 나체라는 단어를 연상할 수도 있다.

널리 사용되는 연결망 모델 중 하나는 **명제망**(propositional network)이다(예 : J. R. Anderson, 1983a, 1983b, 2005; Kintsch, 1998b; Lindsay & Norman, 1977). 명제망은 명제와 명제 간의 상호관계가 그물망의 모양으로 저장된 것을 일컫는다. 앞에서 살펴보았던 문장으로 다시 돌아가서 보자.

메리가 좋아하는 삼촌은 빨간색 페라리를 가지고 있다.

이 문장을 구성하는 4개의 주장도 다시 살펴보자.

1. 메리에게는 삼촌이 있다.
2. 메리는 삼촌을 좋아한다.
3. 삼촌은 페라리를 가지고 있다.

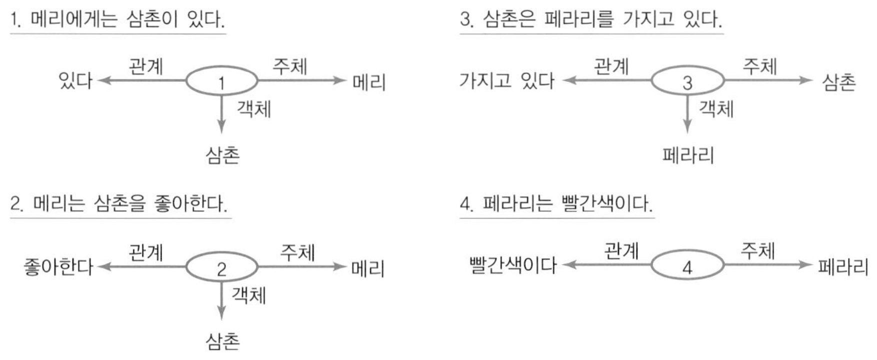

1. 메리에게는 삼촌이 있다.

있다 ← 관계 — 1 — 주체 → 메리
객체 ↓ 삼촌

3. 삼촌은 페라리를 가지고 있다.

가지고 있다 ← 관계 — 3 — 주체 → 삼촌
객체 ↓ 페라리

2. 메리는 삼촌을 좋아한다.

좋아한다 ← 관계 — 2 — 주체 → 메리
객체 ↓ 삼촌

4. 페라리는 빨간색이다.

빨간색이다 ← 관계 — 4 — 주체 → 페라리

그림 9.4 각 명제들의 도식화

4. 페라리는 빨간색이다.

이 네 가지 주장은 그림 9.4와 같이 도식으로 나타낼 수 있다. 앤더슨(Anderson, 2005)의 상징을 이용한 이 도식에서 각각은 하나의 관계와 하나 이상의 논거를 아우르는 명제를 타원 모양으로 보여준다.

그림 9.4의 4개 도식이 세 가지 구체적 실체(논거)를 공유함에 주목하라. 특히 메리, 삼촌, 페라리는 각각 최소 2개의 명제에 등장한다. 이런 공통부분들이 있기 때문에 명제들이 연결망 형태로 이어질 수 있는데, 그 한 예가 그림 9.5이다. 장기기억에 대한 명제망 모델은 위계적 모델에 비해 훨씬 융통성이 있다. 위계체계는 상하관계만을 상정하지만, 명제망은 주인-소유물, 사물-특징, 사물-위치 등 보다 다양한 관계를 아우를 수 있기 때문이다.

연결망 모델은 명제(의미)만이 아니라 심상이나 산출과 같은 다른 형태로 부호화된 정보도 포함하는 것으로 개념화되어 있다. 예를 들어 페라리 자동차에 대한 시각적 이미지가 메리의 삼촌과 그 삼촌의 빨간 스포츠카에 대한 정보와 함께 기억에 저장되어 있을 수 있다. 그리고 자동차를 운전하는 것과 관련된 산출 또한 동일한 연결망 내에 그리 멀지 않은 곳에 위치하고 있을 것이다.

장기기억의 명제망 모델을 사용하면 우리는 유의미학습이라는 새로운 명제를 연결망 속에 존재하는 그와 관련 있는 명제와 함께 저장하는 과정이라고 이야기할 수 있을 것이다. 예를 들어 메리의 삼촌과 그의 빨간 페라리에 관한 명제를 그림 9.5와 유사한 형태로 저장하고 있다고 가정하고 다음 문장을 읽어보자.

삼촌의 이름은 찰스이다.

여러분은 이 명제를 삼촌과 관련된 기존 명제들에 연결시키거나 그림 9.6에 나와 있듯이 찰스라는 이름을 가지고 있는 또 다른 사람(영국의 찰스 왕세자 같은)에 관한 명제와 연결시킬 것

그림 9.5 명제망의 한 예

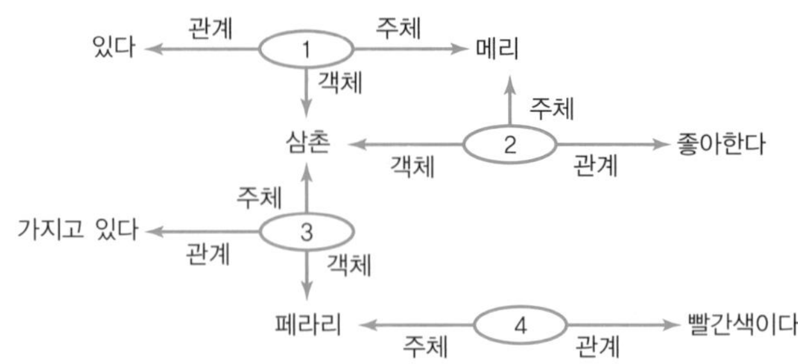

그림 9.6 명제망에서의 유의미학습

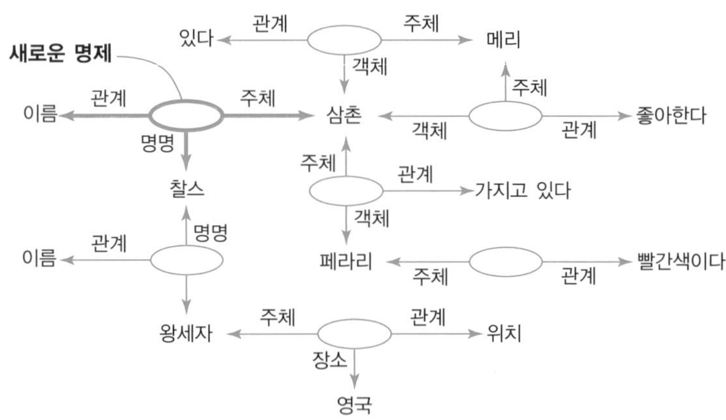

이다.

기억에 관한 명제망 모델은 엄격한 위계적 모델에 비해 융통성이 있기는 하지만 명제에는 흑백논리가 작용할 수 있기 때문에 문제가 될 수 있다. 다시 말해 각 명제는 반드시 참이거나 거짓이어야 하는 것이다. 셰익스피어 희곡에 대한 해석이나 예술작품에 대한 정서적 반응처럼 장기기억에 저장된 다양한 경험의 양상들은 어떤 경우에는 '좋다' 또는 '그 정도로 좋지는 않다'로는 판단될 수 있겠지만, 그것이 옳은지 그른지에 따라 분류하기는 힘들다(Eisner, 1994; Hawley-Dolan & Winner, 2011).

병렬분산처리

지금까지는 마치 다양한 정보의 조각들이 장기기억의 특정 장소에 각자 저장되는 것처럼 설명했다. 하지만 제2장에서 강조했던 내용으로 다시 돌아가보자. 사람들이 한 단어와 같이 아주 간단한 것에 대해 생각할 때에도 뇌의 여러 영역이 활성화된다. 몇몇 학자들은 두뇌 연구에서 나온 이러한 결과에 기반을 두어 정보의 조각들이 각각 어떤 통합된 실체의 집합인 **마디**(node)의 형태로 장기기억 곳곳에 자리 잡고 있다고 주장한다. 하나의 마디에는 여러 가지 다른 종류의 정보들이 연결되어 있을 수 있다. 이렇게 되면 장기기억 속에 저장된 각각의 아이디어는 하나의 마디가 아니라 상호 연결된 마디들의 고유한 연결망으로 표상된다. 하나의 아이디어(연결망)가 활성화되면, 그 마디의 일부를 공유하는 다른 아이디어들도 활성화될 수 있는 것이다.

장기기억에 대한 이러한 관점을 **병렬분산처리**(parallel distributed processing, PDP)라고 한다. 정보조각들은 장기기억 속에서 분산되어 저장되고, 많은 마디들은 동시에, 즉 병렬적으로 처리되기 때문이다(예 : J. L. McClelland, 2010; Plunkett, 1996; Rumelhart & McClelland, 1986). 병렬분산처리는 **연결주의**(connectionism)로도 알려져 있는데, 제3장에서 언급되었던 손다이크의 연결주의와 혼동해서는 안 된다.

병렬분산처리 모델은 아주 간단한 아이디어라도 그것이 지닌 다차원의 특성을 이해하려 할 때 유용하다(Laszio & Plaut, 2012; Rayner, Foorman, Perfetti, Pesetsky, & Seidenberg, 2001; Rueckl & Seidenberg, 2009). 예를 들어 '바닷가'라는 단어를 볼 때, 우리는 그것의 의미를 떠올리는 동시에 그 단어를 발음하면 어떤 소리가 나는지, 발음할 때 입이 어떻게 움직이는지, 전형적인 바닷가는 어떤 모습을 하고 있고, 바닷가에서는 어떤 소리가 들리고, 어떤 냄새가 나는지 등도 떠올린다. 또한 병렬분산처리 모델은 자극이 불완전할 때 빠진 정보를 어떻게 쉽게 채워나갈 수 있는지를 이해하는 데도 도움을 주는데, 하나의 아이디어에 대한 충분히 많은 마디들이 활성화되어 다른 마디들도 활성화되는 것이다.

그렇지만 병렬분산처리 모델에는 문제도 많다. 병렬분산처리 모델은 학습을 연상의 점진적 강화 또는 약화의 과정으로 보고 있어서, 어떤 것을 빨리 배우거나, 전혀 관련이 없는 상황 간의 유사성을 밝히거나, 모순적인 정보를 접했을 때 빠르게 특정한 신념을 바꾸는 것에 대해 설명하지 못한다(Opfer & Doumas, 2008; Ratcliff, 1990; Schacter, 1989). 뿐만 아니라 간단하고 고도로 자동화된 인지적 과제의 경우 뇌의 일부 영역에서만 수행되기도 한다(Besner, 1999; J. S. Bowers, 2002, 2009). 병렬분산처리 모델이 뇌기능과 관련된 연구 결과들과 일관되게 만들어지긴 했지만 뇌 해부학적으로 보면 크게 관련이 없고 단지 이론상으로만 관련이 있을 뿐이다(예 : Laszio & Plaut, 2012 참조).

장기기억이 어떻게 조직화되든 조직화가 일어나고 있는 것은 분명하다. 사실상 사람들은 장기기억에 가지고 있는 모든 정보를 어느 정도 상호 관련짓고, 구체적인 사물, 사건, 주제와 관련된 지식들의 경우 더 많이 관련짓는다. 다음으로는 개념, 도식, 각본, 개인이론, 세계관에 대해 설명하면서 사람들이 자신의 경험을 조직화하는 구체적인 방법을 살펴볼 것이다.

개념

수년 전 어느 5월 저녁에 당시 네 살이었던 아들 제프는 나에게 이런 질문을 했다.

제프 : 봄과 여름은 언제 와요?

나 : 지금이 봄이야. 얼마나 따뜻해졌는지 못 느끼겠니? 나무에 잎들이 다시 나기 시작하고 새도 다시 지저귀기 시작했는걸?

제프 : 아, 그러면 여름은 언제 와요?

나 : 이제 한 주만 학교를 더 다니면 방학이지? 그러고 나서 몇 주 정도 더 지나면 여름이 올 거야.

제프 : 우리가 수영하러 가는 때가 여름이죠?

나 : (잠시 멈칫하면서 어떻게 대답해야 할까 생각한다.) 그래, 맞아.

당시 네 살이었던 제프는 **봄**과 **여름**이 무엇인지에 대해 어렴풋이 이해하고 있을 뿐이었다. 제프에게 여름은 단순히 수영을 할 수 있는 시기였던 것이다.

일반적으로 **개념**(concept)이란 머릿속에서 한 가지 이상의 유사성을 갖는 어떤 사물이나 사건을 함께 분류해둔 것을 말한다. 어떤 개념들은 **구체적 개념**(concrete concept)이라고 불리는데 소, 동그랗다, 수영과 같이 물리적 외양을 보면 쉽게 확인할 수 있는 것이다. 반면, **추상적 개념**(abstract concept)은 사촌, 카리스마, 사회학 등과 같이 겉으로 보기만 해서는 공통점을 찾아내기가 어려운 것들을 가리킨다.

인간은 세상을 범주화하도록 만들어진 것 같다. 태어난 지 두 달 된 아기조차 그들의 경험을 조직하는 데 도움을 주는 범주들을 형성한다(Dewar & Xu, 2010; Mandler, 2007; Quinn, 2007). 사람들은 어떤 개념을 처음 배울 때에는 구체적인 형태로 배우고(네 살배기 제프가 여름을 설명한 것처럼) 이후 정규 수업을 통해 점차 그 개념에 대한 추상적인 의미를

사촌과 같은 추상적(정의된) 개념은 외적인 관찰만으로는 배울 수 없다.

사촌 프레드

사촌 말콤

조(관계 없음)

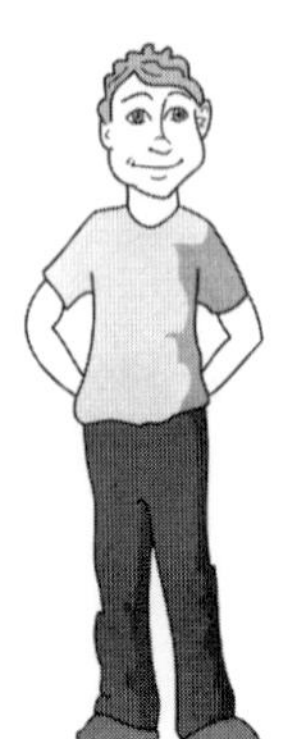
팀(관계 없음)

습득하게 된다(Liu, Golinkoff, & Sak, 2001; Quinn, 2007; Rakison, 2003). 예를 들어 아이들은 처음에는 사촌이나 삼촌 같은 친척들에 대해 개념화할 때 관계 그 자체보다는 눈에 보이는 특징을 이용한다. 다음은 실험에 참여한 아동(C)과 실험 진행자(E)가 나눈 대화이다.

E: 이 남성은 너희 아버지와 비슷한 연세인데, 너와 네 가족을 사랑하고, 선물을 가지고 너희 집을 방문하는 것을 좋아해. 그런데 그 사람은 너희 부모님과 친척 관계가 아니야. 어머니나 아버지의 형제나 자매가 아니거든. 그럼 그 남성은 너희 삼촌일까?
C: 네.
E: 삼촌은 어떤 사람인데?
C: 삼촌은 크리스마스 때 선물을 주는 사람이에요.
E: 그리고 또?
C: 삼촌은 삼촌 집에 놀러 와도 된다고 해요.
E: 그럼 나도 네 삼촌이 될 수 있니?
C: 아니요… 저는 아저씨를 모르거든요.
E: 만약 내가 너랑 친해지고 선물을 주면 삼촌이 될 수 있을까?
C: 네. (Keil, 1989, pp. 71, 76)

학습자들이 개념의 긍정적 예와 부정적 예를 모두 정확하게 구분할 수 있기 전까지는 그들이 어떠한 개념을 완전히 습득했다고 할 수 없다. **긍정적 예**(positive instance)란 어떤 개념의 사례를 말한다. 여러분과 나는 사람이라는 개념의 긍정적 예이고, 지금 여러분이 읽고 있는 것은 책이라는 개념의 긍정적 예다. **부정적 예**(negative instance)란 그 개념의 사례가 될 수 없는 것들이다. 여러분과 나는 소의 부정적 예이고, 이 책은 연필의 부정적 예다.

사람들이 어떤 개념을 약간은 이해했지만 완전히 이해하지는 못했을 때가 있는데, 이때 이들은 때로 긍정적 예와 부정적 예를 구분하지 못한다. 치와와가 개가 아니라고 강력하게 주장하는 아이는 개라는 개념을 완벽하게 학습한 것이 아니다. 이웃집 소를 보고 '강아지'라고 부르는 아이도 마찬가지다. 치와와를 개가 아니라고 하는 **일반화 실패**(undergeneralization)는 긍정적 예를 모두 알아차리는 능력이 아직 없다는 것을 보여주고, 소를 개라고 하는 **과일반화**(overgeneralization)는 모든 부정적 예를 제외시키는 능력이 아직 없음을 보여준다. 심리학자들은 이와 같이 약간만 이해한 지식이 어떻게 존재하게 되었는지를 이해하는 데 도움이 되는 개념학습에 대한 다양한 이론을 제시했다.

개념학습이론

심리학자들은 거의 100년 동안 개념의 본질에 대해 추측해보고 탐구해왔다. 그들은 두 가지 핵심적인 질문에 집중해왔다 — (1) 사람들은 개념에 대해 무엇을 배우는가? (2) 그것을 어떻게 배우는가? 첫 번째 질문은 개념에 대한 지식의 본질을, 두 번째 질문은 개념을 완전히 학습하는 동안에 진행되는 인지 과정을 포함한다.

사람들은 개념에 대해 무엇을 배우는가?

개념에 대한 우리의 지식은 어느 선까지는 긍정적 예에 대해 어떤 **특징**(feature)이 중요하다는 것을 아는 것을 포함한다(Bourne, 1982; Horst, Oakes, & Madole, 2005; P. G. Neumann, 1974; E. E. Smith, Shoben, & Rips, 1974; Ward, Vela, & Haas, 1990). 가장 중심적인 것은 **규정적 특징**(defining feature)으로, 모든 긍정적 예에서 나타나야 하는 특성이다. 우리는 또한 긍정적 예에서 찾을 수 있긴 하지만 그 개념에 속하는 모든 것에 반드시 있어야 하는 것은 아닌, **관련된 특징**(correlational feature)에 대해서도 알고 있다. 다음 내용을 포함한 많은 주목할 만한 특징을 가지고 있는 내 애완견 토비를 예로 들어 보자.

- 다리가 4개
- 털이 많음
- 빨간 개목걸이를 하고 있음
- 우리 집 사람에게 좋지 않은 일이 생기면 큰 소리로 짖음
- 종종 사무실 바닥에 앉아 있음

이들 중 두 가지 규정적 특징, 그러니까 토비가 개라는 것을 알려주는 중요한 특징은 다리가 4개라는 것과 털이 많다는 특징이다. 두 가지 관련된 특징은 개목걸이를 하고 있다는 것과 다른 사람들을 향해 짖는 능력을 가지고 있다는 점이다. 대부분의 개들은 짖고, 많은 개들이 개목걸이를 하고 있지만 이 두 가지 특징은 모든 개의 특징이 될 수는 없다. 토비가 종종 사무실 바닥에 앉아 있다는 사실은 그가 개라는 것과 아무런 관련이 없는 **무관한 특징**(irrelevant feature)이다.

하지만 현실 속 개념들을 특징의 관점에서 정확하게 규정하기는 쉽지 않다. 예를 들어 터키석은 푸른색 색조를 띠는가, 초록색 색조를 띠는가? 내 남편은 터키석이 초록빛을 띤다고 말하지만, 내가 더 정확히 알고 있다. 그것은 푸른빛을 띤다. 게다가 어떤 사물과 사건은 중요한 특징이 없어도 특정 개념의 긍정적 예가 된다. 예컨대 일반적으로 개는 다리가 4개고 털이 있지만, 사고로 다리를 잃은 개나 최근에 나타난 털이 없는 종을 본 적이 있을 것이다.

이러한 문제 때문에 어떤 학자들은 인간이 지닌 개념에 대한 지식은 **원형**(prototype), 즉 개념의 전형적인 예도 포함한다고 주장한다(Rosch, 1973, 1978; S. A. Rose, Feldman, & Jankowski, 2007; G. E. Walton & Bower, 1993). 예를 들어 머릿속에 새의 이미지를 떠올려 보자. 아마 울새나 참새 정도의 크기와 모양을 가진 작은 생명체를 떠올릴 것이고, 펭귄이나 타조를 떠올리지는 않았을 것이다. 그 이유는 펭귄이나 타조가 새이기는 하지만 그 외양이 참

새나 제비처럼 전형적인 새의 모습을 하고 있지는 않기 때문이다. 마찬가지로 운송수단을 떠올려보라. 아마 떠올린 이미지는 자동차나 트럭과 비슷한 것이지 카누나 열기구는 아닐 것이다. 자동차와 트럭이 훨씬 더 흔한 운송수단이기 때문이다. 이제 빨간색을 떠올려보자. 아마도 어릴 때 가지고 있던 빨간색 크레파스와 비슷한 색깔을 떠올릴 것이다.

그러나 특징을 집어내기가 어렵고 개념들이 특정 원형과 비슷하지 않을 때는 어떻게 해야 할까? 그러한 상황에서는 어떤 개념을 아는지 여부가 개념에 대한 무수한 **사례**(exemplar)를 알고 있는지에 좌우된다(Kornell & Bjork, 2008a; Medin, Unsworth, & Hirschfeld, 2007; B. H. Ross & Spalding, 1994). 사례는 학습자들에게 모든 사물이나 사건의 범주에서 볼 수 있는 다양성의 의미를 알게 해준다. 예를 들어 과일이라는 개념을 떠올리면 사과, 바나나, 파인애플, 코코넛 등 여러 가지가 머릿속에 떠오를 것이다. 그런데 만약 처음으로 블랙베리라는 과일을 보았다고 해보자. 이미 알고 있는 여러 개의 과일 예시들과 비교해보면서 산딸기처럼 블랙베리와 비교적 유사한 것을 찾을 수 있을 것이다.

원형 또는 사례는 분명한 상황에서 긍정적인 예를 확인하기 위해 사용되지만, 규정적 특징을 포함하는 형식적 정의는 보다 애매한 상황에 사용된다(Andre, 1986; Glass & Holyoak, 1975; Rouder & Ratcliff, 2006). 아이들은 처음에는 많은 개념들에 대해 원형이나 사례에 의존하다가 나중에 가서 형식적 정의를 포함한 보다 일반적이고 추상적인 이해에 도달하게 된다(Horst et al., 2005; Liu et al., 2001). 나의 아들 제프는 유치원 때 동물이라는 개념에 사람, 물고기, 곤충이 절대 포함되지 않는다고 강력하게 주장했다. 제프처럼 많은 아이들은 동물이란 네 발 달린 포유류라고 제한해버린다(S. Carey, 1985; Saltz, 1971). 제프가 가진 동물에 대한 원형은 집에서 키우는 개나 시골에서 보았던 소를 닮았을지도 모른다. 학교에서 동물의 왕국에 대해 배우기 시작했을 때 제프는 동물이라는 개념의 생물학적 정의를 배웠다. 동물의 생물학적 정의에는 (1) 음식이나 먹이를 다른 유기체로부터 얻고, (2) 환경에 즉각적으로 반응하는 두 가지 주요 특징이 포함된다. 제프는 이때 사람이나 물고기나 기어 다니는 곤충이 모두 동물이라는 것을 인정했다. 그러나 제프가 생물학을 더 깊이 공부한다면 생물학자들이 무엇이 동물인지에 대해 합의하지 못하고 있고, 동물이라는 개념의 진정한 규정적 특징을 구분하는 것은 어렵다는 사실을 알게 될 것이다.

사람들은 개념을 어떻게 학습하는가

초기 행동주의자들은 개념학습을 비인지적인 관점에서 바라보았다. 항상 자극과 반응에 초점을 두고 있었던 것처럼, 개념을 정신적 실체로 보기보다는 여러 가지 자극에 대한 평범한 반응으로 본 것이다(예 : Hull, 1920; Kendler, 1961). 그렇다면 개념을 획득한다는 것은 한 자극의 특정한 측면과 그 자극에 대한 특정한 반응 사이에 연결이 만들어지는 과정이라고 할 수 있다. *Mudge*라는 개념을 배우는 연습을 하면서 이게 무슨 의미인지를 알게 될 것이다. 두

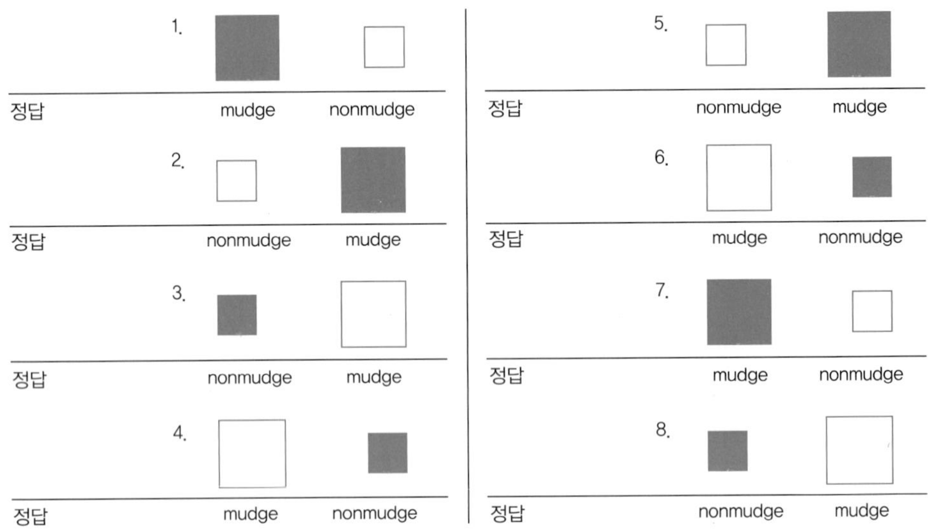

그림 9.7 각 쌍에서 mudge 찾기

장의 색인카드나 비슷한 크기의 종이를 꺼내라. 한 장으로 그림 9.7의 오른쪽을 가려라. 두 번째 카드로는 왼쪽을 가리고 첫 번째 수평선 위에 있는 그림만 보이게 하라. 그러면 2개의 사물을 보게 될 텐데 그중 하나가 mudge이다. 어느 것이 mudge일지 대충 짐작해보라. 골랐으면 왼쪽 카드를 다음 수평선 위까지 내려서 정답을 확인하라. 이번에도 2개의 사물을 더 볼 텐데 마찬가지로 무엇이 mudge일지 골라보라. 한 칸씩 카드를 내려가면서 답을 확인하고 또 mudge가 어떤 것인지 골라보는 과정을 계속 반복해보라. 오른쪽을 가렸던 카드로도 똑같이 해보라.

아마 *mudge*는 '더 큰 것'이라는 사실을 알아차렸을 것이다. 행동주의 관점에서 보면, 여러분은 큰 사각형을 선택하는 것에 대해 강화를 받았지만, 작은 사각형을 선택하는 것에 대해서는 한 번도 강화를 받지 못했다. 검은색, 흰색, 왼쪽, 오른쪽 사각형을 선택했을 때는 절반 정도의 경우에 강화를 받았다. 큰 것을 선택했을 때는 항상 강화를 받았기 때문에 그 반응이 가장 강력해지고, 색깔이나 위치에 관계없이 더 큰 사각형을 계속 고르게 되는 것이다.

비록 많은 현대 심리학자들이 인간의 학습을 간단한 자극과 반응의 관계로 설명할 수 없다고 보지만, 상당수는 상대적으로 수동적인 연합의 형성이 특히 유아나 아동들이 지닌 개념의 기초를 형성한다고 인정한다(예 : Aslin & Newport, 2012; Gelman & Kalish, 2006; Mandler, 2007; Rakison & Lupyan, 2008). 아주 어릴 때부터 아이들은 주변에서 흔히 일어나는 어떤 패턴을 알아차릴 수 있는 능력을 보인다. 그들은 어떤 특징들은 함께 다니지만 다른 특징들은 그렇지 않다는 것을 안다. 어떻게 보면 유아는 초보 통계학자가 되어 무의식적

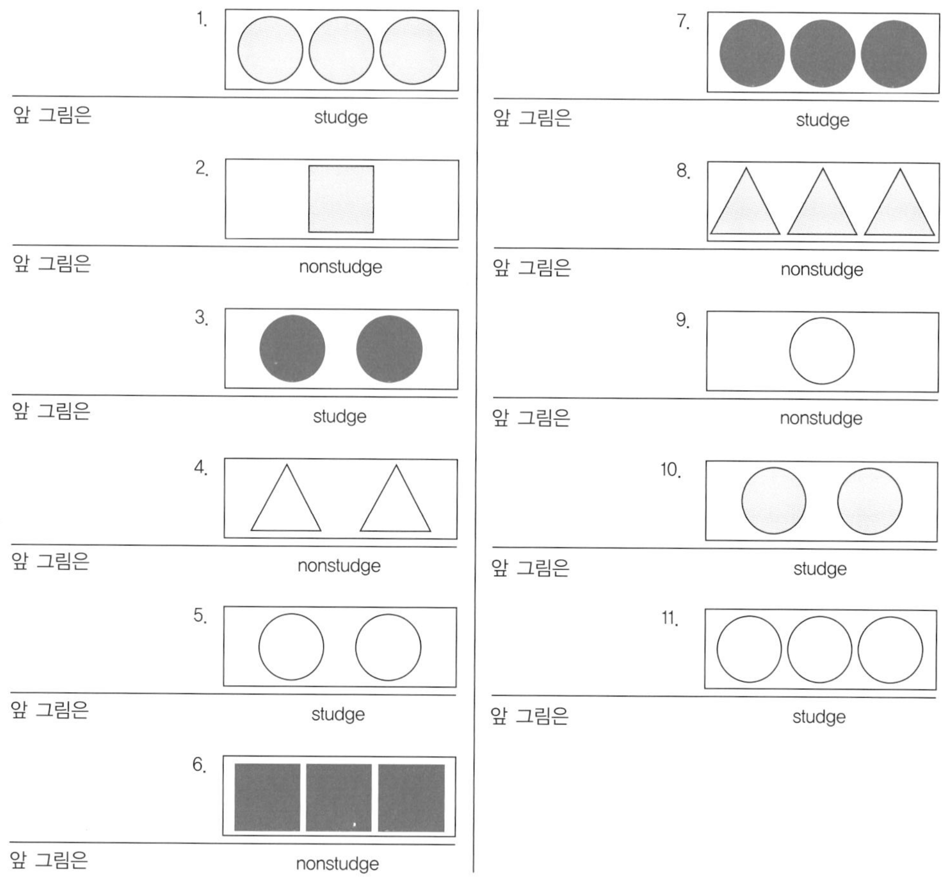

그림 9.8 studge의 긍정적 예와 부정적 예

으로 자신이 관찰한 것의 다양한 특성들에 대한 빈도표를 만들고 그것들의 상관관계를 알아차리는 것이다. 이러한 능력은 유아들이 모국어 단어를 일찍부터 이해하는 것과도 관련이 있을 수 있다(Saffran, 2003).

수동적 연합 형성 접근과 대조적으로, 좀 더 나이가 많은 아이들과 어른들은 종종(항상은 아니고) 개념의 규정적 특징을 학습할 때 인지적 능력을 적극적으로 사용한다. 어떤 상황에서 학습자들은 개념의 의미에 대한 다양한 가설을 만들고 긍정적 예와 부정적 예를 사용하여 각 가설을 검증하거나 기각한다(Bruner, Goodnow, & Austin, 1956; Levine, 1966). 이것이 어떠한 과정인지 이해하기 위해 몇 분간 *mudge* 연습에서 사용했던 독서 카드나 종이를 다시 준비한 뒤 그림 9.8을 보고 *studge*의 개념을 익혀보도록 하자.

카드 하나로 그림의 오른쪽을 완전히 가리고, 다른 카드로는 왼쪽 제일 위 그림만 보이게 하고 나머지 그림은 가린다. 왼쪽 위에 보이는 그림은 3개의 회색 원이 들어 있는 사각형이다. 그 사각형이 studge일지 아닐지를 결정해보라. 결정을 했다면 카드를 다음 수평선까지 내려 답을 확인한다. 다음 그림에서도 하나의 회색 네모가 들어 있는 사각형을 보게 될 것이다. 이것이 studge인지 아닌지 결정한 뒤 다시 다음 수평선까지 카드를 내려 답을 확인하라. 이것을 한 번에 하나씩 해보고 할 때마다 피드백을 받아서 다음 사각형이 studge일지 결정해라. 동일한 과정을 오른쪽에서도 계속해라.

이제 연습을 해보았으니 아마 여러분들은 *studge*란 '2개 혹은 3개의 원'이라는 것을 학습했을 것이다. 모양과 숫자가 이 개념의 규정적 특징이고 색깔은 무관한 특징이다. Studge에 대해 학습하면서 무엇이 studge이고 무엇이 아닌지에 대한 여러 개의 가설을 세웠을 것이다. 예를 들어 첫 번째 그림은 studge였다. 여러분은 이 그림을 긍정적 예로 활용하여 'studge는 회색이다', 'studge는 동그랗다', 'studge는 3개다'와 같은 가설을 세웠을 것이다. 두 번째 그림을 보고 나서는 'studge는 회색이다'라는 가설을 없앴을 것이고, 세 번째 그림을 보고 나서는 'studge는 3개다'라는 가설을 없앴을 것이다. 그리고 결국에는 2개 또는 3개의 동그라미라는 올바른 가설만 남게 될 것이다.

어린아이들의 단어 학습 과정에 관한 연구는 아이들이 어떤 가설을 다른 가설에 비해 더 선호하는 경향이 있다는 것을 보여준다. 예를 들어 여러 사물 중 특정한 사물에만 붙어 있는 *wudge*라는 새로운 단어를 들으면 아이들은 사물의 크기나 색깔보다는 그것의 모양이 규정적 특징이라고 생각할 가능성이 크다(Diesendruck & Bloom, 2003; Gershkoff-Stowe & Smith, 2004). 또 다른 공통된 경향성은 새로운 단어가 말하는 사람이 보고 있는 임의의 사물을 일컫는다고 가정하는 것이다. 두 살배기 아기조차도 이러한 경향을 보인다(Golinkoff & Hirsh-Pasek, 2006).

물론, 인간이 새로운 개념을 학습하는 보다 명료한 세 번째 방법이 있다. 누군가가 해당 개념의 정의를 알려주는 것이다(Best, Dockrell, & Braisby, 2006; Gagné, 1985; Tennyson & Cocchiarella, 1986). 개념학습에 대한 다양한 접근법은 학습자의 나이, 개념의 종류, 학습 과정의 차이에 따라 유용성이 결정된다고 할 수 있다(Feldman, 2003; Gelman & Kalish, 2006; Reisberg, 1997).

개념학습의 촉진 요인

어린아이들은 새로운 개념을 배우고 싶어 한다. 새로운 단어를 듣는 것은 공동체의 다른 사람들이 그 단어가 일상생활에서 매우 유용하다고 느낀다는 것을 암시해준다(Goldstone & Johansen, 2003). 그리고 아이들이 새롭고 낯선 사물과 마주치면 그들은 "이게 뭐예요?"라고 묻고 그것이 어디에 사용되는 물건인지에 관한 정보를 얻고자 할 것이다(Kelmer Nelson, Egan, & Holt, 2004).

다음에 제시된 원칙들은 개념학습에 영향을 미치는 중요한 요인들을 포함하면서 모든 연령대의 학습자들이 새로운 개념을 획득하도록 돕는 전략을 알려준다.

- **개념은 규정적 특징이 상관적 특징이나 무관한 특징보다 두드러질 때 익히기 쉽다.** 개념의 규정적 특징이 분명할수록 학습자의 주의를 끌기 쉽고, 특히 어린아이들의 경우 그 개념을 익히는 것이 더 쉬워진다(Aslin & Newport, 2012; Mandler, 2007). 그러나 아이들은 분명한 특징에 더 주목하기 때문에 초반에는 그러한 특성에 기초하여 개념을 이해하기가 쉽다. 예를 들어 드브라이스(DeVries, 1969)의 연구에서 3~6세 아동들은 모두 메이너드라고 하는 순한 고양이와 노는 시간을 잠깐 가졌다. 그러고 나서 실험 진행자는 그 아이들이 보는 앞에서 메이너드에게 사납게 보이는 개의 가면을 씌우고 "이 동물은 이제 뭘까?"라고 질문했다. 3세 아동 중 몇 명은 메이너드가 이제 개라고 하면서 쓰다듬으려고 하지 않았다. 반면 6세 아동들은 개의 가면을 무시하고 메이너드는 여전히 고양이라고 인식했다. 아이들은 자라면서 눈에 보이는 특성에 점점 덜 집중하고, 추상적인 특징에 더 초점을 두게 된다(Keil, 1989; Quinn, 2007; Rakison, 2003).

  두드러진 **상관적** 특징은 긍정적 예를 더 쉽게 확인할 수 있도록 해주기 때문에 개념학습의 초기 단계에서 도움이 된다. 예를 들어 **새**라는 개념은 비교적 익히기 쉽다. 왜냐하면 깃털, 날개, 부리, 작은 크기, 앙상한 발과 다리 등 여러 가지 특징이 규정적 특징 또는 상관적 특징이기 때문이다. 그러나 상관적 특징에 지나치게 의존하는 학습자는 때때로 실수를 하게 된다. 더 구체적으로 이야기하자면 그들은 그 개념에 속하지 않는 것을 보고 그 개념의 예로 판단하는 과일반화나, 그 개념의 진짜 사례를 몰라보는 일반화 실패를 겪을 수 있다. 예를 들어 **동물**이라는 개념은 많은 아동이 어려워하는 개념인데, 몸을 덮고 있는 것, 팔다리의 특징과 개수, 얼굴의 특징, 모양, 크기 등 긍정적 예의 두드러진 특징들 중 많은 것이 규정적 특징이 아니라 상관적 특징이기 때문이다. 마찬가지로 **예술**이라는 개념을 이해하는 것도 아주 어려울 수 있다. 특정 예술품에서 두드러지는 것은 모양, 색깔, 소재(물감 혹은 찰흙), 주제(사람 혹은 사물) 등이고, 이런 특성들은 예술이 무엇인지와 아주 약간만 관련이 있기 때문이다.

  개념학습이 더 잘 이루어지도록 해주는 논리적 전략 중 하나는 어떤 개념의 상관적 특징이나 무관한 특징은 뒤로 하고 규정적 특징을 강조하는 것이다. 예를 들어 한 과학교사가 **곤충**이라는 개념을 설명하기 위해 선으로 그림을 그려 표현할 때 6개의 다리나 머리, 가슴, 배의 세 부분으로 구성된 몸과 같은 곤충의 핵심적 특징을 진하고 굵은 선으로 표시하여 더 돋보이게 하는 것이다. 마찬가지로 학생들이 **3/4박자**를 배울 수 있도록 돕는 음악 교사는 학생들에게 왈츠나 3박자의 음악을 들려주면서 북채나 손가락으로 리듬을 쳐보라고 할 수 있을 것이다.

- **정의는 개념학습을 촉진한다**(Best et al., 2006; Fukkink & de Glopper, 1998; Tennyson &

Cocchiarella, 1986). 좋은 정의는 규정적 특징을 포함할 뿐만 아니라 이미 학생들에게 친숙한 다른 개념을 가져와서 새로운 개념을 설명한다. 정의와 다른 명시적 설명은 뚜렷하지 않은 규정적 특징을 가지고 있거나, '이런 특성과 저런 특성을 지녔지만 항상 두 가지 특성 모두 있어야 하는 것은 아닌' 개념(예를 들어 야구에서 아웃은 스트라이크가 3개거나 외야수가 날아가는 공을 잡거나 누수가 공을 잡기 전에 베이스에 도달하지 못하는 경우를 말한다)을 설명할 때 크게 도움이 된다.

- **다양한 긍정적 예는 어떤 개념을 설명하는 데 도움이 된다.** 처음 제시되는 사례는 간단하고 명료하면서도 무관한 특징을 가능한 적게 가지고 있어야 한다. 나중에 제시되는 사례는 좀 더 어렵고 무관한 특징도 두드러지는 것으로 준비하는 것이 좋다. 결국 사례라는 것은 그 개념에 들어가는 모든 범위의 예를 제시해서 학생들이 일반화 실패를 경험하지 않도록 해야 한다. 예를 들어 **포유류**라는 개념을 설명할 때 개와 고양이만이 아니라 고래와 오리너구리도 예로 들어야 하는 것이다(C. A. Carmichael & Hayes, 2001; D. C. Clark, 1971; L. Perry, Samuelson, Malloy, & Schiffer, 2010; Tennyson & Cocchiarella, 1986).

개념의 다양한 사례들을 접하면서 학습자는 해당 개념에 대한 원형과 예시를 형성하게 된다. 사실, 어떤 상황에서는 정의를 알려주는 것보다 '좋은 사례'를 보여주는 것이 더 도움이 되기도 한다. 파크(Park, 1984)는 정적 강화, 부적 강화와 같은 심리학의 기본 개념을 고등학생에게 가르치기 위해 두 가지 교수법을 사용했다. 어떤 학생들에게는 개념의 규정적 특징에 초점을 두고 가르치고 나머지 학생들에게는 사례를 들어 그 개념을 가르쳤다. 규정적 특징에 초점을 두고 가르쳤던 학생들은 수업 중에 제시된 새로운 사례를 더 잘 분류했다. 그러나 사례를 가지고 공부했던 학생들이 수업을 마친 후에도 학습한 내용에 대해 더 많이 기억하고 있었다. 물론 이상적으로는 정의와 사례가 함께 제공되어야 하겠고, 이 두 가지를 함께 사용하는 방법이 어느 한쪽만을 사용하는 방법보다 효과적인 개념학습이 된다(Dunn, 1983; Tennyson, Youngers, & Suebsonthi, 1983).

- **부정적 예는 어떤 것이 해당 개념에 속하지 '않는다'는 것을 보여주는 데 유용하다.** 예를 들어 개에 대해 배울 때, 학생들에게 개와 유사한 고양이, 염소, 소와 같은 동물들도 함께 보여주면서 무엇이 개가 아닌지에 대해 알려줄 수 있다. 부정적 예가 어떤 개념과 아주 비슷하지만 그 개념에 속하지 않는 것일 때 그 개념의 경계를 정하고 과일반화를 막는 데 특히 도움이 된다(D. C. Clark, 1971; Gagné, 1985; Tennyson & Cocchiarella, 1986).
- **긍정적 예와 부정적 예를 동시에 제시하면 더 효과적이다.** 일상생활에서 사람들은 몇 주, 몇 개월, 몇 년에 걸쳐서 일련의 긍정적 예와 부정적 예를 보면서 무엇이 해당 범주에 속하는 것이고 무엇이 속하지 않는 것인지에 관한 정보를 얻어가는 **순차적 제시**(sequential presentation)를 통해 개념을 학습하는 것이 일반적이다. 그러나 개념을 보다 빨리 배울 수 있는 방법은 **동시적 제시**(simultaneous presentation)인데, 이 경우에는 여러 가지 긍정적 예

여기에 있는 것은 모두 개다.

여기에 있는 것은 어느 것도 개가 아니다.

긍정적 사례와 부정적 사례가 동시에 제시될 때 개념을 가장 잘 학습할 수 있다.

와 부정적 예를 한꺼번에 보거나 단기간에 보게 된다(Bourne, Ekstrand, & Dominowski, 1971; Gagné, 1985; Kornell & Bjork, 2008a). 이 두 가지 방법이 효과에 있어서 차이가 나는 이유 중 하나는 순차적 제시에서는 학습자들이 각 사례를 볼 때마다 학습한 내용을 장기기억에 저장해야 하는데 한 사례에서 다음 사례로 넘어가면서 그 내용을 잊어버릴 수도 있기 때문이다. 동시적 제시에서는 긍정적 예와 부정적 예에서 동시에 정보를 뽑아내는 것이 가능하기 때문에 장기기억에 많은 내용을 저장해야 할 필요가 없다.

◆ **평가를 하면 개념학습을 점검할 수 있을 뿐만 아니라 개념학습이 잘 이루어지도록 할 수 있다.** 학생들이 어떤 개념을 정말로 이해했는가, 아니면 그 개념의 정의를 아무 의미 없이 단순하게 암기만 한 것인가? 이를 확인하기 위해 교사는 학생들에게 여러 가지 중에서 긍정적 예를 골라보라고 할 수 있다(Kinnick, 1990; Merrill & Tennyson, 1977; Tennyson & Cocchiarella, 1986). 한 교사는 이와 같은 방법을 'e.g.'를 장난스럽게 바꿔 만든 말로 보기 사냥(eg hunt)이라고 명명했다(Thiagarajan, 1989). 또한 교사는 학생들에게 개념에 대한 자신만의 사례를 만들어보고 개념을 적용해보라고도 할 수 있다. 이를 통해 교사들은 학생들 스스로 현재 자신의 이해 수준을 확인하고 정교화해 나갈 수 있도록 격려할 수 있다(H. C. Ellis & Hunt, 1983; Watts & Anderson, 1971). 어떤 개념을 완벽하게 이해하지 못한 학생은 모든 긍정적 예와 부정적 예를 정확하게 구분하지 못할 것이고, 특히 어떤 개념의 경계선에 있는 것을 구분하기는 더욱 어려울 것이다.

개념은 우리를 둘러싸고 있는 세상을 조직화하는 가장 단순한 방법일 것이다. 그러나 우리는 개념을 보다 더 크고 포괄적인 것으로 조직화하고, 좀 더 포괄적인 개념을 그보다 더 포괄적인 개념으로 또 조직화해 나가면서 어떤 위계를 형성하게 된다(Gelman & Kalish, 2006; Mervis, Pani, & Pani, 2003; Rosch, Mervis, Gray, Johnson, & Boyes-Braem, 1976). 아이들은 개념을 점점 더 유연하게 조직화하게 되는데, 머핀을 어떤 상황에서는 빵으로, 어떤 상황에서는 아침식사로 분류한다(Nguyen & Murphy, 2003). 그리고 아동과 성인은 모두 자신이 가진 개념들을 세상에 대한 보다 복잡하고 종합적인 이해로 통합시킨다. 다음으로 알아볼 내용은 우리가 여러 가지 개념을 하나로 묶는 방식에 대한 사례인 도식과 각본이다.

도식과 각본

현대 인지이론에서 **도식**(schema)은 개념을 포함하여 어떤 특정한 사물이나 사건과 밀접하게 관련된 아이디어의 집합체를 일컫는다(예 : Dansereau, 1995; Derry, 1996; Kalyuga, 2010; Rumelhart & Ortony, 1977; Schraw, 2006). 예를 들면 여러분이 교수의 연구실에 대해 가지고 있는 도식은 책상, 한 개 이상의 의자, 책이 꽂혀 있는 책장, 연구하는 데 필요한 기타 물건들이 있는 작은 방의 모습을 하고 있을 것이다. 여러분은 또한 어떤 물체의 본질에 대한 도식도 가지고 있을 텐데, 그 도식은 다음과 같은 특징을 포함한다.

- 물체는 위치를 가지고 있다 : 특정한 장소에 있다.
- 물체는 안정적이다 : 아무런 이유 없이 나타나거나 사라지지 않는다.
- 물체는 중력에 민감하다 : 그것을 잡고 있지 않으면 바닥으로 떨어질 것이다.
- 물체는 움직일 수 있다 : 예를 들면 힘으로 그것을 밀 수 있다. (Reiner, Slotta, Chi, & Resnick, 2000)

개인이 가지고 있는 도식은 새로운 상황을 지각하고 기억하는 데 영향을 미친다. 예를 들어 여러분이 교수 연구실에 대해 가지고 있는 도식은 어떤 특정한 연구실이 실제로 어떻게 생겼었는지에 대한 기억을 이후에 왜곡시킬 수 있다(Brewer & Treyens, 1981; Lampinen, Copeland, & Neuschatz, 2001). 한 연구(Brewer & Treyens, 1981)에서, 30명의 대학생은 한 사람씩 연구자의 대학 연구실이라고 알려진 곳을 방문했다. 그리고 1분이 조금 안 되게 그 연구실에서 기다린 뒤 다른 방으로 가서 그 방에 대해 기억할 수 있는 것은 모두 써보았다. 대부분의 학생들은 책상, 의자, 책장 등 연구실에 있을 것으로 예상되는 물건들은 정확하게 기억해냈다. 그러나 두개골 모형, 광대 모양의 조명 스위치, 테니스 라켓과 같이 연구실에 대한 도식에 포함될 가능성이 적은 것들은 거의 기억하지 못했다. 30명 중 9명은 거기에 아예 놓여 있지도 않았던 책을 '기억'하기도 했다.

사람들은 사물만이 아니라 사건에 대해서도 도식을 형성하는데 이런 것을 **각본**(script)이라고 부른다(M. Cole & Cagigas, 2010; Dansereau, 1995; Schank & Abelson, 1977; 또한 Radvansky, 2012 참조). 다음과 같은 상황이 한 가지 예가 될 수 있다.

> 존은 오늘 몸이 좋지 않아 병원에 가기로 했다. 창구에서 접수를 하고 의자 옆 탁자에 놓여 있는 의학 잡지 몇 권을 뒤적이고 있다. 얼마 뒤 간호사가 존에게 와서 옷을 벗으라고 했다. 의사는 매우 친절했다. 의사는 존에게 몇 가지 약을 처방해주었다. 존은 진료실을 나와 집으로 향했다. (G. H. Bower, Black, & Turner, 1979, p. 190)

여러분도 병원에 가본 적이 있고, 병원에 가면 어떻게 하는지에 대한 각본을 가지고 있기 때문에 위의 내용을 이해하는 데 아무 문제가 없었을 것이다. 그러므로 여러분은 이 이야기에서 언급하지 않은 상세한 내용도 보충할 수 있을 것이다. 예를 들어 이 이야기에서는 빠져 있지만 존이 의사의 진료실까지 걸어갔다는 것을 추론할 수 있을 것이다. 마찬가지로 존이 어디에서 옷을 벗었는지에 대해 쓰여 있지 않지만 존이 옷을 벗은 곳은 대기실이 아니라 진료실이라고 생각했을 것이다. 바우어와 그의 동료들(Bower et al., 1979)의 연구에서 대학생들은 존에 대한 동일한 이야기를 읽었는데, 실제로 이야기에 등장하지 않았던 많은 내용을 '기억했다'. 그렇다면, 인간이 사건에 대해 갖는 일반적인 각본은 개인이 주어진 사건을 학습하는 데 어떠한 정보를 배울 것인지에 영향을 미친다는 것을 알 수 있다.

도식과 각본이 학습자들이 새로운 정보를 어떻게 처리, 저장, 기억하는지에 영향을 미친다는 의견을 뒷받침하는 다른 연구 결과도 있다. 예를 들어 사람들은 자신의 문화권에서 벌어질 법한 일을 더 쉽게 기억하는데, 아마도 이러한 사건이 그들이 이미 가지고 있는 각본과 일관되기 때문일 것이다(M. Cole & Cagigas, 2010; Lipson, 1983; Pritchard, 1990; R. E. Reynolds, Taylor, Steffensen, Shirey, & Anderson, 1982). 수업을 빼먹은 두 남자아이의 이야기를 읽어보자.

> 두 명의 남자아이가 집 앞까지 뛰어왔다. "말했잖아, 오늘이 학교를 빼먹기에 아주 좋은 날이라고."라고 마크가 말하면서 "목요일에는 엄마가 집에 없어."라고 덧붙였다. 높은 울타리가 집을 가리고 있었고 두 아이는 잘 가꿔 놓은 마당을 가로질러 갔다. "너희 집이 이렇게 큰 줄은 몰랐는걸."이라고 피트가 말했다. "응, 우리 아빠가 돌로 벽을 새로 하고 난로도 만드셔서 더 좋아졌어."
>
> 마크의 집에는 앞문과 뒷문이 있었고 차고로 통하는 옆문도 있었는데, 차고에는 자전거 세 대만 있고 텅 비어 있었다. 그들은 옆문으로 들어갔는데, 마크는 여동생들이 엄마보다 먼저 집에 올 경우를 대비해서 옆문은 늘 열려 있다고 설명했다. 피트가 집을 구경하고 싶어 해서 마크는 거실부터 구경시켜주었다. 거실 또한 1층에 있는 다른 방들과 마찬가지로 벽을 새로 칠했다. 마크는 오디오를 켰는데 피트는 소리를 내면 안 되는 거 아니냐고 걱정을 했다. 마크는 "걱정 마. 우리 집에서 가장 가까운 집이 400m는 떨어져 있거든."이라고 큰 소리로 말했다. 넓은 마당 너머로 아무리 봐도 다른 집이 보이지 않는 것을 확인하고 피트도 안심을 했다.
>
> 식탁 근처에는 온통 도자기, 은그릇, 유리컵 등이 놓여 있어서 놀 장소로 적절하지 않았다. 그래서 아이들은 부엌으로 가서 샌드위치를 만들어 먹었다. 마크는 지하실에는 가지 말자고 하면서 배관 공사를 한 뒤로부터 지하실은 축축하고 곰팡이 냄새가 난다고 했다. (Pichert & Anderson, 1977, p. 310)

이 이야기를 앞으로 이 집을 살 사람의 관점에서 읽었는지 혹은 앞으로 이 집에 침입할 강도의 관점에서 읽었는지에 따라 여러분이 기억하는 세부 내용이 다를 것이다(R. C. Anderson & Pichert, 1978). 어떤 집을 구입하는 경우와 그 집에서 물건을 훔치는 경우가 있을 때 각기 다른 도식과 각본이 관여한다.

제7장에서 본 것처럼 인간의 기억 시스템은 그것이 감당할 수 있는 양보다 더 많은 정보를 받아들인다. 도식과 각본은 이 넘치는 정보를 줄일 수 있는 방법을 제공해준다. 도식과 각본은 사람들이 보다 중요한 것에 집중하고 중요하지 않아 보이는 것은 무시할 수 있도록 도움을 준다(Ramsay & Sperling, 2010; Schraw, 2006; Sweller, 1994). 또한 도식은 불완전한 정보를 이해하는 데도 도움을 준다. 결국 사람들은 한 번도 본 적이 없지만 이미 가지고 있는 도식과 각본을 이용해서 채워 넣은 내용을 '기억'할 수 있는 것이다.

도식이론은 사람들이 어떻게 경험을 조직화하고, 우리가 배운 것을 가지고 미래의 경험을 어떻게 예측하거나 해석하는지를 이해할 수 있도록 돕는 방법이기 때문에 관심을 끈다. 그러나 도식이론은 모호하다는 이유로 비판을 받아온 것이 사실이다. 예를 들어 학자들은 도식과 각본이 무엇인가에 대해 정확하고 일관된 의견을 제시하지 못했다(Dansereau, 1995; Eysenck, 2009; Mayer, 2008; R. E. Reynolds, Sinatra, & Jetton, 1996). 물론 사람들이 자신이 경험했던 어떤 구체적인 사물과 사건에 기초해서 도식과 각본을 만들기도 하고 수정하기도 한다는 것을 합리적으로 추론할 수 있지만, 이런 학습을 하는 동안에 어떤 인지적 과정이 진행되는지는 분명하지 않다.

도식과 각본은 보통 비교적 구체적인 사물이나 사건과 관련이 있다. 개인이론이라고 하는 또 다른 개념은 사람들이 자신의 지식과 신념을 보다 큰 규모로 어떻게 조직화하는지를 이해할 수 있게 해준다.

개인이론

많은 심리학자들은 사람들이 물리적 현상, 생물학적 현상, 대인관계, 정치체제, 또는 정신적 사건 등 자신을 둘러싸고 있는 세상의 여러 가지 측면에 대해 인과관계를 포함한 일관된 신념체제에 해당하는 일반적 이론을 나름대로 형성하고 있을 것이라고 추측해왔다(예 : D. E. Brown & Hammer, 2008; Flavell, 2000; Inagaki & Hatano, 2006; Torney-Purta, 1994; Wellman & Gelman, 1992). 이러한 것을 상당히 많은 연구 결과에 바탕을 두고 과학자들이 확립해둔 이론과 구분하기 위해 **개인이론**(personal theory)이라고 명명하겠다.[5]

사람들이 어떻게 지식을 조직하는가에 대한 이러한 관점은 때로는 **이론의 이론**(theory

[5] 어떤 학자들은 민간이론(folk theory), 혹은 선택적 틀(alternative framework)이라고 명명하기도 한다(예 : Brewer, 2008; Halldén, Scheja, & Haglund, 2008; Inagaki & Hatano, 2006).

1. 의사들이 다음과 같은 커피포트를 가지고 있다.

손잡이를 잘라내고, 뚜껑을 접착제로 붙이고, 뚜껑의 손잡이를 없애고, 주둥이를 자르고 막아버렸다. 바닥도 잘라내고 납작한 금속판을 붙였다. 작은 막대기를 붙이고, 그 위로 구멍을 내고 새 모이로 채워 넣었다. 그렇게 했더니 아래와 같은 모습이 되었다.

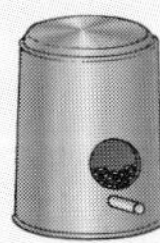

이렇게 하고 나면 이것을 커피포트라 해야 하는가, 아니면 새 모이통이라고 해야 하는가?

2. 의사들은 아래 그림과 같은 너구리를 한 마리 데리고 있다.

너구리의 털을 어느 정도 깎았다. 남은 털을 검은색으로 염색하고, 등 한가운데를 흰색으로 줄이 나도록 탈색을 했다. 그러고 나서 수술을 해서 스컹크가 풍기는 지독한 냄새를 넣은 주머니를 하나 집어넣었다. 수술을 다 마친 뒤 너구리는 아래와 같은 모습으로 바뀌었다.

이제 이 동물은 스컹크인가 너구리인가?

그림 9.9 의사가 한 일

출처 : Keil, 1989, p.184.

theory)이라고 불리기도 한다. 두 단어를 실수로 반복해서 쓴 것은 아니다. 이것은 사람들이 일상에서 가지고 있는 이론에 대한 이론적 관점에 대한 내용이다. 이 접근방식을 설명하기 위해 그림 9.9에 있는 두 가지 이야기를 읽고 각각의 질문에 답해보라.

여러분은 아마도 커피포트는 새 모이통으로 바뀌었다고 할 테지만 너구리는 아무리 수술을 했다고 해도 너구리라고 할 것인데, 초등학교 4학년만 되어도 그렇게 대답한다(Keil, 1986, 1989). 그렇다면 커피포트는 완전히 다른 것이 될 수 있는데 너구리는 그렇게 될 수 없는 이유는 무엇인가?

세상이 어떻게 움직이고 있는지에 관해 개인이 가지고 있는 이론도 개인이 형성하는 개념에 영향을 미친다(Gelman & Kalish, 2006; Keil, 1994; Medin, 1989). 예를 들어 어린아이들뿐만 아니라 갓 태어난 신생아도 커피포트나 새 모이통 같이 사람이 만든 물건과 너구리와 스컹크 같은 생물체를 구분할 수 있다(Gelman, 2003; Greif, Kemler Nelson, Keil, & Gutierrez, 2006; Mandler, 2003). 또한 아이들은 사람들이 만든 물건은 커피를 데운다거나 새에게 모이를 주는 것과 같은 그것의 기능에 따라 정의하지만 생물체는 DNA나 누가 낳았는가와 관련된 생물학적 본질, 즉 기원에 의해 정의하는 등 두 범주를 완전히 다른 방식으로 개념화한다. 그래서 커피포트가 더 이상 커피를 담고 있지 않고 새 모이를 담게 되면 그것은 기능이 바뀌었기 때문에 새 모이통이 되는 것이다. 그러나 너구리를 수술해서 스컹크처럼 보이게 되었다고 해도 그것은 여전히 너구리인데, 그 이유는 너구리 부모를 가졌고 너구리 DNA를 가지고 있어서 스컹크가 될 수 없기 때문이다(Keil, 1987, 1989).

세상에 대한 이론은 생후 몇 개월만 지나면 생기기 시작한다. 학교에 들어가서 정식 과학 이론을 배우기 전에 이미 생기는 것이다. 예를 들어 제2장에서 핵심 지식(core knowledge)에 대해 논의했었는데, 3~4개월의 유아가 물리적 세상에 대해 자기 나름대로의 이론을 세우기 시작한다고 언급했었다. 유아들은 딱딱한 물체가 공중에 정지해 있거나 다른 물체를 직접 통과하는 것을 보면 놀란다. 이것은 유아들이 초기에 갖게 된 물리학적 이론이 중력에 대한 기본적인 이해와 한 사물만이 특정 시간에 특정 장소에 위치할 수 있다는 원리를 포함하고 있다는 것을 보여준다(Baillargeon, 1994; Spelke, 1994; Wynn & Chiang, 1998).

인간을 비롯한 많은 동물들은 그들 주변 세계의 인과관계를 학습하는 데 큰 흥미가 있는 것처럼 보인다(Gelman, 2003; Keil & Newman, 2008; Waldmann, Hagmayer, & Blaisdell, 2006). 그래서 사람들은 나이가 들면서 새로운 경험을 많이 하게 되고 수많은 새로운 정보를 접하게 되면 계속해서 물리적 세계, 생물학적 세계, 인간의 사회적 측면과 정신적 측면에 관한 이론들을 확장해나가고 수정해간다. 세상에 대한 각자의 이론은 개인이 학습한 개념의 잠재적인 규정적 특징을 발견해나가도록 안내한다(Gelman & Kalish, 2006; Gelman & Koenig, 2003; Keil, 1987, 1989; McCauley, 1987). 예를 들어 말이 무엇인가에 대해 배울 때, 그것이 동물이라는 지식이 있다면 마구간, 목장, 쇼핑몰 등 어디가 되었든 장소는 무관한 특성이라는 결론에 도달하게 될 것이다. 반면, 적도가 무엇인가에 대해 배울 때에는 이것이 지도나 지구본 위에 있는 것이라는 걸 안다면 위치가 아주 중요한 것이라고 생각하게 된다.

보다 일반적으로, 개인이 가진 이론은 개인적 경험, 수업의 내용 및 기타 새로운 정보 등을 조직화하고 이해하는 데 도움을 준다. 이론의 이론은 본질, 구조, 기원에 대해 분명한 설명을 제공하고 있지 않다는 비판을 계속 받아오고 있다(K. Nelson, 1996; Siegler & Alibali, 2005). 그러나 이론의 이론은 사람들이 왜 때때로 세상을 왜곡하여 이해하는지를 이해하는 데 도움이 많이 된다. 이제 그것에 대해 알아보려고 한다.

개인이론 대 현실

어떤 심리학자나 교육학자들은 지식과 추리의 과정은 개별적으로 구축된 것이기 때문에 세상이나 인간이 만들어낸 실체에 대해 무엇이 진짜이고 진실인지에 대해서는 완벽하게 알 수 없다고 주장한다(예 : Lakoff & Núñez, 1997; von Glasersfeld, 1995).[6] 그럼에도 세상을 이해하는 어떤 방식들은 체계적인 과학적 연구와 일관되고 앞으로 일어날 일들을 상당히 정확하게 예측할 수 있게 해주기 때문에 분명히 다른 방식보다 유용하다(Chinn, 1998; P. K. Murphy

[6] 이러한 관점을 진보적 구성주의(radical constructivism)이라고 부르기도 한다.

우리의 행성을 평평하게도 둥글게도 상상할 수 있다.

& Alexander, 2008; Tobin & Tippins, 1993).

아이들이 만들어내는 몇 가지 개인이론은 특정 분야의 전문가들이 세운 이론들과 완전히 다르다. 예를 들어 비가 무엇인가에 대한 7세 아동의 답은 다음과 같다.

> 구름이 날이 너무 덥다고 생각하고 있었는데 어느 날 땀을 흘리기 시작했어요. 제가 생각하기에는 구름이 땀을 흘리기 시작했고 그 땀이 우리한테 내리는 것 같아요. (Stepans, 1991, p. 95)

'비가 내리는 지구의 모양은 어떠할까?'라고 물으면, 지구는 둥글다는 말을 들어본 적은 있지만 주변에서는 평평한 모습만 보아온 어떤 5학년 학생은 "두꺼운 팬케이크처럼 동그랗죠."라고 대답하거나 속이 빈 구 안에 우리가 산다고 말할 것이다(Brewer, 2008; Chi, 2008; Brewer, 2008; Vosniadou, 1994).

성인이라고 해서 항상 사실을 아는 것도 아니다(Brewer, 2008; Chi, 2008; Losh, Tavani, Njoroge, Wilke, & McAuley, 2003). 예를 들면 대학에서 지리를 가르쳤던 남편은 자신의 수업을 들었던 학부 학생들 중 몇몇은 강이 항상 북쪽에서 남쪽으로 흐르고(물은 '아래'로만 흐른다) 북미 오대호의 물은 해수라고 생각했다고 했다. 나의 수업을 듣는 대학생들도 잘못 알고 있는 내용이 있을 때가 있는데, 예를 들어 부적 강화는 혐오자극을 동반한다고 생각하거나(정확한 설명을 보려면 제3장을 참조하라) 단순암기가 유의미학습보다 더 효과적이라고 생각하는 것이다. 그리고 많은 성인들은 물리학 수업을 들었음에도 물체가 계속 움직이려면 그 물체에 계속 힘을 가해야 한다고 생각하는데, 이런 생각은 물리학의 관성의 법칙에 어긋나는 것이다(Chi, 2008; diSessa, 1996).

그림 9.10은 아동들이 하는 오해를 나열한 것인데, 때로는 어른들도 이렇게 생각한다. 사람들이 세상에 대해 잘못 알고 있는 것은 다양한 이유 때문이다. 때로는 겉으로 보이는 모습 때문에 오해가 발생한다. 예를 들면 지구 표면 위에 살고 있는 우리의 눈에는 태양이 지구 주위를 돌고 있는 것처럼 보이지 지구가 태양을 돌고 있는 것처럼 보이지는 않는다. 오해는 또한 흔히 사용하는 언어 표현에서 비롯되기도 한다. 예를 들면 우리는 일상적으로 해가 '뜨고' 해가 '진다'고 표현한다. 사람들은 때로는 두 가지 사건이 동시에 일어났다는 이유만으로

생물학 분야

- 식물은 뿌리를 사용하여 토양 속의 음식, 즉 물과 영양분을 섭취한다(K. Roth & Anderson, 1988; Vosniadou et al., 2008). (생물학적 관점에서 보면, 식물들은 광합성을 통해 자신에게 필요한 음식을 스스로 생산한다.)
- 시력은 눈에서 무언가가 나와서 그것이 현재 눈에 보이는 사물 쪽으로 이동하는 것과 관련이 있다(Winer & Cottrell, 1996; Winer et al., 2002). (실제로는 그 반대가 사실이다 : 빛이 사물에 반사되어 눈에 도달한다.)

천문학 분야

- 태양은 지구 주위를 돈다. 태양은 아침에 '뜨고', 저녁에 '지고', 어떤 시점에 지구의 한쪽에서 다른 쪽으로 '이동'한다(Vosniadou, 1991; Vosniadou & Brewer, 1987).
- 지구는 동그랗고 납작한 원반 모양을 하고 있어서 그 위에 사람들이 사는 것이거나, 속이 빈 구 모양이라서 사람들이 그 중간의 수평면 위에서 살 것이다(Brewer, 2008; Vosniadou et al., 2008).
- 우주에는 절대적인 '윗부분'과 '아랫부분'이 있어서 남극에 서 있는 사람은 지구 밖으로 떨어질 것이다(Sneider & Pulos, 1983; Vosniadou et al., 2008).

기상학 분야

- 사계절은 지구와 태양 사이의 거리에 의한 것이다. 여름에는 그 거리가 짧고, 겨울에는 길다(V. R. Lee, 2010; M. C. Linn & Eylon, 2011). (사실 태양으로부터의 거리는 별로 상관이 없다. 계절은 지역마다 태양광을 받는 각도가 다르기 때문에 생긴 것이다.)

물리학 분야

- 사물은 어떤 목적을 위해 존재한다. 예를 들어 바위가 뾰족한 이유는 그 주변에 사는 동물들이 가려울 때 스스로 긁을 수 있도록 하기 위함이다(Kelemen, 1999, 2004).
- 사물이 움직이려면 어떠한 힘이 가해져야 한다. 예를 들어 공중으로 던진 공은 떨어지기 전까지 던진 힘에 의해 계속 위로 밀려 올라간다(Chi, 2008; diSessa, 1996). (현실에서 힘은 사물의 방향이나 속도에 변화를 줄 때에만 필요하다. 그렇지 않을 때는 관성의 법칙이 작용한다.)
- 우주비행사가 우주를 항해하다가 우주선의 문을 열면 우주의 진공 때문에 바깥으로 빨려 나갈 것이다(Haskell, 2001). (실제로는 우주비행사가 우주선 내의 공기 때문에 바깥으로 밀려나게 될 것이다.)

수학 분야

- 곱셈을 하면 항상 숫자가 커진다(De Corte, Greer, & Verschaffel, 1996). (이 원칙은 곱하는 수가 1보다 클 때에만 적용된다.)
- 나눗셈을 하면 항상 숫자가 작아진다(Tirosh & Graeber, 1990; Vosniadou, Vamvakoussi, & Skopeliti, 2008). (이 원칙은 나누는 수가 1보다 클 때에만 해당된다.)
- 직사각형은 네 변의 길이가 동일해서는 안 되고 길이와 너비가 달라야 한다. 평행사변형에는 직각이 있어서는 안 되고 무조건 비스듬해야 한다(Masters et al., 2010).

지리, 역사, 사회학 분야

- 국가나 지역을 나누는 경계선은 지구 위에 표시되어 있다(H. Gardner, Torff, & Hatch, 1996).
- 침식은 대부분 과거에 일어났던 일이다. 예를 들어 지금의 그랜드캐니언은 안정적이고 지형적 변화가 일어나지 않는다(Martínez, Bannan-Ritland, Kitsantas, & Baek, 2008).
- 초기 인류는 공룡과 공존했다(Brophy, Alleman, & Knighton, 2009).
- 세상이 납작하지 않고 둥글다고 생각했던 최초의 인물은 크리스토퍼 콜럼버스이다(Hynd, 2003).
- 사람들은 직업을 시작할 돈이 충분하지 않아서 가난한 것이다. 가난한 사람들에게 조금만 돈을 주면 부자가 될 것이다(Delval, 1994).
- 사람들은 좋은 옷을 입거나, 모피를 입거나, 보석을 하는 등 겉모양만 바꾸면 다른 사회계층으로 이동할 수 있다(Delval, 1994).

그림 9.10 흔한 오해의 예

두 사건 간에 인과관계가 있다고 오해하기도 한다. 이 경우 사람들은 상관관계를 인과관계라고 잘못 판단하고 있는 것이다. 대중매체도 오해를 불러일으키는 데 일조한다. 예를 들어 어떤 만화들은 인간이 공룡과 동시대에 살았던 것처럼 묘사한다. 그리고 불행하게도 학생들은 때로는 교과서, 교사, 인터넷, 혹은 그들이 속한 사회문화적 집단을 통해 잘못된 지식을 얻는다(A. C. Butler, Zaromb, Lyle, & Roediger, 2009; Cho, 2010; diSessa, 1996; Glynn, Yeany, & Britton, 1991; Levstik, 2011; M. C. Linn & Eylon, 2011; Marcus, 2008).

학생들이 어떤 특정한 현상에 대해 약간만 잘못 알고 있을 때, 그 현상에 대해 보다 정교한 이론을 갖도록 돕는 것은 꽤나 간단한데, 이 내용은 다음 절에서 살펴볼 것이다. 하지만 학생들이 가진 오해가 뿌리 깊게 자리 하고 있는 경우에는 과학적으로 타당한 이해를 할 수 있도록 돕는 것은 쉽지 않은데, 나중에 개념 변화에 대해 논의할 때 이를 확인할 수 있을 것이다.

이론 발달의 촉진

다른 이론들도 마찬가지지만 개인이론은 지식의 통합된 실체이기 때문에 이런 통합을 향상시키는 장기기억 처리 과정인 유의미학습, 내적 통합, 정교화 등이 이론을 보다 풍성하게 만들어준다. 여기에 덧붙여 다음의 방법들이 지금까지 제안되고 있다.

- 실제 모형이 아이디어를 연결할 수 있도록 돕는다. 학습자의 개인이론은 특정한 개념과 원리들이 어떻게 연결되는지 또는 구체적인 체제가 어떻게 움직이는지에 관한 **정신적 모형**(mental models)으로서 외부 세계의 구조를 반영한다(Clement, 2008; Mayer, 2010a). 교수자는 컴퓨터 프로그램이 어떻게 작동하는지에 대한 순서도를 보여주거나, 도르래가 무거운 물건을 쉽게 들어 올릴 수 있게 하는 원리를 그림으로 표현하거나, DNA 구조를 보여주는 3차원의 이중구조 모형을 보여주는 등과 같이 실제 모형을 제공하여 정확한 정신적 모형을 만들어가는 과정을 촉진할 수 있다(Carney & Levin, 2002; Gustafson, Mahaffy, Martin, & Gentilini, 2011; Lehrer & Schauble, 2006; Mayer, 2010a; Reiner et al., 2000).
- 집단 상호작용이 학습자의 이론적 이해를 돕는다. 학습자들은 스스로 관찰한 현상에 대해 토론하고 그것에 관한 관점을 교환하고 서로의 아이디어를 축적해나가면서 보다 정교한 이해를 하게 된다(예 : O'Donnell & King, 1999; Reznitskaya & Gregory, 2013; C. L. Smith, 2007; Vosniadou et al., 2008). 집단 상호작용의 특성과 장점에 대해서는 제11장에서 보다 자세히 알아볼 것이다.
- 어떤 개인이론과 정신적 모형은 그것이 완벽하게 정확하지 않아도 도움이 된다. 이론과 모형은 전문가들이 '참'이라고 하는 내용을 정확히 반영하고 있지 않더라도 학습자들이 현상을 이해하고 예측할 수 있도록 돕는다. 제7장의 이중저장 기억 모델에서 작업기억과 장기기억을 서로 구분되는 것으로 언급했다. 모든 연구 결과가 이 이중저장 기억 모델을 지지하는 것도 아니고(제7장의 '이중저장 모델의 도전' 참조), 나의 직관으로도 이중저장 기억 모델은 인간의 인지와 기억의 작동 과정을 지나치게 단순화한 것처럼 보인다. 그렇지만 작업기억과 장기기억의 구분은 교실에서 학생들이 어떻게 학습하고 수행할 것인지를 예측하는 데는 유용하다. 마찬가지로 따뜻한 물체가 찬 물체를 데울 수 있다(열이 한 물체에서 다른 물체로 이동한다)는 유동 모형은 따뜻한 물체를 구성하는 분자는 찬 물체의 분자보다 더 빨리 움직인다는 열의 분자적 특성을 정확하게 담고 있는 것은 아니다. 그러나 '열의 유동'이라는 개념은 학생들이 정확하게 온도를 예측하는 것을 돕고, 학습자들이 열의 속성에 대한 추상적인 사고를 할 능력이 부족할 때 특히 더 유용하다(M. C. Linn & Eylon, 2011; Reiner et

al., 2000).

그렇지만 이런 논의를 모두 수용할 필요는 없다. 학습자의 이론과 모형이 전문가의 관점과 거리가 멀 때는 새로운 학습을 통해 과감히 무너뜨려야 한다. 이런 상황에서 개념의 변화가 오는 것은 당연한데, 그에 관해 간단히 살펴보기로 하겠다.

세계관

사람들이 가진 개인이론은 사람들의 기억이 어떻게 작용하는지 또는 물체가 공간에서 어떻게 상호작용하는지와 같이 특정한 영역에서 일어나는 특정한 현상과 관련되는 경우가 많다. 그와 반대로 **세계관**(worldview)이란 '세상이 어떠한가 또는 어떠해야 하는가?'와 같이 다양한 현상을 이해하는 데 영향을 미치는 현실에 대한 보다 일반적인 신념과 가정을 말한다(Koltko-Rivera, 2004; Lewandowsky, Oberauer, & Gignac, 2013). 다음은 그 예들이다.

- 생명과 우주는 자연의 우연한 사건을 통해 존재하거나 신의 계획과 목적의 한 부분으로 존재한다.
- 바위나 나무와 같은 자연물은 어느 정도의 '의식'을 가지고 있거나 의식적 사고를 할 능력이 없다.
- 인간은 자연의 힘에 달려 있거나 자연과 조화를 이루어 살아가야 하거나 자연을 이겨내야 한다.
- 행복감이란 과학적 원리와 논리적 사고에 의해 확보될 수 있거나 과학적 사고와 논리적 사고를 넘어서는 원천으로부터의 지도와 지원을 찾는 것을 통해 도달된다.
- 인생에서의 성공과 실패는 스스로가 한 행동의 결과거나 신의 개입이거나 운명이거나 우연이다.
- 세상은 평등하고 공정(즉 착한 일을 하면 결국 보상받고 나쁜 일을 하면 벌을 받게 된다)하거나 혹은 반드시 그렇지는 않다(M. Cole & Hatano, 2007; Feinberg & Willer, 2011; Furnham, 2003; Gifford, 2011; Koltko-Rivera, 2004; Medin, 2005).

이런 신념과 가정이 상당한 정도까지 문화적으로 전승되고 있는데, 서로 다른 문화는 성인과 아동의 매일매일의 상호작용을 통해 서로 다른 신념과 가정을 교환한다(Astuti, Solomon, & Carey, 2004; M. Cole & Hatano, 2007; Koltko-Rivera, 2004; Losh, 2003). 종교도 영향을 준다. 예를 들어 인간이 신성한 존재의 일부라고 깊이 믿는 사람들은 인간의 진화적 기원을 터무니없다고 부정한다(Berti, Toneatti, & Rosati, 2010; Evans, 2008; Losh, 2003).

세계관은 사람들이 당연하게 받아들이고 보통은 잘 의식하지 못하는 일상생활의 일부로 통합된 어떤 것이다. 그렇기 때문에 많은 경우 세계관은 명시적 지식보다는 암묵적 지식을 더 많이 포함하고 있다. 여하튼 세계관은 학습자의 일상에서 일어나는 일과 수업 시간에 제시되는 자료를 해석하는 데 영향을 미치고 있다. 다음의 예를 보자.

- 허리케인이 1992년 여름 플로리다 남부를 휩쓸고 지나간 뒤, 많은 4~5학년 학생들은 허리케인의 원인이 자연에 있다고 생각했지만, 사람들의 행동이나 초자연적 힘이 허리케인을 발생시켰고 그 파괴력의 원인이라고 생각하는 가족이나 이웃으로부터 허리케인에 대한 다른 가설을 들은 학생들도 있다(O. Lee, 1999).
- 미국 고등학생들이 미국의 역사에 대해 얘기할 때, 백인들(유럽계 미국인)은 역사적 사건들을 국민들을 위한 자유, 평등, 민주주의를 향상시킨 것으로 표현할 가능성이 높다. 그러나 흑인(아프리카계 미국인)은 역사적 사건들을 인종차별주의에 기여하거나 유지한 것으로 표현할 가능성이 높다(T. Epstein, 2000). 마찬가지로 미국 성인은 초기 북미 원주민과 유럽인, 멕시코인의 만남에 대한 관점이 상이하다. 아파치족의 관점에서는 이주민들이 무자비하게 사람들의 목을 매다는 야만인이었지만 유럽인과 멕시코인 입장에서는 원주민들이 다른 사람의 재산을 탐하는 범법자집단이었다(Jacoby, 2008).
- 미국 고등학생들이 공립학교에서의 기도 시간에 대한 적절성 또는 부적절성에 관한 신문기사를 읽을 때, 어떤 학생들은 기도를 하지 않는 것에 대해 종교적 자유가 늘어나는 '발전'의 신호로 보기도 하지만, 독실한 기독교 신자인 학생은 이 같은 경향을 국가의 중요한 종교 유산이 약화되는 것으로 볼 수도 있다(Mosborg, 2002).

경우에 따라 학습자들의 서로 다른 세계관은 교실 수업이나 활동에 적용될 수도 있고 적용해야 하는 경우도 있다. 그러나 또 어떤 경우에는 세계관이 학습자의 수업 내용에 대한 학습 활동을 방해한다. 이런 경우 교사는 개념 변화라는 과업을 수행해야 하는데, 다음에서 알아보도록 하자.

개념 변화의 과제

하나의 신념이 다른 것으로 대치되는 것이 곧바로 이루어지는 경우도 있다. 누구의 생일이 1월 1일이라고 알고 있었는데, 그 사람이 "아니야. 1월 1일은 동생의 생일이고 내 생일은 8월 22일이야."라고 말하면 바로 생각을 바꿀 것이다. 그러나 보다 큰 이론이나 세계관에 포함된 어떤 신념이나 오해는 철저한 조사와 분석이 선행될 것이다. 개인이론이나 신념체계가 다른 것으로 대치되는 과정은 **개념 변화**(conceptual change)라고 하는 보다 적응적인 과정일 것이다. 여기에서 개념이라는 용어를 혼동하지 말기 바란다. 여기에서는 어떤 하나의 개별 개념을 지칭하는 것이 아니라 서로 관련된 아이디어 집합체의 변화에 대해 설명하려고 한다.[7]

---

7 어떤 학자들은 개인의 생일에 대한 정보를 바꾸는 것과 같은 간단한 것까지 포함하여 어떤 새로운 신념이 기존의

비형식적 경험과 형식적 수업의 결과 성장기 아동과 청소년은 여러 주제에 걸쳐 개념 변화를 경험하기 마련이다. 그러나 교실에서 수행된 연구 결과를 보면, 모든 연령의 학습자들은 세상에 대한 오해와 비생산적인 신념을 직접적으로 비판하는 수업을 들은 후에도 그것을 좀처럼 바꾸지 않았다(Chinn & Brewer, 1993; Lewandowsky, Oberauer, & Gignac, 2013; Vosniadou, 2008; Winer, Cottrell, Gregg, Fournier, & Bica, 2002). 좋은 예로 지구 기후변화에 대한 과학적 이론을 부정하는 것이다 — 많은 성인은 (1) 세계의 현재 기후는 평년 기후를 반복한다거나 혹은 (2) 최근 기후의 심각성(즉 남극과 북극의 해빙)을 경계해야 한다는 두 가지 해석 중 하나를 지속적으로 견지한다(Gifford, 2011).

학습자들의 비생산적인 신념은 왜 변화되기 어려운가? 학자들은 다음과 같은 몇 가지 가설을 제안하고 있다.

- 사람들이 가지고 있는 신념체계는 새로운 정보를 해석하는 데 영향을 미친다. 일반적으로 학습을 촉진하는 유의미학습과 정교화의 과정을 통해 학습자들은 이미 '알고 있는' 것과 일관된 방식으로 이미 믿고 있던 것이 계속 유지되는 선에서 새로운 정보를 해석한다. 예를 들어 공룡에 관심이 많은 4살 아동은 빙하기가 어떻게 공룡 멸종을 야기했는지에 대한 책을 읽은 후에 '공룡이 스웨터 입는 법을 몰랐다'고 추론한다(M. C. Linn & Eylon, 2011, p. 1). 결국 그 아동은 그의 '스웨터' 가설을 부정했지만 많은 경우 반대 증거에도 불구하고 원래 가졌던 신념의 전체 혹은 일부라도 견지한다(Andiliou, Ramsay, Murphy, & Fast, 2012; Brewer, 2008; Kalyuga, 2010; Kendeou & van den Broek, 2005).[8]
- 대부분의 사람들은 확증편견을 가지고 있다. 대학생을 포함한 모든 학습자들은 자신이 가진 신념체계를 확인해줄 정보를 찾는 대신 거기에 반대되는 증거는 무시하거나 믿지 않는 경향이 있는데, 이런 현상을 **확증편견**(confirmation bias)이라고 한다(Bastardi, Uhlmann, & Ross, 2011; Kunda, 1990; P. K. Murphy & Mason, 2006; E. R. Smith & Conrey, 2009). 예를 들면 고등학생들이 과학 실험을 할 때 자신들이 예상했던 것과 다른 결과가 나오면 "저희 실험기구가 이상해요"라고 하거나 "난 역시 과학을 못해"라고 불만을 털어놓을 것이다(Minstrell & Stimpson, 1996, p. 192).
- 사람들이 이미 가지고 있는 신념체계는 매일 경험하는 일상과 일관된다. 물리학의 원리나 이론과 같이 정말로 정확한 물리적 현상에 대한 설명은 상당히 추상적이고 일상생활과 연결하기 어려운 경우가 종종 있다(P. A. Alexander, 1997; D. B. Clark, 2006; Wiser & Smith,

신념을 대치하는 상황을 모두 개념 변화라는 용어로 명명한다. 이들은 보다 확장적인 변화는 근본적 개념 변화(radical conceptual change), 재구조화(restructuring), 재구성(reconstruction)이라고 한다.

8 신경학적 관점에서 보면 개인의 이해를 변화시키는 것은 이해시키는 것보다 더 어렵다. 왜냐하면 뇌에서 기존 구조에 새로운 정보를 단순히 통합하는 것이 아니라 기존 구조의 조절을 위해 완전치 새로운 처리구조를 만들어야 하는데, 이것이 시간이 훨씬 더 소요되기 때문이다.

2008). 예를 들면 모든 물질은 질량을 가진다고 모든 물리학자가 동의한다 해도 스티로폼 부스러기에서 무게를 거의 느끼지는 못한다(C. L. Smith, 2007). 관성의 법칙에 따르면 힘이란 어떤 물체를 움직이기 시작하기 위해 필요한 것이지 계속 움직이게 하는 데는 힘이 필요하지 않다. 그러나 실제 무거운 물건을 마루에서 옮기려고 하면 그 물건을 옮기려고 하는 장소에 갈 때까지 계속 힘을 들여 밀어야 한다(Driver, Asoko, Leach, Mortimer, & Scott, 1994). 운동의 제2법칙인 뉴턴의 법칙에서 보면, 힘은 질량과 가속도의 곱이다($F=ma$). 속도를 높이는 것은 항상 힘을 동반한다는 의미인데, 실생활에서 관찰되는 현상과 연결하기를 어려워하는 사람들이 많다. 다음은 대학에서 물리학 입문 과목을 듣는 한 여학생이 혼란스럽다고 얘기한 내용이다.

사실이었으면 좋겠지만 정말 아닌 것 같다. 바보같은 힘의 공식이라는 것 때문에 내가 왜 나 스스로를 의심해야 하는지 모르겠다. 우리가 공식에 대해 얘기할 때처럼 내가 배운 것이 논리적으로 이해가 되었으면 좋겠다. 여러분은 공식을 배우고 그리고 그것을 모든 문제에 적용한다. 그런데 여러분이 알고 있는 것이 사실일 때 그것에 대해 논의하는 것 자체가 마치 정신 나간 것처럼 보인다. 지속적인 힘으로 이걸 밀면 이게 움직이지만 속도가 더 빨라지지는 않는다. (diSessa, Elby, & Hammer, 2003, pp. 275-276)

- **어떤 잘못된 신념은 여러 가지 아이디어들 사이의 상호 관련성으로 하나의 통일체로 통합되어 있다.** 오해를 바로잡기 위해서는 어떤 하나의 신념이 아니라 전체 지식 구조, 즉 이론 전체나 세계관을 바꿔야 되는 경우도 있다(Derry, 1996; Lewandowsky et al., 2012; P. K. Murphy & Mason, 2006; Vosniadou et al., 2008). 예를 들어 태양이 지구 주위를 돈다는 생각은 달, 별, 모든 천체가 지구를 돌고 있다는 보다 일반적인 '지구 중심적' 사고의 일부이다. 실제로 달은 지구 주위를 돌고 있지만, 지구가 태양을 돌고 있는 것이고, 별은 지구와 직접적 관련이 없다. 그러나 지구 중심적 관점이 겉으로 보기에는 이해하고 수용하기 쉽고 모든 것이 잘 맞아떨어진다.
- **새로운 정보와 이미 가지고 있는 신념 사이의 불일치를 알아차리지 못한다.** 이미 가지고 있는 신념을 포기하지 않고도 새로운 정보를 학습하는 경우가 많은데, 서로 모순되는 두 가지 생각이 장기기억에 동시에 저장되는 것이다(Elby & Hammer, 2010; Ohlsson, 2009; Winer & Cottrell, 1996). 이것은 사람들이 새로운 정보를 학습할 때 이미 알고 있는 것과 연결하지 않고 단순하게 암기해 버리기 때문이기도 하다(Chambliss, 1994; Kendeou & van den Broek, 2005; C. L. Smith, 2007). 또는 이미 가지고 있는 신념은 암묵적 지식을 형성하여 의식적 수준에서 점검될 수 없기 때문이기도 하다(Keil & Silberstein, 1996; Strike & Posner, 1992). 어떤 경우든 사람들은 새롭게 학습한 내용이 이미 알고 있는 것과 모순이 된다는 것을 모른 채, 새로운 상황을 해석할 때는 이미 획득한 신념을 계속 적용해나갈 것이

다(Champagne, Klopfer, & Gunstone, 1982; Hynd, 2003; Luque, 2003).

- **자신이 가지고 있는 신념에 대해 개인적 또는 정서적 투자를 한다.** 어떤 이유에서인지 모르지만 사람들은 "이 이론이 내가 믿고 있는 것이야. 누구도 날 바꿀 수 없지!"라고 주장하면서 자신의 신념에 매달린다(Bastardi et al., 2011; Gifford, 2011; Mason, 2003, p. 228). 때로는 그 신념이 종교나 문화의 일부를 구성하기도 한다(Chambliss & Garner, 1996; Porat, 2004; Southerland & Sinatra, 2003). 또는 신념에 대한 도전을 자기효능감이나 전반적인 자기존중감을 위협하는 것으로 해석하는 사람들도 있다(Feinberg & Willer, 2011; Gregoire, 2003; Linnenbrink & Pintrich, 2003; D. K. Sherman & Cohen, 2002).
- **기존의 신념체제는 사회환경으로부터 지지받고 있다.** 가족, 동료, 종교집단, 정당 등 학습자의 지지망에 있는 사람들과 함께 신념체제를 공유하고 있기 때문에 학습자는 이런 신념체계를 포기할 이유가 없다(Evans, 2008; Lewandowsky et al., 2012; Porat, 2004). 교육을 많이 받은 학문공동체에서도 이러한 사회맥락 효과를 확인할 수 있다. 1920년대 북미 심리학에 행동주의가 풍미했을 당시 모든 심리학자들은 학습에 대한 자극-반응 접근을 받아들여야 했고, 사고라고 불리는 눈에 보이지 않는 현상으로 눈을 돌리는 것을 강하게 막았다.

개념 변화의 촉진

학생들이 어떤 주제에 대해 잘 모르고 있을 때 그것에 대해 보다 많은 지식을 갖게 돕는 것은 비교적 쉽다. 그러나 어떤 주제에 대해 피상적이고 잘못된 지식을 가지고 있을 때 과학적 사고에 맞는 설명을 익히게 하기는 쉽지 않다. 이 경우 크게 두 가지 어려움에 봉착하게 되는데, 새로운 것을 가르쳐야 할 뿐만 아니라 다시 배우게 하거나 적어도 기존의 신념을 억제해야 한다. 학자들은 학생들의 개념 변화를 촉진할 수 있는 방법을 다음과 같이 제시했다.

- **수업을 시작하기 전에 그 주제에 대해 어떤 신념과 오해가 있는지 확인해야 한다.** 교사들은 학생들이 어떤 것을 잘못 알고 있는지를 파악하면 그것을 보다 쉽게 교정해줄 수 있다(P. K. Murphy & Alexander, 2008). 따라서 가르칠 내용에 대해 학생들이 무엇을 알고 있는지 질문하거나 시험을 간단히 보고 수업을 시작할 수 있다. 학생들이 알고 있는 내용을 파악하기 위해 여러 개의 질문을 할 수도 있다. 다음은 가능한 탐색질문을 순서대로 해본 것이다.

성인 : 비가 뭘까?

아동 : 구름이 증발할 때 구름에서 떨어지는 물이에요.

성인 : '구름이 증발한다'는 게 무슨 뜻이니?

아동 : 물이 하늘로 날아가서 구름이 되고, 그러고 나서 너무 무거우면 물이 떨어지고 그걸 비라고 부르죠.

성인 : 그럼 물이 하늘에 머물고 있는 거네?

아동 : 네, 그리고 비가 올 때는 떨어지는 거죠. 너무 무거워지니까요.

성인 : 왜 무거워지는 거지?

아동 : 물이 너무 많으니까요.

성인 : 왜 비가 내릴까?

아동 : 물이 너무 무거워져서 떨어지는 거예요.

성인 : 전부 떨어지지 않는 이유는 뭘까?

아동 : 소금병을 아래 위로 흔들면 조금씩 나오는 것처럼 조금씩 떨어지기 때문이죠. 작은 구멍들이 있고 거기로 나오는 것이기 때문에 한꺼번에 다 쏟아지지는 않아요.

성인 : 하늘에 있는 작은 구멍은 뭐니?

아동 : 음, 구름에 물이 나오도록 구멍이 나 있는 것 같아요. (출처 : Stepans, 1991, p. 9-4).

구름을 소금통 같은 것으로 생각하고 있는 이 아동의 오해는 비가 내리는 원리나 이유에 대한 과학적 설명과는 거리가 멀다. 교사가 어떤 특정한 주제에 대해 수년 동안 가르치는 경험을 쌓으면 학생들이 그 주제에 대해 어떤 사전 지식과 오해를 가지고 있는지 짐작할 수 있다. 예를 들어 중학생과 고등학생은 숫자를 셈(1, 2, 3 등)을 위한 구체적 실체라고 생각하지 특정 물체의 가능한 양의 연속선으로는 생각하지 않는다. 수에 대한 이러한 단순화는 분수, 소수, 음수를 이해하고 사용하는 능력을 현저하게 저하시킬 수 있다(Vosniadou et al., 2008). 대학생의 경우 열이나 빛 그리고 전기라는 개념을 역학적 현상이라기보다는 물리적 실체라고 생각하기도 한다(Slotta & Chi, 2006). 이러한 경우 학생들이 익숙한 개념을 재구성해 보다 유연하고 생산적인 사고와 학습을 할 수 있도록(패러다임 전환) 결연하고도 지속적인 노력이 수업에서 필요하다(Chi, 2008; Clement, 2008).

- **학생들의 정보를 수정해줄 때는 단순암기식이 아닌 유의미학습을 할 수 있도록 가르쳐야 한다.** 학생들은 새로운 정보와 기존의 정보를 비교해보아야 새로운 정보와 이미 알고 있는 것이 일관되지 않는다는 것을 알 수 있다. 정보처리의 수준에서 사용하는 용어로 말하면, 학생들이 새로운 정보로 이미 가지고 있던 오해를 바꾸려면 그 정보를 깊이 있는 수준에서 처리해야 한다. 깊이 있는 수준의 처리란 적극적으로 학습에 참여하고 제시된 정보를 이해하기 위해 진정으로 노력하는 것이다. 많은 주제를 피상적으로 다루기보다는 몇 가지 핵심 개념을 중점적으로 다룰 때, 그 수업은 유의미학습을 촉진함으로써 개념 변화를 증진시킨다(D. B. Clark, 2006; diSessa, 2008; M. C. Linn, 2008; Pintrich, Marx, & Boyle, 1993). 배우고 있는 내용을 새로운 상황에 적용함으로써 적절하게 정교화하도록 격려하는 수업이 이루어져야 할 것이다. 예를 들어 과학교사는 학생들에게 열과 열역학에 대한 단원에서 배운 내용을 사용하여 보온병이나 스티로폼 컵이 겨울에 뜨거운 물을 뜨겁게 유지시키고 여름에 음료를 시원하게 유지시키는 이유를 설명하도록 질문할 수도 있다(M. C. Linn & Eylon, 2011).

제8장에서 학생들로 하여금 기존 지식에 새로운 생각을 관련시키는 효과적인 방법으로 유추를 소개했다. 잘 구성된 유추는 학생이 적절하게 이해하기만 하면 개념 변화를 유발하는 데 아주 유용하다(D. B. Clark, 2006; Clement, 2008; Lehrer & Schauble, 2006). 예를 들어 과학수업에서 책과 책상이 맞닿은 면에 힘이 — 책상은 위로, 책은 아래로 — 작용한다는 사실을 납득하지 못할 경우 교사는 책을 먼저 스프링(위아래로 작용하는 힘이 분명한) 위에 올려 보게 하고 그다음 폼패드, 그다음 얇고 휘기 쉬운 널빤지, 마지막으로 단단한 책상 위에 올려보게 할 수 있다(Clement, 2008).

- **학생은 기존 지식에서 핵심적 내용을 구성할 수 있다.** 흔히 학생들은 일부는 맞고 일부는 틀린 이해 수준을 보인다(diSessa, 2006, 2008). 예를 들어 비에 대한 질의응답 시간 초반에 아동은 (1) 구름은 수분을 포함하고 (2) 기화는 물의 순환의 한 단계이며 (3) 비는 수분이 공중에 머물 수 없을 정도가 되었을 때 내리는 것으로 정확하게 이해하고 있다. 이러한 지식은 수업 진행을 순조롭게 한다. 예를 들어 물의 순환 과정에서 기화가 어느 단계(즉 구름 형성)에서 일어나며 구름이 물을 담는 그릇이 아니라 실제로 어떻게 물인지를 이해시키는 것이 매우 중요하다고 할 수 있다.
- **학생들은 지금의 사고방식을 바꾸는 것이 합당하다는 생각이 들면 더 쉽게 기존의 생각을 바꾼다.** 많은 학습자들은 자신이 생각하고 있던 것과 완전히 모순되는 증거를 볼 때 개념을 변화시킨다고 여러 학자들이 제안하고 있다. 이런 반대되는 증거들은 '불편감'을 야기하게 되는데, 어떤 이론에서는 **불균형**(disequilibrium)이라고도 부르고 어떤 이론에서는 **인지적 부조화**(cognitive dissonance)라고도 부른다(각각 제11장과 제14장 참조). 어떤 초등학교 1학년 담당 교사가 돌은 항상 물에 가라앉는다는 생각을 바꾸려고 했다. 교사는 학생들에게 화강암 조각 하나와 조금 큰 부석 하나를 보여주었다. 물론 부석은 뜨거운 용암이 식으면서 형성된 돌로 그 과정에서 공기주머니가 많이 생겨 상대적으로 가볍고 물에 뜨는 돌이다. 교사는 돌을 물이 든 통에 담그기 전에 어떻게 될 것 같은지 학생들에게 물었는데, 브리아나라는 여학생이 모두 가라앉는다고 대답했다. 화강암은 가라앉았지만, 부석은 물 위에 떠 있었다. 브리아나는 놀라면서, "아니야, 아니야, 틀렸어. (머리를 누르며) 내가 생각했던 거랑은 다르잖아"라고 했다(M. G. Hennessey, 2003, p. 121).

학자들은 학생들에게 정신적 불균형을 일으켜 그것을 스스로 말하게 하는 몇 가지 교수법을 다음과 같이 제안했다.

- 학생들이 지금 믿고 있는 것을 공격하는 질문을 하라.
- 지금의 관점으로 설명하기 곤란한 현상을 제공하라.
- 지금 가지고 있는 지식으로 예측을 하면 잘못 예측되는 다양한 상황에서 어떻게 될 것인지를 예측해보게 하라.

- 여러 가지 가설을 검증해보는 실험을 시켜라.
- 복잡한 상황에 대한 가능한 설명을 해보라고 시켜라.
- 여러 가지 설명의 장점과 단점에 대해 토론하게 하라.
- 사태나 현상에 대한 어느 하나의 설명이 더 가능성이 높다는 것을 보여주어라. (Andre & Windschitl, 2003; Chinn & Malhotra, 2002; Echevarria, 2003; Hatano & Inagaki, 2003; Lewandowsky et al., 2012; M. C. Linn & Eylon, 2011; P. K. Murphy & Mason, 2006; Vosniadou, 2008)

이러한 전략들은 시범 보이기, 실험실습, 교사의 설명, 학생들끼리의 토론 등을 포함하는 다양한 교수법과 함께 활용되어야 한다. 개념 변화를 증진할 수 있는 하나의 '최고' 교수법이라는 것은 존재하지 않는다.

◆ **학생들은 현재 가지고 있는 신념체계와 새로운 대안을 직접 비교해보아야 한다.** 학생들은 잘못된 개념을 그대로 가지고 있으면서 정확한 이해를 받아들이기보다는 오해를 정확한 이해로 대치한다. 다시 말하면, 잘못된 지식과 정확한 지식이 작업기억 속에 동시에 존재하는 것이다. 많은 교재의 저자들이 이 부분을 잘 잊어버리는 것 같다. 과학이나 역사 교재에서 새로운 지식을 제공할 때 그 내용이 학생들이 지금 알고 있는 것과는 다를 것임을 짚고 넘어가지 않는 경우가 많다. 그 결과 학생들은 모순된 정보를 접하고도 가지고 있던 잘못된 지식을 버리지 못한다(deLeeuw & Chi, 2003; Mason, Gava, & Boldrin, 2008; McKeown & Beck, 1990; Otero, 1998; Southerland & Sinatra, 2003).

학생들에게 여러 가지 신념과 설명을 비교하게 하는 전략 중 하나는 각각의 장점과 단점에 대해 토론하게 하는 것이다. 교과서에서도 다양한 관점의 장단점을 제시할 수 있다. 어떤 하나의 설명에 대한 가능한 반대들을 제시하여 신뢰성을 떨어뜨리는 **논박 자료**(refutational text)는 효과적인 접근법 중 하나이다. 이런 과정을 통해 학생들은 더 선호되는 설명에 마음이 '끌리게' 되고 미래에 접하게 될지도 모르는 반론에도 '준비하게' 된다(Braasch, Goldman, & Wiley, 2013; Hynd, 2003; Mason et al., 2008; C. Shanahan, 2004).

또 다른 좋은 전략은 선다형(formative) — 여기서 선다형이란 한 현상에 대한 2개 이상의 가능한 설명이나 사례에서 선택하도록 하는 것이다 — 시험을 실시하는 것이다.[9] 이런 경우 선다형 문항이 특히 유용하다. 특히 그러한 문제는 학생들이 정답과 범하기 쉬운 오개념을 반영하는 다른 답안을 비교하게 할 수 있다. 학생은 여기서 여러 답안을 동시에 보고 정답이 왜 정답인지뿐만 아니라 오답이 왜 오답인지를 이해해야 한다(Little, Bjork, Bjork, &

[9] 다시 상기하자면, 이러한 형성평가는 특정 단원을 공부할 때 학생의 이해 수준에 대한 중간점검을 위한 것이지 최종 성취 수준을 결정하기 위한 것은 아니다(제4장 참조).

Angello, 2012; P. M. Sadler, Sonnert, Coyle, Cook-Smith, & Miller, 2013).

- **학생들은 올바른 설명을 배우고 싶어 해야 한다.** 학생들은 깊이 있는 정보처리와 유의미학습을 하도록 동기화될 때 깊이 있는 정보처리와 유의미학습에 몰두할 것이다(Evans, 2008; O. Lee & Anderson, 1993; Pintrich et al., 1993). 최소한 학생들은 그 주제에 흥미가 있어야 하고, 그것이 자신의 개인적 목표를 달성하는 데 도움이 된다고 생각해야 하고, 그것을 해내겠다는 목표가 있고, 그것을 해낼 수 있다고 생각하는 충분한 자기효능감이 있어야 한다(Andre & Windschitl, 2003; Gregoire, 2003; M. L. Johnson & Sinatra, 2013; Sinatra & Mason, 2008). 나아가 학생들은 새로운 모순된 정보를 자신의 자기존중감을 위협하는 것으로 보지 않아야 한다(Feinberg & Willer, 2011; Minstrell & Stimpson, 1996; D. K. Sherman & Cohen, 2002). 그리고 이상적으로는 학급 전체가 개념 변화에 대해 사회적·정서적으로 지지적이어야 한다(Hatano & Inagaki, 2003; Sinatra & Mason, 2008). 논리적이지만 틀린 생각을 표현하더라도 교사와 급우들이 비웃지 않을 것이라는 것에 대해 자신이 있고, 배우는 것의 최종 목표는 시험이나 과제를 잘 수행하는 것보다는 그 주제를 이해하는 것이라고 믿어야 한다. 제14장과 제15장에서 동기에 대해 알아볼 때 이러한 것을 해낼 수 있는 전략을 찾아볼 것이다.

  논란이 많거나 학생들의 세계관과 상반되는 주제를 다룰 때는 새로운 설명에 대해 믿거나 받아들이라고 하기보다는 학생들이 이해할 수 있도록 돕는 것이 더 쉽다(Eagly, Kulesa, Chen, & Chaiken, 2001; Lewandowsky et al., 2012; Sinatra, Southerland, McConaughy, & Demastes, 2003). 논란이 많은 주제를 다룰 때 주로 사용하는 방어적 접근은 각각의 찬성과 반대에 대한 증거를 제시하면서 타당한 다양한 관점에 대해 이해할 수 있도록 도우면서도 학생들이 결국 자신의 도덕적·종교적 신념과 일관된 입장을 가져야 한다는 것도 염두에 두는 것이다(Sinatra et al., 2003; Southerland & Sinatra, 2003).

- **학생들이 가진 잘 변화하지 않는 오해들에 대한 점검이 전체 수업을 통해 이루어져야 한다.** 사람들은 새로운 정보를 이미 '알고' 있던 것에 비추어 해석하려는 경향이 있으므로 어떤 오해는 교사가 아무리 노력해도 잘 바뀌지 않는다. 이렇게 잘못 이해하고 있는 내용들 중에는 확실하게 잘못된 것도 있지만 때로는 어떤 면에서는 맞는 것이 있기도 하다. 시각에 대한 학생들의 이해를 다룬 내용을 다시 한 번 보자. 학생들은 '투명한'을 '속이 들여다보이는'으로 정의한다. 투명성에 대해 일상적으로 얘기할 때는 이 정의가 맞겠지만, 이것은 시력이 눈에서 시작되고 밖으로 나가서 투명한 물체를 통해 나타난다는 오류를 가지고 있다. '투명한'이란 보다 정확하게는 '빛이 통과하는'이라고 정의해야 한다. 다음은 학급에서 토론을 하는 과정이다. 교사가 학생들에게 투명성에 대해 생각해보라고 하고 가능한 오류를 지적한 다음 과학적으로 정확한 설명을 제공하는 과정을 적은 것이다.

교사 : (투명성 자료를 보여주면서) 여기에 있는 아이가 벽 주위에 무엇이 있는지 볼 수 없는 이유가 뭘까?

애니 : 벽은 불투명하니까 주변을 볼 수 없죠.

교사 : 벽이 불투명하다는 건 무슨 뜻이니?

애니 : 그 속을 볼 수 없다는 거죠. 그건 딱딱하잖아요.

브라이언 : (손을 들며) 빛이 벽을 뚫고 지나갈 수 없어요.

교사 : 그 답이 더 좋은데, 왜 그 답이 더 좋은 걸까?

브라이언 : 빛은 차에서 반사되어 벽으로 가는데, 벽을 통과하지 못해요.

교사 : 그럼 빛은 어디에서 오는 거니?

학생들 : 태양이요.

애니 : 이 아이는 나오지 않아서 차를 볼 수 없어요.

교사 : 그래, 거기에 있기 때문에 볼 수가 없다고 생각하는구나. (다음을 넘겨 답을 보여주었다.) 누가 더 낫지?

학생들 : 브라이언이요.

교사 : (애니에게) 벽을 넘어가서 자리를 옮기면 볼 수 있을까?

애니 : 네.

교사 : 왜?

애니 : 벽이 아이의 시야를 가리고 있어요.

교사 : 벽이 시야를 가리고 있다고 했니? 무엇을 가리고 있지?

학생들 : 빛이요.

교사 : 빛이 무엇을 한다고 했지?

애니 : 만약 이 아이가 벽을 넘어가서 자리를 옮기면 차에 반사된 빛이 차단되지 않아요. (K. Roth & Anderson, 1988, pp. 129-130)

교사가 벽은 불투명하다는 애니의 대답이 충분하지 않다고 생각한 것에 주목하기 바란다. 이후 질문을 통해 불투명한 것에 대한 애니의 이해가 잘못되었다는 것이 분명해졌다. 애니는 빛이 벽을 통과하지 못해서가 아니라 벽을 통과해서 볼 수 없기 때문이라고 했다. 정확하게 말하게 하기 위해서 교사가 계속 노력함으로써 애니이는 결국 빛이라는 것을 이용해서 설명을 할 수 있게 되었다(K. Roth & Anderson, 1988).

개념 변화를 진정으로 향상시키려면 학생들이 어떻게 이해하고 있는지 평가하는 것이 중요하다. 교사들은 사실, 정의, 공식을 단순암기 수준에서 기억하고 있는지 확인하기보다 위의 대화의 예처럼 학생들에게 학습한 것을 사용하고 적용해보라고 시켜봄으로써 학생들이 잘못 이해한 부분을 확인할 수 있다(D. E. Brown & Hammer, 2008; D. B. Clark, 2006; K. Roth, 1990).

수업 주제에 대한 학생의 이해도 향상을 평가하는 과정에서 교사는 개념 변화가 단번에 일어나지 않음을 유념해야 한다. 개념 변화는 특히 물질, 힘, 에너지의 본질, 태양계, 그리고 진화와 같은 복합적이고 다면적인 주제에 대한 전면적 재구성이 필요할 때 서서히 장기간에 걸쳐 일어난다. 그리고 새로운 개념체계가 확고해질 때까지 매번 상충되는 설명을 제시해야 할 것이다(V. R. Lee, 2010; P. K. Murphy, 2007; Vosniadou, 2008).

지금까지 살펴본 바와 같이, 교사들은 학습자들의 개념 변화를 촉진하기 위해 여러 가지 방법을 사용할 수 있다. 그러나 결국 학습자들 자신이 유의미학습, 내적 조직화, 정교화 등의 인지적 과정을 통해 새로운 아이디어를 이해하고 보다 정확한 이해에 도달하게 되는 것이다. 수업 시간에 배운 것을 통해 자신의 생각을 변화시키기 위해서는 학습에 대해 노력을 기울이고 중요한 요인을 학습하는 것이 실제 어떤 의미인지를 이해할 수 있는 능력이 필요하다. 따라서 제12장의 메타인지를 알아보고 난 다음 개념 변화라는 주제를 다시 한 번 다루려고 한다.

항상은 아니지만 대부분의 경우 학습자들은 어떤 주제에 대해 상당한 지식을 습득하고 나면 잘못되었거나 모순된 신념을 버리게 된다. 이제 어떤 주제에 대한 지식의 질이 시간이 지나면서 어떻게 변화하여 진정한 전문성으로 진화하는지 그 과정을 살펴보고자 한다.

전문성의 발달

많은 사람들은 어떤 특정한 주제나 영역에 대해 방대한 지식을 축적하여 그 분야에 **전문성**(expertise)이 있다고 말할 정도에 도달하게 된다. 그러나 전문가는 단지 다른 사람들보다 더 많이 아는 것만은 아니다. 전문가의 지식은 질적으로 다른 사람들이 가진 지식과 다르다. 특히 전문가가 가진 지식은 알고 있는 것들 사이의 상호관련성이 깊고 보다 구체적인 사항을 하나로 묶는 추상적 일반화가 다양한 방식으로 잘 조직되어 있다. 이런 질적 특징 덕분에 전문가는 필요한 것을 보다 쉽게 생각해내고, 다양한 상황 속에서도 공통성을 찾아내고, 보다 창의적이고 효과적인 방법으로 문제를 해결할 수 있다(J. M. Alexander, Johnson, Scott,

& Meyer, 2008; P. A. Alexander, 1998; Bédard & Chi, 1992; Kalyuga, 2010; Proctor & Dutta, 1995). 이상적인 형태의 전문성은 적응적 전문성이다. **적응적 전문성**(adaptive expertise)은 상당한 지식 및 기술을 개방적인 정신 및 혁신과 조합한다(Bransford et al., 2009).

알렉산더(Patricia Alexander, 1998, 2003, 2004)는 어떤 특정한 영역과 관련된 지식의 발달은 세 단계를 거친다고 보고 있다. 첫 번째 단계는 순응(acclimation) 단계로 새로운 내용영역에 익숙해지는 시기이다. 생물학, 경제학, 미술사 등의 개론 과목을 수강하는 것과 같은 것이다. 여기에서는 주로 비교적 서로 독립적인 여러 개의 사실을 수집한다. 이런 '분절된' 학습을 통해 사람들은 그 영역을 체계적으로 공부하기 전에 가지고 있던 오해들을 그대로 유지하는 경우가 많다.

두 번째 단계는 능력(competence) 단계로 그 영역에서 상당히 많은 지식을 습득하고 정보들을 서로 연결할 수 있는 일반적인 원리도 함께 획득한다. 능력 단계의 학습자들은 학습하는 내용들을 서로 관련시키면서 학습하기 때문에 이미 알고 있던 잘못된 개별 정보들을 수정하게 된다. 그러나 남아 있는 잘못된 지식은 그 영역에 대한 사고에 상당히 영향을 미칠 수도 있다. 능력 단계에서 그 영역에 대한 학습자들의 전반적인 접근은 전문가를 닮아가기 시작하는데, '역사가처럼 생각하기' 시작하거나 자신만의 연구에 몰입하게 된다. 능력이란 학부에서 전공을 하거나, 석사학위를 받거나, 수년간 어떤 직업에 종사하는 등 어떤 주제에 대한 깊은 공부를 통해 습득된 것이다.

마지막 단계인 전문가(expertise) 단계는 학습자가 그 영역의 공부를 완수한 상태이다(P. A. Alexander, 1998, 2003, 2004; 또한 Dai, 2010 참조). 그 주제에 대해 아는 것도 많고, 그 많은 지식들을 하나로 통합하고 있다. 연구를 수행하고, 새로운 시각을 제공하고, 문제를 해결하고, 새로운 지식을 생산해내는 등 지도자의 역할을 하게 된다. 전문가들은 한 영역에서의 수년간의 공부와 경험을 통해 도달할 수 있고 결국 소수의 학습자만이 이 수준에 도달하게 된다.

능력 단계나 전문가 단계에서의 지식은 잘 통합되어 있기 때문에 이 단계에 있는 오개념은 잘 변화하지 않는다(P. A. Alexander, 1998). 쟁점이나 문제에 대한 사람들의 일반적 이해에서도 동일하다. 예를 들어 제6장의 언어학습에 대한 연구에 대해 살펴본 부분으로 돌아가보자. 언어학습 연구자는 인간 학습 분야의 전문가였다. 초기에 언어학습을 연구한 학자들은 대부분 심리학자들이었는데 인간의 언어학습 과정을 그 당시의 이론적 경향이었던 행동주의 입장에서 설명하려고 했다. 행동주의 원리로 설명할 수 없다는 증거들이 수십 년간 쌓여서야 자극-반응설이 보다 인지적인 것으로 대체되었다.[10]

---

[10] 이러한 과학에서의 패러다임 전환은 상당한 증거와 수많은 논의와 논쟁을 거쳐 일어난다. 토머스 쿤(T. Kuhn, 1970)의 『과학혁명의 구조』를 읽어보기 바란다.

알렉산더는 전문가의 발달은 지식의 습득만이 아니라 효과적인 학습전략과 해당 영역에 대한 강한 흥미에 달려 있다고 지적하고 있다(Schraw, 2006 참조). 제12장에서 여러 가지 효과적인 학습전략에 대해 알아보고, 제15장에서는 흥미의 구체적 이점에 대해 알아볼 것이다.

지식의 본질에 대한 일반화

이 장에서는 지식이 장기기억 속에 어떻게 저장되고 조직화되는지에 대한 다양한 관점에 대해 살펴보았다. 여기에서는 지식의 본질에 대해 일반론을 이끌어내보려고 한다.

◆ **정보의 저장 방식에는 상당한 중복성이 있다.** 이 장의 앞부분에서 립스와 그의 동료들(Rips et al., 1973)의 연구를 소개한 바 있다 — 사람들은 '콜리가 동물이다'를 '콜리가 포유류다'보다 더 빨리 참이라고 판단한다. 이것은 아마 콜리가 포유류이고 포유류는 동물이라고 기억하는 것이 장기기억 '공간' 면에서 경제적이기 때문일 것이다. 그래서 콜리가 동물이라는 것을 쉽게 추론한다. 그러나 사람들이 콜리가 동물이라는 사실을 저장하는 데 있어서, 그것은 장기기억에 있는 다른 정보들과 중복되기 때문에 그런 결과로 나온 것일 수도 있다. 이런 중복성은 편리성의 문제이다. 장기기억에 '여유 공간'이 많다면 동일한 정보를 나중에 필요한 것에 맞추어 여러 방식으로 저장하지 않겠는가?

또한 동일한 정보는 두 가지 이상 다른 형태로 저장되는데 단어로도 저장되고 이미지로도 저장된다(나무 옆에 서 있던 스키 거치대를 장착한 차를 떠올려보자). 다른 형태로 저장함으로써 그것에 대해 다른 방식으로 생각할 수 있다. 어떤 방식으로든 표현하기 어려운 공간적 관계를 그림 한 장으로 표현함으로써 1,000단어 이상의 역할을 한다. 그러나 단어와 의미는 공통적으로 적용되는 명제를 통해 유사한 생각을 보다 쉽게 관련지을 수 있게 해준다(예 : 그림 9.6을 다시 한 번 보라).

◆ **지식의 대부분은 어떤 특정 사건에 대한 정보라기보다는 경험의 요약이다.** 지식의 총체는 본질적으로 일화적이기보다는 의미론적이다. 세상을 살아가면서 사람들은 끊임없이 구체적인 경험들을 그 경험과는 독립된 보다 일반적인 세상에 대한 지식에 통합해나간다.

개념은 우리가 접하는 사물과 사건을 어떻게 요약하는지를 보여주는 대표적 예이다. 예를 들어 여러분은 자기가 본 것을 다음과 같은 특성으로 연결하여 개념을 형성할 수 있다.

- 대부분의 인간 성인보다는 높이가 낮고 넓은
- 짧고 거친 무언가로 덮인
- 붓솔처럼 보이는 것이 한쪽 끝에 부착된
- 다른 한쪽은 머리 부분의 두 꼭지는 부드럽고 헐렁하고 다른 두 꼭지는 단단하고 둥그런 덩어리가 부착된

- 양쪽에 2개씩 4개의 막대기에 의해 지지된
- 풀밭이나 초원에서 주로 목격되는
- 대부분 항상 풀을 뜯는

분명 여러분은 이와 유사한 것으로 특정 단어를 떠올릴 것이다 — 소.

학습한 것을 요약한 것으로서의 개념은 몇 가지 이점을 갖는다.

- 개념은 세상의 복잡성을 줄여준다(Bruner, 1957; Sokal, 1974). 유사한 사물과 사건을 범주화하는 것은 생각을 쉽게 만들어준다. 예를 들어 시골길을 따라 운전을 하면서 소를 지나칠 때 '저기 갈색이고 털로 덮여 있고 솔 같은 것이 붙어 있는 덩어리를 4개 막대가 버티고 있는 게 있어. 그리고 흰색이랑 검은색이랑 점이 있으면서 솔 같은 것이 붙어 있는 덩어리를 4개 막대가 버티고 있는 것도 있어. 저쪽에는 또 갈색이랑 흰색 점이 있는…'라기보다 '저기 소들이 있어'라고 그냥 간단하게 생각한다.
- 개념은 환경을 추상화하게 해준다(Bruner, 1966; Ferrari & Elik, 2003; Pinker, 2007). 털로 덮여 있고 솔 같은 것이 붙어 있는 덩어리를 4개 막대가 버티고 있는 물체라는 것은 상당히 구체적이다. 그러나 소라는 개념은 보다 추상적이고, '암컷의', '우유를 주는', 농장주인에게는 '경제적 자산인'이라는 특성을 붙일 수 있다. 개념과 그 이름은 구체적으로 지각되는 모든 면을 떠올리지 않고도 경험에 대해 생각할 수 있게 해준다.
- 개념은 생각의 힘을 증가시킨다(Bruner, 1966; Oakes & Rakison, 2003; Pinker, 2007). 털로 덮여 있고 솔 같은 것이 붙어 있는 덩어리를 4개 막대가 버티고 있는 물체에 대해 생각할 때는 다른 것을 거의 더 생각할 수 없다. 현재의 기억이론에 따르면 작업기억의 용량은 이것으로 이미 넘치고 있다. 그러나 간단하게 소라고 생각하면 말, 개, 염소, 돼지 등을 동시에 생각할 수 있다.
- 개념은 새로운 상황에 대한 추론과 일반화를 가능하게 해준다(Halford & Andrews, 2006; Mandler, 2007; Sloutsky, Lo, & Fisher, 2001; Welder & Graham, 2001). 어떤 개념을 배울 때 그것과 관련된 특성들을 연결시킨다. 그리고 그 개념의 새로운 사례와 마주치면 새로운 사례에 대해 가정하거나 추론하기 위해 연결된 특성에 대한 지식을 끄집어낼 수 있다. 예를 들어 시골길을 가다가 소떼를 보게 되면, 돌아가는 2개의 막대 사이 아래쪽으로 매달려 있는 커다란 소의 젖을 보았는지 아닌지에 따라 지나고 있는 곳이 낙농을 하는 곳인지 축산을 하는 곳인지 추론하게 될 것이다. 화분에 심어진 꽃을 샀다면, 꽃이 살아가기 위해서는 물이 필요하다고 꽃이라는 개념에서 배운 내용 때문에 정기적으로 물을 줄 것이다. 개념 덕분에 새로운 상황마다 시행착오를 통해 배울 필요가 없는 것이다.
- 개념은 알고 있는 것들 사이를 쉽게 연결지을 수 있게 해준다(Bruner, 1957; Goldstone & Johansen, 2003). 일단 정보를 개념으로 압축하고 추상화하면, 장기기억 속에 이런 개념

들을 쉽게 연결할 수 있다. 예를 들면 소라는 개념을 황소와 송아지라는 개념에 연결시킬 수 있고, 마찬가지 방법으로 포유류, 동물, 살아 있는 것처럼 위계적으로도 연결시킨다.

그러나 세상에 대한 요약본 때문에 실수를 할 수도 있다. 새로운 자극을 어떤 개념의 긍정적 예로 확인할 때, 그 개념의 다른 예에 반응했던 방식으로 그 자극에도 반응하기 쉽다. 이 과정에서 그 특정 자극의 고유한 특성을 보지 못하게 된다. 더 나아가 그 자극을 잘못 파악했을 경우 그것에 대한 반응은 부적절할 것이다. 어떤 어린아이가 네모난 나무토막으로 수레의 바퀴를 만들려고 하고 있었다. 네모난 나무토막을 바퀴라고 본 것은 잘못 판단한 것이고, 그 수레는 움직이지 않을 것임은 쉽게 짐작할 수 있다. 결국, 어떤 상황에서 자신의 경험을 지나치게 범주화해 버리는 일이 생긴다. 특정한 성, 인종, 문화적 배경으로 어떤 집단의 사람들에 대한 **고정관념**(stereotype)을 갖게 되면, 그 집단의 사람들이 어떻게 행동할 것인지에 대해 잘못된 추론을 할 가능성이 커진다(Medin et al., 2007; L. J. Nelson & Miller, 1995; Oskamp, 2000).

- **대부분의 상황에서 통합된 지식은 분절된 지식보다 유용하다.** 많은 현대 학습심리학자들은 단편적인 사실들이 아니라 일반적 원리와 인과관계 등이 통합된 지식체계를 가르칠 것을 강조한다. 예를 들어 수학의 경우 교사들은 학생들이 일반적 개념과 수학의 원리를 연결시킬 수 있도록 돕고, 또 한편으로는 수학문제를 푸는 구체적 절차를 가르쳐야 한다는 것이다(M. Carr, 2010; Hiebert et al., 1997; Rittle-Johnson, Siegler, & Alibali, 2001). 학생들이 나눗셈하는 방법이나 통분을 하여 분수 더하기를 하는 방법과 같은 구체적인 수학적 절차를 수학의 전반적인 '논리'와 관련해서 배우게 되면, 문제풀이 절차를 적절하게 적용할 뿐만 아니라 비논리적이어서 결국 잘못된 문제 풀이를 했을 때를 알아차린다.
- **소수 주제에 대한 깊이 있는 학습이 여러 주제에 관한 피상적 학습보다 유리하다.** 역사적으로 많은 사람들은 학교가 문화적 문맹을 퇴치하는 역할을 한다고 보았다. 즉 아이들에게 '교육받은' 사람처럼 보이기 위해 필요한 사실들을 학습할 수 있도록 해주는 것이다(예 : Hirsch, 1996 참조). 서양의 성인들은 많은 아동들이 프랑스의 수도가 어디인지 모르거나 태양계의 행성을 차례로 쓰지 못하거나 로미오와 줄리엣의 작가가 누구인지 모르는 것에 대해 걱정을 많이 한다.

  학교는 자신이 살고 있는 세상과 문화에 대한 기본 지식을 습득해서 그 사회에서 충분히 그리고 효과적으로 참여할 수 있도록 돕는 곳임에 틀림없다(Hirsch, 1996). 그러나 학교가 중요한 사실 하나하나에만 초점을 두게 되면 지식의 통합된 체제를 발달시키기는 어렵다. 최근 몇몇 학자들이 여러 주제를 피상적으로 가르치기보다는 소수의 주제에 대해 깊이 있게 가르치는 것에 교사들이 초점을 두어야 한다고 제안했다(예 : Brophy et al., 2009; M. C. Linn, 2008; Sizer, 2004; G. Wiggins & McTighe, 2005). 그들은 적은 것이 많은 것이라고 주장한다. 학생들이 보다 적은 자료를 가지고 보다 충분히 학습할 때보다 완전하게 학습할 수 있고 더 잘 이해하게 되며 납득이 될 경우 개념 변화도 촉진된다.

요약

장기기억에는 여러 종류의 지식이 저장되어 있다. **서술적 지식**은 '어떤 것'에 해당하는 지식으로 삶에서 겪은 이전 경험에 해당하는 일화적 기억과 세상에 대한 일반적 정보에 해당하는 의미론적 기억이 있다. 이에 반해 **절차적 지식**은 '어떻게 하는 것'에 관한 것으로 다양한 활동이 요구되는 어떤 상황을 알아차리는 조건적 지식도 포함한다. 학습자가 '왜'라는 문제를 풀기 위해 서술적 지식과 절차적 지식을 통합할 때, 예를 들어 어떤 상황에서 어떤 절차를 수행해야 하는 이유를 이해할 때 **개념적 지식**도 필요하다. 장기기억에 있는 어떤 지식은 명시적이어서 의식적인 수준에서 그 내용을 알고 있고 그것을 회상하고 설명하는 것이 쉽지만, **암묵적 지식**은 의식적 수준과 정신적 점검에서 '숨어' 있다.

사람들은 언어와 같은 상징, 시각 이미지와 같은 심상, 명제와 같은 의미, 산출과 같은 활동 등 다양한 방식으로 정보를 부호화하는데, 이렇게 서로 다르게 부호화된 정보는 서로 연결된다. 어떤 정보들은 상위 범주와 하위 범주를 이루어 위계적 방식으로 조직화되지만, 많은 정보들은 여러 종류의 관계를 포함하여 서로 관련되는 명제로 이루어지는 연결망으로 조직화된다. 신경학적 연구에 바탕을 둔 학자들은 어떤 하나의 정보조각은 장기기억의 여기저기 흩어진 모습, 즉 흩어져 있지만 동시에 활성화되는 교차점으로 연결된 망으로 표상된다고 제안한다.

사람들은 경험을 통해 배운 것을 정신적으로 축약한다. 예를 들어 **개념**은 하나 이상의 특징을 공유하는 사물이나 사건의 정신적 조합이다. 개념을 학습하는 것은 (1) 특정 사례나 사건이 특정 개념 범주에 포함됨을 결정하는 특징을 학습하는 것, (2) 전형적인 사례의 원형을 만드는 것, (3) 그 개념에 해당하는 예의 다양성을 대표할 수 있는 사례를 저장하는 것 등이 포함된다. 교사들은 개념학습을 촉진하는 요인을 강조함으로써 학생들이 수업을 통해 개념을 획득할 수 있도록 돕는다. 예를 들면 정의를 제공할 때 규정적 특징을 강조하고, 긍정적 예와 부정적 예를 동시에 보여주고, 학생들에게 스스로 사례를 만들어보라고 한다.

도식은 어떤 특정한 사물이나 사건과 관련된 아이디어들을 관련이 깊게 연결시킨 것이다. 도식 중에서 병원에 가는 것은 어떤 것인가와 같이 어떤 일이 일어나는 전형적인 과정을 요약한 것을 **각본**이라고 한다. 도식과 각본은 새로운 상황을 처리하고 저장하고 기억하는 방식에 영향을 미치는데, 도식과 각본은 세상이 전형적으로 돌아가는 방식에 대한 지식으로 빠진 곳을 채우도록 해준다.

장기기억에 저장된 지식 중에는 **개인이론**의 형태를 가진 것이 있는데, 물리적, 생물적, 사회적, 정치적, 정신적 현상의 인과론과 관련된 통합된 신념체제이다. 개인이론은 학습자들에게 중요해 보이는 특징이 무엇인가에 대한 아이디어를 주어 개념학습에 영향을 미친다. 개인이론은 항상 세상을 정확하게 반영하고 있는 것은 아니어서 불완전하고 부정확하다.

개인이론이 특정한 영역에서의 특정한 현상과 관

련된 것이라면, 세계관은 '세상은 어떻고 어떠해야 하는가?'에 관한 현실에 대한 일반적인 신념과 가정으로 다양한 현상을 이해하는 데 영향을 미친다. 세계관은 의식세계 아래에 숨어 있는 경우가 많아서 명시적이기보다는 암묵적인 경우가 많지만, 사람들이 일상적인 일이나 수업 시간에 배우는 것을 해석하는 데 중요한 영향을 미칠 수 있다.

새로운 정보에 대해 정보가 거의 없거나 있더라도 잘못된 정보를 가지고 있어 이제 막 새로운 정보에 대해 보기 시작한 학생에게 그 주제를 잘 이해하도록 돕는 것은 상대적으로 직접적이다. 예를 들어 교사는 구조나 인과관계를 표현한 모형을 바로 보여주면서, 학생들을 소집단으로 나누거나 학급 전체가 함께 토론을 하게 할 수 있다. 그러나 학생들이 이미 가지고 있는 잘못된 정보를 새로운 정보로 대체해야 할 때는 개념 변화 과정을 거쳐야 하는데, 학생들이 이미 알고 있는 것에 맞추어 새로운 정보를 왜곡하거나 이미 가지고 있는 개념을 지키려고 하는 개인적, 정서적, 사회적 이유를 가지고 있기 때문에 교사의 일은 보다 어려워진다. 학자들은 개념 변화를 촉진할 수 있는 전략들을 제안해왔다. 예를 들어 교사는 여러 가지 사실을 암기식으로 가르치기보다는 핵심적인 몇 가지만을 유의미학습이 될 수 있도록 지도해야 하고 새로운 설명이 이미 할 수 있는 설명보다 더 그럴듯하고 유용하다는 것을 보여주어야 한다.

어떤 주제 영역에서의 전문성 발달에는 지식의 양을 늘리는 것, 지식들을 서로 관련시키는 것, 학습한 내용들을 하나로 통합하는 것 등이 포함된다. 사람들은 누구나 수년에 걸친 집중적인 연구와 실무를 통해 자신의 영역에서 전문가가 된다.

우리의 물리적 · 사회적 환경에 대한 지식과 신념은 많은 부분 요약본의 형태(즉 개념, 도식, 개인 이론)지만 우리는 하나의 지식이나 정보라도 다양한 방식으로 저장하게 된다. 이상적으로 우리의 지식은 — 그것이 정확한 이해를 반영한다면 — 배운 내용을 논리적으로 통합할 때 많은 도움이 된다. 수업 장면에서 유용한 일반원리는 적을수록 많다는 것이다 — 소수의 주제에 대해 수시로 배운 바를 정교화하고 적용해보는 등 깊이 있게 공부하는 것이 다수의(그리고 분절된) 주제를 피상적으로 공부하는 것보다 훨씬 더 유용하다.

발달적 관점

10

인지에 대한 발달적 관점

학습 성과

10.1 *피아제의 인지발달이론의 핵심 내용과 개념을 설명하고, 아동의 행동에서 그것을 파악한다.*

10.2 *피아제가 제시한 네 가지 인지발달 단계별 핵심 개념과 한계를 설명하고 각 단계의 특징적인 사고와 행동의 구체적인 예를 제시한다.*

10.3 *피아제 이론의 장단점을 평가하기 위해 최근의 연구 결과를 활용한다.*

10.4 *신피아제 이론이 피아제 이론과 어떤 면에서 유사하고 어떤 면에서 다른지를 설명한다. 로비 케이스가 제시한 수에 관한 핵심 개념 구조를 사용하여 설명의 핵심을 보여준다.*

10.5 *다양한 연령집단의 학생들에 대한 효과적인 수업 전략을 세우기 위해 피아제 및 신피아제 이론의 개념, 관련된 연구 결과를 활용한다.*

20세기 초반 몇십 년간 행동주의자들은 특히 북미에서 학습에 관한 심리적 연구 분야를 주도하고 있었다. 그때에 아동발달이라는 다른 주제를 연구하는 유럽의 연구자들은 학습이 무엇인가에 대해 아주 다른 결론에 도달했다. 이 연구자들 중 스위스의 발달학자인 장 피아제(Jean Piaget)는 아동이 연령이 증가함에 따라 점점 더 복잡해져 가는 이해와 추론 능력을 스스로 만들어가며, 이는 자신의 물리적, 사회적 세계와 상호작용하고 그것들에 대해 생각하면서 이루어진다고 주장했다. 이런 주장을 함으로써 피아제는 **개인적 구성주의**(individual constructivism)의 개척자가 되었다. 한편 러시아의 심리학자 레프 비고츠키(Lev Vygotsky)는 아동발달에 있어서 사회와 문화의 중요성을 강조하여 **사회문화적 이론**(sociocultural theory)으로 알려진 맥락적 관점의 기초를 세웠다.

이 장과 다음 장에서 우리는 피아제와 비고츠키의 학습과 인지발달에 대한 이론과 이 이론에서 영감을 받은 현대의 관점들을 살펴볼 것이다. 이 장에서 우리는 피아제와 그를 따르는 연구자들의 관점을 살펴본다. **인지발달이론**(cognitive-developmental theory)으로 알려진 이 이론들은 아동의 사고 과정이 연령과 경험에 따라 어떻게 의미 있는 질적인 변화를 보이는지에 초점을 둔다. 이 접근에서 아동은 대개 자신의 발달에서 적극적인 역할을 수행한다 — 아동은 새롭고 흥미로운 경험을 찾아나서며, 자신이 보고 들은 것을 이해하기 위해 노력하고, 세상에 대한 자신의 현재 생각과 새로운 정보 간의 차이를 해결하기 위해 적극적으로 활동한다. 이렇게 함으로써 아동의 사고는 점차 더 추상적이고 체계적으로 된다.

인지발달에 대한 피아제 이론

1920년대에 피아제는 현대의 학습과 인지발달이론에 큰 영향을 끼친 60여 년간의 연구를 스위스에서 시작했다. 피아제는 생물학자로 훈련을 받았지만 철학에도 관심을 가졌고 특히 인식론이라고 불리는 철학의 한 분야에서 다루는 지식의 근원에 대해서도 호기심을 가지고 있었다. 지식이 어디에서 오는지, 그리고 지식이 발달하면서 지식이 취하는 형식이 어떠한 것인지를 발견하기 위해서 피아제와 동료들은 일련의 연구를 시작했고 그 결과 이동이 어떻게 자신의 주위 세상에 대해 생각하고 배우게 되는지에 대해 많은 독특한 관점을 제공하게 되었다(예 : Inhelder & Piaget, 1958; Piaget, 1928, 1952b, 1959, 1971, 1980; Piaget & Inhelder, 1969).

피아제의 이론이 1920년대부터 시작되었지만 1960년대까지 서구세계의 심리학적 사고에 별 영향을 미치지 못했는데 거기에는 다음과 같은 몇 가지 이유가 있다. 한 가지 이유는 피아제가 스위스인으로서 프랑스어로 저술을 해서 영어권의 심리학자들이 접근하기 어려웠던 것이다. 그의 저작이 결국 영어로 번역되기는 했지만 그의 업적이 널리 알려지고 빛을 본 것은 미국의 심리학자 존 플라벨(John Flavell, 1963)이 그의 초기 저작을 요약한 것을 통해서였다.

피아제의 연구가 30여 년 가까이 알려지지 않은 두 번째 이유는 일반적이지 않은 그의 연구 방법이다. 피아제는 그가 명명한 **임상적 방법**(clinical method)을 사용했다. 그는 아동들에게 일련의 과제와 문제를 주고 각각에 대한 일련의 질문을 했다. 그는 아동이 한 대답에 따라 인터뷰를 진행하여 아동마다 각각 다른 추후 질문을 했다. 이런 절차는 표준화되고 엄격히 통제된 조건에서 실행되는 전형적인 행동주의 동물 실험과 전혀 다른 것이었고 결국 동시대의 북미 연구자들에게 받아들여지지 않았다.

그러나 피아제의 이론이 심리학적 사고의 주류에 즉각 편입되지 못한 가장 핵심적인 이유는 1960년대까지 학습 연구를 주도했던 행동주의 관점과 철학적으로 양립할 수 없었기 때문이다. 피아제는 정신적 사건 — 예를 들어 논리적 추론 과정과 지식의 구조 등 — 에 초점을 두었는데 이런 정신주의는 당시 많은 학습이론가에게 거부되고 있었다. 그러나 1960년대에 나타나기 시작한 인지주의는 피아제의 생각에 대해 수용적인 태도를 보였다.

피아제의 업적이 오늘날 대중적이 된 것은 그것이 언어, 논리적 추론, 도덕적 판단, 그리고 시간, 공간, 수의 개념 등과 같이 매우 다양한 주제를 포함하는 지적 발달에 대한 포괄적인 이론이기 때문이다. 또한 아동을 대상으로 한 피아제의 독특한 연구들은 독창적으로 설계된 문제 상황을 포함하고 있으며, 아동의 사고 특성에 대해 많은 것을 밝혀주고 있다.

피아제 이론의 핵심 개념

피아제 이론의 핵심적인 원리와 개념은 다음과 같다.

- **아동들은 적극적으로 동기화된 학습자들이다.** 피아제는 아동들이 선천적으로 그들의 세계에 대해 호기심이 있으며, 그것을 알기 위해 필요한 정보를 적극적으로 찾는다고 주장했다(예 : Piaget, 1952b). 아동들은 그들이 만나는 자극에 단순히 반응하기보다는 그 자극들을 조작하여 그들 행동의 효과를 관찰한다는 것이다. 예를 들어 피아제가 16개월 된 아들 로랑을 관찰한 것을 보자.

> 나는 로랑을 책상 앞에 앉히고 빵조각을 손에 닿지 않을 거리에 놓아두었다. 그리고 아이 오른쪽으로는 25cm 정도의 막대를 두었다. 처음에 로랑은 막대에 관심을 두지 않고 빵을 잡으려 하다가 포기했다. 나는 막대를 빵과 로랑 사이에 두었다. … 로랑은 다시 빵을 보더니 움직이지는 않으면서 잠시 막대를 보고는 갑자기 막대를 잡아서 빵을 가리켰다. 그러나 막대의 중간을 잡았기 때문에 막대 끝이 빵에 닿을 수 없었다. 그러자 로랑은 막대를 내려놓고 팔을 뻗어 빵을 잡으려 했다. 그리고 잠시 이 동작을 하더니 막대를 다시 잡았는데, 이번에는 한쪽 끝부분을 잡았고… 빵을 잡아당겼다.
>
> 1시간 후 나는 로랑 앞에 장난감을 놓아두고(손이 닿지 않는 거리에) 새로운 막대를 옆에 두었다. 그는 목표물을 손으로 잡을 생각도 하지 않고 즉시 막대를 잡아서 장남감을 자기에게로 끌어당겼다. (Piaget, 1952b, p. 335)[1]

  이 상황에서 로랑은 명백하게 자신의 환경을 가지고 실험을 해서 자신이 성취할 수 있는 것이 무엇인지를 알아낸 것이다. 피아제의 관점에서는 아동 인지발달의 상당 부분은 이와 같이 세상을 이해하려는 노력들의 결과이다.

- **아동은 경험으로부터 배운 것들을 조직한다.** 아동은 자신들이 배운 것들을 각각 분리된 사실들의 덩어리로 쌓아두는 것이 아니다. 대신 그들은 자신의 경험을 세상이 어떻게 작동하는가 하는 통합된 관점으로 수렴한다. 예를 들어 음식이나 장난감, 물건들이 놓기만 하면 아래로 떨어지는(결코 위로는 올라가지 않는) 것을 보면서 아동은 중력에 대한 기초적인 이해를 형성한다. 아동들이 애완동물을 접하고 인근의 야생동물을 보며 동물원을 가보고 그림책

1 손이 닿지 않는 물건을 가져오는 로랑의 전략은 제6장 게슈탈트 심리학에서 다루는 술탄이라는 침팬지의 행동과 매우 유사하다.

을 보면서 동물에 대한 점차 복잡한 이해를 발달시킨다. 피아제는 학습이란 매우 **구성적인**(constructive) 과정이라고 묘사했다. 아동은 세상에 대한 지식을 (단지 흡수하는 것이라기보다는) 창조한다.

아동이 배우고 할 수 있는 것들은 피아제 이론의 용어인 **인식틀**(schemes)로 조직되는데, 이는 환경에 대한 반응으로 반복적으로 사용되는 유사한 행동과 생각의 집합체를 의미한다.[2] 처음에는 아동의 인식틀이 대체적으로 행동적인 특징을 지니지만 점차 정신적이 되어 가고 결국에는 추상적이 된다. 예를 들어 아동이 손에 닿는 여러 흥미로운 물건을 잡는 데 적용되는 움켜잡는 행동이라는 인식틀을 갖는다. 십대는 다양한 사회적, 정치적, 도덕적 이슈를 추론하는 데 적용되는 논리적 사고와 관련되는 인식틀을 갖는다.

피아제는 아동이 친숙한 상황에서든 새로운 상황에서든 새롭게 획득한 인식틀을 반복적으로 사용한다고 주장했다. 경험이 점차 다양해지고 도전적이 되면서 아동은 이전에 경험하지 못했던 과제와 문제를 다루기 위해 인식틀을 계속 수정하며 때로는 새로운 인식틀을 추가하기도 한다. 게다가 이들은 점차로 자신의 인식틀을 더 복잡한 **인지구조**(cognitive structure)로 통합한다. 피아제 이론의 상당 부분은 논리적 추론을 지배하는 인지구조의 발달에 집중하고 있는데 이 구조를 피아제는 **조작**(operations)이라고 불렀다.

- 물리적 환경과의 상호작용은 학습과 인지적 발달에 매우 중요하다. 새로운 인식틀을 형성하거나 기존의 인식틀을 수정하고 통합하려는 대부분의 계기는 물리적 환경과의 지속적인 상호작용에서 생긴다. 예를 들어 앞서 살펴본 로랑의 일화는 그 어린아이가 그의 물리적 환경의 일부분을 적극적으로 조작하여 — 더 구체적으로는 막대와 빵을 조작하여 — 어떤 대상을 다른 대상을 획득하는 수단으로 사용할 수 있다는 것을 배우게 되는 것을 보여주었다. 자신 주변의 세계를 탐색하고 조작하면서 — 대상과 내용을 가지고 작은 실험을 수행하면서 — 아동들은 부피, 무게와 같은 물리적 특성의 성질을 배우고, 힘과 중력에 관계된 원리를 발견하며, 원인과 결과의 관계에 대한 더 깊은 이해를 하게 된다. 따라서 피아제가 보기에 아동은 비록 성인 과학자가 사용하는 정교화된 과학적 추론 과정(나중에 살펴볼 것임)을 따르지는 않지만 어린 과학자로서 활동한다.
- 다른 사람과의 상호작용은 학습과 발달을 위해 동일하게 매우 중요하다. 비록 피아제는 세상에 대한 아동의 지식과 이해가 대체적으로 자기구성적이라고 생각했지만 그럼에도 불구하고 아동들은 다른 사람들과 상호작용하면서 많은 것을 배운다. 예를 들어 취학전 아동에게는 자신이 아닌 다른 사람의 관점에서 세상을 보는 것이 매우 어렵다. 긍정적 사회적 상호작용(대화)이나 부정적 사회적 상호작용(물건을 나누어 쓰거나 공정하게 노는 것에 대한 다툼)

2 피아제의 schemes를 제9장에서 언급한 schemas와 혼동하지 말라. 둘 다 학습으로 배운 것을 조직하는 방식을 뜻하는 용어기는 하지만 피아제는 *scheme*과 *schema*(복수는 schemata)를 구분하여 *schema*를 현대의 구성주의자들과는 다른 의미로 사용했다(예 : Piaget, 1970, p. 705 참조).

을 통해서 어린아이들은 다른 사람들은 세상을 다르게 보고 있으며 자신의 관점이 완벽하게 옳거나 논리적이 아닐 수 있다는 것을 알게 된다. 초등학교 아동들은 다른 사람들이 그들의 불일치성을 지적해줄 때 자신의 말과 행동이 일치하지 않는다는 것을 알게 된다. 그리고 고등학교 학생들은 동료나 어른들과 사회적이고 정치적인 주제에 대해 토론해가면서 세상이 어떻게 되어야 한다는 자신의 이상이 비현실적일 수 있음을 알게 된다.

◆ 아동들은 동화와 조절의 과정을 통해 환경에 적응한다. 피아제에 따르면 아동들은 동화와 조절로 알려진 두 가지 변화하지 않는 과정들[그는 그것을 기능(functions)이라고 불렀다]을 통해 자신의 환경과 상호작용한다. **동화**(assimilation)란 대상과 사건을 이미 존재하는 인식틀과 일치하는 방식으로 다루는 것이다. 예를 들어 엄마의 반짝거리며 움직이는 귀걸이를 본 아동은 귀걸이를 자신의 붙잡는 인식틀에 동화시켜서 작은 인형을 잡는 것과 같은 방식으로 엄마의 귀걸이를 붙잡고 당기려고 한다. 사과 2개에 3개를 합치면 사과 5개가 된다는 것을 배운 초등학교 2학년 학생은 이 인식틀을 2달러와 3달러를 더하는 상황에 적용할 수 있다.

그러나 아동이 기존의 인식틀로 새로운 사물과 사건에 쉽게 반응할 수 없는 경우가 생긴다. 이 상황에서 다음의 두 가지 **조절**(accommodation) 방법 중 한 가지가 발생한다 — (1) 새로운 대상과 사건을 설명하기 위해 기존의 인식틀을 수정한다. (2) 그것들을 다루기 위해 전혀 새로운 인식틀을 형성한다. 예를 들어 기어가기를 배운 유아는 계단을 만나면 기어가는 방식을 바꿔야 한다. 네 다리를 지닌 길고 뱀같이 생긴 것을 본 아이는 약간의 관찰 이후에 뱀이라는 인식틀을 버리고 — 뱀은 다리를 지니고 있지 않기 때문에 — 열대산 도마뱀 스킹크라는 새로운 인식틀을 갖는다.

동화와 조절은 상보적인 과정이다. 동화는 환경에 대한 인식을 수정해서 인식틀에 맞추는 것이고, 조절은 인식틀을 수정해서 환경에 맞추는 것이다. 피아제의 관점에서 두 과정은 함께 진행되는데, 아동은 기존 지식의 맥락에서 새로운 사건에 반응하지만(동화), 그런 사건의 결과로 자신의 지식을 수정한다(조절).

여러분도 추측할 수 있는 것처럼 학습은 대체적으로 조절의 결과이다. 즉 기존의 인식틀을 수정하거나 새로운 인식틀을 만드는 것이다. 그러나 동화는 조절이 일어나기 위한 필수조건이다. 새로운 경험을 이미 알고 있는 것과 연관시킬 수 있어야 새로운 것으로부터 배울 수 있다. 제7장에서도 살펴본 이런 기존 지식과 새로운 지식의 중첩은 단지 피아제의 이론에서만 아니라 현재의 인지학습이론에서도 중요한 원칙이다.

◆ 평형화 과정을 통해 점차 복합적인 형식의 사고가 형성된다. 피아제는 아동이 종종 **평형**(equilibrium) 상태에 있다고 주장했다. 이것은 아동이 기존의 인식틀을 사용해서 새로운 사건을 익숙하게 해석하고 반응할 수 있는 상태이다. 그러나 이런 평형화 상태는 무한정 계속되지 않는다. 아이들이 자라면서 자주 현재의 지식과 기술이 부적합한 상황을 만나게 된다. 이런 상황은 **비평형**(disequilibrium) 상태를 만들어내는데, 이 상태는 일종의 정신적 불

편감을 주기 때문에 아동들은 그들이 관찰한 것을 이해하기 위해 노력한다. 혼란한 상태를 그냥 무시하는 것이 가장 쉬운 대처방법이다. 그러나 동일한 혼란한 현상이 반복되면 아동은 현재의 인식틀을 수정해야 한다는 동기를 갖는다. 자신의 인식틀을 대치시키고 재조직하고 더 낫게 통합해서(즉 조절해서) 아동들은 이 문제되는 사건을 이해하고 설명할 수 있게 된다. 이렇게 평형화 상태에서 비평형화 상태로, 다시 평형화 상태로 진행하는 것을 **평형화**(equilibration)라고 한다. 피아제의 관점에서는 평형 상태를 갖고자 하는 아동의 내적 욕구와 평형화 과정이 더 복잡한 수준의 사고와 지식을 갖도록 해준다.

- 피아제의 관점에서 볼 때 아동은 다른 연령 수준에서는 질적으로 다른 방식으로 생각한다. 피아제 이론의 중요한 특징은 인지발달의 서로 구분되는 네 단계를 제시하고 각각의 독특한 사고 양식을 기술한 것이다. 피아제는 각 단계는 앞선 단계에서 성취한 것을 바탕으로 이루어지므로 아동은 네 단계를 변하지 않는 동일한 순서로 밟아간다고 주장했다. 피아제는 초기 저술에서 이 네 단계는 전 세계 아동들의 인지발달을 설명하는 공통적인 것이라고 주장했다.

피아제는 아동들이 이 네 단계를 진행하는 것은 신경학적 성숙에 의해 제한되는 것으로, 즉 뇌의 발달적 변화에 의해 유전적으로 통제되는 것으로 생각했다. 즉 아동이 한 단계에서 다음 단계로 진행하는 것은 다음 단계에 연관된 인지적 구조와 사고 과정이 가능할 정도로 뇌가 충분히 성숙해야 가능하다는 것이다. 제2장에서 보았듯이 인간의 뇌는 아동기와 청소년기를 통해, 심지어 성인 초기에도 계속 발달한다. 이 계속적인 신경학적 발달, 특히 전두엽의 발달로 인해 인간은 점점 더 복잡한 방식으로 생각할 수 있게 된다. 그러나 그런 신경학적 변화가 피아제가 기술한 아동의 사고의 변화와 구체적으로 연관되는지 여부는 여전히 의문의 상태이다.

이후에 살펴보겠지만 많은 심리학자들은 인지적 발달이 피아제가 주장한 것처럼 단계적인가, 그리고 세계적으로 공통적인가에 대해 의문을 제기한다. 그럼에도 불구하고 피아제의 발달 단계 개념은 서로 다른 연령 수준의 아동들의 사고 특성을 이해하는 데 유용하므로 이것에 대해 좀 더 살펴보도록 하겠다.

피아제의 인지발달 단계

피아제의 네 단계는 표 10.1에 제시되어 있다. 표에 제시된 연령은 평균치다. 어떤 아동은 좀 더 일찍, 다른 아동들은 좀 더 늦게 그 단계에 도달할 수 있다. 그리고 아동들이 한 단계에서 다음 단계로 이전하는 과도기에 있을 때는 인접한 두 단계의 특징을 동시에 나타낼 수도 있다. 또한 아동과 청소년이 항상 자기 단계의 진일보한 인지 능력을 사용하지는 않으며 매일의 행동에서 매우 다양한 사고방식을 보이는 것에 유의해야 한다(Chapman, 1988; Piaget, 1960). 그림 10.1은 각 단계에 따른 아동 발달의 변화하고 유연한 특성을 보여준다.

표 10.1 피아제의 인지발달 단계

단계와 연령 범위	일반적 특징
감각운동기 (출생에서 2세까지)	인식틀이 1차적으로 지각과 행동을 일으킨다. 세계에 대한 아동의 이해는 세계와의 물리적 상호작용에 대체로 기반하고 있다.
전조작기 (2세에서 6세 또는 7세까지)	이제 많은 인식틀이 상징적 특징을 갖게 되어 아동이 즉각적 경험을 넘어 생각하고 말할 수 있게 된다. 아동은 사건에 대해 추론하기 시작하지만 성인의 기준에서 볼 때 항상 논리적인 방식으로 하는 것은 아니다.
구체적 조작기 (6세 또는 7세에서 11세 또는 12세까지)	아동들은 구체적이고 현실적인 상황에 대해 성인처럼 논리적으로 추론할 수 있는 인지구조를 갖춘다. 또한 그들은 자신의 관점이 반드시 다른 사람들과 공유되지는 않는다는 것을 알게 된다.
형식적 조작기 (11세 또는 12세 이후 성인기)	이제 아동들은 추상적이고 가설적이며 사실과 상반된 상황에 대해 논리적으로 사고할 수 있다. 그들은 수학과 과학에서 필요한 고차원적 추론에 필요한 많은 역량을 갖춘다.

감각운동기(2세 이전)

피아제에 따르면 갓 태어난 영아의 행동은 그들의 생존을 보장하기 위한 반사적인 — 특정 자극에 반응하도록 생물학적으로 정해진(예 : 젖꼭지 빨기) — 것이다. 그러나 두 달이 되면 영아들은 계속 반복하는 자발적 행동을 보이기 시작하며 인식의 발달 — 그리고 행동에 기반한 인식틀 — 을 보이는데 이 단계가 **감각운동기**(sensorimotor stage)다. 유아의 처음 자발적 행동은 거의 대부분 자신의 신체에 집중되어 있지만(예 : 손가락을 입에 계속 넣는다), 차츰 그들의 행동은 주변의 사물을 포함한다. 피아제에 따르면 1세까지의 행동은 대체적으로 즉각적이고 무계획적이다.

1세 후반기에 특정 행동이 특정 결과를 불러일으키는 것을 반복적으로 관찰하면서 아동은 주변 세계에서의 원인과 결과의 관계에 대한 지식을 얻게 된다. 여기에서 그들은 **목표지향적인 행동**(goal-directed behavior)을 하기 시작하는데 이는 원하는 결과를 가져다줄 수 있을 것으로 생각되는 방식으로 행동하는 것이다. 같은 시기에 아동들은 **대상 영속성**(object permanence)을 갖게 되어 물리적 실체가 눈에 보이지 않더라도 계속 존재한다는 이해를 하게 된다.

피아제는 대부분의 감각운동기 아동들의 사고가 그들이 직접 관찰하는 대상과 사건에 한정된다고 보았다. 그러나 2세 후반기에 아동들은 **상징적 사고**(symbolic thought)를 발달시켜서 대상과 사건들을 내적 정신적 실체 또는 상징의 용어로 표상화하여 생각하는 능력을 갖게 된다. 상징적 사고로 인해 그들은 물건에 어떤 행동을 하면 어떤 일이 일어날지를 먼저 예상한 후 그 계획을 행동으로 옮기는 식으로 마음에서 대상을 가지고 '실험'을 한다. 그들은 다른

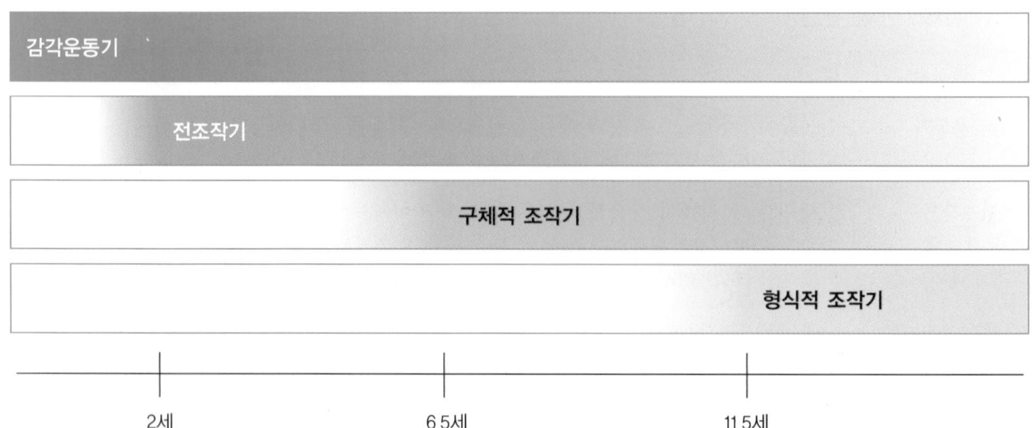

그림 10.1 피아제는 아동이 나이와 경험이 증가함에 따라 상위 단계의 능력을 갖게 되지만 반드시 이전 단계의 사고 과정을 잃지는 않는다고 보았다.

출처 : *Child Development and Education* 5/E by T. M. McDevitt & J. E. Ormord, 2013, p.200, Upper Saddle River, NJ : Pearson.

사람들이 한 행동을 기억하고 흉내 내기도 한다. 예를 들어 장난감 전화기에 대고 '말하는' 척한다. 이런 상징적 사고는 피아제가 정의한 대로 참된 사고를 하기 시작하는 것을 나타낸다.[3]

전조작기(2세에서 6세 또는 7세까지)

대상과 사건을 정신적으로(상징적 사고) 표상할 수 있는 능력으로 인해 **전조작기**(preoperational stage) 아동들은 감각운동기에서보다 더 확장된 세계관을 갖게 된다. 상징의 핵심은 언어로서 전조작기 초기에 폭발적으로 증가한다. 아동의 급격하게 증가하는 어휘 가운데 단어들은 새로이 발달하는 인지적 틀에 이름을 제공하고, 떨어져 있는 장소와 시간의 대상과 사건을 생각할 수 있는 상징으로 기능한다. 게다가 언어를 통해 아동은 자신의 생각을 의사소통하고 다른 사람으로부터 정보를 제공받을 수 있게 되는데 이는 감각운동기에서는 불가능한 일이었다.

상징적 사고의 출현으로 인해 어린 아동들이 이제 지금-여기에만 국한되지 않고 예전보다 훨씬 더 유연하게 생각하고 행동할 수 있게 된다. 그들은 이제 과거를 기억하고 미래를 그려볼 수 있으며, 그들의 경험을 묶어서 세상에 대한 점차 복잡한 이해에 이르게 된다.

그러나 전조작기 사고는 명백한 한계를 갖고 있는데 특히 이후에 나타나는 구체적 조작적 사고와 비교해서 그렇다. 예를 들어 어린 아동들은 심리적 현상(사고나 감정)을 물리적 실체와 혼동해서, 무생물에 감정을 부여한다든지 괴물과 도깨비가 침대 밑에 숨어 있다고 주장한

3 여기에서 설명한 변화는 감각운동기의 6번째 하위 단계에 대한 것이다. 상세한 내용은 피아제의 *The Origins of Intelligence in Children*(1952b) 또는 플라벨의 *The Developmental Psychology of Jean Piaget*(1963)를 참조하라.

다. 그들은 또한 **자기중심성**(egocentrism)를 보이는데 이는 다른 사람의 관점에서 상황을 보지 못하는 것이다.[4] 어린아이들은 생각 없는 말이 어떻게 다른 사람의 감정을 상하게 하는지를 이해하지 못한다. 그리고 듣는 사람의 관점을 고려하지 못하고 말하는데 예를 들어 이야기 도중 핵심적인 내용을 빠뜨리고 일부분만 이야기해서 듣는 사람이 이해할 수 없게 하는 것이다. 여기에서 우리는 피아제의 관점에서 사회적 상호작용이 발달을 위해 왜 그렇게 중요한지를 알 수 있다. 오직 다른 사람들로부터 반복적인 피드백을 받아야 아이들은 자신의 사고와 감정이 자신에게만 독특한 것이라는 것, 즉 다른 사람들이 항상 그들이 세상을 생각하는 것처럼 생각하지 않는다는 것을 알게 된다.

성인의 논리적 추론 형식에 비교해볼 때 전조작기 아동의 사고는 아직 미숙하다. 예를 들어 **유형 분류**(class inclusion), 즉 한 대상이 특정 카테고리에 속하면서 동시에 그 하위 카테고리에 속하도록 분류하는 것을 하지 못한다. 피아제는 앞서 언급한 임상적 방법을 보여주는 면접 내용을 예로 제시했다. 한 어른이 아동에게 12개의 나무 구슬(2개는 흰색이고 나머지는 갈색)이 든 상자를 보여주면서 대화를 시작한다. 대화는 다음과 같이 진행된다.

어른 : 나무 구슬이 더 많니 아니면 갈색 구슬이 더 많니?
아동 : 갈색 구슬이 더 많아요. 흰색 구슬이 2개 있으니까요.
어른 : 흰색 구슬은 나무로 만들어졌니?
아동 : 예.
어른 : 갈색 구슬도?
아동 : 예.
어른 : 그러면 갈색 구슬이 더 많니 아니면 나무 구슬이 더 많니?
아동 : 갈색 구슬이 더 많아요.
어른 : 나무 구슬로 만든 목걸이 색은 무엇일까?
아동 : 갈색과 흰색이요.(여기에서 아동이 모든 구슬이 나무로 만들어졌다는 것을 이해한다는 것을 알 수 있다.)
어른 : 그러면 갈색 구슬로 만든 목걸이의 색은 무엇일까?
아동 : 갈색이요.
어른 : 그러면 나무 구슬로 만든 목걸이와 갈색 구슬로 만든 목걸이 중 어느 것이 더 길까?
아동 : 갈색 구슬로 만든 것이요.
어른 : 목걸이를 그려보렴.

[4] 피아제의 자기중심성을 일반적으로 사용되는 의미로 이해하지 말라. 일상적으로 어떤 사람이 자기중심적이라고 하면, 그가 오직 자신의 필요와 욕구만을 생각한다는 의미이다. 이 표현은 성격 특성을 지칭하는 것이다. 피아제의 이론에서 자기중심적인 아동은 인지적 한계를 가지고 있다는 것이지 성격적인 결함이 있다는 것이 아니다. 아동은 아직 다른 사람의 관점에서 세상을 볼 능력을 지니지 못한 것이다.

아동은 갈색 구슬로 만든 목걸이를 여러 개의 검은색 원으로 그린다. 그리고 나무로 만든 목걸이를 여러 개의 검은색 원과 2개의 흰색 원으로 그린다.

> 어른 : 잘했어. 자, 이제 나무 구슬로 만든 목걸이와 갈색 구슬로 만든 목걸이 중에서 어느 것이 더 길까?
>
> 아동 : 갈색 구슬로 만든 것이요. (Piaget, 1952a, pp. 163-164의 대화)

비논리적인 전조작기 사고의 또 다른 예로 액체의 보존 문제에 대한 어린 아동의 전형적인 대답을 살펴볼 수 있다. 3개의 유리잔을 생각해보자. 그림 10.2의 '이전' 상태와 같이 A와 B는 길고 좁은 잔으로서 같은 높이로 물이 들어 있고 C는 짧고 넓은 잔으로서 비어 있다. 분명히 A와 B에는 같은 양의 물이 들어 있다. 이제 B의 물을 C에 부어 그림 10.2의 '이후' 상태를 만든다. A와 C에는 같은 양의 물이 있는가 아니면 어느 쪽에 더 많은 물이 있는가?

논리적인 어른이라면 두 유리잔에 (물을 붓는 과정에서 몇 방울이 없어진 것을 빼고는) 같은 양의 물이 있다고 할 것이다. 반면에 전조작기의 아동은 유리잔의 물의 양이 다르다고 말한다. 대부분의 아동은 A가 더 높기 때문에 물이 더 많다고 하고 일부 아동은 C가 더 넓기 때문에 물이 더 많다고 한다. 전조작기 동안에 아동은 논리보다는 인식에 근거하여 생각하며 외적인 모습에 민감하다. 유리잔이 다르게 보인다, 그러므로 다를 수밖에 없다.

아동이 4세나 5세가 되어 전조작기 후기에 이르면 논리적이 되는 전조를 보인다. 예를 들어 분류 문제(예 : 나무 구슬 문제)나 보존 문제(예 : 물컵 문제)에 대해 정확한 결론을 내린다. 그러나 그들의 추론은 거기에 내재하는 논리적 원리를 알아서가 아니라 예감이나 직관에 근거한 것이기 때문에 여전히 왜 그들의 결론이 옳은지를 설명하지는 못한다.

구체적 조작기(6세나 7세부터 11세나 12세까지)

아동들이 **구체적 조작기**(concrete operations stage)에 접어들면 사고 과정에서 논리적 조작을 하기 시작하여 단일 대상이나 사건에 대한 다양한 특성과 관점을 통합하게 된다. 이런 조작적 사고를 통해 수많은 고등 능력을 발휘하게 된다. 예를 들어 아동들은 이제 자신의 관점과 감정이 남들과 반드시 일치되지 않으며 현실보다는 개인적 의견을 반영한 것일 뿐임을 알게 된다. 따라서 그들은 때로 자신이 잘못될 수도 있다는 것을 알고 "여러분은 어떻게 생각해요?"라든지 "내가 문제를 잘 풀었나요?"라고 물으면서 자신의 생각에 대한 외적 타당화 증거를 찾으려 한다.

구체적 조작기의 아동들은 다양한 형식의 논리적 사고를 할 수 있다. 예를 들어 이들은 **보존**(conservation)을 이해한다. 즉 아무것도 더해지거나 감해지지 않으면 모양이나 배치가 바뀌어도 양은 동일하다는 것을 알아차린다는 것이다. 그리고 유형 분류를 할 수 있게 된다. 예를 들어 갈색 구슬이 동시에 나무 구슬이 될 수 있다는 것을 안다. 이들은 자신의 추론을 잘 설

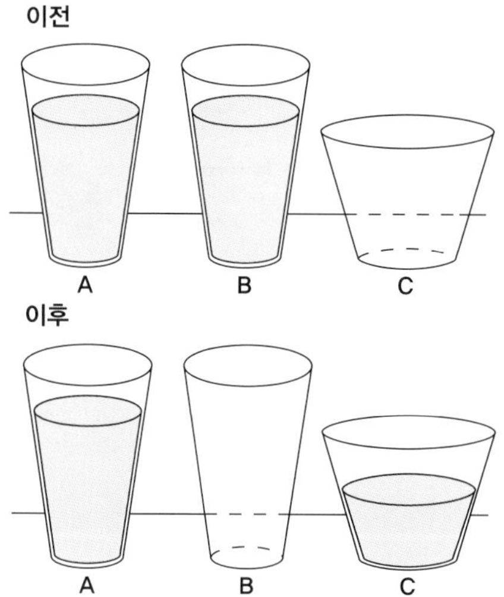

그림 10.2 유리잔 B(이전)에 있는 물을 유리잔 C(이후)에 붓는다. 유리잔 C에는 유리잔 B와 같은 양의 물이 있는가?

명할 수 있는데 다음에 제시된 8세 아동과의 나무 구슬에 대한 면담에 이것이 잘 나타난다.

어른 : 나무 구슬이 더 많니 아니면 갈색 구슬이 더 많니?

아동 : 나무 구슬이요.

어른 : 왜?

아동 : 하얀 구슬도 나무로 만들어졌으니까요.

어른 : 2개의 목걸이를 만들어보자. 하나는 나무 구슬로 그리고 하나는 갈색 구슬로 말이야. 어느 것이 더 길까?

아동 : 음, 나무 구슬과 갈색 구슬이 같은 것이고 흰색 구슬이 2개 더 있으니까 나무 구슬로 만든 목걸이가 더 길어요. (Piaget, 1952a, pp. 176의 대화)

아동들은 새롭게 획득한 논리적 사고 능력을 구체적 조작기 동안 계속 발달시킨다. 예를 들어 시간이 지날수록 더욱 복잡한 보존개념 과제도 다룰 수 있게 된다. 그림 10.2에 예시된 액체의 보존개념과 같은 보존의 형식은 6세나 7세에 나타난다. 어떤 형식은 그 후 몇 년이 지나야 나타난다. 그림 10.3에 제시된 **무게의 보존**에 대한 과제를 살펴보자. 평형저울을 사용해서 한 어른이 같은 무게의 두 진흙 덩어리를 보여주었다. 하나를 저울에서 들어서 납작하게 만들었다. 그리고 아동에게 납작해진 진흙과 덩어리 그대로인 진흙이 같은 무게인지 또는 두 진흙의 양이 다른지를 물어본다. 아동들은 구체적 조작기의 후반기가 되기까지는 무게의 보존개념을 갖지 못한다. 즉 납작해진 진흙이 둥근 진흙 덩어리와 무게가 같다는 것을 구체적 조작기의 후반기에 이르기 전에는 알지 못한다.[5]

5 어느 형태의 물질이든 — 아무리 작더라도 — 무게를 지닌다는 생각은 청소년에게도(내가 추측하기에 여러 성인에

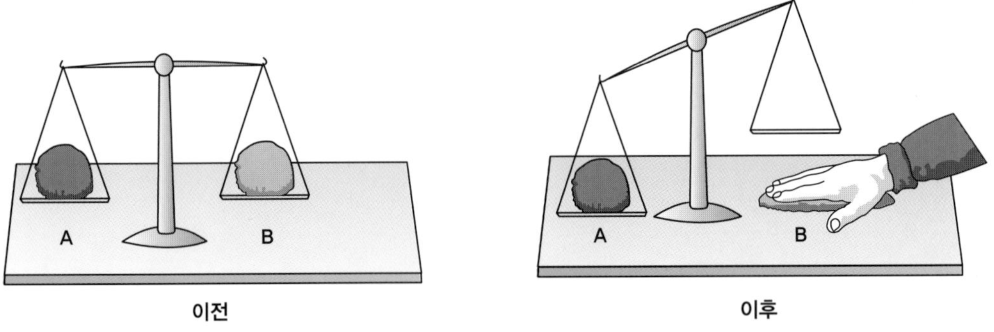

그림 10.3 A와 B 덩어리는 같은 무게이다(이전). B를 납작하게 하면(이후) A와 비교해서 무게가 어떻게 되는가?

추론에 있어서 진전이 있지만 한 가지 매우 중요한 측면에서 구체적 조작기의 아동은 한계를 지니고 있다. 논리적 사고를 구체적이고 관찰 가능한 사물과 사건에만 적용할 수 있다는 것이다. 그래서 **구체적** 조작이라는 용어를 사용한다. 이들은 자신이 알고 있는 실제와는 다른 가설적 사고나 추상적 개념을 다루지 못한다. 예를 들어 구체적 조작기 아동은 다음 논리는 쉽게 받아들인다.

1학년이 모두 아이들이라면
그리고 아이들이 모두 사람이라면
1학년은 모두 사람이다.

그러나 사실과 다른 전제를 포함한 유사한 문제의 논리적 타당성은 알아차리기 힘들어한다.

1학년이 모두 아이들이라면
그리고 모든 아이들이 하마라면
1학년은 모두 하마다.

구체적 조작기 아동들은 논리와 실제를 쉽게 구분할 수 없다. 그래서 결국 1학년들은 하마가 아니다.

형식적 조작기(11세나 12세 이후 성인기)

사춘기가 될 즈음에 아동들은 **형식적 조작기**(formal operations stage)에 이른다. 이때 아동들은 물리적 실제에 기반을 거의 또는 전혀 두지 않은 것들, 즉 추상적 개념, 가설적 생각, 사실과

게도) 어렵다. 예를 들어 대부분의 8학년 학생은 큰 스티로폼이 무게를 지닌다는 것은 인정하지만 그것에서 나온 작은 조각은 전혀 무게를 지니지 않는다고 주장하기도 한다(C. L. Smith, Maclin, Grosslight, & Davis, 1997; Wiser & Smith, 2008).

반대되는 진술 등에 대해서도 생각하고 추론할 수 있게 된다. 예를 들어 '구르는 돌에는 이끼가 끼지 않는다'라든지 '말 앞에 마차를 두지 말라'와 같은 격언에 담긴 뜻을 이해한다. 수학, 과학, 사회 과목에 나오는 추상적 개념들인 음수, 무한대, 운동량, 쿼크, 공화제, 인권 등을 더 잘 이해할 수 있게 된다.

수학과 과학적 추론에 필수적인 다른 능력들도 나타난다. 예를 들어 **비례적 사고**(proportional thinking)가 발달하여 이를 통해 분수, 소수, 비율 등의 형식을 통해 비례를 이해하게 된다. 그리고 아동들이 **변인의 분리와 통제**(separation and control of variables)가 가능해져서 많은 요인 중 특정 결과를 일으킨 것이 무엇인지에 대한 가설을 검증하기 위하여 다른 요인들은 고정하고 한 요인만을 시험해본다. 한 예로 시계추의 사례 — 앞뒤로 일정하게 움직이는 매달려 있는 물체(이는 요요나 그네일 수도 있다) — 를 생각해보자. 어떤 하나 또는 여러 개의 특징이 시계추가 흔들리는 속도를 결정하는가? 여러분은 시계추의 진동 비율을 결정하는 원인에 대한 몇 가지 가설을 다음과 같이 세울 수 있을 것이다 — (1) 시계추의 무게, (2) 시계추를 매달고 있는 끈이나 줄의 길이, (3) 시계추를 미는 힘, (4) 처음 그 추가 놓이는 높이. 이들 중 어느 것이 맞는지를 결정하기 위해서는 다른 특징은 그대로 둔 채로 한 번에 한 특징에 대해서만 실험을 해야 한다. 예를 들어 무게가 차이를 낸다는 가설을 검증하기 위해서는 줄의 길이, 추를 미는 힘, 추를 놓는 위치 등을 고정시킨 채 추의 무게를 달리해서 실험해야 한다. 마찬가지로 줄의 길이가 결정적인 요인이라고 가정한다면, 동일한 대상을 사용하고 동일한 방식으로 시계추를 움직이면서 줄의 길이만 변화시켜야 한다. 변인을 조심스럽게 구별하고 통제하면 정확한 결론에 도달할 수 있다 — 오직 길이만이 시계추의 진동 비율에 영향을 미친다.

형식적 조작이 시작되면서 아동은 내적으로 생각할 수 있게 되어 자신의 사고과정을 검토하고 그 사고의 질과 논리를 평가한다. 예를 들어 "오, 이런, 내가 모순된 말을 했네, 그렇지?"라고 말한다. 여기에서 핵심은 형식적 조작기의 아동들이 정신적 조작을 다른 정신적 조작에 적용한다는 것으로서 이들은 자신의 생각에 대해서 생각할 수 있게 된 것이다.(제12장에서 메타인지에 대한 논의에서 이 생각에 대한 생각을 상세하게 다룬다.)

이렇게 형식적 조작적인 추론을 할 수 있는 학습자는 가설적이고 사실과 반대된 생각들을 다룰 수 있기 때문에 이 세상이 지금의 모습과는 다르게 또는 더 낫게 될 수 있다는 희망을 그려볼 수 있다. 그래서 처음에는 사회적, 정치적, 종교적, 윤리적 문제들에 대해 매우 이상적이 되기도 한다. 많은 청소년들이 세계적 문제에 관심을 가지고 기후 변화, 세계의 기근, 동물의 복지 등 가치 있는 문제들을 위해 헌신한다. 그러나 이들은 자주 논리적인 것처럼 보이지만 현실 세계에서는 불가능한 변화 방법을 제시하곤 한다. 예를 들어 인종 문제는 사람들이 '서로를 사랑'하기 시작하면 금세 없어질 것이라든지, 세계 평화를 위해서 국가가 군대를 해체하고 모든 무기를 없애야 한다고 주장한다. 피아제는 청소년들의 이상주의는 다른 사람들의 시각과 실제적으로 고려해야 하는 사항으로부터 자기 자신만의 논리적 추론을 분리하지 못하는 무능력을 나타내는 것이라고 보았다.[6] 오직 경험을 통해 청소년들은 제한된 시간 틀과 제한된 자원을 가지고 가능한 것이 무엇인지를 아는 현실주의를 갖고 낙관주의를 길들일 수 있다.

피아제 이론에 대한 현대적 관점

인지발달에 관한 우리의 이해에 피아제가 가장 크게 공헌한 바는 아마도 아동이 생각하고 추론하는 방법에 대해 그가 질문하고 답하려 했던 연구 문제의 특성일 것이다. 또한 그의 핵심적인 생각들 중 일부(예를 들어 아동이 세상에 대한 정보를 적극적으로 탐색한다, 아동은 세상에 대한 자신의 이해를 구축한다, 혼란한 현상을 만나는 것이 때로는 자신의 이해를 바꾸는 계기가 된다)는 시간이 지나도 여전히 유효하다.

그러나 발달을 일으키는 과정에 대한 피아제의 설명—특히 동화, 조절, 평형화—은 절망스럽게도 모호하다(Chapman, 1988; diSessa, 2006; Klahr, 2001). 개인의 물리적 환경과의 상호작용은 확실히 유용하기에 피아제의 생각보다 비판을 덜 받는다. 예를 들어 심각한 신체적 장애가 있어서 물리적 대상을 가지고 적극적으로 실험을 할 수 없는 아동도 자기 주위에서 일어나는 일을 단지 관찰하기만 해서도 세상에 대해 많은 것을 배운다(Bebko, Burke, Craven, & Sarlo, 1992; Brainerd, 2003). 그리고 사실 모든 아동은 자신의 개인적 경험을 통해 배우는 것보다 훨씬 많은 것을 그 사회가 그들에게 나눠주는 집단적 지식을 통해 배운다(Bromme, Kienhues, & Prosch, 2010; 또한 제11장 참조).

피아제의 이론은 수많은 인지발달 연구에 영감을 주었다. 일반적으로 이 연구들은 피아제가 제안한 서로 다른 능력들이 나타나는 순서(sequence)를 지지한다(Chapman, 1988; Flavell, Miller, & Miller, 2002; Ginsburg, Cannon, Eisenband, & Pappas, 2006). 예를 들어 추상적인 아이디어를 추론하는 능력은 구체적 대상과 사건에 대해 추론하는 능력이 있는 상태에서야 나타나며, 특정 보존개념 과제가 달성되는 순서는 대체로 피아제가 기술한 것과 같다. 그러나 현대의 연구자들은 다양한 능력들이 어느 연령에 실제로 나타나는지를 알아보고자 한다. 이들은 또한 아동의 논리적 추론 능력이 그들의 선행 경험, 지식, 문화적 배경에 따라 상당히 달라진다는 것을 발견했다. 그리고 대부분의 현대 연구자들은 인지발달이 피아제가 제안한 것처럼 단계적인지에 대해 가장 심각한 의문을 가지고 있다.

---

6 피아제는 이렇게 타인의 관점과 실제적으로 고려해야 할 점으로부터 논리적 추론을 분리하지 못하는 것은 다른 형태의 자기중심성이라고 보았다. 이 경우에 자기중심성은 전조작기 사고가 아닌 형식적 사고의 특징이다.

다른 연령집단의 역량

아기들은 피아제가 감각운동기에 대해 언급한 것보다 명백하게 더 능력이 있다. 예를 들어 유아는 두 달 반쯤에 대상 영속성의 초기 징후를 보이며 몇 달 내에 이 이해를 확고하게 한다(Baillargeon, 2004; L. B. Cohen & Cashon, 2006). 또한 12개월이 된 아기는 언어를 습득하지 않았어도 그들이 현재 인지하거나 경험하지 않는 대상과 사건에 대해서도 비음성적으로 의사소통하고 따라서 명백하게 생각한다(Liskowski, Schäfer, Carpenter, & Tomasello, 2009; Mandler, 2007).

걸음마기 유아와 취학전 아동도 피아제의 전조작기가 우리에게 가르쳐주는 것보다 더 능력 있다. 예를 들어 취학전 아동이 항상 자기중심적이지 않다. 예를 들어 우리들이 아이들에게 그들의 그림을 보여 달라고 하면 우리가(그들이 아니라) 그것을 볼 수 있게 그림을 잡는다(Newcombe & Huttenlocher, 1992). 그리고 어떤 상황에서는 유형 분류와 보존을 할 수 있다(Donaldson, 1978; Goswami & Pauen, 2005; Morra, Gobbo, Marini, & Sheese, 2008). 때로는 그들이 추상적이고 사실에 반하는 사고의 기본적인 형태를 보여주기까지 하는데 이는 피아제의 관점에서는 청소년기가 되기 전에는 나타나지 않는 사고이다(S. R. Beck, Robinson, Carroll, & Apperly, 2006; Ginsburg, Lee, & Boyd, 2008; McNeil & Uttal, 2009).

피아제는 초등학생의 능력도 과소평가했다. 1, 2학년 아동도 일상적인 물건들과 연관시킬 수 있으면 간단한 분수를 이해하고 사용할 줄 안다(예 : ½, ⅓, ¼ 등)(Empson, 1999; Van Dooren, De Bock, Hessels, Janssens, & Verschaffel, 2005). 그리고 일부 초등학생들은 변인을 분리하고 통제할 수 있는데, 특히 여러 개의 가능한 실험 중에서 선택하라고 하든가 아니면 실험대상인 한 변인 이외의 모든 변인을 통제하는 것의 중요성에 대해 힌트를 주면 그럴 수 있다(Lorch et al., 2010; Metz, 1995; Ruffman, Perner, Olson, & Doherty, 1993).

그러나 피아제는 청소년이 할 수 있는 것에 대해서는 과대평가했다. 형식적 조작적 사고 과정(예 : 비례적 사고, 변인의 분리와 통제 등)은 피아제가 주장한 것보다 더 천천히 나타나며 고등학생조차도 일정하게 그것을 사용하지 못한다(Flieller, 1999; Schliemann & Carraher, 1993; Tourniaire & Pulos, 1985; Zohar & Aharon-Kraversky, 2005). 사실 어른일지라도 항상 형식적 조작적 사고의 방식으로 추론하지는 못한다(X. D. Lin & Lehman, 1999; Morra et al., 2008; Pascarella & Terenzini, 1991). 예를 들어 성인이 객관적 현실에 대해 추론하고 결론을 내릴 때 세상에 대한 기존의 지식에 지나치게 의존하여 마치 구체적 조작기의 아동처럼 논리와 실제를 구분하지 못하기도 한다(D. Kuhn & Franklin, 2006). 아마도 형식논리의 규칙 — 철학 강좌에서 배울 수 있는 내용 — 은 아동과 성인이 추론하는 전형적인 방식을 반영하지 않는 듯하다(Halford & Andrews, 2006; D. Kuhn & Franklin, 2006). 피아제의 형식적 조작기는 성인들의 일상적인 추론 과정보다는 가장 최상의 환경에서의 능력을 표현한 것일 수 있다(R. J. Sternberg, 2003).

경험과 선행지식의 효과

피아제는 어느 연령에서도 추론 능력은 신경학적 성숙에 의해 크게 영향을 받는다고 주장했다. 물론 성숙이 인지발달에 일정한 한계를 설정하지만(제2장 참조) 피아제는 논리적 사고에 대한 그것의 영향을 과대평가했으며, 특히 아동기 후반과 청소년에게 있어서 더 그렇다. 확실한 훈련과 경험을 통해 아동들은 피아제가 예측한 것보다 더 빨리 추론 능력을 가질 수 있다(Brainerd, 2003; D. Kuhn, 2006). 예를 들어 4, 5세 된 아동들은 보존 과제를 하고 나면 보존개념을 갖게 되는데 특히 그들이 과제 대상을 적극적으로 조작하고 이미 보존개념을 갖고 있는 사람과 자신의 추론을 논의하게 되면 더 그렇다(D. Field, 1987; Halford & Andrews, 2006; Siegler & Chen, 2008; Siegler & Lin, 2010). 마찬가지로 구체적 조작을 가르쳐주면 아동들이 비율의 특성을 파악하게 된다(Fujimura, 2001; Sarama & Clements, 2009). 10, 11세 아동들은 연관된 문제 해결 전략을 배우면 가설적 생각이 포함된 논리적 문제를 쉽게 풀 수 있으며, 변인을 분리하고 통제하는 실험을 많이 해볼수록 점점 더 잘하게 된다(Klahr, 2009; D. Kuhn & Pease, 2008; S. Lee, 1985; Lorch et al., 2010).

피아제는 아동이 새로운 논리적 사고 기술을 획득하면 그것을 한 상황에는 적용할 수 있지만 반드시 다른 상황에도 적용하는 것은 아니라고 했다(Chapman, 1988; Piaget, 1940). 어느 연령대의 사람이든 논리적 사고 능력은 부딪히는 상황과 관련된 지식, 배경 경험, 훈련에 따라 다르게 나타난다는 것이 점점 더 확실해지고 있다(Brainerd, 2003; D. Kuhn & Franklin, 2006). 예를 들어 청소년들은 한 학습 내용 영역에서는 형식적 조작적 사고를 보이지만 다른 영역에서는 더 구체적으로 생각한다(Klaczynski, 2001; Lovell, 1979; Tamburrini, 1982). 형식적 사고의 증거는 흔히 역사나 지리보다는 물리 과학에서 먼저 나타나는데 이는 역사나 지리가 학생들의 일상생활과 더 멀리 떨어져 있기 때문일 것이다. 일반적으로 청소년과 성인들은 그들이 잘 알고 있는 주제에 대해서는 형식적 조작적 사고를 하지만 친숙하지 않은 주제에 대해서는 구체적으로 생각하는 경향이 있다(Girotto & Light, 1993; M. C. Linn, Clement, Pulos, & Sullivan, 1989; Schliemann & Carraher, 1993).

제도적인 교육이 고등 추론 능력을 발달시킨다. 학교에 가고 학교 생활하는 것들은 구체적 조작과 형식적 조작적 과제를 숙달하는 것과 관련이 있다(Artman & Cahan, 1993; Dias, Roazzi, O'Brien, & Harris, 2005; Flieller, 1999; Rogoff, 2003). 예를 들어 우리들은 특정 영역의 대학 과정 — 아마도 학습심리학? — 을 이수하면 그것과 연관된 형식적 추론 능력이 개발된다는 것을 알면 즐거울 것이다(Lehman & Nisbett, 1990).

문화의 영향

비록 피아제가 다른 문화 집단은 다른 사고 양식을 발달시킬 것이라고 보았지만 그는 문화를 인지발달에 영향을 주는 중요한 변인으로 주목하지는 않았다(Chapman, 1988). 그러나 연구에 따르면 문화에 따라 인지적 발달 과정이 다른데 이는 아마도 서로 다른 문화는 아동에게 다른 경험을 주기 때문일 것이다(C. Li, Nuttall, & Zhao, 1999; Morra et al., 2008). 예를 들어 복합적인 꽃, 동물, 지형기호 등의 수예품에 대해 많은 경험을 지닌 멕시코 아동은 같은 연령의 미국 아동보다 새로운 수예 과제에서 전조작기와 구체적 조작기의 능력을 나타낸다. 이 차이는 미국 아동이 멕시코 수예 기술을 배워도 여전히 남아 있다(Maynard & Greenfield, 2003). 그리고 가족들이 생업으로 도자기를 만드는 멕시코 가정의 아동은 다른 멕시코 가정의 아동보다 일찍 보존의 기술을 습득한다(Price-Williams, Gordon, & Ramirez, 1969). 도자기를 만드는 것은 아동으로 하여금 진흙과 물이 얼마나 필요한지를 자주 판단하게 하는데 이는 진흙과 물그릇의 모양이나 형식에 관계없이 항상 정확해야 하는 판단이다. 그러나 다른 문화에서는 서양 문화에서보다 몇 년 후에야 보존개념이 나타나며 특히 아동들이 학교에 다니지 않는 곳에서는 형식적 조작적 추론이 전혀 나타나지 않을 수 있다(M. Cole, 1990; Fahrmeier, 1978). 그런 맥락에서는 논리적 사고 기술이 그들의 일상생활과 별 연관이 없는 것이다(J. G. Miller, 1997; Morra et al., 2008).

피아제의 단계에 대한 시각

여러 증거에 비추어볼 때 인지발달의 별개의 단계에 대해 언급하는 것이 적절한가? 피아제도 어느 특정 단계의 특징이 반드시 단단하게 엮인 분리되지 않는 능력의 집합체는 아니라고 인정했다(Chapman, 1988; Piaget, 1940). 대부분의 현대 발달이론가들은 인지발달은 별개의 단계보다는 점진적인 추세(trends)라는 용어로 — 예를 들어 점점 더 추상적 사고를 향한 추세 — 더 정확하게 설명된다고 생각한다(예 : B. Cohen & Cashon, 2006; Flavell, 1994; D. Kuhn & Franklin, 2006; Siegler & Alibali, 2005). 이들은 또한 피아제의 단계는 아동이 전형적으로 생각하는 방식보다는 아동이 어떻게 생각할 수 있는지를 보여주는 것이며, 인지발달의 구체적인 특성은 서로 다른 맥락, 내용 영역, 문화에 따라 달라질 수 있다고 주장한다(Halford & Andrews, 2006; Klaczynski, 2001; Rogoff, 2003).

그러나 일부 심리학자들은 만약 피아제의 단계 개념을 전적으로 부인하면 이는 마치 목욕물과 함께 아기를 버리는 것과 같다고 — 즉 매우 유용한 생각을 잃어버린다고 — 생각한다. 이제 이런 신피아제 이론가의 관점을 살펴보도록 하자.

인지발달에 대한 신피아제 이론

몇몇 심리학자들이 피아제의 아이디어를 정보처리이론의 개념과 결합해서 아동의 학습과 추론 능력이 시간이 지나면서 어떻게 변화하는지에 대한 **신피아제 이론**(neo-Piagetian theories)을 구성했다(예 : Case, 1985, 1991; Case & Okamoto, 1996; K. Fischer & Bidell, 2006; K. Fischer & Daley, 2007; Morra et al., 2008). 신피아제 이론가들은 서로 다른 연령층의 아동의 사고의 구체적 특징이나 인지발달을 일으키는 구체적 메커니즘에 대해 항상 일치하지는 않는다. 그러나 다음의 몇 가지 아이디어는 이들의 생각에 핵심적이다.

- **인지발달은 뇌에서 일어나는 정보처리 과정 메커니즘의 성숙에 의해 제한을 받는다.** 신피아제 이론가들은 인지적 발달이 뇌의 성숙에 어느 정도 의존한다는 피아제의 신념에 동조한다. 예를 들어 적극적이고 의식적인 정신 과정이 일어나는 인간 기억 체제 중 제한된 능력의 구성요소(limited-capacity component)인 **작업기억**(working memory)의 개념을 생각해보자. 아동들은 나이가 들어 가면서 수초 형성(myelinization), 유사한 것들을 묶기(chunking), 유지 시연(maintenance rehearsal), 자동성(automaticity)과 같은 과정 덕분에 작업기억을 더 효과적으로 사용한다(제2, 7, 8장 참조). 그러나 동작성 기억을 위한 실제적인 물리적 '공간'도 조금 증가한다(예 : Ben-Yehudah & Fiez, 2007; Fly & Hale, 1996; Van Leijenhorst, Crone, & Van der Molen, 2007). 신피아제 이론가들은 어린 시절 아동의 더 제한적인 작업기억 능력으로 인해 복잡한 사고와 추론 기술을 습득하고 사용하지 못한다고 주장한다. 그런 것이 어느 특정 연령에서 아동이 도달할 수 있는 한계를 설정한다(Case & Mueller, 2001; Case & Okamoto, 1996; K. Fischer & Bidell, 1991; Morra et al., 2008).
- **아동들은 의도적, 비의도적 학습 과정 모두를 통해 새로운 지식을 습득한다.** 많은 현대 심리학자들은 아동이 약간의 또는 전혀 의식적인 자각이나 노력 없이도 어떤 것을 배운다는 것에 동의한다. 예를 들어 "평균적으로 사자와 다람쥐 중 어떤 동물이 더 클까?"라는 질문을 생각해보자. 비록 여러분이 이 주제를 의도적으로 생각한 적이 없을지라도 두 유형의 동물들과 연관시키도록 배운 많은 특성들(크기를 포함한) 때문에 여러분은 쉽게 '사자'라고 대답할 수 있다. 아동은 이 세상의 많은 측면이 일관된 유형과 관련성으로 특징지어진다는 것을 무의식적으로 배운다(제9장의 개념학습에 대한 논의를 참조하라).

  그러나 1세나 2세가 되며 뇌가 성숙함에 따라 아동은 자신의 경험에 대해 점차 더 적극적이고 의식적으로 생각하게 되며, 세상에 대한 새로운 이해를 구성하고 매일 만나는 작은 문제를 해결하기 위해 상당히 많은 주의를 기울인다(Case & Okamoto, 1996; Morra et al., 2008; Pascual-Leone, 1970). 이런 과정에서 아동은 환경에 나타나는 공통의 유형에 대해 그들이 (아마도 무의식적으로) 배운 것을 의지하며, 동시에 이 유형에 대한 자신의 지식을 더 힘있게 만든다. 그러므로 의도적, 비의도적 학습은 아동이 매일의 과제와 도전을 해결하고 그들의 세계를 점점 더 이해하고 적응해가는 과정에서 통상적으로 함께 작용한다.

- **아동들은 특정 내용 영역에서 그들의 생각에 영향을 미치는 인지구조를 습득한다.** 앞에서 살펴본 바와 같이 논리적으로 사고하는 아동의 능력은 당면한 과제와 관련한 구체적 지식, 경험, 가르침에 의존하며, 추론의 정교화는 상황에 따라 매우 다를 수 있다. 이런 점에서 신피아제 이론가들은 아동이 여러 과제와 내용 영역에 동일하게 적용할 수 있는 정신 과정(조작)의 점차 더 통합적인 체계를 습득한다는 피아제의 입장을 받아들이지 않는다. 대신, 신피아제 이론가들은 구체적인 과제나 내용 영역과 관련된 사고와 추론 능력에 영향을 미치는 개념과 사고 기술에 관한 구체적인 체제－즉 더 구체적인 인지구조－를 아동이 습득한다고 주장한다.
- **특정 내용 영역에서의 발달은 단계의 연속으로 보일 수도 있다.** 신피아제 이론가들은 모든 인지발달이 단계적이라는 피아제의 입장을 받아들이지는 않지만, 특정 내용 영역의 인지적 발달은 단계적인 특성을 지니고 있다고 생각한다(예 : Case, 1985; Case & Okamoto, 1996; K. Fischer & Bidell, 1991; K. Fischer & Immordino-Yang, 2002; Morra et al., 2008). 아동이 특정 단계로 진입하는 것은 아동이 새로운 능력을 획득하는 것으로 알 수 있는데 아동은 그것을 실행하고 시간이 지나면서 점차 숙달하게 된다. 결국 그들은 이 능력을 더 복잡한 구조에 통합하여 다음 단계로의 진입을 보여준다. 그러므로 피아제의 이론에서처럼 각 단계는 이전 단계에서 획득한 능력을 기반으로 건설된다.

  그러나 하나의 특정 주제 영역에서도 인지발달이 꼭 사다리를 올라가듯이 일련의 단계를 따라가는 것은 아니다. 발달이란 거미줄처럼 어떤 경우에는 서로 연결되고(interconnect), 통합되거나(consolidate) 분리되는(separate) 기술의 '여러 줄기들(multiple strands)'를 따라 이루어지는 진전이다(K. Fischer & Daley, 2007; K. Fischer & Immordino-Yang, 2002; K. Fischer, Knight, & Van Parys, 1993). 이런 관점에서 볼 때 아동은 여러 개의 경로 중 하나를 통해 특정 영역에서 더 높은 수준의 능력을 획득한다. 예를 들어 아동이 더 능숙하게 읽게 되면서 단어 풀이 기술, 이해 기술 등이 점차 개발되고 과제를 수행하면서 이런 능력을 결합하게 된다. 그러나 각각의 기술을 습득하는 상대적인 속도는 아동마다 다르게 나타난다.
- **공적인 교육은 피아제가 생각한 것보다 더 크게 인지발달에 영향을 미친다.** 피아제가 환경과 아동의 비공식적인 상호작용을 강조한 반면 신피아제 이론가들은 아동의 신경학적 성숙과 작업기억 용량의 한계 내에서 공적인 교육이 인지발달에 상당하게 영향을 준다고 주장한다(Case & Okamoto, 1996; Case, Okamoto, Henderson, & McKeough, 1993; K. Fischer & Immordino-Yang, 2002; S. A. Griffin, Case, & Capodilupo, 1995). 로비 케이스(Robbie Case)는 뛰어난 신피아제 이론가로서 인지발달에 있어서 공적 교육의 가치를 강력하게 주

장해왔다. 그의 이론을 잘 살펴보면 신피아제 이론을 더 잘 받아들일 수 있을 것이다.

케이스 이론

케이스는 2000년 갑자기 사망할 때까지 토론토대학교에서 매우 활동적인 신피아제 이론 연구가였다. 그 이론의 핵심은 **중앙인식구조**(central conceptual structures)로서 이는 아동이 특정 영역에서 생각하고 추론하고 학습하는 것의 상당한 기반을 형성하는 인지적 과정과 개념들의 통합된 연결망을 말한다(Case, 1991; Case & Okamoto, 1996; Case et al., 1993). 시간이 지나면서 이 구조들은 몇 가지 중요한 변형을 하게 되는데 각각은 아동이 다음의 더 높은 발달단계로 진입하는 것을 나타낸다.

케이스는 몇 가지 영역에 관한 아동의 중앙인식구조의 특성에 대해 연구했다(Case, 1991; Case & Okamoto, 1996). 수와 연관된 중앙인식구조는 아동이 수학적인 수량의 개념을 조작하고 추론하는 능력의 기반이 된다. 이 구조는 수, 셈, 덧셈, 뺄셈 등의 수학적 개념과 조작이 어떻게 상호 연관되는지를 통합적으로 이해하는 것을 나타낸다. 공간관계와 관련된 중앙인식구조는 그리기, 지도 만들기와 사용하기, 기하학적 패턴을 반복하기, 심리작동 행동(예 : 흘려 쓰기, 라켓으로 공 맞추기) 등과 같은 수행의 기반이 된다. 이 구조는 아동이 하나 또는 그 이상의 참조점에 맞추어 물체와 공간을 배치할 수 있게 한다(예 : 그래프에서 사용된 x와 y 축). 사회적 사고와 관련된 중앙인식구조는 아동의 대인관계에 대한 추론, 인간관계의 기본에 대한 지식, 짧은 이야기나 소설에 대한 이해 등의 기반을 제공한다. 이 구조는 인간의 사고, 욕구, 행동에 대한 아동의 일반적 신념을 포함한다. 케이스는 이 세 가지 인식구조가 광범위한 문화와 교육 맥락에서 개발되고 있다는 증거를 발견했다(Case & Okamoto, 1996).

케이스에 따르면 4세에서 10세까지 이 세 영역의 중앙인식구조에서 각각 평행적인 변화가 일어나는데 이런 변화는 시간이 가면서 통합이 증가하고 다차원적인 추론을 하게 되는 것을 보여준다. 아동의 수에 대한 이해 발달을 그 예로 살펴보자.

수에 대한 중앙인식구조

케이스의 관점에서 볼 때, 4세 아동은 조금과 많이의 차이를 이해하며 어떤 것을 더하면 많아지고 어떤 것을 빼면 적어진다는 것을 알아차린다. 이런 지식을 사과에 적용하면 그림 10.4의 위쪽에 제시된 형식을 취할 것이다. 게다가 4세 아동은 소량의 물건을 정확하게 셀 수 있으며 자신이 센 마지막 숫자가 그 물건들의 전체 수량이라고 결론짓는다. 이 과정이 그림 10.4의 아래쪽에 다시 사과를 사용하여 제시되어 있다. 그러므로 4세 아동은 5개 물건이 있는 모둠과 6개 물건이 있는 모둠을 보면서 비교하여 6개 물건이 있는 모둠이 더 수가 많다고 말할 수 있으며, 정확하게 5나 6을 셀 수 있다. 그러나 이들은 아직 "5와 6 중에 어느 것이 더 많지?"라는 '많은, 적은' 개념과 '수' 개념이라는 두 가지 지식을 모두 포함한 질문에는 답하지 못한

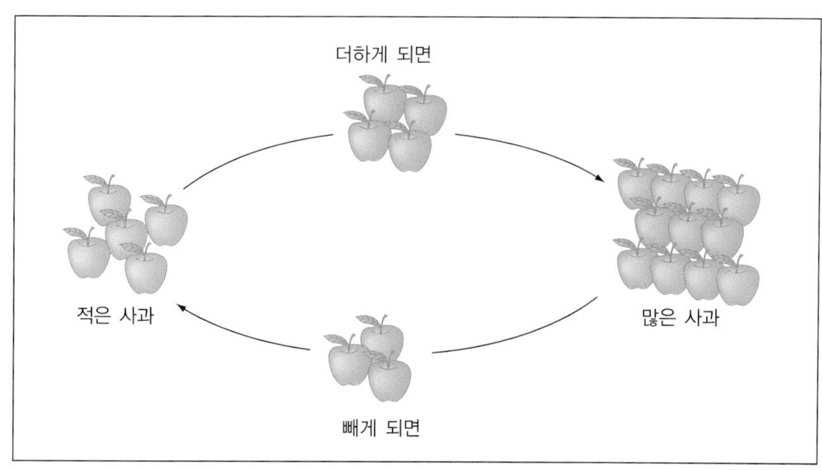

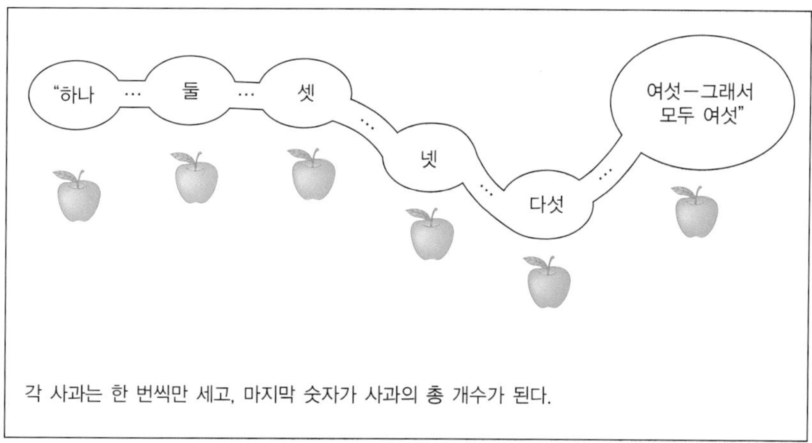

"하나 … 둘 … 셋 … 넷 … 다섯 … 여섯—그래서 모두 여섯"
각 사과는 한 번씩만 세고, 마지막 숫자가 사과의 총 개수가 된다.

그림 10.4 4세의 수 구조

다. 이로 보아 그들은 수에 대한 두 가지 이해를 하나의 인식구조로 통합하지 못한 상태다.

6세가 된 아동은 "무엇이 더 많지?"라는 질문에는 쉽게 대답할 수 있다. 케이스는 아동이 6세가 되면 그림 10.4에 제시된 수에 대한 두 가지 구조가 통합되어 수에 대한 단일하고 더 종합적인 구조가 된다고 주장했다. 여기에는 다음의 몇 가지 중요한 요소들이 포함된다.

- 아동들이 하나, 둘, 셋 등의 말로 된 수를 이해하고 말할 수 있다.
- 아동들이 1, 2, 3 등의 쓰인 수를 인식한다.
- 아동들이 물건을 세는 체계적 과정을 거친다. 이들이 모둠 안에서 각각의 물건을 차례대로 만지면서 일련의 연속되는 수를 각각 말한다. 결국 물건을 만지면서라기보다는 정신적으로 '꼬리표를 붙이면서' 수를 센다.
- 아동들이 소량을 나타낼 때 손가락을 사용한다(예 : 손가락 3개는 물건 3개를 의미한다). 물건을 셀 때와 양을 나타낼 때 손가락을 사용한다는 것은 이들이 이 두 과정을 통합하여

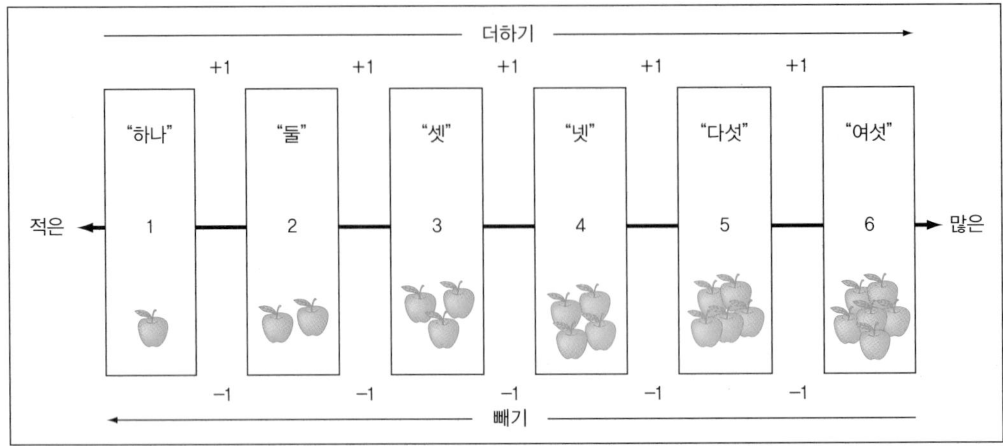

그림 10.5 6세의 중앙인식구조

하나의 인식구조를 갖게 되는 핵심적인 방법이 된다.

- 아동들은 많은 수를 향해 움직이는 것은 많은, 더, 큰 등의 개념과 같은 것이라고 생각하고, 적은 수를 향해 움직이는 것은 적은, 덜, 작은 등의 개념과 같은 것이라고 생각한다.
- 아동들은 한 수에서 다음 수로 움직이는 것은 움직임의 방향에 따라 하나를 더하는 것일 수도 있고 하나를 빼는 것이라는 점을 이해한다.
- 아동들은 한 영역에서의 변화(예 : 3에서 4)는 다른 영역들에서도 동일한 변화가 일어나야 한다는 것(예 : 셋에서 넷으로, •••에서 ••••로)을 안다.

즉 6세의 더 종합적인 인식구조는 정신적인 '수의 줄(number line)'을 형성하여 아동이 덧셈, 뺄셈, 양의 비교 등의 과정을 이해하고 수행하는 것을 촉진하는 데 사용한다. 그림 10.5는 예시의 목적으로 사과를 다시 사용해서 이 구조의 요소를 보여준다.[7]

8세가 되면 아동들은 중앙인식구조를 잘 다루게 되어서 수학문제를 풀기 위해 2개의 수의 줄을 동시에 사용할 수 있게 된다고 케이스는 주장했다. 예를 들어 이들은 "32와 28 중 어느 수가 더 클까?"와 "21과 18 중 25에 가까운 수는?" 같은 두 자리 숫자에 관한 질문에 대답할 수 있다. 이런 질문은 1자리와 10자리의 수를 다 비교해야 하는 것으로 각각의 비교는 분리된 수의 줄 상에서 이루어진다. 게다가 8세 아동은 덧셈할 때 10자리로 1을 올림하거나 뺄셈할 때 10자리에서 1을 내림하는 것과 같은 자리 간의 이동을 하는 것도 더 잘 이해할 수 있게 된다.

이제 10세가 되면 두 수 줄의 관계를 전체 수 체제에 일반화할 수 있게 된다. 이제 이들

---

7 최근의 신경심리학적 증거는 일종의 정신적 수의 줄의 존재를 지지한다(A. R. Edwards, & Esmonde, & Wagner, 2011 참조).

은 여러 자리들(1자리, 10자리, 100자리 등)이 서로 어떻게 관련되는지를 이해하고 여러 자리들 사이를 자유롭게 움직일 수 있다. 또한 수학문제에 대한 대답을 그 자체로 정신적인 것(mental entities)으로 다루어서 "6과 9의 차이와 8과 3의 차이 중 어느 수가 더 크지?"라는 질문에도 대답할 수 있다.

케이스는 수에 대한 아동의 중앙인식구조의 발달을 10세까지만 살펴보았지만 수에 대한 이해는 청소년기까지 계속 발달한다고 보았다. 예를 들어 그는 십대들이 자주 "⅓의 ½은 얼마지?"라는 질문에 답하지 못하는 것을 지적하고 이는 나눗셈과 그로 인한 결과(분수)를 충분히 이해하지 못한 결과라고 말했다.

신피아제 이론가들은 피아제에 전적으로 찬성하지 않을 뿐만 아니라 다양한 연령 단계에서 아동의 능력구조와 특성에 대해서 합의에 도달하지 못했다(예 : Morra et al., 2008 참조). 그럼에도 불구하고 인지발달 관점은 다음에 살펴보는 바와 같이 교육자 및 여러 실천가들에게 많은 시사점을 준다.

피아제 이론과 신피아제 이론의 시사점

피아제의 이론과 그 이론이 불러일으킨 후대의 연구와 이론들은 다음의 여러 원리에서 나타난 것처럼 교육자와 여러 전문가에게 많은 실제적인 시사점을 제공한다.

- **아동과 청소년들은 물리적 대상과 자연 현상과의 직접적인 접촉 경험을 통해 많은 것을 배운다.** 아동들은 자연과 인공물들을 탐색하면서 많은 것을 배운다(Carbonneau, Marley, & Selig, 2013; Flum & Kaplan, 2006; Ginsburg et al., 2006; Hutt, Tyler, Hutt, & Christopherson, 1989). 유아 때는 딸랑이, 컵 쌓기, 장난감 끌기 등과 같이 시각적이고 청각적인 특성을 지닌 대상을 가지고 노는 것을 통해 이런 탐색을 한다. 유치원 때는 물, 모래, 나무 블록, 그 나이에 맞는 조작적인 장난감 등을 사용할 수 있다. 초등학교 시절에는 공을 던지고 잡기, 진흙과 물감으로 작업하기, 아이스캔디 막대기로 구조물 만들기 등일 수 있다. 사춘기 이후 추상적 사고 능력도 증가하지만 청소년들은 과학 실험, 카메라와 필름, 음식과 요리 도구, 나무와 연장 등의 구체적인 사물을 조작하고 실험하는 기회를 통해서도 배운다. 이런 기회를 통해 십대들은 추상적인 과학적 개념을 구체적인 물질세계에 연관시키게 된다.

  교육장면에서 탐색을 통한 학습은 흔히 **발견학습**(discovery learning)이라는 형태로 진행된다. 피아제는 발견학습은 아동이 주도해서 이끌어나가야 효과적일 수 있다고 주장했으며, 때로 아동은 실제로 성인의 간섭이 많이 없는 가운데 대상을 탐색하면서 많이 배운다(예 : Shafto, Bonawitz, Gweon, Goodman, & Shulz, 2011). 그러나 아동들이 적절한 상호작용을 구성하도록 정교하게 계획된 구조화된 활동을 하게 되면 더 많은 것을 배우는 것을 여러 연구를 통해 알 수 있다(Alfieri, Brooks, Aldrich, & Tenenbaum, 2011; M. C. Brown, McNeil, & Glenberg, 2009; Hardy, Jonen, Möller, & Stern, 2006; McNeil & Jarvin, 2007).

발견학습의 변형인 **탐구학습**(inquiry leraning)은 대개 새로운 지식을 얻는 것에 더해서 또는 그것 대신에 학생으로 하여금 더 효과적인 추론 과정을 습득하도록 하는 목적을 가지고 있다. 예를 들어 유치원과 1학년 교사들은 학생에게 물리적 세계에 대해 질문하는 방법과 함께 (1) 예측을 하고, (2) 자신의 예측에 대한 자료를 모으고 기록하며, (3) 결론을 내리도록 가르칠 수 있다(Metz, 2011; Patrick, Mantzicopoulos, & Samarapungavan, 2009). 그리고 중학교 과학교사는 예를 들어 시계추의 움직이는 속도나 경사진 면에서 굴려진 공이 이동하는 거리에 영향을 미치는 요인에 대한 실험의 설계와 수행을 지도하면서 변인을 구별하고 통제하는 과제를 학생에게 줄 수 있다(Klahr, 2009; Lorch et al., 2010, 2014). 탐구학습 활동은 수업 주제에 대한 학생의 이해를 명백하게 증진시키지만, 교사가 학생들에게 구조를 제공하고 학생이 과학적으로나 수학적으로 적절한 방법으로 결과를 해석하도록 도와줄 때 통상 더 효과적이다(Furtak, Seidel, Iverson, & Briggs, 2012; Gresalfi, & Lester, 2009; M. C. Linn & Eylon, 2011).

발견학습과 탐구학습이 반드시 실제 물리적 대상을 포함해야 효과적인 것은 아니다. 컴퓨터를 활용한 모의학습에서의 실험을 포함할 수 있다. 예를 들어 아동은 컴퓨터 화면에 나타난 가상의 '조작물'을 가지고도 분수를 잘 배울 수 있으며, 청소년은 가상세계에서 지진이나 눈사태에 영향을 미치는 다양한 가설을 체계적으로 검증할 수 있다(Baroody, Eiland, Purpura, & Reid, 2013; de Jong, 2011; D. Kuhn & Pease, 2010; Sarama & Clements, 2009; Zohar & Aharon-Kraversky, 2005).

발견학습과 탐구학습이 어느 정도로 구조화되어야 할 것인가는 학생의 현재 지식과 추론 기술이 어느 정도인가에 달려 있다. 예를 들어 고등학교에서 고등과학을 배우는 학생들은 변인을 조심스럽게 분리하고 통제해서 여러 가설을 체계적으로 검증할 수 있고, 발견한 사실을 해석하기 위한 적절한 개념들(힘, 운동량 등)을 가지고 있다면 그들이 주관하는 실험에서 더 많은 것을 배우게 된다. 더 어리거나 지식이 부족한 학생은 결정적인 실험을 설계하고 실험 결과를 해석하는 방법에 대해 더 지도를 필요로 한다(de Jong & van Joolingen, 1998; D. Kuhn & Pease, 2010; B. Y. White & Frederiksen, 2005; Zohar & Aharon-Kraversky, 2005).

교사들은 발견학습과 탐구학습이 부정적인 측면을 가질 수도 있다는 점에 유의해야 한다. 학생에게 무거운 인지적 부담을 주는 — 학생의 작업기억 용량을 초과하는 — 활동이 그 한 예다(de Jong 2011; Spiro & DeSchryver, 2009; Sweller, 2010). 예를 들어 여러 변인이 영향을 미칠 수 있는 상황에서 학생이 변인을 분리하고 통제하려고 할 때 이런 일이 일어날 수 있다. 이런 경우 구체적인 물리적 대상이든 컴퓨터 모의 상황이든 학생들이 최대한 3~5개의 변인에만 집중하도록 지도하는 것이 필요하다.

두 번째 부정적 측면은 제9장에서 설명한 **확증편견**(confirmation bias) 현상을 포함한다. 특히 학생들은 그들이 관찰한 것을 잘못 해석해서 옳지 못한 것을 배우거나 세상에 대한 그들의 기존의 잘못된 생각을 확증하기도 한다(de Jong & van Joolingen, 1998; Hammer, 1997; Schauble, 1990). 11학년인 배리가 물리학 수업에서 물체의 부피와 무게는 그 자체로는 낙하속도에 영향을 미치지 못한다는 원리를 배우는 것을 생각해보자. 학생들은 3층 창문에서 계란이 떨어질 때 계란이 깨지지 않도록 하는 용기를 설계해서 만들라는 지시를 받았다. 그들은 계란 낙하 실험 시 계란이 땅에 떨어지는 시간을 기록하게 될 것이라고 들었다. 무거운 물건일수록 빨리 떨어지리라고 생각하여 배리는 그 용기에 몇 개의 못을 더 박았다. 계란이 떨어졌을 때 배리의 팀은 1.49초를 기록했는데 이는 다른 학생의 더 가벼운 용기가 떨어진 시간과 매우 유사한 수치였다. 그와 교사는 다음과 같이 이 결과에 대해 토론했다.

> 교사 : 시간이 얼마로 나왔니?
> 배리 : 1.49예요. 더 빨라야 한다고 생각해요.
> 교사 : 왜?
> 배리 : 왜냐하면 제 것은 다른 아이들의 것보다 무거운데 늦게 떨어졌으니까요.
> 교사 : 정말 그래? 그러면 왜 이렇게 되었다고 생각하니?
> 배리 : 사람들이 시간을 정확하게 측정하지 못해서예요. (Hynd, 1998a, p. 34)

- **혼란스러운 현상은 불평형 상태를 만들고 아동이 새로운 이해를 획득하도록 자극한다.** 청소년들의 현재 지식과 충돌하는 사건과 지식은 불평형 상태를 만들고 이는 그들이 사실이라고 알고 있던 것들을 재평가하고 수정하도록 동기를 부여한다(예 : Chouinard, 2007; M. G. Hennessey, 2003; Zohar & Aharon-Kraversky, 2005). 예를 들어 이들이 '가벼운 물체는 물에 뜨고 무거운 물체는 물에 가라앉는다'라든지 '나무는 뜨고 철은 가라앉는다'라고 생각한다면, 교사가 상식적인 반대사례를 제시할 수 있다. 수 톤이나 되는 철로 된 전투함이 물에 뜬다. 여기서 이야기한 것은 피아제의 관점에서는 기존의 인식틀을 수정하는 것이며, 현대적인 인지심리학의 관점에서는 **개념적 변화**(conceptual change)를 겪는 것이다.
- **친구들과의 상호작용도 더 상위의 이해를 증진시킬 수 있다.** 앞서 살펴본 것처럼 피아제는 친구들과의 상호작용을 통해 아이들은 다른 사람들이 자신과 매우 다르게 세상을 본다는 것과 자신의 생각이 항상 완벽하게 논리적이거나 정확하지 않다는 것을 배운다고 주장했다. 더욱이 의견이 다른 또래친구들과의 상호작용 — **사회인지적 갈등**(siciocognitive conflict) — 은 아

동들의 현재 관점을 다시 평가하도록 자극하는 불평형 상태를 만들 수 있다.

많은 현대 심리학자들은 사회인지적 갈등의 중요성을 강조한 피아제의 생각에 동의한다. 친구들과의 상호작용은 몇 가지 유익이 있다. 첫째, 친구들은 아동들이 이해할 수 있는 수준으로 이야기한다. 둘째, 아동들은 어른의 의견은 반박하지 않고 받아들이지만 친구들의 의견에는 동의하지 않고 도전을 하려고 한다. 셋째, 친구들의 대립되는 의견을 들으면 — 친구들의 지식과 능력이 자신과 비슷할 때 — 아동들은 그 대립을 조정하려는 동기를 갖게 된다(N. Bell, Grossen, & Perret-Clermont, 1985; De Lisi & Golbeck, 1999; Hatono & Inagaki, 1991; D. W. Johnson & Johnson, 2009b; Nussbaum, 2008; C. L. Smith, 2007).

- **아동들은 익숙한 과제와 주제를 다룰 때 정교한 방법으로 추론하는 경향이 있다.** 앞서 아동과 청소년들이 잘 아는 주제를 다룰 때 더 고등의 추론 기술을 사용한다는 것을 살펴보았다. 풀로스와 린(Pulos & Linn, 1981)의 연구에서 그 예를 찾아볼 수 있다. 이 연구에서 13세 아동에게 그림 10.6을 보여주고 다음과 같이 말해주었다. "이 네 아이들이 매주 낚시를 간단다. 그중 허브는 항상 고기를 잡아. 다른 애들은 왜 그럴까 생각하고 있어." 그림을 보면 허브는 여러 측면에서 다른 아이들과 확실하게 다르다. 허브가 사용하는 미끼, 낚싯대의 길이, 연못가에서 낚시하는 위치 등이 다르다. 낚시를 열심히 하는 학생들은 전통적인 학업 과제 — 시계추가 앞뒤로 움직이는 속도에 어떤 변인이 영향을 미치는지를 결정하기 — 보다는 낚시할 때 더 잘 변인을 분리하고 통제하는 반면, 낚시를 해보지 않은 학생은 그 반대이다.
- **피아제의 임상적 방법은 아동의 추론 과정에 대한 많은 통찰을 제공할 수 있다.** 구체적이거나 형식적인 조작 사고 능력을 포함하는 피아제 연구의 다양한 과제(유형 분류, 보존, 변인의 분리와 통제, 비율 추론 등)를 제시하고 학생의 반응을 관찰하면 교사들은 학생들이 생각하고 추론하는 방법에 대해 의미 있는 통찰을 얻을 수 있다(예 : diSessa, 2007). 물론 피아제의 추론 과제에만 얽매일 필요는 없다. 예를 들어 교사는 펜실베이니아 도로 지도, 시카고 항공 지도, 산악지대의 3차원 양각 지도 등 다양한 종류의 지도를 학생에게 주고 보이는 것을 해석해보라고 할 수 있다. 초등학교 저학년 아동들은 지도의 기호들을 매우 구체적으로 해석하려고 한다. 예를 들어 빨간색으로 표시된 강이 실제로 빨갛다고 생각한다. 그리고 지도의 축척에 대해 이해하지 못하여 '선은 두 대의 차가 서기에는 너무 좁기 때문에 도로가 될 수 없다'든가 양각 지도의 산은 '충분히 높지 않기' 때문에 실제 산이 아니라고 생각할 수 있다(Liben & Myers, 2007, p. 202). 지도의 축척 개념을 이해하려면 사춘기 이후에나 나타나는 비율 사고가 필요하므로 어린 아동들이 그것으로 인해 혼동을 겪는 것은 당연하다.
- **피아제의 단계는 어떤 능력이 언제 나타날 것인지에 대한 안내를 해줄 수 있지만 지나치게 문자적으로 받아들일 필요는 없다.** 앞서 살펴본 것처럼 피아제의 4단계 인지발달은 아동과 청소년의 사고 능력에 대한 항상 정확한 설명이 아니다. 그러나 그것은 다양한 연령의 아동이 나타낼

그림 10.6 풀로스와 린(1981)의 연구에서 사용된 낚시 그림
출처 : Steven Pulos

수 있는 추론 능력에 대한 개략적인 생각을 제공해준다(D. Khun, 1997; Metz, 1997). 예를 들어 유치원 교사는 아이들이 세 조각으로 부서진 사탕이 부서지지 않은 하나의 사탕보다 더 많다고 이야기하는 것에 대해 놀랄 필요가 없다. 이는 보존개념이 부족한 생각을 보여주는 것이다. 초등학교 교사들은 학생들이 분수나 소수점 등의 비율과 역사에서 **역사적 시간**(historical time)의 개념, 수학에서 **파이**(π) 등을 다루기 어려워한다는 것을 알아야 한다(Barton & Levstik, 1996; Byrnes, 1996; Tourniaire & Pulos, 1985). 그리고 청소년들을 대상으로 일하는 교육자와 전문가들은 이들이 사회가 어떻게 돌아가야 하는가에 대한 이상적이지만 현실적이지 않은 열정적인 토론을 할 것을 예상해야 한다.

게다가 피아제의 단계를 활용하여 서로 다른 연령의 아동을 가르칠 때 효과적인 전략이 어떤 것인가를 생각해볼 수 있다. 예를 들어 역사적 시간의 추상적 특성을 고려해서 초등학교 교사는 역사를 가르칠 때 오래전의 구체적 날짜에 대해 이야기하는 범위를 최소화하는 것이 좋다(Barton & Levstik, 1996). 그리고 특히 초등학생과 중학교 저학년 학생들을 가르치는 교사들은 추상적 개념을 좀 더 구체적으로 학생들에게 설명하는 방식을 개발해야 한다.

그러나 교사들은 대부분의 추론 기술들이 피아제가 우리에게 제시한 것보다 훨씬 더 천천히 나타난다는 것을 명심해야 한다. 예를 들어 초등학교 학생들이 어느 정도 추상적으로 사고할 수 있지만 고등학교 학생들도 자신이 잘 모르는 주제에 대해서는 추상화를 하지 못하기도 한다. 초등학교 때에는 $1/2$, $1/3$ 등 간단한 분수를 잘 다룰 수 있지만 중학교와 고등학교에서도 $15/27 \div 19/33$ 같은 복잡한 분수 문제는 풀기 힘들어한다.

- **아동은 특정 영역에서 핵심적인 개념과 기술을 숙달해야 그 영역에서 성공할 수 있다.** 지식의 기본적인 형식은 그 후속하는 학습이 크게 의존하는 기초를 제공한다. 셈하기와 관련된 지식과 기술(수에 대한 중앙인식구조에 대한 케이스의 이론을 참조하라), 2차원 공간에 물체를 정확하게 위치시키기(공간관계에 대한 케이스의 중앙인식구조를 참조하라) 등이 그 예다. 아동이 이런 지식과 기술을 갖추지 못하고 학교에 왔는데 교사가 적극적으로 개입하지 않으면 이들은 오랜 기간 학업에서 실패를 경험한다.

예를 들어 앞서 살펴본 것처럼 수에 대한 중앙인식구조는 다양한 문화에서 나타나는 것으로 보인다. 그러나 케이스와 동료들은 일부 아동은 전형적인 수학 교육과정을 진행하기 위해 필요한 수에 대한 인식구조를 충분히 발달시키지 못한 채 학교에 들어온다는 것을 발견했는데, 이는 아마도 수와 셈하기에 대한 선행 경험이 전혀 없거나 적기 때문일 것이다. 셈하기 활동, '셋'이나 '다섯' 등 특정 숫자를 그 수량의 물건과 연결하기, 상대적인 수에 대해 판단하기(예 : 이 묶음[●●●]은 이 묶음[●●]보다 많으므로 '셋'이 '둘'보다 더 많다고 말할 수 있어) 등의 구체적인 활동에 대한 분명한 가르침을 받으면 이런 과제뿐만 아니라 수량을 다루는 다른 과제도 잘 수행할 수 있게 된다(Case & Okamoto, 1996; S. A. Griffin et al., 1995).

또 다른 초기의 그리고 매우 영향력 있는 발달심리학자인 비고츠키는 아동의 학습과 인지발달을 증진시키기 위해 명확한 공적 교육이 중요하다고 목소리를 높였다. 다음 장에서 비고츠키의 생각을 살펴보도록 하자.

요약

인지발달이론은 연령과 경험에 따라 사고 과정이 질적으로 어떻게 변화하는지를 다룬다. 고전적인 인지발달이론은 스위스 심리학자 피아제의 이론으로서 그는 1920년대부터 1970년대에 이르기까지 수많은 연구를 수행했다. 피아제는 아동은 적극적으로 동기화된 학습자로서 다음의 두 과정을 통해 주변의 물리적, 사회적 환경과 상호작용하며 점차 적응해간다고 보았다 — **동화**(기존의 인식틀과 일치하는 방식으로 대상이나 사건을 해석하고 반응하기)와 **조절**(새로운 대상과 사건을 다루기 위해 기존의 인식틀을 수정하거나 새로운 인식틀을 형성하기). 피아제는 아동의 인지발달은 어느 정도 **평형화** 과정을 통해 촉진된다고 보았다. 아동은 자신의 현재 지식과 기술이 적합하지 않은 상황을 만나면(이런 상황이 **비평형** 상태를 만든다) 자신을 다시 **평형** 상태로 되돌려놓을 수 있는 새로운 지식과 기술을 습득하려는 자극을 받는다.

그는 인지발달은 다음의 네 단계를 거친다고 주장했다 — (1) 감각운동기(인지 기능이 일차적으로 행동과 지각에 기초하여 이루어지는 시기), (2) 전조작기(상징적 사고와 언어가 나타나지만 추론은 성인 기준에서 볼 때 비논리적인 시기), (3) 구체적 조작기(논리적 추론 능력이 나타나지만 구체적 대상과 사건에 국한된 시기), (4) 형식적 조작기(추상적, 가설적, 사실과 반대되는 아이디어를 생각할 수 있게 되는 시기).

발달연구자들은 피아제가 영아, 취학전 아동, 초등학생들의 능력은 과소평가한 반면 청소년의 능력은 과대평가했다는 것을 발견했다. 이들은 또한 특정 과제에 대한 아동의 추론은 그 과제와 관련된 그들의 선행지식, 배경 경험, 공식적 학교 교육 등에 어느 정도 의존한다는 점도 발견했다. 대다수의 현대 발달론자들은 인지발달이 과연 다양한 내용 영역에 대한 아동의 사고에 두루 적용되는 일련의 발달 단계로 정확하게 설명될 수 있는지에 대해 의문을 제기한다. 신피아제 학파로 분류되는 일부 이론가들은 아동이 특정 영역과 관련된 더 구체적인 개념과 사고 기술 체계를 획득하며 이 체계는 단계의 형태로 변화한다고 주장한다. 다른 많은 이론가들은 아동이 다양한 능력에서 점진적인 경향을 나타낸다고 주장한다. 그러나 실질적으로 모든 이론가들이 피아제의 연구 방법, 동기에 대한 그의 관점, 지식의 구성, 인지발달에서 질적 변화의 출현 등의 가치를 인정하고 있다.

피아제의 영향은 현재의 수많은 교육 현장에서 나타나고 있다. 예를 들어 구조화된 발견학습과 탐구학습 활동은 피아제가 인지발달에 있어 직접적인 활동을 강조한 것과 일치한다. 혼란스러운 물리적 현상을 수업에서 보여주거나 논란거리가 되는 주제에 대해 친구들과 토론하는 것은 비평형 상태를 만들어서 아동으로 하여금 더 상위의 이해를 습득하려는 동기를 갖게 한다. 그리고 피아제의 임상적 방법은 아동의 추론 과정에 대한 많은 통찰을 제공한다.

11

사회문화적 이론과 기타 맥락적 관점

비고츠키의 인지발달이론
비고츠키 이론의 핵심 아이디어
피아제와 비고츠키 이론의 비교
비고츠키 이론에 대한 현대적 관점
의미의 사회적 구성
비계
성인 활동에 참여
도제
교수 기술의 습득
역동적 평가
정보처리이론에 사회문화적 요소 더하기
간주관성
기억의 사회적 구성
협동적 인지 전략 사용
맥락주의의 틀 확장하기
화신
상황학습과 분산학습
생태적 체계이론
사회문화적 맥락주의와 기타 맥락주의 이론의 일반적 함의
동료-상호작용 교수 전략
학급토의
상호 교수
협력학습
또래 교수
학습자 공동체
기술기반 협력학습
요약

학습 성과

11.1 *비고츠키 인지발달이론의 핵심 아이디어와 개념들을 설명하고 아동과 성인의 행동에서 그 예들을 찾는다.*

11.2 *피아제와 비고츠키 이론을 공통 주제와 주요 차이점을 중심으로 대조한다.*

11.3 *최근 이론들이 비고츠키 아이디어들을 매개학습 경험, 사회적 구성주의, 비계, 성인 활동에 참여를 안내받음, 실천 공동체, 도제관계, 역동적 평가에 특히 주목해 정교화한 방법을 기술한다.*

11.4 *사회문화적 이론과 정보처리이론의 아이디어들을 효과적으로 통합할 수 있는 방법을 적어도 세 가지 든다.*

11.5 *현대의 세 가지 맥락주의자 관점 — (a) 구체화, (b) 상황학습과 상황 인지 및 분산학습과 분산 인지, (c) 생태계 이론 — 의 핵심 아이디어들을 기술한다.*

11.6 *아동과 성인의 주요 지식 및 기술 습득을 도와주기 위하여 효과 가능성이 있는 전략들을 확인하는 일에 사회문화적 이론과 기타 맥락주의자 이론을 적용한다.*

이전 장들에서는 학습을 개인적 일(한 개인의 내부에서 일어나는 일)로 묘사해왔다. 그러나 인간은 본성상 사회적 동물이고, 학습의 많은 부분들이 주변사람들과 상호작용하여 지식과 기술을 습득하는 것으로 이루어진다. 예를 들어 모든 문화에서 앞선 세대들(예 : 부모와 교사들)은 자라는 아동들이 그 문화의 축적된 지혜를 습득하도록 도와줄 책임을 갖는다.

최근 수십 년 동안 심리학자들은 인간의 학습과 발달이 어쩔 수 없이 다양한 물리적, 사회적, 문화적 맥락에 종속되어 있음을 점점 자각해왔다. 심리학자들이 개발한 이론들은 상당히 다양한 상황에 초점을 두고 있지만, 우리는 그것들을 일반적으로 학습의 **맥락이론**(contextual theory)으로 생각할 수 있다.

1920년대와 1930년대 초기에 러시아 발달심리학자인 비고츠키는 아동들이 일상생활 과업과 문제들을 생각하고 다루는 데 필요한 수많은 개념과 전략을 사회와 문화가 제공한다는 점을 시사함으로써 맥락이론의 기반을 어느 정도 마련했다. 이 장에서는 **사회문화적 이론**(sociocultural theory)으로 알려져 오고 있는 비고츠키 이론의 핵심 아이디어들과 비고츠키 업적에 대한 최근 관점들을 살펴볼 것이다. 그럼으로써 우리는 학습자의 직접적인 환경적 상황과 지원이 그들의 사고와 학습을 의미 있게 진작시킬 수 있음을 알게 될 것이다. 나중에는 다른 맥락적 관점들을 탐색함으로써 인간 학습과 인지가 학습자의 인접한 환경에 불가피하게 의존되어 있음을, 즉 많은 인간 사고 과정이 부분적으로는 인간 머릿속의 특성을, 부분적으로는 바깥 세상의 특성을 가지고 있음을 알게 될 것이다. 마지막으로 우리는 사회문화적 관점과 기타 맥락적 관점들이 수업에 시사하는 바를 고찰할 것이다.

비고츠키의 인지발달이론

러시아인으로서 비고츠키는 사회 변화가 사람들의 생각과 행동에 의미심장한 영향을 줄 수 있다는 마르크스의 견해에 깊은 영향을 받았다. 마르크스의 동료인 엥겔스와 마찬가지로, 비고츠키는 사회가 발전하는 데 도구 사용이 많은 가치가 있음을 알았다(M. Cole & Scribner, 1978). 하지만 비고츠키 이론에서는 이 도구들의 일부가 실제 물리적 사물이라기보다는 개념, 이론, 문제 해결 전략과 같은 인지적 실체이다.

비고츠키는 1920년대부터 1934년 결핵으로 사망하기까지 그의 제자들의 도움을 받아서 아동의 사고에 대한 많은 연구를 수행했다. 그는 대부분의 저서에서 그의 연구 결과를 일반적 용어로만 기술했고, 세부사항들은 따로 떼어 그 당시 러시아 심리학자들의 연구가 함께 들어간 기술 보고서들 속에 나타내었다(Kozulin, 1986). 그러나 사고와 언어(*Thought and Language*)라는 그의 저서에서 그는 아동의 인지발달에 대한 자신의 연구 접근법이 피아제와 동시대 다른 대부분의 심리학자들과 아주 다르다는 것을 설명했다. 그는 피아제처럼 아동들이 독자적으로 수행할 수 있는 과업의 종류를 정하기보다 성인의 도움으로만 완성할 수 있는 과업의 종류들을 자주 검토했다. 예를 들면 그는 보통의 8세 아동이 할 수 있을 법한 일을 외부 도움 없이 할 수 있는 가상의 아동 두 명을 묘사했다. 그는 이 아동들에게 점점 더 어려운 일을 주고는 유도 질문이나 그럴듯한 처음 단계의 제안과 같은 도움을 제공하곤 했다. 그와 같은 조력으로 두 아동은 그들 혼자 힘으로 다룰 수 있는 것보다 더 어려운 과제와 씨름할 수 있었다. 하지만 두 아동이 도움을 받아 완성할 수 있는 과제의 범위는 아주 다를 수 있다. 한 아동은 12세 아동 수준의 과제까지 해낼 수 있을 정도로 자신의 능력을 펼치는 반면 다른 아동은 9세 아동의 수준까지만 해낼 수 있다(Vygotsky, 1934/1986).

서구 심리학자들은 비고츠키의 저서가 러시아어에서 영어로 번역된 지난 몇십 년 전까지는 그의 연구에 대해 잘 몰랐다(예 : Vygotsky, 1978, 1934/1986, 1987a, 1977). 비고츠키가 그의 이론을 충분히 전개할 기회를 갖지 못했다 하더라도 그의 아이디어는 오늘날 많은 현대 이론가들의 학습 및 발달에 대한 논의에서 분명히 드러나고 있다. 사실, 피아제의 영향력은 오늘날 약해지고 있는 반면(Bjorklund, 1977), 비고츠키의 영향력은 점점 두드러지고 있다.

비고츠키 이론의 핵심 아이디어

비고츠키는 신경학적 성숙과 생물적 요인이 발달의 한 요인임을 인정했다. 아동들은 어떤 특성과 성향을 가지고 상황을 접하며 따라서 그들의 반응은 다양하다. 더구나, 부분적으로 유전적 특성에 의한 행동은 아동들의 구체적인 경험에 영향을 준다(Vygotsky, 1997). 하지만 비고츠키의 주 초점은 인지성장을 일으키는 환경 — 특히 아동의 사회적, 문화적 환경 — 의 역할에 둔다. 비고츠키 이론의 핵심 개념과 원리는 다음과 같다.

- 어떤 인지 과정은 다양한 종에서 동일하게 나타나는 반면 어떤 인지 과정은 인간에게만 유일하다. 비고츠키는 두 종류의 과정 또는 기능을 구분했다. 많은 종들은 **저등정신기능**(lower mental function)을 나타낸다. 저등정신기능은 학습하고 환경에 반응하는 기본적인 방식들, 예컨대 먹을 것을 발견하고 이 장소에서 저 장소로 이동하는 최선의 방식을 발견하는 것 등이다. 그러나 인간은 유일하게 **고등정신기능**(higher mental function)을 사용한다. 고등정신기능은 학습, 기억, 논리적 추론을 진작시키는 고의적이고 초점화된 인지 과정이다. 비고츠키의 견해에 의하면, 저등정신기능의 습득 잠재력은 생물학적으로 타고나지만 고등정신기능의 발달에는 사회와 문화가 중요하다.
- 비형식적 대화와 형식적 학교교육을 통해 성인들은 아동들에게 그들의 문화가 세상을 해석하고 세상에 반응하는 방식들을 전달한다. 고등정신기능을 향상시키기 위하여 성인들은 사물, 사건, 그리고 인간의 경험에 부여한 의미들을 아동들과 공유한다. 그 과정에서 성인들은 아동들이 만나는 상황들을 변형하거나 매개한다. 의미들은 언어(구어, 문어 등), 수학적 기호, 미술, 음악을 포함하는 여러 장치를 통하여 전달된다.

  비형식적 대화들은 성인들이 문화적으로 적절한 상황 해석법을 전달하는 일반적인 한 방법이다. 그러나 비고츠키가 보기에는 교사들이 여러 교과목에서 사용하는 아이디어, 개념, 전문용어들을 체계적으로 전달하는 형식 교육 역시 중요하다. 비고츠키도 피아제처럼 아동이 스스로 발견하도록 허용하는 것이 가치 있다고 보았지만, 그는 또한 성인이 이전 세대의 발견을 전달해주는 것도 가치 있다고 보았다.

현대 발달심리학자들은 문화가 아동의 인지발달을 이루어가는 여러 방식들을 점점 더 인식하고 있다. 한 사회의 문화는 이전 세대들이 축적한 지혜에서 새 세대가 배워 가도록 한다. 그것은 아동들이 다른 자극이 아닌 특정한 자극으로 주의를 기울이게 하고 다른 활동이 아닌 특정한 활동에 참여하도록 함으로써 어떤 방향으로 안내한다. 그리고 그것은 아동들이 그들의 경험을 문화적으로 승인된 해석을 하도록 하는 정신적 '렌즈'를 제공한다.

- **모든 문화는 일상생활을 효과적이고 효율적으로 만드는 물리적, 인지적 도구들을 전수한다.** 성인들은 아동들에게 경험을 해석하는 특수한 방법을 가르칠 뿐만 아니라 아동들이 직면할 것 같은 여러 과업 및 문제들과 씨름하는 것을 도울 수 있는 특수한 도구들을 전수해준다. 가위, 재봉틀, 전기드릴, 컴퓨터와 같은 도구들은 물리적인 사물이다. 기록 체계, 수 체계, 지도, 엑셀과 같은 도구들은 물리적인 실체이면서 상징을 내포하고 있다. 교과서를 공부하는 전략과 1달러에서 거스름돈을 머리로 계산하는 전략과 같은 도구는 물리적 기초가 전혀 없기도 하다. 비고츠키의 견해에 의하면 적어도 부분적으로 상징적이거나 본질상 정신적인 도구들 — **인지 도구**(cognitive tools) — 은 아동의 사고력을 크게 향상시킨다.[1]

  다른 문화는 다른 인지 도구들을 전수한다. 그러므로 비고츠키 이론은 아동의 문화적 배경이 다르면 아동의 구체적 인지 능력도 상당히 다를 것으로 기대하게 한다. 예를 들면 도로, 지하철, 쇼핑몰의 지도가 공동체 생활과 가정 생활의 한 부분으로서 중요하다면 그 아동은 지도 읽기 기술을 더 습득하려 할 것이다(Liben & Myers, 2007). 그리고 아동들은 정확한 수 체계를 가진 문화에서만 덧셈, 곱셈과 같은 산수 조작법을 배운다(M. Cole, 2006; Pinker, 2007).

- **사고와 언어는 생애 초기 몇 년 동안에는 점점 상호 의존적이 된다.** 한 가지 아주 중요한 인지 도구는 언어다. 성인으로서 우리들에게 있어 사고와 언어는 밀접하게 상호 연결되어 있다. 우리는 우리의 언어가 제공하는 특수한 단어들로 자주 사고한다. 예를 들면 집에서 기르는 애완동물을 생각할 때, 개와 고양이와 같은 단어들이 머릿속에서 반복적으로 떠오르는 경향이 있다. 게다가 우리는 타인들과 대화를 할 때 우리의 생각을 항상 표현한다. 이를 일컬어 '마음을 말한다'고 한다.

  비고츠키는 사고와 언어가 유아의 경우는 성인의 경우와 대조적으로 분명히 분리된다고 주장했다. 생애 초기에는 사고가 언어와 독립적으로 일어나며, 언어가 나타날 때 언어는 사고의 장치라기보다 의사소통의 수단으로 주로 사용된다. 그러나 2세 정도 되면 사고와 언어는 서로 얽히기 시작한다 — 아동들은 말할 때 그들의 사고를 표현하기 시작하고 단어

---

1 인간은 도구를 사용하는 유일한 종이 아니다. 예를 들면 어떤 다른 영장류는 자연환경에서 도구를 사용하는 것이 관찰되었다(M. Cole & Hatano, 2007; Emery & Clayton, 2004).

로 생각하기 시작한다.[2]

사고와 언어가 융합될 때 어린 아동들은 그들 스스로에게 자주 말한다. 그렇게 함으로써 그들은 피아제가 묘사한 '자기중심적' 방식으로 말하는 듯하다. 비고츠키 관점에 의하면, 그와 같은 **혼잣말**(self-talk)은 인지발달에 중요한 역할을 한다. 아동들은 성인이 이전에 그들을 안내한 방식대로 어려운 과제와 복잡한 조치를 위한 행동을 안내하고 지시하는 방법을 스스로에게 말함으로써 배운다. 혼잣말은 결국 소리내지 않고 속으로 말하는 **내적 대화**(inner speech)로 발전한다. 다시 말해 그들은 과업과 활동을 스스로에게 언어적으로 지시하기를 계속하지만 그 하는 일을 다른 사람이 더 이상 보고 듣고 할 수는 없다. 여기에서 우리는 본질적으로 자기조절에 대해서 말하고 있는 것이다. 자기조절 개념은 제5장에서 이미 탐색했고, 제12장에서 한 번 더 다룰 것이다.

혼잣말과 내적 대화의 진행 및 역할에 대한 비고츠키의 견해를 일반 연구는 지지했다. 소리내어 하는 아동들의 혼잣말은 유치원과 초등 저학년 시기에 감소하지만 이것이 감소할 때 처음에는 속삭이는 듯한 중얼거림과 입술만 움직이는 동작이 증가하는데 이것은 아마도 소리내는 혼잣말에서 내적 대화로 이행하는 과정임을 반영하는 듯하다(Bivens & Berk, 1990; R. E. Owens, 1996; Winsler & Naglieri, 2003). 더군다나, 아동들은 성공하기 위해 상당한 노력을 해야 하는 도전적인 과제를 수행할 때 혼잣말을 더 많이 한다(Berk, 1994; Schimmoeller, 1998; Vygotsky, 1934/1986). 여러분도 경험을 통해서 알고 있듯이, 성인들조차도 새로운 도전적인 일에 직면할 때는 가끔씩 혼잣말을 한다.

◆ 복잡한 정신 과정은 사회 활동에서 나온다. 아동들이 발달함에 따라 그들은 사회적 맥락에서 사용하는 과정을 점점 내면화하고 그것들을 독립적으로 사용하기 시작한다. 비고츠키는 고등정신기능의 뿌리가 사회적 상호작용에 있음을 제안했다. 아동들이 성인 및 지식이 더 많은 사람들과 사물, 사건, 과제, 문제들에 대해 논의할 때 — 일상적인 문화 활동 맥락 내에서 종종 일어나는 일이다 — 아동들은 그들 주변 사람들이 세상에 대해서 말하고 해석하는 방식을 자신의 사고에 점점 통합시키며, 그들 문화 속에 흔히 있는 — 본질상 인지 도구인 — 단어, 개념, 기호, 전략들을 사용하기 시작한다.

사회적 활동이 내적 정신 활동으로 서서히 변하는 과정을 **내면화**(internalization)라고 부른다. 조금 전 살펴본 혼잣말에서 내적 대화로의 진행은 이 과정의 예가 된다 — 시간이 흐름에 따라 아동들은 점점 성인들의 지시사항을 내면화하여 결국에는 스스로에게 그 지시를 내린다.

---

2 비고츠키는 단어, 수, 기타 상징부호들을 논의할 때 기호(sign)라는 용어를 때때로 사용했다. 일반적으로 기호는 사물, 사건, 그것이 표상하는 아이디어들과 거의 혹은 전혀 유사하지 않다. (왜 개는 스누플파구스라고 하지 않고 개라고 하는가?) 비고츠키 이론에 의하면 기호는 아동의 경험을 매개하여 효과적인 사고 과정을 용이하게 하는 주요 수단을 제공한다.

그러나 모든 고등정신기능이 성인들과의 상호작용을 통해서 나타나는 것은 아니다. 어떤 것은 아동들이 동료들과 상호작용할 때 발달하기도 한다. 예를 들면 아동들은 어떤 활동을 얼마나 잘 수행할 것인지, 어떤 게임을 할 것인지, 누가 누구에게 무엇을 할 것인지와 같은 여러 가지 일로 서로 자주 논쟁을 한다. 비고츠키에 따르면, 아동들은 같은 상황에 대해 여러 관점이 있다는 사실을 알게 된다. 결국, 비고츠키는 아동들이 논쟁 과정을 내면화하여 한 상황을 여러 각도에서 볼 수 있는 능력을 스스로 습득한다는 것을 시사했다.

- 아동들은 문화의 도구들을 그들만의 특유한 방식으로 전유한다. 아동들은 사회적 상황에서 보고 들은 것을 반드시 정확하게 내면화하지 않는다. 오히려 그들은 아이디어, 전략, 그리고 기타 인지 도구들을 그들 자신의 필요와 목적에 맞추어 종종 변형시킨다. 그래서, 비고츠키의 이론에는 구성주의적 요소가 있다. **전유**(appropriation)라는 용어는 이런 내면화 과정을 언급할 뿐 아니라 문화의 아이디어들과 전략들을 자신이 사용하기 위해 채택하는 과정을 언급하기도 한다.
- 아동들은 자신보다 더 수준 높고 능력 있는 사람들의 도움이 있을 때 보다 어려운 일들을 완수할 수 있다. 비고츠키는 아동들의 기능이 발달상 특정 지점에 있음을 나타내는 능력 수준을 두 종류로 구분했다. 아동의 **실제 발달 수준**(actual developmental level)은 다른 사람의 도움 없이 독자적으로 수행할 수 있는 과업의 상한선이다. 아동의 **잠재 발달 수준**(level of potential development)은 좀 더 능력 있는 사람의 도움을 받아서 수행할 수 있는 과업의 상한선이다. 아동의 인지발달에 대한 진정한 감을 얻기 위해서는 아동 혼자 할 때의 능력과 타인의 도움을 받아서 할 때의 능력 모두를 다 평가해봐야 할 것을 비고츠키는 제안했다.

  아동들은 그들 스스로 할 수 있는 것보다 더 어려운 일들을 보통 성인들과 협력해서는 할 수 있다. 예를 들면 성인이 처음에 동작을 지도해주면 아동들은 테니스 라켓이나 야구 방망이 휘두르는 방법을 더 빨리 배울 수 있다. 성인이 어떤 음표의 건반 위치를 알려주거나 그 위치에서는 어떤 손가락을 사용해야 하는지를 암시해줄 때 아동들은 보다 어려운 피아노 작품들을 연주할 수 있다. 교사가 문제의 결정적 요소와 효과적일 법한 문제 해결 전략을 알려주면 아동들은 보다 어려운 수학문제를 풀 수 있다. 그리고 아동들은 혼자 집에서 읽을 때보다 소그룹 독서 모임에서 더 복잡한 산문을 읽을 수 있다.
- 도전적인 과제는 지적 성장을 극대화한다. 아동이 혼자서는 아직 할 수 없지만 타인의 도움이나 안내를 받아서는 할 수 있는 일의 범위를 비고츠키 용어로 **근접발달영역**(zone of proximal development, ZPD)이라고 한다(그림 11.1 참조). 아동의 ZPD는 방금 나타나서 발달하기 시작하는 학습 및 문제 해결 능력들을 포함한다. 그러한 능력들은 미성숙하고 '미발달된' 형태를 취한다. 당연히, 각 아동의 ZPD는 시간이 흐름에 따라 변화한다. 한 과제가 완수되면 그보다 더 복잡한 과제가 새로운 도전으로 나타난다.

  아동들은 혼자 이미 할 수 있는 과제의 수행에서는 거의 배우는 것이 없다고 비고츠키는 말한다. 대신, 보다 능력 있는 사람과 함께 협력해야 완수할 수 있는 과제를 시도함으로써, 즉 그들의 근접발달영역 내에 있는 과제를 시도할 때 진정 발달한다. 간단하게 말하면, 인지발달을 촉진하는 것은 쉬운 성공이라기보다 오히려 인생에서의 도전이다.

도전적인 과제가 유익한 반면, 상당한 구조와 도움을 주어도 할 수 없는 불가능한 과제는 아동에게 전혀 도움이 되지 않는다(Vygotsky, 1987b). 예를 들어 유치원생에게 방정식의 x를 구하라고 하는 것은 의미가 없다. 일반적으로 아동의 ZPD는 인지적으로 무엇을 학습할 수 있는지에 대한 한계를 정해준다.

◆ **놀이는 아동으로 하여금 인지적으로 자신을 '확장'하도록 한다.** 나의 아들 제프와 그의 친구 스콧이 5살쯤일 때 그들은 때때로 '식당' 놀이를 했다. 지하실 한 구석에서 그 소년들은 소꿉 식탁과 의자로 식당을 만들었고, 장난감 싱크대, 스토브, 플라스틱 접시와 음식 모양 소꿉으로 식당 '부엌'을 만들었다. 그들은 때때로 나에게 단어 철자를 어떻게 쓰는지 묻기도 했지만 주로 단어 철자를 추측하여 메뉴를 만들었다. 이따금 그들은 부모를 '만찬'에 초대했다. 우리가 도착했을 때, 그들은 우리의 식사 주문을 종이판에 적고는 부엌으로 황급히 가서 주문한 물건들을 모았다. 마침내 우리의 식사(햄버거, 감자튀김, 과자 — 이들 모두는 플라스틱이다 — 여기에 상상의 우유 잔을 더함)를 가지고 왔고, 우리 어른들은 맛있게 '먹고' '마셨다'.

그들의 식당 놀이에서 두 소년은 여러 성인 역할(식당 매니저, 웨이터, 조리사)을 했고, 여러 어른스러운 행동을 했다. 그와 같은 시나리오는 실제 삶에서는 불가능할 것이다. 5세 아동이 식당 운영에 필요한 요리, 독서, 글쓰기, 셈하기, 조직하기 기술들을 가지고 있는 경우는 거의 없다. 그러나 놀이적 상황이 소년들을 이러한 일을 하게 했다. 비고츠키 말에 의하면, "놀이 상황에서 아동은 항상 자신의 평균 나이 이상의 행동을 하고, 일상적인 행동 이상을 하며, 마치 자신보다 머리 하나는 더 큰 것처럼 보인다"(Vygotsky, 1978, p. 102).

게다가 아동들이 놀이를 할 때 그들의 행동은 어떤 표준이나 기대에 일치시켜야 한다. 초등학교 저학년 아동들은 종종 아버지나 교사 혹은 웨이터가 행동하는 방식대로 행동한다. 아동 후기에 오면 조직화된 그룹 게임과 스포츠에서 아동들은 구체적인 규칙군을 따라야 한다. 그와 같은 행동 제한을 준수함으로써 아동들은 계획을 세우고, 행동 전에 생각하고, 자제하는 것 — 성인 세계에 성공적으로 참여하기 위해 중요한 기능들 — 을 배운다(A. Diamond, Barnett, Thomas, & Munro, 2007; Pellegrini, 2009; Saracho & Spodek, 1998 참조).

따라서 놀이는 시간 낭비라고 하기 어렵다. 오히려, 성인 세계를 위한 유익한 훈련 장소를 제공한다. 아마도 이러한 이유 때문에 놀이가 전 세계 어린이들에게 나타나는 것 같다.

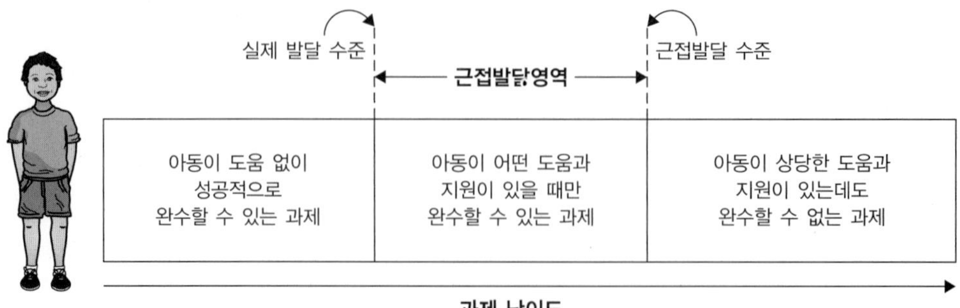

그림 11.1 아동의 근접발달영역(ZPD) 내의 과제는 학습 및 인지발달을 극대화한다.

피아제와 비고츠키 이론의 비교

피아제와 비고츠키는 둘 다 아동의 학습과 사고의 성격에 대한 선구자적 통찰을 제공했으며 학습, 인지, 인지발달의 현대적 관점들에 심오한 영향을 끼쳤다. 그들의 이론들은 인지발달의 현대 이론들에 계속해서 나타나는 어떤 공통적인 아이디어들을 가지고 있다. 그러나 그들은 중요한 차이점들도 있어서 현대의 연구자들로 하여금 아동의 인지과정이 발달해가는 기제를 보다 더 깊이 탐구하도록 했다.

공통 주제

피아제와 비고츠키가 사용한 아주 다른 용어들을 넘어서 그 내용을 검토해보면 네 가지 공통 주제가 나타난다.

사고 성격의 질적 변화 피아제와 비고츠키는 둘 다 아동이 시간이 흐름에 따라 보다 복잡한 추리 과정을 습득한다는 점을 지적했다. 피아제는 그와 같은 발달을 질적으로 구분되는 네 단계로 기술한 반면 비고츠키는 많은 여러 정신기능의 내면화로 표현했다. 누구의 관점을 취하든 우리는 같은 결론을 내릴 수 있다. 즉 아동은 연령에 따라 다른 사고를 한다는 것이다.

도전 아동은 보다 능력 있는 사람들의 도움이 있을 때만 수행할 수 있는 과제에서 가장 많은 유익을 얻는다는 **근접발달영역**이라는 비고츠키 개념에서 우리는 도전의 중요성을 가장 분명하게 본다. 그러나 — 다소 다른 종류이기는 하지만 — 도전은 피아제 이론의 핵심에도 있다. 즉 아동들은 자신이 가지고 있는 인식틀을 사용해서는 잘 이해할 수 없는 현상 — 다시 말하면 **불평형**을 일으키는 현상 — 과 만날 때만 보다 복잡한 지식 및 사고 과정을 발달시킨다.

준비성 두 이론에 따르면, 모든 아동은 어떤 경험에 대해서는 인지적으로 준비가 되어 있지만 어떤 경험에 대해서는 그렇지 않은 경향이 있다. 피아제의 관점에 의하면, 아동들은 자신의 도식으로의 동화가 어느 정도 가능할 때만 새로운 사물과 사건에 맞추어 조절할 수 있다. 즉 '새로운 것'과 '기존의 것' 간의 중첩이 어느 정도 있어야 한다는 것이다. 피아제는 아동들이 경험을 적절하게 다루고 개념화하는 단계로 이동을 하고 나서야 그 경험으로부터 학습할 수 있다고 주장했다.

비고츠키도 역시 아동들이 특정한 시기에 합리적으로 다룰 수 있는 과제에는 한계가 있음을 제안했다. 아동들이 어떤 능력들을 습득하면, 약간 더 진보된 다른 능력들이 처음에는 미성숙한 형태로 나타나기 시작한다. 새롭게 나타난 아동의 능력들은 근접발달영역에 해당하여 성인의 도움과 지도로 육성될 수 있다. 그러나 여전히 다른 능력들은 당분간 도달하지 못할 것이다.

사회적 상호작용의 중요성 피아제가 보기에 아동의 삶에 있는 주변 사람들은 불평형을 일으키는 정보와 토론을 제공하여 아동으로 하여금 보다 큰 관점을 취하도록 조장할 수 있다. 예를 들면 어린 아동들은 서로 의견이 다를 때, 다른 사람들의 의견이 자신과 다르지만 마찬가지로 타당할 수 있음을 깨닫기 시작하며, 이에 따라 전조작기의 특징인 자기중심성에서 점점 벗어나게 된다.

비고츠키 관점에 의하면, 사회적 상호작용은 사고 과정의 기초를 제공한다. 아동들은 처음에는 타인들과 협력해서 사용한 과정들을 나중에는 혼자서 사용할 수 있을 때까지 점점 내면화한다. 게다가 ZPD 내의 과제들은 정의상 타인들이 아동의 노력들을 어떤 방식으로 지원할 때만 완수할 수 있다.

주요 이론적 차이점

다음은 피아제와 비고츠키 이론의 의미 있는 차이를 포착하는 네 가지 질문이다.

언어는 학습과 인지발달에 어느 정도 필수적인가? 피아제에 따르면, 언어는 아동들이 이미 개발한 많은 개념과 기타 도식들에 명칭을 제공한다. 언어는 또한 아동들이 여러 상황과 주제에 대한 다른 사람들의 다양한 관점을 얻기 위한 주요 수단이다. 그러나 피아제의 견해에 의하면, 인지발달의 많은 부분은 다소 언어와 독립적으로 일어난다.

비고츠키에게 있어서 언어는 학습과 인지발달에 절대적으로 중요하다. 아동들의 사고 과정은 성격상 대부분 언어적인 사회적 상호작용이 내면화된 것이며, 성인들과의 대화는 아동들이 문화가 어떤 사건에 부여하는 의미를 발견하는 것을 돕는다. 또한 혼잣말과 내적 대화라는 언어를 통하여 아동들은 자신의 행동을 타인들이 이전에 안내한 방식으로 안내하기 시작한다.

이런 피아제와 비고츠키의 관점 사이의 어느 지점엔가 진실이 놓여 있을 것이다. 피아제는 확실히 언어의 중요성을 과소평가했다. 아동들은 물리적 현상과 사건에 대한 보다 복잡한 이해를 세상과의 상호작용을 통해서뿐 아니라 비고츠키가 시사한 바와 같이 타인들이 그러한 현상과 사건들을 해석하는 방식을 배움으로써 하게 된다. 한편 비고츠키는 언어의 경우를 과장하기도 했다. 어떤 개념들은 확실히 아동들이 언어적 명칭을 거기에 부착하기 전에 출현한다(Fiedler, 2008; Halford & Andrews, 2006; Oakes & Rakison, 2003). 게다가 어떤 문화에서는 다른 문화에서보다 인지발달에 언어적 교환이 덜 중요하기도 하다. 예를 들면 문화적으로 거리가 먼 집단의 성인들은 아동들을 가르치고 지도하기 위하여 언어적 수업보다 동작과 시범에 더 많은 비중을 둔다(Rogoff, Mistry, Göncü, & Mosier, 1993).

어떤 종류의 경험들이 학습과 발달을 촉진하는가? 물리적 세계에 대한 아동들의 독립적이고 자발적인 탐색이 많은 도식 발달의 기초가 되며, 아동들은 이 도식들을 타인의 지도를 거의 혹은 전혀 받지 않고도 구성한다고 피아제는 주장했다. 이와 대조적으로 비고츠키는 보다 능력 있는 사람들이 촉진하고 해석하는 활동의 중요성을 주장했다. 따라서 두 이론은 자기탐색을 중요시하느냐 아니면 안내받는 탐색과 가르침을 중요시하느냐를 기준으로 구분된다.

아동들은 두 종류의 경험에서 거의 확실하게 유익을 얻는다. 즉 혼자서 물리적 현상을 조작하고 실험하는 기회와 이전 세대의 지혜에서 나오는 활동 기회 모두가 유익하다. 그러나 비고츠키는 대체로 후자에 더 초점을 두는 듯하다. 예를 들면 어린 학습자들에게는 직접적인 탐색 활동도 식견 있는 성인들이 그들의 노력을 안내하고 노력의 결과에 대한 해석을 도울 때 항상 더 많은 도움이 된다(제10장의 발견학습과 탐구학습에 대한 논의를 회상해보라). 그럼에도 불구하고, 아동들은 물리적 현상이 작용하는 법을 이해하고자 한다면 어떻게 해서라도 물리적 세계의 경험을 해야 한다. 예를 들면 압력, 관성, 진동과 같은 여러 물리적 현상과 인과관계 현상을 관찰하는 경험을 해야 한다.

어떤 종류의 사회적 상호작용이 가장 유용한가? 두 이론가는 모든 연령층의 사람들과 상호작용하는 것이 유용하다고 보았다. 그러나 피아제는 동료들과의 상호작용의 유익성을 강조했다(동료들은 사회문화적 갈등의 근원일 수 있다). 반면에 비고츠키는 성인 및 보다 앞서 있는 타인들과의 상호작용에 더 중점을 두었다(그들은 도전적인 과제를 수행하는 아동들을 지원하고 그들이 적절하게 해석하는 것을 도울 수 있다).

동료와의 상호작용과 성인과의 상호작용은 아동의 인지발달에 어느 정도 서로 다른 역할을 한다. 보다 새롭고 복잡한 관점을 위해서 낡은 관점을 포기하는 것이 아동의 발달에 필요할 경우, 같은 연령층에서 일어나는 사회문화적 갈등과 그로 인해 생겨나는 다양한 관점은 아주 효과적이다. 그러나 새롭고 복잡한 아이디어들과 기능을 학습하는 것이 아동들의 발달에 필요할 경우는 유능한 성인의 사려 깊고 끈기 있는 지도가 훨씬 유익하다(Gauvain, 2001; D. Kuhn & Crowell, 2011; Radziszewska & Rogoff, 1991; Reznitskaya & Gregory, 2013; Rogoff, 1991).

문화는 얼마나 영향력이 있는가? 피아제는 정말 발달에 있어서 문화의 역할을 주장하지 않았다. 반면 비고츠키가 보기에 문화는 아동이 획득하는 특정 사고 기능을 결정하는 데 가장 중요하다. 다시 한 번 비고츠키는 좀 더 정곡을 찌른 것 같다. 예를 들면, 제10장에서 기록했듯이, 아동들의 추리 기능은 다른 문화지역의 같은 연령대 아동들에게 반드시 나타나는 것은 아니다. 실상 특히 형식적 조작 사고 기능을 포함하는 어떤 추리 과정은 문화적 집단이 그것의 사용을 필요로 하지 않으면 결코 나타나지 않을 수도 있다.

그러나 문화가 인지발달을 촉진하는 한 가지 '최선'의 방식이나 '옳은' 방식이 반드시 있는 것은 아님을 우리는 염두에 두어야 한다(Rogoff, 2003). 양육 기술과 교수 방법들이 많은 차이를 보이고 있지만, 실상 모든 세계 문화들은 자라는 아동들이 그들 지역사회에서 성공적인 성인 참여자가 되는 데 필요한 지식과 기능들을 습득하도록 돕는 수많은 전략들을 나름대로 개발해왔다.

피아제와 비고츠키가 완전히 옳거나 완전히 틀린 것이 아님은 분명하다. 사실 피아제와 비고츠키 이론들은 서로를 어느 정도 보완한다. 즉 피아제는 아동들이 어떻게 독자적으로 추리하는지를 이해하는 데 도움을 주고 비고츠키는 성인이 어떻게 아동들이 더욱 효과적으로 추리하도록 도울 수 있는지에 대한 아이디어를 제공한다.

비고츠키 이론에 대한 현대적 관점

비고츠키는 아동이 특정 나이에 보이는 특성보다는 아동의 발달 과정에 더 초점을 두었다. 그는 발달 단계들을 확인했지만 그것들을 가장 일반적인 용어로 묘사했다(예 : Vygotsky, 1997, pp. 214-216 참조). 게다가 발달 과정에 대한 비고츠키의 묘사는 종종 모호하고 사변적이다(Gauvain, 2001; Haenen, 1996; Moran & John-Steiner, 2003; Wertsch, 1984). 이러한 이유 때문에 비고츠키의 이론은 연구자들이 시험하고, 입증하거나 반증하기가 피아제 이론의 경우보다 더 어려웠다.

그와 같은 약점에도 불구하고, 많은 현대 이론가들과 실천가들은 비고츠키의 아이디어가 통찰력 있고 유용하다는 것을 발견했다. 그들은 비고츠키 이론을 여러 방향으로 취하고 있지만 우리는 몇 가지 일반적인 아이디어들의 맥락 내에서 그들의 연구를 논의할 수 있다. 그 아이디어들은 의미의 사회적 구성, 비계, 성인 활동에 참여, 도제관계, 교수 기술의 습득, 역동적 평가 등이다.

의미의 사회적 구성

아동이 그들 주변의 사물과 사건들에 의미를 부여하는 것을 성인들이 돕는다는 비고츠키의 제안을 현대 이론가들은 상세하게 설명했다. 성인은 아동과 함께 경험하는 현상이나 사건에 대한 토론을 통해 아동이 세상의 의미를 이해하도록 종종 도와주고자 한다(Crowley & Jacobs, 2002; Feuerstein, Feuerstein, & Falik, 2010; John-Steiner & Mahn, 1996). 때때로 **매개학습경험**(mediated learning experience)이라고 불리는 그와 같은 상호작용은 아동이 특수한 방식으로 현상이나 사건에 대해 생각하도록 조장한다. 예를 들면 현상이나 사건에 명칭을 붙이고, 그것들의 기저 원리를 인식하고, 그것에서 어떤 결론을 이끌어내도록 한다. 한 예로, 5세 소년과 그의 어머니가 자연사박물관에 전시되어 있는 선사시대 동물에 대해 이야기하는 다음의 대화를 살펴보자.

남아 : 근사하다. 와우, 보세요. 거대한 이빨이에요. 엄마, 저 거대한 이빨을 보세요.
엄마 : 송곳니가 뾰쪽하네. 너는 저 동물이 고기를 먹을 것 같니 아니면 풀을 먹을 것 같니?
남아 : 엄마, 저 큰 이빨을 보세요. 입 안에 있는 이빨이 아주 커요.
엄마 : 뾰쪽한 송곳니 같지 않니? 저 동물은 풀을 먹을까 아니면 고기를 먹을까?
남아 : 아이쿠, 아이쿠, 아이쿠. (날카로운 이빨을 가리키며)
엄마 : 저 동물이 풀을 먹을까, 고기를 먹을까?
남아 : 고기.
엄마 : 어떻게 알았어?
남아 : 날카로운 이빨이 있잖아요. (으르렁거리는 소리를 내며)(D. Ash, 2002, p. 378)

엄마의 도움이 없었다 하더라도 그 소년은 박물관 방문에서 검치호랑이에 대한 어떤 것을 틀림없이 학습했을 것이다. 그러나 엄마는 아들이 혼자 했을 때보다 더 그 경험의 의미를 잘 이해하도록 도와주었다. 예를 들면 송곳니라는 명칭을 사용하고 이빨의 특징을 식성과 연결시키도록 도와줌으로써 그렇게 했다. 엄마가 아들에게 이빨과 먹이를 연결시키도록 얼마나 집요하게 노력했는지 주목해보라. 엄마는 고기와 풀을 대조하는 질문을 계속해서 아이가 마침내 송곳니가 고기 먹는 데 필요한 것임이 틀림없다는 사실을 정확하게 추리해내도록 했다.

의미를 성인과 공동으로 구성하는 일과 더불어, 아동들은 현상의 의미를 이해하기 위하여 그들끼리 이야기하기도 한다. 친구들 간의 토론이 피아제가 묘사한 사회인지적 갈등을 야기할 뿐 아니라 상황의 의미를 혼자 이해할 수 있는 것보다 더 잘 이해할 수 있도록 돕는다. 여기에서 우리는 제6장에서 소개한 **사회적 구성주의**(social constructivism) 관점과 일치하는 현상에 대해 이야기하고 있는 것이다. 즉 사람들은 때때로 혼자보다 오히려 함께 작업함으로써 새로운 지식을 창조한다.

한 학급의 학생들이 어떻게 함께 의미를 구성해가는지에 대한 예로서 케이샤 콜먼의 3학년 수업에서 일어나는 토론을 살펴보자. 학생들은 '−10+10=?'의 문제 풀이 방법을 토의하고 있다. 그들은 토론을 쉽게 하기 위해 다음과 같은 숫자 선을 사용하고 있다.

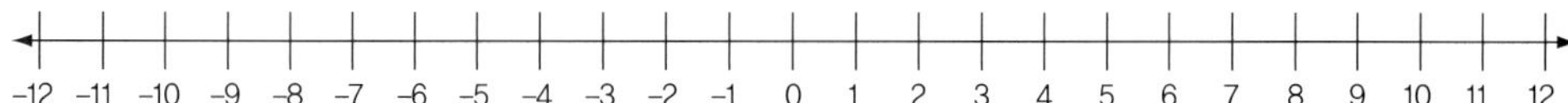

팀을 비롯한 여러 학생들은 '0'이 답이라는 것에 동의하지만 해답에 도달하기 위하여 숫자 선을 어떻게 사용하는지에 대해서는 의견이 다르다. 팀과 장의 토론(콜먼 선생의 촉진이 있었다)에서 발췌한 내용은 다음과 같다.

팀 : 너는 수를 오른쪽으로 세었지. 수를 오른쪽으로 세면 0에 도달할 수 없어. 너는 왼쪽으로 수를 세야 할거야.

[콜먼] : 무슨 뜻인지 좀 더 설명할 수 있니? 나는 네 말이 확실히 이해가 잘 안 돼…

팀 : [오른쪽을 가리키며] 그쪽으로 가면 더 큰 수가 되기 때문에…

장 : 나는 팀이 말하려는 것에 동의하지 않아요. 팀은 오른쪽으로 수를 세면 수가 어떻게 된다고 하는데 정말 이해가 안 돼요. '오른쪽으로 세면 수가 점점 작아져야 한다'고 말하는데 무엇을 말하는지 모르겠어요. −10+10=0인데… 오른쪽으로 센다는 것이 무슨 뜻이니?

팀 : 10에서 위로 세면 0에 도달할 수 없어. 네가 10에서 왼쪽으로 세면 0에 도달할 수 있어.

장 : 글쎄, −10은 음수라서 0보다 작아.

팀 : 나도 알아.

장 : 그러면 왜 너는 0보다 작은 음수에다 더하기를 할 때 영에 도달할 수 없다고 하는거야?

팀 : 오오오! 이제 알겠어. 이것은 양수야… 너는 오른쪽으로 세야 해.

[콜먼] : 0에 도달하기 위해 오른쪽으로 세야 한다는 거야? 어디에서부터?

팀 : −10에서부터요. (P. L. Peterson, 1992, pp. 165-166)

그 문제를 풀기 위하여 숫자 선을 사용하는 방법을 정확하게 하려고 학급토론을 계속했다. 결국 팀은 설명을 수정하여 더 완벽하게 했다. 숫자 선의 적절한 지점을 지적하면서 팀은 말한다. "−10에서 출발하는 거야. 그리고 1, 2, 3, 4, 5, 6, 7, 8, 9, 10을 더해가는 거야." 팀은 오른쪽으로 숫자를 하나씩 손가락으로 짚으면서 세어간다. '10'을 셀 때 숫자 선상의 0에 도달하고는 "답은 0이야"라고 결론 내린다(P. L. Peterson, p. 168).

비계

아동들이 더 유능한 사람들의 도움과 지지를 받아야만 잘할 수 있는 과업과 활동에서 얻는 게 많다는 근접발달영역 내의 과업에 대한 비고츠키의 주장을 회상해보라. 현대 이론가들은 **비계**(scaffolding)로 알려진 여러 지원 기법을 개발하여 어떤 연령의 학생들도 수업 맥락에서 도전적인 과제를 수행하는 것을 도울 수 있게 했다. 학생이 과제에 대해 적절한 방식으로 생각하도록 하는 질문을 하는 것이 하나의 효과적인 기법인데, 그 예가 다음 대화에 제시되어 있다.

교사 : (칠판에 6)44를 쓴다) 44를 6으로 나누는 거야. 6에 어떤 수를 곱하면 44에 가까워질까?

아동 : 6이요.

교사 : 6 곱하기 6은 얼마지?[6을 쓴다]

아동 : 36이요.

교사 : 36이지. 더 가까운 수가 있을까?[6을 지운다]

아동 : 8이요.

교사 : 6 곱하기 8은 얼마지?

아동 : 64… 48이요.

교사 : 48이지. 너무 크다. 다른 수를 생각해보자.

아동 : 6 곱하기 7은 42예요. (Pettito, 1985, p. 251)

비계는 여러 형태가 있을 수 있다. 그중 몇 가지는 다음과 같다.

- 정확한 과제 수행을 모델로 보여주기
- 복잡한 과제를 몇 가지의 작고 단순한 활동으로 나누기
- 과제 수행을 위한 구조나 지침을 제공하기
- 계산기나 컴퓨터 소프트웨어(워드 프로세스 프로그램, 엑셀 등), 기타 기술을 제공하여 과제의 어떤 측면을 쉽게 하기
- 과제의 중요한 측면에 학생의 주의를 집중하도록 하기
- 학생이 과제에 대하여 생산적인 방식으로 생각하도록 질문하기
- 학생들의 진전에 대해 자주 피드백 주기

(A. Collins, 2006; Gallimore & Tharp, 1990; Rogoff, 1990; D. Wood, Bruner, & Ross, 1976)

학생들의 지식과 능력 수준에 따라 비계의 종류는 다르게 할 필요가 있다. 학생들이 새로운 과제 수행이 숙련됨에 따라 비계는 점점 사라지고 학생들은 마침내 전적으로 혼자서 수행하게 된다(예 : 그림 11.2 참조). 사실, 필요 이상으로 너무 많이 비계를 제공하는 것은 정신을 산만하게 할 수 있고, 작업기억에 불필요한 짐을 부과할 수 있다(van Merriënboer & Sweller, 2005).

다양한 형식의 비계가 복잡한 추리, 초인지, 그리고 문제 해결 기술을 학습하도록 아동과 성인 모두를 도울 수 있다. 제12장과 제13장에서 이 개념을 다시 살펴볼 것이다.

성인 활동에 참여

모든 문화에서는 아동에게 어느 정도까지는 성인 활동에 참여하는 것을 허용하거나 요청한다. 아동의 초기 경험은 주변적인 활동으로 구성되고, 그들의 참여는 어떤 이론가들은 **유도**

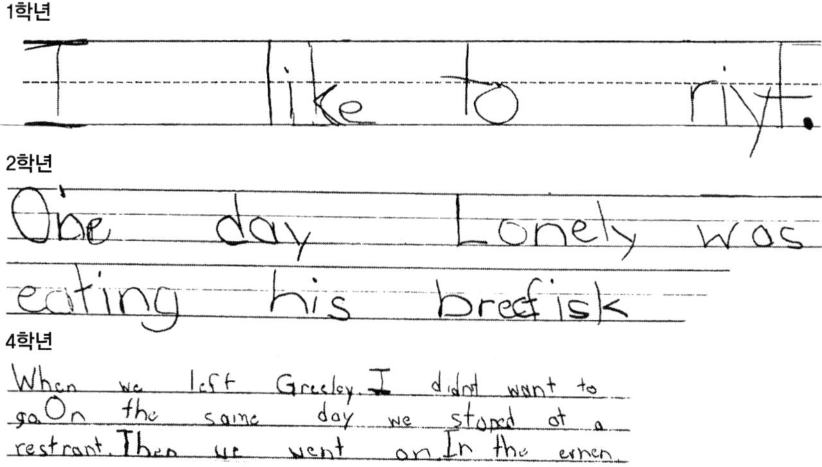

1학년
I like to riyt.
2학년
One day Lonely was
eating his brefisk
4학년
When we left Greeley. I didnt want to
go On the same day we stoped at a
restrant. Then we went on. In the ernen.

그림 11.2 제프가 학년이 올라감에 따라 쓰기 숙제의 비계에 점진적인 변화를 주어 글씨를 점점 작게 쓰게 했다가 나중에는 안내선 하나만으로 쓰게 했다.

된 참여(guided participation)(예 : Rogoff, 2003)라고 부르고 어떤 이론가는 **적절한 주변적 참여**(legitimate peripheral participation)(Lave & Wenger, 1991)[3]라고 부르기도 하는 기회들을 통해서 개입, 비계, 감독을 받는다. 비고츠키의 관점에서, 성인의 활동에 점차적으로 입문하는 것은 아동이 근접발달영역 내에서의 행동과 사고 기술에 가담하게 하는 가능성을 높인다. 아동이 새로 습득한 기술과 사고 능력은 그러한 기술과 능력이 나중에도 유용해질 수 있도록 구체적인 맥락에 연결시키게 하는 데 도움이 된다(Gaskins, 1999; Light & Butterworth, 1993; Rogoff et al., 2007).

성인들에게조차도 새로운 활동에 입장하는 것은 점진적인 과정이다(Wenger, 1998). 예를 들어 여러분이 큰 보험회사에 취업했다고 상상해보라. 여러분은 전에는 보험 일을 해본 적이 없고, 그래서 보험 계약의 세부사항에 대하여 알아야 할 게 많다. 그런데 여러분은 회사가 어떻게 돌아가는지도 배워야 한다. 예를 들어 어떤 사람이 어떤 업무에 책임을 지고 있는지, 다양한 상황에서 어떤 양식들을 작성해야 하는지, 수많은 질문들에 대한 대답을 어디에서 들을 수 있는지 등이다. 회사의 선임자들이 여러분이 알아야 할 모든 것에 숙달되도록 조금씩 도와줄 것이고, 나중에는 여러분이 회사의 신입사원을 도와주는 선임자가 될 것이다(Wenger, 1998).

보험회사의 예시에서도 그렇듯이, 성인 활동에의 참여는 때로는 동일한 이해관계를 공유

3 적절한 주변적 참여라는 용어와 관련해서, 참여는 초보자가 집단의 전반적인 노력에 진실된 방법으로 공헌한다는 의미에서 적절(legitimate)하다. 그리고 그 활동의 말단이나 주변적인 작은 과제들만을 포함한다는 점에서 주변적(peripheral)이다.

하며 정기적으로 상호작용하고, 그러한 이해와 목표를 추구하려고 함께 노력하는 **실무공동체**(community of practice)에 가입하는 것을 포함한다(Barab & Dodge, 2008; Lave, 1991; Nolen, 2011; R. K. Sawyer & Greeno, 2009; Wenger, 1998). 실무공동체는 명시적으로 진술된 규칙들보다 문서화되지 않은 기준인 행동과 상호작용의 기준을 고수한다. 예를 들어 주류 서구문화의 성인 세계에서는 약, 법, 과학적 연구 등 다양한 전문가들이 주기적으로 의사소통을 하며 특정한 방식으로 서로를 지지하는 경향이 있다. 대부분의 경우, 실무공동체의 새 멤버는 그 집단에 적극적으로 참여함으로써 승인받는 업무 수행 방법들을 우선적으로 배운다. 아마 처음에는 최소한의 책임을 지면서 상당한 지도감독을 받을 것이다. 그들의 역량이 커지면서, 필요한 자격을 모두 갖춘 참여자가 될 때까지 특정 활동에서 점점 더 중심적인 역할들을 맡게 된다(Lave & Wenger, 1991; Rogoff et al., 2007).

실무공동체는 성인 전문가 집단에만 제한되지는 않는다. 예를 들어 미국적십자와 같은 자원봉사단체와 보이스카우트, 걸스카우트 같은 조직화된 청소년 집단 또한 본질적으로는 실무공동체이다. 학교 역시 계획 수행, 과제 완수, 마감일 준수 등 특별한 목표를 완수하기 위해 특정한 행동방법을 처방한다는 점에서 실무공동체이다.

도제

유도된 참여의 특별히 집약적인 형식은 **도제**(apprenticeship)이다. 도제학습에서 초보자는 특정한 영역에서의 복잡한 과제를 수행하는 방법을 배우기 위해 오랜 기간 동안 전문가 멘토와 함께 작업한다. 멘토는 그 과정을 통해 상당한 구조와 지침을 제공하고, 점차 비계를 없애며, 능력이 신장됨에 따라 초보자에게 보다 많은 책임을 부여한다(A. Collins, 2006; Rogoff, 1990, 1991). 아동에게 특별한 기술을 가르치고, 성인 사회에서 직조, 재단, 또는 산파 등의 일을 가르치기 위해 많은 문화에서 도제를 사용한다(Lave, 1991; Lave & Wenger, 1991; Rogoff, 1990). 학생에게 악기 다루는 방법을 가르치는 등의 음악 수업에서도 도제를 자주 볼 수 있다(D. J. Elliott, 1995).

도제에서는 행동뿐 아니라 기술이나 업무 용어도 배운다(Lave & Wenger, 1991). 예를 들어 숙련된 방직공이 견습생들에게 기술을 가르칠 때, 그 과정의 특정한 측면에 주의를 기울이도록 하기 위해 틀기(warp), 씨줄(weft), 벨트(harness) 등의 용어를 사용할 수 있다. 비슷하게, 교사가 과학 실험을 통해 학생들을 지도할 때 가설, 증거, 이론과 같은 단어들을 사용하여 학생들이 절차와 결과를 평가하도록 도울 수 있다(Perkins, 1992).

더욱이, 견습생은 전문가가 전형적으로 **인지적 도제**(cognitive apprenticeship)라고 알려진 상황이라 볼 수 있는 과제나 활동에 대하여 어떻게 생각하는지를 볼 수 있다(J. S. Brown et al., 1989; A. Collins, 2006; A. Collins, Brown, & Newman, 1989; Dennen & Burner, 2008). 대학교수와 대학원생의 관계가 하나의 예이다. 나는 필수 논문들과 단행본 장들이 2피트 높이 정도 쌓이는 과외 독서를 숙제로 내주었다. 많은 양의 자료를 생산적으로 읽는 방법에 대한 대화를 하면서 그 학기의 수업 동안 두세 시간을 사용했다. 나는 훑어보기, 목적을 가지고 읽기, 그리고 한 이론가의 관점을 다른 것과 관련짓기와 같은 전략들을 공유했고, 학생들이 독서하면서 답을 하도록 초점 질문 목록들을 제공했다. 학생들은 학기말까지 주요 연구 프로젝트를 완성해야 했다. 나는 학생들과 주기적으로 개인면담을 실시하여 주제를 좁히고, 더 생산적인 방향을 확인하며, 생각들을 조직화하고, 가능한 결론을 고려하도록 도왔다.

도제가 맥락에 따라 많이 달라질 수는 있지만, 대개는 다음의 특징들 중 전부 또는 일부를 지닌다(A. Collins, 2006; A. Collins et al., 1989).

- **모델링** : 학습자가 관찰하고 경청하는 동안, 멘토가 과제를 수행하면서 동시에 그 과정에서 드는 생각들을 큰 소리로 말해준다.
- **코칭** : 학습자가 과제를 수행할 때, 멘토가 자주 제안을 해주고, 힌트를 주고, 피드백을 해준다.
- **비계** : 멘토가 학습자에게 과제를 단순화시켜 주거나 좀 더 작은 단위 또는 관리 가능한 요소로 쪼개주거나, 덜 복잡한 장비를 제공하는 등 다양한 유형의 지지를 제공한다.
- **언어화** : 학습자가 자신이 하고 있는 것과 이유를 설명하고 멘토로 하여금 학습자의 지식, 추리, 문제 해결 전략을 검토하도록 허용한다.
- **성찰** : 멘토는 학습자에게 자신의 수행을 전문가와 비교하거나 이상적인 과제 수행 방식과 비교하도록 요청한다.
- **과제의 복잡성과 다양성 증가시키기** : 학습자가 점차 숙달되면서 멘토는 보다 복잡하고 도전적이며 다양한 과제들을 제시한다.
- **탐색** : 멘토는 학습자가 스스로 질문과 문제를 구성하고, 그렇게 하면서 기술을 확장하고 정련하도록 격려한다.

도제는 분명 노동집약적이다. 그래서 교실 내에서 도제를 사용하는 것이 항상 실용적이거나 논리적으로 그럴듯하지는 않다. 동시에 교사는 학생들이 보다 복잡한 기술을 발달시키도록 돕기 위해 도제 모형의 요소들을 특별히 사용할 수도 있다. 예를 들어 다음과 같은 사건은 학생들이 저술에 대하여 전문가가 저술하는 것과 똑같은 방식으로 생각하도록 하는 데 도움이 될 수 있다.

- "도입부에서, 나는 …으로 여러분의 주의를 끌 수 있어요."
- "나는 리더들이 …에 의한 사고 훈련을 따르도록 도울 수 있어요."
- "이 아이디어에 해당하는 좋은 예시는 …예요."
- "나는 …으로 이 점에 대하여 여러분들을 납득시킬 수 있어요."

이러한 사건들은 전문 저술가가 제공할 수 있는 종류의 비계를 제공하고, 학생들이 보다 정교한 저술 전략을 발달시키는 데 도움이 된다(S. L. Benton, 1997; Scardamalia & Bereiter, 1985; Wong, Hoskyn, Jai, Ellis, & Watson, 2008).

교수 기술의 습득

아동이 공동체의 숙련된 구성원들로부터 새로운 정보와 기술을 배우면서, 그들의 새로운 기술을 타인에게 가르치기 시작할 수 있다(Gauvain, 2001). 나이와 경험이 쌓이면서, 그들이 배운 것을 가르치는 데 점점 더 능숙해진다. 모노폴리 게임을 포함하는 예를 하나 보자. 4명의 8세 소녀가 게임을 하고 있는 동안 연구자가 그들의 상호작용을 촬영하고 있다(Guberman, Rahm, & Menk, 1998). 칼라라는 한 소녀는 제한된 수학 기술을 가지고 있고, 그 게임에 경험이 거의 없다. 첫 순서에서, 그녀는 코네티컷 거리에 있다.

> 낸시 : 너 그거 사고 싶니?
> 칼라 : 음… [긴 침묵이 있고, 참가자들 간에 의미 없는 말들을 주고받는다.] 이거 얼마지? 다시 알려줘. 천 이백…
> 낸시 : 12,000원.
> 칼라 : 12,000원 [돈을 세기 시작한다]… 만[1,000원짜리 지폐를 보고 있다]…
> 지현 : 이거 하나, 이거 두 개를 줘. [그녀는 먼저 10,000원권 지폐를 들고, 자신의 돈 중 2,000원을 집는다] (Guberman et al., 1998, p. 436; 보완 사용)

낸시와 새라가 칼라의 처음 구매를 어떻게 돕는지 눈여겨보자. 낸시는 칼라에게 그 상품을 살 것인지 생각해보도록 요청하고, 그녀에게 구매 가격을 말해준다. 칼라가 12,000원을 계산하는 데 어려움을 겪고 있음이 분명해지자(1,000원권 지폐를 10,000원으로 생각하고 있었다), 새라는 그녀가 필요한 지폐를 색깔만으로 확인할 수 있도록 충분한 지침을 준다. 칼라가 나중에 이 게임을 더 잘하게 되자, 다른 소녀들은 이런 도움을 주지 않는다. 예를 들어 칼라가 버지니아 거리에서 16,000원 짜리를 구매하려고 할 때

> 칼라는 지불하기를 주저하면서, 그녀의 돈을 살펴본다. 결국 그녀는 그녀의 돈에서 10,000원권 지폐를 잡고, 뭘 더 어떻게 해야 할지 확신하지 못하는 듯 보인다.
>
> 낸시 : 5,000원짜리 하나 1,000원짜리 하나
>
> 칼라는 5,000원권 하나와 1,000원권 지폐를 은행원에게 준다. (Guberman et al., 1998, p. 437; 보완 사용)

아동과 성인이 남을 가르칠 때, '교사'는 '학생들'만큼이나 혜택을 본다(D. Fuchs, Fuchs,

Mathes, & Simmons, 1997; Inglis & Biemiller, 1997; D. R. Robinson, Schofield, & Steers-Wentzell, 2005; Webb & Palincsar, 1996). 예를 들어 학생들이 다른 누군가를 가르칠 거라고 예상하면서 뭔가를 배우면, 그들은 학습 동기가 높아지고, 보다 흥미를 갖게 되며, 보다 정교하게 학습한다(Benware & Deci, 1984; O'Donnell, 2006; Roscoe & Chi, 2007; Semb, Ellis, & Araujo, 1993). 더욱이 특정 기술에서 같은 나이의 또래보다 약한 아동이 그 기술을 자기보다 어린 아동들에게 가르칠 기회를 갖게 되면, 아마 그들이 누군가에게 주었던 지시들을 내면화하기 때문에, 그들은 스스로를 지도하기 위한 능력 또한 발달시킨다(Biemiller, Shany, Inglis, & Meichenbaum, 1998).

역동적 평가

전에 언급했듯이 비고츠키는 아동이 스스로 해낼 수 있는 과제의 상한선을 나타내는 **실제적 발달 수준**과 그들이 더 능력 있는 사람의 도움을 받아서 달성할 수 있는 과제의 상한선을 나타내는 **잠재적 발달 수준**을 평가하면, 아동의 인지발달에 대하여 더 완벽한 이해에 도달할 수 있다고 믿었다. 그러나 아동의 인지발달을 평가할 때, 대부분의 교사는 실제적 발달 수준에만 초점을 둔다—그들은 아동들에게 다른 사람의 도움 없이 시험을 치르고 과제를 완수하라고 요청한다. 아동의 잠재적 발달 수준을 평가하기 위해, 어떤 이론가들은 **역동적 평가**(dynamic assessment)라는 대안을 제시했다. 그것은 (1) 아동이 처음에는 독자적으로 해내기 어려운 과업의 확인, (2) 심층 강의와 행동 실습, 그리고 과제와 관련된 인지적 과정 제공하기, 그러고 나서 (3) 각 아동이 그 강의로부터 받는 혜택의 정도를 결정하기를 수반한다(Feuerstein et al., 2010; Haywood & Lidz, 2007; Lidz & Gindis, 2003; Tzuriel, 2000).

역동적 사정은 아동의 인지 능력에 대한 전통적 평가보다 낙관적인 평가를 해주고, 다문화 배경을 가진 아동의 능력을 평가할 때 특히 유용할 수 있다. 게다가 아동이 새로운 학습 과제에 접근하는 방법에 대한 풍부한 질적 정보를 제공할 수 있다(L. S. Fuchs et al., 2008; Haywood & Lidz, 2007; Seethaler, Fuchs, Fuchs, & Compton, 2012; Swanson & Lussier, 2001; Tzuriel, 2000).

정보처리이론에 사회문화적 요소 더하기

제6장에서, 내 의견을 간략하게 제시하고, 이론적 조망들을 통합하면 어떤 단일 이론보다 인간의 학습에 대한 보다 완전한 이해를 하게 해줄 수 있다고 주장했다. 이 생각과 일관되게, 어떤 이론가들은 정보처리이론과 사회문화적 이론을 통합하는 것이 생산적이라는 것을 발견했다. 특히 정보처리이론은 시간에 따라 무엇이 변화하는지에 대하여 많이 알려주고, 사회문화적 견해(중재된 학습 경험에 대한 개념, 유도된 참여 등)는 이러한 변화들이 어떻게 일어나

는지를 설명하는 데 도움이 된다(Gauvain, 2001; Greeno, 2006; Leach & Scott, 2008; P. A. Ornstein & Haden, 2001).

간주관성, 기억의 사회적 구성, 그리고 협동적 인지 전략 사용 등 세 영역에서 정보처리와 사회문화적 접근을 혼합해보자.

간주관성

두 사람이 상호작용하고 의사소통하기 위해서는 반드시 그 근거가 되는 이해를 공유해야만 한다. 예를 들어 한 쌍 중 한 명은 다른 한 명이 보고, 알고, 생각하고, 느끼는 것을 어느 정도 알아차려야 한다. 이러한 상호 이해가 **간주관성**(intersubjectivity)이다(Newson & Newson, 1975; Rommetveit, 1985; Trevarthen, 1980). 간주관성은 유아와 양육자가 초점을 맞추고, 서로 상호작용하며, 눈을 맞추고, 미소를 교환하며, 목소리를 주고받는 시기인 2개월쯤에 관찰된다(Adamson & McArthur, 1995; Kingston, Smilek, Ristic, Friesen, & Eastwood, 2003).

9~10개월쯤에 또는 그보다 전부터 간주관성은 복잡해지고 **공동주의**(joint attention)의 형태를 띤다. 이 시점에서 유아와 양육자는 둘 다 단일 대상에게 초점을 맞추고 상대방의 주의가 그 대상에게 있는지 관찰하고, 그 대상을 향해 그들의 행동을 조정할 수 있다(Adamson & McArthur, 1995; M. Carpenter, Nagell, & Tomasello, 1998; Mundy & Newell, 2007; Trevarthen & Hubley, 1978).

2세 초반에, 유아는 특정 대상이나 사건에 대한 느낌이나 반응 방법에 대한 단서들을 찾으려고 누군가를 쳐다보면서 **사회적 참조**(social referencing)를 보여주기 시작할 수도 있다(Feinman, 1992; Klinnert, Emde, Butterfield, & Campos, 1986; L. Murray et al., 2008; S. R. Nichols, Svetlova, & Brownell, 2010). 아동들은 새롭고 불확실한 상황에 놓일 때 사회적 참조를 할 가능성이 높다. 예를 들어 한 연구(Klinnert, 1984)에서, 한 살 된 유아와 한 살 반 된 유아가 3개의 새 장난감을 받았고, 그 장난감들에 대하여 엄마는 행복하게, 두렵게, 또는 중립적인 표현으로 반응하도록 지시받았다. 새 장난감 하나를 받는 즉시, 유아들은 엄마를 바라보았고, 엄마의 반응과 일관된 행동을 선택했다. 엄마가 기뻐하면 장난감에 다가갔고, 두려워하면 멀어졌다.

정보처리이론가들이 말하듯이, 주의는 학습과 인지발달에 매우 중요하다. 여기에 사회문화적 관점을 도입하면, 다른 사람의 주의를 인식하는 것 또한 중요하다는 것을 알 수 있다. 예를 들어 18개월 유아가 이전에는 들어본 적이 없는 단어를 성인이 사용하면, 그 유아는 즉시 말하는 사람의 얼굴을 쳐다보고 그 대상에 대한 화자의 시선을 따를 것이다. 이런 방식으로 아동들은 많은 대상들에 대한 분류를 학습하는 것 같다(D. A. Baldwin, 2000; Golinkoff & Hirsh-Pasek, 2006). 일반적으로, 아동은 더 많은 경험을 지닌 사람과 자신이 모두 동일한 것에 초점을 맞추고, 그들이 초점을 공유한다는 것을 알 때에만 그 사람으로부터 배우는 것 같다. 간주관성은 공동체에서 더 경험 있는 구성원으로부터 배우는 아동의 능력에 매우 중요한 영향을 미치기 때문에 문화 간에 보편적인 현상인 것으로 보인다(Adamson & Bakeman, 1991).

기억의 사회적 구성

이 장 초반에 '의미의 사회적 구성'이라는 절에서, 우리는 아동과 함께 경험하고 있는 사건으로부터 아동이 의미를 구성하도록 성인이 어떻게 돕는지를 보았다. 성인은 그들 둘 다 이전에 경험했었고, 각자의 장기기억에 저장되었던 사건들을 재구성하도록 아동을 도울 수 있다. 아동이 이야기하기에 충분할 만큼 나이가 들자마자, 부모는 과거 사건에 대한 대화를 시도할 수 있다(Fivush, Haden, & Reese, 2006; Gauvain, 2001; P. J. Miller, Fung, & Koven, 2007; Ratner, 1984). 한 예로, 6살짜리 케리와 엄마가 최근에 했던 고래 관광 탐험에 대하여 이야기하는 다음의 대화를 살펴보자.

엄마 : 그리고 우리는, 누구와 함께 갔지?
케리 : 데이비드요.
엄마 : 데이비드. 그리고 또?
케리 : 그리고 할머니, 할아버지요.
엄마 : 또? 아빠도 갔지, 그렇지 않니?
케리 : 예.
엄마 : 그래. 또?
케리 : 그게 전부예요.
엄마 : 아, 캐런 이모랑 피트 삼촌도 가셨지, 맞지?
케리 : 예.
엄마 : 그리고 데이비드네 두 형제들도.
케리 : 음.
엄마 : 우리는 고래 관광을 갔고, 그곳이 힘들었고 뱃멀미를 했기 때문에 내 생각에는 그것은 불행한 일이 되었어. 우리는 고래를 보았지만 우리가 원했던 것보다 많이는 보지 못했어.
케리 : 난 한 번 봤어요.
엄마 : 그래, 우리는 그것들을 보았어. 컸니?
케리 : [끄덕인다]
엄마 : 몇 마리나 있었지?
케리 : 열세 마리 정도요.
엄마 : 열세 마리 정도라고! 두 마리나 세 마리밖에 없었는데!
케리 : 아니예요. 그렇지 않았어요. 그것들이 50번쯤 왔다 갔다 하고 있었는 걸요! (Hemphill &

Snow, 1996, p. 182).

제8장에서 보았듯이, 하나의 사건에 대하여 이야기하는 것은 때로 그에 대한 왜곡된 기억을 갖도록 하기도 한다. 특히 아동이 실제로 일어나지 않은 것을 '회상'하도록 유도될 때는 특히 그렇다. 그러나 대체적으로, 과거 사건에 대한 이야기는 정말 생산적이고 여러 가지 효과를 갖는다(Fivush et al., 2006; Gauvain, 2001; K. Nelson, 1996). 첫째, 제8장의 언어화에 대한 토의에서 보았듯이, 아동들은 그들이 이야기한 것들을 더 잘 부호화하고 그래서 더 잘 기억한다. 둘째, 성인은 사건의 특정 측면에만 초점을 맞추고 다른 것에는 그렇게 하지 않기 때문에, 아동은 기억해야 하는 중요한 것이 무엇인가를 배운다. 셋째, 성인은 어떤 것은 재미있다고 생각하고 어떤 것은 불쾌하다고 생각하는 등 특정한 방식으로 사건들을 해석하는 경향이 있기 때문에, 아동은 그들의 문화에 적절한 관점과 가치를 습득한다. 대조적으로, 아시아 엄마들은 무엇을 했어야 하는지에 대한 것보다 사회적 규칙과 기대에 대하여 이야기하는 경향이 있다. 이러한 차이는 이들 문화의 특징 및 가치와 일관된다(MacDonald, Uesiliana, & Hayne, 2000; Mullen & Yi, 1995; Q. Wang & Ross, 2007).

어떤 경우에는 사건이 일어난 후에 말하는 것이 그것이 일어나고 있을 때 말하는 것보다 더 기억을 증진시킨다. 아마 토론지연이, 인출과 검토 기회를 제공하는 사후토론과 함께, 아동에게 그 사건의 특정 측면들을 스스로 저장하고 강화할 기회를 주는 것 같다(McGuigan & Salmon, 2004).

협동적 인지 전략 사용

이 책의 여러 지점에서 나는 **전략**이라고 부르는 정신 과정에 대하여 이야기했다. 제12장은 학습전략, 제13장은 문제 해결 전략에 대하여 기술했다. 어떤 인지 과정은 사람들이 특정 목적을 달성하기 위해 그것들을 의도적으로 사용한다는 점에서 정말로 전략적이다. 다른 때는 성인이나 동료가 주제에 접근하는 방법을 모방함으로써 효과적인 전략을 배운다(제5장에서 나온 **인지적 모델링**에 대한 토론을 기억하라). 정보처리이론과 사회문화적 이론의 조합은 제3의 대안을 준다 — 성인들은 특정 전략들을 협동적으로 사용하도록 요청하는 활동들에 참여할 수 있다. 연합토론과 전략을 사용하여, 아동들은 처음에는 상당한 정도로 성인의 지도와 비계로 가능했던 전략들을 점차 내면화하고, 독자적으로 사용하기 시작한다(Freund, 1990; Gauvain, 1999, 2001).

예를 들어보자. 여러분이 몇 가지 심부름을 해야 해서 친구 집, 근처 중학교, 서점, 도서관, 문구점, 주유소, 그리고 약국을 들러야 할 필요가 있는 상황을 상상해보자. 그림 11.3은 여러분의 집, 7개 목적지, 그리고 오늘은 갈 필요가 없는 장소 몇 군데를 보여준다. 여러분의 집에서 시작하고 종료하면, 여러분이 심부름을 하기 위해 택할 수 있는 최단거리를 어떻게 확

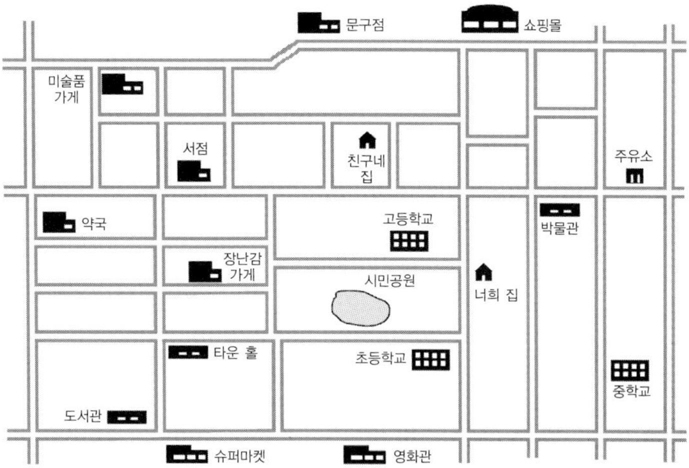

그림 11.3 도시나 시에 대한 가설적 지도

인할 수 있을까?[4]

한 연구에서, 9~10세 아동들을 대상으로 개인별로 내가 위에서 제시했던 것과 유사한 여행계획을 세우기 위해 부모 중 한 명이나 또래와 작업하게 했다(Radziszewska and Rogoff, 1988). 더 특별한 것은, 각 쌍은 그들이 학교 놀이에 필요한 물건들을 사러 쇼핑을 계속해야 했고, 10개의 쇼핑리스트와 상상의 도시 지도를 받았으며, 학교에서 출발하여 학교로 돌아오는 길에 10개 물품 모두를 얻을 수 있는 가능한 한 최단거리를 확인하라고 지시받았다. 아동-부모 그리고 아동-친구 쌍은 모두 필요한 물품을 얻을 수 있는 코스를 계획할 수 있었다. 그러나 평균적으로, 아동-부모 쌍이 더 짧은 길을 찾았다. 더욱이 부모들은 보다 전략적인 지도를 했고, 아동끼리 짝지어진 쌍보다 협동적인 의사결정에 아동을 더 참여시켰다. 파트너와의 두 번의 계획 회기 후에, 아동들은 세 번째 여행을 계획하도록 요청받았다. 이번에는 독자적으로 하는 것이었다. 이전에 부모와 함께 작업했던 아동들은 또래와 함께 일했던 아동들보다 더 짧고 효율적인 길을 찾았다.

맥락주의의 틀 확장하기

이제까지 이 장에서 많은 토론은 학습자의 사회적 맥락이 학습과 인지발달에 어떤 영향을 미치느냐에 초점을 두고 진행되었다. 그러나 최근에 심리학자들은 점차 사람의 학습과 발달이 다양한 신체적, 사회적, 문화적 맥락에 복잡하게 의존하고 있으며, 그것들에 의해 제한된다는 것을 점점 더 인식하게 되었다. 여기에서는 조금 다른 방향이면서도 여전히 어느 정도는 겹치

4 대규모 지도 제작에서, 이 과제는 여행하는 세일즈맨 문제라고도 불린다.

는 최신 맥락주의적 관점을 가진 이론가들을 살펴보려고 한다.

화신

몇몇 심리학자와 신경과학자들이 지적했듯이, 인간 두뇌의 과정은 그것의 의식적 사고 과정을 포함하여, 직접적인 신체적 맥락과 그에 대한 몸의 반응들과 밀접하고도 복잡하게 얽혀 있다. 이 현상은 **화신**(embodiment)이라고 알려져 있다(예 : Alibali & Nathan, 2012; Glenberg, Witt, & Metcalfe, 2013; Mareschal et al., 2007; Marshall, 2009). 예를 들어 우리가 야구공을 던진다고 생각하면, 실제로는 그 근육들을 움직이지 않는다 할지라도, 던지는 데 관여하는 팔과 손 근육을 통제하는 두뇌 부분을 활성화할 것이다(Spunt, Falk, & Lieberman, 2010). 그리고 책을 읽을 때, 그 장에 있는 모든 것을 받아들이거나 기억하려고 하지 않고, 그 대신 시선을 여기저기로 옮기면서, 읽고 있는 자료로부터 의미를 구성하는 데 필요한 만큼 다양하고 많은 것들을 받아들인다[Mareschal et al., 2007; Myin & O'Regan, 2009; 또한 제8장의 단속적 운동(saccades)에 대한 토의를 회상해보라].

우리는 이전 장들에서 전형에 대한 아이디어를 언급했지만 그 용어를 사용하지는 않았다. 특히 사람들은 새 정보에 대하여 신체적인 어떤 것을 하면 더 잘 기억할 수 있다[제8장의 실행(enactment) 개념을 회상해보라]. 그리고 사람들은 새로운 지식을 구체적인 심리운동적 행동 용어로 부호화하기도 한다(제9장에 있었던 '활동으로서 부호화' 부분을 다시 한 번 보라).

전형이라는 아이디어는 최근 한 달 이상 프로젝트를 수행하지 못할 만큼 컴퓨터 사용이 불가능했던 손목터널증후군 기간 동안 내게 개인적으로 매우 생생했다. 내가 일을 할 수 없다는 사실에 대하여 불평할 때, 몇몇 친구들이 목소리를 인식해서 컴퓨터가 내 말을 작문으로 번안하게 하는 목소리 인식 소프트웨어를 사용하라고 내게 제안했다. 나의 응답은 항상 동일했다—"나는 손가락을 가지고 생각해." 내가 타이핑을 한다는 것은 생각한다는 뜻이다. 나는 오래전에 키보드 작동을 자동화하는 기술을 발달시켰고, 적어도 나에게는 사고와 작문이 내 컴퓨터와 떼려야 뗄 수 없을 만큼 얽혀 있다. 내가 내 실제적인 작업기억 역량을 확장시켜 주는 매우 큰 컴퓨터 스크린을 가지고 있다는 것도 도움이 되었다.

화신은 우리가 생각하거나 말할 때 제스처를 사용하는 것으로 나타난다. 제9장에서 보았듯이, 사람들은 시공간적 관련성이나 심리운동적 행동에 대한 지식을 표현할 때 제스처를 사용한다. 게다가 수학문제나 공간 안에서의 다양한 물체의 모양과 배치 등 복잡한 상황을 곰곰이 생각할 때, 손과 팔의 제스처는 때로 우리가 그 상황을 더 효과적으로 생각하는 데 도움이 된다(Alibali, Spencer, Knox, & Kita, 2011; Goldin-Meadow & Beilock, 2010).

상황학습과 분산학습

몇몇 인지이론가들은 많은 학습과 사고가 특정한 맥락, 즉 특정 환경 안에 '자리 잡힌' 맥락에서 우선적으로 발생한다고 제안했다. 이러한 사건들의 상태는 **상황학습**(situated learning) 또는 **상황 인지**(situated cognition)라고 부른다(예 : J. S. Brown, Collins, & Duguid, 1989; Greeno, 2006; Kirsh, 2009; Lave & Wenger, 1991; Robbins & Aydede, 2009). 이러한 용어들이 때로는 사람들이 자기가 어떤 맥락에서 배운 것을 다른 맥락에서의 과제나 문제에 적용하지 못하는 상황을 의미한다. 예를 들어 사탕, 껌 등의 물건들을 길에서 파는 아동은 총액이나 거스름돈을 계산할 때 기본 수학 절차들을 쉽게 사용하지만, 동일한 절차를 교실 수학 수업에서는 응용하지 않는다(Carraher, Carraher, & Schliemann, 1985; Schliemann & Carraher, 1993). 마찬가지로 목수는 평행, 직각 같은 개념들을 목공일을 하는 맥락 안에서는 배우고 학습할 수 있지만, 이런 개념들을 목공일이 아닌 다른 상황에서는 적용할 수 없다(Millroy, 1991).

상황학습과 상황 인지는 특정한 물리적 혹은 사회적 맥락에서 또는 특정한 문화적 맥락에서 만들어진 창조된 물리적 또는 인지적 도구를 가지고 특별한 환경이나 특별한 도구가 특정한 방식의 사고와 행동방식에 대한 지지가 되어줌으로 인해 배우고, 생각하거나 행동하기가 보다 쉬운 상황을 가리키는 때도 있다(예 : Greeno, 2006; Hickey, 2011; van de Sande & Greeno, 2012).[5] 이런 상황에서, **분산 인지**(distributed cognition)는 사람들이 인지적 과제의 일부를 다른 것이나 다른 사람에게로 떠넘기거나 '분산'할 때 보다 효과적으로 생각하고 배울 수 있다는 의미로 사용된다(예 : T. Martin, 2009; Pea, 1993; Salomon, 1993; E. R. Smith & Conrey, 2009). 무거운 인지적 부하를 분산하는 하나의 방법은 신체적 물체를 사용하는 것이다. 예를 들어 문제를 종이에 적거나, 여러 단계 계산을 하기 위해 계산기를 사용하거나, 내가 글을 쓸 때 하는 것처럼, 아이디어들을 평평한 컴퓨터 스크린에 놓아서 작동기억을 확장시키거나 하는 것이다. 두 번째 방법은 상황에 대한 세부적이고 구체적인 사실들인 원자료들을 개념, 전략, 수학적 방정식, 그리고 문화적 집단이 공통의 문제를 다루기 위해 발전시킨 인지적 도구들을 사용해서 조직하고 해석하는 것이다. 예를 들어 약속이나 참여 활동을 잊지 않기 위해 달력을 사용할 수 있고, 또는 꺾은 선 그래프를 그려서 특정한 지역의 평균 강수량이 실제로 지난 몇십 년간 증가했는지 감소했는지 볼 수도 있다.

인지적 부하를 줄이는 세 번째 방법은 그것을 다른 사람들과 공유하는 것이다. 많은 사람의 생각에 어려운 과제나 문제를 분산시키면, 다중적 지식기반과 아이디어를 얻을 수 있다. 행위에서 사회적 구성주의가 나타나는 것이다. 예를 들어 지역적, 국가적, 국제적 문제를 위한 가능한 해답들을 브레인스토밍하기 위해 회의를 소집할 수 있고, 그들은 그들 중 어느 한 사람이 혼자서 생각할 수 있는 것보다 더 지적으로 생각한다. 사실, 때로는 서로 그들 각자가 앞으로의 사건들에 대하여 더 지적으로 생각하도록 도움이 되는 전략과 사고방식을 가르

---

5 특정한 지식을 습득하고 특정한 행동을 쉽게 수행하게 해주는 환경적 측면을 가리킬 때 행동 지원성(affordances)이라는 말을 사용하기도 한다.

치기도 한다(Applebee, Langer, Nystrand, & Gamoran, 2003; A.-M. Clark et al., 2003; Salomon, 1993; Spörer & Brunstein, 2009).

더욱이 현실적으로 어떤 대규모 사회나 문화 집단에서든, 다양한 사람들은 다양한 주제에 대한 전문성을 획득한다. 누군가는 목수가 되고, 다른 사람은 재단사가 되며, 또 다른 이들은 의료 전문가가 된다. 그런 식으로 **분산 지식**(distributed knowledge) 또는 **분산 지성**(distributed intelligence)이라고 알려진 현상으로 그 집단의 집단적 지식기반이 퍼진다(예: Bromme, Kienhues, & Porsch, 2010; G. Fischer, 2006; Pea, 1993; Salomon, 1993). 21세기 사회에서 많은 집단지식이 인쇄물이나 인터넷에서 공유되고 있는데, 신화, 오개념, 뻔한 거짓 등의 잘못된 지식도 동일하게 공유될 수 있다. 그렇기 때문에 학습자들이 자신이 읽고 있는 정보의 다양한 원천을 비판적으로 평가하는 것이 정말 중요하다. 이 주제에 대해서는 제13장의 비판적 사고에 대한 토의에서 다시 다룰 것이다.

생태적 체계이론

대규모의 사회는 사람들의 학습과 발달에 어떤 방식으로든 영향을 미치는 여러 '층'의 환경이 있고, 사람들은 다양한 층들이 어떻게, 어떤 방식으로 영향력을 가지는지에 영향을 미친다. 이 아이디어에 기초한 이론적 관점들이 **생태적 체계이론**(ecological systems theory)이라고 알려져 있다. 여기에는 분리되어 있지만 상호작용하는 체계인 인간 삶의 생태에 의해 양육되고 정규적으로 참여하는 사람들의 아이디어가 반영되어 있다(예: Bronfenbrenner, 1979, 1989, 1995, 2005; C. D. Lee, 2010).

생태적 체계이론에 대한 최초의 가장 잘 알려진 주창자는 미국의 심리학자인 유리 브론펜브레너(Urie Bronfenbrenner)이다. 그는 아동 발달에 초점을 두고, 그림 11.4에 제시한 바와 같이 상황의 영향에 대한 네 가지 주요 층을 기술했다.

1. 미시체계(microsystems)는 가정, 학교, 양육센터, 친한 친구를 포함하여 아동이 직접적·정규적으로 접촉하는 환경이다. 이러한 맥락 안에서 성인 및 또래와 아동의 관계는 아동이 무엇을 어떻게 학습하느냐에 중요한 영향을 미친다.
2. 아동의 생활에서 다양한 미시체계는 중간체계(mesosystems)라고 알려진 두 번째 층과 상호작용한다. 성장하는 아동은 미시체계가 서로 생산적으로 상호작용하고, 행동에 대하여 양립 가능한 기대를 제시하면 더 잘 성장하는 경향이 있다. 불행히도, 미시체계가 항상 서로 잘 조화되는 것은 아니다. 예를 들어 부모가 아동에게 특정한 방식으로 행동하도록 기대하지만, 학교나 친구는 전혀 다른 행동을 기대하기도 한다.
3. 세 번째 층은 외체계(exosystems)인데, 이것은 아동과의 직접적인 접촉을 미미하거나 거의 없지만 아동의 미시체계에 영향을 미치는 사람들과 제도를 의미한다. 국가와 지역의

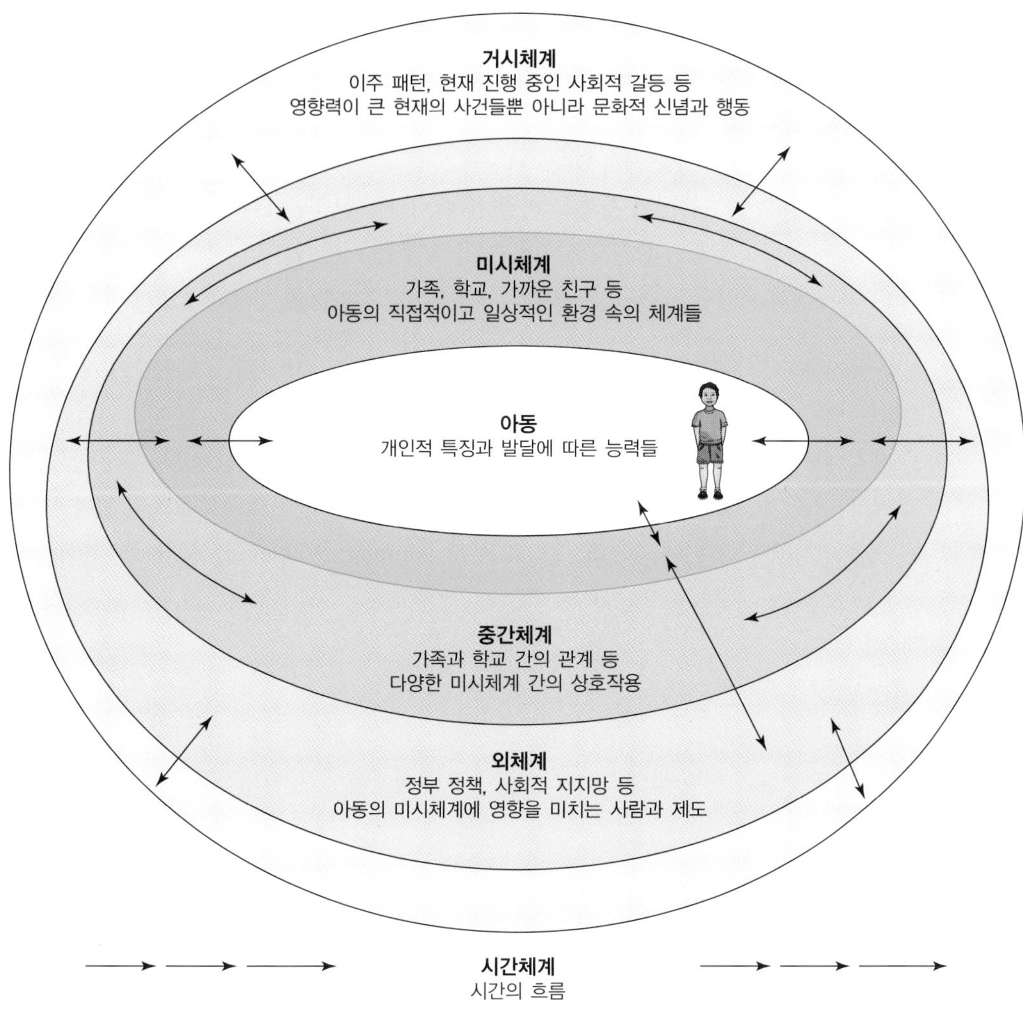

그림 11.4 브론펜브레너의 생태학적 체계에 의한 관점에 의하면, 성장하는 아동은 자신을 둘러싼 다중 체계와 시간에 따른 변화의 영향을 받는다.

정부와 정책, 사회 서비스 기관, 부모의 직장과 사회적 지지망, 그리고 다양한 매체 모두가 가족이나 다른 미시체계에서 아동과 밀접하게 연결되어 있는 사람들에 대한 영향력을 통해서 간접적으로 중요한 영향을 미친다.

4. 세 번째 층인 외체계는 문화적 신념, 이데올로기, 그리고 행동 패턴, 또는 거시체계(macrosystems)에 존재한다. 거시체계는 전쟁, 이주 유형, 계속되는 하위집단 간 사회·정치적 갈등과 같은 큰 영향을 주는 현재의 사건들을 포함한다.

이들 네 층의 체계들은 좀처럼 정체되지 않는다. 그들 모두는 시간에 따라 변화한다. 예를 들어 교사의 수업 실무는 그 장면에 대한 새로운 연구 결과에 따라 달라질 수 있고, 지역의 문화적 신념과 관행은 2개 이상의 문화집단이 정규적으로 상호작용하면서 변화할 수 있다. 브론펜브레너는 네 층의 체계들이 시간에 따라 변화하는 측면을 나타내기 위해 **시간체계**(chronosystem)라는 용어를 사용했다.

다양한 층들은 자기들끼리 영향을 미칠 뿐 아니라, 아동의 능력 수준, 인성 특징, 개인적 흥미 등 아동의 특징과도 상호작용하며, 이들 모두는 시간에 따라 변화한다.[6] 이 생각은 이 책의 제5장에서 보았던 사회구성주의자의 **상호 인과성**의 개념을 생각나게 한다(제5장 참조).

방금 진술한 이론적 조망들은 동일한 일반적 결론을 이끌어낸다. 즉 인간이 생활하며 학습하는 맥락은 사고와 장·단기적인 생산성에 지대한 영향을 미친다. 그러나 이러한 조망들을 생각해보면, 학습자의 내적 인지 과정에 대한 지식을 버려서는 안 된다. 그 대신, 장기기억 저장, 초인지, 그리고 문제 해결 같은 학습자의 인지 과정이 맥락적 요소와 함께 작용한다는 것을 인정해야 한다(예 : Kirsh, 2009; P. K. Murphy, Wilkinson, & Soter, 2011; R. K. Sawyer & Greeno, 2009; Zusho & Clayton, 2011).

사회문화적 맥락주의와 기타 맥락주의 이론의 일반적 함의

비고츠키의 이론과 현대의 맥락적 조망은 수업 실제에 수많은 함의점을 갖는다. 다음은 특히 주목할 만한 것들이다.

- **다양한 활동과 학습 훈련에 대한 기초적 인지 도구들을 습득하면 학습자는 더 효과적으로 생각할 수 있다.** 실제로 우리 사회의 모든 활동은 특정한 개념과 사고방식을 포함하고 있으며, 그것들을 숙달하는 것은 그 연령대의 사람으로 하여금 그 활동에 더 성공적으로 참여할 수 있게 해준다(Markus & Hamedani, 2007; K. Nelson, 1996). 예를 들어 사람들은 키, 화음 삼도 등을 이해하고, 곡을 읽을 수 있을 때 더 좋은 연주자가 된다. 배관과 우현 등의 용어를 이해하고 청사진을 해석하는 방법을 알면 목공 기술을 증진시킬 수 있다. 더 나아가 과학, 수학, 사회과학 같은 학문을 통해서 우리의 문화는 은하, 직각 삼각형 같은 핵심 개념과 H2O, x^3 등의 상징, 피타고라스의 정리, 수요-공급 등의 원리, 그래프, 지도 등의 시각적 표상들을 전달하고 있다. 이러한 것들은 성장기 어린이들이 그들이 생활하는 물리적·사회적 세계를 성공적으로 해석하고, 조직하고, 다루는 데 도움이 된다(예 : Davies & Uttal,

6 그래서 브론펜브레너는 이 이론을 구별짓기 위해 **인간 발달에 대한 생물생태학적 모형**(bioecological model of human development)이라는 용어를 사용했다. 바이오라는 접두어는 아동의 생활에서 다양한 체계와 상호작용하는 중요한 요인으로서 아동의 생물학적 성향을 고려할 필요성을 언급하기 위해 사용했다(Bronfenbrenner, 2005; Bronfenbrenner & Morris, 1998).

2007).

◆ **아동은 그들의 경험에 대하여 이야기할 때 더 학습하고 기억한다.** 아동은 말을 시작하자마자 자신의 경험에 대하여 이야기하고, 2~3세경에는 더 많이 한다(Fivush, Haden, & Reese, 1996; van den Broek, Bauer, & Bourg, 1997). 부모와 교사는 이 과정에 참여해야 한다. 지금까지 보았듯이 연합 경험에 대하여 아동과 이야기하는 것은 아동이 보고 행한 것에 대한 기억을 증진시킬 뿐 아니라 아동이 문화적으로 적절한 방법으로 그들의 경험을 해석하도록 돕는다.

◆ **아동은 성인의 세계에서 직면하게 될 것들과 매우 유사한 활동들에 참여할 기회를 가져야 한다.** 산업화된 사회에서, 아동은 성인들의 작업 현장과 동떨어진 곳에 있어서 자신이 성인이 되었을 때 수행할 활동들에 노출될 기회가 거의 없다(Rogoff, 2003). 그래서, 많은 이론가들은 교사가 아동이 바깥세상에서 직면하게 될 것과 유사하거나 동일한 과제들로 이루어진 **현실적 활동**(authentic activities)들을 자주 사용해야 한다고 권고한다(예 : Barab & Dodge, 2008; Edelson & Reiser, 2006; Greeno, Collins, & Resnick, 1996). 이런 활동들은 여러 가지로 유익하다. 우선, 학생들이 어떤 맥락이 제공하는 도구나 또래 등과 같은 신체적·사회적 자원들을 사용하는 자연적 맥락에서 작업을 하면, 인위적이고 비계가 주어지지 않는 교실 과제에서 성취하는 것보다 더 많이 성취할 수 있다. 둘째, 복합적인 현실적 과제들은 학생들이 교실에서 배운 다양한 아이디어와 기술 간에 의미 있는 관계를 발견하도록 돕는다. 마지막으로, 현실적 활동들은 실생활의 과제 및 문제와 유사하기 때문에, 학생들이 학교에서 배운 것과 학교 밖에서 배운 것 사이에 정신적인 관계를 지을 수 있도록 돕는다(이 점에 대해서는 제13장에서 더 논의한다).

현실적 활동은 어떤 교육과정 영역에서도 개발될 수 있다. 예를 들어 교사는 학생들에게 다음과 같은 것들을 시킬 수 있다.

- 사설 쓰기
- 토론에 참여하기
- 전기회로 설계하기
- 실험하기
- 컴퓨터 프로그램 작성하기
- 학급신문 만들어 배포하기
- 콘서트에서 연주하기
- 가족예산 세우기
- 외국어로 대화하기
- 교육 비디오 만들고 편집하기
- 극장 전시자료 만들기
- 인터넷 홈페이지 개발하기

이러한 예에서 현실적인 활동은 **문제기반 학습**(problem-based learning)이나 **프로젝트 기반 학습**(project-based learning)의 형태를 띤다. 그 속에서 학생들은 바깥세상에서 발견하게 될 가능성이 있는 복잡한 문제나 프로젝트 관련 일을 하면서 새로운 지식과 기술을 습득한다(Hmelo-Silver, 2004, 2006; Krajcik & Blumenfeld, 2006; Polman, 2004). 가끔 현실적 활동은 학생의 지역사회에서 삶의 질을 직간접적으로 높일 수 있는 **서비스 학습**(service learning)을 포함할 수도 있다(Kahne & Sporte, 2008; Tate, 1995; Thapa, Cohen, Guffey, & Higgins-D'Alessandro, 2013). 학생의 학습을 효과적으로 증진시켜서 좌절과 실패의 원천이 아닌 즐거움과 성공의 원천이 되도록 하기 위해서는, 대부분의 복잡한 현실적 활동에 대해 교사의 안내와 지지가 상당히 필요하다(Edelson & Reiser, 2006; Hmelo-Silver, Duncan, & Chinn, 2007; Mergendoller, Markham, Ravitz, & Larmer, 2006; Wijnia, Loyens, & Derous, 2011).

그러나 학교생활 전체를 복합적이고 현실적인 과제들로 채우는 것이 반드시 바람직하지는 않다는 것에 주목해야 한다. 우선, 학생들은 다른 활동과 어느 정도 분리되어 실습해야 기초 기술을 더 효과적으로 숙달할 수 있다(J. R. Anderson, Reder, & Simon, 1996). 예를 들어 바이올린 연주를 배울 때, 학생들은 오케스트라와 합류하기 전에 운지법에 숙달될 필요가 있고, 축구를 배울 때 시합에 나가기 전에 드리블과 패스를 연습해야 한다. 둘째, 어떤 현실적 과제들은 교실에서 정규적으로 활용하기에는 너무나 비싸고 시간이 많이 든다(M. M. Griffin & Griffin, 1994). 수업 과제들이 항상 현실적인 특징을 띠는 것보다 학생들이 정교화 등의 효과적인 장기기억 저장 과정에 참여하도록 격려하고 압도적인 인지 부하를 부과하지 않는 것이 더 중요하다(J. R. Anderson et al., 1996; Plass, Kalyuga, & Leutner, 2010).

- **아동은 어른과 함께 협동하여 복잡한 과제를 할 때 더 좋은 전략을 습득한다.** 아동이 또래들과 상호작용을 통해 중요한 기술들을 내면화하기는 하지만, 또래보다 어른이 그들의 노력을 도와줄 때 발달적으로 진보된 전략을 더 잘 습득하고, 더 빨리 숙달한다(Gauvain, 1999; McCaslin & Good, 1996; Radziszewska & Rogoff, 1988, 1991). 일반적으로, 성인은 효과적인 기술을 더 잘 제안하고 시범을 보이며, 더 유용한 지침을 주고, 적절한 시간에 복합적인 과제에 책임을 맡도록 더 기꺼이 허락한다.
- **충분한 비계가 주어질 경우에 특히 도전적인 과제는 최대의 인지발달을 촉진할 수 있다.** 인지발달을 증진하기 위해, 교사와 다른 성인들은 아동이 도움을 줄 때만 성공적으로 수행해낼 수 있는 과제와 숙제, 즉 아동의 근접발달영역 안에 있는 과제를 제시해야 한다. 단일 연령에 있는 아동들도 다른 근접발달영역을 가지고 있고, 따라서 다른 과제와 숙제가 필요할 수 있다. 다시 말해 강의는 각 아동의 현재 강점과 한계에 맞게 개별적으로 재단될 때 가장 효과적이다.
- **기술기반 소프트웨어와 애플리케이션들은 많은 도전적인 과제에 효과적으로 도움이 될 수 있으며, 때로는 현실세계 활동과 문제들에 대한 좋은 대안들을 제공한다.** 나는 이미 계산기나 컴퓨터가 도전적인 과제가 부과하는 인지적 부담을 덜어내고 분산시킬 수 있도록 하는 데 도움이 된다는 것을 언급한 바 있다. 많은 수업 소프트웨어 프로그램들 역시 개별 학생이 곤란을 겪는 영

역과 일반적인 과정을 위해 재단된 비계를 포함한다. 이러한 비계들은 제10장에서 묘사된 질문학습 시뮬레이션의 핵심적인 부분이다. 그것들은 효과적인 초인지 전략과 문제 해결을 증진하기 위해 고안된 수업 소프트웨어 프로그램들에 통합되었다. 이를 제12장과 제13장에서 보게 될 것이다.

우리가 명심해야 할 다른 기술기반 애플리케이션은 비디오 게임이다. 많은 비디오 게임들은 최근에 혹평을 받았는데, 그 이유는 그것들로 인해 아동이 실제적으로 공격을 모방하고 실행하게 하기 때문이다(C. A. Anderson et al., 2003; Carnagey, Anderson, & Bartholow, 2007; Gentile, 2011). 그러나 비디오 게임은 보다 생산적인 목적에 봉사한다. 예를 들어 공학, 농업, 또는 도시계획과 관련된 가상의 '현실적 세계'를 표현해줄 수 있기 때문이다(Tobias & Fletcher, 2011).

- **아동의 능력은 다양한 작업 조건 아래서 평가되어야 한다.** 아동의 발달적 진보를 잘 다루기 위해서, 교사는 궁극적으로 아동이 할 수 있는 것과 할 수 없는 것뿐 아니라 어떤 조건 아래에서 특정 과제를 성공적으로 성취할 가능성이 높은지에 대해서도 알아야 한다. 아동들에게 독립작업 조건, 협동작업 조건, 때로는 성인 교수자와 함께 일하거나 지지를 받는 등의 다양한 조건 아래에서 작업하도록 요청함으로써, 교사는 각 아동의 근접발달영역 내에 있는 과제들을 더 잘 발견할 수 있을 것이다(Calfee & Masuda, 1997; Haywood & Lidz, 2007; Horowitz, Darling-Hammond, & Bransford, 2005).
- **집단학습 활동은 아동이 인지 전략을 내면화하도록 도울 수 있다.** 비고츠키가 아동은 사회적 상호작용에서 처음 사용하는 과정을 내면화하고 결국에는 독립적으로 사용한다고 제안한 바와 같다. 집단학습 회기, 문헌자료에 대한 학급 토의, 쟁점이 되는 이슈들에 대한 토론, 그리고 협동적 문제 해결 과제 등은 아동이 더 정교한 전략을 습득하도록 도울 수 있다. 이 장의 마지막 부분에서 이 논의를 더 볼 수 있을 것이다.

또래-상호작용 교수 전략

심리학자와 교육학자들은 학생들이 수업 주제 자료들에 대한 의미를 구성하기 위해 함께 작업하도록 하는 것의 가치를 점차 더 인정하고 있다. 예를 들어 특정한 주제를 소집단이나 전체 학급에서 탐색하고, 설명하고, 토의하고, 논쟁하는 것 등이다.[7] 다음은 학생이 새로운 주제 자료와 문제를 집단으로 다룰 때 발생할 수 있는 예이다.

3학년 학급이 다음의 문제에 대해 작업 중이다 — 벅스버니는 75개의 당근을 가지고 있습니다. 날

7 여러분은 종종 담화수업(dialogic teaching)이라는 용어를 접할 수도 있는데, 이는 토론기반 수업 전략을 지칭하는 것이다(예 : R. Alexander, 2008; Reznitskaya & Gregory, 2013).

마다 5개씩 먹으면, 그가 며칠 동안 먹을 수 있을까요? 대부분의 학생들은 75에 도달할 때까지 5를 쓰고, 씌어진 5자의 개수를 세면서 이 문제를 해결했다. 마리아는 10×5=50, 5×5=25, 그리고 10+5=15를 써가면서 이 문제를 풀었다. 다양한 방법이 제시된 후에 그 학급은 마리아가 다른 학생과 다르게 사용한 방법을 토의했다. 어떤 학생들은 마리아가 5들을 더했기 때문에 기본적으로 동일한 방법이었다고 결정했다. 그때, 교사는 마리아에게 시작할 때 왜 7×5를 하지 않고, 10×5를 선택했는지 물었다. 마리아는 자신이 10×5의 답을 알고 있어서 그것이 쉬웠다고 말했다. 이 학급토의는 재미없는 것으로 보인다. 그러나 많은 학생들이 나눗셈에 대해 생각하는 방법에 중요한 영향을 미쳤다. 토의 후에, 많은 학생들은 제수의 곱을 찾으면서 나눗셈 문제를 풀기 시작했고, 곱셈이나 10의 힘을 선택했다. 이러한 작업들은 학생들의 이해와 더 좋은 방법들을 발달시키는 중요한 돌파구가 되었다. (Hiebert et al., 1997, pp. 44-45)

학생들이 이런 식으로 함께 작업하면, 본질적으로, 그들은 **분산 인지**에 참여하고 있는 것이다. 그들은 학습 과제를 여러 생각들로 분산하여 곱셈 지식과 아이디어들을 끌어낼 수 있다. 더욱이 다양한 학생들이 작업기억에 있는 과제의 일부분들을 유지할 수 있고, 본질적으로 전체 집단의 작업기억 용량을 확장시켰다(F. Kirschner, Paas, & Kirschner, 2009).

학생들은 생각과 관점들을 공유함으로써 다양한 방법으로 도움을 얻었다.

- 자신의 아이디어를 설명하고 정당화하기에 충분할 만큼 아이디어들을 명료화하고 조직했다.
- 추론을 이끌어내고, 가설들을 일반화하고, 질문들을 형성함으로써 그들이 학습하는 것을 정교화한다.
- 더 정확하게 이해하고 있는 다른 학생들의 견해를 볼 수 있다.
- 학문적 주제에 대하여 생각하고 공부하는 효과적인 방법들을 모방할 수 있다.
- 자신의 생각에 있는 단점과 비일관성들을 발견할 수 있었고, 남의 이해와 어떤 차이가 있는지를 확인할 수 있다.
- 급우들의 도움으로 보다 정교한 학습과 추론 기술을 실습할 수 있었으며, 나중에는 스스로 사용하기 시작할 수 있다(여기에서 비고츠키의 **내면화** 개념이 작동한다).
- 또한 다양한 학문의 전문가들이 새로운 지식 영역을 심화시킬 때 사용하는 논증 기술을 실습할 수 있다. 예를 들어 결론을 지지하기 위해 증거를 제시하고, 다양한 설명들의 강점과 약점을 검토한다.
- 지식과 학습의 특징에 대하여 보다 정교한 견해를 얻을 수 있다. 예를 들어 지식을 습득하는 데는 한 주제에 대한 통합된 생각들을 습득하는 것이 포함되며, 이러한 지식은 시간에 따라 점차적으로 발전한다는 것을 깨닫기 시작한다(제12장에서 이런 **인식론적인 신념**에 대하여 더 다룬다). (Andriessen, 2006; Applebee et al., 2003; Bendixen & Rule,

2004; A. -M. Clark et al. 2003; Hatano & Inagaki, 2003; Jadallah et al., 2011; D. W. Johnson & Johnson, 2009b; D. Kuhn & Crowell, 2011; Nussbaum, 2008; Reznitskaya & Gregory, 2013; Sinatra & Pintrich, 2003a; Slavin, 2011; C. L. Smith, 2007; Webb & Palincsar, 1996)

또한 많은 학생들이 고도로 동기화된 상호작용 학습 회기를 발견하는데, 부분적으로 수업 자료를 학습하는 동시에 자신의 사회적 욕구를 다룰 수도 있기 때문이다(Hacker & Bol, 2004; Saville, Zinn, Neef, Van Norman, & Ferreri, 2006; Stevens & Slavin, 1995). 한 4학년 학생이 소집단 토의가 동기부여에 도움이 되는 점을 다음과 같이 진술했다.

> 나는 우리가 논쟁하는 것을 좋아한다. 나는 때때로 수다떠는 것을 좋아하기 때문이다. 그리고 수업 시간에 소리 내서 이야기하는 것을 좋아한다. 나는 손을 허공에 들고 있는 것이 정말 지루하기 때문이다. 게다가, 우리는 쉬는 시간에 밖에 나갈 때만 서로 이야기할 수 있다. 이야기하는 것은 좋은 방법으로 논쟁할 수 있는 기회를 준다. (A.-M. Clark et al., 2003, p. 194)

그러나 수업에 대한 또래 상호작용적 접근은 다음과 같은 불리한 점도 있다는 점에 주목하는 것이 중요하다.

- 성인의 도움 없이 과제나 문제와 씨름하기에는 학생들의 전문성이 충분하지 못하다. 그들이 전문성을 가지고 있다 해도, 다른 학생들이 그들의 추리 과정을 이해하도록 돕기에는 교수와 의사소통 기술이 부족하다.
- 어떤 학생들은, '벙어리'와 같은 말을 하는 또래들에 대한 나쁜 인상을 갖는 것이 너무 불안해서 전반적인 토의에 집중하는 데 어려움을 겪는다.
- 어떤 학생 집단은 효과적으로 함께 작업하고 과제에 집중하는 데 어려움이 있을 수 있다.
- 상당한 지식과 높은 사회적 지위를 가진 학생들이 토의를 주도하여, 다른 학생들은 그들의 의견에 순응하고 토의에는 참가하지 않을 수도 있다.
- 학생들이 짜증나거나 좌절할 수 있고, 토의가 관련이 없거나 비생산적인 방향으로 흐른다고 생각하면 '이탈'하기 시작할 수도 있다.
- 학생들은 때로 동료들을 따라서 오해와 비논리적 추론 과정을 밟을 수도 있다. (Do & Schallert, 2004; K. Hogan, Nastasi, & Pressley, 2000; Linnenbrink-Garcia, Rogat, & Koskey, 2011; Stacey, 1992; T. White & Pea, 2011; Wiley & Bailey, 2006; Wittenbaum & Park, 2001).

이러한 이유들 때문에, 학생들은 수업 방법이 대부분 또래 상호작용적이고 학습자 주도적일 때에도, 교사의 안내와 구조가 있어야 가장 효과적으로 배우는 것 같다. 이러한 안내와 구조화가 어떤 형태를 취할 수 있을지 살펴보고자 한다.

학급토의

학급토의는 다양한 학문 분야에서 이미 사용되고 있다. 예를 들어 학생들은 고전 문학작품에 대한 다양한 해석을 토의할 수 있고, 쉽거나 명확한 정답이 없이 질문을 다룰 수 있다. 학생들이 학급토의에 참여할 때 그들은 그 읽기자료에 흥미를 가지고 이해하는 것 같다(L. M. McGee, 1992; S. M. Miller, 2003; P. K. Murphy et al., 2011; Wu, Anderson, Nguyen-Jahiel, & Miller, 2013). 역사 수업에서, 학생들은 하나의 역사적 사건에 관련된 다양한 문서들을 공부하며 토론할 수 있고, 그럼으로써 역사가 반드시 전통적인 역사교과서가 나타내는 것처럼 미리 결정되어 있는 것이 아니라는 것을 인식하기 시작한다(Leinhardt, 1994; van Drie, van Boxtel, & van der Linden, 2006). 사회 수업에서 시민 불복종, 사형 등의 민감한 주제들을 토의하는 것은 학생들이 하나의 이슈에 대한 다양한 관점들 모두가 어느 정도 정당성이 있다는 것을 이해하는 데 도움이 된다(D. W. Johnson & Johnson, 2009b; D. Kuhn & Crowell, 2011; D. Kuhn, Shaw, & Felton, 1997). 과학 수업에서 관찰된 현상들에 대한 다양하고 모순되는 이론적 설명에 대하여 토의하는 것은 학생들로 하여금 과학이 역동적이며 '진리'가 아니라는 생각을 갖게 하고 점차 세상의 현상들에 대한 이해를 발전시키는 데 도움이 된다(Bereiter, 1994; M. C. Linn, 2008). 그리고 수학에서, 동일한 문제를 푸는 데 대한 대안적인 접근들에 집중하는 것은 수학적 원리에 대한 보다 의미 있는 이해와 적용을 증진시킨다(Hiebert & Wearne, 1992, 1996; Lampert, 1990; Walshaw & Anthony, 2008).

학급토의에서는 대부분의 말을 학생들이 하지만, 그럼에도 불구하고 교사는 결정적인 역할을 한다. 연구자와 숙련된 교육자들은 교사가 효과적인 토의를 증진하는 방법에 대하여 몇 가지 지침을 제공했다.

- **학급토의는 다양한 관점, 설명, 또는 접근이 있는 주제에 초점을 두어야 한다.** 논쟁이 될 만한 주제들은 몇 가지 장점이 있다. 학생들은 자신의 견해를 더 많이 표현하며, 모순적으로 보이는 자료들을 해결하는 새로운 정보들을 찾고, 토론하면서 그 이슈에 대한 자신의 입장을 재평가하며, 그 주제를 더 의미 있고 통합적으로 이해한다(Andriessen, 2006; Applebee et al., 2003; E. G. Cohen, 1994; D. W. Johnson & Johnson, 2009b).
- **지적으로 토론하기 위해, 학생들은 하나의 주제에 대한 충분한 선행지식을 가지고 있어야 한다.** 이러한 지식은 이전의 수업 회기나 개인적 경험에서 온다. 많은 경우, 특정 주제를 심도 깊게 공부하는 것에서 오는 것 같다(Bruning, Schraw, & Ronning, 1995; Onosko, 1996).
- **학급 분위기가 토론을 촉구해야 하며 아이디어를 건설적으로 평가해야 한다.** 학생들은 교사가 다양한 견해에 대하여 지지적이고, 급우들 간의 반대의견이 사회적으로 수용되며, 심리적으로

'안전'할 때 그들의 생각을 더 많이 공유한다. 교실에서 이러한 분위기를 증진하기 위해 교사들은 다음을 참고할 수 있다.

- 토론의 끝 무렵에 한 주제를 이해하는 것이 '정확한' 답을 가지고 토론을 시작하는 것보다 중요하다는 메시지를 전달한다.
- 질문에 대답하는 것은 호기심을 반영하고, 논쟁적인 주제에 대한 다양한 관점은 필수적이고 건강한 것이며, 같은 주제에 대한 견해를 바꾸는 것은 사려 깊은 성찰을 했다는 신호가 될 수 있다는 믿음을 전달한다.
- 학생들이 서로의 추론과 설명을 이해하도록 격려한다.
- 학생들이 가능한 한 서로의 아이디어를 바탕으로 삼도록 제안한다.
- 학생들이 서로 찬성이나 반대에 개방적이 되도록 격려한다. '찬성 대 반대'에 대하여 개방적이되, 사람에 대해서가 아니라 아이디어에 대한 비판이 되도록 격려한다.
- 제삼자의 목소리로 질문을 함으로써 학생의 추론에 대한 도전을 개인화시키지 않는다. 예를 들어, "누군가 네 주장에 대해 반응한다면, 뭐라고 할까…?"
- 때때로 학생들에게 그들이 실제로 믿는 것에 대한 정반대 입장을 방어하라고 요청한다.
- 반대 입장을 고려하여 합의안을 발달시키도록 요청한다. (Cobb & Yackel, 1996; Hadjioannou, 2007; Hatano & Inagaki, 1993, 2003; Herrenkohl & Guerra, 1998; K. Hogan et al., 2000; D. W. Johnson & Johnson, 2009b; Lampert, Rittenhouse, & Crumbaugh, 1996; Perkins & Ritchhart, 2004; Reiter, 1994).

◆ **소집단 토의는 많은 학생들이 참가하도록 해준다.** 학생들은 청중이 전체 학급일 때보다 소규모일 때 더 개방적으로 말한다(A.-M. Clark et al., 2003; Théberge, 1994). 경우에 따라서, 교사는 학생들이 우선 소집단으로 토의하게 하고, 그럼으로써 비교적 사적인 맥락에서 자신의 아이디어에 대한 지지를 얻고, 그러고 나서 전체 학급토의를 하도록 이끌고자 할 수도 있다(Onosko, 1996).

◆ **학급토의는 어떤 방향으로 구조화되면 더 효과적일 수 있다.** 구조는 사고를 자극하는 질문에 대답하는 것, 학생들이 작업하는 특정한 목표를 제시하는 것, 또는 다양한 학급 구성원들에게 다양한 역할을 할당하는 것 등을 포함한다. 예를 들어 어떤 학생은 제시되는 증거의 질을 평가하고, 다른 학생은 결론의 타당성을 평가하는 것이다(I. L. Beck & McKeown, 2001; Calfee, Dunlap, & Wat, 1994; Palincsar & Herrenkohl, 1999; C. L. Smith, 2007). 실험을 시작하기 전에, 과학교사는 학생들에게 어떤 일이 발생할지 예측하고, 왜 그런 예측이 정확하다고 생각하는지 설명하고 변론하라고 요청할 수 있다. 학생들이 결과를 관찰한 후에, 교사는 어떤 일이 왜 발생했는지 설명하라고 요청할 수 있다(Hatano & Inagaki, 1991; Herrenkohl & Guerra, 1998). 또 하나의 유용한 전략은 다음과 같은 순서

를 따르는 것이다.

1. 학급을 4인 1조로 나눈다. 4명으로 이루어진 각 집단을 두 쌍으로 나눈다.
2. 한 집단에서, 각 쌍들은 해당 이슈에 대한 특정한 입장을 공부하고, 그 입장을 다른 두 학생에게 제시한다.
3. 네 집단이 그 이슈에 대해 개방적인 토의를 한다. 자신의 입장을 설득력 있게 논증할 기회를 학생 개개인에게 준다.
4. 각 쌍은 반대 입장의 관점을 가능한 한 성실하고 설득력 있게 표현한다.
5. 집단은 표현된 모든 증거를 모아서 하나의 입장에 대한 합의를 얻기 위해 노력한다. (Deutsch, 1993; D. W. Johnson & Johnson, 2009b)

이슈에 대한 합의가 불가능하거나 바람직하지 않을 경우 5단계는 생략할 수 있다(예 : D. Kuhn & Crowell, 2011; Wu et al., 2013 참조).

◆ 토의가 끝난 후 어떤 유형의 종결이 제공되어야 한다. 학생들이 궁극적으로 한 주제에 대한 합의에 도달했건 그렇지 않았건 간에, 학급토의는 학생들이 다양한 생각들을 종합하도록 돕는 방식의 종결을 해야 한다. 예를 들어 내 학급에서 논쟁적인 주제들에 대한 토론을 할 때, 나는 수업이 끝나기 전 몇 분을 학생들이 제기한 핵심 이슈들을 확인하고 요약하는 데 보낸다. 대안적인 전략은 이러한 토의가 주제를 더 완전하게 이해하는 데 어떤 도움이 되었는지를 학생에게 설명하라고 하는 것이다(Onosko, 1996).

상호 교수

유능한 학습자는 예사롭게 사용하지만 효율적이지 못한 학습자는 사용하지 않는 핵심적인 전략 네 가지가 있다(1984; A. L. Brown & Palincsar, 1987).

- **요약하기** : 자신이 읽은 핵심과 주요 아이디어를 확인한다.
- **질문하기** : 자신이 읽고 있는 것을 이해하고 있는지 확인하기 위해 스스로에게 질문한다.
- **명료화하기** : 자료를 이해하는 데 도움을 얻기 위해 스스로 다시 읽거나 그림을 그림으로써 혼란스럽고 모호한 자료들을 명료화하는 단계를 밟는다.
- **예측하기** : 이전 자료가 제시한 자료(예 : 제목)와 아이디어에 있는 단서에 근거하여 다음에 나올 자료가 무엇인지를 예측한다.

네 가지 전략 모두는 대부분 관찰 가능한 행동이라기보다는 내적인 인지 과정들이다. 비고츠키의 내면화 개념과 일관되게, 학생들이 급우들과 협력하여 이 전략들을 큰 소리로 실습하면 더 쉽게 습득할 수 있다는 추론도 있다.

상호 교수(reciprocal teaching)에서(A. L. Brown & Palincsar, 1987; Palincsar, 2003;

Palincsar & Brown, 1984, 1989; Palincsar & Herrenkohl, 1999), 교사와 몇몇 학생들이 자료를 읽기 위해 집단으로 만났고, 그들이 읽고 있는 것이 무엇인지 토론하기 위해 주기적으로 멈췄다. 처음에는 교사가 토론을 이끌고 요약하기, 질문하기, 명료화하기, 예측하기를 촉진하기 위한 질문을 했다. 그러나 점차적으로 교사는 '교사'의 역할을 다양한 학생들에게 넘겨주고, 학생이 책임을 지고, 교사가 모범을 보여주었던 것과 같은 종류의 질문을 서로에게 했다. 결국에는 학생들이 교사와는 거의 독립적으로 자료를 읽고 토론할 수 있게 되었으며, 이해 정도와 오해들을 서로 점검하면서 의미를 구성하기 위해 함께 작업하게 되었다.

예를 들어 눈신토끼에 대한 글을 읽고 있는 6명의 1학년 집단을 위한 상호 교수 회기를 보자. 이 예에서 교사는 작은 단위로 나누어서 자료를 읽는다(고학년 수준에서는 학생들 스스로가 돌아가면서 읽는다). 각 단위마다, 교사는 학생들이 그 단위를 토론하고 처리하는 동안 읽기를 멈춘다. 대화를 읽으면서 요약하기, 질문하기, 명료화하기, 예측하기의 예들을 찾아보자(적어도 각각 한 가지 예가 있다).

아동이 눈신토끼에 대하여 읽고 있으며, 16번째 대화를 하는 날이다. 교사는 새끼 토끼가 태어나는 계절과 어미 토끼가 새끼들을 돌보는 방법을 묘사하는 부분을 막 읽었다. 캠이라는 한 학생이 대화의 리더이다.

캠 : 새끼들이 언제 태어났어요?

교사 : 좋은 질문이네. 그 질문에 대답할 사람이 누구일지 청해보자.

캠 : 로비? 밀리?

밀리 : 여름이요.

교사 : 새끼들이 겨울에 태어나면 어떤 일이 생길까? 생각해보자.

몇몇 아동은 "새끼들이 너무 추울 거예요.", "새끼들에게 음식이 부족할 거예요.", "처음 태어났을 때는 털이 없어요."를 포함하여 많은 반응들을 했다.

캠 : 또 다른 질문이 있어요. 어미는 어떻게 새끼들을 안전하게 보호하나요?

크리스 : 숨기지.

캠 : 맞아. 그렇지만 또…

교사 : 새끼들을 숨긴다는 아이디어는 신기한 것 같은데요. 놀라워요. 나는 알지 못했어요.

트래비스 : 그들은 여러 곳에 있어요.

교사 : 어미가 왜 그랬을까?

밀리 : 나는 다른 이야기를 들었는데요. 새끼였을 때 그들은 서로를 잡아먹거나 서로 싸운대요.

교사 : 그럴 수 있겠네. 스라소니가 오면 어떨까?

몇몇 아이들은 모든 새끼들이 죽게 될 거라고 말한다.

트래비스 : 내가 어미라면, 난 내 새끼들을 숨길 거예요. 나는 그들을 함께 모아서 보호할 거예요.

크리스 : 새끼들이 숨고 어미가 그들을 보고 싶으면, 그들이 어디에 있는지 어미가 어떻게 기억할 수 있어요?

교사 : 좋은 질문이야. 어미가 그것들을 다시 발견해야 하기 때문이지. 왜? 어미는 새끼들에게 무엇을 가져갈까?

밀리 : 음식을 가져가야 해요. 아마 잔가지 같은 것들을 남겨놓을 거예요.

교사 : 우리가 흔적을 표시하는 것처럼 어미가 잔가지를 밖에 놓는다고 생각하니?

몇몇 아이들은 어미가 후각을 사용한다는 것에 동의하지 않으며 제안한다. 한 아동은 눈신토끼가 겨울에 모두 하얗지 않다는 것을 기억하면서, 어미가 새끼들을 색깔로 구별할 수 있을 거라고 제안한다.

교사 : 그래서 우리는 어미 토끼가 감각을 사용해서 숨겨 놓은 새끼들을 찾을 수 있다고 동의하는구나. 캠, 지금 우리에게 요약해줄 수 있겠니?

캠 : 새끼들은 여름에 태어나고…

교사 : 어미는…

캠 : 어미는 다른 곳에 새끼들을 숨겨놓고…

교사 : 그리고 어미가 새끼들에게 찾아가고…

캠 : 음식을 갖다 주기 위해서죠.

트래비스 : 어미는 새끼들을 안전하게 보호해요.

교사 : 어떻게 짐작하지?

밀리 : 어미는 새끼들에게 뭔가를 가르쳐요… 뛰는 법 같은 거요.

크리스 : 그들은 뛰는 법을 이미 아는데.

교사 : 글쎄, 읽어보자. (A. Palincsar의 대화)

상호 교수는 교사와 학생 모두가 효과적인 독서와 학습전략의 모방에 참여할 수 있는 메커니즘을 제공한다. 게다가 그것의 구조적 속성은 그들이 읽고 듣는 것을 이해하려는 학생의 노력에 비계가 된다. 예를 들어 앞의 대화를 잠시 살펴보면, 교사가 어떻게 질문을 정교화하고 사전 지식과 연결시키며("새끼들이 겨울에 태어나면 어떻게 될까?", "우리가 흔적을 표시하는 것처럼 어미가 잔가지를 밖에 놓는다고 생각하니?"), 학생들이 눈신토끼에 대한 글을 어떻게 계속 읽어야 하는지에 대한 일반적인 지침과 힌트들을 주는지("캠, 요약해줄 수 있겠니?", "그리고 어미가 새끼들에게 찾아가서…")를 볼 수 있다. 그리고 학생들이 읽고 있는 것을 처리하기 위해 서로를 어떻게 지지하는지를 나타내는 대화에 주목해보자. 예를 들어 다음의 대화를 생각해보자.

캠 : 또 다른 질문이 있어요. 어미는 어떻게 새끼들을 안전하게 보호할까?

클리스 : 숨기지.
캠 : 맞아. 그렇지만 또…

상호 교수는 전 학년 그리고 영어 원어민뿐 아니라 영어 학습자들의 효과적인 독서 및 경청 기술을 증진시킨다(Alfassi, 2004; Johnson-Glenberg, 2000; K. D. McGee, Knight, & Boudah, 2001; Palincsar & Brown, 1989; Rosenshine & Meister, 1994; W. H. Slater, 2004). 상호 교수에 대한 최초의 체계적 연구에서(Palincsar & Brown, 1984), 저조한 독해력을 가진 6명의 7학년 학생들이 30분씩 20회기로 구성된 상호 교수 수업에 참여했다. 비교적 짧은 개입인데도 불구하고 학생들의 독해 기술이 현저하게 향상되었다. 게다가 그들은 새로운 읽기 전략을 다른 과목에서 일반화하여 급우들의 성취를 뛰어넘었다(A. L. Brown & Palincsar, 1987; Palincsar & Brown, 1984).

상호 교수가 독서교사만이 사용하는 것이라고 생각해서는 안 된다. 그것은 교사가 과학 자료에 대한 학급 전체 토론에 적용하는 과학수업에서도 성공적으로 사용되었고, 수학수업에서도 학생들에게 복합적인 어휘문제들을 이해하도록 돕기 위해 사용되었다(A. L. Brown & Palincsar, 1987; van Garderen, 2004). 덧붙여서, 상호 교수 회기는 교실뿐 아니라 온라인에서도 실시될 수 있다(Reinking & Leu, 2008). 그렇지만 상호 교수 회기를 효과적으로 이용하려면 몇 가지 실습이 필요하다. 또한 학생들이 낮은 수준의 질문과 높은 수준의 질문을 만들어내고 모방할 수 있도록 공동의 노력이 필요하다(예 : Hacker & Tenent, 2002).

협력학습

협력학습(cooperative learning)[8]에서 학생들은 공동의 목적을 달성하기 위해 소집단으로 활동한다. 협력학습집단은 수행해야 할 과제에 따라 그 기간을 달리한다. 어떤 경우 특정 과제 — 새로운 자료의 학습, 문제의 해결, 과제 해결 — 의 완수를 목표로 잠시 형성되기도 한다. 다른 경우에는 장기간의 학급목표를 달성하기 위해 형성되기도 한다. 예를 들어 **기본 집단**(base groups)은 한 학기나 한 학년 전 기간 동안 지속되는 협동집단으로 학생들은 과제를 서로 확인하고, 필기를 교환하며, 학급에 대한 소속감과 협동심을 급우들과 나눈다(D. W. Johnson & Johnson, 1991).

적절하게 설계되고 구조화된 협력학습 활동은 학습과 학업 성취의 증진에 매우 효과적이다. 평균적으로 모든 능력 수준에 있는 학생들의 학업 성취가 증진되는데, 특히 소수집단 학

8 이론적 배경에 따라 다르게 정의되긴 하지만 몇몇 학자들은 **협력학습**(cooperative learning)과 **공동학습**(collaborative learning)을 구분하기도 한다(예 : Palincsar & Herrenkohl, 1999; B. L. Smith & MacGregor, 1992; Teasley & Roschelle, 1993 참조). 짐작컨대 그 이유는 협력학습이 역사적으로 특정 이론과 특정 수업 전략과 연관되어 있기 때문일 것이다(예 : Johnson & Johnson, 1991; Slavin, 1983a, 1990a). 여기서는 협력학습을 보다 넓은 의미로 사용하여 공동의 학습목표를 달성하기 위해 구조화된 형식에서 함께 작업하는 모든 수업 방법을 지칭한다.

생과 저성취 학생들에게 효과적이다. 협력학습 활동은 또한 학업에 대한 자기효능감을 향상시키고 학급친구들과의 생산적 관계를 증진시키는 등 다른 바람직한 효과가 있다(예 : Ginsburg-Block, Rohrbeck, & Fantuzzo, 2006; Lou, Abrami, & d'Apollonia, 2001; Qin, Johnson, & Johnson, 1995; Stevens & Slavin, 1995; Vaughn et al., 2011).

그러나 협력학습의 잠재적 단점도 지나칠 수 없다. 공부하는 주제를 모든 집단원들이 확실히 이해하는 것을 추구하기보다는 집단 목표를 최소한의 노력으로만 달성하고 정답만 추구할 수도 있다(Good, McCaslin, & Reys, 1992; Hatano & Inagaki, 1991; M. C. Linn, Songer, & Eylon, 1996). 작업을 많이 하고 발표를 많이 하는 학생이 다른 학생보다 배우는 것이 더 많을 것이며 집단 작업에 기여를 덜 하거나 하지 않는 학생에 대하여 부정적인 생각을 품을 수도 있다(Gayford, 1992; Lotan, 2006; Webb, 1989). 종종 다른 집단원의 잘못된 전략을 따를 수도 있다. 어떤 경우에는 학습을 서로 돕는 법조차 모를 수도 있다(O'Donnell & O'Kelly, 1994; Webb & Mastergeorge, 2003).

협력학습은 단순히 학생들을 집단으로 놓고 과제를 함께 풀도록 놔두는 것은 아니다. 흔히 학생들은 협력적인 작업을 하기보다 혼자 혹은 심지어 급우들과 경쟁하면서 학습하는 것에 더 익숙해질 것이다. 협력학습 접근이 성공적이려면, 교사는 협력이 학업 성취에 도움이 될 뿐만 아니라 학업 성취에 필수적이도록 학급 활동을 구조화해야 한다(D. W. Johnson & Johnson, 1991). 다음은 협력집단의 효과성을 고양시키는 여러 특징이다.

- **학생들은 교사가 할당해준 소집단에서 활동한다.** 집단은 2~6명으로 구성되고, 3~4명 정도가 가장 효과적이다(Hatano & Inagaki, 1991; Lou et al., 1996; Slavin, 2011). 대부분의 경우, 교사가 가장 생산적일 것 같은 조합을 선택하여 집단을 형성한다(D. W. Johnson & Johnson, 1991; Lotan, 2006). 협력학습의 옹호자들은 각 집단이 그 구성상 이질적 — 상위권 학생과 하위권 학생, 남학생과 여학생, 다양한 인종 등 — 이어야 한다고 제안한다. 구성원이 너무 다양할 경우 능력차이가 오히려 불편을 야기하며 저성취 학생의 능동적 참여를 저해할 수도 있다는 이유로 반대하는 사람도 있다(Lotan, 2006; Moje & Shepardson, 1998; O'Donnell & O'Kelly, 1994; S. E. Peterson, 1993; Webb, Nemer, & Zuniga, 2002).

  이질집단 협력학습의 효과에 대한 연구는 다양한 결과를 보고한다. 어떤 연구에서는 이질집단이 (또래에 대한 설명을 통해 지식을 정교화할 수 있는) 고성취 학생과 (그런 설명을 듣고 도움을 받는) 저성취 학생 모두에게 도움이 되었다고 한다(Lou et al., 1996; Stevens & Slavin, 1995; Webb, Nemer, Chizhik, & Sugrue, 1998; Webb & Palincsar, 1996). 그러나 다른 연구에서는 고성취 학생이 저성취 학생과 같이 함으로써 별 이득이 없으며 때로는 기초를 상실하기조차 하는 것으로 나타났다(D. M. Hogan & Tudge, 1999; D. Kuhn

& Pease, 2010; Webb et al., 2002). 이상적인 집단 활동은 재능과 기술이 충분히 고루 분포되어 각 구성원 모두가 집단 전체의 성취를 달성하는 데 고유한 공헌을 하는 것이다(E. G. Cohen, 1994; Esmonde, 2009; Lotan, 2006).

- **집단은 달성할 공동목표를 하나 이상 가지고 있다.** 협력집단 활동을 시작하기 전에 각 집단은 무엇을 달성할 필요가 있는지 분명하고도 구체적으로 이해해야 한다(D. W. Johnson & Johnson, 1991; Slavin, 2011). 예를 들어 프로젝트기반 학습(project-based learning)에서 학생들은 대답할 필요가 있는 '시동질문(driving question)'으로 시작한다(즉 "좋은 친구가 나를 아프게 할 수 있나?"). 그리고 교사의 적절한 도움과 기술적 도구를 이용하여 문제를 해결하기 위한 본격적인 탐구를 한다(Krajcik & Blumenfeld, 2006, p. 322; Mergendoller et al., 2006; Polman, 2004).
- **분명한 행동지침이 부여되어야 한다.** 적절한 집단행동에 대한 지시가 없으면 학생들은 매우 비협조적 태도로 활동할 수도 있다. 예를 들어 토론을 주도하려고 하거나 타인의 관점을 비웃거나, 특정 방식으로 문제를 풀도록 압력을 행사할 수도 있다(Blumenfeld, Marx, Soloway, & Krajcik, 1996; Webb & Palincsar, 1996). 다음과 같은 집단 기술에 대한 지침은 협력적이고 생산적인 집단행동을 증가시킨다.

  - 타인의 말에 공손하게 주의를 집중하여 경청한다.
  - 모든 구성원은 평등한 참여기회를 가지고 있으며 모든 구성원은 결국 그 자료를 이해한다는 것을 분명히 해둔다.
  - 이해가 되지 않으면 분명하고 확실한 질문을 던진다.
  - 타인을 격려하고 필요한 도움을 제공한다.
  - 상세하고, 친절하고 발전적인 피드백을 제공한다(예 : "왜 네가 이것부터 시작했는지 궁금하다….", "이런 것 생각해보았니?")
  - 의견 차이를 우호적이고 발전적으로 생각한다. (Berger, 2003, p. 94; Deutsch, 1993; Gillies & Ashman, 1998; Lotan, 2006; Webb & Farivar, 1999; Webb & Palincsar, 1996)

- **성공을 위해 집단 구성원 서로에게 의존한다.** 집단과업은 개별 학생들의 성공이 다른 구성원의 도움과 참여에 좌우되도록 구조화되어야 한다. 나아가 학생들 각각은 다른 구성원이 잘하는 것이 결국 자신에게 이익이 된다고 믿어야 한다(Ginsburg-Block et al., 2006; D. W. Johnson & Johnson, 2009a; Lou et al., 1996; Slavin, 1983a). 창의적인 문제 해결을 포함하고 하나 이상의 정답을 가진 과제는 특히 학생들이 서로 협력하여 작업하도록 유도하기 쉽다(Blumenfeld et al., 1996).

어떤 상황에서는 각 학생은 집단 내에서 집단 리더 역할을 하거나 비판가, 자료담당,

화해담당, 서기 등 독보적이고 핵심적인 기능을 가질 수 있다(Esmonde, 2009; D. W. Johnson & Johnson, 1991; Lotan, 2006; Vaughn et al., 2011). 다른 상황에서는 **1/n** (jigsaw) 기술이 유용하다. 새로운 정보는 모든 집단 구성원에게 똑같이 분배된 후 각각의 학생은 자신의 부분을 다른 구성원에게 가르친다(E. Aronson & Patnoe, 1997). 그러나 1/n 기술은 학생이 동료들에게 배우는 내용을 적절하게 가르치지 않으면 문제가 발생한다 (Slavin, 2011).

◆ 생산적 학습행동을 고무하기 위해 구조가 제공된다. 협력학습이 서툰 학생에게는 그들의 상호작용을 안내하는 구조 — 일련의 단계, 혹은 따라 해야 하는 '각본' — 을 제공하는 것이 유용하다(Fantuzzo, King, & Heller, 1992; Gillies, 2003; Ginsburg-Block et al., 2006; Webb & Palincsar, 1996). 예를 들어 **각본화된 협력**(scripted cooperation)에서 학생은 짝을 지어 해설교재를 읽고 공부한다(Dansereau, 1988; O'Donnell, 1999). 각 쌍의 1명은 '회상자(recaller)' 역을 맡아 교재 단원의 내용을 요약한다. 다른 1명은 '경청자(listener)'로서 오류를 바로잡고 부가적인 주요 정보를 회상한다. 다음 단원에서는 두 사람이 역할을 바꾼다. 이러한 방식은 학생이 제12장에서 살펴볼 메타인지 전략을 습득하는 데 도움이 된다.

특정 구조에서 교사는 학습 결과의 종류 — 예를 들어 사실학습에 중점을 두거나 다른 한편 고차원의 사고 기술을 실행하느냐 — 에 영향을 준다. 몇몇 학자가 **유도된 또래 질문**(guided peer questioning)이라 칭하고 다른 학자는 **정교한 질문**(elaborative interrogation)이라고 칭하는 한 방식에서 학생들은 쌍으로 수업 자료에 관한 수준 높은 질문을 서로에게 하도록 하는 구조를 제공받는다(Dunlosky, Rawson, Marsh, Nathan, & Willingham, 2013; Kahl & Woloshyn, 1994; A. King, 1997, 1999; A. King, Staffieri, & Adelgais, 1998; Ozgungor & Guthrie, 2004). 자세히 말하자면, 질문을 구성하기 위해 그들은 다음과 같은 '시작점'을 제공받는다.

- 기술하라… 네 자신의 말로.
- …이 왜 그런지 설명하라.
- …와 …의 차이는 무엇인가?
- 어떻게 …게 될 수 있는가? (A. King, 1999, p. 93)

학생들은 이러한 질문을 하여 상대 학생의 이해를 증진시킨다. 다음은 2명의 5학년 학생이 주고받는 대화로서 갯벌의 조수간만에 대한 자료를 공부하면서 유도된 또래 질문을 사용한 예이다.

자넬 : 갯벌에서 특정 생물이 사는 공간이 따로 없으면 어떻게 될까?

케이티 : 모두 뒤섞여서 포식자가 그것들을 다 죽여서 살아남을 수 없을 거야. 왜냐하면 먹이사슬

이 작용하지 않아 먹이사슬의 최상위 포식자가 다른 모든 것을 먹어버리고 먹이사슬의 아래에 있는 생물은 숨어서 자신을 지킬 곳이 없어져. 그래서 먹을 것이 모두 없어지게 될 거야.

자넬 : 맞아 그런데 위장술로 숨어 있으면 어떻게 될까? (A. King, 1999, p. 95)

이후 그 수업시간에 두 소녀를 다시 관찰했다. 이때는 케이티가 질문을 하고 있다.

케이티 : 만조지역과 간조지역이 어떻게 다르지?

자넬 : 다른 생물이 살 거야. 만조지역의 생물은 공기 중에 노출되어도 괜찮은 것 — 비바람과 모래, 태양빛을 견딜 수 있는 것 — 일 것이고 간조지역 생물만큼 물이 필요하지 않아.

케이티 : 바위 같은 곳에 부딪치지 않으니 부드러울 거야.

자넬 : 포식자도 같을 거야. 우리 사람이나 다른 여러 종류의 것들이 생물들을 죽여 살아남을 수 없지만 간조지역은 그만큼 포식자가 많지는 않아.

케이티 : 잠깐만! 얕은 물에서는 생물들이 왜 서식하지? (A. King, 1999, p. 97)

자넬과 케이티는 분명 상위 수준 질문을 주고받는 데 능숙해진다. 두 번째 대화의 말미에 토론의 기본 가정에 대해 케이티가 의문을 가짐을 볼 수 있다.

- **교사는 기본적으로 자원으로서, 그리고 점검자로서 역할을 한다.** 협력학습 기간 동안 교사는 집단이 목표를 달성하는 길로 인도할 수 있는 모든 조력과 지지를 제공한다(S. M. Williams, 2010). 또한 교사는 각 집단의 상호작용이 생산적이고 사회적으로 적절한지를 점검하는 역할을 한다(D. W. Johnson & Johnson, 1991; Meloth & Deering, 1999; Webb & Farivar, 1999). 예를 들어 학생들이 주어진 주제에 대해 잘못된 개념으로 접근한다면 더 나은 방향으로 논의가 전개되도록 약간의 개입이 있을 수 있다(즉 리디아는 [이러이러하게] 생각하는데 다른 사람도 동의하나?). 학생들이 동료에게 심한 말을 할 경우 행동지침을 일깨워주거나 필요한 경우 사과하도록 하는 조처가 가해질 수 있다. 그러나 너무 많은 관여는 비생산적이다. 교사가 관여하는 순간 아이들의 대화는 줄어든다(E. G. Cohen, 1994).
- **학생들은 개별적으로 성취에 대한 책임을 진다.** 학생들은 각각 집단 목표의 달성 혹은 완수를 개인적으로 보여준다. 예를 들어 집단 최종 수행의 한 부분에 대한 기본 책임을 지거나 퀴즈를 푸는 것 등이 있다. 개별적 책무성은 몇몇만이 과업 수행의 대부분을 하고 나머지가 무임승차할 가능성을 줄여준다(Ginsburg-Block et al., 2006; D. W. Johnson & Johnson, 2009a; Karau & Williams, 1995).
- **학생들은 집단적 성공에 보상을 받는다.** 집단 구성원은 학습과 성취에 대한 책임을 질 뿐 아니라 집단 전체의 성공에 의해 보상받는다. 집단보상은 학생들로 하여금 서로 학습하는 데 도움을 주는 데 관심을 기울이게 하여 동료 집단 구성원이 학습 자료를 이해하도록 의식적인 노력을 기울여 집단 성취 수준의 전반적인 향상을 가져온다(Lou et al., 1996; Slavin, 1990a, 2011; Stevens & Slavin, 1995).

그러나 모든 연구에서 집단보상이 효과가 있는 것으로 나타난 것은 아니라는 점을 유념하는 것이 중요하다. 특히 학생들은 종종 집단보상을 획득하는 데 관심을 둘 때보다 효과적인 학습전략을 사용하는 데 초점을 둘 때 학습을 더 잘한다(Meloth & Deering, 1992, 1994). 보다 일반적으로 외적 보상의 효과는 다양하며 제14장에서 이를 살펴볼 것이다.

- **활동의 완수 시점에서 각 집단은 효과성을 평가한다.** 일단 협력집단이 목표를 달성하면 분석적이고 비판적으로 검토해야 한다. 대개 교사가 돕는다. 효과적으로 기능했는지, 다른 개선점은 없는지 등이 검토된다(E. G. Cohen, 1994; D. W. Johnson & Johnson, 2009a).

또래 교수

또래 교수(peer tutoring)에서 주제를 학습한 학생은 그렇지 못한 학생을 가르친다. 또래 교수 시간은 학습 곤란을 겪는 학생이 모르는 것을 쉽게 질문하고 수행에 대한 즉각적인 피드백을 받을 수 있는 여건을 마련해준다(J. R. Sullivan & Conoley, 2004). 그런데 가르치는 학생도 얻는 바가 있다. 새로 학습한 인지 기술을 연습하고 정교화하고 더 잘 내면화할 수 있다(앞서 제시된 교수 기술의 습득 참조). 따라서 교수자와 학습자 모두 학업 성취에서 상당한 진전을 보인다(Graesser, D'Mello, & Cade, 2011; Greenwood, Carta, & Hall, 1988; O'Donnell, 2006; D. R. Robinson et al., 2005; Roscoe & Chi, 2007; J. R. Sullivan & Conoley, 2004).[9]

또래 교수는 다른 상호작용적 수업처럼 교사가 사용지침을 따를 때 가장 효과적이 될 수 있다. 다음은 또래 교수를 효과적으로 사용하기 위한 여러 제안들이다.

- **교사는 조교 학생이 가르칠 자료에 대해 통달했는지를 확인하고 좋은 수업 기법을 사용하도록 해야 한다.** 훌륭한 조교는 가르치는 교과에 대해 의미 있는 이해를 해야 하고 이해에 중점을 두는 설명을 한다. 또한 좋은 조교는 학습을 증진시킬 가능성이 있는 교수 전략을 사용한다. 질문을 하고 힌트를 주며 필요한 경우 반응을 도와주고, 피드백을 해주는 등의 교수 전략이 그 예다(L. S. Fuchs et al., 1996; Lepper, Aspinwall, Mumme, & Chabey, 1990; Roscoe & Chi, 2007).

  학생들, 특히 초등학생들에게는 효과적인 수업 기술을 가르치는 것도 도움이 된다. 예를 들어 조교 학생은 가르치는 학생과 좋은 관계를 맺는 방법, 과제를 간단한 단계로 나누는 방법, 피드백 방식과 시기 등을 배워야 한다(Fueyo & Bushell, 1998; Inglis & Biemiller, 1997; Kermani & Moallem, 1997).

- **구조화된 상호작용이 또래 교수의 효과성을 증진시킬 수 있다.** 린과 더글라스 훅스 그리고 그의

[9] 몇몇 학자는 또래 교수라는 용어를 비슷한 능력의 학생들이 교실교과수업에서 서로 질문을 주고받는 구조화된 학습 형태를 지칭하는 데 사용한다. 나는 협력학습을 논의할 때 그러한 교수방법에 대한 문헌을 결합시켰다. 여기서는 한 학습자가 어떤 학과목에서 다른 사람보다 더 우수할 경우에 한정하여 사용한다.

동료들(예 : D. Fuchs et al., 1997; L. S. Fuchs et al., 1996; Mathes, Torgesen, & Allor, 2001; 또한 Spörer & Brunstein, 2009 참조)의 연구에 따르면 또래 교수 시간을 위한 구조가 제공되면 초등학생들은 친구에게 읽기나 이해 기술을 가르치는 데 많은 도움을 받는다. 한 연구(D. Fuchs et al., 1997)에서 2~6학년 학생 20명이 또래 보조 학습전략(Peer-Assisted Learning Strategies, PALS)이라는 과업에 참여했다. 각 학급에서 학생들은 읽기실력에 따라 서열화되었으며 서열에 따라 반으로 나뉘었다. 상위반에서 제일 잘하는 학생은 하위반에서 제일 잘하는 학생과 짝이 되고 상위반에세 두 번째로 잘하는 학생은 하위반에서 두 번째로 잘하는 학생과 짝이 되는 식으로 짝을 맺었다. 이런 과정을 통해 짝이 된 학생들은 읽기 수준이 극단적으로 차이가 나지 않고 적절하게 차이가 난다. 각 쌍은 그중 실력이 낮은 학생의 수준에 맞추어 자료를 읽고 다음 활동에 참여한다.

- 반복해서 번갈아 읽기 : 먼저 수준이 높은 학생이 5분간 크게 읽으면 낮은 학생이 같은 내용을 다시 읽는다. 이렇게 하면 수준이 낮은 학생이 보다 쉽게 자료를 읽을 수 있게 된다. 번갈아 읽기가 끝나면 방금 읽은 내용에 대해 수준이 낮은 학생이 그 내용을 설명한다.
- 문단 요약 : 두 학생이 한 번에 한 문단씩 읽는다. 그리고 수준이 높은 학생의 도움을 받으면서 수준이 낮은 학생에게 주제와 문단의 요지를 확인하도록 한다.
- 반복 예측 : 두 학생이 한 쪽을 읽고 잘하는 학생의 도움을 받으면서 못하는 학생이 요약하고 다음 쪽에 나올 내용을 예측한다. 다음 쪽을 읽어 예측을 확인하고 그다음 쪽의 내용을 예측한다. 이런 식으로 반복한다.

이 같은 과정은 PALS 프로그램에 참여한 학생에게 전통적 읽기수업을 받은 학생보다 훨씬 더 큰 진보를 가져다준다. 학자들은 PALS 학생들의 이같은 우수한 수행은 읽는 내용에 대한 언어적 반응을 하고 그에 대한 피드백을 받을 기회를 더 자주 받아 효과적인 독서 전략을 사용하도록 더 자주 권유받기 때문이라고 생각했다.

- **능력 있는 학생이 능력이 부족한 학생을 가르치는 경우가 너무 과도하거나 집중되지 않도록 조심해야 한다.** 살펴보았듯이 조교 학생도 가르치는 동안 많은 것을 배운다. 학급동료에게 무언가를 가르칠 때 이해하기 쉬운 방식으로 충분히 설명하기 위해 자신의 지식을 총동원해야 한다. 그 과정에서 그들은 학습했던 내용을 복습하고 조직하고 정교화한다. 그럼에도 불구하고 교사는 고성취 학생이 또래 교수 시간에 항상 그렇게 된다고 가정하면 안 된다. 언제나 정기적으로 또래 교수 프로그램을 점검하여 학생들이 그 이점을 충분히 누리는지 확인해야 한다.
- **특수교육 대상 학생을 돕는 데 또래 교수를 사용할 수 있다.** 또래 교수는 학습장애, 신체장애, 그리고 다른 특수교육대상 학생들을 효과적으로 돕는 데 사용되어왔다(Cushing & Kennedy, 1997; DuPaul, Ervin, Hook, & McGoey, 1998; D. Fuchs et al., 1997). 한 연구(Cushing

& Kennedy, 1997)에서 저성취 학생이 중증 지적장애 혹은 신체장애가 있는 학생을 위한 조교로 배치되었다. 조교 학생은 그러한 배치 덕을 분명히 보았다. 수업에 좀 더 집중하고 학교 숙제를 잘하고 결석이 없어졌다. 자기보다 못한 학생을 돕는 기회를 가짐으로써 학과목 학습에 대한 자기효능감을 높이게 되었고 이것이 학업적 성공을 보장하는 일련의 행동을 잘 수행하도록 (방해하지 않고) 다시 용기를 줄 수도 있다.

- **또래 교수가 꼭 동일한 연령대에서만 적용될 필요는 없다.** 여러 경우 고학년 학생이 저학년 학생의 효과적인 조교가 될 수 있다. 예를 들어 4~5학년 학생은 유치원이나 1학년 학생의 조교가 될 수 있다(Biemiller et al., 1998; A. L. Brown & Campione, 1994; Graesser & Person, 1994; D. R. Robinson et al., 2005; J. R. Sullivan & Conoley, 2004). 이러한 것은 나이가 더 많고 더 능력 있는 개인이 더 어린 아동의 인지발달을 촉진하는 데 매우 적합하다는 비고츠키의 신념과 일치한다. 저능력 학생이 어린 아동에게 그들이 통달한 기술을 가르침으로써 타인의 학습을 조절하는 경험을 하게 되고 이러한 과정에서 자신의 자기조절 전략을 내면화하게 된다(Biemiller et al., 1998).

학습자 공동체

상호작용적 수업 방법의 중요한 전제조건 중 하나는 공동체 개념이다. 교사와 학생이 목표를 공유하고, 신뢰하며 서로의 노력을 지지하고 학급 학습에 모두가 중요한 공헌을 한다고 믿는다(Hom & Battistich, 1995; M. Watson & Battistich, 2006). 이러한 공동체성을 불러일으키는 한 방법은 학급을 **학습자 공동체**(community of learners)로 변형시키는 것이다. 여기서 교사와 학생은 서로 학습을 하도록 돕는 활동을 능동적이고 협조적으로 하는 것이다(A. L. Brown & Campione, 1994, 1996; A. Collins, 2006; Engle & Conant, 2002; Rogoff, 2003). 학습자 공동체로서 작동하는 학급은 다음과 같은 특성을 지닌다.

- 모든 학생은 학급활동에 능동적 참여자이다.
- 기본 목적은 학생들이 서로 협조적으로 노력하여 특정 주제에 대한 지식체를 획득하는 것이다.
- 학생은 한 주제에 관해 배우려고 노력하는 동안 교과서, 잡지, 인터넷, 그리고 동료 같은 많은 자료를 활용한다.
- 늘 2명 이상의 학생들이 토론하고 협력하며 이것이 학습의 핵심 역할을 담당한다.
- 학생들의 흥미도 다양하고 학습 속도도 다양하다는 점이 충분히 예상되고 존중되어야 한다.
- 학생과 교사는 서로가 학습하도록 조화롭게 노력한다. 전적으로 혼자서 책임을 지는 것은 결코 있을 수 없다.

- 모든 사람이 잠재적 자원이 된다. 다루는 주제나 과제에 따라 각기 다른 사람들의 도움을 받을 수 있다.
- 교사는 학급 활동에 지침이나 방향을 제공해줄 수는 있다. 그러나 학생들 또한 지침이나 방향을 정할 수 있다.
- 학생들이 서로 배운 내용을 공유할 수 있는 장치가 자리 잡는다.
- 서로의 활동에 대한 구성적 질문과 비판이 일반적이다.
- 최종 산출물만큼 혹은 그보다 더 학습의 과정이 강조된다.(Bielaczyc & Collins, 1999, 2006; A. L. Brown & Campione, 1994, 1996; Campione, Shapiro, & Brown, 1995; R. A. Engle & Conant, 2002; Kincheloe, 2009; Rogoff, 1994, 2003; Rogoff, Matusov, & White, 1996; Scardamalia & Bereiter, 2006)

학습자 공동체의 기저에 깔린 원론적 지침은 학급 성원 모두의 집합적 지식, 기술, 이해를 개선하는 데 교사와 학생이 똑같이 헌신하는 것이다. 본래 학급은 **지식 형성**(knowledge building)을 담당한다 — 학자들이 여러 학문 분야에서 진보를 가져오기 위해 하는 것처럼 한 주제에 대한 집단 지식의 개척자를 창출한다(Bielaczyc & Collins, 1999, 2006; Scardamalia & Bereiter, 2006; Wells, 2011). 처리 과정에서 학생들은 그럴듯한 산출물을 창조할 뿐 아니라 **개념적 산물**(conceptual artifacts) — 이론, 모형, 계획, 문제 해결 전략을 사용하고 평가하고 시간에 따라 수정 가능한 인지적 도구 — 를 창안한다(Scardamalia & Bereiter, 2006).

학습자 공동체 구성에 대한 한 예(A. L. Brown & Campione, 1994)에서 학생들은 일반 주제 아래 다양한 하위주제의 소집단으로 나뉘어졌다. 예를 들어 인구변화라는 주제의 하위주제로 절멸, 위험, 조절, 원조, 도시화 등이 있을 수 있다. 각 집단은 연구를 수행하고 하위주제와 관련된 수업 자료를 준비했다. 그 하위주제의 학급 내 전문가가 되었다. 각 주제별 집단 구성원이 다시 1명씩 모여 새로운 5개 집단이 재구성되었다. 이 집단에서 학생들은 그들이 학습한 것을 서로에게 가르쳐주었다.

학습자 공동체는 대체로 학급토론, 협력학습, 또래 교수, 그리고 상호 교수를 포함하는 다양한 상호작용적 수업 전략을 포함한다(A. L. Brown & Campione, 1996). (인구변화 단원은 협력학습의 1/n 기법을 반영한다.) 더구나 고학년 학생이나 과목 전문가는 집단토론에 참여하여 수업 자료 준비를 안내할 수 있다. 예를 들어 "생태지역에 대하여 읽지 않았음을 상기하라. 이것으로 충분히 명료화되었나?"(A. L. Brown & Campione, 1996, p. 298).

학습자 공동체 활동은 학생들로 하여금 과학자나 다른 연구자들이 지식의 진보를 위해 취하는 방식을 경험하게 한다 — 개인적, 집합적 연구를 수행하면서 생각을 공유하고 서로의 발견을 이용하는 등 장기 실행 공동체가 취하는 방식 대부분을 경험한다. 이러한 학급은 장기간으로 보면 메타인지적 반성을 포함하는 고차 사고 과정을 촉진시키는 것 같다(A. L. Brown

& Campione, 1994, 1996; R. A. Engle, 2006; R. A. Engle & Conant, 2002; Scardamalia & Bereiter, 2006; J. Zhang, Scardamalia, Reeve, & Messina, 2009). 또한 동기화 수준이 올라간다. 아플 때도 학교에 가야 한다고 할 정도로 동기 수준이 높아지고 여름방학이 시작하면 실망한다(Rogoff, 1994; Turkanis, 2001).

동시에 학습자 공동체는 잠재적 단점도 있다(A. L. Brown & Campione, 1994; Hynd, 1998b). 하나는 학생이 학습하는 것은 불가피하게 그들 스스로 획득하고 공유하는 지식에 한정된다. 둘째, 학급에서 개념의 오류를 지나치기 쉽다. 따라서 교사는 학생들의 상호작용에서 수업목표가 달성되고 공부하는 교과의 정확한 이해에 학생이 도달했는지를 조심스럽게 점검해야만 한다.

학급토론과 협력학습에서 제안된 원리와 지침 중 많은 것이 학습자 공동체와도 관련이 있다. 예를 들어 학급 분위기는 학생들이 자유롭게 생각을 나누고 각자의 생각을 비판하여 생각을 수정할 수 있도록 해야 한다. 학습 과제의 최종목표가 분명하고 학생들의 노력이 구조화되고 충분한 도움을 받아 학생들이 그 목표에 도달하도록 해야 한다. 학생은 학급동료의 학습을 돕는 것이 궁극적으로 모두에게 이익이 됨을 깨달아야 한다. 또한 다음 지침이 유용할 것이다.

- **학생들은 해결해야 할 복잡한 문제에 초점을 두어야 한다.** 이상적으로 학습자 공동체는 학생들에게 개인적으로 관련되고 잠재적으로 크게는 세계의 안녕에 관련되는 중요한 주제와 문제에 초점을 둔다(Brophy, 2004; R. A. Engle & Conant, 2002). 앞서 제시된 **인구변화**라는 주제는 많은 학생들이 개인적으로나 사회 전체적으로 중요하다고 볼 수 있는 주제의 한 예인 것이다.
- **학생들은 설득과 주장의 기본 기술을 학습해야 한다.** 학습자 공동체에서 학생들은 한 주제와 관련된 다양한 생각과 관점을 가져와 다른 사람이 믿도록 자신의 입장을 진술하고 옹호해야 한다. 예를 들어 자신의 주장에 대한 확고한 증거를 제시하고 학급동료들이 제시하는 반대 주장을 전략적으로 비판할 수 있어야 한다. 그러한 기술은 대부분 권장되고, 시범을 보이고, 도움을 받고, 정기적으로 연습되어야만 개발될 수 있다(Andriessen, 2006; Cazden, 2001; R. A. Engle & Conant, 2002; Halpern, 1998; Klahr & Chen, 2003; D. Kuhn & Udell, 2003).
- **학생들은 작업에 효과적으로 동참해야 하며 다른 모든 학급동료들과 효과적으로 작업하는 방법을 배워야만 한다.** 학생들은 불가피하게 기존의 학급동료와의 관계 — 비생산적 인식과 감정적 '잔재' — 를 학습자 공동체로 가져온다. 교사는 전체 학습에 모든 공동체 구성원이 공헌할 수 있는 고유한 능력과 그 외의 힘을 학생들이 발견하도록 적극적으로 조장하는 단계를 밟아야만 한다(Brophy, 2004; Cazden, 2001; Esmonde, 2009).

기술기반 협력학습

효과적인 학생 상호작용은 반드시 면대면일 필요는 없다. 전자메일이나 웹 대화방, 전자게시판 등과 같은 수단을 통해 컴퓨터공학은 학생들이 또래와 의사소통하고(학급 안에서나 혹은 다른 곳에서) 관점을 교환하고 브레인스토밍을 통해 서로의 생각을 참고할 수 있게 한다. 그러나 학생들은 학급토론의 규칙을 전자게시판 등에서도 적용해야 함을 알아야 한다. 예를 들어 학생들은 다양한 관점을 기대하고 환영하며 타인의 생각을 비판할지라도 비난보다는 존중에 기반해야 한다(Bellanca & Stirling, 2011; Kreijns, Kirschner, & Vermeulen, 2013).

공학 기술이 학생들의 상호작용과 지식 생성을 고양하는 방식에 관한 한 사례를 토론토대학교에서 만든 소프트웨어에서 발견할 수 있다. Knowledge Forum(www.knowledgeforum.com)이라 불리는 이 소프트웨어는 학생들이 공기역학, 남북전쟁, 광학과 같은 특정 주제에 대한 공유된 지식을 함께 구성할 수 있도록 하는 멀디미디어 자료를 제공한다(예 : 그림 11.5 참조). 데이터베이스를 사용하여 학생들은 질문, 생각, 기록, 저작, 시각 자료 등을 공유한다. 학급동료(간혹 교과 전문가)는 정기적인 응답을 통해 피드백을 주거나 생각을 정립하거나 대안적 관점을 제시하거나 학습된 것을 통합한다. 전자 네트워크에서의 상호작용은 서로의 생각에 대해 심사숙고할 시간을 주며 특히 수줍음이 많거나 다른 이유로 또래와 상호작용하는 데 불편함을 느끼는 학생들에게 적합하다. 본질적으로 소프트웨어는, 학생 대부분이 심리적으로 편안하고 '안전함'을 느끼는 컴퓨터기반 공동체의 기초를 제공한다(Hewitt & Scardamalia, 1996, 1998; Lamon, Chan, Scardamalia, Burtis, & Brett, 1993; Scardamalia & Bereiter, 2006).

인터넷이 보급됨에 따라 교사와 학생은 공통관심사에 대해 멀리 떨어진 사람들과 소통하고 협력할 수 있는 무제한의 수단을 가지게 되었다. 한 예로 GLOBE Program(www.globe.gov)을 통해 환경과 지구과학에 관련된 탐구학습에서 전 지구적으로 협력한다. 학교와 학급에 속한 학생들은 여러 환경적 주제(예 : 기후 변화, 해수면 상승)에 대한 자료를 수집하고 분석하고 보고서를 작성하고 이러한 발견을 다른 곳의 학생이나 전문가와 공유한다.

몇몇 기술기반 학생 협업은 '실제'가 아닌 가상만을 다루지만 공동의 문제에 대해 많은 학생이 협업한다면 매우 강력해질 수 있다. 예를 들어 GlobalEd(www.globaled.uconn.edu)이라 불리는 인터넷기반 모의 프로그램에서 중학교 사회과 수업이 특정 국가를 대표할 수 있다(예 : 한 수업은 프랑스, 다른 수업은 나이지리아). 수업 구성원도 다양하고 다루는 주제도 다양하다(예 : 국제 분쟁, 인권, 환경문제). 학생은 그들의 '나라'와 주제를 연구하고 웹상에서 다른 나라 대표자(즉 다른 학교)와 소통하여 관점을 공유하고 협상을 한다. 이러한 것은 세계 문제에 대한 학생의 이해를 도울 뿐만 아니라 관점 수용 능력과 사회과에 대한 교과 흥미를 높여준다(Gehlbach et al., 2008). 또 다른 널리 보급된 아틀란티스 리믹스드(Atlantis Remixed: atlantisremixed.org)에서 학생은 여러 역할(예 : 과학자, 역사학자, 수학자)을 수행

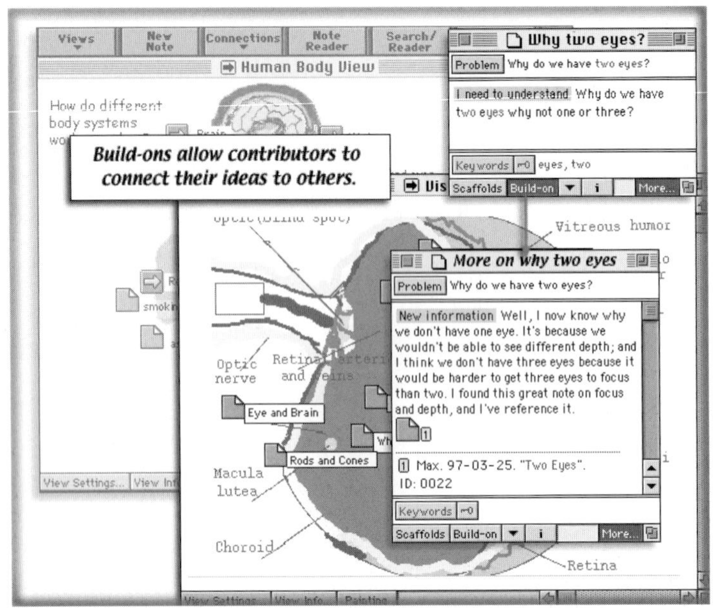

그림 11.5 그림과 같이 Knowledge Forum 소프트웨어는 학급동료뿐만 아니라 다른 장소의 또래나 성인과도 생각을 교환할 수 있게 한다.

출처 : Screenshot from Knowledge Forum. Copyright © by Institute of Knowledge Innovation and Technology and Learning in Motion. Used with permission.

하면서 복합적인 세계적 문제(예 : 침식, 어종 감소)에 도전하며 장기적 결과에 영향을 주는 의사결정을 한다(Barab, Gresalfi, & Arici, 2009; Barab, Gresalfi, & Ingram-Goble, 2010).

학생들이 한 주제에 대한 다양한 관점을 탐색하고 평가하고 발견한 바를 종합하는 데 협업하는 가운데 상당한 지적 진전을 이룰 수 있다(예 : Andriessen, 2006; S.-P. Lin & Hong, 2010; Miyake, 2008). 예를 들어 학생들은 이전에는 절대적으로 구분되고 자명하다고 생각했던 여러 교과 구분이 필연적인 것이 아님을 발견하게 된다. 예를 들면 신대륙의 선사시대라는 단원의 5~6학년 합반 수업에서 학생들은 주제별로 3~4세 집단으로 나뉘어 발견한 바를 컴퓨터 데이터베이스에 공유했다(Hewitt, Brett, Scardamalia, Frecker, & Webb, 1995). 한 집단은 인류가 아시아로부터 아메리카로 이주한 방식에 대한 여러 이론을 연구한 후 다음과 같이 보고했다.

> **우리가 배운 것** : 이 과제에서 많은 것을 배웠다. 그러나 알면 알수록 무엇이 진실이고 무엇이 가설인지 혼란스러워졌다. 이 문제의 문제는 그들이 언제 어떻게 왔는지를 알 수 있는 증거가 없다는 것이다. 가장 지지받는 이론은 베링 해협(Bering Strait) 이론인데 사람들이 육지로 걸어서 왔다는 이론이다. 다른 이론은 두 대륙 사이를 카약으로 건너왔다는 것이다. 불행하게도 우리는 자신과 다른 인종을 증오하는 인종차별주의자가 내세운 이론을 발견했는데, 그들은 신대륙의 사람들이 인간적

희생 때문에 이런 사람들이 되었고, 오직 이 인종만이 그렇게 할 것이라고 말한다.

우리는 우리가 발견한 정보를 이용하여 해석을 한 결과 우리 고유의 이론을 만들었다. 몇몇은 외계에서 왔다고 하는데 이 이론은 터무니없다. 원주민이나 이누이트족도 그 이론을 좋아하지 않을 것이라 생각한다. 그들이 이주한 방식에 대해 명쾌하게 설명하는 이론이 없었는데 베링 해협 이론은 설명을 잘하는 것 같다(Hewitt et al., 1995, p. 7).

인류가 신대륙(즉 서반구)에 최초로 이주한 방식에 대한 이론이 여럿 존재함을 학생들이 인정함에 주목하자. 즉 학생들은 한 주제에 대한 절대적 진실에 쉽게 도달하기 어려움 — 제12장에서 다룸 — 을 발견했는데 이는 지식의 본질에 대한 매우 정교화된 **인식론적 신념**이다. 또한 학생들이 그들이 연구에서 발견한 다양한 이론의 신뢰도를 평가하는 방식 — **비판적 사고**(제13장 주제 중 하나) — 을 반영했다는 점을 주목하자.

기술기반 협력학습 활동은 또한 다른 이점이 있다. 그들의 발견과 해석 과정을 서로 명확하게 시각화함으로써 자신과 다른 이들의 생각을 보다 쉽게 비교하고 평가할 수 있다. 학생들은 단순한 과제 완수보다 교과의 진정한 이해에 중점을 두는 것 같다. 그러한 결과 교과를 더 잘 이해하고 적용할 수 있다(Bereiter & Scardamalia, 2006; Gehlbach et al., 2008; Lamon et al., 1993; Miyake, 2008; Scardamalia & Bereiter, 2006; J. Zhang et al., 2009). 나아가 국가 간 협업은 어린 학습자가 특정 국가의 국민이 아니라 세계시민으로서 생각하고 행동하는 것을 습득하는 효과적인 방법이다.

요약

사회문화이론은 학습과 인지발달을 촉진하는 데 있어 사회와 문화의 역할의 중요성에 초점을 둔다. 초기 사회문화이론의 대표적인 이론은 러시아 심리학자 비고츠키의 이론이다. 그는 1920년대와 1930년대 초에 아동의 사고에 대한 많은 연구를 수행했다. 비고츠키는 성인이 자신의 문화가 사물이나 사건에 부여하는 의미를 물리적 · 인지적 도구를 통해 아동에게 전달하여 아동이 일상의 과업과 문제를 해결하고 어려운 과제 수행에 조력을 가함으로써 아동의 인지발달을 촉진한다고 제안했다. 비고츠키의 관점으로는 사회적 활동이 고등 정신 과정의 전제이자 기초인 것이다 — 아동은 또래나 성인과 상호작용하는 가운데 새로운 기술을 최초로 사용하고 서서히 내면화하며 자신의 것으로 수정하고 독자적으로 사용하게 된다.

비고츠키의 인지발달이론은 피아제의 이론(제10장에서 기술)과 공통점이 많다. 정신 과정에서의 질적 변화, 도전, 준비도, 사회적 상호작용에 관련된 원리를 포함한다. 그러나 두 관점은 인지발달에 있어 언어의 역할, 자기주도적 탐구 활동과 조력을 받는 탐구 활동, 또래와의 상호작용과 성인과의 상호작용에 대한 상대적 중요도, 문화의 영향 등에 대해 의견을 달리한다.

현대 학자들은 비고츠키의 이론을 다양한 방향

으로 확장했다. 예를 들어 몇몇 학자는 성인이 의미의 협력구성, 적절한 비계와 도제학습 등을 통해 아동을 도울 수 있다고 제안한다. 다른 학자는 성인이 아동으로 하여금 성인의 과제에 참여시켜 구조화해주고 안내해주어 아동이 과제를 성공적으로 수행하게 하고 능력이 증가함에 따라 점차 도움을 줄여나갈 것을 권장한다. 또 다른 학자는 비고츠키의 이론을 정보처리이론과 효과적으로 결합하여 상호 주관성, 기억의 사회적 구성, 그리고 새로운 지식의 학습과 새로운 전략의 습득에 있어 성인-아동의 협업을 연구한다.

최근, 맥락주의 학자들은 학습자의 물리적 · 사회적 환경이 사고와 학습에 영향을 주는 방식에 대한 우리의 관점을 확장시키는 방식에 관한 다양한 생각을 제안한다. 예를 들어 몇몇 학자들이 제안하는바 인간의 인지는 학습자의 정신 과정이 학습자의 현재 물리적 맥락과 그에 대한 신체적 반응과 밀접하고도 불가분하게 엮인 전형을 포함한다. 주목을 받는 다른 이론은 분산 인지의 개념으로, 학습자는 복잡한 과제의 몇몇 측면을 물리적 대상이나 타인에게 떠넘기고 자신의 문화가 만들어낸(상황 인지라는 용어로도 표현) 다양한 상징체계(예 : 문자언어, 수학)를 이용한다. 생태적 체계이론에서 성장기 아동은 아동의 특성 그리고 서로 각각 주기적으로 상호작용하는 다양한 층위의 체계에 영향을 받는 것으로 묘사된다. 이 모든 관점에서 학습자는 그들의 생활환경과 밀접히 상호작용하고 협업함으로써만 효과적으로 사고하는 것으로 기술된다.

맥락적 관점은 수업 실제에도 많은 함의를 준다. 예를 들어 비고츠키와 그의 제자들은 특정 문화적 집단이 새로운 상황을 더 잘 이해하고 대응하기 위해 만들어낸 중요한 인지적 도구(즉 수학, 과학, 사회과학 등의 개념과 과정)의 전달을 위해 형식적 교육의 중요성을 강조한다. 수업 활동은 그것이 실제 세계의 과업과 유사하고(즉 진짜일 때) 학생의 성공을 보장하는 조력이 충분할 때 보다 효과적인 학습과 성인 사회로의 원활한 통합을 촉진할 수 있다. 또한 잘 구조화된 또래 상호작용 수업 전략, 수업 토론, 상호 교수, 협력학습, 또래 교수, 학습자 공동체, 기술기반 협력학습은 학생들이 인지적으로 발달하고 복합적으로 사고하는 데 특히 효과적이다.

복합학습과 인지

12

메타인지, 자기조절 학습, 공부전략

학습 성과

12.1 메타인지가 포함하는 지식과 기술의 종류와 메타인지적 지식과 기술이 인간의 학습에 영향을 줄 수 있는 다양한 방식을 기술한다.

12.2 자기조절 학습의 기원과 다양한 특성을 설명한다.

12.3 교과목의 학습과 숙달을 증진할 수 있는 다양한 학습전략과 공부전략을 정의한다.

12.4 사람들의 메타인지 지식과 기술이 연류과 경험에 의해 발전하는 다양한 방식을 기술한다.

12.5 사람들의 인식론적 신념이 변화할 수 있는 다양한 차원을 정의하고 그러한 변화하는 신념이 학습과 학업 성취에 줄 수 있는 다양한 효과를 설명한다.

12.6 학생들이 효율적인 학습전략을 항상 사용하지 않는 이유를 설명하고 메타인지 기술과 자기조절 학습이 수업 상황에서 육성될 수 있는 다양한 방법을 제시한다.

고등학교 시절 내가 행하거나 시도했던 공부 방법들을 되돌아 생각하면 몸서리가 쳐진다. 모범생이긴 했지만 공부에 대한 생각은 정말 믿을 수 없을 정도로 단순했다. 예를 들어 기억컨대 밤에 역사 교과서를 침대에서 '읽고' 있었는데, 내 눈은 책장의 글줄을 일일이 따라 억지로 움직이고 있었지만 마음은 저 멀리 딴 곳에 있었다.[1] 읽기숙제를 끝낸 후 종종 읽은 내용이 전혀 기억나지 않았지만 시험시간에는 기적적으로 머리에 떠오르겠지(실제로는 그런 적이 없다)라는 맹목적인 믿음을 가지고 있었던 것이다. 광둥어 수업 때문에 단어를 공부할 때 나는 단어를 반복적으로 외우기만 하면 기억이 오래 갈 것이라고 철석같이 믿었다.

1 이런 얼빠진 '읽기'는 매우 흔하다(Reichle, Reineberg, & Schooler, 2010).

메타인지적으로 미숙한 고등학생 시절
역사교과서를 읽는 방식

내 기억으로 수학은 좀 잘한 것 같은데 아마 공부했던 수학적 원리나 개념은 그나마 내가 알고 있었던 것과 논리적으로 연결이 되었던 것 같다.

대학에 간 후 지금은 전혀 기억도 나지 않는(당시에도 별로 도움이 된 것 같지 않다) 내용을 아무 생각 없이 읽고 필기하고 하면서 계속 헤매고 있었다. 공부 경험이 늘고 상당한 시행착오를 거친 후에야 내 눈이 아니라 내 마음이 교과내용에 관심을 가지는 것 그리고 또 공부하는 것을 이해하려고 노력하는 것이 중요하다는 것을 깨닫기 시작했다.

이 책을 보고 나면 배우고 기억하는 법에 대해 여러분이 많은 것을 배우기를 바란다. 학습과제에 대한 여러분 자신의 접근 방법에 변화가 생길 것이다. 예를 들어 읽고 있는 책이나 수업 시간에 듣는 내용에 관심을 기울이려고 애쓰게 될 수도 있고 수업 자료를 이해하고 조직하고 정교화하는 데 집중하게 될 것이다. 어쨌든 내가 예전에 역사교과서 읽듯이 이 책을 읽지 않기를 바란다.

자신의 학습과 인지 과정에 대한 지식 그리고 그러한 학습과 기억을 증진시키기 위해 학습과 인지 과정을 조절하는 것을 통틀어 **메타인지**(metacognition)라 한다.[2] 메타인지가 발달할수록 학교 학습을 잘하고 성적이 좋을 가능성이 높다(예 : Eason, Goldberg, Young, Geist, & Cutting, 2012; J. Lee & Shute, 2010; P. A. Ornstein, Grammer, & Coffman, 2010). 불행하게도 전 학년에 걸쳐(심지어 성인들조차) 학습과 기억의 효과적인 방법에 대한 지식이 전무하다.

2 메타기억이나 초인지(hypercognition)라고도 한다.

메타인지는 제7장에서 언급한 중앙처리장치와 밀접히 관련된다. 그것은 개인의 학습에 있어 지도자나 감독자로 간주될 수 있다(Schoenfeld, 1985). 정보처리를 제어하고 특정한 학습과제에 학습자가 적용하는 여러 전략의 효율성을 검토한다. 농구팀 코치가 농구경기에 유용한 지식을 가지고 있거나 반대로 나름 최선의 경기에 대한 생각이 역효과를 내기도 하듯이 학습자의 메타인지적 지식은 학습 과정에서 도움이 될 수도, 방해가 될 수도 있다.

이 장에서는 지금까지 연구된 메타인지의 여러 측면을 살펴볼 것이다. 또한 학생으로 하여금 메타인지적으로 보다 정련되어 학교 학습에서 장기적으로 잘 학습하고 성취할 수 있도록 하는 수업 방법을 알아볼 것이다.

메타인지적 지식과 기술

메타인지는 다음과 같은 지식과 기술을 포함한다.

- 자신의 학습과 기억 용량에 대한 이해와 성취해야 할 학습 과제에 대한 인식(예 : 하루 저녁에 200쪽 분량의 내용 전부를 기억하는 것은 불가능하다는 것)
- 효과적인 학습전략이 무엇인지를 판별(예 : 유의미학습이 기계적 학습보다 장기기억에 도움이 됨을 깨닫는 것)
- 학습 과제 달성에 필요한 방법을 계획(예 : 집중이 잘되는 학습 장소를 찾는 것)
- 효과적인 학습전략 사용(예 : 수업 자료가 기억하기 어려울 때 노트필기를 자세하게 하는 것)
- 현재 지식 수준을 점검(예 : 언제 정보가 학습되고 언제 안 되는지를 알아차리는 것)
- 과거 저장된 정보의 인출에 효과적인 전략 습득(예 : 특정 정보가 학습되었던 맥락을 생각해내기)

본질적으로 메타인지는 **사고에 대한 사고**라 할 수 있다. 상당히 복합적인(그래서 종종 추상적인) 사고와 처리 과정을 포함한다. 이러한 사고와 처리 과정은 학급에서 특별히 가르치지 않는다. 따라서 메타인지적 지식과 기술의 학습이 지지부진하여 많은 고난도의 학습 경험이 필요하고 심지어 어떤 학생들은 전혀 학습하지 못하는 것이 놀랄 일은 아니다.[3]

메타인지의 예로 학생이 교과서를 학습하는 경우를 생각해보자. 그 경우 학생이 교재의 단어 뜻을 확인하거나 그 단어가 포함된 문장이나 문단의 의미를 이해하는 과정만 있는 것은 아니다. 학생들은 읽은 정보를 나중에 인출할 수 있도록 장기기억에 저장하려고 한다. 즉 학습을 위한 읽기인 것이다. 학습을 위한 읽기를 할 때 특별히 해야 할 것은 무엇인가? 잘 읽기—

3 우리 인간만 메타인지 기술을 가진 것은 아니다. 예를 들어 Foote & Crystal, 2007; Kornell, 2009; Kornell, Son, & Terrace, 2007을 참조하라.

읽는 것을 이해하고 효과적으로 기억하는 것 — 는 다음을 포함한다.

- 읽는 목적을 명료화한다. 목적에 맞추어 읽기 전략을 수정한다.
- 학습하고 기억해야 할 중요한 내용을 확인하고 그것에 집중한다.
- 읽는 내용을 이해하고 정교화하는 데 사전 지식을 활용한다.
- 공감각적 이해를 위해 그림이나 도표 혹은 다른 시각적 자극을 이용한다.
- 읽은 것을 이해하고 정교화한다 — 추론을 하고 내용의 논리적 관련성을 확인하고 가능한 적용 사례를 떠올린다.
- 읽은 내용에 대해 질문을 해본다.
- 읽은 내용을 이해하고 기억하는지 주기적으로 점검한다.
- 애매한 부분이 있으면 명료화한다.
- 처음에 어떤 부분이 이해가 되지 않더라도 포기하지 않는다.
- 개념적 변화 — 달리 말해 접하는 생각이 현재 자신이 가진 개념과 일치하지 않을 수도 있다 — 를 염두에 두고 읽는다.
- 읽은 내용을 비판적으로 평가한다.
- 읽은 내용에 대해 요약한다. (Afflerbach & Cho, 2010; L. Baker, 1989; C. Chan, Burtis, & Bereiter, 1997; Cromley, Snyder-Hogan, & Luciw-Dubas, 2010a; Dole, Duffy, Roehler, & Pearson, 1991; E. Fox, 2009; Graesser & Bower, 1990; Hacker, 1998b; Palincsar & Brown, 1989)

저자가 고교시절 했어야 할 역사교과서를 읽는 방식

반대로 읽기를 잘 못하는 — 읽은 내용을 이해하고 기억하는 데 어려움이 큰 — 사람은 앞의 전략을 거의 사용하지 않는다. 예를 들어 읽는 문장에 대한 관심이나 목적의식이 전혀 없다. 접한 아이디어에 대한 추론을 하는 데도 어려움이 있다. 그리고 일반적으로 읽기를 잘 못하는 사람들은 자신이 읽고 있는 것에 대한 메타인지적 각성이 거의 없다(L. Baker, 1989; E. Fox, 2009; McKeown & Beck, 2009; Oakhill, 1993). 예를 들어 다음 두 고교생이 공부 방법에 대해 묘사한 것을 보자.

- 책을 뚫어져라 응시하고 눈을 감았다가 다시 뜬다. 그것이 여기 있다고 손가락으로 가리킨다(머리를 가리킨다).
- 참 쉽다. (선생님이) 공부하라고 하면 나는 두 번 읽는다. 선생님이 그냥 읽으라고 하면 한 번만 정독한다. (A. L. Brown & Palincsar, 1987, p. 83)

모든 학생이 메타인지에 미숙한 것은 아니다. 예를 들어 9살인 이몬이 과학교과에서 새로운 내용에 접했을 때 한 행동을 보면 그가 유의미학습과 지식의 역동성에 대해 매우 잘 이해하고 있음을 알 수 있다.

> 정확하게 이해하려고 하는데 내 머릿속에 있는 생각과 잘 맞아떨어지지 않으면 일단 넘어가고 다른 내용을 더 보면서 아까 내용과 합하여 내 생각과 잘 맞아떨어지는지 다시 확인한다. 그렇게 이해를 하고 나면 또 다른 내용이 나오더라도 다시 결합하여 내 생각을 확장한다. 아이디어들은 대체로 잘 맞아떨어진다. (M. G. Hennessey, 2003, p. 123)

이몬은 자신의 사고 과정에 대한 외현적 지식을 가지고 있는 것 같다. 능동적으로 그것에 관해 사고하고 기술할 수 있다. 그러나 많은 메타인지는 **암묵적**이다. 보통 사람들은 자신이 그렇게 하고 있다는 의식적 각성 없이 자신의 학습 과정을 조절한다.[4]

인터넷 사이트나 기타 전자정보 출처에서 정보를 수집하려면 앞서 제시된 좋은 읽기 전략이 필요할 뿐 아니라 추가적인 메타인지 전략이 필요하다. 예를 들어 효율적인 학습자는 새로운 정보를 얻기 위해 전자정보망을 이용할 때 다음과 같이 한다.

- 인터넷 검색 시 적절한 키워드를 사용한다.
- 검색 경로 선택에 탁월하다.
- 여러 사이트에서 발견되는 정보와 오류를 비판적으로 선별한다(제13장에서 자세히 다룰 것이다).

---

[4] 몇몇 학자들은 메타인지가 외현적, 암묵적 지식 둘 다 포함한다고 제안한다. 하지만 다른 학자들은 메타인지라는 용어를 의식적으로 인식하는 지식과 처리 과정에만 적용해야 한다고 주장한다(예 : Cornoldi, 2010; diSessa et al., 2003; Hacker, 1998a). 여기서는 광의의 개념으로 외현적인 것과 암묵적인 것을 둘 다 포함하는 뜻으로 사용할 것이다.

- 핵심적 학습 목표로 제대로 가고 있는지 점검한다.
- 새로운 정보에 입각하여 검색 목표와 전략을 수정한다.
- 2개 이상의 출처로부터 수집된 정보를 비교하고 대조하여 종합한다. (Afflerbach & Cho, 2010; P. A. Alexander & the Disciplined Reading and Learning Research Laboratory, 2012; Azevedo & Witherspoon, 2009; Leu, O'Byrne, Zawilinski, McVerry, & Everett-Cacopardo, 2009).

짐작하다시피, 많은 성인과 아동은 이러한 기술이 없다. 특히 어떤 주제에 대한 사전 지식이 거의 없거나 인터넷에 올라와 있는 모든 것이 '사실'이라고 순진하게 생각하면 더 그러하다(J. A. Greene, Hutchinson, Costa, & Crompton, 2012; P. A. Kirschner & van Merriënboer, 2013; Niederhauser, 2008).

메타인지 과정은 **자기조절**(self-regulation), 즉 사람들이 자신의 삶의 특정 측면을 조절하기 시작하는 기제를 제공한다는 사회인지이론에서의 개념과 일맥상통한다. 이 자기조절 학습에 관련된 내용을 좀 더 자세히 살펴보자.

자기조절 학습

제5장에서 자기조절에 대한 논의에서 아동이 성장하면서 대부분 자신의 수행에 대한 나름의 기준과 목표를 설정하기 시작한다는 사실을 확인했다. 스스로 생각하기에 그러한 기준과 목표에 부합하는 행동을 선택하고 그 효과에 대해 평가한다.

사회인지이론가들과 인지주의자들은 공히 유사한 방식으로 효과적 학습 — 목표 설정, 목표 달성에 도움이 되는 학습전략 선택, 그 결과에 대한 평가 — 에 대해 기술하기 시작했다. 학자들은 점차 효과적 학습에는 동기와 정서의 조절도 포함됨을 깨닫기 시작했다. 따라서 **자기조절 학습**(self-regulated learning)은 다음을 포함하게 되었다.

- **목표 설정** : 자기조절 학습자는 자신이 무엇을 달성하기 위해 읽고 공부하는지를 안다. 예를 들어 특정 사실을 학습하거나, 전반적인 이해를 원하거나, 단지 학교시험을 잘 보는 데 필요한 지식 획득이 목적일 수도 있다(Muis, 2007; Nolen, 1996; Winne & Hadwin, 2008). 언제나 그들은 목표를 특정한 학습 활동과 연결시켜 궁극적 목표에 도달하려고 한다(Zimmerman & Moylan, 2009). 대학에 가게 되면 마지막 순간까지 주요한 학습 과제를 놓치지 않기 위해 스스로 한계점을 정하기도 한다(Ariely & Wertenbroch, 2002).
- **계획** : 자기조절 학습자는 학습 과제과 관련하여 미리 계획을 세우고 그 목표를 달성하기 위해 시간을 효과적으로 사용한다(Muis, 2007; Zimmerman, 2008; Zimmerman & Moylan, 2009). 대체로 어려운 자료에 더 많은 시간을 할애한다. 그렇지만 쉬운 자료라

도 확인을 위해서 자세히 살펴보기도 하고, 주어진 시간 내에 처리하지 못할 만큼 어려운 자료일 경우 의도적으로 무시하기도 한다(Kornell & Bjork, 2008b; Metcalfe, 2009; Serra & Metcalfe, 2009).

- **자기동기화** : 자기조절 학습자는 학습 과제 수행에 대한 자신의 능력과 관련하여 높은 자기효능감을 가지고 있다(Schunk & Pajares, 2005; Trautwein, Lüdtke, Kastens, & Köller, 2006). 또한 즐거움에 앞서 일을 우선시(만족의 지연)하는 자기수양(self-discipline)이 잘되어 있기도 하다(Bembenutty & Karabenick, 2004; Duckworth & Seligman, 2005; S. W. Park & Sperling, 2012). 과제를 지속하기 위해 다양한 전략—과제를 재미있게 윤색하기도 하고, 과제 수행의 중요성을 끊임없이 되새기기도 하고, 자기효능감을 부여하는 '격려의 말(pep talk, "전에도 이것을 잘했으니까 다시 잘할 수 있을 거야!")'을 하기도 하고, 완수한 순간을 상상하기도 하며 혹은 완수했을 때 스스로 보상을 약속하기도 하는—을 사용한다(Fries, Dietz, & Schmid, 2008; Wolters, 2000, 2003a; Wolters & Rosenthal, 2000).
- **주의 조절** : 자기조절 학습자는 현안에 주의를 집중하고 다른 잡념은 깨끗하게 없앤다(Cacioppo et al., 2007; S. Kaplan & Berman, 2010; Wolters, 2003a).
- **효율적이고 목표 지향적인 학습전략의 적용** : 자기조절 학습자는 사용 가능한 학습전략이 다양해 수행할 목표에 따라 다양한 전략을 사용한다. 예를 들어 잡지를 읽더라도 재미로 읽느냐 시험 준비로 읽느냐에 따라 다른 방식으로 읽는 것이다(Linderholm & van den Broek, 2002; Winne, 1995; Wolters, 2003a; Zimmerman & Moylan, 2009).
- **자기점검** : 자기조절 학습자는 학습 활동을 하는 동안 자신의 과업 진행을 지속적으로 점검하고 필요할 경우 학습전략을 바꾸거나 목표를 수정한다(D. L. Butler & Winne, 1995; J. A. Greene & Azevedo, 2009; Thiede, Anderson, & Therriault, 2003; Zimmerman & Moylan, 2009).
- **적절한 도움 탐색** : 자기조절 학습자는 언제나 스스로 혼자 학습을 수행하는 것은 아니다. 자기조절 학습자는 특정 주제나 기술을 숙달하기 위해 언제 전문가의 도움이 필요한지 알며 그때가 되면 적극적으로 전문가의 도움을 찾아 나선다(Aleven, Stahl, Schworm, Fischer, & Wallace, 2003; Karabenick & Sharma, 1994; Newman, 2008; Zusho & Barnett, 2011).
- **자기평가** : 자기조절 학습자는 학습 결과가 스스로 세운 목표에 충분한지를 판단한다(Andrade, 2010; D. L. Butler & Winne, 1995; Muis, 2007; Zimmerman & Schunk, 2004).
- **자기반성** : 자기조절 학습자는 자신의 학습전략이 어느 정도 성공적이고 효과적인지를 판단하고 미래 학습 상황에서 더 효과적일 수 있는 대안을 확인한다(D. Kuhn, 2001b; Winne & Stockley, 1998; Zimmerman & Moylan, 2009).

학생이 자기조절 학습자가 되면 스스로 더 높은 학업목표를 세우며 더 효과적으로 학습하고, 학급에서 성취 수준이 더 높아진다(Bronson, 2000; D. L. Butler & Winne, 1995; Kramarski & Michalsky, 2009; Winters, Greene, & Costich, 2008; Zimmerman & Risemberg, 1997).

자기조절 학습의 기원

연령에 적절한 독립적이고 자기주도적인 학습 활동을 수행하는 기회를 통해 어느 정도 자기조절 학습이 개발될 수 있다(Coplan & Arbeau, 2009; Corno & Mandinach, 2004; Paris & Paris, 2001; Zimmerman, 2004). 자기조절을 하는 모델 — 스스로의 수행목표를 높게 잡고 효과적으로 과제에 집중하는 성인과 또래 — 또한 영향을 줄 수 있다(Corno & Mandinach, 2004; Zimmerman, 2004).

그러나 잠시 비고츠키의 관점에서 보면 자기조절 학습은 사회적 조절 학습에서도 유래할 수 있음을 생각해볼 수 있다(Stright, Neitzel, Sears, & Hoke-Sinex, 2001; Vygotsky, 1934/1986). 처음에는 다른 사람(부모나 교사)이 학습 활동의 목표를 설정하거나 학습 과제에 집중하게 하고 효과적인 학습전략을 제안하고, 학습 진행을 점검하는 등의 활동을 통해 학습을 도울 수 있다. 시간이 지남에 따라 아동은 이러한 과정에 대한 주도권을 부여받게 된다. 즉 스스로 학습 목표를 세우고 타인의 부추김 없이도 과제에 집중하며, 효과적인 전략을 찾아내고 자신의 학습을 평가하기 시작하는 것이다.

아동은 어떻게 타인 조절 학습에서 자기조절 학습으로 이행하는가? 가능한 답은 제11장에 제시된 인지 전략의 협동적 사용에서 찾아볼 수 있다. 비고츠키의 관점에서 보면 타인 조절 학습과 자기조절 학습 중간에 **공동조절학습**(co-regulated learning)이 있을 수 있다. 여기서 성인과 아동은 학습 과정의 여러 측면에서 주도권을 공유한다. 예를 들어 성인과 아동은 한 학습 과제에 대한 특정 목표를 같이 설정할 수 있고 혹은 성공적인 학습에 대한 준거를 성인이 설정하고 그에 맞추어 아동이 자신의 수행을 평가해보게 할 수도 있다. 처음에는 구조를 제공하거나 학생의 학습에 도움을 줄 수 있다. 진정한 비고츠키적인 방식으로, 그러한 비계가 점차 감소하면서 아동은 보다 효과적으로 자기조절을 할 수 있게 된다(Bodrova & Leong, 1996; DiDonato, 2011, 2013; Hickey, 2011; McCaslin & Hickey, 2001; Volet, Vaura, & Salonen, 2009).

효과적인 학습과 공부전략

이 장과 이전 장에서 학습전략, 공부전략, 문제 해결 전략 등을 종종 언급했다. 여기서 전략이란 과연 실제로 무엇인가를 생각해보자. 가끔 우리는 지금 하고 있는 것에 대한 의식적 자각 없이 효과적으로 기억 과정을 실행한다(Kintsch, 1998a; Stanovich, 1999; Veenman, 2011). 예를 들어 재미있는 소설을 읽을 때 여러분은 소설 속의 사건과 실생활의 유사 사건을 자동적으로 연결시킨다. 그러나 심리학자들이 **학습전략**(learning strategy)이나 **공부전략**(study strategy)이라는 용어를 사용할 때는 특정 학습 과제의 수행 과정에서 하나 이상의 인지적 과정을 의도적으로 사용하는 것을 의미한다(P. A. Alexander, Graham, & Harris, 1998; Siegler & Alibali, 2005; Pressley & Harris, 2006).[5]

다음 부분에서 이러한 여러 효과적인 학습, 공부전략을 다룬 연구 결과들을 살펴볼 것이다. 처음 세 가지(유의미학습, 정교화, 조직화)는 제8장에서 처음 다룬 적이 있는 장기기억 과정이다. 나머지(필기, 중요한 정보의 확인, 요약, 이해 점검, 기억술)는 교과학습 과제에서 유용한 기법으로 밝혀진 부가적인 전략이다.

유의미학습, 조직화, 정교화

유의미학습, 조직화, 정교화는 정도만 다를 뿐 모든 효율적인 공부전략에 조금씩 내포되어 있다. 흔한 방법 중 하나는 주요 주제와 아이디어의 개요를 작성하는 것이다. 학생이 강의시간에 듣거나 책에서 읽은 내용에 대한 개요를 작성하는 법을 배우면 학습이 개선된다(McDaniel & Einstein, 1989; Wade, 1992). 그러나 흥미롭게도 우수한 학생이 '보통' 학생보다 수업 자료의 개요를 덜 작성하는 경향이 있다(L. Baker, 1989). 왜냐하면 우수한 학생은 자료를 머리로도 쉽게 조직할 수 있어 따로 개요를 작성할 필요가 없는 것이다.

두 번째 방법은 정보를 도식화 — 지도, 흐름도, 행렬 — 하는 것이다. 예를 들어 고등학생들은 역사적 사건이 일어난 장소에 주요 정보를 표시함으로써 효과적으로 기억할 수 있다(R. K. Atkinson et al., 1999; Dansereau, 1995; D. H. Robinson & Kiewra, 1995; Scevak, Moore, & Kirby, 1993; Van Patten, Chao, & Reigeluth, 1986).

정보를 조직하는 다른 도식화 기법으로 **개념 지도** 그리기(concept mapping)가 있다. 제8장에서 교사가 한 단원이나 수업의 전반적 조직 구조를 나타낼 수 있는 방법으로 개념 지도를 제시했다. 학생들은 수업에 대한 개념 지도를 나름대로 만들어낼 수 있다. 그림 12.1은 2명의 학생이 고릴라에 대한 강의를 들은 후 구성한 개념 지도이다. 같은 정보가 제공된 두 아이의 지식이 얼마나 다른지 주목하자.

자기구성 개념 지도는 여러 가지 이유로 학급에서의 학생 수행을 촉진한다. 개념이 서로 어떻게 관련되어 있는지에 초점을 둠으로써 학생은 자료를 더 잘 조직한다. 또한 새로운 개념이 이미 알고 있는 것과 어떻게 관련되는지에 대해서도 관심을 두게 된다. 따라서 자료를 유

5 스노우맨(Snowman, 1986)은 일반적인 학습전략(learning strategies, 학습과제를 수행하는 전반적인 계획)과 학습방략(learning tactics, 학습과제 자체에서 수행되는 보다 특수한 기법)을 구분할 필요가 있다고 한다. 이 장에서 전략은 대부분의 경우 후자, 즉 특수한 방략의 의미가 더 강하다.

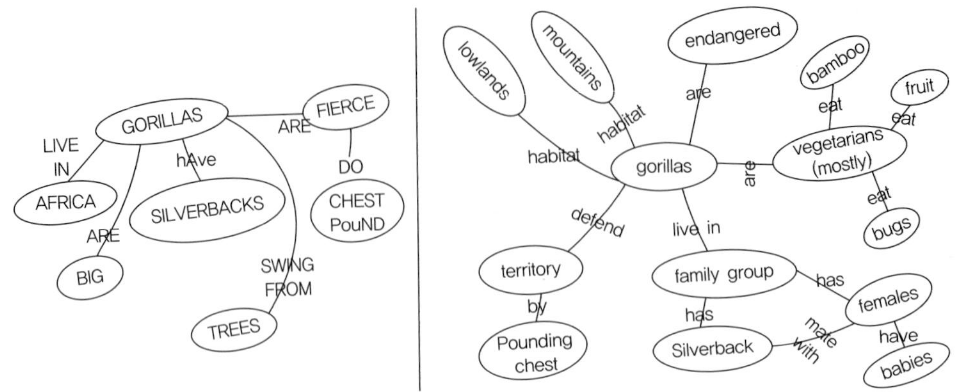

그림 12.1 고릴라에 대한 두 가지 개념 지도

의미하게 학습하게 된다. 그리고 지도나 시계열과 같은 도식화 기법처럼 개념 지도는 학생들이 정보를 장기기억 속에 언어적으로뿐만 아니라 시각적으로 부호화하는 데 도움을 준다. 개념 지도는 특히 저성취 학생들에게 유용한데 왜냐하면 그러한 개념 지도가 고성취 학생들이 늘 하는 방식으로 정보를 처리하는 수단을 제공하기 때문이다(Dansereau, 1995; Haugwitz, Sumfleth, & Sandmann, 2010; Holley & Dansereau, 1984; Mintzes, Wandersee, & Novak, 1997; Nesbit & Adesope, 2006; Novak, 1998).

학생이 구성한 개념 지도는 교사에게도 유용한 정보를 제공한다. 특히 그러한 개념 지도는 학생의 이해에 내재하는 오개념이나 '모르는 부분'을 나타낼 수 있다. 예를 들어 그림 12.1의 왼쪽에 있는 개념 지도는 고릴라에 대한 부분적이고 단편적인 지식을 드러낸다. 더구나 두 가지 잘못된 부분도 있다. 첫째, 고릴라는 상식과는 달리 어릴 때 위험을 피하기 위해 나무를 오르는 것 외에는 거의 나무에 오르지 않는다. 둘째, 고릴라는 그렇게 '사납지' 않다. 대부분 가족집단 내에서 평화롭게 생활한다. 인간이나 다른 집단의 고릴라 혹은 낯선 침입자가 영역을 침범할 경우에만 (가슴을 두드림으로써) 공격성을 나타낸다.

사실을 기억하느냐 아니면 적용을 하느냐. 즉 학습하는 내용을 정교화하느냐 하지 않느냐에 따라 학생들의 교과학습은 매우 차이가 난다(Muis, 2007; Muis & Franco, 2009). 나의 박사과정 학생인 로즈 맥컬린이 수행한 연구에서 교육심리를 수강하는 교육학과 학부생 두 반을 대상으로 강의 자료를 학습하는 방법을 묻는 질문지를 실시했다. 몇몇 학생은 특정 교수기법을 배우기를 원했다. 즉 교사가 학급에서 해야만 하는 것에 대한 정확한 지식을 가르쳐 주기를 원했다. 다른 학생들은 인간 학습과 행동에 대한 심리학적 원리를 이해하여 그들 자신만의 수업 활동을 개발하는 것을 더 원했다. 교육평가 강의시간에 맥컬린은 교육평가에 나오는 기본 개념들을 나열하고 그 관련성을 나타내는 조직도(개념 지도)를 작성하도록 했다. 수동적인 태도를 가진 학생들은 개념들 간의 관련성을 사실이나 절차에서 단순하게(즉 '원점수는 평균을 구하는 데 사용된다') 표현했다. 반대로 적용지향적인 학생들은 위계적 구조, 인과관계, 연역적 추론을 포함하는 보다 정교한 처리를 반영하는 개념관계(즉 '신뢰도는 측정의 표준오차에 영향을 준다')를 기술했다(McCallin, Ormrod, & Cochran, 1997).

필기

일반적으로 교재나 강의에서 제시된 정보를 필기하는 것은 학습에 긍정적인 효과를 준다(S. L. Benton, Kiewra, Whitfill, & Dennison, 1993; Di Vesta & Gray, 1972; J. Lee & Shute, 2010; Peverly, Brobst, Graham, & Shaw, 2003). 학생이 종이 공책에 필기를 하든, 필기 프로그램을 이용하든 관계없이 모든 노트필기는 세 가지 기능을 한다. 첫째, 제시되는 자료에 **주의를 집중**시킨다. 둘째, 자료의 **부호화**를 촉진한다. 정보를 적어보고 공책에 필기된, 혹은 화면의 내용을 보면서 학생들은 그 내용을 언어적, 시각적으로 부호화하게 된다. 마지막으로 필기노트는 수업 시간에 제시된 정보의 물리적 **저장고** 역할을 한다. 이러한 노트필기는 장기기억의 오류 가능성(제8장 참조)에 대한 효과적인 보완책이다.

나는 같은 수업에서도 학생들의 필기내용이 각기 다른 경우를 보곤 한다. 어떤 학생은 많이 적고, 어떤 학생은 거의 필기를 하지 않는다. 어떤 학생은 강의나 설명의 모든 내용을 필기하려는 반면 다른 학생은 내가 칠판에 쓰는 주요 용어나 그에 대한 정의 정도를 옮겨 적을 뿐이다. 다른 사람은 보통 적지 않는 예시의 상세한 부분까지 기록하는 학생도 있다. 노트필기의 효용성은 노트필기 형태에 따라 다르다. 노트는 제시된 자료 전체를 기록할수록 더 유용하다. 수업 단원의 목표와 일치하고 학생 자신의 정교화가 포함되며 주제와 관련된 상세한 내용을 담은 노트는 학습을 더 잘 촉진한다(J. E. Barnett, Di Vesta, & Rogozinski, 1981; S. L.

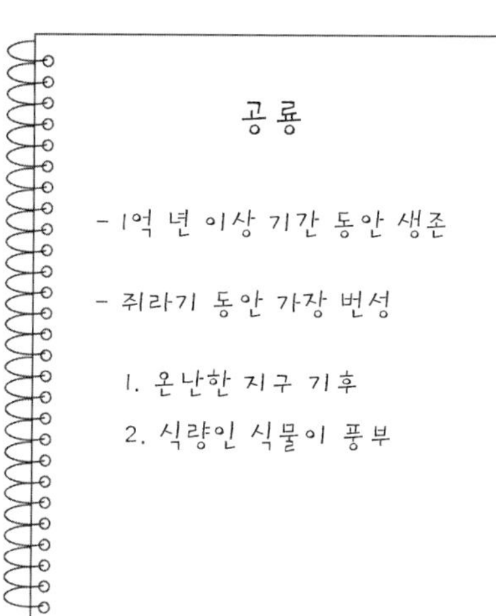

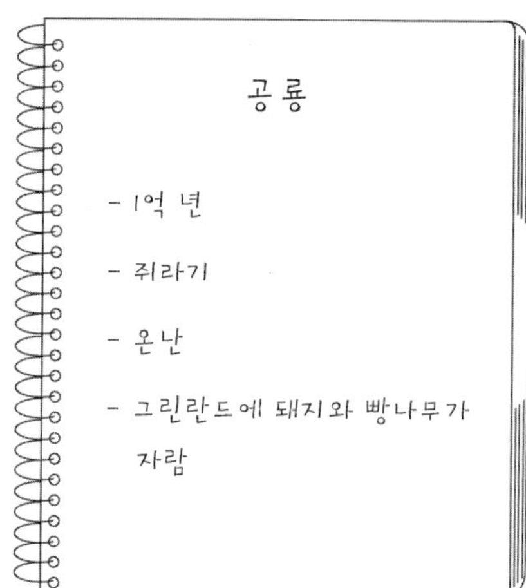

노트필기의 효과성은 노트필기 유형과 관련된다.

Benton et al., 1993; Kiewra, 1985, 1989; Peverly et al., 2003, 2007).

교사가 노트의 질과 완결성을 개선하는 데 간단한 도움을 줄 수 있다. 중요한 개념을 칠판에 적는 것이 도움을 줄 수 있다. 학생들은 교사가 판서하는 것을 기록하는 경향이 강하다. 반복을 통해 중요한 개념을 강조하는 것도 노트기록 가능성을 높인다. 나아가 요지, 비교대조표 등와 같은 내용조직틀을 제공하는 것도 교사가 의도한 내용을 학생들이 잘 파악할 수 있도록 해준다(S. L. Benton et al., 1993; Bulgren, Marquis, Lenz, Deshler, & Schumaker, 2011; Kiewra, 1989; Pressley, Yokoi, Van Meter, Van Etten, & Freebern, 1997).

요지 파악

학생들은 특정 시간 동안 장기기억 능력 이상의 내용을 접하게 되는 경우가 흔하다. 결과적으로 그들은 가장 중요한 내용을 선별해야만 한다. 예를 들어 부수적인 것과 핵심 내용을 구분해야 되는 것이다. 그런데 그 상대적 '중요성'이란 학생과는 수준이 다른 교사에 의해 결정되는 것이라서 학생들이 이를 구분하기는 어렵다(P. A. Alexander & Jetton, 1996; Broekkamp, Van Hout-Wolters, Rijlaarsdam, & van den Bergh, 2002; Schellings, Van Hout-Wolters, & Vermunt, 1996).

강의나 교재에 있는 여러 표식(signals)(예 : 명시적으로 제시된 단원목표, 굵은 글씨나 이탤릭체로 표시된 것, 칠판에 판서된 개념 등)은 부수적인 것과 중요한 것을 구분하는 데 많은 도움을 준다(제7장 끝 무렵에 논의된 표식을 떠올려보자). 그러나 어떤 경우에는 학생은 그러한 표식을 간과하거나 잘못 이해할 수도 있다. 어떤 경우 그런 표식이 거의 없어 수업이나 과제에서 중요한 개념을 찾는 데 어려움을 겪을 수 있다. 공부하는 주제가 생소해서 배경지식이 없을 경우에 더욱 그러하다(Dole et al., 1991; Garner, Alexander, Gillingham, Kulikowich, & Brown, 1991). 많은 학생들이 정보 선별에 부적절한 방법을 사용한다. 예를 들어 문단의 첫째 문장이나 뚜렷이 구분되는 내용(정의나 공식 등)에만 주의를 기울여 정작 요점을 놓치는 경우가 흔하다(A. L. Brown & Palincsar, 1987; Mayer, 1984; Surber, 2001).

일단 요점이 파악되면 — 적어도 수업노트나 개별 구매 교재 혹은 e북 등 자기 자료에 — 밑줄을 긋거나 강조표시를 하는데 이는 매우 유용하다. 나는 학생들에게 주요 부분에 밑줄을 긋거나 표시를 하도록 한다. 그렇게 함으로써 노트필기 시간을 절약할 수도 있고 맥락 속에서 요지를 확인할 수 있게 된다. 그러나 이는 요점이나 필수요소만을 강조할 때만 효과적이다(Dunlosky, Rawson, Marsh, Nathan, & Willingham, 2013; Snowman, 1986). 한 면 전체를 몽땅 형광펜 등으로 강조하는 것은 쓸모없는 짓이다.

요약

보통 요약을 잘하면 — 예를 들어 그것을 축약하고 통합하고 추상화하거나 몇 단어만으로 나타낸다면 — 새로운 자료를 더 효과적으로 학습하고 기억할 수 있다(L. Gil, Bråten, Vidal-Abarca, & Strømsø, 2010; Jonassen, Hartley, & Trueman, 1986; A. King, 1992; Mayer, 2010b; T. Shanahan, 2004; Wittrock & Alesandrini, 1990). 이런 점을 감안한다면 요약을 잘하는 것이 결코 쉬운 일이 아님을 알 수 있다. 학생들은 중요한 것과 사소한 것을 구분해서 요점을 찾아내고 그러한 핵심 요소들을 다시 구조화해야 한다. 많은 학생들이 읽거나 들으면서 자료를 적절히 요약하는 데 어려움을 겪음은 잘 알려진 사실이다(V. Anderson & Hidi, 1988/1989; Dunlosky et al., 2013; S. Greene & Ackerman, 1995; Spivey, 1997).

여러 이론에 의하면 교과를 잘 요약하도록 학생들을 지도하는 방법은 다음과 같다.

- 학생의 출발을 안내하는 다음과 같은 비계를 제공한다 — 이 문장은 ______와 ______에 관한 것이다. 어떤 면에서는 그들은 동일하다. ________. 다른 면에서는 상이하다. ________.
- 학생들이 요약을 하는 중에 다음과 같이 제안한다 — (1) 각 문단의 핵심 문장을 찾거나 만들어본다. (2) 세세한 내용을 포섭하는 상위개념을 찾아낸다. (3) 그러한 상위개념을 보완하는 정보를 찾는다. (4) 사소하고 중복되는 정보를 제거한다.
- 처음에는 (길이가 두세 문단인) 짧고 쉬우며 간결한 문장을 요약하도록 하고 점차 보다 길고 난해한 문장을 요약하도록 제시한다.
- 학생들로 하여금 무엇이 중요한 요지이며 왜 그러한지를 각자의 요약들을 비교하며 토론하게 한다. (V. Anderson & Hidi, 1988/1989; A. L. Brown & Day, 1983; Rinehart, Stahl, & Erickson, 1986; Rosenshine & Meister, 1992; J. P. Williams, Stafford, Lauer, Hall, & Pollini, 2009, p. 6).

특정 컴퓨터 프로그램 또한 요약 과정을 보조할 수 있다(예 : Wade-Stein & Kintsch, 2004 참조).

이해 점검

가장 효과적으로 학습하는 학생들은 전형적으로 수업 시간에 들었거나 책에서 읽은 내용이 무엇이었는지, 그리고 이해했는지에 대해 주기적으로 점검한다. 그들은 질문을 하거나 다시 읽어보는 등의 과정을 통해 이해하기 어려운 내용을 재점검한다. 다시 말해 훌륭한 학생은 **이해 점검**(comprehension monitoring)[6]을 활용한다(L. Baker, 1989; Hacker, Dunlosky, & Graesser, 2009b; Otero & Kintsch, 1992).

이상적으로는 학생은 숙달하거나 하지 못한 **특정** 주제에 대한 자신의 학습을 스스로 평가

6 이론에 따라 메타인지(metacomprehension), 자기조절 이해(self-regulated comprehension), 보정(calibration), 학습 판단(judgment of learning), 메타기억 평가(metamnemonic evaluation)라는 개념을 사용한다.

학생들은 자신이 무엇을 알고 무엇을 모르는지에 대해 항상 정확한 판단을 하는 것은 아니다.

해야 한다 — 막연한 판단("마침내 이해한 것 같아")보다는 일일이 검토하는 평가("부적강화와 벌의 차이를 제대로 이해했지만 비율강화와 간격강화의 차이는 모르겠어")를 해야 한다(Dunlosky & Lipko, 2007; Zhao & Linderholm, 2008).

불행하게도, 많은 학생들은 연령을 막론하고 수업에서 혹은 책을 읽을 때 이해를 점검하지 않는다(Dunlosky & Lipko, 2007; Nokes & Dole, 2004; Zhao & Linderholm, 2008). 결과적으로 그들은 무엇을 알고 무엇을 모르는지를 깨닫지 못하면서 실제로 잘못 이해한 것도 안다고 착각한다. 즉 **착지**(illusion of knowing)[7]의 상태가 된다. 내용이 특별히 어렵거나 배경지식이 거의 없는 내용에 접할 경우 착지의 상태가 되기 쉽다(Maki, 1998; N. J. Stone, 2000; Thiede, Griffin, Wiley, & Redford, 2009; Zhao & Linderholm, 2008). 이러한 착지는 무언가를 '안다'는 것(인식론적 신념에 대한 이후의 장에서 더 다룸)을 지나치게 쉽게 생각하는 학생들에게 흔하게 나타난다.

수업 자료에 대해 잘 안다고 생각하면 더 이상 공부하지 않게 된다. 따라서 착지에 빠진 학생은 불완전학습을 하게 된다(Dunning, Heath, & Suls, 2004; Kornell & Bjork, 2008b; Schneider, 2010). 그 뒤 시험을 망치게 되면 혼란에 빠지기 쉽다(Hacker, Bol, Horgan, & Rakow, 2000; Horgan, 1990). 공부를 했는데도 시험 성적이 이상하다고 하소연하는 학생들이 종종 온다. 그런 학생들에게 요지를 질문하면 대답을 못하고 쩔쩔맨다.

이 장의 이전 부분에서 제시된 전략(예를 들어 도식화, 요약)은 학생으로 하여금 이해도를 점검하도록 하기 때문에 부분적으로 효과적이다(Dunlosky & Lipko, 2007; Thiede et al.,

7 이차 무지(secondary ignorance)라고도 한다.

2009; Van Meter, 2001). 다른 좋은 전략은 **자가질문**(self-questioning)인데, 이는 학습 내용을 공부하기 전에 미리 질문을 상상하고 그에 대한 답을 찾으면서 공부하는 방법이다(Bugg & McDaniel, 2012; Otero, 2009; Rosenshine, Meister, & Chapman, 1996). 주기적으로 자가질문을 함으로써 학생들은 자신이 아는지 모르는지에 대해 더 잘 알게 된다. 최선의 자가질문은 정교화 과정 — 예를 들어 추론하고 새로운 사례를 생각해내는 것 — 을 필요로 한다. 교사는 학생들이 다음과 같은 질문을 지속적으로 제기하도록 해야 할 것이다.

- 왜(어떻게) 그런가?
- …하려면 …를 어떻게 사용하는가?
- …의 다른 예는 무엇인가?
- 만일 …하다면 무엇이 일어나는가?
- …과 …의 차이는 무엇인가?
- …와 …는 어떻게 유사한가?
- …의 장단점은 무엇인가?
- 이전에 공부한 …과 …는 어떤 관련성이 있는가? (A. King, 1992, p. 309)

이상적으로는 학생들은 수업 자료에 대한 이해를 학습 당시뿐만 아니라 사후 — 몇 분, 몇 시간 혹은 며칠 후 — 에도 점검해야 한다. 사람들은 대개 자신이 지금 막 읽은 것을 기억하는 것에 대해 지나치게 낙관적으로 생각한다(Dunlosky & Lipko, 2007; Serra & Metcalfe, 2009; Weaver & Kelemen, 1997). 이런 현상을 설명하기 위해 실험을 했는데(T. O. Nelson & Dunlosky, 1991), 학부생들이 60개 낱말쌍(예 : 바다-나무)을 각각 8초씩 공부했다. 앞의 낱말이 주어졌을 때 뒤의 낱말을 10분 동안 얼마나 잘 기억할지를 물어보았다. 하나의 낱말쌍이 제시된 직후에 이 질문이 주어지는 경우(즉시 조건)와 수 분 후에 주어지는 경우(지연 조건)로 나누어 시행되었다. 60쌍 모두 공부한 다음 모든 단어쌍의 두 번째 단어를 실제로 회상해내는 능력을 검사했다. 그 결과 지연 조건이 즉시 조건보다 더 높은 일치를 보였다. 즉시 조건에서 학생들은 실제 기억하는 것보다 더 많이 기억할 것으로 예측했다. 연구자들은 무언가를 공부한 다음 즉시 그에 대한 자신의 지식을 판단하는 경우 작업기억에 정보가 활성화되어 있어 쉽게 인출될 수 있다고 보기 때문이라고 생각했다. 이상적으로 학생들은 장기기억에서의 정보의 활성화에 대한 판단 — 수 분, 수 시간, 혹은 며칠이 지난 후의 기억에 대한 판단 — 도 필요하다.

기억술

지금까지 논의된 전략들 대부분은 학습 자료가 유의미하고 논리적으로 조직되었음을 가정하고 있다. 그러나 우리의 학교 경험을 되돌아보면 논리적으로 조직되지 못한 학습 자료로 인해 곤란을 겪었던 상황을 쉽게 떠올릴 수 있다. 외국어로 된 낯선 단어들의 긴 목록, 문법규칙, 철자법, 혹은 수학 등이 들어간 난해한 자료들 등이 여기에 해당한다. **기억술**(mnemonics), 즉 기억 '술수(tricks)'는 이러한 여러 형태의 난해한 자료를 학습하고 회상하는 데 도움을 주는 장치라고 할 수 있다.

예를 들어 근래에 다녀온 장거리 여행에서 영어가 아닌 낱말을 영어 사용자가 잘 기억하도록 하는 여행 가이드를 만난 적이 있다. 모로코에서 가이드는 자기 이름인 Ghali를 'Golly gee!'라는 흔한 표현으로 기억하도록 했으며 이집트 가이드는 하트셉수트(Hapshepsut) 여왕의 이름에서 'hat ship suit'를 떠올리도록 하여 발음하기 쉽고 기억도 잘 되도록 했다. 페루에서는 Saqsaywaman이라는 잉카 유적을 'sexy woman'으로 기억하기 쉽도록 했다.

여기서 세 가지 유형의 기억술인 작화법, 심상법, 구조화법을 살펴볼 것이다.

작화법

장갑을 의미하는 독일어 단어인 Handschuh를 배운다고 하자. 이 단어를 끊어서 발음해봄으로써 '손(hand)의 신발(schuh)'을 연상하면서 기억할 수도 있다. 이와 같은 기억술이 일종의 **작화법**(verbal mediation)인데 두 단어 혹은 개념이 한 단어나 문장(언어적 매개체)의 연상에 의해 연결되는 경우이다. 다른 독일어 단어의 언어적 매개체에 대한 예가 다음에 제시된다.

독일어 단어	영어 뜻	매개체
der Hund	dog	hound
das Schwein	pig	swine
die Gans	goose	gander
der Stier	bull	steer

각 사례를 보면 언어적 매개체가 독일어와 그것의 영어 뜻 사이의 차이를 매개해주어 두 단어의 연결을 가능하게 하고 있음을 알 수 있다.

언어적 매개체는 분명 학습을 촉진하며(예 : Bugelski, 1962) 외국어 단어 학습 외 다른 영역에도 유용하다. 예를 들어 철자법 수업에서도 기억술이 사용될 수 있다.

> 교장은 내 친구다. (The principal is my pal.)

이 문장은 학생들이 학교의 최고 관리자인 교장(principal)의 철자를 원리(principle)의 철자와 혼동하지 않고 정확히 기억하도록 돕는다. 고등학생인 내 딸의 경우 금의 원소기호인 Au를 "네가 내 금시계 훔쳤지!(*Ay*, *you* stole my *gold* watch)"를 연상하면서 기억한다.

심상법

제8장에서 논의되었듯이 심상은 신속하고도 지속력이 높은 강력한 기억기제라고 할 수 있다. 따라서 심상법은 수많은 효과적인 기억술의 기반이 된다. 가장 일반적인 것으로 장소법(method of loci), 걸이단어법(pegword method), 키워드법(keyword method) 등이 있다.

장소법 그리스 로마 시대에 웅변가들은 광장에서 행해지는 그들의 수 시간 길이의 연설에 내포된 주요 개념을 기억하기 위해 특별한 기법을 사용했다(연설문은 당시 그리 자주 사용되는 편이 아니었다). 웅변가들은 그들이 자주 걸어다니는 익숙한 길, 예를 들어 집에서 광장까지를 생각하고, 주요 지점 다리나 큰 나무, 사창가 등을 순서대로 기억했다. 연설을 구상할 때 내용의 핵심 요지를 그 길의 각 지점에 대응시키면서 그것을 머릿속에서 영상으로 떠올렸다. 예를 들어 연설의 처음 세 쟁점이 광장 인근의 교통정체, 로마 시내 대중교통의 중요성, 결과적인 세금의 인상이라면 (1) 다리(첫째 표석)에서 복잡하게 얽힌 마차와 사람들, (2) 큰 나무(두 번째 표석)의 가지마다 버티고 있는 거대한 30인승 마차, (3) 사창가(세 번째 표석) 2층 창문에서 세금징수원에게 동전을 던지는 매춘부의 이미지를 연상할 것이다. 나중에 광장에서 연설할 때 머릿속에서 길을 걸어갈 것이다. 각 지점들을 지나가면서 미리 구상했던 장면을 떠올리고 그 상징에 따라 연설의 주요 주제를 기억해낼 수 있다. 이런 식으로 연설의 주요 주제를 정확한 순서대로 아주 쉽게 기억할 수 있었다.

이러한 **장소법**(method of loci, loci는 '장소'를 의미하는 라틴어)은 분명 효과적인 기억술이며 일련의 항목들을 기억하고 유지하는 데 도움을 준다(Ericsson, 2003; Foer, 2011; A. Y. Wang & Thomas, 2000).

걸이단어법 **걸이단어법**(pegword method)은 여러 항목과 그 상대적 위치를 효과적으로 학습하는 데 유용한 고전적 방법이다(G. H. Bower, 1972; Carney & Levin, 2011; Mastropieri & Scruggs, 1992; A. Y. Wang & Thomas, 2000). 이 방법은 '걸이(pegs)' 역할을 하는 일련의 익숙한 단어열을 사용하여 이에 맞추어 다른 항목들을 심상을 이용하여 나열하는 것이다. 다음 시가 종종 걸이단어로 사용된다.

One is a bun.
Two is a shoe.
Three is a tree.
Four is a door.
Five is a hive.
Six is sticks.
Seven is heaven.

Eight is a gate.
Nine is a line; and
Ten is a hen. (G. A. Miller, Galanter, & Pribram, 1960, p.135)

이 시는 기억하기 쉬운데 왜냐하면 각 열이 1부터 10까지의 수와 그와 유사한 발음의 단어로 구성되었기 때문이다. 이제 일련의 항목들을 특정한 순서대로 기억해야 한다고 하면, 첫째 항목을 1(one)과 유사한 발음인 단어(이 경우 bun)와 관련되는 심상을 떠올리는 것이다. 그리고 두 번째 항목과 2(two; shoe)가 관련되는 심상을 떠올린다. 심상은 빨리 떠오르면서도 일부러 기억할 필요가 없는 것들이어야 한다.

다음 먹이연쇄가 기억해야 할 목록이고 위 시를 적용하면 다음과 같다.

호수의 녹조는
물벼룩에게 먹히고
물벼룩은 피라미에게 먹히고
피라미는 큰 물고기에게 먹히고
큰 물고기는 매에게 먹힌다.

걸이단어법을 사용하면 녹조와 bun을 연결하는 심상, 즉 녹조로 뒤덮인 햄버거빵(bun : one)을 떠올린다. 같은 식으로 물벼룩과 신발(shue : two)를 연결한다. 신발에 물이 가득하고 그 물에 물벼룩이 뒷발질을 하고 있다. 나머지 세 항목도, 피라미가 열매처럼 주렁주렁 매달린 나무(tree : three), 열쇠구멍에 큰 물고기가 박혀 있는 문(door : four), 벌집(beehive : five)을 모자처럼 쓰고 있는 매 등으로 연상될 수 있다. 이렇게 하면 먹이연쇄를 기억하는 것은 결국 one is bun을 생각하면서 bun과 연결된 심상을 떠올리면 매우 쉬워지는 것이다.[8]

키워드법 외국어 단어 학습에 있어 언어적 매개에 대해 소개한 적이 있는데, 독일어 단어와 영어 단어 중 유사한 사례를 들어 설명했다. 그런데 실제로는 그렇게 명확하게 연관되지 않는 경우가 더 많다. 이런 경우 키워드법(keyword method)이 좋은 대안이 된다. 언어적 매개와 시각적 심상이 결합된 이 기법은 두 단계로 나뉜다 — (1) 외국어 단어와 유사한 발음을 가진 영어 단어 혹은 문장을 확인한 뒤 (2) 영어 의미와 발음이 유사한 영어 단어의 심상을 형성한다. 예를 들어 다음 독일어 단어를 기억하는 법을 보자.

독일 단어	영어 뜻	키워드	이미지
das Pferd	horse	Ford	A horse driving a Ford

8 내 조카인 나탈리 파월은 수년간 농아인 학생도 사용할 수 있는 'One is a bun'을 내게 주었다. 하나는 당신, 둘은 채소, 셋은 수탉, 넷은 축구, 다섯은 종이, 여섯은 물, 일곱은 흡연, 여덟은 호박, 아홉은 인디언, 열은 땅콩인데, 이를 미국 수화로 나타내면 각 숫자와 손 모양이 비슷한 단어들이다.

Pferd가 말임을 기억하기 위한 키워드 사용

as Kaninchen	rabbit	can on chin	A rabbit with a can on its chin
der Waschbär	raccoon	wash, bar	A raccoon washing with a bar of soap
das Stachelschwein	porcupine	stash, swine	A porcupine stashing nuts under a pig(swine)

심상화가 용이한 구체적 사상의 학습뿐만 아니라 구체적 사상으로 표현만 될 수 있다면 추상적 개념에도 적용할 수 있다. 예를 들어 사랑에 대응하는 스페인어인 amor은 갑옷(armor, 키워드)을 입고 있는 (사랑을 상징하는) 심장을 연상함으로써 쉽게 학습될 수 있다. 창의력을 발휘하면 키워드법은 다양한 연결쌍의 학습에 유용하다. 영어와 외국어 단어 학습에서뿐만 아니라 이름과 얼굴, 나라와 수도, 도시와 주산물 그리고 위인과 업적 등 관련된 개념쌍을 학습하는 데 있어서도 유용하다(R. C. Atkinson, 1975; Carney & Levin, 2000; Carney, Levin, & Stackhouse, 1997; M. S. Jones, Levin, Levin, & Beitzel, 2000; Pressley, Levin, & Delaney, 1982; Rummel, Levin, & Woodward, 2003; Soemer & Schwan, 2012).[9]

학생들로 하여금 심상에 기반한 기억술을 사용하도록 하려면 교사는 다음 세 가지를 명심해야 한다. 첫째, 어린 아동들은 대부분 스스로 자기만의 심상을 만들어내기 어려우므로 관련 그림을 제공할 필요가 있다(Dunlosky et al., 2013; Mayer, 1987). 둘째, 두 항목(예 : 나무와 대중교통체제 혹은 사랑과 갑옷)이 효율적으로 연관되기 위해서는 상호작용하는 방식으로 두 항목을 하나의 심상으로 통합해야 할 것이다(G. H. Bower, 1972; Dempster & Rohwer, 1974). 따라서 갑옷을 입고 있는 심장이 사랑을 나타내는 스페인어를 기억하기 쉽게 하지만 갑옷 옆에 심장이 놓여 있는 심상은 그리 효과적이지 못할 것이다. 셋째, 제8장에서 언급한 바, 심상은 세세한 부분의 기억에 대한 효율성은 떨어지므로 심장의 정확한 형태나 갑옷의 무늬와 같은 세세한 정보를 기억하지는 않는다.

구조화법

심리학과 학부 시절 가장 생생한 기억 중 하나가 12개 뇌신경인 후각신경(olfactory), 시각신경

9 수로 된 정보를 키워드로 나타내는 것은 좀 더 정교함을 요구하지만 불가능한 것은 아니다(예 : Carney & Levin, 1994; Foer, 2011 참조).

(optic), 안구운동신경(oculomotor), 활차신경(trochlear), 삼차신경(trigeminal), 가돌림신경핵(abducens), 안면신경(facial nerve), 청각신경(auditory nerve), 혀인두신경(glossopharyngeal), 미주신경(vagus), 척수부신경(spinal accessory), 설하신경(hypoglossal)을 공부해야 하는 일이 었다. 신경 자체보다 그 순서를 외우는 것이 고통이었다. 친구가 다음과 같은 기억술을 알려주기 전까지 나는 별 효과 없는 반복연습으로 그 목록을 외우느라 어려움을 겪고 있었다.

On old Olympus's towering top, a Finn and German viewed some hops.

문장에 포함된 단어의 첫글자를 보면 12개 뇌신경의 순서와 일치함을 알 수 있다. 즉 처음 세 단어는 O로 시작하고 다음 두 단어는 T로 시작되는 등 정확히 일치한다. 더구나 문장은 약간 어색하긴 하지만 운율이 잘 맞는 구조로 인해 기억하기 매우 쉽다.

'On old Olympus'는 **구조화법**(superimposed meaningful structure)[10]이라 칭한 바 있는 기억술과 관련된다. 이 기법은 간단하다. 학습할 정보에 익숙한 구조를 부여하면 된다. 예를 들어 최근 친척을 만나려 영국을 갔는데 우연히 윌리엄 왕에서 엘리자베스 2세에 이르는 영국 왕의 계보를 기억하는 다음과 같은 기법을 접하게 되었다.

Willie, Willie, Harry, Steve,
Harry, Dick, John, Harry Three.
Edward one, two, three, Dick two,
Harrys four five six, then who?
Edwards four, five, Dick the Bad,
Harrys twain and Ned the lad.
Mary, Bessie, James the vain,
Charlie, Charlie, James again.
William and Mary, Anna Gloria,
Georges four, William, Victoria.
Edward seven, Georgie five,
Edward, George, and Liz(alive).

그림 12.2는 다른 기억술을 제시하고 있는데 어떤 것은 서술적 지식과 관련되고 어떤 것은 절차적 지식과 관련된다. 구조화법은 일련의 항목을 기억하는 데 유용하다(예 : G. H. Bower & Clark, 1969; Bulgren, Schumaker, & Deshler, 1994).

기억술이 학습 보조수단으로 유용함은 명백하다. 주지하다시피 기억술의 효율성은 기억과 회상의 주요 원리와 잘 부합한다. 첫째, 기억술은 학습 자료에 구조 혹은 조직을 부여한다.

---

10 이 기술과 관련하여 의미론적 정교화(semantic elaboration)와 이합체(acrostic) 등이 사용된 적이 있다.

기억술	의미
	서술적 정보
빨주노초파남보	무지개 색 빨강, 주황, 노랑, 초록, 파랑, 남색, 보라
HOMES	오대호 Huron, Ontario, Michigan, Erie, Superior
장화	이탈리아 모양
곰가죽 깔개	프랑스 모양
E 앞에 I, C 뒤만 제외	receive 같은 단어의 철자 교정
	절차적 정보
비자마네아씨	공식 b^2-4ac
	여기에 더 사례를 찾아 넣어야 하는데 현재로서는 별로 없음.

그림 12.2 구조화법의 사례

둘째, 학습자로 하여금 이미 알고 있는 정보(숫자체계나 익숙한 운율)에 새로운 자료를 관련시키도록 도와준다. 셋째, 회상단서를 제공하여 나중에 학습자가 그 정보를 찾도록 도와준다.

지금까지 여러 효과적인 학습과 공부전략을 살펴보았다. 이 중 개괄하기, 노트필기, 요약하기 등 몇몇은 **외현적 전략**(overt strategies)이다. 다시 말해 실제 관찰 가능한 행동들인 것이다. 정교화, 요점 확인, 이해 점검 등과 같은 것은 **암묵적 전략**(covert strategies)이다. 이는 관찰 불가능한 내적 정신 과정이다. 궁극적으로 정보를 학습하고 기억하는 관건은 학생들이 받아들이는 정보를 처리하는 방식(암묵적 전략)인 것이다(Kardash & Amlund, 1991; Veenman, 2011).

메타인지 지식과 기술의 발달

발달심리학자들은 메타인지의 다양한 발달경향을 발견했다.

- **아동은 사고의 본질에 대해 점점 더 의식하기 시작한다.** 제9장에서 아동이 세계의 다양한 측면에 대해 발달시킨 나름의 이론을 설명하는 한 관점인 이론의 이론(theory theory)을 검토한 바 있다. '이론의 이론가(theory theorist)'는 아동이 물리적 혹은 사회적 세계에 대한 이론을 발달시킬 뿐만 아니라 내면적, 심리적 세계에 대한 이론도 발달시킨다고 주장한다. 구체적으로, 아동은 **마음의 이론**(theory of mind)을 발달시키는데, 이는 자신과 타인의 정신적 상태인 사고, 신념, 관점, 느낌, 동기 등에 대한 복합적 이해가 증가하는 것을 포함한다(예 : Flavell, 2000; Lillard, 1998; Wellman, 1990).

  어린 아동은 그들 자신의 사고와 지식에 대해 제한적인 이해 능력만 있다(Flavell, Green, & Flavell, 2000). 취학 전 아동들이 안다, 기억한다, 잊었다 등의 단어를 사용하지만 이에 대응하는 정신현상에 대해 완전히 이해하고 있는 것은 아니다. 예를 들어 3살 아동이 '잊었다'라는 말을 사용한다는 것은 그것은 이전에 알았든 아니었든 그냥 무언가를 알지 못함을 의미한다(Lyon & Flavell, 1994). 4~5세 아동에게 새로운 정보를 가르치면 그들은 그것을 잠시 동안 알고 있다고 말할 수도 있다(M. Taylor, Esbensen, & Bennett, 1994).

초등학생과 중학생의 경우 자신의 사고 과정에 대한 반성적 사고가 증가하고 따라서 사고와 학습의 본질에 대한 보다 성숙한 인식을 하게 된다(Flavell, Miller, & Miller, 2002; P. L. Harris, 2006; Schult, 2002). 나아가 성인들도 마음의 활동을 언급함으로써, 이를테면 '생각이 많다'라고 말하거나 누군가의 마음을 '헤맨다'고 표현함으로써 그러한 발달을 지속한다(Adrián, Clemente, & Villanueva, 2007; Wellman & Hickling, 1994).

- **아동은 자신의 기억 능력과 한계에 대해 점차 보다 현실적인 판단을 하게 된다.** 어린 아동들은 자신의 기억 능력을 과대평가하는 경향이 있다. 점차 나이가 들고 보다 다양한 학습 과제를 접하게 되면서 어떤 것은 학습하기 더 어렵다는 사실을 깨닫는다(Bjorklund & Green, 1992; Flavell et al., 2002). 그들의 기억력은 완전하지 않아 보거나 들었던 모든 것을 기억할 수 없다는 사실 또한 깨닫게 된다. 예를 들어 취학전 어린이에서 초등학교 4학년까지 포함하는 한 연구(Flavell, Friedrichs, & Hoyt, 1970)에서 네 집단의 아동들을 대상으로 1개에서 10개까지의 그림이 그려져 있는 종이를 보여주고 한 번에 몇 개까지 기억할 수 있는지(작업 기억 과제)를 물었다. 이후 실제 어느 정도 기억할 수 있는지 검사를 받았다. 네 집단 모두 자신의 기억력을 과대평가하는 경향이 있었지만 나이가 많을수록 그러한 경향이 감소했다. 예를 들어 유치원 아동은 평균 8.0개의 사물을 기억할 수 있다고 생각했지만 실제로는 3.6개만 기억했고 반대로 4학년 아동의 경우 6.1개로 예측하고 실제로는 5.5개를 기억해냈다(보다 정확한 예측).
- **아동은 점차 보다 효과적인 학습과 기억 전략을 인식하고 사용하게 된다.** 어린 아동은 효과적 전략에 대한 메타인지적 인식이 거의 없다. 어떤 전략이 효과적이고 아닌지를 말로 기술할 수 있다 해도 혼자 적용하는 상황에서는 상대적으로 더 비효율적인 전략을 사용하는 경향이 있다. 반대로 나이 든 아동은 다양한 전략을 가지고 광범위하고도 유연하게 적용하고 시기적절하게 사용할 수 있다(P. A. Alexander et al., 1998; Flavell et al., 2002; P. A. Ornstein et al., 2010; Schneider & Lockl, 2002). 다음 연구사례를 보자.
  - 다양한 정보를 공부하고 기억해야 하는 6~7세 아동은 각 항목의 난이도에 관계없이 대충 학습 시간을 안배한다. 반대로 9~10세 아동은 보다 더 어려운 항목에는 좀 더 많은 시간을 할애한다(Masur, McIntyre, & Flavell, 1973; Schneider, 2010; Schneider & Lockl, 2002).
  - 취학전 아동은 시연(rehearsal)을 거의 하지 않지만 초등학교에 진학하면서 그 빈도와 효

율성이 증가하게 된다. 7~8세 아동은 자발적으로 정보를 시연하긴 하지만 개별 항목을 분리하여 반복한다. 9~10세가 되면 누적 시연(cumulative rehearsal)을 사용하기 시작하여 전체 내용을 한 번에 암송하고 새로운 내용을 덧붙인다(Gathercole & Hitch, 1993; Kunzinger, 1985; Lehmann & Hasselhorn, 2007).

- 아동들은 점차 범주화를 이용하여 기억내용을 조직하기 시작한다. 조직화 전략도 점차 유연하게 되는데 청소년기에 더욱 그러하다(Moely, 1977; P. A. Ornstein et al., 2010; Plumert, 1994).
- 학교를 다니기 시작하면서 정교화(elaboration)의 사용 빈도가 증가한다(Flavell et al., 2002; Kail, 1990; Schneider & Pressley, 1989). 예를 들어 6학년의 경우 읽은 내용으로부터 유추를 잘하는데 1학년은 거의 하지 못한다(C. Chan, Burtis, Scardamalia, & Bereiter, 1992). 단어쌍(의사-기계, 도토리-욕조)을 기억할 경우 10학년이 8학년보다 정교화를 더 자주 사용한다(Waters, 1982).

분명히 그러한 경향은 부분적으로는 다양한 학습 과제를 접한 경험에 기인한다. 그러나 작업기억 용량의 증가와 제7장에 소개된 중앙집행장치(central executive)의 성장 또한 이에 기여한다(Borkowski & Burke, 1996; Pressley & Hilden, 2006).

- **아동은 성장함에 따라 이해 점검을 더 잘 수행한다.** 어린 아동(초등학교 저학년)은 종종 실제로 하기 전에 무언가를 알거나 이해한다고 생각한다. 결과적으로 배울 필요가 있는 것을 공부하지 않게 되고 불완전하고 불확실한 정보를 접하더라도 의문을 가지지 않는다(Dufresne & Kobasigawa, 1989; Flavell et al., 1970; Markman, 1977; McDevitt, Spivey, Sheehan, Lennon, & Story, 1990). 학령기 동안 아동은 이해 점검 능력이 증진되는데 아동과 청소년은 확실히 이해했는지에 대해 더 의식하게 된다(Schneider, 2010; Schneider & Lockl, 2002; van Kraayenoord & Paris, 1997). 그러나 대학생조차 자기 지식의 정확성을 평가하는 데 어려움을 겪는데, 예를 들어 시험성적에 대해 흔히 낙관하는 경향이 있는 것이다(Dunlosky & Lipko, 2007; Dunning et al., 2004; Hacker et al., 2000; Zhao & Linderholm, 2008; Zimmerman & Moylan, 2009).
- **어떤 학습 과정은 처음에는 무의식적이고 자동적으로 행해지다가 어느 순간 의식적이고 의도적인 것으로 발달하게 된다.** 어린 학습자가 자신이 학습하는 내용을 의식하지 않은 채 조직하거나 정교화하는 것을 흔하게 볼 수 있다(Bjorklund, 1987; Flavell et al., 2002; M. L. Howe & O'Sullivan, 1990). 예를 들어 어린 아동은 효과적인 학습을 위해 자동으로 사물을 범주로 분류하곤 한다. 나중에는 학습 과제를 범주화하려고 의식적으로 노력한다(Bjorklund, 1987). 따라서 아동의 학습 과정은 보다 나이가 듦에 따라 의도적이 되며, 보다 전략적으로 된다.

그런데 제8장에서 소개된 **자동성**(automaticity)의 개념으로 돌아가보면, 선언적 지식이나 절차적 지식에서 자동성은 반복적 연습을 통해 형성됨을 기억할 것이다. 성장 중인 아동과 청소년은 그들이 읽고 공부할 때 새로운 전략을 계속적으로 연습함으로써 이러한 전략을 점차 자동적으로 — 거의 의식하지 않고 — 적용하게 된다(Veenman, 2011). 어린 아동이 간혹 보여주는 조직화와 정교화의 무의식적 사용과는 관련이 없다. 성숙된 학습자는 의식적인 의도 없이 훨씬 더 많은 세련된 전략 — 예를 들어 주요 아이디어의 확인, 이해 점검 등 — 을 적용할 수 있게 된다(Veenman, 2011).

학생들이 사용하는 특정한 학습전략은 학습 자체의 성격보다는 어느 정도는 획득하려는 지식의 성격에 대한 그들 자신의 신념과 관련된다. 그러한 인식론적 신념이 다음 주제이다.

인식론적 신념

제1장에서 내가 고등학교 시절 딴생각을 하면서도 역사교과서를 읽고 있었으며 몇 분간 크게 반복하면 중국어 단어를 효과적으로 공부할 수 있다고 믿었다. 당시 나의 학습 개념은 초보적 수준을 벗어나지 못했다. 내가 어떤 노력을 기울이든 상관없이 마술처럼 일어나는 내 의지를 넘어선 것으로 생각했던 것이다.

나는 '지식'이란 무엇인가에 대한 그리 확고하지 못한 신념을 가지고 있었다. 내가 공부했던 학문 분야인 역사, 과학, 문학 등이 확고하게 옳고 그른 방식으로 사물을 볼 수 있게 잘 자리 잡은 것이라고 생각했다. 전문가라고 다 아는 것은 아니다(즉 감기도 아직 고치지 못한다). 지식이 '거기 바깥' 어디에 있고 전문가는 점차 그것을 발견할 것이다. 당분간 학생으로서 가능한 많은 사실을 습득하는 것이 주된 일이었다. 그것으로 도대체 무엇을 할지는 확신하지 못했다. 그러나 곰곰이 생각하면 더 훌륭한 사람이 되도록 해줄 것 같았다.

매일 새로운 것을 배우는 사람들인 우리는 모두 '지식'과 '학습'이 무엇이냐에 대한 생각, 즉 뭉뚱그려 **인식론적 신념**(epistemic belief)[11]이라고 알려진 생각을 가지고 있다. 여러 경우에 그러한 신념은 필연적으로 정확한 것은 아니지만 인간 학습과 인지에 대한 응집된 개인 이론으로 종합된다(B. Hofer & Pintrich, 1997; D. Kuhn, 2000; Lampert, Rittenhouse, & Crumbaugh, 1996; Muis, Bendixen, & Haerle, 2006). 이러한 이론은 다음과 같은 것에 대한 신념을 포함한다.

- 지식의 확실성 : 지식이 고정되고 불변하고 절대적인 '참(truth)'인지 아니면 시간을 따라 진화를 계속하는 잠정적이고 역동적인 실체인지[12]

---

[11] 개인 인식론(personal epistemology), 직관적 인식론(intuitive epistemology), 인식론적 인지(epistemic cognition), 앎의 방식(ways of knowing), 메타 앎(meta-knowing), 존재론적 인지(ontological cognition)라고도 한다.

- **지식의 단순성과 구조** : 지식이 낱낱의 분리된 사실의 집합인지 아니면 복합적이고 상호 연관된 생각의 체제인지
- **지식의 원천** : 지식이 학습자 외부에서 오는 것인지(즉 교사나 다른 어떤 종류의 '권위') 아니면 학습자 자신에 의해 파생되고 구성되는 것인지
- **참을 결정하는 준거** : 어떤 생각이 전문가와 상호 소통될 때 참인지 아니면 가능한 증거에 기초하여 논리적으로 평가될 때 참인지
- **학습 속도** : 지식이 순식간에 획득되는 것인지(이 경우 학습자는 무언가를 알거나 아예 모르거나 실무율적이다) 아니면 시간을 두고 서서히 획득되는 것인지(이 경우 학습자는 무언가를 부분적으로 알 수 있다)
- **학습 능력의 본질** : 사람들의 학습 능력이 출생부터 고정된 것인지(즉 선천적인지) 아니면 연습과 더 좋은 전략의 사용에 의해 개선될 수 있는 것인지(Bendixen & Rule, 2004; Chinn, Buckland, & Samarapungavan, 2011; B. Hofer, 2004; B. Hofer & Pintrich, 2002; Schommer-Aikins, Bird, & Bakken, 2010; P. Wood & Kardash, 2002).

인식론적 신념은 방금 서술된 것 중 어느 한쪽이 아님을 명심해야 한다. 어떤 학자들은 앞서 서술된 요소를 엄격한 이분법의 양극단이 아니라 연속선상의 어느 위치를 반영한다고 제안했다(J. A. Greene, Torney-Purta, & Azevedo, 2010; B. Hofer & Pintrich, 2002).

지식과 학습에 대한 사람들의 다양한 신념이 하나의 통합된 체제로 묶일 수 있는지 여부와 그 방식에 대해서는 논쟁의 여지가 많다. 연구방법론 영역에서 이에 대한 많은 입장이 존재한다. 학자들은 학습자의 신념에 대한 정보를 기본적으로 면접이나 질문지를 통해 수집한다. 어떤 학자는 학습자의 진짜 신념은 외현적인 것이 아니라 내재적인 것이라 의식적 자각과는 거리가 멀다고 본다(diSessa, Elby, & Hammer, 2003; Hammer & Elby, 2002; Schraw & Moshman, 1995). 더구나 사용되는 특정 척도나 통계적 방법은 연구자가 규정한 신념과 신념 사이의 상호 관련성에 영향을 준다(J. A. Greene et al., 2010; Schraw, Bendixen, & Dunkle, 2002).

사람들의 인식론적 신념은 적어도 부분적으로라도 맥락적이고 상황 특정적인 것 같다(Buehl & Alexander, 2006; Muis et al., 2006; Schommer-Aikins, 2004). 예를 들어 여러분과 내가 세계에 대한 과학적 관점이 시간에 따라 진화한다고 믿을지라도(따라서 지식이 다소 불확실하다고 믿을지라도) 다른 것은 흑백논리로 존재한다고 알고 있다. 2 더하기 2는 4이고, 프랑스는 유럽에 있으며, 콜럼버스가 1492년 처음으로 미대륙에 상륙했다. 이러한 사실들은 가까운 미래에 변할 수 있는 것은 아니다. 더구나 학습자의 인식론적 신념은 특정 내용

12 전문가들이 점차 찾아내는 궁극적인 '진실'이 존재한다는 믿음은 흔히 논리실증주의(logical positivism)라 불린다. 이 관점은 인간이 이해와 신념을 구성하는 것과 분리된 '실재(reality)'가 없음을 견지하는 극단적 구성주의(radical constructivism)와 첨예하게 대립된다.

영역에 제한될 수도 있다. 다음 예를 보자.

- 많은 학생들은 어떤 분야의 지식이 다른 분야의 지식보다 더 확실하다고 믿는다. 예를 들어 수학이나 자연과학 그리고 역사 분야의 지식은 '확실한 것'이며 반면 몇몇 사회과학, 예를 들어 심리학은 다소 유동적이라고 믿는다(De Corte, Op't Eynde, Depaepe, & Verschaffel, 2010; Elby & Hammer, 2010; D. Estes, Chandler, Horvath, & Backus, 2003; Haenen, Schrijnemakers, & Stufkens, 2003).
- 많은 학생들은 수학과 과학을 학습하는 것은 절차와 공식을 기억하여 '맞는' 답을 찾는 것이라고 믿는다. 나아가 문제에 대한 '정답'을 찾는 오직 하나의 '정확한' 방법만이 존재하는 것이다(De Corte et al., 2010; Hammer, 1994; Muis & Foy, 2010; Richland, Stigler, & Holyoak, 2012).
- 많은 학생들은 수학문제를 풀 때, 그 문제를 몇 분 안에 풀든가 아예 풀지 못하든가 할 것이라고 생각한다. 또한 수학문제의 답이 정수가 아닐 경우 틀렸을 수도 있다고 생각하기도 한다(Muis, 2004; Schoenfeld, 1988).

그러한 영역 특정적 신념은 교사나 교재가 여러 영역을 묘사하는 방식에 부분적으로 영향을 받는다. 예를 들어 과학 교과서는 아이디어를 사실로 제시하는 경향(이것은 이러하다)이 있으나 심리학 교재는 아이디어를 경험적 기반이 있는 이론으로 제시하는 경향(증거에 의하면 이럴 수도 있다)이 있다(Smyth, 2004). 많은 교사와 수학 교과서는 수학을 단 하나의 정답이 있는 문제로만 구성되었다고 제시하는 경향이 있다(Muis & Foy, 2010).

인식론적 신념의 발달적 · 문화적 차이

학습자의 인식론적 믿음은 시간에 따라 변한다. 예를 들어 어린 아동은 대체로 지식의 확실성을 믿는다. 그들은 거의 모든 주제에 대한 절대적 진리가 어딘가에 존재한다고 생각하기 쉽다. 중학교와 고등학교를 다니면서 그중 몇몇(결코 모두가 아닌)은 지식이 주관적 실체이며 한 주제에 다양한 관점이 똑같이 타당할 수 있음을 깨닫는다(B. Hofer & Pintrich, 1997; D. Kuhn & Weinstock, 2002; Schommer, Calvert, Gariglietti, & Bajaj, 1997; Yang & Tsai, 2010). 고등학교 수준에서 또 다른 변화가 일어난다. 예를 들어 12학년 학생은 9학년 학생보다 지식이 (낱낱의 사실이라기보다) 복합적으로 상호 관련되어 구성되었고 학습은 (갑자기 발생하는 것이 아니라) 서서히 이루어지고 학습 능력이 (태어날 때부터 고정된 것이 아니라) 연습을 통해 개선될 수 있음을 더 많이 믿게 된다(Schommer et al., 1997). 그리고 일반적으로 학습자의 인식론적 신념은 연령과 학년 수준에 따라 점차 영역특수적이 된다(Buehl & Alexander, 2006; Muis et al., 2006).

어떤 사람들, 특히 고등교육을 추구하는 사람들에게는 인식론적 신념이 성인기에도 진화한다. 이러한 사람들은 지식과 '진리'를 잠정적이고 불확실한 실체로 점점 더 파악하게 되는 것이다. 대학원에 진학하게 되면 그들은 다른 사람들(심지어 전문가)의 주장과 논점을 논리와 확고한 증거에 기반하여 분석하고 평가할 필요성을 느끼기 시작한다(Baxter Magolda, 2002, 2004; J. A. Greene et al., 2010; B. Hofer & Pintrich, 1997; D. Kuhn, 2001a; Muis et al., 2006).

학자들은 지식의 본질에 대한 다양한 신념을 논할 때 특정 용어를 부여한다. 3세 아동은 전형적으로 **실재주의자**(realist)로서 지식은 사람들이 말하거나 행하는 그 자체(예 : 어떤 소는 보라색 털에 오렌지색 점이 있다고 이야기하면 이를 사실로 받아들인다)라고 생각한다. 4세 아동은 **절대주의자**(absolutist)의 관점을 취하는데 지식이란 사람들의 생각이나 말과 필연적으로 동일한 것은 아니며 절대적으로 옳거나 절대적으로 그른 확실하고 분명한 그 무엇이라고 생각한다. 이후에 — 청소년기 초반 — 몇몇은 **다원주의자**(multiplist)의 관점을 취하게 되는데 어떤 지식은 불확실하며 다양한 관점이 동등한 정당성을 갖는다고 생각한다. 점차 **상대주의자**(evaluativist)의 관점을 취할 수도 있고 아닐 수도 있는데 사람들의 아이디어와 의견은 논증과 증거에 의해 그 정당성이 좌우된다고 생각한다(예 : D. Kuhn & Franklin, 2006; D. Kuhn & Weinstock, 2002).

비록 추상적인 사고의 획득이 보다 진보된 인식론적 신념의 전제조건이긴 하지만 환경 요소도 그 발달에 영향을 준다. 심지어 어린 아동도 어른들이 상호 모순적인 말을 하는 것을 들을 수도 있다. 예를 들어 부모와 교사의 말이 다를 수 있고 이로써 권위자가 하는 말들의 신뢰성에 대해 재고하기 시작하는 것이다(B. Hofer, 2004). 어떤 부모는 아동으로 하여금 어려운 주제에 도전하게 하여 학습이 항상 쉽고 간단한 것만은 아님을 깨닫게 한다(Schommer-Aikins et al., 2010). 청소년 초기까지 아동은 인식론적 신념에 있어 상당한 차이를 보인다. 부분적으로는 지식과 관련 쟁점의 확실성과 기원에 관한 타인의 신념에 노출된 결과라고 볼 수 있다(Haerle, 2004; D. Kuhn, Daniels, & Krishnan, 2003).

학자들은 학습자의 인식론적 신념에서 문화적 차이를 발견하기 시작했다. 예를 들어 미국 학생들은 중학교에 들어가서 극동지방의 학생보다 권위자의 주장의 타당성에 보다 많은 의문을 가진다. 반대로 극동지역 국가(예 : 일본과 한국)의 학생들은 지식은 잘 정제되어 권위자에 의해 효과적으로 획득될 수 있다고 믿는다(D. Kuhn & Park, 2005; Qian & Pan, 2002). 그러나 아시아의 학습자는 다른 측면에서 장점이 있는 것 같다. 미국 학생들(조금 공부하고 빨리 얻으려고 한다)과 비교했을 때 아시아의 대학생들은 복잡한 학문적 주제를 익히는 것은 보다 서서히 많은 노력을 기울이는 과정으로 근면성과 끈기 그리고 기계적인 학습과 유의미학습의 조합이 요구된다고 믿는다(Dahlin & Watkins, 2000; J. Li, 2005; Morelli & Rothbaum, 2007; Schommer-Aikins & Easter, 2008; Tweed & Lehman, 2002). 서구 문화 내에서도 차이가 난다. 예를 들어 아일랜드의 대학생은 학습을 미국 학생보다 한 주제에 대해 잠정적인 이해에 도달하는 복잡하고 구성적인 과정으로 보는 경향이 더 크다. 미국 대학생은 학습을 제시된 정보에 세심한 주의를 기울여 일련의 분리된 사실을 기억하는 과정이라고 보는 경향이 있다(McDevitt, Sheehan, Cooney, Smith, & Walker, 1994).

인식론적 신념의 영향

학생의 인식론적 신념은 분명 그들이 공부하고 학습하는 방식에 영향을 준다. 신념이 다를 때 어떤 영향을 줄 수 있는지 다음을 살펴보자.

- **지식의 확실성에 대한 신념** : 학생이 한 주제와 관련된 지식이 고정된 특정 실체라고 믿을 때 그들에게 제공된 정보에 기반하여 부정확할지도 모를 결론으로 빨리 비약하기 쉽다. 또한 하나의 현상에 대한 상이한 해석을 하는 학파의 이론을 이해하는 데 어려움을 갖는다. 반대로 지식은 진화를 계속하고 절대적으로 맞고 틀린 답이 없다고 보는 학생은 인지적으로 어려운 과제를 즐기고 유의미학습을 한다. 또한 강의자료를 비판적으로 읽고, 확실할 경우 자기개념을 변화시키며, 특정 쟁점이 절대적이지 않고 쉽게 해결될 수 없음을 인식할 수 있게 된다(Bråten, Britt, Strømsø, & Rouet, 2011; DeBacker & Crowson, 2008; Kardash & Howell, 2000; Mason, 2010; Muis & Franco, 2009; Patrick & Pintrich, 2001; Schommer, 1994a).
- **지식의 단순성과 구조에 대한 신념** : 지식이 낱낱의 사실들의 집합이라고 믿는 학생은 공부할 때 기계적 학습 과정을 사용하기 쉽고 따라서 그 주제에 대한 오해에서 벗어나지 못하게 된다. 그들은 기초적인 사실과 정의를 회상할 수 있으면 공부하는 자료를 '안다'고 믿는다. 반대로 지식이 상호 관련된 생각들의 복합체라고 믿는 학생들은 2개 이상의 경쟁 이론을 통합하기 위해 공부할 때 유의미학습과 조직화 그리고 정교화를 사용하게 되고 얼마나 잘 이해했는지 그리고 학습한 것을 적용할 수 있는지에 기초하여 학습의 성공 여부를 평가하게 된다(Bråten et al., 2011; B. Hofer & Pintrich, 1997; Mason, 2010; Muis & Franco, 2009; Schommer-Aikins et al., 2010).
- **지식의 원천에 관한 신념** : 지식이 학습자 외부로부터 왔다고 믿고 권위자에게 바로 가버리는 학생은 수동적인 학습자가 되기 쉽다. 조용히 설명만 듣고 불확실한 생각을 명료화하려고도 하지 않으며 수업이 강의가 아니라 발견 활동과 학급토론으로 구성된 경우 별다른 노력을 하지 않게 된다. 반대로 지식이란 스스로 구성하는 어떤 것이라고 믿는 학생은 학습 활동에서 인지적으로 참여하게 된다. 아이디어 간에 관련성을 맺으며, 비판적으로 읽고 경청하고, 모순된 정보들에서 의미를 찾아내며, 개념적 변화를 겪고, 공부하고 있는 것에 정서적으로 몰입한다(C. Chan et al., 1997; Haseman, 1999; K. Hogan, 1997; Kember, 2001; Schommer, 1994b; Schraw & Bruning, 1995).

지식의 본질에 대한 저자의 얕은 지식이 공부전략에 준 영향

- **진리를 결정하는 준거에 관한 신념** : 전문가로부터 온 것은 진리라고 믿는 학생은 권위자로부터의 정보를 별다른 의문 없이 받아들이기 쉽다. 아이디어는 (출처보다는) 그 논리적, 과학적 조건에 기반하여 판단될 수 있다고 믿는 학생은 새로운 정보를 가용증거에 기초하여 비판적으로 평가한다(P. M. King & Kitchener, 2002; Moon, 2008; Schommer-Aikins & Easter, 2005). 이집트인이 피라미드를 건설했다(그 이전의 문명이나 외계인이 아니라)는 믿음에 대한 다음 학생과의 면담은 후자의 관점의 사례이다.

  면접자 : 이 점에 대해 확실하게 말할 수 있습니까?
  학생 : 가능성의 연속선상에서 멉니다.
  면접자 : 한 관점이 맞고 다른 것이 틀리다고 말할 수 있습니까?
  학생 : 맞고 틀린 것은 이런 종류의 문제에 적절한 범주가 아닙니다. 더 그럴듯한가, 논리적인가, 사실과 더 많이 부합하는가 등이 맞습니다. (P. M. King & Kitchener, 1994, p. 72의 대화)

  학생이 나이가 듦에 따라 그리고 고등교육(즉 대학원)을 받을수록 특정 아이디어나 관점에 대한 약한 증거와 강한 증거를 더 잘 구분하게 된다(D. Kuhn, 2001a).
- **학습의 속도와 관련한 신념** : 학습이란 실무율적으로 순간적으로 일어난다고 믿는 학생들은 교재를 한 번 읽은 후 실제로 알게 되기 전에 무언가를 학습했다고 믿거나 실패하면 바로 포기하고 공부하는 주제에 대한 실망과 혐오감을 나타내는 경향이 있다. 반대로 학습이란 노력과 시간이 요구되는 점진적인 과정이라고 믿는 학생은 공부할 때 다양한 학습

전략을 사용하며 제시된 아이디어가 이해될 때까지 공부를 지속하는 경향이 있다(D. L. Butler & Winne, 1995; Kardash & Howell, 2000; Ricco, Pierce, & Medinilla, 2010; Schommer, 1990, 1994b; Schommer-Aikins, Duell, & Hutter, 2005).

- **학습 능력의 본질에 대한 신념** : 학습 능력이 고정된 것이라고 생각하는 학생은 과제 수행을 쉽게 포기할 것이다. 반대로 학습 능력을 자신이 통제할 수 있다고 믿는 학생은 다양한 보조학습 활동을 시도하고 이를 반복하며 과제를 완수할 것이다(K. Hartley & Bendixen, 2001; Ricco et al., 2010; Schommer, 1994a, 1994b).

발달적으로 보다 진보된 인식론적 신념을 가진 학생, 예를 들어 지식은 복합적이고 불확실하며 학습은 느린 점진적 과정이라고 믿는 학생은 당연히 학급에서 성취 수준이 높다(Buehl & Alexander, 2005; J. A. Chen & Pajares, 2010; Kardash & Sinatra, 2003; Muis & Franco, 2009; Schommer, 1994a). 게다가 높은 학업 성취는 학습과 지식에 대한 보다 진보된 관점을 갖게 한다(J. A. Greene et al., 2010; Schommer, 1994b; Strike & Posner, 1992). 학생이 '기본'을 넘어 한 분야(과학이든, 수학이든, 역사든, 문학이든 혹은 다른 영역이든)의 최상에 도전할수록 학습은 통합되고 응집된 아이디어 체계의 획득을 포함한다. 또한 전문가조차 그 영역의 모든 것을 다 아는 것은 아니며 세상이 돌아가는 이치에 대한 완전하고 정확한 '지식'은 궁극적으로 실현 불가능한 목표임을 깨닫게 된다.

학생만이 지식과 학습의 본질에 관해 초보적인 신념을 가진 것이 아님을 여기서 지적하고 싶다. 교사들 또한 초보적인 신념을 가진 것 같다. 어떤 교사들은 특정 과목에 대한 지식이 고정되고 잘 정의된 실체이며 학생들은 이 지식을 낱낱으로 '흡수'하면 되고, 학습이란 아무 생각 없는 기억과 암기라고 믿는다(Dweck & Molden, 2005; Feucht, 2010; B. Hofer & Pintrich, 1997; Patrick & Pintrich, 2001; Schommer, 1994b; Schommer-Aikins et al., 2010). 이러한 신념은 교사가 학생을 가르치고 평가하는 데 영향을 준다. 예를 들어 이러한 생각을 가진 교사는 수업 목표, 학급 활동, 과제, 평가 등에서 하위 수준의 기술에 초점을 맞춘다(Feucht, 2010; Grossman, 1990; B. Hofer & Pintrich, 1997). 다행히 학급에서의 경험이 많아질수록 교사들은 교과에 대한 보다 정교한 신념을 획득하게 된다(Corkill, Bouchard, & Bendixen, 2002).

의도적 학습자

이전에 학습과 공부전략을 학습에 사용하는 특정 인지 과정을 포함하는 것으로 설명했다. 진정으로 효과적인 학습은 **의도적 학습**(intentional learning)을 포함한다. 여기서 학습자는 어떤 것을 생각하고 학습하기 위한 목적으로 지적 · 메타인지적 활동을 능동적이고 의식적으로 행하게 된다(Bereiter & Scardamalia, 1989; Hacker, Dunlosky, & Graesser, 2009a; Sinatra & Pintrich, 2003a).[13] 의도적 학습자는 그들이 학습하는 가운데 달성하고자 하는 특정 목표를 가지고 그 목표를 달성하는 데 사용 가능한 많은 자기조절 전략을 사용하게 된다. 행동주의 초기에 볼 수 있었던 환경자극에 일일이 대응하는 민감한 반응자는 한물갔다. 대신 차를 운전하는 방법에 대한 상당한 지식과 일정, 지도를 가지고 운전석에 앉은 학습자가 있다.

의심할 여지없이 의도적인 학습은 자동적인 과정과 통제된 과정 모두를 포함한다. 학습의 기본 요소 중 많은 것, 즉 단어 뜻의 인출, 새로운 생각과 장기기억에 있는 가장 유사한 기존 정보와의 연결 등은 자동화의 수준까지 연습됨으로써 학습자는 아무런 생각이나 노력 없이 그러한 것을 수행한다. 그러나 매우 사려 깊고 목표 지향적인 사람은 그 과정을 내려다보면서 초점 결정, 애매한 문단 이해 추구, 자신의 생활환경 추론 등의 다양한 전략을 필요한 대로 가동시킨다(Cornoldi, 2010; diSessa et al., 2003; Kintsch, 1998a; Sinatra & Pintrich, 2003b).

의도적 학습은 학습자가 어떤 주제나 쟁점에 대한 현재의 이해 수준을 철저히 점검할 필요가 있을 때, 달리 말해 개념적 변화를 수행해야만 할 때 특히 더 중요하다(Bendixen & Rule, 2004; Inagaki & Hatano, 2008; P. K. Murphy & Mason, 2006; Sinatra & Pintrich, 2003a). 의도적 학습은 개념 변화에 핵심적인 여러 과정을 가동시키는 것이다. 첫째, 의도적 학습자는 새로운 정보에 능동적으로 주의를 기울이고 생각을 한다. 그래서 현재 믿고 있는 것과의 불일치를 더 잘 알아차리게 된다. 둘째, 그들은 교과목 학습에 매진하고, 이해에 상당한 노력을 기울인다. 셋째, 다양한 학습전략과 자기조절 전략인 정교화, 자기동기화, 자기점검 등을 동원하여 그들이 듣고 읽는 것에 관련한 신념을 바꿀 기회를 극대화한다. 그와 같은 과정에 덧붙여 의도적 학습자는 개념 변화와 일관된 인식론적 신념을 가져야 한다. 자세히 말하자면 한 주제에 대한 지식이 시간이 흐름에 따라 진화하고 개선된다는 사실과 무언가를 잘 학습하는 것에 시간, 노력, 인내가 필요하다는 믿음을 가져야 하는 것이다(Southerland & Sinatra, 2003).

항상 효율적인 전략을 사용하지 않는 이유

이미 살펴보았듯이 많은 학생들은 학업생활에서 비효과적인 학습전략과 공부전략(예 : 기계적 암기)을 계속 사용한다. 이 시점에서 메타인지를 학습했다면 그 이유에 대한 가설을 도출할 수 있겠는가? 이 장에서는 효과적인 학습전략이 그렇게 늦게 나타나는 이유를 제시하고자 한다. 여기에 여러분 자신의 의견을 보탤 수 있다.

13 마음 쓰는 학습(mindful learning)과 마음 씀씀이(mindfulness)는 유사한 개념이다(예 : E. J. Langer, 2000; Perkins & Salomon, 2012).

◆ **학생들은 효과적인 전략에 대한 정보가 없거나 잘못된 정보를 가지고 있다.** 도심 저소득층 중학생을 대상으로 한 연구(B. L. Wilson & Corbett, 2001)에서, 많은 학생이 전문직(의사, 변호사, 교사 등)을 꿈꾸면서도 교실에서 비행을 저지르고 학교과제를 잘하지 않았으며 결석도 잦았다. 학교에서 공부를 잘하려면 무엇을 해야 하는지 몰랐다. 한 소년이 여기 그들의 무지에 대해 설명한다.

> 면접자 : 네 꿈을 실현할 수 있겠니?
> 학생 : 아니요. 공부를 더 할 필요가 있어요.
> 면접자 : 어떻게 알아?
> 학생 : 성적 보면 알죠(거의 C다).
> 면접자 : 왜 고등학교에 가서 열심히 하려고 하지?
> 학생 : 뒤처지긴 싫고 대학에 가고 싶어요.
> 면접자 : 성적을 올리려면 무엇을 해야 할까?
> 학생 : 공부를 더 열심히 해야죠. 학년이 끝나야 쉴 수 있어요.
> (B. L. Wilson & Corbett, 2001, p. 23의 대화)

면접에 나온 소년처럼 몇몇 학생은 정보를 더 잘 학습하기 위해 필요한 것은 정보를 처리하는 방식에 대한 고려 없이 그저 노력을 더하고 더 열심히 시도하는 것뿐이라고 믿는다.

당연하겠지만 학생이 효과적인 학습전략에 무지한 핵심 이유는 학교에서 그러한 전략을 거의 가르치지 않기 때문이다(Hamman, Berthelot, Saia, & Crowley, 2000; Nokes & Dole, 2004; Pressley & Hilden, 2006). 스스로 전략을 발견하도록 하면 학생들은 아주 늦게 습득하고 어떤 경우 최선의 공부 방법에 대한 비생산적인 전략을 발달시킨다(Pressley & Hilden, 2006). 교사조차 어떤 경우 잘못된 개념을 제시한다. 그 극단적인 경우가 다음과 같다. "문장을 크게 3번 읽고 3번 쓰면 영원히 여러분 것이 됩니다"(Matlin, 2004). 이해가 어려운 학생에게 중학교 때 선생님이 했던 말—"간단해, 그냥 외워"—이 아직도 기억난다.

◆ **학생들의 인식론적 신념이 학습 과제를 과소평가하거나 잘못 표상하도록 하기도 한다.** 학습 과제가 쉽다고 판단되거나 학습에서의 성공이 그들이 원하는 방향과 관련이 없다고 믿으면 효과적인 전략을 사용하지 않으려 한다(Blackwell, Trzesniewski, & Dweck, 2007; D. L. Butler & Winne, 1995; Muis, 2007). 이미 살펴보았듯이 '지식'을 관련 없는 사실의 집합으로만 생각한다면 유의미학습, 조직화, 정교화와 같은 과정을 사용하지 않게 되는 것이다.

◆ **이미 효과적인 전략을 사용하고 있다고 잘못 믿고 있다.** 자신의 이해 여부를 점검하지 않거나 학습을 지나치게 단순한 방식으로 알고 있음으로 해서 많은 저성취 학생들은 그들의 학습과 공부 방식이 좋은 것이라고 잘못 알고 있다(D. Kuhn, 2009; Starr & Lovett, 2000). 어떤 경우 자료를 숙달하지 못했다는 피드백을 받으면 학생들은 잠깐이라도 보다 더 효과적인

전략을 채택하려고 한다(Starr & Lovett, 2000). 그러나 다른 경우 학생들은 수행 실패를 자신의 외부인 잘못된 수업이나 고약한 시험 탓으로 돌린다(이 같은 귀인에 관해서는 제15장에서 다룬다).

- **학생들은 동원할 수 있는 관련 사전 지식이 거의 없다.** 비효과적인 학습과 공부전략을 사용하는 학생은 효과적인 전략을 사용하는 학생에 비해 공부하는 과목에 대해 무지하고 세상에 대한 일반적 지식이 없다. 예를 들어 한 주제에 대해 너무 모르면 무엇이 중요한지 아닌지를 알 수가 없는 것이다. 새로운 자료를 유의미한 방식으로 연결시킬 개념이나 경험이 없는 것이다. 관련 없는 일련의 사실들을 조직할 구조틀이나 도식이 없어서 그렇기도 하다(P. A. Alexander & Jetton, 1996; Pressley & Hilden, 2006; Schneider, 1993).
- **할당된 과제가 정교한 전략을 필요로 하지 않는다.** 어떤 상황에서는 교사가 효과적인 전략을 정하는 것이 오히려 비생산적이거나 불가능한 과제를 낼 수도 있다. 예를 들어 교사가 저수준 기술을 포함한 간단한 과제를 낼 경우(즉 사실과 정의가 축어로 학습된다고 주장한다), 학생들은 유의미학습이나 정교화와 같은 전략을 사용하지 않는다(J. W. Thomas, 1993a; J. C. Turner, 1995; Van Meter, Yokoi, & Pressley, 1994). 교사가 각 시험에서 많은 자료가 포함되기를 기대할 경우 학생들은 그 과목의 자료를 깊이 이해하고 통합하기보다는 모든 것의 일반적 '인상'을 얻는 정도의 시간만을 할애할 수 있다(J. W. Thomas, 1993b).
- **학생들은 효과적인 학습과 불일치하는 목표를 가지고 있다.** 학생들이 언제나 이해를 위한 학습에 관심이 있는 것은 아니다. 대신 시험을 볼 때까지 정보를 기억하거나 최소의 시간과 노력으로 과제를 완수하는 데 더 관심이 있을 수 있으며 이런 경우 효과적인 학습전략은 그러한 관심과 무관하게 된다(이에 대한 자세한 논의는 제15장의 성취목표에서 다룬다).
- **학생들이 정교한 학습전략을 제대로 사용하기 위해서는 너무 많은 노력이 필요하다고 생각한다.** 학생이 특정 전략이 시간과 노력이 너무 많이 든다고 생각되면 그것이 아무리 효과적이고 전략적이라고 할지라도 사용하려 하지 않는다(Palmer & Goetz, 1988; Pressley et al, 1990; Winters et al., 2008). 여러 경우 학생은 몇몇 간단한 전략이 학습 자료를 배우고 기억하는 데 도움이 될 수 있음을 인식하지 못하고 있다(Pressley, Levin & Ghatala, 1984; Zimmerman, 1994). 다른 경우 특정 전략에 대한 경험이 거의 없다. 따라서 있다 해도 자동화되지 않아 그 전략을 효과적으로 사용하기 위해서는 엄청난 노력을 들여야 한다(D. Kuhn & Pease, 2010; Veenman, 2011).
- **학생들은 공부 영역의 학습 능력에 대한 자기효능감이 낮다.** 어떤 학생들, 특히 학습 부진의 과거를 가진 학생들은 어떤 방법으로든 학습을 할 수 없다고 믿는다. 그러한 학생들은 학업 성취에 학습전략이 아무 소용이 없다고 믿는다(P. A. Alexander et al., 1998; Borkowski & Burke, 1996; Klassen & Usher, 2010; Palmer & Goetz, 1988).

효과적인 학습과 공부전략의 증진

초등학교에서 중학교, 고등학교, 대학까지 학년이 증가함에 따라 학생들의 학습 과제는 점점 복잡하고 난해해진다. 예를 들어 학생들은 더 많은 정보를 기억해야 하고 더 많은 처리(적용, 문제 해결, 비판적 분석 등)를 해야 하며 보다 추상적인 수준에서 이해해야 한다. 따라서 학년이 증가할수록 정교한 학습과 공부전략의 필요성은 더 커진다.

학생이 스스로 효율적 학습전략을 발달시킬 수 없으므로 학습과 공부 방법에 관한 명시적 수업이 학업 성취 증진을 위해 매우 중요하다. 명시적 전략 수업은 특히 학습의 누적적 결손이 커 학업을 포기할 위기에 처한 학생들에게 더 필요하다. 많은 연구 결과 모든 수준의 학습자가 보다 더 효과적인 학습과 공부전략을 배워 기억, 학급에서의 수행, 학업 성취 등을 개선할 수 있는 것으로 나타났다.

학자들은 보다 정교화된 메타인지 지식과 기술의 개발을 촉진하는 많은 실행 전략을 확인했다. 다음은 유념해야 할 지침들이다.

- **전략을 특정 교과 영역과 실제 학습 과제의 맥락에서 가르칠 때 학생들이 더 효과적으로 배운다**(Hattie, Biggs, & Purdie, 1996; Meltzer & Krishnan, 2007; Paris & Paris, 2001; Veenman, 2011). 학생들이 특정 교과내용을 접하면 그 내용을 공부하는 방법도 동시에 학습해야 한다. 예를 들어 학급에서 새로운 내용을 소개할 때 교사는 (1) 필기하는 방법을 제안하고, (2) 기억하기 어려운 내용을 기억하는 요령을 제시하며, (3) 여러 학생에게 제시된 아이디어를 요약해보도록 한다. 집에서 교재를 읽어오라고 할 경우 (4) 읽기 전에 읽을 주제와 관련해서 알고 있는 지식이 무엇인지를 생각하게 하고, (5) 앞으로 제시될 내용에 대해 장의 제목이나 하위제목을 통해 추측을 해보도록 하며, (6) 읽은 것에 대해 학생들 스스로 할 질문거리를 제공할 수 있다.
- **학생들은 새로운 자료와 관련지을 수 있는 지식기반이 있을 때만 정교한 학습전략을 사용할 수 있다.** 제8장의 한 부분을 보자 — 유의미학습이나 정교화 같은 과정에 영향을 주는 가장 중요한 요인 중 하나는 **학습자가 기존에 알고 있는 지식**이다. 이 장의 앞부분에서도 제시되었듯이, 학생의 선행지식은 중요한 아이디어와 사소한 부분을 구분하고 자신의 이해를 효율적으로 점검하는 능력에 영향을 준다. 여기서 작업기억의 용량 제한이 작용한다 — 학생들은 특정 시점에 일정량의 (정신적) 작업만 할 수 있으며 학습하는 내용의 선행지식에 급급할 경우 정교한 학습전략을 사용할 '여지'가 없을 수 있다(예 : Demetriou & Kazi, 2001; Lehmann & Hasselhorn, 2007; Waters & Kunnmann, 2010 참조). 교사는 새로운 자료의 진정한 이해에 필수적인 사전 지식과 기술을 학생들이 숙달하기 전에 그 어려운 자료를 제시하지 않도록 조심해야 한다.[14]

- 학생들은 다양한 전략을 배워야 할 뿐 아니라 각각의 전략이 적절하게 사용되는 상황도 학습해야 한다(Jetton & Dole, 2004; Nist, Simpson, Olejnik, & Mealey, 1991; Pressley, Harris, & Marks, 1992; C. E. Weinstein, Goetz, & Alexander, 1988). 상황에 따라 다른 전략이 유용하다. 예를 들어 유의미학습은 학문 영역에서 일반적 원리를 배울 때 보다 효과적이다. 반면 기억술은 기억하기 어려운 목록 등을 학습할 때 효과적이다. 아이디어를 위계적 방식으로 조직화하는 것은 특정 단원(예 : 그림 8.4 참조)에 적합하고 다른 단원(예 : 그림 3.7 참조)을 학습할 때는 2차원 행렬로 조직하는 것이 더 적합하다. 어떤 학생은 정보를 조직하는 데뿐만 아니라 수행할 작업을 조직하는 데도 도움이 필요하다. 예를 들어 노트와 과제를 조직하고 기한을 지키며 학습 시간의 우선순위를 정하는 방법에 대한 별도의 수업이 도움이 될 수 있다(Belfiore & Hornyak, 1998; Meltzer, Pollica, & Barzillai, 2007).
- 효과적인 전략은 다양한 과제에 적용되어 지속적으로 실행되어야 한다. 학생이 어떤 전략을 한 맥락에서만 배운다면 다른 맥락에서는 사용하지 않을 것이다. 그러나 같은 전략을 여러 다른 과제에 장기간 사용하면 그 전략의 가치를 인식하게 되고 새로운 상황에 일반화하게 된다. 효과적인 전략 수업은 한 번으로 끝나는 것이 아니다(A. Collins, Brown, & Newman, 1989; Nokes & Dole, 2004; Pressley et al., 1990; Veenman, 2011).
- 전략 수업은 명시적 전략뿐만 아니라 암시적 전략도 포함해야 한다(Kardash & Amlund, 1991). 학생들은 강의시간에 필기내용, 교재에 밑줄 긋기, 공부자료 요약하기에 대한 안내가 있으면 확실히 많은 도움을 받는다. 그러나 이러한 행동에 내재한 정교한 인지적 과정인 유의미학습, 조직화, 정교화, 이해 점검 등이 사실 학생이 습득해야 할 가장 중요한 전략인 것이다.
- 교사는 새로운 자료에 대해 크게 말하면서 사고함으로써 효과적인 전략의 시범을 보인다. 교사가 학급에서 공부하는 내용을 크게 말하면서 생각하면(예 : "Au는 금의 원소기호인데 Ay, you가 내 금을 훔쳤지라는 것을 떠올리면서 암기했어." 혹은 "음… 나폴레옹의 군사작전은 고대 아시리아의 작전과 비슷하네.") 정보를 효과적으로 처리하는 방법에 대한 구체적인 사례를 제시하는 셈이 된다(Brophy, Alleman, & Knighton, 2009; Bulgren et al., 2011; McKeown & Beck, 2009; P. A. Ornstein et al., 2010).
- 학생들이 자신의 현재 공부전략을 반추하고 기술하면 많은 도움을 얻을 수 있다. 대학교 수준에서조차 저성취 학생은 학습 과제에 접근하는 방식에 대한 메타인지적 통찰이 부족하다. 자기가 무언가를 아는 방식이나 학습하는 방식, 또한 그것을 보다 효과적으로 학습할 수 있는 방식에 대해 반추하도록 학생들을 주기적으로 자극하면 암묵적 메타인지 전략을 드러나게 하여 반성하고 점검할 수 있게 된다(예 : Cornoldi, 2010; Glogger, Schwonke, Holzäpfel,

[14] 각 학년별 필수 교과는 한 가지 문제점이 있다—몇몇 학생은 이러한 필수교과에 포함된 주제를 다룰 준비가 되어 있지 않을 수 있다.

Nückles, & Renkl, 2012; May & Etkina, 2002). 학생들이 개인적으로 유용함을 발견한 전략에 대해 동급생들에게 전해주는 것 또한 도움이 된다(McGovern, Davis, & Ogbu, 2008; Meltzer et al., 2007).

◆ 교사는 새로운 전략을 최초로 시도할 때 도움을 주어야 하며 학생이 익숙해짐에 따라 서서히 그 도움을 감소시켜야 한다. 이 장에서 다룬 많은 메타인지 활동(즉 노트필기, 이해 점검, 요약)은 어려운 과제이다. 따라서 교사의 도움이 확실히 요구되는 것이다. 이 장에서 교사가 학생의 학습과 공부전략을 도울 수 있는 여러 사례를 이미 살펴보았다. 예를 들어 교사는 학생들이 필기를 할 때 따라 할 수 있는 일반적인 조직화 틀을 제공할 수 있다. 읽은 것의 이해 여부를 점검하는 데 유용한 질문의 예(예 : 왜 그런지 설명해봐, 다른 예를 들어보렴)를 제시할 수 있다. 교사들은 요약하는 방법에 대한 지침을 제공할 수 있다(예 : 주제문장을 만들어 보세요, 각 주제와 관련된 정보를 찾아보세요). 이러한 비계설정은 학생이 혼자서는 이해하기 어렵지만 적절한 메타인지적 전략을 적용하면 이해할 수 있는 것을 공부할 때 가장 효과적이다(Pressley, El-Dinary et al., Marks, Brown, & Stein, 1992; Veenman, 2011).

학생들은 자신의 이해를 점검하기 위해 비계설정이 특히 필요할 수 있다. 앞서 제시된 전략 — 읽거나 공부하는 내용에 대해 자문하는 방법에 대한 교수 — 외에도 학자들은 교사가 학생이 자기점검이나 자기평가를 효율적으로 하도록 도울 수 있는 여러 방법들을 제안했다.

- 학습 과제가 요구하는 바를 명확히 하라. 예를 들어 학습에 대한 평가가 어떻게 이루어질 것인가에 대해 구체적으로 제시하라(Andrade, 2010; Otero, 2009; Serra & Metcalfe, 2009; Thiede et al., 2009).
- 학습 단원에 대한 구체적 목표와 목적을 설정하고 그 각각에 관련하여 성과를 기술하도록 하라(Eilam, 2001; Mithaug & Mithaug, 2003; Morgan, 1985).
- 수행에 대한 결과를 지속적으로 기록하고 쓰기 과제, 일기, 포트폴리오의 학습을 반추하도록 요구하라(Glogger et al., 2012; Meltzer et al., 2007; Paris & Paris, 2001; N. E. Perry, 1998).
- 학생이 자신의 성취를 평가할 수 있는 자세한 기준을 제시하라. 이 기준을 설정할 때 학생과 함께 할 수 있다(Andrade, 2010; McMillan, 2010; Paris & Ayres, 1994; Windschitl, 2002).
- 수업 자료의 이해도를 평가하는 데 사용할 간략한 자기평가지를 제공하라(Dunlosky et al., 2013; Nietfeld & Cao, 2004; Shiu & Chen, 2013; Zimmerman & Moylan, 2009).
- 어떤 경우에는 피드백을 지연시켜 학생이 자신의 수행을 먼저 평가해보도록 하라(D. L.

Butler & Winne, 1995; Schroth, 1992).

- 학생이 자신의 수행을 현실적으로 평가하도록 권장하고 교사의 평가와 일치했을 경우 강화(예 : 칭찬 혹은 추가 점수)하라(McCaslin & Good, 1996; Nietfeld & Cao, 2004; Schraw, Potenza, & Nebelsick-Gullet, 1993; Zuckerman, 1994).

"자랑스러운 일로 무엇을 했었지?", "전에 하지 않았던 것 중 무엇을 할 수 있을까?"와 같은 질문을 통해 5~6세의 아동도 수행과 향상을 반성하도록 할 수 있다(Mithaug & Mithaug, 2003; N. E. Perry, VandeKamp, Mercer, & Nordby, 2002, p. 10). 학교 학습 과제에 대한 자기점검과 자기평가를 자주 함으로써 학생은 자신의 수행에 대한 적절한 기준을 점차 개발하게 되고 그 기준을 정기적으로 성취한 것에 적용하는 자기조절 학습자의 진정한 모습을 갖추게 된다.

- **소프트웨어 프로그램들은 전략의 사용에 도움이 될 수 있다.** 제11장에 지적했듯이 교사는 컴퓨터(편집 소프트웨어 등)를 이용하여 보다 복잡한 학습 과제의 비계설정을 할 수 있다. 최근에 학자들은 잘 설계된 소프트웨어도 컴퓨터 보조 수업과 웹 수업 등에서 학생들의 학습전략과 자기조절 학습에 비계설정을 할 수 있음이 밝혀졌다(Azevedo, 2005; Koedinger, Aleven, Roll, & Baker, 2009; B. Y. White & Frederiksen, 2005). 예를 들어 다양한 경로와 정보원천을 선택할 수 있게 해주는 하이퍼미디어 프로그램의 한 주제를 공부할 때 컴퓨터 소프트웨어는 학생들이 학습 목표를 설정하도록 유도하거나 개념 간 인과관계를 규명하도록 요구할 수도 있다(Azevedo & Witherspoon, 2009; Graesser, McNamara, & VanLehn, 2005). 학생이 특정 주제에 관한 자료를 인터넷에서 찾을 때 소프트웨어는 탐색 목적이나 특정 웹사이트의 내용을 평가할 때 사용할 준거를 상기시킬 수도 있다(Afflerbach & Cho, 2010; Quintana, Zhang, & Krajcik, 2005).

  기술기반 초인지 비계설정의 좋은 예는 *Betty's Brain*이라는 컴퓨터기반 학습 환경인데 여기서 학생은 체온 조절이나 기후 변화 등과 같은 주제에 대한 다양한 자료를 읽고 거기서 발견한 인과관계를 나타내는 개념 지도를 도출한다. 베티라는 '아동'이 배워야 하는 주제가 있고 학생들은 교사로서 자신이 개발한 지도를 통해 베티가 학습하도록 도울 수 있다. 실제 교사처럼 학생들은 질문과 퀴즈를 통해 베티의 이해 수준을 주기적으로 평가해야 한다. 베티가 잘 하지 못할 경우 향상시키는 작업을 할 수 있는데 이를 통해 학생들은 그 주제 자체에 대해 많이 배우게 된다. 예를 들어 그림 12.3은 기후 변화에 대한 중간 단원을 나타내고 있다. 학생/교사는 개념 지도에서 잘못된 인과관계를 설정함으로써 베티가 시험을 망치게 한다. 가상 멘토(데이비스 박사)가 개입하여 그 소단원의 인과관계를 확인할 수 있는 방법에 대해 안내한다. 여기서 학생은 바다 얼음이 빛 에너지의 흡수를 감소시킨다는 관계를 정확하게 확인하게 되고 데이비스 박사는 다음 단계를 제시한다(Betty's Brain에 대한 더 자

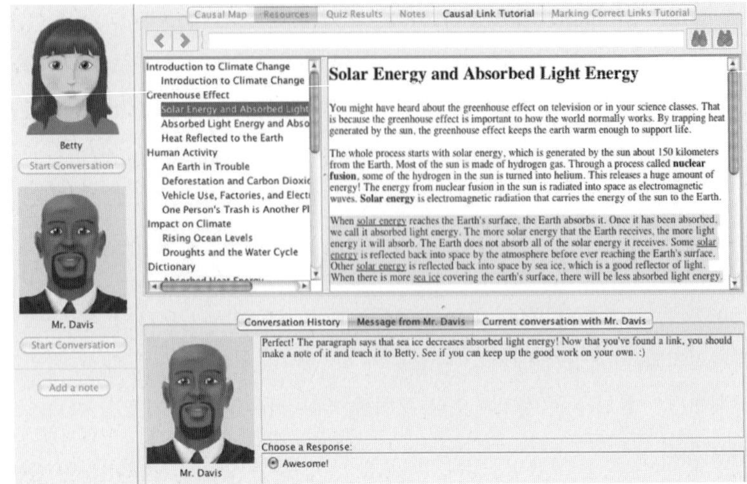

그림 12.3 이 Betty's Brain 화면을 보면 한 학생이 이 시점에서 기후 변화의 인과관계에 대한 부정확한 개념 지도를 구성하고 데이비스 박사가 개입하여 학생을 돕는다.

출처 : The Betty' Brain system은 밴더빌트대학의 Teachable Agents Group에 의해 개발되었으며 Institute for Educational Sciences와 National Science Foundation으로부터 재정지원을 받았다.

세한 사항은 Leelawong & Biswas, 2008; Segedy, Kinnebrew, & Biswas, 2013 참조; 또한 teachableagents.org를 방문해보라).

- 학생들은 학급동료와 협력하여 효과적인 전략을 배울 수 있다. 제11장에서 언급되었듯이 또래 상호작용 수업 전략은 더 정교한 인지 과정을 촉진할 수 있다. 학생이 자신의 사고와 추론을 설명하면 자신의 사고를 자신과 타인에게 보다 명료화할 수 있으며 따라서 점검, 반성, 모델링에 보다 유용하게 된다. 수많은 연구 결과에 의하면 집단학습 활동은 특히 구조화되었을 경우에 더 정교한 인지처리 과정을 촉진할 수 있다. 효과적인 방법 하나는 학생들로 하여금 서로에게 질문을 하고 공부하는 자료에 대한 고수준의 질문에 답하도록 하는 것이다(제11장의 상호 교수와 유도된 또래 질문에 대한 논의 참조).

협동 작업이 효율적인 메타인지 과정을 촉진하는 방식을 특히 잘 설명하는 연구가 있는데 영어가 제2언어인 학생들을 대상으로 이루어졌다(C. B. Olson et al., 2012). 세익스피어의 난해한 대사를 이해하기 위해 6명의 학생은 관중들 앞에서 중세시대 의상을 입고 맥베스의 한 장면을 연기했다. 그때 몇몇 다른 학생은 옆에서 여러 이해 전략이 적힌 현수막을 들고 있다가 극중 인물이 말하는 바를 이해하도록 적시에 앞으로 움직였다. 예를 들어 한 장면에서 맥베스는 피투성이 얼굴을 하고 막 도착한 '첫째 살인자'에게 말을 하고 있었다.

> 맥베스 : 얼굴에 피가 낭자하다.
>
> 첫째 살인자 : 'Tis Banquo's then. [Banquo는 맥베드의 다른 캐릭터]
>
> 맥베스 : ' Tis better thee without than he within. Is he dispatch'd? (*Macbeth*, Act 3, Scene 4)

배우들이 이 3줄의 대사를 하자 옆줄의 두 학생이 앞으로 나왔다. 그중 한 학생이 '사전 지식을 제시하기'라고 쓰여 있는 플래카드를 들어올리면서 말을 했다.

> 나는 'Tis'가 'it is'를 뜻하고 'thee'가 여러분을 의미한다는 사실을 이미 알고 있고 나머지를 번역해야 한다(생각하면서 머뭇거리면서). 'Banquo'의 몸에 피가 흐르는'보다는 '너의 얼굴에서 피가 나는'이 더 낫다. (C. B. Olson et al., 2012, p. 325)

다른 학생은 '요약'과 '이해의 명료화'라는 말이 적힌 2개의 플래카드를 들어올렸다.

> 그래서 맥베스가 말하길 Banquo가 죽어서 기쁘다. 다음 줄 "Is he dispatch'd"는 틀림없이 "Is he dead?"를 의미한다. (C. B. Olson et al., 2012, p. 325)

◆ **학생들은 새로운 전략이 유용한 이유를 이해해야 한다.** 전략수업은 학생들이 효과적인 전략을 학습할 뿐만 아니라 그것이 효과적인 방식과 이유 또한 학습해야 더 성공적이다(Hattie et al., 1996; Pressley & Hilden, 2006; Veenman, 2011). 내 수업에서 가끔 작은 '실험'을 하는데, 배우고 기억하기 어려운 정보를 제시한 다음 학생들에게 그 정보를 학습하는 기억술을 제시하고 다른 학생에게는 어떠한 지시도 하지 않았다. 각 집단에서 얼마나 많은 학생이 회상할 수 있는지를 알아보고 학생들의 '검사'점수를 칠판에 적었다(나는 항상 낮은 점수가 자존감을 상하지 않도록 학습 과제를 제시한다). 두 집단의 수행 수준은 극적으로 차이가 났으며 내 수강생들은 내가 가르친 기억술의 유용성을 인정하지 않을 수 없었다.

이전에 학생들이 자신들의 현재 전략이 얼마나 비효과적인지 깨닫지 못한다고 언급한 적이 있다. 프레슬리와 그의 동료들은 다양한 연령(10세에서 성인까지)의 학생들에게 어휘목록을 키워드 기억술을 사용하여 학습하도록 훈련시켰다(Pressley, Levin, & Ghatala, 1984, 1988; Pressley, Ross, Levin, & Ghatala, 1984). 학생들이 그 기법에 숙달했지만 많은 학생들이 이후의 유사한 학습 과제에 그 기법을 적용하지 않았다. 그 기법이 얼마나 유용했는지를 명시적으로 질문받은 학생들은 새로운 학습 과제에 그 기법을 사용하는 경향이 높았다. 이와 유사하게, 교사는 매우 구체적인 방식(성적과 무관한 퀴즈를 보면서)으로 학생들에게 현재 사용하는 비효과적 전략으로 실제로 학습하고 기억할 수 있는 것이 얼마나 적은지 그리고 새로운 방식을 사용했을 때 얼마나 더 학습할 수 있는지를 보여줄 필요가 있다.

◆ **학생들은 효과적인 전략과 일치하는 인식론적 신념을 가져야 한다.** 앞서 살펴보았듯이 학생들의 인식론적 신념은 그들이 사용하는 학습전략에 영향을 미친다. 전략학습 훈련 그 자체로는 그들의 신념을 바꿀 수 없다. 왜냐하면 지식과 학습의 본질에 대한 학생의 신념은 외현적 지식이 아니라 변화에 특히 완강한 내재적 · 암묵적 지식의 형태를 띠기 때문이다(Mason, 2010; Muis, 2007; Schraw & Moshman, 1995).

인식론적 신념이 학생의 개념적 변화를 경험하는 능력에 영향을 줄 뿐 아니라 인식론적 신념의 변형 그 자체가 개념적 변화를 내포하고 있다. 점차 정교화된 인식론적 이해를 지향하는 학생에게 교사는 그들의 학습전략뿐만 아니라 지식과 학습의 본질에 관한 기저의 신념에 대해 반추해보도록 유도해야 한다(B. Hofer, 2004). 교사는 또한 학생이 자신의 현재 신념에 회의가 생긴 이유를 찾아낼 수 있는 상황을 만들어내야 한다. 피아제는 그러한 불만족을 **불평형**(disequilibrium)이라고 불렀다. 보다 최근에는 **인식론적 회의**(epistemic doubt)라고 부른다(Bendixen, 2002; Bendixen & Rule, 2004; Rule & Bendixen, 2010).

학생의 인식론적 신념을 변화시키는 하나의 가능한 방법은 지식과 학습의 본질에 대하여 이야기하는 것이다. 예를 들어 학습이 아이디어 간의 상호 관련성을 발견하고 점차 세계에 대한 자신만의 이해를 구성하는 능동적이고 지속적인 과정임을 기술하는 것이다(Schommer, 1994b). 그러나 보다 더 효과적인 방식은 지식이 필연적으로 역동적인(정적이지 않은) 실체임을 발견하고 성공적인 학습은 불굴의 노력으로만 이루어질 수 있음을 깨닫게 하는 것이다. 예를 들어 교사가 옳고 그름이 분명하지 않은 복잡한 쟁점과 문제를 학생에게 부여하는 것이다. 자료를 모으고 경쟁가설을 검증하는 전략을 가르칠 수 있다. 특정 현상에 대한 여러 가지 설명을 비교하고 각각을 지지하는 증거의 타당성 정도를 고려해보도록 요구할 수 있다. 또한 학생들에게 알쏭달쏭한 현상을 제시함으로써 현재 자신의 이해 수준으로는 모든 세상사를 다 설명할 수 없음을 보여줄 수 있다(Andre & Windschitl, 2003; Bendixen & Feucht, 2010; D. Kuhn, 2009; Muis et al., 2006; vanSledright & Limón, 2006).

그러나 교사는 그러한 전략이 얼마나 통할지 조심해야 한다. 학생이 학습이란 전문가로부터 얻을 수 있는 사실만을 포함한다는 확고한 신념을 가지면, 다양한 관점을 강조하고 확실한 답을 제공하지 않는 수업에서 별다른 가치를 발견하지 못하고 얻는 것도 별로 없을 것이다(Andre & Windschitl, 2003; Rule & Bendixen, 2010).

◆ **학생들은 충분한 노력과 적절한 전략이 있으면 아무리 어려운 과제라도 학습하고 이해할 수 있다고 믿어야 한다.** 전략수업은 학생들에게 수업 자료를 학습하는 능력에 관한 자기효능감을 부여한다. 그리고 학습에서의 성공이 사실상 그들이 사용한 특정 전략에 기인함을 보여주어야 한다(D. L. Butler & Winne, 1995; Palmer & Goetz, 1988; Pressley, El-Dinary et al., 1992; Zimmerman & Moylan, 2009). 학생들은 학과를 성공적으로 학습할 수 있다고 한번 믿으면 그것을 더 배우고 싶어 한다. 제14장에서 그 이유를 규명할 것이다.

어려운 수업 자료를 학습하기 위해 필요한 메타인지적 지식과 기술을 학생들에게 가르침으로써 교사는 학생이 그 특정 자료를 보다 성공적으로 배우는 것을 도울 뿐만 아니라 장기적으로는 보다 효과적인 학습자가 되도록 한다. 그 긴 기간 동안 교사는 궁극적으로 학생을 준비시켜야만 한다.

그러나 효과적인 학습과 자기조절 기술을 갖더라도, 심지어 높은 자기효능감이 있더라도 학생들은 학교 경험으로부터 최대한의 이점을 끌어내는 의도적이고 '사려 깊은' 학습자가 필연적으로 되는 것은 아니다. 궁극적으로 학생들이 학습하도록 **동기화시키는** 것이 학습하는 방법을 배우도록 돕는 것만큼 중요하다. 따라서 제14, 15장에서 확인할 동기화 전략이 이 장에서 확인한 수업 전략에 중요한 보완책이 될 수 있다.

요약

효과적인 학습과 인지 과정, 그리고 학습을 촉진하는 데 그러한 과정을 사용하는 것에 대한 사람들의 지식을 통틀어 **메타인지**라고 한다. 이는 자신의 학습 능력의 한계를 아는 것, 새로운 자료의 학습에 효율적인 전략 사용하기 등을 포함한다. 보다 나은 메타인지 지식과 기술을 가진 학생은 학급에서 성취 수준이 대체로 높다.

가장 성공적인 학생은 **자기조절 학습자**이다. 그들은 수행목표를 세우고 학습 시간을 어떻게 최선으로 쓸 것인지 계획하고, 학습 과제에 주의를 집중하고, 공부하는 동기를 지속시키고, 효과적인 학습전략을 사용한다. 또한 자신의 노력에 대한 최종 결과를 평가하며, 미래 학습을 개선하기 위해 그들 방식의 전반적 효과성을 반성한다. 몇몇 자기조절 학습 기술은 저절로 발달하지만 많은 부분은 다른 사람이 시범을 보이거나 성인이나 또래와 함께 학습 과제를 공동조절하기 위해 작업함으로써 나타난다.

효과적인 학습과 공부전략은 제8장에서 소개된 효율적인 기억 과정뿐만 아니라 유의미학습, 정교화, 조직화, 노트필기, 중요 정보 확인, 요약, 이해 점검, 필요한 경우 기억하기 어려운 사실이나 목록에 대한 기억술 사용 등도 포함한다. 가장 중요한 것은 학생이 사용하는 암묵적 정신 과정(내재적 전략)이다. 어떤 관찰 가능한 학습 행동(외현적 전략)일지라도 그 이면의 내면적 전략이 생산적인 경우에만 효과적일 수 있다. 아동은 나이가 들면서 학습 과제 수행 경험이 쌓일수록 보다 정교한 메타인지를 나타낸다. 그럼에도 많은 고등학생과 대학생은 최선의 학습 방법에 무지하거나 잘못 알고 있다.

학습자의 **인식론적 신념**은 지식의 본질(고정된 것인가 역동적인 것인가, 낱낱의 사실의 집합인가 상호 연관된 아이디어의 응집체인가, 외부 권위자로부터 유래한 것인가 내부에서 구성되는 것인가)과 학습의 본질(실무율적으로 발생하는 것인가 장기간에 걸쳐 형성되는 것인가, 선천적인 능력에 의해 결정되는 것인가 아니면 노력과 전략에 따라 달라지는 것인가)에 대한 학습자의 믿음이다. 학생의 인식론적 신념은 학습 과제에 대해 취하는 방식과 무엇인가를 언제 성공적으로 학습했는지를 결정하는 기준에 영향을 준다. 그러한 신념은 학생의 교육 과정에서 계속 진화하여 대학생이나 대학원생이 되면 보다 정교화된다.

이상적으로 학생은 **의도적** 학습자여야 한다. 학습 과정에 능동적이고 의식적으로 참여하여 학습하는 것을 성취하는 특정 목적을 정하고 공부시간에 다양한 학습전략, 자기조절 전략을 동원해야 한다. 의도적 학습은 학생이 학과목을 진정으로 이해하기 위해 개념적 변화를 수행해야만 할 때 매우 중요하다.

학생들이 학급에서 공부할 때 효과적인 전략을

사용하지 않는 원인은 다양하다. 예를 들어 효과적인 전략을 몰라서 그럴 수도 있고, 무엇인가를 '안다'는 것이 의미하는 바에 대해 지나치게 단순한 신념을 가지고 있기 때문일 수도 있다. 유의미학습과 정교화를 가능케 하는 주제에 대한 사전 지식이 불충분할 수도 있고 학교숙제가 그러한 전략에 적합하지 않을 수도 있다. 학생이 학교 공부에 관심이 없을 수도 있고 혹은 무엇을 하건 학교 공부를 잘할 수 없다고 믿고 있을 수도 있다.

연구에 의하면 효과적인 학습과 공부전략을 훈련하면 학업 성취를 높일 수 있다. 학자들은 정교한 메타인지 지식과 기술을 증진시키는 수많은 제안을 했다. 예를 들어 효과적인 학습전략 수업은 별개로 제공되는 것보다 구체적인 학습 내용의 맥락에서 제시되면 더 성공적이다. 전략수업은 학생이 특정 전략을 연습할 기회가 많을 경우 그리고 교사와 학급동료 혹은 수업 소프트웨어 프로그램이 처음에 도와줄 경우 매우 성공적이다. 학생들은 효과적 학습전략과 일관된 인식론적 신념을 발달시켜야 한다. 그리고 그들은 특정 전략이 언제, 왜 도움이 될 수 있는지를 이해해야 한다. 궁극적으로 학생은 충분한 노력과 적절한 전략으로 어려운 수업 자료를 학습할 수 있음을 발견해야 한다.

13

전이, 문제 해결, 비판적 사고

학습 성과

13.1 다양한 형식의 전이와 생산적인 전이가 가장 잘 일어날 만한 조건을 설명한다.

13.2 문제 해결에 대한 행동주의자와 인지주의자들의 관점을 비교하고, 문제 해결의 성공에 영향을 끼치는 주요 인지적 요인을 설명한다.

13.3 문제 해결에서 연산법과 발견법을 구분하고, 다양한 종류의 문제에 대해 광범한 적용 가능성을 가진 몇 가지 일반적인 발견법을 설명한다.

13.4 수업 상황에서나 현대 디지털 기술을 가지고 전이와 문제 해결을 촉진할 수 있는 효과적인 전략들에 대해 알아본다.

13.5 다양한 내용 영역에서 비판적 사고가 취할 수 있는 몇 가지 형태를 묘사하고, 인쇄물과 온라인 둘 다에서 다양한 정보의 출처를 비판적으로 평가하도록 학생들을 도울 수 있는 전략들에 대해 확인한다.

대학에서 수년간 강의를 해오면서 예비교사를 위한 교육심리학 학부강좌를 제일 많이 강의했는데, 강의에는 인간의 기억, 작동적 조건형성, 아동발달, 동기, 학급운영 및 좋은 평가의 실제가 포함되었다. 대부분의 학생들은 그 내용을 아주 잘 숙달하는 것 같았다. 그들은 수업 중 토론에서 통찰력 있는 공헌을 했고, 과제와 시험을 수행할 때 그들이 배운 것을 적용할 수 있었다. 하지만 학생들이 내 강의에서 배운 것이 후에 그들이 자신의 학생들을 어떻게 가르칠지에 영향을 주는지가 궁금했다. 학습, 아동발달 및 동기에 관한 심리학적 개념을 그들이 좋은 수업을 만드는 데 도움이 되도록 사용할 수 있었을까? 교육심리학의 원리와 이론이 수업 문제를 해결하는 데 도움이 되었을까?

내가 교육심리학 강의에서 다루었던 또 다른 주제는 교수 실제에 정보를 주는 심리학적, 교육적 연구들의 중요성이다. 그리고 학기 내내 나는 학생들에게 다양한 주제에 대한 결과들을 조사하라고 자주 주의를 환기시켰다. 하지만 학생들이 형식적인 훈련을 마치고 교사가 된 후에는 새로운 연구와 결과들에 대한 최근 정황을 잘 챙겨 알아줄 필요가 있었다. 그들은 잘 설계된 연구와 형편없이 구상되고 실행된 연구를 구분할 수 있었을까? 그들이 연구자의 결과가 타당하고 중요한지 아니면 완전 가짜인지를 알아낼 수 있었을까?

내가 첫 번째 문단에 제기했던 질문은 전이와 문제 해결에 관한 것이고, 두 번째 문단의 질문은 비판적 사고에 관한 것이다. 이 장에서는 이 세 가지 과정에 대해서 살펴보고 교실환경에서 이것들을 어떻게 촉진시킬지 생각해볼 것이다.

전이

한 상황에서 학습한 것이 다른 상황에서 어떻게 학습하거나 수행하는지에 영향을 줄 때 **전이**(transfer)가 발생한다. 전이는 일상생활의 일부이다. 사람들은 항상 새로운 상황에 직면하고 이에 대처하기 위해 이전에 획득한 지식과 기술에 의존한다. 사실 전이는 인간 기능의 필수불가결한 요소이다. 전이가 없다면 사람들은 새로운 상황마다 어떻게 행동해야 할지를 헤집는 상태에서 출발해야 하므로 시행착오 학습에 많은 시간을 허비할 것이다.

제3장의 고전적, 작동적 조건형성에 대한 논의를 생각해본다면, 이미 전이에 대해 어느 정도는 이야기되었다는 것을 알 수 있을 것이다. 그 장에서 한 유기체가 자극에 대한 반응을 배운 후에 전에 결코 마주한 적이 없는 유사한 자극에 동일한 반응을 한다는 일반화 현상에 대해 생각해보았다.

전이는 보통 수업 상황에서 가장 우선순위에 있어야 한다. 학생들은 자신들이 배운 것을 학교 밖의 삶에서 마주하는 상황들과 문제에 적용할 줄 알아야 한다. 그러나 사람들이 학교에서 배운 것이 항상 새로운 상황으로 전이되지는 않는다. 어떤 사람들은 실제적인 가계예산을 짜기 위해 기초수학조차 사용하지 않는다. 많은 사람들이 역사가 완전 쓸모없다고 생각한다. 한 고등학생은 "역사는 일상과 관련이 없는 과목이다. 이미 지나가버린 죽은 지식을 언제 쓸 기회가 있겠는가?"라고 쓰고 있다(Hsiao, 2011). 그리고 어떤 교사들은 그들이 대학 때 심리학 수업에서 들은 행동주의 원리를 무시한 채 교실에서 부적절한 행동을 강화한다. 많은 학습이론가들이 일반적으로, 많은 학교 학습이 학교 밖에서 절대 쓰지 않을 **쓸모없는 지식**(inert knowledge)을 양산한다는 점에 동의한다(예 : M. Carr, 2010; Haskell, 2001; Levstik, 2011; Whitehead, 1929).

전이의 유형

전이는 서술적 지식, 절차적 지식, 혹은 그 둘 간의 상호작용을 포함할 수 있다. 예를 들어 *HOMES*라는 단어가 오대호의 이름을 기억하는 데 도움을 주듯이 한 단편의 서술적 지식이 다른 여러 서술적 지식을 회상하는 데 도움을 주는 것이다. 야구공 던지는 방법을 낚싯줄 던지는 경우에 적용한다면 이는 절차적 지식이 새로운 절차의 학습에 도움을 준 셈이 된다. 십진수 체계에 대한 이해가 뺄셈문제에서 '빌려오기'를 하는 데 도움이 된다면 서술적 지식이 절차의 수행을 안내하는 것이다. 전이는 절차적 지식에서 서술적 지식으로와 같이 반대방향으로 갈 수도 있는데, 몇 년 전 수상스키 강습에서 발견했다. 10대와 20대 때 수상스키를 꽤 많이 탔었고 제법 스키를 잘 탄다고 생각했다. 꽤 오랫동안 수상스키를 타지 않다가 50대 중반에 다시 수상스키를 시도했는데, 보트가 나를 물 위로 부상시키려고 고생을 했고 나를 쾌적하게 수면 위에 있도록 하기 위해 아주 빨리 달려야만 했다. 나는 스키를 타지 않았던 기간 동안 슬프게도 30파운드나 몸무게가 불었던 것이다. 계속 물위에 떠 있게 하려면 체중이 더 나갈수록 더 빠른 속도가 필요하다는 것과 같이 경험을 통해 습득했던 새로운 서술적 지식은 군것질 섭취를 줄이는 노력에 새삼 박차를 가하도록 했다.

전이가 다른 종류의 지식을 포함할 수 있다는 것을 인정하는 것에 더하여, 이론가들은 전이의 여러 가지 유형을 구분했는데, 정적/부적 전이, 수직적/수평적 전이, 근/원 전이, 특수/일반 전이가 그것들이다.

정적 전이 대 부적 전이

한 상황에서의 학습이 다른 상황에서의 학습이나 수행을 촉진하는 경우 **정적 전이**(positive transfer)가 작용한 것이다. 예를 들어 읽기 연습은 철자법에 도움을 주고, 철자 연습은 읽기에 도움을 준다(N. J. Conrad, 2008). 잘 알고 있는 두 가지 장기기억 저장 과정인 유의미학습과 정교화 또한 정적 전이의 예인데, 이전에 습득된 정보가 새로운 자료를 이해하고 기억하는 데 사용하는 것을 포함하고 있기 때문이다(Brooks & Dansereau, 1987). '옛' 정보는 여러 가지 방식으로 유의미하고 정교한 학습을 도울 수 있는데, 새로운 자료가 부가되는 개념적 틀의 역할을 하거나, 새로운 아이디어가 애매하거나 불완전할 때 학습자가 구멍을 메울 수 있도록 도와주거나, 혹은 추상적인 개념을 더 이해하기 쉽게 구체적인 비유를 제공하는 것이 그러한 것이다.

반대로, 한 상황에서 뭔가를 학습했는데 다음 번 상황에서 학습하고 수행하려는 학습자의 능력이 저해받는 것은 **부적 전이**(negative transfer)의 경우다. 예를 들어 자동변속차량을 운전할 경우, 수동변속차량 운전에 익숙했던 사람이 있지도 않은 클러치를 밟을 수 있다. 외국어를 배우는 사람이 모국어 음성 생성 특징의 패턴을 적용하여 억양이 제대로 되지 않으며, 또한 모국어의 철자법을 잘못 적용하기도 한다(Fashola, Drum, Mayer, & Kang, 1996; R. A. Schmidt & Young, 1987; Sun-Alperin & Wang, 2008). 대학의 다른 강좌에서 내용을 암기하는 데 익숙한 학생들의 경우 나의 응용 위주 시험에 잘 적응하지 못하기도 한다.

종종 부적 전이가 소수점 이하의 계산에서 심각하게 나타나는데, 학생들은 정수 계산에서 배웠던 연산법칙을 잘못 적용한다(Karl & Varma, 2010; Ni & Zhou, 2005). 예를 들어 다음과 같은 두 소수를 비교하라고 하면

2.34 대 2.8

'자릿수가 많으면 큰 수'라는 규칙을 적용하여 2.34가 더 크다고 판단한다(Behr & Harel, 1988). 소수연산에 부적절하게 전이된 또 다른 규칙은 '한 수를 나누게 되면 더 작아진다'는 정수규칙이다. 대학생의 경우에서조차 이 규칙의 부적 전이가 나타난다. 예를 들어 많은 학생들이 다음 문제의 답이 5보다 작을 것이라고 답한다(Tirosh & Graeber, 1990).

$5 \div 0.65$

답은 실제로 7.69로 5보다 더 크다.

보다시피 전이는 좋은 것이기도 하고, 안 좋은 것이기도 하다.

수직적 전이 대 수평적 전이

특정 과목의 경우 주제가 위계적으로 배열되어 있어서 학습자가 다음 단계로 나아가기 위해서는 이전 단계를 정확하게 알아야만 한다. 예를 들어 초등학생이 곱셈을 배우기 전에 반드시 덧셈의 원리를 통달해야 하는데 이는 곱셈이 덧셈의 연장선에 있기 때문이다. 마찬가지로, 의대생은 외과수술 기법을 공부하기 이전에 해부학에 통달해야 한다. 맹장을 찾지 못하면 맹장수술을 할 수 없다. **수직적 전이**(vertical transfer)는 이런 상황을 말하는 것이다. 학습자가 기초 정보나 절차를 기반으로 하여 새로운 지식이나 기술을 습득한다.

다른 경우는 한 주제에 관련된 지식이 다른 주제의 학습에 영향을 주기는 하지만 두 번째 주제의 필수요건은 아닌 경우가 있다. 스페인어에 관한 지식이 영어에 대한 지식에 필수조건은 아니지만 스페인어를 아는 것은 두 언어 사이에 비슷한 단어가 많기에 영어 학습에 도움을 줄 수 있다(예 : Proctor, August, Carlo, & Snow, 2006). 첫 번째 주제의 지식이 두 번째를 배우는 데 도움이 되지만 꼭 필요하지는 않을 때, **수평적 전이**(lateral transfer)가 일어나는 것이다.

근 전이 대 원 전이

근 전이(near transfer)는 표면적 특징과 심층의 관련성 둘 다 유사한 상황이나 문제를 포함한다. 예를 들어 다음 문제를 보자.

자동차 엔지니어가 5초 내에 시속 50마일에 도달할 수 있는 차를 설계했다. 이 차의 가속력은 어떻게 되는가?

공식 $v=a\times t$(속도=가속도×경과시간)를 적용하여 이 문제를 푸는 방법을 학습했다고 가정하자. 또다시 다음 문제가 주어졌다.

> 자동차 판매원이 손님에게 어떤 차는 8초 만에 시속 40마일에 도달할 수 있다고 설명했다. 이 차의 가속력은 어떠한가?

두 문제는 표면적으로 비슷한 것처럼 보이고(둘 다 차가 등장한다) 이면 구조도 유사하다(속도, 가속도, 시간의 관계를 포함한다). 그러나 이제 첫 번째 문제를 푼 후에 이 문제를 보게 되었다고 상상해보라.

> 동물학자의 보고에 의하면 그녀가 관찰한 치타가 매 초마다 시속 6킬로미터씩 속력을 증가시킨다고 한다. 치타가 달리는 속도가 시속 60킬로미터에 다다르려면 얼마나 걸릴 것인가?

일반적인 구조는 이전 문제와 같지만($v=a\times t$), 주제(차에서 치타로)와 측정 단위(시속 마일에서 시속 킬로미터), 그리고 미지수(가속도에서 시간)가 바뀌었다. **원 전이**(far transfer)는 이면의 관계는 유사하지만 표면 특징이 다른 두 경우를 내포한다. '훨씬 더 먼' 전이의 예는 교실을 벗어난 보트나 자동차경주장과 같은 실제 세계의 문제에도 $v=a\times t$ 공식을 적용할 수 있다.

특수 전이 대 일반 전이

근 전이와 원 전이는 특수 전이에 속한다. **특수 전이**(specific transfer)의 경우 원 학습 과제와 전이 과제가 어느 정도는 겹친다. 예를 들어 인간의 해부학에 대해 아는 것은 수의과 대학생이 개의 해부학을 공부하는 데 도움을 준다. 왜냐하면 두 종은 해부학적으로 닮은 점이 많기 때문이다. 영어를 아는 학생은 나바호족 언어나 중국어보다 독일어를 더 쉽게 배운다. 영어와 독일어는 유사한 단어가 많고, 통사적 특징을 많이 공유하고 있기 때문이다.

일반 전이(general transfer)의 경우 원 학습 과제와 전이 과제 간에 내용이나 구조가 다 다르다. 예를 들어 라틴어에 대한 지식이 물리학을 배우는 데 도움이 되거나, 물리학에서 습득한 학습 습관이 사회학 학습을 촉진했다면 일반 전이가 발생한 것이다.

근 전이는 원 전이보다, 특수 전이는 일반 전이보다 더 흔하게 나타난다(S. M. Barnett & Ceci, 2002; Bassok, 1997; Di Vesta & Peverly, 1984; W. D. Gray & Orasanu, 1987; Perkins & Salomon, 1989). 사실 일반 전이가 일어나느냐 하는 문제는 오랫동안 논쟁거리였다. 이제 초기와 현대의 전이 이론을 살펴볼 것인데 무엇이 전이되고 언제 전이되는지에 대한 관점이 크게 달라져왔음을 알 수 있을 것이다.

전이이론

전이가 어떻게 일어나는가? 먼저 20세기와 21세기의 학습이론에 앞서는 전이의 초기 관점을 살펴보고, 행동주의자와 인지주의자들이 어떻게 전이가 일어나고 언제 전이가 일어나는지에 대해 무엇을 말하는지를 알아볼 것이다.

역사적 관점 : 형식 도야

예전의 학자들은 요즘에는 잘 연구되지 않는 엄중하고도 어려운 주제, 예를 들어 라틴어, 고대 그리스어, 형식논리 등을 연구했다. 이러한 주제가 일상적인 과제에 구체적으로 적용될 가능성은 없지만 학자들은 그러한 주제를 숙달함으로써 여러 측면의 일상생활에서의 수행에 도움을 줄 수 있다고 믿었다. 20세기 중반까지도 학생들은 일반적인 학습 능력을 증진시키는 것으로 추정된 수단의 하나로 시와 같은 것들을 외우는 연습을 꾸준히 했다. 그러한 연습은 **형식 도야**(formal discipline)의 개념을 반영하는 것이다. 힘을 기르기 위해 근육을 단련하듯이 새로운 상황에서 더 빨리 배우고 그 상황을 보다 효과적으로 다루기 위해서는 마음을 단련시켜야 하는 것이다.

형식 도야 관점은 일반 전이의 중요성과 가능성을 강조하는데, 즉 상황 간의 차이에 상관없이 한 상황에서의 학습이 다른 상황에서의 학습과 수행을 증진시키는지에 관한 아이디어다. 그러나 연구자들이 인간 학습을 체계적으로 공부하기 시작하면서 이 '심근(mind-as-muscle)'이라는 개념은 곧 폐기되었다. 예를 들어 1890년에 발표했던 연구에서 심리학자 윌리엄 제임스[1]는 연습이 시 학습 능력을 증진시킬 수 있을 것이라고 예측하면서 수 주간 매일 새로운 시를 외웠다. 그러나 그의 시 학습은 나아지지 않았다. 오히려 그는 초반보다 시를 좀 더 느리게 학습하게 되었다. 보다 최근에 연구자들은 사건의 논리적 계열에 대한 정확하고 세밀한 사고를 요하는 기술인 컴퓨터 프로그래밍 학습이 컴퓨터 사용과 무관한 영역의 논리적 사고에는 아무런 영향을 주지 못한다는 것을 발견했다(Mayer & Wittrock, 1996; Perkins & Salomon, 1989).

형식 도야의 관점이 묘사하는 것처럼 극단적인 의미에서의 일반 전이는 발생할 수 없다는 것이 최근 대부분의 학습이론가들의 공통된 견해이다(예 : Haskell, 2001; Salthouse, 2006). 그렇지만 대부분의 이론가들이라고 한 것을 주목할 필요가 있다. 일반적인 정신 운동이 원거리 전이효과를 실제로 가지고 있다는 제안을 하는 몇몇 흥미로운 결과들이 최근에 나타나고 있다. 예를 들어 당시 대중매체에 널리 홍보되던 데이비드 스노든(David Snowdon, 2001)의 연구에서, 그는 90대에도 세미나, 토론, 퍼즐, 저널 쓰기, 그 외 비슷한 활동들을 하여 계속

---

1 제7장에서 이미 윌리엄 제임스를 본 적이 있을 것이다. 100년도 더 전에, 제임스(James, 1890)는 인간의 기억이 요즘 유명한 기억의 이중저장 모델과 비슷한 세 가지 구성요소를 지니고 있다고 제안했다.

정신적으로 능동적이었던 노(老)수녀들의 수녀원을 연구했다. 많은 수녀들이 아낌없이 그들의 뇌를 과학에 기부했고, 사후 연구를 통해 보통 90세 이상에서 발견되는 것보다 훨씬 많은 수의 축색 및 수상돌기를 발견했다. 스노든의 연구는 결정적으로 인과성을 입증하지는 못했는데, 그 수녀원이 처음부터 특별히 똑똑한 수녀들을 데려왔을 수도 있기 때문이다. 하지만 다른 최근 연구들은 특정한 종류의 정신 운동이 분명 광범한 이점을 가지고 있다는 것을 보여주었다. 예를 들어 아이들이 컴퓨터 스크린 상에 다양한 위치로 만화 고양이를 빨리 움직이기 위해 컴퓨터 조이스틱을 이용하는 법을 연습했을 때 그들의 향상된 주의집중 기술은 매우 다른 상황으로 전이되었는데, 짐작하건대 그것은 향상된 중앙집행 기술(central-executive skills)을 반영하는 것이다(M. I. Posner & Rothbart, 2007). 그리고 어른들이 단순한 컴퓨터기반 기억 과제를 매일 연습하는 것은 적어도 단기적으로는 다른 상황에서의 기억을 향상시키는 것으로 보였다(Jaeggi, Buschkuehl, Jonides, & Perrig, 2008). 개인적으로 나는 이 모든 것에 대해 기다리고 보는 태도를 취하고 있다. 이러한 결과들은 우리가 일반적인 정신 운동의 가치에 대해 성급하게 최종적인 결론을 내리기 전에 되풀이되어야 할 필요가 있다.

초기 행동주의 이론 : 손다이크의 동일요소설

문제상자 안의 고양이 실험이 강화와 처벌에 관한 행동주의적 아이디어의 기초를 놓도록 한 또 다른 초기 심리학자 에드워드 손다이크의 연구 결과를 살펴보자(제3장 참조). 손다이크는 전이는 원 과제와 전이 과제가 **동일한 요소**를 가지고 있는 정도에서만 일어난다고 제안했다. 그 말인즉슨, 그 두 과제가 같은 특정 자극-반응 연합을 포함한다는 것이다. 그의 견해를 지지하는 초기 연구(Thorndike & Woodworth, 1901)에서, 사람들은 직사각형의 넓이를 계산하는 많은 훈련을 받았다. 그 훈련은 사람들로 하여금 직사각형과 다른 2차원 도형(예 : 삼각형이나 원)의 넓이를 계산하는 후속 능력(subsequent ability)을 향상시키긴 했다. 그러나 사각형이 아닌 도형들에 대한 계산력에는 영향이 더 적었는데, 그 이유는 아마 직사각형이 아닌 도형들은 직사각형과 유사한 요소와 유사하지 않은 요소 둘 다를 가지고 있기 때문일 것이다. 이후의 연구에서 손다이크(Thorndike, 1924)는 고등학생의 다양한 과목의 학업 성취도의 상호 관련성을 조사했다. 두 과목 간에 유사성이 있을 때만 한 과목의 성취도가 다른 과목의 성취도와 상호 관련이 있었다. 예를 들어 연산의 성취도는 부기(bookkeeping) 과목에서의 수행과 관련되지만, 라틴어의 숙달에는 관련되지 않았다. 손다이크는 특정한 주제를 학습하는 가치가 정신 단련의 이점 때문이 아닌 '그 과목들이 명시적으로 생산할 수 있는 특별한 정보, 습관, 흥미, 태도, 사상'에 있다고 결론지었다(Thorndike, 1924, p. 98).

후기 행동주의 이론 : 자극과 반응의 유사성

손다이크의 연구 이래로 전이에 대한 행동주의적 관점은 전이가 원래 상황뿐 아니라 전이 상황에도 있는 자극과 반응의 특성에 어떻게 영향을 받는지에 초점을 맞췄다. 예를 들어 다음 단어쌍으로 이루어진 4개의 목록을 보자.

목록 1	**목록 2**	**목록 3**	**목록 4**
램프-신발	램프-양말	비-신발	램프-염소
보트-포크	보트-숟가락	곰-포크	보트-가게
벽-잔디	벽-마당	소파-잔디	벽-쌀
옥수수-길	옥수수-시골길	책-길	옥수수-생선

목록 1을 배운 다음 목록 2를 배워야 할 경우를 가정해보자. 목록 1에 주어진 단어쌍에 대한 지식이 목록 2의 단어쌍을 배우는 데 도움이 되는가? 언어학습연구(J. F. Hall, 1966, 1971)에 의하면 답은 '예'이다. 자극 단어가 두 상황에서 동일하고 반응도 유사하다. 따라서 정적 전이가 발생할 것이다.

이제 목록 1을 배운 다음 목록 3을 배워야 한다고 가정하자. 목록 1에 대한 사전학습이 목록 3 학습에 도움이 되는가? 답은 다시 '예'이다(J. F. Hall, 1966, 1971). 자극 단어가 매우 다름에도 불구하고 목록 3의 반응 단어는 목록 1과 동일하고, 이것은 이미 학습된 것이기 때문에 새로운 자극만 대응시키면 되는 것이다.

그러나 이제 목록 1을 배운 뒤 목록 4를 학습해야 하는 경우를 생각해보자. 동일한 자극에 대해 목록 1과는 매우 다른 반응을 학습해야 한다. 목록 1의 학습이 목록 4의 학습을 어렵게 만들 수 있다. 왜냐하면 목록 4의 반응 대신 목록 1의 반응이 먼저 기억되었기 때문이다(J. F. Hall, 1966, 1971). 따라서 부적 전이가 발생한다.

일반적으로 전이에 대한 자극-반응 관점은 세 가지 주요 원리를 산출해냈다(Osgood, 1949; Thyne, 1963).

- 두 상황에서 자극과 반응이 유사할 경우 최대의 정적 전이가 발생한다.
- 자극이 다르고 반응이 유사할 경우 어느 정도 정적 전이가 발생한다.
- 자극이 동일하고 반응이 다를 경우 부적 전이가 일어난다.

첫째와 둘째 원리의 예시로, 한 컴퓨터 프로그램에서 만든 특정 반응들, 예를 들어 워드 프로세싱 프로그램에서의 '복사'와 '붙여넣기'가 다른 컴퓨터 프로그램, 예를 들어 이메일이나 스프레드시트에서도 작동한다는 것을 알 수 있다. 마지막 원리의 예로, 고등학교 때 수업시간표에 2교시 라틴어와 3교시 프랑스어가 들어 있었다. '~과(and, et)'라는 단어가 두 언어에서 동일한 철자를 가졌는데 발음은 전혀 달라서(라틴어에서는 [et], 프랑스어에서는 [ay]) 부적 전이의 조건을 충족시켰다. 때때로 내가 3교시 프랑스어 수업 시간에 무심결에 'et'라는 발음을 해서 여러 번 선생님의 인상을 찌푸리게 했다.

전이에 대한 학습이론가들의 관점이 행동주의에서 보다 인지주의적인 설명으로 옮겨감에 따라, 특정한 자극-반응 연결이라는 언급이 줄어들게 되었다. 그럼에도 불구하고 이미 배운 것과 새로운 상황의 요구 사이에 유사성이 있을 때 전이의 가능성이 상당히 증가한다는 주장에 대해서는 동의한다.

정보처리 관점 : 회상의 중요성

정보처리 관점에 따르면 이전에 배웠던 것이 유용한 시점에 그것을 인출할 때에만 전이가 일어날 수 있다(예 : Cormier, 1987; Haskell, 2001; S. M. Lane, Matthews, Sallas, Prattini, & Sun, 2008; Rawson & Middleton, 2009). 현 상황과 잠재적으로 관련이 있는 이전 지식을 연결시키기 위해서는 학습자들은 작업기억에 그 둘을 동시에 가지고 있어야 한다. 작업기억의 용량이 제한될 뿐 아니라 어느 특정 정보가 인출될 가능성이 낮을 때, 다량의 잠재적 관련 정보나 기술이 도움이 될 만한 상황에 잘 전이되지 않을 수도 있다.

전이 상황에서 **인출단서**의 존재 여부는 작업기억에 인출되는 이같은 관련 정보와 아이디어에 영향을 끼친다. 사건의 요소들과 필요한 정보가 장기기억에서 긴밀히 연관되어 있을 경우, 새로운 사건은 이전에 배운 정보를 생각나게 할 가능성이 더 높다. 예를 들어 처음에 정보를 저장할 때 학습자가 전이 상황을 미리 예견할 경우가 그러한 경우가 될 수 있다.

맥락적 관점 : 상황학습

제11장에서 알 수 있듯이, 몇몇 인지이론가들은 우리가 학습하는 많은 것들이 맥락 특수적이라고 제안해왔다. 이는 학습한 것이 학습이 일어난 환경과 경험에 주로 관련되어 있고, 그러한 환경과 상호작용하는 방식을 포함한다는 것이다. 이러한 **상황학습**(situated learning)은 매우 다른 맥락으로의 전이로 귀결될 것 같지는 않다(예 : J. S. Brown, Collins, & Duguid, 1989; Day & Goldstone, 2012; Greeno, Collins, & Resnick, 1996; Gresalfi & Lester, 2009; Light & Butterworth, 1993).

학교에서도 지식과 기술은 한 교실에서 다른 교실로 꼭 전이되지는 않는다. 살조와 윈덤(Saljo & Wyndham, 1992)의 연구가 이를 잘 나타낸다. 고등학교 학생들에게 특정 무게의 우편물에 얼마짜리 우표를 붙여야 하는지를 결정하도록 요구하고 그들이 필요로 하는 정보와 함께 우표요금표를 주었다. 사회과 수업 시간에 이러한 과제가 주어졌을 때 대부분의 학생들은 답을 찾기 위해 그 표를 사용했다. 그러나 수학시간에 이 과제가 주어졌을 때, 대부분은 그 표를 무시하고 특정 방식으로 우표액수의 계산을 시도했으며 간혹 소수점 이하 자리까지 산출하기도 했다. 결과적으로 사회과 수업에서 정답을 맞힐 확률이 높았다. 전 사회과 교사였던 내가 추정하기에는 그들은 그 맥락에서 표와 차트에서 정보를 찾는 법에 익숙해져 있는 것 같다. 반대로, 수학시간에 많은 학생들은 그 수업과 연관된 전략, 즉 공식을 사용하여 계산하는 법에 의존했으며, 따라서 보다 효율적이고 정확한 접근을 간과했다.

일련의 인지이론가들이 주장하는 것처럼, 모든 인지이론가가 학교 학습이 상황적이라고 믿는 것은 아님을 유념하는 것이 중요하다(예 : J. R. Anderson, Reder, & Simon, 1996, 1997; Bereiter, 1997; Perkins, 1992). 예를 들어 우리 사회에 속한 대부분의 개인들은 학교에서 배워왔음 직한 두 가지 기술인 읽기와 간단한 수학을 학교가 아닌 맥락에서 접한다. 여기서 핵심 요소는 학습자들이 어떤 내용 영역을 넓은 범위의 상황에 적용 가능한 것으로 지각하느냐는 정도인 것 같다(R. A. Engle, 2006; M. C. Linn, 2008; Mayer & Wittrock, 1996). 예를 들어 11살짜리 아이가 쿠키를 구울 때 자기 부모에게 "¼ 2개가 2/4인가요? 수학에서는 그런지 알겠는데 요리할 때도 그런가요?"라고 물어볼 수 있다(Pugh & Bergin, 2005, p. 16). 다행스럽게도 대부분의 학생들은 수학 원리들의 적용 가능성이 광범위함을 배우는데 이는 아마 교사가 학생에게 수학적 원리를 다양한 상황이나 문제에 적용하도록 요구하기 때문일 것이다. 그러나 다른 학문에도 꼭 그렇게 적용되지는 않는다. 예를 들어 대학교 학생들은 대수 시간에 배운 기술을 물리학 수업에 전이시키지만, 그 반대방향, 즉 물리학에서 대수로 전이하는 경우는 드물다(Bassok, 1997).

현대적 의미의 일반 전이 : 학습의 학습

일반 전이의 두 가지 극단적인 견해를 이미 살펴보았는데, 형식 도야 옹호론자들은 엄밀하고도 필수적인 교과를 학습하는 것이 마음을 '단련하고' 강화시키기 때문에 실제로 미래 모든 학습 과제를 촉진한다고 주장한다. 다른 극단의 입장인 손다이크는 한 상황에서의 학습은 두 상황이 동일 요소를 가지는 정도만큼만 다른 상황에 전이된다고 주장한다. 일반 전이에 대한 최근의 견해는 중간의 입장을 취한다. 일반 전이가 특수 전이만큼 흔히 있는 것은 아니지만, 개인이 학습 과정에서 학습 방법을 배운다면 한 시점의 학습이 다른 시점의 학습을 촉진할 수 있다.

학습의 학습에 관한 일부 초기 연구에서 해리 할로(Harry Harlow, 1949, 1950, 1959)는 원숭이와 어린 아동의 변별학습 과제 수행 속도가 점점 빨라짐을 발견했다. 그 말인즉슨, 그들이 2개 이상의 대상 중 어느 것이 일관되게 강화를 이끌어낼 수 있을지에 대해 더욱 효율적으로 학습하게 되었다는 것이다. 더욱 근래에 다수의 연구가 메타인지 지식과 기술의 전이가(transfer value)를 조사했다. 제12장에서 설명했듯이, 효과적인 학습전략과 습관은 한 교과에서 다른 교과로 일반화되기도 한다(S. M. Barnett & Ceci, 2002; Cormier & Hagman, 1987a; De Corte, 2003).

지식의 전이를 넘어 : 정서반응, 동기, 태도 역시 전이된다

우리가 지금까지 검토한 전이에 대한 모든 견해는 그 차이점에도 불구하고 한 가지 공통점이 있다. 두 과제가 정보나 필요한 기술에서 최소한 어느 정도 겹쳐 있기만 하면 그 기술이 설사 주제 특수적인 것이 아니고 보편적인 메타인지적인 것일지라도 한 상황에서 다른 상황으로의 전이 가능성이 존재한다. 그러나 전이는 인지적, 메타인지적 습득에 반드시 한정될 필요가 없다. 예를 들어 제3장의 고전적 조건형성에서 논의되었듯이, 어린 알버트가 흰 쥐에 대한 공포심을 다른 복슬복슬한 흰 물체에 일반화(전이)했음을 상기하자. 정서반응이 새로운 상황에 전이될 수 있듯이, 동기도 전이될 수 있다. 예를 들어 학습 과제에서 학습자가 스스로 세운 목표, 즉 진정으로 학과목을 통달하는 것이거나 혹은 그저 수업 과제나 시험에 '통과할' 수준으로 기계적으로 암기만 하는 것이든 학생이 한 수업에서 전혀 다른 상이한 수업으로 옮겨 가더라도 그 목표는 이어지는 경향이 있다(Pugh & Bergin, 2005, 2006; Pugh, Linnenbrink, Kelly, Manzey, & Stewart, 2006; Volet, 1999). 더 나아가 학습 및 사고와 관련된 일반적인 태도와 신념, 예를 들어 학습은 각고의 노력뿐 아니라 다양한 견해에 대한 열린 마음을 필요로 한다는 인식은 다수의 영역에 걸쳐 이후의 학습과 성취에 엄청난 영향을 끼치고 그에 따라 일반 전이가 작용한다는 것을 실제로 보여줄 수 있다(Cornoldi, 2010; De Corte, 2003; Pugh & Bergin, 2006; D. L. Schwartz, Bransford, & Sears, 2005). 어떤 학생들은 교실에서 배우는 것을 적용하고자 하는 일반적인 욕구를 발달시키기도 하는데, 다시 말해 그들은 **전이의 정신**(spirit of transfer)을 가지고 있다고 볼 수 있는데, 이것은 이후 교수 상황에서 지속적으로 재출현한다(Haskell, 2001; Pugh & Bergin, 2005, 2006).

전이에 영향을 주는 요인

당연히, 학습자가 학습 과제에 접근할 때 적용하고자 하는 의식적인 의도를 가진다면 그들이 배운 것을 더 전이하기 쉽다. 여러 다른 요인들도 전이의 가능성에 영향을 주는데, 다음의 원리들에 반영되어 있다.

- **유의미학습은 기계적 학습보다 전이를 더 잘 촉진한다.** 이전 장들에서 우리는 유의미학습(새로운 정보를 우리가 이미 알고 있는 것들과 연결시키는 것)이 기계적 학습보다 장기기억 저장과 인출을 더욱 효과적으로 이끌어낸다는 것을 살펴보았다. 이제 유의미학습의 또 다른 장점을 보자. 그것은 정적 전이의 가능성을 높인다(Brooks & Dansereau, 1987; Mayer & Wittrock, 1996; Schwamborn, Mayer, Thillmann, Leopold, & Leutner, 2010). 예를 들어 한 실험에서(Mayer & Greeno, 1972), 대학생들이 확률을 계산하는 데 유용한 특별공식에 대한 두 가지 교수법 중 한 가지 방법으로 수업을 받았다. 집단 1은 공식 그 자체에 초점을 둔 수업을 받은 반면, 집단 2는 학생들이 가진 일반 지식과 공식의 관련성을 강조한 수업을 받았다. 집단 1의 학생들은 그들이 수업시간에 배운 것과 비슷한 문제에 공식을 더 잘 적용할 수 있었지만, 집단 2의 학생들은 수업에서 구체적으로 다루지 않았던 방식으로 공식을

더 잘 사용했다. 다시 말해 그들은 더 다양한 상황에 공식을 전이시킬 수 있었다.

- **무언가를 더 철저하게 배울수록 새로운 상황에 전이가 잘 된다.** 연구 결과도 이 점에 있어서는 명백하다. 전이 가능성은 학생들이 무언가에 대해 잘 알수록 높아진다(J. M. Alexander, Johnson, Scott, & Meyer, 2008; Cormier & Hagman, 1987a; Haskell, 2001; Voss, 1987).

  물론 지식과 기술을 철저히 숙달하는 데는 시간이 걸린다. 사실, 처음의 학습을 더 느리고 어렵게 만든 몇 가지 조건은 오히려 장기적으로는 파지(제8장 참조)와 전이에 도움이 된다. 예를 들어 학습자가 수업 시간에 연습할 과제의 종류를 더 다양하게 하면, 다시 말해 하나의 수업 단원에 대해 다양한 과제 또는 동일한 과제의 다양한 변이를 경험하게 하면, 처음에는 낮은 수행을 보이지만 배운 것을 새로운 상황에 전이하는 능력은 증진된다(Z. Chen, 1999; Kornell & Bjork, 2008b; R. A. Schmidt & Bjork, 1992; van Merriënboer & Kester, 2008).

  따라서 편의와 전이 사이에는 분명히 균형이 있다. 적은 양을 깊이 있게 가르치는 교사들은 많은 것을 빨리 가르치는 교사보다 전이를 더 잘 촉진할 수 있다. 이것이 제9장에서 소개한 덜하는 것이 더하는 것(less-is-more) 원리다.

- **두 상황이 유사할수록 한 상황에서 배운 내용이 다른 상황에 적용되기 쉽다.** 행동주의자들은 전이 발생에는 자극 또는 반응의 유사성이 필요하다고 주장했다. 인지주의자는 대신 전이는 적절한 시간에 관련 정보를 인출하는 것과 관련되므로 두 상황의 실제 유사성보다는 지각된 유사성이 더 중요하다고 본다(Bassok & Holyoak, 1993; Day & Goldstone, 2012; Haskell, 2001; Voss, 1987). 어떤 방법이든, 유사성이 전이 가능성을 증진시킨다.

- **개별 사실보다 원리가 더 쉽게 전이된다.** 일반적인 원리와 규칙은 특수한 사실과 정보보다 더 잘 적용될 수 있다(S. M. Barnett & Ceci, 2002; Gick & Holyoak, 1987; Judd, 1932; M. Perry, 1991; Singley & Anderson, 1989). 예를 들어 제3장을 읽었다면 작동적 조건형성의 기본 원리를 기억할 수 있을 것이다. 즉 강화물이 뒤따르는 반응은 강화되고 따라서 다시 일어나기 쉽다. 이 원리는 광범위한 상황에 쉽게 전이될 수 있는 반면 같은 장에서 언급한 특수한 사실들(누가 무슨 연구를 했고 언제 이 연구를 했는지)은 그렇지 못하다. 마찬가지로, 학생들이 어떠한 혁명이나 국가 간 전쟁과 같은 근대 사건을 이해하려고 할 때, 역사의 일반 원리, 예를 들어 상호 만족할 만한 정세에 도달하려는 다른 시도들이 실패했을 때 두 집단은 전쟁을 일으키게 된다는 것은 제2차 세계대전에 관한 상세한 지식보다 더 적용 가능성이 높을 것이다. 일반적이고 다소 추상적인 원리는 새로운 상황이 겉으로 보기에는 이전 경험과 유사하지 않지만 기저의 구조적, 개념적 유사성을 공유할 때, 다시 말해 새로운 상황이 원 전이를 요구할 때는 특히 유용하다(J. R. Anderson et al., 1996; Chi & VanLehn, 2012; Perkins, 1995).[2]

  학생들이 고학년으로 올라갈수록 그들은 이전에 학습했던 것과는 사뭇 다른 주제들에 일반 원리를 적용하는 능력을 얻을 수도 있다. 예를 들어 한 연구에서(Bransford & Schwartz, 1999), 5학년 학생과 대학생들에게 그 주에서 멸종위기종인 대머리 독수리의 개체수 증가를 위한 계획을 짜도록 요구했다. 양쪽 연령 집단의 학생들 모두 독수리 보전에 대한 전략은 공부해본 적이 없고, 따라서 두 집단이 개발했던 계획은 크게 부족했다. 하지만 계획을 개발하는 과정에서 대학생들은 5학년들보다 더 정교한 질문을 했다. 예를 들어 5학년 학생들은 독수리에만 초점을 맞춘 반면(예 : 독수리는 얼마나 커요? 독수리는 무엇을 먹나요?), 대학생들은 더 큰 그림(예 : 독수리는 어떤 유형의 생태계에 존재하나요? 독수리와 새끼 독수리의 포식자들은 누구인가요?)을 바라보았다(Bransford & Schwartz, 1999, p. 67). 즉 대학생들은 다년간의 과학 공부에서 얻은 중요한 원리들을 이용하고 있었는데, 그 원리는 살아있는 생명체들이 그들의 서식지에서 위협을 받을 때보다 지원을 받을 때 생존 가능성이 더 크다는 것이다.

- **풍부하고도 다양한 사례와 연습기회가 정보와 기술이 새로운 상황에 적용될 가능성을 높인다.** 대체로 특정 정보와 기술이 만나는 사례와 연습 상황이 더 많을수록 미래 전이가 일어날 가능성이 더 높다(J. R. Anderson et al., 1996; Cormier & Hagman, 1987b; Cox, 1997; Perkins, 1995; R. A. Schmidt & Bjork, 1992). 예를 들어 기본 사칙연산의 원리를 학습할 때 그 원리를 식료품점에서 싸고 좋은 물건을 결정하거나, 친구들과 물건을 똑같이 나누거나, 패스트푸드 식당에서 비싸지 않고 건강에 좋은 식사를 고르는 등의 상황에 적용하도록 요구할 수도 있다. 사칙연산은 장기기억 내에서 이 모든 상황과 연관될 것이고, 두 식품 중 같은 값으로 더 좋은 것을 생산하는 것이 어떤 것인지를 결정할 필요가 있을 때 관련 연산 과정이 쉽게 인출될 것이다.
- **이전 과제와 전이과제 사이의 시간 간격이 길어질수록 전이 가능성은 낮아진다**(S. M. Barnett & Ceci, 2002; Gick & Holyoak, 1987). 인출의 결과인 것으로 보이는 다른 원리가 있다. 즉 최근에 학습된 정보일수록 시간적으로 더 이전에 습득된 정보보다 더 쉽게 접근할 수 있으며, 따라서 더 쉽게 인출될 수 있다(제8장에서 망각에 대한 논의 참조).
- **전이는 문화적 환경이 전이를 격려하고 기대할 때 증가한다.** 전이 가능성에 영향을 끼치는 가장 중요한 요인 중 하나는 학습이 일어나는 일반적인 사회문화적 맥락이다(R. A. Engle, 2006; Haskell, 2001; Pea, 1987; Rogoff, 2003). 특히 사회적 환경 내에 있는 경험이 많은 어른들과 다른 개인들이 전이의 중요성에 대해 얘기하고 외견상으로 다양한 과제와 문제들 간의 유사성을 자주 지적할 때, 학습자가 새로운 환경에 관련 지식과 기술을 적용할 가

[2] 퍼킨스와 살로몬(Perkins & Salomon, 1989, 2012)은 낮은 길(low-road) 전이와 높은 길(high-road) 전이를 구분한다. 낮은 길 전이는 새로운 상황이 겉으로는 이전 경험과 매우 유사한 경우, 즉 관련 지식과 기술이 쉽게 인출될 때 발생한다. 그런데 높은 길 전이에서는 사람들이 새로운 상황과 그들의 이전 경험들 사이에 신중하고도 정교한 연결을 만들어야만 한다. 그러한 연결은 기저의 추상적 원리에 기반을 두고 있다. 달리 말하면, 낮은 길 전이는 근 전이를 포함하는 상황에서 발생하기 쉽고, 높은 길 전이는 원 전이를 포함하는 상황에 필요한 것이다.

능성이 더 높다. 그러한 문화는 종종 직장에서 존재하는데 신입사원이 광범하고 다양한 직장 환경에서 새롭게 습득한 서술적·절차적 지식을 사용할 것으로 기대된다(Haskell, 2001; Wenger, 1998). 몇몇 학급에서도 분명하게 있지만 학교에서는 생각만큼 보편적이지는 않은 것 같다. 학생들은 너무 자주 이해하기 어려운 목적을 위해 학교 교과목을 습득하라는 격려를 받는 것처럼 보이는데(예 : '이것은 대학에서는 알아야만 한다' 또는 '삶에서 나중에 유용하게 될 것이다'), 하지만 그것이 언제 어떤 식으로 유용할지에 대한 통찰은 거의 주어지지 않는다.

문제 해결

문제 해결(problem solving)에 대해서 이야기하는 것은, 이미 학습한 지식과 기술을 해결되지 않은 질문이나 문제가 되는 상황을 고심하는 데 사용하는 것, 즉 전이하는 것을 말하는 것이다. 아래가 그러한 예들이다.

1. 3,354를 43으로 나누면?
2. 60대의 교육심리학자가 인스턴트 식품을 먹는 습관을 절제하려면 어떻게 해야 할까?
3. 정치적, 종교적 신념이 다르고 상호 신뢰가 결여된 두 집단을 어떻게 군비를 삭감하고 상호 협력과 평화적 공존을 위해 힘쓰도록 납득시킬 수 있을까?

세상은 우리에게 다양한 종류의 문제를 제시한다. 문제 1과 같이 어떤 문제는 간단하다. 해결에 필요한 모든 정보가 주어지고, 답이 틀리고 맞고가 명확하다. 문제 2와 같은 것은 추가적인 정보[예 : 교육심리학자가 신체를 활발히 움직이는가 아니면 하루종일 집에 앉아서 전문잡지를 읽거나 스마트폰으로 *Words with Friends*(퍼즐게임의 일종)를 하는가?]를 필요로 하며, 해결책이 두 가지 이상(예 : 다른 식습관에 대한 자기강화, 우편 배달과 인터넷 접근이 없는 무인도에서 6개월간 지내기)이 될 수도 있다. 문제 3과 같은 것은 너무 복잡해서 상당한 연구와 창의적인 사고를 통해서도 용이한 해답이 떠오르지 않을 수 있다. 다양한 종류의 문제는 다양한 절차와 해결책을 필요로 한다. 문제 해결의 이러한 다면적 본질로 인해 문제 해결의 이론적 연구에서 매우 도전적인 노력을 기울여왔다.

어떤 문제건 최소한 세 가지 요소가 포함된다(Glass, Holyoak, & Santa, 1979; Wickelgren, 1974).

- 목표(goal) : 바라는 최종 상태 — 문제 해결이 희망을 갖고 성취할 것
- 조건(givens) : 문제가 주어질 때 제시되는 정보
- 조작(operations) : 목표에 접근하고 도달하기 위해 수행할 수 있는 행동

조작은 '만약 그렇다면(IF-THEN)'이라는 법칙을 따른다. 내가 이러이러한 것을 얻으면, 그 다음에는 내가 이러이러한 것을 해야 한다는 법칙이다(제9장의 산출에 대한 논의를 떠올려 보라).

문제는 위의 세 구성요소가 얼마나 잘 상세화되고 명확한지에 따라 크게 달라진다. 한 극단은 **잘 정의된 문제**(well-defined problem)인데 바라는 결과가 명확하게 제시되고, 필요한 정보를 쉽게 이용할 수 있고, 특별한 일련의 조작 과정을 거치면, 즉 그 과정이 적절히 실행된다면 정확한 해결에 이를 수 있는 문제를 말한다. **잘못 정의된 문제**(ill-defined problem)는 목표가 애매하고 필수정보가 누락되어 있으며, 목표달성을 보장하는 수단이 없는 경우이다. 잘 정의된 문제는 하나의 단일한 해결책만 있는 반면 잘못 정의된 문제는 상대적인 타당성과 수용 가능성에 따라 다양한 해결책이 있다. 3,354를 43으로 나누는 것은 잘 정의된 문제인 반면, 군비축소의 문제는 잘못 정의된 문제다(즉 '상호 협력과 평화적 공존'이 애매하다).[3] 짐작하다시피 잘못 정의된 문제는 잘 정의된 문제보다 해결이 더 힘들기 마련이며 훨씬 더 복잡한 문제 해결 전략을 필요로 한다.

불행히도, 학자들은 우리가 실생활에서 더 자주 접하는 잘못 정의된 문제보다는 종종 인위적이기도 한 잘 정의된 문제에 더 초점을 맞춰왔다. 문제 해결에 대한 논의를 계속 하다 보면 이러한 편파성을 알게 될 것이다. 그렇지만 앞으로 제시될 대부분의 이론과 원리는 두 가지 문제 모두에 적용되는 것이다. 그리고 사실 이 장의 후반에 잘못 정의된 문제를 해결하기 위한 하나의 전략은 그것들을 더 정확하게 밝히는, 즉 잘 정의된 문제로 옮기는 것임을 알게 될 것이다.

문제 해결 이론

행동주의자와 인지주의자들 모두 인간과 다른 동물이 어떻게 문제를 해결하는지에 관한 이론을 제시했다. 여기서 우리는 문제 해결에 대한 초기 행동주의적, 인지주의적 관점을 간략히 살펴볼 것이다. 그다음에 최근의 설명을 탐색하면서 주로 정보처리이론을 이용할 것이다.

초기 행동주의 관점 : 시행착오학습과 반응위계

제3장에서 문제상자 안의 고양이를 이용한 손다이크(Thorndike, 1898)의 고전적 연구에 대해 읽었을 것이다. 고양이가 문제를 해결할 때(갇혀 있는 상황에서 나오려고 할 때), 고양이는 상자를 탐색하고 여러 곳을 건드려보며 마침내 문을 여는 기제를 건드리게 되었다. 불쌍한 고양이는 상자 안으로 되돌아가 석방기제를 건드릴 때까지 또다시 다양한 행동을 시도했다. 연속되는 시도에서 고양이는 점점 빨리 탈출할 수 있었고, 옳은 반응에 따라 보상을 받았다. 이

3 잘못 정의된 문제에 대한 심층적인 논의는 Voss, Wolfe, Lawrence, & Engle(1991)을 참조하라.

일반적인 접근은 주로 시행착오의 하나로 볼 수 있었다.

시행착오 접근은 종종 아동의 문제 해결 행동에서도 관찰된다. 예를 들어 많은 아동이 어떻게 조각그림 맞추기를 하는지를 보자. 그들은 조각들의 모양이나 채색을 고려하지 않고 우연히 맞는 조각을 찾을 때까지 여러 조각들을 한 곳에 끼워본다. 가능한 해결책이 적을 때만 이러한 전략은 사용할 수 있다.

시행착오학습에서 인간과 동물 모두 특정 문제를 다양한 방법 중에 더 성공률이 높은, 즉 더 자주 강화를 받은 방식으로 해결할 수 있음을 발견할 수 있다. 그 결과 문제를 구성하는 자극은 여러 가지 반응과 연결되고 어떤 연합이 다른 것보다 더 강하게 된다(예 : G. A. Davis, 1966; Hull, 1938; Shabani, Carr, & Petursdottir, 2009; B. F. Skinner, 1966). 이러한 **반응위계**(response hierarchy)는 다음과 같이 그림으로 나타낼 수 있다(더 굵은 선이 더 강한 연합을 나타냄).

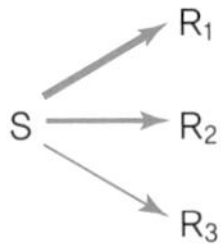

예를 들어 내 딸 티나가 어릴 때, 나와 아이 아빠가 금하는 어떠한 행동의 허락을 받아내는 것에서 종종 같은 문제가 있었다. 이 문제 상황에서 티나는 세 가지 반응을 동일한 순서로 차례차례 시도했다. 먼저 예쁘게 미소 지으면서 그 금지된 행동을 자신이 얼마나 많이 하고 싶은지 설명했다(이 반응이 이런 상황에서 가장 강하게 연합되었음이 분명하다). 그 방법이 통하지 않으면 엄마아빠가 자기에게 아무것도 하지 못하게 한다고 화를 내며 말하곤 했다. 최후의 수단으로 그녀는 자기 방으로 달려가 문을 쾅 닫고는 엄마아빠가 자기를 미워한다고 소리를 질렀다. 티나는 그러한 문제는 부모의 눈에 흙이 들어가기 전에는 풀 수 없을 거라는 건 절대 배우지 못했었다.

시행착오학습과 반응위계가 문제 해결 행동을 이해하는 데 가끔 유용하기는 하지만, 현대 이론가들은 행동주의적 접근을 포기하고 문제 해결에 수반된 인지주의적 과정에 더 초점을 맞추었다. 이 추세에 발맞추어 여기서도 행동주의를 버리고 나머지 논의에서는 좀 더 인지지향적인 관점을 받아들일 것이다.

초기 인지주의 관점 : 통찰과 문제 해결 전략

제6장에서 게슈탈트 심리학자 볼프강 쾰러(Wolfgang Köhler, 1925)의 침팬지의 문제 해결 행동 실험에 대해 설명했다. 쾰러는 손다이크가 설명했던 형식의 시행착오행동을 관찰할 수 없었다. 오히려 그가 보기에 침팬지는 문제 상황의 요소를 조심스럽게 검토하고(말하자면 여러 가지 물건을 판단하는 것), 성공적인 조합이 이루어질 때까지 그 요소들을 정신적으로 구성

하고 재구성하고 있었다. 통찰의 순간 침팬지는 즉시 갑자기 행동을 개시해서 문제를 해결하기 위해서 일련의 반응을 신중하게 해냈다. 쾰러의 관점에서, 문제 해결은 통찰이 성취되기까지 문제 상황을 정신적으로 **재구조화**하는 과정이다.

문제 해결에 대한 다른 초기 인지주의 접근은 문제 해결이 진행되는 정신적 단계, 아마 통찰을 포함하는 단계들을 규명하는 것이었다. 예를 들어 월러스(Wallas, 1926)는 문제 해결의 4단계를 확인했다.

1. 준비(preparation) : 문제를 규정하고 관련 정보를 수집하기
2. 부화(incubation) : 다른 활동을 하면서 무의식 수준에서 문제를 생각하기
3. 영감(inspiration) : 문제의 해결에 대한 순간적인 통찰하기
4. 검증(verification) : 답이 정확한지 확인하기

월러스는 문제 해결의 측면이 정신적 '섬광'으로부터 온다고 제안한 반면 폴야(Polya, 1957)는 의식적이고 통제된 정신 활동에 많이 의존하는 4단계를 제시했다.

1. 문제 이해 : 문제에서 아는(주어진) 정보와 모르는 정보를 확인하고 적절한 경우 수학기호와 같은 알맞은 표기법을 사용하여 문제를 표현하기
2. 계획 수립 : 문제 해결을 위해 적절한 행동을 규정하기
3. 계획 수행 : 계획을 실행하고 그 효과를 검토하기
4. 되돌아보기 : 미래에 생길 유사문제의 해결 방법을 학습하려는 의도를 갖고 계획의 전반적인 효율성을 평가하기

불행하게도, 월러스와 폴야는 이러한 문제 해결의 묘사를 통제된 실험을 통해서가 아니라 내성법과 일상의 관찰을 통해 추출했다. 그리고 학습자가 4단계를 수행하는 방식에 대해서도 모호한 입장을 취했다(Lester, 1985; Mayer, 1992; Schoenfeld, 1992). 이러한 이유들로 문제 해결의 초기 단계 이론은 사람들의 문제 해결 성공을 촉진하는 데 제한적으로만 유용했다.

그러나 이런 초기 인지적 관점들은 최근 문제 해결에 대한 설명에 영향을 준 것은 분명하다. 곧 살펴보겠지만 문제 해결은 가끔 신중하고 통제된 정신 과정(폴야가 기술한 것과 비슷한 것)을 수반하고, 다른 경우에는 덜 의식적인 과정(월러스가 설명한 것)을 포함한다. 게다가 학습자들은 가끔 그들이 씨름하고 있는 문제를 재개념화(재구조화)하며 그렇게 함으로써 갑작스러운 통찰과 같은 해결에 이를 수도 있다.

정보처리이론

대부분의 현대 연구자들은 정보처리 접근법을 취하고 문제 해결 과정에 기여하는 특정 인지 과정에 주로 초점을 맞췄다. 다음 부분에서 그러한 과정들에 대해 살펴볼 것이다.

성공적인 문제 해결에 영향을 주는 인지적 요인

문제를 성공적으로 해결하는 능력은 인간의 정보처리체제의 몇몇 요소에 달려 있는데, 작업기억 용량, 부호화 과정, 장기기억 인출, 문제와 관련된 기존 지식, 그리고 메타인지가 그러한 것이다. 이러한 요인들에 대해 살펴보면서 우리는 특정 내용 영역에 있어 문제 해결의 전문가와 초보자의 몇 가지 차이를 확인할 것인데, 이는 어떤 사람은 아주 힘들게 하거나 아예 풀지도 못하는 문제를 어떤 사람은 쉽고 효과적으로 푸는 이유를 밝히기 위해서다.

작업기억 용량

기억하다시피, 작업기억은 능동적이고 의식적인 사고가 일어나는 기억 구성요소이다. 그러나 이 요소는 한 번에 단지 적은 양의 정보만을 가지고 처리할 수 있다. 만약 어떤 문제의 해결에 필요한 정보와 정신 과정이 작업기억에 너무 많은 인지 부하를 부과한다면, 혹은 무관한 사고가 작업기억 용량을 너무 많이 소모하게 한다면, 그 문제는 해결될 수 없다(Gathercole, Lamont, & Alloway, 2006; Hambrick & Engle, 2003; Wiley & Jarosz, 2012).

문제 해결자들은 두 가지 방법을 통해 작업기억 용량의 한계를 극복할 수 있다. 첫째, 문제 해결에 필요한 정보 중 일부는 외부에 저장시킬 수 있거나(예 : 종이에 쓰거나 컴퓨터 스크린에 집어넣기), 아마 심지어 외적으로 처리할 수도 있다(예 : 계산기를 사용하기). 둘째, 제8장에서 제시했듯이, 문제 해결에 포함된 몇몇 기술을 자동화될 정도로 충분히 학습함으로써, 대부분의 작업기억 용량을 더 도전적인 문제 해결에 이용하도록 남겨둘 수 있다.

문제의 부호화

오래된 아이들의 수수께끼를 보자.

> 이브스 길을 가다가,
> 7명의 부인을 둔 남자를 만났다.
> 부인들은 각각 7개의 자루를 가지고 있었다.
> 각 자루에는 7마리의 고양이가 있었다.
> 고양이는 각각 7마리의 새끼가 있었다.
> 새끼, 고양이, 자루, 부인
> 이브스 길을 가는 것들을 모두 합한 수는?

많은 사람들은 이 문제에 대해 이러한 논리적 접근법을 사용한다. 1명의 여행자 더하기 1명의 남자 더하기 7명의 부인 더하기 7^2(49)개 자루 더하기 7^3(343)마리 고양이 더하기 7^4(2,401)마리 새끼는 총 2,802이다. 이렇게 문제를 푸는 사람은 부호화를 잘못한 것이다. 특히 수수께끼의 첫줄 '이브스 길을 가다가'를 간과했다. 문제의 진술에는 다처주의자가 어디서 그들의 부인들과 동물들을 데리고 가는지를 명시하지 않았다. 이브스 길일 수도 있지만 아닐 수도 있는 것이다.

문제 부호화의 결정적 요소 중 하나는 문제의 어떤 측면이 해결책을 찾는 데 관련되는지 여부를 결정하는 것이다. 두 번째 관련된 요인은 문제 해결의 다양한 측면이 어떻게 부호화되는지다(K. Lee, Ng, & Ng, 2009; Mayer & Wittrock, 2006; Ormrod, 1979; Whitten & Graesser, 2003). 예를 들어 같은 상황을 두 가지 다른 식으로 제시하는 예를 보자.

- 새 5마리와 벌레 3마리가 있다. 새가 벌레보다 몇 마리 더 많은가?
- 새 5마리와 벌레 3마리가 있다. 벌레를 먹지 못하는 새는 몇 마리인가?

1학년의 경우 첫 번째 문제는 잘 풀지 못하고 두 번째는 쉽게 풀 수 있다(Hudson, 1983). 처음 문제는 관계 정보, 즉 어떤 것이 다른 것과 비교되는 방식의 저장을 필요로 한다. 관계 정보는 성인도 부호화하기 어렵다(Mayer & Wittrock, 1996). 예를 들어 한 연구에서(Mayer, 1982), 대학생들이 다음과 같은 문제를 기억하는 능력을 알아보았다.

> 트럭 한 대가 오후 1시에 샌프란시스코를 향해 로스앤젤레스를 출발했다. 두 번째 트럭이 로스앤젤레스를 향해 샌프란시스코를 출발한 시간은 오후 2시다. 두 도시가 465마일 떨어져 있고 두 트럭이 오후 6시에 만났다고 하자. 두 번째 트럭이 첫 번째 트럭보다 시속 15마일이 더 빠르다고 할 때 각 트럭의 속도는? (Mayer, 1982, p. 202)

학생들은 문제의 관계 측면(예 : 한 트럭이 다른 트럭보다 시속 15마일 더 빠름)을 기억하는 것에서 기본 주장(예 : 두 도시 사이의 거리가 465마일임)을 기억하는 것에서보다 3배의 실수를 했다.

사람들이 문제를 부호화하는 방식, 그리고 문제를 푸는 방식은 처음에 문제를 범주화하는 방식과 부분적으로 함수관계가 있다. 예를 들어 이브스 길 시를 처음에 수학문제로 지각했다면, 아마 필요 이상으로 훨씬 더 많은 정신 활동을 한 뒤 오답으로 끝났을 것이다. 사람들은 다양한 **문제도식**(problem schema), 즉 특정한 문제는 특정한 방식으로 해결될 수 있다는 지식을 가지고 있으며 그것을 문제 범주화에 사용한다(G. Cooper & Sweller, 1987; L. S. Fuchs et al., 2004; Mayer & Wittrock, 2006). 예를 들어 이 문제를 생각해보자.

> 애나는 쇼핑을 갔다. 그녀는 3.50달러를 쓰고 집에 와서 액수를 확인하니 2.35달러가 남았다. 애나는 처음에 얼마를 가지고 갔을까?(Resnick, 1989, p. 165)

문제를 읽고 덧셈 도식을 적용하면 5.85달러라는 답을 구할 수 있을 것이다. 하지만 문제에서 남았다는 말이 뺄셈이 필요한 문제로 여기게 한다면(왜냐하면 많은 뺄셈문제가 보통 "얼마나 남았는가?"로 질문하기 때문임) 1.15달러라는 오답에 이를 수도 있다(Resnick, 1989).

문제 범주화는 사회적 문제를 해결하는 데도 작용한다. 다음 상황을 보자.

> 앨리스의 9학년 사회수업 시간에 학생들은 2명씩 과제를 할당받아 하고 있었다. 선생님은 가장 잘하는 조에게 상을 줄 것이라고 말했다. 앨리스는 동생 루이자에게 자기 짝인 맥이 자기와 더 이상 과제를 하지 못하겠다고 한 것에 대해 불평을 했다. 맥은 앨리스가 너무 으스댄다고 생각했다. 루이자는 일단 앨리스와 맥이 과제를 시작해서 과제를 마치고 상을 받는 것이 최상이라고 제안해주었다. 그러나 앨리스는 그것 대신에 맥에게 얘기해서 자신이 앞으로 으스대지 않겠다고 약속해야 한다고 생각하고 있다(Berg & Calderone, 1994에 기초함).

루이자와 앨리스는 문제를 서로 다른 방식으로 범주화하고 있다. 따라서 다른 결론에 도달한 것이다. 루이자의 시각에서 문제는 과제 완수다. 앨리스는 문제를 전혀 다르게 보고 있는데 그것은 대인관계의 갈등을 해결하는 것이다(Berg & Calderone, 1994).

특정 내용 영역의 전문가와 초보자는 문제를 다르게 범주화하는 것 같다(Anzai, 1991; M. T. H. Chi & VanLehn, 2012; De Corte, Greer, & Verschaffel, 1996). 전문가는 일반적으로 추상적 개념과 기저에 깔린 원리와 패턴에 기초하여 문제를 범주화한다. 그들은 다양한 문제를 표현하는 데 사용하는 잘 개발된 일련의 문제도식을 가지고 있는 것처럼 보인다. 이에 반해 초보자는 문제의 특수하고 구체적인 면에 초점을 맞추어 그 측면에만 관련된 정보를 인출하기 쉽다. 한 예로 쇤펠드와 헤르만(Schoenfeld & Herrmann, 1982)은 수학교수와 학생이 다양한 문제를 범주화하는 방식을 비교했다. 교수들은 문제 해결에 관련된 추상적 원리에 기초하여 문제를 분류했다. 등비에 의해 풀리는 문제가 같이 묶이고 모순에 의해 풀리는 문제가 같이 묶이는 등으로 말이다. 반대로 학생들은 다항식을 포함하느냐 혹은 평면 기하도형을 포함하느냐 등 더 표면적인 특징에 기초하여 문제를 분류했다. 한 학기 수업을 다 받은 후 다시 분류했는데, 이때 그들은 교수들이 했던 것처럼 분류하기 시작했다.

또한 전문가는 문제를 풀기 전에 잘못 정의된 문제를 재정의하는 데 더 많은 시간을 보내는 것 같다(J. B. Mitchell, 1989; Swanson, O'Connor, & Cooney, 1990; Voss, Tyler, & Yengo, 1983; Voss, Wolfe, Lawrence, & Engle, 1991). 이 문제를 예로 살펴보자.

> 여러분이 한 개발도상국의 농림부장관이라고 가정하자. 지난 수년간 곡물 생산성이 낮아 사람들이 굶기 시작했다. 곡물을 증산하기 위해 무엇을 해야 하겠는가? (Voss, Greene, Post, & Penner, 1983; Voss, Tyler et al., 1983에 기초함)

잠시 몇 분 동안 여러분의 아이디어를 적어보라.

문제를 정의하는 데 시간이 얼마나 걸렸는가? 아마 많은 시간이 걸리지는 않았을 것이다. 여러분은 아마 바로 가능한 문제 해결책에 대해 생각하기 시작했을 것이다. 하지만 여러분이 저 나라를 전문으로 하는 정치학자였다면, 문제를 어떻게 풀지 생각하기 전에 문제의 다양한 측면, 예를 들어 지방정부의 정책과 관행, 가용한 농지량, 최근 기후 조건, 가능한 기술 등을 고려하는 데 많은 시간을 들였을 것이다(J. B. Mitchell, 1989; Voss, Greene et al., 1983; Voss, Tyler et al., 1983).

부호화에서 마음 갖춤새 사람들은 흔히 나름의 방식으로 문제에 접근하고 부호화하기 마련인데, 이러한 현상을 **마음 갖춤새**(mental sets)라고 부른다.[4] 이러한 마음 갖춤새의 희생양이 되는 사람들을 위한 문제가 여기 있다.

> 테니스 공을 던져 앞으로 잠깐 갔다가 잠시 멈춘 다음 뒤로 오게 하려면 어떻게 해야 하는가? 공을 표면에 튀기거나 공에 무언가(줄 같은 것)를 붙이면 안 된다(M. Gardner, 1978에 기초함).

한번은 석사 수준 학습이론 강의에서 이 문제를 제시한 적이 있는데 35명 중에서 반 정도만 풀 수 있었다. 대부분의 학생들은 공을 수평방향(심지어 어떤 학생들은 야구 투수가 공을 던지는 형식으로 문제를 부호화했다고 말했다)으로 던지는 것을 전제로 접근했다. 이러한 마음 갖춤새를 깨뜨리는 순간 답은 간단하다. 공을 위로 던지면 된다.

마음 갖춤새의 다른 예로 이 문제를 보라.

> 벽에 게시판이 걸린 방이 있다고 하자. 과제는 바닥으로부터 4피트 높이의 게시판 옆에 얇은 양초를 세우는 것이다. 화재위험이 있어서 양초가 게시판을 건드리면 안 된다. 따라서 양초를 1센티미터 정도 떨어뜨려 둘 필요가 있다. 그림 13.1에 주어진 재료만 사용하여 이 과제를 어떻게 완수하겠는가? (Duncker, 1945에 기초함)

내용을 더 읽기 전에 일단 해결 방법을 생각해보라.

대학원 수업에서 이 문제를 체험 활동의 일환으로 제시했을 때, 학생들은 전형적으로 세 가지 다른 해결책을 제시했다. 하나의 해결책은 뜨개바늘을 초를 관통해 게시판에 고정시키는 것이었다. 이렇게 하면 양초는 필히 쪼개지며 게시판은 구멍이 날 것이다. 두 번째 해결책은 수평면을 만들기 위해 자를 압정으로(혹은 뜨개바늘을 이용해) 게시판에 고정시켜 그 위에다 양초를 놓는 것이다. 그러나 위태롭게 놓아둔 자는 양초를 올리는 순간 바닥에 떨어진다. 세 번째 해결책만이 유효하다. 압정 상자에서 압정을 모두 꺼낸 다음, 압정으로 상자를 게시판에 붙이고, 그 상자의 윗면에 양초를 촛농이나 압정으로 고정시킨다. 생각해보면 그 해결책은 빤하지만 많은 사람들은 상자를 용기로만 부호화하고 다른 기능을 생각하지 못해 해결에 어려움을 겪는다.

사물이 오직 하나의 기능만을 지닌다고 생각하고 따라서 다른 용도를 간과하는 경향은 **기능적 고착**(functional fixedness)으로 알려진 마음 갖춤새의 한 형태이다(예 : Birch &

[4] 게슈탈트 심리학자들이 마음의 경향(Einstellung)이라는 용어로 이 개념을 소개했다.

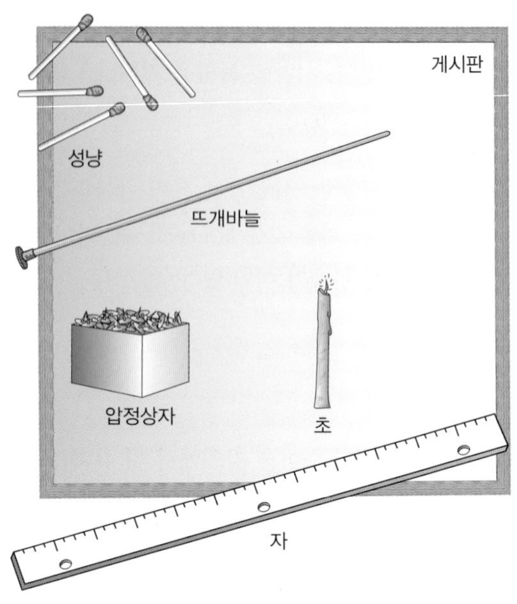

그림 13.1 주어진 사물을 사용하여 안전하게 촛불을 켤 수 있도록 게시판 옆에 양초를 똑바로 세울 수 있는 방법은?

Rabinowitz, 1951; Duncker, 1945; McCaffrey, 2012). 기능적 고착을 경험하는 정도는 부분적으로 상황조건에 따라 다르다. 압정이 상자 바깥에 나와 있을 경우 상자를 용기로만 부호화할 가능성이 낮아져서 더 쉽게 양초 문제를 푼다(Duncker, 1945). 상자에 '상자'라고만 이름이 쓰여 있어도 문제를 푸는 것이 더 쉬워지는데(Glucksberg & Weisberg, 1966), 왜냐하면 그 이름표가 주의를 끌어 상자를 문제 해결에 사용할 수 있게 하기 때문이다.

마음 갖춤새와 기능적 고착은 부분적으로는 과거 경험에 의한 것이다. 문제에 대한 특정한 접근 방식이 예전에 효과가 있었다면, 그것을 계속 사용하려고 할 것이며 자동화 수준까지 학습이 될 수도 있다. 따라서 사람들은 그것이 부적절하거나 쓸데없이 번거로운 상황에서조차 종종 다소 머리를 쓰지 않는 방식으로 쉽게 그 접근법을 적용하게 되는 것이다(제8장의 자동성의 단점에 대한 논의를 기억하라).

루친스의 물병문제 실험(1942; Luchins & Luchins, 1950)은 과거 경험이 얼마나 강하게 문제 해결에 영향을 줄 수 있는지를 잘 설명해준다. 크기가 각기 다른 물병 3개가 있다고 하자.

물병 A는 물 20온스를 담는다.
물병 B는 물 59온스를 담는다.
물병 C는 물 4온스를 담는다.

정확히 31온스의 물이 필요하다. 물이 무한정 주어진다고 가정한다면 3개의 물병만을 이용해서 정확한 양의 물을 얻는 방법은 무엇인가? 더 읽기 전에 해결책을 생각해보라.

해답은 다음과 같다.

1. 물병 B를 채운다. 59온스를 얻게 된다.
2. 물병 B에서 물병 A로 가득 찰 때까지 붓는다. 물병 B에는 물이 39온스 남는다
3. 물병 B에서 물병 C로 가득 찰 때까지 붓는다. 물병 B에는 물이 35온스 남는다.
4. 물병 C의 물을 버리고, 물병 B의 물을 물병 C에 가득 찰 때까지 붓는다. 이제 물병 B에 필요한 정확한 양인 31온스의 물이 남게 된다.

수학적으로 말하자면, 문제에 대한 해결책은 다음과 같다.

$$B-A-2C$$

루친스(Luchins, 1942)는 자신의 연구에서 답이 항상 B−A−2C인 일련의 문제를 피험자들에게 주었다. 그 후 다음 세 문제를 제시했다.

물병 A 용량	물병 B 용량	물병 C 용량	목표량
23	49	3	20
15	39	3	18
28	76	3	25

거의 모든 사람이 첫 번째 문제는 이전의 공식 B−A−2C를 이용하여 잘 풀었다. 그렇지만 공식이 적용되지 않는 세 번째 문제풀이에는 어려움을 겪었다. 그런데 사실 세 문제 모두 매우 쉽게 풀 수 있다. 첫 번째와 세 번째 문제의 경우 A−C이고 두 번째 문제는 A+C인 것이다. 루친스의 연구에서 피험자들(머리가 아주 좋을 것 같은 교수, 대학원생들)은 이전 경험에서 확립된 문제 해결의 마음 갖춤새의 희생양이 되었던 것이다.

대부분의 상황에서 유사한 문제를 유사한 방식으로 푸는 경향은 성공적인 문제 해결을 촉진한다. 마음 갖춤새는 문제가 기억에 부호화되는 방식에 영향을 주지만 이 부호화가 다시 관련 가능성이 있는 정보와 절차를 찾는 장기기억의 부분들에 영향을 준다. 한 사람의 문제 부호화가 그 사람을 장기기억 내에서 비생산적인 '방향'으로 이끈다면 문제 해결을 방해하게 된다(Bilalic, McLeod, & Gobet, 2010; N. R. F. Maier, 1945; Mayer, 1992; D. L. Schwartz, Chase, & Bransford, 2012; Stein, 1989; R. J. Sternberg, 2010).

장기기억 인출

이전에 얻은 지식을 문제 해결에 사용하기 위해서 사람들은 그 문제에 대해 생각할 때 그것을 인출해야만 한다. 따라서 장기기억의 인출을 촉진하는 유의미학습, 새로운 아이디어의 통합 등과 같은 저장 과정들 또한 성공적인 문제 해결을 촉진한다.

사람들이 문제와 관련된 지식을 장기기억에서 검색할 때는 논리적인 '장소'에서 찾기 시작

한다. 익숙한 아이디어를 먼저 인출하고 '상자 밖에서' 생각하기를 요구하는 해법과 같이 독창적이거나 일상적이지 않은 해법은 찾더라도 나중에 찾는다(Bourne, Dominowski, Loftus, & Healy, 1986; Storm & Angello, 2010). 또한 문제 상황의 여러 측면과 밀접하게 연관된 정보를 인출하는 경향이 있다. 예를 들어 양초-상자를 포함하는 단어쌍 목록을 미리 학습했다면 촛불문제를 더 쉽게 풀 수 있다(Bassok, 2003; Weisberg, DiCamillo, & Phillips, 1979). 중요한 인출 단서를 주는 힌트는 그 관련성을 인식한다면 유용할 수 있다(Bassok & Holyoak, 1993; Gick & Holyoak, 1987).

문제 해결 중에 생산적인 인출 과정을 방해할 수 있는 하나의 요인은 불안이다. 제14장에서 불안의 효과에 대해 더 자세히 알아보겠지만, 지금은 불안이 검색하고자 하는 장기기억의 부분을 제한하고 따라서 유용한 정보를 찾을 기회를 줄이는 것으로 인출을 방해할 수 있다는 점을 알아두어야 한다(Ashcraft, 2002; Beilock, 2008; Zeidner & Matthews, 2005). 예를 들어 아주 간단한 문제를 갖고 있다고 가정하자. 여러분은 차 열쇠를 찾을 수 없다. 중요한 약속에 이미 늦어서 열쇠를 빨리 찾는 것이 매우 절실하다. 여러분은 같은 장소를 반복해서 찾아본다. 열쇠가 숨어 있을 만한 다양한 장소에 대해 창의적으로 생각하지 못한다.

일반적으로 불안한 개인은 해결 방법이 쉽게 드러나지 않는 경우에는 문제 해결에 어려움을 겪기 쉽다(Glucksberg, 1962; B. Hoffman, 2010). 예를 들어 초기 연구(Glucksberg, 1962) 중에, 대학생들에게 그림 13.1과 비슷한 촛불문제를 풀게 했다. 어떤 학생들에게는 상자 밖에 있는 압정이 주어졌고(쉬운 형식), 반면에 다른 학생들에게는 상자 안에 있는 압정이 주어졌다(어려운 형식). 더 나아가 각 형식의 문제에 대해 몇몇 학생들에게 문제를 빨리 풀면 1962년으로 치면 제법 많은 돈인 최대 25달러까지 벌 수 있다고 일러주었다. 그 정도면 문제를 풀면서 학생들의 스트레스 수준이 의미 있게 높아졌을 것이다. 다음은 네 집단의 평균 반응시간(분)이다. 오래 걸릴수록 문제를 어렵게 푼 것을 의미한다.

	쉬운 버전	**어려운 버전**
낮은 불안	4.99	7.41
높은 불안	3.67	11.08

상자가 비었을 경우 그것을 초 받침으로 사용하는 것이 분명한 것이었고 불안은 문제 해결을 촉진했다. 그러나 상자가 이미 용기로 사용된 경우에는 그렇지 않은 경우보다 불안이 문제 해결을 훨씬 더 어렵게 했다.

문제 해결에 대한 불안의 효과는 장기기억에서 검색할 장소를 알고 있을 경우 감소하는 것으로 보인다. 불안 수준이 높은 사람들이 낮은 사람들보다 문제 해결과제에서 더 낮은 수행을 보이지만, 적절한 인출을 촉진하는 기억보조수단이 주어졌을 경우 두 집단의 수행 수준이 비슷했다(Gross & Mastenbrook, 1980; Leherissey, O'Neil, & Hansen, 1971).

장기기억 인출에서 부화의 가치 앞에서 소개되었던 월러스의 문제 해결 4단계 이론에서 주요 단계 한 가지는 **부화**(incubation)였다. 부화란 다른 활동에 참여하면서, 아마 무의식적인 수준에서 잠시 동안 문제를 '스며들도록' 놔두는 것을 말한다(Wallas, 1926). 많은 현대 인지이론가들도 특히 어려운 문제를 다루는 데 있어서 부화의 중요성을 입증해왔다. 먼저 문제 해결을 방해하는 요소, 예를 들어 피로, 불안, 비생산적인 마음 갖춤새 등은 부화 기간 동안 소멸될 수도 있다. 그리고 휴지기 동안, 아마 여러 영역을 (반드시 의식적 목적이나 의도를 가지지 않은 채) '목적 없이 방황하기만' 해도 장기기억을 좀 더 광범위하게 검색할 수 있다. 그러다가 예기치 않게 잠재적으로 도움이 되는 아이디어가 '걸려들기도' 한다. 그러한 아이디어를 만나게 되면 전에 풀지 못한 문제와의 연관성을 볼 수도 있고 전과 다른 방식으로 문제를 부호화(즉 재구조화)할 수도 있고, 그 문제와 다르게 씨름할 수도 있다. 어떤 경우에는 재부호화가 거의 즉각적인 해결책을 가져와 앞에서 언급했던 갑작스러운 통찰 현상으로 귀결될 수도 있다(I. K. Ash & Wiley, 2006; Baird et al., 2012; Kounios & Beeman, 2009; Strick, Dijksterhuis, & van Baaren, 2010; Topolinski & Reber, 2010; Zhong, Dijksterhuis, & Galinsky, 2008).

이 책의 여러 개정본을 저술하면서 나도 부화가 매우 유용한 전략임을 발견한 적이 있다. 저술을 할 때 직면한 가장 큰 문제는 계속 확장되는 학습과 동기 관련 연구 결과들을 가장 잘 조직하고, 또한 합당한 책 크기를 유지하는 방법을 알아내는 것이었다. 이 분야가 계속 성장하고 진보함에 따라, 지난 번 개정본 때 사용했던 조직구조가 다음 개정본에서는 더 이상 쓸모가 없음을 깨닫고 대안적인 배열 방식을 시험하기도 한다. 그러나 내 마음은 어떤 한 날에 일어나는 아주 적은 패러다임 전환만을 처리해 나갈 수 있는 것 같다. 종종 내가 할 수 있는 최선책은 오후에 컴퓨터를 끄고 산책을 가거나, 텔레비전 게임 쇼를 한두 개 보면서 '마음의 먼지'를 가라앉히는 것이다. 다음 날 아침 컴퓨터 앞으로 돌아왔을 때, 전날 떠오르지 않았던 신선한 아이디어가 종종 떠오르곤 했다.

지식기반

대체로 성공적인 문제 해결자는 해결해야 하는 문제에 대한 지식기반이 더 완전하고 더 잘 조직되어 있다. 그리고 그들이 그 분야의 전문가인 경우, 그들의 전문 분야에 있어 특수한 문제 해결 전략에 대한 더 많은 지식을 가지고 있다. 예를 들어 한 문제를 특정한 범주에 속하거나 어떤 문제 도식에 일치하는 것으로 분류했을 때, 그들은 손쉽게 그 문제를 해결할 수 있는 절차를 적용하고, 기본적인 문제 해결 절차를 자동화하는 것을 학습해왔다. 전문가들이 가진 것처럼 풍부한 지식기반이 부족한 초보 문제 해결자들은 시행착오에 의존하거나, 비생산적인 절차를 고집하거나, 부적절한 가정을 하거나, 기계적이고 무의미한 방식으로 절차와 공식을 적용하는 것과 같은 비효율적인 문제 해결 전략에 관여하기 쉽다(Anzai, 1991; Bédard &

Chi, 1992; M. Carr, 2010; Chi, Glaser, & Farr, 1988; Lawson & Chinnappan, 1994; S. K. Reed, 1993).

메타인지

메타인지는 문제 해결에 결정적 역할을 한다. 특히 성공적인 문제 해결자는

- 문제를 성공적으로 해결할 수 있는 충분한 지식을 가지고 있다고 믿어야 한다.
- 어떤 문제는 해결에 상당한 시간과 노력이 필요함을 인식해야 한다.
- 일반적인 실행 과정을 계획해야 한다.
- 잠재적으로 관련이 있는 문제 해결 전략에 대해 유연하게 고려하고 적절한 것을 선택해야 한다.
- 해결에 이르는 과정을 검토하고 필요한 경우 전략을 수정해야 한다(M. Carr, 2010; Dominowski, 1998; B. Hoffman & Spatariu, 2008; Kirsh, 2009; Mayer & Wittrock, 2006; Zimmerman & Campillo, 2003).

학생들은 가끔 효과적인 문제 해결을 방해하는 인식론적 신념을 가지고 있다. 예를 들어 제12장에서 언급했던 것처럼, 수학 수업을 받는 많은 학생들은 (1) 수학문제는 단 하나의 정답만 가질 수 있고, (2) 특정한 문제의 해결 방법은 한 가지고, (3) 문제 해결 절차가 반드시 이해되지는 않으며, (4) 문제는 몇 분 안에 풀리거나 아니면 아예 안 풀리는 것 둘 중 하나라고 믿는다(De Corte, Op't Eynde, Depaepe, & Verschaffel, 2010; Muis & Foy, 2010; Richland, Stigler, & Holyoak, 2012). 그리고 학생들이 한 과목의 본질이나 더 일반적으로 지식에 대한 순진한 믿음을 가지고 있을 때, 즉 어떤 문제든 사실상 단 하나의 옳은 해결책만 있다고 생각할 때, 그들은 잘못 정의된 문제를 다룰 때 상당히 어려움이 있을 것 같다(P. M. King & Kitchener, 2004; Schraw, Dunkle, & Bendixen, 1995).

문제 해결 전략

여러 부분에서 나는 적절한 문제 해결 전략의 중요성을 암시해왔다. 이러한 전략들은 보통 두 가지 일반적인 범주인 연산법과 발견법에 속하게 된다.

연산법

앞서 언급했듯이 잘 정의된 문제는 대개는 특정한 순서의 조작을 사용하여 해결될 수 있다. 예를 들어 3,354를 43으로 나누는 문제는 두 가지 절차를 사용하면 풀 수 있다. (1) 나눗셈 공식을 적용하거나, (2) 계산기나 컴퓨터의 단추를 적절한 순서대로 누르는 것이다. 어떤 방법이든 78이라는 정답을 구할 수 있다. 비슷한 방법으로, 레시피에 적혀 있는 대로 재료와 분

량, 그리고 오븐 온도만 맞추어 주면 맛있는 호박파이도 만들 수 있는 것이다. 이러한 구체적이고 단계적인 문제 해결 절차를 **연산법**(algorithms)이라 부른다. 연산법은 전형적으로 영역 특수적이다. 특정 내용 영역의 특정 문제를 해결하는 데 유용한 연산법은 다른 영역의 문제에는 적용이 거의 불가능하다.

예를 들어 다음과 같은 산수문제를 풀 때 아동은 몇 가지 연산법을 사용할 수 있다.

내가 사과 2개를 가지고 있는데 네가 사과 4개를 더 주었다. 내가 가진 사과는 모두 몇 개인가?

덧셈을 제대로 배우지 않은 아동이라도 이와 같은 문제는 풀 수 있다(T. P. Carpenter & Moser, 1984). 초기의 전략은 두 손가락을 펴고 다시 네 손가락을 더 펴서 펴진 모든 손가락을 센 다음 '사과 6개'라고 답하는 것이다. 조금 지나면 아동은 최소(min) 전략을 쓰는데 큰 수부터 시작하여 (사과문제에서는 4부터 시작하여) 작은 수를 차례로 더해 간다(즉 "사과 4개에다 다섯, 여섯, 모두 6개네요."라고 세는 것)(Siegler & Jenkins, 1989). 더 나중에는 물론 대부분의 아동이 일일이 세지 않고도 쉬운 덧셈 문제를 답할 수 있도록 해주는 기본 덧셈 계산 방법을 배운다(예 : '2+4=6'). 새로운 전략이 생기면 아동들은 그것을 효율적으로 다루는 데 어려움을 겪어, 이전의 덜 효율적이지만 더 믿을 만한 전략에 의존한다. 마침내 새로운 전략에 충분히 익숙해지면 이전의 덜 효율적인 전략은 편안한 마음으로 버리게 된다(Siegler & Alibali, 2005).

때때로 하나의 연산법만으로는 문제 해결이 충분하지 않을 때 두 가지 이상의 연산법을 조합하여 정답에 이를 수도 있다. 그러나 연산법의 조합은 듣는 것만큼 쉽지는 않다(Mayer & Wittrock, 1996; Scandura, 1974). 어떤 경우에 아동은 형식적인 수업 교육 또는 일상적인 경험 모두에서 연산법을 어떻게 조합하는지 배워야 할 수도 있다. 예를 들어 여러분이 기본적인 덧셈과 뺄셈 계산 방법을 알고 있는 7살 아동이라고 가정해보자. 실험자인 나는 연필, 사각형 캐러멜, 장난감 병정, 종이 클립, 포커 칩과 같은 여러 종류의 작은 물건들이 있는 책상에 여러분을 앉힌다. 여러분에게 몇 개의 한 종류의 물건, 예를 들어 연필 7자루를 주었다고 하고, 한 세트의 물건과 다른 세트의 물건을 바꿀 수 있는 '교환 규칙'을 가르쳐주었다고 가정하자. 예를 들어 아동 친화적인 교육에서는, 내가 여러분에게 몇 개의 캐러멜을 주었다면 여러분은 그보다 하나 더 많은 장난감 병정을 주어야 하고, 내가 여러분에게 몇 개의 장난감 병정을 주었다면 그보다 2개 더 많은 연필을 주어야 된다고 가르쳤다고 하자. 대수적으로 말하자면 아래의 두 가지 규칙을 가르친 것이다.

n개의 캐러멜=n+1개의 장난감 병정
n개의 장난감 병정=n+2개의 연필

이러한 몇 가지 규칙을 숙달했을 때, 내가 여러분에게 두 가지 규칙의 조합을 필요로 하는 거래, 예를 들어 '내가 여러분에게 몇 개의 캐러멜을 줄 때 여러분은 나에게 몇 개의 연필을 주어야 하는가?'라고 질문한다. 이 상황에서 여러분은 어른이 아니라 단지 7살짜리 아이라는 것을 기억해야 한다. 여러분에게 이러한 식으로 연산법을 조합하는 명백한 교육이 필요할 가능성은 매우 높다(Scandura, 1974).

발견법

모든 문제가 연산법으로 해결되는 것은 아니다. 예를 들어 인스턴트식품 중독을 치료하거나 세계평화를 확립할 수 있는 확실한 연산법은 존재하지 않는다. 다른 상황에서는 연산법이 실행되기에 너무 많은 시간이 걸리는 경우도 있다. 예를 들어 체커게임에서 최상의 수를 두는 효과적인 연산법이 존재한다 하더라도 실행이 불가능하다. 그 연산법은 모든 가능한 수를 생각한 다음 다시 모든 가능한 상대방의 다음 수를 생각하고 또 그에 대응하는 모든 수를 생각하고 해서 그 모든 수에 대응하는 모든 가능한 수순에서 승자가 예측될 수 있을 때까지 계속하는 것이다(Samuel, 1963). 이러한 연산법으로는 체커 한 게임에도 능숙한 컴퓨터 프로그래머가 필요하거나 일생 동안 전념하는 것이 필요할 것이다.

특정 문제에 연산법이 존재하지 않거나 실행이 어려울 경우 사람들은 **발견법**(heuristics)을 사용하는데, 이것은 정답을 산출할 수도 그러지 못할 수도 있는 일반적인 문제 해결 전략이다. 다음 예들을 보자.

문제에 대해 혼잣말하기 제8장에서 장기기억 저장을 향상시키기 위한 자기설명(self-explanation)의 가치에 대해 배웠다. 자기설명은 문제 해결에 있어서도 종종 유용하다. 문제와 그 문제를 해결하기 위해 필요한 단계들에 대한 혼잣말은 자기설명이 적절하다면 타당한 접근법을 확인하고 해결에 이르는 과정을 검토하는 능력을 증진시킨다(M. Carr, 2010; Crowley & Siegler, 1999; Renkl, 2011; 예외로 S. M. Lane & Schooler, 2004 참조).

브레인스토밍 브레인스토밍을 할 때, 처음에는 문제에 대한 다수의 가능한 접근법을 만들어 내려고 하는데 그 접근법이 얼마나 현실적이고 실행 가능한지는 고려하지 않는다. 별 괴상한 것들을 포함하여 많은 가능성들이 만들어진 이후에야 그 가능성들을 잠재적 유용성과 효율성에 입각하여 평가한다. 이렇게 평가를 연기하는 것은 장기기억 내의 지식을 보다 광범위하게 검색하게 하고 비상하고 창의적인 해결책을 우연히 발견하게 할 가능성을 높인다(Baer & Garrett, 2010; Runco & Chand, 1995; Sweller, 2009).

수단-목표 분석 수단-목표 분석에서는 한 문제를 2개 이상의 하위문제로 쪼갠 뒤 각각을 순차적으로 해결한다(De Corte et al., 2010; Newell & Simon, 1972; Sweller & Levine, 1982). 예를 들어 유아가 손이 닿지 않는 곳에 있는 관심을 끄는 장난감을 보고 있다고 가정하자. 그 장난감에는 끈이 매여 있다. 끈의 다른 끝은 손이 닿을 거리에 있는 옷에 연결되어 있다. 옷과 아이 사이에는 스펀지고무 장벽이 있다. 12개월 된 많은 유아들은 이것저것을 종합해서 추론할 수 있고 목표(장난감 획득)를 달성하기 위해서는 우선 몇 가지 다른 작업을 해야만 한다는 것을 알아차릴 수 있다. 그에 따라 장벽을 제거하고 옷을 잡아당겨 끈을 잡고 장난감을 감아올리게 된다(Willatts, 1990; 또한 Z. Chen, Sanchez, & Campbell, 1997 참조).

거꾸로 풀기 어떤 경우에는 최종 목표에서 출발해서 한 번에 한 단계씩 거꾸로 풀면서 최초 문제 상태로 되돌아가는 것이 유용할 때가 있다(Chi & Glaser, 1985; Newell, Shaw, & Simon, 1958; Wickelgren, 1974). 거꾸로 풀기는 대수나 기하학 증명을 풀 때 자주 적용할 수 있다. 최초 상황, 즉 어떤 특징을 지닌 공식이나 기하도형을 주고서는 수학적으로 논리적인 일련의 단계를 거쳐 다른 공식이나 다른 특징(목표)이 참이어야만 하는지를 증명하게 한다. 때로는 목표에서 거꾸로 최초 상태로 논리적으로 가는 것이 더 쉽고 수학적으로도 타당하다.

심상 이용 작업기억이 시각적 자료의 단기기억 저장과 조작을 가능하게 하는 시각 공간 그림판을 포함하고 있을 수도 있다는 것을 배웠다(제7장 참조). 또한 심상이 장기기억에 정보를 저장하는 잠재적으로 강력한 수단을 제공한다는 것도 배웠다(제8, 9장 참조). 따라서 문제가 시각화하기 쉽거나 분명한 공간 구조를 지니고 있으면 사람들은 문제를 풀기 위해 때때로 심상을 이용한다(L. D. English, 1997; Geary, 2006; Hegarty & Kozhevnikov, 1999; Kosslyn, 1985; Ormrod, 1979).

유추 다음 문제를 풀 수 있는지 보라.

> 위에 악성종양이 있는 환자와 대면하게 된 의사라고 하자. 수술이 불가능한데, 그렇다고 종양을 없애지 않으면 환자가 죽는다. 종양을 파괴하는 어떤 광선이 있다. 그 광선이 충분히 강한 강도로 갑자기 종양에 닿게 되면 종양이 파괴될 것이다. 불행히도 그러한 강도는 광선이 종양까지 지나가는 경로에 있는 건강한 세포도 파괴할 것이다. 건강한 세포에 해가 되지 않을 정도의 낮은 강도로는 종양에도 영향을 줄 수 없을 것이다. 어떤 종류의 절차가 광선으로 암세포만 죽이면서 건강한 세포의 파괴를 막는 데 사용될 수 있겠는가? (Gick & Holyoak, 1980, pp. 307-308)

문제 해결이 어려우면 다음 상황을 고려하라.

> 장군은 어떤 나라 중심부에 있는 요새를 점령하고 싶다. 요새로부터 여러 길이 뻗어 있다. 모두 지뢰가 매설되어 있는데, 적은 무리의 병사는 그 길을 안전하게 통과할 수 있는 반면 대규모 병력은 지뢰를 폭발하게 할 것이다. 따라서 전면적인 직접 공격은 불가능하다. 장군의 해결책은 병력을 소그룹으로 나누어서 각 그룹을 여러 길에 분산시켜 보내고 모든 병력이 동시에 요새에 모이게 하는 것이었다. (Gick & Holyoak, 1980, p. 309)

다시 종양문제로 돌아가자. 요새를 점령하는 장군의 전략은 종양을 파괴할 방안에 대한 아이디어를 제공해준다. 즉 약한 강도의 광선을 여러 방향에서 쏘아 종양에 동시에 모이도록 하는 것이다. 요새문제의 해답을 먼저 읽었던 대학생들은 종양문제를 쉽게 풀었다. 두 문제는 유추의 방법을 통해 해결될 수 있기 때문이다(Gick & Holyoak, 1980).

현재의 한 문제와 이전에 풀었던 하나 이상의 문제들 사이에 유추를 도출해내는 것은 현재 문제를 다루는 방법에 대해 때로는 통찰을 줄 수 있다(L. D. English, 1997; Leung et al., 2012; Schultz & Lochhead, 1991). 예를 들어 이미 계산해봤던 비슷한 문제, 즉 특정 절차를 사용하여 정확하게 풀었던 문제를 공부한 학생은 그와 유사한 수학문제를 풀 수 있을 것 같다(Mwangi & Sweller, 1998; Reimann & Schult, 1996; Renkl & Atkinson, 2010). 다른 예로, 그리스 과학자 아르키메데스가 기원전 250년경에 직면했던 문제를 보자.

> 히에론 왕은 금 세공인에게 금관을 만들 것을 부탁하고 사용할 금을 주었다. 완성된 금관을 받았을 때 왕은 금 세공인이 금의 일부를 더 싼 은으로 바꾸고 자신을 속일 수 있다는 의심이 들었다. 금 세공인의 결백을 증명하는 방법은 부피에 대한 무게를 비교하는 것이었다. 모든 금속은 무게에 따라 특정 부피를 가지는데 그 비율이 제각각 다르다. 왕관의 무게를 다는 것은 쉽지만 부피는 어떻게 잰단 말인가?

어느 날 아르키메데스는 욕조에 몸을 담그면서 그 문제를 곰곰이 생각하고 있었다. 욕조의 물이 올라가는 것을 바라보다가 유추(아마 시각적 심상이었을 수도 있음)를 통해 즉시 왕의 문제의 해답이 떠올랐다. 왕관의 부피는 물이 가득 든 용기에 왕관을 담갔을 때 넘친 물의 양을 측정하는 것으로 판단할 수 있었다.

그러나 유추를 사용하는 것이 정확한 해결을 보장하지는 않는다. 문제 해결자들이 부정확한 유추를 하거나 부적절한 평행선을 그릴 수도 있다(Bassok, 2003; Mayer & Wittrock, 1996; Novick, 1988). 더욱 중요한 장애물은, 전문가의 지도 없이 유용한 유추를 인출하고 인식할 가능성은 대개는 매우 작다는 것이다. 사람들은 연령에 상관없이 유추 대상이 그 관련성을 명확하게 하는 유사한 표면적 특징을 갖고 있지 않으면 문제를 다룰 때 유추를 사용하지 않는다(Bassok, 2003; Gick & Holyoak, 1980; Holyoak & Koh, 1987; Mayer & Wittrock, 1996).

문제 요소의 외적 표상 이용하기 상대적으로 작은 작업기억 용량은 사람들이 문제를 해결하려고 할 때 머릿속으로 할 수 있는 정도를 불가피하게 제한한다. 사람들은 종이나 컴퓨터에 문제의 몇몇 측면을 가시적으로 저장하면서, 예를 들어 표를 만들거나, 문제의 구성요소를 목록으로 만들거나, 잠정적으로 가능한 해결책을 써내려 가는 것으로 그러한 용량을 늘릴 수 있다. 문제의 외적 표상은 사람들이 문제를 더욱 구체적으로 부호화하고 그 요소들 간의 상

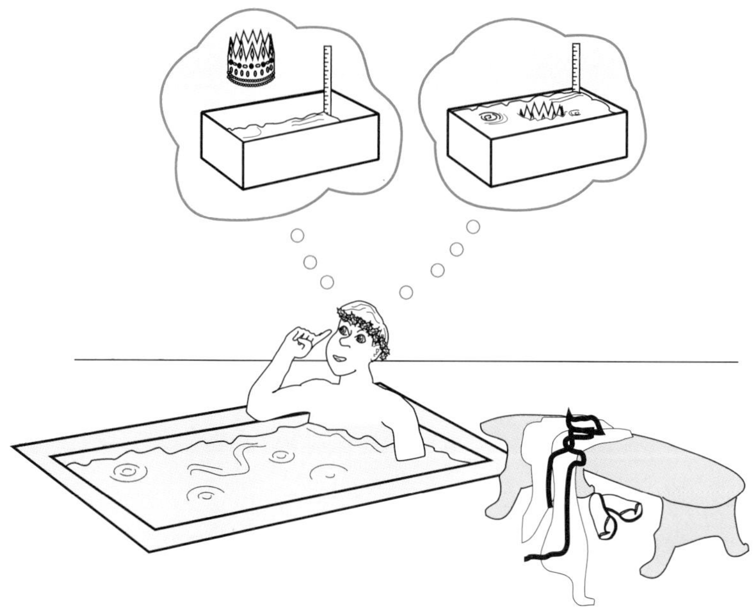

때때로 유추가 문제 해결에 유용하다.

호 연관성을 더 명료하게 볼 수 있도록 도와준다(Anzai, 1991; De Corte et al., 2010; Fuson & Willis, 1989; Kirsh, 2009).

많은 문제들이 맞고 틀린 해결책이 없기 때문에, 문제 해결에 단일한 최선의 전략은 없을 것이다. 그리고 어느 경우에서든 다양한 상황에 따라 적절한 전략은 다양하다. 그러나 때때로 사람들은 엉뚱한 경우에 전략을 사용하는데, 왜냐하면 그러한 전략을 암기식으로 무의미한 수준에서 배웠기 때문이다. 이제 그러한 예들을 볼 것이다.

무의미 대 유의미 문제 해결

이 장을 더 읽기 전에 다음 문제를 풀 수 있는지 보라.

> 한 사람이 가진 25센트 동전의 개수가 10센트짜리 동전 개수의 7배이다. 10센트 동전의 액수가 25센트 동전 액수보다 2달러 50센트 더 많다. 각 동전의 개수는 몇 개씩인가? (Paige & Simon, 1966, p. 79)

어떤 답이든 맞는 것 같아 보이는 것을 찾았다면 여러분은 25센트 동전이 10센트 동전보다 더 액수가 크다는 중요한 사항을 간과한 것이다. 25센트 동전이 10센트 동전 수보다 많다면 10센트 동전을 합친 액수가 25센트 동전을 합친 액수보다 절대 클 수 없다. 따라서 이 문제는 말이 안 되고 풀 수 없는 문제였다. 내가 처음 이 문제를 보았을 때 했던 것과 같이 이 문제를 대수를 이용해 풀려고 했으면 정답은 10센트와 25센트 동전의 개수 모두 음수라는 것을 알게 되어서 의아해했을 것이다.

사람들이 연산법을 기저의 논리에 대한 이해 없이 기계적인 방식으로 배우게 되면 연산법을 아무 생각 없이 부적절하게 적용할 수 있다(M. Carr, 2010; De Corte et al., 2010; Walkington, Sherman, & Petrosino, 2012). 그 결과로 비논리적인 혹은 물리적으로 불가능한 결과를 얻을 수 있다. 다음과 같이 무의미한 문제 해결의 예를 생각해보자.

- 농부에게 가축이 21마리 있는데 다리의 개수는 60일 경우 닭과 돼지의 숫자를 전부 계산하라고 요구했다. 그런데 문제에서 '전부 계산하라'고 말하고 있기 때문에 덧셈이 논리적 조작이라고 추론하고서는 21과 60을 더한다(Lester, 1985).
- 단어 문제에서 남는가(left)라는 말을 포함하면 무조건 뺄셈을 한다. 심지어 '존은 사과를 더 가지러 방을 떠났다(left)'라는 표현이 포함된 덧셈문제인 경우도 그렇다(Schoenfeld, 1982).
- 중학교 학생에게 540명의 사람을 야구경기장으로 나르는 데 필요한 40인승 버스의 수를 계산하라고 요구했다. 버스 대수의 경우 정수만 가능하다는 것을 인정하지 않고 대부분의 학생이 분수를 포함한 답을 제출한다(Silver, Shapiro, & Deutsch, 1993).

너무 비일비재하게도, 학교에서 문제 해결을 가르칠 때 항상 잘 정의된 문제에 대한 연산법을 가르치는 데 주력하고 그 연산법이 실생활에서 왜 적용되고 어떻게 이용되는지를 이해시키는 것에는 관심이 없다(M. Carr, 2010; Muis & Foy, 2010; Silver et al., 1993; Walkington et al., 2012). 예를 들어 종이 위에 나눗셈 문제를 푸는 방법을 배운 것은 기억날 것이지만 답을 할 때 나누는 수를 각 단위에서 곱한 다음 왜 그 곱한 것을 나누어지는 수 밑에 자릿수를 잘 맞추어 적어야 하는지를 기억하지는 못할 것이다. 산수 응용문제를 풀 때 '핵심어' 방법을 배웠을 것이다. 전부라는 단어는 덧셈을 나타내고, 남는다는 단어는 뺄셈을 의미한다. 이 접근법은 정말 무의미하며 터무니없는 답을 내게 한다.

수업 상황에서 전이와 문제 해결 촉진하기

이미 봤듯이 학생들은 학교에서 배운 것을 후속되는 학업과제나 학교 밖의 문제에 적용하는 데 종종 실패하고, 적용을 한다 하더라도 그 개념이나 절차를 '생각 없이', 다시 말해 그들이 하고 있는 것에 대한 메타인지적인 반성적 사고 없이 적용할 수 있다. 이상적으로 학생들은 **적응적 전문성**(adaptive expertise)의 방향으로 점차 나아가야 한다. 그 말인즉슨, 그들은 아주 다양한 새로운 과제와 문제들을 다루기 위해 학교에서 배운 것들을 창의적이고 점점 생산적인 전략을 개발하는 데 이용하기 시작해야 한다(Bransford et al., 2006, 2009). 이 아이디어를 마음에 품고, 교육적 실제에 다음과 같은 시사점을 주고자 한다.

◆ **학생들은 정보를 유의미하고 완전하게 학습해야 한다.** 대부분의 경우에 성공적인 전이와 문제 해결의 필수 요건은 의문이 드는 주제에 대한 확실한 이해다. 이상적으로는, 대부분의 이러한 이해는 제9장에서 설명했던 개념적 지식(conceptual knowledge)으로 볼 수 있는데, 이는 개념과 아이디어는 인과관계와 다른 유의미한 상호관련성을 포함하는 통합된 전체를 구성한다는 것이다. 단지 개별 주제를 피상적으로 가르칠 수 있는 주제의 긴 목록을 수반하는 학교 교육과정으로는 부족할 것이다(Brophy, Alleman, & Knighton, 2009; N. Frederiksen, 1984a; Haskell, 2001; M. C. Linn, 2008; Perkins, 1995).

◆ **학생들은 또한 유의미한 방식으로 문제 해결 전략을 배워야 한다.** 학생들은 너무나 자주 자신이 이전에 세상에 대해 배웠던 것과는 동떨어진 절차로 문제 해결 연산법을 배운다. 예를 들어 기호, 원리, 절차와 같은 수학을 배우는데 학생들이 일상적으로 다루는 구체적인 물리적 세계와 철저하게 분리된 채 배운다. 연산법을 기계적이고 무의미한 방식으로 배우면 그것의 적용 역시 기계적으로 아무 생각 없이 틀리게 하기 마련이며, 그 연산법이 당연히 적용될 수 있는 여러 상황을 인식하지 못할 수도 있다(M. Carr, 2010; Greeno, 1991; Nathan, 2012; Resnick, 1989).

연산법을 기계적 방법으로 배우지 말고 문제를 해결하기 위해 왜 그러한 것을 하는지를 이해해야 한다. 달리 말해, 추상적인 기호 기반의 절차를 그 주제에 대해 이미 알고 있는 것과 구체적인 실재와 연결시켜야 한다. 아래의 예들은 교사가 학생들로 하여금 문제 해결 전략을 유의미하게 학습하고 적용하도록 돕는 방법에 대한 것이다.

- 다양한 종류의 문제를 분류하는 일반도식을 가르치고 다양한 맥락에서 그 도식을 사용하도록 연습시켜라(L. S. Fuchs et al,. 2003b, 2004; Gerjets & Scheiter, 2003).
- 어떤 한 전략을 보여주면서 학생으로 하여금 그 전략이 왜 좋은지 설명하도록 하라(Calin-Jageman & Ratner, 2005; Renkl & Atkinson, 2003; Rittle-Johnson, 2006).
- 복잡한 수학 공식 및 절차를 가르칠 때, 학생들이 이미 익숙한 것과 연결하도록 도와주는 단어, 기호, 예시들을 사용하여 나타내라(R. K. Atkinson, Catrambone, & Merrill, 2003; J. R. Stone, Alfeld, & Pearson, 2008).
- 한 문제를 해결하는 데 있어 복수의 접근을 숙달하고 비교하도록 학생들을 도와라(Rittle-Johnson & Star, 2009).

◆ **발견 활동과 설명수업은 둘 다 문제 해결 기술 학습에 중요한 역할을 한다.** 어린 아동은 대체로 초기 놀이 활동을 할 때 많은 시행착오를 겪는다. 그러한 활동을 통해 그들은 다양한 대상의 속성을 발견하고 그러한 발견은 나중에 문제 해결을 위해 그 대상들을 사용할 가능성을 높인다(Christie & Johnsen, 1983; Pellegrini, 2009; P. K. Smith & Dutton, 1979).

아동이 학과 과목과 관련된 문제를 접하기 시작하면 자신만의 문제 해결을 발견할 우연적인 기회 또한 가치 있을 수 있다. 특히 유도된(guided) 발견을 강조하는 수업 방식은 새로운 상황에 대한 문제 해결 기술의 전이를 촉진한다. 발견학습은 (1) 학생이 자기조절 기술이 좋고 기초할 만한 확고한 지식기반을 가지고 있고, (2) 학생의 발견을 해석하고 이해를 검토하도록 교사가 도울 때 아주 유용하다(Hiebert et al., 1997; Mayer & Wittrock, 2006; McDaniel & Schlager, 1990; D. L. Schwartz et al., 2012).

그러나 교사가 지도한다 해도 학생들이 늘 자신만의 적절한 문제 해결 전략을 습득하지는 않는다. 특정 연산법으로 해결할 수 있는 잘 설계된 문제, 특히 처음에는 학생의 작업기억 용량을 초과하는 문제인데 학생이 특정 주제에 대해 거의 아무것도 알지 못하는 경우, 때때로 연산법을 분명하게 설명하는 것이 필요하다. 그러한 수업은 유의미학습을 강조해야 하는데, 구체적인 실생활의 예시로 시작해서 나중에야 추상적인 상징적 전략으로 옮겨 가야 할 것이다(N. Frederiksen, 1984a; P. A. Kirschner, Sweller, & Clark, 2006; Nathan, 2012; Rittle-Johnson, 2006).

- 학생들은 전이를 위한 마음 갖춤새를 가지고 있어야 한다. 이미 알고 있듯이 문제 해결에서 마음 갖춤새, 즉 특정한 방식으로 문제를 푸는 성향은 가끔 성공적인 문제 해결을 방해한다. 학생들에게 훨씬 더 유익한 것은 일반적인 마음 갖춤새, 즉 학급에서 배운 것을 사용하고 적용하려는 일반적인 욕구와 경향을 가지는 것이다. 교사들은 **문화 전이**(culture transfer), 즉 새로운 상황, 학제 간 맥락, 실생활 문제에 학과 공부 내용을 적용하는 것이 기대이자 규범인 학습환경을 창출함으로써 그러한 마음 갖춤새를 촉진할 수 있다(R. A. Engle, 2006; R. A. Engle, Lam, Meyer, & Nix, 2012; Haskell, 2001; Pea, 1987). 예를 들어 교사는 학과내용이 어떻게 학교 안팎의 다양한 상황에 적용될 수 있는지를 자주 지적해야 한다. 그리고 그들은 학생들이 듣고, 읽고, 공부하면서 지속적으로 "내가 이 정보를 어떻게 이용하지?"라는 생각을 하도록 격려할 수 있다(B. D. Cox, 1997; M. C. Linn, 2008; Perkins & Salomon, 2012; R. J. Sternberg & Frensch, 1993).
- 일부 선수 기술은 자동성을 학습할 때까지 연습되어야 한다. 문제 해결은 작업기억에서 일어난다는 것을 기억하라. 작업기억은 한 번에 담아서 처리할 수 있는 정보의 용량이 제한되어 있다. 학생들이 문제의 단순하고 익숙한 측면을 자동적으로 처리할 수 있을 정도까지는, 문제의 어렵고 새로운 측면에 더 많은 공간을 할애할 수 있다(Gerjets & Scheiter, 2003; Mayer & Wittrock, 2006; Perkins & Salomon, 1987; Sweller, 2010).
- 연습은 반드시 완벽하게 만들지는 않지만 성공적인 전이와 문제 해결의 가능성은 높인다. 다양한 예시와 연습 기회는 새로운 정보과 수많은 관련 상황 사이의 장기기억 내 연합을 촉진한다. 따라서 그 정보는 이후 그것이 필요할 때 보다 쉽게 인출될 수 있다. 나아가 어떤 개념과 절차를 적용하는 시점마다 약간 다른 방식으로 사용해야 하는 정도까지는 학생들이 그 개념과 절차에 대한 일반적(아마 추상적) 이해 수준, 즉 상황의 명백한 표면적 특징에 의존하

지 않는 이해 수준을 발달시킬 것 같으며, 적용하는 데 있어 융통성을 제한하는 마음 갖춤새를 발달시킬 가능성은 낮아진다(Bransford & Schwartz, 1999; M. Carr & Biddlecomb, 1998; Z. Chen, 1999). 예로서 다음 문제들을 풀어보자.

- 매리는 장작난로를 벽으로부터 6인치 떨어진 지점에 놓아야 한다. 자는 없고 각각 15, 7, 2인치 되는 막대기가 있다. 어떻게 정확한 지점(6인치)에 놓을 수 있을까?
- 존은 뒷마당에 20컵 분량의 비료를 뿌려야 한다. 비료 한 자루와 9, 8, 3컵 분량의 단지가 있다. 어떻게 20컵 분량을 잴 수 있을까?
- 주방장 스미스는 7온스의 밀가루로 요리를 해야 하는데, 수평저울과 9, 5, 3온스 추만 가지고 있다. 밀가루 7온스를 어떻게 정확히 쟀을까? (세 문항 모두 Z. Chen, 1999, p. 715에서 인용)

알겠지만 세 문제는 모두 루친스의 물병문제, 즉 3개의 알려진 용량을 더하거나 빼서 제4의 필요한 용량을 산출하는 문제에서 요구하는 것과 동일한 일반 전략을 사용하여 해결할 수 있다. 그러나 각 문항이 각기 다른 측정단위(길이, 부피, 무게)를 포함하는 다른 표면구조와 다른 맥락과 목표(난로 놓기, 정원에 줄 비료 재기, 요리에 쓸 밀가루 재기)를 가졌음에 유념하라. 더구나 각 문제는 다른 해결책(A−B−C, A+B+C, A−B+C)을 필요로 한다. 이와 같이 이질적인 문제를 가지고 문제 해결 전략을 학습하는 것은 매우 유사한 문제, 즉 일련의 물병문제를 가지고 배우는 것보다 시간이 더 걸리지만 학습자는 이 전략을 보다 폭넓고 유연하게 적용할 것이다(Z. Chen, 1999).

때때로 교사는 모두 동일한 절차를 필요로 하는 문제를 풀게 하지 않고 문제의 순서를 약간 뒤섞어서 제시해야 한다. 그래야 학생은 문제를 해결하기 전 문제를 분류하는 연습을 할 수 있다(Dunlosky, Rawson, Marsh, Nathan, & Willingham, 2013; Rohrer & Pashler, 2010). 이상적으로, 학생들은 새롭게 배운 전략들을 더 전통적인 응용문제들뿐 아니라 실생활 문제들에 적용시키는 기회를 가져야 한다(De Corte et al., 1996; Lave, 1993; M. C. Linn, 2008).

◆ 학생들은 문제를 스스로 정의하는 경험을 가져야 한다. 교사는 보통 학생들이 풀었으면 하는 문제를 제시한다. 하지만 교실을 벗어나면, 예를 들어 집이나 직장에서, 사람들은 그들을 막고 있는 문제를 스스로 확인하고 규정해야 한다. 그런 이유로, 학생들은 교실에서 그러한 **문제 발견**(problem finding)을 먼저 시작하는 것에서 이익을 얻을 수 있다(S. I. Brown & Walter, 1990; Eisner, 1994; Hiebert et al., 1996; Resnick, Bill, Lesgold, & Leer, 1991). 예를 들어 수학수업에서 학생들에게 식품점 물건의 수량과 가격이 적힌 자료를 주고 이 자료를 가지고 답을 할 수 있는 몇 개의 문제를 만들도록 할 수 있다. 혹은 역사수업에서 학생들에게 제2차 세계대전이 진행된 시나리오를 주고서 연합국과 추축국이 각기 직면한 문제를 정의하도록 지시하고 가능한 해결책을 제시하도록 할 수 있다.

- **부적 전이를 최소화하기 위해 두 아이디어 간의 차이가 강조되어야 한다.** 곤충과 거미는 유사한 자극(둘 다 작은 외골격을 가진 절지동물이고 일반적으로 징그러운 벌레 종류)이므로 학생들은 하나에 대해 알고 있는 것을 다른 것에 부적절하게 전이할 수 있다. 비슷한 자극이라도 유사점보다는 차이점이 강조되면 부적 전이는 감소할 수 있다(R. J. Sternberg & Frensch, 1993). 예를 들어 곤충과 거미는 다리가 6개 대 8개, 몸통이 3개 대 2개, 더듬이가 있고 없고 등의 차이점이 많고 이것이 강조될 경우 이러한 차이점들이 한 개념에서 다른 쪽으로의 부적 전이를 감소시킬 수 있었다.
- **일반적인 인지적, 메타인지적 문제 해결 기술에 대한 수업은 도움이 될 수 있다.** 제12장에서 이미 지적했듯이 공부 기술에서의 분명한 훈련은 효과적이며 학교 학습과 성취도를 개선하는 것으로 나타났다. 마찬가지로 일반적인 문제 해결 전략을 가르치면 학생의 성공적인 문제 해결 능력을 고양시킬 수 있다. 그러나 공부전략이 특정 학업내용 영역에서 가르쳐질 때 더 잘 학습되듯이, 일반적인 문제 해결 전략 또한 적용 가능한 내용 영역과 연결될 경우 더 효과적으로 학습될 수 있다는 것에 주목하는 것이 중요하다(Kramarski & Mevarech, 2003; Mayer & Wittrock, 2006; Resnick, 1987; Schoenfeld, 1992; H. A. Simon, 1980).

  우리가 이미 논의했던 여러 문제 해결 발견법, 예를 들어 문제에 대해 혼잣말하기, 브레인스토밍, 부화, 표 만들기 등은 다양한 문제 상황에 전이될 수 있다. 그리고 메타인지와 자기조절 문제 해결 전략, 예를 들어 한 사람의 최종 목표를 확인하고 목표를 향해 가는 과정을 검토하는 것에 대한 구체적인 수업은 아동과 성인 모두에게 문제 해결의 효율성을 증가시킬 수 있다(Cardelle-Elawar, 1992; M. Carr, 2010; Desoete, Roeyers, & De Clercq, 2003; L. S. Fuchs et al., 2003a; B. Hoffman & Spatariu, 2008).
- **학생들은 잘못 정의된 문제를 재정의하는 전략을 배워야 한다.** 교실수업에서 제시되는 대부분의 문제는 잘 정의된 것이다. 예를 들어 학생들에게 한 이야기에서 주인공과 그 적을 구분하거나, 사전을 이용하여 wind라는 단어의 두 가지 다른 발음을 찾거나, 18개의 사탕을 6명의 남자아이들이 똑같이 나눌 경우 각자 몇 개씩 가져야 하는지를 계산하라고 요구할 수 있다. 그러나 대부분의 실생활 문제는 잘못 정의된 것이다. 사람들은 가정경제를 꾸려나갈 수단을 찾고, 만약에 있다면 어떤 생명보험증권을 구입할지를 결정하고, 고약한 직장동료와 다정하고 생산적인 관계를 유지해야만 한다.

  잘못 정의된 문제는 개인에게 관련된 유용한 정보를 얻기 위해 외부자원을 검색하도록 요구한다. 따라서 학생들은 도서관이나 컴퓨터 데이터베이스나 인터넷 등의 자원으로부터 정보를 찾는 방법에 정통해야 한다. 또한 잘못 정의된 문제를 더 정확하게 정의하는 기법을 배워야만 한다. 예를 들어 한 가지 유용한 기법은 큰 문제를 작은 문제로 나누고(이전에 설명했던 수단-목표 분석 발견법을 기억하라) 각 하위문제를 정의하고 제약하는 것이다. 마지막으로 학생들이 수반된 주제와 관련된 확고한 지식기반을 소유하면 직면하는 문제를 더 잘 정의할 수 있을 것이다.

- **학생들은 어려운 문제를 해결하기 위한 초기 시도에서는 도움을 받아야 한다.** 제12장에서 정교한 메타인지 전략을 사용하려는 학생의 초기 시도에 대해 비계(scaffolding)를 주는 것이 중요하다는 것을 주목했다. 적절한 비계는 문제 해결 수행을 촉진할 수도 있다(Kercood, Zentall, Vinh, & Tom-Wright, 2012; Kirsh, 2009; Mayer & Wittrock, 2006; Renkl, 2011; Rittle-Johnson & Koedinger, 2005). 교사는 문제에 도전하는 최초의 시도를 하는 학생에게 여러 가지 일을 할 수가 있다. 초기 문제를 단순화하고, 작업기억에 지워진 부담을 완화하기 위한 도구(예 : 계산기)를 제공하고, 문제 해결의 시범을 보여주고(예 : 문제를 푼 예를 보여줌으로써), 생산적인 방향으로 생각을 전환하는 면밀한 질문을 하고, 도중에 실수를 지적하고, 일반적으로 합리적인 수준에서 좌절을 경험하게 할 수도 있다. 교사는 학생들이 문제를 푸는 동안 스스로에게 할 질문을 제공할 수 있다. 아래가 그러한 예들이다.

  > (정확히) 무엇을 하고 있니? 이걸 정확하게 설명할 수 있어? 그건 왜 했어? 그게 어떻게 너의 답에 들어맞니? (Schoenfeld, 1992, p. 356)

  학생들이 혼자 힘으로 문제를 해결하는 것에 더 능숙해지면, 이러한 도움들은 점점 단계적으로 중단될 수 있다.

  디지털 기술 역시 학생들의 문제 해결 노력에 큰 도움을 제공할 수 있다. 예를 들어 학생들은 스프레드시트와 그래프 프로그램을 이용하여 큰 데이터 세트를 조작하고 분석하는 새로운 방법을 탐색할 수도 있다. 그리고 **지능적 튜터링 시스템**(intelligent tutoring systems)이라 알려진 프로그램은 학생들을 복잡한 주제와 문제로 능숙하게 인도하고 특정 학생들이 어려움을 느끼는 영역들에 대해 맞춤형 지도를 할 수 있다(Beal, Arroyo, Cohen, & Woolf, 2010; Koedinger & Corbett, 2006; Steenbergen-Hu & Cooper, 2013; VanLehn, 2011; W. Ward et al., 2013). 그림 13.2는 그러한 프로그램, 즉 애니멀워치(AnimalWatch)라고 알려진 웹기반 시스템에서의 스크린에 보여주는데, 학생들은 위기에 처한 동물에 대한 문제를 해결하는 데 자신의 수학 및 과학 지식을 적용할 수 있다.

- **소집단 문제 해결 활동도 효과적인 문제 해결 전략을 촉진한다.** 협력 활동은 학생들이 배운 것을 새로운 문제에 적용하도록 시도하는 것을 교사가 도울 수 있는 또 다른 방법을 제공한다. 예를 들어 롬바드 선생님의 4학년 분수 수업을 살펴보자. 롬바드 선생님은 학생들에게 분수로 나눗셈하는 법을 가르친 적이 없다. 그럼에도 불구하고 교사는 20÷¾으로 풀 수 있는 다음의 문제를 제시한다.

  > 엄마는 파이 하나에 사과 3/4조각을 사용하여 작은 사과파이를 만든다. 엄마는 사과를 20개 가지고 있다. 그것으로 얼마나 많은 사과 파이를 만들 수 있을까? (Hiebert et al., 1997, p. 118)

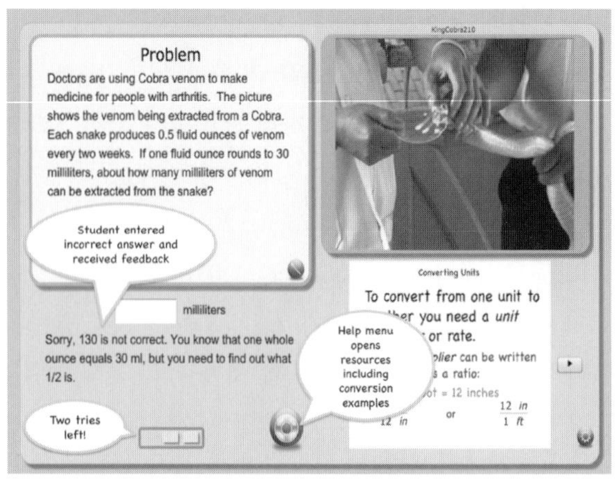

그림 13.2 이 스크린샷은 애니멀워치라고 불리는 지능적 튜터링 시스템의 한 장면으로, 중학교 학생들은 위험에 처한 동물과 환경에 대한 문제를 해결하기 위해 수학과 과학 지식을 적용한다.

롬바드 선생님은 학생들에게 그 문제를 어떻게 풀 수 있을지 소집단으로 연구하라고 한다. 자넷, 리즈, 케리, 니나 그룹은 그 문제에 대해 잠시 연구하고는 답을 15, 38, 23으로 내었다. 우리는 그들의 토론 중에 합류한다. 그때 그들은 총 20개 파이를 만들기 위하여 각 사과의 3/4을 사용할 수 있음에 이미 동의한 상태다.

자넷 : 사과 하나당 1/4쪽이 남아 있어. 20개 파이를 이미 만들었기 때문에 1/4쪽 20개가 있지.

리즈 : 그래서 1/4쪽 20개가 남았어.

자넷 : 그래… 1/4쪽 20개는 5개 사과와 맞먹는거야… 그래서 5개 사과를 어떤 수로 나누면…

리즈 : 6, 7, 8.

자넷 : 하지만 3/4쪽은 3개야.

케리 : 그렇지만 엄마는 사과파이를 3개만 만들 수 없어!

자넷 : 아니야. 너희는 여전히 20개를 가지고 있어.

리즈 : 그러나 너희는 1/4쪽을 20개 가졌어, 만약 그렇다면 네 말이 맞아.

자넷 : 내가 보여줄게.

리즈 : 아니야. 나는 그것들 모두를 여기에 끌어들였어.

케리 : 너는 1/4쪽을 몇 개 가졌니? 20개?

리즈 : 그래, 사과 1/4쪽 20개는 5개야. 그 5개에서 5개 파이를 만들 수 있어. 그러면 25개 파이가 될 거야. 그러면 엄마는, 잠깐, 하나, 둘, 셋, 넷, 다섯 개의 1/4쪽을 가지게 돼…

니나 : 더 좋은 수가 있는데…

케리 : 그래?

리즈 : 1/4쪽 26개와 나머지 1/4쪽 한 개가 남아. (Hiebert et al., 1997, p. 121)

토론과 가끔씩의 불일치가 계속되다가 결국 소녀들은 정확한 답에 도달한다. 엄마는 26개 파이를 만들 수 있고, 사과 반쪽이 남게 될 것이다.

집단 문제 해결 활동은 몇 가지 이점이 있다.

- 학생들은 한 문제와 관련되는 개념과 원리를 토론하면서, 그들이 알고 있는 것들의 상호 관계를 더 확인할 수 있고 혼동되는 것들을 명료하게 할 수 있다.
- 학생들은 문제 푸는 법을 소리내어 생각하면, 그 과정을 더 잘 이해할 수 있다.
- 학생들은 함께 생각하면 혼자 할 때보다 더 유연하고 생산적으로 문제를 부호화할 수 있다.
- 문제 해결에 능숙한 학생들은 덜 능숙한 학생들에게 효과적인 전략의 모범을 보일 수 있다.

비고츠키의 **내면화** 개념을 기억하자 — 학생들은 소집단에서 도전적이고 잘 규정되지 않은 문제들과 씨름함으로써 점점 혼자서 그와 유사한 문제들을 더 잘 다룰 수 있게 될 것이다(Brenner et al., 1997; M. Carr, 2010; Hiebert et al., 1997; Hung, Jonassen, & Liu, 2008; M. Kapur, 2008; M. Kapur & Bielaczyc, 2012; Lampert, Rittenhouse, & Crumbaugh, 1996; Wentzel & Warkins, 2011).

◆ **진짜 활동을 할 때 학생들은 지식, 기술, 문제 해결 전략들을 실제 상황에 전이할 가능성이 높아진다.** 진짜 활동이란 실세계의 일과 유사한 활동으로서 그것은 학생들이 학과목과 학교 밖의 삶을 의미 있게 연결시키도록 할 뿐 아니라(제11장 참조) 문제 해결 기술을 향상시킬 수 있다. 예를 들면 교실 과제가 원리를 실생활 문제에 적용하는 것이라면 학생들은 과학과 기술의 원리를 실생활 상황에 전이를 잘할 것이다. 실생활 문제로서 이를테면 효율적인 에너지 집 설계하기, 장기 캠핑 여행 계획하기, 고장 난 엔진 수리하기 등이 있을 수 있다(Bransford, Franks, Vye, & Sherwood, 1989; M. C. Linn, 2008; Mayer, 2010a; Walkington et al., 2012).

수업 상황에서 많은 학습이 문제 해결 중에 일어난다. **문제중심학습**(problem-based learning, PBL)에서 학생들은 (항상 소집단으로 해결해야 하는) 복잡한 실생활 문제들을 받고 그 문제를 풀기 위한 새로운 지식과 기술을 습득해야 한다. 의학생들이 어떤 환자의 혼란스러운 증상의 원인을 확인해야 할 때처럼 문제가 깊은 분석을 요하는 사례를 포함하고 있으면 이를 때때로 **사례중심학습**(case-based learning)이라고 부른다.

문제중심학습은 특히 의대에서 학부생과 대학원생들에게 주로 사용되어왔지만 초·중·고생들에게도 왕왕 사용되어왔다. PBL에 대한 평가는 엇갈린다. 긍정적인 평가를 하면, 학생들이 기본 지식과 기술을 익히도록 하는 데 PBL이 전통적 방법보다 반드시 더 낫다고 할 수는 없다 하더라도 학생들이 배운 지식을 상호 관련짓고 이를 새로운 상황에 전이시키도록 하는 데는 도움이 될 수 있다(Capon & Kuhn, 2004; Gijbels, Dochy, Van den Bossche, & Segers, 2005; H. G. Schmidt, van der Molen, te Winkel, & Wijnen, 2009).

가령 한 고등학교 학생이 중학교 3학년 시절의 달 추적 활동을 회상하는 것을 살펴보자.

> 나는 학교에서 교과서에 없는 어떤 것을 실제 과학자처럼 해본 것은 처음이었다. 우리는 자료지를 가지고, 한 달 동안 매일 월출의 시간과 양상을 측정해야 했다. 때때로 우리는 저녁을 먹다가 시계를 보고 밖으로 뛰쳐나가곤 했기 때문에 엄마를 화나게 했다! 우리는 달이 강에 어떤 영향을 미치는지 알아보기 위하여 우리 주변의 강을 측정해야 했다… 나는 내 생에 지금까지 가본 것보다 더 많이 강으로 내려갔다고 생각한다. 그때 우리는 계산을 하고 우리가 발견한 것을 차트에 그려야 했다. 시험은 발견한 결과를 분석하고 그것이 조수와 달의 관계에 대해 어떤 의미를 주는지 말하는 것이다. … 나는 실제적인 어떤 일을 하고 있음을 느꼈고, 그것의 유익함을 알 수 있었다. (Wasley, Hampel, & Clark, 1997, pp. 117-118)

부정적인 평가를 하면, PBL 활동에서 사용하는 복잡한 문제들은 인지적 부하량이 매우 많아서 학생들이 다루는 새로운 자료를 실제로 학습할 수 있도록 작업기억 내의 '여지'를 거의 주지 않는다(Kester, Paas, & van Merriënboer, 2010; P. A. Kirschner et al., 2006). 그리고 어떤 경우에 학생들은 새 개념을 그들이 다루는 특정한 문제에만 관련시키기도 한다. 그로 인해 다른 상황으로의 전이를 촉진하기보다는 오히려 방해한다(Bereiter & Scardamalia, 2006; P. A. Kirschner et al., 2006). 문제중심학습은 학생들의 노력이 생산적인 방향으로 가도록 충분히 지원을 받고 문제 해결에 자신이 생기도록 도움을 받을 때 성공을 하는 것 같다(Belland et al., 2013; Hmelo-Silver, 2006; Hmelo-Silver, Duncan, & Chinn, 2007; Kester et al., 2010).

◆ **디지털 기술은 현실적인 문제 해결 과제의 여러 좋은 기반을 제공한다.** 최근 수십 년간 기술의 발전은 우리가 '반실제적(semi-authentic)' 문제 해결 활동이라고 부르는 다양한 활동에 도움을 주었다. 예를 들면 몇몇 TV 프로그램들은 유치원아들이 간단한 문제를 씨름하도록 특별히 고안되었다(예 : Crawley, Anderson, Wilder, Williams, & Santomero, 1999; Gladwell, 2002; E. L. Ryan, 2010 참조). 또 다른 예를 보면, **공상 스포츠**로 알려진 인터넷 기반 활동에서는 어린 스포츠 팬들이 실제 현실세계에 존재하는 프로 선수들의 가상 '팀'을 만든다. 이 팀들은 특정 시즌 동안에 다른 '팀들'과 경기를 하고, '이기는' 가상팀은 실제 선수들이 최근 경기장에서 내는 점수를 이용하게 된다(예 : A. Collins & Halverson, 2009 참조). 그리고 몇몇 비디오 게임이 어린 학습자들을 불건강한 전투 장면에 몰입하도록 한다 하더라도 많은 게임들은 어린 학습자들이 풀어야 할 현실세계 문제들을 제시하는 삼차원적 '환경'에 열중하도록 한다(예 : Barab, Gresalfi, & Ingram-Goble, 2010; Coller & Shernoff, 2009; Squire, 2011; Tobias, & Fletcher, 2012).

이 분야의 고전적 시리즈는 비디오디스크 기반 시리즈인 **재스퍼 우드버리의 모험**이다. 여기에서 학생들은 다양한 현실문제들을 해결하려고 노력하는 사람들의 비디오를 본다

(Cognition and Technology Group at Vanderbilt, 1990, 2012/1997). 'Cedar Creek 여행' 편에서 재스퍼는 낡은 보트를 하나 사고 그날 집에 보트를 가져올 것이라는 바람을 갖는다. 보트에 조명이 없으므로 해지기 전까지 집에 도착할 수 있는지를 판단해야 하며 돈을 마지막 한 푼까지 다 써버려 목적지까지 연료가 충분한지도 판단해야만 한다. 그 영상물 전반에 걸쳐 이러한 문제에 대한 답을 얻는 데 필요한 정보가 실생활 맥락에 숨겨져 있지만(즉 해군방송이 일몰시간을 알려주고, 강을 따라 여러 곳에 거리표시판이 있다), 이를 발견하기 위해서는 다른 많은 관련 없는 정보들을 거쳐야만 한다.[5]

재스퍼 시리즈가 1990년대에 출시된 이후, 많은 소프트웨어 패키지와 인터넷 자원들이 출현하여 학생들이 실제 과제를 다루는 현실 상황을 제공했다. 이들 중에 몇몇은 상업화되어 이용 가능하다(가령 *Civilization, Sim City, Harvest Moon*에 대한 설명을 온라인에서 확인할 수 있다). 그리고 싼 가격을 찾는 사람들을 위해서 많은 인터넷 웹사이트들은 어린이와 청소년들에게 맞는 전통적 및 실제적 문제 해결 활동에 무료로 접근할 수 있도록 한다(예 : www.nsf.gov, www.smithsonianeducation.org 참조). 이러한 상호작용적 게임과 시뮬레이션들은 학생들의 흥미를 끌기도 하고 유지시킬 수도 있으며 학교에서 배운 내용을 성인 세계의 상황에 적용하는 것을 돕는다(B. Hoffman & Nadelson, 2010; Squire, 2011; Tobias, Fletcher, Dai, & Wind, 2011).

◆ **학급에서 실행하는 평가는 전이와 문제 해결 측정을 포함해야 한다.** 제8장에서 지적했듯이 교실에서 이루어지는 전통적인 평가는 특정 사실과 절차의 학습을 지나치게 강조한다. 물론 복잡한 학습의 기초를 이룬다는 점에서 기초지식과 기술이 중요하다. 전이와 문제 해결이 수업목표에 들어간다면 평가에서도 학생들이 학과목의 내용을 다양한 상황에 적용할 수 있는지를 알아보아야 한다(S. K. Carpenter, 2012; M. C. Linn, & Eylon, 2011; D. L. Schwartz, Lindgren, & Lewis, 2009). 에세이와 체험적 과학 프로젝트와 같은 개방형 과제가 특히 적용 중심 평가에 적합하지만, 선다형 문제도 단순 지식보다 전이에 초점을 맞출 수 있다(예 : 그림 13.3 참조).

비판적 사고

전이와 문제 해결이 정보를 새로운 것에 적용하는 것이라면, 어떤 점에서 비판적 사고는 어떤 것 — 특히 평가 준거 — 을 새로운 정보에 적용하는 것이다. 이론가들마다 비판적 사고를

5 상황적 수업(anchored instruction)이라는 용어는 재스퍼 시리즈와 같은 접근법을 묘사할 때 가끔 사용된다. 왜냐하면 그것은 실제 인물과 실세계의 문제를 담고 있는 상황 속에 그 문제를 끼워 넣기 때문이다. 최근 인터넷 검색을 해 본 바에 의하면, 재스퍼 시리즈는 더 이상 상업적으로 구할 수 없다. 아마도 그 이유는 비디오디스크가 비싸면서도 사용하기에 귀찮은 장치를 필요로 하기 때문인 것 같다.

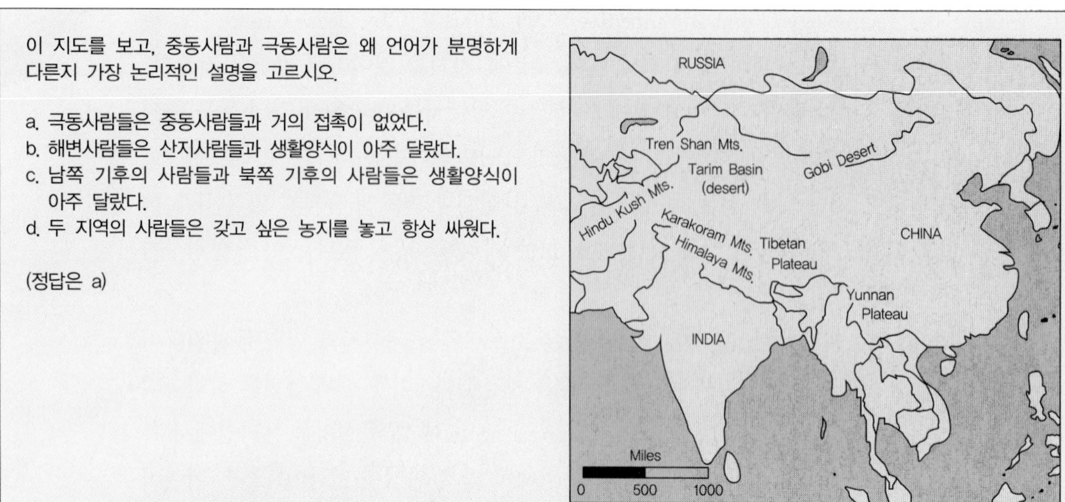
이 지도를 보고, 중동사람과 극동사람은 왜 언어가 분명하게 다른지 가장 논리적인 설명을 고르시오.
a. 극동사람들은 중동사람들과 거의 접촉이 없었다.
b. 해변사람들은 산지사람들과 생활양식이 아주 달랐다.
c. 남쪽 기후의 사람들과 북쪽 기후의 사람들은 생활양식이 아주 달랐다.
d. 두 지역의 사람들은 갖고 싶은 농지를 놓고 항상 싸웠다.
(정답은 a)
RUSSIA
Tren Shan Mts.
Tarim Basin
(desert)
Gobi Desert
Hindu Kush Mts.
Karakoram Mts.
Himalaya Mts.
Tibetan
Plateau
CHINA
Yunnan
Plateau
INDIA
Miles
0
500
1000

그림 13.3 지리 수업에서 전이를 평가하기 위한 선다형 문제의 예

다소 다르게 정의하지만 여기에서는 **비판적 사고**(critical thinking)를 정확성, 신뢰성, 정보 및 추론의 가치를 평가하는 것으로 정의할 것이다. 비판적 사고는 반성적이고 논리적이며 증거에 기반을 둔다. 그것은 또한 목적적 특성을 가진다. 즉 학습자는 특수한 목표를 달성하기 위하여 비판적으로 사고한다(Beyer, 1985; Bonney & Sternberg, 2011; Halpern, 2008; Moon, 2008).

비판적 사고는 맥락에 따라 여러 형태를 취할 수 있다. 그 예로 다음의 네 가지를 들 수 있다.

1. 가을이라 날이 점점 추워진다. 여러분은 온라인에서 다음의 광고를 본다.

   > 여러분은 겨울 내내 코를 훌쩍이는 것이 지겹지 않나요? 항상 최상의 컨디션을 유지할 수 없는 것이 지겹지 않나요? 감기 없는 겨울을 보내세요. 에라디콜드 알약을 지시대로 드세요. (R. J. Harris, 1977, p. 605)

   여러분은 나가서 에라디콜드 한 상자를 사야 하는가?
2. 여러분은 운전 가능한 아주 낡은 차를 한 대 사는 데 수천 달러를 투자했다. 여러분은 현재의 조건으로 그 차를 1,500달러에 팔 수 있다. 혹은 수리를 하는 데 2,000달러를 더 투자해서 3,000달러에 팔 수 있다. 여러분은 어떻게 해야 하는가? (Halpern, 1998을 본뜬 것임)
3. 여러분은 육각형 주사위를 굴렸다. 여러분은 주사위에 뭔가가 붙어 있어서 한쪽이 다른

쪽보다 더 무겁다는 사실 같은 것은 없다는 것을 안다. 그런데 30번 굴려도 4번 면은 한 번도 나오지 않았다. 여러분이 다음 굴릴 때 4번 면이 나올 승산은 얼마일까?

4. 널리 평판이 알려진 저널인 *Psychological Science*의 한 최근호에 연구자들은 부모 됨과 심리적 안녕감의 여러 상관관계를 보고했다 — 자녀를 가진 성인이 안 가진 성인보다 더 행복하며 따라서 인생의 의미를 더 많이 느낀다(S. K. Nelson, Kushlev, English, Dunn, & Lyubomirsky, 2013). 이것은 부모 됨이 보다 더 큰 심리적 안녕감을 주는 원인이라는 뜻인가?

각 상황에서 여러분은 정보를 평가하고 판단을 해야 한다. 1번 항목에서 나는 여러분이 에라디콜드 알약을 구입하지 않으려 하기를 희망한다. 왜냐하면 그 광고는 약이 감기 증상을 완화시킨다는 증거를 보이지 않았다. 원치 않는 증상을 논의하는 맥락에서 '에라디콜드 알약을 지시대로 드세요'라는 제안만 했다. 구변 좋은 광고의 상투적인 책략이다. 해리스(Harris, 1977)의 연구에 의하면, 그 문구를 읽은 사람들은 아주 속기 쉽다 — 그들은 에라디콜드 알약이 에라디콜드 약효에 대한 인과관계를 명시한 글을 읽은 사람만큼 감기를 자주 예방했다고 주장했다.

항목 2에서는 차를 지금 파는 것이 보다 합리적이다. 만약 여러분이 2,000달러 주고 수리를 한 뒤에 3,000달러에 판다면 여러분은 지금 파는 것보다 500달러를 손해 보게 될 것이다. 과거투자가 현재 상태와 무관할 때도 많은 사람들은 과거 투자가 현재 투자를 정당화해준다고 오해한다(Halpern, 1998).

3번 항목에서는, 각 면이 고른 주사위에서 4번 면이 나올 확률은 1/6이다. 이전의 결과들은 상관이 없다. 왜냐하면 각각의 굴림은 다른 굴림과 독립적이다. 그러나 4번 면이 30번 굴림에서 한 번도 나오지 않았을 때 많은 사람들은 그것이 나올 기한이 너무 지났다고 믿고 그것의 확률을 과대평가한다. 이러한 오해를 **도박꾼의 착각**이라고 한다.

이제 부모 됨이 행복을 얻는 길인지에 대해서는 어떠한가(4번 항목)? 연구 결과를 해석할 때 사람들이 잘 저지르는 한 가지 실수는 두 변인 간의 연합(**상관**)이 한 변인이 다른 한 변인의 **원인**이 됨을 의미한다고 생각하는 것이다. 그러나 연구법 수업을 들으면 두 변인 간의 상관은 반드시 한 변인이 다른 변인의 원인이 됨을 의미하지 않는다는 것을 거의 확실하게 배운다. 자녀를 가지는 것이 행복의 근원일 수도 있겠지만 그보다는 더 행복한 사람이 그들 삶에서 자녀를 원할 가능성이 더 많다고 보아야 할 것이다. 다른 가능한 설명은 아마도 제3변인, 예를 들어 일반 사회경제적 안녕감은 개인적 행복과 자녀를 원하는 욕구 모두의 원인일 수 있다는 것이다. 넬슨(Nelson)과 그의 동료들 연구에서 수집된 자료에 의하면, 어떤 것이 어떤 원인이 되는지를 알기 위한 방법은 없다.

방금 제시한 네 가지 상황은 비판적 사고가 취할 수 있는 여러 형태를 예시하고 있다

(Halpern, 1997, 1998, 2008; Nussbaum, 2008).

- **언어 추리** : 구어 및 문어 형태의 설득 기법 이해와 평가. 에라디콜드 알약을 구입할 것인지 결정할 때 언어 추리를 한다.
- **찬반론 분석** : 결론을 지지하는 이유와 지지하지 않는 이유 구별하기. 차 수리를 위해 2,000달러 더 투자하는 것에 대한 찬반 여부를 생각할 때 찬반론 분석을 한다.
- **확률 추리** : 여러 사건과 연합되어 있는 유망성과 불확실성 결정하기. 주사위를 굴렸을 때 4번 면이 나올 확률을 결정할 때 확률 추리를 한다.
- **가설 검증** : 자료 수집 방법과 어떤 결론의 잠정적 적합성의 견지에서 자료와 연구 결과의 가치를 판단하기. 가설 검증이 비판적 사고를 포함하고 있다면 다음과 같은 질문을 고려하게 된다.
  - 어떤 결과를 측정하기 위하여 적절한 방법을 사용했는가?
  - 다른 가능한 설명이나 결론을 무시해왔는가?
  - 한 상황에서 얻은 결론을 다른 상황에 온당하게 일반화할 수 있는가?

  행복과 자녀 둠에 대한 연구를 평가할 때 가설 검증을 한다.

비판적 사고의 특성은 내용의 영역에 따라 다를 수 있다. 작문할 때, 설득문의 초고를 읽으면서 논리적 추론의 오류나 충분히 정당화되지 않은 의견을 찾는다. 과학에서, 현존하는 이론이나 믿음을 수정하면서 새로운 증거를 설명한다. 즉 개념적 변화를 포함시킨다. 역사에서는, 사료에서 추론하고, 사태가 확실하게 일어났는지 일어났을 가능성이 있는 건지 결정하고자 시도한다.

비판적 사고에서 발달적, 개인적, 문화적 차이

짐작했겠지만, 비판적 사고 기술은 아동기와 청소년기를 거치면서 점진적으로 나타난다(Amsterlaw, 2006; D. Kuhn & Franklin, 2006; Metz, 2004; Pillow, 2002). 그러나 모든 연령층의 학습자들은(대학생조차) 교과서, 미디어 보고서, 인터넷 웹사이트, 기타 다른 곳에서 접하는 정보를 너무 자주 액면 그대로 받아들인다. 다시 말하면, 그들이 읽고 듣는 것에 대한 비판적 분석을 거의 하지 않는다.

학습자가 비판적으로 생각하느냐 하지 않느냐 하는 경향성은 그들의 성격 특성에 어느 정도 달려있다. 대체로 비판적 사고자들은 마음이 개방적이고, 지적 도전을 즐기며, 한 주제에 대해 가끔 틀릴 수 있다는 생각을 정서적으로 다룰 수 있다(Halpern, 2008; Moon, 2008; West, Toplak, & Stanovich, 2008). 학습자들의 인식론적 신념 또한 작용을 한다. 학습자들이 전문가들조차 한 주제에 대한 새로운 증거가 축적되면 그것에 대한 이해를 변경한다는 사실을 믿으면 새로운 정보를 분석적, 비판적으로 볼 가능성이 높아진다. 만약 지식은 절대적, 불변적 실체라고 믿으면 비판적 사고를 할 가능성이 낮아진다(P. M. King & Kitchener, 2002; D. Kuhn, 2001a; Muis & Franco, 2009; Schommer-Aikins, 2002).

또 다른 영향 요인은 문화적 양육이다. 예를 들면 한 문화가 연장자나 종교적 지도자를 존경하는 것에 높은 가치를 두면, '진리'란 권위적인 인물에게서 가장 잘 얻을 수 있는 틀에 박힌 실체라는 인식론적 믿음을 길러주게 된다(Delgado-Gaitan, 1994; Losh, 2003; Qian & Pan, 2002; Tyler et al., 2008). 게다가 문화가 집단의 조화 유지를 강조하면 아동들이 비판적 사고에 필요한, 관점의 차이를 충분히 논하는 것을 억제시킨다(Kağitçibaşi, 2007; D. Kuhn & Park, 2005; Moon, 2008). 아마도 이러한 요인 때문에 비판적 사고가 어떤 집단에서는 덜 일상적일 수 있다. 가령, 몇몇 전통적인 아시아 공동체와 아메리카 원주민 공동체 그리고 근본주의 종교적 집단에서는 다른 집단들보다 덜할 것이다(D. Kuhn, Daniels, & Krishnan, 2003; D. Kuhn & Park, 2005; Tyler et al., 2008; 예외를 위해서는 Heyman, Fu, & Lee, 2007 참조).

교실에서 비판적 사고 기르기

효과적인 평생학습자가 되기 위해서 학생들은 모든 정보원을 다 믿을 수 있는 것은 아니라는 사실을 배워야 한다. 다시 말하면 여러 미디어를 통해 제공되는 어떤 메시지들은 현혹시키는 것이거나 뻔히 잘못된 것임을 배워야 한다(제11장의 **분산 지식**에 대한 논의를 상기해보라). 끊임없이 팽창하는 정보기술 시대에 새로운 정보에 대한 비판적 입장을 취하는 것은 어느 때보다도 중요하다. 예를 들면 대중적인 웹사이트인 위키피디아에 기재된 것들이 일반적으로 정확하다 하더라도 가끔씩은 비전문가들이 부언한 부정확한 것들이 있다. 더구나, 실제로 어떤 사람이 개인적 신념과 의견을 인터넷상 어딘가에 올릴 수 있다. 이러한 것들은 종종 반박할 수 없는 '사실'로 제시되어 아주 쉽게 받아들여진다. 초등학생부터 심지어 대학생까지 많은 학생들은 인터넷에서 읽은 거의 모든 것들을 사실로 받아들인다(Manning, Lawless, Goldman, & Braasch, 2011; Metzger, Flanagin, & Zwarun, 2003; Wiley et al., 2009).[6]

그러나 비판적 사고를 조장하기 위하여 교사들은 때때로 학생들에게 한편으로는 설득적 주장과 과학적 증거를 비판적으로 평가할 것을 가르치고 다른 한편으로는 그들 공동체와 문화 속의 타인들에게 적절한 존경을 보여줄 것을 가르치는 일을 번갈아 해야 한다. 그러나 어떤 문화적 규범과 실천의 제약이 주어질 때조차 성인과 아동들은 모두 비판적 사고 기술의 가르침에서 얻는 것이 있다.

비판적 사고가 이렇게 다양한 인지 기술을 포함하고 있기 때문에 그것을 조장하는 전략도

---

6 초·중등 교사들은 비판적 사고 기술이 제4장에서 언급한 공통 핵심 교과목 표준(Common Core State Standards)과 차세대 과학 표준(Next Generation Science Standards) 속에 포함된 고차원의 사고 기술에 속한다는 사실을 인식해야 한다(www.corestandards.org와 www.nextgenscience.org 각각을 참조하라).

많고 다양할 것이다. 초인지, 전이, 문제 해결을 촉진하는 요인들 중 몇몇은 비판적 사고를 가르치는 데도 적용 가능하다. 교과수업, 협력집단과제, 실생활 활동 속에 포함된 비판적 사고 기술 교수는 학습자가 보다 비판적으로 사고하도록 도울 수 있다. 보다 구체적인 연구 기반에 의한 권고사항은 다음과 같다.

- 지적 회의주의를 촉구하라 — 가령, 학생들에게 그들이 읽고 들은 것들에 의문을 가지고 도전의식을 가지도록 촉구함으로써 — 그리고 어떤 한 가지 주제에 대한 사람들의 지식과 이해는 시간이 흐름에 따라 끊임없이 변한다는 인식론적 믿음을 전달하라(Afflerbach & Cho, 2010; D. Kuhn, 2001a; Lewandowsky, Ecker, Seifert, Schwarz, & Cook, 2012).[7]
- 비판적 사고의 모범을 보여라 — 가령, 설득적 주장이나 과학 보고서를 분석하는 동안 소리 내어 사고함으로써(Moon, 2008; Muis & Duffy, 2013).
- 학생들에게 비판적 사고를 실천할 기회를 많이 주어라 — 가령, 설득문 속의 주장에서 결함을 확인하고, 과학적 발견의 질과 유용성을 평가하고, 특정 관점을 지지하기 위하여 증거와 논리를 이용함으로써(Halpern, 1998; D. Kuhn & Crowell, 2011; Monte-Sano, 2008; Yang & Tsai, 2010).
- 학생들로 하여금 논쟁점들은 여러 관점에서 숙고하도록 하고 가끔씩 자신의 관점과 아주 다른 한 관점을 취하도록 요청하라(Derry, Levin, Osana, & Jones, 1998; Halpern, 1998; Nussbaum, 2008; Nussbaum & Edwards, 2011).
- 비판적 사고는 상당한 정신적 노력이 들지만 중요한 문제를 숙고할 때는 필수적인 것이라는 사실을 학생들이 이해하도록 도와주어라(Halpern, 1998).

교사들은 학생들이 인쇄자료를 읽거나 인터넷 웹사이트에서 정보를 입수할 때 다음과 같은 질문들을 해보도록 할 필요가 있다.

- 이 자료나 웹사이트를 누가 만들었는가? 저자는 그 주제에 대한 지식을 잘 입증했는가? 저자는 어떤 편견이나 경향성을 가지고 있는가?
- 저자는 어떤 설득 기법을 사용하고 있는가? 그것은 타당한가 아니면 여러분을 오도하도록 고안되었는가?
- 제시된 주장과 논의에는 어떤 가정이 깔려 있는가?
- 어떤 증거나 이유가 결론을 지지하는가? 어떤 증거나 이유가 결론을 지지하지 않는가?

---

[7] 인터넷 내용에 대한 회의주의를 촉구하는 좋은 웹사이트는 'All About Explorers(allaboutexplorers.com)'이다. 거기에서 초등학생들이 잘 알려진 초기 탐험자들에 대한 사실들을 검색하는 동안 믿을 만한 정보와 의심스러운 정보를 구분하는 것을 연습할 수 있다. 예를 들면 학생들이 크리스토퍼 콜럼버스에 대한 정보를 찾고 있을 때, 콜럼버스는 1951년에 태어났고, 1906년에 사망했다 — 시간선이 명백히 잘못되었다 — 고 기술한 가짜 '웹사이트'를 방문한다. 그리고 스페인의 왕과 여왕이 콜럼버스에게 무료 장거리 전화로 전화를 걸었다고 주장한다.

- 그 정보는 다른 출처에서 얻은 것과 일치하는가? 일치하지 않는다면 어떤 점에서 다른가? 여러분은 불일치를 어떻게 조정할 것인가?
- 여러분은 이 연구의 설계를 향상시키기 위하여 어떤 행동을 취할 것인가?(다음 저자들의 시사점에 기초한 질문들임 — De La Paz & Felton, 2010; Halpern, 1998; S. A. Stahl & Shanahan, 2004; Wiley et al., 2009)

정보가 어떤 것은 합당하고, 어떤 것은 의심스러우며, 어떤 것은 완전 잘못된 것을 담고 있는 다양한 출처에 광범위하게 접근할 수 있는 이 시대에 비판적 사고 기술은 과거 어느 시대보다도 중요하다.

요약

전이는 한 상황에서 배운 정보와 기술을 다른 상황에서의 학습이나 수행에 적용하는 과정이다. 대부분의 전이가 유익하다 하더라도 때때로는 한 시기의 학습이 차후의 학습이나 수행에 부정적인 영향을 줄 수 있다. 무엇에 전이되고 언제 전이되는지에 대한 견해는 여러 해에 걸쳐 상당히 변화했다. 역사적으로 많은 교육자들은 정신을 근육으로 보고 혹독한 교과목의 공부는 정신을 강화하여 미래의 학습과 수행을 용이하게 한다고 여겼다. 이와 대조적으로, 초기 행동주의자들은 자극이나 반응 혹은 둘 다의 유사성이 전이를 일으키는 데 필수적이라고 주장했다. 보다 최근에 인지주의 이론가들은 현재 상황이 유용성 있는 사전 지식의 인출을 격려하거나, 실제로 학습 과제에 영향을 미칠 수 있는 일반적인 학습전략, 동기, 성향을 습득했다면 사람들은 학습한 내용을 더 잘 적용하는 경향이 있다고 했다. 어떤 이론적 관점이든 한 상황에서 다른 상황으로의 전이는 두 상황이 공통적인 요소를 가지고 있거나 학습자에게 유사한 기술이나 태도를 요구할 때 가장 잘 일어나는 것 같다. 한 주제의 유의미하고 철저한 학습, 개별적 사실보다 일반적 원리에 초점 두기, 다양한 예들과 실천의 기회들, 전이를 장려하는 일반적인 교실 문화 등이 전이를 촉진하는 요인들에 속한다.

문제 해결은 이전에 학습한 정보가 답을 얻지 못한 질문이나 문제 상황을 다룰 때 사용된다는 점에서 전이의 형태를 갖는다. 문제 해결 이론에서 행동주의자들은 문제에 대한 학습자들의 외현적 반응의 성격에 초점을 두었다. 그러나 현대의 문제 해결 이론들은 대부분 작업기억, 부호화, 인출, 사전지식, 메타인지와 같은 것에 강조를 두는 인지 중심 이론들이다. 어떤 문제들은 정확한 해결책을 보장하는 절차인 구체적인 **알고리즘**을 통해 해결될 수 있다. 그러나 많은 문제들은 보장되는 결과가 없는 접근법인 보다 일반적인 발견법을 통해서만 해결될 수 있다. (발견법의 예로 한 문제에 대해 혼자 말하기, 어떤 문제의 구성요소를 표면적으로 나타내기, 가능한 해결책들을 브레인스토밍하기 등이 있다.) 사람들은 보통 문제 해결 절차 뒤의 논리를 이해할 때 그 절차를 보다 효과적이고 적절하게 적용할 수 있다.

이론과 연구는 교실 상황에서 전이와 문제 해결

을 촉진하기 위한 수많은 시사점을 준다. 가령 학교의 교육과정은 교사들이 많은 것들을 피상적이고 암기 수준으로 가르치기보다는 적은 것을 철저하고 의미 있게 가르치도록 할 수 있어야 한다. 학생들은 전이를 위한 마음 갖춤새를 가지고 있어야 한다. 즉 미래에 사용할 수 있다는 생각을 가지고 학과목을 대해야 한다. 예를 들어 학생들의 노력이 적절하게 구조화되고 도움을 받게 되는 상황에서 발견학습, 소집단 협력 문제 해결 과제, 실생활 활동과 같은 기법들은 효과적인 문제 해결 기술들의 발달과 전이를 촉진한다. 이상적으로는 교사는 전이와 문제 해결을 가르칠 뿐 아니라 평가 장면에서도 그것들을 강조해야 한다.

비판적 사고는 정보의 정확성, 신빙성, 가치와 추리의 내용을 평가하는 것을 말한다. 그것은 설득적 주장을 분석하거나 구성하기, 확률에 대해 추론하기, 특정 결론을 지지하거나 지지하지 않는 진술과 증거를 확인하기 등과 같은 다양한 형식을 취한다. 일반적으로 학습자들은 나이가 들면서 비판적 사고가 능숙해지지만 성격특성, 인식론적 신념, 문화적 양육 또한 학습자의 비판적 사고 경향성에 영향을 미친다. 비판적 사고를 명시적으로 가르치고 실천하는 일은 읽고 들은 것에 대한 학생들의 비판적 평가 능력을 향상시키는 것으로 나타났다. 아이디어들에 대한 사려 깊은 분석에 가치를 두는 교실 분위기를 교사들이 창출하는 것 또한 필수적이다.

제7부

동기

14

동기와 정서

학습 성과

14.1 *인간 동기의 본질과 동기가 인지와 행동에 끼치는 영향력을 기술한다.*

14.2 *모든 인간이 가지고 있을 것이라 여겨지는 다양한 기본 욕구를 기술하고 설명한다.*

14.3 *인간의 욕구와 성향에서 개인차의 몇 가지 예를 설명한다.*

14.4 *감정과 정서가 동기, 인지, 학습 및 수행과 어떻게 관련되는지 설명한다.*

14.5 *교사들이 학습환경에서 동기화된 학습과 효과적인 정서를 만들어내는 다양한 방법을 확인한다.*

몇 해 동안, 나는 정말 많은 것을 배웠다. 심리학을 가르치고 저술하는 방법, 슈퍼마켓에서 좋아하는 군것질거리를 찾고 TV가이드에서 좋아하는 TV 게임쇼를 찾는 방법, 대학 위원회에서 말과 화를 참는 방법을 배웠다. 잔디를 깎고 세금 환불 서류를 모으고, 리마콩을 요리하고, 차고를 청소하는 방법도 배웠다.

그러나 이 모든 것은 어떤 규칙에 따라 행해진다. 심리학 저술, 군것질, TV 게임쇼 시청 같은 몇 가지 행동은 내가 좋아하기 때문에 몰두한다. 다른 것들은 즐겨서가 아니라 그것들이 나에게 대학 동료들과의 생산적인 관계, IRS 반환, 정돈된 뒷마당과 같이 내가 좋아하는 것을 가져다주기 때문에 몰두한다. 이와 달리 즐겁지 않고 보상도 거의 없기 때문에 좀처럼 하지 않는 몇 가지 일도 있다. 예를 들어 내가 싫어하는 리마콩 요리, 금방 다시 더러워질 차고 청소 등이 그것이다. 또 중점을 두지 않기 때문에 전혀 배우지 않고 있는 몇 가지가 있다. 프로 야구 선수들의 타율 평균, 백화점 숙녀복 코너에서 작은 사이즈가 있는 위치 확인하기, 뜨거운 석탄 위를 맨발로 걷는 전략 등이 모두 중요하지 않은 행동의 범주에 들어간다.

동기(motivation)는 우리로 하여금 행동하게 하고, 특정한 방향을 향하도록 하며, 특정한 활동들을 지속하도록 하는 내적인 상태로 여기에서 핵심적인 요소이다. 우리가 무엇인가를 완벽하게 배울 수 있다 할지라도(그리고 나는 실제로 백화점의 어떤 옷 사이즈를 찾을 수 있는 곳을 학습할 능력이 있다), 특별히 학습에 필요한 행동과 인지 과정이 자발적이고 우리의 통제 아래 있을 경우 동기는 우리가 그것을 실제로 학습할지 여부와 정도를 결정한다. 더욱이 우리가 무엇인가를 하는 방법을 학습하면, 우리가 그것을 지속할지는 대부분 동기가 결정한다.

제3장에서는 강화, 제5장에서는 모델링, 제9장에서는 개념의 변화, 그리고 제12장에서는 자기조절학습의 맥락에서 동기의 중요성을 다루었다. 이 책의 마지막 두 장에서는 동기의 특성을 더 면밀하게 살펴볼 것이다. 이 장에서 일반적으로 동기가 행동, 인지, 그리고 학습에 어떻게 영향을 미치는지를 고려할 것이고, 인간의 기본적인 욕구에 대한 다양한 이론을 탐색할 것이다. 그 후에 동기와 가까운 친구인 정서로 초점을 돌려서 정서가 학습과 행동에 참여하는 다양한 방식을 살펴볼 것이다.

학습자는 거의 항상 어떻게든 동기화된다는 것을 기억하라. 예를 들어 학급의 학생은 다양한 동기를 가지고 있다. 어떤 학생은 확실히 교실에서 제시되는 수업 자료를 학습하고 싶어 한다. 다른 학생들은 좋은 점수를 받고, 급우들을 앞지르며, 교사나 부모를 기쁘게 하거나, 또는 가능한 한 빠르고 고통 없이 과제를 완수하고자 한다. 이러한 동기 모두는 과제에 접근하는 특징을 지니고 있다. 그것들 밑에는 어떤 성과를 달성하기 위한 열망이 있다. 그러나 학생들은 때로 힘이 많이 들 것 같은 과제 또는 또래에게 괴롭힘을 당할 수도 있을 거라고 생각되는 사회적 상호작용을 피하기 위해서 행동할 수도 있다. 일반적으로 교사는 학생이 동기화되는지 아닌지에 대하여 의문을 가질 필요는 없다. 대신에, 학생이 어떤 방향으로 동기화되는지를 평가해야 한다.

학습자가 어떤 교육환경에 특정한 동기를 가지고 오지만, 동기는 또한 어느 정도 학습환경의 기능을 갖는다. 이는 **상황적 동기**(situated motivation)라고 알려진 현상이다(Paris & Turner, 1994; Rueda & Moll, 1994; Turner & Patrick, 2008). 교실에서는 교사가 사용하는 교수자료와 활동의 특성, 학생들이 서로 경쟁하거나 협동해야 하는 정도, 학습과 성취가 평가받는 방식 등을 포함해 많은 요인이 학생의 동기에 영향을 미친다. 나아가 학습자와 학습환경은 상호교호적으로 서로에게 영향을 미친다(A. Kaplan, Katz, & Flum, 2012; Pintrich, 2003; Reeve, 2013). 가령 학생이 질문하거나 의견을 발표할 때, 반 친구들과 도전적인 과제를 할 때, 자신들의 개인적 흥미에 따라 맞춤 과제를 할 때 그들은 확실히 자신의 환경을 그들의 동기와 성취 수준 모두를 증진시키거나 감소시킬 수 있는 방식으로 환경을 바꿔나간다.

궁극적으로 나는 여러분이 사람의 뜻대로 동기를 작동시키거나 멈추게 할 수 없다는 것을 발견하기를 바란다. 동기는 수많은 요인의 결과이며, 그 요인 중 어떤 것들은 학습자가 통제할 수 있지만 더 많은 것들은 학습자의 과거와 현재의 환경적 여건의 결과이다.

동기의 일반적 영향

아동과 성인 모두 그들로 하여금 행동하게 하는 특정한 동기를 항상 의식적으로 인식하고 있지는 못하다(Immordino-Yang & Sylvan, 2010; Pintrich, 2003; Schultheiss & Brunstein, 2005). 그러나 동기는 사람의 행동에 미치는 영향을 통해서 지속적으로 드러난다.

- 동기는 특정 목표를 향한 행동을 지향한다.
- 동기는 이러한 목표를 추구하는 노력과 활력을 증가시킨다.
- 동기는 중단과 좌절의 상황에 닥쳤을지라도 특정 활동에 대한 추진력과 지속력을 증가시킨다.
- 동기는 학습자가 주의집중하는 내용과 그들이 그것에 대해 생각하고 발달시켜 나가는 정도와 같은 인지 처리 과정에 영향을 미친다.
- 동기는 결과가 강화되고 처벌받을지 혹은 그렇지 않을지를 결정한다. (Ladd & Dinella, 2009; Larson, 2000; Maehr & Meyer, 1997; Pintrich, Marx, & Boyle, 1993; Pugh & Bergin, 2006)

따라서 특정 활동에 있어서의 학습자 동기는 개인적 투자와 인지적, 정서적, 그리고 행동적 개입에 반영되는 경향이 있다. 일반적으로 동기는 특정 영역에 있어서의 학습과 성취에 영향을 미치는 중요한 요소인 **과제 집중 시간**(time on task)을 증가시킨다(Fredricks, Blumenfeld, & Paris, 2004; Ladd & Dinella, 2009; J. Lee & Shute, 2010; Maehr & McInerney, 2004; M. T. Wang & Holcombe, 2010).

그러나 우리가 이제 살펴보겠듯이 모든 형태의 동기가 인간의 학습과 수행에 정확히 동일한 영향을 미치는 것은 아니다.

외적 동기와 내적 동기

행동주의자들이 외적 강화와 내적 강화를 구별한 것과 마찬가지로 동기 연구자들은 외적 동기와 내적 동기를 구별한다. **외적 동기**(extrinsic motivation)는 동기의 원천이 개인과 수행 과제의 외부에 있을 때 존재한다. 예를 들어 나는 한편으로 내가 그렇게 하면 세금을 환불받기 때문에(보상), 다른 한편으로는 그렇게 하지 않으면 벌금을 물기 때문에(처벌) 매년 소득신고서를 정리하고 있다. 몇 년 동안, 나는 대학 봉사가 내 직무의 일부이기 때문에, 또한 내가 내

월급에 의지하기 때문에 대학 위원회에 참가했다. 나는 친구들이 내가 지저분한 사람이라는 것을 발견하게 되는 것이 싫어서 파티 준비를 할 때 집 안을 구석구석 청소한다.

반대로, **내적 동기**(intrinsic motivation)는 동기의 원천이 개인과 과제의 내부에 있을 때 존재한다. 개인은 그 자체로도 재미있고 가치가 있는 과제를 발견한다. 예를 들어 나는 인간의 학습과 동기에 관한 책과 논문을 자주 읽는데, 그 이유는 그것들이 내게 정말로 매력적인 주제들에 대한 새로운 정보를 주기 때문이다. 나는 안방에서 TV를 시청하면서 즐기는 것을 좋아하기 때문에 TV 게임쇼를 본다. 맛있어서 인스턴트 음식을 먹는다(불행한 결과는 백화점에 있는 작은 사이즈의 옷이 더 이상 필요 없다는 것이다).

외적 동기는 확실히 성공적인 학습과 생산적인 행동을 증진시킬 수 있다(Cameron, 2001; Hidi & Harackiewicz, 2000; C. S. Ryan & Hemmes, 2005; 또한 제4장 참조). 특정 행동에 참가하는 데 있어 외적 강화는 과제에 들이는 시간을 증가시키고, 그 결과 수행이 향상되는 것 같다. 그러나 교실에서의 외적 동기는 결점도 있다. 외적으로 동기화된 학생은 과제를 성공적으로 이행하는 데 필요한 최소한의 행동과 인지적 노력(때때로 다른 사람의 작품을 베끼는 것을 의미하기도 한다)만을 기울이고, 강화를 받자마자 활동을 중단할 수 있다(Brophy, 2004; Flink, Boggiano, Main, Barrett, & Katz, 1992; McClure et al., 2011; Reeve, 2006).

내적 동기는 외적 동기에 비하여 다양한 장점을 갖는다. 어떤 과제에 내적으로 동기화된 학습자는 아래와 같은 특성을 갖기 마련이다.

- 재촉이나 유혹을 받지 않고 자기 주도로 과제를 추구한다.
- 과제에 인지적으로 참여한다(예 : 과제에 주의력을 유지한다).
- 과제에서 더 도전적인 역할을 맡는다.
- 과제를 진정으로 이해하려고 애쓴다.
- 개념상의 변화가 필요할 때 변화를 감수한다.
- 수행할 때 창의성을 보여준다.
- 실패하더라도 지속한다.
- 그들이 하고 있는 일에서 즐거움을 경험한다.
- 과제를 추구할 수 있는 기회를 더 찾는다.
- 높은 성취를 이룬다.(Becker, McElvany, & Kortenbruck, 2010; Corpus, McClintic-Gilbert, & Hayenga, 2009; Csikszentmihalyi, Abuhamdeh, & Nakamura, 2005; Csikszentmihalyi & Nakamura, 1989; Flink et al., 1992; Gottfried, 1990; B. A. Hennessey, 2010; Maehr, 1984; Pintrich et al., 1993; Reeve, 2006; Schweinle, Meyer, & Turner, 2006)

특별히 강력한 내적 동기의 형태는 **몰입**(flow)이라고 불리는데 이것은 완벽한 몰두, 초점화, 그리고 개인이 시간 감각을 잃고 다른 과제들을 잊을 만큼 도전적인 활동에의 몰입으로 특징지어진다(Csikszentmihalyi, 1990; Csikszentmihalyi et al., 2005; Shernoff & Csikszentmihalyi, 2009; 또한 Gable & Poole, 2012 참조).

분명히, 내적 동기는 교실에서의 최적 상태이다. 동시에 우리는 외적 동기와 내적 동기의 출현이 양자택일적인 상황이라고 가정해서는 안 된다. 많은 경우 학습자는 외적으로 그리고 내적으로 **모두** 동기화될 수 있다. 나아가 하나의 동기가 외적인 측면과 내적인 측면을 모두 가질 수 있다. 예를 들어 학생은 외적 보상을 얻기 위해서뿐 아니라 그들이 개인적으로 가치를 두는 과제나 기술을 숙달했음을 입증하기 위해서 좋은 성적을 추구할 수 있다. 그리고 제15장에서 **내재화된 동기**를 토의할 때 발견하겠지만, 어떤 동기들은 일부분은 외적 속성을 띠고 일부분은 내적 속성을 띤다.

인간의 기본 욕구

여러 해 동안 연구자들은 인간 종족 간에 보편적인 욕구에 대하여 다양한 관점을 제안해왔다. 여기에서 우리는 교수 장면과 특히 관련 있는 초기적 관점(추동, 각성 욕구, 그리고 매슬로의 욕구 위계)과 보다 최근의 관점(유능감, 자기가치감, 자기결정성, 관계성에 대한 욕구들)에 초점을 둔다. 이들 몇몇 관점은 내적 동기를 강화할 수 있는 환경적 조건을 지적한다.

추동 감소

추동이론은 사람과 동물(유기체)이 신체적 항상성을 유지하려고 한다는 견해에 기반을 두고 있다. 다시 말해 그들은 신체를 최적의 기능 상태로 유지하려고 노력한다(예 : Freud, 1915/1949; Hull, 1951, 1952; Woodworth, 1918). **추동**(drive)은 유기체 내부에 있는 내적 욕구 상태이다. 즉 최적의 기능에 필요한 것(예 : 음식, 물, 적절한 휴식 등)이 없는 상태이다. 추동이 존재할 때 유기체는 욕구를 감소시키고 신체를 균형 잡히게 하는 방식으로 행동한다. 예를 들어 배고픈 사람은 먹고, 목마른 사람은 마시고, 피곤한 사람은 잠자리에 든다. 욕구를 감소시키기 위해 반응하는 것이 당장 불가능하다면, 유기체는 결국 욕구를 감소시키는 자극을 접하게 해주는 활동을 증가시킨다.

비록 이론적인 확신을 가진 초기 심리학자들이 추동개념의 가치를 발견하기는 했어도, 추동이론의 진보는 대부분 행동주의자들의 작업을 통해 나타났다. 행동주의 관점에서 보면, 강화물은 욕구상태를 감소시키고 그럼으로써 동시에 추동을 감소시키는 정도까지 효과적이다. 예를 들어 음식물은 유기체가 배고플 때만 강화가 되며, 물을 마시는 것은 유기체가 목마를 때만 강화가 된다. 욕구상태를 감소시키는 행동, 즉 강화가 되는 행동은 이후 동일한 욕구가 나타날 때 반복될 가능성이 있다.

추동이론 중 가장 널리 인용되는 것은 행동주의자인 헐(Hull, 1943, 1951, 1952)의 이론일 것이다. 헐은 처음에는 추동이론은 배고픔과 갈증 같은 신체적 욕구에 의한 것이라고 제안했다. 이 모든 욕구들은 유기체의 일반적인 추동 상태에 기여하는데, 추동 자체는 특정한 하나의 욕구에 구체적으로 해당되는 것이 아니다. 헐은 더 나아가서 행동의 강도(혹은 밀도)는 습관 강도(특정 자극과 반응 사이의 연합에 대해 학습된 정도)와 추동의 함수라고 제안했다.

행동의 강도=습관×추동

이러한 곱셈 관계에서, 습관(선행학습)과 추동은 둘 다 있어야 한다. 둘 중 하나가 없으면, 행동이 일어날 가능성 역시 없게 된다.

헐의 습관과 추동의 곱셈식에 관한 생각은 2명의 제자가 수행한 실험에 근거를 두고 있다(Perin, 1942; S. B. Williams, 1938). 이 실험들에서 쥐들은 스키너 상자에서 음식물 강화를 얻기 위해 막대기를 누르도록 훈련받았다. 다양한 집단의 쥐들이 각기 다른 훈련을 받았다. 강화된 반응 수가 많아지면 습관 강도도 강해지는 것으로 추정되었다. 나중에, 음식물 없이 3시간(낮은 추동) 또는 22시간(높은 추동)이 흐른 후에, 쥐들은 다시 한 번 스키너 상자에 놓였고, 비강화 조건(소거)에서 막대를 누르는 빈도가 기록되었다. 배가 더 많이 고픈 쥐들은 배가 덜 고픈 쥐들보다 막대를 더 자주 눌렀으며 이와 유사하게 더 많이 훈련받은 쥐들이 적게 훈련받은 쥐들에 비해 더 자주 막대를 눌렀다. 추동이 적은 쥐들(3시간 음식 박탈)과 습관 강도가 낮은 쥐들(5회 훈련)은 평균 한 번 정도만 막대를 눌렀다.

이후에 헐은 그의 생각을 두 가지 중요한 방향에서 수정했다. 첫째, 그는 어떤 행동은 명백한 생리적 목적 없이 나온다는 것을 관찰했다. 그래서 그는 어떤 추동은 **습득된 추동**(acquired drive)이라고 제안했다. 그것은 중립적이었던 자극이 음식과 같은 추동 감소 자극과 연합될 때 발달한다. 예를 들어 승인이 이전에 사탕이나 다른 달콤한 과자와 연합된다면, 승인받기 위한 욕구에 의해 추동이 일어날 수 있다. 이 관점에서 보면, 강화는 구체적인 생리적 욕구의 감소보다 개인의 추동을 감소시키는 데서 나온 결과이다.

덧붙여, 헐은 강화물이 학습보다 수행에 영향을 미칠 수도 있음을 암시하는 크레스피(Crespi, 1942)와 다른 학자들의 연구들을 고려했다. (크레스피의 연구는 제3장에서 검토했다. 기억을 되살린다면, 음식을 찾아서 달려가는 쥐들은 강화의 양이 증가하면 더 빨리 달리기 시작했다. 강화의 양이 줄어들면 천천히 달리기 시작했다.) 이로 인해 헐은 그의 이론에 유인가의 개념을 도입했고 행동은 음식의 양과 같은 목표 대상(예를 들면 목표지점에 있는 음식물의 양과 같은)의 특징에 의해 영향을 받는다는 것을 인정했다. 유인가는 다음과 같이 행동을 발생시키기 위한 세 번째로 중요한 요인이 되었다.

행동의 강도=습관×추동×유인가

습관 강도, 추동, 유인가의 세 가지 요인 중 하나라도 없으면 행동은 나타나지 않는다.

다른 연구자들은 목표 대상의 특징(유인가)이 행동을 동기화시키는 힘이라는 헐의 생각을 확장시켰다(Mowrer, 1960; Overmier & Lawry, 1979; K. W. Spence, 1956). 그들의 관점에서, **유인가 동기**(incentive motivation)는 자극과 반응 사이의 매개 역할을 하며, 자극에 대한 반응의 유무에 영향을 미친다. 상징적으로 우리는 그 관계를 다음의 방식으로 기술할 수 있을 것이다.

$$S \rightarrow M_{유인가} \rightarrow R$$

예를 들어 몇 시간 동안 아무것도 먹지 않고 저술 작업을 한 후에 전자레인지용 팝콘 봉지를 발견했다면 팝콘을 한 움큼 가득 집어 먹는 행동이 나올 것이다. 그러나 그 똑같은 팝콘 봉지가 칠면조, 으깬 감자, 그리고 호박파이 등으로 배를 가득 채운 추수감사절 만찬 직후에는 아무런 반응도 일으키지 못한다.

유인가가 인간의 동기에 매우 중요한 역할을 한다는 것에는 의심의 여지가 없다. 크레스피의 쥐가 목표지점에 많은 음식이 있음을 알게 되자 더욱 빠르게 달린 것처럼, 사람도 유인가가 매력적일수록 더 열심히 일한다. 특정한 목표행동을 향한 행보가 일시적으로 방해를 받으면 종종 더 집중적인 노력을 하기도 한다. 그리고 행보가 영원히 차단되면 미성숙한 행동을 하거나 공격적으로 반응하기도 한다(Bandura, Ross, & Ross, 1961; Berkowitz, 1989; Dollard, Doob, Miller, Mowrer, & Sears, 1939; Klinger, 1975, 1977).

유인가는 동기를 유발할 가능성이 있는 하나의 원천으로서 인기를 얻고 있다(제5장에 있는 사회인지이론에 대한 토론을 보라). 행동주의자들은 유기체가 의미 있는 기간에 박탈경험을 했느냐에 따라 서로 다른 대상과 사건이 다소간 강화작용을 할 수도 있음을 인정한다(McGill, 1999; Michael, 1993, 2000). 그러나 대부분의 연구자들은 동기에 대한 토론을 할 때 두 가지 이유에서 추동을 포함하지 않는다. 첫 번째는 인간 행동의 상당 부분은 단기적 욕구를 충족하기보다는 장기적 목표를 달성하는 데 목적이 있는 것으로 보인다는 것이다(우리는 이런 목표를 제15장에서 공부할 것이다). 두 번째는 유기체는 실제로 그들의 추동상태를 증가시키는 방향으로 행동한다는 것이다(Olds & Milner, 1954; Rachlin, 1991; Sheffield, 1966a, 1966b). 예를 들면 우리 인간은 무서운 영화를 보거나 서스펜스물을 읽거나, 롤러코스터를 타면서 추동상태를 자발적으로 증가시킨다. 심지어 우리 중 일부는 **자극 추구자**(sensation seeker)여서 스스로를 모험적이고 위험한 상황에 처하게 하는데 이런 상황은 이런 경험이 제공하는 신체적인 스릴에 기반한다(Joseph, Liu, Jiang, Lynam, & Kelly, 2009; M. Zuckerman, 1994). 아마도 이러한 감각 추구는 보다 기본적인 욕구인 각성욕구의 극단적 형태인 것 같다.

각성

심리학자들은 유기체가 현재 경험하는 내적인 에너지 수준을 언급하기 위해 **각성**(arousal)이라는 용어를 사용한다. 유기체가 낮은 각성상태에 놓이면 이완되고 지루해지며 졸음이 온다. 높은 각성상태를 경험하는 유기체는 매우 정력적이 되며, 극단적인 상태에서는 과도하게 불안해지기도 한다. 많은 연구들은 사람들이 자극을 추구하는 기본적인 욕구, 즉 **각성의 욕구**(need for arousal)[1]를 가지고 있음을 암시한다.

헤론(Heron, 1957)이 실시한 고전적인 연구를 예로 들어보자. 남자 대학생들은 정말로 지루한 상황에서 원하는 만큼 가급적 오래 버티는 대가로 20달러(1950년대로서는 꽤 큰 액수)를 일당으로 받았다. 식사나 생물학적인 욕구를 해결하기 위한 잠깐씩의 휴식을 빼면, 학생들은 그 시간을 에어컨 소리만 나는 작은 침실의 침대에 누워서 시간을 보냈다. 학생들은 희미하고 불규칙한 빛밖에 볼 수 없는 플라스틱 복면을 쓰고 있어서 기능적으로는 시각장애 상태였고, 상이한 형태나 문자를 지각하지 못하도록 두꺼운 장갑과 마분지 재킷을 입고 있어서 접촉을 통해 얻는 정보가 최소화된 상태였다. 자연히, 많은 학생들이 잠에 빠져들기 시작했다. 처음 얼마간은 학생들은 깨어서 학업, 개인적인 이슈, 과거 경험 등을 생각하면서 시간을 보냈다. 나중에는 뭔가에 대해 생각하는 일을 그만두었고 목적 없이 시간을 보내게 되었다. 시간이 지나면서 인지적 기능이 왜곡되어 학생들은 집중이 곤란해졌고, 방이 움직이고 물체의 크기와 형상이 변하는 것 같은 지각적 왜곡을 보고했으며, 대개 방향감을 상실한 것 같았다. 어떤 학생들은 환각상태에서 입을 벌린 남자들이 줄 서 있는 만화를 보고, 배낭을 메고 행진하는 다람쥐 행렬을 보기도 했으며, 음악이 들리기도 하고 복음성가 합창을 듣기도 했다. 어떤 경우에는 촉감이나 움직임을 느꼈다고 했다. "어떤 참가자는 자신이 봤던 장난감 소형 로켓함에서 탄알이 발사되어서 팔을 관통하는 느낌을 받았다"(Heron, 1957, p. 54). 사람들 대부분은 오랜 시간 계속된 감각 박탈 조건 아래에서 제대로 기능하기가 매우 어려웠던 것 같다(Solomom et al., 1961).

어떤 연구자들은 사람들은 기본적인 자극 추구 동기가 있을 뿐 아니라 최적 수준의 각성을 추구한다고 제안한다(E. M. Anderman, Noar, Zimmerman, & Donohew, 2004; Berlyne, 1960; Hsee, Yang, & Wang, 2010). 자극이 너무 적어도 불쾌하고 너무 많아도 불쾌하다. 예를 들어 여러분이 TV 게임쇼를 시청하거나 음악 듣기를 좋아한다 할지라도, 여러분의 거실에서 5개의 CD 플레이어, 3대의 TV, 그리고 록 밴드의 연주가 동시에 이루어지는 것을 참기는 어려울 것이다. 사람들이 느끼는 최적 수준은 각기 다르다. 어떤 사람들은 조용한 것을 좋아하는 반면에 어떤 사람들은 흥분을 추구한다. 나는 좀 단조로운 것을 좋아한다. 나도 경

1 종종 여러분이 이 용어를 성적 활동을 지칭하는 걸로 잘못 추론한다. 이와는 달리 각성의 욕구는 어떤 종류건 자극을 추구하는 기본적인 욕구를 언급한다.

모든 인간은 각성에 대한 기본적인 욕구가 있다. 교실의 활동에 대해 자극되지 않는 학생들은 다른 방식으로 각성 욕구를 만족하게 된다.

우에 따라 긴장되는 추리소설을 즐기기도 하지만, 롤러코스터나 번지점프는 못한다.

사람들의 각성 욕구는 우리가 교실에서 보는 현상을 설명하는 것 같다. 예를 들어 각성 욕구는 학생들은 교사가 따분한 주제에 대하여 자세하게 설명할 때 왜 노트를 돌려보거나 서로 농담을 주고받는 등 수업 내용과 별도의 흥분거리들을 만들어내는지를 설명한다(Pekrun, Goetz, Daniels, Stupnisky, & Perry, 2010). (나는 대학 사회학 수업에서 내 옆에 앉아 교수가 헛기침을 여러 번 할 때까지 계속 점찍기를 해댔던 여학생이 기억난다. 이 단순한 활동은 교수가 주지 않은 즐거움을 주었다.) 나아가 다양한 수준의 각성 욕구를 반영하는 성향에 대한 설명이 최근에 나타났는데 **자극 추구**와 **인지에 대한 욕구**에 관한 설명은 이 장의 후반부에서 보게 될 것이다.

매슬로의 욕구 위계

동기에 대한 또 하나의 초기적 관점은 에이브러햄 매슬로(Maslow, 1943, 1959, 1973, 1987)의 관점이다. 매슬로의 이론은 1960년대와 1970년대에 주목을 받아 온 심리학 운동인 **인본주의**(humanism)의 중심이다. 인본주의는 상담심리학에 뿌리를 두고 있으며, 사람이 어떻게 정서, 태도, 가치, 대인관계 기술을 습득하는지에 주목한다. 매슬로와 같은 초기 인본주의자들의 관점들은 연구보다는 철학에 근거하고 있지만, 그럼에도 불구하고 인간의 동기를 이해하는 데 유용한 통찰을 제공한다. (보다 최근에는 연구에 기반한 인본주의가 긍정심리학으로 알려져 있다. 예 : Gilman, Huebner, & Furlong, 2009; Peterson, 2006; Waterman, 2013 참조.)

인간의 행동에 대한 자신의 개인적인 관찰을 종합하면서, 매슬로는 사람들이 다섯 가지의 욕구체계를 가지고 있다고 주장했다.

- **생리적 욕구** : 사람은 음식, 물, 운동, 휴식 등 즉각적인 신체적인 생존과 관련되는 욕구를 충족하도록 동기화되어 있다. 매슬로의 생리적 욕구는 헐의 초기 추동이론과 동일하다.
- **안전 욕구** : 사람은 환경 속에서 안전과 안정감을 느끼려는 욕구를 가지고 있다. 가끔은 놀라움을 즐길 수 있지만, 일반적으로는 생활 속에서 체계와 질서를 찾고 싶어 한다.
- **사랑과 소속의 욕구** : 사람은 타인과 온정적인 관계를 맺고 싶어 하며 그들이 소속되어 있고 집단의 일원으로 수용받는다고 느끼기를 좋아한다.
- **자존감 욕구** : 사람은 자신에 대하여 좋게 생각하려는 욕구(**자기존중감에 대한 욕구**)를 가지고 있고, 다른 사람들이 자신을 좋게 느낀다고 믿으려는 욕구(**타인으로부터 존중받으려는 욕구**)를 가지고 있다. 사람들은 긍정적인 자기존중감을 발달시키기 위해 성취하고 숙달하려고 노력한다. 자존감과 타인의 존경을 얻기 위해 인정, 감사, 명성을 얻는 방향으로 행동한다.
- **자기실현의 욕구** : 사람은 자기에게 가능한 모든 것이 될 수 있도록 발달하려는 욕구인 자기실현의 욕구를 가지고 있다(또한 C. R. Rogers, 1951, 1961 참조). 자기실현을 위해 노력하는 사람들은 시야를 넓히려고 새로운 활동들을 추구하며 배움 그 자체를 위해 공부하고 싶어 한다. 예를 들어 자기실현을 추구하는 사람은 특정한 주제에 관해 그들이 할 수 있는 모든 것을 배우려는 호기심에 의해 행동한다. 또는 그들은 근육을 발달시키려는 수단과 창조적으로 자기를 표현하기 위한 출구로서 발레에 적극적인 흥미를 보일 수 있다.

매슬로는 5개의 욕구 체계가 그림 14.1에 나타난 것처럼 위계를 이룬다고 주장했다. 사람들은 이 욕구 중 2개 이상이 충족되지 않을 때 정해진 순서대로 충족시키는 경향이 있다. 위계의 가장 낮은 욕구인 생리적 욕구부터 충족시키기 시작하여, 다음으로는 안전의 욕구 등으로 나아간다. 높은 위계의 욕구는 낮은 욕구가 충족되고 난 후에만 나타난다. 예를 들어 갇힌 에너지를 방출하려는 욕구(신체적 욕구)를 가진 소년은 과잉행동 때문에 교사에게 야단을 맞음으로써 타인으로부터의 인정 욕구를 충족시키지 못하더라도 교실에서 과도하게 산만한 행동을 한다. 사랑과 소속의 욕구가 충족되지 않은 소녀는 사귀고 싶은 친구들이 그녀에게 그 수업은 얼간이나 볼품없는 사람들을 위한 것이라고 말한다면, 수학을 더 배우고 싶다 할지라도 대수 과목을 선택하지 않는다. 나는 필라델피아의 빈민가에서 강한 학습 흥미를 가지고 있지만 거리에 널려 있는 폭력집단을 피하기 위해 집에 머무르는 소년을 만난 적이 있다. 안

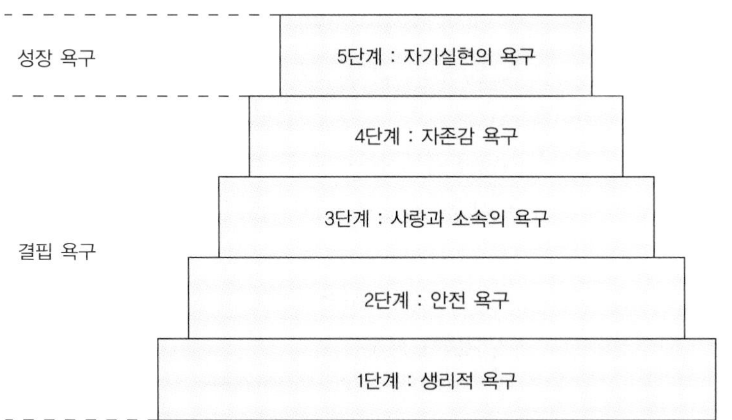

그림 14.1 매슬로의 욕구 위계

전에 대한 소년의 욕구가 그가 가지고 있는 상위욕구보다 앞섰던 것이다.

매슬로에 따르면, 위계상의 첫 네 가지 욕구인 생리, 안전, 사랑과 소속, 자존감의 욕구는 개인에게 부족한 것으로부터 나온다. 그래서 매슬로는 그것들을 **결핍 욕구**(deficiency needs)라고 불렀다. 결핍 욕구들은 개인이 속한 환경에서 발생한 사건이나 사람 등의 외적 자원에 의해서만 충족될 수 있다. 이러한 욕구들은 일단 충족이 되면 더 이상 만족시켜야 할 필요가 없다. 대조적으로, 자기실현은 **성장 욕구**(growth needs)이다. 성장 욕구는 개인의 생활 속에서 결핍에 초점을 맞춘다기보다 개인의 성장과 발달을 고양시키기 때문에 완벽하게 만족되는 일이 드물다. 자기실현 활동들은 내적으로 동기화되는 경향이 있다. 사람들이 자기 실현 활동에 몰두하는 이유는 그렇게 하는 것이 그들에게 즐거움을 줄 뿐 아니라 알고 싶은 욕구와 성장하고 싶은 욕구를 충족시키기 때문이다.

일상적으로 만족되는 욕구는 행동에 거의 영향을 미치지 않는다. 예를 들어 우리 사회의 많은 사람들은 대개 생리적 욕구와 안전의 욕구를 충족시킨다. 사랑과 자존감의 욕구는 충족되지 못할 가능성이 높다. 그래서 사람들은 자존감을 발달시키고, 다른 사람의 수용과 존경을 얻기 위해 많은 노력을 기울인다. 사람들은 4개의 모든 결핍 욕구들이 적어도 부분적으로 충족될 때만 자기실현을 위해 노력하는 것 같다. 그러나 그들이 일단 자기실현에 본격적으로 집중을 하게 되면, 때로 기본적 욕구들을 무시하기도 한다. 마음속에 추구하는 우선적인 목적을 위해 식사를 건너뛰거나 개인적인 안전을 위태롭게 할 수도 있다.

매슬로의 관점에서 자기실현을 하는 사람들은 많은 뚜렷한 특징을 가지고 있다. 예를 들어 독립적이고, 자발적이고, 창의적이며, 타인의 곤경에 대해 동정적이다. 자신, 타인, 그리고 세상을 객관적이고 현실적인 관점으로 지각하며 스스로의 모습을 편안하게 받아들인다. 그들은 삶에서 해결하고자 하는 중요한 문제인 사명을 갖고 있다. 매슬로는 인구의 1% 미만인 소수의 사람만이 충분히 자기를 실현하는데, 그것도 생의 후반부에나 가능하다고 주장했다.

그의 통찰력 있는 주장에도 불구하고, 매슬로의 위계는 몇 가지 점에서 비판을 받고 있다(예 : Kristjánsson, 2012; Schunk, Meece, & Pintrich, 2014). 하나는 인간 동기의 위계적 특성을 실증할 만한 증거가 거의 없다는 것이다. 매슬로는 그의 이론을 '자기를 실현한' 것으로 추정되는 자신의 친구에 대한 비공식적이고 주관적인 관찰, 토머스 제퍼슨이나 에이브러햄 링컨과 같은 역사적인 인물들에 대한 출판물로부터 도출했다. 다른 연구들을 통해 이 사람들이 매슬로가 확인한 특성을 가졌다고 확증받는다는 것은 거의 불가능하다. 또한 이후에 보게 되겠지만 사람들이 가진 각기 다른 동기는 너무 다양해서 기본적 욕구라는 짧은 목록에 포함되기에는 너무나 범위가 넓다. 나아가 자기를 실현한 사람은 너무 드물어서 위계의 개념이 대개의 사람들에 대한 정확한 설명을 제공할 수 없을지도 모른다. 마지막으로 매슬로의 이론은 사람들의 동기를 향상시키기도 하고 저하시키기도 하는 환경적 맥락에 대한 고려 없이, 사람 그 자체에 있는 동기에만 자리 잡고 있다.

이와 동시에 매슬로의 이론은 분명히 몇 가지 장점도 가지고 있다. 사람들이 사회적인 욕구를 추구하기에 앞서 신체적 복지와 개인적인 안전을 걱정한다는 견해는 타당하다(예 : Kenrick, Griskevicius, Neuberg, & Schaller, 2010).[2] 그리고 많은 사람들이 지혜를 얻거나 스스로를 창의적으로 표현하기 위해, 즉 매슬로의 자기실현과 일치되는, 노력하는 것으로 보인다(Kesebir, Graham, & Oishi, 2010; C. Peterson, 2006; C. Peterson & Park, 2010). 나아가 매슬로의 **존중 욕구**, **사랑과 소속의 욕구**에 대한 개념은 자기가치감과 관계성에 대한 최근의 이론들에 분명히 반영되어 있다. 이 주제는 다음 절에서 다루게 될 것이다.

유능감과 자기가치감

매슬로가 사람들이 스스로를 긍정적으로 생각하려는 욕구를 가지고 있다고 제안한 유일한 사람은 아니다. 1959년에 로버트 화이트(Robert White)는 다른 종도 마찬가지겠지만 인간이 자신이 환경을 효과적으로 다룰 수 있다고 믿으려는 욕구인 **유능감**(competence)에 대한 기본적 욕구를 가지고 있다고 제안했다. 최근에 다른 연구자들도 이 믿음을 공감하면서, 유능감에 대한 욕구는 인간의 기본적인 욕구라고 주장하고 있다(예 : Boggiano & Pittman, 1992; Connell & Wellborn, 1991; Reeve, Deci, & Ryan, 2004; Ryan & Deci, 2000).

아동은 유능감을 얻기 위해서 세상에 익숙해지기 위한 탐색과 실험을 하는 데 많은 시간을 보낸다. 제10장에 제시한 예를 다시 살펴보면, 장 피아제의 아들 로랑은 닿을 수 없는 곳에 있는 빵 한 조각에 도달하려고 애를 썼다.

2 켄드릭과 동료들(Kenrick et al., 2010)은 우리의 진화적 역사가 우리에게 기본적인 인간의 동기에 대한 위계를 부여했다고 제안한다. 이러한 위계는 매슬로의 4개 결핍 욕구와 3개의 추가적 욕구(배우자 획득, 배우자 보유, 양육)를 포함한다. 이때 3개의 추가적 욕구는 우리 종족을 재생산하고 유지하는 데 기여한다. 이들의 견지에서 보면 위계의 상층부는 낮은 단계와 다소간 겹치기는 하나 완전히 대체되지는 않으며 발달의 후반부에 나타나게 된다.

> 로랑은 테이블 앞에 앉아 있었다. 나는 빵 한 조각을 그의 손이 닿지 않는 앞쪽에 놓았다. 또 그 아이의 오른쪽에 25센티 정도 길이의 막대 하나를 놓았다. 처음에 로랑은 그 도구에 관심을 주지 않고 빵을 집으려고 하다가 포기했다. 그래서 나는 막대기를 그와 빵 사이에 놓았다. … 로랑은 다시 빵을 보았고, 움직이지 않았다. 막대를 잠깐 보고 나서는 갑자기 그것을 집어들고 빵 쪽으로 뻗었다. 그러나 그는 그것의 한쪽 끝이 아니라 가운데를 집었기 때문에 목표물을 잡기에는 너무 짧았다. 그 후, 로랑은 내려놓고 빵 쪽으로 그의 손을 다시 뻗었다. 그러고 나서 얼마 되지 않아, 그는 막대 한쪽 끝을 다시 집었고… 빵을 그에게로 끌어당겼다. (Piaget, 1952b, p. 335)

로랑은 그때 16개월밖에 안 된 나이였다. 그러나 그는 자신의 환경 중 적어도 한 측면에 능숙해지려는 내적 동기를 분명히 가지고 있었다. 화이트(White, 1959)에 따르면, 유능감에 대한 욕구는 생물학적인 중요성을 갖고 있으며 아마도 다른 종에서도 발달한다. 그것은 환경적 조건을 보다 효과적으로 다루는 방법을 발달시켜서 생존의 기회를 확장시키도록 사람들을 압박한다.

마틴 코빙턴(Martin Covington)은 자신의 유능감, 즉 **자기가치감**(self-worth)을 **보호하는** 것이 사람이 갖는 최고의 우선적인 욕구 중 하나라고 주장했다(Covington, 1992, 2004; De Castella, Byrne, & Covington, 2013; 또한 Mezulis, Abramson, Hyde, & Hankin, 2004; Sedikides & Gregg, 2008; T. D. Wilson & Gilbert, 2008). 성공을 하는 것은 분명히 자기가치감을 유지하거나 고양하는 방법 중 하나이다. 그러나 지속적인 성공은 항상 가능한 것이 아니며, 특별히 도전적인 과제를 만났을 때는 성공하기가 어렵다. 이러한 상황에서 자기가치감을 유지하는 대안적인 방법은 **실패를 피하는** 것이다. 실패는 능력이 부족하다는 인상을 주기 때문이다. 실패 회피는 다양한 방법으로 나타난다. 예를 들어 어떤 활동에 몰두하는 것을 거부할 수 있고, 그것의 중요성을 무시할 수도 있으며, 스스로에 대하여 매우 낮은 기대를 설정할 수도 있고, 또는 반대되는 증거를 보고서도 신념을 포기하지 않을 수도 있다(Covington, 1992; Harter, 1990; A. J. Martin, Marsh, & Debus, 2001; Rhodewalt & Vohs, 2005; D. K. Sherman & Cohen, 2002).[3]

그러나 어떤 상황에서는 사람들이 그들이 잘 해내지 못할 거라고 예상하는 과제를 피할 수 없다. 그래서 그들은 자신의 자기가치감을 보호하고자 대안적인 전략을 사용한다. 때때로 그들은 그들의 부족한 수행을 정당화하는 변명을 만든다(Covington, 1992; Urdan & Midgley, 2001; T. D. Wilson & Gilbert, 2008). 그러나 그들은 실제적으로는 자신의 성공기회를 감소시키는 일을 할 수도 있다. 이 현상은 **자기불능화**(self-handicapping)라고 알려져 있다. 자기불능화는 다음의 예시를 포함하여 다양한 유형으로 나타난다.

3 추가적으로, 자신의 자기가치감을 보호하고자 하는 욕구는 사람들이 개념적인 변화를 수행하지 않는 이유가 될 수 있다.

- **달성할 수 없는 높은 목표의 설정** : 가장 유능한 사람도 달성할 수 없는 목표를 세움
- **너무 많은 것을 떠안기** : 한 사람이 성공적으로 감당해내기에는 불가능한 많은 책임을 맡기
- **장애 만들기** : 과제를 달성 불가능하게 만드는 부가적인 요구사항이나 장애물을 꾸며내기
- **지연시키기** : 성공이 실제적으로 불가능할 때까지 과제를 미루기
- **노력을 줄이기** : 명백히 불충분한 양의 노력만을 기울이기
- **학급에서 부정행위 하기** : 다른 사람의 작품을 자신의 것인 체하기
- **알코올이나 약물의 사용** : 수행 수준을 감소시키는 물질의 복용(E. M. Anderman, Griesinger, & Westerfield, 1998; Covington, 1992; Hattie, 2008; E. E. Jones & Berglas, 1978; S. W. Park & Sperling, 2012; Rhodewalt & Vohs, 2005; Urdan, Ryan, Aderman, & Gheen, 2002; Wolters, 2003a)

성공하기를 원하는 사람이 이런 행동을 한다는 것은 역설적인 듯 보인다. 그러나 만약에 사람이 특정 과제에서 성공할 것 같지 않다고 생각하게 되면, 그는 그 상황에서 성공할 수 없었음을 알림으로써 실패를 정당화하여 자기가치감을 유지하는 기회를 늘린다. 묘하게도, 어떤 사람은 누구에게라도 성공의 기회가 적은 일이거나 과제가 겉으로 보기에 중요하지 않은 영역일 때는 자기불능화 행동을 덜하며 최선을 다해서 수행하는 것 같다(Covington, 1992; Urdan et al., 2002). 이런 상황에서는 실패가 낮은 능력을 나타내는 것으로 해석되지 않기 때문에 자기가치감을 위협하지 않는다.

지금까지 자기가치감 이론과 자기불능화에 관한 대부분의 연구는 학업과제와 성취에 초점을 두고 있다. 그러나 어떤 연구자들은 학업성취가 항상 사람의 자기가치감에 영향을 미치는 가장 중요한 것이 아닐 수도 있다고 주장한다. 많은 사람들에게는 사회적 성공이나 외모 같은 요인이 보다 큰 영향을 끼칠 수 있다(Harter, 1999; Loose, Régner, Morin, & Dumas, 2012; L. E. Park & Maner, 2009). 또한 동기 이론가들을 불편하게 하는 것은 사람들은 때때로 자기지각이 부정적이라 할지라도 일관된 자기지각을 유지하는 데서 편안함을 느낀다는 발견이다(Hattie, 2008; Hay, Ashman, van Kraayenoord, & Stewart, 1999). 그러나 대부분의 상황에서 긍정적인 자기지각이 보다 우선순위를 갖는 것으로 나타났다.

평균적으로 어린 사람들의 유능감, 자기가치감, 스스로에 대한 일반적인 믿음은 나이 들어 감에 따라 점차적으로 안정적이 된다(D. A. Cole et al., 2001; Harter, 1999; Wigfield, Byrnes, & Eccles, 2006). 대부분의 사람에게 이런 안정감은 자신의 실수를 수긍할 수 있도록 돕는다는 점에서 좋은 것이다(Heppner et al., 2008).[4] 대신 학습자가 대부분의 자기가치감을 즉각적인 성공과 실패에 기반할 때 이런 현상은 **조건부 자기가치**(contingent self-worth)로 알려져 있다. 이들은 정서적 롤러코스터에 탑승한 것 같아서 하루는 유능감을 느끼

---

4 이 개념은 탄력적 자기효능감(resilient self-efficacy)이라는 사회인지적 개념을 생각하게 할 것이다(제5장 참조).

지만 다음 날엔 부적절감을 느낄 수 있다(Assor, Roth, & Deci, 2004; Crocker, Karpinski, Quinn, & Chase, 2003; Dweck, 2000; Smiley, Coulson, Greene, & Bono, 2010).

자기효능감에 대한 재조명 유능감과 자기가치감의 개념은 제5장에서 검토한 자기효능감의 개념과 표면적으로 유사하다. 그러나 유능감 및 자기가치감에 대한 욕구와 자기효능감 사이에는 핵심적인 차이가 있다. 첫째, 여기에서 우리가 토의한 바와 일치되게, 유능감과 자기가치감을 갖는 것은 인간의 기본적인 욕구인 것 같다. 반대로 사회인지 연구자들은 자기효능감은 확실히 좋은 것이라 주장하지만 이것이 인간의 본질적인 추동인지 생각하는 단계까지는 가지 않았다. 둘째, 유능감과 자기가치감은 자기 자신에 대한 전반적인 생각인 자기지각을 포괄하는 꽤 일반적인 것으로 여겨지고 있다. 반대로 자기효능감은 구체적인 과제와 더 관련이 있다.

그러나 이제 좀 더 혼란스러운 상황을 보자. 여러분이 스스로를 얼마나 유능하게 생각하느냐는 여러분이 특정한 과제에 접근하는 데 어느 정도 영향을 미친다. 그리고 스스로가 얼마나 효과적으로 과제를 수행하고 있다고 느끼느냐에 따라 전반적인 유능감과 자기가치감이 달라지기도 한다(Bong & Skaalvik, 2003; Schunk & Pajares, 2005). 더구나 내가 동기에 관한 문헌을 읽으면서 발견한 것은 연구자들이 때로 과제나 상황 특수적인 것에 대하여 말을 할 때 자기가치감이나 유사용어를 사용하며, 비교적 일반적인 자기지각을 언급할 때 자기효능감이라는 말을 사용한다는 것이다(예 : Bandura, 1997).

많은 이론가들이 동의하는 한 가지 견해는 구체적인 과제를 달성하고 전반적인 생활을 다루는 자신감이 동기, 특히 내적 동기에 영향을 미치는 중요한 변인이라는 것이다. 역으로, 무능감은 흥미와 동기를 감소시킨다(Boggiano & Pittman, 1992; Harter et al., 1992; Mac Iver, Stipek, & Daniels, 1991; Reeve et al., 2004; R. M. Ryan & Deci, 2000; E. Skinner, Furrer, Marchand, & Kindermann, 2008).

제5장에서 자기효능감에 대하여 토론할 때, 학습자가 과제에서 성공할 수 있다고 믿도록 돕는 몇 가지 변인을 확인했었다. 여기에는 과제나 활동에 대하여 격려하는 메시지를 받거나 동료가 성공하는 것, 그리고 가장 중요한 것은 자신의 성공(단독으로 또는 집단의 일원으로서)이 포함된다. 이 중 마지막 변인인 실제적인 성공이 물론 가장 영향력 있는 변인이다. 때때로 학습자의 성공은 명백하다. 자전거 경주에서 승리하거나 설명서만을 참고하여 튼튼한 서가를 만들었을 때 등이 그 예이다. 그러나 다른 성공 경험들은 그렇게 명료하지가 않으며, 그럴 때는 피드백이 도움이 된다. 신기하게, 학점이나 기타 외적인 강화물도 내적 동기를 강화시켜서 성공적인 수행의 계기가 되고, 학습자의 자기효능감과 전반적인 유능감을 증진시킬 수 있다(Cameron, 2001; Deci & Moller, 2005; Hynd, 2003; Schunk & Zimmerman, 1997).

자율성

사람들은 유능감을 느끼고 싶어 할 뿐만 아니라 기본적인 욕구로서 **자율성**(autonomy)을 갖고 싶어 하는 것으로 보인다. 사람들은 그들이 하는 일과 그들이 취하는 삶의 방향에 대하여 통제감을 갖길 원한다. 예를 들어 우리가 '이것을 하고 싶어' 또는 '그렇게 하는 것이 가치 있다는 것을 발견했어'라고 생각한다면, 우리는 높은 자기결정성을 갖고 있는 것이다. 반대로 우리가 '해야만 돼' 또는 '그래야 해'라고 생각한다면, 우리는 자신에게 어떤 사람이나 어떤 것이 우리를 대신하여 결정한다고 말하고 있는 셈이 된다. 걸음마기 아기들도 자신의 행동을 통제하는 성인의 노력에 때때로 저항하는데 이로 인해 몇몇 부모들은 걸음마기를 '미운 두 살'이라고 부른다(d'Ailly, 2003; deCharms, 1972; Deci & Ryan, 1992; Dix, Stewart, Gershoff, & Day, 2007; Reeve et al., 2004; R. M. Ryan & Deci, 2000; Vansteenkiste, Zhou, Lens, & Soenens, 2005).

자율성이라는 생각이 사회인지이론에서의 핵심 개념인 개인적 대리인(personal agency)을 떠올리게 할 수 있다. 사람들은 자신이 살거나 일하는 환경을 의도적으로 수정하거나 창조하곤 한다(제5장 참조). 여기에서 우리는 사람들은 자신에게 일어날 일을 통제하길 원한다고 말하면서 한 걸음 더 나아간다.

자율성을 가진 인물이 되고자 하는 욕구는 자기결정이론으로 알려진 입장에서는 두드러진다(예 : Deci & Ryan, 1985; Reeve et al., 2004; R. M. Ryan & Deci, 2000).[5] 이런 입장에서는 학습자가 현재 상황에 대한 자기결정성을 가지고 있을 때 내적으로 동기화될 가능성이 높다고 주장한다. 예를 들어 현재의 조건과 사건에 대하여 자기결정성을 가지게 되면, 학습자는 다음과 같은 경향을 보인다.

- 활동하면서 즐거움을 경험하고, 자발적으로 오랜 기간 동안 그 활동에 몰두한다.
- 과제와 문제에 관하여 의미 있고 창의적으로 생각한다.
- 장기적인 학습과 발달을 최대화하는 도전을 감행한다.
- 높은 수준의 성취를 이룬다.
- 학교를 중도 탈락하지 않는다(Deci, 1992; Deci & Ryan, 1985, 1987; Hagger, Chatzisarantis, Barkoukis, Wang, & Baranowski, 2005; Hardré & Reeve, 2003; B. A. Hennessey, 2010; Reeve et al., 2004; Standage, Duda, & Ntoumanis, 2003; Vansteenkiste, Lens, & Deci, 2006).

반대로 환경적 여건들이 사람으로 하여금 그들이 삶의 과정을 결정하는 데 별로 관여하지 못

5 특별히, 자기결정이론가들은 유능감, 자율성, 관계성이라는 세 가지 기본 욕구의 충족이 인간의 동기화, 특히 내적 동기의 핵심이라고 제안한다. 이 이론의 초기에 자기결정이라는 용어는 가끔 자율성이라는 말과 동의어로 쓰이기도 했다(예 : Deci & Ryan, 1992).

한다고 결론짓게 이끈다면, 사람들은 외적인 요구에는 순응하지만 내적 동기를 갖지는 못하게 되는 경향이 있고 따라서 자신이 하는 일을 아주 열심히 하지는 않는다. 이들은 종종 지루해하거나 우울해하고, 자기가치감이 낮아지기도 한다(Deci & Ryan, 1987; Pekrun et al., 2010; E. Skinner et al., 2008; Vansteenkiste et al., 2006).

우리가 이제 살펴볼 것처럼 몇몇 변인이 사람들의 자율성에 대해 몇몇 방식으로 영향을 미치는 것으로 보인다.

선택 제4장에서 논의했던 초점으로 돌아가보자. 아동과 성인은 모두 그들이 일한 것에 대응하는 강화물 중에서 어떤 선택권을 갖고 싶어 한다. 자기결정성의 관점에서, 이러한 발견은 완벽한 의미를 갖는다. 일반적으로 사람들은 합리적인 한계 내에서 자신이 할 것과 그것에 대한 대가를 선택할 수 있을 때 자기결정성을 보다 많이 느끼게 되고 보다 내적으로 동기화된다(Deci & Ryan, 1992; Morgan, 1984; Patall, Cooper, & Wynn, 2010). 예를 들어 학생들은 적절하게 주어진 한계 내에서 자신이 할 일에 대하여 선택을 하면, 학급 일에 보다 높은 흥미를 보이며 참여하고, 과제 외의 행동을 덜한다(Dunlap et al., 1994; Foster-Johnson, Ferro, & Dunlap, 1994; Morgan, 1984; Patall et al., 2010; Powell & Nelson, 1997; B. J. Vaughn & Horner, 1997). 선택을 하는 기회는 즐거운 정서를 경험하는 뇌의 영역을 활성화하는 것으로 보인다(Leotti & Delgado, 2011).

그러나 우리는 선택의 효과를 몇 가지 방향으로 검증해야 한다. 첫째, 선택은 그것이 진정한 선택일 때, 즉 여러 가지 가능한 행동 중에서 하나를 선택하도록 진정으로 허락받을 때만 자기결정성을 증진시키는 경향이 있다. 매우 제한적인 선택이라면, 예컨대 교사가 학생에게 2~3개의 동등하게 매력 없는 과제 중 하나를 선택하도록 한다면, 선택이 동기에 거의 영향을 미치지 못한다(Reeve, Nix, & Hamm, 2003; Stefanou, Perencevich, DiCintio, & Turner, 2004). 둘째, 선택의 중요성에는 문화적 차이가 있다. 특히 미국 아동의 경우 선택의 기회가 있을 때 동기가 높아지는 경향이 있지만, 아시아 출신의 미국 가정 아동은 자기가 신뢰하는 사람이 대신 선택해주기를 바라는 경우가 자주 있다(Bao & Lam, 2008; Iyengar & Lepper, 1999). 아마 후자는 신뢰받는 사람을 궁극적으로는 높은 수준의 학습과 유능성을 이끌어낼 현명한 선택을 할 수 있는 사람으로 보는 것 같다.

위협과 마감일자 '이것 반드시 해라. 그렇지 않으면…'과 같은 위협과 '마감일이 1월 15일까지입니다. 예외는 용납되지 않습니다'와 같은 마감일자는 사람의 행동을 통제하는 전형적인 방식이다. 결과적으로 그것은 자율성과 내적 동기를 감소시킬 수 있다(Deci & Ryan, 1987; Reeve, 2009).

통제하는 말 사람들이 하는 말은 원래는 위협적인 것이 아님에도 불구하고, 타인이 우리의 운명을 통제한다는 메시지를 암시해서 결국 자기결정성을 감소시키기도 한다(Amabile & Hennessey, 1992; Boggiano, Main, & Katz, 1988; Reeve, 2009). 예를 들어 한 실험(Koestner, Ryan, Bernieri, & Holt, 1984)에서는 1, 2학년 학생들에게 살고 싶은 집을 그려 보라고 했다. 붓, 물감, 2장의 종이, 몇 장의 종이타월 등 필요한 재료를 주었고 진행 방법에 대하여 몇 가지 규칙을 제시했다. 제한 통제 조건의 아동들에게는 해도 되는 일과 하면 안 되는 일에 대하여 다음과 같은 제한이 제시되었다.

> 시작하기 전에 여러분이 해야 할 일에 대하여 말해주고 싶어요. 그림에 관한 규칙입니다. 물감을 깨끗하게 사용해야 해요. 이 작은 종이 위에만 그림을 그려야 합니다. 큰 종이에 물감을 엎지르면 안 돼요. 색깔을 바꾸기 전에 붓을 빨아서 종이 타월로 훔쳐 놓아야 해요. 그래서 색깔이 섞이지 않도록 해야 합니다. 나는 여러분이 착한 아이들이었으면 좋겠고, 물감으로 소동을 일으키지 않기를 바라요. (Koestner et al., 1984, p. 239).

제한 정보 조건의 아동들에게는 제한 사항들을 다음과 같이 정보로서만 제시했다.

> 시작하기 전에 여기서 그림을 그리는 방법에 대하여 몇 가지 말해주고 싶어요. 나는 물감을 이리저리 엎지르는 것이 참 재미있다는 것을 알고 있어요. 그런데 여기서는 다음 사용자를 위해서 방을 깨끗이 사용해야 해요. 작은 종이는 그림을 그리기 위한 것이고 큰 종이는 깨끗하게 하기 위해서 내놓은 여분입니다. 물감을 깨끗하게 보관해야 하니까 색깔을 바꾸기 전에 붓을 빨아서 종이 타월로 훔치도록 하세요. 깨끗한 것을 좋아하지 않는 어린이도 있다는 것을 알고 있어요. 하지만 지금은 깨끗해야 하는 시간입니다. (Koestner et al., 1984, p. 239).

아동들에게 각자 10분씩 그림을 그리게 했다. 실험자는 얼마 후에 다시 올 거라고 말하면서 아동의 그림을 다른 방에 가지고 갔다. 떠날 때 아동들의 책상 위에 몇 장의 종이를 더 두면서 "그림을 그리고 싶으면 더 그려도 되고, 탁자 위에 있는 퍼즐을 가지고 놀아도 돼"라고 말해주었다. 실험자가 없는 사이 아이들을 몰래 관찰하여 그림 그리는 시간을 측정했다. 제한 정보 조건의 아동들은 그림을 더 그렸으며 내적으로 동기화된 듯 보였다. 그들의 그림은 제한 통제 조건 아동들의 그림에 비해 창의적이었다.

외적 보상 제4장에서 나는 외적 강화가 내적 강화를 저해할 수 있다는 염려를 표현했다. 외적 강화는 사람들이 그것들을 자신의 발달 상황에 대한 정보로 받아들이지 않고 그들의 행동을 조정하거나 통제하려는 것으로 지각할 때 가장 부정적인 효과를 갖는 것 같다.[6] 그래서 사람들이 외적 강화를 자유에 대한 제한이나 뇌물로 해석하게 되면, 장기적으로 이런 강화는

[6] 내가 알기로 동기이론가들은 처벌이 의사소통할 수 있다는 것에 대해 정보적 혹은 통제적 메시지를 구체적으로 얘기하지 않았지만, 우리는 여기에 유사한 유형이 존재함을 논리적으로 결론 내릴 수 있다. 확실히 처벌은 두 가지 방식 중 하나로 나타날 수 있는데 그것은 통제의 수단이거나 적절한 행동에 대한 정보의 원천으로서다. 제4장에서 봤듯이 처벌은 처벌받은 행동이 수용되지 못하는 이유(정보)가 곁들여질 때 보다 효과적이다.

자기결정과 내적 동기에 대한 느낌은 잠재적 평가자가 그 장면에 없을 때 더 커진다.

이롭지 않은 것 같다(Deci & Koestner, & Ryan, 2001; B. A. Hennessey, 2010; Lepper & Hodell, 1989; Reeve, 2006; R. M. Ryan, Mims, & Koestner, 1983). 이 원리는 어느 정도는 외적 보상을 줌으로 인해 과제 그 자체로는 행할 만한 가치가 없다는 메시지를 전달하게 된 결과이다(B. A. Hennessey, 1995).

바람직한 행동에 대한 보상은 학습자들이 그것을 유능하다거나 경쟁력 있다는 의미로 해석하는 한 아무런 해로운 영향이 없는 것으로 보인다(Cameron & Pierce, 2005; Cameron, Pierce, Banko, & Gear, 2005; Reeve et al., 2004). 과학자들이 창의적인 발견으로 인해 노벨상을 받을 때처럼 예측하기 어렵거나, 구체적인 행동으로 인한 것이 아니라면 보상은 내적 동기를 저해하지 않는다(Cameron, 2001; Deci et al., 2001; Reeve, 2006).[7]

감시와 평가 자신이 수행한 것에 대하여 평가를 받게 될 것임을 아는 사람들은 자율성이 낮아지고, 그 결과 내적 동기가 낮아진다. 특히 주어진 과제가 어렵고 평가가 유능감을 입증하거나 향상시키는 수단이라기보다 최종 판단으로 지각되는 경우에 그렇다(E. M. Anderman & Dawson, 2011; B. A. Hennessey, 2010). 사실 잠재적인 평가자가 존재하는 것만으로도 내적 동기는 저하되는 경향이 있다(Deci & Ryan, 1987). 예를 들어 내 목소리는 평범하지만 주변에 내 노래를 들을 사람이 아무도 없을 때는 나는 노래하는 것을 좋아하고 자주 노래를 부른다. 잔디를 깎거나 운전을 할 때가 그렇다. 그러나 누가 있으면 노래를 부르려는 내적 동기가 사라진다.

제8장에서 숙제나 시험 같은 공식적인 학급 평가는 장기기억 용량을 증진시킨다는 것을 언급했다. 공식적인 평가는 학생들로 하여금 수업 자료를 규칙적으로 검토하고 정보처리를 보

7 비수반적 강화의 잠재적 단점은 이것이 미신적인 행동을 야기할 수 있다는 것이다(제3장 참조).

다 완벽하게 하도록 격려한다. 그러나 공식적인 평가가 갖는 불리함도 있다. 공식적인 평가는 학습하려는 내적 동기를 저하시킬 수 있다(Grolnick & Ryan, 1987; Hatano & Inagaki, 2003; L. Shepard, Hammerness, Darling-Hammond, & Rust, 2005). 예를 들어 한 연구(Benware & Deci, 1984)에서 대학생들이 두 가지 조건에 할당되어 뇌의 기능에 대해 공부를 하게 되었다. 어떤 학생들은 시험을 치를 것이라는 예상을 하면서 공부했다. 다른 학생들은 누군가에게 그 자료를 가르쳐야 한다는 예상을 하는 비평가적인 조건에서 공부했다. 두 집단을 비교해보니, 후자의 집단이 학습경험을 더 즐겼고, 보다 흥미로운 자료를 발견했으며, 단순암기보다는 의미 위주의 학습을 했다. 유사한 결과가 5학년 학생들에게서도 발견되었다(Grolnick & Ryan, 1987).

우리가 명심해야 할 것은 유능감이 없으면 자율성만으로는 내적으로 동기화될 수 없다는 것이다. 내가 의미하는 바를 보여주기 위해 글쓰기에서의 유능감에 대한 신념이 다양한 7학년 학생들을 대상으로 수행된 연구를 살펴보자(Spaulding, 1992, pp. 54-55). 모든 학생은 그 해의 영어 수업에서 배운 것에 관한 에세이를 쓰도록 요청받았다. 어떤 학생들에게는 선생님에게 쓰도록 해서, 누군가가 자신의 작업을 평가한다고 생각하게 했다. 그러자 이 학생들은 낮은 자율성을 경험했다. 다른 학생들에게는 미래의 교사에게 학생들이 영어에서 무엇을 배우는지 알려주는 에세이를 연구자에게 쓰게 함으로써 평가에 대한 위협을 없앴다. 이 학생들은 상대적으로 높은 자율성을 경험했다. 스스로 유능한 글솜씨를 가졌다고 믿는 학생들은 연구자를 위해 글을 쓰라고 요청받은 높은 자율성 조건에서 더 높은 내적 동기를 보였다. 반대로 스스로 글쓰기에 소질이 없다고 생각하는 학생들은 교사를 위해 글을 쓰라고 할 때 더 몰두했다. 분명히, 유능감을 낮게 지각할 때는 자율성이 내적 동기를 증진시키지 않았다.[8]

통제하는 환경에 긍정적인 전환점 만들기

때로 사람들은 자유를 제한당함에도 불구하고 삶에 책임을 지는 방법을 찾음으로써 통제범위 밖에 있는 환경들에 반응하기도 한다. 그들은 환경을 바꿀 수 없기 때문에, 스스로를 바꿔서 환경에 적응한다. 그것을 **이차적 통제**(secondary control)라고 한다(N. C. Hall, Chipperfield, Perry, Ruthig, & Goetz, 2006; N. C. Hall, Goetz, Haynes, Stupnisky, & Chipperfield, 2006; Rothbaum, Weisz, & Snyder, 1982).

보편적인 이차적 통제 전략 중 하나는 혐오적인 사건을 나중에는 자신에게 최상의 이익을 가져올 것으로 재해석하는 것이다. '먹구름도 뒤쪽은 은빛으로 빛난다'는 격언을 상기하는 것이다. 또 하나의 전략은 상황을 호전시키기 위해 적극적인 조치를 취하여 통제력을 더 확

8 다른 용어를 사용하면, 사회인지이론가들 역시 유능감과 자율성 간 상호작용에 대해 언급한다. 특히 사람들이 높은 수준의 자기효능감과 우수한 자기조절 기술을 가지고 있을 때 이들은 개인적 대리자가 향상된다(Bandura, 2008; Schunk & Zimmerman, 2006; Zimmerman, 2010).

보하는 것이다. 예를 들어 어떤 대학생은 어려운 시험에서 받은 낮은 점수를 공부를 더 열심히 하고 도움을 더 청하라는 경고로 해석할 수 있다. 정신장애를 가진 아동을 둔 부모는 미국 자폐협의회(Autism Society of America)나 정신장애를 위한 전국연합(National Alliance for the Mentally Ill)과 같은 조직의 적극적인 회원이 되기도 한다. 이차적 통제 전략은 부분적으로는 사람들이 자율성을 유지하도록 하여 학교 상황에서 성취동기나 일반적인 심리적 안녕감을 높여줄 수 있다(J. E. Bower, Moskowitz, & Epel, 2009; N. C. Hall, Chipperfield et al., 2006; N. C. Hall, Perry, Ruthig, Hladkyj, & Chippenfield, 2006).

관계와 소속

많은 동기이론가들은 모든 연령의 사람들이 사회적인 연결감을 느끼며 사랑과 존경을 확보하려는 기본적인 욕구를 가지고 있다고 주장한다. 다시 말해서 사람들은 **관계에 대한 욕구**(need for relatedness)가 있다는 것이다(Connell & Wellborn, 1991; A. J. Martin & Dowson, 2009; Reeve et al., 2004; R. M. Ryan & Deci, 2000). 관계에 대한 욕구는 종종 개인이나 더 많은 사회 집단에 대한 **소속의 욕구**(need for belonging)로 구체화되어 나타나기도 한다(E. M. Anderman, 2002; A. P. Fiske & Fiske, 2007; M. E. Ford & Smith, 2007; Thorkildsen, Golant, & Cambray-Engstrom, 2008). 유능감을 향한 욕구가 그러하듯이, 관계성이나 소유를 향한 욕구도 진화적 관점에서 중요할 수 있다. 응집력 있고 협조적인 사회집단에서 사는 사람들은 혼자 사는 사람들보다 생존 가능성이 더 크다(Wright, 1994).

관계와 소유에 대한 학생들의 욕구는 교실에서 다양한 행동으로 나타난다. 많은 아동과 청소년들은 학업을 마치는 것을 포기하더라도 친구들과 상호작용하는 데 높은 우선순위를 둔다(Dowson & McInerney, 2001; Doyle, 1986; Wigfield, Eccles, Mac Iver, Reuman, & Midgley, 1991). 그들은 또한 영리해 보이거나 인기 있어 보이거나 건강해 보이거나 남에게 근사해 보이는 등 호감을 살 수 있는 대중적 이미지를 만드는 것에 관심을 둔다(Juvonen, 2000). 그리고 어떤 학생들은 숙제와 씨름하는 동료를 돕거나 타인의 복지에 관심을 보이면서 관계에 대한 그들의 욕구를 표출하기도 한다(Dowson & McInerney, 2001; M. E. Ford & Smith, 2007). 관계에 대한 욕구는 중학교 때 특히 높다(B. B. Brown, Eicher, & Petrie, 1986; Juvonen, 2000; A. M. Ryan & Patrick, 2001). 청소년은 다른 사람들이 생각하는 것에 과도하게 관심을 두는 경향이 있으며, 친밀한 친구집단과 사귀는 것을 좋아하고, 또래의 영향에 대해 특히 민감하다.

어떤 사람들은 다른 사람에 비해 훨씬 더 많은 대인관계 욕구를 갖고 있기도 하다(Connell & Wellborn, 1991; C. A. Hill, 1987; Kupersmidt, Buchele, Voegler, & Sedikides, 1996). 예를 들어 고등학생인 내 첫째 아들과 둘째 아들은 금요일이나 토요일 밤에 집에 부모와 함께 있으면서도 친구들과 떨어져서 혼자 있다는 생각을 하면 참을 수가 없어서, 친구와 함께 할 일을 항상 찾았다. 평일 밤에 집에 있는 동안, 친구와 전화로 대화하는 데 오랜 시간을 보냈고 숙제할 시간이 없을 정도일 때도 있었다. 대조적으로 막내 아이 제프는 혼자서 여러 시간 동안 꽤 행복하게 공부하고 놀 수 있었다.

학교에서 관계와 소유에 대한 욕구는 종종 학생들이 (1) 혼자서 공부할 것인지 아니면 친구와 함께 할 것인지에 대한 선호와 (2) 한 손에는 자신의 흥미와 야망에 맞는 시간표를 쥐고 다른 한 손에는 친구들과 함께 할 수 있는 시간표 중 어떤 선택을 하는지에 반영된다(Boyatzis, 1973; French, 1956; Sansone & Smith, 2002; Wigfield, Eccles, & Pintrich, 1996). 결과적으로 높은 수준의 관계와 소유에 대한 욕구는 종종 학습과 성취를 극대화하는 데 방해가 되기도 한다(Urdan & Maehr, 1995; Wentzel & Wigfield, 1998).

사람들은 자신의 관계 욕구가 충족될 때 새로운 과제를 성취하기 위해 내적으로 보다 더 동기화되는 것 같다. 예를 들어 학생들은 교사가 진실로 그들에게 관심이 있으며 학습하려는 노력을 지지한다고 생각할 때 학업 활동에 더 열심히 몰두한다(H. A. Davis, 2003; Furrer & Skinner, 2003; Roeser, Eccles, & Sameroff, 2000). 학급에서의 동기도 급우들이 학업 활동에 대하여 지지적일 때 더 증진된다(제11장 중 학습자 공동체에 대한 토의를 참조하라). 다른 사람들의 사랑과 존경은 수행에 대한 높은 기대를 전달하고 전반적인 유능감과 자기존중감을 후원함으로써 학습자의 내적 동기를 직접적으로뿐만 아니라 간접적으로도 증진시킨다(L. H. Anderman, Partrick, Hruda, & Linnenbrink, 2002; Newberg & Sims, 1996; Patrick, Anderman, & Ryan, 2002).

때때로 관계와 소유에 대한 욕구는 자율성의 욕구와 갈등을 빚는다. 만약 사람들이 대인관계적 연결의 느낌을 고양시킬 수 있는 다른 사람의 인정을 얻고자 한다면, 이들은 종종 자신의 자율성을 감소시키는 다른 사람의 기대와 요구에 따라야 할지도 모른다. 아시아의 많은 나라에서 그러한 것처럼 동질성과 개인이 아닌 집단의 성취에 가치를 두는 문화에서는 사람들이 대체로 자율성보다는 관계에 더 높은 우선순위를 둔다. 어느 정도 여기에 긍정적인 순환이 일어나는데 다른 사람의 바람과 목표를 확인하는 것을 승인하는 것은 전체적으로 사회의 선에 기여한다(Heine, 2007; Rothbaum & Trommsdorff, 2007; Savani, Markus, Naidu, Kumar, & Berlia, 2010).

동기에서의 개인차

지금까지 우리 모두의 특징을 결정하는 동기의 유형에 대하여 논의해왔다. 그러나 어떤 연구자들은 동기가 강약에 따라 비교적 지속되는 개인의 특징을 구분 짓는다고도 제안한다. 우리는 이미 앞에서 감각 추구와 관계에 대한 토의를 통해 이런 예를 살펴보았다. 동기에 있어서의 상당히 안정적인 개인차는 **특성 이론**(trait theory)으로 알려져 있다.

이 절에서는 승인, 성취, 자아정체감의 욕구와 성향이라는, 모두 특성과 유사한 본질을 가진 4개의 주제를 다루게 된다. 그리고 제15장에서 흥미, 목표, 귀인을 다루는 절에서 부가적인 개인차를 살펴볼 것이다.

승인 욕구

개인차를 볼 수 있는 또 하나의 욕구는 인정과 긍정적인 평가를 받고자 하는 욕구인 **승인 욕구**(need for approval)이다(M. Boyatzis, 1973; Crowne & Marlowe, 1964; Rudolph, Caldwell, & Conley, 2005; Urdan & Maehr, 1995). 초등학생은 교사의 승인을 얻고 싶은 강한 욕망을 가지고 있고, 중학생은 동료의 승인을 더 추구하는 경향이 있다(Harter, 1999; Juvonen & Weiner, 1993; Urdan & Maehr, 1995).

승인의 욕구가 높은 사람은 낮은 자존감을 가진 사람인 경우가 종종 있다. 때로는 적절한 행동에 관해 그들 자신이 가지고 있는 기준을 양보하면서까지 일부러 남을 즐겁게 해주는 방향으로 행동한다. 일차적으로 칭찬을 받기 위해 학교 과제에 몰두하고 지속하며, 자기가 잘하지 못할 것으로 예상하는 활동에서는 스스로를 불능화시키기도 한다. 특히 청소년기에 승인의 욕구가 높은 학생은 거부당할 것이 두려워서 또래 압력에 쉽게 굴복한다. 이러한 노력들은 역효과를 보는 경우가 많다. 승인에 대한 욕구가 강한 학생들은 지나치게 호감을 얻으려고 하기 때문에 오히려 동료들에게 인기가 없어지거나 따돌림의 희생자가 되는 경향이 있다(Berndt & Keefe, 1996; Boyatzis, 1973; Crowne & Marlowe, 1964; H. A. Davis, 2003; S. C. Rose & Thornburg, 1984; Rudolph et al., 2005; Wentzel & Wigfield, 1998).

어떤 청소년은 또래의 승인을 받는 데 너무 열중한 나머지 자기가치감의 근거를 또래들이 자기에 대해서 어떻게 생각하는지 혹은 최소한 친구들이 자신을 어떻게 생각한다고 생각하는지에 둔다(Dweck, 2000; Harter, 1999; Harter, Stocker, & Robinson, 1996). 이러한 조건관계적인 자기가치감을 가진 십대들은 종종 감정의 롤러코스터에 올라탄 것처럼 친구들이 자신을 어떻게 취급하느냐에 따라 어느 날은 고양되었다가 어느 날은 풀이 죽는 등 기복이 심하다(Burwell & Shirk, 2009; Larson, Clore, & Wood, 1999).

성취 욕구

성취동기(achievement motivation)라고 불리기도 하는 **성취 욕구**(need for achievement)는 자신의 성취가 가져오는 외적인 보상에 상관없이 그 자체로 수월성을 추구하는 욕구이다(J. W. Atkinson, 1957, 1964; J. W. Atkinson & Feather, 1966; D. C. McClelland, Atkinson, Clark, & Lowell, 1953; Vernon, 1969; Veroff, McClelland, & Ruhland, 1975). 예를 들어 성취동기가 높은 사람은 학점 4.0을 유지하기 위해 부지런히 공부하고, 전문적인 농구선수가 되기 위해 오랫동안 연습하며, 또는 모노폴리 게임(놀이판에서 하는 부동산 취득 게임)을 맹

렬하게 할 것이다.

성취동기에 관한 이론으로서 초기에 널리 인용된 것은 존 앳킨슨과 동료들의 이론이다(예 : J. W. Atkinson & Birch, 1978; J. W. Atkinson & Feather, 1966; J. W. Atkinson & Raynor, 1978; 또한 Convington & Omelich, 1991; De Castella et al., 2013 참조). 이 연구자들은 성취를 추구하는 경향은 두 가지 관련된 욕구들의 함수라고 제안했다. 즉 **성공하고자 하는 욕구**(motive for success)인 $\mathbf{M_s}$(잘 수행하고 목표를 성취하고자 하는 욕구)와 **실패를 피하려는 욕구**(motive to avoid failure)인 $\mathbf{M_{af}}$(목표 달성에 실패할 것에 대한 불안과 실패할 수도 있는 활동에 참가하는 것에 대한 주저함)가 그것이다. 많은 사람들에게 이 욕구들 중 하나는 다른 하나보다 더 강하고, 성취 행동은 어떤 욕구가 우세하냐에 달려 있다.

성공하려는 동기가 강한 사람은 도전적이지만 달성할 가능성은 있어 보이는 중간 정도로 어려운 과제들을 찾아서 다루는 경향이 있다. 이들은 비교적 낮은 실패 회피 동기를 가지고 있기 때문에, 실수 내지는 그들이 직면할 장애물에 대하여 걱정하지 않는다. 반대로, 실패 회피 동기가 강한 사람들은 전형적으로 확실한 것을 추구하여, 모험을 하지 않는다. 그들은 그들과 반대성향을 가진 성공하려는 욕구가 높은 사람들이 선택하는 중간 정도로 어려운 과제는 피한다. 대신에 거의 확실히 이루어낼 수 있는 과제를 선택한다. 비록 그런 과제에서 성공하는 것이 의미가 없다고 해도 자신이 두려워하는 실패를 피할 수는 있는 것이다. 신기하게도, 실패 회피 동기가 높은 사람들이 때로는 실현 가능성이 없어 보이는 극단적으로 어려운 과제를 선택하기도 한다. 그런 과제에 실패할 때는, 결국 그 과제는 달성 불가능한 것이었다는 특유의 설명을 통해서 실패를 쉽게 합리화한다. 매우 어려운 과제들을 선택하려는 경향은 내가 초반에 언급했던 자기불능화 현상을 떠오르게 한다.

고전적인 연구에서 이런 경향성을 볼 수 있는데(J. W. Atkinson & Litwin, 1960), 남자 대학생들은 연구자가 이들은 M_s나 M_{af} 중 하나로 구분할 수 있도록 하는 과제를 완성했다. 이 학생들은 고리 던지기 게임을 했는데 수직 말뚝 근처에서 고리 비슷한 물건을 던지는 게임이었다. 이 학생들은 15피트 범위 내에서 한 차례에 10번 고리를 던지도록 요청받았는데, 그들이 원하는 곳 어디에나 서 있을 수 있다고 했다. 높은 M_s를 가진 학생들 중 대부분은 중간 정도의 난이도 거리인 8~12피트 떨어져서 공을 던졌다. 높은 M_{af}를 가진 학생들 중에서는 절반 정도만이 8~12피트의 거리에서 공을 던졌다. 나머지 절반은 아주 쉬운 과제 난이도인 7피트 이내에서 던지거나 매우 어려운 난이도인 13피트 이상의 거리에서 공을 던졌다. 아이작슨(Isaacson, 1964)은 똑같은 패턴을 대학생의 과목 선택에서도 발견했다. 높은 M_{af}를 가진 학생들은 매우 쉽거나 매우 어려운 과목을 선택하는 반면, 높은 M_s를 가진 학생들은 중간 정도 난이도의 과목을 선택하는 경향이 있었다.

성취 욕구를 처음으로 개념화할 때는, 여러 영역 간의 다양한 활동에서 일관되게 나타나는 일반적인 특성이라고 생각되었다. 그러나 최근에는 많은 연구자들이 성취 욕구는 특정 과제와 환경에 대한 구체적인 어떤 것일 수 있다고 주장했다. 가장 최근의 심리학자들은 성취동기를 구체적인 성취목표를 반영하는 것으로 생각한다. 여기에 대해서는 제15장에서 다룰 것이다.

자기정체감

아동기, 청소년기와 성인기를 지나면서 대부분의 사람들은 자신들이 누구이며, 중요하게 생각하는 게 무엇이고, 삶에서 이루고 싶은 목표가 무엇인지에 대한 감각인 **자기정체감**(sense of identity)을 점차적으로 복잡하게 구성해나간다(Kroger, 2007; Marcia, 1991; Sinai, Kaplan, & Flum, 2012). 멕시칸-아메리칸이나 학교에서 '인기있는' 아동의 자기지각처럼 자기정체감은 각자의 멤버십을 종교적으로, 문화적으로 혹은 사회적 집단 안에서 어느 정도 확장시키게 된다(예 : Bergin & Cooks, 2008; Nolen, 2011; A. M. Ryan, 2000; Thorkildsen et al., 2008).

사람들의 구성된 자기정체감은 그들의 행동과 우선순위에 영향을 끼친다. 예를 들어 사람들은 자신들을 타인의 복지와 권리에 대해 염려하는 돌보는 사람으로 여길 때 이타성과 연민어린 행동을 보다 쉽게 하게 된다(Blasi, 1995; D. Hart & Fegley, 1995; Hastings, Utendale, & Sullivan, 2007; Youniss & Yates, 1999). 학교에서 학생들은 자신들에게 개인적으로 중요한 주제와 문제를 가깝게 접하게 할 활동과 과제에 활발히 참여하게 된다.

성향

성향(disposition)은 학습과 문제 해결 상황에 특정 방식으로 접근하는 비교적 안정적인 경향성이다.[9] 성향은 우연적인 것이기보다는 의도적인 것이며, 인지, 동기, 그리고 인성특징을 포함한다. 다음은 연구자들이 확인해 놓은 생산적인 성향의 예들이다.

- 자극 추구 : 새로운 경험과 정보를 만나기 위해 신체적·사회적 환경과 열심히 상호작용한다(Raine, Reynolds, & Venables, 2002).
- 알고자 하는 욕구 : 도전적인 지적 과제를 규칙적으로 탐색하고 참여한다(Cacioppo, Petty, Feinstein, & Jarvis, 1996; DeBacker & Crowson, 2009; Kardash & Scholes, 1996; West, Toplak, & Stanovich, 2008).
- 인지적 호기심 : 광범위한 주제에 대한 지식을 매우 강렬히 추구한다(M. J. Kang et al., 2009; von Stumm, Hell, & Chamorro-Premuzic, 2011).
- 적응성 : 새롭고, 도전적이거나 불확실한 상황에 대해 융통성과 적응력을 갖는다(A. J. Martin, Nejad, Colmar, & Liem, 2013).

---

9 이론가들은 마음의 습관(habits of mind)을 얘기할 때 유사한 개념을 소개한다.

- 신중함 : 주어진 과제를 조심스럽고, 초점을 맞추어, 책임 있는 태도로 다룬다(Hampson, 2008; Trauwein, Lüdtke, Schnyder, & Niggli, 2006).
- 학습된 근면성 : 상당한 노력이 요구될 때도 지속하고 유지한다(Eisenberger, 1992).
- 개방성 : 대안적인 조망들과 다양한 증거들을 융통성 있게 고려하고, 즉각적인 결론을 내리려고 하기보다는 얼마간 판정을 연기한다(Southerland & Sinatra, 2003; West et al., 2008).[10]
- 비판적 사고 : 겉모습만 보고 정보나 토의를 받아들이는 것이 아니라 정확성, 논리성, 신뢰성의 측면에서 지속적으로 평가한다(Giancarlo & Facione, 2001; Halpern, 2008; Toplak & Stanovich, 2002).
- 합의 추구 : 조망들이 각자 상호 폐쇄적일 수밖에 없다고 생각하지 않고 다양한 조망들을 통합하고자 한다(Halpern, 1997).
- 미래 조망 : 다양한 행동의 장기적 결과를 예측하고 고려한다(Bembenutty & Karabenick, 2004; Husman & Freeman, 1999; Simons, Vansteenkiste, Lens, & Lacante, 2004).

이러한 성향은 학생들의 학습과 성취와 정적으로 관련되어 있으며 많은 이론가들은 학생들이 무엇을 배우고 얼마나 배우는지에 대해 원인 역할을 하다고 제안한다. 사실 성향은 지능지수에 반영된 것처럼 사람들의 장기적 성취에 영향을 미치는 능력을 지배한다(Dai & Sternberg, 2004; D. Kuhn & Franklin, 2006; Perkins & Ritchhart, 2004). 예를 들어 유아기 때 신체적, 사회적 자극을 더 추구하는 아동이 이후 학교에서 보다 능숙한 읽기 능력과 더 높은 성적을 얻게 된다(Raine et al., 2002). 적응적이고 신중한 청소년이 자기조절을 더 잘하고 교실 활동에서 보다 활발히 참여할 것이다. 예를 들어 이들이 숙제할 가능성이 더 높다(Hampson, 2008; A. J. Martin et al., 2013; Trautwein, Lüdtke, Kastens, & Köller, 2006). 강한 미래 조망을 가진 사람은 자신의 미래 목표를 성취하는 데 도움이 되는 활동에 보다 적극적으로 몰두한다(Bembenutty & Karabenick, 2004; Husman & Freeman, 1999; Simons et al., 2004). 알고자 하는 욕구가 강한 사람은 읽기 자료로부터 더 많이 학습하며, 확실한 증거와 논리적인 추론을 기반으로 결론을 내리는 경향이 있다(Cacioppo et al., 1996; Dai, 2002; P. K. Murphy & Mason, 2006). 새로운 증거를 비판적으로 평가하는 사람과 다양한 조망에 대하여 수용적이고 개방적인 사람은 보다 높은 추론 능력을 보여준다. 그들은 정당한 근거가 있을 때만 개념적 변화를 받아들이는 경향이 있다(Matthews, Zeidner, & Roberts,

10 개방성은 친밀함의 욕구와 대립될 수 있기 때문에 사람들은 무엇이 진실이고 진실이 아닌지에 대해 빠른 결론을 내려야 한다. 친밀함의 욕구를 가진 학습자는 상대적으로 덜 정교화된 인지적 신념(예 : 지식은 권위자로부터 가장 잘 획득될 수 있다는 사실의 축적이다)을 갖거나, 상대적으로 피상적인 방식으로 정보를 처리하거나, 자신의 현재 신념이나 편견에 반하는 어떠한 정보도 거절하게 되기 쉽다(DeBacker & Crowson, 2006, 2009; Kruglanski & Webster, 1996; Roets & Van Hiel, 2011).

2006; Southerland & Sinatra, 2003).

연구자들은 아직 다양한 성향의 근원을 체계적으로 밝혀내지는 못했다. 아마도 자극의 추구 등에서 나타나는 타고난 기질적인 차이들이 포함되는 것 같다(A. J. Martin et al., 2013; Raine et al., 2002). 예를 들어 지식은 고정되어 있고 불변한다는 인식론적 신념을 갖고 있느냐 역동적이고 끊임없이 진화한다는 인식론적 신념을 갖고 있느냐 하는 것도 영향을 미칠 수 있다(P. M. King & Kitchener, 2002; D. Kuhn, 2001b; Mason, 2003; Schommer-Aikins, Hopkins, Anderson, & Drouhard, 2005). 그리고 교사가 수업 주제와 관련하여 지적인 탐색, 모험 감수, 비판적 사고를 격려하는 행동을 하느냐도 차이를 만든다(DeBacker & Crowson, 2009; Flum & Kaplan, 2006; D. Kuhn, 2001b, 2006). 다음의 교실 상호작용에서 교사는 수업 자료에 관하여 분석적이고 비판적으로 사고하는 성향을 방해하고 있다.

교사 : 종이에 쓰도록 하세요… 이 패턴을 그냥 암기하세요. 단위에는 미터, 센티미터, 밀리미터가 있어요. 보세요… 밀리미터, 센티미터, 그리고 미터… 측정이 동일하다는 것을 확인하려고 합니다. 내가 여러분에게 .234m라는 소수를 제시할테니 쓰세요. .234m를 cm로 바꾸려면 소수점을 옮기기만 하면 돼요. 소수점을 어떻게 옮길까요? 오른쪽으로 두 칸 옮기세요. 제이든, 똑바로 앉으세요. 오른쪽으로 두 칸 옮기면, .234m가 몇 cm로 보일까요, 대니얼? 어떻게 보일까요, 애쉴리?

애쉴리 : 23.4cm요.

교사 : 네, 23.4cm지요. 아주 간단하죠. 밀리미터를 알아보려면, 소수점을 오른쪽으로 옮기면 돼요. 그런데 여러분, 이번에는 한 자리만 옮겨보세요. 만일 이 소수점을 한 자리만 옮기면 밀리미터로 얼마가 되나요? (J. C. Turner et al., 1998, p. 741)

분명히 이 교사는 친절하다. 그녀는 학생들이 측정 단위를 전환하는 방법을 알기를 원한다. 그러나 그녀가 가르치는 태도를 주목해서 보자. "이것을 쓰세요… 이 패턴을 그냥 외우세요."

정서와 정서의 영향

과제와 관련하여 학습자에게 일어나는 **정서**(affect)의 세계인 느낌(feeling), 감정(emotion), 일반적인 기분(general mood) 등은 동기와 아주 가까운 동반자이다.[11] 예를 들어 이 장의 초반에서 우리는 내적으로 동기화된 사람은 그들이 하는 일에서 즐거움을 발견한다는 것을 언급했다. 그러나 무엇인가를 너무 많이 바라는 지나친 동기는 심한 불안을 일으키기도 한다. 즐

11 어떤 이론가들은 정서(affect)와 감정(emotion)이라는 용어를 번갈아가며 사용하기도 한다. 그러나 다른 이론가들은 감정은 단기 상태를 언급할 때만 사용하고, 정서는 단기 상태와 장기간의 기분(mood)과 성향(predisposition)을 포함하는 광범위한 개념으로 사용하길 제안한다(Forgas, 2000; Linnenbrink & Pintrich, 2002; Rosenberg, 1998; Wilson-Mendelhall, Barrett, & Barsalou, 2013).

거움, 불안, 흥분, 자부심, 우울, 분노, 죄책감 등은 정서의 유형들이다. 정서는 동기, 학습, 인지와 다양한 방식으로 상호 관련되어 있으며 이제 이것을 살펴볼 것이다.

정서는 동기와 어떻게 관련되는가

진화론적 관점에서 보면, 겁에 질려 독사의 공격 범위 밖으로 달아나거나 윽박지르는 이웃에게 화가 나서 반응하는 것과 같이 사건에 대한 즉각적인 정서반응은 수 세기 동안 인간이 생존하고 번영하는 데 도움을 주었다(Damasio, 1994; Öhman & Mineka, 2003). 그러나 정서는 인간 동기의 목적적이고 인지적인 측면에도 영향을 미친다. 일반적으로, 사람들은 자신들의 필요가 충족되고 그들의 목표가 달성되는 것의 여부에 따라 각기 다르게 느끼게 된다(E. M. Anderman & Wolters, 2006; Goetz, Frenzel, Hall, & Pekrun, 2008; A. J. Martin & Dowson, 2009). 사람들은 또한 나중에 어떻게 느낄지, 특히 성공하면 행복이나 긍지와 같은 좋은 기분을 얼마나 느끼게 될지, 실패하면 슬픔이나 수치와 같은 나쁜 기분을 얼마나 느끼게 될지에 대하여 고려한다(Mellers & McGraw, 2001).

어떤 감정, **자의식**(self-conscious emotion)으로 알려진 감정은 사람들의 자기평가에 민감하게 하고 따라서 이런 감정은 사람들의 자기가치감과 관련된다(M. Lewis & Sullivan, 2005; Pekrun, 2006). 사람들이 자신의 행동과 성취를 그들의 문화의 기준에 따라 적절하고 바람직한 것으로 평가한다면 그들은 자부심을 느낄 것이다. 반대로 사려 깊지 못해 다른 사람에게 해를 끼치는 등 사람들이 자신을 이러한 기준에 맞춰 사는 것에 실패했다고 평가하면 이들은 죄책감과 수치심을 느낄 것이다.

간과해서는 안 될 또 다른 감정은 **지루함**(boredom)으로 이것은 일반적으로 자극이나 각성의 부족으로 인해 생기는 불쾌한 감정이다(Eastwood, Frischen, Fenske, & Smilek, 2012; Pekrun et al., 2010). 각성 욕구에 대한 이전의 논의를 떠올려보자. 인간은 물리적이거나 인지적인 자극이 어느 정도 있을 때 보다 편안하게 느낀다. 지루함을 일으키는 활동은 다양한 형식을 취할 수 있다. 학습자의 현재 능력 수준에 비해 너무 쉽거나 너무 어려운 것일 수도 있고, 반복적이고 단조로운 과제를 포함하여 학습자의 생활과 거의 관련이 없는 것일 수도 있다. 자신들의 현재 환경에서 지루함을 느끼는 학습자들은 이것을 피하려 하거나 스스로 자극을 만들어내고자 하는데 아마도 이것은 통로를 가로질러 공책을 건네거나 최신 메시지를 보려고 휴대전화를 확인하는 것일 수도 있다. 교실환경에서 주제에 대해 지루해진 학생은 교재 활동에 주의를 기울이거나 그것으로부터 이득을 얻기가 어려워진다(Nett, Goetz, & Hall, 2011; Pekrun et al., 2010).

경우에 따라서는 불쾌한 감정이 개인에게 득이 되기도 한다. 예를 들어 수치심은 개인에게 현재의 결점에 대처하려 박차를 가하게 하고, 부정이나 불공평한 처치에 대한 분노는 개인이 이런 일을 바로잡도록 움직이게 한다(Eid & Diener, 2001; Tamir, 2009). 그러나 일반적으로 사람들은 슬픔, 혼돈, 분노나 지루함보다는 행복과 안락함을 느끼는 데 도움이 되는 방향으로 행동한다(Eastwood et al., 2012; Isaacowitz, 2006; Tsai, 2007). 자신이 느끼기를 원하는 만큼 각성되고 행복할 수 있는 방법은 어느 정도는 문화와 관련된다. 평균적으로 유럽인들과 북아메리카 문화는 흥분감과 같이 높은 수준으로 각성되길 좋아하면서 즐거운 정동 상태를 원하는 반면 아시아 문화는 차분하고 평화로운 상태를 좋아한다(Mesquita & Leu, 2007; Tsai, 2007).

학습자가 공부할 때 좋은 기분상태에 있으면 이들은 새로운 자료에 보다 쉽게 인지적으로 관여될 수 있고 이것을 더 열심히 이해하고자 한다(Linnenbrink & Pintrich, 2004; Mega, Ronconi, & De Bani, 2014; Pekrun, Goetz, Titz, & Perry, 2002). 그런데 때로는 공부할 때 자기가 가지고 있는 신념과 상충되는 신념에 직면하기도 한다. 이러한 불일치는 상당한 정신적 불편을 일으킨다. 이것은 피아제가 불균형(disequilibrium)이라고 불렀고, 현대의 연구자들이 **인지 부조화**(cognitive dissonance)라고 부른 정서 상태이다. 이러한 부조화는 학습자들로 하여금 어떤 방식으로든 불일치를 해결하기 위해 노력해서 보다 만족스러운 사고의 틀로 돌아가도록 동기화한다. 현재의 신념을 바꿔서 개념적 변화를 받아들일 수도 있고, 새로운 정보를 무시할 수도 있다(Harmon-Jones, 2001; Marcus, 2008; Pintrich et al., 1993; Sinatra & Mason, 2008).

정서는 인지 및 학습과 어떻게 관련되는가

역사적으로 학습에 대하여 인지주의와 사회인지적 조망이 가진 중요한 약점은 정신 과정에서 정서적인 측면들을 무시한 것이다(Hidi, Renninger, & Krapp, 2004; E. Peterson & Welsh, 2014; Pintrich, 2003). 그러나 정서는 분명히 학습 및 인지와 혼합되어 있다. 예를 들어 과제 수행 방법을 학습하는 동안에, 그와 동시에 우리가 그 행동을 좋아하는지 아닌지를 학습할 수 있다(Goetz et al., 2008; Zajonc, 1980). 우리가 그것을 즐길 때 문제 해결은 보다 쉬워지고, 학습과 문제 해결에 대한 성공적인 시도들은 흥분, 즐거움, 자랑스러움과 같은 감정을 일으킨다(E. M. Anderman & Wolters, 2006; C. S. Carver & Scheier, 1990; Pekrun, 2006; Shernoff & Csikszentmihalyi, 2009). 어떤 시도가 실패하면 좌절하고 불안하게 되며 그 과제에 대한 좋지 않은 감정을 갖는 경향이 있는데, 특히 과제가 쉬워 보일 때 그렇다(C. S. Carver & Scheier, 1990; Shepperd & McNulty, 2002; Stodolsky, Salk, & Glaessner, 1991).

뭔가에 대해 생각하거나 학습하거나 암기하고 있을 때, 사고와 기억은 **뜨거운 인지**(hot cognition)라고 알려진 정서적 뉘앙스를 갖게 된다. 학습하려고 하는 자료의 특성은 종종 뜨거운 인지를 유발해서 결과적으로 인지적 처리에 영향을 미친다. 정보가 정서적인 흥분을 일으키면, 그것에 보다 쉽게 관심을 기울이는 경향이 있다(Kuhbandner, Spitzer, & Pekrun,

2011; Phelps, Ling, & Carrasco, 2006). 뜨거운 인지가 우리를 힘들게 하면 이것에 압도되지 않도록 그것에 대하여 계속적으로 더 많이 생각하며, 반복적으로 정교화하게 된다(G. H. Bower, 1994; Heuer & Reisberg, 1992; D. J. Siegel, 2012). 그러나 뜨거운 인지는 정서를 불러일으키지 않는 주제에 대하여 논리적으로 생각할 때에 비하여 추론을 이끌어내고 적절하게 반응하는 능력은 방해받을 수도 있다(Blanchette & Richards, 2004; Harmon-Jones, Gable, & Price, 2013; Marcus, 2008).

장기기억에 저장한 자료가 가진 정서적 특징은 나중에 그것을 인출해내는 능력에 영향을 미칠 수 있다. 극도로 고통스러운 기억은 때때로 억압되기도 하지만(제8장 참조), 일반적으로 비정서적인 정보보다는 정서적인 내용을 보다 쉽게 인출할 수 있다(Kensinger, 2007; Phelps & Sharot; 2008, Talarico, LaBar, & Rubin, 2004; Talmi, 2013). 예로 제8장의 섬광기억(flashbulb memories)에 대한 토론을 회상해보자. 또 다른 예로 호이어와 라이스버그(Heuer & Reisberg, 1990)의 실험을 생각해보자. 대학생들이 두 이야기 중 하나를 묘사하는 슬라이드를 보았다. 두 이야기 모두 아버지의 직장에 방문한 소년과 어머니의 이야기를 담고 있다. 정서적 내용 집단에서는, 아버지가 사고 희생자를 위한 외과 수술을 하고 있었다. 이 학생들은 수술 진행 과정에 대한 슬라이드에서 사람의 내장기관을 모두 보았다. 한 아동이 다리에 심한 부상을 입은 것도 보았다. 중립적 내용 집단에서는, 아버지가 부서진 자동차를 수리하고 있었다. 이 학생들은 완전히 부서진 조각들과 자동차의 내부 작동 장치를 보았다. 이 학생들 모두 2주 후에 자기가 관찰한 것에 대한 예상치 못했던 퀴즈를 보았다. 정서가 포함된 광경을 보았던 학생들이 중립적인 조건의 학생들보다 이야기의 일반적인 요점과 세부사항들을 훨씬 정확하게 기억했다. 사실, 비록 그들이 보았던 것에 대해 시험을 치를 것이라는 예상은 하지 않았지만 정서적 내용 집단의 학생들은 중립적 장면을 보고 그것의 구성과 세부사항을 기억하라는 지시를 받았던 학생들보다 더 많이 기억했다. '외과' 학생들의 우월한 기억력은 피와 같은 생생한 시각적 자료 때문만이 아니라 사람들이 스트레스를 받는 상황에 있었다는 것에 의해서도 비롯된다(Cahill & McGaugh, 1995 참조).

일반적인 기분 상태 역시 학습과 기억에 영향을 미칠 수 있다. 슬프거나 우울하지 않고 행복이나 흥분을 느끼는 등 좋은 기분에 있을 때는, 정보에 더 주의를 기울이며 이미 알고 있는 것과 관련지어 보고, 창의적으로 정교화하는 경향이 있다(Bohn-Gettler & Rapp, 2011; Efklides, 2011; Pekrun, 2006; Pekrun et al., 2010; N. Schwartz & Skurnik, 2003). 좋은 기분은 또한 이전에 장기기억에 저장했던 것들을 인출하는 데 도움이 되는 경향이 있다(Oatley & Nundy, 1996). 그러나 때로는 인출시기의 기분이 처음에 그 정보를 저장할 때와 동일할 때, 장기기억에서 정보를 보다 성공적으로 인출하기도 한다. 이것이 **기분 의존 기억**(mood-dependent memory)으로 알려진 효과이다(G. H. Bower & Forgas, 2001; Eich, 1995; Pekrun et al., 2002).

몇몇 인지연구자들은 사물과 사건에 대한 정서적 반응은 장기기억을 포함하는 연상 네트워크들의 필수적인 부분이라고 제안했다.[12] 사람들이 개념이나 도식에 근거하여 사물을 쉽게 범주화할 수 있는 것과 마찬가지로, 그들을 행복하거나 슬프거나 화나게 만드는 정서에 근거해서 범주화하는 것도 쉽게 할 수 있다(G. H. Bower & Forgas, 2001). 사실 정서적인 반응은 학습자가 사물과 사건에 대하여 가지는 중요한 **정보원**이 될 수 있다(Clore, Gasper, & Carvin, 2001; Minsky, 2006; N. Schwarz & Skurnik, 2003; C. A. Smith & Kirby, 2001). 예를 들어 좋은 책을 읽는 것은 즐거움의 원천이 되지만, 언어적으로 독설적인 친척과 시간을 보내는 것은 그렇지 않다는 것을 아는 것은 정말 도움이 된다.

어떤 상황들에서는 기억의 정서적인 요소가 너무나 강해서 무시하기 어렵고 다른 기억들과 혼돈되지 않아 쉽게 인출된다(Berntsen, 2010; G. H. Bower & Forgas, 2001; Schacter, 1999).[13] 정서적인 요소가 대단히 미묘해서 학습자들은 그것을 의식적으로 인식하지 못하는 사례도 있다. 이는 그 지식이 명시적 지식이기보다는 **암묵적** 지식이기 때문이다(G. H. Bower & Forgas, 2001; Ito & Cacioppo, 2001; Winkielman & Berridge, 2004). 때때로 사람들은 의식적으로 전혀 기억해낼 수 없는 자극에 대하여 신체적인 반응을 보인다. 이런 상황에서는 그 자극에 대한 이전의 정서적인 반응만이 기억에 잔존하는 유일한 것이다(Nadel & Jacobs, 1998; Zajonc, 2000).

아마도 인간 학습과 인지의 맥락에서 가장 널리 연구된 정서는 불안일 것이다. 행동주의자들은 불안이 고전적으로 조건화된 것이며 때때로 회피학습을 유도한다는 것을 발견했다(제3장 참조). 인지주의자들은 장기기억의 인출과 문제 해결과 같은 인지적인 처리에 불안이 미치는 부정적인 영향들을 저술했다(제8, 13장 참조). 이제부터 우리가 살펴보겠지만 불안은 어느 정도는 유익하고 어느 정도는 그렇지 않은 다른 효과들도 가지고 있다.

불안

불안(anxiety)은 전형적으로 성과가 불확실한 상황에 대한 불편하고 걱정되는 감정이다. 공포와 불안은 모두 극단적으로 높은 각성 상태를 반영한다는 점에서 연관되는 개념이다. 그러나 그들 둘 사이에는 엄연한 차이가 있다. 불안은 모호하고 비교적 초점이 불분명한 데 반해, 공포는 구체적인 위협에 대한 반응이다. 예를 들어 사람들은 어떤 일들에 대하여 무서워하지만 그들이 무엇에 대하여 불안한지를 항상 정확히 알지는 못할 수 있다(Lazarus, 1991).

불안은 걱정과 정서성이라는 두 가지 요인을 가지고 있는 것 같다(R. Carter, Williams, &

[12] 신경학적인 증거가 이런 시각을 지지한다. 변연계와 같이 정서와 연관된 뇌 부위가 전두엽과 같은 '차가운' 인지 영역과 정기적으로 의사소통하며, 잠재적으로 중요한 자극에 대해서는 즉각적인 주의를 기울이고 경고를 듣는다(Benes, 2007; Forgas, 2008; Talmi, 2013).

[13] 제8장의 용어로는 정서적으로 강렬한 기억은 다른 기억으로부터 덜 간섭받는 것 같다(G. H. Bower & Forgas, 2001).

Silverman, 2008; Hong, O'Neil, & Feldon, 2005; Tryon, 1980). 걱정(worry)은 불안의 인지적인 측면으로서 상황을 다루는 개인의 능력에 대한 신념과 걱정스러운 생각들을 포함한다. 정서성(emotionality)은 정서적인 측면으로서, 안절부절못하고 서성거리는 행동적인 반응들뿐 아니라 근육긴장, 심장박동 증가, 땀 분비와 같은 신체적 반응들을 포함한다. 신경학적으로 불안은 뇌의 변연계 중에서 특히 '정서적'인 부분인 편도체는 정상 수준보다 더 높게 활성화되어 있고 '논리적'인 전전두엽 피질은 최적 수준보다 더 낮게 활성화되어 있다는 것을 의미한다(Sharot, Martorella, Delgado, & Phelps, 2007; Young, Wu, & Menon, 2012).

심리학자들은 두 가지 타입의 불안을 구별하는 것이 유용하다는 것을 발견했다. **상태불안**(state anxiety)은 특정한 자극에 의해 유발되는 일시적인 조건이다. 예를 들어 도전적인 수학 문제를 풀거나 어렵기로 악명 높은 수업의 시험이 다가올 때 상태불안을 경험할 수 있다. 이와 달리 **특성불안**(trait anxiety)은 개인이 특정한 상황들에서 만성적으로 불안해하는 것 같은 비교적 안정적인 상태이다. 예를 들어 여러분은 숫자를 접하거나 시험에 대하여 생각할 때마다 불안해지는 일반적인 수학불안이나 시험불안을 가질 수 있다.

불안의 영향

초기 연구들은 불안이 학습과 수행에 미치는 영향에 초점을 두었다. 보다 최근에는, 인지주의가 등장하면서 불안이 인지적 처리에 미칠 수 있는 영향을 탐색하고 있다. 이 영역의 연구들을 검토해보자.

학습과 수행에 미치는 영향 전에 나는 사람들이 각성 수준이 지나치게 적지도 많지도 않은 지점인 '안락 구역'을 찾으려고 노력한다는 언급을 했었다. 그러나 최적이라는 것은 개인뿐 아니라 당면 과제에 따라 달라질 수 있다. 초기 연구자들은 각성이 학습과 수행에 거꾸로 된 U자 모양의 곡선적인 영향을 미친다는 것을 발견했다(Broadhurst, 1959; D. J. Siegel, 2012). 보다 구체적으로, 낮은 불안 수준 상태인 약간의 각성은 학습과 수행을 촉진한다. 높은 불안 수준 상태인 고도의 각성은 과제가 쉬울 때는 학습과 수행을 촉진하지만 과제가 어려울 때는 방해하는 경향이 있다. 주어진 과제에 대하여, 학습과 수행이 최대화되는 최적의 각성 수준(역 U자 모양의 꼭대기 지점)이 있다(그림 14.2 참조).

예르케와 도슨(Yerkes & Dodson, 1908)이 실시한 고전적인 생쥐실험은 각성 수준과 과제 난이도가 어떻게 상호작용하는지를 구체적으로 보여준다. 쥐들은 각각 2개의 문 중 하나로 도망할 수 있는 방에 배치되었다. 반대쪽 문은 천천히 움직여서 방을 점차 좁게 만들었고, 급기야 쥐는 2개의 문 중 하나로 탈출해야 했다. 하나의 문은 안전하고 편안한 '집'으로 인도하고, 다른 문은 전기 충격이 있는 곳으로 인도했다. 실험자들은 쥐가 각각의 문이 어떤 문인지를 결정하도록 돕기 위한 단서를 주었다. 집으로 인도하는 문은 전기 충격으로 가는 문보다

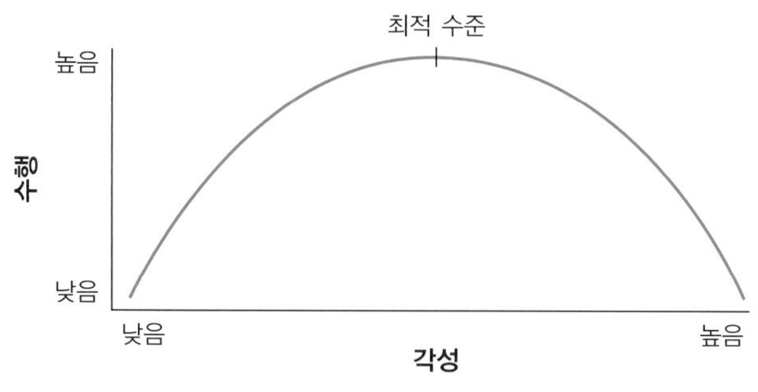

그림 14.2 각성과 수행 간의 곡선적 관계를 나타내는 역 U자 곡선 도표

일관되게 색깔이 밝았다.

실험자들은 잘못된 문으로 들어갔을 때 받게 되는 전기 충격의 강약을 조절해서 각성 수준을 다양하게 했다. 2개의 문이 갖는 상대적인 유사성이나 차이를 다양하게 하여 과제 난이도를 다르게 했다. 어떤 쥐들은 흑백의 문 중에서 선택해야 했고(쉬운 과제 집단), 어떤 쥐들은 밝은 회색과 어두운 회색 가운데 선택을 해야 했고(중간 난이도 과제 집단), 나머지 쥐들은 비슷한 회색 중에서 선택을 해야 했다(불가능하진 않지만 매우 어려운 과제 집단).

바른 선택을 연어이서 30회 하는 것을 쥐가 결정학습을 성공적으로 했다는 기준으로 설정했다. 그림 14.3은 각 조건에서 쥐들이 시도한 평균 시행착오 횟수를 보여준다. *y*축은 수행의 질인 학습 속도를 나타내기 때문에, 기준에 도달하기 위해 더 적은 시행착오를 한 집단이 더 많은 시행착오를 한 집단보다 그림에서 높은 곳에 위치한다. 쉬운 선택을 하는 쥐들은 가장 높은 각성 상태인 강한 쇼크 조건에서 가장 잘 수행한다는 점을 주목하라. 중간 과제 난이도 집단은 중간 각성 상태인 중간 쇼크 조건에서 더 잘 수행했다. 매우 어려운 구별을 해야 하는 집단은 쇼크와 각성이 상대적으로 낮을 때 가장 잘 수행했다.

쉬운 과제는 높은 각성 수준에서 가장 잘 성취되지만 어려운 과제는 낮거나 중간 수준에서 더 잘 성취된다는 이 원리는 **예르케-도슨의 법칙**(Yerkes-Dodson Law)으로 알려져 있다. 이 원리는 쥐뿐 아니라 인간에게도 적용된다. 높은 불안 수준은 쉽고 자동적인 과제의 수행을 증진시킨다. 이는 **촉진적인 불안**(facilitating anxiety)의 예이다. 그러나 동일한 수준의 불안이 도전적인 새로운 과제에서는 수행을 방해한다. 이는 **파괴적인 불안**(debilitating anxiety)의 예이다. 사람들은 일반적으로 불안이 높을 때 빨리 달리는데 달리기는 대부분의 사람들이 자동적으로 익히는 기술이다. 그러나 높은 수준의 불안이 골프와 같은 복잡한 운동 기술의 수행은 방해한다(Beilock & Carr, 2001; Gladwell, 2005). 다가오는 시험에 대한 가벼운 불안은 학생들로 하여금 자신들의 학교 일에 대해 부지런해지도록 하겠지만, 시험에 대한 높은 수준의 불안은 그 반대의 결과를 가져온다(Cassady, 2010b; Kirkland, 1971; Spielberger, 1966).

이 맥락에서 위협과 도전의 차이를 구분지어보는 것이 유용하다(Combs, Richards, & Richards, 1976). **위협**(threat)은 학습자가 성공 가능성이 낮다고 믿으며, 실패가 거의 불

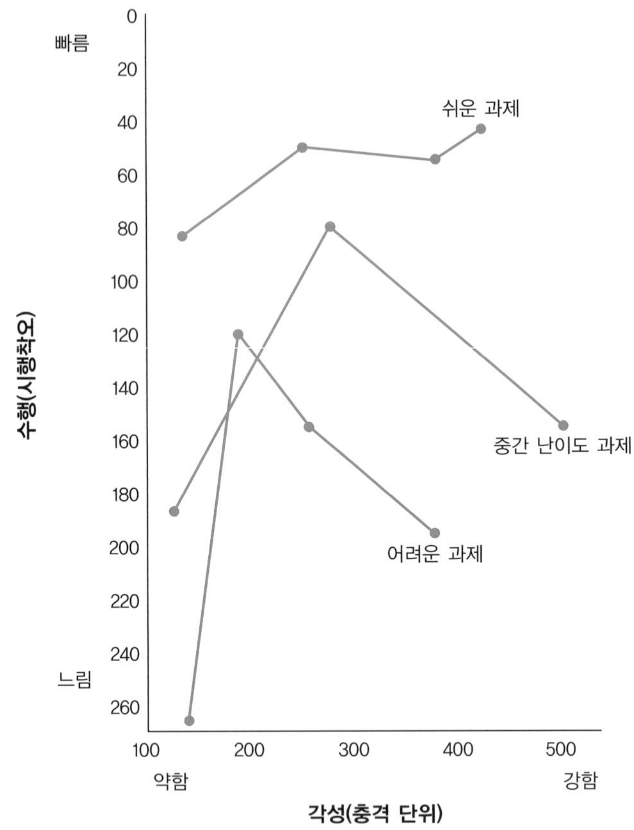

그림 14.3 각성 수준은 과제 난이도와 상호작용하여 과제에 따라 최적의 각성 수준이 달라진다.

출처 : "The relation of strength of stimulus to rapidity of habit-formation" by R. M. Yerkes and J. D. Dodson, 1908, *Journal of Comparative Neurology and Psychology, 18*, pp. 459-482.

가피한 결과라고 생각하는 상황이다. 반대로 **도전**(challenge)은 학습자가 열심히 노력하면 성공할 수 있을 것이라고 믿는 상황이다. 학생들은 상황을 위협적으로 지각할 때 무력한 불안감을 갖게 된다. 반면 도전에 대해서는 더 순조롭게 반응한다. 예를 들어 그들은 성공할 수 있을 때 최선을 다하려는 동기가 높아지고 흥분과 만족을 나타낸다(Cassady, 2010b; Cobb, Yackel, & Wood, 1989; N. E. Perry, Turner, & Meyer, 2006; Shernoff & Csikszentmihalyi, 2009; A. G. Thompson & Thompson, 1989).

인지에 미치는 영향 시험 때 교실에 앉아 있는 자신의 모습을 상상해보자. 그렇게 하면 마음에 몇 가지 생각이 떠오를 수 있다.

- 음, 그래. 교수님이 지난주에 이 개념을 소개하셨지. 이건 무슨 뜻이냐면…
- 수업 시간에 구체적으로 말하지 않았던 게 있네. 수업 시간에 말했던 것과 관련지을 수 있는지 한번 보자.
- 이 문제를 푸는 최상의 방법은…

- 문제들이 점점 어려워지네.
- 아, 이런, 시간이 10분밖에 안 남았네. 끝까지 풀 수 없을지도 모르겠다.
- 이 시험에서 실패하면 어떡하지? 이건 필수과목인데…

처음의 세 가지 생각은 주어진 과제와 직접 명백하게 관련된 것이고, 시험에 최선을 다하도록 도움을 줄 것이다. 반대로 마지막 세 가지는 과제와는 관련이 없다. 여러분은 시험문제에 답하는 방법에 대해 생각하기보다는 걱정을 하면서 시간을 소비하고 있다. 제7장에서 토의했던 주의와 작업기억에 관한 기억을 떠올리면, 사람들은 한 번에 적은 양의 정보에만 주의를 기울이고 처리할 수 있음을 알 수 있다. 시험에 대한 걱정을 하는 데 시간과 주의를 더 많이 기울일수록, 시험 자체에 반응하고 다루는 능력은 더 적어진다.

불안은 과제에 대하여 주의를 기울이는 것을 방해한다. 그리고 걱정하는 생각은 일정량의 작업기억 용량을 차지하기 때문에, 불안은 효율적인 인지 처리도 방해한다. 이러한 영향은 당면 과제가 어려울 때, 그리고 장기기억에서 상당한 정보를 인출해야 할 때 특히 보편적으로 나타난다(Ashcraft & Krause, 2007; Beilock & Carr, 2005; Beilock Kulp, Holt, & Carr, 2004; Pekrun et al., 2002; Tobias, 1980).

일반적으로 불안의 악영향은 주의를 산만하게 하는 것이다. 어려운 과제를 수행할 때, 불안이 높은 사람들은 과제와 무관한 생각을 하며, 무관한 자극에 정신을 팔고, 관계 없는 반응을 한다(Ashcraft, 2002; Beilock et al., 2004; Fletcher & Cassady, 2010; Wine, 1980).

불안의 공통적 원천

사람들은 여러 가지 사물에 대하여 불안할 수 있다. 예를 들어 자신의 외모에 대하여 걱정할 수 있다(N. J. King & Ollendick, 1989). 자신이 현재 하고 있는 생각과 갈등되는 사건에 직면했을 때는 **인지 부조화**를 경험하며 불편을 느낄 수 있다. 초등학교에서 중학교에 들어가는 예에서와 같이 새롭고, 잘 모르고, 정리되지 않은 상황에 들어가면 불편을 느낀다(Benner & Graham, 2009; Eccles & Midgley, 1989; Phelan, Yu, & Davidson, 1994). 자신이 현재 하고 있는 생각과 갈등되는 사건에 직면했을 때는 **인지적 부조화**를 경험하며 불편을 느낄 수 있다(Bendixen, 2002; Harmon-Jones, 2001). 일반적으로 사람들은 동료들이 자신을 평가한다고 알고 있거나 생각하는 것과 같이 자기존중감이나 자기효능감이 위협될 때는 언제나 불안해지기 쉽다(Cassady, 2010a; Covington, 1992; Eccles, Wigfield, & Schiefele, 1998; Zeidner & Matthews, 2005).

많은 연구에서 수학불안과 시험불안이 관심을 받았다. 이러한 연구들이 우리에게 얘기해주는 것을 살펴보자.

수학불안 학생들이 과학이나 외국어 수업에서 특별히 더 긴장하는 것처럼 학교 교과목 중 어떤 것들은 다른 과목에 비해서 불안을 좀 더 유발한다(Britner, 2010; Goetz, Frenzel, Pekrun, Hall, & Lüdtke, 2007; Horwitz, Tallon, & Luo, 2010). 그러나 학교에서 가르치는 모든 과목 중에서 수학만큼 많은 학생들에게 불안을 유발하는 과목은 없는 것 같다. 수학불안은 걱정과 정서성을 모두 갖는다. 첫째, 수학불안이 있는 사람들은 그들이 수학 과제에 성공할 만한 능력이 없다고 확실히 믿는다. 다시 말해 이들은 수학에 대한 낮은 자기효능감을 갖고 있는 것이다. 둘째, 그들은 공포나 혐오와 같은 수학에 대한 부정적인 정서반응을 한다(B. Hoffman, 2010; Jain & Dowson, 2009; Jameson, 2010; Wigfield & Meece, 1988).

학생들이 수학에 대하여 불안해지게 되는 이유 중 하나는, 학교 교육과정에서 수학적 개념과 절차를 학생들이 인지적으로 다룰 준비가 되기 전에 소개하기 때문이다. 발달론자들은 비율을 이해하고 추상적인 개념을 다루는 능력은 통상 초기 청소년기가 되어서야 나타나며, 그 후로도 몇 년 동안 계속적으로 발달한다고 주장한다(제10장 참조). 그러나 초등학교 고학년이나 중학교 저학년 시기의 학생들을 종종 분수나 비율 같은 비례식, 음수나 파이 같은 추상적 개념들에 접하게 한다. 나아가 많은 교사들과 교과서들은 추상적인 사고로 구성된 새로운 단위와 식을 사용하기 시작하는데, 가령 피타고라스의 정리를 상징적인 수식($a^2+b^2=c^2$)으로 묘사해 소개하기 시작하고 나중에서야 실제적인 맥락에서 구체적으로 보여준다는 것이다(Nathan, 2012). 이해할 수 없는 수학문제를 풀어보라고 요청받으면, 많은 학생들은 좌절과 실패에 직면할 수밖에 없다. 그리고 수학과 빈번한 실패가 연합되면, 그 과제에 대한 혐오감과 그들이 그것을 잘 해내지 못한다는 생각을 가질 수 있다.

예상할 수 있듯이, 수학불안이 높은 학생들은 수학불안이 낮은 학생들보다 수학 시간에 성취도가 떨어진다. 게다가 수학불안이 높은 학생들은 자발적으로는 수학과목에 등록하지 않으려고 하고 수학이나 관련된 분야(예 : 과학, 첨단기술)에서의 경력을 추구하지 않으려고 한다. 수학불안이 높은 집단과 낮은 집단의 차이는 심지어 두 집단의 학생들이 이전의 수학 수업에서는 동등하게 잘해왔을 때조차 나타난다(Ashcraft, 2002; Chipman, Krantz, & Silver, 1992; Jameson, 2010; Meece, Wigfield, & Eccles, 1990; Vukovic, Kieffer, Bailey, & Harari, 2013; Zeidner & Matthews, 2005).

시험불안 우리 중 대부분은 약간의 시험불안을 갖고 있다. 그리고 앞서 살펴보았듯이 약간의 불안은 주어진 과제를 잘하는 데 실제로 도움이 된다. 그러나 어떤 학생들은 시험 상황에서 극도로 불안해지고, 불안 수준이 낮은 급우들보다 낮은 점수를 얻는다(Cassady & Johnson, 2002; Chapell et al., 2005; Hembree, 1988). 이런 학생들은 시험의 평가적 측면에 일차적으로 염려를 하는 것 같다. 그들은 선생님과 같이 다른 사람들이 자기에 대하여 부정적인 판단을 내릴까 봐 심한 염려를 한다(Harter, Whitesell, & Kowalski, 1992; B. N. Phillips, Pitcher, Worsham, & Miller, 1980; Zeidner & Matthews, 2005). 시험불안은 시험 시간의 인출을 방해할 뿐 아니라 학습자가 시험공부를 할 때 부호화와 저장도 방해한다(Cassady, 2010b; Zeidner & Matthews, 2005). 그래서 시험불안이 높은 학생들은 시험만 잘 못 치는 게 아니라 학습도 잘 못한다.

많은 중등학생과 초등학교 고학년 학생들은 시험 수행을 방해하는 시험불안을 가지고 있고, 특히 결과가 진급, 졸업, 기타 중요한 결정에 영향을 미치는 중대한 시험일 때 더욱 그러하다. 수행에 좋지 않은 영향을 미치는 시험불안은 특히 소수민 집단 출신의 학생, 장애가 있는 학생에게 더 일반적이다(R. Carter et al., 2008; Chabrán, 2003; M. G. Jones, Jones, & Hargrove, 2003; Putwain, 2007; Whitaker, Sena, Lowe, & Lee, 2007).

불안은 **고정관념 위협**(stereotype threat)이라고 알려진 현상의 근원일 수 있다. 여성이나 특정 소수민 집단과 같은 전형적으로 낮은 성취 집단의 사람들은 자신의 집단이 전통적으로 낮은 성취를 하고 있음을 인식하는 것만으로도 수행 성과가 더욱 낮아진다(J. Aronson & Steele, 2005; Steele, 1997). 사람들이 고정관념을 인식할 때, 특히 수행하고 있는 과제가 중요한 영역에서 자신들의 능력을 반영하고 있다는 것을 알고 있을 때, 걱정스러운 생각이 작업기억을 방해하고 심장박동 등 불안과 관련되는 신체 상태가 상승 작용하여 성과가 낮아진다(Cadinu, Maass, Rosabianca, & Kiesner, 2005; Inzlicht & Ben-Zeev, 2003; Krendl, Richeson, Kelley, & Heatherton, 2008; Schmader, 2010; G. M. Walton & Spencer, 2009; Yeager & Walton, 2011). 사람들이 자신들의 과제 수행을 유능성, 능력, 그리고 또래들과의 전반적인 비교의 관점에서 해석하지 않으면 고정관념 위협의 악영향을 인식하지 못할 수 있다(Josephs, Newman, Brown, & Beer, 2003; McKown & Weinstein, 2003; Osborne, Tillman, & Holland, 2010; Régner et al., 2010).

동기를 높이는 수업환경

교사를 포함해 여러 사람들이 학생들이 공부하지 않으려고 한다고 불평하는 소리가 너무나 자주 들린다. 사실, 많은 교사들이 가장 큰 고민으로 학생들의 동기 결여를 언급한다(J. C. Turner, Warzon, & Christensen, 2011). 그러나 여기에서 한 가지 분명히 해야 할 것이 있다. 학교 수업 자료에 대한 동기를 반드시 학생이 가지고 와야만 하는 것은 아니다. 동기는 교사가 학생에게 주입하는 것이기도 하다.

이 장에서 우리가 검토하는 원리과 이론은 학교 현장에서 학생들을 동기화하는 방법에 대한 몇 가지 아이디어를 제공한다.

◆ 학생들은 학습과 성취에 대하여 외적으로 동기화되었을 때보다 내적으로 동기화되었을 때 효율적으로 학습하며, 보다 생산적인 수업 행동에 몰두한다. 우리 사회는 대개 학업적 성공이 갖는 외적

인 이익을 강조해왔다. 부모들은 좋은 성적표에 대하여 자녀에게 돈과 특권을 준다. 학교는 스포츠에 참가한 데 대해 학교생활기록부로 보상한다. 교사와 진로상담자는 고등학교 졸업장이 갖는 장기적인 재정적 성취에 대한 중요성을 강조한다. 그러나 우리가 봐왔듯이, 내적으로 동기화된 학생들은 외적으로 동기화된 학생들보다 학업 활동에서 주도성, 독립성, 야망, 유의미학습, 그리고 즐거움을 더 많이 보여준다. 그리고 결국에는 더 높은 수준의 성취를 이룬다. 불행하게도, 학교에서 배우고 성취하고자 하는 내적 욕구는 학년이 올라갈수록 감소하는 경향이 있다. 특히 초등학교에서 중학교로 가면서 불안한 순간을 자주 경험하게 되면 낮아질 수 있다(E. M. Anderman & Mueller, 2010; Gottfried, Fleming, & Gottfried, 2001; Lepper, Corpus, & Iyengar, 2005).

연구자들은 수업 자료를 학습하고자 하는 내적 동기를 높이는 다양한 전략을 밝혔다. 수업 활동을 유도하면서 외적 동기보다 내적 동기에 대하여 말하는 것은 효과적인 대안이다. 예를 들어 교사는 "좋은 점수를 얻는 것은 좋은 일이다. 그러나 여러분이 공부하는 것을 이해하고, 여러분이 하고 있는 것을 즐기는 것은 더욱 중요한 일이다"라고 말할 수 있다(Amabile, Hennessey, 1992; Graham & Weiner, 1996; Urdan & Turner, 2005). 자신이 하고 있는 일에 대해 열정을 가진 성인처럼 내적 동기의 모델이 되어 줄 수 있는 사람은 그 활동에 대한 관찰자의 내적 동기를 증진시킨다(Frenzel, Goetz, Lüdtke, Pekrun, & Sutton, 2009; Nolen, 2007; Radel, Sarrazin, Legrain, & Wild, 2010). 그리고 학업 주제를 학생 자신의 생활, 경험, 욕구, 감정에 연관시키면, 학생들이 그 주제들에 대하여 학습하고 싶어질 가능성이 높아진다(A. Kaplan & Flum, 2009; W. -M. Roth, 2011; Urdan & Turner, 2005; M. -T. Wang & Holcombe, 2010).

◆ **학생들은 수업 과제에 성공할 수 있다는 자신감을 느낄 때 내적으로 보다 동기화되는 경향이 있다.** 이 책을 통하여 학생들의 학업적 성공을 증진시키는 많은 전략들을 확인해왔다. 그러나 성공 경험 모두가 학습자의 유능감을 증진시키지는 않는다. 내가 뜻하는 바를 보기 위해, 잠시 동안 간단한 실습을 해보자.

종이 한 장에다가 1부터 10까지의 숫자를 써보자. 10초 안에 그 일을 할 수 있는지 보자.

성공했는가? 그렇다면 성공함으로써 여러분의 기분은 얼마나 좋아졌는가? 나는 약 4초 만에 이 과제를 해냈다. 그렇지만 특별히 자부심을 느낄 이유가 없다. 나는 60대 중반이다. 만일 이 숫자들을 빠르고 정확하게 쓸 수 없다면, 뭔가 단단히 잘못된 것이다.

아무리 실수 없이 잘해낸다 해도, 쉬운 과제에서 성공하는 것은 자기효능감과 전반적인 유능감을 거의 고양하지 않는다. 물론, 우리는 할 수 있다. 하지만 누구라도 할 수 있다. 그러나 도전은 그렇게 쉽게 성취되지 않는다. 과거에 그것들을 성취하는 데 실패한 경험이 있거나, 아는 사람이 실패했을 수도 있다. 도전에 성공적으로 응하면, 분명히 우리는 꽤 유능한 사람임에 틀림없다. 도전적인 과제에서 성공하는 것은 학습자에게 쉬운 과제에서는 얻을 수 없는 만족감을 준다. 게다가 도전적인 상황에서 성공하면 유능감이 높아져 내적인 동기까지 올라간다(Deci & Ryan, 1992; Dweck, 2000; Urdan & Turner, 2005).

그러나 지나친 도전은 맥이 빠지게 할 수 있다. 교사들은 학생들이 성공이란 무엇인가에 관한 합리적인 조망을 발달시키도록 도와야 한다. 예를 들어 매일 또는 매월 향상하는 것은 가능하지만, 언제나 완벽한 것은 현실적으로 불가능하다. 그리고 교사들은 학생들의 실수를 긍정적인 관점으로 봐야 한다. 성공으로 가는 길에는 사소한 장애물들이 있기 마련이다. 오류가 있어도 학생들이 노력과 인내, 그리고 적절한 전략을 사용해서 성공할 것이라고 확신하도록 해주어야 한다. 학생들은 자기가 얼마나 잘하느냐 또는 못하느냐에 대하여 고민하지 않고, 그대신 주어진 과제를 완수하는 데 초점을 맞출 때 최대의 진보를 이룰 수 있다(자세한 것은 제15장 참조).

◆ **학생들의 내적 동기는 수업 활동에 어느 정도의 자율성이 있을 때 올라간다.** 교육적이고 논리적인 이유 모두로 인하여, 학생들은 학교에서 발생하는 것들에 대하여 통제력을 거의 갖지 못한다. 예를 들어 사회의 요구와 학교의 교과과정은 전형적으로 학생들이 완수해야 할 지식과 기술의 종류를 지시한다. 다양한 학생들이 동일한 시설과 자원을 사용하다 보면 특정 스케줄을 고수하게 된다. 학생들이 학업 과제에 주의를 집중하도록 하려면, 교사는 학급에서 질서를 유지해야 한다.

그러나 학생들의 자기결정성과 내적 동기를 고양하기 위해 어느 정도 자율성은 필수적으로 요구된다(예 : Hardré, Crowson, DeBacker, & White, 2007; Hardré & Reeve, 2003; Prout, 2009). 교사는 학생들에게 수업 활동에 대한 자기결정성을 주기 위해 소소한 것들을 많이 할 수 있다. 예를 들어 소집단 작업이나 컴퓨터 보조 수업을 통해 학생들이 독립적으로 공부할 수 있는 기회를 줄 수 있다(Stefanou et al., 2004). 피곤하게 만들고 재미없는 활동들이 장기적으로는 학생들에게 얼마나 유익할 수 있는지에 대한 근거들을 제공할 수 있다(Jang, 2008; Reeve, 2009). 학문적 진전을 평가하는 데 있어서 시험이 도움이 되는 때에 교사는 학생들에게 스스로를 평가할 수 있도록 체크리스트나 피드백 등의 기법 등을 제공할 수 있다(Belland, Kim, & Hannafin, 2013; Paris & Ayres, 1994).

전에 언급했듯이, 학습자의 자기결정성에 영향을 미치는 핵심 요인은 할 일에 대한 선택권을 갖는 것이다. 학습자는 스스로를 위해 선택한 활동에 대하여 보다 많은 소유 의식을 가질 가능성이 있다(Schraw, Flowerday, & Lehman, 2001). 물론 선택을 할 기회들은 합리적인 한계선 안에서 주어져야 하며, 적절한 결정을 내리기 위해 학생들의 발달적 준비도를 고려해야 한다(Brophy, 2004; K. Lane, Falk, & Wehby, 2006). 예를 들어 특정 목표가 몇몇 다른 방법으로 달성될 수도 있다. 교사들은 학생들에게 어떤 방법으로 진도를 나갈지, 또는 어떤 태도로 자신의 숙달 상태를 입증할지에 대한 선택권을 줄 수 있다(Ciani,

Middleton, Summers, & Sheldon, 2010; B. A. Hennessey & Amabile, 1987; Stefanou et al., 2004). 그리고 외적 강화물들이 재미없지만 필요한 과제를 수행하도록 학생들을 격려하는 방식으로 사용될 수 있다. 과제를 완성함으로써 얻을 수 있는 구체적인 강화물을 학생들이 선택할 수 있도록 함으로써 학생들의 자율성을 얻을 수 있다(Leotti & Delgado, 2011; Tiger, Hanley, & Hernandez, 2006; Ulke-Kurcuoglu & Kircaali-Iftar, 2010).

학생들에게 자율성을 주는 것이 수업 활동의 구조를 없애는 것은 아니다(Ciani et al., 2010; Jang, Reeve, & Deci, 2010; Reeve et al., 2004; Wijnia, Loyens, & Derous, 2011). 예를 들어 학생의 학습 노력을 지원하는 비계의 형태로서, 어떤 구조는 학생의 자기효능감과 유능감을 증진시키는 데 필수적이다. 어느 정도의 구조는 학생들의 자기결정성을 증진시킬 수 있다. 예를 들어 평가 기준을 미리 알려주어서 교사가 학업 수행에 대한 기대를 명확히 전달하면, 학생들은 성공하기 위해 그들이 해야 할 것을 정확히 알 수 있게 된다(Reeve, 2006). 교사가 학생들에게 다가오는 마감 일자를 분명히 알려주면, 학생은 그에 따라 시간을 배분할 수 있다(Spaulding, 1992). 교사는 학생이 작업하면서 전형적으로 따라야 할 일반적인 규칙과 절차를 수립할 수 있고, 그럼으로써 각각의 과제에 대한 명시적 지시를 주는 것을 최소화할 수 있다(Spaulding, 1992).

◆ **외적 동기도 학습을 증진할 수 있다.** 내적 동기가 최적의 상황이긴 해도 외적 동기가 반드시 나쁜 것은 아니며, 학습과 성취에 대한 동기가 없는 것보다는 확실히 낫다. 학생은 종종 수업과제를 숙달하려는 내적 열망과 좋은 학점, 남들의 인정, 더 좋은 교육기회와 진로, 그리고 미래의 행복에 중요한 기타 성과 등 숙달학습이 가져올 외적 보상에 의해서도 동기화된다. 더 나아가 많은 학생들, 특히 연령이 높은 학생들은 그들에게 좋은 학점과 미래의 행복에 중요한 성과를 가져다줄 활동에 우선순위를 두어야 한다(M. Hofer, 2010; C. S. Ryan & Hemmes, 2005).

이미 언급했듯이, 바람직한 행동이 다른 방법으로는 일어나지 않을 것이 분명할 때 외적 보상이 가장 유용할 수 있다. 학습자는 애초에 새로운 활동이 지루하고, 어렵고, 좌절이 된다는 것을 알아차릴 수 있고, 그렇다면 외적 격려가 지속되어야 한다(Cameron, 2001; Deci et al., 2001; Hidi & Harackiewicz, 2000). 이런 상황에서 교사는 이상적으로 학생에게 단지 뭔가를 하도록 강화할 뿐 아니라 더 잘하도록 격려해야 한다. 그래서 궁극적으로 성취를 극대화하는 행동과 인지 과정에 몰두하도록 해야 한다(Cameron & Pierce, 1994; Eisenberger & Cameron, 1996). 계속 격려하면서, 학생들의 유능감과 기술이 향상될 수 있고, 결국에는 그 활동이 내적으로 보상을 준다는 것을 발견하기 시작할 수 있다.

학생들의 내적 동기는 밤 사이에 갑자기 나타나는 것이 아니라 시간을 두고 천천히 출현한다는 것을 염두에 두는 것이 중요하다. 특히 학생이 노력에 대한 외적 보상을 받는 것에 익숙해져 있을 때는 더욱 그러하다. 외적으로 동기화된 학생과 작업할 때는 학생을 외적 보상에 의존하는 것에서 분리시키는 한편 학습에 대한 내적 보상을 점점 강조하는 것이 합리적인 접근이다(Covington, 1992; Lepper, 1981; Stipek, 2002).

- **피드백과 다른 외적 보상들은 학생들의 유능감과 자율성을 유지시키거나 증진시킨다.** 제3장에서 강화의 한 형태로서 긍정적인 피드백에 대하여 언급했다. 조작적 조건형성의 관점에서 피드백은 행동에 **직접적인** 영향을 미친다. 제5장과 제8장에서 언급한 바 있듯이 피드백은 학습자에게 자신이 얼마나 향상될 수 있는지에 대한 정보를 줌으로써 수행을 **간접적으로** 증진시킬 수 있다. 이 장에서 보았듯이, 동기 연구자들은 피드백이 행동에 대한 간접적인 영향력을 가지고 있다고 주장한다. 피드백은 개인의 유능감과 전반적인 자기가치감을 확인시켜주는 만큼 수행을 증진시킨다.

  반대로, 긍정적인 피드백이 (1) 유능감을 감소시키거나 (2) 개인의 행동에 대한 통제를 전달하여 자율성을 낮추는 역할을 하게 되면 유익하지 않을 수 있다(P. Burnett, 2001; Deci & Moller, 2005; Reeve et al., 2004). 예를 들어 나는 아이들이 나에게 다음과 같이 말할 때보다

  > 엄마, 마지막으로 여기 주위에 있는 것을 구워 주시면 더 좋아요. 내 친구 엄마들은 항상 그렇게 해요. (통제하는 진술)

  다음과 같이 말할 때 더 호의적으로 응답한다.

  > 엄마, 엄마가 만든 브라우니가 정말 좋아요. (유능감을 증진시키는 진술)

  내가 잘하는 것에 대한 칭찬은 항상 환영이다. 그러나 좋은 부모가 해야 할 일에 대한 언급은 나로 하여금 마치 내가 내 가정에 실제로 책임을 지지 않고 있는 것처럼 느끼게 만든다. 게다가 나는 내 행동 방법에 대하여 내 아이들이 명령하도록 허락할 의향이 없다.

  유능감과 자율성을 증진시킨다면, **부정적인** 피드백조차도 효과적일 수 있다(Narciss, 2008; Reeve, 2006; Sedikides & Gregg, 2008). 만일 그것이 미래에 얼마나 향상될지에 대한 정보를 주는 것이라면, 결국에는 성공할 수 있음을 암시함으로써 내적 동기를 증진하게 될 것이다. 대신 부정적인 피드백이 학습자가 무능하다거나 외적인 통제감을 부과하는 메시지를 전달한다면 과제에 계속 열중하려는 내적 동기를 해칠 수도 있다.

- **학생들은 학문 외적인 욕구가 충족될 때, 학업에 보다 집중하는 경향이 있다**(Brophy, 2004; Fredricks et al., 2004). 추동, 매슬로의 위계, 그리고 관계 욕구에 대한 이전 토의에서 학생들이 가질 수 있는 많은 학문 외적인 욕구를 논의한 바 있다. 어떤 경우에는 학생들이 신체적 욕구를 가질 수도 있다. 배고프고, 목마르고, 피곤하고 또는 잠을 못 이룰 수 있다. 교실, 운동장, 또는 등·하굣길에서 일어날 일에 대하여 확실히 알지 못하고 걱정스러움을 느낄 수도 있다. 그리고 학급 친구들과 교사 등 다른 사람들과 상호작용하고 싶은 욕망을

갖고 있을 것이며, 이상적으로 우정, 수용, 승인, 다른 사람들의 존경을 얻고 싶어 할 것이다. 자기가치감에 대한 욕구도 학문 외적인 의미를 가지고 있다. 그런 점에서 학생은 자기가 할 수 있는 일에만 근거하여 스스로를 판단하는 것이 아니라 다른 사람들이 자기를 대우하거나 자기 행동에 반응하는 방식에 근거하여 자신을 평가하기도 한다.

교사는 학생의 신체적 욕구를 충족시키기 위해 여러 가지를 할 수 있다. 예를 들어 저소득 가정 출신 학생들이 무료 점심 프로그램에 지원하도록 도울 수 있다. 아픈 학생을 학교 보건실에 의뢰할 수 있으며, 화장실 사용을 요구할 수 있도록 해줘야 한다. 학생들은 운동을 하고 갇힌 에너지를 풀어놓을 기회를 갖게 되어 이들이 최적의 각성 수준에 도달하도록 돕는다면 교실에서의 과제에 더 잘 머무는 경향이 있다(Pellegrini & Bohn, 2005; Tomporowski, Davis, Miller, & Naglieri, 2008).

학교에서 학생의 안전을 확보하고 학업과제와 활동에 대한 합리적이고 촉진적인 정도의 불안을 유지하기 위해, 교사는 다소 정돈되고 예측 가능한 환경뿐만 아니라 심리적으로 따뜻하고 지지적인 환경을 마련해야 한다(Fletcher & Cassady, 2010; H. A. Davis, 2003; D. K. Meyer & Turner, 2006; Pekrun, 2006). 예를 들어 교사는 학업 수행 성과에 대한 기대뿐 아니라 학급 행동에 대한 기대도 명료하게 기술해야 한다. 부정행위를 공정하고 일관된 태도로 다루어야 한다. 학생들이 질문과 관심을 표현할 수 있도록 기회를 주어야 한다. 학생들의 신체적 · 심리적 안녕을 파괴할 수 있는 약자 괴롭히기 등의 상황을 적극적으로 처리해야 한다.

사랑, 소속, 승인 등 관계성에 대한 욕구는 다양한 방법으로 충족될 수 있다. 교사와 학생의 관계는 특성상 다소는 사무적이다. 결국 교사와 학생 모두 해야 할 직무를 가지고 있다. 동시에 교사는 그들이 일과 동안 하고 있는 많은 소소한 일들을 통해 학생들에 대한 관심과 애정을 표현할 수 있다. 예를 들어 생일이나 기타 기념일들을 알아주고, 학생의 생각이나 의견을 진지하게 받아주고, 그리고 학생이 화가 나거나 우울해 보일 때 지지적이고 비판단적인 경청을 해줄 수 있다. 교사들은 또한 학생들에게 급우들과 자주 상호작용할 수 있는 기회를 제공해야 한다. 토론, 협동학습, 상호 교수, 역할 연기 등이 그 예다. 일반적으로 학생들은 동료와 교사가 자신들을 좋아하고 존중하며 자신이 학급에서 가치 있는 구성원이라고 느낄 때, 중퇴하기보다 학교에 더 오래 머무르고 학업에 더 성공적으로 임하는 경향이 있다(Certo, Cauley, & Chafin, 2003; Hymel, Comfort, Schonert-Reichl, & McDougall, 1996; Osterman, 2000; M. Watson & Battistich, 2006; Wentzel, Battle, Russell, & Looney, 2010).

학생들이 남의 존중을 얻어내고 자기가치감을 유지하도록 돕기 위해 교사는 교실 안팎에서 학생들의 성취를 인정해줄 수 있다. 모든 학생들이 일과 중이나 방과 후 활동에서 자신의 특정한 강점들을 드러낼 수 있는 방향으로 활동하도록 계획할 수 있다(Bracken, 2009;

Jenlink, 1994; A. J. Martin, 2008). 교사는 많은 정교한 방식으로 학생들의 성취를 칭찬해줄 수 있다. 학생의 예술 작품을 벽에 걸어 놓을 수 있고 부모들에게 좋은 소식을 전하는 알림장을 보낼 수도 있다. 그러나 가장 중요한 것은 교사가 학생의 수행에 대하여 높은 기대를 가지고 학생이 그 기대에 도달할 수 있도록 도움이 되는 모든 일을 해야 한다는 것이다(L. H. Anderman et al., 2002; Roeser, Marachi, & Gehlbach, 2002).

◆ **학업과제에 적극적으로 참여하고 사려 깊게 다루는 성향이 장기적으로 보다 효과적인 인지 과정과 학습을 증진시킨다.** 지금까지 연구자들은 어떻게 하면 학생의 특정 성향을 증진시킬 것인지보다 성향에 있어서 개인차가 얼마나 되는지에 초점을 두어왔다. 그러나 생산적인 성향을 북돋아주고 본보기를 보여주는 교사는 학생이 출발을 잘하도록 해준다. 그 방법은 사고를 자극하는 질문을 하고, 과학적인 증거들을 평가하도록 질문하고, 확실한 근거를 가지고 자기들의 의견을 방어하도록 요구하며, 설득력 있는 논쟁을 펼치기 위한 전략들을 가르치고, 다양한 관점에 대한 개방적 태도를 지속적으로 보여주는 등 여러 가지일 수 있다(Derry, Levin, Osana, & Jones, 1998; Gresalfi, 2009; Halpern, 1998; D. Kuhn, 2001b; Nussbaum, 2008; Perkins & Salomon, 2012; Perkins & Ritchhart, 2004).

◆ **학습은 인지적인 일일 뿐 아니라 정서적인 일이며, 또 그래야 한다.** 학업 주제라고 해서 무미건조하거나 감정이 배제될 필요는 없다. 오히려 학생들은 그들이 공부하고 있는 것에 대해 감정을 가지면 더 잘 기억한다. 예를 들어 과학적인 발견은 흥미진진할 수 있다. 사회적 불공평을 발견하면, 학생들이 화가 날 수 있다. 시나 음악회는 평화와 안정을 전달할 수 있다.

학생이 때때로 역사적인 특정 사건이나 최근의 사회현상에 대하여 심한 분노를 느낀다 해도, 수업 활동에 대해서는 즐거움이나 기타 다양한 긍정적인 정서를 연합시킬 수 있다. 예를 들어 교사가 학생에게 공부가 모두 재미있고 게임같다는 인상을 주려고 할 필요는 없지만, 때로는 게임 같은 활동을 수업 과제와 활동에 포함할 수 있다(Brophy, 1986, 2004; K. S. Cooper, 2014). 예를 들어 복습 시간 동안 TV 게임쇼를 사용하던지, 학생들로 하여금 고고학적 조형물을 해석할 때 탐정처럼 활동하게 할 수도 있다. 그리고 일반적으로 교사들은 어떤 과제나 주제와 관련된 학생들의 경험, 특히 초기 경험들이 긍정적이고 비위협적이었는지를 확인해야 한다.

◆ **학생들이 평가를 능력이나 가치에 대한 판정이 아니라 앞으로의 성취를 증진시키는 수단이라고 지각하면, 보다 효과적인 동기유발 요인이 된다.** 적절한 환경이 갖추어지면 시험이나 기타 수업 평가는 비록 외적인 것이기는 하지만 효과적인 학업 동기유발 요인으로 작용한다. 평균적으로, 대부분의 학생들은 단지 배우기 위한 것이라는 이야기를 들을 때보다 평가받을 것이라는 이야기를 들을 때 학업 자료를 더 잘 학습한다(제8장 참조), 그러나 학생들이 어떻게 평가받는지가 이들이 평가받는지 여부와 동일하게 중요하다. 평가는 학생에게 최선을 다해 수행하도록 도전이 될 때 특히 동기유발효과가 크다(Mac Iver, Reuman, & Main, 1995;

Maehr & Anderman, 1993; L. H. Meyer, Weir, McClure, & Walkey, 2008). 물론, 학생들의 유능감과 자기효능감은 그들의 도전에 대한 지각에 영향을 끼친다. 학생들은 자신이 합리적인 노력을 기울이고 적절한 전략을 사용한다면 성공이 가능한 것임을 믿어야 한다.

앞에서 언급했듯이 어떤 학생들은 시험 상황에 대해 성취를 약화시키는 불안을 갖기도 한다. 학생들의 평가불안을 촉진적인 수준에서 유지하기 위해 제안된 시사점들은 다음과 같다.

- 학생들이 평가에서 성공할 수 있을 정도까지 수업 자료와 효과적인 학업 전략을 숙달하도록 돕기
- 학생들이 자신이 왜 시험에 대해 불안해하는지 짧은 글(자신들의 걱정에 대해 보다 명확하고 객관적으로 평가할 수 있도록 도울 것임)을 써서 숙고해보도록 하기
- 학생들이 주어진 시간 안에 쉽게 완성할 수 있도록 충분히 짧은 평가를 하기
- 학생들이 잘하지 못할 것에 대하여 불필요하게 불안해지지 않으며 최선을 다하도록 격려하기
- 평가 과제를 성공적으로 수행하도록 학생들을 돕기 위한 적절한 모든 지지 수단, 즉 비계를 제공하기(연습용 사전 검사를 하고 피드백 주기, 암기할 만한 고유의 가치는 없는 정보를 다룰 때는 노트나 참고자료를 사용하도록 허락하기)
- 학생들이 혐오스러운 결과 없이 도전하고 실수할 여지를 주기
- 학생들의 성적을 한두 번의 시험 점수에 맞춰 내지 말고 많은 작은 평가 등 충분한 정보 자료에 근거하여 산정하기
- 학생들이 자신의 성과를 급우들의 성과와 비교할 수 있는 기회를 최소화하거나 없애기 (Brookhart, 2004; Brophy, 2004; Covington, 1992; Gaudry & Spielberger, 1971; K. T. Hill, 1984; Kirkland, 1971; Leherissey, O'Neil, & Hansen, 1971; Naveh-Benjamin, 1991; Ramirez & Beilock, 2011; I. G. Sarason, 1980; Usher, 2009).

무엇보다도, 교사와 학생 모두 시험과 평가를 학생의 능력과 가치를 판단하는 수단이 아니라 장기적으로는 학습과 성취를 증진하는 수단이 된다는 맥락으로 받아들이도록 해야 한다.

요약

동기는 행동하도록 각성시키며, 특정한 방향으로 향하게 하고, 특정 활동에 지속적으로 몰두하도록 하는 내적 상태이다. 동기는 학습한 특정한 반응을 어느 정도까지 드러낼지를 결정한다. 우리가 받은 정보를 처리할지 여부에 영향을 미치며 처리 방법에도 영향을 미친다. **내적 동기**는 **외적 동기**보다 절대적으로 더 유익하다. 예를 들어 내적으로 동기화된 사람은 스스로 주도하여 일을 하고 과제에 대하여 오랜 시간 동안 주의를 기울이며, 의미 있고 발전되는 방식으로 정보를 처리한다. 그러나 내적 동기와 외적 동기가 상호 배타적인 것만은 아니다. 종종 학습자들은 내적으로 동기화되는 동시에 외적으로 동기화된다.

많은 이론들은 인간의 기본적이고 보편적인 욕구의 특징에 대하여 서술한다. 초기의 **추동**연구자들은 인간을 포함한 많은 종의 구성원들은 그들의 생물학적 욕구를 충족시키며 항상성을 유지하는 방향으로 행동한다고 믿었다. 얼마 후에 연구자들은 추동이론을 수정하여 **유인가**를 포함시켰다. 목표 대상의 특성이 자극과 반응의 관계를 중재하여 어떤 자극이 반응을 얻을지, 그 정도는 어떨지에 영향을 미친다고 제안했다. 항상성 유지에 더하여, 사람은 자극이나 각성을 추구하는 욕구도 가지고 있다. 오랜 기간 동안 환경 자극에 접하지 못한 사람은 지각과 사고에 심각한 혼란을 보인다. **매슬로의 욕구 위계**의 관점에서 보면, 사람은 신체적 욕구에서 자기실현에 이르는 다섯 가지의 상이한 욕구 체계를 가지고 있고, 각 단계에서 욕구를 충족시키고자 노력한다.

최근 들어 연구자들은 사람에게는 자기가 **유능**하고, 능력 있는 사람이라는 믿음을 갖고 싶은 욕구가 있으며, **자기가치감**을 보호하기 위해서 역설적으로 스스로 성공을 저해하기도 한다는 것을 발견했다. 사람은 또한 그들이 삶에서 취할 과정과 행동할 일에 관한 통제권을 가지고 있다는 느낌인 **자율성**에 대한 욕구를 가지고 있다. 최근의 연구에 나타난 세 번째의 기본적인 욕구는 타인과 상호작용하고 있으며 심리적으로 연결되어 있다는 느낌인 **관계성**에 대한 욕구이다. 어떤 동기연구자들은 유능감과 자기가치감, 자율성, 그리고 관계의 욕구 모두가 적절하게 충족되면 학습자들이 새로운 정보와 기술을 학습하기 위해 내적으로 더 동기화된다고 주장했다.

특성이론가들은 인간 동기에서의 개인차를 발견했다. 예를 들어 사람들은 친애, 승인, 성취를 향한 욕구에 있어 서로 다른 것 같은데 특별히 청소년기와 성인기에는 **자기정체감**이 자신이 무엇을 할지의 상당한 양을 결정하기 쉽다. 그리고 어떤 학습자는 **성향**을 가지고 있는데 이것은 학습과 문제해결 상황에 접근하는 특별한 방식으로서 인지적 몰두와 학업 성공을 증진시킨다.

동기와 관련된 개념으로는 개인이 과제에 대하여 가지는 **정서**(감정, 느낌, 기분 등)가 있다. 정서는 동기에 영향을 미친다. 예를 들어 사람은 어느 정도 자신의 목표를 성취하느냐 못하느냐에 따라 달라질 기분에 근거하여 목표를 선택한다. 정서는 학습과 기억에도 영향을 미친다. 예를 들어 사람은 전반적으로 정서를 일으키지 않는 정보보다 정서적인 요소가 있는 정보에 보다 많은 주의를 기울이고, 보다 쉽게 생각하고, 기억한다. 다양한 정서의 유형 중에서 **불안**은 연구자들이 가장 주의 깊게 탐구해온 것이다. 불안은 쉬운 과제에 대해서는 수행을 촉진하는 경향이 있다. 그러나 어려운 과제에서의 높은 불안은 효과적인 정보처리를 방해하고, 사람들의 주의를 그들이 하고 있는 과제로부터 분산시켜 수행을 방해한다.

인간 동기와 정서에 관한 이론과 연구는 교육환경에서 학습과 성취를 증진하기 위한 수많은 시사점들을 내놓았다. 예를 들어 교사는 학교 학습에 대하여 내적 동기를 갖도록 강조해야 하지만 경우에 따라 외적 보상도 효과적인 동기유발 요인임을 기억해야 한다. 그들은 신체적 안녕감과 지지적인 대인관계 등의 학문 외적인 욕구뿐 아니라 학생의 유능감과 자율성의 욕구를 다룸으로써 내적 동기를 증진시킬 수 있다. 교사는 즐거움, 흥분, 그리고 경우에 따라서는 분노와 같은 정서는 학교 학습을 증진할 수 있는 반면, 공포나 불안과 같은 정서가 학생의 집중력과 수행을 방해할 수 있음을 명심해야 한다.

15

동기의 인지적 요인

학습 성과

15.1 *개인적 흥미와 상황적 흥미가 학습과 성취에 미치는 긍정적인 효과를 진술한다.*

15.2 *사람들의 기대와 가치가 특정 행동에 대한 참여에 어떻게 영향을 미칠 수 있는지를 설명하고, 특정한 기대와 가치를 발생시킬 수 있는 환경적 조건을 진술한다.*

15.3 *교수 상황 안팎에서 일어날 수 있는 다양한 목표를 확인하고, 어떻게 해서 특정 목표가 행동과 성취 수준에 중요한 영향을 미칠 수 있는지를 설명한다.*

15.4 *학습자의 수행과 관련되는 자기구성 귀인과 타인구성 귀인의 특성, 영향, 근원을 진술한다.*

15.5 *어떻게 하면 동기와 정서가 시간이 지남에 따라 점차 자기조절적으로 될 수 있는지 설명한다.*

15.6 *교사가 학생의 동기에 내재한 인지적 요인을 다룸으로써 학생의 학습과 성취를 증진할 수 있는 다양한 방법을 찾아낸다.*

지난 수십 년 동안 인간 동기 연구에 대한 심리학자들의 접근은 크게 변화했다. 구체적이고 외적인 강화가 그러하듯이 신체적 욕구와 추동은 인간의 행동에 분명히 영향을 미친다. 그러나 가장 최근의 이론가들은 인간의 동기를 사건의 해석, 미래의 성공에 대한 기대 형성, 추구하는 목표의 설정 등 인지적 과정의 함수라고 진술한다. 동기는 인지에 영향을 미칠 뿐 아니라, 제14장에 언급되었듯이, 여러 가지 측면에서 동기는 인지이기도 하다.

능력, 자기가치감, 자율성, 그리고 정체성에 대한 제14장의 논의에서, 우리는 특히 자신과 환경에 대한 지각 등 인지의 특정 측면이 인간의 동기에 어떻게 핵심적 요인이 되는지를 보았다. 이 장에서 우리는 흥미, 기대, 가치, 목표, 귀인을 포함하는 인지적 요인들을 더 살펴볼 것이다. 후반부에서는 학습자가 어떻게 자신의 동기와 인지를 **자기조절**할 수 있게 되는지를 살펴볼 것이고, 어떤 행동은 처음에 외적으로 동기화되었다가 시간이 지남에 따라 내면화되어, 궁극적으로는 자유롭고 적극적으로 몰두한다는 것을 발견하게 될 것이다.

흥미

사람들이 어떤 주제나 활동에 **흥미**(interest)가 있다고 말한다면, 그것은 그들이 호기심을 자극하는 매력적인 주제나 활동을 발견했음을 뜻한다. 흥미는 일종의 내적 동기이다. 긍정적인 정서는 흥미를 동반한다. 예를 들어 흥미 있는 과제를 추구하는 사람은 즐거움, 흥분, 호감 같은 감정을 경험한다(M. Hofer, 2010; Renninger, 2009; Silvia, 2008).

이론가들은 두 가지 일반적 유형의 흥미를 구별한다. 어떤 흥미들은 개인 안에 내재해 있다. 사람들은 자신이 참여하는 활동과 추구하는 주제에 관하여 서로 다른 선호도를 지니고 있다. 이러한 **개인적 흥미**(personal interests)[1]는 비교적 안정적이며, 장기간에 걸친 선택 유형에서 일관되게 나타난다. 예를 들어 내 남편은 미식축구에 강한 흥미가 있고, 9월부터 1월까지는 토요일, 일요일, 그리고 저녁에 자주 TV 앞에 앉아 있다. 다행스럽게도 내가 좋아하는 게임쇼가 방송되는 시간은 아니다. 세 명의 우리 아이들은 어린 시절부터 저마다 독특한 개인적 흥미를 보였다. 티나가 자랄 때는 남자아이들과 이야기하거나 그들에 대하여 이야기하면서 시간을 보냈다. 대학생이 되면서 그녀는 남녀 비율이 3대 1인 남녀 공학의 남학생 사교 클럽에서 활동했다. 한편 알렉스는 동물에 대해 흥미를 가지고 있었다. 그는 유아 시절에는 개미에 관심을 보였고, 초등학교와 중학교 때는 도마뱀, 뱀, 공룡 같은 다양한 종류의 파충류에 강한 흥미를 보였다. 이와 달리, 제프는 레고를 무척 좋아했다. 어린 시절에 거의 모든 용돈을 레고 세트 구입에 쏟아부었고, 지하실에서 건축물을 만들면서 시간을 보냈다. 제프는 이제 성인이 되었고, 제프의 흥미는 그저 물건을 만드는 또 하나의 수단인 목공일로 바뀌었다.

개인적인 흥미와 대조적으로, **상황적 흥미**(situational interest)는 환경에서 발생하는 새롭고 특이하고 놀라운 어떤 것에 의해서 유발된다(Hidi & Renninger, 2006; M. Hofer, 2010). 예를 들어 나는 몇 년 전에 콜로라도 동부의 초원을 운전하면서 라마같이 생긴 것을 보았다. 나는 콜로라도 초원은 소나 말의 고장이지 라마의 고장은 아니라고 알고 있었다. 그래서 결국에는 라마가 아니라는 가설을 확인하게 될 때까지 좀 더 자세하게 보기 위해 속도를 늦췄다. 몇 분 동안 나는 목적지에 도착하는 것보다 낯선 생물을 확인하는 데 더 흥미가 있었다. 매우 유사하게, 도로변에서의 교통사고에 의해, 페이스북에 올라온 이상하지만 사실인 토막소식

---

1 이것을 개별적 흥미(individual interests)라고 부를 수도 있다.

에 의해, 여러분의 이름이 적혀 있는 포장된 선물에 의해 일시적으로 흥미가 자극되는 경험을 하게 된다.

흥미의 영향

일반적으로 흥미는 효과적인 정보처리를 증진시킨다. 어떤 주제에 흥미를 가진 사람들은 그것에 주의를 더 기울이며, 인지적으로 보다 더 몰두하게 된다. 그들은 또한 더 의미 있고, 조직화되고, 정교한 양식으로 정보를 처리하는 경향이 있다. 여러 아이디어들끼리 서로 연관 짓기도 하고, 추론을 이끌어내기도 하며, 스스로 예를 만들기도 하고, 잠재적인 응용 방법을 찾아내기도 한다. 한 가지 주제에 대하여 특정한 관점에 지나치게 집착하지 않는다면, 그들은 기존 지식과 맞지 않는 정보에 직면할 때 개념적 변화를 경험할 가능성이 더 높다. 공부하는 주제에 흥미가 있는 학생들은 결국 그것을 장기간 기억할 가능성이 더 높고, 높은 학업 성취도를 보인다(Barron, 2006; Harackiewicz, Durik, Barron, Linnenbrink-Garcia, & Tauer, 2008; Hidi & Renninger, 2006; K. E. Johnson, Alexander, Spencer Leibham, & Neitzel, 2004; Mason, Gava, & Boldrin, 2008; Schraw & Lehman, 2001; Sinatra & Pintrich, 2003a).

그러나 흥미의 유형에는 차이가 있다. 상황적인 흥미는 때로 변화를 '포착하는 것(catch)'이다. 라마가 내 관심을 끌었던 것처럼, 이것은 짧은 시간 동안 몰두하게 하지만 곧 다른 것으로 관심을 돌릴 수도 있어서, 인지적 처리와 학습이 제한받게 될 가능성이 있다. 상황적인 흥미에 대한 또 다른 예는 변화를 '유지하는 것(hold)'에 관한 것이다. 한 시간 이상의 긴 기간 동안 과제나 주제에 머문다. 상황적 흥미를 유지하고, 개인적 흥미를 지속하는 것은 흥미를 포착하는 것보다 궁극적으로 더 유익하다. 변화를 포착하는 것은 학습자의 주의를 순간적으로 붙들지만, 흥미를 유지하고 지속하는 것, 특히 개인적 흥미를 유지하고 지속하는 것은 하나의 활동에 오랫동안 몰입하게 하는 원동력이 된다(Barron, 2006; Durik & Harackiewicz, 2007; Flowerday, Schraw, & Stevens, 2004; M. Mitchell, 1993).

흥미를 증진시키는 요인

어린 시절부터 인간은 태생적으로 자신을 둘러싼 세계에 대해 호기심을 가진 것처럼 보인다. 이러한 경향은 어린아이들이 자주 묻는 '왜'라는 질문에 반영되어 있다(Chouinard, 2007; Frazier, Gelman, & Wellman, 2009; Geary, 2008; 또한 제10장의 피아제 이론을 참조하라). 연구자들은 상황적인 흥미를 유발하는 많은 요인을 확인했다. 죽음, 파괴, 위험, 낭만, 성과 같은 몇몇 주제는 본질적으로 인간에게 흥미를 유발하는 것으로 보인다. 새롭고, 다르고, 예상하지 못했던 것들은 높은 활동 수준이나 강한 정서를 가진 것과 마찬가지로 흥미를 불러일으킨다. 아동·청소년은 사람과 질병, 폭력, 휴가 등의 문화, 공룡, 날씨, 바다 등의 개선되든 악화되든, 어떤 주제들은 인간에게 본래 흥미로운 것 같다.

자연, TV 쇼, 비디오 게임, 음악그룹 등의 유행하는 대중매체의 제목과 관련된 주제에 흥미를 갖는다. 장편소설, 단편소설, 영화 등 픽션과 판타지 작품은 사람들이 개인적으로 동일시할 수 있는 주제와 캐릭터들을 포함할 때 더 관심을 끈다. 논픽션은 이해하기 쉽고 구체적일 때와 각 아이디어 간의 관계가 분명할 때 더 재미있다. 그리고 도전적인 과제들은 쉬운 과제들보다 더 흥미를 일으킨다. 비고츠키가 제안했듯이, 도전이 인지적 성장을 증진한다면 더 좋을 것이다(Ainley, 2006; J. M. Alexander, Johnson, Leibham, & Kelley, 2008; Hidi & Renninger, 2006; M. Hofer, 2010; Schraw & Lehman, 2001; Shernoff & Csikszentmihalyi, 2009; Zahorik, 1994).

지속적이고 개인적인 흥미는 다양한 주제와 활동에 대한 선행 경험으로부터 유래하는 것 같다. 예를 들어 초기에 상황적인 흥미를 유발하는 대상이나 사건들은 지속적인 개인적인 흥미가 출현하는 씨앗을 제공할 수 있다(Hidi & Harackiewicz, 2000; Hidi & Renninger, 2006; Nolen, 2007). 부모나 어른들은 관련된 책자나 경험들을 제공함으로써 아동의 흥미가 싹트도록 육성할 수 있다(Leibham, Alexander, Johnson, Neitzel, & Reis-Henrie, 2005; Renninger, 2009). 아동기, 청소년기, 그리고 성인기를 거치는 동안 중요한 친구와 사회집단은 말하기, 비디오 게임 하기, 스마트폰 앱[Words with Friends(WWF) : 흩어진 단어를 맞추는 스마트폰 앱], 골프와 같은 특정한 활동에 대한 흥미를 자극하고 고양시킬 수 있다(Barron, 2006; Thoman, Sansone, Fraughton, & Pasupathi, 2012).

사람들은 흥미 있는 영역에서 자신의 지식과 기술을 육성하는 사회문화적 환경을 적극적으로 찾는다(Barron, 2006; Rounds & Su, 2014). 예를 들어 크레이그라는 7학년 학생은 그와 친구가 어떻게 컴퓨터에 관한 지식과 흥미를 서로 촉진하는지를 다음과 같이 설명했다.

> 내게는 한 친구가 있는데요. … 컴퓨터를 굉장히 좋아해요 … 우리는 서로 컴퓨터를 사랑하고, 서로에게 자신이 발견한 것들을 가르쳐요. "너 이거 할 수 있다는 거 알아?" 또는 "그거 어떻게 하는 건데?" (Barron, 2006, p. 212)

더욱이, 흥미와 지식은 서로를 더 오래 유지되도록 한다. 어떤 주제에 관한 개인적 흥미가 그 주제에 대하여 더 많이 배우도록 탐구하게 할 뿐 아니라 반대로 지식의 증가는 흥미를 더 촉진할 수 있다(P. A. Alexander, 1997; Hidi & Renninger, 2006). 어느 정도까지는 특정 영역에서 보다 많은 지식과 기술을 습득하면 자기효능감과 유능감을 증진하고 그럼으로써 내적 동기를 발생시킨다. 특히 청소년기에는 오래된 개인적 흥미는 학습자의 정체감을 구성하는 중요한 요인이 될 수 있다(Barron, 2006; M. Hofer, 2010).

기대와 가치

어떤 연구자들은 과제 수행 동기는 두 가지 변인의 함수인데, 두 변인 모두 꽤 주관적이라고 주장한다. 우선 개인은 성공에 대한 높은 **기대**(expectancy)를 가져야 한다. 이 개념은 사회인지이론가들의 자기효능감 개념과 중첩된다. 그러나 과제 난이도, 외부 지원의 가용성 등의 외적 요인들도 고려해야 한다. **가치**(value)도 동일하게 중요하다. 개인은 과제를 수행하면 직접적인 또는 간접적인 혜택이 있을 것이라고 믿어야 한다(Dweck & Elliott, 1983; Feather, 1982; Trautwein et al., 2012; Wigfield & Eccles, 2002; Wigfield, Tonks, & Eccles, 2004).

기대와 가치의 영향

유치원과 초등학교 저학년 아동들은 종종 성공에 대한 예상과 관계없이 흥미 있고 즐거운 활동을 추구한다(Wigfield, 1994; Wigfield et al., 2004). 그러나 나이 든 아동과 성인에게서는 높은 기대와 가치가 모두 있을 때 내적으로 동기화된 행동이 나타난다. 예를 들어 1970년대에 교육심리학 박사과정 학생으로서 나는 인간 학습 이론에서 가치를 발견하게 되었고, 그것을 마스터할 수 있다는 자신감을 갖게 되었다. 그래서 나는 인간이 새로운 것을 어떻게 학습하는가에 관하여 할 수 있는 한 많이 배우려는 동기를 갖게 되었다. 나는 좋은 음악도 가치있다고 생각한다. 그러나 숙련된 음악가가 될 수 있다는 기대는 낮다. 나는 5년 동안 레슨을 받았음에도 불구하고 기본적인 피아노 연주 기술조차 자동적으로 해내지 못했다. 그래서 나는 음악 공부를 열심히 하지도 않았고 그다지 자주 하지도 않았다. 나는 피아노 연주를 하는 것보다는 리마콩 요리를 훨씬 더 잘한다. 그러나 그것을 먹는 것에서 전혀 가치를 발견하지 못하기 때문에 요리 또한 절대로 하지 않는다. 나에게는 낮은 기대와 낮은 가치 모두를 연상시키는 몇 가지가 있다. 예를 들면 폭력적인 비디오 게임을 하는 것과 뜨거운 석탄 위를 맨발로 걷는 것이다.

기대와 가치는 어느 정도는 학습자의 행동과 수행의 다른 측면에 관련된다. 가치는 수강과목과 진로 경로 등 학습자가 행하는 선택에 영향을 미친다. 반대로, 비록 가치가 학습자가 공부하고 있는 것을 이해하기 위한 작업에 어느 정도는 영향을 미칠 수 있다 해도, 학습자의 실제적인 노력과 성취 수준은 성공에 대한 그들의 기대에 더 밀접히 관련된다(Durik, Vida, & Eccles, 2006; Eccles, 2005; Mac Iver, Stipek, & Daniels, 1991; R. B. Miller, Greene, & Dillion, 2010; Simons, Vansteenkiste, Lens, & Lacante, 2004; Wigfield & Eccles, 2002).

기대와 가치에 영향을 미치는 요인

기대가 형성되는 데는 몇 가지 변인이 영향을 미친다. 해당 영역에서 이전에 거둔 성패에 따라서 차이가 생긴다. 실패를 연달아 겪고 난 후에는 기대를 낮출 것이다. 그러나 지각된 과제 난이도, 수업의 질, 자원과 지원의 이용 가능성, 필요한 노력의 양, 남성과 여성이 잘하거나 잘 못한다는 선입견 등 다른 요인들도 기대 수준에 영향을 미친다. 이러한 요인들의 영향을 받아, 개인은 옳든 그르든 성공 가능성에 대한 결론에 이르게 된다(Dweck & Elliott, 1983; Dweck, Goetz, & Strauss, 1980; Ford & Smith, 2007; Jacobs, Davis-Kean, Bleeker, Eccles, & Malanchuk, 2005; Mac Iver et al., 1991; Wigfield, & Eccles, 1992).

기대-가치 이론가들은 가치가 높거나 낮아지게 하는 네 가지 핵심 이유가 중요성, 유용성, 흥미, 비용이라고 제안했다(Eccles, 2005; Wigfield & Eccles, 1992; 2000). 어떤 활동들은 바람직한 개인적 특질과 연관되기 때문에 가치 있다. 즉 **중요**하게 여겨진다. 예를 들어 영리해 보이고 싶어 하고, 영리한 사람은 공부를 잘한다고 생각하는 소년은 학업적 성공을 중요시할 것이다. 어떤 활동들은 바라는 목표에 도달하는 수단으로 보여서 높은 가치를 갖는다. 즉 **유용성**을 갖는다. 예를 들어 내 딸 티나는 수학에서 혼란과 좌절을 경험했지만, 많은 대학들이 수학 점수를 요구하기 때문에 고등학교 시절 내내 수학 수업에서 고군분투했다. 어떤 활동들은 즐거움과 기쁨을 가져온다는 이유만으로 여전히 중요시 여겨진다. 그것은 **흥미**롭다. 예를 들어 TV 게임쇼를 시청하는 것은 나의 장기적 목표 달성에 도움이 되지 않는다. 사실, 그것 때문에 올해 나는 15파운드 감량에 곤란을 겪고 있다. 그러나 나는 시청자로서 TV 시청을 즐기고 있으며, 때로는 잘 알려져 있지 않은 소소한 것들을 배우고 있다. 예를 들어 포유류 중 어떤 종의 혈압이 가장 높은지 여러분은 아는가? 나는 알고 있다.

한편, **비용** 요인도 특정 활동에서 거의 또는 전혀 가치를 발견하지 못하는 경우를 설명할 수 있다. 예를 들어 나는 레슨과 연습을 통해 피아노 연주 실력을 향상시킬 수 있었다. 그러나 지금 나는 내 시간과 정력을 들여서 해야 할 보다 중요한 일들이 있다. 어떤 활동들은 너무나 많은 부정적 감정들과 연합될 수 있다. 예를 들어 나는 심한 고소공포증 때문에 행글라이딩이나 번지 점프는 상상도 할 수 없다. 개인의 자존감을 위협할 것 같은 일도 피해야만 할 일이다(Eccles, 2005; Wigfield, 1994). 예를 들어 여러분은 거절당하는 두려움 때문에 자기가 데이트하고 싶은 사람과 좀처럼 첫 만남을 하지 못하는 사람들을 알고 있을 것이다.[2]

중요성, 유용성, 흥미, 비용 요인에 더하여 사회문화적 요인 또한 의심할 여지없이 가치에 영향을 미친다. 사람들은 살아가면서 매일매일 의사소통과 활동을 통해서 어떤 일들은 그 자체로 할 만한 가치가 있다는 생각을 끊임없이 전달한다(Eccles, 2005, 2007; Gniewosz & Noack, 2012; Hickey & Granade, 2004; M. H. Jones, Audley-Piotrowski, & Kiefer, 2012; C. Peterson, 2006). 이 장의 후반부에서, 내면화된 동기 주제를 다룰 때 우리는 아동이 그들을 둘러싼 사람들의 가치를 채택하는 기제를 확인할 것이다.

기대와 가치는 서로 영향을 미치기도 한다. 보다 구체적으로, 특정 활동에서 잘할 것이라고 기대하지 않는 사람은 그것의 가치를 저하시킬 명분을 발견할 수 있다. 그리고 어떤 활동을 가치 있게 여기지 않는 사람들은 열심히 하지 않을 가능성이 높고, 그들의 수행에 대한 낮은 기대를 가지게 된다. 아동의 학년이 올라가면서, 그들은 그들이 성공할 가능성이 높은 활동과 그들이 장기적인 목표를 달성하는 데 도움이 될 것이라고 생각하는 활동들에 가치를 부여하게 된다. 그러는 한편, 자신이 잘하지 못하는 것들을 평가절하하기 시작한다. 슬프게도, 수학, 영어, 음악, 체육 등 학교 수업과 관련된 많은 영역들에 대한 학생들의 기대와 가치는 학년이 올라가면서 현저하게 낮아진다(Archambault, Eccles, & Vida, 2010; Eccles, 2009; Eccles et al., 1998; Jacobs, Lanza, Osgood, Eccles, & Wigfield, 2002; Wigfield et al., 2004).

목표

목표는 동기이론에서 매우 중요한 개념이다. 앞 장에 제시한 동기의 일반적인 효과에 대한 토론에서 동기는 특정한 목표의 성취와 주로 관련되며, 목표는 사람들이 내리는 선택과 그들이 강화하는 결과 모두에 영향을 미친다. 사람들의 목표는 인지적 과정에도 영향을 미친다. 예를 들어 목표는 학습자가 특정 과제에 인지적으로 몰입하는 정도와 공부하고 학습할 때 사용하는 인지적 전략에 영향을 미친다(E. M. Anderman & Maehr, 1994; Brickman, Miller, & Roedel, 1997; Locke & Latham, 2006; R. B. Miller & Brickman, 2004; Nolen, 1996). 게다가 목표의 달성은 상당한 자기만족을 가져오며, 자기효능감을 증진시키고, 향후의 수행에 대하여 더 높은 기준을 갖도록 이끈다(Bandura, 1986, 1989; Zimmerman, 2010). 그러나 목

2 제4장에서, 나는 학습자들이 때로는 잠정적으로 강화가치가 있는 행동을 할지 결정할 때 비용-효과를 분석한다고 언급했다. 이러한 분석은 기대-가치의 틀에 무난히 들어맞는다. 특히 활동이나 결과에 대하여 별로 가치를 부여하지 않거나 성공하기 위해 과도한 노력을 기울여야 한다고 생각한다면, 사람들은 그 행동을 하지 않을 것이라고 예상할 수 있다.

표는 그들이 성취 가능한 정도까지만 유익하다는 점을 알아야 한다. 예컨대 목표가 비현실적으로 높고, 학습자가 오류 없는 완벽함을 기대한다면, 그것을 달성하는 데서 지속적으로 실패할 때 과도한 스트레스, 좌절, 또는 우울을 가져올 수 있다(Bandura, 1986; Blatt, 1995; F. A. Dixon, Dungan, & Young, 2003).

연구자들은 사람들이 스스로를 위해 세울 수 있는 다양한 목표를 다음과 같이 제시했다.

- 신체적 안락과 개인적 안녕감 갖기
- 외적이고 구체적인 보상 얻기
- 학교에서 잘하기(예 : 좋은 성적 받기)
- 새로운 주제나 기술을 마스터하기
- 세상을 보다 잘 이해하기
- 유능감과 자기가치감을 얻고 유지하기
- 신기하고 모험적인 것을 찾아내기
- 지적 또는 예술적인 도전과 창의력을 얻을 수 있는 활동에 참여하기
- 남에게 좋은 인상 주기
- 생산적인 대인관계 맺기
- 즐길 수 있고, 성취감을 주는 진로 갖기
- 물질적인 부를 얻기
- 다른 사람의 복지나 사회 개선에 공헌하기
- 영적인 깨달음이나 조화 이루기(A. P. Fiske & Fiske, 2007; Ford & Smith, 2007; J. Q. Lee, McInerney, Liem, & Ortiga, 2010; Schutz, 1994; Urdan & Maehr, 1995)

사람들은 자신이 가진 모든 목표를 인식하는 것은 아니다. 이들 목표들 중 어떤 것들은 의식적인 검열 층보다 아래에 있지만 행동에는 여전히 강한 영향을 미친다(Eitam, Hassin, & Schul, 2008; Gollwitzer & Bargh, 2005; J. Y. Shah, 2005).

대부분의 사람들은 목록에 등장한 목표들 중 많은 것을 가지고 있고 그것들을 성취하려고 노력한다. 예를 들어 나는 종종 전자레인지 팝콘을 먹으면서 어느 정도 신체적 안정을 얻는다. TV 게임쇼를 보면서 집에서 노는 동안 일반적인 유능감을 확보하려고 노력한다. 스키 슬로프에서 병행 회전을 할 때 가족과 친구들에게 좋은 인상을 주려고 한다(적어도 완벽한 얼간이처럼 보이지 않으려고 애쓴다). 그러나 대부분의 사람들은 주어진 순간에 상당한 우선순위를 갖는 일반적 목표인 **핵심 목표**(core goals)를 가지고 있다. 그것들이 우리가 하는 일들을 추진하게 하는 것 같다(Schutz, 1994). 몇 년 동안 내가 가진 우선적인 목표는 내가 지금까지 발견한 것보다 더 좋은 세상을 만드는 생산적인 사회 구성원이 되는 것이었다. 사회적으로 책임감 있는 자녀를 양육하기, 시련을 겪는 친구 도와주기, 그리고 교사와 전문가들이 심리학적

원리를 이해하고 적용하도록 도울 수 있는 책을 쓰기 등 내 많은 행동들은 그 목표를 향해 있었다.

여기에서 우리는 성취목표, 작업회피목표(work-avoidance goals), 쉽게 해치우기 목표(doing-just-enough goals), 사회적 목표, 진로목표 등 몇 가지 목표와 관련된 연구 결과들에 초점을 둘 것이다.

성취목표

앞 장에서 언급했듯이, 성취동기라고도 알려진 성취를 향한 욕구는 원래 사람들이 다양한 과제와 많은 영역에서 일관되게 나타내는 일반적인 특성으로 개념화되었다. 그러나 근래 몇몇 심리학자들은 성취동기가 다소 상황 특수적이고, 환경에 따라 몇 가지 다른 형태로 나타난다고 제안했다. 체육 수업에서 농구를 배우는 첫날 세 소녀가 생각했음 직한 것들을 고려해보자.

제인 : 이건 내가 훌륭한 농구선수라는 것을 모든 친구들에게 보여줄 수 있는 기회야. 내가 골대 가까이 있으면, 조안과 준이 나에게 패스를 할 것이고, 나는 여러 차례 득점을 할 거야. 난 코치와 친구들에게 깊은 인상을 줄 수 있어.

조안 : 난 이것을 엉망으로 만들지 않았으면 좋겠어. 내가 슛을 날리고 나서 실패하면, 얼간이같이 보일 거야. 아마 나는 3점 라인 밖에서 제인과 준에게 패스해주는 일만 계속하게 될 거야.

준 : 나는 정말 좀 더 나은 농구선수가 되었으면 좋겠어. 나는 왜 내가 슛을 골대 속으로 더 넣지 못하는지 이해할 수가 없어. 내가 어떻게 하면 게임 능력을 향상시킬 수 있는지 피드백을 달라고 코치에게 요청할 거야. 아마 내 친구들 중에도 몇 명은 내게 해줄 말이 있을지도 몰라.

세 소녀 모두 농구를 잘하기를 원하지만 그 이유는 서로 다르다. 제인은 자신의 수행에 대하여 가장 관심이 많다. 코치와 친구들 앞에서 좋게 보이는 데 관심이 많다. 그래서 자신의 기술을 코트 위에서 보여줄 수 있는 기회를 최대화하려고 한다. 조안도 그녀가 만들 인상에 대하여 관심을 갖고 있다. 그러나 나쁘게 보이지 않는 데만 관심이 있다. 제인이나 조안과 달리, 준은 자신의 수행이 남들에게 어떻게 보일지 생각조차 하지 않는다. 대신에 그녀는 자신의 농구 기술을 개발하고 마스터하는 데 관심이 있다. 스스로 첫날에 전문가가 될 거라고 예상하지 않는다. 준에게는 실수를 하는 것이 당황스러움이나 창피를 느끼는 원천이 아니라 새로운 기술을 학습하는 필수적인 부분이다.

농구에 대한 준의 접근은 **숙달목표**(mastery goal)[3]를 나타낸다. 새로운 지식을 획득하거

[3] 이론가들은 학습목표, 과제 몰두, 또는 과제 지향성에 대해 말할 때 유사한 아이디어를 말한다. 여러분은 숙달목표의 두 가지 하위 유형에 대한 언급도 볼 수 있다. 과제목표(task goals)는 수행에 대한 절대적인 기준에 초점을 둔다.

나 새로운 기술을 마스터함으로써 능력을 얻고자 하는 욕구이다. 반대로 제인과 조안은 각자 **수행목표**(performance goal)를 설정하고 있다.[4] 다른 사람의 눈에 유능하게 보이려고 하는 것이다. 보다 구체적으로, 제인은 **수행접근목표**(performance-approach goal)를 가지고 있다. 그녀는 남들한테 좋게 보이고 좋은 평판을 얻고 싶어 한다. 반대로, 조안은 **수행회피목표**(performance-avoidance goal)를 가지고 있다. 그녀는 나쁘게 보이거나 좋지 않은 평판을 받으려고 하지 않는다. 어떤 경우에는 수행목표들이 사회적 비교의 요인이 되기도 한다. 학습자들은 그들의 성취가 동료들의 성취와 비교하여 어떠한지에 대하여 신경을 쓴다. 그러나 숙달목표에서 다른 사람들의 수행은 어느 정도의 숙달이 이상적으로 보이는지를 판단하기 위한 하나의 기준으로 사용될 뿐이다(Elliot, Murayama, & Pekrun, 2011; Grant & Dweck, 2003; Midgley et al., 1998; Régner, Escribe, & Dupeyrat, 2007; Senko, Hulleman, & Harackiewicz, 2011).[5]

숙달목표, 수행접근목표, 수행회피목표들이 반드시 상호 배타적인 것은 아니다. 사람들은 동시에 두 가지 또는 심지어는 세 가지 모두를 가질 수 있다(예 : Conley, 2012; Daniels et al., 2008; Schwinger & Wild, 2012). 농구의 예로 돌아가보자. 우리는 진이라는 네 번째 소녀를 상상할 수 있을 것이다. 그녀는 농구 기술을 향상시키고 싶은 마음도 있고, 동료들에게 좋게 보이고 싶으며, 얼간이로 보이고 싶지 않기도 하다.

성취목표의 영향

상당히 많은 연구들이 숙달목표가 가장 바람직하다고 말한다. 사실, 숙달목표 대비 수행목표에 관한 연구 결과들은 성공 추구 동기 대비 실패 회피 동기에 관한 연구 결과들과 비슷하다(제14장 참조). 표 15.1이 나타내듯이, 숙달목표를 가진 학생들은 학습에 도움이 되는 활동 자체에 몰두하는 경향이 있다. 그들은 수업에 주의를 기울이고, 효과적인 장기기억 저장을 증진하는 방식으로 정보를 처리하며, 실수로부터 배운다. 게다가 숙달목표를 가진 학생들은 학습, 노력, 실패에 관한 건강한 관점을 가지고 있다. 그들은 학습이란 일시적인 후퇴가 있더

자기목표(self goals)는 자기향상이나 최선을 다하는지에 초점을 둔다(예 : Elliot, Murayama, & Perkun, 2011; A. J. Martin, 2012; McClure et al., 2011 참조).

4 능력 목표, 자아 몰두, 또는 자아 지향성 등의 용어가 있다. 심리학자들은 때로 그것들이 기초하고 있는 특정한 이론적 전통을 암시하기 위해 특정한 용어를 고수하는 것을 좋아한다(P. K. Murphy & Alexander, 2000; Zusho & Clayton, 2011). 그러나 용어상의 불일치는 이 분야를 새로 접하는 사람들을 좌절시킬 수 있다. 연구문헌에서 발견한 것을 종합하는 능력을 간섭하기 때문이다. 내가 이 단원에서 연구 결과를 제시할 때에는 다양한 연구들에 관해 설명할 것이며 이론가들이 그들이 사용하는 용어에 부여하는 미묘한 구분은 크게 고려하지 않으려고 한다.

5 어떤 이론가들은 숙달목표도 수행목표처럼 본질상 접근 지향적거나 회피 지향적일 수 있다고 가정한다. 예를 들어 어떤 사람은 새로운 자료를 잘못 이해하는 것을 피하고 싶을 수도 있고 이전에 습득한 기술을 잃어버리는 것을 피하고 싶을 수 있다(예 : L. H. Anderman & Anderman, 2009; Elliot et al., 2011; Huang, 2012; Linnenbrink & Pintrich, 2002; Madjar, Kaplan, & Weinstock, 2011). 우리의 초점은 숙달 접근 목표에 두려고 한다.

라도 열심히 하고 인내해야 하는 과정임을 알고 있다. 결과적으로 이 학생들이 교실 경험으로부터 가장 많이 배우게 된다.

대조적으로 수행목표, 특히 수행회피목표를 가진 학생들은 새로운 기술을 숙달하는 데 도움이 될 도전적인 과제로부터 거리를 두게 된다. 게다가 이 학생들은 시험이나 수업 과제들에 대하여 심한 불안을 경험하기도 한다. 수행접근목표는 여러 가지 특징을 갖는다. 특히 숙달목표나 높은 자기효능감과 종합적으로 작용하면, 경우에 따라 학생들이 높은 수준의 성취를 하도록 자극하여 매우 긍정적인 효과를 갖는다(Hardré, Crowson, & DeBacker, & White, 2007; A. Kaplan, Middleton, Urdan, & Midgley, 2002; Liem, Lau, & Nie, 2008; Linnenbrink, 2005; Senko & Harackiewicz, 2005). 그러나 수행목표 자체만으로는 숙달목

표 15.1 숙달목표를 가진 사람들과 수행목표를 가진 사람들의 특징

숙달목표를 가진 학습자	수행목표를 가진 학습자 (수행회피목표를 중심으로)
수업 활동에 적극적으로 참여하고, 내적으로 동기화되어 수업 주제를 배운다.	외적으로 동기화되는 경향이 높고, 좋은 점수를 얻기 위해 부정행위를 할 가능성이 있다.
능력은 연습과 노력에 따라 발달한다고 믿는다. 어려움이 와도 견딘다.	사람들이 재능을 가졌든 안 가졌든 능력은 안정된 특징이라고 믿는다. 능력 있는 사람은 열심히 할 필요가 없다고 믿는다. 어려움이 오면 쉽게 포기한다.
학습 기회를 최대화하는 과제를 선택한다. 도전을 추구한다.	능력을 보여줄 수 있는 기회를 최대화하는 과제를 선택한다. 자신을 무능하게 보이게 하는 도움 요청 행동이나 과제를 피한다.
자기조절적인 학습과 행동을 한다.	자기조절 경향이 약하다.
진정한 이해와 복합적인 인지처리를 증진시키는 학습전략을 사용한다(예 : 정교화, 이해도 점검, 전이).	단순 암기 학습을 증진하는 학습전략을 사용한다(예 : 반복, 복사, 단순 암기). 숙제할 때 꾸물거린다.
기존의 신념과 배치되는 납득할 만한 증거를 만나면 개념적 변화를 잘 받아들인다.	개념적인 변화를 잘 받아들이지 않는다. 새로운 정보와 기존 신념 간의 불일치에 덜 주목하기 때문일 수도 있다.
쉬운 과제에 대해서는 지루해하며 실망한다.	쉬운 과제에서 성공할 때 긍지와 안도감을 느낀다.
자신의 능력을 정확히 표현하고 그것들을 증진시켜주는 피드백을 추구한다.	자신들을 추켜세우는 피드백을 추구한다.
학습에 도움이 될 가능성이 있다면, 기꺼이 동료들과 함께 협력한다.	유능하게 보이거나 사회적 지위를 상승시키는 기회를 준다고 생각하면 기꺼이 동료들과 협력한다.
자기가 얼마나 더 나아졌는지의 관점에서 수행 성과를 평가한다.	다른 사람들과 비교하면서 수행 성과를 평가한다.

(계속)

표 15.1 (계속)

숙달목표를 가진 학습자	수행목표를 가진 학습자 (수행회피목표를 중심으로)
실패를 노력을 더 할 필요가 있음을 알려주는 신호로 해석한다.	실패는 무능을 알리는 신호로 해석하고 앞으로도 실패할 거라고 예언한다.
오류를 학습 과정의 정상적이고 유용한 부분으로 여긴다. 오류를 수행을 증진시키기 위해 활용한다.	오류를 실패와 무능의 신호로 본다. 오류와 실패를 정당화하기 위해 자기무능화에 참여한다.
열심히 하여 진보를 이루었다면, 자신의 수행에 만족한다.	성공했을 때만 수행에 만족한다. 실패하면 수치심과 우울을 느끼는 경향이 있다.
선생님을 학습을 돕는 자원이자 인도자로 여긴다.	선생님을 판사, 보상 제공자, 처벌자 등으로 본다.
시험이나 과제를 실시하는 동안에도 비교적 침착하다.	시험이나 과제 수행 시에 몹시 긴장한다.
열정적이며, 학교 활동에 적극적으로 참여한다.	학교 환경과 거리를 두려고 한다. 만성 우울로 고생하고 있을 가능성이 크다.
높은 수준의 성취를 한다.	낮은 수준의 성취를 한다.

출처 : Ablard & Lipschultz, 1998; E. M. Anderman & Maehr, 1994; L. H. Anderman & Anderman, 2009; Belenky & Nokes-Malach, 2012; Cao, 2011; DeBecker & Crowson, 2006; Dweck, 1986, 2000; Dweck, Mangels, & Good, 2004; Elliot et al., 2011; Gabriele, 2007; Gabriele & Montecinos, 2001; Grant & Dweck, 2003; Hardré, Crowson, DeBacker, & White, 2007; Jagacinski & Nicholls, 1984; 1987; A. Kaplan & Midgley, 1999; Lau & Nie, 2008; Levy-Tossman, Kaplan, & Assor, 2007; Liem, Lau, & Nie, 2008; Linnenbrink-Garcia et al., 2012; Linnenbrink & Pintrich, 2002; Locke & Latham, 2006; McGregor & Elliott, 2002; Meece, 1994; Middleton & Midgley, 1997; Newman & Schwager, 1995; Nolen, 1996; Pekrun, Elliot, & Maier, 2009; Poortvliet & Darnon, 2010; Pugh, Linnenbrink, Kelly, Manzey, & Stewart, 2006; Rawsthorne & Elliot, 1999; A. M. Ryan, Pintrich, & Midgley, 2001; A. M. Ryan & Shim, 2012; Senko et al., 2011; Shernoff & Hoogstra, 2001; Sideridis, 2005; Sinatra & Mason, 2008; Sins, van Joolingen, Savelsbergh, & van Hout-Wolters, 2008; Skaalvik, 1997; Steuer & Dresel, 2011; Tossman, Kaplan, & Assor, 2008; Urdan, 2004; Wolters, 2004.

표보다 덜 유익하다. 성취를 위해 학생들은 단순 암기같은 피상적인 학습전략을 사용할 수도 있고, 바라는 성과를 얻는 데 필요한 최소한의 노력만을 기울이며, 자기무능화를 사용하고, 평가에서 부정행위를 할 수도 있다. 게다가 수행접근목표를 가진 학습자는 숙달목표를 가진 학습자보다 그들이 하고 있는 것에서 재미를 덜 발견한다. 수행접근목표는 초등학생처럼 학생들이 어리거나, 해당 영역에 대한 능력이 낮거나, 학업 과제에 대한 자기효능감이 낮을 때 가장 해롭다(L. H. Chen, Wu, Kee, Linn, & Shui, 2009; Daniels et al., 2008; Hidi & Harackiewicz, 2000; Law, Elliot, & Murayama, 2012; Linnenbrink-Garcia et al., 2012; Midgley, Kaplan, & Middleton, 2001; Muis & Franco, 2009; Pekrun, Elliot, & Maier, 2009).

어떤 학습자들은 수행목표보다 숙달목표를 꽤 일관성 있게 선택하는 것으로 보인다(L. H. Anderman & Anderman, 2009; Senko & Harackiewicz, 2005; Senko & Miles, 2008; L. A. Turner & Johnson, 2003). 이들은 **학습에 대한 동기**(motivation to learn)를 강하게 가지고 있다고 볼 수 있다. 의미 있고 가치 있는 학습 활동을 발견하고 그것으로부터 최대한의 혜택을 얻으려고 할 것이다(Brophy, 2004, 2008; 유사한 아이디어로 D. Kuhn, 2009 참조). 이 개념은 성취동기의 개념에 새로운 전환점을 마련해준다. 즉 사람들은 관찰 가능한 성취를 유도하는 행동뿐 아니라 성공적인 학습을 유도하는 인지적 과정에 몰두하고 싶어 한다는 것이다.

성취목표의 근원

어떤 경우에 숙달목표는 내부로부터 나온다. 사람들은 어떤 주제나 활동에 대한 흥미가 높거나 자기효능감이 높을 때 아마 그것이 정체감의 중요한 부분이기 때문에 숙달목표를 갖는 경향이 있다(Harackiewicz et al., 2008; A. Kaplan & Flum, 2009; P. K. Murphy & Alexander, 2000; C. R. Snyder et al., 2002). 예를 들어 내 아들 알렉스가 12살이었을 때, 도마뱀에 대한 흥미는 그가 성인 수준의 파충류학 잡지를 정기구독하게 하여 첫 장부터 끝 장까지의 모든 이슈들을 읽게 했다. 마찬가지로, 고전 자동차에 흥미가 있는 사람들은 엔진 내부와 외부를 완전히 알 때까지 포드 모델 T 엔진을 만지작거릴 수 있다. 체조에 흥미가 있는 사람들은 자유시간의 상당 부분을 연습하고, 연습하고, 또 연습하는 데 보낼 수 있다.

하지만 교수 환경 또한 숙달목표를 격려할 수 있다(M. A. Church, Elliot, & Gable, 2001; A. Kaplan et al., 2002; Newman, 1998). 예를 들어 교사들은 어떤 기술을 학습하는 것이 내적으로 유익하다고 설명하여 학생들이 자신의 진전에 주의를 집중시키게 하거나 학생들로 하여금 수업 자료를 단순 암기하게 하기보다는 이해하게 하는 것이 자신의 목표임을 전달하기도 한다. 사실, 학생들에게 이해하라고 주장하는 **이해에 대한 압력**(press for understanding)은 특히 유용하다(Fredricks, Alfeld, & Eccles, 2010; Middleton & Midgley, 2002; J. C. Turner et al., 1998). 예를 들어 교사는 학생들에게 그들의 사고 과정을 설명하고 입증하라고 계속 요청하면서 생각이나 노력이 없는 수준 이하의 수행은 승인하지 않기도 한다.

불행하게도 오늘날 학생들에게는 수행목표가 숙달목표보다 훨씬 더 넓게 퍼져 있는 것 같다. 적어도 중등학교 학생들에게는 그렇다(Blumenfeld, 1992; Bong, 2009; Elliot & McGregor, 2000; M. Lee, Lee, & Bong, 2010). 학교 과제에서 성공하고자 하는 동기를 가진 대부분의 학생들은 좋은 점수를 얻는 것에 관심이 있고, 길고 도전적인 과제들보다는 짧고 쉬운 과제를 선호한다. 수행목표는 새로운 기술을 발달시키거나 지속적으로 나아지는 것보다는 이기고 대중의 인정을 받는 것을 강조하는 팀 스포츠에서도 일반적이다(Roberts, Treasure, & Kavussanu, 1997).

몇몇 예들을 보면, 학생들은 실패를 회피하고, 자기가치감을 유지하며, 특히 관계성의 욕구가 높은 경우에는 동료들과의 관계를 증진하기 위해 수행목표를 채택한다. 또한 학생들은 높은 수행 수준, 특히 좋은 성적을 얻는 것은 미래에 교육적, 전문적 기회를 얻기 위해 매우 중요하다는 것을 깨닫는다(L. H. Anderman & Anderman, 1999; Covington, 1992; Covington & Müeller, 2001; Elliot & McGregor, 2000; Urdan & Mestas, 2006).

일상적인 수업과 코칭 활동 또한 수행목표의 발달에 공헌한다. 우등생 명단을 벽에 붙이는 것, 상대평가를 하는 것, 좋은 점수가 대학 진학에 유리하다는 것을 학생들에게 상기시키는 것, 다른 학교와 다른 팀보다 잘하는 것이 바람직하다고 강조하는 등의 전략은 좋은 의도를 가지고 있음에도 불구하고, 학습자가 학습하는 것보다 '좋게 보이는 것'에 주의를 기울이도록 조장한다(L. H. Anderman & Anderman, 1999; M.A. Church et al., 2001; A. Kaplan et al., 2002; Lau & Nie, 2008; Roberts et al., 1997).

심지어는 단지 학교에 출석하는 것만으로도 청소년이 수행목표에 초점을 두도록 할 수 있다. 아동이 어릴 때는 주로 숙달목표에 초점을 두는 것 같다(Bong, 2009; Dweck & Elliott, 1983). 그러나 5~6세가 되어 학교에 입학하게 되면 수행목표를 지향하도록 하는 두 가지 사건이 발생한다(Dweck & Elliott, 1983). 첫째, 그들 스스로의 행동을 비교할 수 있는 많은 동료들이 생긴다. 결과적으로 그들은 과제 숙달보다는 급우들보다 잘하는 것에 의하여 성공을 정의하게 된다. 둘째, 이전에는 주로 걷는 학습, 버튼 누르기, 세발자전거 타기 등 신체적 과제를 주로 다루었던 반면, 이제는 읽기, 쓰기, 덧셈 학습 등 지적이고 추상적인 과제를 다루라고 요청받는다. 그들에게는 이러한 학교 과제들의 가치가 선뜻 와 닿지 않는다. 그래서 이 과제들을 성취하려는 노력이 불필요하게 어려운 것으로 보일 수 있다. 게다가 이들 과제에 대한 진전도를 평가하는 것은 훨씬 어렵다. 그들의 능력을 판단하기 위해 교사 같은 타인에게 의지해야 한다. 학습자들이 청소년이 되면서 또 하나의 요인이 개입한다. 어릴 때보다 남들이 그들을 어떻게 생각할지에 대하여 훨씬 더 걱정하게 된다(Hartup, 1983; Juvonen, 2000; Midgley, 1993).

하지만 학교가 다양한 성취목표를 습득하는 데 영향을 미치는 유일한 환경은 아니다. 부모도 한편으로는 걸음마기와 취학전 아동들이 도전적인 활동들을 계속하도록 격려하면서, 다른 한편으로는 좋지 않은 수행에 대하여 꾸준히 벌을 준다(L. A. Turner & Johnson, 2003). 더욱이, 제재하고 만류하는 특정 행동과 가치를 통해서, 다른 문화들이 아동에게 영향을 미쳐서 특정 종류의 목표를 향하도록 만들 수 있다. 예를 들어 북아메리카나 서유럽처럼 강한 경쟁적 요소를 가진 문화는 아동들이 수행목표에 관심을 두도록 유도할 수 있다. 그리고 아시아 가정들처럼 자신이나 가족을 수치스럽게 하는 것에 대한 공포를 아동에게 주입하는 문화는 아동들이 수행회피목표를 갖도록 유도하는 경향이 있다(Elliot, Chirkov, Kim, & Sheldon, 2001; Freeman, Gutman, & Midgley, 2002; A. Kaplan et al., 2002).

최근에는 교육심리학 저널(Journal of Educational Psychology) 등의 교육연구 간행물에서 성취목표이론이 동기에 관한 논의를 주도한다. 그러는 가운데 심리학자들은 성취목표이론의 강점과 함께 약점도 발견했다. 예를 들어 다양한 목표의 영향은 해당 과제와 맥락의 특성에 따라 달라지는 것 같다(Elliot, Shell, Henry, & Maier, 2005). 또한 학생의 성취목표를 확인할 때, 연구자들은 참여자들이 자신의 상태를 '더 그렇다' 또는 '덜 그렇다' 중에서 선택하여 평가하는 자기보고식 검사를 사용한다. 이러한 검사들은 참가자들이 자신에 대하여 실제로 그렇다고 여기는 것보다 자신에 대하여 믿고 싶어 하는 것을 나타낸다(McCaslin, Vega, Anderson, Calderon, & Labistre, 2011). 더욱이, 학생의 성취목표와 학업 성취의 관계는 미약한 것 같다. 그것은 학생들이 학업 수행에 영향을 미치는 많은 비성취 지향적 목표들을 가지고 있기 때문이기도 하다(Boekaerts, de Koning, & Vedder, 2006; Brophy, 2004; Zusho & Clayton, 2011). 그리고 사실, 학생들에게 그들이 학교에서 얻고자 하는 것이 무엇인지 그냥 써보라고 요청하면, 연구자가 진술한 문항들에 반응하게 할 때보다 많은 학생들이 성취목표보다는 작업회피와 사회적 목표에 대하여 더 많은 관심을 보이는 듯하다(Brophy, 2005; Dowson & McInerney, 2001; Tobias & Everson, 2009; Urdan & Mestas, 2006). 이 목표들은 우리의 다음 주제이다.

작업회피목표와 쉽게 해치우기 목표

학생들은 때로 학교 과제를 수행하면서 나쁘게 보이는 것을 피하고자 한다. 그러나 다른 경우에는, 수업 과제를 전혀 하고 싶어 하지 않는다. 또는 적어도 가능한 한 적은 노력을 들이려고 한다. 달리 말하면, 그들은 **작업회피목표**(work-avoidance goal)를 가지고 있는 것 같다(Dowson & McInerney, 2001; Jagacinski, Kumar, Lam, & Lustenberger, 2008; Tuominin-Soini, Salmela-Aro, & Niemivirta, 2011).

유사한 목표로 **쉽게 해치우기 목표**(doing-just-enough goal)(McClure et al., 2011)가 있다. 특히 학생들은 단편적 사실들을 단순 암기하거나 친구의 숙제를 베끼거나, 또는 연구논문을 인터넷에서 다운받아서 제출하는 등의 가능한 한 가장 쉬운 방법을 통해서 그럴듯한 성적을 얻으려고 한다. 어떤 점에서 쉽게 해치우기 목표는 수행목표이다. 그러나 그 초점은 유능해 보이거나 부족한 능력을 감추려는 데 있지 않다. 대신에, 그들의 시간에 대하여 비학업적인 흥미를 추구하거나 동료와의 관계를 증진시키는 것 등 다른 우선순위를 가지고 있는 것 같다(Hickey, 2011; M. Hofer, 2010; Wells, 2011). 쉽게 해치우기 목표를 가진 많은 학생들은 비교적 성취 수준이 낮지만, 어떤 학생들은 별로 노력을 들이지 않고서 높은 성적을 얻기도 한다(Hemmings, 2004; McClure et al., 2011).

작업회피목표나 쉽게 해치우기 목표를 가진 학생들은 작업부담을 최소화하기 위해 다양한 전략을 사용한다. 예를 들어 지장을 주는 행동을 하기도 하고, 쉬운 과제와 문제를 달라고 간청하기도 하고, 이해하는 것조차도 이해하지 못하는 척하며, 도전적인 과제에 대해 크게 불평하기도 하고, 선택권이 주어질 때마다 최소한의 부담을 주는 대안을 선택한다(Dowson & McInerney, 2001; Hemmings, 2004). 작업회피목표를 가지고 있을 때 그들은 효과적인 학습전략을 거의 사용하지 않으며, 소그룹 활동에서 부담을 떠안지 않는다(Dowson &

McInerney, 2001; Gallini, 2000). 학생들에게 시간 계획을 스스로 세우도록 상당한 여지를 주는 대학 수준에서 작업회피목표를 가진 학생들은 마감이 임박할 때까지 작업 수행을 미루는 경향이 있다(Cao, 2010; S. W. Park & Sperling, 2009; Wolters, 2003b).

어떤 경우에는 동료들이 작업회피행동을 격려하고 모방할 수 있다(Nolen, 1996). 그러나 학생들이 학업 과제에 재미와 가치를 느끼지 못하거나, 효능감이 낮거나, 완수 후의 장기적인 혜택을 알지 못할 때에도 작업회피목표를 채택하는 것 같다(Fletcher & Cassady, 2010; Garner, 1998; Jagacinski et al., 2008; Tuominin-Soini et al., 2011; Wolters, 2003b). 달리 말해서, 학생들은 수업에서의 목표를 성취하는 데 대한 내적인 동기도 외적인 동기도 없을 때 작업회피목표를 가질 가능성이 높다. 그러므로 작업회피목표를 가진 학생은 교사에게 아주 어려운 대상이다. 교사들은 그들을 중요한 학업 주제와 기술에 참여시켜서 궁극적으로는 과제를 완수하도록 외적인 강화를 포함하는 폭넓고 다양한 동기화 전략을 사용해야 한다.

사회적 목표

제14장에서 우리는 대부분의 학생들이 사회적 관계 형성에 높은 우선순위를 두고 있음을 밝혔다. 그리고 실상 모든 인간은 아마도 관계성에 대한 욕구를 어느 정도는 가지고 있다. 사람들은 다음과 같은 사항들을 포함하는 다양한 사회적 목표를 가지고 있는 것 같다.

- 다른 사람들의 승인을 얻기
- 우정관계 형성하고 유지하기
- 배우자나 오래 가는 친구 발견하기
- 사교 기술 개발하기
- 친구들 사이에서 지위와 명성을 얻기(예 : 인기 있는 아이 되기)
- 타인에 대한 힘과 통제권 얻기
- 응집력 있고 상호 지지적인 집단에 참여하기
- 사회적인 의무를 다하고, 대인관계에 꾸준히 관여하기
- '훌륭한 시민' 되기(예 : 규칙을 따르고 학습 과제 수행 시 불필요하게 급우들을 방해하지 않기)
- 타인을 돕고 지원하기, 그들의 복지를 지켜주기
- 가족과 지역사회에게 명예와 자부심의 원천 되기(Dowson & McInerney, 2001; A. P. Fiske & Fiske, 2007; Ford & Smith, 2007; Kiefer & Ryan, 2008; LaFontana & Cillessen, 2010; J. Li, 2005; Patrick, Anderman, & Ryan, 2002; A. M. Ryan & Shim, 2008; Schutz, 1994)

수업 상황에서, 학생의 사회적 목표의 특징은 행동과 학업 수행에 뚜렷한 영향을 미친다. 교

사의 주목과 승인을 받기 원한다면, 그들은 좋은 성적을 얻으려 노력하는 경향이 있고, 교실에서의 수행이 개선된다(Hinkley, McInerney, & Marsh, 2001). 급우들과의 우호적인 관계를 추구하거나 타인의 복지에 관심이 있다면, 협동학습과 또래지도와 같은 활동들에 적극적으로 참여할 것이다. 타인의 복지에 대한 관심은 숙달목표를 촉진하기도 한다(L. H. Anderman & Anderman, 1999; Dowson & McInerney, 2001).

물론 모든 사회적 목표가 생산적이지는 않다. 만일 학생들이 자신의 사회적 지위와 인기에 특히 관심이 있다면, 높은 지위에 있는 동료가 제안하는 모험적인 행동에 기꺼이 참여할 것이고, 협동작업을 통해 동료들 사이에서 자신의 위치를 유지하거나 고양시킬 수 있을 때만 기꺼이 협동작업을 할 것이다(Levy, Kaplan, & Patrick, 2004; Mayeux, Houser, & Dyches, 2011). 그리고 만일 그들이 성취 수준이 낮은 동료들로부터 승인을 얻고자 한다면 공부에 노력을 덜 쏟을 것이며, 심지어 작업회피목표를 채택할 수도 있을 것이다(B. Brown, 1990; Ford & Nichols, 1991). 또한 타인에 대한 권력을 가지고 싶다면, 취약한 급우를 괴롭힐 가능성이 있다(Kiefer & Ryan, 2008; Pellegrini & Long, 2004).

진로목표

대부분의 아동과 청소년은 장기적인 목표 가운데 진로목표를 포함시킨다. 어린 아동들은 별 생각 없이 목표를 세우고, 자주 바꾼다. 예를 들어 여섯 살 아동은 어떤 주에는 소방관이 되고 싶었다가 다음 주에는 프로 농구선수가 되고 싶을 수도 있다. 후기 청소년기에, 어떤 청소년들은 그들이 추구하고자 하는 진로 경로에 대하여 잠정적이고 비교적 안정된 결정에 도달하게 된다(예 : Lapan, Tucker, Kim, & Kosciulek, 2003; Marcia, 1980; Yeager, Bundick, & Johnson, 2012).

높은 포부에도 불구하고 많은 젊은이들, 특히 전통적인 문화에서 양육된 사람들은 스스로의 성역할 고정관념에 의해 진로를 제한하는 경향이 있다. 남자와 여자에게 적절한 전문직이 무엇인가에 관한 전통적인 장벽이 서서히 사라지고 있기는 해도, 공학 프로그램에 등록된 대부분의 대학생들은 여전히 남학생들이고, 교육학 전공을 택한 대부분의 학생들은 여학생들이다. 물론 성 고정관념만이 학습자의 진로목표에 영향을 주는 것은 아니다. 자기효능감, 기대, 가치, 사회적 목표 또한 포함된다. 예를 들어 평균적으로 여성은 남성보다 조력 전문직에 흥미가 높고, 양육에 대한 요구와 직장의 요구 사이에서 갈팡질팡하는 것에 대하여 더 많이 걱정한다(Diekman, Brown, Johnston, & Clark, 2010; Eccles, 2005; Hemmings, 2004; K. F. Robertson, Smeets, Lubinski, & Benbow, 2010; Weisgram, Bigler, & Liben, 2010; Yeager et al., 2012).

여러 목표의 조정

어떤 경우에 사람들은 여러 가지 목표를 위해서 일을 하는 경향이 있다. 예를 들어 학교에서 학생들은 수업 주제를 학습하고 이해하는 것, 대학입학에 중요한 좋은 점수를 얻는 것, 동료들과의 사회적 관계를 향상시키는 것들에 대하여 동시에 관심을 가지고 있을 수 있다.

사람들은 여러 가지 목표들을 다루느라고 다양한 전략을 사용한다(Covington, 2000; Dodge, Asher, & Parkhurst, 1989; M. Hofer, 2010; McCaslin & Good, 1996). 그들은 하나 이상의 목표를 다룰 수 있도록 하는 활동들에 참여할 수 있다. 예를 들어 성취목표와 사회적 목표를 동시에 충족하는 방법으로 학생 스터디 그룹에 합류할 수 있다. 또는 다른 것들을 얼마간 보류하면서 몇 가지 목표를 추구할 수도 있다. 예를 들어 보다 매혹적인 주제들을 잠시 무시하면서 좋은 점수를 따기 위해 중요한 숙제를 완성할 수 있다. 마찬가지로, 내가 이 책을 완성하려는 목표를 추구할 때, 나는 싱크대에 더러운 접시들을 그대로 놓아두었고, 그럼으로써 깨끗한 집을 갖는다는 우선순위가 낮은 목표를 무시했다. 사람들은 특정한 목표를 성취하기 위해 그것이 의미하는 바에 대한 자신의 생각들을 수정할 수도 있다. 예를 들어 내가 최근 몇 년 동안 전문적인 저술 작업으로 인해 점점 바빠지면서, 나는 나의 욕구를 세상을 보다 나은 곳으로 만드는 것으로 충족시키기를 바라게 되었다. 이로써 깨끗한 집에 대한 나의 정의는 티 하나 없이 깨끗한 마사 스튜어트(살림의 여왕)같은 집에서 모든 잡동사니들이 차곡차곡 쌓여 있는 곳으로 급격히 바뀌었다.

여러 목표들이 하나의 방향을 향하고 있을 때 사람들은 가장 성공적이고 정서적인 안녕감을 경험한다(M. Hofer, 2010; Locke & Latham, 2006; Schultheiss & Brunstein, 2005; Wentzel, 1999). 그러나 어떤 상황에서는 하나의 목표를 달성하는 것이 다른 목표를 달성하는 것과 양립될 수 없기도 하다. 예를 들어 학급에서 높은 점수를 얻는 것은 학업 성취에 가치를 부여하지 않는 학생과의 우정을 유지하는 능력을 저해할 수도 있다. 어떤 경우에는, 다른 목표를 위해 하나의 목표를 적어도 당분간은 포기하는 것 이외의 선택지가 거의 없을 수도 있다(Boekaerts et al., 2006; McCaslin & Good, 1996; J. Y. Shah, 2005).

동기에 영향을 미치는 몇 가지 인지적 요인을 확인하기는 했지만, 우리는 아직 중요한 것 하나를 다루지 않았다. 그것은 사람들이 그들이 행하는 것과 그들에게 일어난 것 사이의 관련성에 대한 것이다. 확실히 사람들은 그들의 행동이 목표를 성취하는 데 도움이 된다고 생각하면 그 행동에 보다 몰두한다. 그러나 어떤 사람들은 그들이 하고 있는 행동과 그것이 가져올 결과 사이에 존재하는 관계를 인식하지 못한다. 사람들은 생활 속에서 발생하는 사건들을 어떤 원천에 귀인할까? 성공할 때 그들은 어디에 공을 돌릴까? 실패할 때 어떤 것을 비난할까? 다음 절의 귀인에 대한 논의가 이 질문들에 대해 대답할 것이다.

귀인

여러분은 학교 시험에서 받은 A학점을 별 생각 없이 받아들였다. 여러분은 왜 그렇게 잘했다고 생각하는가? 공부를 열심히 했는가? 시험이 쉬웠는가? 운이 좋아서 별로 아는 것도 없는 주제에 대하여 추측으로 맞힐 수 있었는가? 여러분이 놀라울 만큼 머리가 좋은 사람이라서 그러한가?

이번에는 잘 치지 못한 시험에 대해 생각해보자. 실패한 결과에 대해 무엇을 비난했는가? 공부를 너무 적게 했는가? 아니면 틀린 것을 공부했는가? 시험이 너무 어려웠는가? 문제가 불충분하게 진술되어서 해석을 잘못했는가? 명확한 사고를 하기에는 너무 피곤하거나 아팠는가? 아니면 그것을 설명할 만한 아무 자료도 없는가?

성공과 실패에 대한 사람들의 다양한 설명, 즉 무엇을 일으킨 원인에 대한 생각을 **귀인**(attribution)이라고 한다. 사람들은 자신에게 일어난 일들의 원인을 확인하려고 애쓴다. 학교 과제를 잘했다고 생각했는데 낮은 점수를 받았을 때처럼 예상치 못한 사건이 일어났을 경우에는 더욱 그렇다. 귀인 형성은 인간이 세상을 더 잘 이해하기 위해 시도하는 많은 방법 중 하나이다(Stupnisky, Stewart, Daniels, & Perry, 2011; Tollefson, 2000; Weiner, 1986, 2000).

귀인은 행동에 대한 지식을 형성하는 가장 탁월한 예다. 사람들은 새로운 사건을 그들 자신과 세상에 대하여 이미 가지고 있는 지식과 신념에 비추어 해석하고, 그러고 나서 발생한 일에 대한 그럴듯한 설명을 개발한다. 귀인은 자기구성적이기 때문에, 사건의 진상을 반영할 수도 있고 그렇지 않을 수도 있다. 예를 들어 과거의 시험에 대한 여러분의 낮은 수행이 많은 학생들과 마찬가지로 비능률적인 학습전략의 결과였을 수 있다. 여러분은 이 책을 아직 확실하게 읽지 않았었고, 단순하고 의미 없는 방식으로 수업 자료를 학습하려고 했을 수 있다. 그러나 여러분이 스스로를 영리한 사람으로 생각하며 여러분이 충분히 공부했다고 믿기 때문에, 아마도 낮은 점수를 과도한 어려움이 '까다로운' 시험이나 교사의 임의적이고 비합리적인 채점으로 귀인할 수 있다.

사람들의 귀인이 왜 달라지는지에 대한 세 가지 핵심적 차원은 소재, 안정성, 통제 가능성이다(Weiner, 1986, 2000, 2004).

소재('장소') : 내적 대 외적 우리는 때로 사건의 원인을 우리 안에 있는 요인들인 내부적인 것으로 돌린다. 좋은 성적이 열심히 공부한 결과라고 생각하고 나쁜 성적은 능력이 부족한 결과라고 믿는 것은 내적 귀인의 예다. 이와 달리 우리는 우리 외부의 요인에 사건을 귀인하기도 한다. 운이 좋아서 장학금을 받았다고 결론을 내리고 선생님의 성난 얼굴은 여러분이 성낼 만한 일을 했기 때문이 아니라 선생님이 기분이 나빠서라고 해석하는 것은 외적 귀인의 예다. 어떤 외적 귀인들은 사회적 요인들이다. 예를 들어 여러분은 부모가 여러분이 학업에서 성공하도록 돕는다고 믿을 수도 있고, 또는 공부해야 되는 날 밤에 파티에 가자고 고집 부리는 친구를 비난할 수도 있다(Liu, Cheng, Chen, & Wu, 2009; McClure et al., 2011).

어떤 이론가들은 **통제의 소재**(locus of control)를 '소재'라고 한다. 그러나 소재와 통제는 귀인의 서로 다른 두 측면일 수 있다(Weiner, 1986, 2000). 예를 들어 노래를 잘하는 능력은 내적인 특성이지만, 그것은 레슨을 받는 것과 같은 통제 가능한 요인이기도 하고, 신체적 혹은 신경적 제한과 같은 통제 불가능한 것이기도 하다.

시간 안정성 : 안정적 대 불안정적 우리는 때때로 사건들은 가까운 미래에 많이 변하지 않을 것 같은 **안정적** 요인의 결과라고 생각한다. 예를 들어 만일 여러분이 타고난 능력 때문에 학교에서 잘한다고 생각하거나 또는 여러분의 코가 우습게 생겼기 때문에 말썽쟁이 친구를 두었다고 생각한다면, 여러분은 사건을 비교적 변화 불가능한 원인인 안정적 요인으로 귀인시키는 것이다. 그러나 그 대신에 사건은 시시각각으로 변할 수 있는 **불안정한** 요인들의 결과라고 믿을 수도 있다. 테니스 게임에서 이긴 것이 단지 요행의 결과라고 생각하고 수업을 잘못 이해해서 나쁜 점수를 받았다고 믿는다면 불안정한 요인으로 귀인시키는 것이다.

통제 가능성 : 통제 가능 대 통제 불가능 때때로 우리는 사건을 우리가 직간접적으로 영향을 미치고 변화시킬 수 있는 **통제 가능한** 요인으로 귀인한다. 예를 들어 항상 웃고 친절하게 말을 걸기 때문에 급우가 여러분을 점심에 초대했다고 생각하거나 제대로 공부하지 않았기 때문에 시험에 떨어졌다고 생각한다면, 사건을 통제 가능한 요인으로 귀인하는 것이다. 경우에 따라서, 우리는 사건을 우리 또는 다른 누구도 영향을 미칠 수 없는 **통제 불가능한** 요인들로 귀인하기도 한다. 예를 들어 만일 배역에 맞는 얼굴이기 때문에 로미오와 줄리엣의 주연으로 선택되었다고 생각하거나 유행성 감기에 걸렸기 때문에 형편없는 농구경기를 했다고 생각한다면, 여러분은 이 사건들을 통제 불가능한 요인들로 귀인하는 것이다.

통제 가능성에 대한 귀인이론의 개념은 다소 차이는 있지만 **자율성**의 개념과 중복된다(Deci & Ryan, 1987). 통제 가능한 요인으로의 귀인은 우리가 환경적 사건과 상황에 영향을 미치고 개선할 수 있다는 신념을 포함한다. 반대로, 자율성은 우리가 우리의 행동, 궁극적으로는 우리의 운명까지도 선택할 수 있다는 신념을 포함한다. 달리 말하면, 통제 가능한 귀인은 사건에 대한 통제를 반영하는 반면, 자율성은 자신의 행위에 대한 장기적인 통제를 반영한다.

통제 가능성에는 2개의 하위요인이 있다(Weisz & Cameron, 1985). 첫째, 행동과 성과 사이에 유관성이 있음을 믿어야 한다. 달리 말하면, 특정한 행동은 특정한 사건이 발생하도록 원인으로 작용할 수 있다고 생각하는 것이다. 둘째, 필요한 행동을 수행할 능력이 있다는 유능감, 즉 자기효능감을 가지고 있어야 한다. 통제 불가능한 것으로의 귀인은 이들 두 요인 중 하나가 부족하기 때문일 수 있다. 예를 들어 어떤 학생이 학급에서 정답을 맞히면 좋은 성적이 나온다는 것을 알고 있지만 자신이 그런 반응을 할 능력을 갖고 있다고 믿지 않는다면, 그 상황에는 조건관계는 있지만 유능감은 없는 것이다(Weisz, 1986). 또 하나 예를 들면, 소수 집단 출신의 사람이 특정 목표를 달성하는 데는 높은 자기효능감을 가지고 있지만 그럼에도 불구하고 인종 편견이나 타인의 차별로 인해 성공하는 것은 불가능하다고 느낀다면, 그 상황에는 유능감은 있지만 조건관계는 없는 것이다(Schunk, Meece, & Pintrich, 2014; Sue & Chin, 1983; Weiner, 2004).

우리는 실제로 방금 기술한 세 차원에 입각하여 귀인을 분석할 수 있다. 예를 들어 타고난 능력 때문에 과제를 성공적으로 해냈다고 보는 것은 내적, 안정적, 통제 불가능한 요인으로의 귀인이다. 과업 실패가 나쁜 운 때문이라는 생각은 외적, 불안정적, 통제 불가능한 요인으로의 귀인이다. 표 15.2는 8개의 일반적인 귀인 양식을 세 차원으로 분석한 것이다.

표 15.2에서 보듯이, 여러분은 스스로 능력이 전적으로 통제 불가능한 유전적 요인은 아니라고 생각할 수도 있고, 학생에 대한 교사의 태도는 학생들이 교실에서 어떻게 행동하느냐에 달려 있으므로 학생이 통제할 수 있는 요인의 결과라고 생각할 수도 있다. 여러분이 옳을 수 있다. 그러나 귀인의 소재, 안정성, 통제 가능성에 대한 사람들의 생각은 상황의 본질이 아니고 미래의 행동에 영향을 미친다는 것을 명심할 필요가 있다(Dweck & Leggett, 1988; Weiner, 1994).

노력과 운은 어떠한가 ? 이들은 일시적인 상태의 사건들인가? 아니면 지속적으로 축복을 주거나 괴롭히는 보다 영속적인 특질들인가? 사람들은 종종 노력과 운을 비교적 안정적이고 지속적인 특징으로 생각한다. 예를 들어 그들은 자신이 작업에 매우 노력하게 해주는 강한 직업윤리를 지니고 있다고 믿거나 또는 운 때문에 실패자가 되고 마는 것 같다고 생각할 수도 있다. 그러나 귀인이론을 다룬 많은 문헌들에서처럼 우리는 노력과 운 모두를 불안정적이고 임시적인 요인으로 다룰 것이다.

지능은 어떠한가? 표 15.2에서 지능은 의도적으로 제외했다. 지능이 실제로 안정적인 특징이냐 불안정한 특징이냐 하는 것은 심리학자들 사이에 상당한 논쟁거리이다. 그리고 비심리학자들도 이 주제에 대해서는 의견이 나뉜다. 어떤 사람은 **실체적 관점**(entity view)을 가지고 있다. 그들은 지능이 꽤 영속적이고 변화하지 않는 것이라고 믿는다. **증가적 관점**(incremental view)을 가진 사람도 있다. 그들은 지능이 노력과 연습을 통해 향상될 수 있다고 믿는다(Dweck & Leggett, 1988; Dweck & Molden, 2005; Weiner, 1994).[6] 이러한 관점들은 제9장의 개인이론에 진술되어 있는 예들이다. 성장하는 아동은 새로운 과제와 도전에 대하여 자신의 경험에 기반하여 그것들을 스스로 구성했다. 실체적 관점과 증가적 관점 모두 의식적인 인식의 표면 아래에 있는 암묵적 이론들이기는 하지만, 학습자의 행동에 큰 영향을 미칠 수 있다.[7]

---

6 지능에 대한 실체적 관점과 증가적 관점은 인식론적 신념의 예로서 특히 학습 능력의 본질에 관한 신념이다(예 : 제12장 참조).

표 15.2 세 차원에 입각한 다양한 귀인양식 분석

성공 또는 실패에 대한 귀인	소재	안정성	통제 가능성
타고난 능력	내적	안정	통제 불가능
인성	내적	안정	통제 불가능
노력	내적	불안정	통제 가능
건강	내적	불안정	통제 불가능
에너지 수준	내적	불안정	통제 불가능
과제 곤란도	외적	안정	스스로에게는 통제 불가능. 아마도 교사에게 통제 가능
교사의 태도	외적	안정	스스로에게는 통제 불가능. 교사에게 통제 가능
행운이나 우연	외적	불안정	통제 불가능

귀인의 영향

귀인은 교실 상황에서 학습자의 수행과 성취에 중요한 영향을 미친다(예 : Blackwell, Trzesniewski, & Dweck, 2007; J. A. Chen & Pajares, 2010; Liu et al., 2009; McClure et al., 2011). 특히 귀인은 학습자의 정서적 반응, 강화와 처벌에 대한 대응, 자기효능감과 기대, 노력과 인내, 학습전략, 그리고 미래의 선택과 목표에 영향을 미친다. 이것들은 다시 학습과 성취에 영향을 미친다.

사건에 대한 정서적 반응 당연히 사람들은 성공하면 행복하고 실패하면 슬프다. 그러나 그들은 자기의식적인 정서를 느끼는 경향이 있다. 예를 들어 자신의 수행을 자기 스스로 행했던 것에 귀인할 때만 성공에 대하여 자부심을 느끼고 실패에 대하여 죄책감이나 수치를 느낀다. 수치나 죄책감 같은 불쾌한 정서들은 학습자가 자신의 단점을 다루는 자극제가 된다. 이와 달리 다른 누군가가 바람직하지 못한 성과에 대한 책임이 있다고 생각한다면, 그들은 생산적인 추수 행동을 이끌지 않을 가능성이 높은 정서인 분노를 느끼는 경향이 있다(Hareli & Weiner, 2002; R. Neumann, 2000; Pekrun, 2006).

강화와 처벌에 대한 반응 사람들이 경험하는 강화와 처벌에 대한 해석은 강화와 처벌이 가질 수 있는 장기적인 효과에 영향을 미친다. 제5장의 사회인지이론에 대한 논의에서 제시되었듯

7 드웩은 능력에 대한 실체적 관점과 증가적 관점을 언급할 때 사고방식(mindsets)이라는 용어를 사용한다(예 : Dweck, 2006; Yeager & Dweck, 2012). 그러나 그 단어를 사용하는 것과 그 단어가 일상생활 언어로서 가진 훨씬 넓은 의미를 혼용하지는 않는다.

이, 강화와 처벌은 사람들이 그들 스스로의 행동이 이러한 결과의 원인이라는 것을 깨달을 때, 즉 자신에게 통제권이 있다고 생각할 때에만 효과적이다(Bandura, 1986).

자기효능감과 기대 학습자가 자신의 성공과 실패를 안정적인 요인인 타고난 능력이나 무능력으로 귀인하면, 그들은 해당 영역에서의 미래 수행이 현재 수행과 유사할 것이라고 예상한다. 반면, 자신의 성공과 실패를 불안정적 요인인 노력이나 운에 귀인하면, 그들의 현재 성공은 미래의 성공에 대한 기대에 별로 영향을 미치지 않는다(Dweck, 2000; Schunk, 1990; Weiner, 1986, 2000). 미래의 성공에 대하여 높은 기대를 가진 가장 낙관적인 학습자는 자신의 성공을 일부는 타고난 재능이나 일관적으로 지지적인 환경 등 안정적이고 신뢰할 만한 요인으로 귀인하여 성공이 뜻밖의 행운이 아니라는 것을 알게 될 것이고, 일부는 노력이나 전략과 같은 불안정하지만 통제 가능한 요인에 귀인하여 계속 열심히 할 것이다. 동시에 그들은 과거의 실패를 주로 그들이 통제할 수 있고 변화시킬 수 있는 불안정한 요인들에 귀인해야 한다(Dweck, 2000; Hsieh & Schallert, 2008; McClure et al., 2011; Pomerantz & Saxon, 2001; Weiner, 1984).

제14장에서 기술했던 **고정관념 위협**(stereotype threat)의 현상으로 돌아가보자. 귀인을 종합적으로 고려해보면, 여성이나 특정 소수집단의 구성원 등 전형적으로 낮은 성취집단의 구성원들이 능력검사에 대하여 낮은 자기효능감을 가지고 있고, 지능에 대한 실체적 관점을 가지고 있다면, 검사 점수에 해로운 영향을 미치는 불안을 경험할 가능성이 더 크다. 그들이 평가받고 있는 능력을 그들의 통제 범위를 벗어나는 영속적인 것이라고 생각한다면, 불안이 고조되어 검사 점수는 낮아질 것이다. 대신에 그들이 능력은 노력과 연습과 적절한 전략에 따라서 변화할 수 있는 것임을 깨닫고 자신이 속한 집단의 특성으로 연결시키지 않는다면 고정관념 위협의 희생자가 될 가능성이 낮아진다(Dweck et al., 2004; Dweck & Molden, 2005).

노력과 끈기 사람들이 자신의 실패를 내적, 불안정적, 통제 가능한 요인으로 돌리면 실패 후에 노력과 끈기를 발휘할 가능성이 높아진다. 그러나 오로지 노력 부족 탓만 하는 것도 역효과가 날 수 있다. 열심히 했지만 실패한 학습자는 자신의 능력이 부족했다는 결론에 이를 가능성이 높다. 학습자가 실패를 비능률적인 전략으로 돌려서 다르게 행동하면 성공할 수 있다는 믿음을 갖게 하는 것이 더 유익하다. 이러한 귀인은 열심히 하는 것뿐 아니라 전략적으로 하는 것이 필요하다는 것을 아는 좋은 학습자들이 갖는 특징이다(Curtis & Graham, 1991; Dweck, 2000; Dweck & Molden, 2005; Pressley, Borkowski & Schneider, 1987).

귀인과 노력은 비생산적인 방식으로 상호작용하기도 한다. 지능에 대한 실체적 관점을 가진 학습자를 다시 한 번 생각해보자. '실체'적 관점을 가진 학습자는 능력과 노력 사이에는 역상관이 있다고 믿는 경향이 있다. 적은 노력을 들여서 성공하는 것이 높은 능력을 반영하며, 많은 노력을 기울여야 성공하는 것이라면 그것은 능력이 별로 없음을 나타내는 것이다.

이러한 신념은 사람들이 숙달목표를 가질 때보다 수행목표를 가질 때 특히 더하다(표 15.1 참조). 많은 노력을 요구하는 활동이 나타나면, 능력이 부족하다고 생각하는 실체적 관점의 학습자는 해내기 어려운 상황에 놓인다. 열심히 노력하지 않으면, 실패는 자명하다. 열심히 하는 데 실패하면, 그들은 적어도 자기 눈에는 '바보'처럼 보인다. 그러므로 이들 중 많은 사람들은 노력하지 않는데 그것이 **자기무능화**(self-handicap)이다. 이것은 아마도 체면을 살리고 스스로 지각한 낮은 능력을 숨기기 위한 방편일 수 있다. 그들은 그 활동이 할 만한 가치가 없다고 결정할 수도 있다. 그것에 가치를 거의 부여하지 않는 것이다(Covington & Beery, 1976; Covington & Omelich, 1979; Dweck, 1986; Eccles & Wigfield, 1985; Graham, 1990; Jagacinski & Nicholls, 1990).

학습전략 귀인과 그로 인해 생길 미래의 수행에 대한 결과 기대는 학습 과제에 적용하는 인지적 전략에 분명히 영향을 미친다. 학급에서 성공할 것이라고 예상하며 학업적인 성공은 자기 자신의 행동의 결과임을 믿는 학생들은 효율적인 학습전략을 적용한다. 그러한 학습전략을 배웠을 때 특히 더 그렇다. 이 학생들은 자기조절적인 학습자가 될 가능성이 높으며 필요할 때 도움을 요청한다. 도움 요청 행동에 대해서는 이 장 후반부에서 논의할 것이다. 이와 달리 실패를 예상하고 자신의 학업 수행에 대해 속수무책인 학생들은 효과적인 학습과 문제해결 전략을 거부하고 단순 암기 위주의 학습법을 선호한다(Dweck et al., 2004; Dweck & Molden, 2005; Palmer & Goetz, 1988; Zimmerman, 1998).

미래의 선택과 목표 특정 영역이나 일반적인 영역에서 성공할 것이라고 기대하는 귀인을 하는 학습자는 도전적인 과목들을 찾는 경향이 있고 고등교육을 마치려는 생각을 가지고 있을 가능성이 높다(L. E., Davis, Ajzen, Saunders, & Williams, 2002; Dweck, 1986; Weiner, 1986). 학습자의 귀인은 또한 스스로 설정한 성취목표에도 영향을 미친다. 지능에 대한 그들의 신념이 다시 한 번 영향력을 발휘한다(Blackwell et al., 2007; J. A. Chen & Pajares, 2010; Yeager & Dweck, 2012). 특히 학습자가 능력은 열심히 노력해서 신장시킬 수 있는 것이 아니라 실체적인 것이라고 생각한다면, 그들은 수행목표를 세우고 자신의 타고난 재능을 타인과 비교하여 평가한다. 반대로 증가적인 관점을 가진 학습자는 숙달목표를 설정하고 자신의 능력을 시간에 따른 진전을 점검하면서 평가할 것이다. 예를 들어 드웩과 동료들에 의해 수행된 연구 시리즈에서(Dweck, 2000), 중학교 학생들에게 다음에 기술된 세 가지 목표 중 하나를 선택하도록 했다.

1. 실수할 염려가 없는 쉬운 것
2. 잘할 수 있을 가능성은 있지만 자신이 똑똑하다는 것을 입증하기는 힘든 것
3. 어렵고, 새롭고, 다른 것이어서 혼동될 수 있고 실수할 수 있지만 새롭고 유용한 것을

배울 수 있는 것(Dweck, 2000, p. 21)

실체적 관점을 가진 학생들은 수행회피목표와 비슷한 과제 1이나 수행접근목표와 비슷한 과제 2 중 하나를 선택하는 경향이 높았다. 반대로 증가적 견해를 가진 학생들은 숙달목표와 비슷한 과제 3을 더 자주 선택했다.

귀인에 영향을 미치는 요인

왜 동일한 사건의 원인을 사람마다 다르게 귀인하는가? 예를 들어 왜 어떤 사람은 실패가 단지 부적절한 전략에 기인한 순간적인 좌절이라고 생각하고, 어떤 사람은 똑같은 실패를 낮은 능력에 귀인하며, 어떤 사람은 그것이 누군가의 변덕스럽고 예측 불가능한 행동의 결과라고 믿는가? 이제 서로 다른 귀인을 습득하는 것과 관련된 변인들을 살펴보자.

연령

어린 아동들은 노력, 능력, 행운, 과제 곤란도 등의 다양한 원인이 어떻게 그들의 성공과 실패에 영향을 미치는지를 점차 구별할 수 있게 된다. 그들은 점차 노력과 능력을 구분한다. 초등학교 저학년 아동은 노력과 능력이 정적으로 관련된다고 생각한다. 열심히 노력하는 사람이 더 유능하다고 믿는다. 그래서 성공을 노력에 귀인하고, 자기가 열심히 하는 만큼 미래의 성공 기회에 대해서도 낙관적이다. 9세가량이 되면, 노력과 능력은 상호 보완적이며, 능력이 부족한 사람이 능력 있는 사람과 동일한 성과를 내기 위해서는 노력을 더 해야 한다는 것을 이해하기 시작한다. 많은 아동들이 자신의 성공과 실패를 꽤 안정적이고 자신의 통제 범위 밖에 있다고 지각하는 타고난 능력에 귀인한다. 나이를 먹어가면서 학습자들은 지능에 대하여 점점 실체적 관점을 가지게 된다. 만일 대개의 학교 과제에서 성공적이었다면 그런 과제들에 대하여 높은 자기효능감을 갖게 된다. 빈번하게 실패했다면, 자기효능감이 급격히 낮아질 것이다(Dweck, 1986, 2000; Eccles et al, 1998; Heyman, Gee, & Giles, 2003; Nicholls, 1990; E. A. Skinner, 1995).

이런 사건들은 **자성예언**(self-fulfilling prophecy)을 이끌어낼 수 있다. 자성예언은 미래의 사건에 대한 기대로 인해 기대가 실현될 조건을 만들어내는 상황이다. 우리는 이것을 나중에 검토할 두 번째 현상과 구별하기 위해서 자성예언 #1이라고 할 것이다. 제5장에서 밝혔듯이, 자기효능감이 낮은 사람들은 자신감 있는 동료보다 덜 도전적인 과제를 선택하고 쉽게 포기한다. 결과적으로 그들은 노력해서 성공할 수 있다는 것을 발견할 기회를 적게 갖게 된다.

상황적 단서

당면한 상황의 구체적인 특징들은 쉽게 인식되어서 귀인에 영향을 미칠 수 있다. 수행되고 있는 과제의 특징들이 영향력을 지닌다. 예를 들어 많은 숫자들을 포함하고 있는 복잡한 수학문제들은 보다 어렵다고 지각되어 그것들을 푸는 데 실패하면 내적 원인들보다는 과제 곤란도로 쉽게 귀인할 수 있다. 동료들의 수행은 또 하나의 단서가 된다. 예를 들어 다른 사람 모두 실패하면 과제 곤란도로 귀인할 가능성이 높은 반면에 다른 사람들이 성공하면 능력의 부족과 같은 내적 원인으로 귀인할 가능성이 높다(Lassiter, 2002; Schunk, 1990; Weiner, 1984).

과거의 성공과 실패 유형

귀인은 부분적으로는 특정 활동이나 영역에서 경험한 과거의 성공과 실패의 결과이다. 이전에 노력해서 성공했던 학습자는 성공이 노력이나 높은 능력과 같은 내적인 요인의 결과라고 믿을 가능성이 크다. 노력했지만 실패했거나 성패 경험이 비일관적인 학습자는 성공이 자신의 통제 범위 밖에 있는 어떤 것 때문이라고 생각하는 경향이 있다. 불리한 운이나 저질 강의와 같은 외적 요인들이나 자신이 소유하고 있지 않은 능력으로 돌릴 것이다(Normandeau & Gobeil, 1998; Paris & Byrnes, 1989; Pressley, Borkowski et al., 1987; Schunk, 1990).

학교 학습에서는 메타인지도 역할을 한다. 제12장에서 학생들이 종종 그들이 실제로는 배운 적이 없는 것들을 배웠다고 생각한다는 것을 언급했다. 즉 그들은 알고 있다는 환상을 가지고 있는 것이다. 이 학생들은 일관되게 나쁜 성적을 받을 때, 그들은 자신의 수행을 내적 요인들로 귀인하지 못하며, 어떻게든 열심히 공부했고 결국에는 그 자료를 알게 되었다고 생각한다. 대신에, 그들은 좋지 않은 성적을 불운, 시험 난이도, 또는 교사 변인 등의 외적 요인들로 귀인할 가능성이 높다(Horgan, 1990).

타인으로부터 오는 언어적·비언어적 메시지

사람들은 자신의 수행 원인에 대해 귀인을 하는 것과 마찬가지로, 다른 사람의 수행에 대해서도 귀인을 한다. 예를 들어 심리학이나 교육학이 아닌 기계공학에서 높은 교육을 받은 사람과 얼마 전에 나누었던 대화가 생각난다. 우리는 도심지 학교에 있는 아동들이 평균적으로 교외지역 아동들보다 성취도가 낮다는 사실을 토론했다. 내가 교육심리학자라는 것을 알고서 그 사람은 왜 성취 수준의 차이가 나는지에 대한 내 생각을 물었다. 나는 다양한 이유가 있다고 말했다. 그때 말했던 이유들에는 적은 예산, 큰 학급 규모, 가정에 대한 더 큰 책임감과 적은 자원, 좋지 않은 영양상태와 건강관리, 개인적 안전에 대한 두려움, 높은 비율의 학습장애아와 특수아동 등이 포함되었다. 그 사람은 정말로 놀랐다. "나는 항상 어린이들이 단지 동기가 없어서라고 생각했어요"라고 말했다. 낮은 성취에 대하여 그가 주요 귀인 요인으로 생각하는 학생들의 동기가 철저하게 내적인 것인 반면에 내가 생각하는 귀인 요인들이 얼마나 외적인 것들인지에 주목해보자. 불행하게도 어느 정도 경험이 있는 교사도 학생들의 '동기가 낮은' 행동을 주로 내적 원인들에 귀인한다(Kincheloe, 2009; J. C. Turner, Warzon, & Christensen, 2011).

앞서 기술한 통제소재, 안정성, 통제 가능성의 세 측면은 사람들이 자기 행동에 대한 귀인을 하듯이 남들의 행동에 대하여 귀인할 때도 적용된다. 아마 대인관계 관점에서 가장 중요한 요인은 통제 가능성인 것 같다(Weiner, 2000). 많은 도심지 학생들의 낮은 학업 성취에 관하여 공학자인 친구에게 내가 말했던 이유들은 모두 학생의 통제 범위를 벗어난 것들이었다. 대조적으로 나의 친구는 단지 학생들이 잘하고 싶어 하지 않기 때문에 성취도가 낮은 것이라고 믿었다. 즉 학생들이 제14장의 초반부에서 언급했던 가상의 동기스위치를 쉽게 켤 수만 있었다면 그들의 손으로 높은 성취를 쉽게 이룰 수 있었다.

부모, 교사, 또래 등 다른 사람들은 다양한 방법으로 학습자의 성패에 대한 귀인에 대해 이야기해준다. 그것이 언어적이고 명시적으로 전달되는 경우도 있다(Cimpian, Arce, Markman, & Dweck, 2007; C. M. Mueller & Dweck, 1998; Rattan, Good, & Dweck, 2012). 예를 들어 교사가 한 학생의 성공에 대하여 이야기하는 장면을 생각해보자.

- "멋지구나. 네가 열심히 해서 대가를 받은 거야, 그렇지 않니?"
- "잘했구나. 너는 정말 공부하는 방법을 알고 있는 것이 분명해."
- "해냈구나! 넌 정말 똑똑해!"
- "멋지다. 오늘은 정말 네 행운의 날이야!"

교사가 학생의 실패에 대하여 다음과 같이 말할 수 있다.

- "좀 더 연습해서 다시 해보는 게 어떻겠니?"
- "너에게 잘 맞는 공부전략을 찾아보자."
- "음, 이것은 네가 잘할 수 있는 일이 아니야. 다른 것을 해보자."
- "아마 오늘은 운이 나쁜 날인가보다."

이 모든 말들은 좋은 의도를 가지고 하는 말이다. 아마 학생들을 기분 좋게 해주기 위해서 하는 말일 것이다. 그러나 그것들이 함의하는 귀인양식들은 서로 다르다. 어떤 이야기에서는 성패가 통제 가능하고 변화 가능한 행동으로 귀인되었다. 즉 열심히 하거나 연습이 부족하고, 또는 효과적이거나 비효과적인 학습전략을 사용하는 것 등이다. 다른 이야기에서는 성패가 똑똑하거나 잘하지 못하는 등의 통제 불가능한 능력으로 귀인되었다. 또 다른 경우에서는 성과가 외적이고 통제 불가능한 요인인 행운이나 불운으로 돌려졌다.

사람들은 또한 학습자의 능력 수준에 대한 생각을 정서적 표현과 칭찬이나 비판을 통해서 간접적으로 전달한다(Brummelman, Thomaes, Orobio de Castro, Overbeek, & Bushman, 2014; Graham, 1990; Hareli & Weiner, 2002; Weiner, 2005). 잦은 칭찬은 학습자의 성공

이 노력의 결과라는 메시지이다. 그러나 쉬운 과제에 대하여 학습자를 칭찬하면, 사람들은 동시에 예측할 수 없던 성공이라는 메시지를 전달할 수 있다. 즉 학습자의 능력이 낮다는 것을 의미하기도 한다. 여기에서 우리는 행동주의의 관점과 매우 다른 관점을 발견하게 된다. 행동주의자들은 강화처럼 칭찬은 그것에 뒤따르는 행동을 증진시킨다고 주장한다. 그러나 귀인이론의 관점에서 보면, 쉬운 과제에 대한 칭찬은 역효과를 낸다. 그것이 낮은 능력을 표현하는 것이라면, 학습자들은 후속 과제에 대하여 많은 노력을 기울이려 하지 않을 수 있다. 노력에 대한 칭찬은 학습자가 노력했을 때만 효과적일 수 있다.

학습자의 실패에 대한 반응 또한 귀인을 표현한다. 사람들이 학습자의 좋지 않은 수행에 대하여 비판하고, 화를 내거나 처벌할 때, 그들은 학습자가 그 과제를 완수할 만한 능력은 충분히 있고 단지 열심히 하지 않았다는 메시지를 전달한다. 그러나 사람들이 동일한 결과에 대하여 동정을 표현한다면, 그들은 학습자가 통제할 수 없는 낮은 능력이 실패를 불러왔다는 생각을 전달하는 것이다.

성인들이 귀인을 표현하는 또 하나의 방법은 그들이 제공하는 도움의 양과 종류를 통해서다. 예를 들어 교사의 조력은 어려운 과제에 대한 비계의 원천이 되기는 하지만, 학생들이 진심으로 그것을 필요로 하지 않을 경우에는 역효과가 난다. 학생들이 일시적으로 과제와 씨름하고 있을 때, 교사로부터 오는 요청하지 않은 도움은 그들의 능력이 낮고 자신의 성패에 대한 통제권을 거의 갖고 있지 않다는 메시지를 전달한다. 이와는 달리 지나치게 좌절할 정도만 아니라면, 학생이 스스로 충분한 시간 동안 분투하도록 허용하는 것은 학생이 스스로 성공할 능력을 갖추고 있다는 생각을 전달한다(Graham, 1990, 1997; Graham & Barker, 1990; Stipek, 1996; Weiner, 2005).

문화

사람들의 문화적 배경 또한 귀인에 영향을 미친다. 특히 통제 가능성의 측면에서 그러하다. 예를 들어 어떤 종교 집단의 구성원들은 그들의 운명을 하나님, 업보(karma), 또는 다른 형이상학적인 힘에 맡긴다(Losh, 2003; 제9장에 수록된 세계관에 대한 토의 참조). 또 하나의 예로서, 아시아 출신 학생들은 주류 서구문화권에서 자라난 학생들보다 학업적인 성취는 노력과 같은 불안정한 요인으로 귀인하고, 행동의 적절성 여부에 관한 것은 일시적인 상황적 요인으로 귀인하는 경향이 있다(J. Li & Fischer, 2004; Lillard, 1997; Weiner, 2004).[8] 많은 서구 출신 학생들이 지능이 자신들의 학습 능력에 영향을 미친다고 생각하는 경향이 있는 것과 대조적으로, 아시아 학생들은 학습이 지능을 유도한다는 식으로 원인과 결과의 관계를 역전시킨

8 이러한 귀인은 유익하지만 항상 그렇지는 않다. 예를 들어 많은 아시아 학생들처럼 자신의 성공뿐 아니라 실패를 노력에 귀인하고 영광을 가족에게 우선적으로 돌린다면, 지속적인 실패는 자기비하와 우울을 야기할 수 있다(Dweck, 2000; Grant & Dweck, 2001).

다(J. Li, 2003).

몇몇 연구들은 아프리카 출신의 미국 학생들은 학습 주제와 관련하여 자기효능감이 높은 경우에도 자신들이 학업적인 성공을 이룰 것이냐에 대한 통제권을 거의 가지고 있지 않다고 생각하는 경향이 있음을 시사한다. 인종적 편견이 이러한 귀인에 영향을 미친다. 어떤 학생들은 피부색 때문에 그들이 어떻게 행동하건 성공의 기회를 거의 갖지 못할 것이라고 생각하기도 한다(Graham, 1989; B. G. Holliday, 1985; Sue & Chin, 1983; van Laar, 2000; Weiner, 2004).

성

논문들, 특히 수학, 운동과 같은 전형적인 남성 영역의 논문들에서 귀인의 성차를 보고하고 있다. 이런 예들에서, 남자들은 성공을 능력으로 돌리고 실패는 노력의 부족으로 돌려서 나는 능력이 있기 때문에 이 일을 할 수 있음을 안다는 태도를 취하는 경향이 더 강하게 나타난다. 여자들은 반대의 유형을 보인다. 그들은 성공을 노력으로 귀인하고, 실패를 능력의 부족으로 귀인하며, 내가 이 일을 해낼 수 있는지 나는 알지 못한다. 왜냐하면 나는 이런 종류의 일에 크게 재능을 갖고 있지 않기 때문이다라고 생각한다. 이러한 차이들은 이전의 성취 수준이 동일한 남녀 학생들의 경우에서도 나타나는데, 남자와 여자가 일반적으로 '잘하는' 것에 대한 사회의 메시지를 반영한다(Cimpian, Mu, & Erickson, 2012; Eccles, Wigfield, & Schiefele, 1998; McClure et al., 2011; Stipek & Gralinski, 1991; Vermeer, Boekaerts, & Seegers, 2000).

자기방어적 편향

대개 사람들은 자기가치감을 유지하거나 높이는 귀인을 형성하는 경향이 있다. 예를 들어 우리는 우리의 성공을 높은 능력이나 근면성 같은 내적 원인들로 귀인하고 우리의 실패를 불운이나 타인의 부주의한 행동과 같은 외적인 요인으로 돌리는 경향이 있다. 우리가 잘한 일에 대해서는 스스로를 격려하고 잘하지 못한 일에 대해서는 타인을 비난하면서, 우리는 긍정적인 자기지각을 유지할 수 있다(Mezulis, Abramson, Hyde, & Hankin, 2004; Sedikides & Gregg, 2008; Stupnisky et al., 2011). 이러한 **자기보호적 편향**(self-protective bias)이 우리에게 항상 이득이 되는 것은 아니다. 만일 우리가 실패를 외부 요인으로 잘못 귀인한다면, 우리의 행동을 더 큰 성공을 이끄는 방향으로 변화시키지 못할 것이다(Dweck & Molden, 2005; Seligman, 1991; Zimmerman, 2004).

이미지 관리

사람들이 남들에게 전달하는 귀인이 항상 성공과 실패의 원천에 대한 자신의 진정한 신념을 반영하는 것은 아니다. 아동이 자라면서, 그들은 자신이 사용하는 귀인의 종류에 따라 사람들의 반응이 달라진다는 것을 발견한다(Hareli & Weiner, 2002; Juvonen, 2000). 긍정적인 대인관계를 유지함으로써 관계성에 대한 욕구를 충족시키기 위해, 그들은 특정한 청중을 위해서 자신의 귀인양식을 수정하기 시작한다. 이 현상은 때로 체면 유지(face-saving)라고 불리기도 한다. 하지만 나는 보다 폭넓은 용어인 **이미지 관리**(image management)라는 말을 사용할 것을 제안한다.

교사, 부모, 그리고 다른 성인들은 아동이 질병이나 능력의 부족 등 통제 범위 밖의 요인으로 인해 실패하면 동정하고 용서하는 편이다. 그러나 단지 열심히 하지 않았기 때문에 실패하면 자주 화를 낸다. 아동이 4학년이 되면, 그들 중 대부분은 이런 사실을 알고 호의적인 반응을 이끌어낼 가능성이 높은 귀인을 언어로 표현할 가능성이 있다(Juvonen, 1996, 2000; Weiner, 1995). 최선을 다하지 않았기 때문에 숙제를 제대로 못했다는 것을 잘 아는 학생은 사실을 왜곡하여 교사에게 자신이 요령을 이해하지 못한 것 같다거나 기분이 좋지 않았다고 거짓말을 하면서 통제 불가능한 요인을 탓하기도 한다.

아동들은 또래들이 좋아하는 방향으로 귀인하는 능력도 가지고 있다. 일반적으로 4학년 아동들은 또래들이 근면성과 열심히 공부하는 것에 가치를 두고 있다고 생각하여 급우들에게 그들이 열심히 해서 숙제를 잘할 수 있었다고 말하는 경향이 있다. 그러나 8학년이 되면, 학생들은 또래들이 학습 과제에 너무 노력을 기울이는 것을 좋아하지 않을 것이라고 생각하여, 그들이 열심히 하지 않았다는 인상을 전달하기를 좋아한다. 예를 들면 그들은 높은 수준의 성취를 해냈을 때 그들이 중요한 시험에도 '열심히 공부하지 못했다'거나 '단지 운이 좋았다'고 설명한다. 사회적으로 영리한 학생들은 최소한 다른 사람과 이야기할 때는 그들의 성공을 높은 능력에 돌리지 않는다. 이러한 귀인은 건방지다고 해석될 수 있기 때문이다(Howie, 2002; Juvonen, 1996, 2000; McClure et al., 2011).

설명양식 : 숙달 지향 대 학습된 무기력

시간이 지나면서, 사람들은 점차 성공과 실패를 귀인하는 일관된 패턴을 개발한다. 이러한 패턴은 다시 미래의 수행에 대한 그들의 기대에 영향을 미친다. 개인의 **설명양식**(explanatory style)[9]은 그 사람이 일상적인 사건과 결과를 해석하는 일반적인 방법이다. 어떤 사람들은 전형적으로 자신의 성취를 스스로의 능력과 노력에 돌린다. 그들은 **숙달 지향성**(mastery orientation)이라고 알려진 난-할-수-있어(I-can-do-it) 태도를 가지고 있다. 다른 사람들은 성공을 외부의 통제할 수 없는 요인으로 돌리고, 실패는 비교적 영구적인 능력의 결핍 때문이라고 생각한다. 그들은 **학습된 무기력**(learned helplessness)으로 알려진 나는-열심히-해도-해낼-수-없어(I-can't-do-it-even-if-I-try) 태도를 가지고 있다. 여러분은 이러한 차이를 이분법적으

9 귀인양식으로 간주해도 된다.

로 보기보다는 연속선상에서 생각해야 한다. 또 낙관주의자와 비관주의자 사이의 차이로 볼 수 도 있다(Dweck, 2000; Eccles & Wigfield, 1985; Mikulincer, 1994; C. Peterson, 2006; C. Peterson, Maier, & Seligman, 1993; Seligman, 1991).

아래의 예시에는 같은 수준의 능력을 가진 두 소년이 등장한다.

- 제리는 열정적이고 정력적인 학습자이다. 그는 학교 활동에서 열심히 하는 것을 즐기며 잘할 때 즐거움을 느낀다. 그는 항상 도전을 기다리며 특히 선생님이 매일 추가점수 과제로 부과하는 골치 아픈 문제들을 푸는 것을 좋아한다. 그가 항상 문제들을 풀어내는 것은 아니다. 그러나 그는 실패에 침착하게 대응하며 다음 날 더 많은 문제에 몰두한다.
- 제이슨은 걱정이 많고 소심한 학생이다. 그는 학습 과제를 성공적으로 수행하는 능력에 대하여 자신감이 많지 않아 보인다. 사실 그는 항상 자신이 할 수 있는 것을 과소평가한다. 성공했을 때조차도 그는 그것을 다시 해낼 수 있을지에 대해 의심한다. 그는 새로운 과제나 문제에 도전하기보다는 이미 숙달한 기술을 연습하는 데 도움을 주는 활동지를 채우는 것을 좋아한다. 매일 부여되는 골치 아픈 문제들에 대하여, 그는 때때로 그것들을 시도해보기는 하지만 답이 명확하지 않을 때는 빨리 포기한다.

제리는 숙달 지향성을 보인다. 그는 확실히 생활과 귀인을 자신의 통제하에 놓고 있다. 그리고 미래의 수행에 대하여 낙관적이다. 반대로 제이슨은 학습된 무기력을 보인다. 그는 도전적인 과제들은 자신의 능력과 통제 범위 밖에 있다고 생각하며 성공보다는 실패를 기대한다.

연구자들은 숙달 지향성을 가진 사람들이 학습된 무기력을 가진 사람들과 여러 가지 면에서 차이가 있다는 것을 발견했다. 학습 상황에서, 숙달 지향성을 가진 사람들이 적성검사 점수나 이전의 학업 성취도로부터 예측되는 것보다 학습 과제를 더 잘 수행하는 경향이 있다(Seligman, 1991). 육상 운동 상황에서, 낙관주의자들은 동일하게 능력이 있는 비관주의적인 육상선수보다 게임에서 지고 난 뒤 쉽게 회복하고, 상처에서 빠르게 회복한다(C. Peterson, 1990). 일반적으로 숙달 지향적인 사람들은 정신적으로 건강하며 결국에는 높은 성취를 가져다주는 방법으로 행동한다. 그들은 야심 찬 목표를 세우며, 도전적인 상황을 추구하고, 실패에 직면해서도 끝까지 버틴다. 학습된 무기력을 가진 사람들은 매우 다르게 행동한다. 그들은 스스로의 능력을 과소평가하기 때문에 쉽게 성취할 수 있는 수행 목표를 설정하고, 학습과 성장을 최대화할 수 있는 기회를 피하며, 실패했을 때 빨리 포기하는 등 미래의 실패를 부를 것이 거의 확실한 비효과적인 방법으로 실패에 반응한다. 그들은 그렇지 않으면 당면 과제에 집중하는 데 사용할 수도 있는 작업기억 용량의 일부분을 소모할 수도 있는 불안 관련 사고에 의해 방해를 받는다(Dweck, 2000; Graham, 1989; Mikulincer, 1994; C. Peterson, 1990, 2006; Seligman, 1991).

극단적인 학습된 무기력의 사례는 다음의 세 가지 양식으로 나타난다. 첫째, 동기적 효과이다. 이런 사람들은 바람직한 성과를 내거나 혐오적인 상황에서 피할 수 있도록 해주는 반응들을 느리게 한다. 둘째, 인지적인 효과가 있다. 이런 사람들은 주변 상황을 개선할 수 있는 새로운 행동들을 배우는 것이 어렵다. 셋째 효과는 정서적인 것이다. 이런 사람들은 수동적이고, 위축되고, 불안하고, 우울한 경향이 있다(S. F. Maier & Seligman, 1976; Overmier, 2002).

유치원 아동들은 특정 과제를 시도하는 동안 지속적으로 실패하면 그 과제에 대하여 학습된 무기력의 징후를 보인다(Burhans & Dweck, 1995). 5, 6세가 되면, 한편으로는 과제를 완수할 수 있다는 자신감을 표현하고 과제를 지속적으로 수행하려는 일관된 경향을 보이기도 하며, 한편으로는 해낼 수 있는 능력을 가지고 있지 않다고 말하며 쉽게 포기하기도 한다(Ziegert, Kistner, Castro, & Robertson, 2001). 그러나 일반적으로 8세 이하의 아동들이 극단적인 형태의 학습된 무기력을 보이는 일은 드물다. 아직 성공이 스스로의 노력의 결과라고 믿기 때문인 것으로 보인다(Eccles et al., 1998; Lockhart, Chang, & Story, 2002; Paris & Cunningham, 1996). 사춘기 초기쯤에는 무기력감이 보다 일반화된다. 중학생들은 그들에게 일어나는 일들에 대하여 스스로 통제할 수 없다고 생각하며, 미래의 실패를 피하는 전략을 잘 찾지 못한다(Dweck, 2000; Paris & Cunningham, 1996; C. Peterson et al., 1993). 성인이 되면 학습된 무기력이 만성 우울증으로 나타나는 경우가 많다(Seligman, 1975, 1991).

학습된 무기력의 근원

제1장에서 나는 학습된 무기력에 관한 고전적인 연구인 셀리그먼과 마이어(Seligman & Maier, 1967)의 연구를 소개했다. 그러나 기억을 되살리고 부연 설명을 하는 것이 필요한 것 같다. 그 실험의 첫 번째 단계에서, 개들은 여러 가지 고통스럽고 예측할 수 없는 충격들을 받았다. 어떤 개들은 우리 안에 있는 판을 누름으로써 충격들을 피할 수 있었던 반면에, 어떤 개들은 그들이 무엇을 하든 관계없이 그 충격을 피할 수 없었다. 다음 날, 각각의 개가 하나의 박스 안에 들어 있었고, 박스는 두 칸으로 분리되어 있었다. 그 개에게 충격을 예상하게 해주는 소리와 함께, 일련의 소리-충격의 연합자극이 주어졌다. 그 개는 소리를 듣자마자 장애물을 뛰어넘어 다른 쪽 칸으로 가기만 하면 충격을 피할 수 있었다. 첫째 날에 충격을 피할 수 있었던 개들은 둘째 날에 충격을 피하는 방법을 빨리 배웠다. 반대로, 전날에 피할 수 없었던 개들은 학습된 무기력을 보였다. 그들은 피하려는 시도를 거의 하지 않았고, 대신에 충격이 올 때 가만히 앉아 낑낑거리기만 했다. 셀리그먼과 마이어의 연구는 혐오적인 사건이 반복해서 발생하고 유기체가 그것에서 피하거나 막을 수 없으면, 그 유기체는 결국 포기하고 그것을 수동적으로 받아들일 것임을 시사한다.

사람들도 역시 혐오적인 사건이 발생하는 것을 통제할 수 없을 때는 학습된 무기력을 보이기 시작한다(예 : Bargai, Ben-Shakhar, & Shalev, 2007; Hiroto & Seligman, 1975; C.

Peterson et al., 1993). 학습 과제를 완성하는 데서 지속적으로 어려움을 경험하는 학생의 경우가 그렇다(C. S. Carver & Scheier, 2005; Hen & Goroshit, 2014; Núñez et al., 2005). 예를 들어 학습장애를 가진 아동을 생각해보자. 종종 특수교육이 필요한 아동으로 확인되지 않은 채, 성공하기 위해 꽤 노력함에도 불구하고 학습에서 반복된 실패를 경험할 수 있으며, 그러면 결국 노력하는 것을 중단할 가능성이 있다. 나는 또한 특정 주제 영역에 관하여 그들과 이야기할 때는 학습된 무기력의 현상을 비장애로 추정되는 학생에게서도 발견할 수 있었다. 예를 들어 많은 학생들이 그들의 수학 불안을 초등학생 때 아무리 노력해도 어떤 문제를 푸는 방법을 이해할 수 없었던 사실로 귀인한다. 어떤 학생들은 철자 쓰기 영역에서 학습된 무기력을 보인다. 그들이 단어를 잘못 썼다는 것을 알 때에도, 그들은 철자를 고치려고 하지 않으며, "난 철자를 잘 못쓰는 사람이에요" 또는 "난 결코 철자를 잘 쓸 수 없어요"라고 말하면서 자신의 행동을 변명한다.

무기력은 자신의 생활에 대한 통제권을 가지지 못한 **다른 사람**을 관찰할 때도 발달된다(I. Brown & Inouye, 1978; C. Peterson et al., 1993). 아동과의 상호작용에서 어른이 보이는 행동방식 또한 무기력감에 영향을 미친다. 예를 들어 학습된 무기력의 초기 증상을 가진 아동의 어머니는 숙달 지향 아동의 어머니보다 자녀가 도전적인 과제를 다룰 때 도움을 별로 주지 않고, 어려움에 직면했을 때 포기하라고 제안하는 경향이 있다(Hokoda & Fincham, 1995). 개선 방법에 대한 제안을 주지 않으면서 부정적인 피드백을 줄 경우, 특히 아동의 전반적인 능력이나 가치를 의심하는 피드백을 주면, 무기력을 주입할 수도 있다(Dweck, 2000; Kamins & Dweck, 1999). 흥미롭게도 아동의 선천적인 재능에 초점을 두고 **성공을 칭찬**하여 능력에 대한 실체적 관점을 양성하면, 성공에 대한 칭찬이 학습된 무기력을 이끌고, 아동이 동일한 영역의 후속 과제에서 실패를 경험한다(Dweck, 2000; Kamins & Dweck, 1999).

상황을 통제할 수 있었던 지속적인 역사를 가지는 것은 일시적으로 통제 불가능한 사건들에 직면했을 때 학습된 무기력에 빠지지 않도록 예방하는 것 같다(C. Peterson et al., 1993). 이 논점은 **탄력적 자기효능감**에 대한 제5장에서의 토의와 관련된다. 어떤 상황에서는 학습된 무기력이 사람들이 만성적으로 혐오스러운 자극에서도 통제감을 유지하도록 애쓰게 하는 간접적인 방법일 수 있다(N. C. Hall, Hladkyj, Ruthig, Pekrun, & Perry, 2002; N. C. Hall, Hladkyj, Taylor, & Perry, 2000; Rothbaum, Weisz, & Snyder, 1982). 그들은 환경을 바꿀 수 없기 때문에 그들의 환경을 수용하고 자신의 한계를 인정하며, 운명, 신, 업보와 같이 자신의 한계를 넘어선 요인에 근본적인 책임이 있음을 깨닫고, 행복하지 않은 상황에서 희망을 찾아내려고 애쓴다.

숙달 지향성과 통제 가능한 귀인의 성과 중 하나는 자기 스스로의 학습을 자기가 조절하려는 경향이 증가하는 것이다. 사실, 정말 효과적인 학습자들은 과제에 대한 접근을 조절할 뿐 아니라 동기와 정서도 조절한다. 이제 동기, 정서, 그리고 자기조절 간의 상호작용 현상을 검토하기로 한다.

동기, 정서, 자기조절

제14장에서 우리는 동기와 정서가 어떻게 서로 상호작용하고 학습 및 인지와 상호작용하는지를 발견했다. 그러나 동기와 정서는 자기조절에 영향을 미치기도 하고 영향을 받기도 한다. 더 나아가 자기조절의 발달은 동기, 가치, 그리고 타인의 목적을 내면화하는 것을 포함한다.

자기조절에 대한 동기와 정서의 관계

제14장 초반에 언급했듯이 동기화된 개인, 특히 내적으로 동기화된 개인은 활동을 주도하고 지속하며, 그들이 하는 일에 인지적으로 몰두하고 학습 과제 해결에 효과적인 전략을 사용할 가능성이 높다. 그래서 동기, 특히 내적동기는 자기조절을 위한 무대가 된다.

사람들은 자신이 학습 과제에서 성공할 수 있다는 자신감을 느낄 때와 스스로 삶의 방향을 통제할 수 있다고 믿을 때 자기조절적인 학습자가 되는 경향이 있다. 즉 자기조절적인 학습자는 유능감(자기효능감)과 자율성을 모두 가지고 있다. 게다가 자기조절적인 학습자들은 숙달목표를 설정하고 성공적인 성과를 열심히 일한 것과 좋은 전략을 사용한 것 등 그들 스스로가 해낸 것에 귀인한다(R. Ames, 1983; Blazevski, McEvoy, & Pintrich, 2003; Paris & Turner, 1994; Schunk, 1995; Zimmerman, 2010; Zimmerman & Risemberg, 1997).

동기와 정서가 현저하게 드러나는 자기조절적 학습의 한 측면은 **도움추구**행동이다. 왜 어떤 학생들은 필요할 때 기꺼이 남의 도움을 찾는 데 반해, 어떤 학생들은 도움을 받을 기회와 제안을 일관되게 무시하는가? 연구자들은 다음과 같은 경우에 학생들이 교사나 또래의 도움을 덜 청한다는 것을 발견했다.

- 도움을 청하는 것이 유능감과 자기가치감을 위협한다고 지각한다.
- 도움을 청하는 것이 자율성을 해칠 것이라고 생각한다(어떤 경우에는 혼자 공부하면 더 잘 학습할 수 있다고 생각할 수 있다).[10]
- 낮은 능력과 함께 숙달목표보다는 수행목표를 가지고 있다.
- 지능에 대한 증가적인 관점보다는 실체적인 관점을 가지고 있다.
- 남들에게 좋은 인상을 주는 데 관심이 많으며 도움을 청하는 것은 자신을 바보처럼 보이게 할 것이라고 생각한다.

[10] 여기에서 문화가 또 하나의 요소가 될 수 있다. 많은 서구 사회학자들은 학생이 가능한 한 독립적인 학습자가 되고 남에게 의지하는 부분을 최소화하도록 격려한다(Karabenick & Sharmar, 1994).

- 도움을 요청했다가 비난을 듣고 거절당할까 봐 걱정한다(Aleven, Stahl, Schworm, Fischer, & Wallace, 2003; R. Ames, 1983; R. Butler, 1998b; Dweck & Molden, 2005; Newman & Schwager, 1992; A. M. Ryan, Pintrich, & Midgley, 2001).

동기와 정서 요인이 자기조절 학습에 영향을 미치기도 하지만 자기조절 학습자는 자신의 동기와 정서를 어느 정도 **통제한다**. 그들은 다음과 같은 다양한 방법으로 동기를 고양한다.

- **과제와 흥미의 연결** : 자기조절 학습자는 학습 활동에 선택권이 생기면 의도적으로 그들에게 흥미가 있는 대안행동들을 선택한다(Covington, 2000). 예를 들어 곧 있을 과학 박람회를 위한 연구 프로젝트에 관해 생각할 때, 도마뱀에 대한 현재의 관심사나 치과의사가 되려는 장기적인 목표와 관련된 프로젝트를 개발할 것이다.
- **목표 설정** : 자기주도적 학습자는 장기목표뿐 아니라 단기목표도 설정한다(Locke & Latham, 2002; Zimmerman, 1998). 예를 들어 스스로에 이렇게 말할 수 있다. "난 점심 먹으러 가기 전에 동기에 관한 이 장을 읽어야 해." 그들은 단기목표를 설정하고 성취함으로써 유능감과 자기효능감도 고양시킨다(Wolters, 2003a).
- **생산적인 귀인에 초점** : 자기조절 학습자는 좋은 전략과 같은 자신의 통제 범위 내에 있는 요인들을 찾아낸다(Wolters, 2003a). 예를 들어 어려운 지리학 문제와 씨름하는 동안 그들은 "난 이런 종류의 문제를 전에도 풀었어. 내가 어떤 접근법을 사용했더라?"라고 생각할 수 있다.
- **주의산만 요인 최소화** : 자기조절 학습자들은 공부할 때 집중할 수 있는 환경을 찾아내거나 조성한다(J. Kuhl, 1987; Wolters, 2003a; Wolters & Rosenthal, 2000). 예를 들어 그들은 거실에서 공부하는 동안 TV를 끄거나 도서관의 조용한 자리로 가서 휴대전화를 끌 수도 있다.
- **잘하는 것이 중요하다고 스스로 되새기기** : 자기조절 학습자들은 과제를 완수하고 높은 성취를 해야 하는 이유들을 강조하는 혼잣말을 한다(Wolters, 2003a; Wolters & Rosenthal, 2000). 예를 들어 그들은 "내 스스로가 이해할 수 있을 때만, 스터디 그룹에 있는 다른 사람들이 이것을 이해하도록 도울 수 있어" 또는 "이 시험에서 A학점을 받는 것은 내 내신 성적에 중요한 일이야"라고 말할 수 있다.
- **과제의 매력 증진** : 자기조절 학습자들은 지루한 과제를 보다 흥미롭고 즐길 만한 것으로 만들기 위한 방안들을 고안한다(Sansone, Weir, Harpster, & Morgan, 1992; Wolters, 2003a; Wolters & Rosenthal, 2000; Xu, 2008). 예를 들어 그들은 과제가 일종의 게임이 되도록 만들려고 할 수도 있고, 자신의 작문을 예술적인 삽화들로 꾸밀 수도 있다.
- **스스로에 의한 결과 부여** : 자기조절 학습자들은 과제를 잘할 경우 주는 보상들에 대하여 스스로 약속하고 그것을 충실히 따른다. 실패할 경우 스스로를 처벌하기도 한다(Wolters,

2003a; Wolters & Rosenthal, 2000; 이 책 제5장의 '자기반응'과 '자기강화' 부분 참조). 예를 들어 그들은 과제에서 최소한 B를 받는 경우에만 친구들과 함께 밤에 영화 보러 가도록 스스로에게 허락할 수 있다.

비록 정서가 동기처럼 통제하기 쉬운 것은 아니지만, 자기조절적인 학습자들은 가능한 한 비효과적인 것들을 하지 않으려 한다. 즉 그들은 **정서조절**(emotion regulation)을 한다. 예를 들어 그들은 공부하는 동안에는 걱정스러운 생각을 머릿속에서 몰아내려고 노력한다. 그들은 임박한 도전을 어두운 전조가 보이는 위협적인 사건들로 생각하기보다는 극복할 수 있는 도전으로 생각하려고 애쓴다. 그들은 또한 예를 들어 예상치 못했던 낮은 시험 점수가 장차 더 열심히 공부하라는 모닝콜이라고 해석하는 등의 방식을 취함으로써 분노나 슬픔을 일으킬 수도 있는 상황들을 긍정적인 방향으로 돌리려고 한다. 그리고 다시 노력하고, 다음 번에 성공할 수 있을 것이라는 낙관할 만한 이유들을 찾아내면서, 큰 실패 뒤에도 빠르게 회복한다. 그리고 때로 스스로를 향한 기대를 현재의 능력 수준에 더욱 잘 맞게 조절한다(Fletcher & Cassady, 2010; Halperin, Porat, Tamir, & Gross, 2013; Pekrun, 2006; Richards, 2004; J. E. Turner, Husman, & Schallert, 2002; Wolters, 2003a; Zeidner, 1998).

내면화된 동기

아들 알렉스와 나는 예술사 학부과정에 등록했다. 우리 둘은 일차적으로 몇 년 동안 박물관에서 봐왔던 예술작품들을 더 잘 이해하기 위해 코스에 등록했다. 알렉스에게는 그 코스를 듣는 두 번째 이유가 있었다. 그는 고등학교 졸업 학점을 따고자 했다. 알렉스는 그 수업에서 합격점수를 받아야 했다. 내 경우에는 A를 받느냐 F를 받느냐가 중요하지 않았다. 나는 모든 시험에 대해 열심히 공부했지만 종종 포기하는 것들도 있었다. 그보다는 미스터리 소설을 읽거나 TV 게임쇼를 시청했다. 왜 그랬을까? 비록 내가 수업에 참석하는 것은 즐겼지만 시험 전에 자료를 공부하는 것은 나에게는 분명 내적으로 동기화된 행동은 아니었다. 교과서에는 많은 아름다운 그림들이 있었지만 거기에 실린 산문은 전화번호부만큼밖에 흥미롭지 못했다. 나에게는 공부해야 하는 분명한 외적 동기도 없었다. 그 코스에서 내가 받는 학점은 내 미래의 신체적, 재정적, 또는 정서적 행복에 아무런 영향을 미치지 않을 것이다. 요점은 학생으로서의 몇 년 동안에만, 나는 좋은 성적을 받고자 하는 열망을 습득했으며, 그것은 다소간 성적 그 자체만을 위한 것이었다.

지금까지의 토론에서 우리는 사건들의 상태로서 내적 동기와 외적 동기에 대해 이분법적으로 생각해왔다. 사실, 제3의 가능성이 있다. **내면화된 동기**(internalized motivation)의 개념은 사람들이 시간이 지나면서 그 행동이 가져오는 외적인 결과에 상관없이 점차 다른 사람들이 가치 있게 여기는 행동을 채택하는 상황을 말한다.[11]

에드워드 데시와 리처드 라이언(1995; Deci & Moller, 2005; R. M. Ryan & Deci, 2000)은 내면화된 동기가 다음의 순서로 발전할 수 있다고 제안한다.

1. **외적 조절** : 학습자는 다양한 행동에 뒤따를 외적 결과에 따라서 특정한 방식으로 행동하려고 동기화되기도 하고 그렇지 않기도 하다. 즉 개인은 외적으로 동기화되어 있다. 예를 들어 학생들은 일차적으로 나쁜 학점에 따르는 처벌을 피하기 위해서 학교숙제를 할 수 있다. 그리고 그들이 주어진 과제를 완수하기 위해서는 많은 재촉이 필요한 것 같다.
2. **내사** : 학습자는 타인의 인정을 받기 위해 특정한 방법으로 행동한다. 예를 들어 학생들은 선생님의 인정을 받기 위해 쉽고 지루한 과제를 기꺼이 완수하려고 할 수 있다. 이 시점에서 우리는 바람직한 행동에 참여하라는 내적 압력을 발견한다. 예를 들어 행동에 대한 특정 기준이나 규칙을 어기면 죄책감을 느낄 수 있다. 그러나 학습자는 이러한 기준이나 규칙 뒤의 근거를 충분히 이해하지 못한다. 그보다 부정적인 자기평가를 피하고 자신의 가치감을 보호하는 것이 주된 동기인 것 같다.
3. **동일시** : 학습자는 이제 행동을 개인적으로 중요하거나 가치 있는 것으로 본다. 예를 들어 학생은 자기 자신을 위해서 학습과 학업적 성공을 가치 있게 여기는 것 같다. 수업시간의 과제들을 학습에 필수적이라고 지각하며, 과제를 완수하도록 하기 위해 재촉할 필요가 거의 없다.
4. **통합** : 학습자는 특정 행동이 갖는 바람직한 측면을 완전히 받아들이고 그들을 전체적인 동기와 가치체계에 통합한다. 예를 들어 학생은 가능한 진로로서 과학에 대한 강렬한 흥미를 획득했을 수 있다. 이러한 흥미는 학생이 정기적으로 행하는 많은 것들에서 드러날 것이다.

내면화된 동기는 자기조절 학습의 중요한 측면이다. 이것은 내가 전에 언급한 **배우려는 동기**를 포함한 일반적인 작업 윤리(work ethic)를 조성한다. 항상 재미있거나 즉각적으로 만족을 주지는 않더라도 장기적 목표에 도달하는 데 필수적으로 요구되는 활동들에 자발적으로 참여한다(Brophy, 2008; Harter, 1992; McCombs, 1996; R. M. Ryan, Connell, & Grolnick, 1992). 어떤 의미에서, 우리는 학습자가 특정 활동이 직접적, 간접적으로 유익하다고 판단하는 가치의 개념으로 돌아가고 있다.

내면화 순서에서 단계 4인 **통합된 동기**와 **내적 동기**를 동등하게 취급하지 않도록 조심해야 한다. 확실히 그것들은 어느 정도의 자율성과 관련된다. 그리고 궁극적으로 행동과 학습에 유사한 영향을 미칠 수도 있다. 더 끈기를 발휘하고 더 효과적인 학습전략을 구사하게 할 수 있다(Assor, Vansteenkiste, & Kaplan, 2009; La Guardia, 2009; Ratelle, Guay, Vallerand,

11 이 개념은 비고츠키의 내면화라는 개념과 관련된다(제11장 참조).

Larose, & Senécal, 2007). 그러나 내적 동기는 개인의 내부에서 오며, 수행되는 과제에 내재되어 있다. 반면에 통합된 동기는 그 일이 중요하고 가치 있다는 사회문화적 메시지에 근거하고 있다(Deci & Moller, 2005; Reeve, Deci, & Ryan, 2004; Stefanou, Perencevich, DiCintio, & Turner, 2004). 어떤 경우에, 동일시된 동기 또는 통합된 동기(단계 3과 단계 4)는 좀 더 안정적이고 오래 지속되기 때문에 학습자들이 활동에 대한 내적 매력이 약해진 후에도 노력을 유지하게 되어 내적 동기보다 실제로 더 선호될 수도 있다(Otis, Grouzet, & Pelletier, 2005; Reeve et al., 2004; Walls & Little, 2005).

연구자들은 내면화된 동기의 발달을 고무시키는 몇 가지 조건을 확인했다. 그 조건들은 유능성, 자율성, 그리고 관계성에 대한 학습자의 욕구를 이런저런 방식으로 다룬다.

- **학습자가 어떤 활동이 장기적 성공에 중요하다고 지각한다.** 유능성에 대한 욕구에 의해 동기화되어서, 학습자는 사회에서 성공적인 수행을 하는 데 필수적으로 요구되는 지식과 기술을 학습하고 싶어 한다.
- **학습자가 따뜻하고, 수용적이며, 민감하고, 지지적인 환경의 맥락에서 행동한다.** 학습자는 자신의 환경에 있는 중요한 다른 사람들과 관련되어 있다는 느낌과 관심을 갖는다.
- **학습자가 어느 정도 자율성을 가지고 있다.** 학습자의 행동을 주로 지시하는 사람들인 부모와 교사는 학습자의 자율성을 극대화하기 위해 더는 필요 이상의 통제를 하지 않는다. 시간이 지나면서 사람들은 점차 학습자에 대한 통제력을 축소시킨다.
- **학습자는 어느 정도의 구조 속에서 작업을 한다.** 환경은 기대되는 행동에 대한 정보와 그 행동들이 왜 중요한지에 대한 정보를 제공한다. 반응-결과 조건관계가 명백하게 확인된다(Deci & Moller, 2005; La Guardia, 2009; R. M. Ryan et al., 1992; Soenens, Sierens, Vansteenkiste, Dochy, & Goosens, 2012; Wentzel & Wigfield, 1998).

내면화된 동기의 발달을 촉진하기 위해서는 학습자에게 자율성을 경험하기 위한 충분한 기회를 주는 것과 학습자가 어떻게 행동해야 하는지에 대한 기준을 주는 것 사이의 미묘한 균형을 잡아야 한다. 그런 의미에서 능숙한 사람들은 처음에는 바람직한 행동의 비계가 되어 주다가, 학습자가 그 행동을 보다 쉽고 빈번하게 할수록 점차적으로 비계를 줄여나가야 한다.

동기를 유발하는 인지 격려하기

이 장에서 우리는 흥미, 기대, 가치, 목표, 귀인을 포함하여 동기에 영향을 미치는 몇 가지 인지적 요인을 고려했다. 이러한 요인들과 자기조절 및 내면화된 동기를 염두에 두고, 나는 학생들의 동기를 증진시켜서 결과적으로 교실에서의 학습과 성취를 증진하는 교사의 노력을 안내하는 몇 가지 일반적인 원리를 제안한다.

◆ **학생들은 많은 정보를 담고 있으면서도 흥미로운 수업 자료들을 발견할 때 더 많이 학습한다.** 거의 모든 학생들은 주제가 흥미로울 때 더 많이 학습한다. 하지만 학생들은 종종 수업 주제에 흥미를 발견하지 못한다고 말하며, 특히 중학교나 고등학교에 들어가면 더욱 그렇다(Dotterer, McHale, & Crouter, 2009; Gentry, Gable, & Rizza, 2002; Larson, 2000; Mac Iver, Reuman, & Main, 1995).

분명 교사는 가능하다면 언제든지 학생들의 개인적 흥미를 활용해야 한다. 그러나 상황적인 흥미 요인, 특히 변화를 포착하는 것보다 유지하는 것과 관련된 요인들도 수업 주제와 활동에 통합될 수 있다. 예를 들어 학생들은 대개 학습 활동을 하는 동안 물체를 조작하거나 실험하고, 새로운 생산품을 만들어내고, 논쟁적인 이슈들을 토론하고, 또는 그들이 배운 것을 친구들에게 가르치는 등 적극적으로 반응할 수 있는 기회를 즐긴다(Andre & Windschitl, 2003; Brophy, 2004; Hidi, Weiss, Berndorff, & Nolan, 1998). 물리 실험에 대한 흥미를 고양시키는 것의 가치를 드러내는 캐시라는 5학년 학생의 예를 보자.

> 과학은 정말 재미있다고 생각한다. 항상 실험을 하기 때문이다. 나는 실험하는 것을 정말 좋아한다. 과학수업을 할 때마다 나는 정말 흥분된다. 이 수업에서 우리가 하려고 하는 것이 궁금하기 때문이다. 나는 그것이 또 실험이기를 바란다. 과학수업을 할 때마다 나는 항상 새로운 것을 배운다. (MacCallum, & Pressick-Kilborn, 2011, p. 163)

덧붙여서, 학생들은 개인적인 수준에 관련시킬 수 있는 주제들을 즐긴다. 예를 들면 좋아하는 음식을 포함하는 수학수업, 학생들이 쉽게 동일시할 수 있는 캐릭터가 있는 문학작품, 독특한 인간성을 가진 실제 인물같은 역사적 인물들이 등장하는 역사수업 등이다(Anand & Ross, 1987; M. Davison, 2011; Levstik, 1993; Pugh & Bergin, 2006). 학생들은 종종 새롭고 다른 것, 그리고 놀랍고 난해한 것에 대하여 호기심을 느낀다(M. Hofer, 2010; Lepper & Hodell, 1989). 그들은 역사적 사건에서 주인공의 역할을 연기하거나 우주의 무중력상태가 되어 있는 것처럼 상상하는 것 등 환상과 꾸밈 활동에 참여하고 싶어 한다(Brophy, 2004; Urdan & Turner, 2005). 그리고 그들은 새로운 주제에 대하여 자기 스스로가 부과한 질문들에 대한 답을 열심히 찾을 것이다(Brophy, Alleman, & Knighton, 2009; Hidi & Renninger, 2006).

◆ **학생들은 자신의 노력을 지지해주는 환경 속에서 성공 기회에 대해 보다 낙관적이 된다.** 제5장과 제14장에서 우리는 학교 과제를 완수하기 위한 학생들의 자기효능감과 일반적인 유능감을 증진시키는 많은 전략을 살펴보았다. 그러나 기대에 대한 토의에서 발견한 것처럼 학습자의 성공 기대는 스스로 지각한 능력뿐만 아니라 과제의 어떤 부분들을 좀 쉽게 만들어줄 수 있도록 그들을 지도해줄 수 있는 사람들과 자원의 가용성에 달려 있다. 그래서 우리는 적절한 비계가 학습과 발달뿐 아니라 동기도 증진시킨다는 것을 알게 되었다. 교사의 계속되는

지지와 비계는 학생들의 성공기대를 높일 뿐 아니라 수업 자료에 대한 흥미도 높여주고 학습자의 관계성에 대한 욕구를 충족시키는 데도 도움을 줄 수 있다(Brophy, 2004; Hidi & Renninger, 2006; Patrick, Kaplan, & Ryan, 2011; Rolland, 2012).

◆ 학생들은 수업 자료가 자신에게 개인적으로 중요하다고 생각할 때 학교 학습에 더 많은 동기를 갖는다. 어떤 수업 활동들은 그 자체로 재미가 있고, 흥미가 있으며, 학생들을 내적으로 동기화한다. 그러나 기본적인 기술을 자동적으로 수행할 수 있는 수준이 되기까지 연습을 반복하거나, 중요한 주제지만 재미없는 것을 심층적으로 배우는 것에서 매력을 찾기는 힘들다. 교사는 학생이 학업 활동에서 가치를 발견하도록 돕기 위해 많은 일을 할 수 있다. 예를 들어 교사는 학교에서 배운 것이 학생들의 현재 관심사와 장기적인 목표를 다루도록 해줄 수 있다는 것을 발견하도록 학생을 도울 수 있다(Belland, Kim, & Hannafin, 2013; Simons et al., 2004; Woolley, Rose, Orthner Akos, & Jones-Sanpei, 2013). 교사는 특정 주제에 대하여 자기가 느끼는 매력을 학생들과 공유하고, 새로운 아이디어에 대하여 비판적으로 평가하는 모범을 보이고, 학교에서 배운 것을 어떻게 활용하는지 설명하면서, 자신이 학업 활동을 얼마나 소중하게 여기는지를 보여줄 수 있다(L. H. Anderman, Freeman, & Mueller, 2007; Brophy, 2004; D. Kuhn, 2006). 그리고 학생들에게 뚜렷한 이유 없이 사소한 것들을 외우고, 학생들의 이해 수준을 넘어서는 자료를 읽게 하는 등 학생들에게 별로 장기적으로 도움이 되지 않는 활동에 몰두하도록 요구하지 말아야 한다(Brophy, 1987, 2008).

내면화된 동기의 발달을 증진시키는 또 다른 요인에는 반응적이고 지지적인 환경, 연령에 적절한 자율성, 그리고 어느 정도의 구조가 있는데 이러한 요인들은 타인이 장기적인 행복을 위해 중요하다고 믿는 가치를 학생들이 습득하도록 도와야 한다. 일반적으로 교사는 수업 자료를 공부하는 것이 단지 더 좋은 직업이나 높은 봉급 등의 구체적인 목적을 위한 수단이 아니고 사실 세상을 더 잘 이해하게 해주거나 합리적인 결정하게 해주는 등 무형의 보상이 많은 것임을 학생들이 스스로 발견하도록 도와야 한다(Brophy, 2004, 2008; Finke & Bettle, 1996; Yeager et al., 2012). 대만의 한 고등학생은 역사 공부가 주는 무형의 보상에 대한 감상을 다음과 같이 표현했다.

> 역사 자체는 우리로 하여금 우리와 타인의 배경을 이해하게 도울 수 있다. 역사의 영향은 심오하고, 현대 세계의 경제적, 문화적, 정치적 영역들을 구성한다. 역사는 우리가 우리나라와 다른 나라들의 관계를 이해하는 데 도움이 된다. (Hsiao, 2011)

이상적으로 볼 때 그렇게 되면 학생들이 학습 자체를 가치 있게 여기게 될 것이다.

◆ 일반적으로 숙달목표는 수행목표보다 더 나은 학습을 유도한다. 오늘날의 학교 및 사회에서는 높은 성적이나 시험점수 얻기 등의 수행목표가 어느 정도 필수적이다. 더욱이, 아동과 청소

년은 또래들의 수행을 자신의 수행을 평가하는 기준으로 사용한다. 그리고 대학합격, 취직, 프로 운동선수 되기 등 성인 세계의 많은 측면은 본질적으로 경쟁적이다. 그러나 궁극적으로는 숙달목표가 장기적인 학습과 성취를 효과적으로 증진시킨다. 숙달목표는 구체적(예 : 나는 자전거 타는 법을 배우고 싶다), 도전적(운문을 쓰는 것은 힘들어 보이지만 난 내가 해낼 수 있다고 믿어), 단기적(난 이달 말까지 프랑스어로 100까지 세는 것을 배울 거야)일 때 특히 동기를 유발한다(Alderman, 1990; Belland et al., 2013; K. R. Harris, Graham, Brindle, & Sandmel, 2009; Mac Iver et al., 1995; S. D. Miller & Meece, 1997).

최근에 몇몇 연구자들은 학습의 상황에 따라 서로 다른 숙달목표가 더 유용하다고 제안했다. 특히 학습자들이 좋은 문장 쓰기, 농구 골대에 효과적으로 공을 넣기 등의 기술을 배우고자 할 때는 그러하다고 했다. 애초에 학습자들은 최종 성과와는 관계없이 그 기술이 포함하는 형식이나 절차를 완수하는 **과정목표**(process goal)를 향해 작업하고 싶어 할 수 있다. 원하는 형식이나 절차가 점차 자동적이 되어 가면서 명확한 문장 쓰기, 바스켓에 일정 비율의 공을 넣기 등 일정한 수행 기준을 달성하는 **성과목표**(product goal)로 주의를 돌리고 싶어 할 수 있다(Schunk & Swartz, 1993; Schunk & Zimmerman, 1997; Zimmerman & Kitsantas, 1997, 1999). 표면적으로는 이러한 목표들이 수행목표처럼 보인다. 그러나 과정과 성과목표 모두의 초점은 자신의 수행이 남에게 어떻게 보일 것인지에 있는 것이 아니라 기술을 숙달하는 것에 있다.

교사는 학생들이 수행목표보다 숙달목표에 초점을 두도록 격려할 수 있는 많은 것을 할 수 있다. 예를 들어 학생들에게 또래를 자신의 수행을 평가하기 위한 비교집단으로 보지 말고 정보와 도움을 주는 원천으로 보라고 제안할 수 있다(Ciani, Middleton, Summers, & Sheldon, 2010; Urdan, Ryan, Anderman, & Gheen, 2002). 실수는 새롭고 복잡한 기술을 완수하기 위해 필수적인 것이라는 생각을 표현할 수 있다(N. E. Perry & Winne, 2004; Steuer & Dresel, 2011). 학생들이 학업적 진도를 쉽게 기록하고 평가할 수 있도록 기준과 기술을 제공할 수 있다(Paris & Paris, 2001; Spaulding, 1992). 단순히 시험점수나 학점을 알려주는 것 이상으로, 학생이 더 좋아질 수 있는 방법에 대한 구체적인 피드백을 해줄 수 있다(R. Butler, 1987; Shute, 2008; M. -T. Wang & Holcombe, 2010).

◆ **학생들은 스스로 목표를 설정할 때 더 효과적으로 배운다.** 제4장에서 수업목표에 대하여 이야기할 때, 우리는 교사가 학생을 위해 세우는 목표에 대하여 주로 이야기했다. 그러나 학생이 학교에서 성취하고자 하는 자신의 목표를 스스로 설정하는 것도 중요하다. 스스로 선택한 목표는 자기조절 학습의 중요한 부분일 뿐 아니라 학생들이 적절한 선택을 하고, 수업 시간에 공부할 때 노력하도록 이끌며, 자율감을 갖도록 돕기도 한다. 그리고 궁극적으로 학생들은 남들이 자기에게 부과한 목표보다 스스로 설정한 목표를 달성하기 위해 일하는 경

학생들이 수행목표, 특히 비현실적이고 의미 없어 보이는 것에 주의를 기울이도록 하는 것은 내적 동기를 발전시키는 것 같지 않다.

내일 기말고사에는 매우 많은
지엽적인 사실들이 출제됩니다.
그러니까 여러분은 교과서를
통째로 암기하기 바라요.

향이 있다(Reeve, 2009; Schunk & Pajares, 2005; Wentzel, 1999).

교사가 학생을 격려해서 경우에 따라 대학 진학이나 환경과학자가 되는 것 등 자신을 위한 장기적인 목표를 수립하도록 한다고 해도, 이러한 목표는 학생의 즉각적인 행동을 이끌기에는 너무 일반적이고 추상적이다(Bandura, 1997; Husman & Freeman, 1999). 많은 학생들, 특히 어린 학생들은 우선은 단어 철자 몇 개 학습이나 수학문제 몇 개 풀기 등 꽤 구체적이고, 특수하고, 단기적인 목표를 더 선호한다. **근접목표**(proximal goal)라고도 알려진 일련의 단기목표들을 세우고 수행하면서, 학생들은 그들이 이루고 있는 진전에 대하여 정규적인 피드백을 받고, 학교 학습을 잘할 수 있다는 자기효능감을 발달시켜서, 보다 높은 수준의 성취를 이루게 된다(Belland et al., 2013; R. B. Miller & Brickman, 2004; Page-Voth & Graham, 1999; Schunk & Pajares, 2005; Wolters, 2003a). 컴퓨터와 스마트폰의 사용은 학생들이 20쪽 분량의 기말과제 작성 등 복잡한 목표를 몇 개의 더 단순하고 즉각적인 목표로 잘게 나누는 데 도움이 된다.

학생들이 자신의 학습과 성취에 대한 구체적인 목표를 세울 때는 지식의 본질(특히 확실성, 단순성, 구조)에 대한 인식론적 신념이 그들이 사용하는 학습전략과 그들이 찾아내는 특정한 목표에 영향을 미친다(Buehl & Alexander, 2006; Muis & Foy, 2010; Muis & Franco, 2009). 예를 들어 학생들이 지식은 단지 낱낱의 것을 모은 것이고, 반박의 여지가 없다고 믿으면, 그들은 수행목표를 세우고 단어의 정의를 암기하는 등 단순학습을 하게 될 가능성이 높다. 그렇지 않고, (1) 한 주제에 대한 참 지식은 생각들 간의 상호관계를 포함하고 있으며, (2) 그 분야의 전문가들이라 할지라도 특정 이슈에 대하여 전적으로 찬성하는 것은 아니라는 것을 깨닫는다면, 숙달목표를 세우고 의미 있고 정교한 학습을 할 가능성이 더 높아진다.

- **학급 활동은 학생들이 다양한 목표를 동시에 충족할 수 있도록 해줄 때 보다 효과적이다.** 이미 우리가 알고 있는 것처럼 학생들은 동시에 다중목표를 성취할 수 있을 때 보다 생산적이다. 예를 들어 학생들은 모험 감수와 실수를 허용하여 수행목표의 방해를 받지 않게 해주는 평가 기준이 있으면서, 사회적 목표를 충족시켜주는 그룹 프로젝트 맥락에서 새로운 기술을 배우고 실습할 때 숙달목표를 추구할 수 있다. 학생들은 과제가 그들에게 요청하는 게 너무 적어서 유능감을 증진시키지 않고, 높은 점수나 자원을 얻기 위해 경쟁해야 함으로 인해 사회적 목표를 달성하는 데 위협을 느끼며, 한 번만 실패해도 최종성적에 심각한 영향을 미쳐서 수행목표를 달성하는 데 방해가 된다면 숙달목표를 추구하지 않을 것이다.
- **학생의 성취에 대한 교사의 낙관적인 귀인과 기대가 학생의 실제적인 성취를 높여준다.** 제8장에서 보았듯이, 사람들은 기존의 지식과 생각으로부터 그들이 보고 들을 것에 대한 예상을 이끌어낸다. 이러한 기대가 사람들이 보고 듣는 것에 영향을 미치며, 적어도 그들이 보고 들었다고 생각하는 것에 영향을 미친다. 기대는 특히 사건이 애매모호해서 다양한 방식으로 해석될 수 있을 때 영향력이 있다.

교실에서 보이는 학생들의 일상적 행동들은 다양하게 해석될 수 있다. 이 행동들로부터 내리는 교사의 결론은 교사가 학생의 성패에 대해 만드는 귀인을 포함하여 학생들의 동기 수준, 능력 등을 이전에 어떻게 판단했느냐에 달려 있다. 예를 들어 과제를 제 시간에 마치지 못한 린다라는 학생을 생각해보자. 그녀의 교사인 존스 선생님은 아마도 린다가 (1) 열심히 하지 않았거나, (2) 시간을 잘못 사용했거나, (3) 과제를 할 능력이 없다고 결론지을 수 있다. 존스 선생님이 어떤 결론을 내리느냐는 린다에 대한 그의 이전의 생각에 달려있을 것이다. 예를 들면 그는 그녀가 (1) 게으르고 동기가 낮거나, (2) 동기도 있고 유능하지만 효과적인 자기조절 기술을 습득하지 못했거나, (3) 학습 능력이 선천적으로 적다고 생각할 수도 있다(지능에 대한 실체적 관점 반영).

학생의 현재 행동에 대한 교사의 귀인은 학생의 미래 수행에 대한 기대에 영향을 미친다. 그들의 기대는 학생이 어떤 것은 하고 어떤 것은 하지 않는지의 이유에 관한 미래의 귀인에 영향을 미친다(Weiner, 2000). 그리고 그들의 귀인과 기대는 모두 특정 학생에게 사용하는 교수 전략에 영향을 미친다. 예를 들어 만일 존스 선생님이 린다의 동기가 낮다고 생각한다면, 그는 그녀가 과제를 제시간에 완수할 수 있도록 이끌기 위해서 자유시간을 주는 등의 인센티브를 사용할 수 있을 것이다. 그렇지 않고 린다가 독립적인 학습에 필요한 자기조절 기술이 부족한 학생이라고 생각한다면, 그녀에게 제5장에서 소개한 자기점검 등의 기술을 가르치려고 할 것이다. 그러나 린다의 지능이 수업 주제를 완수하기 어려울 만큼 낮다고 생각한다면, 그녀를 돕기 위해 할 수 있는 일이 거의 없을 것이다.

예를 들어 교사가 학생에 대하여 낙관적인 귀인과 기대를 가지고 학생이 조건만 갖춰지면 높은 수준의 수행을 할 수 있다고 생각하면, 더 온정적인 교실 분위기를 만들고, 학생들과 보다 자주 상호작용하며, 반응할 기회를 더 많이 주고, 보다 긍정적이고 구체적인 피드백을 할 것이다. 또한 더 도전적인 과제와 주제들을 제시할 것이다. 반대로, 학생에게 낮은 기대를 가지고 있어서 학생의 낮은 지능이나 빈약한 동기를 바꿀 수 없다고 생각한다면, 교실에서 말할 기회를 적게 주고, 쉬운 문제만을 물으며, 학생의 반응에 대한 피드백을 덜 주고, 도전적인 과제를 거의 제시하지 않으며, 학생들이 잘할 때도 그것을 눈여겨보지 않게 될 것이다(Babad, 1993; Good & Brophy, 1994; Graham, 1990, 1991; R. Rosenthal, 1994, 2002).

대부분의 아동과 청소년들은 교사가 개별 학생을 다르게 대우한다는 것을 잘 알고 있다. 그래서 학생들은 교사가 하는 대우를 통해 자신의 능력에 대한 논리적인 추론을 이끌어낸다(R. Butler, 1994; Good & Nichols, 2001; R. S. Weinstein, 2002). 더욱이, 그들의 행동은 자기지각을 반영하기 시작할 수 있다. 예를 들어 교사가 반복적으로 능력이 낮다는 메시지를 보내면, 학생은 수업과제에 노력을 덜 기울이거나 또는 교실에서 잘못된 행동을 자주 하게 될 수 있다(Marachi, Friedel, & Midgley, 2001; Murdock, 1999). 어떤 경우에는 교사의 귀인과 기대가 자성예언을 유도할 수 있다. 학생의 성취에 대한 교사의 기대에 따라 학생이 실제로 성취하게 된다. 우리는 이것을 **자성예언 #2**라고 부를 것이다. 초등학교 1, 2학년, 중학교 1학년, 더 일반적으로 학교에서의 처음 몇 주, 즉 학생들이 새로 들어와서 학교 환경에 낯선 기간에 교사의 귀인과 기대는 더 큰 영향력을 갖는다(de Boer, Bosker, & van der Werf, 2010; Hattie, 2009; Hinnant, O'Brien, & Ghazarian, 2009; Kuklinski & Weinstein, 2001; Raudenbush, 1984; R. Rosenthal, 1994, 2002; Sorhagen, 2013).

분명히, 교사가 학생의 수행에 대하여 낙관적인 귀인과 기대를 가지고 있을 때 가장 효과적이다. 다음은 교사가 이러한 낙관성을 얻고 유지하기 위해 사용할 수 있는 몇 가지 전략들이다.

- **모든 학생에게서 강점을 찾는다.** 때로는 학생들의 약점이 너무나 명백히 보일 때가 있다. 그러나 교사들은 학생들이 교실에서 나타내는 독특한 특징과 강점들을 찾아야 한다. 급우들과의 활동에서 뛰어난 리더십을 보이는 것 또는 이야기 만들기에서 상당한 창의성을 보이는 것 등이 그 예가 될 수 있다(Carrasco, 1981; Hale-Benson, 1986; R. J. Sternberg, 2005).
- **학생의 배경과 가정환경에 대하여 더 알아간다.** 교사가 특정 인종이나 사회경제적 집단 출신의 학생들에 대하여 경직된 고정관념을 가지고 있으면 학생들의 수행에 대하여 기대를 낮게 하는 경향이 있다. 이런 일은 종종 학생의 문화와 가정환경에 대해 알지 못하기 때

문에 일어난다(Kincheloe, 2009; McLoyd, 1998; Snow, Corno, & Jackson, 1996). 교사가 학생의 활동, 습관, 가치, 가정에 대하여 명확히 이해하고 있으면, 학생을 특정 집단의 전형적인 구성원으로서가 아니라 개인으로서 생각할 수 있게 된다.

- **능력은 시간, 실습, 그리고 양질의 수업에 의해서 향상될 가능성이 있고, 또 종종 그렇게 된다고 가정한다.** 즉 교사는 학생들의 지능과 능력에 대하여 실제적 관점보다 증가적 관점을 가져야 한다(Dweck & Molden, 2005; Rattan et al., 2012).
- **학생들의 진전을 객관적으로 자주 평가한다.** 학생들의 수행에 대한 교사의 기대는 학생이 얼마나 잘 진전할 것인가에 대한 교사의 개인적 평가에 영향을 미친다. 그러므로 교사는 학습과 성취를 평가하는 객관적인 방법들을 찾아야 한다(Goldenberg, 1992). 여기에서 제4장과 제14장에서 이미 언급한 중요한 시험들(그런 시험들은 성취에 대한 전반적인 측정만을 해준다)에 대하여 말하고 있는 것이 아니다. 그보다는 학생이 배운 것과 그렇지 않은 것에 대한 구체적인 정보를 주는 교사가 구성한 평가를 말하고자 한다.
- **교사가 확실히 변화시킬 수 있음을 기억한다.** 교사들은 학습과 학업적 성공을 증진시킬 수 있는 스스로의 능력에 대해 자신이 있을 때 학생들에 대하여 높은 기대를 갖는 경향이 있다(Brophy, 2006; J. A. Langer, 2000; Tschannen-Moran, Woolfolk Hoy, & Hoy, 1998; R. S. Weinstein, Madison, & Kuklinski, 1995).

학생들과의 일상적 상호작용에서 교사들은 학생들의 수행에 대한 낙관적 귀인을 전달하기 위해 애써야 한다. 예를 들어 학생이 하나의 과제에서 성공하면, 교사는 성공을 본래의 능력, 노력, 그리고 좋은 전략의 조합으로 귀인해야 한다. "넌 분명히 잘하고 있어, 그리고 네가 배운 새로운 작문 기법을 정말 열심히 활용했어." 등이 그 예이다. 그리고 학생이 과제를 어려워하면, 노력이나 전략과 같은 통제 가능한 요인들로 귀인하는 것이 가장 유익하다. "아마 네가 다음에는 좀 더 열심히 공부할 필요가 있는 것 같아. 앞으로는 전과 다르게 이렇게 공부해보렴." 등이 그 예이다. 특정 영역에서의 능력은 시간이 지나면서 향상될 수 있고 특히 열심히 공부하고 연습할 때는 더 그렇다는 것을 말해주고, 그럼으로써 지능에 대한 증가적 관점을 전달하는 것 또한 마찬가지로 중요하다(Blackwell et al., 2007; Dweck & Molden, 2005; Yeager & Dweck, 2012).

◆ **학생들의 귀인을 변화시키려는 체계적인 시도는 보다 생산적인 결과를 낼 수 있다.** 예를 들어 학생들은 성공은 자주 하고 실패는 드물게 하도록 의도적으로 고안된 활동에 참여하라는 요청을 받을 수 있다. 학생이 이 활동에 참여할 때 성인이 각각의 성공을 노력과 좋은 전략 때문이라고 해석해주며, 실패에 대해서는 불충분한 노력이나 비효율적인 전략 때문이라고 해석해준다. 훨씬 더 효과적인 것은 아동들에게 자신의 성공과 실패를 많은 노력 또는 구체적인 전략으로 귀인하도록 가르치는 것이다(S. Ellis, Mendel, & Nir, 2006; J. W. Fowler

& Peterson, 1981; N. C. Hall et al., 2007; J. S. Robertson, 2000). 덧붙여서, 인간이 뉴런 간의 새로운 연합을 형성하고 강화함으로써 얼마나 더 똑똑해질 수 있는지를 설명하는 등 인간 두뇌가 계속적으로 변화하고 성장할 수 있는 능력을 가졌다는 것을 가르치는 것은 더 증가적인 귀인을 이끌어낼 수 있고, 학업 성취도를 증진시킬 수 있다(Yeager & Dweck, 2012).

교사들은 학생들이 가진 자신과 자신의 능력에 대한 견해가 밤사이에 드라마처럼 변화하지 않는다는 것을 명심해야 한다(Hilt, 2005; Meece, 1994). 그래서 학생이 생산적인 귀인을 하도록 돕는 것은 한 번의 개입으로 끝내기보다는 지속적으로 시도되어야 한다.

- **대부분의 경우, 대부분의 학생들에게 비경쟁적인 활동은 경쟁적인 활동보다 더 동기를 유발한다.** 많은 학습자들은 그들이 이길 수 있는 기회를 웬만큼 가지고 있다고 생각하면, 경쟁에 의해 꽤 동기화된다(Deci & Moller, 2005; S. M. Garcia & Tor, 2009; D. W. Johnson & Johnson, 2009a). 예를 들어 제4장에 소개된 좋은 행동 게임에서 두 집단의 학생들이 좋은 행동을 해서 특권을 얻으려고 경쟁했는데, 학생들의 수업 행동이 현저하게 좋아졌다. 비록 이 상황에 경쟁의 요소가 있기는 하지만, 양 팀 모두 그들이 행동이 기준을 통과하기만 하면 이길 수 있었다. 그러나 경쟁에서 단지 몇 사람만 이길 수 있고 다른 사람들은 질 수밖에 없다면, 바람직하지 못한 부작용들이 생길 수 있다.

  - **경쟁은 숙달목표보다 수행목표를 강화한다.** 성공의 열쇠가 남들보다 잘하는 것이라면 학습자는 불가피하게 학습의 질보다 수행의 질에 주의를 기울이게 된다(C. Ames, 1984; Nicholls, 1984; Stipek, 1996).
  - **경쟁은 노력보다 능력에 귀인하도록 한다.** 경쟁 상황에서 정말 많은 노력을 했는데도 패배한 학습자는 논리적으로는 노력이 부족했다는 결론에 도달하지만, 그러나 실제로는 그러한 실패는 불충분한 능력의 결과임에 틀림없다고 결정짓는다(C. Ames, 1984; Nicholls, 1984; Thorndike-Christ, 2008).
  - **패자에게 있어서 경쟁은 낮은 유능감을 조장하고 자기가치감을 감소시킨다.** 학습자가 성공을 어떤 활동에서의 향상이나 과제의 숙달로 정의한다면, 성공은 자주 찾아오게 되고 그래서 자기효능감이 증진될 것이다. 그러나 학습자가 성공을 1등 하는 것으로 정의한다면, 대부분은 불가피하게 패자가 된다. 이러한 실패에 직면하면, 그들은 스스로를 무능력하다고 생각하고, 불쾌감을 경험하며, 그리고 자기가치감을 보호하기 위해 자기무능화를 하게 된다(C. Ames, 1984; Covington & Müeller, 2001; S. -I. Kim, Lee, Chung, & Bong, 2010; A. J. Martin, Marsh, Williamson, & Debus, 2003).

이러한 요인들의 결과로 경쟁적인 학급 환경은 대개 대부분의 학생들에게 낮은 성취를 이루게 한다. 학생들은 더 낮은 성적을 얻을 뿐 아니라 학교에 대해 더 부정적인 태도를 갖게 되며, 높은 점수를 얻기 위해 부정행위를 할 수도 있다(L. H. Anderman et al., 2007; Covington, 1992; Graham & Golen, 1991; Krampen, 1987; M. -T. Wang & Holcombe, 2010). 경쟁적인 교실환경은 여학생들에게 특히 불리하다(Catsambis, 2005; Inglehart, Brown, & Vida, 1994).

교사들은 학생들 간의 비교와 경쟁을 최소화하기 위해 다양한 조치를 취할 수 있다. 예를 들어 학생들이 친구들과 수행 수준을 비교하는 것을 최소화하도록 수업 과제들을 사적이고 비밀스럽게 다룸으로써 급우들의 수행 수준을 의식하지 않도록 할 수 있다. 교사는 학생 각자가 한 번에 서로 다른 과제들을 하도록 할 수 있다. 교사는 학생들의 수행을 친구들이 얼마나 잘했느냐와 별개로 평가함으로써 학생들도 자신의 수행을 유사한 방법으로 평가하도록 격려할 수 있다. 학생들 간에 토론이나 팀별 수학 게임과 같은 약간의 경쟁이 적절하게 보일 때, 교사들은 모든 학생이나 팀이 이길 수 있는 기회를 어느 정도 갖게 하여, 누가 궁극적인 승자들인지에 대하여 지나치게 생각하지 않게 할 수 있다(Brophy, 2004; Linnenbrink, 2005; Stipek, 2002).

◆ **나이와 능력에 적절한 도전은 동기는 높이고 지루함은 줄여준다.** 제14장에서, 도전적인 과제에 대한 성공은 학습자의 유능감을 증진시킬 수 있음을 언급했다. 도전에는 다른 혜택도 있다. 그 하나는 도전이 흥미를 자극하는 경향이 있다는 것이다. 학습자들은 대개 쉬운 과제에 대하여 싫증을 내지만 어떻게 해도 실패할 것으로 보이는 과제에 대해서는 좌절하게 된다. 도전은 행복의 매체를 제공한다. 도전은 예상하기 어려운 약간의 반전을 통해 우리의 흥미를 유지시키지만, 성공하려면 인내와 적절한 전략이 있어야 한다(Fredricks et al., 2010; Hidi & Renninger, 2006; Pekrun, Goetz, Daniels, Stupnisky, & Perry, 2010; Shernoff & Csikszentmihalyi, 2009).

도전이 주는 또 하나의 혜택은 생산적인 귀인을 더 하도록 하는 것이다. 학습자들이 별로 노력을 기울이지 않아도 되는 매우 쉬운 과제에서 성공하면, 그들은 성공을 누구나 할 수 있는 것으로 귀인하는 경향이 있다. 학습자들이 자기가 해낼 수 없다고 생각하는 매우 어려운 과제에 성공하면 행운이나 다른 사람의 도움으로 귀인한다. 그러나 오랫동안 아주 열심히 하면 할 수 있다고 생각하는 도전적인 과제에서 성공하면, 그들은 성공을 과제가 쉬웠다거나 운이 좋았다거나 남이 도왔다고 귀인할 근거가 없다. 그들의 최상의 대안은 애써서 얻은 성공을 자신의 노력이나 영리한 전략에 돌리는 것이다. 이러한 귀인은 아마도 자기효능감과 유능감, 그리고 전반적인 자기가치감을 지지해준다(Clifford, 1990; Eisenberger, 1992; Lan, Repman, Bradley, & Weller, 1994; C. Peterson, 1990; J. W. Thomas et al., 1993).

이전 장들에서 밝혔듯이, 도전적인 과제는 동기뿐 아니라 학습과 인지발달을 위해서도 중요하다(비고츠키 이론에 대한 제11장의 토론과 메타인지에 대한 제12장의 토론 참조).

학습자가 새로운 모험과 도전을 받아들일 가능성이 가장 클 때는 언제일까? 연구자들은 다음과 같은 조건들이 가장 적절하다고 제안한다.

- 성공의 기준이 각 개인에게 현실적이다.
- 성공하게 할 만큼 비계가 충분하다.
- 실수에 대한 처벌이 거의 없다.
- 쉬운 과제에 참여하면 보상이 거의 없다. 또는 쉬운 과제보다 도전적인 과제에 대한 보상이 크다.
- 학습자들은 자신의 지식, 기술, 노력, 그리고 전략의 결과로 인해 성공이 올 것이라고 생각한다(즉 학습자들이 내적 귀인을 한다).
- 학습자들은 유능감과 자율감을 가지고 있다. (E. M. Anderman & Dawson, 2011; Brophy & Alleman, 1992; Clifford, 1990; Corno & Rohrkemper, 1985; Deci & Ryan, 1985; Dweck & Elliott, 1983; Lan et al., 1994; N. E. Perry, VandeKamp, Mercer, & Nordby, 2002; Stipek, 2002)

나는 도전적인 과제에 대한 성공이 유능감을 증진시킨다고 말했다. 그러나 위의 목록에서 마지막 내용은 그 반대도 맞을 수 있음을 시사한다. 유능감은 학습자로 하여금 기꺼이 도전을 감행하게 한다. 즉 여기에는 짓궂지만 행복한 순환관계가 있다. 도전은 유능감을 증진시키고, 유능감은 더 많은 도전에 대한 갈망을 증진시킨다.

그러나 학교생활은 반드시 도전의 연속인 것만은 아니다. 분명히 소모적인 일들이 있으며, 그래서 정말 맥이 빠지기도 한다. 대신에 교사들은 단기적으로 학생들의 자신감을 고양시킬 수 있는 쉬운 과제와 장기적으로 유능감 및 자기효능감에 매우 중요한 도전적인 과제 사이의 균형을 맞추어야 한다(Spaulding, 1992; Stipek, 2002).

동기화 전략을 위한 TARGETS 기억술

많은 효과적인 동기화 전략들은 과제(Task), 자율성(Autonomy), 인정(Recognition), 모둠작업(Grouping), 평가(Evaluation), 시간(Time), 사회적 지지(Social support)의 여섯 단어로 요약될 수 있다(L. H. Anderman & Anderman, 2009; J. L. Epstein, 1989; Maehr & Anderman, 1993).[12] 학습자의 동기를 증진시키는 다면적인 접근이 표 15.3에 나타나 있다. 이 표의 초반을 면밀하게 살펴본다면, 그것들이 동기와 정서에 관한 두 개의 장에서 다루었던 개념을 많이 반영하고 있음을 발견할 것이다. 내적 동기와 외적 동기, 유능성과 자기가치

[12] 전통적으로 기억술에서 'A'는 권한(authority)를 나타냈다. 학생들이 몇몇 선택과 결정을 하기 위해서는 권한을 갖는다는 의미이다. 그러나 자율성(autonomy)이라는 단어는 같은 아이디어를 포함하며, 제14장에서 사용된 용어와 더 부합된다.

표 15.3 동기의 TARGETS 원리

원리	수업 행동의 예
수업 **과제**(Task)는 동기에 영향을 미친다.	• 학생들이 흥미를 느끼고 참여하며 정서적으로 책임감을 느낄 수 있는 과제를 사용하여 새로운 주제를 제시한다. • 단순암기학습보다는 진정한 이해를 독려한다. • 활동들을 학생들의 생활과 목표에 관련시켜준다. • 학생들이 성공할 수 있도록 충분히 지원한다.
학생들이 갖는 **자율성**(Autonomy)의 정도는 동기, 특히 내적 동기에 영향을 미친다.	• 학생들에게 무엇을 어떻게 학습할지에 대한 선택권을 준다. • 자기조절 전략을 가르친다. • 수업행동과 정책에 대해 학생들이 의견을 내도록 한다. • 학생들이 여러 활동에서 리더로서의 역할을 맡도록 한다.
학생들이 받는 **인정**(Recognition)의 양과 특성은 동기에 영향을 미친다.	• 학업적 성공뿐 아니라 개인적이고 사회적인 성공도 인정한다. • 완수했을 때뿐 아니라 향상을 보일 때도 학생들을 칭찬한다. • 학생들이 학습에 내적으로 동기화되지 않았을 때만 성취에 대한 구체적인 강화를 제공한다. • 학생들에게 성공은 자신의 노력과 전략에 달려있음을 보여준다.
수업에서 **모둠**(Grouping)학습 절차는 동기에 영향을 미친다.	• 협동학습 활동, 또래 교수 등을 통해 학생들이 상호작용할 수 있는 기회를 자주 준다. • 모든 학생이 중요한 공헌을 할 수 있는 소집단 활동을 계획한다. • 학생들이 또래와 효과적으로 상호작용하는 데 필요한 사회적 기술을 가르친다.
수업에서의 **평가**(Evaluation) 형태가 동기에 영향을 미친다.	• 평가기준을 명확히 하고, 사전에 구체적으로 제시한다. • 점수에 대한 경쟁을 최소화하거나 없앤다(상대평가를 하지 않는다). • 학생들이 잘하는 것에 대하여 구체적인 피드백을 준다. • 어떻게 하면 향상될 수 있는지에 대하여 구체적인 제안을 한다.
교사가 **시간**(Time)을 어떻게 계획하느냐가 동기에 영향을 미친다.	• 중요한 주제와 기술을 숙달할 수 있도록 충분한 시간을 준다. • 학생들이 흥미에 따라 활동할 수 있도록 허락한다. • 학교 일과를 다양화한다(예 : 앉아서 하는 활동 중간에 높은 활력을 요하는 활동을 넣는다).
학생들이 학급에서 받고 있다고 믿는 **사회적 지지**(Social support)의 양이 동기에 영향을 미친다.	• 모든 학생이 서로 돌보고, 존중하며, 지지하는 전체적인 분위기를 조성한다. • 모든 학생이 성공하도록 돕겠다는 진심 어린 열정을 가지고 모든 학생에게 애정과 존중을 전달한다. • 과도하게 수줍은 학생, 학습 기술이 부족한 학생, 신체적 장애가 있는 학생 등을 포함하여, 모든 학생이 학급 활동에 참여할 때 편안하다고 느낄 수 있는 상황을 만든다.

출처 : L. H. Anderman & Anderman, 2009; L. H. Anderman, Andrzejewski, & Allen, 2011; L. H. Anderman, Patrick, Hruda, & Linnenbrink, 2002; J. L. Epstein, 1989; Maehr & Anderman, 1993; Patrick et al., 1997.

감, 자율성, 관계성, '뜨거운 인지'(감성과 가치관 및 정서적인 사고 과정 — 역주), 흥미, 예상(expectancy), 가치, 기대(expectation), 목표, 귀인 등이 포함된다. 그리고 특히 '수업 행동의 예'를 보면, 교사는 학생의 학습을 증진시키는 데서뿐 아니라 동기 수준을 높이는 데서도 상당한 정도로 변화를 일으킬 수 있다는 것을 알 수 있다.[13]

[13] 인기를 얻고 있는 또 하나의 기억술은 MUSIC(B. D. Jones & Wilkins, 2013)이다. 학생들은 (1) 학습에 관한 어떤 결정을 하도록 힘을 부여받았다(eMpowered)고 느끼고, (2) 교육과정이 장기 및 단기 목표에 유용하다(Useful)고 생각하며, (3) 어느 정도 노력하면 성공(Succeed)할 수 있다고 믿고, (4) 흥미 있는(Interesting) 주제와 수업을 발견하고, (5) 선생님과 급우들이 자신의 학업적 진보와 일반적인 복지 모두를 돌봐준다(Caring)고 판단한다.

요약

인지는 인간 동기의 여러 측면에서 중요한 역할을 한다. 인지적 특성과 정서적 특성 모두를 가진 영향력 있는 요인은 **흥미**이다. 흥미는 두 가지 양식을 취할 수 있다. **상황적 흥미**는 임시적이고 즉각적인 환경 속에 있는 무엇인가에 의하여 촉발된다. **개인적 흥미**는 좀 더 안정적이고 개인 내부에 존재한다. 공부하고 있는 주제에 흥미가 있는 학습자는 보다 효과적인 정보처리에 참여하며 그래서 그 주제를 오랜 기간 동안 더 잘 기억한다. 교사는 학생 각자의 개인적인 흥미와 상황에 의해 유발된 흥미 모두를 활용하여 수업 시간에 학생들이 적극적으로 참여하도록 해줄 수 있다. 예를 들면 체험 활동을 하거나 학생에게 개인적으로 관련있는 읽을거리를 제공하는 것이다.

어떤 동기이론가들은 특정 과제를 수행하기 위한 동기는 두 가지 주관적인 변인에 달려있다고 주장한다. 첫째, 학습자가 자신이 성공할 것이라는 기대를 가져야 한다. 성공에 대한 그들의 기대는 자신의 현재 능력 수준뿐만 아니라 강의의 질과 자원의 활용 가능성, 그리고 지원과 같은 외적 요인들에도 달려 있다. 둘째, 학습자가 그 과제를 가치있게 여겨야 한다. 그들은 그 과제를 수행함으로써 직간접적인 이득을 얻을 수 있다고 믿어야 한다. 바라던 목표를 이루는 것, 다른 사람에게 좋은 인상을 주는 것, 또는 단순히 재미있는 것일 수도 있다. 교실에서 학생들은 무엇인가를 숙달하기 위해 필요한 도움을 얻을 수 있을 것이라고 믿어야 한다. 그들은 또한 학습 자료가 개인의 현재 관심사와 장기적인 목표에 얼마나 관련되어 있는지 알아야 한다.

학생들은 광범위하고 다양한 목표를 가지고 있는데, 그것들은 수업 장면에서 학습에 도움이 될 수도 있고, 학습을 방해할 수도 있다. **숙달목표**를 가진 학생들은 추가적인 지식이나 기술을 얻기 원한다. **수행목표**를 가진 학생들은 다른 사람의 눈에 유능하게 보이기를 원하거나(**수행접근목표**) 그렇지 못할 경우에는 무능하지 않게 보이기(**수행회피목표**)를 원한다. 이 세 종류의 목표들은 반드시 상호 배타적이지는 않다. 한 사람이 2개 또는 3개 모두를 가지고 있을 수 있다. 그러나 일반적으로 말해서, 숙달목표를 가진 학습자들은 능력이 노력과 연습을 통해서만 온다고 인정하고, 학습 기회를 최대화할 수 있는 활동을 선택하며, 실수를 미래의 수행을 개선하기 위해 건설적으로 활용하는 경향이 있다. 다른 일반적인 목표들에는 최소의 노력만 하려 하는 **작업회피목표**, 최소한의 노력만으로 얻으려는 쉽게 해치우기 목표, 관계를 얻고 유지하려는 사회적 목표, 그리고 진로목표가 있다. 때때로 사람들은 2개 또는 그 이상의 목표들을 동시에 추구한다. 어떨 때는 하나의 목표를 달성하는 것이 다른 목표들을 달성하는 것에 방해가 된다. 학습과 성취를 고양하기 위해서, 이상적으로는 교사가 학생들의 주의가 숙달목표를 주로 지향하도록 초점을 맞추어야 한다. 또한 교사는 학생들이 스스로의 목표를 설정하도록 격려해야 한다. 여기에는 그들에게 성취감을 줄 수 있고 그들이 스스로 만들어내는 진전 상황을 볼 수 있도록 해주는 단기적이고 구체적인 목표도 포함된다.

학생들이 그들에게 일어난 사건에 대하여 구성하는 인과적 설명인 귀인은 동기에 영향을 미치는 또 하나의 인지적 요인이다. 귀인은 성공과 실패에 대한 정서적 반응, 미래의 성공에 대한 기대, 노력 기울이기, 학습전략, 그리고 미래의 선택과 목표 등을 포함하여 행동과 인지의 많은 측면에 영향을 미친다. 사람들의 귀인은 많은 원천으로부터 나온다. 성패의 역사는 특히 영향력 있는 원천이다. 예를 들어 만일 그들이 무엇을 하건 일관되게 실패했다면, 그들은 이러한 실패를 선천적인 능력의 부족과 같은 안정적이고 통제 불가능한 것에 귀인하는 경향이 있다. 그러나 과제 곤란도와 같은 상황적 요인, 다른 사람들이 언어적 · 비언어적으로 전달하는 귀인, 신념과 문화관, 그리고 자기보호적 편견 등을 포함하여 다른 요인들도 차이를 만들 수 있다. 아동이 자라면서, 특히 그들이 청소년이나 성인이 되면, 노력과 인내를 증진하고 도전을 선호하는 일반적인 설명양식, 즉 '나는 할 수 있어'의 태도(숙달 지향)나 쉬운 목표를 세우도록 하고 장애를 만나면 재빨리 포기해 버리게 하는 일반적인 설명양식, 즉 '나는 할 수 없어'의 태도(학습된 무기력)를 개발한다. 말하는 것과 행동하는 것 모두를 통해서 교사는 학생들이 수업 과제에 대한 성공을 낙관하도록 이끄는 귀인을 전달해야 한다.

성공적인 학습자들은 자신의 인지적 처리를 스스로 조절하듯이, 학습 상황에 생산적인 동기와 정서를 도입하기 위해 의도적으로 노력한다. 예를 들어 학습 과제를 위한 구체적인 목표를 설정하고, 지루한 과제를 재미있게 만드는 방법을 구상하며, 실망시키는 사건을 긍정적으로 해석하기 위해 노력한다. 자기조절은 내면화된 동기 현상에도 나타난다. 학생들은 점차 그들 주위에 있는 사람들이 가치를 부여하고 격려하는 행동들을 가치 있게 여기고 채택한다. 교사와 다른 성인들은 따뜻하고 지지적인 환경을 만들어주고, 학습자들의 행동과 학습에 자율권을 부여하고, 성공을 증진하기 위한 충분한 구조를 제공함으로써 내면화된 동기를 길러줄 수 있다.

참고문헌

Ablard, K. E., & Lipschultz, R. E. (1998). Self-regulated learning in high-achieving students: Relations to advanced reasoning, achievement goals, and gender. *Journal of Educational Psychology, 90,* 94–101.

Abrams, R. A. (1994). The forces that move the eyes. *Current Directions in Psychological Science, 3,* 65–67.

Abrams, R. A., & Christ, S. E. (2003). Motion onset captures attention. *Psychological Science, 14,* 427–432.

Ackerman, P. L. (2007). New developments in understanding skilled performance. *Current Directions in Psychological Science, 16,* 235–239.

Adamson, L. B., & Bakeman, R. (1991). The development of shared attention during infancy. In R. Vasta (Ed.), *Annals of child development* (Vol. 8, pp. 1–41). London: Kingsley.

Adamson, L. B., & McArthur, D. (1995). Joint attention, affect, and culture. In C. Moore & P. J. Dunham (Eds.), *Joint attention: Its origins and role in development* (pp. 205–221). Hillsdale, NJ: Erlbaum.

Adrián, J. E., Clemente, R. A., & Villanueva, L. (2007). Mothers' use of cognitive state verbs in picture-book reading and the development of children's understanding of mind: A longitudinal study. *Child Development, 78,* 1052–1067.

Afflerbach, P., & Cho, B.-Y. (2010). Determining and describing reading strategies: Internet and traditional forms of reading. In H. S. Waters & W. Schneider (Eds.), *Metacognition, strategy use, and instruction* (pp. 201–225). New York: Guilford Press.

Aiken, L. R. (2002). *Attitudes and related psychosocial constructs: Theories, assessment, and research.* Thousand Oaks, CA: Sage.

Ainley, M. (2006). Connecting with learning: Motivation, affect, and cognition in interest processes. *Educational Psychology Review, 18,* 391–405.

Alberto, P. A., & Troutman, A. C. (2013). *Applied behavior analysis for teachers* (8th ed.). Upper Saddle River, NJ: Merrill/Pearson Education.

Alderman, K. (1990). Motivation for at-risk students. *Educational Leadership, 48*(1), 27–30.

Aleven, V., Stahl, E., Schworm, S., Fischer, F., & Wallace, R. (2003). Help seeking and help design in interactive learning environments. *Review of Educational Research, 73,* 277–320.

Alexander, J. M., Johnson, K. E., Leibham, M. E., & Kelley, K. (2008). The development of conceptual interests in young children. *Cognitive Development, 23,* 324–334.

Alexander, J. M., Johnson, K. E., Scott, B., & Meyer, R. D. (2008). Stegosaurus and spoonbills: Mechanisms for transfer across biological domains. In M. F. Shaughnessy, M. V. E. Vennemann, & C. K. Kennedy (Eds.), *Metacognition: A recent review of research, theory, and perspectives* (pp. 63–83). Happauge, NY: Nova.

Alexander, L., Frankiewicz, R., & Williams, R. (1979). Facilitation of learning and retention of oral instruction using advance and post organizers. *Journal of Educational Psychology, 71,* 701–707.

Alexander, P. A. (1997). Mapping the multidimensional nature of domain learning: The interplay of cognitive, motivational, and strategic forces. In P. R. Pintrich & M. L. Maehr (Eds.), *Advances in motivation and achievement* (Vol. 10, pp. 213–250). Greenwich, CT: JAI Press.

Alexander, P. A. (1998). Positioning conceptual change within a model of domain literacy. In B. Guzzetti & C. Hynd (Eds.), *Perspectives on conceptual change: Multiple ways to understand knowing and learning in a complex world* (pp. 55–76). Mahwah, NJ: Erlbaum.

Alexander, P. A. (2003). The development of expertise: The journey from acclimation to proficiency. *Educational Researcher, 32*(8), 10–14.

Alexander, P. A. (2004). A model of domain learning: Reinterpreting expertise as a multidimensional, multistage process. In D. Y. Dai & R. J. Sternberg (Eds.), *Motivation, emotion, and cognition: Integrative perspectives on intellectual functioning and development* (pp. 273–298). Mahwah, NJ: Erlbaum.

Alexander, P. A., & the Disciplined Reading and Learning Research Laboratory. (2012). Reading into the future: Competence for the 21st century. *Educational Psychologist, 47,* 259–280.

Alexander, P. A., Graham, S., & Harris, K. R. (1998). A perspective on strategy research: Progress and prospects. *Educational Psychology Review, 10,* 129–154.

Alexander, P. A., & Jetton, T. L. (1996). The role of importance and interest in the processing of text. *Educational Psychology Review, 8,* 89–121.

Alexander, P. A., White, C. S., & Daugherty, M. (1997). Analogical reasoning and early mathematical learning. In L. D. English (Ed.), *Mathematical reasoning: Analogies, metaphors, and images* (pp. 117–147). Mahwah, NJ: Erlbaum.

Alexander, R. (2008). *Essays on pedagogy. New York: Routledge.* Abingdon, England: Routledge.

Alfassi, M. (2004). Reading to learn: Effects of combined strategy instruction on high school students. *Journal of Educational Research, 97,* 171–184.

Alfieri, L., Brooks, P. J., Aldrich, N. J., & Tenenbaum, H. R. (2011). Does discovery-based instruction enhance learning? *Journal of Educational Psychology, 103,* 1–18.

Alibali, M. W., & Nathan, M. J. (2012). Embodiment in mathematics teaching and learning: Evidence from learners' and teachers' gestures. *The Journal of the Learning Sciences, 21,* 247–286.

Alibali, M. W., Spencer, R. C., Knox, L., & Kita, S. (2011). Spontaneous gestures influence strategy choices in problem solving. *Psychological Science, 22,* 1138–1144.

Allen, K. D. (1998). The use of an enhanced simplified habit-reversal procedure to reduce disruptive outbursts during athletic performance. *Journal of Applied Behavior Analysis, 31,* 489–492.

Alloway, T. P., Gathercole, S. E., Kirkwood, H., & Elliott, J. (2009). The cognitive and behavioral characteristics of children with low working memory. *Child Development, 80,* 606–621.

Altmann, E. M., & Gray, W. D. (2002). Forgetting to remember: The functional relationship of decay and interference. *Psychological Science, 13,* 27–33.

Amabile, T. M., & Hennessey, B. A. (1992). The motivation for creativity in children. In A. K. Boggiano & T. S. Pittman (Eds.), *Achievement and motivation: A social-developmental perspective* (pp. 54–74). Cambridge, England: Cambridge University Press.

American Psychological Association Zero Tolerance Task Force. (2008). Are zero tolerance policies effective in the schools? An evidentiary review and recommendations. *American Psychologist, 63,* 852–862.

Ames, C. (1984). Competitive, cooperative, and individualistic goal structures: A cognitive-motivational analysis. In R. Ames & C. Ames (Eds.), *Research on motivation in education: Vol. 1. Student motivation* (pp. 177–207). Orlando, FL: Academic Press.

Ames, R. (1983). Help-seeking and achievement orientation: Perspectives from attribution theory. In A. Nadler, J. Fisher, & B. DePaulo (Eds.), *New directions in helping: Vol. 2. Help seeking* (pp. 165–186). New York: Academic Press.

Amrein, A. L., & Berliner, D. C. (2002, March 28). High-stakes testing, uncertainty, and student learning. *Education Policy Analysis Archives, 10*(18). Retrieved from http://epaa.asu.edu/epaa/v10n18/.

Amsterlaw, J. (2006). Children's beliefs about everyday reasoning. *Child Development, 77,* 443–464.

Anand, P., & Ross, S. (1987). A computer-based strategy for personalizing verbal problems in teaching mathematics. *Educational Communication and Technology Journal, 35,* 151–162.

Anderman, E. M. (2002). School effects on psychological outcomes during adolescence. *Journal of Educational Psychology, 94,* 795–809.

Anderman, E. M., & Dawson, H. (2011). Learning with motivation. In R. E. Mayer &

P. A. Alexander (Eds.), *Handbook of research on learning and instruction* (pp. 219–241). New York: Routledge.

Anderman, E. M., Griesinger, T., & Westerfield, G. (1998). Motivation and cheating during early adolescence. *Journal of Educational Psychology, 90,* 84–93.

Anderman, E. M., & Maehr, M. L. (1994). Motivation and schooling in the middle grades. *Review of Educational Research, 64,* 287–309.

Anderman, E. M., & Mueller, C. E. (2010). Middle school transitions and adolescent development. In J. Meece & J. Eccles (Eds.), *Handbook of research on schools, schooling, and human development* (pp. 198–215). Mahwah, NJ: Erlbaum.

Anderman, E. M., Noar, S., Zimmerman, R. S., & Donohew, L. (2004). The need for sensation as a prerequisite for motivation to engage in academic tasks. In M. L. Maehr & P. Pintrich (Eds.), *Advances in motivation and achievement: Vol. 13. Motivating students, improving schools: The legacy of Carol Midgley* (pp. 1–26). Greenwich, CT: JAI Press.

Anderman, E. M., & Wolters, C. A. (2006). Goals, values, and affect: Influences on student motivation. In P. A. Alexander & P. H. Winne (Eds.), *Handbook of educational psychology* (2nd ed., pp. 369–389). Mahwah, NJ: Erlbaum.

Anderman, L. H., & Anderman, E. M. (1999). Social predictors of changes in students' achievement goal orientation. *Contemporary Educational Psychology, 25,* 21–37.

Anderman, L. H., & Anderman, E. M. (2009). Oriented towards mastery: Promoting positive motivational goals for students. In R. Gilman, E. S. Huebner, & M. J. Furlong (Eds.), *Handbook of positive psychology in schools* (pp. 161–173). New York: Routledge.

Anderman, L. H., Andrzejewski, C. E., & Allen, J. (2011). How do teachers support students' motivation and learning in their classrooms? *Teachers College Record, 113,* 969–1003.

Anderman, L. H., Freeman, T. M., & Mueller, C. E. (2007). The "social" side of social context: Interpersonal affiliative dimensions of students' experiences and academic dishonesty. In E. M. Anderman & T. B. Murdock (Eds.), *The psychology of academic cheating* (pp. 203–228). San Diego, CA: Elsevier.

Anderman, L. H., Patrick, H., Hruda, L. Z., & Linnenbrink, E. A. (2002). Observing classroom goal structures to clarify and expand goal theory. In C. Midgley (Ed.), *Goals, goal structures, and patterns of adaptive learning* (pp. 243–278). Mahwah, NJ: Erlbaum.

Anderson, C. A., Berkowitz, L., Donnerstein, E., Huesmann, L. R., Johnson, J. D., Linz, D., Malamuth, N. M., & Wartella, E. (2003). The influence of media violence on youth. *Psychological Science in the Public Interest, 4,* 81–110.

Anderson, C. A., Berkowitz, L., Donnerstein, E., Huesmann, L. R., Johnson, J. D., Linz, D., . . . Wartella, E. (2003). The influence of media violence on youth. *Psychological Science in the Public Interest, 4,* 81–110.

Anderson, D. R. (2003). The Children's Television Act: A public policy that benefits children. *Applied Developmental Psychology, 24,* 337–340.

Anderson, J. R. (1974). Retrieval of propositional information from long-term memory. *Cognitive Psychology, 6,* 451–474.

Anderson, J. R. (1983a). *The architecture of cognition.* Cambridge, MA: Harvard University Press.

Anderson, J. R. (1983b). A spreading activation theory of memory. *Journal of Verbal Learning and Verbal Behavior, 22,* 261–295.

Anderson, J. R. (1987). Skill acquisition: Compilation of weak-method problem solutions. *Psychological Review, 94,* 192–210.

Anderson, J. R. (1995). *Learning and memory: An integrated approach.* New York: Wiley.

Anderson, J. R. (2005). *Cognitive psychology and its implications* (6th ed.). New York: Worth.

Anderson, J. R., Bothell, D., Byrne, M. D., Douglass, S., Lebiere, C., & Qin, Y. (2004). An integrated theory of the mind. *Psychological Review, 111,* 1036–1060.

Anderson, J. R., Greeno, J. G., Reder, L. M., & Simon, H. A. (2000). Perspectives on learning, thinking, and activity. *Educational Researcher, 29*(4), 11–13.

Anderson, J. R., Reder, L. M., & Simon, H. A. (1996). Situated learning and education. *Educational Researcher, 25*(4), 5–11.

Anderson, J. R., Reder, L. M., & Simon, H. A. (1997). Situative versus cognitive perspectives: Form versus substance. *Educational Researcher, 26*(1), 18–21.

Anderson, J. R., & Schooler, L. J. (1991). Reflections of the environment in memory. *Psychological Science, 2,* 396–408.

Anderson, L. W., Krathwohl, D. R., Airasian, P. W., Cruikshank, K. A., Mayer, R. E., Pintrich, P. R., Raths, J., & Wittrock, M. C. (Eds.). (2001). *A taxonomy for learning, teaching, and assessing: A revision of Bloom's taxonomy of educational objectives.* New York: Longman.

Anderson, M. C. (2009a). Incidental forgetting. In A. Baddeley, M. W. Eysenck, & M. C. Anderson, *Memory* (pp. 192–216). Hove, England: Psychology Press.

Anderson, M. C. (2009b). Motivated forgetting. In A. Baddeley, M. W. Eysenck, & M. C. Anderson, *Memory* (pp. 217–244). Hove, England: Psychology Press.

Anderson, M. C., & Green, C. (2001). Suppressing unwanted memories by executive control. *Nature, 410,* 366–369.

Anderson, M. C., & Levy, B. J. (2009). Suppressing unwanted memories. *Current Directions in Psychological Science, 18,* 189–194.

Anderson, P., Rothbaum, B. O., & Hodges, L. F. (2003). Virtual reality exposure in the treatment of social anxiety. *Cognitive and Behavioral Practice, 10,* 240–247.

Anderson, R. C., Nguyen-Jahiel, K., McNurlen, B., Archodidou, A., Kim, S.-Y., Reznitskaya, A., . . . Gilbert, L. (2001). The snowball phenomenon: Spread of ways of talking and ways of thinking across groups of children. *Cognition and Instruction, 19,* 1–46.

Anderson, R. C., & Pichert, J. W. (1978). Recall of previously unrecallable information following a shift in perspective. *Journal of Verbal Learning and Verbal Behavior, 17,* 1–12.

Anderson, R. C., Reynolds, R. E., Schallert, D. L., & Goetz, E. T. (1977). Frameworks for comprehending discourse. *American Educational Research Journal, 14,* 367–381.

Anderson, V., & Hidi, S. (1988/1989). Teaching students to summarize. *Educational Leadership, 46*(4), 26–28.

Andiliou, A., Ramsay, C. M., Murphy, P. K., & Fast, J. (2012). Weighing opposing positions: Examining the effects of intratextual persuasive messages on students' knowledge and beliefs. *Contemporary Educational Psychology, 37,* 113–127.

Andrade, H. L. (2010). Students as the definitive source of formative assessment: Academic self-assessment and the self-regulation of learning. In H. L. Andrade & G. J. Cizek (Eds.), *Handbook of formative assessment* (pp. 90–105). New York: Routledge.

Andre, T. (1986). Problem solving and education. In G. D. Phye & T. Andre (Eds.), *Cognitive classroom learning: Understanding, thinking, and problem solving* (pp. 169–204). Orlando, FL: Academic Press.

Andre, T., & Windschitl, M. (2003). Interest, epistemological belief, and intentional conceptual change. In G. M. Sinatra & P. R. Pintrich (Eds.), *Intentional conceptual change* (pp. 173–197). Mahwah, NJ: Erlbaum.

Andres, M., Olivier, E., & Badets, A. (2008). Actions, words, and numbers: A motor contribution to semantic processing? *Current Directions in Psychological Science, 17,* 313–317.

Andriessen, J. (2006). Arguing to learn. In R. K. Sawyer (Ed.), *The Cambridge handbook of the learning sciences* (pp. 443–459). Cambridge, England: Cambridge University Press.

Anzai, Y. (1991). Learning and use of representations for physics expertise. In K. A. Ericsson & J. Smith (Eds.), *Toward a general theory of expertise: Prospects and limits* (pp. 64–92). Cambridge, England: Cambridge University Press.

Appel, J. B., & Peterson, N. J. (1965). Punishment: Effects of shock intensity on response suppression. *Psychological Reports, 16,* 721–730.

Applebee, A. N., Langer, J. A., Nystrand, M., & Gamoran, A. (2003). Discussion-based approaches to developing understanding: Classroom instruction and student performance in middle and high school English. *American Educational Research Journal, 40,* 685–730.

Archambault, I., Eccles, J. S., & Vida, M. N. (2010). Ability self-concepts and subjective value in literacy: Joint trajectories from grades 1 through 12. *Journal of Educational Psychology, 102,* 804–816.

Ardoin, S. P., Martens, B. K., & Wolfe, L. A. (1999). Using high-probability instructional sequences with fading to increase student compliance during transitions. *Journal of Applied Behavior Analysis, 32,* 339–351.

Ariely, D., & Wertenbroch, K. (2002). Procrastination, deadlines, and performance: Self-control by precommitment. *Psychological Science, 13,* 219–224.

Arlin, M. (1984). Time, equality, and mastery learning. *Review of Educational Research, 54,* 65–86.

Armbruster, B. B. (1984). The problem of "inconsiderate text." In G. G. Duffy, L. R. Roehler, & J. Mason (Eds.), *Comprehension instruction: Perspectives and suggestions* (pp. 202–217). New York: Longman.

Aron, A. R. (2008). Progress in executive-function research: From tasks to functions to regions to networks. *Current Directions in Psychological Science, 17,* 124–129.

Aronfreed, J. (1968). Aversive control of socialization. In W. J. Arnold (Ed.), *Nebraska Symposium on Motivation* (pp. 271–320). Lincoln: University of Nebraska Press.

Aronson, E., & Patnoe, S. (1997). *The jigsaw classroom: Building cooperation in the classroom* (2nd ed.). New York: Longman.

Aronson, J., & Steele, C. M. (2005). Stereotypes and the fragility of academic competence, motivation, and self-concept. In A. J. Elliot & C. S. Dweck (Eds.), *Handbook of competence and motivation* (pp. 436–456). New York: Guilford Press.

Arrigo, J. M., & Pezdek, K. (1997). Lessons from the study of psychogenic amnesia. *Current Directions in Psychological Science, 6,* 148–152.

Arter, J. A., & Chappuis, J. (2006). *Creating and recognizing quality rubrics.* Portland, OR: Pearson Assessment Training Institute.

Artman, L., & Cahan, S. (1993). Schooling and the development of transitive inference. *Developmental Psychology, 29,* 753–759.

Ash, D. (2002). Negotiations of thematic conversations about biology. In G. Leinhardt, K. Crowley, & K. Knutson (Eds.), *Learning conversations in museums* (pp. 357–400). Mahwah, NJ: Erlbaum.

Ash, I. K., & Wiley, J. (2006). The nature of restructuring in insight: An individual-differences approach. *Psychonomic Bulletin & Review, 13*(1), 66–73.

Ashcraft, M. H. (2002). Math anxiety: Personal, educational, and cognitive consequences. *Current Directions in Psychological Science, 11,* 181–184.

Ashcraft, M. H., & Krause, J. A. (2007). Working memory, math performance, and math anxiety. *Psychonomic Bulletin & Review, 14,* 243–248.

Aslin, R. N., & Newport, E. L. (2012). Statistical learning: From acquiring specific items to forming general rules. *Current Directions in Psychological Science, 21,* 170–176.

Assor, A., & Connell, J. P. (1992). The validity of students' self-reports as measures of performance affecting self-appraisals. In D. H. Schunk & J. L. Meece (Eds.), *Student perceptions in the classroom* (pp. 25–46). Hillsdale, NJ: Erlbaum.

Assor, A., Roth, G., & Deci, E. L. (2004). The emotional costs of parents' conditional regard: A self-determination theory analysis. *Journal of Personality, 72,* 47–89.

Assor, A., Vansteenkiste, M., & Kaplan, A. (2009). Identified versus introjected approach and introjected avoidance motivations in school and in sports: The limited benefits of self-worth strivings. *Journal of Educational Psychology, 101,* 482–497.

Astuti, R., Solomon, G. E. A., & Carey, S. (2004). Constraints on conceptual development. *Monographs of the Society for Research in Child Development, 69*(3, Serial No. 277).

Atance, C. M., & Meltzoff, A. N. (2006). Preschoolers' current desires warp their choices for the future. *Psychological Science, 17,* 583–587.

Athens, E. S., & Vollmer, T. R. (2010). An investigation of differential reinforcement of alternative behavior without extinction. *Journal of Applied Behavior Analysis, 43,* 569–589.

Atkin, J. M., Black, P., & Coffey, J. (2001). *Classroom assessment and the National Science Standards.* Washington, DC: National Academy Press.

Atkinson, J. W. (1957). Motivational determinants of risk-taking behavior. *Psychological Review, 64,* 359–372.

Atkinson, J. W. (1958). *Motives in fantasy, action, and sobriety.* Princeton, NJ: Van Nostrand.

Atkinson, J. W. (1964). *Introduction to motivation.* Princeton, NJ: Van Nostrand.

Atkinson, J. W., & Birch, D. (1978). *Introduction to motivation* (2nd ed.). New York: Van Nostrand.

Atkinson, J. W., & Feather, N. T. (Eds.). (1966). *A theory of achievement motivation.* New York: Wiley.

Atkinson, J. W., & Litwin, G. H. (1960). Achievement motive and test anxiety conceived as motive to approach success and motive to avoid failure. *Journal of Abnormal and Social Psychology, 60,* 52–63.

Atkinson, J. W., & Raynor, J. O. (1978). *Personality, motivation, and achievement.* Washington, DC: Hemisphere.

Atkinson, R. C. (1975). Mnemotechnics in second-language learning. *American Psychologist, 30,* 821–828.

Atkinson, R. C., & Shiffrin, R. M. (1968). Human memory: A proposed system and its control processes. In K. W. Spence & J. T. Spence (Eds.), *The psychology of learning and motivation: Advances in research and theory* (Vol. 2). New York: Academic Press.

Atkinson, R. C., & Shiffrin, R. M. (1971). The control of short-term memory. *Scientific American, 225*(2), 82–90.

Atkinson, R. K., Catrambone, R., & Merrill, M. M. (2003). Aiding transfer in statistics: Examining the use of conceptually oriented equations and elaborations during subgoal learning. *Journal of Educational Psychology, 95,* 762–773.

Atkinson, R. K., Levin, J. R., Kiewra, K. A., Meyers, T., Kim, S., Atkinson, L. A., . . . Hwang, Y. (1999). Matrix and mnemonic text-processing adjuncts: Comparing and combining their components. *Journal of Educational Psychology, 91,* 342–357.

Au, W. (2007). High-stakes testing and curricular control: A qualitative metasynthesis. *Educational Researcher, 36,* 258–267.

Austin, J. L. (2000). Behavioral approaches to college teaching. In J. Austin & J. E. Carr (Eds.), *Handbook of applied behavior analysis* (pp. 449–471). Reno, NV: Context Press.

Austin, J. L., & Bevan, D. (2011). Using differential reinforcement of low rates to reduce children's requests for teacher attention. *Journal of Applied Behavior Analysis, 44,* 451–461.

Austin, J. L., & Soeda, J. M. (2008). Fixed-time teacher attention to decrease off-task behaviors of typically developing third graders. *Journal of Applied Behavior Analysis, 41,* 279–283.

Ausubel, D. P. (1963). *The psychology of meaningful verbal learning.* New York: Grune & Stratton.

Ausubel, D. P. (1968). *Educational psychology: A cognitive view.* New York: Holt, Rinehart & Winston.

Ausubel, D. P., & Robinson, F. G. (1969). *School learning: An introduction to educational psychology.* New York: Holt, Rinehart & Winston.

Ausubel, D. P., Novak, J. D., & Hanesian, H. (1978). *Educational psychology: A cognitive view* (2nd ed.). New York: Holt, Rinehart & Winston.

Ayoub, C. C., & Rappolt-Schlichtmann, G. (2007). Child maltreatment and the development of alternate pathways in biology and behavior. In D. Coch, G. Dawson, & K. W. Fischer (Eds.), *Human behavior, learning, and the developing brain: Atypical development* (pp. 305–330). New York: Guilford Press.

Azevedo, R. (2005). Computer environments as metacognitive tools for enhancing learning. *Educational Psychologist, 40,* 193–197.

Azevedo, R., & Witherspoon, A. M. (2009). Self-regulated learning with hypermedia. In D. J. Hacker, J. Dunlosky, & A. C. Graesser (Eds.), *Handbook of metacognition in education* (pp. 319–339). New York: Routledge.

Azrin, N. H. (1960). Effects of punishment intensity during variable-interval reinforcement. *Journal of the Experimental Analysis of Behavior, 3,* 123–142.

Azrin, N. H., Vinas, V., & Ehle, C. T. (2007). Physical activity as reinforcement for classroom calmness of ADHD children: A preliminary study. *Child and Family Behavior Therapy, 29,* 1–8.

Babad, E. (1993). Teachers' differential behavior. *Educational Psychology Review, 5,* 347–376.

Babad, E., Avni-Babad, D., & Rosenthal, R. (2003). Teachers' brief nonverbal behaviors in defined instructional situations can predict students' evaluations. *Journal of Educational Psychology, 95,* 553–562.

Baccus, J. R., Baldwin, M. W., & Packer, D. J. (2004). Increasing implicit self-esteem through classical conditioning. *Psychological Science, 15,* 498–502.

Bachevalier, J., Malkova, L., & Beauregard, M. (1996). Multiple memory systems: A neuropsychological and developmental perspective. In G. R. Lyon & N. A. Krasnegor (Eds.), *Attention, memory, and executive function* (pp. 185–198). Baltimore, MD: Paul H. Brookes.

Baddeley, A. D. (1978). The trouble with levels: A reexamination of Craik and Lockhart's framework for memory research. *Psychological Review, 85,* 139–152.

Baddeley, A. D. (2001). Is working memory still working? *American Psychologist, 56,* 851–864.

Baddeley, A. D. (2007). *Working memory, thought and action.* Oxford, England: Oxford University Press.

Baddeley, A., Eysenck, M. W., & Anderson, M. C. (2009). *Memory.* Hove, England: Psychology Press.

Baer, J., & Garrett, T. (2010). Teaching for creativity in an era of content standards and accountability. In R. A. Beghetto & J. C. Kaufman (Eds.), *Nurturing creativity in the classroom* (pp. 6–23). New York: Cambridge University Press.

Bahrick, H. P. (1984). Semantic memory content in permastore: Fifty years of memory for Spanish learned in school. *Journal of Experimental Psychology: General, 113,* 1–29.

Bahrick, L. E., Gogate, L. J., & Ruiz, I. (2002). Attention and memory for faces and actions in infancy: The salience of actions over faces in dynamic events. *Child Development, 73,* 1629–1643.

Baillargeon, R. (1994). How do infants learn about the physical world? *Current Directions in Psychological Science, 3,* 133–140.

Baillargeon, R. (2004). Infants' physical worlds. *Current Directions in Psychological Science, 13,* 89–94.

Baird, B., Smallwood, J., Mrazek, M. D., Kam, J. W. Y., Franklin, M. S., & Schooler, J. W. (2012). Inspired by distraction: Mind wandering facilitates creative incubation. *Psychological Science, 23,* 1117–1122.

Baker, E. L. (2007). The end(s) of testing. *Educational Researcher, 36,* 309–317.

Baker, J. (1999). Teacher-student interaction in urban at-risk classrooms: Differential behavior, relationship quality, and student satisfaction with school. *The Elementary School Journal, 100,* 57–70.

Baker, L. (1989). Metacognition, comprehension monitoring, and the adult reader. *Educational Psychology Review, 1,* 3–38.

Baker, L., Scher, D., & Mackler, K. (1997). Home and family influences on motivations for reading. *Educational Psychologist, 32,* 69–82.

Balch, W., Bowman, K., & Mohler, L. (1992). Music-dependent memory in immediate and delayed word recall. *Memory and Cognition, 20,* 21–28.

Baldwin, C. L. (2007). Cognitive implications of facilitating echoic persistence. *Memory and Cognition, 35,* 774–780.

Baldwin, D. A. (2000). Interpersonal understanding fuels knowledge acquisition. *Current Directions in Psychological Science, 9,* 40–45.

Bandalos, D. L., Finney, S. J., & Geske, J. A. (2003). A model of statistics performance based on achievement goal theory. *Journal of Educational Psychology, 95,* 604–616.

Bandura, A. (1965a). Behavioral modification through modeling practices. In L. Krasner & L. Ullman (Eds.), *Research in behavior modification* (pp. 310–340). New York: Holt, Rinehart & Winston.

Bandura, A. (1965b). Influence of models' reinforcement contingencies on the acquisition of imitative responses. *Journal of Personality and Social Psychology, 1,* 589–595.

Bandura, A. (1973). *Aggression: A social learning analysis.* Englewood Cliffs, NJ: Prentice Hall.

Bandura, A. (1977). *Social learning theory.* Englewood Cliffs, NJ: Prentice Hall.

Bandura, A. (1982). Self-efficacy mechanism in human agency. *American Psychologist, 37,* 122–147.

Bandura, A. (1986). *Social foundations of thought and action: A social cognitive theory.* Englewood Cliffs, NJ: Prentice Hall.

Bandura, A. (1989). Human agency in social cognitive theory. *American Psychologist, 44,* 1175–1184.

Bandura, A. (1997). *Self-efficacy: The exercise of control.* New York: Freeman.

Bandura, A. (2000). Exercise of human agency through collective efficacy. *Current Directions in Psychological Science, 9,* 75–78.

Bandura, A. (2006). Toward a psychology of human agency. *Perspectives on Psychological Science, 1,* 164–180.

Bandura, A. (2008). Toward an agentic theory of the self. In H. W. Marsh, R. G. Craven, & D. M. McInerney (Eds.), *Self-processes, learning, and enabling human potential* (pp. 15–49). Charlotte, NC: Information Age.

Bandura, A., Barbaranelli, C., Caprara, G. V., & Pastorelli, C. (2001). Self-efficacy beliefs as shapers of children's aspirations and career trajectories. *Child Development, 72,* 187–206.

Bandura, A., Jeffery, R. W., & Bachicha, D. L. (1974). Analysis of memory codes and cumulative rehearsal in observational learning. *Journal of Research in Personality, 7,* 295–305.

Bandura, A., & Kupers, C. J. (1964). Transmission of patterns of self-reinforcement through modeling. *Journal of Abnormal and Social Psychology, 69,* 1–9.

Bandura, A., Ross, D., & Ross, S. A. (1961). Transmission of aggression through imitation of aggressive models. *Journal of Abnormal and Social Psychology, 63,* 575–582.

Bandura, A., Ross, D., & Ross, S. A. (1963). Imitation of film-mediated aggressive models. *Journal of Abnormal and Social Psychology, 66,* 3–11.

Bandura, A., & Walters, R. H. (1963). *Social learning and personality development.* New York: Holt, Rinehart & Winston.

Banich, M. T. (2009). Executive function: The search for an integrated account. *Current Directions in Psychological Science, 18,* 89–94.

Bao, X., & Lam, S. (2008). Who makes the choice? Rethinking the role of autonomy and relatedness in Chinese children's motivation. *Child Development, 79,* 269–283.

Barab, S. A., & Dodge, T. (2008). Strategies for designing embodied curriculum. In J. M. Spector, M. D. Merrill, J. van Merriënboer, & M. P. Driscoll (Eds.), *Handbook of research on educational communications and technology* (3rd ed., pp. 97–110). New York: Erlbaum.

Barab, S. A., Gresalfi, M., & Arici, A. (2009). Why educators should care about games. *Teaching for the 21st Century, 67*(1), 76–80.

Barab, S. A., Gresalfi, M., & Ingram-Goble, A. (2010). Transformational play: Using games to position person, content, and context. *Educational Researcher, 39,* 525–536.

Barch, D. M. (2003). Cognition in schizophrenia: Does working memory work? *Current Directions in Psychological Science, 12,* 146–150.

Bargai, N., Ben-Shakhar, G., & Shalev, A. Y. (2007). Posttraumatic stress disorder and depression in battered women: The mediating role of learned helplessness. *Journal of Family Violence, 22,* 267–275.

Bargh, J. A., & Morsella, E. (2008). The unconscious mind. *Perspectives on Psychological Science, 3,* 73–79.

Barkley, R. A. (1996). Critical issues in research on attention. In G. R. Lyon & N. A. Krasnegor (Eds.), *Attention, memory, and executive function* (pp. 307–326). Baltimore, MD: Paul H. Brookes.

Barnett, J. E., Di Vesta, F. J., & Rogozinski, J. T. (1981). What is learned in note taking? *Journal of Educational Psychology, 73,* 181–192.

Barnett, S. M., & Ceci, S. J. (2002). When and where do we apply what we learn? A taxonomy of far transfer. *Psychological Bulletin, 128,* 612–637.

Baron, A., Kaufman, A., & Stauber, K. A. (1969). Effects of instructions and reinforcement feedback on human operant behavior maintained by fixed-interval reinforcement. *Journal of the Experimental Analysis of Behavior, 12,* 701–712.

Baron, J. B. (1987). Evaluating thinking skills in the classroom. In J. B. Baron & R. J. Sternberg (Eds.), *Teaching thinking skills: Theory and practice* (pp. 221–247). New York: Freeman.

Baroody, A. J., Eiland, M. D., Purpura, D. J., & Reid, E. E. (2013). Can computer-assisted discovery learning foster first graders' fluency with the most basic addition combinations? *American Educational Research Journal, 50,* 533–573.

Barrish, H. H., Saunders, M., & Wolf, M. M. (1969). Good behavior game: Effects of individual contingencies for group consequences on disruptive behavior in a classroom. *Journal of Applied Behavior Analysis, 2,* 119–124.

Barron, B. (2006). Interest and self-sustained learning as catalysts of development: A learning ecology perspective. *Human Development, 49,* 193–224.

Barrouillet, P., & Camos, V. (2012). As time goes by: Temporal constraints in working memory. *Current Directions in Psychological Science, 2,* 413–419.

Barsalou, L. W., Simmons, W. K., Barbey, A., & Wilson, C. D. (2003). Grounding conceptual knowledge in modality-specific systems. *Trends in Cognitive Sciences, 7,* 84–91.

Bartlett, F. C. (1932). *Remembering: A study in experimental and social psychology.* Cambridge, England: Cambridge University Press.

Barton, K. C., & Levstik, L. S. (1996). "Back when God was around and everything": Elementary children's understanding of historical time. *American Educational Research Journal, 33,* 419–454.

Bassok, M. (1997). Two types of reliance on correlations between content and structure in reasoning about word problems. In L. D. English (Ed.), *Mathematical reasoning: Analogies, metaphors, and images* (pp. 221–246). Mahwah, NJ: Erlbaum.

Bassok, M. (2003). Analogical transfer in problem solving. In J. E. Davidson & R. J. Sternberg (Eds.), *The psychology of problem solving* (pp. 343–369). Cambridge, England: Cambridge University Press.

Bassok, M., & Holyoak, K. J. (1993). Pragmatic knowledge and conceptual structure: Determinants of transfer between quantitative domains. In D. K. Detterman & R. J. Sternberg (Eds.), *Transfer on trial: Intelligence, cognition, and instruction* (pp. 68–98). Norwood, NJ: Ablex.

Bastardi, A., Uhlmann, E. L., & Ross, L. (2011). Wishful thinking: Belief, desire, and the motivated evaluation of scientific evidence. *Psychological Science, 22,* 731–732.

Baudoin, T., Dettinger, M., & Eldringhoff, T. (2011, April). *Pedagogy and effects of technology on student learning in middle and high schools: A literature review.* Paper presented at the annual meeting of the American Educational Research Association, New Orleans, LA.

Bauer, P. J. (2002). Long-term recall memory: Behavioral and neuro-developmental changes in the first 2 years of life. *Current Directions in Psychological Science, 11,* 137–141.

Bauer, P. J., DeBoer, T., & Lukowski, A. F. (2007). In the language of multiple memory systems: Defining and describing developments in long-term declarative memory. In L. M. Oakes & P. J. Bauer (Eds.), *Short- and long-term memory in infancy and early childhood: Taking the first steps toward remembering* (pp. 240–270). New York: Oxford University Press.

Bäuml, K.-H. T., & Samenieh, A. (2010). The two faces of memory retrieval. *Psychological Science, 21,* 793–795.

Baumrind, D., Larzelere, R. E., & Cowan, P. A. (2002). Ordinary physical punishment: Is it harmful? Comment on Gershoff (2002). *Psychological Bulletin, 128*(4), 580–589.

Bavelier, D., & Neville, H. J. (2002). Cross-modal plasticity: Where and how? *Nature Reviews: Neuroscience, 3,* 443–452.

Baxter Magolda, M. B. (2002). Epistemological reflection: The evolution of epistemological assumptions from age 18 to 30. In B. K. Hofer & P. R. Pintrich (Eds.), *Personal epistemology: The psychology of beliefs about knowledge and knowing* (pp. 89–102). Mahwah, NJ: Erlbaum.

Baxter Magolda, M. B. (2004). Evolution of a constructivist conceptualization of epistemological reflection. *Educational Psychologist, 39,* 31–42.

Beal, C. R., Arroyo, I., Cohen, P. R., & Woolf, B. P. (2010). Evaluation of AnimalWatch: An intelligent tutoring system for arithmetic and fractions. *Journal of Interactive Online Learning, 9,* 64–77.

Bear, P., Torgerson, C., & Dubois-Gerchak, K. (2010). A positive procedure to increase compliance in the general education classroom for a student with serious emotional disorders. In G. S. Goodman (Ed.), *Educational psychology reader: The art and science of how people learn* (pp. 75–87). New York: Peter Lang.

Beaulieu, L., Hanley, G. P., & Roberson, A. A. (2013). Effects of peer mediation on preschools' compliance and compliance precursors. *Journal of Applied Behavior Analysis, 46,* 555–567.

Bebko, J. M., Burke, L., Craven, J., & Sarlo, N. (1992). The importance of motor activity in sensorimotor development: A perspective from children with physical handicaps. *Human Development, 35*(4), 226–240.

Beck, I. L., & McKeown, M. G. (2001). Inviting students into the pursuit of meaning. *Educational Psychology Review, 13,* 225–241.

Beck, S. R., Robinson, E. J., Carroll, D. J., & Apperly, I. A. (2006). Children's thinking about counterfactuals and future hypotheticals as possibilities. *Child Development, 77,* 413–426.

Becker, M., McElvany, N., & Kortenbruck, M. (2010). Intrinsic and extrinsic reading motivation as predictors of reading literacy: A longitudinal study. *Journal of Educational Psychology, 102,* 773–785.

Bédard, J., & Chi, M. T. H. (1992). Expertise. *Current Directions in Psychological Science, 1,* 135–139.

Beeman, M. J., & Chiarello, C. (1998). Complementary right- and left-hemisphere language comprehension. *Current Directions in Psychological Science, 7,* 2–8.

Behr, M., & Harel, G. (1988, April). Cognitive conflict in procedure applications. In D. Tirosh (Chair), *The role of inconsistent ideas in learning mathematics.* Symposium conducted at the annual meeting of the American Educational Research Association, New Orleans, LA.

Behrmann, M. (2000). The mind's eye mapped onto the brain's matter. *Current Directions in Psychological Science, 9,* 50–54.

Beilock, S. L. (2008). Math performance in stressful situations. *Current Directions in Psychological Science, 17,* 339–343.

Beilock, S. L., & Carr, T. H. (2001). On the fragility of skilled performance: What governs choking under pressure? *Journal of Experimental Psychology: General, 130,* 701–725.

Beilock, S. L., & Carr, T. H. (2004). From novice to expert performance: Memory, attention, and the control of complex sensorimotor skills. In A. M. Williams & N. J. Hodges (Eds.), *Skill acquisition in sport: Research, theory, and practice* (pp. 309–327). London: Routledge.

Beilock, S. L., & Carr, T. H. (2005). When high-powered people fail: Working memory and "choking under pressure" in math. *Psychological Science, 16,* 101–105.

Beilock, S. L., Kulp, C. A., Holt, L. E., & Carr, T. H. (2004). More on the fragility of performance: Choking under pressure in mathematical problem solving. *Journal of Experimental Psychology: General, 133,* 584–600.

Bekker, M. J., Cumming, T. D., Osborne, N. K. P., Bruining, A. M., McClean, J. I., & Leland, L. S., Jr. (2010). Encouraging electricity savings in a university residential hall through a combination of feedback, visual prompts, and incentives. *Journal of Applied Behavior Analysis, 43,* 327–331.

Belenky, D. M., & Nokes-Malach, T. J. (2012). Motivation and transfer: The role of mastery-approach goals in preparation for future learning. *Journal of the Learning Sciences, 21,* 399–432.

Belfiore, P. J., & Hornyak, R. S. (1998). Operant theory and application to self-monitoring in adolescents. In D. H. Schunk & B. J. Zimmerman (Eds.), *Self-regulated learning: From teaching to self-reflective practice* (pp. 184–202). New York: Guilford Press.

Belfiore, P. J., Lee, D. L., Vargas, A. U., & Skinner, C. H. (1997). Effects of high-preference single-digit mathematics problem completion on multiple-digit mathematics problem performance. *Journal of Applied Behavior Analysis, 30,* 327–330.

Bell, M. A., Wolfe, C. D., & Adkins, D. R. (2007). Frontal lobe development during infancy and childhood: Contributions of brain electrical activity, temperament, and language to individual differences in working memory and inhibitory control. In D. Coch, K. W. Fischer, & G. Dawson (Eds.), *Human behavior, learning, and the developing brain: Typical development* (pp. 247–276). New York: Guilford Press.

Bell, N., Grossen, M., & Perret-Clermont, A. (1985). Sociocognitive conflict and intellectual growth. In M. W. Berkowitz (Ed.), *Peer conflict and psychological growth* (pp. 41–54). San Francisco, CA: Jossey-Bass.

Bellanca, J. A., & Stirling, T. (2011). *Classrooms without borders: Using Internet projects to teach communication and collaboration.* New York: Teachers College Press.

Belland, B. R., Kim, C., & Hannafin, M. J. (2013). A framework for designing scaffolds that improve motivation and cognition. *Educational Psychologist, 48,* 243–270.

Bem, S. L. (1987). Gender schema theory and its implications for child development: Raising gender-aschematic children in a gender-schematic society. In P. Shaver & C. Hendrick (Eds.), *Sex and gender* (pp. 251–271). Thousand Oaks, CA: Sage.

Bembenutty, H., & Karabenick, S. A. (2004). Inherent association between academic delay of gratification, future time perspective, and self-regulated learning. *Educational Psychology Review, 16,* 35–57.

Bendixen, L. (2002). A process model of epistemic belief change. In B. K. Hofer & P. R. Pintrich (Eds.), *Personal epistemology: The psychology of beliefs about knowledge and knowing* (pp. 191–208). Mahwah, NJ: Erlbaum.

Bendixen, L. D., & Feucht, F. C. (Eds.). (2010). *Personal epistemology in the classroom: Theory, research, and implications for practice.* Cambridge, England: Cambridge University Press.

Bendixen, L. D., & Rule, D. C. (2004). An integrative approach to personal epistemology: A guiding model. *Educational Psychologist, 39,* 69–80.

Benes, F. M. (2007). Corticolimbic circuitry and psychopathology: Development of the corticolimbic system. In D. Coch, G. Dawson, & K. W. Fischer (Eds.), *Human behavior, learning, and the developing brain: Atypical development* (pp. 331–361). New York: Guilford Press.

Benner, A. D., & Graham, S. (2009). The transition to high school as a developmental process among multiethnic urban youth. *Child Development, 80,* 356–376.

Bennett, R. E., Gottesman, R. L., Rock, D. A., & Cerullo, F. (1993). Influence of behavior perceptions and gender on teachers' judgments of students' academic skill. *Journal of Educational Psychology, 85,* 347–356.

Benton, D. (2008). Nutrition and intellectual development. In P. C. Kyllonen, R. D. Roberts, & L. Stankov (Eds.), *Extending intelligence: Enhancement and new constructs* (pp. 373–394). New York: Erlbaum/Taylor & Francis.

Benton, S. L. (1997). Psychological foundations of elementary writing instruction. In G. D. Phye (Ed.), *Handbook of academic learning: Construction of knowledge* (pp. 236–264). San Diego, CA: Academic Press.

Benton, S. L., Kiewra, K. A., Whitfill, J. M., & Dennison, R. (1993). Encoding and external-storage effects on writing processes. *Journal of Educational Psychology, 85,* 267–280.

Benware, C., & Deci, E. L. (1984). Quality of learning with an active versus passive motivational set. *American Educational Research Journal, 21,* 755–765.

Ben-Yehudah, G., & Fiez, J. A. (2007). Development of verbal working memory. In D. Coch, K. W. Fischer, & G. Dawson (Eds.), *Human behavior, learning, and the developing brain: Typical development* (pp. 301–328). New York: Guilford Press.

Bereiter, C. (1994). Implications of postmodernism for science, or, science as progressive discourse. *Educational Psychologist, 29*(1), 3–12.

Bereiter, C. (1997). Situated cognition and how to overcome it. In D. Kirshner & J. A. Whitson (Eds.), *Situated cognition: Social, semiotic, and psychological perspectives* (pp. 281–300). Mahwah, NJ: Erlbaum.

Bereiter, C., & Scardamalia, M. (1989). Intentional learning as a goal of instruction. In L. B. Resnick (Ed.), *Knowing, learning and instruction: Essays in honour of Robert Glaser* (pp. 361–392). Mahwah, NJ: Erlbaum.

Bereiter, C., & Scardamalia, M. (1996). Rethinking learning. In D. R. Olson & N. Torrance (Eds.), *The handbook of education and human development: New models of learning, teaching, and schooling* (pp. 485–513). Cambridge, MA: Blackwell.

Bereiter, C., & Scardamalia, M. (2006). Education for the Knowledge Age: Design-centered models of teaching and instruction. In P. A. Alexander & P. H. Winne (Eds.), *Handbook of educational psychology* (2nd ed., pp. 695–713). Mahwah, NJ: Erlbaum.

Berg, C. A., & Calderone, K. S. (1994). The role of problem interpretations in understanding the development of everyday problem solving. In R. J. Sternberg & R. K. Wagner (Eds.), *Mind in context: Interactionist perspectives on human intelligence* (pp. 105–132). Cambridge, England: Cambridge University Press.

Berger, R. (2003). *An ethic of excellence: Building a culture of craftsmanship with students.* Portsmouth, NH: Heinemann.

Bergin, D. A., & Cooks, H. C. (2008). High school students of color talk about accusations of "acting White." In J. U. Ogbu (Ed.), *Minority status, oppositional culture, and schooling* (pp. 145–166). New York: Routledge.

Bergman, E. T., & Roediger, H. L., III. (1999). Can Bartlett's repeated reproduction experiments be replicated? *Memory & Cognition, 27,* 937–947.

Berk, L. E. (1994). Why children talk to themselves. *Scientific American, 271,* 78–83.

Berkowitz, L. (1989). Frustration-aggression hypothesis: Examination and reformulation. *Psychological Bulletin, 106,* 59–73.

Berliner, D. C. (1989). The place of process-product research in developing the agenda for research on teacher thinking. *Educational Psychologist, 24,* 325–344.

Berlyne, D. E. (1960). *Conflict, arousal, and curiosity.* New York: McGraw-Hill.

Berndt, T. J., & Keefe, K. (1996). Friends' influence on school adjustment: A motivational analysis. In J. Juvonen & K. R. Wentzel (Eds.), *Social motivation: Understanding children's school adjustment* (pp. 248–278). Cambridge, England: Cambridge University Press.

Berninger, V. W., Fuller, F., & Whitaker, D. (1996). A process model of writing development across the life span. *Educational Psychology Review, 8,* 193–218.

Bernstein, D. M., & Loftus, E. F. (2009). The consequences of false memories for food preferences and choices. *Perspectives on Psychological Science, 4,* 135–139.

Bernstein, J. H., & Waber, D. P. (2007). Executive capacities from a developmental perspective. In L. Meltzer (Ed.), *Executive function in education: From theory to practice* (pp. 39–54). New York: Guilford Press.

Berntsen, D. (2010). The unbidden past: Involuntary autobiographical memories as a basic mode of remembering. *Current Directions in Psychological Science, 19,* 138–142.

Berntsen, D., & Rubin, D. C. (Eds.). (2012). *Understanding autobiographical memory: Theories and approaches.* Cambridge, England: Cambridge University Press.

Bersh, P. J. (1951). The influence of two variables upon the establishment of a secondary reinforcer for operant responses. *Journal of Experimental Psychology, 41,* 62–73.

Berti, A. E., Toneatti, L., & Rosati, V. (2010). Children's conceptions about the origin of species: A study of Italian children's conceptions with and without instruction. *Journal of the Learning Sciences, 19,* 506–538.

Besner, D. (1999). Basic processes in reading: Multiple routines in localist and connectionist models. In R. M. Klein & P. A. McMullen (Eds.), *Converging methods for understanding reading and dyslexia* (pp. 413–458). Cambridge, MA: MIT Press.

Best, R. M., Dockrell, J. E., & Braisby, N. (2006). Lexical acquisition in elementary science classes. *Journal of Educational Psychology, 98,* 824–838.

Beyer, B. K. (1985). Critical thinking: What is it? *Social Education, 49,* 270–276.

Bialystok, E. (1994a). Representation and ways of knowing: Three issues in second language acquisition. In N. C. Ellis (Ed.), *Implicit and explicit learning of languages* (pp. 549–569). London: Academic Press.

Bialystok, E. (1994b). Towards an explanation of second language acquisition. In G. Brown, K. Malmkjær, A. Pollitt, & J. Williams (Eds.), *Language and understanding* (pp. 115–138). Oxford, England: Oxford University Press.

Bielaczyc, K., & Collins, A. (1999). Learning communities in classrooms: A reconceptualization of educational practice. In C. M. Reigeluth (Ed.), *Instructional-design theories and models: A new paradigm of instructional theory* (pp. 269–292). Mahwah, NJ: Erlbaum.

Bielaczyc, K., & Collins, A. (2006). Fostering knowledge-creating communities. In A. M. O'Donnell, C. E. Hmelo-Silver, & G. Erkens (Eds.), *Collaborative learning, reasoning, and technology* (pp. 37–60). Mahwah, NJ: Erlbaum.

Biemiller, A., Shany, M., Inglis, A., & Meichenbaum, D. (1998). Factors influencing children's acquisition and demonstration of self-regulation on academic tasks. In D. H. Schunk & B. J. Zimmerman (Eds.), *Self-regulated learning: From teaching to self-reflective practice* (pp. 203–224). New York: Guilford Press.

Bilalic, M., McLeod, P., & Gobet, F. (2010). The mechanism of the Einstellung (set) effect: A pervasive source of cognitive bias. *Current Directions in Psychological Science, 19,* 111–115.

Binder, L. M., Dixon, M. R., & Ghezzi, P. M. (2000). A procedure to teach self-control to children with attention deficit hyperactivity disorder. *Journal of Applied Behavior Analysis, 33,* 233–237.

Birch, H. G., & Rabinowitz, H. S. (1951). The negative effect of previous experience on productive thinking. *Journal of Experimental Psychology, 41,* 121–125.

Birdsong, D. (2006). Age and second language acquisition and processing: A selective overview. *Language Learning, 56,* 9–49.

Bivens, J. A., & Berk, L. E. (1990). A longitudinal study of the development of elementary school children's private speech. *Merrill-Palmer Quarterly, 36,* 443–463.

Bjorklund, D. F. (1987). How age changes in knowledge base contribute to the development of children's memory: An interpretive review. *Developmental Review, 7,* 93–130.

Bjorklund, D. F. (1997). In search of a metatheory for cognitive development (or, Piaget is dead and I don't feel so good myself). *Child Development, 68,* 144–148.

Bjorklund, D. F., & Coyle, T. R. (1995). Utilization deficiencies in the development of memory strategies. In F. E. Weinert & W. Schneider (Eds.), *Research on memory development: State of the art and future directions* (pp. 161–180). Hillsdale, NJ: Erlbaum.

Bjorklund, D. F., & Green, B. L. (1992). The adaptive nature of cognitive immaturity. *American Psychologist, 47,* 46–54.

Black, P., & Wiliam, D. (1998). Assessment and classroom learning. *Assessment in Education, 5*(1), 7–74.

Blackwell, L. S., Trzesniewski, K. H., & Dweck, C. S. (2007). Implicit theories of intelligence predict achievement across an adolescent transition: A longitudinal study and an intervention. *Child Development, 78,* 246–263.

Blair, C., & Razza, R. P. (2007). Relating effortful control, executive function, and false belief understanding to emerging math and literacy ability in kindergarten. *Child Development, 78,* 647–663.

Blanchard, F. A., Lilly, T., & Vaughn, L. A. (1991). Reducing the expression of racial prejudice. *Psychological Science, 2,* 101–105.

Blanchette, I., & Richards, A. (2004). Reasoning about emotional and neutral materials: Is logic affected by emotion? *Psychological Science, 15,* 745–752.

Blaser, E., & Kaldy, Z. (2010). Infants get five stars on iconic memory tests: A partial-report test of 6-month-old infants' iconic memory capacity. *Psychological Science, 21,* 1643–1645.

Blasi, A. (1995). Moral understanding and the moral personality: The process of moral integration. In W. M. Kurtines & J. L. Gewirtz (Eds.), *Moral development: An introduction* (pp. 229–253). Boston, MA: Allyn & Bacon.

Blatt, S. J. (1995). The destructiveness of perfectionism: Implication for treatment of depression. *American Psychologist, 50,* 1103–1020.

Blazevski, J. L., McEvoy, A. P., & Pintrich, P. R. (2003, April). *The relation of achievement goals to cognitive regulation, persistence, and achievement.* Paper presented at the annual meeting of the American Educational Research Association, Chicago, IL.

Block, J. H. (1980). Promoting excellence through mastery learning. *Theory Into Practice, 19*(1), 66–74.

Blok, H., Oostdam, R., Otter, M. E., & Overmaat, M. (2002). Computer-assisted instruction in support of beginning reading instruction: A review. *Review of Educational Research, 72,* 101–103.

Bloom, B. S. (1981). *All our children learning.* New York: McGraw-Hill.

Bloom, B. S., Englehart, M. B., Furst, E. J., Hill, W. H., & Krathwohl, D. R. (1956). *Taxonomy of educational objectives. The classification of educational goals. Handbook I: Cognitive domain.* New York: Longmans Green.

Bloom, L., & Tinker, E. (2001). The intentionality model and language acquisition. *Monographs of the Society for Research in Child Development, 66*(4, Serial No. 267).

Bloom, S. E., Iwata, B. A., Fritz, J. N., Roscoe, E. M., & Carreau, A. B. (2011). Classroom application of a trial-based functional analysis. *Journal of Applied Behavior Analysis, 44,* 19–31.

Blumenfeld, P. C. (1992). The task and the teacher: Enhancing student thoughtfulness in science. In J. Brophy (Ed.), *Advances in research on teaching: Vol. 3. Planning and managing learning tasks and activities* (pp. 81–114). Greenwich, CT: JAI Press.

Blumenfeld, P. C., Marx, R. W., Soloway, E., & Krajcik, J. (1996). Learning with peers: From small group cooperation to collaborative communities. *Educational Researcher, 25*(8), 37–40.

Bodrova, E., & Leong, D. J. (1996). *Tools of the mind: The Vygotskian approach to early childhood education.* Upper Saddle River, NJ: Merrill/Prentice Hall.

Boekaerts, M., de Koning, E., & Vedder, P. (2006). Goal-directed behavior and contextual factors in the classroom: An innovative approach to the study of multiple goals. *Educational Psychologist, 41,* 33–51.

Boggiano, A. K., Main, D. S., & Katz, P. A. (1988). Children's preference for challenge: The role of perceived competence and control. *Journal of Personality and Social Psychology, 54,* 134–141.

Boggiano, A. K., & Pittman, T. S. (Eds.). (1992). *Achievement and motivation: A social-developmental perspective.* Cambridge, England: Cambridge University Press.

Bohn-Gettler, C. M., & Rapp, D. N. (2011). Depending on my mood: Mood-driven influences on text comprehension. *Journal of Educational Psychology, 103,* 562–577.

Boiler, K. (1997). Preexposure effects on infant learning and memory. *Developmental Psychobiology, 31,* 93–105.

Bong, M. (2009). Age-related differences in achievement goal differentiation. *Journal of Educational Psychology, 101,* 879–896.

Bong, M., & Clark, R. E. (1999). Comparison between self-concept and self-efficacy in academic motivation research. *Educational Psychologist, 34,* 139–153.

Bong, M., & Skaalvik, E. M. (2003). Academic self-concept and self-efficacy: How different are they really? *Educational Psychology Review, 15,* 1–40.

Bonney, C. R., & Sternberg, R. J. (2011). Learning to think critically. In R. E. Mayer & P. A. Alexander (Eds.), *Handbook of research on learning and instruction* (pp. 166–196). New York: Routledge.

Booth, J. L., & Newton, K. J. (2012). Fractions: Could they really be the gatekeeper's doorman? *Contemporary Educational Psychology, 37,* 247–253.

Booth, J. R. (2007). Brain bases of learning and development of language and reading In D. Coch, K. W. Fischer, & G. Dawson (Eds.), *Human behavior, learning, and the developing brain: Typical development* (pp. 279–300). New York: Guilford Press.

Borkowski, J. G., & Burke, J. E. (1996). Theories, models, and measurements of executive functioning. In G. R. Lyon & N. A. Krasnegor (Eds.), *Attention, memory, and executive function* (pp. 235–261). Baltimore, MD: Paul H. Brookes.

Born, D. G., & Davis, M. L. (1974). Amount and distribution of study in a personalized instruction course and in a lecture course. *Journal of Applied Behavior Analysis, 7,* 365–375.

Bortfeld, H., & Whitehurst, G. J. (2001). Sensitive periods in first language acquisition. In D. B. Bailey, Jr., J. T. Bruer, F. J. Symons, & J. W. Lichtman (Eds.), *Critical thinking about critical periods* (pp. 173–192). Baltimore, MD: Paul H. Brookes.

Bouchey, H. A., & Harter, S. (2005). Reflected appraisals, academic self-perceptions, and math/science performance during early adolescence. *Journal of Educational Psychology, 97,* 673–686.

Bourne, L. E., Jr. (1982). Typicality effects in logically defined concepts. *Memory and Cognition, 10,* 3–9.

Bourne, L. E., Jr., Dominowski, R. L., Loftus, E. F., & Healy, A. F. (1986). *Cognitive processes* (2nd ed.). Englewood Cliffs, NJ: Prentice Hall.

Bourne, L. E., Jr., Ekstrand, D. R., & Dominowski, R. L. (1971). *The psychology of thinking.* Englewood Cliffs, NJ: Prentice Hall.

Bousfield, W. A. (1953). The occurrence of clustering in the recall of randomly arranged associates. *Journal of General Psychology, 49,* 229–240.

Bouton, M. E. (1994). Context, ambiguity, and classical conditioning. *Current Directions in Psychological Science, 3,* 49–53.

Bower, G. H. (1972). Mental imagery and associative learning. In L. W. Gregg (Ed.), *Cognition in learning and memory* (pp. 51–88). New York: Wiley.

Bower, G. H. (1994). Some relations between emotions and memory. In P. Ekman & R. J. Davidson (Eds.), *The nature of emotion: Fundamental questions* (pp. 303–305). New York: Oxford University Press.

Bower, G. H. (2008). The evolution of a cognitive psychologist: A journey from simple behaviors to complex mental acts. *Annual Review of Psychology, 59,* 1–27.

Bower, G. H., Black, J. B., & Turner, T. J. (1979). Scripts in memory for text. *Cognitive Psychology, 11,* 177–220.

Bower, G. H., & Clark, M. C. (1969). Narrative stories as mediators for serial learning. *Psychonomic Science, 14,* 181–182.

Bower, G. H., Clark, M. C., Lesgold, A. M., & Winzenz, D. (1969). Hierarchical retrieval schemes in recall of categorized word lists. *Journal of Verbal Learning and Verbal Behavior, 8,* 323–343.

Bower, G. H., & Forgas, J. P. (2001). Mood and social memory. In J. P. Forgas (Ed.), *Handbook of affect and social cognition* (pp. 95–120). Mahwah, NJ: Erlbaum.

Bower, G. H., & Hilgard, E. R. (1981). *Theories of learning* (5th ed.). Englewood Cliffs, NJ: Prentice Hall.

Bower, G. H., Karlin, M. B., & Dueck, A. (1975). Comprehension and memory for pictures. *Memory and Cognition, 3,* 216–220.

Bower, G. H., McLean, J., & Meachem, J. (1966). Value of knowing when reinforcement is due. *Journal of Comparative and Physiological Psychology, 62,* 184–192.

Bower, G. H., & Springston, F. (1970). Pauses as recoding points in letter series. *Journal of Experimental Psychology, 83,* 421–430.

Bower, J. E., Moskowitz, J. T., & Epel, E. (2009). Is benefit finding good for your health? Pathways linking positive life changes after stress and physical health outcomes. *Current Directions in Psychological Science, 18,* 337–341.

Bowers, J. S. (2002). Challenging the widespread assumption that connectionism and distributed representations go hand-in-hand. *Cognitive Psychology, 45,* 413–445.

Bowers, J. S. (2009). On the biological plausibility of grandmother cells: Implications for neural network theories in psychology and neuroscience. *Psychological Review, 116,* 220–251.

Bowers, J. S., Mattys, S. L., & Gage, S. H. (2009). Preserved implicit knowledge of a forgotten childhood language. *Psychological Science, 20,* 1064–1069.

Boyanton, D. (2010). Behaviorism and its effect upon learning in the schools. In G. S. Goodman (Ed.), *Educational psychology reader: The art and science of how people learn* (pp. 49–65). New York: Peter Lang.

Boyatzis, R. E. (1973). Affiliation motivation. In D. C. McClelland & R. S. Steele (Eds.), *Human motivation: A book of readings* (pp. 252–276). Morristown, NJ: General Learning Press.

Boyer, E., Miltenberger, R. G., Batsche, C., & Fogel, V. (2009). Video modeling by experts with video feedback to enhance gymnastics skills. *Journal of Applied Behavior Analysis, 42,* 855–860.

Braaksma, M. A. H., Rijlaarsdam, G., & van den Bergh, H. (2002). Observational learning and the effects of model-observer similarity. *Journal of Educational Psychology, 94,* 405–415.

Braasch, J. L. G., Goldman, S. R., & Wiley, J. (2013). The influences of text and reader characteristics on learning from refutations in science texts. *Journal of Educational Psychology, 105,* 561–578.

Bracken, B. (2009). Positive self-concepts. In R. Gilman, E. S. Huebner, & M. J. Furlong (Eds.), *Handbook of positive psychology in schools* (pp. 89–106). New York: Routledge.

Bradshaw, C. P., Zmuda, J. H., Kellam, S. G., & Ialongo, N. S. (2009). Longitudinal impact of two universal preventive interventions in first grade on educational outcomes in high school. *Journal of Educational Psychology, 101,* 926–937.

Brainerd, C. J. (2003). Jean Piaget, learning research, and American education. In B. J. Zimmerman & D. H. Schunk (Eds.), *Educational psychology: A century of contributions* (pp. 251–287). Mahwah, NJ: Erlbaum.

Brainerd, C. J., & Reyna, V. F. (1992). Explaining "memory free" reasoning. *Psychological Science, 3,* 332–339.

Brainerd, C. J., & Reyna, V. F. (1998). When things that were never experienced are easier to "remember" than things that were. *Psychological Science, 9,* 484–489.

Brainerd, C. J., & Reyna, V. F. (2002). Fuzzy-trace theory and false memory. *Current Directions in Psychological Science, 11,* 164–169.

Brainerd, C. J., & Reyna, V. F. (2004). Fuzzy-trace theory and memory development. *Developmental Review, 24,* 396–439.

Brainerd, C. J., & Reyna, V. F. (2005). *The science of false memory.* Oxford, England: Oxford University Press.

Bransford, J. D., & Franks, J. J. (1971). The abstraction of linguistic ideas. *Cognitive Psychology, 2,* 331–350.

Bransford, J. D., Franks, J. J., Vye, N. J., & Sherwood, R. D. (1989). New approaches to instruction: Because wisdom can't be told. In S. Vosniadou & A. Ortony (Eds.), *Similarity and analogical reasoning* (pp. 470–497). Cambridge, England: Cambridge University Press.

Bransford, J. D., & Johnson, M. K. (1972). Contextual prerequisites for understanding: Some investigations of comprehension and recall. *Journal of Verbal Learning and Verbal Behavior, 11,* 717–726.

Bransford, J. D., Mosborg, S., Copland, M. A., Honig, M. A., Nelson, H. G., Gawel, D., . . . Vye, N. (2009). Adaptive people and adaptive systems: Issues of learning and design. In A. Hargreaves, A. Lieberman, M. Filan, & D. Hopkins (Eds.), *Second international handbook of educational change* (pp. 825–856). Dordrecht, Netherlands: Springer.

Bransford, J. D., & Schwartz, D. L. (1999). Rethinking transfer: A simple proposal with multiple implications. *Review of Research in Education* (Vol. 24, pp. 61–100). Washington, DC: American Educational Research Association.

Bransford, J. D., Vye, N., Stevens, R., Kuhl, P., Schwartz, D., Bell, P., . . . Sabelli, N. (2006). Learning theories and education: Toward a decade of synergy. In P. A. Alexander & P. H. Winne (Eds.), *Handbook of educational psychology* (2nd ed., pp. 209–244). Mahwah, NJ: Erlbaum.

Bråten, I., Britt, M. A., Strømsø, H. I., & Rouet, J.-F. (2011). The role of epistemic beliefs in the comprehension of multiple expository texts: Toward an integrated model. *Educational Psychologist, 46,* 48–70.

Breitmeyer, B. B., & Ganz, L. (1976). Implications of sustained and transient channels for theories of visual pattern masking, saccadic suppression, and information processing. *Psychological Review, 83,* 1–36.

Brendgen, M., Wanner, G., Vitaro, F., Bukowski, W. M., & Tremblay, R. E. (2007). Verbal abuse by the teacher during childhood and academic, behavioral, and emotional adjustment in young adulthood. *Journal of Educational Psychology, 99,* 26–38.

Brenner, M. E., Mayer, R. E., Moseley, B., Brar, T., Durán, R., Reed, B. S., & Webb, D. (1997). Learning by understanding: The role of multiple representations in learning algebra. *American Educational Research Journal, 34,* 663–689.

Brewer, W. F. (2008). Naive theories of observational astronomy: Review, analysis, and theoretical implications. In S. Vosniadou (Ed.), *International handbook of research on conceptual change* (pp. 155–204). New York: Routledge.

Brewer, W. F., & Treyens, J. C. (1981). Role of schemata in memory for places. *Cognitive Psychology, 13,* 207–230.

Brickman, S., Miller, R. B., & Roedel, T. D. (1997, March). *Goal valuing and future consequences as predictors of cognitive engagement.* Paper presented at the annual meeting of the American Educational Research Association, Chicago, IL.

Briggs, L. J., & Reed, H. B. (1943). The curve of retention for substance material. *Journal of Experimental Psychology, 32,* 513–517.

Britner, S. L. (2010). Science anxiety: Relationships to achievement, self-efficacy, and pedagogical factors. In J. C. Cassady (Ed.), *Anxiety in schools: The causes, consequences, and solutions for academic anxieties* (pp. 79–94). New York: Peter Lang.

Britton, B. K., Stimson, M., Stennett, B., & Gülgöz, S. (1998). Learning from instructional text: Test of an individual differences model. *Journal of Educational Psychology, 90,* 476–491.

Broadbent, D. E. (1958). *Perception and communication.* London: Pergamon Press.

Broadhurst, P. L. (1959). The interaction of task difficulty and motivation: The Yerkes-Dodson law revived. *Acta Psychologia, 16,* 321–338.

Broekkamp, H., Van Hout-Wolters, B. H. A. M., Rijlaarsdam, G., & van den Bergh, H. (2002). Importance in instructional text: Teachers' and students' perceptions of task demands. *Journal of Educational Psychology, 94,* 260–271.

Bromme, R., Kienhues, D., & Porsch, T. (2010). Who knows what and who can we believe? Epistemological beliefs are beliefs about knowledge (mostly) to be attained from others. In L. D. Bendixen & F. C. Feucht (Eds.), *Personal epistemology in the classroom: Theory, research, and implications for practice* (pp. 163–193). Cambridge, England: Cambridge University Press.

Bronfenbrenner, U. (1979). *The ecology of human development: Experiments by nature and design.* Cambridge, MA: Harvard University Press.

Bronfenbrenner, U. (1989). Ecological systems theory. In R. Vasta (Ed.), *Annals of child development* (Vol. 6, pp. 187–251). Greenwich, CT: JAI Press.

Bronfenbrenner, U. (1995). The bioecological model from a life course perspective. In P. Moen, G. H. Elder, Jr., & K. Luscher (Eds.), *Examining lives in context: Perspectives on the ecology of human development* (pp. 599–618). Washington, DC: American Psychological Association.

Bronfenbrenner, U. (1999). Is early intervention effective? Some studies of early education in familial and extra-familial settings. In A. Montagu (Ed.), *Race and IQ* (expanded ed., pp. 343–378). New York: Oxford University Press.

Bronfenbrenner, U. (2005). *Making human beings human: Bioecological perspectives on human development.* Thousand Oaks, CA: Sage.

Bronfenbrenner, U., & Morris, P. A. (1998). The ecology of developmental processes. In W. Damon (Series Ed.) & R. M. Lerner (Vol. Ed.), *Handbook of child psychology: Vol. 1. Theoretical models of human development* (5th ed., pp. 993–1028). New York: Wiley.

Bronson, M. B. (2000). *Self-regulation in early childhood: Nature and nurture.* New York: Guilford Press.

Brookhart, S. M. (2004). *Grading.* Upper Saddle River, NJ: Merrill/Prentice Hall.

Brooks, L. W., & Dansereau, D. F. (1987). Transfer of information: An instructional perspective. In S. M. Cormier & J. D. Hagman (Eds.), *Transfer of learning: Contemporary research and applications* (pp. 121–150). San Diego, CA: Academic Press.

Brooks-Gunn, J. (2003). Do you believe in magic? What we can expect from early childhood intervention programs. *Social Policy Report, 17*(1), 3–14.

Brophy, J. E. (1986). *On motivating students.* Occasional Paper No. 101, Institute for Research on Teaching, Michigan State University, East Lansing.

Brophy, J. E. (1987). Synthesis of research on strategies for motivating students to learn. *Educational Leadership, 45*(2), 40–48.

Brophy, J. E. (2004). *Motivating students to learn* (2nd ed.). Mahwah, NJ: Erlbaum.

Brophy, J. E. (2005). Goal theorists should move on from performance goals. *Educational Psychologist, 40,* 167–176.

Brophy, J. E. (2006). Observational research on generic aspects of classroom teaching. In P. A. Alexander & P. H. Winne (Eds.), *Handbook of educational psychology* (2nd ed., pp. 755–780). Mahwah, NJ: Erlbaum.

Brophy, J. E. (2008). Developing students' appreciation for what is taught in school. *Educational Psychologist, 43,* 132–141.

Brophy, J. E., & Alleman, J. (1992). Planning and managing learning activities: Basic principles. In J. Brophy (Ed.), *Advances in research on teaching: Vol. 3. Planning and managing learning tasks and activities* (pp. 1–45). Greenwich, CT: JAI Press.

Brophy, J. E., Alleman, J., & Knighton, B. (2009). *Inside the social studies classroom.* New York: Routledge.

Brothers, K. J., Krantz, P. J., & McClannahan, L. E. (1994). Office paper recycling: A function of container proximity. *Journal of Applied Behavior Analysis, 27,* 153–160.

Brown, A. (1991). A review of the tip-of-the-tongue experience. *Psychological Bulletin, 109,* 204–223.

Brown, A. L., & Campione, J. C. (1994). Guided discovery in a community of learners. In K. McGilly (Ed.), *Classroom lessons: Integrating cognitive theory and classroom practice* (pp. 229–270). Cambridge, MA: MIT Press/Bradford.

Brown, A. L., & Campione, J. C. (1996). Psychological theory and the design of innovative learning environments: On procedures, principles, and systems. In L. Schauble & R. Glaser (Eds.), *Innovations in learning: New environments for education* (pp. 289–325). Mahwah, NJ: Erlbaum.

Brown, A. L., & Day, J. D. (1983). Macrorules for summarizing texts: The development of expertise. *Journal of Verbal Learning and Verbal Behavior, 22,* 1–14.

Brown, A. L., & Palincsar, A. S. (1987). Reciprocal teaching of comprehension strategies: A natural history of one program for enhancing learning. In J. Borkowski & J. D. Day (Eds.), *Cognition in special education: Comparative approaches to retardation, learning disabilities, and giftedness* (pp. 81–132). Norwood, NJ: Ablex.

Brown, B. (1990). Peer groups. In S. Feldman & G. Elliott (Eds.), *At the threshold: The developing adolescent* (pp. 171–196). Cambridge, MA: Harvard University Press.

Brown, B. B., Bakken, J. P., Ameringer, S. W., & Mahon, S. D. (2008). A comprehensive conceptualization of the peer influence process in adolescence. In M. J. Prinstein & K. A. Dodge (Eds.), *Understanding peer influence in children and adolescents* (pp. 17–44). New York: Guilford Press.

Brown, B. B., Eicher, S. A., & Petrie, S. (1986). The importance of peer group ("crowd") affiliation in adolescence. *Journal of Adolescence, 9,* 73–96.

Brown, D. E., & Hammer, D. (2008). Conceptual change in physics. In S. Vosniadou (Ed.), *International handbook of research on conceptual change* (pp. 127–154). New York: Routledge.

Brown, I., & Inouye, D. K. (1978). Learned helplessness through modeling: The role of perceived similarity in competence. *Journal of Personality and Social Psychology, 36,* 900–908.

Brown, J. (1968). Reciprocal facilitation and impairment of free recall. *Psychonomic Science, 10,* 41–42.

Brown, J. S., Collins, A., & Duguid, P. (1989). Situated cognition and the culture of learning. *Educational Researcher, 18*(1), 32–42.

Brown, M. C., McNeil, N. M., & Glenberg, A. M. (2009). Using concreteness in education: Real problems, potential solutions. *Child Development Perspectives, 3,* 160–164.

Brown, R., & McNeill, D. (1966). The "tip of the tongue" phenomenon. *Journal of Verbal Learning and Verbal Behavior, 5,* 325–337.

Brown, S. I., & Walter, M. I. (1990). *The art of problem posing* (2nd ed.). Hillsdale, NJ: Erlbaum.

Brown, W. H., Fox, J. J., & Brady, M. P. (1987). Effects of spatial density on 3- and 4-year-old children's socially directed behavior during freeplay: An investigation of a setting factor. *Education and Treatment of Children, 10,* 247–258.

Bruer, J. T. (1997). Education and the brain: A bridge too far. *Educational Researcher, 26*(8), 4–16.

Bruer, J. T. (1999). *The myth of the first three years: A new understanding of early brain development and lifelong learning.* New York: Free Press.

Bruer, J. T., & Greenough, W. T. (2001). The subtle science of how experience affects the brain. In D. B. Bailey, Jr., J. T. Bruer, F. J. Symons, & J. W. Lichtman (Eds.), *Critical thinking about critical periods* (pp. 209–232). Baltimore, MD: Paul H. Brookes.

Brummelman, E., Thomaes, S., Orobio de Castro, B., Overbeek, G., & Bushman, B. J. (2014). "That's not just beautiful—That's incredibly beautiful!": The adverse impact of inflated praise on children with low self-esteem. *Psychological Science, 25,* 728–735.

Bruner, J. S. (1957). On going beyond the information given. In H. Gruber, K. R. Hammond, & M. Wertheimer (Eds.), *Contemporary approaches to cognition* (pp. 41–69). Cambridge, MA: Harvard University Press.

Bruner, J. S. (1961a). The act of discovery. *Harvard Educational Review, 31,* 21–32.

Bruner, J. S. (1961b). *The process of education.* Cambridge, MA: Harvard University Press.

Bruner, J. S. (1966). *Toward a theory of instruction.* New York: W. W. Norton.

Bruner, J. S., Goodnow, J., & Austin, G. (1956). *A study of thinking.* New York: Wiley.

Bruning, R. H., Schraw, G. J., & Ronning, R. R. (1995). *Cognitive psychology and instruction* (2nd ed.). Englewood Cliffs, NJ: Prentice Hall/Merrill.

Bryan, J. H. (1975). Children's cooperation and helping behaviors. In E. M. Hetherington (Ed.), *Review of child development research* (Vol. 5, pp. 127–181). Chicago, IL: University of Chicago Press.

Bryck, R. L., & Fisher, P. A. (2012). Training the brain: Practical applications of neural plasticity from the intersection of cognitive neuroscience, developmental psychology, and prevention science. *American Psychologist, 67,* 87–100.

Buckner, R. L., & Petersen, S. E. (1996). What does neuroimaging tell us about the role of prefrontal cortex in memory retrieval? *Seminars in the Neurosciences, 8,* 47–55.

Buehl, M. M., & Alexander, P. A. (2005). Motivation and performance differences in students' domain-specific epistemological belief profiles. *American Educational Research Journal, 42,* 697–726.

Buehl, M. M., & Alexander, P. A. (2006). Examining the dual nature of epistemological beliefs. *International Journal of Educational Research, 45,* 28–42.

Bufford, R. K. (1976). Evaluation of a reinforcement procedure for accelerating work rate in a self-paced course. *Journal of Applied Behavior Analysis, 9,* 208.

Bugelski, B. R. (1962). Presentation time, total time, and mediation in paired-associate learning. *Journal of Experimental Psychology, 63,* 409–412.

Bugelski, B. R., & Alampay, D. A. (1961). The role of frequency in developing perceptual sets. *Canadian Journal of Psychology, 15,* 205–211.

Bugelski, B. R., Kidd, E., & Segmen, J. (1968). Image as a mediator in one-trial paired-associate learning. *Journal of Experimental Psychology, 76,* 69–73.

Bugg, J. M., & McDaniel, M. A. (2012). Selective benefits of question self-generation and answering for remembering expository text. *Journal of Educational Psychology, 104,* 922–931.

Bulgren, J. A., Deshler, D. D., Schumaker, J. B., & Lenz, B. K. (2000). The use and effectiveness of analogical instruction in diverse secondary content classrooms. *Journal of Educational Psychology, 92,* 426–441.

Bulgren, J. A., Marquis, J. G., Lenz, B. K., Deshler, D. D., & Schumaker, J. B. (2011). The effectiveness of a question-exploration routine for enhancing the content learning of secondary students. *Journal of Educational Psychology, 103,* 578–593.

Bulgren, J. A., Schumaker, J. B., & Deshler, D. D. (1994). The effects of a recall enhancement routine on the test performance of secondary students with and without learning disabilities. *Learning Disabilities Research and Practice, 9,* 2–11.

Burgess, K. B., Wojslawowicz, J. C., Rubin, K. H., Rose-Krasnor, L., & Booth-LaForce, C. (2006). Social information processing and coping strategies of shy/withdrawn and aggressive children: Does friendship matter? *Child Development, 77,* 371–383.

Burhans, K. K., & Dweck, C. S. (1995). Helplessness in early childhood: The role of contingent worth. *Child Development, 66,* 1719–1738.

Burnett, P. (2001). Elementary students' preferences for teacher praise. *Journal of Classroom Interaction, 36,* 16–23.

Burnett, R. E., & Kastman, L. M. (1997). Teaching composition: Current theories and practices. In G. D. Phye (Ed.), *Handbook of academic learning: Construction of knowledge* (pp. 268–305). San Diego, CA: Academic Press.

Burwell, R. A., & Shirk, S. R. (2009). Contingent self-worth and gender differences in adolescent depression: A commentary. *Sex Roles, 61,* 769–777.

Buschke, H. (1977). Two-dimensional recall: Immediate identification of clusters in episodic and semantic memory. *Journal of Verbal Learning and Verbal Behavior, 16,* 201–215.

Bussey, K., & Bandura, A. (1992). Self-regulatory mechanisms governing gender development. *Child Development, 63,* 1236–1250.

Butcher, K. R. (2006). Learning from text with diagrams: Promoting mental model development and inference generation. *Journal of Educational Psychology, 98,* 182–197.

Butler, A. C., & Roediger, H. L. (2007). Testing improves long-term retention in a simulated classroom setting. *European Journal of Cognitive Psychology, 19,* 514–527.

Butler, A. C., Zaromb, F. M., Lyle, K. B., & Roediger, H. L., III. (2009). Using popular films to enhance classroom learning: The good, the bad, and the interesting. *Psychological Science, 20,* 1161–1168.

Butler, D. L., & Winne, P. H. (1995). Feedback and self-regulated learning: A theoretical synthesis. *Review of Educational Research, 65,* 245–281.

Butler, R. (1987). Task-involving and ego-involving properties of evaluation: Effects of different feedback conditions on motivational perceptions, interest, and performance. *Journal of Educational Psychology, 79,* 474–482.

Butler, R. (1994). Teacher communication and student interpretations: Effects of teacher responses to failing students on attributional inferences in two age groups. *British Journal of Educational Psychology, 64,* 277–294.

Butler, R. (1998a). Age trends in the use of social and temporal comparison for self-evaluation: Examination of a novel developmental hypothesis. *Child Development, 69,* 1054–1073.

Butler, R. (1998b). Determinants of help seeking: Relations between perceived reasons for classroom help-avoidance and help-seeking behaviors in an experimental context. *Journal of Educational Psychology, 90,* 630–644.

Byrne, B. M. (2002). Validating the measurement and structure of self-concept: Snapshots of past, present, and future research. *American Psychologist, 57,* 897–909.

Byrnes, J. P. (1996). *Cognitive development and learning in instructional contexts.* Boston, MA: Allyn & Bacon.

Byrnes, J. P. (2001). *Minds, brains, and learning: Understanding the psychological and educational relevance of neuroscientific research.* New York: Guilford Press.

Byrnes, J. P. (2007). Some ways in which neuroscientific research can be relevant to education. In D. Coch, K. W. Fischer, & G. Dawson (Eds.), *Human behavior, learning, and the developing brain: Typical development* (pp. 30–49). New York: Guilford Press.

Cacioppo, J. T., Amaral, D. G., Blanchard, J. J., Cameron, J. L., Carter, C. S., Crews, D., . . . Quinn, K. J. (2007). Social neuroscience: Progress and implications for mental health. *Perspectives on Psychological Science, 2,* 99–123.

Cacioppo, J. T., Petty, R. E., Feinstein, J. A., & Jarvis, W. B. G. (1996). Dispositional differences in cognitive motivation: The life and times of individuals varying in need for cognition. *Psychological Bulletin, 119,* 197–253.

Cadinu, M., Maass, A., Rosabianca, A., & Kiesner, J. (2005). Why do women underperform under stereotype threat? Evidence for the role of negative thinking. *Psychological Science, 16,* 572–578.

Cahill, L., & McGaugh, J. L. (1995). A novel demonstration of enhanced memory associated with emotional arousal. *Consciousness and Cognition, 4,* 410–421.

Cain, C. K., Blouin, A. M., & Barad, M. (2003). Temporally massed CS presentations generate more fear extinction than spaced presentations. *Journal of Experimental Psychology: Animal Behavior Processes, 29,* 323–333.

Calfee, R. (1981). Cognitive psychology and educational practice. In D. C. Berliner (Ed.), *Review of Research in Education* (Vol. 9, pp. 3–73). Washington, DC: American Educational Research Association.

Calfee, R., Dunlap, K., & Wat, A. (1994). Authentic discussion of texts in middle grade schooling: An analytic-narrative approach. *Journal of Reading, 37,* 546–556.

Calfee, R., & Masuda, W. V. (1997). Classroom assessment as inquiry. In G. D. Phye (Ed.), *Handbook of classroom assessment: Learning, achievement, and adjustment* (pp. 71–102). San Diego, CA: Academic Press.

Calin-Jageman, R. J., & Ratner, H. H. (2005). The role of encoding in the self-explanation effect. *Cognition and Instruction, 23,* 523–543.

Cameron, J. (2001). Negative effects of reward on intrinsic motivation—A limited phenomenon: Comment on Deci, Koestner, and Ryan (2001). *Review of Educational Research, 71,* 29–42.

Cameron, J., & Pierce, W. D. (1994). Reinforcement, reward, and intrinsic motivation: A meta-analysis. *Review of Educational Research, 64,* 363–423.

Cameron, J., & Pierce, W. D. (2005). *Rewards for performance, cognitive processes, and intrinsic motivation.* Paper presented at the annual meeting of the American Educational Research Association, San Francisco, CA.

Cameron, J., Pierce, W. D., Banko, K. M., & Gear, A. (2005). Achievement-based rewards and intrinsic motivation: A test of cognitive mediators. *Journal of Educational Psychology, 97,* 641–655.

Cammilleri, A. P., Tiger, J. H., & Hanley, G. P. (2008). Developing stimulus control of young children's requests to teachers: Classwide applications of multiple schedules. *Journal of Applied Behavior Analysis, 41,* 299–303.

Campanella, J., & Rovee-Collier, C. (2005). Latent learning and deferred imitation at 3 months. *Infancy, 7,* 243–262.

Campbell, A., & Anderson, C. M. (2011). Check-in/check-out: A systematic evaluation and component analysis. *Journal of Applied Behavior Analysis, 44,* 315–326.

Campione, J. C., Shapiro, A. M., & Brown, A. L. (1995). Forms of transfer in a community of learners: Flexible learning and understanding. In A. McKeough, J. Lupart, & A. Marini (Eds.), *Teaching for transfer: Fostering generalization in learning* (pp. 35–68). Mahwah, NJ: Erlbaum.

Campo, P., Maest, F., Ortiz, T., Capilla, A., Fernandez, S., & Fernandez, A (2005). Is medial temporal lobe activation specific to encoding long-term memories? *Neuroimage, 25,* 34–42.

Cao, L. (2010, April–May). *Those who choose to procrastinate: Achievement goal, motivation, study strategy, and test performance among college students.* Paper presented at the annual meeting of the American Educational Research Association, Denver, CO.

Cao, L. (2011, April). *Associations of passive and active procrastination with metacognitive beliefs, educational psychology self-efficacy, and achievement goals among college students.* Paper presented at the annual meeting of the American Educational Research Association, New Orleans, LA.

Capon, N., & Kuhn, D. (2004). What's so good about problem-based learning? *Cognition and Instruction, 22,* 61–79.

Carbonneau, K. J., Marley, S. C., & Selig, J. P. (2013). A meta-analysis of the efficacy of teaching mathematics with concrete manipulatives. *Journal of Educational Psychology, 105,* 380–400.

Cardelle-Elawar, M. (1992). Effects of teaching metacognitive skills to students with low mathematics ability. *Teaching and Teacher Education, 8,* 109–121.

Carey, R. G., & Bucher, B. D. (1986). Positive practice overcorrection: Effects of reinforcing correct performance. *Behavior Modification, 10,* 73–92.

Carey, S. (1985). *Conceptual change in childhood.* Cambridge, MA: MIT Press.

Carlson, N. R. (1999). *Foundations of physiological psychology.* Boston, MA: Allyn & Bacon.

Carlson, R., Chandler, P., & Sweller, J. (2003). Learning and understanding science instructional material. *Journal of Educational Psychology, 95,* 629–640.

Carlson, S. M., Davis, A. C., & Leach, J. C. (2005). Less is more: Executive function and symbolic representation in preschool children. *Psychological Science, 16,* 609–616.

Carmichael, C. A., & Hayes, B. K. (2001). Prior knowledge and exemplar encoding in children's concept acquisition. *Child Development, 72,* 1071–1090.

Carmichael, L., Hogan, H. P., & Walters, A. A. (1932). An experimental study of the effect of language on the reproduction of visually perceived form. *Journal of Experimental Psychology, 15,* 73–86.

Carnagey, N. L., Anderson, C. A., & Bartholow, B. D. (2007). Media violence and social neuroscience: New questions and new opportunities. *Current Directions in Psychological Science, 16,* 178–182.

Carney, R. N., & Levin, J. R. (1994). Combining mnemonic strategies to remember who painted what when. *Contemporary Educational Psychology, 19,* 323–339.

Carney, R. N., & Levin, J. R. (2000). Mnemonic instruction, with a focus on transfer. *Journal of Educational Psychology, 92,* 783–790.

Carney, R. N., & Levin, J. R. (2002). Pictorial illustrations *still* improve students' learning from text. *Educational Psychology Review, 14,* 5–26.

Carney, R. N., & Levin, J. R. (2011). Delayed mnemonic benefits for a combined pegword–keyword strategy, time after time, rhyme after rhyme. *Applied Cognitive Psychology, 25,* 204–211.

Carney, R. N., Levin, J. R., & Stackhouse, T. L. (1997). The face-name mnemonic strategy from a different perspective. *Contemporary Educational Psychology, 22,* 399–412.

Carpenter, M., Nagell, K., & Tomasello, M. (1998). Social cognition, joint attention, and communicative competence from 9 to 15 months of age. *Monographs of the Society for Research in Child Development, 63* (Serial No. 255). Chicago, IL: University of Chicago Press.

Carpenter, S. K. (2012). Testing enhances the transfer of learning. *Current Directions in Psychological Science, 21,* 279–283.

Carpenter, S. K., Pashler, H., & Cepeda, N. J. (2009). Using tests to enhance 8th grade students' retention of U.S. history facts. *Applied Cognitive Psychology, 23,* 760–771.

Carpenter, T. P., & Moser, J. M. (1984). The acquisition of addition and subtraction concepts in grades one through three. *Journal for Research in Mathematics Education, 15,* 179–202.

Carr, M. (2010). The importance of metacognition for conceptual change and strategy use in mathematics. In H. S. Waters & W. Schneider (Eds.), *Metacognition, strategy use, and instruction* (pp. 176–197). New York: Guilford Press.

Carr, M., & Biddlecomb, B. (1998). Metacognition in mathematics from a constructivist perspective. In D. J. Hacker, J. Dunlosky, & A. C. Graesser (Eds.), *Metacognition in educational theory and practice* (pp. 69–91). Mahwah, NJ: Erlbaum.

Carr, N. (2011). *The shallows: What the Internet is doing to our brains.* New York: W. W. Norton.

Carraher, T. N., Carraher, D. W., & Schliemann, A. D. (1985). Mathematics in the streets and in the schools. *British Journal of Developmental Psychology, 3,* 21–29.

Carrasco, R. L. (1981). Expanded awareness of student performance: A case study in applied ethnographic monitoring in a bilingual classroom. In H. T. Trueba, G. P. Guthrie, & K. H. Au (Eds.), *Culture and the bilingual classroom: Studies in classroom ethnography* (pp. 153–177). Rowley, MA: Newbury House.

Carré, J. M., Murphy, K. R., & Hariri, A. R. (2013). What lies beneath the face of aggression? *Social Cognitive and Affective Neuroscience, 8,* 224–229.

Carroll, J. B. (1989). The Carroll model: A 25-year retrospective and prospective view. *Educational Researcher, 18*(1), 26–31.

Carter, M., & Driscoll, C. (2007). A conceptual examination of setting events. *Educational Psychology, 27,* 655–673.

Carter, R., Williams, S., & Silverman, W. K. (2008). Cognitive and emotional facets of test anxiety in African American school children. *Cognition and Emotion, 22,* 539–551.

Carver, C. S., & Scheier, M. F. (1990). Origins and functions of positive and negative affect: A control-process view. *Psychological Review, 97,* 19–35.

Carver, C. S., & Scheier, M. F. (2005). Engagement, disengagement, coping, and catastrophe. In A. Elliot & C. Dweck (Eds.), *Handbook of competence and motivation* (pp. 527–547). New York: Guilford Press.

Case, R. (1985). *Intellectual development: Birth to adulthood.* Orlando, FL: Academic Press.

Case, R. (1991). *The mind's staircase: Exploring the conceptual underpinnings of children's thought and knowledge.* Hillsdale, NJ: Erlbaum.

Case, R., & Mueller, M. P. (2001). Differentiation, integration, and covariance mapping as fundamental processes in cognitive and neurological growth. In J. L. McClelland & R. S. Siegler (Eds.), *Mechanisms of cognitive development: Behavioral and neural perspectives* (pp. 185–219). Mahwah, NJ: Erlbaum.

Case, R., & Okamoto, Y., in collaboration with Griffin, S., McKeough, A., Bleiker, C., Henderson, B., & Stephenson, K. M. (1996). The role of central conceptual structures in the development of children's thought. *Monographs of the Society for Research in Child Development, 61*(1–2, Serial No. 246).

Case, R., Okamoto, Y., Henderson, B., & McKeough, A. (1993). Individual variability and consistency in cognitive development: New evidence for the existence of central conceptual structures. In R. Case & W. Edelstein (Eds.), *The new structuralism in cognitive development: Theory and research on individual pathways.* Basel, Switzerland: Karger.

Casey, B. J., & Caudle, K. (2013). The teenage brain: Self control. *Current Directions in Psychological Science, 22,* 82–87.

Cassady, J. C. (Ed.). (2010a). *Anxiety in schools: The causes, consequences, and solutions for academic anxieties.* New York: Peter Lang.

Cassady, J. C. (2010b). Test anxiety: Contemporary theories and implications for learning. In J. C. Cassady (Ed.), *Anxiety in schools: The causes, consequences, and solutions for academic anxieties* (pp. 7–26). New York: Peter Lang.

Cassady, J. C., & Johnson, R. E. (2002). Cognitive test anxiety and academic performance. *Contemporary Educational Psychology, 27,* 270–295.

Castagno, A. E., & Brayboy, B. M. J. (2008). Culturally responsive schooling for indigenous youth: A review of the literature. *Review of Educational Research, 78,* 941–993.

Castelli, D. M., Hillman, C. H., Buck, S. M., & Erwin, H. E. (2007). Physical fitness and academic achievement in third- and fifth-grade students. *Journal of Sport & Exercise Psychology, 29,* 239–252.

Castro-Caldas, A., Miranda, P. C., Carmo, I., Reis, A., Leote, F., Ribeiro, C., & Ducla-Soares, E. (1999). Influence of learning to read and write on the morphology of the corpus callosum. *European Journal of Neurology, 6,* 23–28.

Catania, A. C., & Reynolds, G. S. (1968). A quantitative analysis of the responding maintained by interval schedules of reinforcement. *Journal of the Experimental Analysis of Behavior, 11,* 327–383.

Catsambis, S. (2005). The gender gap in mathematics: Merely a step function? In A. M. Gallagher & J. C. Kaufman (Eds.), *Gender differences in mathematics: An integrative psychological approach* (pp. 220–245). Cambridge, England: Cambridge University Press.

Cazden, C. B. (2001). *Classroom discourse: The language of teaching and learning* (2nd ed.). Portsmouth, NH: Heinemann.

Cepeda, N. J., Vul, E., Rohrer, D., Wixted, J. T., & Pashler, H. (2008). Spacing effects in learning: A temporal ridgeline of optimal retention. *Psychological Science, 19,* 1095–1102.

Cermak, L. S., & Craik, F. I. M. (Eds.). (1979). *Levels of processing in human memory.* Hillsdale, NJ: Erlbaum.

Certo, J. L., Cauley, K. M., & Chafin, C. (2003). Students' perspectives on their high school experience. *Adolescence, 38,* 705–724.

Chabrán, M. (2003). Listening to talk from and about students on accountability. In M. Carnoy, R. Elmore, & L. S. Siskin (Eds.), *The new accountability: High schools and high-stakes testing* (pp. 129–145). New York: Routledge Falmer.

Chall, J. (2000). *The academic achievement challenge: What really works in the classroom.* New York: Guilford.

Chalmers, D. J. (1996). *The conscious mind: In search of a fundamental theory.* New York: Oxford University Press.

Chambers, D., & Reisberg, D. (1985). Can mental images be ambiguous? *Journal of Experimental Psychology: Human Perception and Performance, 11,* 317–328.

Chambliss, M. J. (1994). Why do readers fail to change their beliefs after reading persuasive text? In R. Garner & P. A. Alexander (Eds.), *Beliefs about text and instruction with text* (pp. 76–89). Hillsdale, NJ: Erlbaum.

Chambliss, M. J., & Garner, R. (1996). Do adults change their minds after reading persuasive text? *Written Communication, 13,* 291–313.

Champagne, A. B., Klopfer, L. E., & Gunstone, R. F. (1982). Cognitive research and the design of science instruction. *Educational Psychologist, 17,* 31–53.

Chan, C., Burtis, J., & Bereiter, C. (1997). Knowledge building as a mediator of conflict in conceptual change. *Cognition and Instruction, 15,* 1–40.

Chan, C., Burtis, P. J., Scardamalia, M., & Bereiter, C. (1992). Constructive activity in learning from text. *American Educational Research Journal, 29,* 97–118.

Chan, J. C. K., Thomas, A. K., & Bulevich, J. B. (2009). Recalling a witnessed event increases eyewitness suggestibility: The reversed testing effect. *Psychological Science, 20,* 66–73.

Chapell, M. S., Blanding, Z. B., Silverstein, M. E., Takahashi, M., Newman, B., Gubi, A., & McCann, N. (2005). Test anxiety and academic performance in undergraduate and graduate students. *Journal of Educational Psychology, 97,* 268–274.

Chapman, M. (1988). *Constructive evolution: Origins and development of Piaget's thought.* Cambridge, England: Cambridge University Press.

Chappuis, J. (2009). *Seven strategies of assessment for learning.* Boston, MA: Pearson Assessment Training Institute.

Charness, N., Tuffiash, M., & Jastrzembski, T. (2004). Motivation, emotion, and expert skill acquisition. In D. Y. Dai & R. J. Sternberg (Eds.), *Motivation, emotion, and cognition: Integrative perspectives on intellectual functioning and development* (pp. 299–319). Mahwah, NJ: Erlbaum.

Chein, J. M., & Schneider, W. (2012). The brain's learning and control architecture. *Current Directions in Psychological Science, 21,* 78–84.

Chen, J., & Morris, D. (2008, March). *Sources of science self-efficacy beliefs among high school students in different tracking levels.* Paper presented at the annual meeting of the American Educational Research Association, New York.

Chen, J. A., & Pajares, F. (2010). Implicit theories of ability of grade 6 science students: Relation to epistemological beliefs and academic motivation and achievement in science. *Contemporary Educational Psychology, 35,* 75–87.

Chen, L. H., Wu, C.-H., Kee, Y. H., Linn, M.-S., & Shui, S.-H. (2009). Fear of failure, 2 × 2 achievement goal and self-handicapping: An examination of the hierarchical model of achievement motivation in physical education. *Contemporary Educational Psychology, 34,* 298–305.

Chen, Z. (1999). Schema induction in children's analogical problem solving. *Journal of Educational Psychology, 91,* 703–715.

Chen, Z., Sanchez, R. P., & Campbell, T. (1997). From beyond to within their grasp: The rudiments of analogical problem solving in 10- and 13-month-olds. *Developmental Psychology, 33,* 790–801.

Cheng, P. W. (1985). Restructuring versus automaticity: Alternative accounts of skill acquisition. *Psychological Review, 92,* 414–423.

Cherry, E. C. (1953). Some experiments on the recognition of speech, with one and with two ears. *Journal of the Acoustical Society of America, 25,* 975–979.

Cheyne, J. A., & Walters, R. H. (1970). Punishment and prohibition: Some origins of self-control. In T. M. Newcomb (Ed.), *New directions in psychology* (Vol. 4, pp. 281–366). New York: Holt, Rinehart & Winston.

Chi, M. T. H. (2008). Three types of conceptual change: Belief revision, mental model transformation, and categorical shift. In S. Vosniadou (Ed.), *International handbook of research on conceptual change* (pp. 61–82). New York: Routledge.

Chi, M. T. H., & Glaser, R. (1985). Problem-solving ability. In R. J. Sternberg (Ed.), *Human abilities: An information-processing approach* (pp. 227–257). New York: Freeman.

Chi, M. T. H., Glaser, R., & Farr, M. J. (Eds.). (1988). *The nature of expertise.* Hillsdale, NJ: Erlbaum.

Chi, M. T. H., & VanLehn, K. A. (2012). Seeing deep structure from interactions of surface features. *Educational Psychologist, 47,* 177–188.

Chinn, C. A. (1998). A critique of social constructivist explanations of knowledge change. In B. Guzzetti & C. Hynd (Eds.), *Perspectives on conceptual change: Multiple ways to understand knowing and learning in a complex world* (pp. 77–115). Mahwah, NJ: Erlbaum.

Chinn, C. A., & Brewer, W. F. (1993). The role of anomalous data in knowledge acquisition: A theoretical framework and implications for science instruction. *Review of Educational Research, 63,* 1–49.

Chinn, C. A., Buckland, L. A., & Samarapungavan, A. (2011). Expanding the dimensions of epistemic cognition: Arguments from philosophy and psychology. *Educational Psychologist, 46,* 141–167.

Chinn, C. A., & Malhotra, B. A. (2002). Children's responses to anomalous scientific data: How is conceptual change impeded? *Journal of Educational Psychology, 94,* 327–343.

Chipman, S. F., Krantz, D. H., & Silver, R. (1992). Mathematics anxiety and science careers among able college women. *Psychological Science, 3,* 292–295.

Chiu, C.-Y., Leung, A. K.-Y., & Kwan, L. (2007). Language, cognition, and culture: Beyond the Whorfian hypothesis. In S. Kitayama & D. Cohen (Eds.), *Handbook of cultural psychology* (pp. 668–688). New York: Guilford Press.

Cho, B.-Y. (2010, April–May). *Describing adolescents' Internet reading strategies: Bridging the knowledge of traditional and new forms of reading.* Paper presented at the annual meeting of the American Educational Research Association, Denver, CO.

Chomsky, N. (1957). *Syntactic structures.* The Hague, Netherlands: Mouton.

Chomsky, N. (2006). *Language and mind* (3rd ed.). Cambridge, England: Cambridge University Press.

Chouinard, M. M. (2007). Children's questions: A mechanism for cognitive development. *Monographs of the Society for Research in Child Development, 72*(1, Serial No. 286).

Christie, J. F., & Johnsen, E. P. (1983). The role of play in social-intellectual development. *Review of Educational Research, 53,* 93–115.

Church, M. A., Elliot, A. J., & Gable, S. L. (2001). Perceptions of classroom environment, achievement goals, and achievement outcomes. *Journal of Educational Psychology, 93,* 43–54.

Ciani, K. D., Easter, M. A., Summers, J. J., & Posada, M. L. (2009). Cognitive biases in the interpretation of autonomic arousal: A test of the construal bias hypothesis. *Contemporary Educational Psychology, 34,* 9–17.

Ciani, K. D., Middleton, M. J., Summers, J. J., & Sheldon, K. M. (2010). Buffering against performance classroom goal structures: The importance of autonomy support and classroom community. *Contemporary Educational Psychology, 35,* 88–99.

Cimpian, A., Arce, H.-M. C., Markman, E. M., & Dweck, C. S. (2007). Subtle linguistic cues affect children's motivation. *Psychological Science, 18,* 314–316.

Cimpian, A., Mu, Y., & Erickson, L. C. (2012). Who is good at this game? Linking an activity to a social category undermines children's achievement. *Psychological Science, 23,* 533–541.

Cizek, G. J. (2003). *Detecting and preventing classroom cheating: Promoting integrity in assessment.* Thousand Oaks, CA: Corwin.

Clancey, W. J. (1997). *Situated cognition: On human knowledge and computer representations.* Cambridge, England: Cambridge University Press.

Clancey, W. J. (2009). Scientific antecedents of situated cognition. In P. Robbins & M. Aydede (Eds.), *The Cambridge handbook of situated cognition* (pp. 11–34). Cambridge, England: Cambridge University Press.

Clark, A.-M., Anderson, R. C., Kuo, L., Kim, I., Archodidou, A., & Nguyen-Jahiel, K. (2003). Collaborative reasoning: Expanding ways for children to talk and think in school. *Educational Psychology Review, 15,* 181–198.

Clark, D. B. (2006). Longitudinal conceptual change in students' understanding of thermal equilibrium: An examination of the process of conceptual restructuring. *Cognition and Instruction, 24,* 467–563.

Clark, D. C. (1971). Teaching concepts in the classroom: A set of teaching prescriptions derived from experimental research. *Journal of Educational Psychology, 62,* 253–278.

Clark, J. M., & Paivio, A. (1991). Dual coding theory and education. *Educational Psychology Review, 3,* 149–210.

Clark, R. E., Feldon, D. F., van Merriënboer, J. J. G., Yates, K. A., & Early, S. (2008). Cognitive task analysis. In J. M. Spector, M. D. Merrill, J. van Merriënboer, & M. P. Driscoll (Eds.), *Handbook of research on educational communications and technology* (3rd ed., pp. 577–593). New York: Erlbaum.

Clarke, H. F., Dalley, J. W., Crofts, H. S., Robbins, T. W., & Roberts, A. C. (2004). Cognitive inflexibility after prefrontal serotonin depletion. *Science, 304,* 878–880.

Clement, J. (2008). The role of explanatory models in teaching for conceptual change. In S. Vosniadou (Ed.), *International handbook of research on conceptual change* (pp. 417–452). New York: Routledge.

Cleveland, M. J., Gibbons, F. X., Gerrard, M., Pomery, E. A., & Brody, G. H. (2005). The impact of parenting on risk cognitions and risk behavior: A study of mediation and moderation in a panel of African American adolescents. *Child Development, 76,* 900–916.

Clifford, M. M. (1990). Students need challenge, not easy success. *Educational Leadership, 48* (1), 22–26.

Clore, G. L., Gasper, K., & Garvin, E. (2001). Affect as information. In J. P. Forgas (Ed.), *Handbook of affect and social cognition* (pp. 121–144). Mahwah, NJ: Erlbaum.

Coates, B., & Hartup, W. W. (1969). Age and verbalization in observational learning. *Developmental Psychology, 1,* 556–562.

Cobb, P., & Yackel, E. (1996). Constructivist, emergent, and sociocultural perspectives in the context of developmental research. *Educational Psychologist, 31,* 175–190.

Cobb, P., Yackel, E., & Wood, T. (1989). Young children's emotional acts while engaged in mathematical problem solving. In D. B. McLeod & V. M. Adams (Eds.), *Affect and mathematical problem solving: A new perspective* (pp. 117–148). New York: Springer-Verlag.

Cofer, C. (1971). Properties of verbal materials and verbal learning. In J. Kling & L. Riggs (Eds.), *Woodworth and Schlosberg's experimental psychology* (pp. 847–903). New York: Holt, Rinehart & Winston.

Cognition and Technology Group at Vanderbilt. (1990). Anchored instruction and its relationship to situated cognition. *Educational Researcher, 19*(6), 2–10.

Cognition and Technology Group at Vanderbilt. (2012). *The* Jasper *project: Lessons in curriculum, instruction, assessment, and professional development.* New York: Routledge. (Originally published 1997)

Cohen, E. G. (1994). Restructuring the classroom: Conditions for productive small groups. *Review of Educational Research, 64,* 1–35.

Cohen, G. (2000). Hierarchical models in cognition: Do they have psychological reality? *European Journal of Cognitive Psychology, 12*(1), 1–36.

Cohen, L. B., & Cashon, C. H. (2006). Infant cognition. In W. Damon & R. M. Lerner (Series Eds.), D. Kuhn, & R. Siegler (Vol. Eds.), *Handbook of child psychology: Vol. 2. Cognition, perception, and language* (6th ed., pp. 214–251). New York: Wiley.

Cohen, R. L. (1989). Memory for action events: The power of enactment. *Educational Psychology Review, 1,* 57–80.

Cole, D. A., Maxwell, S. E., Martin, J. M., Peeke, L. G., Seroczynski, A. D., Tram, J. M., . . . Maschman, T. (2001). The development of multiple domains of child and adolescent self-concept: A cohort sequential longitudinal design. *Child Development, 72,* 1723–1746.

Cole, M. (1990). Cognitive development and formal schooling: The evidence from cross-cultural research. In L. C. Moll (Ed.), *Vygotsky and education* (pp. 89–110). New York: Cambridge University Press.

Cole, M. (2006). Culture and cognitive development in phylogenetic, historical and ontogenetic perspective. In W. Damon & R. M. Lerner (Series Eds.), D. Kuhn, & R. Siegler (Vol. Eds.), *Handbook of child psychology: Vol. 2. Cognition, perception, and language* (6th ed., pp. 636–683). New York: Wiley.

Cole, M., & Cagigas, X. E. (2010). Cognition. In M. H. Bornstein (Ed.), *Handbook of cultural developmental science* (pp. 127–142). New York: Psychology Press.

Cole, M., & Hatano, G. (2007). Cultural-historical activity theory: Integrating phylogeny, cultural history, and ontogenesis in cultural psychology. In S. Kitayama & D. Cohen (Eds.), *Handbook of cultural psychology* (pp. 109–135). New York: Guilford Press.

Cole, M., & Scribner, S. (1978). Introduction. In L. S. Vygotsky, *Mind in society: The development of higher psychological processes* (M. Cole, V. John-Steiner, S. Scribner, & E. Souberman, Eds., pp. 1–14). Cambridge, MA: Harvard University Press.

Coller, B. D., & Shernoff, D. J. (2009). Video game-based education in mechanical engineering: A look at student engagement. *International Journal of Engineering Education,* 25, 308–317.

Collins, A. (2006). Cognitive apprenticeship. In R. K. Sawyer (Ed.), *The Cambridge handbook of the learning sciences* (pp. 47–60). Cambridge, England: Cambridge University Press.

Collins, A., Brown, J. S., & Newman, S. E. (1989). Cognitive apprenticeship: Teaching the crafts of reading, writing, and mathematics. In L. B. Resnick (Ed.), *Knowing, learning, and instruction: Essays in honor of Robert Glaser* (pp. 453–494). Hillsdale, NJ: Erlbaum.

Collins, A., & Halverson, R. (2009). *Rethinking education in the age of technology: The digital revolution and schooling in America.* New York: Teachers College Press.

Collins, A. M., & Loftus, E. F. (1975). A spreading-activation theory of semantic processing. *Psychological Review, 82,* 407–428.

Collins, A. M., & Quillian, M. R. (1969). Retrieval time from semantic memory. *Journal of Verbal Learning and Verbal Behavior, 8,* 240–247.

Collins, A. M., & Quillian, M. R. (1972). How to make a language user. In E. Tulving & W. Donaldson (Eds.), *Organization of memory* (pp. 309–351). New York: Academic Press.

Coltheart, M., Lea, C. D., & Thompson, K. (1974). In defense of iconic memory. *Quarterly Journal of Experimental Psychology, 26,* 633–641.

Colwill, R. M. (1993). An associative analysis of instrumental learning. *Current Directions in Psychological Science, 2,* 111–116.

Combs, A. W., Richards, A. C., & Richards, F. (1976). *Perceptual psychology: A humanistic approach to the study of persons.* New York: Harper & Row.

Conklin, C. A. (2006). Environments as cues to smoke: Implications for human extinction-based research and treatment. *Experimental and Clinical Psychopharmacology, 14,* 12–19.

Conley, A. M. (2012). Patterns of motivation beliefs: Combining achievement goal and expectancy–value perspectives. *Journal of Educational Psychology, 104,* 32–47.

Connell, J. P., & Wellborn, J. G. (1991). Competence, autonomy, and relatedness: A motivational analysis of self-system processes. In M. R. Gunnar & L. A. Sroufe (Eds.), *Self processes and development: The Minnesota Symposia on Child Psychology* (Vol. 23, pp. 43–77). Hillsdale, NJ: Erlbaum.

Conrad, N. J. (2008). From reading to spelling and spelling to reading: Transfer goes both ways. *Journal of Educational Psychology, 100,* 869–878.

Conrad, R. (1964). Acoustic confusions in immediate memory. *British Journal of Psychology, 55,* 75–84.

Conyers, C., Miltenberger, R., Maki, A., Barenz, R., Jurgens, M., Sailer, A., . . . Kopp, B. (2004). A comparison of response cost and differential reinforcement of other behavior to reduce disruptive behavior in a preschool classroom. *Journal of Applied Behavior Analysis, 37,* 411–415.

Cooper, G., & Sweller, J. (1987). Effects of schema acquisition and rule automation on mathematical problem-solving transfer. *Journal of Educational Psychology, 79,* 347–362.

Cooper, H. (1989). Synthesis of research on homework. *Educational Leadership,* 47(3), 85–91.

Cooper, J. O., Heron, T. E., & Heward, W. L. (2007). *Applied behavior analysis* (2nd ed.). Upper Saddle River, NJ: Pearson.

Cooper, K. S. (2014). Eliciting engagement in the high school classroom: A mixed-methods examination of teaching practices. *American Educational Research Journal, 51,* 363–402.

Cooper, L. A., & Shepard, R. N. (1973). The time required to prepare for a rotated stimulus. *Memory and Cognition, 1,* 246–250.

Coplan, R. J., & Arbeau, K. A. (2009). Peer interactions and play in early childhood. In K. H. Rubin, W. M. Bukowski, & B. Laursen (Eds.), *Handbook of peer interactions, relationships, and groups* (pp. 143–161). New York: Guilford Press.

Corkill, A. J. (1992). Advance organizers: Facilitators of recall. *Educational Psychology Review, 4,* 33–67.

Corkill, A. J., Bouchard, L., & Bendixen, L. D. (2002, April). *Epistemic beliefs as a measure of dispositions: Comparing preservice and practicing teachers.* Paper presented at the annual meeting of the American Educational Research Association, New Orleans, LA.

Cormier, S. M. (1987). The structural processes underlying transfer of training. In S. M. Cormier & J. D. Hagman (Eds.), *Transfer of learning: Contemporary research and applications* (pp. 152–182). San Diego, CA: Academic Press.

Cormier, S. M., & Hagman, J. D. (1987a). Introduction. In S. M. Cormier & J. D. Hagman (Eds.), *Transfer of learning: Contemporary research and applications* (pp. 1–8). San Diego, CA: Academic Press.

Cormier, S. M., & Hagman, J. D. (Eds.). (1987b). *Transfer of learning: Contemporary research and applications.* San Diego, CA: Academic Press.

Corno, L. (1996). Homework is a complicated thing. *Educational Researcher, 25*(8), 27–30.

Corno, L., Cronbach, L. J., Kupermintz, H., Lohman, D. F., Mandinach, E. B., Porteus, A. W., & Talbert, J. E. (2002). *Remaking the concept of aptitude: Extending the legacy of Richard E. Snow.* Mahwah, NJ: Erlbaum.

Corno, L., & Mandinach, E. B. (2004). What we have learned about student engagement in the past twenty years. In D. M. McNerney & S. Van Etten (Eds.), *Big theories revisited* (pp. 299–328). Greenwich, CT: Information Age.

Corno, L., & Rohrkemper, M. M. (1985). The intrinsic motivation to learn in classrooms. In C. Ames & R. Ames (Eds.), *Research on motivation in education: Vol. 2. The classroom milieu* (pp. 53–90). Orlando, FL: Academic Press.

Cornoldi, C. (2010). Metacognition, intelligence, and academic performance. In H. S. Waters & W. Schneider (Eds.), *Metacognition, strategy use, and instruction* (pp. 257–277). New York: Guilford Press.

Corpus, J. H., McClintic-Gilbert, M. S., & Hayenga, A. O. (2009). Within-year changes in children's intrinsic and extrinsic motivational orientations: Contextual predictors and academic outcomes. *Contemporary Educational Psychology, 34,* 154–166.

Cothern, N. B., Konopak, B. C., & Willis, E. L. (1990). Using readers' imagery of literary characters to study text meaning construction. *Reading Research and Instruction, 30,* 15–29.

Covington, M. V. (1992). *Making the grade: A self-worth perspective on motivation and school reform.* Cambridge, England: Cambridge University Press.

Covington, M. V. (2000). Intrinsic versus extrinsic motivation in schools: A reconciliation. *Current Directions in Psychological Science, 9,* 22–25.

Covington, M. V. (2004). Self-worth theory goes to college: Or do our motivation theories motivate? In D. M. McNerney & S. Van Etten (Eds.), *Big theories revisited* (pp. 91–114). Greenwich, CT: Information Age.

Covington, M. V., & Beery, R. M. (1976). *Self-worth and school learning.* New York: Holt, Rinehart & Winston.

Covington, M. V., & Müeller, K. J. (2001). Intrinsic versus extrinsic motivation: An approach/avoidance reformulation. *Educational Psychology Review, 13,* 157–176.

Covington, M. V., & Omelich, C. L. (1979). Effort: The double-edged sword in school achievement. *Journal of Educational Psychology, 71,* 169–182.

Covington, M. V., & Omelich, C. L. (1991). Need achievement revisited: Verification of Atkinson's original 2 × 2 model. In C. D. Spielberger, I. G. Sarason, Z. Kulcsar, & G. L. Van Heck (Eds.), *Stress and emotion* (Vol. 14, pp. 85–105). New York: Hemisphere.

Cowan, N. (1995). *Attention and memory: An integrated framework.* New York: Oxford University Press.

Cowan, N. (2007). What infants can tell us about working memory development. In L. M. Oakes & P. J. Bauer (Eds.), *Short- and long-term memory in infancy and early childhood: Taking the first steps toward remembering* (pp. 126–150). New York: Oxford University Press.

Cowan, N. (2010). The magical mystery four: How is working memory capacity limited, and why? *Current Directions in Psychological Science, 19,* 51–57.

Cowan, N., Nugent, L. D., Elliott, E. M., & Saults, J. S. (2000). Persistence of memory for ignored lists of digits: Areas of developmental constancy and change. *Journal of Experimental Child Psychology, 76,* 151–172.

Cowan, N., Saults, J. S., & Morey, C. C. (2006). Development of working memory for verbal-spatial associations. *Journal of Memory and Language, 55,* 274–289.

Cowan, N., Wood, N. L., Nugent, L. D., & Treisman, M. (1997). There are two word-length effects in verbal short-term memory: Opposed effects of duration and complexity. *Psychological Science, 8,* 290–295.

Cox, B. D. (1997). The rediscovery of the active learner in adaptive contexts: A developmental-historical analysis of transfer of training. *Educational Psychologist, 32,* 41–55.

Craft, M. A., Alberg, S. R., & Heward, W. L. (1998). Teaching elementary students with developmental disabilities to recruit teacher attention in a general education classroom: Effects on teacher praise and academic productivity. *Journal of Applied Behavior Analysis, 31,* 399–415.

Craik, F. I. M. (2006). Distinctiveness and memory: Comments and a point of view. In R. R. Hunt & J. B. Worthen (Eds.), *Distinctiveness and memory* (pp. 425–442). Oxford, England: Oxford University Press.

Craik, F. I. M., & Lockhart, R. S. (1972). Levels of processing: A framework for memory research. *Journal of Verbal Learning and Verbal Behavior, 11,* 671–684.

Craik, F. I. M., & Tulving, E. (1975). Depth of processing and the retention of words in episodic memory. *Journal of Experimental Psychology: General, 104,* 268–294.

Craik, F. I. M., & Watkins, M. J. (1973). The role of rehearsal in short-term memory. *Journal of Verbal Learning and Verbal Behavior, 12,* 598–607.

Crawley, A. M., Anderson, D. R., Wilder, A., Williams, M., & Santomero, A. (1999). Effects of repeated exposures to a single episode of the television program *Blue's Clues* on the viewing behaviors and comprehension of preschool children. *Journal of Educational Psychology, 91,* 630–637.

Crespi, L. P. (1942). Quantitative variation of incentive and performance in the white rat. *American Journal of Psychology, 55,* 467–517.

Crick, N. R., & Dodge, K. A. (1996). Social information-processing mechanisms in reactive and proactive aggression. *Child Development, 67,* 993–1002.

Critchfield, T. S., & Kollins, S. H. (2001). Temporal discounting: Basic research and the analysis of socially important behavior. *Journal of Applied Behavior Analysis, 34,* 101–122.

Crocker J., Karpinski, A., Quinn, D. M., & Chase, S. K. (2003). When grades determine self-worth: Consequences of contingent self-worth for male and female engineering and psychology majors. *Journal of Personality and Social Psychology, 85,* 507–516.

Cromley, J. G., Snyder-Hogan, L. E., & Luciw-Dubas, U. A. (2010a). Cognitive activities in complex science text and diagrams. *Contemporary Educational Psychology, 35,* 59–74.

Cromley, J. G., Snyder-Hogan, L. E., & Luciw-Dubas, U. A. (2010b). Reading comprehension of scientific text: A domain-specific test of the direct and inferential mediation model of reading comprehension. *Journal of Educational Psychology, 102,* 687–700.

Crone, D. A., & Horner, R. H. (2003). *Building positive behavior support systems in schools: Functional behavioral assessment.* New York: Guilford Press.

Croninger, R. G., & Valli, L. (2009). "Where is the action?" Challenges to studying the teaching of reading in elementary classrooms. *Educational Researcher, 38,* 100–108.

Crowder, N. A., & Martin, G. (1961). *Trigonometry.* Garden City, NY: Doubleday.

Crowder, R. G. (1993). Short-term memory: Where do we stand? *Memory and Cognition, 21,* 142–145.

Crowley, K., & Jacobs, M. (2002). Building islands of expertise in everyday family activity. In G. Leinhardt, K. Crowley, & K. Knutson (Eds.), *Learning conversations in museums* (pp. 333–356). Mahwah, NJ: Erlbaum.

Crowley, K., & Siegler, R. S. (1999). Explanation and generalization in young children's strategy learning. *Child Development, 70,* 304–316.

Crowne, D. P., & Marlowe, D. (1964). *The approval motive: Studies in evaluative dependence.* New York: Wiley.

Csikszentmihalyi, M. (1990). *Flow: The psychology of optimal experience.* New York: Harper & Row.

Csikszentmihalyi, M., Abuhamdeh, S., & Nakamura, J. (2005). Flow. In A. J. Elliot & C. S. Dweck (Eds.), *Handbook of competence and motivation* (pp. 598–608). New York: Guilford Press.

Csikszentmihalyi, M., & Nakamura, J. (1989). The dynamics of intrinsic motivation: A study of adolescents. In C. Ames & R. Ames (Eds.), *Research on motivation in education: Vol. 3. Goals and cognitions* (pp. 45–71). Orlando, FL: Academic Press.

Cunningham, W. A., & Brosch, T. (2012). Motivational salience: Amygdala tuning from traits, needs, values, and goals. *Current Directions in Psychological Science, 21,* 54–59.

Curtis, K. A., & Graham, S. (1991, April). *Altering beliefs about the importance of strategy: An attributional intervention.* Paper presented at the annual meeting of the American Educational Research Association, Chicago, IL.

Curtiss, S. (1977). *Genie: A psycholinguistic study of a modern-day "wild child."* New York: Academic Press.

Cushing, L. S., & Kennedy, C. H. (1997). Academic effects of providing peer support in general education classrooms on students without disabilities. *Journal of Applied Behavior Analysis, 30,* 139–151.

Cuvo, A. J. (1975). Developmental differences in rehearsal and free recall. *Journal of Experimental Child Psychology, 19,* 65–78.

Dack, C., McHugh, L., & Reed, P. (2009). Generalization of causal efficacy judgments after evaluative learning. *Learning and Behavior, 37,* 336–348.

Dahan, D. (2010). The time course of interpretation in speech comprehension. *Current Directions in Psychological Science, 19,* 121–126.

Dahlin, B., & Watkins, D. (2000). The role of repetition in the processes of memorizing and understanding: A comparison of the views of Western and Chinese secondary students in Hong Kong. *British Journal of Educational Psychology, 70,* 65–84.

Dai, D. Y. (2002, April). *Effects of need for cognition and reader beliefs on the comprehension of narrative text.* Paper presented at the annual meeting of the American Educational Research Association, New Orleans, LA.

Dai, D. Y. (2010). *The nature and nurture of giftedness: A new framework for understanding gifted education.* New York: Teachers College Press.

Dai, D. Y., & Sternberg, R. J. (2004). Beyond cognitivism: Toward an integrated understanding of intellectual functioning and development. In D. Y. Dai & R. J. Sternberg (Eds.), *Motivation, emotion, and cognition: Integrative perspectives on intellectual functioning and development* (pp. 3–38). Mahwah, NJ: Erlbaum.

d'Ailly, H. (2003). Children's autonomy and perceived control in learning: A model of motivation and achievement in Taiwan. *Journal of Educational Psychology, 95,* 84–96.

Damasio, A. R. (1994). *Descartes' error: Emotion, reason, and the human brain.* New York: Avon Books.

D'Amato, M. R. (1955). Secondary reinforcement and magnitude of primary reinforcement. *Journal of Comparative and Physiological Psychology, 48,* 378–380.

Damisch, L., Stoberock, B., & Mussweiler, T. (2010). Keep your fingers crossed! How superstition improves performance. *Psychological Science, 21,* 1014–1020.

Daneman, M. (1987). Reading and working memory. In J. R. Beech & A. M. Colley (Eds.), *Cognitive approaches to reading* (pp. 57–86). Chichester, England: Wiley.

Daniels, L. M., Haynes, T. L., Stupnisky, R. H., Perry, R. P., Newall, N. E., & Pekrun, R. (2008). Individual differences in achievement goals: A longitudinal study of cognitive, emotional, and achievement outcomes. *Contemporary Educational Psychology, 33,* 584–608.

Dansereau, D. F. (1988). Cooperative learning strategies. In C. E. Weinstein, E. T. Goetz, & P. A. Alexander (Eds.), *Learning and study strategies: Issues in assessment, instruction, and evaluation* (pp. 103–120). San Diego, CA: Academic Press.

Dansereau, D. F. (1995). Derived structural schemas and the transfer of knowledge. In A. McKeough, J. Lupart, & A. Marini (Eds.), *Teaching for transfer: Fostering generalization in learning* (pp. 93–122). Mahwah, NJ: Erlbaum.

Darley, J. M., & Gross, P. H. (1983). A hypothesis-confirming bias in labeling effects. *Journal of Personality and Social Psychology, 44,* 20–33.

Darwin, C. J., Turvey, M. T., & Crowder, R. G. (1972). An auditory analogue of the Sperling partial report procedure: Evidence for brief auditory storage. *Cognitive Psychology, 3,* 255–267.

Davachi, L., & Dobbins, I. G. (2008). Declarative memory. *Current Directions in Psychological Science, 17,* 112–118.

Davidson, C. N. (2011). *Now you see it: How the brain science of attention will transform the way we live, work, and learn.* New York: Viking.

Davies, C., & Uttal, D. H. (2007). Map use and the development of spatial cognition. In J. M. Plumert & J. P. Spencer (Eds.), *The emerging spatial mind* (pp. 219–247). New York: Oxford University Press.

Davis, C. A., & Fox, J. (1999). Evaluating environmental arrangements as setting events: Review and implications for measurement. *Journal of Behavioral Education, 9*(2), 77–92.

Davis, G. A. (1966). Current status of research and theory in human problem solving. *Psychological Bulletin, 66,* 36–54.

Davis, G. A., & Thomas, M. A. (1989). *Effective schools and effective teachers.* Boston, MA: Allyn & Bacon.

Davis, H. A. (2003). Conceptualizing the role and influence of student-teacher relationships on children's social and cognitive development. *Educational Psychologist, 38,* 207–234.

Davis, L. E., Ajzen, I., Saunders, J., & Williams, T. (2002). The decision of African American students to complete high school: An application of the theory of planned behavior. *Journal of Educational Psychology, 94,* 810–819.

Davis, L. L., & O'Neill, R. E. (2004). Use of response cards with a group of students with learning disabilities including those for whom English is a second language. *Journal of Applied Behavior Analysis, 37,* 219–222.

Davis-Kean, P. E., Huesmann, R., Jager, J., Collins, W. A., Bates, J. E., & Lansford, J. E. (2008). Changes in the relation of self-efficacy beliefs and behaviors across development. *Child Development, 79,* 1257–1269.

Davison, M. (2011, April). *Are you standing in my shoes? How affective and cognitive teaching sequences influence historical empathy.* Paper presented at the annual meeting of the American Educational Research Association, New Orleans, LA.

Day, S. B., & Goldstone, R. L. (2012). The import of knowledge export: Connecting findings and theories of transfer of learning. *Educational Psychologist, 47,* 153–176.

DeBacker, T. K., & Crowson, H. M. (2006). Influences on cognitive engagement and achievement: Personal epistemology and achievement motives. *British Journal of Educational Psychology, 76,* 535–551.

DeBacker, T. K., & Crowson, H. M. (2008). Measuring need for closure in classroom learners. *Contemporary Educational Psychology, 33,* 711–732.

DeBacker, T. K., & Crowson, H. M. (2009). The influence of need for closure on learning and teaching. *Educational Psychology Review, 21,* 303–323.

de Boer, H., Bosker, R. J., & van der Werf, M. P. C. (2010). Sustainability of teacher expectation bias effects on long-term student performance. *Journal of Educational Psychology, 102,* 168–179.

De Castella, K., Byrne, D., & Covington, M. (2013). Unmotivated or motivated to fail? A cross-cultural study of achievement motivation, fear of failure, and student disengagement. *Journal of Educational Psychology, 105,* 861–880.

deCharms, R. (1972). Personal causation training in the schools. *Journal of Applied Social Psychology, 2,* 95–113.

Deci, E. L. (1971). Effects of externally mediated rewards on intrinsic motivation. *Journal of Personality and Social Psychology, 18,* 105–115.

Deci, E. L. (1992). The relation of interest to the motivation of behavior: A self-determination theory perspective. In K. A. Renninger, S. Hidi, & A. Krapp (Eds.), *The role of interest in learning and development* (pp. 43–70). Hillsdale, NJ: Erlbaum.

Deci, E. L., Koestner, R., & Ryan, R. M. (2001). Extrinsic rewards and intrinsic motivation in education: Reconsidered once again. *Review of Educational Research, 71,* 1–27.

Deci, E. L., & Moller, A. C. (2005). The concept of competence: A starting place for understanding intrinsic motivation and self-determined extrinsic motivation. In A. J. Elliot & C. S. Dweck (Eds.), *Handbook of competence and motivation* (pp. 579–597). New York: Guilford Press.

Deci, E. L., & Ryan, R. M. (1985). *Intrinsic motivation and self-determination in human behavior.* New York: Plenum Press.

Deci, E. L., & Ryan, R. M. (1987). The support of autonomy and the control of behavior. *Journal of Personality and Social Psychology, 53,* 1024–1037.

Deci, E. L., & Ryan, R. M. (1992). The initiation and regulation of intrinsically motivated learning and achievement. In A. K. Boggiano & T. S. Pittman (Eds.), *Achievement and motivation: A social-developmental perspective* (pp. 9–36). Cambridge, England: Cambridge University Press.

Deci, E. L., & Ryan, R. M. (1995). Human autonomy: The basis for true self-esteem. In M. H. Kernis (Ed.), *Efficacy, agency, and self-esteem* (pp. 31–49). New York: Plenum Press.

De Corte, E. (2003). Transfer as the productive use of acquired knowledge, skills, and motivations. *Current Directions in Psychological Science, 12,* 142–146.

De Corte, E., Greer, B., & Verschaffel, L. (1996). Mathematics teaching and learning. In D. C. Berliner & R. C. Calfee (Eds.), *Handbook of educational psychology* (pp. 491–549). New York: Macmillan.

De Corte, E., Op't Eynde, P., Depaepe, F., & Verschaffel, L. (2010). The reflexive relation between students' mathematics-related beliefs and the mathematics classroom culture. In L. D. Bendixen & F. C. Feucht (Eds.), *Personal epistemology in the classroom: Theory, research, and implications for practice* (pp. 292–327). Cambridge, England: Cambridge University Press.

Dee-Lucas, D., & Larkin, J. H. (1991). Equations in scientific proofs: Effects on comprehension. *American Educational Research Journal, 28,* 661–682.

DeGrandpre, R. J. (2000). A science of meaning: Can behaviorism bring meaning to psychological science? *American Psychologist, 55,* 721–739.

De Houwer, J. (2011). Why the cognitive approach in psychology would profit from a functional approach, and vice versa. *Perspectives in Psychological Science, 6,* 202–209.

de Jong, T. (2011). Instruction based on computer simulations. In R. E. Mayer & P. A. Alexander (Eds.), *Handbook of research on learning and instruction* (pp. 446–466). New York: Routledge.

de Jong, T., & van Joolingen, W. R. (1998). Scientific discovery learning with computer simulations of conceptual domains. *Review of Educational Research, 68,* 179–201.

Delaney, P. F., Sahakyan, L., Kelley, C. M., & Zimmerman, C. A. (2010). Remembering to forget: The amnesic effect of daydreaming. *Psychological Science, 21,* 1036–1042.

De La Paz, S., & Felton, M. K. (2010). Reading and writing from multiple source documents in history: Effects of strategy instruction with low to average high school writers. *Contemporary Educational Psychology, 35,* 174–192.

De La Paz, S., & McCutchen, D. (2011). Learning to write. In R. E. Mayer & P. A. Alexander (Eds.), *Handbook of research on learning and instruction* (pp. 32–54). New York: Routledge.

deLeeuw, N., & Chi, M. T. H. (2003). Self-explanation: Enriching a situation model or repairing a domain model? In G. M. Sinatra & P. R. Pintrich (Eds.), *Intentional conceptual change* (pp. 55–78). Mahwah, NJ: Erlbaum.

Delgado-Gaitan, C. (1994). Socializing young children in Mexican-American families: An intergenerational perspective. In P. M. Greenfield & R. R. Cocking (Eds.), *Cross-cultural roots of minority child development* (pp. 55–86). Mahwah, NJ: Erlbaum.

De Lisi, R., & Golbeck, S. L. (1999). Implications of Piagetian theory for peer learning. In A. M. O'Donnell & A. King (Eds.), *Cognitive perspectives on peer learning* (pp. 3–37). Mahwah, NJ: Erlbaum.

DeLoache, J. S. (1995). Early understanding and use of symbols: The model model. *Current Directions in Psychological Science, 4,* 109–113.

Delval, J. (1994). Stages in the child's construction of social knowledge. In M. Carretero & J. F. Voss (Eds.), *Cognitive and instructional processes in history and the social sciences* (pp. 77–102). Mahwah, NJ: Erlbaum.

Demetriou, A., Christou, C., Spanoudis, G., & Platsidou, M. (2002). The development of mental processing: Efficiency, working memory, and thinking. *Monographs of the Society for Research in Child Development, 67*(1, Serial No. 268).

Demetriou, A., & Kazi, S. (2001). *Unity and modularity in the mind and the self.* London: Routledge.

Dempster, F. N. (1991). Synthesis of research on reviews and tests. *Educational Leadership, 48*(7), 71–76.

Dempster, F. N., & Rohwer, W. D. (1974). Component analysis of the elaborative encoding effect in paired-associate learning. *Journal of Experimental Psychology, 103,* 400–408.

Dennen, V. P., & Burner, K. J. (2008). The cognitive apprenticeship model in educational practice. In J. M. Spector, M. D. Merrill, J. van Merriënboer, & M. P. Driscoll (Eds.), *Handbook of research on educational communications and technology* (3rd ed., pp. 425–439). New York: Erlbaum.

Derry, S. J. (1996). Cognitive schema theory in the constructivist debate. *Educational Psychologist, 31,* 163–174.

Derry, S. J., Levin, J. R., Osana, H. P., & Jones, M. S. (1998). Developing middle school students' statistical reasoning abilities through simulation gaming. In S. P. Lajoie (Ed.), *Reflections on statistics: Learning, teaching, and assessment in grades K–12* (pp. 175–195). Mahwah, NJ: Erlbaum.

Desoete, A., Roeyers, H., & De Clercq, A. (2003). Can offline metacognition enhance mathematical problem solving? *Journal of Educational Psychology, 95,* 188–200.

DeStefano, D., & LeFevre, J.-A. (2005). Cognitive load in hypertext reading: A review. *Computers in Human Behavior, 23,* 1616–1641.

Deutsch, M. (1993). Educating for a peaceful world. *American Psychologist, 48,* 510–517.

DeVries, R. (1969). Constancy of generic identity in the years three to six. *Monographs of the Society for Research in Child Development, 34* (Whole No. 127).

Dewar, K. M., & Xu, F. (2010). Induction, overhypothesis, and the origin of abstract knowledge: Evidence from 9-month-old infants. *Psychological Science, 21,* 1871–1877.

Dewhurst, S. A., & Conway, M. A. (1994). Pictures, images, and recollective experience. *Journal of Experimental Psychology: Learning, Memory, and Cognition, 20,* 1088–1098.

Diamond, A., Barnett, W. S., Thomas, J., & Munro, S. (2007). Preschool program improves cognitive control. *Science, 318,* 1387–1388.

Diamond, M., & Hopson, J. (1998). *Magic trees of the mind.* New York: Dutton.

Dias, M. G. B. B., Roazzi, A., O'Brien, D. P., & Harris, P. L. (2005). Logical reasoning and fantasy contexts: Eliminating differences between children with and without experience in school. *Revista Interamerican de Psicologia, 39,* 13–22.

Díaz, R. M., Neal, C. J., & Amaya-Williams, M. (1990). The social origins of self-regulation. In L. C. Moll (Ed.), *Vygotsky and education: Instructional implications and applications of sociohistorical psychology* (pp. 127–154). Cambridge, England: Cambridge University Press.

DiDonato, N. C. (2011). The interaction between cognitive and motivational co-regulated processes on a collaborative task. *International Journal of Learning, 18,* 463–475.

DiDonato, N. C. (2013). Effective self- and co-regulation in collaborative learning groups: An analysis of how students regulate problem solving of authentic interdisciplinary tasks. *Instructional Science, 41,* 25–47.

Diekman, A. B., Brown, E. R., Johnston, A. M., & Clark, E. K. (2010). Seeking congruity between goals and roles: A new look at why women opt out of science, technology, engineering, and mathematics careers. *Psychological Science, 21,* 1051–1057.

Diesendruck, G., & Bloom, P. (2003). How specific is the shape bias? *Child Development, 74,* 168–178.

Dijksterhuis, A., & Nordgren, L. F. (2006). A theory of unconscious thought. *Perspectives on Psychological Science, 1,* 95–109.

Dijkstra, P., Kuyper, H., van der Werf, G., Buunk, A. P., & van der Zee, Y. G. (2008). Social comparison in the classroom: A review. *Review of Educational Research, 78,* 828–879.

DiMartino, J., & Castaneda, A. (2007). Assessing applied skills. *Educational Leadership, 64,* 38–42.

Dinges, D. F., Whitehouse, W. G., Orne, E. C., Powell, J. W., Orne, M. T., & Erdelyi, M. H. (1992). Evaluating hypnotic memory enhancement (hypermnesia and reminiscence) using multitrial forced recall. *Journal of Experimental Psychology: Learning, Memory, and Cognition, 18,* 1139–1147.

diSessa, A. A. (1996). What do "just plain folk" know about physics? In D. R. Olson & N. Torrance (Eds.), *The handbook of education and human development: New models of learning, teaching, and schooling* (pp. 709–730). Cambridge, MA: Blackwell.

diSessa, A. A. (2006). A history of conceptual change research. In R. K. Sawyer (Ed.), *The Cambridge handbook of the learning sciences* (pp. 265–281). Cambridge, England: Cambridge University Press.

diSessa, A. A. (2007). An interactional analysis of clinical interviewing. *Cognition and Instruction, 25,* 523–565.

diSessa, A. A. (2008). A bird's-eye view of the "pieces" vs. "coherence" controversy (from the "pieces" side of the fence). In S. Vosniadou (Ed.), *International handbook of research on conceptual change* (pp. 35–60). New York: Routledge.

diSessa, A. A., Elby, A., & Hammer, D. (2003). J's epistemological stance and strategies. In G. M. Sinatra & P. R. Pintrich (Eds.), *Intentional conceptual change* (pp. 237–290). Mahwah, NJ: Erlbaum.

Di Vesta, F. J., & Gray, S. G. (1972). Listening and notetaking. *Journal of Educational Psychology, 63,* 8–14.

Di Vesta, F. J., & Ingersoll, G. M. (1969). Influence of pronounceability, articulation, and test mode on paired-associate learning by the study-recall procedure. *Journal of Experimental Psychology, 79,* 104–108.

Di Vesta, F. J., & Peverly, S. T. (1984). The effects of encoding variability, processing activity and rule example sequences on the transfer of conceptual rules. *Journal of Educational Psychology, 76,* 108–119.

Dix, T., Stewart, A. D., Gershoff, E. T., & Day, W. H. (2007). Autonomy and children's reactions to being controlled: Evidence that both compliance and defiance may be positive markers in early development. *Child Development, 78,* 1204–1221.

Dixon, F. A., Dungan, D. E., & Young, A. (2003, April). *An empirical typology of perfectionism in students who attend a Christian liberal arts university.* Paper presented at the annual meeting of the American Educational Research Association, Chicago, IL.

Dixon, M. R., & Cummings, A. (2001). Self-control in children with autism: Response allocation during delays to reinforcement. *Journal of Applied Behavior Analysis, 34,* 491–495.

Do, S. L., & Schallert, D. L. (2004). Emotions and classroom talk: Toward a model of the role of affect in students' experiences of classroom discussions. *Journal of Educational Psychology, 96,* 619–634.

Dodge, K. A., Asher, S. R., & Parkhurst, J. T. (1989). Social life as a goal-coordination task. In C. Ames & R. Ames (Eds.), *Research on motivation in education: Vol. 3. Goals and cognitions* (pp. 107–138). San Diego, CA: Academic Press.

Doidge, N. (2007). *The brain that changes itself: Stories of personal triumph from the frontiers of brain science.* New York: Penguin.

Dole, J. A., Duffy, G. G., Roehler, L. R., & Pearson, P. D. (1991). Moving from the old to the new: Research on reading comprehension instruction. *Review of Educational Research, 61,* 239–264.

Dollard, J. C., Doob, L., Miller, N., Mowrer, O., & Sears, R. (1939). *Frustration and aggression.* New Haven, CT: Yale University Press.

Dominowski, R. L. (1998). Verbalization and problem solving. In D. J. Hacker, J. Dunlosky, & A. C. Graesser (Eds.), *Metacognition in educational theory and practice* (pp. 25–45). Mahwah, NJ: Erlbaum.

Donahoe, J., & Vegas, R. (2004). Pavlovian conditioning: The CS-UR relation. *Journal of Experimental Psychology: Animal Behavior Processes, 30,* 17–33.

Donaldson, J. M., & Vollmer, T. R. (2011). An evaluation and comparison of time-out procedures with and without release contingencies. *Journal of Applied Behavior Analysis, 44,* 693–705.

Donaldson, J. M., Vollmer, T. R., Krous, T., Downs, S., & Berard, K. P. (2011). An evaluation of the good behavior game in kindergarten classrooms. *Journal of Applied Behavior Analysis, 44,* 605–609.

Donaldson, M. (1978). *Children's minds.* New York: W. W. Norton.

Donnelly, C. M., & McDaniel, M. A. (1993). Use of analogy in learning scientific concepts. *Journal of Experimental Psychology: Learning, Memory, and Cognition, 19,* 975–987.

Dooling, D. J., & Christiaansen, R. E. (1977). Episodic and semantic aspects of memory for prose. *Journal of Experimental Psychology: Human Learning and Memory, 3,* 428–436.

Dotterer, A. M., McHale, S. M., & Crouter, A. C. (2009). The development and correlates of academic interests from childhood through adolescence. *Journal of Educational Psychology, 101,* 509–519.

Doupe, A., & Kuhl, P. (1999). Birdsong and human speech: Common themes and mechanisms. *Annual Review of Neuroscience, 22,* 567–631.

Downing, P. E. (2000). Interactions between visual working memory and selective attention. *Psychological Science, 11,* 467–473.

Downs, R. M., & Stea, D. (1977). *Maps in minds.* New York: Harper & Row.

Dowson, M., & McInerney, D. M. (2001). Psychological parameters of students' social and work avoidance goals: A qualitative investigation. *Journal of Educational Psychology, 93,* 35–42.

Doyle, W. (1986). Classroom organization and management. In M. C. Wittrock (Ed.), *Handbook of research on teaching* (3rd ed., pp. 392–431). New York: Macmillan.

Doyle, W. (1990). Classroom management techniques. In O. C. Moles (Ed.), *Student discipline strategies: Research and practice* (pp. 113–127). Albany: State University of New York Press.

Dozier, C. L., Iwata, B. A., Thomason-Sassi, J., Worsdell, A. S., & Wilson, D. M. (2012). A comparison of two pairing procedures to establish praise as a reinforcer. *Journal of Applied Behavior Analysis, 45,* 721–735.

Draganski, B., Gaser, C., Busch, V., Schuierer, G., Bogdahn, U., & May, A. (2004). Changes in grey matter induced by training. *Nature, 427,* 311–312.

Dreikurs, R. (1998). *Maintaining sanity in the classroom: Classroom management techniques* (2nd ed.). Bristol, PA: Hemisphere.

Drevno, G. E., Kimball, J. W., Possi, M. K., Heward, W. L., Gardner, R., III, & Barbetta, P. M. (1994). Effects of active student responding during error correction on the acquisition, maintenance, and generalization of science vocabulary by elementary students: A systematic replication. *Journal of Applied Behavior Analysis, 27,* 179–180.

Driver, R., Asoko, H., Leach, J., Mortimer, E., & Scott, P. (1994). Constructing scientific knowledge in the classroom. *Educational Researcher, 23*(7), 5–12.

Duckworth, A. L., & Seligman, M. E. P. (2005). Self-discipline outdoes IQ in predicting academic performance of adolescents. *Psychological Science, 16,* 939–944.

Duffy, T. M. (2009). Building lines of communication and a research agenda. In S. Tobias & T. M. Duffy (Eds.), *Constructivist instruction: Success or failure?* (pp. 351–367). New York: Routledge.

Dufresne, A., & Kobasigawa, A. (1989). Children's spontaneous allocation of study time: Differential and sufficient aspects. *Journal of Experimental Child Psychology, 47,* 274–296.

DuNann, D. G., & Weber, S. J. (1976). Short- and long-term effects of contingency managed instruction on low, medium, and high GPA students. *Journal of Applied Behavior Analysis, 9,* 375–376.

Duncker, K. (1945). On problem solving. *Psychological Monographs, 58* (Whole No. 270).

Dunlap, G., dePerczel, M., Clarke, S., Wilson, D., Wright, S., White, R., & Gomez, A. (1994). Choice making to promote adaptive behavior for students with emotional and behavioral challenges. *Journal of Applied Behavior Analysis, 27,* 505–518.

Dunlosky, J., & Lipko, A. R. (2007). Metacomprehension: A brief history and how to improve its accuracy. *Current Directions in Psychological Science, 16,* 228–232.

Dunlosky, J., Rawson, K. A., Marsh, E. J., Nathan, M. J., & Willingham, D. T. (2013). Improving students' learning with effective learning techniques: Promising directions from cognitive and educational psychology. *Psychological Science in the Public Interest, 14,* 4–58.

Dunn, C. S. (1983). The influence of instructional methods on concept learning. *Science Education, 67,* 647–656.

Dunning, D., Heath, C., & Suls, J. M. (2004). Flawed self-assessment: Implications for health, education, and the workplace. *Psychological Science in the Public Interest, 5,* 69–106.

Dunning, D., Johnson, K., Ehrlinger, J., & Kruger, J. (2003). Why people fail to recognize their own incompetence. *Current Directions in Psychological Science, 12,* 83–87.

DuPaul, G. J., Ervin, R. A., Hook, C. L., & McGoey, K. E. (1998). Peer tutoring for children with attention deficit hyperactivity disorder: Effects on classroom behavior and academic performance. *Journal of Applied Behavior Analysis, 31,* 579–592.

DuPaul, G., & Hoff, K. (1998). Reducing disruptive behavior in general education classrooms: The use of self-management strategies. *School Psychology Review, 27,* 290–304.

Durik, A. M., & Harackiewicz, J. M. (2007). Different strokes for different folks: How individual interest moderates the effects of situational factors on task interest. *Journal of Educational Psychology, 99,* 597–610.

Durik, A. M., Vida, M., & Eccles, J. S. (2006). Task values and ability beliefs as predictors of high school literacy choices: A developmental analysis. *Journal of Educational Psychology, 98,* 382–393.

Dweck, C. S. (1986). Motivational processes affecting learning. *American Psychologist, 41,* 1040–1048.

Dweck, C. S. (2000). *Self-theories: Their role in motivation, personality, and development.* Philadelphia, PA: Psychology Press.

Dweck, C. S. (2006). *Mindset: The new psychology of success.* New York: Ballantine.

Dweck, C. S., & Elliott, E. S. (1983). Achievement motivation. In E. M. Hetherington (Ed.), *Handbook of child psychology: Vol. 4. Socialization, personality, and social development* (4th ed., pp. 643–691). New York: Wiley.

Dweck, C. S., Goetz, T. E., & Strauss, N. L. (1980). Sex differences in learned helplessness: IV. An experimental and naturalistic study of failure generalization and its mediators. *Journal of Personality and Social Psychology, 38,* 441–452.

Dweck, C. S., & Leggett, E. L. (1988). A social-cognitive approach to motivation and personality. *Psychological Review, 95,* 256–273.

Dweck, C. S., Mangels, J. A., & Good, C. (2004). Motivational effects on attention, cognition, and performance. In D. Y. Dai & R. J. Sternberg (Eds.), *Motivation, emotion, and cognition: Integrative perspectives on intellectual functioning and development* (pp. 41–55). Mahwah, NJ: Erlbaum.

Dweck, C. S., & Molden, D. C. (2005). Self-theories: Their impact on competence motivation and acquisition. In A. J. Elliot & C. S. Dweck (Eds.), *Handbook of competence and motivation* (pp. 122–140). New York: Guilford Press.

Eagly, A. H., Kulesa, P., Chen, S., & Chaiken, S. (2001). Do attitudes affect memory? Tests of the congeniality hypothesis. *Current Directions in Psychological Science, 10,* 5–9.

Eason, S. H., Goldberg, L. F., Young, K. M., Geist, M. C., & Cutting, L. E. (2012). Reader–text interactions: How differential text and question types influence cognitive skills needed for reading comprehension.*Journal of Educational Psychology, 104,* 515–528.

Eastwood, J. D., Frischen, A., Fenske, M. J., & Smilek, D. (2012). The unengaged mind: Defining boredom in terms of attention. *Perspectives on Psychological Science, 7,* 482–495.

Eaton, J. F., Anderson, C. W., & Smith, E. L. (1984). Students' misconceptions interfere with science learning: Case studies of fifth-grade students. *Elementary School Journal, 84,* 365–379.

Ebbinghaus, H. (1913). *Memory: A contribution to experimental psychology* (H. A. Ruger & C. E. Bussenius, Trans.). New York: Teachers College. (Original work published 1885)

Eccles, J. S. (2005). Subjective task value and the Eccles et al. model of achievement-related choices. In A. J. Elliot & C. S. Dweck (Eds.), *Handbook of competence and motivation* (pp. 105–121). New York: Guilford Press.

Eccles, J. S. (2007). Families, schools, and developing achievement-related motivations and engagement. In J. E. Grusec & P. D. Hastings (Eds.), *Handbook of socialization: Theory and research* (pp. 665–691). New York: Guilford Press.

Eccles, J. S. (2009). Who am I and what am I going to do with my life? Personal and collective identities as motivators of action. *Educational Psychologist, 44,* 78–89.

Eccles, J. S., & Midgley, C. (1989). Stage-environment fit: Developmentally appropriate classrooms for young adolescents. In C. Ames & R. Ames (Eds.), *Research on motivation in education: Vol. 3. Goals and cognition* (pp. 139–186). New York: Academic Press.

Eccles, J. S., & Wigfield, A. (1985). Teacher expectations and student motivation. In J. B. Dusek (Ed.), *Teacher expectancies* (pp. 185–217). Hillsdale, NJ: Erlbaum.

Eccles, J. S., Wigfield, A., & Schiefele, U. (1998). Motivation to succeed. In W. Damon (Editor-in-Chief) & N. Eisenberg (Volume Editor), *Handbook of child psychology* (5th ed., Vol. 3, pp. 1017–1095). New York: Wiley.

Echevarria, M. (2003). Anomalies as a catalyst for middle school students' knowledge construction and scientific reasoning during science inquiry. *Journal of Educational Psychology, 95,* 357–374.

Edelson, D. C., & Reiser, B. J. (2006). Making authentic practices accessible to learners. In R. K. Sawyer (Ed.), *The Cambridge handbook of the learning sciences* (pp. 335–354). Cambridge, England: Cambridge University Press.

Edens, K. M., & McCormick, C. B. (2000). How do adolescents process advertisements? The influence of ad characteristics, processing objective, and gender. *Contemporary Educational Psychology, 25,* 450–463.

Edens, K. M., & Potter, E. F. (2001). Promoting conceptual understanding through pictorial representation. *Studies in Art Education, 42,* 214–233.

Edwards, A. R., Esmonde, I., & Wagner, J. F. (2011). Learning mathematics. In R. E. Mayer & P. A. Alexander (Eds.), *Handbook of research on learning and instruction* (pp. 55–77). New York: Routledge.

Eelen, P., & Vervliet, B. (2006). Fear conditioning and clinical implications: What can we learn from the past? In M. G. Craske, D. Hermans, & D. Vansteenwegen (Eds.), *Fear and learning: From basic processes to clinical implications* (pp. 17–35). Washington, DC: American Psychological Association.

Efklides, A. (2011). Interactions of metacognition with motivation and affect in self-regulated learning: The MASRL model. *Educational Psychologist, 46,* 6–25.

Eich, R. (1995). Searching for mood dependent memory. *Psychological Science, 6,* 67–75.

Eid, M., & Diener, E. (2001). Norms for experiencing emotions in different cultures: Inter- and intranational differences. *Journal of Personality and Social Psychology, 81,* 869–885.

Eilam, B. (2001). Primary strategies for promoting homework performance. *American Educational Research Journal, 38,* 691–725.

Einstein, G. O., & McDaniel, M. A. (2005). Prospective memory: Multiple retrieval processes. *Current Directions in Psychological Science, 14,* 286–290.

Eisenberger, R. (1992). Learned industriousness. *Psychological Review, 99,* 248–267.

Eisenberger, R., & Cameron, J. (1996). Detrimental effects of reward: Reality or myth? *American Psychologist, 51,* 1153–1166.

Eisner, E. W. (1994). *Cognition and curriculum reconsidered.* New York: Teachers College Press.

Eitam, B., Hassin, R. R., & Schul, Y. (2008). Nonconscious goal pursuit in novel environments: The case of implicit learning. *Psychological Science, 19,* 261–267.

Elbert, T., Pantev, C., Wienbruch, C., Rockstroh, B., & Taub, E. (1995). Increased cortical representation of the fingers of the left hand in string players. *Science, 270,* 305–307.

Elby, A., & Hammer, D. (2010). Epistemological resources and framing: A cognitive framework for helping teachers interpret and respond to their students' epistemologies. In L. D. Bendixen & F. C. Feucht (Eds.), *Personal epistemology in the classroom: Theory, research, and implications for practice* (pp. 409–434). Cambridge, England: Cambridge University Press.

Ellenwood, S., & Ryan, K. (1991). Literature and morality: An experimental curriculum. In W. M. Kurtines & J. L. Gewirtz (Eds.), *Moral behavior and development: Vol. 3. Application.* Mahwah, NJ: Erlbaum.

Elliot, A. J., Chirkov, V. I., Kim, Y., & Sheldon, K. M. (2001). A cross-cultural analysis of avoidance (relative to approach) personal goals. *Psychological Science, 12,* 505–510.

Elliot, A. J., & McGregor, H. A. (2000, April). Approach and avoidance goals and autonomous-controlled regulation: Empirical and conceptual relations. In A. Assor (Chair), *Self-determination theory and achievement goal theory: Convergences, divergences, and educational implications.* Symposium conducted at the annual meeting of the American Educational Research Association, New Orleans, LA.

Elliot, A. J., Murayama, K., & Pekrun, R. (2011). A 3 × 2 achievement goal model. *Journal of Educational Psychology, 103,* 632–648.

Elliot, A. J., Shell, M. M., Henry, K. B., & Maier, M. A. (2005). Achievement goals, performance contingencies, and performance attainment: An experimental test. *Journal of Educational Psychology, 97,* 630–640.

Elliott, D. J. (1995). *Music matters: A new philosophy of music education.* New York: Oxford University Press.

Elliott, R., & Vasta, R. (1970). The modeling of sharing: Effects associated with vicarious reinforcement, symbolization, age, and generalization. *Journal of Experimental Child Psychology, 10,* 8–15.

Ellis, H. C., & Hunt, R. R. (1983). *Fundamentals of human memory and cognition* (3rd ed.). Dubuque, IA: Wm. C. Brown.

Ellis, J., Fitzsimmons, S., & Small-McGinley, J. (2010). Encouraging the discouraged: Students' views for elementary classrooms. In G. S. Goodman (Ed.), *Educational psychology reader: The art and science of how people learn* (pp. 251–272). New York: Peter Lang.

Ellis, N. C. (Ed.). (1994). *Implicit and explicit learning of languages.* London: Academic Press.

Ellis, S., Mendel, R., & Nir, M. (2006). Learning from successful and failed experience: The moderating role of kind of after-event review. *Journal of Applied Psychology, 91,* 669–680.

Elmore, K. C., & Oyserman, D. (2012). If "we" can succeed, "I" can too: Identity-based motivation and gender in the classroom. *Contemporary Educational Psychology, 37,* 176–185.

Embry, D. (2002). The Good Behavior Game: A best practice candidate as a universal behavioral vaccine. *Clinical Child and Family Psychology Review, 5,* 273–297.

Emery, N. J., & Clayton, N. S. (2004). The mentality of crows: Convergent evolution of intelligence in corvids and apes. *Science, 306,* 1903–1907.

Emmer, E. T. (1987). Classroom management and discipline. In V. Richardson-Koehler (Ed.), *Educators' handbook: A research perspective* (pp. 233–258). White Plains, NY: Longman.

Empson, S. B. (1999). Equal sharing and shared meaning: The development of fraction concepts in a first-grade classroom. *Cognition and Instruction, 17,* 283–342.

Engle, R. A. (2006). Framing interactions to foster generative learning: A situative explanation of transfer in a community of learners classsroom. *Journal of the Learning Sciences, 15,* 451–498.

Engle, R. A., & Conant, F. R. (2002). Guiding principles for fostering productive disciplinary engagement: Explaining an emergent argument in a community of learners classroom. *Cognition and Instruction, 20,* 399–483.

Engle, R. A., Lam, D. P., Meyer, X. S., & Nix, S. E. (2012). How does expansive framing promote transfer? Several proposed explanations and a research agenda for investigating them. *Educational Psychologist, 47,* 215–231.

English, H. B., Welborn, E. L., & Killian, C. D. (1934). Studies in substance memorization. *Journal of General Psychology, 11,* 233–260.

English, L. D. (Ed.). (1997). *Mathematical reasoning: Analogies, metaphors, and images.* Mahwah, NJ: Erlbaum.

Ennis, C. D., & Chen, A. (2011). Learning motor skill in physical education. In R. E. Mayer & P. A. Alexander (Eds.), *Handbook of research on learning and instruction* (pp. 148–165). New York: Routledge.

Epstein, J. L. (1989). Family structures and student motivation. In R. E. Ames & C. Ames (Eds.), *Research on motivation in education: Vol. 3. Goals and cognitions* (pp. 259–295). New York: Academic Press.

Epstein, R. (1991). Skinner, creativity, and the problem of spontaneous behavior. *Psychological Science, 2,* 362–370.

Epstein, T. (2000). Adolescents' perspectives on racial diversity in U.S. history: Case studies from an urban classroom. *American Educational Research Journal, 37,* 185–214.

Erdelyi, M. H. (2010). The ups and downs of memory. *American Psychologist, 65,* 623–633.

Erickson, K. I., Voss, M. W., Prakash, R. S., Basak, C., Szabo, A., Chaddock, L., . . . Kramer, A. F. (2011). Exercise training increases size of hippocampus and improves memory. *Proceedings of the National Academy of Sciences U.S.A., 108,* 3017–3022.

Ericsson, K. A. (1996). *The road to excellence: The acquisition of expert performance in the arts and sciences, sports, and games.* Mahwah, NJ: Erlbaum.

Ericsson, K. A. (2003). The acquisition of expert performance as problem solving. In J. E. Davidson & R. J. Sternberg (Eds.), *The psychology of problem solving* (pp. 31–83). Cambridge, England: Cambridge University Press.

Esmonde, I. (2009). Ideas and identities: Supporting equity in cooperative mathematics learning. *Review of Educational Research, 79,* 1008–1043.

Estes, D., Chandler, M., Horvath, K. J., & Backus, D. W. (2003). American and British college students' epistemological beliefs about research on psychological and biological development. *Applied Developmental Psychology, 23,* 625–642.

Estes, W. K. (1969). New perspectives on some old issues in association theory. In N. J. Mackintosh & W. K. Honig (Eds.), *Fundamental issues in associative learning* (pp. 162–189). Halifax, Canada: Dalhousie University Press.

Evans, E. M. (2008). Conceptual change and evolutionary biology: A developmental analysis. In S. Vosniadou (Ed.), *International handbook of research on conceptual change* (pp. 263–294). New York: Routledge.

Evans, G. W., & Schamberg, M. A. (2009). Childhood poverty, chronic stress, and adult working memory. *Proceedings of the National Academy of Sciences of the United States of America, 106,* 6545–6549.

Evertson, C. M., & Weinstein, C. S. (2006). Classroom management as a field of inquiry. In C. M. Evertson & C. S. Weinstein (Eds.), *Handbook of classroom management: Research, practice, and contemporary issues* (pp. 3–15). Mahwah, NJ: Erlbaum.

Eysenck, M. W. (2009). Semantic memory and stored knowledge. In A. Baddeley, M. W. Eysenck, & M. C. Anderson (Eds.), *Memory* (pp. 113–135). Hove, England: Psychology Press.

Eysenck, M. W., & Keane, M. T. (1990). *Cognitive psychology: A student's handbook.* Hove, England: Erlbaum.

Eysink, T. H. S., & de Jong, T. (2012). Does instructional approach matter? How elaboration plays a crucial role in multimedia learning. *Journal of the Learning Sciences, 21,* 583–625.

Fahrmeier, E. D. (1978). The development of concrete operations among the Hausa. *Journal of Cross-Cultural Psychology, 9,* 23–44.

Faircloth, B. S. (2012). "Wearing a mask" vs. connecting identity with learning. *Contemporary Educational Psychology, 37,* 186–194.

Fantino, E., Preston, R. A., & Dunn, R. (1993). Delay reduction: Current status. *Journal of Experimental Analysis of Behavior, 60,* 159–169.

Fantuzzo, J. W., King, J., & Heller, L. R. (1992). Effects of reciprocal peer tutoring on mathematics and school adjustment: A component analysis. *Journal of Educational Psychology, 84,* 331–339.

Farran, D. C. (2001). Critical periods and early intervention. In D. B. Bailey, Jr., J. T. Bruer, F. J. Symons, & J. W. Lichtman (Eds.), *Critical thinking about critical periods* (pp. 233–266). Baltimore, MD: Paul H. Brookes.

Fashola, O. S., Drum, P. A., Mayer, R. E., & Kang, S. (1996). A cognitive theory of orthographic transitioning: Predictable errors in how Spanish-speaking children spell English words. *American Educational Research Journal, 33,* 825–843.

Faust, G. W., & Anderson, R. C. (1967). Effects of incidental material in a programmed Russian vocabulary lesson. *Journal of Educational Psychology, 58,* 3–10.

Fazio, L. K., Barber, S. J., Rajaram, S., Ornstein, P. A., & Marsh, E. J. (2013). Creating illusions of knowledge: Learning errors that contradict prior knowledge. *Journal of Educational Psychology, 142,* 1–5.

Feather, N. T. (1982). *Expectations and actions: Expectancy–value models in psychology.* Hillsdale, NJ: Erlbaum.

Feinberg, M., & Willer, R. (2011). Apocalypse soon? Dire messages reduce belief in global warming by contradicting just-world beliefs. *Psychological Science, 22,* 34–38.

Feinman, S. (1992). *Social referencing and the social construction of reality in infancy.* New York: Plenum Press.

Feldman, J. (2003). The simplicity principle in human concept learning. *Current Directions in Psychological Science, 12,* 227–232.

Feltz, D. L., Chaase, M. A., Moritz, S. E., & Sullivan, P. J. (1999). A conceptual model of coaching efficacy: Preliminary investigation and instrument development. *Journal of Educational Psychology, 91,* 765–776.

Feltz, D. L., Landers, D. M., & Becker, B. J. (1988). A revised meta-analysis of the mental practice literature on motor skill performance. In D. Druckman & J. A. Swets (Eds.), *Enhancing human performance: Issues, theories, and techniques* (pp. 1–65). Washington, DC: National Academy Press.

Fenning, P. A., & Bohanon, H. (2006). Schoolwide discipline policies: An analysis of discipline codes of conduct. In C. M. Evertson & C. S. Weinstein (Eds.), *Handbook of classroom management: Research, practice, and contemporary issues* (pp. 1021–1039). Mahwah, NJ: Erlbaum.

Ferguson, E. L., & Hegarty, M. (1995). Learning with real machines or diagrams: Application of knowledge to real-world problems. *Cognition and Instruction, 13,* 129–160.

Ferrari, M., & Elik, N. (2003). Influences on intentional conceptual change. In G. M. Sinatra & P. R. Pintrich (Eds.), *Intentional conceptual change* (pp. 21–54). Mahwah, NJ: Erlbaum.

Féry, Y.-A., & Morizot, P. (2000). Kinesthetic and visual image in modeling closed motor skills: The example of the tennis serve. *Perceptual and Motor Skills, 90,* 707–722.

Feucht, F. C. (2010). Epistemic climate in elementary classrooms. In L. D. Bendixen & F. C. Feucht (Eds.), *Personal epistemology in the classroom: Theory, research, and educational implications* (pp. 55–93). New York: Cambridge University Press.

Feuerstein, R., Feuerstein, R. S., & Falik, L. H. (2010). *Beyond smarter: Mediated learning and the brain's capacity for change.* New York: Teachers College Press.

Fiedler, K. (2008). Language: A toolbox for sharing and influencing social reality. *Perspectives on Psychological Science, 3,* 38–47.

Field, D. (1987). A review of preschool conservation training: An analysis of analyses. *Developmental Review, 7,* 210–251.

Field, T. F., Woodson, R., Greenberg, R., & Cohen, D. (1982). Discrimination and imitation of facial expressions by neonates. *Science, 218*(8), 179–181.

Figner, B., & Weber, E. U. (2011). Who takes risks when and why? Determinants of risk taking. *Current Directions in Psychological Science, 20,* 211–216.

Finke, R. A., & Bettle, J. (1996). *Chaotic cognition: Principles and applications.* Mahwah, NJ: Erlbaum.

Finn, B., & Roediger, H. L., III. (2011). Enhancing retention through reconsolidation: Negative emotional arousal following retrieval enhances later recall. *Psychological Science, 22,* 781–786.

Fischer, G. (2006). Learning in communities: A distributed intelligence perspective. *Journal of Community Informatics* (online journal), 2. Retrieved from www.ci-journal.net/index.php/ciej/article/view/339/245

Fischer, K. W., & Bidell, T. R. (1991). Constraining nativist inferences about cognitive capacities. In S. Carey & R. Gelman (Eds.), *The epigenesis of mind: Essays on biology and cognition* (pp. 199–236). Hillsdale, NJ: Erlbaum.

Fischer, K. W., & Bidell, T. R. (2006). Dynamic development of action, thought, and emotion. In R. M. Lerner (Ed.), *Handbook of child psychology. Vol. 1: Theoretical models of human development* (6th ed., pp. 319–399). New York: Wiley.

Fischer, K. W., & Daley, S. G. (2007). Connecting cognitive science and neuroscience to education: Potentials and pitfalls in inferring executive processes. In L. Meltzer (Ed.), *Executive function in education: From theory to practice* (pp. 55–72). New York: Guilford Press.

Fischer, K. W., & Immordino-Yang, M. H. (2002). Cognitive development and education: From dynamic general structure to specific learning and teaching. In E. Lagemann (Ed.), *Traditions of scholarship in education*. Chicago, IL: Spencer Foundation.

Fischer, K. W., Knight, C. C., & Van Parys, M. (1993). Analyzing diversity in developmental pathways: Methods and concepts. In R. Case & W. Edelstein (Eds.), *The new structuralism in cognitive development: Theory and research on individual pathways* (pp. 33–56). Basel, Switzerland: Karger.

Fisher, W. W., & Mazur, J. E. (1997). Basic and applied research on choice responding. *Journal of Applied Behavior Analysis, 30,* 387–410.

Fisher, W. W., Rodriguez, N. M., & Owen, T. M. (2013). Functional assessment and treatment of perseverative speech about restricted topics in an adolescent with Asperger syndrome. *Journal of Applied Behavior Analysis, 46,* 307–311.

Fiske, A. P., & Fiske, S. T. (2007). Social relationships in our species and cultures. In S. Kitayama & D. Cohen (Eds.), *Handbook of cultural psychology* (pp. 283–306). New York: Guilford Press.

Fitzsimmons, G. M., & Finkel, E. J. (2010). Interpersonal influences on self-regulation. *Current Directions in Psychological Science, 19,* 101–105.

Fivush, R., Haden, C., & Reese, E. (1996). Remembering, recounting, and reminiscing: The development of autobiographical memory in social context. In D. C. Rubin (Ed.), *Remembering our past: Studies in autobiographical memory* (pp. 341–359). Cambridge, England: Cambridge University Press.

Fivush, R., Haden, C., & Reese, E. (2006). Elaborating on elaborations: Role of maternal reminiscing style in cognitive and socioemotional development. *Child Development, 77,* 1568–1588.

Flaherty, C. F. (1985). *Animal learning and cognition.* New York: Alfred Knopf.

Flaherty, C. F., Uzwiak, A. J., Levine, J., Smith, M., Hall, P., & Schuler, R. (1980). Apparent hypoglycemic conditioned responses with exogenous insulin as the unconditioned stimulus. *Animal Learning and Behavior, 8,* 382–386.

Flavell, J. H. (1963). *The developmental psychology of Jean Piaget.* New York: Van Nostrand Reinhold.

Flavell, J. H. (1994). Cognitive development: Past, present, and future. In R. D. Parke, P. A. Ornstein, J. J. Rieser, & C. Zahn-Waxler (Eds.), *A century of developmental psychology* (pp. 569–587). Washington, DC: American Psychological Association.

Flavell, J. H. (2000). Development of children's knowledge about the mental world. *International Journal of Behavioral Development, 24*(1), 15–23.

Flavell, J. H., Friedrichs, A. G., & Hoyt, J. D. (1970). Developmental changes in memorization processes. *Cognitive Psychology, 1,* 324–340.

Flavell, J. H., Green, F. L., & Flavell, E. R. (2000). Development of children's awareness of their own thoughts. *Journal of Cognitive Development, 1,* 97–112.

Flavell, J. H., Miller, P. H., & Miller, S. A. (2002). *Cognitive development* (4th ed.). Upper Saddle River, NJ: Prentice Hall.

Flege, J. E., Munro, M. J., & MacKay, I. R. A. (1995). Effects of age of second-language learning on the production of English consonants. *Speech Communication, 16*(1), 1–26.

Fletcher, K. L., & Cassady, J. C. (2010). Overcoming academic anxieties: Promoting effective coping and self-regulation strategies. In J. C. Cassady (Ed.), *Anxiety in schools: The causes, consequences, and solutions for academic anxieties* (pp. 177–200). New York: Peter Lang.

Fletcher-Flinn, C. M., & Gravatt, B. (1995). The efficacy of computer-assisted instruction (CAI): A meta-analysis. *Journal of Educational Computing Research, 12,* 219–242.

Flieller, A. (1999). Comparison of the development of formal thought in adolescent cohorts aged 10 to 15 years (1967–1996 and 1972–1993). *Developmental Psychology, 35,* 1048–1058.

Flink, C., Boggiano, A. K., Main, D. S., Barrett, M., & Katz, P. A. (1992). Children's achievement-related behaviors: The role of extrinsic and intrinsic motivational orientations. In A. K. Boggiano & T. S. Pittman (Eds.), *Achievement and motivation: A social-developmental perspective* (pp. 189–214). Cambridge, England: Cambridge University Press.

Flood, W. A., Wilder, D. A., Flood, A. L., & Masuda, A. (2002). Peer-mediated reinforcement plus prompting as treatment for off-task behavior in children with attention deficit hyperactivity disorder. *Journal of Applied Behavior Analysis, 35,* 199–204.

Flowerday, T., Schraw, G., & Stevens, J. (2004). The role of choice and interest in reader engagement. *Journal of Experimental Education, 72,* 93–114.

Flum, H., & Kaplan, A. (2006). Exploratory orientation as an educational goal. *Educational Psychologist, 41,* 99–110.

Foer, J. (2011). *Moonwalking with Einstein: The art and science of remembering everything.* New York: Penguin.

Foerde, K., Knowlton, B. J., & Poldrack, R. A. (2006). Modulation of competing memory systems by distraction. *Proceedings of the National Academy of Sciences, 103,* 11778–11783.

Foley, M. A., Harris, J., & Herman, S. (1994). Developmental comparisons of the ability to discriminate between memories for symbolic play enactments. *Developmental Psychology, 30,* 206–217.

Fonseca, B. A., & Chi, M. T. H. (2011). Instruction based on self-explanation. In R. E. Mayer & P. A. Alexander (Eds.), *Handbook of research on learning and instruction* (pp. 296–321). New York: Routledge.

Foo, P., Warren, W. H., Duchon, A., & Tarr, M. J. (2005). Do humans integrate routes into a cognitive map? Map- versus landmark-based navigation of novel shortcuts. *Journal of Experimental Psychology: Learning, Memory, and Cognition, 31,* 195–215.

Foos, P. W., & Fisher, R. P. (1988). Using tests as learning opportunities. *Journal of Educational Psychology, 80,* 179–183.

Foote, A. L., & Crystal, J. D. (2007). Metacognition in the rat. *Current Biology, 17,* 551–555.

Ford, M. E., & Nichols, C. W. (1991). Using goal assessments to identify motivational patterns and facilitate behavioral regulation and achievement. In M. Maehr & P. R. Pintrich (Eds.), *Advances in motivation and achievement: Vol. 7. Goals and self-regulatory processes* (pp. 51–84). Greenwich, CT: JAI Press.

Ford, M. E., & Smith, P. R. (2007). Thriving with social purpose: An integrative approach to the development of optimal human functioning. *Educational Psychologist, 42,* 153–171.

Forgas, J. P. (2000). The role of affect in social cognition. In J. Forgas (Ed.), *Feeling and thinking: The role of affect in social cognition* (pp. 1–28). New York: Cambridge University Press.

Forgas, J. P. (2008). Affect and cognition. *Perspectives on Psychological Science, 3,* 94–101.

Försterling, F., & Morgenstern, M. (2002). Accuracy of self-assessment and task performance: Does it pay to know the truth? *Journal of Educational Psychology, 94,* 576–585.

Forsyth, J. P., & Eifert, G. H. (1998). Phobic anxiety and panic: An integrative behavioral account of their origin and treatment. In J. J. Plaud & G. H. Eifert (Eds.), *From behavior theory to behavior therapy* (pp. 38–67). Boston, MA: Allyn & Bacon.

Forte, E. (2010). Examining the assumptions underlying the NCLB federal accountability policy on school improvement. *Journal of Educational Psychology, 102,* 76–88.

Foster-Johnson, L., Ferro, J., & Dunlap, G. (1994). Preferred curriculum activities and reduced problem behaviors in students with intellectual disabilities. *Journal of Applied Behavior Analysis, 27,* 493–504.

Fowler, J. W., & Peterson, P. L. (1981). Increasing reading persistence and altering attributional style of learned helpless children. *Journal of Educational Psychology, 73,* 251–260.

Fowler, S. A., & Baer, D. M. (1981). "Do I have to be good all day?" The timing of delayed reinforcement as a factor in generalization. *Journal of Applied Behavior Analysis, 14,* 13–24.

Fox, E. (2009). The role of reader characteristics in processing and learning from informational text. *Review of Educational Research, 79,* 197–261.

Fox, E. J. (2004). The personalized system of instruction: A flexible and effective approach to mastery learning. In D. J. Moran & R. W. Malott (Eds.), *Evidence-based educational methods* (pp. 201–221). San Diego, CA: Elsevier.

Frankel, F., & Simmons, J. Q. (1985). Behavioral treatment approaches to pathological unsocialized physical aggression in young children. *Journal of Child Psychiatry, 26,* 525–551.

Frazier, B. N., Gelman, S. A., & Wellman, H. M. (2009). Preschoolers' search for explanatory information within adult–child conversation. *Child Development, 80,* 1592–1611.

Frederiksen, J. R., & Collins, A. (1989). A systems approach to educational testing. *Educational Researcher, 18*(9), 27–32.

Frederiksen, N. (1984a). Implications of cognitive theory for instruction in problem-solving. *Review of Educational Research, 54,* 363–407.

Frederiksen, N. (1984b). The real test bias: Influences of testing on teaching and learning. *American Psychologist, 39,* 193–202.

Fredricks, J. A., Alfeld, C., & Eccles, J. (2010). Developing and fostering passion in academic and nonacademic domains. *Gifted Child Quarterly, 54,* 18–30.

Fredricks, J. A., Blumenfeld, P. C., & Paris, A. H. (2004). School engagement: Potential of the concept, state of the evidence. *Review of Educational Research, 74,* 59–109.

Freeman, K. E., Gutman, L. M., & Midgley, C. (2002). Can achievement goal theory enhance our understanding of the motivation and performance of African American young adolescents? In C. Midgley (Ed.), *Goals, goal structures, and patterns of adaptive learning* (pp. 175–204). Mahwah, NJ: Erlbaum.

French, E. G. (1956). Motivation as a variable in work partner selection. *Journal of Abnormal and Social Psychology, 53,* 96–99.

Frensch, P. A., & Rünger, D. (2003). Implicit learning. *Current Directions in Psychological Science, 12,* 13–18.

Frenzel, A. C., Goetz, T., Lüdtke, O., Pekrun, R., & Sutton, R. E. (2009). Emotional transmission in the classroom: Exploring the relationship between teacher and student enjoyment. *Journal of Educational Psychology, 101,* 705–716.

Freud, S. (1922). *Beyond the pleasure principle.* London: International Psychoanalytic Press.

Freud, S. (1949). Instincts and their vicissitudes. In *Collected papers of Sigmund Freud* (Vol. 4, pp. 60–83) (J. Riviere, Trans.). London: Hogarth Press. (Original work published 1915)

Freud, S. (1957). Repression. In J. Strachey (Ed.), *The standard edition of the complete psychological works of Sigmund Freud* (Vol. 14, pp. 146–158). London: Hogarth Press. (Original work published 1915)

Freund, L. (1990). Maternal regulation of children's problem solving behavior and its impact on children's performance. *Child Development, 61,* 113–126.

Fridlund, A. J., Beck, H. P., Goldie, W. D., & Irons, G. (2012). Little Albert: A neurologically impaired child. *History of Psychology, 15,* 302–327.

Friedrich, L. K., & Stein, A. H. (1973). Aggressive and pro-social television programs and the natural behavior of preschool children. *Society for Research in Child Development Monographs, 38* (Whole No. 151).

Fries, S., Dietz, F., & Schmid, S. (2008). Motivational interference in learning: The impact of leisure alternatives on subsequent self-regulation. *Contemporary Educational Psychology, 33,* 119–133.

Friman, P. C., & Poling, A. (1995). Making life easier with effort: Basic findings and applied research on response effort. *Journal of Applied Behavior Analysis, 28,* 583–590.

Frost, J. L., Shin, D., & Jacobs, P. J. (1998). Physical environments and children's play. In O. N. Saracho & B. Spodek (Eds.), *Multiple perspectives on play in early childhood education.* Albany: State University of New York Press.

Fry, A. F., & Hale, S. (1996). Processing speed, working memory, and fluid intelligence. *Psychological Science, 7,* 237–241.

Fuchs, D., Fuchs, L. S., Mathes, P. G., & Simmons, D. C. (1997). Peer-assisted learning strategies: Making classrooms more responsive to diversity. *American Educational Research Journal, 34,* 174–206.

Fuchs, L. S., Compton, D. L., Fuchs, D., Hollenbeck, K. N., Craddock, C. F., & Hamlett, C. L. (2008). Dynamic assessment of algebraic learning in predicting third graders' development of mathematical problem solving. *Journal of Educational Psychology, 100,* 829–850.

Fuchs, L. S., Fuchs, D., Karns, K., Hamlett, C. L., Dutka, S., & Katzaroff, M. (1996). The relation between student ability and the quality and effectiveness of explanations. *American Educational Research Journal, 33,* 631–664.

Fuchs, L. S., Fuchs, D., Prentice, K., Burch, M., Hamlett, C. L., Owen, R., & Schroeter, K. (2003a). Enhancing third-grade students' mathematical problem solving with self-regulated learning strategies. *Journal of Educational Psychology, 95,* 306–315.

Fuchs, L. S., Fuchs, D., Prentice, K., Burch, M., Hamlett, C. L., Owen, R., . . . Jancek, D. (2003b). Explicitly teaching for transfer: Effects on third-grade students' mathematical problem solving. *Journal of Educational Psychology, 95,* 295–305.

Fuchs, L. S., Fuchs, D., Prentice, K., Hamlett, C. L., Finelli, R., & Courey, S. J. (2004). Enhancing mathematical problem solving among third-grade students with schema-based instruction. *Journal of Educational Psychology, 96,* 635–647.

Fuchs, L. S., Geary, D. C., Compton, D. L., Fuchs, D., Schatschneider, C., Hamlett, C. L., . . . Changas, P. (2013). Effects of first-grade number knowledge tutoring with contrasting forms of practice. *Journal of Educational Psychology, 105,* 58–77.

Fueyo, V., & Bushell, D., Jr. (1998). Using number line procedures and peer tutoring to improve the mathematics computation of low-performing first graders. *Journal of Applied Behavior Analysis, 31,* 417–430.

Fujimura, N. (2001). Facilitating children's proportional reasoning: A model of reasoning processes and effects of intervention on strategy change. *Journal of Educational Psychology, 93,* 589–603.

Fukkink, R. G., & de Glopper, K. (1998). Effects of instruction in deriving word meanings from context: A meta-analysis. *Review of Educational Research, 68,* 450–469.

Fuller, M. L. (2001). Multicultural concerns and classroom management. In C. A. Grant & M. L. Gomez, *Campus and classroom: Making schooling multicultural* (2nd ed., pp. 109–134). Upper Saddle River, NJ: Merrill/Prentice Hall.

Furnham, A. (2003). Belief in a just world: Research progress over the past decade. *Personality and Individual Differences, 34,* 795–817.

Furrer, C., & Skinner, E. (2003). Sense of relatedness as a factor in children's academic engagement and performance. *Journal of Educational Psychology, 95,* 148–162.

Furtak, E. M., Seidel, T., Iverson, H., & Briggs, D. C. (2012). Experimental and quasi-experimental studies of inquiry-based science teaching: A meta-analysis. *Review of Educational Research, 82,* 300–329.

Fuson, K. C., & Willis, G. B. (1989). Second graders' use of schematic drawings in solving addition and subtraction word problems. *Journal of Educational Psychology, 81,* 514–520.

Gable, P. A., & Poole, B. D. (2012). Time flies when you're having approach-motivated fun: Effects of motivational intensity on time perception. *Psychological Science, 23,* 879–886.

Gabriele, A. J. (2007). The influence of achievement goals on the constructive activity of low achievers during collaborative problem solving. *British Journal of Educational Psychology, 77,* 121–141.

Gabriele, A. J., & Montecinos, C. (2001). Collaborating with a skilled peer: The influence of achievement goals and perceptions of partner's competence on the participation and learning of low-achieving students. *Journal of Experimental Education, 69,* 152–178.

Gabrieli, J. D. E., Keane, M. M., Zarella, M. M., & Poldrack, R. A. (1997). Preservation of implicit memory for new associations in global amnesia. *Psychological Science, 8,* 326–329.

Gagné, R. M. (1985). *The conditions of learning and theory of instruction* (4th ed.). New York: Holt, Rinehart & Winston.

Gagné, R. M., & Driscoll, M. P. (1988). *Essentials of learning for instruction* (2nd ed.). Englewood Cliffs, NJ: Prentice Hall.

Gallese, V., Gernsbacher, M. A., Heyes, C., Hickok, G., & Iacoboni, M. (2011). Mirror neuron forum. *Perspectives on Psychological Science, 6,* 369–407.

Gallimore, R., & Tharp, R. (1990). Teaching mind in society: Teaching, schooling, and literate discourse. In L. C. Moll (Ed.), *Vygotsky and education: Instructional implications and applications of sociohistorical psychology* (pp. 175–205). Cambridge, England: Cambridge University Press.

Gallini, J. (2000, April). *An investigation of self-regulation developments in early adolescence: A comparison between non at-risk and at-risk students.* Paper presented at the annual meeting of the American Educational Research Association, New Orleans, LA.

Gallistel, C. R., & Gibbon, J. (2001). Computational versus associative models of simple conditioning. *Current Directions in Psychological Science, 10,* 146–150.

Gallivan, J. P., Chapman, C. S., Wood, D. K., Milne, J. L., Ansari, D., Culham, J. C., & Goodale, M. A. (2011). One to four, and nothing more: Nonconscious parallel individuation of objects during action planning. *Psychological Science, 22,* 803–811.

Garb, J. L., & Stunkard, A. J. (1974). Taste aversions in man. *American Journal of Psychiatry, 131,* 1204–1207.

Garcia, J., & Koelling, R. A. (1966). The relation of cue to consequence in avoidance learning. *Psychonomic Science, 4,* 123–124.

Garcia, S. M., & Tor, A. (2009). The N-effect: More competitors, less competition. *Psychological Science, 20,* 871–877.

García-Mira, R., & Real, J. E. (2005). Environmental perception and cognitive maps. *International Journal of Psychology, 40,* 1–2.

Garcia-Palacios, A., Hoffman, H., Carlin, A., Furness, T. A., III, & Botella, C. (2002). Virtual reality in the treatment of spider phobia: A controlled study. *Behaviour Research and Therapy, 40,* 983–993.

Gardner, A. W., Wacker, D. P., & Boelter, E. W. (2009). An evaluation of the interaction between quality of attention and negative reinforcement with children who display escape-maintained problem behavior. *Journal of Applied Behavior Analysis, 42,* 343–348.

Gardner, H. (2000). *The disciplined mind: Beyond facts and standardized tests, the K–12 education that every child deserves.* New York: Penguin Books.

Gardner, H., Torff, B., & Hatch, T. (1996). The age of innocence reconsidered: Preserving the best of the progressive traditions in psychology and education. In D. R. Olson & N. Torrance (Eds.), *The handbook of education and human development: New models of learning, teaching, and schooling* (pp. 28–55). Cambridge, MA: Blackwell.

Gardner, M. (1978). *Aha! Insight.* New York: Scientific American.

Garner, R. (1998). Epilogue: Choosing to learn or not-learn in school. *Educational Psychology Review, 10,* 227–237.

Garner, R., Alexander, P. A., Gillingham, M. G., Kulikowich, J. M., & Brown, R. (1991). Interest and learning from text. *American Educational Research Journal, 28,* 643–659.

Garry, M., & Gerrie, M. P. (2005). When photographs create false memories. *Current Directions in Psychological Science, 14,* 321–325.

Gaskins, S. (1999). Children's daily lives in a Mayan village: A case study of culturally constructed roles and activities. In A. Göncü (Ed.), *Children's engagement in the world: Sociocultural perspectives* (pp. 25–61). Cambridge, England: Cambridge University Press.

Gasper, K. L. (1980). The student perspective. *Teaching Political Science, 7,* 470–471.

Gathercole, S. E., & Hitch, G. J. (1993). Developmental changes in short-term memory: A revised working memory perspective. In A. F. Collins, S. E. Gathercole, M. A. Conway, & P. E. Morris (Eds.), *Theories of memory* (pp. 189–209). Hove, England: Erlbaum.

Gathercole, S. E., Lamont, E., & Alloway, T. (2006). Working memory in the classroom. In S. Pickering (Ed.), *Working memory and education* (pp. 219–240). New York: Academic Press.

Gaudry, E., & Spielberger, C. D. (Eds.). (1971). *Anxiety and educational achievement.* Sydney, Australia: Wiley.

Gauvain, M. (1999). Everyday opportunities for the development of planning skills: Sociocultural and family influences. In A. Göncü (Ed.), *Children's engagement in the world: Sociocultural perspectives* (pp. 173–201). Cambridge, England: Cambridge University Press.

Gauvain, M. (2001). *The social context of cognitive development.* New York: Guilford Press.

Gayford, C. (1992). Patterns of group behavior in open-ended problem solving in science classes of 15-year-old students in England. *Internal Journal of Science Education, 14,* 41–49.

Geary, D. C. (2006). Development of mathematical understanding. In W. Damon & R. M. Lerner (Series Eds.), D. Kuhn, & R. Siegler (Vol. Eds.), *Handbook of child psychology: Vol. 2. Cognition, perception, and language* (6th ed., pp. 777–810). New York: Wiley.

Geary, D. C. (2008). An evolutionarily informed education science. *Educational Psychologist, 43,* 179–195.

Gee, J. P. (2010). Looking where the light is bad: Video games and the future of assessment. *Edge, 6,* 3–19.

Gehlbach, H., Brown, S. W., Ioannou, A., Boyer, M. A., Hudson, N., Niv-Solomon, A., . . . Janik, L. (2008). Increasing interest in social studies: Social perspective taking and self-efficacy in stimulating stimulations. *Contemporary Educational Psychology, 33,* 894–914.

Geiger, K. B., LeBlanc, L. A., Dillon, C. M., & Bates, S. L. (2010). An evaluation of preference for video and in vivo modeling. *Journal of Applied Behavior Analysis, 43,* 279–283.

Gelman, S. A. (2003). *The essential child: Origins of essentialism in everyday thought.* New York: Oxford University Press.

Gelman, S. A., & Kalish, C. W. (2006). Conceptual development. In W. Damon & R. M. Lerner (Series Eds.), D. Kuhn, & R. Siegler (Vol. Eds.), *Handbook of child psychology: Vol. 2. Cognition, perception, and language* (6th ed., pp. 687–733). New York: Wiley.

Gelman, S. A., & Koenig, M. A. (2003). Theory-based categorization in early childhood. In D. H. Rakison & L. M. Oakes (Eds.), *Early category and concept development: Making sense of the blooming, buzzing confusion* (pp. 330–359). Oxford, England: Oxford University Press.

Gentile, D. A. (2011). The multiple dimensions of video game effects. *Child Development Perspectives, 5*(2), 75–81.

Gentile, J. R., & Lalley, J. P. (2003). *Standards and mastery learning: Aligning teaching assessment so all children can learn.* Thousand Oaks, CA: Corwin.

Gentry, M., Gable, R. K., & Rizza, M. G. (2002). Students' perceptions of classroom activities: Are there grade-level and gender differences? *Journal of Educational Psychology, 94,* 539–544.

Geraerts, E., Lindsay, D. S., Merckelbach, H., Jelicic, M., Raymaekers, L., Arnold, M. M., & Schooler, J. W. (2009). Cognitive mechanisms underlying recovered-memory experiences of childhood sexual abuse. *Psychological Science, 20,* 92–98.

Gerjets, P., & Scheiter, K. (2003). Goal configurations and processing strategies as moderators between instructional design and cognitive load: Evidence from hypertext-based instruction. *Educational Psychologist, 38,* 33–41.

Gershkoff-Stowe, L., & Smith, L. B. (2004). Shape and the first hundred nouns. *Child Development, 75,* 1098–1114.

Gerst, M. S. (1971). Symbolic coding processes in observational learning. *Journal of Personality and Social Psychology, 19,* 7–17.

Ghetti, S. (2008). Rejection of false events in childhood: A metamemory account. *Current Directions in Psychological Science, 17,* 16–20.

Ghetti, S., & Alexander, K. W. (2004). "If it happened, I would remember it": Strategic use of event memorability in the rejection of false autobiographical events. *Child Development, 75,* 542–561.

Giancarlo, C. A., & Facione, P. A. (2001). A look across four years at the disposition toward critical thinking among undergraduate students. *Journal of General Education, 50,* 29–55.

Gick, M. L., & Holyoak, K. J. (1980). Analogical problem solving. *Cognitive Psychology, 12,* 306–355.

Gick, M. L., & Holyoak, K. J. (1987). The cognitive basis of knowledge transfer. In S. M. Cormier & J. D. Hagman (Eds.), *Transfer of learning: Contemporary research and applications* (pp. 9–46). San Diego, CA: Academic Press.

Giedd, J. N., Blumenthal, J., Jeffries, N. O., Rajapakse, J. C., Vaituzis, A. C., Liu, H., . . . Castellanos, F. X. (1999). Development of the human corpus callosum during childhood and adolescence: A longitudinal MRI study. *Progress in Neuro-Psychopharmacology and Biological Psychiatry, 23,* 571–588.

Giedd, J. N., Jeffries, N. O., Blumenthal, J., Castellanos, F. X., Vaituzis, A. C., Fernandez, T., . . . Rapoport, J. L. (1999). Childhood-onset schizophrenia: Progressive brain changes during adolescence. *Biological Psychiatry, 46,* 892–898.

Gifford, R. (2011). The dragons of inaction: Psychological barriers that limit climate change mitigation and adaptation. *American Psychologist, 66,* 290–302.

Gijbels, D., Dochy, F., Van den Bossche, P., & Segers, M. (2005). Effects of problem-based learning: A meta-analysis from the angle of assessment. *Review of Educational Research, 75,* 27–61.

Gil, L., Bråten, I., Vidal-Abarca, E., & Strømsø, H. I. (2010). Summary versus argument tasks when working with multiple documents: Which is better for whom? *Contemporary Educational Psychology, 35,* 157–173.

Gil, M., De Marco, R. J., & Menzel, R. (2007). Learning reward expectations in honeybees. *Learning and Memory, 14,* 491–496.

Gillies, R. M. (2003). The behaviors, interactions, and perceptions of junior high school students during small-group learning. *Journal of Educational Psychology, 95,* 137–147.

Gillies, R. M., & Ashman, A. F. (1998). Behavior and interactions of children in cooperative groups in lower and middle elementary grades. *Journal of Educational Psychology, 90,* 746–757.

Gilman, R., Huebner, E. S., & Furlong, M. J. (Eds.). (2009). *Handbook of positive psychology in schools.* New York: Routledge.

Ginsburg, H. P., Cannon, J., Eisenband, J., & Pappas, S. (2006). Mathematical thinking and learning. In K. McCartney & D. Phillips (Eds.), *Blackwell handbook of early childhood development* (pp. 208–229). Malden, MA: Blackwell.

Ginsburg, H. P., Lee, J. S., & Boyd, J. S. (2008). Mathematics education for young children: What it is and how to promote it. *Social Policy Report, 22*(1) (Society for Research in Child Development).

Ginsburg-Block, M. D., Rohrbeck, C. A., & Fantuzzo, J. W. (2006). A meta-analytic review of social, self-concept, and behavioral outcomes of peer-assisted learning. *Journal of Educational Psychology, 98,* 732–749.

Girotto, V., & Light, P. (1993). The pragmatic bases of children's reasoning. In P. Light & G. Butterworth (Eds.), *Context and cognition: Ways of learning and knowing* (pp. 134–156). Hillsdale, NJ: Erlbaum.

Gladwell, M. (2002). *The tipping point.* New York: Little, Brown.

Gladwell, M. (2005). *Blink.* New York: Little, Brown.

Glanzer, M., & Cunitz, A. R. (1966). Two storage mechanisms in free recall. *Journal of Verbal Learning and Verbal Behavior, 5,* 351–360.

Glass, A. L., & Holyoak, K. J. (1975). Alternative conceptions of semantic memory. *Cognition, 3,* 313–339.

Glass, A. L., Holyoak, K. J., & Santa, J. L. (1979). *Cognition.* Reading, MA: Addison-Wesley.

Glass, A. L., & Sinha, N. (2013). Multiple-choice questioning is an efficient instructional methodology that may be widely implemented in academic courses to improve exam performance. *Current Directions in Psychological Science, 22,* 471–477.

Gleitman, H. (1985). Some trends in the study of cognition. In S. Koch & D. E. Leary (Eds.), *A century of psychology as science* (pp. 420–436). New York: McGraw-Hill.

Glenberg, A. (1976). Monotonic and nonmonotonic lag effects in paired-associate and recognition memory paradigms. *Journal of Verbal Learning and Verbal Behavior, 15,* 1–16.

Glenberg, A. M., Gutierrez, T., Levin, J. R., Japuntich, S., & Kaschak, M. P. (2004). Activity and imagined activity can enhance young children's reading comprehension. *Journal of Educational Psychology, 96,* 424–436.

Glenberg, A. M., Witt, J. K., & Metcalfe, J. (2013). From the revolution to embodiment: 25 years of cognitive psychology. *Perspectives on Psychological Science, 8,* 573–585.

Glogger, I., Schwonke, R., Holzäpfel, L., Nückles, M., & Renkl, A. (2012). Learning strategies assessed by journal writing: Prediction of learning outcomes by quantity, quality, and combinations of learning strategies. *Journal of Educational Psychology, 104,* 452–468.

Glucksberg, S. (1962). The influence of strength of drive on functional fixedness and perceptual recognition. *Journal of Experimental Psychology, 63,* 36–41.

Glucksberg, S., & Weisberg, R. W. (1966). Verbal behavior and problem solving: Some effects of labeling in a functional fixedness problem. *Journal of Experimental Psychology, 71,* 659–664.

Glynn, S. M., Yeany, R. H., & Britton, B. K. (Eds.). (1991). *The psychology of learning science.* Hillsdale, NJ: Erlbaum.

Gniewosz, B., & Noack, P. (2012). What you see is what you get: The role of early adolescents' perceptions in the intergenerational transmission of academic values. *Contemporary Educational Psychology, 37,* 70–79.

Goddard, R. D. (2001). Collective efficacy: A neglected construct in the study of schools and student achievement. *Journal of Educational Psychology, 93,* 467–476.

Goddard, R. D., Hoy, W. K., & Woolfolk Hoy, A. (2000). Collective teacher efficacy: Its meaning, measure, and impact on student achievement. *American Educational Research Journal, 37,* 479–507.

Goel, V., Tierney, M., Sheesley, L., Bartolo, A., Vartanian, O., & Grafman, J. (2007). Hemispheric specialization in human prefrontal cortex for resolving certain and uncertain inferences. *Cerebral Cortex, 17,* 2245–2250.

Goetz, T., Frenzel, A. C., Hall, N. C., & Pekrun, R. (2008). Antecedents of academic emotions: Testing the internal/external frame of reference model for academic enjoyment. *Contemporary Educational Psychology, 33,* 9–33.

Goetz, T., Frenzel, A. C., Pekrun, R., Hall, N. C., & Lüdtke, O. (2007). Between- and within-domain relations of students' academic emotions. *Journal of Educational Psychology, 99,* 715–733.

Gold, J. M., Murray, R. F., Sekuler, A. B., Bennett, P. J., & Sekuler, R. (2005). Visual memory decay is deterministic. *Psychological Science, 16,* 769–774.

Goldenberg, C. (1992). The limits of expectations: A case for case knowledge about teacher expectancy effects. *American Educational Research Journal, 29,* 517–544.

Goldin-Meadow, S. (2006). Talking and thinking with our hands. *Current Directions in Psychological Science, 15,* 34–39.

Goldin-Meadow, S., & Beilock, S. L. (2010). Action's influence on thought: The case of gesture. *Perspectives on Psychological Science, 5,* 664–674.

Goldin-Meadow, S., Cook, S. W., & Mitchell, Z. A. (2009). Gesturing gives children new ideas about math. *Psychological Science, 20,* 267–272.

Goldman-Rakic, P. S. (1986). Setting the stage: Neural development before birth. In S. L. Friedman, K. A. Klivington, & R. W. Peterson (Eds.), *The brain, cognition, and education* (pp. 233–258). Orlando, FL: Academic Press.

Goldman-Rakic, P. S. (1992). Working memory and the mind. *Scientific American, 90,* 111–117.

Goldstein, N. E., Arnold, D. H., Rosenberg, J. L., Stowe, R. M., & Ortiz, C. (2001). Contagion of aggression in day care classrooms as a function of peer and teacher responses. *Journal of Educational Psychology, 93,* 708–719.

Goldstone, R. L., & Johansen, M. K. (2003). Final commentary: Conceptual development from origins to asymptotes. In D. H. Rakison & L. M. Oakes (Eds.), *Early category and concept development: Making sense of the blooming, buzzing confusion* (pp. 403–418). Oxford, England: Oxford University Press.

Golinkoff, R. M., & Hirsh-Pasek, K. (2006). Baby wordsmith: From associationistic to social sophisticate. *Current Directions in Psychological Science, 15,* 30–33.

Gollwitzer, P. M., & Bargh, J. A. (2005). Automaticity in goal pursuit. In A. J. Elliot & C. S. Dweck (Eds.), *Handbook of competence and motivation* (pp. 624–646). New York: Guilford Press.

Gonsalves, B. D., & Cohen, N. J. (2010). Brain imaging, cognitive processes, and brain networks. *Perspectives on Psychological Science, 5,* 744–752.

Gonsalves, B. D., Reber, P. J., Gitelman, D. R., Parrish, T. B., Mesulam, M.-M., & Paller, K. A. (2004). Neural evidence that vivid imagining can lead to false remembering. *Psychological Science, 15,* 655–660.

Good, T. L., & Brophy, J. E. (1994). *Looking in classrooms* (6th ed.). New York: HarperCollins.

Good, T. L., McCaslin, M. M., & Reys, B. J. (1992). Investigating work groups to promote problem solving in mathematics. In J. Brophy (Ed.), *Advances in research on teaching: Vol. 3. Planning and managing learning tasks and activities* (pp. 115–160). Greenwich, CT: JAI Press.

Good, T. L., & Nichols. S. L. (2001). Expectancy effects in the classroom: A special focus on improving the reading performance of minority students in first-grade classrooms. *Educational Psychologist, 36,* 113–126.

Goodman, C. S., & Tessier-Lavigne, M. (1997). Molecular mechanisms of axon guidance and target recognition. In W. M. Cowan, T. M. Jessell, & S. L. Zipursky (Eds.), *Molecular and cellular approaches to neural development* (pp. 108–137). New York: Oxford University Press.

Goodman, G. S., Ghetti, S., Quas, J. A., Edelstein, R. S., Alexander, K. W., Redlich, A. D., . . . Jones, D. P. H. (2003). A prospective study of memory for child sexual abuse: New findings relevant to the repressed-memory controversy. *Psychological Science, 14,* 113–118.

Goodman, G. S., & Quas, J. A. (2008). Repeated interviews and children's memory: It's more than just how many. *Current Directions in Psychological Science, 17,* 386–390.

Gootman, M. E. (1998). Effective in-house suspension. *Educational Leadership, 56*(1), 39–41.

Gopnik, M. (Ed.). (1997). *The inheritance and innateness of grammars.* New York: Oxford University Press.

Gorman, A. M. (1961). Recognition memory for nouns as a function of abstractness and frequency. *Journal of Experimental Psychology, 61,* 23–29.

Goswami, U., & Pauen, S. (2005). The effects of a "family" analogy on class inclusion reasoning by young children. *Swiss Journal of Psychology, 64*(2), 115–124.

Gottfried, A. E. (1990). Academic intrinsic motivation in young elementary school children. *Journal of Educational Psychology, 82,* 525–538.

Gottfried, A. E., Fleming, J. S., & Gottfried, A. W. (2001). Continuity of academic intrinsic motivation from childhood through late adolescence: A longitudinal study. *Journal of Educational Psychology, 93,* 3–13.

Gould, E., Beylin, A., Tanapat, P., Reeves, A., & Shors, T. J. (1999). Learning enhances adult neurogenesis in the hippocampal formation. *Nature Neuroscience, 2,* 260–265.

Grabe, M. (1986). Attentional processes in education. In G. D. Phye & T. Andre (Eds.), *Cognitive classroom learning: Understanding, thinking, and problem solving* (pp. 49–82). Orlando, FL: Academic Press.

Grace, D. M., David, B. J., & Ryan, M. K. (2008). Investigating preschoolers' categorical thinking about gender through imitation, attention, and the use of self-categories. *Child Development, 79,* 1928–1941.

Graesser, A. C., & Bower, G. H. (Eds.). (1990). *Inferences and text comprehension. The psychology of learning and motivation: Advances in research and theory* (Vol. 25). Orlando, FL: Academic Press.

Graesser, A. C., D'Mello, S., & Cade, W. (2011). Instruction based on tutoring. In R. E. Mayer & P. A. Alexander (Eds.), *Handbook of research on learning and instruction* (pp. 408–426). New York: Routledge.

Graesser, A. C., McNamara, D. S., & VanLehn, K. (2005). Scaffolding deep comprehension strategies through Point&Query, AutoTutor, and iSTART. *Educational Psychologist, 40,* 225–234.

Graesser, A. C., & Person, N. K. (1994). Question asking during tutoring. *American Educational Research Journal, 31,* 104–137.

Graham, S. (1989). Motivation in Afro-Americans. In G. L. Berry & J. K. Asamen (Eds.), *Black students: Psychosocial issues and academic achievement* (pp. 40–68). Newbury Park, CA: Sage.

Graham, S. (1990). Communicating low ability in the classroom: Bad things good teachers sometimes do. In S. Graham & V. S. Folkes (Eds.), *Attribution theory: Applications to achievement, mental health, and interpersonal conflict* (pp. 17–36). Hillsdale, NJ: Erlbaum.

Graham, S. (1991). A review of attribution theory in achievement contexts. *Educational Psychology Review, 3,* 5–39.

Graham, S. (1997). Using attribution theory to understand social and academic motivation in African American youth. *Educational Psychologist, 32,* 21–34.

Graham, S. (2006). Writing. In P. A. Alexander & P. H. Winne (Eds.), *Handbook of educational psychology* (2nd ed., pp. 457–478). Mahwah, NJ: Erlbaum.

Graham, S., & Barker, G. (1990). The downside of help: An attributional-developmental analysis of helping behavior as a low ability cue. *Journal of Educational Psychology, 82,* 7–14.

Graham, S., & Golen, S. (1991). Motivational influences on cognition: Task involvement, ego involvement, and depth of information processing. *Journal of Educational Psychology, 83,* 187–194.

Graham, S., & Weiner, B. (1996). Theories and principles of motivation. In D. C. Berliner & R. C. Calfee (Eds.), *Handbook of educational psychology* (pp. 63–84). New York: Macmillan.

Granic, I., Lobel, A., & Engels, R. C. M. E. (2014). The benefits of playing video games. *American Psychologist, 69,* 66–78.

Grant, H., & Dweck, C. S. (2001). Cross-cultural response to failure: Considering outcome attributions with different goals. In F. Salili, C.-Y. Chiu, & Y.-Y. Hong (Eds.), *Student motivation: The culture and context of learning* (pp. 203–219). New York: Kluwer/Plenum Press.

Grant, H., & Dweck, C. S. (2003). Clarifying achievement goals and their impact. *Journal of Personality and Social Psychology, 85,* 541–553.

Grauvogel-MacAleese, A. N., & Wallace, M. D. (2010). Use of peer-mediated intervention in children with attention deficit hyperactivity disorder. *Journal of Applied Behavior Analysis, 43,* 547–551.

Gray, J. A., & Wedderburn, A. A. I. (1960). Grouping strategies with simultaneous stimuli. *Quarterly Journal of Experimental Psychology, 12,* 180–184.

Gray, R. (2011). Links between attention, performance pressure, and movement in skilled motor action. *Current Directions in Psychological Science, 20,* 301–306.

Gray, W. D., & Orasanu, J. M. (1987). Transfer of cognitive skills. In S. M. Cormier & J. D. Hagman (Eds.), *Transfer of learning: Contemporary research and applications* (pp. 184–215). San Diego, CA: Academic Press.

Green, L., Fry, A. F., & Myerson, J. (1994). Discounting of delayed rewards: A life-span comparison. *Psychological Science, 5,* 33–36.

Green, L., & Rachlin, H. (1977). Pigeon's preferences for stimulus information: Effects of amount of information. *Journal of the Experimental Analysis of Behavior, 27,* 255–263.

Greene, B. A., & Royer, J. M. (1994). A developmental review of response time data that support a cognitive components model of reading. *Educational Psychology Review, 6,* 141–172.

Greene, J. A., & Azevedo, R. (2009). A macro-level analysis of SRL processes and their relations to the acquisition of a sophisticated mental model of a complex system. *Contemporary Educational Psychology, 34,* 18–29.

Greene, J. A., Hutchinson, L. A., Costa, L.-J., & Crompton, H. (2012). Investigating how college students' task definitions and plans relate to self-regulated learning processing and understanding of a complex science topic. *Contemporary Educational Psychology, 37,* 307–320.

Greene, J. A., Torney-Purta, J., & Azevedo, R. (2010). Empirical evidence regarding relations among a model of epistemic and ontological cognition, academic performance, and educational level. *Journal of Educational Psychology, 102,* 234–255.

Greene, R. L. (1986). Sources of recency effects in free recall. *Psychological Bulletin, 99,* 221–228.

Greene, S., & Ackerman, J. M. (1995). Expanding the constructivist metaphor: A rhetorical perspective on literacy research and practice. *Review of Educational Research, 65,* 383–420.

Greeno, J. G. (1991). A view of mathematical problem solving in school. In M. U. Smith (Ed.), *Toward a unified theory of problem solving: Views from the content domains* (pp. 69–98). Hillsdale, NJ: Erlbaum.

Greeno, J. G. (2006). Learning in activity. In R. K. Sawyer (Ed.), *The Cambridge handbook of the learning sciences* (pp. 79–96). Cambridge, England: Cambridge University Press.

Greeno, J. G., Collins, A. M., & Resnick, L. B. (1996). Cognition and learning. In D. C. Berliner & R. C. Calfee (Eds.), *Handbook of educational psychology* (pp. 15–46). New York: Macmillan.

Greenough, W. T., Black, J. E., & Wallace, C. S. (1987). Experience and brain development. *Child Development, 58,* 539–559.

Greenwood, C. R., Carta, J. J., & Hall, R. V. (1988). The use of peer tutoring strategies in classroom management and educational instruction. *School Psychology Review, 17,* 258–275.

Gregoire, M. (2003). Is it a challenge or a threat? A dual-process model of teachers' cognition and appraisal processes during conceptual change. *Educational Psychology Review, 15,* 147–179.

Gregory, A., Skiba, R. J., & Noguera, P. A. (2010). The achievement gap and the discipline gap: Two sides of the same coin? *Educational Researcher, 39,* 59–68.

Greif, M. L., Kemler Nelson, D. G., Keil, F. C., & Gutierrez, F. (2006). What do children want to know about animals and artifacts? Domain-specific requests for information. *Psychological Science, 17,* 455–459.

Greiner, J. M., & Karoly, P. (1976). Effects of self-control training on study activity and academic performance: An analysis of self-monitoring, self-reward, and systematic planning components. *Journal of Counseling Psychology, 23,* 495–502.

Gresalfi, M. S. (2009). Taking up opportunities to learn: Constructing dispositions in mathematics classrooms. *Journal of the Learning Sciences, 18,* 327–369.

Gresalfi, M. S., & Lester, F. (2009). What's worth knowing in mathematics? In S. Tobias & T. M. Duffy (Eds.), *Constructivist instruction: Success or failure?* (pp. 264–290). New York: Routledge.

Griffin, M. M., & Griffin, B. W. (1994, April). *Some can get there from here: Situated learning, cognitive style, and map skills.* Paper presented at the annual meeting of the American Educational Research Association, New Orleans, LA.

Griffin, S. A., Case, R., & Capodilupo, A. (1995). Teaching for understanding: The importance of the central conceptual structures in the elementary mathematics curriculum. In A. McKeough, J. Lupart, & A. Marini (Eds.), *Teaching for transfer: Fostering generalization in learning* (pp. 123–151). Mahwah, NJ: Erlbaum.

Grolnick, W. S., & Ryan, R. M. (1987). Autonomy in children's learning: An experimental and individual difference investigation. *Journal of Personality and Social Psychology, 52,* 890–898.

Gronlund, N. E., & Brookhart, S. M. (2009). *Gronlund's writing instructional objectives* (8th ed.). Upper Saddle River, NJ: Pearson/Merrill/Prentice Hall.

Gross, T. F., & Mastenbrook, M. (1980). Examination of the effects of state anxiety on problem-solving efficiency under high and low memory conditions. *Journal of Educational Psychology, 72,* 605–609.

Grossheinrich, N., Kademann, S., Bruder, J., Bartling, J., & von Suchodoletz, W. (2010). Auditory sensory memory and language abilities in former late talkers: A mismatch negativity study. *Psychophysiology, 47,* 822–830.

Grossman, P. L. (1990). *The making of a teacher: Teacher knowledge and teacher education.* New York: Teachers College Press.

Guberman, S. R., Rahm, J., & Menk, D. W. (1998). Transforming cultural practices: Illustrations from children's game play. *Anthropology and Education Quarterly, 29,* 419–445.

Guerra, N. G., Huesmann, L. R., & Spindler, A. (2003). Community violence exposure, social cognition, and aggression among urban elementary school children. *Child Development, 74,* 1561–1576.

Gunnoe, M. L., & Mariner, C. L. (1997). Toward a developmental-contextual model of the effects of parental spanking on children's aggression. *Archives of Pediatrics and Adolescent Medicine, 151,* 768–775.

Guskey, T. R. (1985). *Implementing mastery learning.* Belmont, CA: Wadsworth.

Guskey, T. R. (1988). Teacher efficacy, self-concept, and attitudes toward the implementation of instructional innovation. *Teaching and Teacher Education, 4,* 63–69.

Gustafson, B. J., Mahaffy, P., Martin, B., & Gentilini, S. (2011, April). *Elementary children learning about the nature of models and the behaviour of small, unseen particles.* Paper presented at the annual meeting of the American Educational Research Association, New Orleans, LA.

Gustafsson, J., & Undheim, J. O. (1996). Individual differences in cognitive functions. In D. C. Berliner & R. C. Calfee (Eds.), *Handbook of educational psychology* (pp. 186–242). New York: Macmillan.

Hacker, D. J. (1998a). Definitions and empirical foundations. In D. J. Hacker, J. Dunlosky, & A. C. Graesser (Eds.), *Metacognition in educational theory and practice* (pp. 1–23). Mahwah, NJ: Erlbaum.

Hacker, D. J. (1998b). Self-regulated comprehension during normal reading. In D. J. Hacker, J. Dunlosky, & A. C. Graesser (Eds.), *Metacognition in educational theory and practice* (pp. 165–191). Mahwah, NJ: Erlbaum.

Hacker, D. J., & Bol, L. (2004). Metacognitive theory: Considering the social-cognitive influences. In D. M. McNerney & S. Van Etten (Eds.), *Big theories revisited* (pp. 275–297). Greenwich, CT: Information Age.

Hacker, D. J., Bol, L., Horgan, D. D., & Rakow, E. A. (2000). Test prediction and performance in a classroom context. *Journal of Educational Psychology, 92,* 160–170.

Hacker, D. J., Dunlosky, J., & Graesser, A. C. (2009a). A growing sense of "agency." In D. J. Hacker, J. Dunlosky, & A. C. Graesser (Eds.), *Handbook of metacognition in education* (pp. 1–4). New York: Routledge.

Hacker, D. J., Dunlosky, J., & Graesser, A. C. (Eds.). (2009b). *Handbook of metacognition in education.* New York: Routledge.

Hacker, D. J., & Tenent, A. (2002). Implementing reciprocal teaching in the classroom: Overcoming obstacles and making modifications. *Journal of Educational Psychology, 94,* 699–718.

Hadjioannou, X. (2007). Bringing the background to the foreground: What do classroom environments that support authentic discussions look like? *American Educational Research Journal, 44,* 370–399.

Haenen, J. (1996). Piotr Gal'perin's criticism and extension of Lev Vygotsky's work. *Journal of Russian and East European Psychology, 34*(2), 54–60.

Haenen, J., Schrijnemakers, H., & Stufkens, J. (2003). Sociocultural theory and the practice of teaching historical concepts. In A. Kozulin, B. Gindis, V. S. Ageyev, & S. M. Miller (Eds.), *Vygotsky's educational theory in cultural context* (pp. 246–266). Cambridge, England: Cambridge University Press.

Haerle, F. (2004, April). *Personal epistemologies of elementary school students: Their beliefs about knowledge and knowing.* Paper presented at the American Educational Research Association, San Diego, CA.

Hagger, M. S., Chatzisarantis, N. L. D., Barkoukis, V., Wang, C. K. J., & Baranowski, J. (2005). Perceived autonomy support in physical education and leisure-time physical activity: A cross-cultural evaluation of the trans-contextual model. *Journal of Educational Psychology, 97,* 376–390.

Haier, R. J. (2001). PET studies of learning and individual differences. In J. L. McClelland & R. S. Siegler (Eds.), *Mechanisms of cognitive development: Behavioral and neural perspectives* (pp. 123–145). Mahwah, NJ: Erlbaum.

Hale-Benson, J. E. (1986). *Black children: Their roots, culture, and learning styles.* Baltimore, MD: Johns Hopkins University Press.

Halford, G. S., & Andrews, G. (2006). Reasoning and problem solving. In W. Damon & R. M. Lerner (Series Eds.), D. Kuhn, & R. Siegler (Vol. Eds.), *Handbook of child psychology: Vol. 2. Cognition, perception, and language* (6th ed., pp. 557–608). New York: Wiley.

Hall, J. F. (1966). *The psychology of learning.* Philadelphia: J. B. Lippincott.

Hall, J. F. (1971). *Verbal learning and retention.* Philadelphia: J. B. Lippincott.

Hall, N. C., Chipperfield, J. G., Perry, R. P., Ruthig, J. C., & Goetz, T. (2006). Primary and secondary control in academic development: Gender-specific implications for stress and health in college students. *Anxiety, Stress, and Coping: An International Journal, 19,* 189–210.

Hall, N. C., Goetz, T., Haynes, T. L., Stupnisky, R. H., & Chipperfield, J. G. (2006, April). *Self-regulation of primary and secondary control: Optimizing control striving in an academic achievement setting.* Paper presented at the annual meeting of the American Educational Research Association, San Francisco.

Hall, N. C., Hladkyj, S., Perry, R. P., & Ruthig, J. C. (2004). The role of attributional retraining and elaborative learning in college students' academic development. *Journal of Social Psychology, 144,* 591–612.

Hall, N. C., Hladkyj, S., Ruthig, J. C., Pekrun, R. H., & Perry, R. P. (2002, April). *The role of action control in moderating primary versus secondary control strategy use in college students.* Paper presented at the annual meeting of the American Educational Research Association, New Orleans, LA.

Hall, N. C., Hladkyj, S., Taylor, J. R., & Perry, R. P. (2000, April). *Primary and secondary control: Empirical links to academic motivation, achievement, and failure.* Paper presented at the annual meeting of the American Educational Research Association, New Orleans, LA.

Hall, N. C., Perry, R. P., Goetz, T., Ruthig, J. C., Stupnisky, R. H., & Newall, N. E. (2007). Attributional retraining and elaborative learning: Improving academic development through writing-based interventions. *Learning and Individual Differences, 17,* 280–290.

Hall, N. C., Perry, R. P., Ruthig, J. C., Hladkyj, S., & Chipperfield, J. C. (2006). Primary and secondary control in achievement settings: A longitudinal field study of academic motivation, emotions, and performance. *Journal of Applied Social Psychology, 36,* 1430–1470.

Hall, R. V., Axelrod, S., Foundopoulos, M., Shellman, J., Campbell, R. A., & Cranston, S. S. (1971). The effective use of punishment to modify behavior in the classroom. *Educational Technology, 11*(4), 24–26. Reprinted in K. D. O'Leary & S. O'Leary (Eds.), (1972). *Classroom management: The successful use of behavior modification.* New York: Pergamon.

Hall, V. C., & Edmondson, B. (1992). Relative importance of aptitude and prior domain knowledge on immediate and delayed post-tests. *Journal of Educational Psychology, 84,* 219–223.

Halldén, O., Scheja, M., & Haglund, L. (2008). The contextuality of knowledge: An intentional approach to meaning making and conceptual change. In S. Vosniadou (Ed.), *International handbook on conceptual change* (pp. 509–532). New York: Routledge.

Halperin, E., Porat, R., Tamir, M., & Gross, J. J. (2013). Can emotion regulation change political attitudes in intractable conflicts? From the laboratory to the field. *Psychological Science, 24,* 106–111.

Halpern, D. F. (1997). *Critical thinking across the curriculum: A brief edition of thought and knowledge.* Mahwah, NJ: Erlbaum.

Halpern, D. F. (1998). Teaching critical thinking for transfer across domains: Dispositions, skills, structure, training, and metacognitive monitoring. *American Psychologist, 53,* 449–455.

Halpern, D. F. (2008). Is intelligence critical thinking? Why we need a new definition of intelligence. In P. C. Kyllonen, R. D. Roberts, & L. Stankov (Eds.), *Extending intelligence: Enhancement and new constructs* (pp. 349–370). New York: Erlbaum/Taylor & Francis.

Halpin, G., & Halpin, G. (1982). Experimental investigations of the effects of study and testing on student learning, retention, and ratings of instruction. *Journal of Educational Psychology, 74,* 32–38.

Hambrick, D. Z., & Engle, R. W. (2003). The role of working memory in problem solving. In J. E. Davidson & R. J. Sternberg (Eds.), *The psychology of problem solving* (pp. 176–206). Cambridge, England: Cambridge University Press.

Hamman, D., Berthelot, J., Saia, J., & Crowley, E. (2000). Teachers' coaching of learning and its relation to students' strategic learning. *Journal of Educational Psychology, 92,* 342–348.

Hamman, D., Shell, D. F., Droesch, D., Husman, J., Handwerk, M., Park, Y., & Oppenheim, N. (1995, April). *Middle school readers' on-line cognitive processes: Influence of subject-matter knowledge and interest during reading.* Paper presented at the annual meeting of the American Educational Research Association, San Francisco.

Hammer, D. (1994). Epistemological beliefs in introductory physics. *Cognition and Instruction, 12,* 151–183.

Hammer, D. (1997). Discovery learning and discovery teaching. *Cognition and Instruction, 15,* 485–529.

Hammer, D., & Elby, A. (2002). On the form of a personal epistemology. In B. K. Hofer & P. R. Pintrich (Eds.), *Personal epistemology: The psychology of beliefs about knowledge and knowing* (pp. 169–190). Mahwah, NJ: Erlbaum.

Hampson, S. E. (2008). Mechanisms by which childhood personality traits influence adult well-being. *Current Directions in Psychological Science, 17,* 264–268.

Han, X., Chen, M., Wang, F., Windrem, M., Wang, S., Shanz, S., . . . Nedergaard, M. (2013). Forebrain engraftment by human glial progenitor cells enhances synaptic plasticity and learning in adult mice. *Cell Stem Cell, 12,* 342–353.

Hanna, A., & Remington, R. (1996). The representation of color and form in long-term memory. *Memory and Cognition, 24,* 322–330.

Hansen, J., & Pearson, P. D. (1983). An instructional study: Improving the inferential comprehension of good and poor fourth-grade readers. *Journal of Educational Psychology, 75,* 821–829.

Harackiewicz, J. M., Durik, A. M., Barron, K. E., Linnenbrink-Garcia, L., & Tauer, J. M. (2008). The role of achievement goals in the development of interest: Reciprocal relations between achievement goals, interest, and performance. *Journal of Educational Psychology, 100,* 105–122.

Hardré, P. L., Crowson, H. M., DeBacker, T. K., & White, D. (2007). Predicting the motivation of rural high school students. *Journal of Experimental Education, 75,* 247–269.

Hardré, P. L., & Reeve, J. (2003). A motivational model of rural students' intentions to persist in, versus drop out of, high school. *Journal of Educational Psychology, 95,* 347–356.

Hardy, I., Jonen, A., Möller, K., & Stern, E. (2006). Effects of instructional support within constructivist learning environments for elementary school students' understanding of "floating and sinking." *Journal of Educational Psychology, 98,* 307–326.

Hareli, S., & Weiner, B. (2002). Social emotions and personality inferences: A scaffold for a new direction in the study of achievement motivation. *Educational Psychologist, 37,* 183–193.

Haring, N. G., & Liberty, K. A. (1990). Matching strategies with performance in facilitating generalization. *Focus on Exceptional Children, 22*(8), 1–16.

Harlow, H. F. (1949). The formation of learning sets. *Psychological Review, 56,* 51–65.

Harlow, H. F. (1950). Analysis of discrimination learning by monkeys. *Journal of Experimental Psychology, 40,* 26–39.

Harlow, H. F. (1959). Learning set and error factor theory. In S. Koch (Ed.), *Psychology: A study of science* (Vol. 2, pp. 492–537). New York: McGraw-Hill.

Harlow, H. F., & Zimmerman, R. R. (1959). Affectional responses in the infant monkey. *Science, 130,* 421–432.

Harmon-Jones, E. (2001). The role of affect in cognitive-dissonance processes. In J. P. Forgas (Ed.), *Handbook of affect and social cognition* (pp. 237–255). Mahwah, NJ: Erlbaum.

Harmon-Jones, E., Gable, P. A., & Price, T. F. (2013). Does negative affect always narrow and positive affect always broaden the mind? Considering the influence of motivational intensity on cognitive scope. *Current Directions in Psychological Science, 22,* 301–307.

Harris, J. A., Miniussi, C., Harris, I. M., & Diamond, M. E. (2002). Transient storage of a tactile memory trace in primary somatosensory cortex. *Journal of Neuroscience, 22,* 8720–8725.

Harris, K. R. (1986). Self-monitoring of attentional behavior versus self-monitoring of productivity: Effects of on-task behavior and academic response rate among learning disabled children. *Journal of Applied Behavior Analysis, 19,* 417–423.

Harris, K. R., & Alexander, P. A. (1998). Integrated, constructivist education: Challenge and reality. *Educational Psychology Review, 10,* 115–127.

Harris, K. R., Graham, S., Brindle, M., & Sandmel, K. (2009). Metacognition and children's writing. In D. J. Hacker, J. Dunlosky, & A. C. Graesser (Eds.), *Handbook of metacognition in education* (pp. 131–153). New York: Routledge.

Harris, K. R., Santangelo, T., & Graham, S. (2010). Metacognition and strategies instruction in writing. In H. S. Waters & W. Schneider (Eds.), *Metacognition, strategy use, and instruction* (pp. 226–256). New York: Guilford Press.

Harris, P. L. (2006). Social cognition. In W. Damon & R. M. Lerner (Series Eds.), D. Kuhn, & R. Siegler (Vol. Eds.), *Handbook of child psychology: Vol. 2. Cognition, perception, and language* (6th ed., pp. 811–858). New York: Wiley.

Harris, R. J. (1977). Comprehension of pragmatic implications in advertising. *Journal of Applied Psychology, 62,* 603–608.

Harrison, A. M., & Pyles, D. A. (2013). The effects of verbal instruction and shaping to improve tackling by high school football players. *Journal of Applied Behavior Analysis, 46,* 518–522.

Hart, D., & Fegley, S. (1995). Prosocial behavior and caring in adolescence: Relations to self-understanding and social judgment. *Child Development, 66,* 1346–1359.

Harter, S. (1990). Causes, correlates, and the functional role of global self-worth: A life-span perspective. In R. J. Sternberg & J. Kolligian, Jr. (Eds.), *Competence considered* (pp. 67–97). New Haven, CT: Yale University Press.

Harter, S. (1992). The relationship between perceived competence, affect, and motivational orientation within the classroom: Processes and patterns of change. In A. K. Boggiano & T. S. Pittman (Eds.), *Achievement and motivation: A social-developmental perspective* (pp. 77–114). Cambridge, England: Cambridge University Press.

Harter, S. (1996). Teacher and classmate influences on scholastic motivation, self-esteem, and level of voice in adolescents. In J. Juvonen & K. Wentzel (Eds.), *Social motivation: Understanding children's school adjustment* (pp. 11–42). New York: Cambridge University Press.

Harter, S. (1999). *The construction of the self: A developmental perspective.* New York: Guilford Press.

Harter, S., Stocker, C., & Robinson, N. S. (1996). The perceived directionality of the link between approval and self-worth: The liabilities of a looking glass self-orientation among young adolescents. *Journal of Research on Adolescence, 6,* 285–308.

Harter, S., Whitesell, N. R., & Kowalski, P. (1992). Individual differences in the effects of educational transitions on young adolescents' perceptions of competence and motivational orientation. *American Educational Research Journal, 29,* 777–807.

Hartley, J., Bartlett, S., & Branthwaite, A. (1980). Underlining can make a difference—sometimes. *Journal of Educational Research, 73,* 218–224.

Hartley, J., & Trueman, M. (1982). The effects of summaries on the recall of information from prose: Five experimental studies. *Human Learning, 1,* 63–82.

Hartley, K., & Bendixen, L. D. (2001). Educational research in the Internet age: Examining the role of individual characteristics. *Educational Researcher, 30*(9), 22–26.

Hartmann, W. K., Miller, R., & Lee, P. (1984). *Out of the cradle: Exploring the frontiers beyond earth.* New York: Workman.

Hartup, W. W. (1983). Peer relations. In P. H. Mussen (Series Ed.) & E. M. Hetherington (Vol. Ed.), *Handbook of child psychology: Vol. 4. Socialization, personality, and social development* (pp. 103–196). New York: Wiley.

Haseman, A. L. (1999, April). *Cross talk: How students' epistemological beliefs impact the learning process in a constructivist course.* Paper presented at the annual meeting of the American Educational Research Association, Montreal.

Hasher, L., & Zacks, R. T. (1984). Automatic processing of fundamental information. *American Psychologist, 39,* 1372–1388.

Hasher, L., Zacks, R. T., & May, C. P. (1999). Inhibitory control, circadian arousal, and age. In D. Gopher & A. Koriat (Eds.), *Attention and performance XVII: Cognitive regulation of performance: Interaction of theory and application* (pp. 653–675). Cambridge, MA: MIT Press.

Haskell, R. E. (2001). *Transfer of learning: Cognition, instruction, and reasoning.* San Diego, CA: Academic Press.

Hassin, R. R. (2013). Yes it can: On the functional abilities of the human unconscious. *Perspective on Psychological Science, 8,* 195–207.

Hastings, P. D., Utendale, W. T., & Sullivan, C. (2007). The socialization of prosocial development. In J. E. Grusec & P. D. Hastings (Eds.), *Handbook of socialization: Theory and research* (pp. 638–664). New York: Guilford Press.

Hatano, G., & Inagaki, K. (1991). Sharing cognition through collective comprehension activity. In L. B. Resnick, J. M. Levine, & S. D. Teasley (Eds.), *Perspectives on socially shared cognition* (pp. 331–348). Washington, DC: American Psychological Association.

Hatano, G., & Inagaki, K. (1993). Desituating cognition through the construction of conceptual knowledge. In P. Light & G. Butterworth (Eds.), *Context and cognition: Ways of learning and knowing* (pp. 115–133). Hillsdale, NJ: Erlbaum.

Hatano, G., & Inagaki, K. (2003). When is conceptual change intended? A cognitive-sociocultural view. In G. M. Sinatra & P. R. Pintrich (Eds.), *Intentional conceptual change* (pp. 407–427). Mahwah, NJ: Erlbaum.

Hattie, J. (2008). Processes of integrating, developing, and processing self information. In H. W. Marsh, R. G. Craven, & D. M. McInerney (Eds.), *Self-processes, learning, and enabling human potential* (pp. 51–85). Charlotte, NC: Information Age.

Hattie, J. A. C. (2009). *Visible learning: A synthesis of over 800 meta-analyses relating to achievement.* London: Routledge.

Hattie, J., Biggs, J., & Purdie, N. (1996). Effects of learning skills interventions on student learning: A meta-analysis. *Review of Educational Research, 66,* 99–136.

Hattie, J., & Gan, M. (2011). Instruction based on feedback. In R. E. Mayer & P. A. Alexander (Eds.), *Handbook of research on learning and instruction* (pp. 249–271). New York: Routledge.

Hattie, J., & Timperley, H. (2007). The power of feedback. *Review of Educational Research, 77,* 81–112.

Hatzigeorgiadis, A., Zourbanos, N., Galanis, E., & Theodorakis, Y. (2011). Self-talk and sports performance: A meta-analysis. *Perspectives on Psychological Science, 6,* 348–356.

Haugwitz, M., Sumfleth, E., & Sandmann, A. (2010, April–May). *The influence of cognitive mapping on achievement in biology: Considering cognitive abilities as moderator.* Paper presented at the annual meeting of the American Educational Research Association, Denver, CO.

Hawley-Dolan, A., & Winner, E. (2011). Seeing the mind behind the art: People can distinguish abstract expressionist paintings from highly similar paintings by children, chimps, monkeys, and elephants. *Psychological Science, 22,* 435–441.

Hay, I., Ashman, A. F., van Kraayenoord, C. E., & Stewart, A. L. (1999). Identification of self-verification in the formation of children's academic self-concept. *Journal of Educational Psychology, 91,* 225–229.

Hayes, S. C., Rosenfarb, I., Wulfert, E., Munt, E. D., Korn, Z., & Zettle, R. D. (1985). Self-reinforcement effects: An artifact of social standard setting? *Journal of Applied Behavior Analysis, 18,* 201–214.

Hayne, H., Barr, R., & Herbert, J. (2003). The effect of prior practice on memory reactivation and generalization. *Child Development, 74,* 1615–1627.

Haywood, H. C., & Lidz, C. S. (2007). *Dynamic assessment in practice: Clinical and educational applications.* Cambridge, England: Cambridge University Press.

Head, L. S., & Gross, A. M. (2009). Systematic desensitization. In W. T. O'Donohue & J. E. Fisher (Eds.), *General principles and empirically supported techniques of cognitive behavior therapy* (pp. 640–647). Hoboken, NJ: Wiley.

Heal, N. A., Hanley, G. P., & Layer, S. A. (2009). An evaluation of the relative efficacy of and children's preferences for teaching strategies that differ in amount of teacher directedness. *Journal of Applied Behavior Analysis, 42,* 123–143.

Healey, M. K., Campbell, K. L., Hasher, L., & Ossher, L. (2010). Direct evidence for the role of inhibition in resolving interference in memory. *Psychological Science, 21,* 1464–1470.

Heatherton, T. F., Macrae, C. N., & Kelley, W. M. (2004). What the social brain sciences can tell us about the self. *Current Directions in Psychological Science, 13,* 190–193.

Hebb, D. O. (1949). *The organization of behavior: A neuropsychological theory.* New York: Wiley.

Hecht, S. A., & Vagi, K. J. (2010). Sources of group and individual differences in emerging fraction skills. *Journal of Educational Psychology, 102,* 843–859.

Heck, A., Collins, J., & Peterson, L. (2001). Decreasing children's risk taking on the playground. *Journal of Applied Behavior Analysis, 34,* 349–352.

Hegarty, M., & Kozhevnikov, M. (1999). Types of visual-spatial representations and mathematical problem solving. *Journal of Educational Psychology, 91,* 684–689.

Heil, M., Rösler, F., & Hennighausen, E. (1994). Dynamics of activation in long-term memory: The retrieval of verbal, pictorial, spatial, and color information. *Journal of Experimental Psychology: Learning, Memory, and Cognition, 20,* 169–184.

Heindel, P., & Kose, G. (1990). The effects of motoric action and organization on children's memory. *Journal of Experimental Child Psychology, 50,* 416-428.

Heine, S. J. (2007). Culture and motivation: What motivates people to act in the ways that they do? In S. Kitayama & D. Cohen (Eds.), *Handbook of cultural psychology* (pp. 714–733). New York: Guilford Press.

Helmke, A. (1989). Affective student characteristics and cognitive development: Problems, pitfalls, perspectives. *International Journal of Educational Research, 13,* 915–932.

Hembree, R. (1988). Correlates, causes, effects, and treatment of test anxiety. *Review of Educational Research, 58,* 47–77.

Hembrooke, H., & Gay, G. (2003). The laptop and the lecture: The effects of multitasking in learning environments. *Journal of Computing in Higher Education, 15,* 46–64.

Hemmings, A. B. (2004). *Coming of age in U.S. high schools: Economic, kinship, religious, and political crosscurrents.* Mahwah, NJ: Erlbaum.

Hemphill, L., & Snow, C. (1996). Language and literacy development: Discontinuities and differences. In D. R. Olson & N. Torrance (Eds.), *The handbook of education and human development: New models of learning, teaching, and schooling* (pp. 173–201). Cambridge, MA: Blackwell.

Hen, M., & Goroshit, M. (2014). Procrastination, emotional intelligence, academic self-efficacy, and GPA: A comparison of students with and without learning disabilities. *Journal of Learning Disabilities, 47,* 116–124.

Hennessey, B. A. (1995). Social, environmental, and developmental issues and creativity. *Educational Psychology Review, 7,* 163–183.

Hennessey, B. A. (2010). Intrinsic motivation and creativity in the classroom: Have we come full circle? In R. A. Beghetto & J. C. Kaufman (Eds.), *Nurturing creativity in the classroom* (pp. 329–361). New York: Cambridge University Press.

Hennessey, B. A., & Amabile, T. M. (1987). *Creativity and learning.* Washington, DC: National Education Association.

Hennessey, M. G. (2003). Metacognitive aspects of students' reflective discourse: Implications for intentional conceptual change teaching and learning. In G. M. Sinatra & P. R. Pintrich (Eds.), *Intentional conceptual change* (pp. 103–132). Mahwah, NJ: Erlbaum.

Heppner, W. L., Kernis, M. H., Nezlek, J. B., Foster, J., Lakey, C. E., & Goldman, B. M. (2008). Within-person relationships among daily self-esteem, need satisfaction, and authenticity. *Psychological Science, 19,* 1140–1145.

Herbert, J. J., & Harsh, C. M. (1944). Observational learning by cats. *Journal of Comparative Psychology, 37,* 81–95.

Heron, W. (1957). The pathology of boredom. *Scientific American, 196*(1), 52–56.

Herrenkohl, L. R., & Guerra, M. R. (1998). Participant structures, scientific discourse, and student engagement in fourth grade. *Cognition and Instruction, 16,* 431–473.

Herrnstein, R. J. (1977). The evolution of behaviorism. *American Psychologist, 32,* 593–603.

Heuer, F., & Reisberg, D. (1990). Vivid memories of emotional events: The accuracy of remembered minutiae. *Memory and Cognition, 18,* 496–506.

Heuer, F., & Reisberg, D. (1992). Emotion, arousal, and memory for detail. In S. Christianson (Ed.), *Handbook of emotion and memory* (pp. 151–180). Hillsdale, NJ: Erlbaum.

Hewitt, J., Brett, C., Scardamalia, M., Frecker, K., & Webb, J. (1995, April). Supporting knowledge building through the synthesis of CSILE, FCL, & Jasper. In M. Lamon (Chair), *Schools for thought: Transforming classrooms into learning communities.* Symposium conducted at the annual meeting of the American Educational Research Association, San Francisco.

Hewitt, J., & Scardamalia, M. (1996, April). *Design principles for the support of distributed processes.* Paper presented at the annual meeting of the American Educational Research Association, New York.

Hewitt, J., & Scardamalia, M. (1998). Design principles for distributed knowledge building processes. *Educational Psychology Review, 10,* 75–96.

Heyman, G. D., Fu, G., & Lee, K. (2007). Evaluating claims people make about themselves: The development of skepticism. *Child Development, 78,* 367–375.

Heyman, G. D., Gee, C. L., & Giles, J. W. (2003). Preschool children's reasoning about ability. *Child Development, 74,* 516–534.

Hickey, D. J. (2011). Participation by design: Improving individual motivation by looking beyond it. In D. M. McInerney, R. A. Walker, & G. A. D. Liem (Eds.), *Sociocultural theories of learning and motivation: Looking back, looking forward* (pp. 137–161). Charlotte, NC: Information Age.

Hickey, D. T., & Granade, J. B. (2004). The influence of sociocultural theory on our theories of engagement and motivation. In D. M. McNerney & S. Van Etten (Eds.), *Big theories revisited* (pp. 223–247). Greenwich, CT: Information Age.

Hidi, S., & Harackiewicz, J. M. (2000). Motivating the academically unmotivated: A critical issue for the 21st century. *Review of Educational Research, 70,* 151–179.

Hidi, S., & Renninger, K. A. (2006). The four-phase model of interest development. *Educational Psychologist, 41,* 111–127.

Hidi, S., Renninger, K. A., & Krapp, A. (2004). Interest, a motivational variable that combines affecting and cognitive functioning. In D. Y. Dai & R. J. Sternberg (Eds.), *Motivation, emotion, and cognition: Integrative perspectives on intellectual functioning and development* (pp. 89–115). Mahwah, NJ: Erlbaum.

Hidi, S., Weiss, J., Berndorff, D., & Nolan, J. (1998). The role of gender, instruction, and a cooperative learning technique in science education across formal and informal settings. In L. Hoffman, A. Krapp, K. Renninger, & J. Baumert (Eds.), *Interest and learning: Proceedings of the Seeon Conference on interest and gender* (pp. 215–227). Kiel, Germany: IPN.

Hiebert, J., Carpenter, T. P., Fennema, E., Fuson, K., Human, P., Murray, H., . . . Wearne, D. (1996). Problem solving as a basis for reform in curriculum and instruction: The case of mathematics. *Educational Researcher, 25*(4), 12–21.

Hiebert, J., Carpenter, T. P., Fennema, E., Fuson, K., Wearne, D., Murray, H., . . . Human, P. (1997). *Making sense: Teaching and learning mathematics with understanding.* Portsmouth, NH: Heinemann.

Hiebert, J., & Wearne, D. (1992). Links between teaching and learning place value with understanding in first grade. *Journal for Research in Mathematics Education, 23,* 98–122.

Hiebert, J., & Wearne, D. (1996). Instruction, understanding, and skill in multidigit addition and subtraction. *Cognition and Instruction, 14,* 251–283.

Higgins, A. T., & Turnure, J. E. (1984). Distractibility and concentration of attention in children's development. *Child Development, 55,* 1799–1810.

Hill, C. A. (1987). Affiliation motivation: People who need people . . . but in different ways. *Journal of Personality and Social Psychology, 52,* 1008–1018.

Hill, K. T. (1984). Debilitating motivation and testing: A major educational problem, possible solutions, and policy applications. In R. Ames & C. Ames (Eds.), *Research on motivation in education: Vol. 1. Student motivation* (pp. 245–274). New York: Academic Press.

Hills, T. T., Maouene, M., Maouene, J., Sheya, A., & Smith, L. (2009). Longitudinal analysis of early semantic networks: Preferential attachment or preferential acquisition? *Psychological Science, 20,* 729–739.

Hilt, L. M. (2005, April). *The effects of attribution retraining on class performance, achievement motivation, and attributional style in high school students.* Poster presented at the biennial meeting of the Society for Research in Child Development, Atlanta, GA.

Hinkley, J. W., McInerney, D. M., & Marsh, H. W. (2001, April). *The multifaceted structure of school achievement motivation: A case for social goals.* Paper presented at the annual meeting of the American Educational Research Association, Seattle, WA.

Hinnant, J. B., O'Brien, M., & Ghazarian, S. R. (2009). The longitudinal relations of teacher expectations to achievement in the early school years. *Journal of Educational Psychology, 101,* 662–670.

Hintzman, D. L. (2011). Research strategy in the study of memory: Fads, fallacies, and the search for "coordinates of truth." *Perspectives on Psychological Science, 6,* 253–271.

Hiroto, D. S., & Seligman, M. E. P. (1975). Generality of learned helplessness in man. *Journal of Personality and Social Psychology, 31,* 311–327.

Hirsch, E. D., Jr. (1996). *The schools we need and why we don't have them.* New York: Doubleday.

Hirst, W., Phelps, E., Buckner, R. L., Budson, A. E., Cuc, A., Gabrieli, J. D., . . . Vaidya, C. J. (2009). Long-term memory for the terrorist attack of September 11: Flashbulb memories, event memories, and the factors that influence their retention. *Journal of Experimental Psychology: General, 138,* 161–176.

Hitchcock, C., Dowrick, P. W., & Prater, M. A. (2003). Video self-modeling interventions in school-based settings: A review. *Remedial and Special Education, 24,* 36–46.

Hmelo-Silver, C. E. (2004). Problem-based learning: What and how do students learn? *Educational Psychology Review, 16,* 235–266.

Hmelo-Silver, C. E. (2006). Design principles for scaffolding technology-based inquiry. In A. M. O'Donnell, C. E. Hmelo-Silver, & G. Erkens (Eds.), *Collaborative learning, reasoning, and technology* (pp. 147–170). Mahwah, NJ: Erlbaum.

Hmelo-Silver, C. E., Duncan, R. G., & Chinn, C. A. (2007). Scaffolding and achievement in problem-based and inquiry learning: A response to Kirschner, Sweller, and Clark (2006). *Educational Psychologist, 42,* 99–107.

Hofer, B. K. (2004). Epistemological understanding as a metacognitive process: Thinking aloud during online searching. *Educational Psychologist, 39,* 43–55.

Hofer, B. K., & Pintrich, P. R. (1997). The development of epistemological theories: Beliefs about knowledge and knowing and their relation to learning. *Review of Educational Research, 67,* 88–140.

Hofer, B. K., & Pintrich, P. R. (Eds.). (2002). *Personal epistemology: The psychology of beliefs about knowledge and knowing.* Mahwah, NJ: Erlbaum.

Hofer, M. (2010). Adolescents' development of individual interests: A product of multiple goal regulation? *Educational Psychologist, 45,* 149–166.

Hoffman, B. (2010). "I think I can, but I'm afraid to try": The role of self-efficacy beliefs and mathematics anxiety in mathematics problem-solving efficiency. *Learning and Individual Differences, 20,* 276–283.

Hoffman, B., & Nadelson, L. (2010). Motivational engagement and video gaming: A mixed methods study. *Educational Technology Research and Development, 58,* 245–270.

Hoffman, B., & Spatariu, A. (2008). The influence of self-efficacy and metacognitive prompting on math problem-solving efficiency. *Contemporary Educational Psychology, 33,* 875–893.

Hoffman, M. L. (2000). *Empathy and moral development: Implications for caring and justice.* New York: Cambridge University Press.

Hofman, R., & van Oostendorp, H. (1999). Cognitive effects of a structured overview in a hypertext. *British Journal of Educational Technology, 30,* 129–140.

Hogan, D. M., & Tudge, J. R. H. (1999). Implications of Vygotsky's theory for peer learning. In A. M. O'Donnell & A. King (Eds.), *Cognitive perspectives on peer learning* (pp. 39–65). Mahwah, NJ: Erlbaum.

Hogan, K. (1997, March). *Relating students' personal frameworks for science learning to their cognition in collaborative contexts.* Paper presented at the annual meeting of the American Educational Research Association, Chicago, IL.

Hogan, K., Nastasi, B. K., & Pressley, M. (2000). Discourse patterns and collaborative scientific reasoning in peer and teacher-guided discussions. *Cognition and Instruction, 17,* 379–432.

Hokoda, A., & Fincham, F. D. (1995). Origins of children's helplessness and mastery achievement patterns in the family. *Journal of Educational Psychology, 87,* 375–385.

Holland, R. W., Hendriks, M., & Aarts, H. (2005). Smells like clean spirit: Nonconscious effects of scent on cognition and behavior. *Psychological Science, 16,* 689–693.

Holley, C. D., & Dansereau, D. F. (1984). *Spatial learning strategies: Techniques, applications, and related issues.* Orlando, FL: Academic Press.

Holliday, B. G. (1985). Towards a model of teacher-child transactional processes affecting black children's academic achievement. In M. B. Spencer, G. K. Brookins, & W. R. Allen (Eds.), *Beginnings: The social and affective development of black children* (pp. 117–130). Hillsdale, NJ: Erlbaum.

Hollis, K. L. (1997). Contemporary research on Pavlovian conditioning: A "new" functional analysis. *American Psychologist, 52,* 956–965.

Holt-Reynolds, D. (1992). Personal history-based beliefs as relevant prior knowledge in course work. *American Educational Research Journal, 29,* 325–349.

Holyoak, K. J., & Koh, K. (1987). Surface and structural similarity in analogical transfer. *Memory and Cognition, 15,* 332–340.

Hom, A., & Battistich, V. (1995, April). *Students' sense of school community as a factor in reducing drug use and delinquency.* Paper presented at the annual meeting of the American Educational Research Association, San Francisco.

Homme, L. E., deBaca, P. C., Devine, J. V., Steinhorst, R., & Rickert, E. J. (1963). Use of the Premack principle in controlling the behavior of nursery school children. *Journal of the Experimental Analysis of Behavior, 6,* 544.

Hong, E., O'Neil, H. F., & Feldon, D. (2005). Gender effects on mathematics achievement: Mediating role of state and trait self-regulation. In A. M. Gallagher & J. C. Kaufman (Eds.), *Gender differences in mathematics: An integrative psychological approach* (pp. 264–293). Cambridge, England: Cambridge University Press.

Hopf, T., & Ayres, J. (1992). Coping with public speaking anxiety: An examination of various combinations of systematic desensitization, skills training, and visualization. *Journal of Applied Communication Research, 20,* 183–198.

Horgan, D. (1990, April). *Students' predictions of test grades: Calibration and metacognition.* Paper presented at the annual meeting of the American Educational Research Association, Boston, MA.

Horn, J. L. (2008). Spearman, g, expertise, and the nature of human cognitive capability. In P. C. Kyllonen, R. D. Roberts, & L. Stankov (Eds.), *Extending intelligence: Enhancement and new constructs* (pp. 185–230). New York: Erlbaum/Taylor & Francis.

Horowitz, F. D., Darling-Hammond, L., & Bransford, J. (with Comer, J., Rosebrock, K., Austin, K., & Rust, F.). (2005). Educating teachers for developmentally appropriate practice. In L. Darling-Hammond & J. Bransford (Eds.), *Preparing teachers for a changing world: What teachers should learn and be able to do* (pp. 88–125). San Francisco, CA: Jossey-Bass/Wiley.

Horst, J. S., Oakes, L. M., & Madole, K. L. (2005). What does it look like and what can it do? Category structure influences how infants categorize. *Child Development, 76,* 614–631.

Horwitz, E. K., Tallon, M., & Luo, H. (2010). Foreign language anxiety. In J. C. Cassady (Ed.), *Anxiety in schools: The causes, consequences, and solutions for academic anxieties* (pp. 95–115). New York: Peter Lang.

Howard, D. V. (1983). *Cognitive psychology: Memory, language, and thought.* New York: Macmillan.

Howe, M. L., & O'Sullivan, J. T. (1990). The development of strategic memory: Coordinating knowledge, metamemory, and resources. In D. F. Bjorklund (Ed.), *Children's strategies: Contemporary views of cognitive development.* (pp. 129–155). Hillsdale, NJ: Erlbaum.

Howie, J. D. (2002, April). *Effects of audience, gender, and achievement level on adolescent students' communicated attributions and affect in response to academic success and failure.* Paper presented at the annual meeting of the American Educational Research Association, New Orleans, FL.

Hsee, C. K., Yang, A. X., & Wang, L. (2010). Idleness aversion and the need for justifiable busyness. *Psychological Science, 21,* 926–930.

Hsiao, Y.-M. (2011, April). *The connection between students' ideas of history and their attitudes to historical learning.* Poster presented at the annual meeting of the American Educational Research Association, New Orleans, LA.

Hsieh, P.-H. P., & Schallert, D. L. (2008). Implications from self-efficacy and attribution theories for an understanding of undergraduates' motivation in a foreign language course. *Contemporary Educational Psychology, 33,* 513–532.

Hu, P., Stylos-Allan, M., & Walker, M. P. (2006). Sleep facilitates consolidation of emotional declarative memory. *Psychological Science, 17,* 891–898.

Huang, C. (2012). Discriminant and criterion-related validity of achievement goals in predicting academic achievement: A meta-analysis. *Journal of Educational Psychology, 104,* 48–73.

Hubbs-Tait, L., Nation, J. R., Krebs, N. F., & Bellinger, D. C. (2005). Neurotoxicants, micronutrients, and social environments: Individual and combined effects on children's development. *Psychological Science in the Public Interest, 6,* 57–121.

Hubel, D. H., Wiesel, T. N., & Levay, S. (1977). Plasticity of ocular dominance columns in monkey striate cortex, *Philosophical Transactions of the Royal Society of London, B 278,* 307–409.

Hudson, T. (1983). Correspondences and numerical differences between disjoint sets. *Child Development, 54,* 84–90.

Huey, E. D., Krueger, F., & Grafman, J. (2006). Representations in the human prefrontal cortex. *Current Directions in Psychological Science, 15,* 167–171.

Huff, N. C., & LaBar, K. S. (2010). Generalization and specialization of conditioning learning. In M. T. Banich & D. Caccamise (Eds.), *Generalization of knowledge: Multidisciplinary perspectives* (pp. 3–29). New York: Psychology Press.

Hughes, J. N. (1988). *Cognitive behavior therapy with children in schools.* New York: Pergamon.

Hull, C. L. (1920). Quantitative aspects of the evolution of concepts: An experimental study. *Psychological Monographs, 28* (Whole No. 123).

Hull, C. L. (1938). The goal-gradient hypothesis applied to some "field-force" problems in the behavior of young children. *Psychological Review, 45,* 271–299.

Hull, C. L. (1943). *Principles of behavior: An introduction to behavior theory.* New York: Appleton-Century-Crofts.

Hull, C. L. (1951). *Essentials of behavior.* New Haven, CT: Yale University Press.

Hull, C. L. (1952). *A behavior system: An introduction to behavior theory concerning the individual organism.* New Haven, CT: Yale University Press.

Hundert, J. (1976). The effectiveness of reinforcement, response cost, and mixed programs on classroom behaviors. *Journal of Applied Behavior Analysis, 9,* 107.

Hung, W., Jonassen, D. H., & Liu, R. (2008). Problem-based learning. In J. M. Spector, M. D. Merrill, J. van Merriënboer, & M. P. Driscoll (Eds.), *Handbook of research on educational communications and technology* (3rd ed., pp. 485–506). New York: Erlbaum.

Hunt, R. R., & Worthen, J. B. (Eds.). (2006). *Distinctiveness and memory.* Oxford, England: Oxford University Press.

Hursh, D. (2007). Assessing No Child Left Behind and the rise of neoliberal education policies. *American Educational Research Journal, 44,* 493–518.

Husman, J., & Freeman, B. (1999, April). *The effect of perceptions of instrumentality on intrinsic motivation.* Paper presented at the annual meeting of the American Educational Research Association, Montreal.

Huston, A. C., Watkins, B. A., & Kunkel, D. (1989). Public policy and children's television. *American Psychologist, 44,* 424–433.

Hutt, S. J., Tyler, S., Hutt, C., & Christopherson, H. (1989). *Play, exploration, and learning: A natural history of the pre-school.* London: Routledge.

Huttenlocher, P. R. (1979). Synaptic density in human frontal cortex—Developmental changes and effects of aging. *Brain Research, 163,* 195–205.

Huttenlocher, P. R. (1990). Morphometric study of human cerebral cortex development. *Neuropsychologia, 28,* 517–527.

Huttenlocher, P. R. (1993). Morphometric study of human cerebral cortex development. In M. H. Johnson (Ed.), *Brain development and cognition: A reader* (pp. 117–128). Cambridge, MA: Blackwell.

Huttenlocher, P. R., & Dabholkar, A. S. (1997). Regional differences in synaptogenesis in human cerebral cortex. *Journal of Comparative Neurology, 387,* 167–178.

Hyde, K. L., Lerch, J., Norton, A., Forgeard, M., Winner, E., Evans, A. C., & Schlaug, G. (2009). Musical training shapes structural brain development. *Journal of Neuroscience, 29,* 3019–3025.

Hyde, T. S., & Jenkins, J. J. (1969). Differential effects of incidental tasks on the organization of recall of a list of highly associated words. *Journal of Experimental Psychology, 82,* 472–481.

Hyman, I., Mahon, M., Cohen, I., Snook, P., Britton, G., & Lurkis, L. (2004). Student alienation syndrome: The other side of school violence. In J. C. Conoley & A. P. Goldstein (Eds.), *School violence intervention* (2nd ed., pp. 483–506). New York: Guilford Press.

Hymel, S., Comfort, C., Schonert-Reichl, K., & McDougall, P. (1996). Academic failure and school dropout: The influence of peers. In J. Juvonen & K. R. Wentzel (Eds.), *Social motivation: Understanding children's school adjustment* (pp. 313–345). Cambridge, England: Cambridge University Press.

Hynd, C. (1998a). Conceptual change in a high school physics class. In B. Guzzetti & C. Hynd (Eds.), *Perspectives on conceptual change: Multiple ways to understand knowing and* learning in a complex world (pp. 27–36). Mahwah, NJ: Erlbaum.

Hynd, C. (1998b). Observing learning from different perspectives: What does it mean for Barry and his understanding of gravity? In B. Guzzetti & C. Hynd (Eds.), *Perspectives on conceptual change: Multiple ways to understand knowing and learning in a complex world* (pp. 235–244). Mahwah, NJ: Erlbaum.

Hynd, C. (2003). Conceptual change in response to persuasive messages. In G. M. Sinatra & P. R. Pintrich (Eds.), *Intentional conceptual change* (pp. 291–315). Mahwah, NJ: Erlbaum.

Igoa, C. (1995). *The inner world of the immigrant child.* Mahwah, NJ: Erlbaum.

Immordino-Yang, M. H., Christodoulou, J. A., & Singh, V. (2012). Rest is not idleness: Implications of the brain's default mode for human development and education. *Perspectives on Psychological Science, 7,* 352–364.

Immordino-Yang, M. H., & Sylvan, L. (2010). Admiration for virtue: Neuroscientific perspectives on a motivating emotion. *Contemporary Educational Psychology, 35,* 110–115.

Inagaki, K., & Hatano, G. (2006). Young children's conception of the biological world. *Current Directions in Psychological Science, 15,* 177–181.

Inagaki, K., & Hatano, G. (2008). Conceptual change in naive biology. In S. Vosniadou (Ed.), *International handbook on conceptual change* (pp. 240–262). New York: Routledge.

Inglehart, M., Brown, D. R., & Vida, M. (1994). Competition, achievement, and gender: A stress theoretical analysis. In P. R. Pintrich, D. R. Brown, & C. E. Weinstein (Eds.), *Student motivation, cognition, and learning: Essays in honor of Wilbert J. McKeachie* (pp. 311–329). Hillsdale, NJ: Erlbaum.

Inglis, A., & Biemiller, A. (1997, March). *Fostering self-direction in mathematics: A cross-age tutoring program that enhances math problem solving.* Paper presented at the annual meeting of the American Educational Research Association, Chicago, IL.

Inhelder, B., & Piaget, J. (1958). *The growth of logical thinking from childhood to adolescence* (A. Parsons & S. Milgram, Trans.). New York: Basic Books.

Inzlicht, M., & Ben-Zeev, T. (2003). Do high-achieving female students underperform in private? The implications of threatening environments on intellectual processing. *Journal of Educational Psychology, 95,* 796–805.

Irwin, D. E. (1996). Integrating information across saccadic eye movements. *Current Directions in Psychological Science, 5,* 94–100.

Isaacowitz, D. M. (2006). Motivated gaze: The view from the gazer. *Current Directions in Psychological Science, 15,* 68–72.

Isaacson, R. L. (1964). Relation between achievement, test anxiety, and curricular choices. *Journal of Abnormal and Social Psychology, 68,* 447–452.

Ito, T. A., & Cacioppo, J. T. (2001). Affect and attitudes: A social neuroscience approach. In J. P. Forgas (Ed.), *Handbook of affect and social cognition* (pp. 50–74). Mahwah, NJ: Erlbaum.

Iwata, B. A., Pace, G. M., Cowdery, G. E., & Miltenberger, R. G. (1994). What makes extinction work: An analysis of procedural form and function. *Journal of Applied Behavior Analysis, 27,* 131–144.

Iyengar, S. S., & Lepper, M. R. (1999). Rethinking the value of choice: A cultural perspective on intrinsic motivation. *Journal of Personality and Social Psychology, 76,* 349–366.

Jacob, B. A. (2003). Accountability, incentives, and behavior: The impact of high-stakes testing in the Chicago Public Schools. *Education Next, 3*(1). Retrieved from http://www.educationnext.org/unabridged/20031/jacob.pdf

Jacobs, J. E., Davis-Kean, P., Bleeker, M., Eccles, J. S., & Malanchuk, O. (2005). "I can, but I don't want to": The impact of parents, interests, and activities on gender differences in math. In A. M. Gallagher & J. C. Kaufman (Eds.), *Gender differences in mathematics: An integrative psychological approach* (pp. 246–263). Cambridge, England: Cambridge University Press.

Jacobs, J. E., Lanza, S., Osgood, D. W., Eccles, J. S., & Wigfield, A. (2002). Changes in children's self-competence and values: Gender and domain differences across grades one through twelve. *Child Development, 73,* 509–527.

Jacobsen, L. K., Giedd, J. N., Berquin, P. C., Krain, A. L., Hamburger, S. D., Kumra, S., & Rapoport, J. L. (1997). Quantitative morphology of the cerebellum and fourth ventricle in childhood-onset schizophrenia. *American Journal of Psychiatry, 154,* 1663–1669.

Jacobsen, L. K., Giedd, J. N., Castellanos, F. X., Vaituzis, A. C., Hamburger, S. D., Kumra, S., . . . Rapoport, J. L. (1997). Progressive reduction of temporal lobe structures in childhood-onset schizophrenia. *American Journal of Psychiatry, 155,* 678–685.

Jacoby, K. (2008). *Shadows at dawn: A borderlands massacre and the violence of history.* New York: Penguin.

Jadallah, M., Anderson, R. C., Nguyen-Jahiel, K., Miller, B. W., Kim, I.-H., Kuo, L.-J., . . . Wu, X. (2011). Influence of a teacher's scaffolding moves during child-led small-group discussions. *American Educational Research Journal, 48,* 194–230.

Jaeggi, S. M., Buschkuehl, M., Jonides, J., & Perrig, W. (2008). Improving fluid intelligence with training on working memory. *Proceedings of the National Academy of Sciences, USA, 105,* 6829–6833.

Jagacinski, C. M., Kumar, S., Lam, H., & Lustenberger, D. E. (2008, March). *An exploratory study of work avoidance in the college classroom.* Paper presented at the annual meeting of the American Educational Research Association, New York.

Jagacinski, C. M., & Nicholls, J. (1984). Conceptions of ability and related affects in task involvement and ego involvement. *Journal of Educational Psychology, 76,* 909–919.

Jagacinski, C. M., & Nicholls, J. (1987). Competence and affect in task involvement and ego involvement: The impact of social comparison information. *Journal of Educational Psychology, 79,* 107–114.

Jagacinski, C. M., & Nicholls, J. G. (1990). Reducing effort to protect perceived ability: "They'd do it but I wouldn't." *Journal of Educational Psychology, 82,* 15–21.

Jain, S., & Dowson, M. (2009). Mathematics anxiety as a function of multidimensional self-regulation and self-efficacy. *Contemporary Educational Psychology, 34,* 240–249.

James, W. (1890). *Principles of psychology.* New York: Holt.

Jameson, M. M. (2010). Math anxiety: Theoretical perspectives on potential influences and outcomes. In J. C. Cassady (Ed.), *Anxiety in schools: The causes, consequences, and solutions for academic anxieties* (pp. 45–58). New York: Peter Lang.

Jang, H. (2008). Supporting students' motivation, engagement, and learning during an uninteresting activity. *Journal of Educational Psychology, 100,* 798–811.

Jang, H., Reeve, J., & Deci, E. L. (2010). Engaging students in learning activities: It is not autonomy support or structure but autonomy support and structure. *Journal of Educational Psychology, 102,* 588–600.

Jarmolowicz, D. P., Hayashi, Y., & Pipkin, C. S. P. (2010). Temporal patterns of behavior from the scheduling of psychology quizzes. *Journal of Applied Behavior Analysis, 43,* 297–301.

Jenkins, J. J., & Russell, W. A. (1952). Associative clustering during recall. *Journal of Abnormal and Social Psychology, 47,* 818–821.

Jenlink, C. L. (1994, April). *Music: A lifeline for the self-esteem of at-risk students.* Paper presented at the annual meeting of the American Educational Research Association, New Orleans, LA.

Jetton, T. L., & Dole, J. A. (Eds.). (2004). *Adolescent literacy research and practice.* New York: Guilford Press.

Jiang, B. (2010). English language learners: Understanding their needs. In G. S. Goodman (Ed.), *Educational psychology reader: The art and science of how people learn* (pp. 179–194). New York: Peter Lang.

Joët, G., Usher, E., & Bressoux, P. (2011). Sources of self-efficacy: An investigation of elementary school students in France. *Journal of Educational Psychology, 103,* 649–663.

Johnson, B. M., Miltenberger, R. G., Knudson, P., Emego-Helm, K., Kelso, P., Jostad, C., & Langley, L. (2006). A preliminary evaluation of two behavioral skills training procedures for teaching abduction-prevention skills to schoolchildren. *Journal of Applied Behavior Analysis, 39,* 25–34.

Johnson, D. W., & Johnson, R. T. (1991). *Learning together and alone: Cooperative, competitive, and individualistic learning* (3rd ed.). Upper Saddle River, NJ: Prentice Hall.

Johnson, D. W., & Johnson, R. T. (2009a). An educational psychology success story: Social interdependence theory and cooperative learning. *Educational Researcher, 38,* 365–379.

Johnson, D. W., & Johnson, R. T. (2009b). Energizing learning: The instructional power of conflict. *Educational Researcher, 38,* 37–51.

Johnson, K. E., Alexander, J. M., Spencer, S., Leibham, M. E., & Neitzel, C. (2004). Factors associated with the early emergence of intense interests within conceptual domains. *Cognitive Development, 19,* 325–343.

Johnson, M. K., Bransford, J. D., & Solomon, S. K. (1973). Memory for tacit implications of sentences. *Journal of Experimental Psychology, 98,* 203–205.

Johnson, M. L., & Sinatra, G. M. (2013). Use of task-value instructional inductions for facilitation engagement and conceptual change. *Contemporary Educational Psychology, 38,* 51–63.

Johnson, R. L., Penny, J. A., & Gordon, B. (2009). *Assessing performance: Designing, scoring, and validating performance tasks.* New York: Guilford Press.

Johnson, R. S., Mims-Cox, J. S., & Doyle-Nichols, A. (2006). *Developing portfolios in education: A guide to reflection, inquiry, and assessment.* Thousand Oaks, CA: Sage.

Johnson-Glenberg, M. C. (2000). Training reading comprehension in adequate decoders/poor comprehenders: Verbal versus visual strategies.*Journal of Educational Psychology, 92,* 772–782.

John-Steiner, V., & Mahn, H. (1996). Sociocultural approaches to learning and development: A Vygotskian framework. *Educational Psychologist, 31,* 191–206.

Jonassen, D. H., Hannum, W. H., & Tessmer, M. (1989). *Handbook of task analysis procedures.* New York: Praeger.

Jonassen, D. H., Hartley, J., & Trueman, M. (1986). The effects of learner-generated versus text-provided headings on immediate and delayed recall and comprehension: An exploratory study. *Human Learning, 5,* 139–150.

Jones, B. D., & Wilkins, J. L. M. (2013). Testing the MUSIC Model of Academic Motivation through confirmatory factor analysis. *Educational Psychology: An International Journal of Experimental Educational Psychology,* doi: 10.1080/01443410.2013.785044.

Jones, E. E., & Berglas, S. (1978). Control of attributions about the self through self-handicapping strategies: The appeal of alcohol and the role of underachievement. *Personality and Social Psychology Bulletin, 4,* 200–206.

Jones, H. E., & English, H. B. (1926). Notional vs. rote memory. *American Journal of Psychology, 37,* 602–603.

Jones, K. M., Drew, H. A., & Weber, N. L. (2000). Noncontingent peer attention as treatment for disruptive classroom behavior. *Journal of Applied Behavior Analysis, 33,* 343–346.

Jones, M. C. (1924). The elimination of children's fears. *Journal of Experimental Psychology, 7,* 382–390.

Jones, M. G., Jones, B. D., & Hargrove, T. Y. (2003). *The unintended consequences of high-stakes testing.* Lanham, MD: Rowman & Littlefield.

Jones, M. H., Audley-Piotrowski, S. R., & Kiefer, S. M. (2012). Relationships among adolescents' perceptions of friends' behaviors, academic self-concept, and math performance. *Journal of Educational Psychology, 104,* 19–31.

Jones, M. S., Levin, M. E., Levin, J. R., & Beitzel, B. D. (2000). Can vocabulary-learning strategies and pair-learning formats be profitably combined? *Journal of Educational Psychology, 92,* 256–262.

Jones, S. S. (2007). Imitation in infancy: The development of mimicry. *Psychological Science, 18,* 593–599.

Jones, V. (1996). Classroom management. In J. Sikula, T. J. Buttery, & E. Guyton (Eds.), *Handbook of research on teacher education* (2nd ed., pp. 503–521). New York: Macmillan.

Jonides, J., Lacey, S. C., & Nee, D. E. (2005). Processes of working memory in mind and brain. *Current Directions in Psychological Science, 14,* 2–5.

Jordan, A. B. (2003). Children remember prosocial program lessons but how much are they learning? *Applied Developmental Psychology, 24,* 341–345.

Joseph, J. E., Liu, X., Jiang, Y., Lynam, D., & Kelly, T. H. (2009). Neural correlates of emotional reactivity in sensation seeking. *Psychological Science, 20,* 215–223.

Josephs, R. A., Newman, M. L., Brown, R. P., & Beer, J. M. (2003). Status, testosterone, and human intellectual performance: Stereotype threat as status concern. *Psychological Science, 14,* 158–163.

Judd, C. H. (1932). Autobiography. In C. Murchison (Ed.), *History of psychology in autobiography* (Vol. 2). Worcester, MA: Clark University Press.

Jung, R. E., & Haier, R. J. (2007). The parieto-frontal integration theory (P-FIT) of intelligence: Converging neuroimaging evidence. *Behavioral and Brain Sciences, 30,* 135–154.

Just, M. A., Carpenter, P. A., Keller, T. A., Emery, L., Zajac, H., & Thulborn, K. R. (2001). Interdependence of nonoverlapping cortical systems in dual cognitive tasks. *NeuroImage, 14,* 417–426.

Juvonen, J. (1996). Self-presentation tactics promoting teacher and peer approval: The function of excuses and other clever explanations. In J. Juvonen & K. R. Wentzel (Eds.), *Social motivation: Understanding children's school adjustment* (pp. 43–65). Cambridge, England: Cambridge University Press.

Juvonen, J. (2000). The social functions of attributional face-saving tactics among early adolescents. *Educational Psychology Review, 12,* 15–32.

Juvonen, J., & Weiner, B. (1993). An attributional analysis of students' interactions: The social consequences of perceived responsibility. *Educational Psychology Review, 5,* 325–345.

Kağitçibaşi, Ç. (2007). *Family, self, and human development across cultures: Theory and applications* (2nd ed.). Mahwah, NJ: Erlbaum.

Kahl, B., & Woloshyn, V. E. (1994). Using elaborative interrogation to facilitate acquisition of factual information in cooperative learning settings: One good strategy deserves another. *Applied Cognitive Psychology, 8,* 465–478.

Kahne, J. E., & Sporte, S. E. (2008). Developing citizens: The impact of civic learning opportunities on students' commitment to civic participation. *American Educational Research Journal, 45,* 738–766.

Kail, R. (1990). *The development of memory in children* (3rd ed.). New York: W. H. Freeman.

Kaiser, M. K., McCloskey, M., & Proffitt, D. R. (1986). Development of intuitive theories of motion: Curvilinear motion in the absence of external forces. *Developmental Psychology, 22,* 67–71.

Kalyuga, S. (2010). Schema acquisition and sources of cognitive load. In J. L. Plass, R. Moreno, & R. Brünken (Eds.), *Cognitive Load Theory* (pp. 48–64). Cambridge, England: Cambridge University Press.

Kamins, M. L., & Dweck, C. S. (1999). Person versus process praise and criticism: Implications for contingent self-worth and coping. *Developmental Psychology, 35,* 835–847.

Kane, M. J., Brown, L. H., McVay, J. C., Silvia, P. J., Myin-Germeys, I., & Kwapil, T. R. (2007). For whom the mind wanders, and when: An experience-sampling study of working memory and executive control in daily life. *Psychological Science, 18,* 614–621.

Kang, M. J., Hsu, M., Krajbich, I. M., Loewenstein, G., McClure, S. M., Wang, J. T.-Y., & Camerer, C. F. (2009). The wick in the candle of learning: Epistemic curiosity activates reward circuitry and enhances memory. *Psychological Science, 20,* 963–973.

Kang, S. H. K., McDermott, K. B., & Roediger, H. L. (2007). Test format and corrective feedback modulate the effect of testing on memory retention. *European Journal of Cognitive Psychology, 19,* 528–558.

Kaplan, A., & Flum, H. (2009). Motivation and identity: The relations of action and development in educational contexts—An introduction to the special issue. *Educational Psychologist, 44,* 73–77.

Kaplan, A., Katz, I., & Flum, H. (2012). Motivation theory in educational practice: Knowledge claims, challenges, and future directions. In T. Urdan, S. Graham, J. M. Royer, & M. Zeidner (Eds.), *APA educational psychology handbook: Vol. 2. Individual differences and cultural and contextual factors* (pp. 165–194). Washington, DC: American Psychological Association.

Kaplan, A., Middleton, M. J., Urdan, T., & Midgley, C. (2002). Achievement goals and goal structures. In C. Midgley (Ed.), *Goals, goal structures, and patterns of adaptive learning* (pp. 21–53). Mahwah, NJ: Erlbaum.

Kaplan, A., & Midgley, C. (1999). The relationship between perceptions of the classroom goal structure and early adolescents' affect in school: The mediating role of coping strategies. *Learning and Individual Differences, 11,* 187–212.

Kaplan, S., & Berman, M. G. (2010). Directed attention as a common resource for executive functioning and self-regulation. *Perspectives on Psychological Science, 5,* 43–57.

Kapur, M. (2008). Productive failure. *Cognition and Instruction, 26,* 379–424.

Kapur, M., & Bielaczyc, K. (2012). Designing for productive failure. *The Journal of the Learning Sciences, 21,* 45–83.

Karabenick, S. A., & Sharma, R. (1994). Seeking academic assistance as a strategic learning resource. In P. R. Pintrich, D. R. Brown, & C. E. Weinstein (Eds.), *Student motivation, cognition, and learning: Essays in honor of Wilbert J. McKeachie* (pp. 189–212). Hillsdale, NJ: Erlbaum.

Karau, S. J., & Williams, K. D. (1995). Social loafing: Research findings, implications, and future directions. *Current Directions in Psychological Science, 4,* 134–140.

Kardash, C. A. M., & Amlund, J. T. (1991). Self-reported learning strategies and learning from expository text. *Contemporary Educational Psychology, 16,* 117–138.

Kardash, C. A. M., & Howell, K. L. (2000). Effects of epistemological beliefs and topic-specific beliefs on undergraduates' cognitive and strategic processing of dual-positional text. *Journal of Educational Psychology, 92,* 524–535.

Kardash, C. A. M., & Scholes, R. J. (1996). Effects of pre-existing beliefs, epistemological beliefs, and need for cognition on interpretation of controversial issues. *Journal of Educational Psychology, 88,* 260–271.

Kardash, C. A. M., & Sinatra, G. M. (2003, April). *Epistemological beliefs and dispositions: Are we measuring the same construct?* Paper presented at the annual meeting of the American Educational Research Association, Chicago, IL.

Karl, S. R., & Varma, S. (2010, April–May). *The conflict between decimal numbers and whole numbers.* Paper presented at the annual meeting of the American Educational Research Association, Denver, CO.

Karpicke, J. D. (2012). Retrieval-based learning: Active retrieval promotes meaningful learning. *Current Directions in Psychological Science, 21,* 157–163.

Katagiri, M. (1987). Contingencies in avoidance learning in goldfish. *Annual of Animal Psychology, 36*(2), 77–87.

Kaufman, A., Baron, A., & Kopp, R. E. (1966). Some effects of instructions on human operant behavior. *Psychonomic Monograph Supplements, 1,* 243–250.

Kazdin, A. E., & Benjet, C. (2003). Spanking children: Evidence and issues. *Current Directions in Psychological Science, 12,* 99–103.

Keil, F. C. (1986). The acquisition of natural kind and artifact terms. In W. Demopolous & A. Marras (Eds.), *Language learning and concept acquisition* (pp. 133–153). Norwood, NJ: Ablex.

Keil, F. C. (1987). Conceptual development and category structure. In U. Neisser (Ed.), *Concepts and conceptual development: Ecological and intellectual factors in categorization* (pp. 175–200). Cambridge, England: Cambridge University Press.

Keil, F. C. (1989). *Concepts, kinds, and cognitive development.* Cambridge, MA: MIT Press.

Keil, F. C. (1994). The birth and nurturance of concepts by domains: The origins of concepts of living things. In L. A. Hirschfeld & S. A. Gelman (Eds.), *Mapping the mind: Domain specificity in cognition and culture* (pp. 234–254). Cambridge, England: Cambridge University Press.

Keil, F. C., & Newman, G. E. (2008). Two tales of conceptual change: What changes and what remains the same. In S. Vosniadou (Ed.), *International handbook on conceptual change* (pp. 83–101). New York: Routledge.

Keil, F. C., & Silberstein, C. S. (1996). Schooling and the acquisition of theoretical knowledge. In D. R. Olson & N. Torrance (Eds.), *The handbook of education and human development: New models of learning, teaching, and schooling* (pp. 621–645). Cambridge, MA: Blackwell.

Keith, N., & Frese, M. (2005). Self-regulation in error management training: Emotion control and metacognition as mediators of performance effects. *Journal of Applied Psychology, 90,* 677–691.

Kelemen, D. (1999). Why are rocks pointy? Children's preference for teleological explanations of the natural world. *Developmental Psychology, 35,* 1440–1452.

Kelemen, D. (2004). Are children "intuitive theists"? Reasoning about purpose and design in nature. *Psychological Science, 15,* 295–301.

Keller, F. S. (1968). Goodbye teacher. *Journal of Applied Behavior Analysis, 1,* 79–89.

Keller, F. S. (1974). An international venture in behavior modification. In F. S. Keller & E. Ribes-Inesta (Eds.), *Behavior modification: Applications to education* (pp. 143–155). New York: Academic Press.

Kelley, M. L., & Carper, L. B. (1988). Home-based reinforcement procedures. In J. C. Witt, S. N. Elliott, & F. M. Gresham (Eds.), *Handbook of behavior therapy in education* (pp. 419–438). New York: Plenum Press.

Kelly, S. W., Burton, A. M., Kato, T., & Akamatsu, S. (2001). Incidental learning of real-world regularities. *Psychological Science, 12,* 86–89.

Kember, D. (2001). Beliefs about knowledge and the process of teaching and learning as a factor in adjusting to study in higher education. *Studies in Higher Education, 26,* 205–221.

Kemler Nelson, D. G., Egan, L. C., & Holt, M. B. (2004). When children ask, "What is it?" what do they want to know about artifacts? *Psychological Science, 15,* 384–389.

Kendeou, P., & van den Broek, P. (2005). The effects of readers' misconceptions on comprehension of scientific text. *Journal of Educational Psychology, 97,* 235–245.

Kendler, T. S. (1961). Concept formation. *Annual Review of Psychology, 13,* 447–472.

Kenrick, D. T., Griskevicius, V., Neuberg, S. L., & Schaller, M. (2010). Renovating the pyramid of needs: Contemporary extensions built upon ancient foundations. *Perspectives on Psychological Science, 5,* 292–314.

Kensinger, E. A. (2007). Negative emotion enhances memory accuracy: Behavioral and neuroimaging evidence. *Current Directions in Psychological Science, 16,* 213–218.

Kercood, S., Zentall, S. S., Vinh, M., & Tom-Wright, K. (2012). Attentional cueing in math word problems for girls at-risk for ADHD and the peers in general education settings. *Contemporary Educational Psychology, 37,* 106–112.

Kermani, H., & Moallem, M. (1997, March). *Cross-age tutoring: Exploring features and processes of peer-mediated learning.* Paper presented at the annual meeting of the American Educational Research Association, Chicago, IL.

Kesebir, S., Graham, J., & Oishi, S. (2010). A theory of human needs should be human-centered, not animal-centered: Commentary on Kenrick et al. (2010). *Perspectives on Psychological Science, 5,* 315–319.

Kesebir, S., & Oishi, S. (2010). A spontaneous self-reference effect in memory: Why some birthdays are harder to remember than others. *Psychological Science, 21,* 1525–1531.

Kester, L., Paas, F., & van Merriënboer, J. J. G. (2010). Instructional control of cognitive load in the design of complex learning environments. In J. L. Plass, R. Moreno, & R. Brünken (Eds.), *Cognitive Load Theory* (pp. 109–130). Cambridge, England: Cambridge University Press.

Kiefer, S. M., & Ryan, A. M. (2008). Striving for social dominance over peers: The implications for academic adjustment during early adolescence. *Journal of Educational Psychology, 100,* 417–428.

Kiewra, K. A. (1985). Investigating notetaking and review: A depth of processing alternative. *Educational Psychologist, 20,* 23–32.

Kiewra, K. A. (1989). A review of note-taking: The encoding-storage paradigm and beyond. *Educational Psychology Review, 1,* 147–172.

Killeen, P. R. (2001). The four causes of behavior. *Current Directions in Psychological Science, 10,* 136–140.

Kim, J., Lim, J.-S., & Bhargava, M. (1998). The role of affect in attitude formation: A classical conditioning approach. *Journal of the Academy of Marketing Science, 26,* 143–152.

Kim, S.-I., Lee, M.-J., Chung, M., & Bong, M. (2010). Comparison of brain activation during norm-referenced versus criterion-referenced feedback: The role of perceived competence and performance-approach goals. *Contemporary Educational Psychology, 35,* 141–152.

Kimberg, D. Y., D'Esposito, M., & Farah, M. J. (1997). Cognitive functions in the prefrontal cortex—Working memory and executive control. *Current Directions in Psychological Science, 6,* 185–192.

Kimble, G. A. (2000). Behaviorism and unity in psychology. *Current Directions in Psychological Science, 9,* 208–212.

Kincheloe, J. L. (2009). No short cuts in urban education: Metropedagogy and diversity. In S. R. Steinberg (Ed.), *Diversity and multiculturalism: A reader* (pp. 379–409). New York: Peter Lang.

King, A. (1992). Comparison of self-questioning, summarizing, and notetaking-review as strategies for learning from lectures. *American Educational Research Journal, 29,* 303–323.

King, A. (1997). ASK to THINK—TEL WHY: A model of transactive peer tutoring for scaffolding higher level complex learning. *Educational Psychologist, 32,* 221–235.

King, A. (1999). Discourse patterns for mediating peer learning. In A. M. O'Donnell & A. King (Eds.), *Cognitive perspectives on peer learning* (pp. 87–115). Mahwah, NJ: Erlbaum.

King, A., Staffieri, A., & Adelgais, A. (1998). Mutual peer tutoring: Effects of structuring tutorial interaction to scaffold peer learning. *Journal of Educational Psychology, 90,* 134–152.

King, N. J., & Ollendick, T. H. (1989). Children's anxiety and phobic disorders in school settings: Classification, assessment, and intervention issues. *Review of Educational Research, 59,* 431–470.

King, P. M., & Kitchener, K. S. (1994). *Developing reflective judgment: Understanding and promoting intellectual growth and critical thinking in adolescents and adults.* San Francisco, CA: Jossey-Bass.

King, P. M., & Kitchener, K. S. (2002). The reflective judgment model: Twenty years of research on epistemic cognition. In B. K. Hofer & P. R. Pintrich (Eds.), *Personal epistemology: The psychology of beliefs about knowledge and knowing* (pp. 37–61). Mahwah, NJ: Erlbaum.

King, P. M., & Kitchener, K. S. (2004). Reflective judgment: Theory and research on the development of epistemic assumptions through adulthood. *Educational Psychologist, 39,* 5–18.

Kingstone, A., Smilek, D., Ristic, J., Friesen, C. K., & Eastwood, J. D. (2003). Attention, researchers! It is time to take a look at the real world. *Current Directions in Psychological Science, 12,* 176–180.

Kinnick, V. (1990). The effect of concept teaching in preparing nursing students for clinical practice. *Journal of Nursing Education, 29,* 362–366.

Kintsch, W. (1977). Reading comprehension as a function of text structure. In A. S. Reber & D. L. Scarborough (Eds.), *Toward a psychology of reading* (pp. 227–256). New York: Wiley.

Kintsch, W. (1998a). *Comprehension: A paradigm for cognition.* Cambridge, England: Cambridge University Press.

Kintsch, W. (1998b). The representation of knowledge in minds and machines. *International Journal of Psychology, 33,* 411–420.

Kintsch, W. (2009). Learning and constructivism. In S. Tobias & T. M. Duffy (Eds.), *Constructivist instruction: Success or failure?* (pp. 223–241). New York: Routledge.

Kirkland, M. C. (1971). The effect of tests on students and schools. *Review of Educational Research, 41,* 303–350.

Kirschner, F., Paas, F., & Kirschner, P. A. (2009). A cognitive load approach to collaborative learning: United brains for complex tasks. *Educational Psychology Review, 21,* 31–42.

Kirschner, P. A., Sweller, J., & Clark, R. E. (2006). Why minimal guidance during instruction does not work: An analysis of the failure of constructivist, discovery, problem-based, experiential, and inquiry-based teaching. *Educational Psychologist, 41,* 75–86.

Kirschner, P. A., & van Merriënboer, J. J. G. (2013). Do learners really know best? Urban legends in education. *Educational Psychologist, 48,* 169–183.

Kirsh, D. (2009). Problem solving and situated cognition. In P. Robbins & M. Aydede (Eds.), *The Cambridge handbook of situated cognition* (pp. 264–306). Cambridge, England: Cambridge University Press.

Kitayama, S. (2013, December). Mapping mindsets: The world of cultural neuroscience. *APS Observer, 26*(10), 20–23.

Kitsantas, A., Zimmerman, B. J., & Cleary, T. (2000). The role of observation and emulation in the development of athletic self-regulation. *Journal of Educational Psychology,* 92, 811–817.

Klaczynski, P. A. (2001). Analytic and heuristic processing influences on adolescent reasoning and decision-making. *Child Development, 72,* 844–861.

Klahr, D. (2001). Time matters in cognitive development. In J. L. McClelland & R. S. Siegler (Eds.), *Mechanisms of cognitive development: Behavioral and neural perspectives* (pp. 291–301). Mahwah, NJ: Erlbaum.

Klahr, D. (2009). "To every thing there is a season, and a time to every purpose under the heavens": what about direct instruction? In S. Tobias & T. M. Duffy (Eds.), *Constructivist instruction: Success or failure?* (pp. 291–310). New York: Routledge.

Klahr, D., & Chen, Z. (2003). Overcoming the positive-capture strategy in young children: Learning about indeterminacy. *Child Development, 74,* 1275–1296.

Klassen, R. M., & Lynch, S. L. (2007). Self-efficacy from the perspective of adolescents with LD and their specialist teachers. *Journal of Learning Disabilities, 40,* 494–507.

Klassen, R. M., & Usher, E. L. (2010). Self-efficacy in educational settings: Recent research and emerging directions. In S. Karabenick & T. C. Urdan (Eds.), *Advances in motivation and achievement: Vol. 16A. The decade ahead: Theoretical perspectives on motivation and achievement* (pp. 1–33). Bingley, England: Emerald Group Publishing.

Klauda, S. L., & Guthrie, J. T. (2008). Relationships of three components of reading fluency to reading comprehension. *Journal of Educational Psychology, 100,* 310–321.

Klein, S. B. (1987). *Learning: Principles and applications.* New York: McGraw-Hill.

Klinger, E. (1975). Consequences of commitment to and disengagement from incentives. *Psychological Review, 82,* 1–25.

Klinger, E. (1977). *Meaning and void: Inner experience and the incentives in people's lives.* Minneapolis: University of Minnesota Press.

Klinnert, M. D. (1984). The regulation of infant behavior by maternal facial expression. *Infant Behavior and Development, 7,* 447–465.

Klinnert, M. D., Emde, R. N., Butterfield, P., & Campos, J. J. (1986). Social referencing: The infant's use of emotional signals from a friendly adult with mother present. *Developmental Psychology, 22,* 427–434.

Knutson, J. S., Simmons, D. C., Good, R., III, & McDonagh, S. H. (2004). Specially designed assessment and instruction for children who have not responded adequately to reading intervention. *Assessment for Effective Intervention, 29*(4), 47–58.

Koedinger, K. R., Aleven, V., Roll, I., & Baker, R. (2009). *In vivo* experiments on whether supporting metacognition in intelligent tutoring systems yields robust learning. In D. J. Hacker, J. Dunlosky, & A. C. Graesser (Eds.), *Handbook of metacognition in education* (pp. 383–412). New York: Routledge.

Koedinger, K. R., & Corbett, A. (2006). Cognitive tutors: Technology bringing learning sciences to the classroom. In R. K. Sawyer (Ed.), *The Cambridge handbook of the learning sciences* (pp. 61–77). Cambridge, England: Cambridge University Press.

Koegel, L. K., Koegel, R. L., & Dunlap, G. (Eds.). (1996). *Positive behavioral support: Including people with difficult behavior in the community.* Baltimore, MD: Paul H. Brookes.

Koestner, R., Ryan, R. M., Bernieri, F., & Holt, K. (1984). Setting limits on children's behavior: The differential effects of controlling vs. informational styles on intrinsic motivation and creativity. *Journal of Personality, 52,* 233–248.

Koffka, K. (1935). *Principles of Gestalt psychology.* New York: Harcourt, Brace.

Koger, S. M., Schettler, T., & Weiss, B. (2005). Environmental toxins and developmental disabilities: A challenge for psychologists. *American Psychologist, 60,* 243–255.

Köhler, W. (1925). *The mentality of apes.* London: Routledge & Kegan Paul.

Köhler, W. (1929). *Gestalt psychology.* New York: Liveright.

Köhler, W. (1947). *Gestalt psychology: An introduction to new concepts in modern psychology.* New York: Liveright.

Köhler, W. (1959). Gestalt psychology today. *American Psychologist, 14,* 727–734.

Kolb, B., Gibb, R., & Robinson, T. E. (2003). Brain plasticity and behavior. *Current Directions in Psychological Science, 12,* 1–5.

Koltko-Rivera, M. E. (2004). The psychology of worldviews. *Review of General Psychology, 8,* 3–58.

Konkle, T., Brady, T. F., Alvarez, G. A., & Oliva, A. (2010). Scene memory is more detailed than you think: The role of categories in visual long-term memory. *Psychological Science, 21,* 1551–1556.

Konstantopoulos, S., & Chung, V. (2011). The persistence of teacher effects in elementary grades. *American Educational Research Journal, 48,* 361–386.

Koob, A. (2009). *The root of thought.* Upper Saddle River, NJ: Pearson.

Koriat, A., & Goldsmith, M. (1996). Monitoring and control processes in the strategic regulation of memory accuracy. *Psychological Review, 103,* 490–517.

Kornell, N. (2009). Metacognition in human and animals. *Current Directions in Psychological Science, 18,* 11–15.

Kornell, N., & Bjork, R. A. (2008a). Learning concepts and categories: Is spacing the "enemy of induction"? *Psychological Science, 19,* 585–592.

Kornell, N., & Bjork, R. A. (2008b). Optimizing self-regulated study: The benefits—and costs—of dropping flashcards. *Memory, 16,* 125–136.

Kornell, N., Castell, A. D., Eich, T. S., & Bjork, R. A. (2010). Spacing as the friend of both memory and induction in young and old adults. *Psychology and Aging, 25,* 498–503.

Kornell, N., Son, L. K., & Terrace, H. S. (2007). Transfer of metacognitive skils and hint seeking in monkeys. *Psychological Science, 18,* 64–71.

Korzybski, A. (1933). *Science and sanity: An introduction to non-Aristotelian systems and*

general semantics. Lancaster, PA: International Non-Aristotelian Library.
Kosslyn, S. M. (1985). Mental imagery ability. In R. J. Sternberg (Ed.), *Human abilities: An information-processing approach* (pp. 151–172). New York: W. H. Freeman.
Kosslyn, S. M. (1994). *Image and brain: The resolution of the imagery debate*. Cambridge, MA: MIT Press.
Kounios, J., & Beeman, M. (2009). The *Aha!* moment: The cognitive neuroscience of insight. *Current Directions in Psychological Science, 18*, 210–216.
Kozhevnikov, M., Evans, C., & Kosslyn, S. M. (2014). Cognitive style as environmentally sensitive individual differences in cognition: A modern synthesis and applications in education, business, and management. *Psychological Science in the Public Interest, 15*, 3–33.
Kozulin, A. (1986). Vygotsky in context. In A. S. Vygotsky, *Thought and language* (rev. ed. pp. xi–lvi; A. Kozulin, Ed. and Trans.). Cambridge, MA: MIT Press.
Krajcik, J. S. (1991). Developing students' understanding of chemical concepts. In S. M. Glynn, R. H. Yeany, & B. K. Britton (Eds.), *The psychology of learning science* (pp. 117–147). Hillsdale, NJ: Erlbaum.
Krajcik, J. S., & Blumenfeld, P. C. (2006). In R. Sawyer (Ed.), *The Cambridge handbook of the learning sciences* (pp. 317–333). New York: Cambridge University Press.
Kramarski, B., & Mevarech, Z. R. (2003). Enhancing mathematical reasoning in the classroom: The effects of cooperative learning and metacognitive training. *American Educational Research Journal, 40*, 281–310.
Kramarski, B., & Michalsky, T. (2009). Investigating preservice teachers' professional growth in self-regulated learning environments. *Journal of Educational Psychology, 101*, 161–175.
Krampen, G. (1987). Differential effects of teacher comments. *Journal of Educational Psychology, 79*, 137–146.
Krapp, A., Hidi, S., & Renninger, K. A. (1992). Interest, learning, and development. In K. A. Renninger, S. Hidi, & A. Krapp (Eds.), *The role of interest in learning and development* (pp. 3–25). Hillsdale, NJ: Erlbaum.
Krathwohl, D. R. (1994). Reflections on the taxonomy: Its past, present, and future. In L. W. Anderson & L. A. Sosniak (Eds.), *Bloom's taxonomy: A forty-year perspective. Ninety-third yearbook of the National Society for the Study of Education, Part II* (pp. 181–202). Chicago, IL: National Society for the Study of Education.
Krätzig, G. P., & Arbuthnott, K. D. (2006). Perceptual learning style and learning proficiency: A test of the hypothesis. *Journal of Educational Psychology, 98*, 238–246.
Krauss, R. M. (1998). Why do we gesture when we speak? *Current Directions in Psychological Science, 7*, 54–60.
Kray, J., Eenshuistra, R., Kerstner, H., Weidema, M., & Hommel, B. (2006). Language and action control: The acquisition of action goals in early childhood. *Psychological Science, 17*, 737–741.
Kreijns, K., Kirschner, P. A., & Vermeulen, M. (2013). Social aspects of CSCL environments: A research framework. *Educational Psychologist, 48*, 229–242.
Krendl, A. C., Richeson, J. A., Kelley, W. M., & Heatherton, T. F. (2008). The negative consequences of threat: A functional magnetic resonance imaging investigation of the neural mechanisms underlying women's underperformance in math. *Psychological Science, 19*, 168–175.
Kristjánsson, K. (2012). Positive psychology and positive education: Old wine in new bottles? *Educational Psychologist, 47*, 86–105.
Kroger, J. (2007). *Identity development: Adolescence through adulthood* (2nd ed.). Thousand Oaks, CA: Sage.
Krueger, W. C. F. (1929). The effect of overlearning on retention. *Journal of Experimental Psychology, 12*, 71–78.
Kruglanski, A. W., & Webster, D. M. (1996). Motivated closing of the mind: Seizing and freezing. *Psychological Review, 103*, 263–283.
Krumboltz, J. D., & Krumboltz, H. B. (1972). *Changing children's behavior.* Englewood Cliffs, NJ: Prentice Hall.
Kruschke, J. K. (2003). Attention in learning. *Current Directions in Psychological Science, 12*, 171–175.
Kuhara-Kojima, K., & Hatano, G. (1991). Contribution of content knowledge and learning ability to the learning of facts. *Journal of Educational Psychology, 83*, 253–263.
Kuhbandner, C., Spitzer, B., & Pekrun, R. (2011). Read-out of emotional information from iconic memory: The longevity of threatening stimuli. *Psychological Science, 22*, 695–700.
Kuhl, J. (1987). Action control: The maintenance of motivational states. In F. Halisch & J. Kuhl (Eds.), *Motivation, intention, and volition* (pp. 279–291). Berlin, Germany: Springer-Verlag.
Kuhl, P. K., Conboy, B. T., Padden, D., Nelson, T., & Pruitt, J. (2005). Early speech perception and later language development: Implications for the "critical period." *Language Learning and Development, 1*, 237–264.
Kuhl, P. K., Tsao, F.-M., & Liu, H.-M. (2003). Foreign-language experience in infancy: Effects of short-term exposure and social interaction on phonetic learning. *Proceedings of the National Academy of Sciences, 100*, 9096–9101.
Kuhl, P. K., Williams, K. A., & Lacerda, F. (1992). Linguistic experience alters phonetic perceptions in infants by 6 months of age. *Science, 255*, 606–608.
Kuhn, D. (1997). Constraints or guideposts? Developmental psychology and science education. *Review of Educational Research, 67*, 141–150.
Kuhn, D. (2000). Metacognitive development. *Current Directions in Psychological Science, 9*, 178–181.
Kuhn, D. (2001a). How do people know? *Psychological Science, 12*, 1–8.
Kuhn, D. (2001b). Why development does (and does not) occur: Evidence from the domain of inductive reasoning. In J. L. McClelland & R. S. Siegler (Eds.), *Mechanisms of cognitive development: Behavioral and neural perspectives* (pp. 221–249). Mahwah, NJ: Erlbaum.
Kuhn, D. (2006). Do cognitive changes accompany developments in the adolescent brain? *Perspectives on Psychological Science, 1*, 59–67.
Kuhn, D. (2009). The importance of learning about knowing: Creating a foundation for development of intellectual values. *Child Development Perspectives, 3*, 112–117.
Kuhn, D., & Crowell, A. (2011). Dialogic argumentation as a vehicle for developing young adolescents' thinking. *Psychological Science, 22*, 545–552.
Kuhn, D., Daniels, S., & Krishnan, A. (2003, April). *Epistemology and intellectual values as core metacognitive constructs*. Paper presented at the annual meeting of the American Educational Research Association, Chicago, IL.
Kuhn, D., & Franklin, S. (2006). The second decade: What develops (and how)? In W. Damon & R. M. Lerner (Series Eds.), D. Kuhn & R. Siegler (Vol. Eds.), *Handbook of child psychology: Vol. 2. Cognition, perception, and language* (6th ed., pp. 953–993). New York: Wiley.
Kuhn, D., & Park, S.-H. (2005). Epistemological understanding and the development of intellectual values. *International Journal of Educational Research, 43*, 111–124.
Kuhn, D., & Pease, M. (2008). What needs to develop in the development of inquiry skills? *Cognition and Instruction, 26*, 512–599.
Kuhn, D., & Pease, M. (2010). The dual components of developing strategy use: Production and inhibition. In H. S. Waters & W. Schneider (Eds.), *Metacognition, strategy use, and instruction* (pp. 135–159). New York: Guilford Press.
Kuhn, D., Shaw, V., & Felton, M. (1997). Effects of dyadic interaction on argumentative reasoning. *Cognition and Instruction, 15*, 287–315.
Kuhn, D., & Udell, W. (2003). The development of argument skills. *Child Development, 74*, 1245–1260.
Kuhn, D., & Weinstock, M. (2002). What is epistemological thinking and why does it matter? In B. K. Hofer & P. R. Pintrich (Eds.), *Personal epistemology: The psychology of beliefs about knowledge and knowing* (pp. 121–144). Mahwah, NJ: Erlbaum.
Kuhn, T. (1970). *The structure of scientific revolutions* (2nd ed.). Chicago, IL: University of Chicago Press.
Kuklinski, M. R., & Weinstein, R. S. (2001). Classroom and developmental differences in a path model of teacher expectancy effects. *Child Development, 72*, 1554–1578.
Kulik, C. C., Kulik, J. A., & Bangert-Drowns, R. L. (1990). Effectiveness of mastery learning programs: A meta-analysis. *Review of Educational Research, 60*, 265–299.
Kulik, C. C., Schwalb, B. J., & Kulik, J. A. (1982). Programmed instruction in secondary education: A meta-analysis of evaluation findings. *Journal of Educational Research, 75*(3), 133–138.
Kulik, J. A., Cohen, P. A., & Ebeling, B. J. (1980). Effectiveness of programmed instruction in higher education: A meta-analysis of

findings. *Educational Evaluation and Policy Analysis, 2*(6), 51–64.
Kulik, J. A., & Kulik, C. C. (1988). Timing of feedback and verbal learning. *Review of Educational Research, 58,* 79–97.
Kulik, J. A., Kulik, C. C., & Cohen, P. A. (1979). A meta-analysis of outcome studies of Keller's Personalized System of Instruction. *American Psychologist, 34,* 307–318.
Kunda, Z. (1990). The case for motivated reasoning. *Psychological Bulletin, 108,* 480–498.
Kunzinger, E. L., III. (1985). A short-term longitudinal study of memorial development during early grade school. *Developmental Psychology, 21,* 642–646.
Kupersmidt, J. B., Buchele, K. S., Voegler, M. E., & Sedikides, C. (1996). Social self-discrepancy: A theory relating peer relations problems and school maladjustment. In J. Juvonen & K. R. Wentzel (Eds.), *Social motivation: Understanding children's school adjustment* (pp. 66–97). Cambridge, England: Cambridge University Press.
Lackaye, T. D., & Margalit, M. (2006). Comparisons of achievement, effort, and self-perceptions among students with learning disabilities and their peers from different achievement groups. *Journal of Learning Disabilities, 39,* 432–446.
Ladd, G. W., & Dinella, L. M. (2009). Continuity and change in early school engagement: Predictive of children's achievement trajectories from first to eighth grade? *Journal of Educational Psychology, 101,* 190–206.
LaFontana, K. M., & Cillessen, A. H. N. (2010). Developmental changes in the priority of perceived status in childhood and adolescence. *Social Development, 19,* 130–147.
La Guardia, J. G., (2009). Developing who I am: A self-determination theory approach to the establishment of healthy identities. *Educational Psychologist, 44,* 90–104.
Lakoff, G., & Núñez, R. E. (1997). The metaphorical structure of mathematics: Sketching out cognitive foundations for a mind-based mathematics. In L. D. English (Ed.), *Mathematical reasoning: Analogies, metaphors, and images* (pp. 21–89). Mahwah, NJ: Erlbaum.
Lamon, M., Chan, C., Scardamalia, M., Burtis, P. J., & Brett, C. (1993, April). *Beliefs about learning and constructive processes in reading: Effects of a computer supported intentional learning environment (CSILE).* Paper presented at the annual meeting of the American Educational Research Association, Atlanta, GA.
Lampert, M. (1990). When the problem is not the question and the solution is not the answer: Mathematical knowing and teaching. *American Educational Research Journal, 17,* 29–63.
Lampert, M., Rittenhouse, P., & Crumbaugh, C. (1996). Agreeing to disagree: Developing sociable mathematical discourse. In D. R. Olson & N. Torrance (Eds.), *The handbook of education and human development: New models of learning, teaching, and schooling* (pp. 731–764). Cambridge, MA: Blackwell.
Lampinen, J. M., Copeland, S. M., & Neuschatz, J. S. (2001). Recollections of things schematic: Room schemas revisited. *Journal of Experimental Psychology: Learning, Memory, and Cognition, 27,* 1211–1222.
Lan, W. Y., Repman, J., Bradley, L., & Weller, H. (1994, April). *Immediate and lasting effects of criterion and payoff on academic risk taking.* Paper presented at the annual meeting of the American Educational Research Association, New Orleans, LA.
Landauer, T. K. (1962). Rate of implicit speech. *Perceptual and Motor Skills, 15,* 646.
Landrum, T. J., & Kauffman, J. M. (2006). Behavioral approaches to classroom management. In C. M. Evertson & C. S. Weinstein (Eds.), *Handbook of classroom management: Research, practice, and contemporary issues* (pp. 47–71). Mahwah, NJ: Erlbaum.
Lane, K., Falk, K., & Wehby, J. (2006). Classroom management in special education classrooms and resource rooms. In C. M. Evertson & C. S. Weinstein (Eds.), *Handbook of classroom management: Research, practice, and contemporary issues* (pp. 439–460). Mahwah, NJ: Erlbaum.
Lane, K. L., Menzies, H. M., Bruhn, A. L., & Crnobori, M. (2011). *Managing challenging behaviors in schools: Research-based strategies that work.* New York: Guilford Press.
Lane, S. M., Matthews, R. C., Sallas, B., Prattini, R., & Sun, R. (2008). Facilitative interactions of model- and experience-based processes: Implications for type and flexibility of representation. *Memory and Cognition, 36,* 157–169.
Lane, S. M., & Schooler, J. W. (2004). Skimming the surface: Verbal overshadowing of analogical retrieval. *Psychological Science, 15,* 715–719.
Langer, E. J. (2000). Mindful learning. *Current Directions in Psychological Science, 9,* 220–223.
Langer, J. A. (2000). Excellence in English in middle and high school: How teachers' professional lives support student achievement. *American Educational Research Journal, 37,* 397–439.
Langer, J. A. (2011). *Envisioning knowledge: Building literacy in the academic disciplines.* New York: Teachers College Press.
Lansford, J. E., Chang, L., Dodge, K. A., Malone, P. S., Oburu, P., Palmérus, K., . . . Quinn, N. (2005). Physical discipline and children's adjustment: Cultural normativeness as a moderator. *Child Development, 76,* 1234–1246.
Lapan, R. T., Tucker, B., Kim, S.-K., & Kosciulek, J. F. (2003). Preparing rural adolescents for post-high school transitions. *Journal of Counseling and Development, 81,* 329–342.
Laraway, S., Snycerski, S., Michael, J., & Poling, A. (2003). Motivating operations and terms to describe them: Some further refinements. *Journal of Applied Behavior Analysis, 36,* 407–414.
Larson, R. W. (2000). Toward a psychology of positive youth development. *American Psychologist, 55,* 170–183.
Larson, R. W., Clore, G. L., & Wood, G. A. (1999). The emotions of romantic relationships: Do they wreak havoc on adolescents? In W. Furman, B. B. Brown, & C. Feiring (Eds.), *The development of romantic relationships in adolescence* (pp. 19-49). Cambridge, England: Cambridge University Press.
Lassiter, G. D. (2002). Illusory causation in the courtroom. *Current Directions in Psychological Science, 11,* 204–208.
Laszio, S., & Plaut, D. C. (2012). A neurally plausible Parallel Distributed Processing model of event-related potential word reading data. *Brain and Language, 120,* 271–281.
Lau, S., & Nie, Y. (2008). Interplay between personal goals and classroom goal structures in predicting student outcomes: A multilevel analysis of person-context interactions. *Journal of Educational Psychology, 100,* 15–29.
Lave, J. (1991). Situating learning in communities of practice. In L. B. Resnick, J. M. Levine, & S. D. Teasley (Eds.), *Perspectives on socially shared cognition* (pp. 63–82). Washington, DC: American Psychological Association.
Lave, J. (1993). Word problems: A microcosm of theories of learning. In P. Light & G. Butterworth (Eds.), *Context and cognition: Ways of learning and knowing* (pp. 7–92). Hillsdale, NJ: Erlbaum.
Lave, J., & Wenger, E. (1991). *Situated learning: Legitimate peripheral participation.* Cambridge, England: Cambridge University Press.
Law, W., Elliot, A. J., & Murayama, K. (2012). Perceived competence moderates the relation between performance-approach and performance-avoidance goals. *Journal of Educational Psychology, 104,* 806–819.
Lawson, M. J., & Chinnappan, M. (1994). Generative activity during geometry problem solving: Comparison of the performance of high-achieving and low-achieving high school students. *Cognition and Instruction, 12,* 61–93.
Lazarus, R. S. (1991). *Emotion and adaptation.* New York: Oxford University Press.
Leach, J. T., & Scott, P. H. (2008). Teaching for conceptual understanding: An approach drawing on individual and sociocultural perspectives. In S. Vosniadou (Ed.), *International handbook on conceptual change* (pp. 647–675). New York: Routledge.
Leaper, C., & Friedman, C. K. (2007). The socialization of gender. In J. E. Grusec & P. D. Hastings (Eds.), *Handbook of socialization: Theory and research* (pp. 561–587). New York: Guilford Press.
LeBlanc, L. A., Coates, A. M., Daneshvar, S., Charlop-Christy, M. H., Morris, C., & Lancaster, B. M. (2003). Using video modeling and reinforcement to teach perspective-taking skills to children with autism. *Journal of Applied Behavior Analysis, 36,* 253–257.
LeDoux, J. (1998). *The emotional brain.* London: Weidenfeld and Nicholson.
LeDoux, J. (2003). The emotional brain, fear, and the amygdala. *Cellular and Molecular Neurobiology, 23,* 727–738.
Lee, C. D. (2010). Soaring above the clouds, delving the ocean's depths: Understanding the ecologies of human learning and the challenge for education science. *Educational Researcher, 39,* 643–655.
Lee, D. L., Lylo, B., Vostal, B., & Hua, Y. (2012). The effects of high-preference problems on

the completion of nonpreferred mathematics problems. *Journal of Applied Behavior Analysis, 45,* 223–228.

Lee, J., & Shute, V. J. (2010). Personal and social-contextual factors in K–12 academic performance: An integrative perspective on student learning. *Educational Psychologist, 45,* 185–202.

Lee, J. Q., McInerney, D. M., Liem, G. A. D., & Ortiga, Y. P. (2010). The relationship between future goals and achievement goal orientations: An intrinsic–extrinsic motivation perspective. *Contemporary Educational Psychology, 35,* 264–279.

Lee, K., Ng, E. L., & Ng, S. F. (2009). The contributions of working memory and executive function to problem representation and solution generation in algebraic word problems. *Journal of Educational Psychology, 101,* 373–387.

Lee, M., Lee, K., & Bong, M. (2010, April–May). *"Why do you study?" Students' spontaneous responses to an open-ended question.* Paper presented at the annual meeting of the American Educational Research Association, Denver, CO.

Lee, O. (1999). Science knowledge, world views, and information sources in social and cultural contexts: Making sense after a natural disaster. *American Educational Research Journal, 36,* 187–219.

Lee, O., & Anderson, C. W. (1993). Task engagement and conceptual change in middle school science classrooms. *American Educational Research Journal, 30,* 585–610.

Lee, S. (1985). Children's acquisition of conditional logic structure: Teachable? *Contemporary Educational Psychology, 10,* 14–27.

Lee, V. R. (2010, April–May). *Misconstruals or more? The interactions of orbit diagrams and explanations of the seasons.* Paper presented at the annual meeting of the American Educational Research Association, Denver, CO.

Leelawong, K., & Biswas, G. (2008). Designing learning by teachable agents: The Betty's Brain system. *International Journal of Artificial Intelligence, 18*(3), 181–208.

LeFevre, J., Bisanz, J., & Mrkonjic, J. (1988). Cognitive arithmetic: Evidence for obligatory activation of arithmetic facts. *Memory and Cognition, 16,* 45–53.

Leff, R. (1969). Effects of punishment intensity and consistency on the internalization of behavioral suppression in children. *Developmental Psychology, 1,* 345–356.

Leherissey, B. L., O'Neil, H. F., Jr., & Hansen, D. N. (1971). Effects of memory support on state anxiety and performance in computer-assisted learning. *Journal of Educational Psychology, 62,* 413–420.

Lehman, D. R., & Nisbett, R. E. (1990). A longitudinal study of the effects of undergraduate training on reasoning. *Developmental Psychology, 26,* 952–960.

Lehmann, M., & Hasselhorn, M. (2007). Variable memory strategy use in children's adaptive intratask learning behavior: Developmental changes and working memory influences in free recall. *Child Development, 78,* 1068–1082.

Lehrer, R., & Schauble, L. (2006). Cultivating model-based reasoning in science education. In R. K. Sawyer (Ed.), *The Cambridge handbook of the learning sciences* (pp. 371–387). Cambridge, England: Cambridge University Press.

Leibham, M. E., Alexander, J. M., Johnson, K. E., Neitzel, C. L., & Reis-Henrie, F. P. (2005). Parenting behaviors associated with the maintenance of preschoolers' interests: A prospective longitudinal study. *Journal of Applied Developmental Psychology, 26,* 397–414.

Leichtman, M. D., & Ceci, S. J. (1995). The effects of stereotypes and suggestions on preschoolers' reports. *Developmental Psychology, 31,* 568–578.

Leinhardt, G. (1994). History: A time to be mindful. In G. Leinhardt, I. L. Beck, & C. Stainton (Eds.), *Teaching and learning in history* (pp. 209–255). Hillsdale, NJ: Erlbaum.

Lejuez, C. W., Schaal, D. W., & O'Donnell, J. (1998). Behavioral pharmacology and the treatment of substance abuse. In J. J. Plaud & G. H. Eifert (Eds.), *From behavior theory to behavior therapy* (pp. 116–135). Boston, MA: Allyn & Bacon.

Lenroot, R. K., & Giedd, J. N. (2007). The structural development of the human brain as measured longitudinally with magnetic resonance imaging. In D. Coch, K. W. Fischer, & G. Dawson (Eds.), *Human behavior, learning, and the developing brain: Typical development* (pp. 50–73). New York: Guilford Press.

Leotti, L. A., & Delgado, M. R. (2011). The inherent reward of choice. *Psychological Science, 22,* 1310–1318.

Lepper, M. R. (1981). Intrinsic and extrinsic motivation in children: Detrimental effects of superfluous social controls. In W. A. Collins (Ed.), *Minnesota Symposia on Child Psychology* (Vol. 14, pp. 155–214). Hillsdale, NJ: Erlbaum.

Lepper, M. R., Aspinwall, L. G., Mumme, D. L., & Chabey, R. W. (1990). Self-perception and social-perception processes in tutoring: Subtle social control strategies of expert tutors. In J. M. Olson & M. P. Zanna (Eds.), *Self-inference processes: The Ontario Symposium* (pp. 217–238). Hillsdale, NJ: Erlbaum.

Lepper, M. R., Corpus, J. H., & Iyengar, S. S. (2005). Intrinsic and extrinsic motivational orientations in the classroom: Age differences and academic correlates. *Journal of Educational Psychology, 97,* 184–196.

Lepper, M. R., Greene, D., & Nisbett, R. E. (1973). Understanding children's intrinsic interest with extrinsic reward: A test of the "overjustification" hypothesis. *Journal of Personality and Social Psychology, 28,* 129–137.

Lepper, M. R., & Hodell, M. (1989). Intrinsic motivation in the classroom. In C. Ames & R. Ames (Eds.), *Research on motivation in education: Vol. 3. Goals and cognitions* (pp. 73–105). San Diego, CA: Academic Press.

Lerman, D. C., Iwata, B. A., & Wallace, M. D. (1999). Side effects of extinction: Prevalence of bursting and aggression during the treatment of self-injurious behavior. *Journal of Applied Behavior Analysis, 32,* 1–8.

Lerman, D. C., Kelley, M. E., Vorndran, C. M., Kuhn, S. A. C., & LaRue, R. H., Jr. (2002). Reinforcement magnitude and responding during treatment with differential reinforcement. *Journal of Applied Behavior Analysis, 35,* 29–48.

Lerman, D. C., & Vorndran, C. M. (2002). On the status of knowledge for using punishment: Implications for treating behavior disorders. *Journal of Applied Behavior Analysis, 35,* 431–464.

Lervåg, A., & Hulme, C. (2009). Rapid automatized naming (RAN) taps a mechanism that places constraints on the development of early reading fluency. *Psychological Science, 20,* 1040–1048.

Lester, F. K., Jr. (1985). Methodological considerations in research on mathematical problem-solving instruction. In E. A. Silver (Ed.), *Teaching and learning mathematical problem solving: Multiple research perspectives* (pp. 41–70). Hillsdale, NJ: Erlbaum.

Leu, D. J., O'Byrne, W. I., Zawilinski, L., McVerry, J. G., & Everett-Cacopardo, H. (2009). Expanding the new literacies conversation. *Educational Researcher, 38,* 264–269.

Leuner, B., Mendolia-Loffredo, S., Kozorovitskiy, Y., Samburg, D., Gould, E., & Shors, T. J. (2004). Learning enhances the survival of new neurons beyond the time when the hippocampus is required for memory. *Journal of Neuroscience, 24,* 7477–7481.

Leung, A. K.-Y., Kim, S., Polman, E., Ong, L. S., Qiu, L., Goncalo, J. A., & Sanchez-Burks, J. (2012). Embodied metaphors and creative "acts." *Psychological Science, 23,* 502–509.

Levay, S., Wiesel, T. N., & Hubel, D. H. (1980). The development of ocular dominance columns in normal and visually deprived monkeys. *Journal of Comparative Neurology, 19,* 11–51.

Levin, J. R., & Mayer, R. E. (1993). Understanding illustrations in text. In B. K. Britton, A. Woodward, & M. Binkley (Eds.), *Learning from textbooks: Theory and practice* (pp. 95–113). Hillsdale, NJ: Erlbaum.

Levine, M. (1966). Hypothesis behavior by humans during discrimination learning. *Journal of Experimental Psychology, 71,* 331–338.

Levstik, L. S. (1993). Building a sense of history in a first-grade classroom. In J. Brophy (Ed.), *Advances in research on teaching: Vol. 4. Case studies of teaching and learning in social studies* (pp. 1–31). Greenwich, CT: JAI Press.

Levstik, L. S. (2011). Learning history. In R. E. Mayer & P. A. Alexander (Eds.), *Handbook of research on learning and instruction* (pp. 108–126). New York: Routledge.

Levy, I., Kaplan, A., & Patrick, H. (2004). Early adolescents' achievement goals, social status, and attitudes towards cooperation with peers. *Social Psychology of Education, 7,* 127–159.

Levy-Tossman, I., Kaplan, A., & Assor, A. (2007). Academic goal orientations, multiple goal profiles, and friendship intimacy among early adolescents. *Contemporary Educational Psychology, 32,* 231–252.

Lewandowsky, S., Ecker, U. K. H., Seifert, C. M., Schwarz, N., & Cook, J. (2012).

Misinformation and its correction: Continued influence and successful debiasing. *Psychological Science in the Public Interest, 13,* 106–131.

Lewandowsky, S., Oberauer, K., & Gignac, G. E. (2013). NASA faked the moon landing—Therefore, (climate) science is a hoax: An anatomy of the motivated rejection of science. *Psychological Science, 24,* 622–633.

Lewis, M., & Sullivan, M. W. (2005). The development of self-conscious emotions. In A. J. Elliot & C. S. Dweck (Eds.), *Handbook of competence and motivation* (pp. 185–201). New York: Guilford Press.

Lewis, T. J., Newcomer, L. L., Trussell, R., & Richter, M. (2006). Schoolwide positive behavior support: Building systems to develop and maintain appropriate social behavior. In C. M. Evertson & C. S. Weinstein (Eds.), *Handbook of classroom management: Research, practice, and contemporary issues* (pp. 833–854). Mahwah, NJ: Erlbaum.

Li, C., Nuttall, R. L., & Zhao, S. (1999). A test of the Piagetian water-level task with Chinese students. *Journal of Genetic Psychology, 160,* 369–380.

Li, J. (2003). U.S. and Chinese beliefs about learning. *Journal of Educational Psychology, 95,* 258–267.

Li, J. (2005). Mind or virtue: Western and Chinese beliefs about learning. *Current Directions in Psychological Science, 14,* 190–194.

Li, J., & Fischer, K. W. (2004). Thought and affect in American and Chinese learners' beliefs about learning. In D. Y. Dai & R. J. Sternberg (Eds.), *Motivation, emotion, and cognition: Integrative perspectives on intellectual functioning and development* (pp. 385–418). Mahwah, NJ: Erlbaum.

Liben, L. S., & Myers, L. J. (2007). Developmental changes in children's understanding of maps: What, when, and how? In J. M. Plumert & J. P. Spencer (Eds.), *The emerging spatial mind* (pp. 193–218). New York: Oxford University Press.

Lichtman, J. W. (2001). Developmental neurobiology overview: Synapses, circuits, and plasticity. In D. B. Bailey, Jr., J. T. Bruer, F. J. Symons, & J. W. Lichtman (Eds.), *Critical thinking about critical periods* (pp. 27–42). Baltimore, MD: Paul H. Brookes.

Lidz, C. S., & Gindis, B. (2003). Dynamic assessment of the evolving cognitive functions in children. In A. Kozulin, B. Gindis, V. S. Ageyev, & S. M. Miller (Eds.), *Vygotsky's educational theory in cultural context* (pp. 99–116). Cambridge, England: Cambridge University Press.

Liem, A. D., Lau, S., & Nie, Y. (2008). The role of self-efficacy, task value, and achievement goals in predicting learning strategies, task disengagement, peer relationship, and achievement outcome. *Contemporary Educational Psychology, 33,* 486–512.

Lien, M.-C., Ruthruff, E., & Johnston, J. C. (2006). Attentional limitations in doing two tasks at once: The search for exceptions. *Current Directions in Psychological Science, 15,* 89–93.

Liew, J., McTigue, E. M., Barrois, L., & Hughes, J. N. (2008). Adaptive and effortful control and academic self-efficacy beliefs on literacy and math achievement: A longitudinal study on 1st through 3rd graders. *Early Childhood Research Quarterly, 23,* 515–526.

Light, P., & Butterworth, G. (Eds.). (1993). *Context and cognition: Ways of learning and knowing.* Hillsdale, NJ: Erlbaum.

Lightfoot, D. (1999). *The development of language: Acquisition, change, and evolution.* Malden, MA: Blackwell.

Lillard, A. S. (1997). Other folks' theories of mind and behavior. *Psychological Science, 8,* 268–274.

Lillard, A. S. (1998). Ethnopsychologies: Cultural variations in theories of mind. *Psychological Bulletin, 123,* 3–33.

Limpo, T., & Alves, R. A. (2013). Modeling writing development: Contribution of transcription and self-regulation to Portuguese students' text generation quality. *Journal of Educational Psychology, 105,* 401–413.

Lin, S.-P., & Hong, H.-Y. (2010, April–May). *Facilitating epistemological belief change among college students in a knowledge building environment.* Paper presented at the annual meeting of the American Educational Research Association, Denver, CO.

Lin, X. D., & Lehman, J. (1999). Supporting learning of variable control in a computer-based biology environment: Effects of prompting college students to reflect on their own thinking. *Journal of Research in Science Teaching, 36,* 837–858.

Lin, Z., & He, S. (2012). Emergent filling in induced by motion integration reveals a high-level mechanism in filling in. *Psychological Science, 23,* 1534–1541.

Linderholm, T., & van den Broek, P. (2002). The effects of reading purpose and working memory capacity on the processing of expository text. *Journal of Educational Psychology, 94,* 778–784.

Lindsay, P. H., & Norman, D. A. (1977). *Human information processing.* New York: Academic Press.

Linn, M. C. (2008). Teaching for conceptual change: Distinguish or extinguish ideas. In S. Vosniadou (Ed.), *International handbook on conceptual change* (pp. 694–722). New York: Routledge.

Linn, M. C., Clement, C., Pulos, S., & Sullivan, P. (1989). Scientific reasoning during adolescence: The influence of instruction in science knowledge and reasoning strategies. *Journal of Research in Science Teaching, 26,* 171–187.

Linn, M. C., & Eylon, B.-S. (2011). *Science learning and instruction: Taking advantage of technology to promote knowledge integration.* New York: Routledge.

Linn, M. C., Songer, N. B., & Eylon, B. (1996). Shifts and convergences in science learning and instruction. In D. C. Berliner & R. C. Calfee (Eds.), *Handbook of educational psychology* (pp. 438–490). New York: Macmillan.

Linn, R. L. (2000). Assessments and accountability. *Educational Researcher, 29*(2), 4–16.

Linn, R. L. (2003). Accountability: Responsibility and reasonable expectations. *Educational Researcher, 32,* 3–13.

Linnenbrink, E. A. (2005). The dilemma of performance-approach goals: The use of multiple goal contexts to promote students' motivation and learning. *Journal of Educational Psychology, 97,* 197–213.

Linnenbrink, E. A., & Pintrich, P. R. (2002). Achievement goal theory and affect: An asymmetrical bidirectional model. *Educational Psychologist, 37,* 69–78.

Linnenbrink, E. A., & Pintrich, P. R. (2003). Achievement goals and intentional conceptual change. In G. M. Sinatra & P. R. Pintrich (Eds.), *Intentional conceptual change* (pp. 347–374). Mahwah, NJ: Erlbaum.

Linnenbrink, E. A., & Pintrich, P. R. (2004). Role of affect in cognitive processing in academic contexts. In D. Y. Dai & R. J. Sternberg (Eds.), *Motivation, emotion, and cognition: Integrative perspectives on intellectual functioning and development* (pp. 57–87). Mahwah, NJ: Erlbaum.

Linnenbrink-Garcia, L., Middleton, M. J., Ciani, K. D., Easter, M. A., O'Keefe, P. A., & Zusho, A. (2012). The strength of the relation between performance-approach and performance-avoidance goal orientations: Theoretical, methodological, and instructional implications. *Educational Psychologist, 47,* 281–301.

Linnenbrink-Garcia, L., Rogat, T. K., & Koskey, K. L. K. (2011). Affect and engagement during small group instruction. *Contemporary Educational Psychology, 36,* 13–24.

Lippa, R. A. (2002). *Gender, nature, and nurture.* Mahwah, NJ: Erlbaum.

Lipsitt, L. P., & Kaye, H. (1964). Conditioned sucking in the human newborn. *Psychonomic Science, 1,* 29–30.

Lipson, M. Y. (1983). The influence of religious affiliation on children's memory for text information. *Reading Research Quarterly, 18,* 448–457.

Liskowski, U., Schäfer, M., Carpenter, M., & Tomasello, M. (2009). Prelinguistic infants, but not chimpanzees, communicate about absent entities. *Psychological Science, 20,* 654–660.

Little, J. L., Bjork, E. L., Bjork, R. A., & Angello, G. (2012). Multiple-choice tests exonerated, at least of some charges: Fostering test-induced learning and avoiding test-induced forgetting. *Psychological Science, 23,* 1337–1344.

Liu, J., Golinkoff, R. M., & Sak, K. (2001). One cow does not an animal make: Young children can extend novel words at the superordinate level. *Child Development, 72,* 1674–1694.

Liu, K., Cheng, Y., Chen, Y., & Wu, Y. (2009). Longitudinal effects of educational expectations and achievement attributions on adolescents' academic achievements. *Adolescence, 44,* 911–924.

Locke, E. A., & Latham, G. P. (2002). Building a practically useful theory of goal setting and task motivation: A 35-year odyssey. *American Psychologist, 57,* 705–717.

Locke, E. A., & Latham, G. P. (2006). New directions in goal-setting theory. *Current Directions in Psychological Science, 15,* 265–268.

Lockee, B. B., Larson, M. B., Burton, J. K., & Moore, D. M. (2008). Programmed technologies.

In J. M. Spector, M. D. Merrill, J. van Merriënboer, & M. P. Driscoll (Eds.), *Handbook of research on educational communications and technology* (3rd ed., pp. 187–197). New York: Erlbaum.

Lockhart, K. L., Chang, B., & Story, T. (2002). Young children's beliefs about the stability of traits: Protective optimism? *Child Development, 73,* 1408–1430.

Lodewyk, K. R., & Winne, P. H. (2005). Relations among the structure of learning tasks, achievement, and changes in self-efficacy in secondary students. *Journal of Educational Psychology, 97,* 3–12.

Loftus, E. F. (1991). Made in memory: Distortions in recollection after misleading information. In G. H. Bower (Ed.), *The psychology of learning and motivation: Advances in research and theory* (Vol. 27, pp. 187–215). San Diego, CA: Academic Press.

Loftus, E. F. (1992). When a lie becomes memory's truth: Memory distortion after exposure to misinformation. *Current Directions in Psychological Science, 1,* 121–123.

Loftus, E. F. (1993). The reality of repressed memories. *American Psychologist, 48,* 518–537.

Loftus, E. F. (2003). Make-believe memories. *American Psychologist, 58,* 867–873.

Loftus, E. F. (2004). Memories of things unseen. *Current Directions in Psychological Science, 13,* 145–147.

Loftus, E. F., & Loftus, G. R. (1980). On the permanence of stored information in the human brain. *American Psychologist, 35,* 409–442.

Loftus, E. F., & Palmer, J. C. (1974). Reconstruction of automobile destruction: An example of the interaction between language and memory. *Journal of Verbal Learning and Verbal Behavior, 13,* 585–589.

Logie, R. H. (2011). The functional organization and capacity limits of working memory. *Current Directions in Psychological Science, 20,* 240–245.

Logue, A. W. (1979). Taste aversion and the generality of the laws of learning. *Psychological Bulletin, 86,* 276–296.

Loose, F., Régner, I., Morin, A. J. S., & Dumas, F. (2012). Are academic discounting and devaluing double-edged swords? Their relations to global self-esteem, achievement goals, and performance among stigmatized students. *Journal of Educational Psychology, 104,* 713–725.

Lorch, R. F., Lorch, E. P., Calderhead, W. J., Dunlap, E. E., Hodell, E. C., & Freer, B. D. (2010). Learning the control of variables strategy in higher and lower achieving classrooms: Contributions of explicit instruction and experimentation. *Journal of Educational Psychology, 102,* 90–101.

Lorch, R. F., Lorch, E. P., Freer, B. D., Dunlap, E. E., Hodell, E. C., & Calderhead, W. J. (2014). Using valid and invalid experimental designs to teach the control of variables strategy in higher and lower achieving classrooms. *Journal of Educational Psychology, 106,* 18–35.

Lorch, R. F., Jr., Lorch, E. P., & Inman, W. E. (1993). Effects of signaling topic structure on text recall. *Journal of Educational Psychology, 85,* 281–290.

Losh, S. C. (2003). On the application of social cognition and social location to creating causal explanatory structures. *Educational Research Quarterly, 26*(3), 17–33.

Losh, S. C., Tavani, C. M., Njoroge, R., Wilke, R., & McAuley, M. (2003). What does education *really* do? Educational dimensions and pseudoscience support in the American general public, 1979–2001. *Skeptical Inquirer, 27*(5), 30–35.

Lotan, R. A. (2006). Managing groupwork in heterogeneous classrooms. In C. M. Evertson & C. S. Weinstein (Eds.), *Handbook of classroom management: Research, practice, and contemporary issues* (pp. 525–539). Mahwah, NJ: Erlbaum.

Lou, Y., Abrami, P. C., & d'Apollonia, S. (2001). Small group and individual learning with technology: A meta-analysis. *Review of Educational Research, 71,* 449–521.

Lou, Y., Abrami, P. C., Spence, J. C., Poulsen, C., Chambers, B., & d'Apollonia, S. (1996). Within-class grouping: A meta-analysis. *Review of Educational Research, 66,* 423–458.

Lovell, K. (1979). Intellectual growth and the school curriculum. In F. B. Murray (Ed.), *The impact of Piagetian theory: On education, philosophy, psychiatry, and psychology.* Baltimore, MD: University Park Press.

Lovitt, T. C., Guppy, T. E., & Blattner, J. E. (1969). The use of free-time contingency with fourth graders to increase spelling accuracy. *Behaviour Research and Therapy, 7,* 151–156.

Lu, Z.-L., & Sperling, G. (2003). Measuring sensory memory: Magnetoencephalography habituation and psychophysics. In Z.-L. Lu & L. Kaufman (Eds.), *Magnetic source imaging of the human brain* (pp. 319–342). Mahwah, NJ: Erlbaum.

Lu, Z.-L., Williamson, S. J., & Kaufman, L. (1992). Physiological measurements predict the lifetime for human auditory memory of a tone. *Science, 258,* 1668–1670.

Luchins, A. S. (1942). Mechanization in problem solving: The effect of Einstellung. *Psychological Monographs, 54* (Whole No. 248).

Luchins, A. S., & Luchins, E. H. (1950). New experimental attempts at preventing mechanization in problem solving. *Journal of General Psychology, 42,* 279–297.

Luciana, M., Conklin, H. M., Hooper, C. J., & Yarger, R. S. (2005). The development of nonverbal working memory and executive control processes in adolescents. *Child Development, 76,* 697–712.

Luczynski, K. C., & Hanley, G. P. (2010). Examining the generality of children's preference for contingent reinforcement via extension to different responses, reinforcers, and schedules. *Journal of Applied Behavior Analysis, 43,* 397–409.

Ludvig, E. A., & Staddon, J. E. R. (2004). The conditions for temporal tracking under interval schedules of reinforcement. *Journal of Experimental Psychology: Animal Behavior Processes, 30,* 299–316.

Ludwig, T. D., Gray, T. W., & Rowell, A. (1998). Increasing recycling in academic buildings: A systematic replication. *Journal of Applied Behavior Analysis, 31,* 683–686.

Luna, B., Paulsen, D. J., Padmanabhan, A., & Geier, C. (2013). The teenage brain: Cognitive control and motivation. *Current Directions in Psychological Science, 22,* 94–100.

Luna, B., & Sweeney, J. A. (2004). The emergence of collaborative brain function: fMRI studies of the development of response inhibition. *Annals of the New York Academy of Sciences, 1021,* 296–309.

Lundeberg, M. A., & Fox, P. W. (1991). Do laboratory findings on test expectancy generalize to classroom outcomes? *Review of Educational Research, 61,* 94–106.

Luque, M. L. (2003). The role of domain-specific knowledge in intentional conceptual change. In G. M. Sinatra & P. R. Pintrich (Eds.), *Intentional conceptual change* (pp. 133–170). Mahwah, NJ: Erlbaum.

Lustig, C., Konkel, A., & Jacoby, L. L. (2004). Which route to recovery? Controlled retrieval and accessibility bias in retroactive interference. *Psychological Science, 15,* 729–735.

Luyben, P. D., Hipworth, K., & Pappas, T. (2003). Effects of CAI on the academic performance and attitudes of college students. *Teaching of Psychology, 30,* 154–158.

Lynn, S. J., Lock, T. G., Myers, B., & Payne, D. G. (1997). Recalling the unrecallable: Should hypnosis be used to recover memories in psychotherapy? *Current Directions in Psychological Science, 6,* 79–83.

Lyon, T. D., & Flavell, J. H. (1994). Young children's understanding of "remember" and "forget." *Child Development, 65,* 1357–1371.

MacAndrew, D. K., Klatzky, R. L., Fiez, J. A., McClelland, J. L., & Becker, J. T. (2002). The phonological-similarity effect differentiates between two working memory tasks. *Psychological Science, 13,* 465–468.

MacCallum, J., & Pressick-Kilborn, K. (2011). Examining change in motivation: The potential of sociocultural theory. In D. M. McInerney, R. A. Walker, & G. A. D. Liem (Eds.), *Sociocultural theories of learning and motivation: Looking back, looking forward* (pp. 163–187). Charlotte, NC: Information Age.

MacDonald, S., Uesiliana, K., & Hayne, H. (2000). Cross-cultural and gender differences in childhood amnesia. *Memory, 8,* 365–376.

Mace, F. C., Belfiore, P. J., & Hutchinson, J. M. (2001). Operant theory and research on self-regulation. In B. Zimmerman & D. Schunk (Eds.), *Learning and academic achievement: Theoretical perspectives* (pp. 39–65). Mahwah, NJ: Erlbaum.

Mace, F. C., Hock, M. L., Lalli, J. S., West, B. J., Belfiore, P., Pinter, E., & Brown, D. K. (1988). Behavioral momentum in the treatment of noncompliance. *Journal of Applied Behavior Analysis, 21,* 123–141.

Macfarlane, A. (1978). What a baby knows. *Human Nature, 1,* 74–81.

Mac Iver, D. J., Reuman, D. A., & Main, S. R. (1995). Social structuring of the school: Studying what is, illuminating what could be. In J. T. Spence, J. M. Darley, & D. J. Foss (Eds.), *Annual review of psychology* (Vol. 46, pp. 375–400). Palo Alto, CA: Annual Review.

Mac Iver, D., Stipek, D. J., & Daniels, D. (1991). Explaining within-semester changes in student effort in junior high school and senior high school courses. *Journal of Educational Psychology, 83,* 201–211.

Mack, A. (2003). Inattentional blindness: Looking without seeing. *Current Directions in Psychological Science, 12,* 180–184.

MacLeod, C. M. (1988). Forgotten but not gone: Savings for pictures and words in long-term memory. *Journal of Experimental Psychology: Learning, Memory, and Cognition, 14,* 195–212.

MacLeod, M. D., & Saunders, J. (2008). Retrieval inhibition and memory distortion: Negative consequences of an adaptive process. *Current Directions in Psychological Science, 17,* 26–30.

Madjar, N., Kaplan, A., & Weinstock, M. (2011). Clarifying mastery-avoidance goals in high school: Distinguishing between intrapersonal and task-based standards of competence. *Contemporary Educational Psychology, 36,* 268–279.

Maehr, M. L. (1984). Meaning and motivation: Toward a theory of personal investment. In R. Ames & C. Ames (Eds.), *Research on motivation in education: Vol. 1. Student motivation* (pp. 115–144). Orlando, FL: Academic Press.

Maehr, M. L., & Anderman, E. M. (1993). Reinventing schools for early adolescents: Emphasizing task goals. *Elementary School Journal, 93,* 593–610.

Maehr, M. L., & McInerney, D. M. (2004). Motivation as personal investment. In D. M. McNerney & S. Van Etten (Eds.), *Big theories revisited* (pp. 61–90). Greenwich, CT: Information Age.

Maehr, M. L., & Meyer, H. A. (1997). Understanding motivation and schooling: Where we've been, where we are, and where we need to go. *Educational Psychology Review, 9,* 371–409.

Mager, R. F. (1962). *Preparing instructional objectives.* Belmont, CA: Fearon.

Mager, R. F. (1984). *Preparing instructional objectives* (2nd ed.). Belmont, CA: David S. Lake.

Maguire, E. A., Gadian, D. G., Johnsrude, I. S., Good, C. D., Ashburnre, J., Frackowiak, R., & Frith, C. D. (2000). Navigation-related structural change in the hippocampi of taxi drivers. *Proceedings of the National Academy of Sciences, USA, 97,* 4398–4403.

Mahoney, M. J., & Thoresen, C. E. (1974). *Self-control: Power to the person.* Monterey, CA: Brooks-Cole.

Maier, N. R. F. (1945). Reasoning in humans III: The mechanisms of equivalent stimuli and of reasoning. *Journal of Experimental Psychology, 35,* 349–360

Maier, S. F., & Seligman, M. E. P. (1976). Learned helplessness: Theory and evidence. *Journal of Experimental Psychology: General, 105,* 3–46.

Maki, R. H. (1998). Test predictions over text material. In D. J. Hacker, J. Dunlosky, & A. C. Graesser (Eds.), *Metacognition in educational theory and practice* (pp. 117–144). Mahwah, NJ: Erlbaum.

Mandler, G. (2011). From association to organization. *Current Directions in Psychological Science, 20,* 232–235.

Mandler, J. M. (2003). Conceptual categorization. In D. H. Rakison & L. M. Oakes (Eds.), *Early category and concept development: Making sense of the blooming, buzzing confusion* (pp. 103–131). Oxford, England: Oxford University Press.

Mandler, J. M. (2007). On the origins of the conceptual system. *American Psychologist, 62,* 741–751.

Mandler, J. M., & Johnson, N. S. (1976). Some of the thousand words a picture is worth. *Journal of Experimental Psychology: Human Learning and Memory, 2,* 529–540.

Mandler, J. M., & Parker, R. E. (1976). Memory for descriptive and spatial information in complex pictures. *Journal of Experimental Psychology: Human Learning and Memory, 2,* 38–48.

Mandler, J. M., & Ritchey, G. H. (1977). Long-term memory for pictures. *Journal of Experimental Psychology: Human Learning and Memory, 3,* 386–396.

Manning, F. H., Lawless, K. A., Goldman, S. R., & Braasch, J. L. G. (2011, April). *Evaluating the usefulness of multiple sources with respect to an inquiry question: Middle school students' analysis and ranking of Internet search results.* Paper presented at the annual meeting of the American Educational Research Association, New Orleans, LA.

Marachi, R., Friedel, J., & Midgley, C. (2001, April). *"I sometimes annoy my teacher during math": Relations between student perceptions of the teacher and disruptive behavior in the classroom.* Paper presented at the annual meeting of the American Educational Research Association, Seattle, WA.

Marcia, J. E. (1980). Identity in adolescence. In J. Adelson (Ed.), *Handbook of adolescent psychology* (pp. 159–187). New York: Wiley.

Marcia, J. E. (1991). Identity and self-development. In R. M. Lerner, A. C. Petersen, & J. Brooks-Gunn (Eds.), *Encyclopedia of adolescence* (Vol. 1, pp. 529–533). New York: Garland

Marcus, G. (2008). *Kluge: The haphazard construction of the human mind.* Boston, MA: Houghton Mifflin.

Mareschal, D., Johnson, M. H., Sirois, S., Spratling, M. W., Thomas, M. S. C., & Westermann, G. (2007). *Neuroconstructivism: Vol. 1. How the brain constructs cognition.* Oxford, England: Oxford University Press.

Marian, V., & Neisser, U. (2000). Language-dependent recall of autobiographical memories. *Journal of Experimental Psychology: General, 129,* 361–368.

Markman, E. M. (1977). Realizing that you don't understand: A preliminary investigation. *Child Development, 48,* 986–992.

Marks, H. M. (2000). Student engagement in instructional activity: Patterns in the elementary, middle, and high school years. *American Educational Research Journal, 37,* 153–184.

Markus, H. R., & Hamedani, M. G. (2007). Sociocultural psychology: The dynamic interdependence among self systems and social systems. In S. Kitayama & D. Cohen (Eds.), *Handbook of cultural psychology* (pp. 3–39). New York: Guilford Press.

Marley, S. C., Szabo, Z., Levin, J. R., & Glenberg, A. M. (2008, March). *Activity, observed activity, and children's recall of orally presented narrative passages.* Paper presented at the annual meeting of the American Educational Research Association, New York.

Marsh, E. J. (2007). Retelling is not the same as recalling: Implications for memory. *Current Directions in Psychological Science, 16,* 16–20.

Marshall, P. J. (2009). Relating psychology and neuroscience. *Perspectives on Psychological Science, 4,* 113–125.

Martin, A. J. (2008). Enhancing student motivation and engagement: The effects of a multidimensional intervention. *Contemporary Educational Psychology, 33,* 239–269.

Martin, A. J. (2012). The role of personal best (PB) goals in the achievement and behavioral engagement of students with ADHD and students without ADHD. *Contemporary Educational Psychology, 37,* 91–105.

Martin, A. J., & Dowson, M. (2009). Interpersonal relationships, motivation, engagement, and achievement: Yields for theory, current issues, and educational practice. *Review of Educational Research, 79,* 327–365.

Martin, A. J., Marsh, H. W., & Debus, R. L. (2001). A quadripolar need achievement representation of self-handicapping and defensive pessimism. *American Educational Research Journal, 38,* 583–610.

Martin, A. J., Marsh, H. W., Williamson, A., & Debus, R. L. (2003). Self-handicapping, defensive pessimism, and goal orientation: A qualitative study of university students. *Journal of Educational Psychology, 95,* 617–628.

Martin, A. J., Nejad, H. G., Colmar, S., & Liem, G. A. D. (2013). Adaptability: How students' responses to uncertainty and novelty predict their academic and non-academic outcomes. *Journal of Educational Psychology, 105,* 728–746.

Martin, C. L., & Ruble, D. (2004). Children's search for gender cues: Cognitive perspectives on gender development. *Current Directions in Psychological Science, 13,* 67–70.

Martin, S. S., Brady, M. P., & Williams, R. E. (1991). Effects of toys on the social behavior of preschool children in integrated and nonintegrated groups: Investigation of a setting event. *Journal of Early Intervention, 15,* 153–161.

Martin, T. (2009). A theory of physically distributed learning: How external environments and internal states interact in mathematics learning. *Child Development Perspectives, 3,* 140–144.

Martínez, P., Bannan-Ritland, B., Kitsantas, A., & Baek, J. Y. (2008, March). *The impact of an integrated science reading intervention on elementary children's misconceptions regarding slow geomorphological changes caused by water.* Paper presented at the annual meeting of the American Educational Research Association, New York.

Marzano, R. J., & Kendall, J. S. (2007). *The new taxonomy of educational objectives* (2nd ed.). Thousand Oaks, CA: Corwin.

Maslow, A. H. (1943). A theory of human motivation. *Psychological Review, 50,* 514–539.

Maslow, A. H. (1959). *New knowledge in human values.* New York: Harper & Row.

Maslow, A. H. (1973). Theory of human motivation. In R. J. Lowry (Ed.), *Dominance, self-esteem, self-actualization: Germinal papers of A. H. Maslow.* Monterey, CA: Brooks-Cole.

Maslow, A. H. (1987). *Motivation and personality* (3rd ed.). New York: Harper & Row.

Mason, L. (2003). Personal epistemologies and intentional conceptual change. In G. M. Sinatra & P. R. Pintrich (Eds.), *Intentional conceptual change* (pp. 199–236). Mahwah, NJ: Erlbaum.

Mason, L. (2010). Beliefs about knowledge and revision of knowledge: On the importance of epistemic beliefs for intentional conceptual change in elementary and middle school students. In L. D. Bendixen & F. C. Feucht (Eds.), *Personal epistemology in the classroom: Theory, research, and implications for practice* (pp. 258–291). Cambridge, England: Cambridge University Press.

Mason, L., Gava, M., & Boldrin, A. (2008). On warm conceptual change: The interplay of text, epistemological beliefs, and topic interest. *Journal of Educational Psychology, 100,* 291–309.

Mast, V. K., Fagen, J. W., Rovee-Collier, C. K., & Sullivan, M. W. (1984). Immediate and long-term memory for reinforcement context: The development of learned expectancies in early infancy. *Child Development, 51,* 700–707.

Masten, A. S., Herbers, J. E., Desjardins, C. D., Cutuli, J. J., McCormick, C. M., Sapienza, J. K., . . . Zelazo, P. D. (2012). Executive function skills and school success in young children experiencing homelessness. *Educational Researcher, 41,* 375–384.

Masters, J., Russell, M. K., Humez, A., Driscoll, M. J., Wing, R. E., & Nikula, J. (2010, April–May). *The impact of collaborative, scaffolded learning in K–12 schools: A meta-analysis.* Paper presented at the annual meeting of the American Educational Research Association, Denver, CO.

Mastropieri, M. A., & Scruggs, T. E. (1992). Science for students with disabilities. *Review of Educational Research, 62,* 377–411.

Masur, E. F., McIntyre, C. W., & Flavell, J. H. (1973). Developmental changes in apportionment of study time among items in a multitrial free recall task. *Journal of Experimental Child Psychology, 15,* 237–246.

Mathan, S. A., & Koedinger, K. R. (2005). Fostering the intelligent novice: Learning from errors with metacognitive tutoring. *Educational Psychologist, 40,* 257–265.

Mather, M., & Sutherland, M. R. (2011). Arousal-biased competition in perception and memory. *Perspectives on Psychological Science, 6,* 114–133.

Mathes, P. G., Torgesen, J. K., & Allor, J. H. (2001). The effects of peer-assisted literacy strategies for first-grade readers with and without additional computer-assisted instruction. *American Educational Research Journal, 38,* 371–410.

Matlin, M. W. (2004, April 22). *"But I thought I got an A!": Metacognition and the college student.* Invited address presented in the Department of Psychology, University of New Hampshire, Durham.

Matthews, G., Zeidner, M., & Roberts, R. D. (2006). Models of personality and affect for education: A review and synthesis. In P. A. Alexander & P. H. Winne (Eds.), *Handbook of educational psychology* (2nd ed., pp. 163–186). Mahwah, NJ: Erlbaum.

Mattson, S. N., & Riley, E. P. (1998). A review of the neurobehavioral deficits in children with fetal alcohol syndrome or prenatal exposure to alcohol. *Alcoholism: Clinical and Experimental Research, 22,* 279–294.

Maurer, D., Lewis, T. L., Brent, H. P., & Levin, A. V. (1999). Rapid improvement in the acuity of infants after visual input. *Science, 286,* 108–110.

Maxmell, D., Jarrett, O. S., & Dickerson, C. (1998, April). *Are we forgetting the children's needs? Recess through the children's eyes.* Paper presented at the annual meeting of the American Educational Research Association, San Diego, CA.

May, D. B., & Etkina, E. (2002). College physics students' epistemological self-reflection and its relationship to conceptual learning. *Physics Education Research: A Supplement to the American Journal of Physics, 70,* 1249–1258.

Mayer, R. E. (1982). Memory for algebra story problems. *Journal of Educational Psychology, 74,* 199–216.

Mayer, R. E. (1984). Aids to text comprehension. *Educational Psychologist, 19,* 30–42.

Mayer, R. E. (1987). *Educational psychology: A cognitive approach.* Boston, MA: Little, Brown.

Mayer, R. E. (1992). *Thinking, problem solving, cognition* (2nd ed.). New York: W. H. Freeman.

Mayer, R. E. (1996). Learning strategies for making sense out of expository text: The SOI model for guiding three cognitive processes in knowledge construction. *Educational Psychology Review, 8,* 357–371.

Mayer, R. E. (2004). Should there be a three-strikes rule against pure discovery learning? *American Psychologist, 59,* 14–19.

Mayer, R. E. (2008). *Learning and instruction* (2nd ed.). Upper Saddle River, NJ: Merrill/Pearson.

Mayer, R. E. (2010a). Fostering scientific reasoning with multimedia instruction. In H. S. Waters & W. Schneider (Eds.), *Metacognition, strategy use, and instruction* (pp. 160–175). New York: Guilford Press.

Mayer, R. E. (2010b). Merlin C. Wittrock's enduring contributions to the science of learning. *Educational Psychologist, 45,* 46–50.

Mayer, R. E. (2011). Instruction based on visualizations. In R. E. Mayer & P. A. Alexander (Eds.), *Handbook of research on learning and instruction* (pp. 427–445). New York: Routledge.

Mayer, R. E., & Greeno, J. G. (1972). Structural differences between learning outcomes produced by different instructional methods. *Journal of Educational Psychology, 63,* 165–173.

Mayer, R. E., & Massa, L. J. (2003). Three facets of visual and verbal learners: Cognitive ability, cognitive style, and learning preference. *Journal of Educational Psychology, 95,* 833–846.

Mayer, R. E., & Wittrock, M. C. (1996). Problem-solving transfer. In D. C. Berliner & R. C. Calfee (Eds.), *Handbook of educational psychology* (pp. 47–62). New York: Macmillan.

Mayer, R. E., & Wittrock, M. C. (2006). Problem solving. In P. A. Alexander & P. H. Winne (Eds.), *Handbook of educational psychology* (2nd ed., pp. 287–303). Mahwah, NJ: Erlbaum.

Mayeux, L., Houser, J. J., & Dyches, K. D. (2011). Social acceptance and popularity: Two distinct forms of peer status. In A. H. N. Cillessen, D. Schwartz, & L. Mayeux (Eds.), *Popularity in the peer system* (pp. 79–102). New York: Guilford Press.

Maynard, A. E., & Greenfield, P. M. (2003). Implicit cognitive development in cultural tools and children: Lessons from Maya Mexico. *Cognitive Development, 18,* 489–510.

Mazur, J. E. (1993). Predicting the strength of a conditioned reinforcer: Effects of delay and uncertainty. *Current Directions in Psychological Science, 2,* 70–74.

Mazzoni, G., & Kirsch, I. (2002). Autobiographical memories and beliefs: A preliminary metacognitive model. In T. J. Perfect & B. L. Schwartz (Eds.), *Applied metacognition* (pp. 121–145). Cambridge, England: Cambridge University Press.

Mazzoni, G., & Memon, A. (2003). Imagination can create false autobiographical memories. *Psychological Science, 14,* 186–188.

Mazzoni, G., Scoboria, A., & Harvey, L. (2010). Nonbelieved memories. *Psychological Science, 21,* 1334–1340.

McAllister, W. R., & McAllister, D. E. (1965). Variables influencing the conditioning and the measurement of acquired fear. In W. F. Prokasy (Ed.), *Classical conditioning.* New York: Appleton-Century-Crofts.

McAndrew, D. A. (1983). Underlining and notetaking: Some suggestions from research. *Journal of Reading, 27,* 103–108.

McAshan, H. H. (1979). *Competency-based education and behavioral objectives.* Englewood Cliffs, NJ: Educational Technology.

McCaffrey, T. (2012). Innovation relies on the obscure: A key to overcoming the classic problem of functional fixedness. *Psychological Science, 23,* 215–218.

McCall, R. B., & Plemons, B. W. (2001). The concept of critical periods and their implications for early childhood services. In D. B. Bailey, Jr., J. T. Bruer, F. J. Symons, & J. W. Lichtman (Eds.), *Critical thinking about critical periods* (pp. 267–287). Baltimore, MD: Paul H. Brookes.

McCallin, R. C., Ormrod, J. E., & Cochran, K. C. (1997, March). *Algorithmic and heuristic learning sets and their relationship to cognitive structure.* Paper presented at the annual meeting of the American Educational Research Association, Chicago, IL.

McCallum, R. S., & Bracken, B. A. (1993). Interpersonal relations between school children and their peers, parents, and teachers. *Educational Psychology Review, 5,* 155–176.

McCaslin, M., & Good, T. L. (1996). The informal curriculum. In D. C. Berliner & R. C. Calfee (Eds.), *Handbook of educational psychology* (pp. 622–670). New York: Macmillan.

McCaslin, M., & Hickey, D. T. (2001). Self-regulated learning and academic achievement: A Vygotskian view. In B. Zimmerman & D. Schunk (Eds.), *Self-regulated learning and academic achievement: Theory, research, and practice* (2nd ed., pp. 227–252). Mahwah, NJ: Erlbaum.

McCaslin, M., Vega, R. I., Anderson, E. E., Calderon, C. N., & Labistre, A. M. (2011). Tabletalk: Navigating and negotiating in small-group learning. In D. M. McInerney, R. A. Walker, & G. A. D. Liem (Eds.), *Sociocultural theories of learning and motivation: Looking back, looking forward* (pp. 191–222). Charlotte, NC: Information Age.

McCauley, R. N. (1987). The role of theories in a theory of concepts. In U. Neisser (Ed.), *Concepts and conceptual development: Ecological and intellectual factors in categorization* (pp. 288–309). Cambridge, England: Cambridge University Press.

McClelland, D. C., Atkinson, J. W., Clark, R. A., & Lowell, E. L. (1953). *The achievement motive.* New York: Appleton-Century-Crofts.

McClelland, J. L. (2010). Memory as a constructive process: The parallel distributed processing approach. In S. Nalbantian, P. M. Matthews, & J. L. McClelland (Eds.), *The memory process: Neuroscientific and humanistic perspectives* (pp. 129–155). Cambridge, MA: MIT Press.

McClelland, J. L. (2013). Incorporating rapid neocortical learning of new schema-consistent information into complementary learning systems theory. *Journal of Experimental Psychology: General, 142,* 1190–1210.

McClowry, S. G. (1998). The science and art of using temperament as the basis for intervention. *School Psychology Review, 27,* 551–563.

McClure, J., Meyer, L. H., Garisch, J., Fischer, R., Weir, K. F., & Walkey, F. H. (2011). Students' attributions for their best and worst marks: Do they relate to achievement? *Contemporary Educational Psychology, 36,* 71–81.

McCombs, B. L. (1996). Alternative perspectives for motivation. In L. Baker, P. Afflerbach, & D. Reinking (Eds.), *Developing engaged readers in school and home communities* (pp. 67–87). Hillsdale, NJ: Erlbaum.

McCrary, J. W., & Hunter, W. S. (1953). Serial position curves in verbal learning. *Science, 117,* 131–134.

McCrudden, M. T., Magliano, J. P., & Schraw, G. (2010). Exploring how relevance instructions affect personal reading intentions, reading goals and text processing: A mixed methods study. *Contemporary Educational Psychology, 35,* 229–241.

McCrudden, M. T., & Schraw, G. (2007). Relevance and goal-focusing in text processing. *Educational Psychology Review, 19,* 113–139.

McCrudden, M. T., Schraw, G., & Kambe, G. (2005). The effect of relevance instructions on reading time and learning. *Journal of Educational Psychology, 97,* 88–102.

McDaniel, M. A., Agarwal, P. K., Huelser, B. J., McDermott, K. B., & Roediger, H. L., III (2011). Test-enhanced learning in a middle school science classroom: The effects of quiz frequency and placement. *Journal of Educational Psychology, 103,* 399–414.

McDaniel, M. A., Anderson, J. L., Derbish, M. H., & Morrisette, N. (2007). Testing the testing effect in the classroom. *European Journal of Cognitive Psychology, 19,* 494–513.

McDaniel, M. A., & Einstein, G. O. (1989). Material-appropriate processing: A contextualist approach to reading and studying strategies. *Educational Psychology Review, 1,* 113–145.

McDaniel, M. A., & Masson, M. E. J. (1985). Altering memory representations through retrieval. *Journal of Experimental Psychology: Learning, Memory, and Cognition, 11,* 371–385.

McDaniel, M. A., & Schlager, M. S. (1990). Discovery learning and transfer of problem-solving skills. *Cognition and Instruction, 7,* 129–159.

McDaniel, M. A., Waddill, P. J., & Einstein, G. O. (1988). A contextual account of the generation effect: A three-factor theory. *Journal of Memory and Language, 27,* 521–536.

McDannald, M., & Schoenbaum, G. (2009). Toward a model of impaired reality testing in rats. *Schizophrenia Bulletin, 35,* 664–667.

McDevitt, T. M., & Ormrod, J. E. (2013). *Child development and education* (5th ed.). Upper Saddle River, NJ: Pearson.

McDevitt, T. M., Sheehan, E. P., Cooney, J. B., Smith, H. V., & Walker, I. (1994). Conceptions of listening, learning processes, and epistemologies held by American, Irish, and Australian university students. *Learning and Individual Differences, 6,* 231–256.

McDevitt, T. M., Spivey, N., Sheehan, E. P., Lennon, R., & Story, R. (1990). Children's beliefs about listening: Is it enough to be still and quiet? *Child Development, 55,* 810–820.

McDonald, B. O., Robles-Piña, R., & Polnick, B. (2011, April). *A comparison of urban middle school mathematics teachers with high student gain scores and low student gain scores.* Paper presented at the annual meeting of the American Educational Research Association, New Orleans, LA.

McDonald, R. V., & Siegel, S. (2004). The potential role of drug onset cues in drug dependence and withdrawal. *Experimental and Clinical Psychopharmacology, 12,* 23–26.

McDowell, C., & Keenan, M. (2001). Developing fluency and endurance in a child diagnosed with attention deficit hyperactivity disorder. *Journal of Applied Behavior Analysis, 34,* 345–348.

McGee, K. D., Knight, S. L., & Boudah, D. J. (2001, April). *Using reciprocal teaching in secondary inclusive English classroom instruction.* Paper presented at the annual meeting of the American Educational Research Association, Seattle, WA.

McGee, L. M. (1992). An exploration of meaning construction in first graders' grand conversations. In C. K. Kinzer & D. J. Leu (Eds.), *Literacy research, theory, and practice: Views from many perspectives* (pp. 177–186). Chicago, IL: National Reading Conference.

McGeoch, J. A. (1942). *The psychology of human learning.* New York: David McKay.

McGill, P. (1999). Establishing operations: Implications for the assessment, treatment, and prevention of problem behavior. *Journal of Applied Behavior Analysis, 32,* 393–418.

McGinnis, M. A., Houchins-Juárez, N., McDaniel, J. L., & Kennedy, C. H. (2010). Abolishing and establishing operation analyses of social attention as positive reinforcement for problem behavior. *Journal of Applied Behavior Analysis, 43,* 119–123.

McGivern, R. F., Andersen, J., Byrd, D., Mutter, K. L., & Reilly, J. (2002). Cognitive efficiency on a match to sample task decreases at the onset of puberty in children. *Brain and Cognition, 50*(1), 73–89.

McGovern, M. L., Davis, A., & Ogbu, J. U. (2008). The Minority Achievement Committee: Students leading students to greater success in school. In J. U. Ogbu (Ed.), *Minority status, oppositional culture, and schooling* (pp. 560–573). New York: Routledge.

McGregor, H. A., & Elliot, A. J. (2002). Achievement goals as predictors of achievement-relevant processes prior to task engagement. *Journal of Educational Psychology, 94,* 381–395.

McGuigan, F., & Salmon, K. (2004). The time to talk: The influence of the timing of adult-child talk on children's event memory. *Child Development, 75,* 669–686.

McKenzie, H. S., Clark, M., Wolf, M. M., Kothera, R., & Benson, C. (1968). Behavior modification of children with learning disabilities using grades as tokens and allowances as back up reinforcers. *Exceptional Children, 34,* 745–752.

McKeown, M. G., & Beck, I. L. (1990). The assessment and characterization of young learners' knowledge of a topic in history. *American Educational Research Journal, 27,* 688–726.

McKeown, M. G., & Beck, I. L. (2009). The role of metacognition in understanding and supporting reading comprehension. In D. J. Hacker, J. Dunlosky, & A. C. Graesser (Eds.), *Handbook of metacognition in education* (pp. 7–25). New York: Routledge.

McKerchar, P. M., & Thompson, R. H. (2004). A descriptive analysis of potential reinforcement contingencies in the preschool classroom. *Journal of Applied Behavior Analysis, 37,* 431–444.

McKown, C., & Weinstein, R. S. (2003). The development and consequences of stereotype consciousness in middle childhood. *Child Development, 74,* 498–515.

McLoyd, V. C. (1998). Socioeconomic disadvantage and child development. *American Psychologist, 53,* 185–204.

McMillan, J. H. (2010). The practical implications of educational aims and contexts for formative assessment. In H. L. Andrade & G. J. Cizek (Eds.), *Handbook of formative assessment* (pp. 41–58). New York: Routledge.

McNally, R. J. (2003). Recovering memories of trauma: A view from the laboratory. *Current Directions in Psychological Science, 12,* 32–35.

McNamara, D. S., & Healy, A. F. (1995). A generation advantage for multiplication skill training and nonword vocabulary acquisition. In

A. F. Healy & L. E. Bourne, Jr. (Eds.), *Learning and memory of knowledge and skills: Durability and specificity* (pp. 132–167). Thousand Oaks, CA: Sage.

McNamara, D. S., & Magliano, J. P. (2009). Self-explanation and metacognition: The dynamics of reading. In D. J. Hacker, J. Dunlosky, & A. C. Graesser (Eds.), *Handbook of metacognition in education* (pp. 60–81). New York: Routledge.

McNamara, J. M., Fawcett, T. W., & Houston, A. I. (2013). An adaptive response to uncertainty generates positive and negative contrast effects. *Science, 340,* 1084–1086.

McNeil, N. M., & Jarvin, L. (2007). When theories don't add up: Disentangling the manipulatives debate. *Theory Into Practice, 46,* 309–316.

McNeil, N. M., & Uttal, D. H. (2009). Rethinking the use of concrete materials in learning: Perspectives from development and education. *Child Development Perspectives, 3,* 137–139.

Medin, D. L. (1989). Concepts and conceptual structure. *American Psychologist, 44,* 1469–1481.

Medin, D. L. (2005, August). *Role of culture and expertise in cognition.* Invited address presented at the annual meeting of the American Psychological Association, Washington, DC.

Medin, D. L., Unsworth, S. J., & Hirschfeld, L. (2007). Culture, categorization, and reasoning. In S. Kitayama & D. Cohen (Eds.), *Handbook of cultural psychology* (pp. 615–644). New York: Guilford Press.

Meece, J. L. (1994). The role of motivation in self-regulated learning. In D. H. Schunk & B. J. Zimmerman (Eds.), *Self-regulation of learning and performance: Issues and educational applications* (pp. 25–44). Hillsdale, NJ: Erlbaum.

Meece, J. L., Wigfield, A., & Eccles, J. S. (1990). Predictors of math anxiety and its influence on young adolescents' course enrollment intentions and performance in mathematics. *Journal of Educational Psychology, 82,* 60–70.

Meehl, P. E. (1950). On the circularity of the law of effect. *Psychological Bulletin, 47,* 52–75.

Mega, C., Ronconi, L., & De Beni, R. (2014). What makes a good student? How emotions, self-regulated learning, and motivation contribute to academic achievement. *Journal of Educational Psychology, 106,* 121–131.

Meichenbaum, D. (1977). *Cognitive-behavior modification: An integrative approach.* New York: Plenum Press.

Meichenbaum, D. (1985). Teaching thinking: A cognitive-behavioral perspective. In S. F. Chipman, J. W. Segal, & R. Glaser (Eds.), *Thinking and learning skills: Vol. 2. Research and open questions* (pp. 407–426). Hillsdale, NJ: Erlbaum.

Melby-Lervåg, M., & Hulme, C. (2013). Is working memory training effective? A meta-analytic review. *Developmental Psychology, 49,* 270–291.

Mellers, B. A., & McGraw, A. P. (2001). Anticipated emotions as guides to choice. *Current Directions in Psychological Science, 10,* 210–214.

Mellers, B. A., Schwartz, A., Ho, K., & Ritov, H. (1997). Decision affect theory: Emotional reactions to the outcomes of risky options. *Psychological Science, 8,* 423–429.

Meloth, M. S., & Deering, P. D. (1992). Effects of two cooperative conditions on peer-group discussions, reading comprehension, and metacognition. *Contemporary Educational Psychology, 17,* 175–193.

Meloth, M. S., & Deering, P. D. (1994). Task talk and task awareness under different cooperative learning conditions. *American Educational Research Journal, 31,* 138–165.

Meloth, M. S., & Deering, P. D. (1999). The role of the teacher in promoting cognitive processing during collaborative learning. In A. M. O'Donnell & A. King (Eds.), *Cognitive perspectives on peer learning* (pp. 235–255). Mahwah, NJ: Erlbaum.

Melton, A. W., & Irwin, J. M. (1940). The influence of degree of interpolated learning on retroactive inhibition and the overt transfer of specific responses. *American Journal of Psychology, 53,* 173–203.

Meltzer, L., & Krishnan, K. (2007). Executive function difficulties and learning disabilities: Understandings and misunderstandings. In L. Meltzer (Ed.), *Executive function in education: From theory to practice* (pp. 77–105). New York: Guilford Press.

Meltzer, L., Pollica, L. S., & Barzillai, M. (2007). Executive function in the classroom: Embedding strategy instruction into daily teaching practices. In L. Meltzer (Ed.), *Executive function in education: From theory to practice* (pp. 165–193). New York: Guilford Press.

Meltzoff, A. N., & Moore, M. K. (1977). Imitation of facial and manual gestures by human neonates. *Science, 198,* 75–78.

Mergendoller, J. R., Markham, T., Ravitz, J., & Larmer, J. (2006). Pervasive management of project based learning: Teachers as guides and facilitators. In C. M. Evertson & C. S. Weinstein (Eds.), *Handbook of classroom management: Research, practice, and contemporary issues* (pp. 583–615). Mahwah, NJ: Erlbaum.

Merrill, M. D., & Tennyson, R. D. (1977). *Concept teaching: An instructional design guide.* Englewood Cliffs, NJ: Educational Technology.

Mervis, C. B., Pani, J. R., & Pani, A. M. (2003). Transaction of child cognitive-linguistic abilities and adult input in the acquisition of lexical categories at the basic and subordinate levels. In D. H. Rakison & L. M. Oakes (Eds.), *Early category and concept development: Making sense of the blooming, buzzing confusion* (pp. 242–274). New York: Oxford University Press.

Merzenich, M. M. (2001). Cortical plasticity contributing to child development. In J. L. McClelland & R. S. Siegler (Eds.), *Mechanisms of cognitive development: Behavioral and neural perspectives* (pp. 67–95). Mahwah, NJ: Erlbaum.

Mesquita, B., & Leu, J. (2007). The cultural psychology of emotion. In S. Kitayama & D. Cohen (Eds.), *Handbook of cultural psychology* (pp. 734–759). New York: Guilford Press.

Metcalfe, J. (2009). Metacognitive judgments and control of study. *Current Directions in Psychological Science, 18,* 159–163.

Metz, K. E. (1995). Reassessment of developmental constraints on children's science instruction. *Review of Educational Research, 65,* 93–127.

Metz, K. E. (1997). On the complex relation between cognitive developmental research and children's science curricula. *Review of Educational Research, 67,* 151–163.

Metz, K. E. (2004). Children's understanding of scientific inquiry: Their conceptualizations of uncertainty in investigations of their own design. *Cognition and Instruction, 22,* 219–290.

Metz, K. E. (2011). Disentangling robust developmental constraints from the instructionally mutable: Young children's epistemic reasoning about a study of their own design. *Journal of the Learning Sciences, 20,* 50–110.

Metzger, M. J., Flanagin, A. J., & Zwarun, L. (2003). College student Web use, perceptions of information credibility, and verification behavior. *Computers and Education, 41,* 271–290.

Meyer, D. K., & Turner, J. C. (2006). Re-conceptualizing emotion and motivation to learn in classroom contexts. *Educational Psychology Review, 18,* 377–390.

Meyer, K. A. (1999). Functional analysis and treatment of problem behavior exhibited by elementary school children. *Journal of Applied Behavior Analysis, 32,* 229–232.

Meyer, L. H., Weir, K. F., McClure, J., & Walkey, F. (2008, March). *The relationship of motivation orientations to future achievement in secondary school.* Paper presented at the annual meeting of the American Educational Research Association, New York.

Mezulis, M. H., Abramson, L. Y., Hyde, J. S., & Hankin, B. L. (2004). Is there a universal positivity bias in attributions? A meta-analytic review of individual, developmental, and cultural differences in the self-serving attributional bias. *Psychological Bulletin, 130,* 711–747.

Michael, J. (1993). Establishing operations. *The Behavior Analyst, 16,* 191–206.

Michael, J. (2000). Implications and refinements of the establishing operation concept. *Journal of Applied Behavior Analysis, 33,* 401–410.

Middleton, M., & Abrams, E. (2004, April). *The effect of pre-service teachers' sense of efficacy on their self-reflective practice.* Paper presented at the Annual Meeting of the American Educational Research Association, San Diego, CA.

Middleton, M. J., & Midgley, C. (1997). Avoiding the demonstration of lack of ability: An under-explored aspect of goal theory. *Journal of Educational Psychology, 89,* 710–718.

Middleton, M. J., & Midgley, C. (2002). Beyond motivation: Middle school students' perceptions of press for understanding in math. *Contemporary Educational Psychology, 27,* 373–391.

Midgley, C. (1993). Motivation and middle level schools. In M. Maehr & P. R. Pintrich (Eds.), *Advances in motivation and achievement* (Vol. 8, pp. 217–274). Greenwich, CT: JAI Press.

Midgley, C., Kaplan, A., & Middleton, M. (2001). Performance-approach goals: Good for what, for whom, under what circumstances, and at what cost? *Journal of Educational Psychology, 93,* 77–86.

Midgley, C., Kaplan, A., Middleton, M., Maehr, M., Urdan, T., Anderman, L., . . . Roeser, R. (1998). The development and validation of scales assessing students' achievement goal orientations. *Contemporary Educational Psychology, 23,* 113–131.

Mikulincer, M. (1994). *Human learned helplessness: A coping perspective.* New York: Plenum Press.

Milbrath, C., & Siegel, B. (1996). Perspective taking in the drawings of a talented autistic child. *Visual Arts Research, 22,* 56–75.

Miller, D. L., & Kelley, M. L. (1994). The use of goal setting and contingency contracting for improving children's homework performance. *Journal of Applied Behavior Analysis, 27,* 73–84.

Miller, G. A. (1956). The magical number seven, plus or minus two: Some limits on our capacity for processing information. *Psychological Review, 63,* 81–97.

Miller, G. A. (2010). Mistreating psychology in the decades of the brain. *Perspectives on Psychological Science, 5,* 716–743.

Miller, G. A., Galanter, E., & Pribram, K. H. (1960). *Plans and the structure of behavior.* New York: Holt, Rinehart & Winston.

Miller, J. G. (1997). A cultural-psychology perspective on intelligence. In R. J. Sternberg & E. L. Grigorenko (Eds.), *Intelligence, heredity, and environment* (pp. 269–302). Cambridge, England: Cambridge University Press.

Miller, N. E. (1948). Studies of fear as an acquirable drive: I. Fear as motivation and fear-reduction as reinforcement in the learning of new responses. *Journal of Experimental Psychology, 38,* 89–101.

Miller, N. E., & Dollard, J. C. (1941). *Social learning and imitation.* New Haven, CT: Yale University Press.

Miller, P. J., Fung, H., & Koven, M. (2007). Narrative reverberations: How participation in narrative practices co-creates persons and cultures. In S. Kitayama & D. Cohen (Eds.), *Handbook of cultural psychology* (pp. 595–614). New York: Guilford Press.

Miller, R. B., & Brickman, S. J. (2004). A model of future-oriented motivation and self-regulation. *Educational Psychology Review, 16,* 9–33.

Miller, R. B., Greene, B. A., & Dillon, C. L. (2010, April–May). *Perceived instrumentality, achievement goals, and deep processing: Direct or mediated effects?* Paper presented at the annual meeting of the American Educational Research Association, Denver, CO.

Miller, R. R., & Barnet, R. C. (1993). The role of time in elementary associations.*Current Directions in Psychological Science, 2,* 106–111.

Miller, R. R., & Laborda, M. A. (2011). Preventing recovery from extinction and relapse: A product of current retrieval cues and memory strengths. *Current Directions in Psychological Science, 20,* 325–329.

Miller, S. D., & Meece, J. L. (1997). Enhancing elementary students' motivation to read and write: A classroom intervention study. *Journal of Educational Research, 90,* 286–300.

Miller, S. M. (2003). How literature discussion shapes thinking: ZPDs for teaching/learning habits of the heart and mind. In A. Kozulin, B. Gindis, V. S. Ageyev, & S. M. Miller (Eds.), *Vygotsky's educational theory in cultural context* (pp. 289–316). Cambridge, England: Cambridge University Press.

Millroy, W. L. (1991). An ethnographic study of the mathematical ideas of a group of carpenters. *Learning and Individual Differences, 3,* 1–25.

Mills, D. L., & Sheehan, E. A. (2007). Experience and developmental changes in the organization of language-relevant brain activity. In D. Coch, K. W. Fischer, & G. Dawson (Eds.), *Human behavior, learning, and the developing brain: Typical development* (pp. 183–218). New York: Guilford Press.

Mineka, S., & Zinbarg, R. (2006). A contemporary learning theory perspective on the etiology of anxiety disorders: It's not what you thought it was. *American Psychologist, 61,* 10–26.

Minogue, J., & Jones, M. G. (2006). Haptics in education: Exploring an untapped sensory modality. *Review of Educational Research, 76,* 317–348.

Minsky, M. (2006). *The emotion machine: Commonsense thinking, artificial intelligence, and the future of the human mind.* New York: Simon & Schuster.

Minstrell, J., & Stimpson, V. (1996). A classroom environment for learning: Guiding students' reconstruction of understanding and reasoning. In L. Schauble & R. Glaser (Eds.), *Innovations in learning: New environments for education* (pp. 175–202). Mahwah, NJ: Erlbaum.

Mintrop, H., & Sunderman, G. L. (2009). Predictable failure of federal sanctions-driven accountability for school improvement—And why we may retain it anyway. *Educational Researcher, 38,* 353–364.

Mintzes, J. J., Wandersee, J. H., & Novak, J. D. (1997). Meaningful learning in science: The human constructivist perspective. In G. D. Phye (Ed.), *Handbook of academic learning: Construction of knowledge* (pp. 405–447). San Diego, CA: Academic Press.

Mitchell, D. B. (2006). Nonconscious priming after 17 years: Invulnerable implicit memory? *Psychological Science 17,* 925–929.

Mitchell, J. B. (1989). Current theories on expert and novice thinking: A full faculty considers the implications for legal education. *Journal of Legal Education, 39,* 275–297.

Mitchell, M. (1993). Situational interest: Its multifaceted structure in the secondary school mathematics classroom. *Journal of Educational Psychology, 85,* 424–436.

Mitchell, T. V. (2007). Effects of blindness and deafness on the development of spatial perception and cognition. In J. M. Plumert & J. P. Spencer (Eds.), *The emerging spatial mind* (pp. 263–289). New York: Oxford University Press.

Mithaug, D. K., & Mithaug, D. E. (2003). Effects of teacher-directed versus student-directed instruction on self-management of young children with disabilities. *Journal of Applied Behavior Analysis, 36,* 133–136.

Miyake, A., & Friedman, N. P. (2012). The nature and organization of individual differences in executive functions: Four general conclusions. *Current Directions in Psychological Science, 21,* 8–14.

Miyake, N. (2008). Conceptual change through collaboration. In S. Vosniadou (Ed.), *International handbook on conceptual change* (pp. 453–478). New York: Routledge.

Moely, B. E. (1977). Organizational factors in the development of memory. In R. V. Kail & J. W. Hagen (Eds.), *Perspectives on the development of memory and cognition* (pp. 203–236). Hillsdale, NJ: Erlbaum.

Moje, E. B., & Shepardson, D. P. (1998). Social interactions and children's changing understanding of electric circuits: Exploring unequal power relations in "peer" learning groups. In B. Guzzetti & C. Hynd (Eds.), *Perspectives on conceptual change: Multiple ways to understand knowing and learning in a complex world* (pp. 225–234). Mahwah, NJ: Erlbaum.

Monte-Sano, C. (2008). Qualities of historical writing instruction: A comparative case study of two teachers' practices. *American Educational Research Journal, 45,* 1045–1079.

Moon, J. (2008). *Critical thinking: An exploration of theory and practice.* London: Routledge.

Mooney, C. M. (1957). Age in the development of closure ability in children. *Canadian Journal of Psychology, 11,* 219–226.

Moran, S., & John-Steiner, V. (2003). Creativity in the making: Vygotsky's contemporary contribution to the dialectic of development and creativity. In R. K. Sawyer, V. John-Steiner, S. Moran, R. J. Sternberg, D. H. Feldman, J. Nakamura, & M. Csikszentmihalyi (Eds.). *Creativity and development* (pp. 61–90). Oxford, England: Oxford University Press.

Morelli, G. A., & Rothbaum, F. (2007). Situating the child in context: Attachment relationships and self-regulation in different cultures. In S. Kitayama & D. Cohen (Eds.), *Handbook of cultural psychology* (pp. 500–527). New York: Guilford Press.

Morgan, M. (1984). Reward-induced decrements and increments in intrinsic motivation. *Review of Educational Research, 54,* 5–30.

Morgan, M. (1985). Self-monitoring of attained subgoals in private study. *Journal of Educational Psychology, 77,* 623–630.

Morra, S., Gobbo, C., Marini, Z., & Sheese, R. (2008). *Cognitive development: Neo-Piagetian perspectives.* New York: Erlbaum.

Morris, C. D., Bransford, J. D., & Franks, J. J. (1977). Levels of processing versus transfer appropriate processing. *Journal of Verbal Learning and Verbal Behavior, 16,* 519–533.

Mosborg, S. (2002). Speaking of history: How adolescents use their knowledge of history in reading the daily news. *Cognition and Instruction, 20,* 323–358.

Mowrer, O. H. (1938). Preparatory set (expectancy): A determinant in motivation and learning. *Psychological Review, 45,* 62–91.

Mowrer, O. H. (1939). A stimulus-response analysis and its role as a reinforcing agent. *Psychological Review, 46,* 553–565.

Mowrer, O. H. (1956). Two-factor learning theory reconsidered, with special reference to

secondary reinforcement and the concept of habit. *Psychological Review, 63,* 114–128.
Mowrer, O. H. (1960). *Learning theory and behavior.* New York: Wiley.
Mueller, C. M., & Dweck, C. S. (1998). Intelligence praise can undermine motivation and performance. *Journal of Personality and Social Psychology, 75,* 33–52.
Mueller, M. M., Nkosi, A., & Hine, J. F. (2011). Functional analysis in public schools: A summary of 90 functional analyses. *Journal of Applied Behavior Analysis, 44,* 807–818.
Muis, K. R. (2004). Personal epistemology and mathematics: A critical review and synthesis of research. *Review of Educational Research, 74,* 317–377.
Muis, K. R. (2007). The role of epistemic beliefs in self-regulated learning. *Educational Psychologist, 42,* 173–190.
Muis, K. R., Bendixen, L. D., & Haerle, F. C. (2006). Domain-generality and domain-specificity in personal epistemology research: Philosophical and empirical reflections in the development of a theoretical framework. *Educational Psychology Review, 18,* 3–54.
Muis, K. R., & Duffy, M. C. (2013). Epistemic climate and epistemic change: Instruction designed to change students' beliefs and learning strategies and improve achievement. *Journal of Educational Psychology, 105,* 213–225.
Muis, K. R., & Foy, M. J. (2010). The effects of teachers' beliefs on elementary students' beliefs, motivation, and achievement in mathematics. In L. D. Bendixen & F. C. Feucht (Eds.), *Personal epistemology in the classroom: Theory, research, and implications for practice* (pp. 435–469). Cambridge, England: Cambridge University Press.
Muis, K. R., & Franco, G. M. (2009). Epistemic beliefs: Setting the standards for self-regulated learning. *Contemporary Educational Psychology, 34,* 306–318.
Mullen, M. K., & Yi, S. (1995). The cultural context of talk about the past: Implications for the development of autobiographical memory. *Cognitive Development, 10,* 407–419.
Mumme, D. L., & Fernald, A. (2003). The infant as onlooker: Learning from emotional reactions observed in a television scenario. *Child Development, 74,* 221–237.
Mundy, P., & Newell, L. (2007). Attention, joint attention, and social cognition. *Current Directions in Psychological Science, 16,* 269–274.
Munro, D. W., & Stephenson, J. (2009). The effects of response cards on student and teacher behavior during vocabulary instruction. *Journal of Applied Behavior Analysis, 42,* 795–800.
Murata, A., Fadiga, L., Fogassi, L., Gallese, V., Raos, V., & Rizzolatti, G. (1997). Object representation in the ventral premotor cortex (area F5) of the monkey. *Journal of Neurophysiology, 78,* 2226–2230.
Murdock, T. B. (1999). The social context of risk: Status and motivational predictors of alienation in middle school. *Journal of Educational Psychology, 91,* 62–75.
Murphy, E. S., McSweeney, F. K., Smith, R. G., & McComas, J. J. (2003). Dynamic changes in reinforcer effectiveness: Theoretical, methological, and practical implications for applied research. *Journal of Applied Behavior Analysis, 36,* 421–438.
Murphy, P. K. (2007). The eye of the beholder: The interplay of social and cognitive components in change. *Educational Psychologist, 42,* 41–53.
Murphy, P. K., & Alexander, P. A. (2000). A motivated exploration of motivation terminology. *Contemporary Educational Psychology, 25,* 3–53.
Murphy, P. K., & Alexander, P. A. (2008). Examining the influence of knowledge, beliefs, and motivation in conceptual change. In S. Vosniadou (Ed.), *Handbook of research on conceptual change* (pp. 583–616). New York: Taylor and Francis.
Murphy, P. K., & Mason, L. (2006). Changing knowledge and beliefs. In P. A. Alexander & P. H. Winne (Eds.), *Handbook of educational psychology* (2nd ed., pp. 305–324). Mahwah, NJ: Erlbaum.
Murphy, P. K., Wilkinson, I. A. G., & Soter, A. O. (2011). Instruction based on discussion. In R. E. Mayer & P. A. Alexander (Eds.), *Handbook of research on learning and instruction* (pp. 382–407). New York: Routledge.
Murray, A. M., Nobre, A. C., Clark, I. A., Cravo, A. M., & Stokes, M. G. (2013). Attention restores discrete items to visual short-term memory. *Psychological Science, 24,* 550–556.
Murray, L., de Rosnay, M., Pearson, J., Bergeron, C., Schofield, E., Royal-Lawson, M., & Cooper, P. J. (2008). Intergenerational transmission of social anxiety: The role of social referencing processes in infancy. *Child Development, 79,* 1049–1064.
Mwangi, W., & Sweller, J. (1998). Learning to solve compare word problems: The effect of example format and generating self-explanations. *Cognition and Instruction, 16,* 173–199.
Myin, E., & O'Regan, J. K. (2009). Situated perception and sensation in vision and other modalities. In P. Robbins & M. Aydede (Eds.), *The Cambridge handbook of situated cognition* (pp. 185–200). Cambridge, England: Cambridge University Press.
Nadel, L. (2005, August). *Memory, stress, and the brain: In Miller's footsteps.* Invited address presented at the annual meeting of the American Psychological Association, Washington, DC.
Nadel, L., & Jacobs, W. J. (1998). Traumatic memory is special. *Current Directions in Psychological Science, 7,* 154–157.
Narciss, S. (2008). Feedback strategies for interactive learning tasks. In J. M. Spector, M. D. Merrill, J. van Merriënboer, & M. P. Driscoll (Eds.), *Handbook of research on educational communications and technology* (3rd ed., pp. 125–143). New York: Erlbaum.
Nathan, M. J. (2012). Rethinking formalisms in formal education. *Educational Psychologist, 47,* 125–148.
Naumann, J., Richter, T., Flender, J., Christmann, U., & Groeben, N. (2007). Signaling in expository hypertexts compensates for deficits in reading skill. *Journal of Educational Psychology, 99,* 791–807.
Naveh-Benjamin, M. (1991). A comparison of training programs intended for different types of test-anxious students: Further support for an information-processing model. *Journal of Educational Psychology, 83,* 134–139.
Nee, D. E., Berman, M. G., Moore, K. S., & Jonides, J. (2008). Neuroscientific evidence about the distinction between short- and long-term memory. *Current Directions in Psychological Science, 17,* 102–106.
Neisser, U. (1967). *Cognitive psychology.* New York: Appleton-Century-Crofts.
Neisser, U., & Harsch, N. (1992). Phantom flashbulbs: False recollections of hearing the news about *Challenger.* In E. Winograd & U. Neisser (Eds.), *Affect and accuracy in recall: Studies of "flashbulb" memories* (pp. 9–31). Cambridge, England: Cambridge University Press.
Nelson, C. A. (1995). The ontogeny of human memory: A cognitive neuroscience perspective. *Developmental Psychology, 31,* 723–738.
Nelson, C. A., III, Thomas, K. M., & de Haan, M. (2006). Neural bases of cognitive development. In D. Kuhn, R. Siegler (Vol. Eds.), W. Damon, & R. M. Lerner (Series Eds.), *Handbook of child psychology. Vol. 2: Cognition, perception, and language* (6th ed., pp. 3–57). New York: Wiley.
Nelson, K. (1996). *Language in cognitive development: The emergence of the mediated mind.* Cambridge, England: Cambridge University Press.
Nelson, L. J., & Miller, D. T. (1995). The distinctiveness effect in social categorization: You are what makes you unusual. *Psychological Science, 6,* 246–249.
Nelson, S. K., Kushlev, K., English, T., Dunn, E. W., & Lyubomirsky, S. (2013). In defense of parenthood: Children are associated with more joy than misery. *Psychological Science, 24,* 3–10.
Nelson, T. O. (1977). Repetition and depth of processing. *Journal of Verbal Learning and Verbal Behavior, 16,* 151–171.
Nelson, T. O. (1978). Detecting small amounts of information in memory: Savings for nonrecognized items. *Journal of Experimental Psychology: Human Learning and Memory, 4,* 453–468.
Nelson, T. O., & Dunlosky, J. (1991). When people's judgments of learning (JOLs) are extremely accurate at predicting subsequent recall: The "delayed-JOL effect." *Psychological Science, 2,* 267–270.
Nersessian, N. J. (2008). Mental modeling in conceptual change. In S. Vosniadou (Ed.), *International handbook on conceptual change* (pp. 391–416). New York: Routledge.
Nesbit, J. C., & Adesope, O. O. (2006). Learning with concept and knowledge maps: A meta-analysis. *Review of Educational Research, 76,* 413–448.
Nett, U. E., Goetz, T., & Hall, N. C. (2011). Coping with boredom in school: An experience sampling perspective. *Contemporary Educational Psychology, 36,* 49–59.
Neumann, P. G. (1974). An attribute frequency model for the abstraction of prototypes. *Memory and Cognition, 2,* 241–248.
Neumann, R. (2000). The causal influences of attributions on emotions: A procedural

priming approach. *Psychological Science, 11,* 179–182.
Neville, H. J., & Bruer, J. T. (2001). Language processing: How experience affects brain organization. In D. B. Bailey, Jr., J. T. Bruer, F. J. Symons, & J. W. Lichtman (Eds.), *Critical thinking about critical periods* (pp. 151–172). Baltimore, MD: Paul H. Brookes.
Newberg, N. A., & Sims, R. B. (1996). Contexts that promote success for inner-city students. *Urban Education, 31,* 149–176.
Newby, T. J., Ertmer, P. A., & Stepich, D. A. (1994, April). *Instructional analogies and the learning of concepts.* Paper presented at the annual meeting of the American Educational Research Association, New Orleans, LA.
Newcombe, N. S., Drummey, A. B., Fox, N. A., Lie, E., & Ottinger-Albergs, W. (2000). Remembering early childhood: How much, how, and why (or why not). *Current Directions in Psychological Science, 9,* 55–58.
Newcombe, N. S., & Fox, N. A. (1994). Infantile amnesia: Through a glass darkly. *Child Development, 65,* 31–40.
Newcombe, N. S., & Huttenlocher, J. (1992). Children's early ability to solve perspective-taking problems. *Developmental Psychology, 28,* 635–643.
Newell, A., Shaw, J. C., & Simon, H. A. (1958). Elements of a theory of human problem solving. *Psychological Review, 65,* 151–166.
Newell, A., & Simon, H. A. (1972). *Human problem solving.* Englewood Cliffs, NJ: Prentice Hall.
Newman, R. S. (1998). Students' help seeking during problem solving: Influences of personal and contextual achievement goals. *Journal of Educational Psychology, 90,* 644–658.
Newman, R. S. (2008). Adaptive and nonadaptive help seeking with peer harassment: An integrative perspective of coping and self-regulation. *Educational Psychologist, 43,* 1–15.
Newman, R. S., & Schwager, M. T. (1992). Student perceptions and academic help seeking. In D. Schunk & J. Meece (Eds.), *Student perceptions in the classroom* (pp. 123–146). Hillsdale, NJ: Erlbaum.
Newman, R. S., & Schwager, M. T. (1995). Students' help seeking during problem solving: Effects of grade, goal, and prior achievement. *American Educational Research Journal, 32,* 352–376.
Newport, E. L. (1990). Maturational constraints on language learning. *Cognitive Science, 14,* 11–28.
Newquist, M. H., Dozier, C. L., & Neidert, P. L. (2012). A comparison of the effects of brief rules, a timer, and preferred toys on self-control. *Journal of Applied Behavior Analysis, 45,* 497–509.
Newson, J., & Newson, E. (1975). Intersubjectivity and the transmission of culture: On the origins of symbolic functioning. *Bulletin of the British Psychological Society, 28,* 437–446.
Newstead, S. (2004). The purposes of assessment. *Psychology of Learning and Teaching, 3,* 97–101.
Nguyen, S. P., & Murphy, G. L. (2003). An apple is more than just a fruit: Cross-classification in children's concepts. *Child Development, 74,* 1783–1806.
Ni, Y., & Zhou, Y.-D. (2005). Teaching and learning fraction and rational numbers: The origins and implications of whole number bias. *Educational Psychologist, 40,* 27–52.
NICHD Early Child Care Research Network. (2002). Early child care and children's development prior to school entry: Results from the NICHD study of early child care. *American Educational Research Journal, 39* (1), 133–164.
Nicholls, J. G. (1984). Conceptions of ability and achievement motivation. In R. Ames & C. Ames (Eds.), *Research on motivation in education: Vol. 1. Student motivation* (pp. 185–218). Orlando, FL: Academic Press.
Nicholls, J. G. (1990). What is ability and why are we mindful of it? A developmental perspective. In R. J. Sternberg & J. Kolligian (Eds.), *Competence considered* (pp. 11–40). New Haven, CT: Yale University Press.
Nichols, S. R., Svetlova, M., & Brownell, C. A. (2010). Toddlers' understanding of peers' emotions. *Journal of Genetic Psychology: Research and Theory on Human Development, 171,* 35–53.
Niederhauser, D. S. (2008). Educational hypertext. In J. M. Spector, M. D. Merrill, J. van Merriënboer, & M. P. Driscoll (Eds.), *Handbook of research on educational communications and technology* (3rd ed., pp. 199–210). New York: Erlbaum.
Nielsen, M., & Tomaselli, K. (2010). Overimitation in Kalahari bushman children and the origins of human cultural cognition. *Psychological Science, 21,* 729–736.
Nietfeld, J. L., & Cao, L. (April, 2004). *The effect of distributed monitoring exercises and feedback on performance and monitoring accuracy.* Paper presented at the American Educational Research Association, San Diego, CA.
Nieto, S., & Bode, P. (2008). *Affirming diversity: The sociopolitical context of multicultural education* (5th ed.). Boston, MA: Allyn & Bacon.
Nikopoulos, C. K., & Keenan, M. (2004). Effects of video modeling on social initiations by children with autism. *Journal of Applied Behavior Analysis, 37,* 93–96.
Nisbett, R. E., Aronson, J., Blair, C., Dickens, W., Flynn, J., Halpern, D. F., & Turkheimer, E. (2012). Intelligence: New findings and theoretical developments. *American Psychologist, 67,* 130–159.
Nisbett, R. E., & Wilson, T. D. (1977). Telling more than we can know: Verbal reports on mental processes. *Psychological Review, 84,* 231–259.
Nist, S. L., Simpson, M. L., Olejnik, S., & Mealey, D. L. (1991). The relation between self-selected study processes and test performance. *American Educational Research Journal, 28,* 849–874.
Nitko, A. J., & Brookhart, S. M. (2011). *Educational assessment of students* (6th ed.). Boston, MA: Pearson/Allyn & Bacon.
Noice, H., & Noice, T. (1996). Two approaches to learning a theatrical script. *Memory, 4,* 1–17.
Nokes, J. D., & Dole, J. A. (2004). Helping adolescent readers through explicit strategy instruction. In T. L. Jetton & J. A. Dole (Eds.), *Adolescent literacy research and practice* (pp. 162–182). New York: Guilford Press.
Nolen, S. B. (1996). Why study? How reasons for learning influence strategy selection. *Educational Psychology Review, 8,* 335–355.
Nolen, S. B. (2007). Young children's motivation to read and write: Development in social contexts. *Cognition and Instruction, 25,* 219–270.
Nolen, S. B. (2011). Motivation, engagement, and identity: Opening a conversation. In D. M. McInerney, R. A. Walker, & G. A. D. Liem (Eds.), *Sociocultural theories of learning and motivation: Looking back, looking forward* (pp. 109–135). Charlotte, NC: Information Age.
Nordgreen, J., Janczak, A. M., Hovland, A. L., Ranheim, B., & Horsberg, T. E. (2010). Trace classical conditioning in rainbow trout (*Oncorhynchus mykiss*): What do they learn? *Animal Cognition, 13,* 303–309.
Norman, D. A. (1969). *Memory and attention: An introduction to human information processing.* New York: Wiley.
Normandeau, S., & Gobeil, A. (1998). A developmental perspective on children's understanding of causal attributions in achievement-related situations. *International Journal of Behavioral Development, 22,* 611–632.
Northup, J. (2000). Further evaluation of the accuracy of reinforcer surveys: A systematic replication. *Journal of Applied Behavior Analysis, 33,* 335–338.
Northup, J., Broussard, C., Jones, K., George, T., Vollmer, T. R., & Herring, M. (1995). The differential effects of teachers and peer attention on the disruptive classroom behavior of three children with a diagnosis of attention deficit hyperactivity disorder. *Journal of Applied Behavior Analysis, 28,* 227–228.
Novak, J. D. (1998). *Learning, creating, and using knowledge: Concept maps as facilitative tools in schools and corporations.* Mahwah, NJ: Erlbaum.
Novick, L. R. (1988). Analogical transfer, problem similarity, and expertise. *Journal of Experimental Psychology: Learning, Memory, and Cognition, 14,* 510–520.
Nucci, L. P. (2001). *Education in the moral domain.* Cambridge, England: Cambridge University Press.
Núñez, J. C., González-Pienda, J. A., González-Pumariega, S., Roces, C., Alvarez, L., González, P., . . . Rodriguez, S. (2005). Subgroups of attributional profiles in students with learning disabilities and their relation to self-concept and academic goals. *Learning Disabilities Research and Practice, 20,* 86–97.
Nussbaum, E. M. (2008). Collaborative discourse, argumentation, and learning: Preface and literature review. *Contemporary Educational Psychology, 33,* 345–359.
Nussbaum, E. M., & Edwards, O. V. (2011). Critical questions and argument strategems: A framework for enhancing and analyzing students' reasoning practices. *Journal of the Learning Sciences, 20,* 443–488.
Nuthall, G. (2000). The anatomy of memory in the classroom: Understanding how students

acquire memory processes from classroom activities in science and social studies units. *American Educational Research Journal, 37,* 247–304.

Oakes, L. M., & Bauer, P. J. (Eds.). (2007). *Short- and long-term memory in infancy and early childhood: Taking the first steps toward remembering.* New York: Oxford University Press.

Oakes, L. M., & Rakison, D. H. (2003). Issues in the early development of concepts and categories: An introduction. In D. H. Rakison & L. M. Oakes (Eds.), *Early category and concept development: Making sense of the blooming, buzzing confusion* (pp. 3–23). Oxford, England: Oxford University Press.

Oakhill, J. (1993). Children's difficulties in reading comprehension. *Educational Psychology Review, 5,* 223–237.

Oakhill, J., Cain, K., & Yuill, N. (1998). Individual differences in children's comprehension skill: Toward an integrated model. In C. Hulme & R. M. Joshi (Eds.), *Reading and spelling: Development and disorders* (pp. 343–367). Mahwah, NJ: Erlbaum.

Oatley, K., & Nundy, S. (1996). Rethinking the role of emotions in education. In D. R. Olson & N. Torrance (Eds.), *The handbook of education and human development: New models of learning, teaching, and schooling* (pp. 257–274). Cambridge, MA: Blackwell.

Oberauer, K., & Hein, L. (2012). Attention to information in working memory. *Current Directions in Psychological Science, 21,* 164–169.

Oberheim, N. A., Takano, T., Han, X., He, W., Lin, J. H. C., Wang, F., . . . Nedergaard, M. (2009). Uniquely hominid features of adult human astrocytes. *Journal of Neuroscience, 29,* 3276–3287.

O'Connor, R. T., Lerman, D. C., & Fritz, J. N. (2010). Effects of number and location of bins on plastic recycling at a university.*Journal of Applied Behavior Analysis, 43,* 711–715.

O'Donnell, A. M. (1999). Structuring dyadic interaction through scripted cooperation. In A. M. O'Donnell & A. King (Eds.), *Cognitive perspectives on peer learning* (pp. 179–196). Mahwah, NJ: Erlbaum.

O'Donnell, A. M. (2006). The role of peers and group learning. In P. A. Alexander & P. H. Winne (Eds.), *Handbook of educational psychology* (2nd ed., pp. 781–802). Mahwah, NJ: Erlbaum.

O'Donnell, A. M., Dansereau, D. F., & Hall, R. H. (2002). Knowledge maps as scaffolds for cognitive processing. *Educational Psychology Review, 14,* 71–86.

O'Donnell, A. M., & King, A. (Eds.). (1999). *Cognitive perspectives on peer learning.* Mahwah, NJ: Erlbaum.

O'Donnell, A. M., & O'Kelly, J. (1994). Learning from peers: Beyond the rhetoric of positive results. *Educational Psychology Review, 6,* 321–349.

O'Grady, W. (1997). *Syntactic development.* Chicago, IL: University of Chicago.

Ohlsson, S. (2009). Resubsumption: A possible mechanism for conceptual change and belief revision. *Educational Psychologist, 44,* 20–40.

Öhman, A., & Mineka, S. (2003). The malicious serpent: Snakes as a prototypical stimulus for an evolved module of fear. *Current Directions in Psychological Science, 12,* 5–9.

Olds, J., & Milner, P. (1954). Positive reinforcement produced by electrical stimulation of septal area and other regions of rat brain. *Journal of Comparative and Physiological Psychology, 47,* 419–427.

Olson, C. B., Kim, J. S., Scarcella, R., Kramer, J., Pearson, M., van Dyk, D. A., . . ., (2012). Enhancing the interpretive reading and analytical writing of mainstreamed English learners in secondary school: Results from a randomized field trial using a cognitive strategies approach. *American Educational Research Journal, 49,* 323–355.

Olson, M. A., & Fazio, R. H. (2001). Implicit attitude formation through classical conditioning. *Psychological Science, 12,* 413–417.

O'Mara, A. J., Marsh, H. W., Craven, R. G., & Debus, R. L. (2006). Do self-concept interventions make a difference? A synergistic blend of construct validation and meta-analysis. *Educational Psychologist, 41,* 181–206.

Onosko, J. J. (1996). Exploring issues with students despite the barriers. *Social Education, 60*(1), 22–27.

Opfer, J. E., & Doumas, L. A. A. (2008). Analogy and conceptual change in childhood. *Behavioral and Brain Sciences, 31,* 723.

Ophir, E., Nass, C., & Wagner, A. D. (2009). Cognitive control in media multitaskers. *Proceedings of the National Academy of Sciences, 106,* 15583–15587.

Organisation for Economic Co-operation and Development (OECD). (2007). *Understanding the brain: The birth of a learning science.* Paris: Author.

Ormrod, J. E. (1979). Cognitive processes in the solution of three-term series problems. *American Journal of Psychology, 92,* 235–255.

Ormrod, J. E., Ormrod, R. K., Wagner, E. D., & McCallin, R. C. (1988). Reconceptualizing map learning. *American Journal of Psychology, 101,* 425–433.

Ornstein, P. A., Grammer, J. K., & Coffman, J. L. (2010). Teachers' "mnemonic style" and the development of skilled memory. In H. S. Waters & W. Schneider (Eds.), *Metacognition, strategy use, and instruction* (pp. 23–53). New York: Guilford Press.

Ornstein, P. A., & Haden, C. A. (2001). *Memory* development or the *development* of memory? *Current Directions in Psychological Science, 10,* 202–205.

Ornstein, R. (1997). *The right mind: Making sense of the hemispheres.* San Diego, CA: Harcourt Brace.

Osborne, J. W., Tillman, D., & Holland, A. (2010). Stereotype threat and anxiety for disadvantaged minorities and women. In J. C. Cassady (Ed.), *Anxiety in schools: The causes, consequences, and solutions for academic anxieties* (pp. 119–136). New York: Peter Lang.

Osgood, C. E. (1949). The similarity paradox in human learning: A resolution. *Psychological Review, 56,* 132–143.

Osher, D., Bear, G. G., Sprague, J. R., & Doyle, W. (2010). How can we improve school discipline? *Educational Researcher, 39,* 48–58.

Oskamp, S. (Ed.). (2000). *Reducing prejudice and discrimination.* Mahwah, NJ: Erlbaum.

Osterman, K. F. (2000). Students' need for belonging in the school community. *Review of Educational Research, 70,* 323–367.

Ostrovsky, Y., Andalman, A., & Sinha, P. (2006). Vision following extended congenital blindness. *Psychological Science, 17,* 1009–1014.

Otero, J. (1998). Influence of knowledge activation and context on comprehension monitoring of science texts. In D. J. Hacker, J. Dunlosky, & A. C. Graesser (Eds.), *Metacognition in educational theory and practice* (pp. 145–164). Mahwah, NJ: Erlbaum.

Otero, J. (2009). Question generation and anomaly detection in texts. In D. J. Hacker, J. Dunlosky, & A. C. Graesser (Eds.), *Handbook of metacognition in education* (pp. 47–59). New York: Routledge.

Otero, J., & Kintsch, W. (1992). Failures to detect contradictions in a text: What readers believe versus what they read. *Psychological Science, 3,* 229–235.

Otis, N., Grouzet, F. M. E., & Pelletier, L. G. (2005). Latent motivational change in an academic setting: A 3-year longitudinal study. *Journal of Educational Psychology, 97,* 170–183.

Overmier, J. B. (2002). On learned helplessness. *Integrative Physiological and Behavioral Science, 37*(1), 4–8.

Overmier, J. B., & Lawry, J. A. (1979). Pavlovian conditioning and the mediation of behavior. In G. H. Bower (Ed.), *The psychology of learning and motivation* (Vol. 13, pp. 1–55). New York: Academic Press.

Owen, D. J., Slep, A. M. S., & Heyman, R. E. (2012). The effect of praise, positive nonverbal response, reprimand, and negative nonverbal response on child compliance: A systematic review. *Clinical Child and Family Psychology Review, 15,* 364–385.

Owens, J., Bower, G. H., & Black, J. B. (1979). The "soap opera" effect in story recall. *Memory and Cognition, 7,* 185–191.

Owens, R. E., Jr. (1996). *Language development* (4th ed.). Boston, MA: Allyn & Bacon.

Ozgungor, S., & Guthrie, J. T. (2004). Interactions among elaborative interrogation, knowledge, and interest in the process of constructing knowledge from text. *Journal of Educational Psychology, 96,* 437–443.

Öztekin, I., Davachi, L., & McElree, B. (2010). Are representations in working memory distinct from representations in long-term memory? Neural evidence in support of a single store. *Psychological Science, 21,* 1123–1133.

Page-Voth, V., & Graham, S. (1999). Effects of goal setting and strategy use on the writing performance and self-efficacy of students with writing and learning problems. *Journal of Educational Psychology, 91,* 230–240.

Paige, J. M., & Simon, H. A. (1966). Cognitive processes in solving algebra word problems. In B. Kleinmuntz (Ed.), *Problem solving:*

Research, method and theory (pp. 51–148). New York: Wiley.

Paivio, A. (1963). Learning of adjective-noun paired associates as a function of adjective-noun word order and noun abstractness. *Canadian Journal of Psychology, 17,* 370–379.

Paivio, A. (1971). *Imagery and verbal processes.* New York: Holt, Rinehart & Winston.

Pajares, F. (2009). Toward a positive psychology of academic motivation: The role of self-efficacy beliefs. In R. Gilman, E. S. Huebner, & M. J. Furlong (Eds.), *Handbook of positive psychology in schools* (pp. 149–160). New York: Routledge.

Palincsar, A. S. (2003). Ann L. Brown: Advancing a theoretical model of learning and instruction. In B. J. Zimmerman & D. H. Schunk (Eds.), *Educational psychology: A century of contributions* (pp. 459–475). Mahwah, NJ: Erlbaum.

Palincsar, A. S., & Brown, A. L. (1984). Reciprocal teaching of comprehension-fostering and comprehension-monitoring activities. *Cognition and Instruction, 1,* 117–175.

Palincsar, A. S., & Brown, A. L. (1989). Classroom dialogues to promote self-regulated comprehension. In J. Brophy (Ed.), *Advances in research on teaching* (Vol. 1, pp. 35–71). Greenwich, CT: JAI Press.

Palincsar, A. S., & Herrenkohl, L. R. (1999). Designing collaborative contexts: Lessons from three research programs. In A. M. O'Donnell & A. King (Eds.), *Cognitive perspectives on peer learning* (pp. 151–177). Mahwah, NJ: Erlbaum.

Paller, K. A., Voss, J. L., & Westerberg, C. E. (2009). Investigating the awareness of remembering. *Perspectives on Psychological Science, 4,* 185–199.

Palmer, D. J., & Goetz, E. T. (1988). Selection and use of study strategies: The role of the studier's beliefs about self and strategies. In C. E. Weinstein, E. T. Goetz, & P. A. Alexander (Eds.), *Learning and study strategies: Issues in assessment, instruction, and evaluation* (pp. 41–61). San Diego, CA: Academic Press.

Palmiero, M., Belardinelli, M. O., Nardo, D., Sestieri, C., Di Matteo, R., D'Ausillo, A., & Romani, G. L. (2009). Mental imagery generation in different modalities activates sensory-motor areas. *Cognitive Processing, 10*(Supplement 2), S268–S271.

Panadero, E., & Jonsson, A. (2013). The use of scoring rubrics for formative assessment purposes revisited: A review. *Educational Research Review, 9,* 129–144.

Pansky, A., & Koriat, A. (2004). The basic-level convergence effect in memory distortions. *Psychological Science, 15,* 52–59.

Papka, M., Ivry, R. B., & Woodruff-Pak, D. S. (1997). Eyeblink classical conditioning and awareness revisited. *Psychological Science, 8,* 404–408.

Paris, S. G., & Ayres, L. R. (1994). *Becoming reflective students and teachers with portfolios and authentic assessment.* Washington, DC: American Psychological Association.

Paris, S. G., & Byrnes, J. P. (1989). The constructivist approach to self-regulation and learning in the classroom. In B. J. Zimmerman & D. H. Schunk (Eds.), *Self-regulated learning and academic achievement: Theory, research, and practice* (pp. 169–200). New York: Springer-Verlag.

Paris, S. G., & Cunningham, A. E. (1996). Children becoming students. In D. C. Berliner & R. C. Calfee (Eds.), *Handbook of educational psychology* (pp. 117–147). New York: Macmillan.

Paris, S. G., & Paris, A. H. (2001). Classroom applications of research on self-regulated learning. *Educational Psychologist, 36,* 89–101.

Paris, S. G., & Turner, J. C. (1994). Situated motivation. In P. R. Pintrich, D. R. Brown, & C. E. Weinstein (Eds.), *Student motivation, cognition, and learning: Essays in honor of Wilbert J. McKeachie* (pp. 213–238). Hillsdale, NJ: Erlbaum.

Park, L. E., & Maner, J. K. (2009). Does self-threat promote social connection? The role of self-esteem and contingencies of self-worth. *Journal of Personality and Social Psychology, 96,* 203–217.

Park, O. (1984). Example comparison strategy versus attribute identification strategy in concept learning. *American Educational Research Journal, 21,* 145–162.

Park, S. W., & Sperling, R. A. (2009, April). *Self-regulation of academic procrastinators: A mixed methods study.* Paper presented at the annual meeting of the American Educational Research Association, San Diego, CA.

Park, S. W., & Sperling, R. A. (2012). Academic procrastinators and their self-regulation. *Psychology, 3*(1), 12–23. doi: 10.4236/psych.2012.31003

Parke, R. D. (1977). Some effects of punishment on children's behavior—revisited. In E. M. Hetherington & R. D. Parke (Eds.), *Contemporary readings in child psychology* (pp. 176–188). New York: McGraw-Hill.

Parke, R. D., & Deur, J. L. (1972). Schedule of punishment and inhibition of aggression in children. *Developmental Psychology, 7,* 266–269.

Parker, J. (1995). Age differences in source monitoring of performed and imagined actions on immediate and delayed tests. *Journal of Experimental Child Psychology, 60,* 84–101.

Parker, S. T., Mitchell, R. W., & Boccia, M. L. (Eds.). (1994). *Self-awareness in animals and humans: Developmental perspectives.* Cambridge, England: Cambridge University Press.

Pascarella, E. T., & Terenzini, P. T. (1991). *How college affects students: Findings and insights from twenty years of research.* San Francisco, CA: Jossey-Bass.

Pascual-Leone, J. (1970). A mathematical model for the transition rule in Piaget's development stages. *Acta Psychologica, 32,* 301–345.

Pashler, H. (1992). Attentional limitations in doing two tasks at the same time. *Current Directions in Psychological Science, 1,* 44–48.

Pashler, H., Rohrer, D., Cepeda, N. J., & Carpenter, S. K. (2007). Enhancing learning and retarding forgetting: Choices and consequences. *Psychonomic Bulletin & Review, 14,* 187–193.

Passage, M., Tincani, M., & Hantula, D. A. (2012). Teaching self-control with qualitatively different reinforcers. *Journal of Applied Behavior Analysis, 45,* 853–857.

Patall, E. A., Cooper, H., & Wynn, S. R. (2010). The effectiveness and relative importance of choice in the classroom. *Journal of Educational Psychology, 102,* 896–915.

Patrick, H., Anderman, L. H., & Ryan, A. M. (2002). Social motivation and the classroom social environment. In C. Midgley (Ed.), *Goals, goal structures, and patterns of adaptive learning* (pp. 85–108). Mahwah, NJ: Erlbaum.

Patrick, H., Kaplan, A., & Ryan, A. M. (2011). Positive classroom motivational environments: Convergence between mastery goal structure and classroom social climate. *Journal of Educational Psychology, 103,* 367–382.

Patrick, H., Mantzicopoulos, Y., & Samarapungavan, A. (2009). Motivation for learning science in kindergarten: Is there a gender gap and does integrated inquiry and literacy instruction make a difference? *Journal of Research in Science Teaching, 46,* 166–191.

Patrick, H., & Pintrich, P. R. (2001). Conceptual change in teachers' intuitive conceptions of learning, motivation, and instruction: The role of motivational and epistemological beliefs. In B. Torff & R. J. Sternberg (Eds.), *Understanding and teaching the intuitive mind: Student and teacher learning* (pp. 117–143). Mahwah, NJ: Erlbaum.

Patrick, H., Ryan, A. M., Anderman, L. H., Middleton, M. J., Linnenbrink, L., Hruda, L. Z., . . . Midgley, C. (1997). *Observing Patterns of Adaptive Learning (OPAL): A scheme for classroom observations.* Ann Arbor, MI: The University of Michigan.

Pavlov, I. P. (1927). *Conditioned reflexes* (G. V. Anrep, Trans.). London: Oxford University Press.

Payne, J. D., & Kensinger, E. A. (2010). Sleep's role in the consolidation of emotional episodic memories. *Current Directions in Psychological Science, 19,* 290–295.

Payne, S. W., & Dozier, C. L. (2013). Positive reinforcement as treatment for problem behavior maintained by negative reinforcement. *Journal of Applied Behavior Analysis, 46,* 699–703.

Pea, R. D. (1987). Socializing the knowledge transfer problem. *International Journal of Educational Research, 11,* 639–663.

Pea, R. D. (1993). Practices of distributed intelligence and designs for education. In G. Salomon (Ed.), *Distributed cognitions: Psychological and educational considerations* (pp. 47–87). Cambridge, England: Cambridge University Press.

Pear, J. J., & Crone-Todd, D. E. (1999). Personalized system of instruction in cyberspace. *Journal of Applied Behavior Analysis, 32,* 205–209.

Pekrun, R. (2006). The control-value theory of achievement emotions: Assumptions, corollaries, and implications for educational research and practice. *Educational Psychology Review, 18,* 315–341.

Pekrun, R., Elliot, A. J., & Maier, M. A. (2009). Achievement goals and achievement emotions: Testing a model of their joint relations with academic performance. *Journal of Educational Psychology, 101,* 115–135.

Pekrun, R., Goetz, T., Daniels, L. M., Stupnisky, R. H., & Perry, R. P. (2010). Boredom in achievement settings: Exploring control–value antecedents and performance outcomes of a neglected emotion. *Journal of Educational Psychology, 102,* 531–549.

Pekrun, R., Goetz, T., Titz, W., & Perry, R. P. (2002). Academic emotions in students' self-regulated learning and achievement: A program of qualitative and quantitative research. *Educational Psychologist, 37,* 91–105.

Pellegrini, A. D. (2009). Research and policy on children's play. *Child Development Perspectives, 3,* 131–136.

Pellegrini, A. D., & Bohn, C. M. (2005). The role of recess in children's cognitive performance and school adjustment. *Educational Researcher, 34*(1), 13–19.

Pellegrini, A. D., Huberty, P. D., & Jones, I. (1995). The effects of recess timing on children's playground and classroom behaviors. *American Educational Research Journal, 32,* 845–864.

Pellegrini, A. D., & Long, J. D. (2004). Part of the solution and part of the problem: The role of peers in bullying, dominance, and victimization during the transition from primary school through secondary school. In D. L. Espelage & S. M. Swearer (Eds.), *Bullying in American schools: A social-ecological perspective on prevention and intervention* (pp. 107–117). Mahwah, NJ: Erlbaum.

Penfield, W. (1958). Some mechanisms of consciousness discovered during electrical stimulation of the brain. *Proceedings of the National Academy of Sciences, 44,* 51–66.

Penfield, W. (1969). Consciousness, memory, and man's conditioned reflexes. In K. Pribram (Ed.), *On the biology of learning* (pp. 129–168). New York: Harcourt, Brace, & World.

Pepperberg, I. M. (2007). Grey parrots do not always "parrot": The roles of imitation and phonological awareness in the creation of new labels from existing vocalizations. *Language Sciences, 29,* 1–13.

Pereira, F., Detre, G., & Botvinick, M. (2011). Generating text from functional brain images. *Frontiers in Human Neuroscience, 5*(72). doi: 10.3389/fnhum.2011.00072

Perfect, T. J. (2002). When does eyewitness confidence predict performance? In T. J. Perfect & B. L. Schwartz (Eds.), *Applied metacognition* (pp. 95–120). Cambridge, England: Cambridge University Press.

Perin, C. T. (1942). Behavior potentiality as a joint function of the amount of training and the degree of hunger at the time of extinction. *Journal of Experimental Psychology, 30,* 93–113.

Perkins, D. (1992). *Smart schools: From training memories to educating minds.* New York: Free Press/Macmillan.

Perkins, D. (1995). *Outsmarting IQ: The emerging science of learnable intelligence.* New York: Free Press.

Perkins, D. N., & Ritchhart, R. (2004). When is good thinking? In D. Y. Dai & R. J. Sternberg (Eds.), *Motivation, emotion, and cognition: Integrative perspectives on intellectual functioning and development* (pp. 351–384). Mahwah, NJ: Erlbaum.

Perkins, D. N., & Salomon, G. (1987). Transfer and teaching thinking. In D. N. Perkins, J. Lochhead, & J. Bishop (Eds.), *Thinking: The second international conference* (pp. 285–303). Hillsdale, NJ: Erlbaum.

Perkins, D. N., & Salomon, G. (1989). Are cognitive skills context-bound? *Educational Researcher, 18*(1), 16–25.

Perkins, D. N., & Salomon, G. (2012). Knowledge to go: A motivational and dispositional view of transfer. *Educational Psychologist, 47,* 248–258.

Perry, A. C., & Fisher, W. W. (2001). Behavioral economic influences on treatments designed to decrease destructive behavior. *Journal of Applied Behavior Analysis, 34,* 211–215.

Perry, D. G., & Perry, L. C. (1983). Social learning, causal attribution, and moral internalization. In J. Bisanz, G. L. Bisanz, & R. Kail (Eds.), *Learning in children: Progress in cognitive development research* (pp. 105–136). New York: Springer-Verlag.

Perry, L. K., Samuelson, L. K., Malloy, L. M., & Schiffer, R. N. (2010). Learn locally, think globally: Exemplar variability supports higher-order generalization and word learning. *Psychological Science, 21,* 1894–1902.

Perry, M. (1991). Learning and transfer: Instructional conditions and conceptual change. *Cognitive Development, 6,* 449–468.

Perry, N. E. (1998). Young children's self-regulated learning and contexts that support it. *Journal of Educational Psychology, 90,* 715–729.

Perry, N. E., Turner, J. C., & Meyer, D. K. (2006). Classrooms as contexts for motivating learning. In P. A. Alexander & P. H. Winne (Eds.), *Handbook of educational psychology* (2nd ed., pp. 327–348). Mahwah, NJ: Erlbaum.

Perry, N. E., VandeKamp, K. O., Mercer, L. K., & Nordby, C. J. (2002). Investigating teacher-student interactions that foster self-regulated learning. *Educational Psychologist, 37,* 5–15

Perry, N. E., & Winne, P. H. (2004). Motivational messages from home and school: How do they influence young children's engagement in learning? In D. M. McNerney & S. Van Etten (Eds.), *Big theories revisited* (pp. 199–222). Greenwich, CT: Information Age.

Peterson, C. (1990). Explanatory style in the classroom and on the playing field. In S. Graham & V. S. Folkes (Eds.), *Attribution theory: Applications to achievement, mental health, and interpersonal conflict* (pp. 53–75). Hillsdale, NJ: Erlbaum.

Peterson, C. (2006). *A primer in positive psychology.* New York: Oxford University Press.

Peterson, C., Maier, S. F., & Seligman, M. E. P. (1993). *Learned helplessness: A theory for the age of personal control.* New York: Oxford University Press.

Peterson, C., & Park, N. (2010). What happened to self-actualization? Commentary on Kenrick et al. (2010). *Perspectives on Psychological Science, 5,* 320–322.

Peterson, E., & Welsh, M. C. (2014). The development of hot and cold executive functions: Are we getting warmer? In S. Goldstein & J. Naglieri (Eds.), *Handbook of executive function* (pp. 45–67). New York: Springer.

Peterson, L. R., & Peterson, M. J. (1959). Short-term retention of individual items. *Journal of Experimental Psychology, 58,* 193–198.

Peterson, L. R., & Peterson, M. J. (1962). Minimal paired-associate learning. *Journal of Experimental Psychology, 63,* 521–527.

Peterson, M. A. (1994). Object recognition processes can and do operate before figure-ground organization. *Current Directions in Psychological Science, 3,* 105–111.

Peterson, M. A., & Gibson, B. S. (1994). Must figure-ground organization precede object recognition? An assumption in peril. *Psychological Science, 5,* 253–259.

Peterson, P. L. (1992). Revising their thinking: Keisha Coleman and her third-grade mathematics class. In H. H. Marshall (Ed.), *Redefining student learning: Roots of educational change* (pp. 161–176). Norwood, NJ: Ablex.

Peterson, S. E. (1993). The effects of prior achievement and group outcome on attributions and affect in cooperative tasks. *Contemporary Educational Psychology, 18,* 479–485.

Pettito, A. L. (1985). Division of labor: Procedural learning in teacher-led small groups. *Cognition and Instruction, 2,* 233–270.

Peverly, S. T., Brobst, K. E., Graham, M., & Shaw, R. (2003). College adults are not good at self-regulation: A study on the relationship of self-regulation, note taking, and test taking. *Journal of Educational Psychology, 95,* 335–346.

Peverly, S. T., Ramaswamy, V., Brown, C., Sumowski, J., Alidoost, M., & Garner, J. (2007). What predicts skill in lecture note taking? *Journal of Educational Psychology, 99,* 167–180.

Pezdek, K. (1977). Cross-modality semantic integration of sentence and picture memory.*Journal of Experimental Psychology: Human Learning and Memory, 3,* 515–524.

Pezdek, K., & Banks, W. P. (Eds.). (1996). *The recovered memory/false memory debate.* San Diego, CA: Academic Press.

Pezdek, K., Finger, K., & Hodge, D. (1997). Planting false childhood memories: The role of event plausibility. *Psychological Science, 8,* 437–441.

Pfiffner, L. J., Barkley, R. A., & DuPaul, G. J. (2006). Treatment of ADHD in school settings. In R. A. Barkley, *Attention-deficit hyperactivity disorder: A handbook for diagnosis and treatment* (3rd ed., pp. 547–589). New York: Guilford Press.

Pfiffner, L. J., & O'Leary, S. G. (1987). The efficacy of all-positive management as a function of the prior use of negative consequences.*Journal of Applied Behavior Analysis, 20,* 265–271.

Phelan, P., Yu, H. C., & Davidson, A. L. (1994). Navigating the psychosocial pressures of adolescence: The voices and experiences of high school youth. *American Educational Research Journal, 31,* 415–447.

Phelps, E. A., Ling, S., & Carrasco, M. (2006). Emotion facilitates perception and potentiates the perceptual benefits of attention. *Psychological Science, 17,* 292–299.

Phelps, E. A., & Sharot, T. (2008). How (and why) emotion enhances the subjective sense of recollection. *Current Directions in Psychological Science, 17,* 147–152.

Phillips, B. N., Pitcher, G. D., Worsham, M. E., & Miller, S. C. (1980). Test anxiety and the school environment. In I. G. Sarason (Ed.), *Test anxiety: Theory, research, and applications*. Hillsdale, NJ: Erlbaum.

Phillips, E. L., Phillips, E. A., Fixsen, D. L., & Wolf, M. M. (1971). Achievement place: Modification of the behaviors of predelinquent boys within a token economy. *Journal of Applied Behavior Analysis, 4,* 45–59.

Phye, G. D. (2001). Problem-solving instruction and problem-solving transfer: The correspondence issue. *Journal of Educational Psychology, 93,* 571–578.

Piaget, J. (1928). *Judgment and reasoning in the child* (M. Warden, Trans.). New York: Harcourt, Brace.

Piaget, J. (1940). Le mécanisme du développement mental et les lois du groupement des opérations. *Archives de Psychologie, 28,* 215–285.

Piaget, J. (1952a). *The child's conception of number* (C. Gattegno & F. M. Hodgson, Trans.). London: Routledge & Kegan Paul.

Piaget, J. (1952b). *The origins of intelligence in children* (M. Cook, Trans.). New York: W. W. Norton.

Piaget, J. (1959). *The language and thought of the child* (3rd ed.) (M. Gabain, Trans.). New York: Humanities Press.

Piaget, J. (1960). The definition of stages of development. In J. M. Tanner & B. Inhelder (Eds.), *Discussions on child development: A consideration of the biological, psychological and cultural approaches to the understanding of human development and behavior: Vol. 4. The proceedings of the fourth meeting of the World Health Organization Study Group on the Psychobiological Development of the Child, Geneva, 1956* (pp. 116–135). New York: International Universities Press.

Piaget, J. (1970). Piaget's theory. In P. H. Mussen (Ed.), *Carmichael's manual of psychology* (pp. 703–732). New York: Wiley.

Piaget, J. (1971). *Psychology and epistemology: Towards a theory of knowledge* (A. Rosin, Trans.). New York: Viking.

Piaget, J. (1980). *Adaptation and intelligence: Organic selection and phenocopy* (S. Eames, Trans.). Chicago, IL: University of Chicago Press.

Piaget, J., & Inhelder, B. (1969). *The psychology of the child* (H. Weaver, Trans.). New York: Basic Books.

Pichert, J. W., & Anderson, R. C. (1977). Taking different perspectives on a story. *Journal of Educational Psychology, 69,* 309–315.

Pigott, H. E., Fantuzzo, J. W., & Clement, P. W. (1986). The effects of reciprocal peer tutoring and group contingencies on the academic performance of elementary school children. *Journal of Applied Behavior Analysis, 19,* 93–98.

Pillow, B. H. (2002). Children's and adults' evaluation of the certainty of deductive inferences, inductive inferences, and guesses. *Child Development, 73,* 779–792.

Pinker, S. (2007). *The stuff of thought: Language as a window into human nature*. New York: Viking.

Pintrich, P. R. (2003). A motivational science perspective on the role of student motivation in learning and teaching contexts. *Journal of Educational Psychology, 95,* 667–686.

Pintrich, P. R., Marx, R. W., & Boyle, R. A. (1993). Beyond cold conceptual change: The role of motivational beliefs and classroom contextual factors in the process of conceptual change. *Review of Educational Research, 63,* 167–199.

Piontkowski, D., & Calfee, R. (1979). Attention in the classroom. In G. A. Hale & M. Lewis (Eds.), *Attention and cognitive development* (pp. 297–330). New York: Plenum Press.

Piotrowski, J., & Reason, R. (2000). The national literacy strategy and dyslexia: A comparison of teaching methods and materials. *Support for Learning, 15*(2), 51–57.

Pipkin, C. S., & Vollmer, T. R. (2009). Applied implications of reinforcement history effects. *Journal of Applied Behavior Analysis, 42,* 83–103.

Pipkin, C. S., Vollmer, T. R., & Sloman, K. N. (2010). Effects of treatment integrity failures during differential reinforcement of alternative behavior: A translational model. *Journal of Applied Behavior Analysis, 43,* 47–70.

Plass, J. L., Kalyuga, S., & Leutner, D. (2010). Individual differences and Cognitive Load Theory. In J. L. Plass, R. Moreno, & R. Brünken (Eds.), *Cognitive Load Theory* (pp. 65–87). Cambridge, England: Cambridge University Press.

Plass, J. L., Moreno, R., & Brünken, R. (Eds.). (2010). *Cognitive Load Theory*. Cambridge, England: Cambridge University Press.

Plass, J. L., O'Keefe, P. A., Homer, B. D., Case, J., Hayward, E. O., Stein, M., & Perlin, K. (2013). The impact of individual, competitive, and collaborative mathematics game play on learning, performance, and motivation. *Journal of Educational Psychology, 105,* 1050–1066.

Plotnik, J. M., de Waal, F. B. M., & Reiss, D. (2006). Self-recognition in an Asian elephant. *Proceedings of the National Academy of Sciences, USA, 103,* 17053–17057.

Plotnik, J. M., Lair, R., Suphachoksahakun, W., & de Waal, F. B. M. (2011). Elephants know when they need a helping trunk in a cooperative task. *Proceedings of the Academy of Sciences USA, 103,* 17053–17057.

Plumert, J. M. (1994). Flexibility in children's use of spatial and categorical organizational strategies in recall. *Developmental Psychology, 30,* 738–747.

Plunkett, K. (1996). *Connectionism and development: Neural networks and the study of change*. New York: Oxford University Press.

Poche, C., McCubbrey, H., & Munn, T. (1982). The development of correct toothbrushing technique in preschool children. *Journal of Applied Behavior Analysis, 15,* 315–320.

Poche, C., Yoder, P., & Miltenberger, R. (1988). Teaching self-protection to children using television techniques. *Journal of Applied Behavior Analysis, 21,* 253–261.

Poldrack, R. A. (2010). Mapping mental function to brain structure: How can cognitive neuroimaging succeed? *Perspectives on Psychological Science, 5,* 753–761.

Polikoff, M. S., Porter, A. C., & Smithson, J. (2011). How well aligned are state assessments of student achievement with state content standards? *American Educational Research Journal, 48,* 965–995.

Poling, A. (2010). Progressive-ratio schedules and applied behavior analysis. *Journal of Applied Behavior Analysis, 43,* 347–349.

Polman, J. L. (2004). Dialogic activity structures for project-based learning environments. *Cognition and Instruction, 22,* 431–466.

Polya, G. (1957). *How to solve it*. Garden City, NY: Doubleday.

Pomerantz, E. M., & Saxon, J. L. (2001). Conceptions of ability as stable and self-evaluative processes: A longitudinal examination. *Child Development, 72,* 152–173.

Poole, D. (1994). Routine testing practices and the linguistic construction of knowledge. *Cognition and Instruction, 12,* 125–150.

Poortvliet, P. M., & Darnon, C. (2010). Toward a more social understanding of achievement goals: The interpersonal effects of mastery and performance goals. *Current Directions in Psychological Science, 19,* 324–328.

Popham, W. J. (2006). *Assessment for educational leaders*. Boston, MA: Pearson/Allyn & Bacon.

Porat, D. A. (2004). *It's not written here, but this is what happened:* Students' cultural comprehension of textbook narratives on the Israeli-Arab conflict. *American Educational Research Journal, 41,* 963–996.

Porter, S., & Peace, K. A. (2007). The scars of memory: A prospective, longitudinal investigation of the consistency of traumatic and positive emotional memories in adulthood. *Psychological Science, 18,* 435–441.

Posner, M. I., & Rothbart, M. K. (2007). *Educating the human brain*. Washington, DC: American Psychological Association.

Postman, L. (1964). Short-term memory and incidental learning. In A. W. Melton (Ed.), *Categories of human learning* (pp. 145–201). New York: Academic Press.

Postman, L., & Phillips, L. (1965). Short-term temporal changes in free recall. *Quarterly Journal of Experimental Psychology, 17,* 132–138.

Powell, S., & Nelson, B. (1997). Effects of choosing academic assignments on a study with attention deficit hyperactivity disorder. *Journal of Applied Behavior Analysis, 30,* 181–183.

Prater, M. A., Carter, N., Hitchcock, C., & Dowrick, P. (2011). Video self-monitoring to improve academic performance: A literature review. *Psychology in the Schools, 49*(1), 71–81.

Prawat, R. S. (1992). From individual differences to learning communities—our changing focus. *Educational Leadership, 49*(7), 9–13.

Premack, D. (1959). Toward empirical behavior laws: I. Positive reinforcement. *Psychological Review, 66,* 219–233.

Premack, D. (1963). Rate differential reinforcement in monkey manipulation. *Journal of Experimental Analysis of Behavior, 6,* 81–89.

Pressley, M. (2002). Comprehension strategies instruction: A turn-of-the-century status report. In C. C. Block & M. Pressley (Eds.), *Comprehension instruction: Research-based best practices* (pp. 11–27). New York: Guilford Press.

Pressley, M., Borkowski, J. G., & Schneider, W. (1987). Cognitive strategies: Good strategy users coordinate metacognition and knowledge. In R. Vasta & G. Whitehurst (Eds.), *Annals of child development* (Vol. 5, pp. 80–129). New York: JAI Press.

Pressley, M., El-Dinary, P. B., Marks, M. B., Brown, R., & Stein, S. (1992). Good strategy instruction is motivating and interesting. In K. A. Renninger, S. Hidi, & A. Krapp (Eds.), *The role of interest in learning and development* (pp. 333–358). Hillsdale, NJ: Erlbaum.

Pressley, M., & Harris, K. R. (2006). Cognitive strategies instruction: From basic research to classroom instruction. In P. A. Alexander & P. H. Winne (Eds.), *Handbook of educational psychology* (2nd ed., pp. 265–286). Mahwah, NJ: Erlbaum.

Pressley, M., Harris, K. R., & Marks, M. B. (1992). But good strategy instructors are constructivists! *Educational Psychology Review, 4,* 3–31.

Pressley, M., & Hilden, K. (2006). Cognitive strategies: Production deficiencies and successful strategy instruction everywhere. In W. Damon & R. M. Lerner (Series Eds.), D. Kuhn, & R. Siegler (Vol. Eds.), *Handbook of child psychology: Vol. 2. Cognition, perception, and language* (6th ed.). New York: Wiley.

Pressley, M., Johnson, C. J., Symons, S., McGoldrick, J., & Kurita, J. (1989). Strategies that improve children's memory and comprehension of what is read. *Elementary School Journal, 90,* 3–32.

Pressley, M., Levin, J. R., & Delaney, H. D. (1982). The mnemonic keyword method. *Review of Educational Research, 52,* 61–91.

Pressley, M., Levin, J. R., & Ghatala, E. S. (1984). Memory strategy monitoring in adults and children. *Journal of Verbal Learning and Verbal Behavior, 23,* 270–288.

Pressley, M., Levin, J. R., & Ghatala, E. S. (1988). Strategy-comparison opportunities promote long-term strategy use. *Contemporary Educational Psychology, 13,* 157–168.

Pressley, M., Ross, K. A., Levin, J. R., & Ghatala, E. S. (1984). The role of strategy utility knowledge in children's strategy decision making. *Journal of Experimental Child Psychology, 38,* 491–504.

Pressley, M., Woloshyn, V., Lysynchuk, L. M., Martin, V., Wood, E., & Willoughby, T. (1990). A primer of research on cognitive strategy instruction: The important issues and how to address them. *Educational Psychology Review, 2,* 1–58.

Pressley, M., Yokoi, L., Van Meter, P., Van Etten, S., & Freebern, G. (1997). Some of the reasons why preparing for exams is so hard: What can be done to make it easier? *Educational Psychology Review, 9,* 1–38.

Price-Williams, D. R., Gordon, W., & Ramirez, M. (1969). Skill and conservation: A study of pottery-making children. *Developmental Psychology, 1,* 769.

Prince, S. E., Tsukiura, T., & Cabeza, R. (2007). Distinguishing the neural correlates of episodic memory encoding and semantic memory retrieval. *Psychological Science, 18,* 144–151.

Principe, G. F., Kanaya, T., Ceci, S. J., & Singh, M. (2006). Believing is seeing: How rumors can engender false memories in preschoolers. *Psychological Science, 17,* 243–248.

Prinz, J. (2009). Is consciousness embodied? In P. Robbins & M. Aydede (Eds.), *The Cambridge handbook of situated cognition* (pp. 419–436). Cambridge, England: Cambridge University Press.

Prior, H., Schwarz, A., & Güntürkün, O. (2008). Mirror-induced behavior in the magpie (*Pica pica*): Evidence of self-recognition. *PLoS Biology* (Public Library of Science), 6(8), e202. Retrieved from www.plosbiology.org/article/info:doi/10.1371/journal.pbio.0060202.

Pritchard, R. (1990). The effects of cultural schemata on reading processing strategies. *Reading Research Quarterly, 25,* 273–295.

Proctor, C. P., August, D., Carlo, M. S., & Snow, C. (2006). The intriguing role of Spanish language vocabulary knowledge in predicting English reading comprehension. *Journal of Educational Psychology, 98,* 159–169.

Proctor, R. W., & Dutta, A. (1995). *Skill acquisition and human performance.* Thousand Oaks, CA: Sage.

Prout, H. T. (2009). Positive psychology and students with intellectual disabilities. In R. Gilman, E. S. Huebner, & M. J. Furlong (Eds.), *Handbook of positive psychology in schools* (pp. 371–381). New York: Routledge.

Pugh, K. J. (2002). Teaching for transformative experiences in science: An investigation of the effectiveness of two instructional elements. *Teachers College Record, 104,* 1101–1137.

Pugh, K. J., & Bergin, D. A. (2005). The effect of schooling on students' out-of-school experience. *Educational Researcher, 34*(9), 15–23.

Pugh, K. J., & Bergin, D. A. (2006). Motivational influences on transfer. *Educational Psychologist, 41,* 147–160.

Pugh, K. J., Linnenbrink, E. A., Kelly, K. L., Manzey, C., & Stewart, V. C. (2006, April). *Motivation, learning, and transformative experience: A study of deep engagement in science.* Paper presented at the annual meeting of the American Educational Research Association, San Francisco.

Pugh, K. J., Schmidt, K., & Russell, C. (2010, May). *Fostering transformative experiences in science: A design-based study.* Paper presented at the annual meeting of the American Educational Research Association, Denver, CO.

Pulos, S., & Linn, M. C. (1981). Generality of the controlling variables scheme in early adolescence. *Journal of Early Adolescence, 1,* 26–37.

Putwain, D. W. (2007). Test anxiety in UK schoolchildren: Prevalence and demographic patterns. *British Journal of Educational Psychology, 77,* 579–593.

Qian, G., & Pan, J. (2002). A comparison of epistemological beliefs and learning from science text between American and Chinese high school students. In B. K. Hofer & P. R. Pintrich (Eds.), *Personal epistemology: The psychology of beliefs about knowledge and knowing* (pp. 365–385). Mahwah, NJ: Erlbaum.

Qin, Z., Johnson, D. W., & Johnson, R. T. (1995). Cooperative versus competitive efforts and problem solving. *Review of Educational Research, 65,* 129–143.

Quartz, S. R., & Sejnowski, T. J. (1997). The neural basis of cognitive development: A constructivist manifesto. *Behavioral and Brain Sciences, 20,* 537–596.

Quelmalz, E. S., Davenport, J. L., Timms, M. J., DeBoer, G. E., Jordan, K. A., Huang, C.-W., & Buckley, B. C. (2013). Next-generation environments for assessing and promoting complex science learning. *Journal of Educational Psychology, 105,* 1100–1114.

Quinn, P. C. (2007). On the infant's prelinguistic conception of spatial relations: Three developmental trends and their implications for spatial language learning. In J. M. Plumert & J. P. Spencer (Eds.), *The emerging spatial mind* (pp. 117–141). New York: Oxford University Press.

Quinn, P. C., Bhatt, R. S., Brush, D., Grimes, A., & Sharpnack, H. (2002). Development of form similarity as a Gestalt grouping principles in infancy. *Psychological Science, 13,* 320–328.

Quintana, C., Zhang, M., & Krajcik, J. (2005). A framework for supporting metacognitive aspects of online inquiry through software-based scaffolding. *Educational Psychologist, 40,* 235–244.

Rachlin, H. (1991). *Introduction to modern behaviorism* (3rd ed.). New York: Freeman.

Rachlin, H. (1995). The value of temporal patterns in behavior. *Current Directions in Psychological Science, 4,* 188–192.

Radel, R., Sarrazin, P., Legrain, P., & Wild, T. C. (2010). Social contagion of motivation between teacher and student: Analyzing underlying processes. *Journal of Educational Psychology, 102,* 577–587.

Radvansky, G. A. (2012). Across the event horizon. *Current Directions in Psychological Science, 21,* 269–272.

Radziszewska, B., & Rogoff, B. (1988). Influence of adult and peer collaborators on children's planning skills. *Developmental Psychology, 24,* 840–848.

Radziszewska, B., & Rogoff, B. (1991). Children's guided participation in planning imaginary errands with skilled adult or peer partners. *Developmental Psychology, 27,* 381–389.

Rahm, J., & Downey, J. (2002). "A scientist can be anyone!": Oral histories of scientists can make "real science" accessible to youth. *Clearing House, 75,* 253–257.

Raine, A., Reynolds, C., & Venables, P. H. (2002). Stimulation seeking and intelligence: A prospective longitudinal study. *Journal of Personality and Social Psychology, 82,* 663–674.

Rajaram, S., & Pereira-Pasarin, L. (2010). Collaborative memory: Cognitive research and theory. *Perspectives on Psychological Science, 5,* 649–663.

Rakison, D. H. (2003). Parts, motion, and the development of the animate-inanimate distinction in infancy. In D. H. Rakison & L. M. Oakes (Eds.), *Early category and concept development: Making sense of the blooming, buzzing confusion* (pp. 159–192). Oxford, England: Oxford University Press.

Rakison, D. H., & Lupyan, G. (2008). Developing object concepts in infancy: An associative learning perspective. *Monographs of the Society for Research in Child Development, 73*(1, Serial No. 289).

Ramirez, G., & Beilock, S. L. (2011). Writing about testing worries boosts exam performance in the classroom. *Science, 331,* 211–213.

Ramsay, C. M., & Sperling, R. A. (2010). Designating reader perspective to increase comprehension and interest. *Contemporary Educational Psychology, 35,* 215–227.

Rapport, M. D., Murphy, H. A., & Bailey, J. S. (1982). Ritalin vs. response cost in the control of hyperactive children: A within-subject comparison. *Journal of Applied Behavior Analysis 15,* 205–216.

Rasch, B., & Born, J. (2008). Reactivation and consolidation of memory during sleep. *Current Directions in Psychological Science, 17,* 188–192.

Ratcliff, R. (1990). Connectionist models of recognition memory: Constraints imposed by learning and forgetting functions. *Psychological Review, 97,* 285–308.

Ratcliff, R. A., & McKoon, G. (1981). Does activation really spread? *Psychological Review, 88,* 454–462.

Ratelle, C. F., Guay, F., Vallerand, R. J., Larose, S., & Senécal, C. (2007). Autonomous, controlled, and amotivated types of academic motivation: A person-oriented analysis. *Journal of Educational Psychology, 99,* 734–746.

Ratey, J. J. (2001). *A user's guide to the brain: Perception, attention, and the four theaters of the brain.* New York: Vintage Books.

Ratey, J. J., & Grandin, T. (1992). Defense behavior and coping in an autistic savant: The story of Temple Grandin, PhD. *Psychiatry: Interpersonal and Biological Processes, 55,* 382–391.

Ratner, H. H. (1984). Memory demands and the development of young children's memory. *Child Development, 55,* 2173–2191.

Rattan, A., Good, C., & Dweck, C. S. (2012). "It's ok—Not everyone can be good at math": Instructors with an entity theory comfort (and demotivate) students. *Journal of Personality and Social Psychology, 48,* 731–737.

Raudenbush, S. W. (1984). Magnitude of teacher expectancy effects on pupil IQ as a function of credibility induction: A synthesis of findings from 18 experiments. *Journal of Educational Psychology, 76,* 85–97.

Raudenbush, S. W. (2009). The *Brown* legacy and the O'Connor challenge: Transforming schools in the images of children's potential. *Educational Researcher, 38,* 169–180.

Rawson, K. A., & Kintsch, W. (2005). Rereading effects depend on time of test. *Journal of Educational Psychology, 97,* 70–80.

Rawson, K. A., & Middleton, E. L. (2009). Memory-based processing as a mechanism of automaticity in text comprehension. *Journal of Experimental Psychology: Learning, Memory, and Cognition, 35,* 353–370.

Rawsthorne, J., & Elliot, A. J. (1999). Achievement goals and intrinsic motivation: A meta-analytic review. *Personality and Social Psychology Review, 3,* 326–344.

Ray, W. J., Odenwald, M., Neuner, F., Schauer, M., Ruf, M., Wienbruch, C., . . . Elbert, T. (2006). Decoupling neural networks from reality: Dissociative experiences in torture victims are reflected in abnormal brain waves in left frontal cortex. *Psychological Science, 17,* 825–829.

Rayner, K., Foorman, B. R., Perfetti, C. A., Pesetsky, D., & Seidenberg, M. S. (2001). How psychological science informs the teaching of reading. *Psychological Science in the Public Interest, 2,* 31–74.

Reason, J., & Mycielska, K. (1982). *Absent-minded? The psychology of mental lapses and everyday errors.* Upper Saddle River, NJ: Prentice Hall.

Reder, L. M., & Ross, B. H. (1983). Integrated knowledge in different tasks: Positive and negative fan effects. *Journal of Experimental Psychology: Human Learning and Memory, 8,* 55–72.

Redick, T. S., Shipstead, Z., Harrison, T. L., Hicks, K. L., Fried, D. E., Hambrick, D. Z., . . . Engle, R. W. (2013). No evidence of intelligence improvement after working memory training: A randomized, placebo-controlled study. *Journal of Experimental Psychology: General, 142,* 359–379.

Reed, S. (1974). Structural descriptions and the limitations of visual images. *Memory and Cognition, 2,* 329–336.

Reed, S. K. (1993). A schema-based theory of transfer. In D. K. Detterman & R. J. Sternberg (Eds.), *Transfer on trial: Intelligence, cognition, and instruction* (pp. 39–67). Norwood, NJ: Ablex.

Reese, H. W., & Lipsitt, L. P. (1970). *Experimental child psychology.* New York: Academic Press.

Reeve, J. (2006). Extrinsic rewards and inner motivation. In C. M. Evertson & C. S. Weinstein (Eds.), *Handbook of classroom management: Research, practice, and contemporary issues* (pp. 645–664). Mahwah, NJ: Erlbaum.

Reeve, J. (2009). Why teachers adopt a controlling motivating style toward students and how they can become more autonomy supportive. *Educational Psychologist, 44,* 159–175.

Reeve, J. (2013). How students create motivationally supportive learning environments for themselves: The concept of agentic engagement. *Journal of Educational Psychology, 105,* 579–595.

Reeve, J., Deci, E. L., & Ryan, R. M. (2004). Self-determination theory: A dialectical framework for understanding sociocultural influences on student motivation. In D. M. McNerney & S. Van Etten (Eds.), *Big theories revisited* (pp. 31–60). Greenwich, CT: Information Age.

Reeve, J., Nix, G., & Hamm, D. (2003). Testing models of the experience of self-determination in intrinsic motivation and the conundrum of choice. *Journal of Educational Psychology, 95,* 375–392.

Régner, I., Escribe, C., & Dupeyrat, C. (2007). Evidence of social comparison in mastery goals in natural academic settings. *Journal of Educational Psychology, 99,* 575–583.

Régner, I., Smeding, A., Gimmig, D., Thinus-Blanc, C., Montail, J.-M., & Huguet, P. (2010). Individual differences in working memory moderate stereotype-threat effects. *Psychological Science, 21,* 1646–1648.

Reichle, E. D., Reineberg, A. E., & Schooler, J. W. (2010). Eye movements during mindless reading. *Psychological Science, 21,* 1300–1310.

Reid, R., Trout, A. L., & Schartz, M. (2005). Self-regulation interventions for children with attention deficit/hyperactivity disorder. *Exceptional Children, 71,* 361–377.

Reimann, P., & Schult, T. J. (1996). Turning examples into cases: Acquiring knowledge structures for analogical problem solving. *Educational Psychologist, 31,* 123–132.

Reiner, M., Slotta, J. D., Chi, M. T. H., & Resnick, L. B. (2000). Naïve physics reasoning: A commitment to substance-based conceptions. *Cognition and Instruction, 18,* 1–34.

Reinking, D., & Leu, D. J. (Chairs). (2008, March). *Understanding Internet reading comprehension and its development among adolescents at risk of dropping out of school.* Poster session presented at the annual meeting of the American Educational Research Association, New York.

Reisberg, D. (Ed.). (1992). *Auditory imagery.* Hillsdale, NJ: Erlbaum.

Reisberg, D. (1997). *Cognition: Exploring the science of the mind.* New York: W. W. Norton.

Reiser, R. A., & Sullivan, H. J. (1977). Effects of self-pacing and instructor-pacing in a PSI course. *Journal of Educational Research, 71,* 8–12.

Reissland, N. (1988). Neonatal imitation in the first hour of life: Observations in rural Nepal. *Developmental Psychology, 24,* 464–469.

Reiter, S. N. (1994). Teaching dialogically: Its relationship to critical thinking in college students. In P. R. Pintrich, D. R. Brown, & C. E. Weinstein (Eds.), *Student motivation, cognition, and learning: Essays in honor of Wilbert J. McKeachie* (pp. 275–310). Hillsdale, NJ: Erlbaum.

Renkl, A. (2011). Instruction based on examples. In R. E. Mayer & P. A. Alexander (Eds.), *Handbook of research on learning and instruction* (pp. 272–295). New York: Routledge.

Renkl, A., & Atkinson, R. K. (2003). Structuring the transition from example study to problem solving in cognitive skill acquisition: A cognitive load perspective. *Educational Psychologist, 38,* 15–22.

Renkl, A., & Atkinson, R. K. (2010). Learning from worked-out examples and problem solving. In J. L. Plass, R. Moreno, & R. Brünken (Eds.), *Cognitive Load Theory* (pp. 91–108). Cambridge, England: Cambridge University Press.

Renninger, K. A. (2009). Interest and identity development in instruction: An inductive model. *Educational Psychologist, 44,* 105–118.

Repacholi, B. M., & Meltzoff, A. N. (2007). Emotional eavesdropping: Infants selectively respond to indirect emotional signals. *Child Development, 78,* 503–521.

Repetti, R., Taylor, S. E., & Saxbe, D. (2007). The influence of early socialization experiences on development of biological systems. In J. E. Grusec & P. D. Hastings (Eds.), *Handbook of socialization: Theory and research* (pp. 124–152). New York: Guilford Press.

Rescorla, R. A. (1988). Pavlovian conditioning: It's not what you think it is. *American Psychologist, 43,* 151–160.

Resnick, L. B. (1987). *Education and learning to think.* Washington, DC: National Academy Press.

Resnick, L. B. (1989). Developing mathematical knowledge. *American Psychologist, 44,* 162–169.

Resnick, L. B., Bill, V. L., Lesgold, S. B., & Leer, M. N. (1991). Thinking in arithmetic class. In B. Means, C. Chelemer, & M. S. Knapp (Eds.), *Teaching advanced skills to at-risk students: Views from research and practice* (pp. 27–53). San Francisco, CA: Jossey-Bass.

Reyna, C. (2000). Lazy, dumb, or industrious: When stereotypes convey attribution information in the classroom. *Educational Psychology Review, 12,* 85–110.

Reyna, V. F., & Farley, F. (2006). Risk and rationality in adolescent decision making: Implications for theory, practice, and public policy. *Psychological Science in the Public Interest, 7*(1), 1–44.

Reynolds, R. E., Sinatra, G. M., & Jetton, T. L. (1996). Views of knowledge acquisition and representation: A continuum from experience centered to mind centered. *Educational Psychologist, 31,* 93–104.

Reynolds, R. E., Taylor, M. A., Steffensen, M. S., Shirey, L. L., & Anderson, R. C. (1982). Cultural schemata and reading comprehension. *Reading Research Quarterly, 17,* 353–366.

Reznick, S. (2007). Working memory in infants and toddlers. In L. M. Oakes & P. J. Bauer (Eds.), *Short- and long-term memory in infancy and early childhood: Taking the first steps toward remembering* (pp. 3–26). New York: Oxford University Press.

Reznitskaya, A., & Gregory, M. (2013). Student thought and classroom language: Examining the mechanisms of change in dialogic teaching. *Educational Psychologist, 48,* 114–133.

Rhodewalt, F., & Vohs, K. D. (2005). Defensive strategies, motivation, and the self: A self-regulatory process view. In A. J. Elliot & C. S. Dweck (Eds.), *Handbook of competence and motivation* (pp. 548–565). New York: Guilford Press.

Ricciardi, J. N., Luiselli, J. K., & Camare, M. (2006). Shaping approach responses as intervention for specific phobia in a child with autism. *Journal of Applied Behavior Analysis, 39,* 445–448.

Ricco, R., Pierce, S. S., & Medinilla, C. (2010). Epistemic beliefs and achievement motivation in early adolescence. *Journal of Early Adolescence, 30,* 305–340.

Richards, J. M. (2004). The cognitive consequences of concealing feelings. *Current Directions in Psychological Science, 13,* 131–134.

Richardson, V. (2003). Preservice teachers' beliefs. In J. Raths & A. C. McAninch (Eds.), *Teacher beliefs and classroom performance: The impact of teacher education* (pp. 1–22). Greenwich, CT: Information Age.

Richland, L. E., Stigler, J. W., & Holyoak, K. J. (2012). Teaching the conceptual structure of mathematics. *Educational Psychologist, 47,* 189–203.

Rinehart, S. D., Stahl, S. A., & Erickson, L. G. (1986). Some effects of summarization training on reading and studying. *Reading Research Quarterly, 21,* 422–438.

Ringdahl, J. E., Winborn, L. C., Andelman, M. S., & Kitsukawa, K. (2002). The effects of noncontingently available alternative stimuli on functional analysis outcomes. *Journal of Applied Behavior Analysis, 35,* 407–410.

Rips, L. J., Shoben, E. J., & Smith, E. E. (1973). Semantic distance and the verification of semantic relations. *Journal of Verbal Learning and Verbal Behavior, 12,* 1–20.

Rispoli, M., O'Reilly, M., Lang, R., Machalicek, W., Davis, T., Lancioni, G., & Sigafoos, J. (2011). Effects of motivating operations on problem and academic behavior in classrooms. *Journal of Applied Behavior Analysis, 44,* 187–192.

Rittle-Johnson, B. (2006). Promoting transfer: Effects of self-explanation and direct instruction. *Child Development, 77,* 1–15.

Rittle-Johnson, B., & Koedinger, K. R. (2005). Designing knowledge scaffolds to support mathematical problem solving. *Cognition and Instruction, 23,* 313–349.

Rittle-Johnson, B., Siegler, R. S., & Alibali, M. W. (2001). Developing conceptual understanding and procedural skill in mathematics: An iterative process. *Journal of Educational Psychology, 93,* 346–362.

Rittle-Johnson, B., & Star, J. R. (2009). Compared with what? The effects of different comparisons on conceptual knowledge and procedural flexibility for equation solving. *Journal of Educational Psychology, 101,* 529–544.

Ritts, V., Patterson, M. L., & Tubbs, M. E. (1992). Expectations, impressions, and judgments of physically attractive students: A review. *Review of Educational Research, 62,* 413–426.

Rizzolatti, G., & Sinigaglia, C. (2008). *Mirrors in the brain—How our minds share actions and emotions* (F. Anderson, Trans.). Oxford, England: Oxford University Press.

Robbins, P., & Aydede, M. (Eds.). (2009). *The Cambridge handbook of situated cognition.* Cambridge, England: Cambridge University Press.

Roberts, G. C., Treasure, D. C., & Kavussanu, M. (1997). Motivation in physical activity contexts: An achievement goal perspective. *Advances in Motivation and Achievement, 10,* 413–447.

Robertson, J. S. (2000). Is attribution training a worthwhile classroom intervention for K–12 students with learning difficulties? *Educational Psychology Review, 12,* 111–134.

Robertson, K. F., Smeets, S., Lubinski, D., & Benbow, C. P. (2010). Beyond the threshold hypothesis: Even among the gifted and top math/science graduate students, cognitive abilities, vocational interests, and lifestyle preferences matter for career choice, performance, and persistence. *Current Directions in Psychological Science, 19,* 346–351.

Robins, R. W., Gosling, S. D., & Craik, K. H. (1999). An empirical analysis of trends in psychology. *American Psychologist, 54,* 117–128.

Robinson, D. H., & Kiewra, K. A. (1995). Visual argument: Graphic organizers are superior to outlines in improving learning from text. *Journal of Educational Psychology, 87,* 455–467.

Robinson, D. R., Schofield, J. W., & Steers-Wentzell, K. L. (2005). Peer and cross-age tutoring in math: Outcomes and their design implications. *Educational Psychology Review, 17,* 327–362.

Robinson, N. M., & Robinson, H. B. (1961). A method for the study of instrumental avoidance conditioning with children. *Journal of Comparative and Physiological Psychology, 54,* 20–23.

Robinson, S. L., & Griesemer, S. M. R. (2006). Helping individual students with problem behavior. In C. M. Evertson & C. S. Weinstein (Eds.), *Handbook of classroom management: Research, practice, and contemporary issues* (pp. 787–802). Mahwah, NJ: Erlbaum.

Rodriguez, N. M., Thompson, R. H., & Baynham, T. Y. (2010). Assessment of the relative effects of attention and escape on noncompliance. *Journal of Applied Behavior Analysis, 43,* 143–147.

Roediger, H. L. (2004, March). What happened to behaviorism? *APS Observer, 17*(3), 5, 40–42.

Roediger, H. L., & Crowder, R. G. (1976). A serial position effect in recall of United States presidents. *Bulletin of the Psychonomic Society, 8,* 275–278.

Roediger, H. L., & Karpicke, J. D. (2006). Test-enhanced learning: Taking memory tests improves long-term retention. *Psychological Science, 17,* 249–255.

Roediger, H. L., & McDermott, K. B. (2000). Tricks of memory. *Current Directions in Psychological Science, 9,* 123–127.

Roeser, R. W., Eccles, J. S., & Sameroff, A. J. (2000). School as a context of early adolescents' academic social-emotional development: A summary of research findings. *Elementary School Journal, 100,* 443–471.

Roeser, R. W., Marachi, R., & Gehlbach, H. (2002). A goal theory perspective on teachers' professional identities and the contexts of teaching. In C. Midgley (Ed.), *Goals, goal structures, and patterns of adaptive learning* (pp. 205–241). Mahwah, NJ: Erlbaum.

Roets, A., & Van Hiel, A. (2011). Allport's prejudiced personality today: Need for closure as the motivated cognitive basis of prejudice. *Current Directions in Psychological Science, 20,* 349–354.

Rogers, C. R. (1951). *Client-centered therapy: Its current practice, implication, and theory.* Boston, MA: Houghton Mifflin.

Rogers, C. R. (1961). *On becoming a person: A therapist's view of psychotherapy.* Boston, MA: Houghton Mifflin.

Rogers, T. B., Kuiper, N. A., & Kirker, W. S. (1977). Self-reference and the encoding of personal information. *Journal of Personality and Social Psychology, 35,* 677–688.

Rogoff, B. (1990). *Apprenticeship in thinking: Cognitive development in social context.* New York: Oxford University Press.

Rogoff, B. (1991). Social interaction as apprenticeship in thinking: Guidance and participation in spatial planning. In L. B. Resnick, J. M. Levine, & S. D. Teasley (Eds.), *Perspectives on socially shared cognition* (pp. 349–364). Washington, DC: American Psychological Association.

Rogoff, B. (1994, April). *Developing understanding of the idea of communities of learners.* Paper presented at the annual meeting of the American Educational Research Association, New Orleans, LA.

Rogoff, B. (2003). *The cultural nature of human development.* Oxford, England: Oxford University Press.

Rogoff, B., Matusov, E., & White, C. (1996). Models of teaching and learning: Participation in a community of learners. In D. R. Olson & N. Torrance (Eds.), *The handbook of education and human development: New models of learning, teaching, and schooling* (pp. 388–414). Cambridge, MA: Blackwell.

Rogoff, B., Mistry, J., Göncü, A., & Mosier, C. (1993). Guided participation in cultural activity by toddlers and caregivers. *Monographs of the Society for Research in Child Development, 58*(8, Serial No. 236).

Rogoff, B., Moore, L., Najafi, B., Dexter, A., Correa-Chávez, M., & Solís, J. (2007). Children's development of cultural repertoires through participation in everyday routines and practices. In J. E. Grusec & P. D. Hastings (Eds.), *Handbook of socialization: Theory and research* (pp. 490–515). New York: Guilford Press.

Rohrer, D., & Pashler, H. (2007). Increasing retention without increasing study time. *Current Directions in Psychological Science, 16,* 183–186.

Rohrer, D., & Pashler, H. (2010). Recent research on human learning challenges conventional instructional strategies. *Educational Researcher, 39,* 406–412.

Rolland, R. G. (2012). Synthesizing the evidence on classroom goal structures in middle and secondary schools: A meta-analysis and narrative review. *Review of Educational Research, 82,* 396–435.

Román, P., Soriano, M. F., Gómez-Ariza, C. J., & Bajo, M. T. (2009). Retrieval-induced forgetting and executive control. *Psychological Science, 20,* 1053–1058.

Romaniuk, C., Miltenberger, R., Conyers, C., Jenner, N., Jurgens, M., & Ringenberg, C. (2002). The influence of activity choice on problem behaviors maintained by escape versus attention. *Journal of Applied Behavior Analysis 35,* 349–362.

Rommetveit, R. (1985). Language acquisition as increasing linguistic structuring of experience and symbolic behavior control. In J. V. Wertsch (Ed.), *Culture, communication, and cognition: Vygotskian perspectives* (pp. 183–204). Cambridge, England: Cambridge University Press.

Rosales-Ruiz, J., & Baer, D. M. (1997). Behavioral cusps: A developmental and pragmatic concept for behavior analysis. *Journal of Applied Behavior Analysis, 30,* 533–544.

Rosch, E. H. (1973). Natural categories. *Cognitive Psychology, 4,* 328–350.

Rosch, E. H. (1978). Principles of categorization. In E. Rosch & B. Lloyd (Eds.), *Cognition and categorization* (pp. 27–48). Hillsdale, NJ: Erlbaum.

Rosch, E. H., Mervis, C. B., Gray, W. D., Johnson, D. M., & Boyes-Braem, P. (1976). Basic objects in natural categories. *Cognitive Psychology, 8,* 382–439.

Roscoe, E. M., Kindle, A. E., & Pence, S. T. (2010). Functional analysis and treatment of aggression maintained by preferred conversational topics. *Journal of Applied Behavior Analysis, 43,* 723–727.

Roscoe, R. D., & Chi, M. T. H. (2007). Understanding tutor learning: Knowledge-building and knowledge-telling in peer tutors' explanations and questions. *Review of Educational Research, 77,* 534–574.

Rose, S. A., Feldman, J. F., & Jankowski, J. J. (2007). Developmental aspects of visual recognition memory in infancy. In L. M. Oakes & P. J. Bauer (Eds.), *Short- and long-term memory in infancy and early childhood: Taking the first steps toward remembering* (pp. 153–178). New York: Oxford University Press.

Rose, S. C., & Thornburg, K. R. (1984). Mastery motivation and need for approval in young children: Effects of age, sex, and reinforcement condition. *Educational Research Quarterly, 9*(1), 34–42.

Rosenberg, E. L. (1998). Levels of analysis and the organization of affect. *Review of General Psychology, 2,* 247–270.

Rosenshine, B., & Meister, C. (1992). The use of scaffolds for teaching higher-level cognitive strategies. *Educational Leadership, 49*(7), 26–33.

Rosenshine, B., & Meister, C. (1994). Reciprocal teaching: A review of the research. *Review of Educational Research, 64,* 479–530.

Rosenshine, B., Meister, C., & Chapman, S. (1996). Teaching students to generate questions: A review of the intervention studies. *Review of Educational Research, 66,* 181–221.

Rosenthal, R. (1994). Interpersonal expectancy effects: A 30–year perspective. *Current Directions in Psychological Science, 3,* 176–179.

Rosenthal, R. (2002). Covert communication in classrooms, clinics, courtrooms, and cubicles. *American Psychologist, 57,* 839–849.

Rosenthal, T. L., Alford, G. S., & Rasp, L. M. (1972). Concept attainment, generalization, and retention through observation and verbal coding. *Journal of Experimental Child Psychology, 13,* 183–194.

Rosenthal, T. L., & Bandura, A. (1978). Psychological modeling: Theory and practice. In S. L. Garfield & A. E. Begia (Eds.), *Handbook of psychotherapy and behavior change: An empirical analysis* (2nd ed., pp. 621–658). New York: Wiley.

Rosenthal, T. L., & Zimmerman, B. J. (1978). *Social learning and cognition.* New York: Academic Press.

Ross, B. H., & Spalding, T. L. (1994). Concepts and categories. In R. J. Sternberg (Ed.), *Handbook of perception and cognition* (Vol. 12, pp. 119–148). New York: Academic Press.

Roth, K. (1990). Developing meaningful conceptual understanding in science. In B. F. Jones & L. Idol (Eds.), *Dimensions of thinking and cognitive instruction* (pp. 139–175). Hillsdale, NJ: Erlbaum.

Roth, K., & Anderson, C. (1988). Promoting conceptual change learning from science textbooks. In P. Ramsden (Ed.), *Improving learning: New perspectives* (pp. 109–141). London: Kogan Page.

Roth, W., & Bowen, G. M. (1995). Knowing and interacting: A study of culture, practices, and resources in a grade 8 open-inquiry science classroom guided by a cognitive apprenticeship metaphor. *Cognition and Instruction, 13,* 73–128.

Roth, W.-M. (2001). Gestures: Their role in teaching and learning. *Review of Educational Research, 71,* 365–392.

Roth, W.-M. (2011). Object/motives and emotion: A cultural-historical activity theoretic approach to motivation in learning and work. In D. M. McInerney, R. A. Walker, & G. A. D. Liem (Eds.), *Sociocultural theories of learning and motivation: Looking back, looking forward* (pp. 43–63). Charlotte, NC: Information Age.

Rothbart, M. K. (2011). *Becoming who we are: Temperament and personality in development.* New York: Guilford Press.

Rothbart, M. K., Sheese, B. E., & Posner, M. I. (2007). Executive attention and effortful control: Linking temperament, brain networks, and genes. *Child Development Perspectives, 1,* 2–7.

Rothbaum, F., & Trommsdorff, G. (2007). Do roots and wings complement or oppose one another? The socialization of relatedness and autonomy in cultural context. In J. E. Grusec & P. D. Hastings (Eds.), *Handbook of socialization: Theory and research* (pp. 461–489). New York: Guilford Press.

Rothbaum, F., Weisz, J. R., & Snyder, S. S. (1982). Changing the world and changing the self: A two-process model of perceived control. *Journal of Personality and Social Psychology, 42,* 5–37.

Rouder, J. N., & Ratcliff, R. (2006). Comparing exemplar- and rule-based theories of categorization. *Current Directions in Psychological Science, 15,* 9–13.

Rounds, J., & Su, R. (2014). The nature and power of interests. *Current Directions in Psychological Science, 23,* 98–103.

Rovee-Collier, C. (1993). The capacity for long-term memory in infancy. *Current Directions in Psychological Science, 2,* 130–135.

Rowe, M. B. (1974). Wait-time and rewards as instructional variables, their influence on language, logic, and fate control: Part I. Wait time. *Journal of Research in Science Teaching, 11,* 81–94.

Rowe, M. B. (1987). Wait time: Slowing down may be a way of speeding up. *American Educator, 11*(1), 38–43, 47.

Rubin, D. C. (2006). The basic-systems model of episodic memory. *Perspectives on Psychological Science, 1,* 277–311.

Rubinyi, S. (2007). *Natural genius: The gifts of Asperger's syndrome*. London: Jessica Kingsley Publications.

Rudolph, K. D., Caldwell, M. S., & Conley, C. S. (2005). Need for approval and children's well-being. *Child Development, 76,* 309–323.

Rueckl, J. G., & Seidenberg, M. S. (2009). Computational modeling and the neural bases of reading and reading disorders. In K. Pugh & P. McCardle (Eds.), *How children learn to read: Current issues and new directions in the integration of cognition, neurobiology and genetics of reading and dyslexia research and practice* (pp. 101–133). New York: Psychology Press.

Rueda, R., & Moll, L. C. (1994). A sociocultural perspective on motivation. In H. F. O'Neil, Jr., & M. Drillings (Eds.), *Motivation: Theory and research* (pp. 117–137). Hillsdale, NJ: Erlbaum.

Ruef, M. B., Higgins, C., Glaeser, B., & Patnode, M. (1998). Positive behavioral support: Strategies for teachers. *Intervention in School and Clinic, 34*(1), 21–32.

Ruffman, T., Perner, J., Olson, D. R., & Doherty, M. (1993). Reflecting on scientific thinking: Children's understanding of the hypothesis-evidence relation. *Child Development, 64,* 1617–1636.

Rule, D. C., & Bendixen, L. D. (2010). The integrative model of personal epistemology development: Theoretical underpinnings and implications for education. In L. D. Bendixen & F. C. Feucht (Eds.), *Personal epistemology in the classroom: Theory, research, and implications for practice* (pp. 94–123). Cambridge, England: Cambridge University Press.

Rumelhart, D. E., & McClelland, J. L. (1986). *Parallel distributed processing* (Vol. 1). Cambridge, MA: MIT Press.

Rumelhart, D. E., & Ortony, A. (1977). The representation of knowledge in memory. In R. C. Anderson, R. J. Spiro, & W. E. Montague (Eds.), *Schooling and the acquisition of knowledge* (pp. 99–136). Hillsdale, NJ: Erlbaum.

Rummel, N., Levin, J. R., & Woodward, M. M. (2003). Do pictorial mnemonic text-learning aids give students something worth writing about? *Journal of Educational Psychology, 95,* 327–334.

Runco, M. A., & Chand, I. (1995). Cognition and creativity. *Educational Psychology Review, 7,* 243–267.

Rundus, D. (1971). Analysis of rehearsal processes in free recall. *Journal of Experimental Psychology, 89,* 63–77.

Rundus, D., & Atkinson, R. C. (1971). Rehearsal processes in free recall: A procedure for direct observation. *Journal of Verbal Learning and Verbal Behavior, 9,* 99–105.

Rushton, J. P. (1980). *Altruism, socialization, and society.* Englewood Cliffs, NJ: Prentice Hall.

Rushton, J. P. (1982). Social learning theory and the development of prosocial behavior. In N. Eisenberg (Ed.), *The development of prosocial behavior* (pp. 77–105). New York: Academic Press.

Ryan, A. M. (2000). Peer groups as a context for the socialization of adolescents' motivation, engagement, and achievement in school. *Educational Psychologist, 35,* 101-111.

Ryan, A. M., & Patrick, H. (2001). The classroom social environment and changes in adolescents' motivation and engagement during middle school. *American Educational Research Journal, 38,* 437–460.

Ryan, A. M., Pintrich, P. R., & Midgley, C. (2001). Avoiding seeking help in the classroom: Who and why? *Educational Psychology Review, 13,* 93–114.

Ryan, A. M., & Shim, S. S. (2008). An exploration of young adolescents' social achievement goals and social adjustment in middle school. *Journal of Educational Psychology, 100,* 672–687.

Ryan, A. M., & Shim, S. S. (2012). Changes in help seeking from peers during early adolescence: Associations with changes in achievement and perceptions of teachers. *Journal of Educational Psychology, 104,* 1122–1134.

Ryan, C. S., & Hemmes, N. S. (2005). Effects of the contingency for homework submission on homework submission and quiz performance in a college course. *Journal of Applied Behavior Analysis 38,* 79–88.

Ryan, E. L. (2010). *Dora the Explorer:* Empowering preschoolers, girls, and Latinas. *Journal of Broadcasting & Electronic Media, 54*(1), 54–68.

Ryan, K. E., Ryan, A. M., Arbuthnot, K., & Samuels, M. (2007). Students' motivation for standardized math exams. *Educational Researcher, 36*(1), 5–13.

Ryan, R. M., & Brown, K. W. (2005). Legislating competence: High-stakes testing policies and their relations with psychological theories and research. In A. J. Elliot & C. S. Dweck (Eds.), *Handbook of competence and motivation* (pp. 354–372). New York: Guilford Press.

Ryan, R. M., Connell, J. P., & Grolnick, W. S. (1992). When achievement is *not* intrinsically motivated: A theory of internalization and self-regulation in school. In A. K. Boggiano & T. S. Pittman (Eds.), *Achievement and motivation: A social-developmental perspective* (pp. 167–188). Cambridge, England: Cambridge University Press.

Ryan, R. M., & Deci, E. L. (2000). Self-determination theory and the facilitation of intrinsic motivation, social development, and well-being. *American Psychologist, 55,* 68–78.

Ryan, R. M., Mims, V., & Koestner, R. (1983). Relation of reward contingency and interpersonal context to intrinsic motivation: A review and test using cognitive evaluation theory. *Journal of Personality and Social Psychology, 45,* 736–750.

Ryan, S., Ormond, T., Imwold, C., & Rotunda, R. J. (2002). The effects of a public address system on the off-task behavior of elementary physical education students. *Journal of Applied Behavior Analysis 35,* 305–308.

Sadler, P. M., Sonnert, G., Coyle, H. P., Cook-Smith, N., & Miller, J. L. (2013). The influence of teachers' knowledge on student learning in middle school physical science classrooms. *American Educational Research Journal, 50,* 1020–1049.

Sadoski, M., & Paivio, A. (2001). *Imagery and text: A dual coding theory of reading and writing.* Mahwah, NJ: Erlbaum.

Saffran, J. R. (2003). Statistical language learning: Mechanisms and constraints. *Current Directions in Psychological Science, 12,* 110–114.

Saljo, R., & Wyndham, J. (1992). Solving everyday problems in the formal setting: An empirical study of the school as context for thought. In S. Chaiklin & J. Lave (Eds.), *Understanding practice* (pp. 327–342). New York: Cambridge University Press.

Salomon, G. (1993). No distribution without individuals' cognition: A dynamic interactional view. In G. Salomon (Ed.), *Distributed cognitions: Psychological and educational considerations* (pp. 111–138). Cambridge, England: Cambridge University Press.

Salomon, G. (1994). *Interaction of media, cognition, and learning.* Hillsdale, NJ: Erlbaum. (Originally published 1979)

Salthouse, T. A. (2006). Mental exercise and mental aging: Evaluating the validity of the "use it or lose it" hypothesis. *Perspectives on Psychological Science, 1,* 68–87.

Saltz, E. (1971). *The cognitive bases of human learning.* Homewood, IL: Dorsey.

Samarova, E. I., Bravarenko, N. I., Korshunova, T. A., Gulyaeva, N. V., Palotás, A., & Balaban, P. M. (2005). Effect of β-amyloid peptide on behavior and synaptic plasticity in terrestial snail. *Brain Research Bulletin, 67,* 40–45.

Samuel, A. L. (1963). Some studies in machine learning using the game of checkers. In E. A. Feigenbaum & J. Feldman (Eds.), *Computers and thought* (pp. 71–105). New York: McGraw-Hill.

Samuels, S. J., & Turnure, J. E. (1974). Attention and reading achievement in first-grade boys and girls. *Journal of Educational Psychology, 66,* 29–32.

Sansone, C., & Smith, J. (2002). Interest and self-regulation: The relation between having to and wanting to. In C. Sansone & J. Harackiewicz (Ed.), *Intrinsic and extrinsic motivation: The search for optimal motivation and performance* (pp. 341–372). San Diego, CA: Academic Press.

Sansone, C., Weir, C., Harpster, L., & Morgan, C. (1992). Once a boring task always a boring task? Interest as a self-regulatory mechanism. *Journal of Personality and Social Psychology, 63,* 379–390.

Sapolsky, R. M. (1999). Glucocorticoids, stress, and their adverse neurological effects: Relevance to aging. *Experimental Gerontology, 34,* 721–732.

Saracho, O. N., & Spodek, B. (Eds.). (1998). *Multiple perspectives on play in early childhood education.* Albany: State University of New York Press.

Sarama, J., & Clements, D. H. (2009). "Concrete" computer manipulatives in mathematics education. *Child Development Perspectives, 3,* 145–150.

Sarason, I. G. (Ed.). (1980). *Test anxiety: Theory, research, and applications.* Hillsdale, NJ: Erlbaum.

Sasso, G. M., & Rude, H. A. (1987). Unprogrammed effects of training high-status peers to interact with severely handicapped children. *Journal of Applied Behavior Analysis 20,* 35–44.

Savani, K., Markus, H. R., Naidu, N. V. R., Kumar, S., & Berlia, N. (2010). What counts as a choice? U.S. Americans are more likely than Indians to construe actions as choices. *Psychological Science, 21,* 391–398.

Saville, B. K., Zinn, T. E., Neef, N. A., Van Norman, R., & Ferreri, S. J. (2006). A comparison of interteaching and lecture in the college classroom. *Journal of Applied Behavior Analysis 39,* 49–61.

Sawyer, R. J., Graham, S., & Harris, K. R. (1992). Direct teaching, strategy instruction, and strategy instruction with explicit self-regulation: Effects on the composition skills and self-efficacy of students with learning disabilities. *Journal of Educational Psychology, 84,* 340–352.

Sawyer, R. K. (2006). Introduction: The new science of learning. In R. K. Sawyer (Ed.), *The Cambridge handbook of the learning sciences* (pp. 1–16). Cambridge, England: Cambridge University Press.

Sawyer, R. K., & Greeno, J. G. (2009). Situativity and learning. In P. Robbins & M. Aydede (Eds.), *The Cambridge handbook of situated cognition* (pp. 347–367). Cambridge, England: Cambridge University Press.

Scandura, J. M. (1974). Role of higher order rules in problem solving. *Journal of Experimental Psychology, 102,* 984–991.

Scardamalia, M., & Bereiter, C. (1985). Fostering the development of self-regulation in children's knowledge processing. In S. F. Chipman, J. W. Segal, & R. Glaser (Eds.), *Thinking and learning skills: Vol. 2. Research and open questions* (pp. 65–80). Hillsdale, NJ: Erlbaum.

Scardamalia, M., & Bereiter, C. (2006). Knowledge building: Theory, pedagogy, and technology. In R. K. Sawyer (Ed.), *The Cambridge handbook of the learning sciences* (pp. 97–115). Cambridge, England: Cambridge University Press.

Scevak, J. J., Moore, P. J., & Kirby, J. R. (1993). Training students to use maps to increase text recall. *Contemporary Educational Psychology, 18,* 401–413.

Schab, F. (1990). Odors and the remembrance of things past. *Journal of Experimental Psychology: Learning, Memory, and Cognition, 16,* 648–655.

Schacter, D. L. (1989). Memory. In M. I. Posner (Ed.), *Foundations of cognitive science* (pp. 683–725). Cambridge, MA: MIT Press.

Schacter, D. L. (1999). The seven sins of memory: Insights from psychology and neuroscience. *American Psychologist, 54,* 182–203.

Schacter, D. L. (2012). Adaptive constructive processes and the future of memory. *American Psychologist, 67,* 603–613.

Schank, R. C., & Abelson, R. P. (1977). *Scripts, plans, goals, and understanding: An inquiry into human knowledge structures.* Hillsdale, NJ: Erlbaum.

Schauble, L. (1990). Belief revision in children: The role of prior knowledge and strategies for generating evidence. *Journal of Experimental Child Psychology, 49,* 31–57.

Schellings, G. L. M., Van Hout-Wolters, B., & Vermunt, J. D. (1996). Individual differences in adapting to three different tasks of selecting information from texts. *Contemporary Educational Psychology, 21,* 423–446.

Schiller, D., Monfils, M.-H., Raoi, C. M., Johnson, D. C., LeDoux, J. E., & Phelps, E. A. (2010). Preventing the return of fear in humans using reconsolidation update mechanisms. *Nature, 463*(7277), 49–53.

Schimmoeller, M. A. (1998, April). *Influence of private speech on the writing behaviors of young children: Four case studies.* Paper presented at the annual meeting of the American Educational Research Association, San Diego, CA.

Schliemann, A. D., & Carraher, D. W. (1993). Proportional reasoning in and out of school. In P. Light & G. Butterworth (Eds.), *Context and cognition: Ways of learning and knowing* (pp. 47–73). Hillsdale, NJ: Erlbaum.

Schloss, P. J., & Smith, M. A. (1998). *Applied behavior analysis in the classroom* (2nd ed.). Boston, MA: Allyn & Bacon.

Schmader, T. (2010). Stereotype threat deconstructed. *Current Directions in Psychological Science, 19,* 14–18.

Schmidt, H. G., van der Molen, H. T., te Winkel, W. W. R., & Wijnen, W. H. F. W. (2009). Constructivist, problem-based learning does work: A meta-analysis of curricular comparisons involving a single medical school. *Educational Psychologist, 44,* 227–249.

Schmidt, R. A., & Bjork, R. A. (1992). New conceptualizations of practice: Common principles in three paradigms suggest new concepts for training. *Psychological Science, 3,* 207–217.

Schmidt, R. A., & Young, D. E. (1987). Transfer of movement control in motor skill learning. In S. M. Cormier & J. D. Hagman (Eds.), *Transfer of learning: Contemporary research and applications* (pp. 47–79). San Diego, CA: Academic Press.

Schmidt, W. H. (2008, Spring). What's missing from math standards? Focus, rigor, and coherence. *American Educator.* Retrieved from http://www.aft.org/pdfs/americaneducator/spring2008/schmidt.pdf

Schneider, W. (1993). Domain-specific knowledge and memory performance in children. *Educational Psychology Review, 5,* 257–273.

Schneider, W. (2010). Metacognition and memory development in childhood and adolescence. In H. S. Waters & W. Schneider (Eds.), *Metacognition, strategy use, and instruction* (pp. 54–81). New York: Guilford Press.

Schneider, W., Körkel, J., & Weinert, F. E. (1990). Expert knowledge, general abilities, and text processing. In W. Schneider & F. E. Weinert (Eds.), *Interactions among aptitudes, strategies, and knowledge in cognitive performance* (pp. 235–251). New York: Springer-Verlag.

Schneider, W., & Lockl, K. (2002). The development of metacognitive knowledge in children and adolescents. In T. J. Perfect & B. L. Schwartz (Eds.), *Applied metacognition* (pp. 224–257). Cambridge, England: Cambridge University Press.

Schneider, W., & Pressley, M. (1989). *Memory development between 2 and 20.* New York: Springer-Verlag.

Schneider, W., & Shiffrin, R. M. (1977). Controlled and automatic human information processing: I. Detection, search, and attention. *Psychological Review, 84,* 1–66.

Schneps, M. H., Ruel, J., Sonnert, G., Dussault, M., Griffin, M., & Sadler, P. M. (2014). Conceptualizing astronomical scale: Virtual simulations on handheld tablet computers reverse misconceptions. *Computers & Education, 70,* 269–280.

Schneps, M. H., & Sadler, P. M. (1989). *A private universe.* Cambridge, MA: Harvard-Smithsonian Center for Astrophysics.

Schoenfeld, A. H. (1982). Measures of problem-solving performance and problem-solving instruction. *Journal for Research in Mathematics Education, 13,* 31–49.

Schoenfeld, A. H. (1985). Metacognitive and epistemological issues in mathematical understanding. In E. A. Silver (Ed.), *Teaching and learning mathematical problem solving: Multiple research perspectives* (pp. 361–380). Hillsdale, NJ: Erlbaum.

Schoenfeld, A. H. (1988). When good teaching leads to bad results: The disasters of "well-taught" mathematics courses. *Educational Psychologist, 23,* 145–166.

Schoenfeld, A. H. (1992). Learning to think mathematically: Problem solving, metacognition, and sense-making in mathematics. In D. A. Grouws (Ed.), *Handbook of research on mathematics teaching and learning* (pp. 334–370). New York: Macmillan.

Schoenfeld, A. H., & Herrmann, D. J. (1982). Problem perception and knowledge structure in expert and novice mathematical problem solvers. *Journal of Experimental Psychology: Learning, Memory, and Cognition, 8,* 484–494.

Schommer, M. (1990). Effects of beliefs about the nature of knowledge on comprehension. *Journal of Educational Psychology, 82,* 498–504.

Schommer, M. (1994a). An emerging conceptualization of epistemological beliefs and their role in learning. In R. Garner & P. A. Alexander (Eds.), *Beliefs about text and instruction with text* (pp. 25–40). Hillsdale, NJ: Erlbaum.

Schommer, M. (1994b). Synthesizing epistemological belief research: Tentative understandings and provocative confusions. *Educational Psychology Review, 6,* 293–319.

Schommer, M., Calvert, C., Gariglietti, G., & Bajaj, A. (1997). The development of epistemological beliefs among secondary students: A longitudinal study. *Journal of Educational Psychology, 89,* 37–40.

Schommer-Aikins, M. (2002). An evolving theoretical framework for an epistemological belief system. In B. K. Hofer & P. R. Pintrich (Eds.), *Personal epistemology: The psychology of beliefs about knowledge and knowing* (pp. 103–118). Mahwah, NJ: Erlbaum.

Schommer-Aikins, M. (2004). Explaining the epistemological belief system: Introducing the embedded systemic model and coordinated research approach. *Educational Psychologist, 39,* 19–29.

Schommer-Aikins, M., Bird, M., & Bakken, L. (2010). Manifestations of an epistemological belief system in preschool to grade twelve classrooms. In L. D. Bendixen & F. C. Feucht (Eds.), *Personal epistemology in the classroom: Theory, research, and implications for practice* (pp. 31–54). Cambridge, England: Cambridge University Press.

Schommer-Aikins, M., Duell, O. K., & Hutter, R. (2005). Epistemological beliefs, mathematical problem-solving beliefs, and academic performance of middle school students. *Elementary School Journal, 105,* 289–304.

Schommer-Aikins, M., & Easter, M. (2005, April). *Ways of knowing: Similar epistemological beliefs but different strategic emphasis.* Paper presented at the annual meeting of the American Educational Research Association, Montreal.

Schommer-Aikins, M., & Easter, M. (2008). Epistemological beliefs' contributions to study strategies of Asian Americans and European Americans. *Journal of Educational Psychology, 100,* 920–929.

Schommer-Aikins, M., Hopkins, L., Anderson, C., & Drouhard, B. (2005, April). *Epistemological beliefs and need for cognition of traditional and non-traditional students.* Paper presented at the annual meeting of the American Educational Research Association, Montreal.

Schooler, J. W. (2001). Discovering memories of abuse in the light of meta-awareness. *Journal of Aggression, Maltreatment, and Trauma, 4,* 105–136.

Schraw, G. (2006). Knowledge: Structures and processes. In P. A. Alexander & P. H. Winne (Eds.), *Handbook of educational psychology* (2nd ed., pp. 245–263). Mahwah, NJ: Erlbaum.

Schraw, G., Bendixen, L. D., & Dunkle, M. E. (2002). Development and validation of the Epistemic Belief Inventory (EBI). In B. K. Hofer & P. R. Pintrich (Eds.), *Personal epistemology: The psychology of beliefs about knowledge and knowing* (pp. 261–275). Mahwah, NJ: Erlbaum.

Schraw, G., & Bruning, R. (1995, April). *Reader beliefs and reading comprehension.* Paper presented at the annual meeting of the American Educational Research Association, San Francisco.

Schraw, G., Dunkle, M. E., & Bendixen, L. D. (1995). Cognitive processes in well-defined and ill-defined problem solving. *Applied Cognitive Psychology, 9,* 523–538.

Schraw, G., Flowerday, T., & Lehman, S. (2001). Increasing situational interest in the classroom. *Educational Psychology Review, 13,* 211–224.

Schraw, G., & Lehman, S. (2001). Situational interest: A review of the literature and directions for future research. *Educational Psychology Review, 13,* 23–52.

Schraw, G., & Moshman, D. (1995). Metacognitive theories. *Educational Psychology Review, 7,* 351–371.

Schraw, G., Potenza, M. T., & Nebelsick-Gullet, L. (1993). Constraints on the calibration of performance. *Contemporary Educational Psychology, 18,* 455–463.

Schroth, M. L. (1992). The effects of delay of feedback on a delayed concept formation transfer task. *Contemporary Educational Psychology, 17,* 78–82.

Schult, C. A. (2002). Children's understanding of the distinction between intentions and desires. *Child Development, 73,* 1727–1747.

Schultheiss, O. C., & Brunstein, J. C. (2005). An implicit motive perspective on competence. In A. J. Elliot & C. S. Dweck (Eds.), *Handbook of competence and motivation* (pp. 31–51). New York: Guilford Press.

Schultz, K., & Lochhead, J. (1991). A view from physics. In M. U. Smith (Ed.), *Toward a unified theory of problem solving: Views from the content domains* (pp. 99–114). Hillsdale, NJ: Erlbaum.

Schulz, L. E., Hooppell, C., & Jenkins, A. C. (2008). Judicious imitation: Children differentially imitate deterministically and probabilistically effective actions. *Child Development, 79,* 395–410.

Schumacher, E. H., Seymour, T. L., Glass, J. M., Fencsik, D. E., Lauber, E. J., Kieras, D. E., & Meyer, D. E. (2001). Virtually perfect time sharing in dual-task performance: Uncorking the central cognitive bottleneck. *Psychological Science, 12,* 101–108.

Schunk, D. H. (1981). Modeling and attributional effects on children's achievement: A self-efficacy analysis. *Journal of Educational Psychology, 73,* 93–105.

Schunk, D. H. (1987). Peer models and children's behavioral change. *Review of Educational Research, 57,* 149–174.

Schunk, D. H. (1989a). Self-efficacy and achievement behaviors. *Educational Psychology Review, 1,* 173–208.

Schunk, D. H. (1989b). Self-efficacy and cognitive skill learning. In C. Ames & R. Ames (Eds.), *Research on motivation in education: Vol. 3. Goals and cognitions* (pp. 13–44). San Diego, CA: Academic Press.

Schunk, D. H. (1989c). Social cognitive theory and self-regulated learning. In B. J. Zimmerman & D. H. Schunk (Eds.), *Self-regulated learning and academic achievement: Theory, research, and practice* (pp. 83–110). New York: Springer-Verlag.

Schunk, D. H. (1990, April). *Socialization and the development of self-regulated learning: The role of attributions.* Paper presented at the annual meeting of the American Educational Research Association, Boston, MA.

Schunk, D. H. (1995). Inherent details of self-regulated learning include student perceptions. *Educational Psychologist, 30,* 213–216.

Schunk, D. H. (1998). Teaching elementary students to self-regulate practice of mathematical skills with modeling. In D. H. Schunk & B. J. Zimmerman (Eds.), *Self-regulated learning: From teaching to self-reflective practice* (pp. 137–159). New York: Guilford Press.

Schunk, D. H., & Hanson, A. R. (1985). Peer models: Influence on children's self-efficacy and achievement. *Journal of Educational Psychology, 77,* 313–322.

Schunk, D. H., Hanson, A. R., & Cox, P. D. (1987). Peer-model attributes and children's achievement behaviors. *Journal of Educational Psychology, 79,* 54–61.

Schunk, D. H., Meece, J. L., & Pintrich, P. R. (2014). *Motivation in education: Theory, research, and applications* (4th ed.). Upper Saddle River, NJ: Pearson.

Schunk, D. H., & Pajares, F. (2004). Self-efficacy in education revisited: Empirical and applied evidence. In D. M. McNerney & S. Van Etten (Eds.), *Big theories revisited* (pp. 115–138). Greenwich, CT: Information Age.

Schunk, D. H., & Pajares, F. (2005). Competence perceptions and academic functioning. In A. J. Elliot & C. S. Dweck (Eds.), *Handbook of competence and motivation* (pp. 85–104). New York: Guilford Press.

Schunk, D. H., & Swartz, C. W. (1993). Goals and progress feedback: Effects on self-efficacy and writing achievement. *Contemporary Educational Psychology, 18,* 337–354.

Schunk, D. H., & Zimmerman, B. J. (1997). Social origins of self-regulatory competence. *Educational Psychologist, 32,* 195–208.

Schunk, D. H., & Zimmerman, B. J. (2006). Competence and control beliefs: Distinguishing the means and ends. In P. A. Alexander & P. H. Winne (Eds.), *Handbook of educational psychology* (2nd ed., pp. 349–367). Mahwah, NJ: Erlbaum.

Schutz, P. A. (1994). Goals as the transactive point between motivation and cognition. In P. R. Pintrich, D. R. Brown, & C. E. Weinstein (Eds.), *Student motivation, cognition, and learning: Essays in honor of Wilbert J. McKeachie* (pp. 113–133). Hillsdale, NJ: Erlbaum.

Schwamborn, A., Mayer, R. E., Thillmann, H., Leopold, C., & Leutner, D. (2010). Drawing as a generative activity and drawing as a prognostic activity. *Journal of Educational Psychology, 102,* 872–879.

Schwartz, B., & Reisberg, D. (1991). *Learning and memory.* New York: W. W. Norton.

Schwartz, D. L., Bransford, J. D., & Sears, D. (2005). Efficiency and innovation in transfer. In J. P. Mestre (Ed.), *Transfer of learning from a modern multidisciplinary perspective* (pp. 1–51). Greenwich, CT: Information Age.

Schwartz, D. L., Chase, C. C., & Bransford, J. D. (2012). Resisting overzealous transfer: Coordinating previously successful routines with needs for new learning. *Educational Psychologist, 47,* 204–214.

Schwartz, D. L., Lindgren, R., & Lewis, S. (2009). Constructivism in an age of non-constructivist assessments. In S. Tobias & T. M. Duffy (Eds.), *Constructivist instruction: Success or failure?* (pp. 34–61). New York: Routledge.

Schwarz, N., & Skurnik, I. (2003). Feeling and thinking: Implications for problem solving. In J. E. Davidson & R. J. Sternberg (Eds.), *The psychology of problem solving* (pp. 263–290). Cambridge, England: Cambridge University Press.

Schwebel, A. I., & Cherlin, D. L. (1972). Physical and social distancing in teacher-pupil relationships. *Journal of Educational Psychology, 63,* 543–550.

Schweinhart, L. J., Montie, J., Xiang, Z., Barnett, W. S., Belfield, C. R., & Nores, M. (2005). *Lifetime effects: The High/Scope Perry Preschool Study through age 40.* Ypsilanti, MI: High/Scope Foundation.

Schweinle, A., Meyer, D. K., & Turner, J. C. (2006). Striking the right balance: Students' motivation and affect in elementary mathematics. *Journal of Educational Research, 99,* 271–293.

Schwinger, M., & Wild, E. (2012). Prevalence, stability, and functionality of achievement goal profiles in mathematics from third to seventh grade. *Contemporary Educational Psychology, 37,* 1–13.

Seamon, J. G., Luo, C. R., & Gallo, D. A. (1998). Creating false memories of words with or without recognition of list items: Evidence for nonconscious processes. *Psychological Science, 9,* 20–26.

Sedikides, C., & Gregg, A. P. (2008). Self-enhancement: Food for thought. *Perspectives on Psychological Science, 3,* 102–116.

Seethaler, P. M., Fuchs, L. S., Fuchs, D., & Compton, D. L. (2012). Predicting first graders' development of calculation versus word-problem performance: The role of dynamic assessment. *Journal of Educational Psychology, 104,* 224–234.

Segedy, J. R., Kinnebrew, J. S., & Biswas, G. (2013). The effect of contextualized conversational feedback in a complex open-ended learning environment. *Educational Technology Research and Development, 61*(1), 71–89.

Seligman, M. E. P. (1975). *Helplessness.* San Francisco, CA: Freeman.

Seligman, M. E. P. (1991). *Learned optimism.* New York: Alfred Knopf.

Seligman, M. E. P., & Maier, S. F. (1967). Failure to escape traumatic shock. *Journal of Experimental Psychology, 74,* 1–9.

Seligman, M. E. P., Railton, P., Baumeister, R. F., & Sripada, C. (2013). Navigating into the future or driven by the past. *Perspectives on Psychological Science, 8,* 119–141.

Semb, G. B., & Ellis, J. A. (1994). Knowledge taught in school: What is remembered? *Review of Educational Research, 64,* 253–286.

Semb, G. B., Ellis, J. A., & Araujo, J. (1993). Long-term memory for knowledge learned in school. *Journal of Educational Psychology, 85,* 305–316.

Senko, C., & Harackiewicz, J. M. (2005). Regulation of achievement goals: The role of competence feedback. *Journal of Educational Psychology, 97,* 320–336.

Senko, C., Hulleman, C. S., & Harackiewicz, J. M. (2011). Achievement goal theory at the crossroads: Old controversies, current challenges, and new directions. *Educational Psychologist, 46,* 26–47.

Senko, C., & Miles, K. M. (2008). Pursuing their own learning agenda: How mastery-oriented students jeopardize their class performance. *Contemporary Educational Psychology, 33,* 561–583.

Serences, J. T., Ester, E. F., Vogel, E. K., & Awh, E. (2009). Stimulus-specific delay activity in human primary visual cortex. *Psychological Science, 20,* 207–214.

Sergeant, J. (1996). A theory of attention: An information processing perspective. In G. R. Lyon & N. A. Krasnegor (Eds.), *Attention, memory, and executive function* (pp. 57–69). Baltimore, MD: Paul H. Brookes.

Serra, M. J., & Metcalfe, J. (2009). Effective implementation of metacognition. In D. J. Hacker, J. Dunlosky, & A. C. Graesser (Eds.), *Handbook of metacognition in education* (pp. 278–298). New York: Routledge.

Sfard, A. (1998). On two metaphors for learning and the dangers of choosing just one. *Educational Researcher, 27*(2), 4–13.

Shabani, D. B., Carr, J. E., & Petursdottir, A. I. (2009). A laboratory model for studying response-class hierarchies. *Journal of Applied Behavior Analysis, 42,* 105–121.

Shafto, P., Bonawitz, E., Gweon, H., Goodman, N. D., & Shulz, L. (2011). The double-edged sword of pedagogy: Instruction limits spontaneous exploration and discovery. *Cognition, 120,* 322–330.

Shafto, P., Goodman, N. D., & Frank, M. C. (2012). Learning from others: The consequences of psychological reasoning for human learning. *Perspectives on Psychological Science, 7,* 341–351.

Shah, J. Y. (2005). The automatic pursuit and management of goals. *Current Directions in Psychological Science, 14,* 10–13.

Shah, P., & Miyake, A. (1996). The separability of working memory resources for spatial thinking and language processing: An individual differences approach. *Journal of Experimental Psychology: General, 125,* 4–27.

Shanahan, C. (2004). Teaching science through literacy. In T. L. Jetton & J. A. Dole (Eds.), *Adolescent literacy research and practice* (pp. 75–93). New York: Guilford Press.

Shanahan, T. (2004). Overcoming the dominance of communication: Writing to think and to learn. In T. L. Jetton & J. A. Dole (Eds.), *Adolescent literacy research and practice* (pp. 59–74). New York: Guilford Press.

Shapiro, A. M. (2004). How including prior knowledge as a subject variable may change outcomes of learning research. *American Educational Research Journal, 41,* 159–189.

Sharot, T., Martorella, E. A., Delgado, M. R., & Phelps, E. A. (2007). How personal experience modulates the neural circuitry of memories of September 11. *Proceedings of the National Academy of Sciences, USA, 104,* 389–394.

Sheets, J. (1996). Designing an effective in-school suspension program to change student behavior. *NASSP Bulletin, 80*(579), 86–90.

Sheffield, F. D. (1966a). A drive-induction theory of reinforcement. In R. N. Haber (Ed.), *Current research in motivation* (pp. 98–111). New York: Holt, Rinehart & Winston.

Sheffield, F. D. (1966b). New evidence on the drive-induction theory of reinforcement. In R. N. Haber (Ed.), *Current research in motivation* (pp. 111–122). New York: Holt, Rinehart & Winston.

Shepard, L., Hammerness, K., Darling-Hammond, L., & Rust, F. (with Snowden, J. B., Gordon, E., . . . Pacheco, A.). (2005). Assessment. In L. Darling-Hammond & J. Bransford (Eds.), *Preparing teachers for a changing world: What teachers should learn and be able to do* (pp. 275–326). San Francisco, CA: Jossey-Bass/Wiley.

Shepard, R. N., & Metzler, J. (1971). Mental rotation of three-dimensional objects. *Science, 171,* 701–703.

Shepperd, J. A., & McNulty, J. K. (2002). The affective consequences of expected and unexpected outcomes. *Psychological Science, 13,* 85–88.

Sherman, D. K., & Cohen, G. L. (2002). Accepting threatening information: Self-affirmation and the reduction of defensive biases. *Current Directions in Psychological Science, 11,* 119–123.

Sherman, J. G. (1992). Reflections on PSI: Good news and bad. *Journal of Applied Behavior Analysis, 25,* 59–64.

Sherman, J. W., & Bessenoff, G. R. (1999). Stereotypes as source-monitoring cues: On the interaction between episodic and semantic memory. *Psychological Science, 10,* 106–110.

Shernoff, D. J., & Csikszentmihalyi, M. (2009). Flow in schools: Cultivating engaged learners and optimal learning environments. In R. Gilman, E. S. Huebner, & M. J. Furlong (Eds.), *Handbook of positive psychology in schools* (pp. 131–145). New York: Routledge.

Shernoff, D. J., & Hoogstra, L. A. (2001). Continuing motivation beyond the high school classroom. In M. Michaelson & J. Nakamura (Eds.), *Supportive frameworks for youth engagement* (pp. 73–87). San Francisco, CA: Jossey-Bass.

Shiffrin, R. M., & Schneider, W. (1977). Controlled and automatic human information processing: II. Perceptual learning, automatic attending, and a general theory. *Psychological Review, 84,* 127–190.

Shimoff, E., Catania, A. C., & Matthews, B. A. (1981). Uninstructed human responding: Sensitivity of low-rate performance to schedule contingencies. *Journal of the Experimental Analysis of Behavior, 36,* 207–220.

Shiu, L.-P., & Chen, Q. (2013). Self and external monitoring of reading comprehension. *Journal of Educational Psychology, 105,* 78–88.

Shohamy, D., & Turk-Browne, N. B. (2013). Mechanisms for widespread hippocampal involvement in cognition. *Journal of Experimental Psychology: General, 142,* 1159–1170.

Shute, V. J. (2008). Focus on formative feedback. *Review of Educational Research, 78,* 153–189.

Sideridis, G. D. (2005). Goal orientation, academic achievement, and depression: Evidence in favor of a revised goal theory framework. *Journal of Educational Psychology, 97,* 366–375.

Siegel, D. J. (2012). *The developing mind: How relationships and the brain interact to shape who we are* (2nd ed.). New York: Guilford Press.

Siegel, S. (1975). Evidence from rats that morphine tolerance is learned response. *Journal of Comparative and Physiological Psychology, 89,* 498–506.

Siegel, S. (1979). The role of conditioning in drug tolerance and addiction. In J. D. Keehn (Ed.), *Psychopathology in animals: Research and treatment implications* (pp. 143–168). New York: Academic Press.

Siegel, S. (2005). Drug tolerance, drug addiction, and drug anticipation. *Current Directions in Psychological Science, 14,* 296–300.

Siegel, S., & Andrews, J. M. (1962). Magnitude of reinforcement and choice behavior in children. *Journal of Experimental Psychology, 63,* 337–341.

Siegel, S., Baptista, M. A. S., Kim, J. A., McDonald, R. V., & Weise-Kelly, L. (2000). Pavlovian psychopharmacology: The associative basis of tolerance. *Experimental and Clinical Psychopharmacology, 10,* 162–183.

Siegler, R. S., & Alibali, M. W. (2005). *Children's thinking* (4th ed.). Upper Saddle River, NJ: Prentice Hall.

Siegler, R. S., & Chen, Z. (2008). Differentiation and integration: Guiding principles for analyzing cognitive change. *Developmental Science, 11,* 433–448.

Siegler, R. S., & Jenkins, E. (1989). *How children discover new strategies.* Hillsdale, NJ: Erlbaum.

Siegler, R. S., & Lin, X. (2010). Self-explanations promote children's learning. In H. S. Waters & W. Schneider (Eds.), *Metacognition, strategy use, and instruction* (pp. 85–112.). New York: Guilford Press.

Sigman, M., & Whaley, S. E. (1998). The role of nutrition in the development of intelligence. In U. Neisser (Ed.), *The rising curve: Long-term gains in IQ and related measures* (pp. 155–182). Washington, DC: American Psychological Association.

Silver, E. A., & Kenney, P. A. (1995). Sources of assessment information for instructional guidance in mathematics. In T. Romberg (Ed.), *Reform in school mathematics and authentic assessment* (pp. 38–86). Albany: State University of New York Press.

Silver, E. A., Shapiro, L. J., & Deutsch, A. (1993). Sense making and the solution of division problems involving remainders: An examination of middle school students' solution processes and their interpretations of solutions. *Journal of Research in Mathematics Education, 24,* 117–135.

Silverman, K., Preston, K. L., Stitzer, M. L., & Schuster, C. R. (1999). Efficacy and versatility of voucher-based reinforcement in drug abuse treatment. In S. T. Higgins & K. Silverman (Eds.), *Motivating behavior change among illicit-drug abusers: Research on contingency management interventions* (pp. 163–181). Washington, DC: American Psychological Association.

Silverman, W. K., & Kearney, C. A. (1991). The nature and treatment of childhood anxiety. *Educational Psychology Review, 3,* 335–361.

Silvia, P. J. (2008). Interest—The curious emotion. *Current Directions in Psychological Science, 17,* 57–60.

Simon, H. A. (1980). Problem solving and education. In D. T. Tuma & F. Reif (Eds.), *Problem-solving and education: Issues in teaching and research* (pp. 81–96). Hillsdale, NJ: Erlbaum.

Simon, S. J., Ayllon, T., & Milan, M. A. (1982). Behavioral compensation: Contrastlike effects in the classroom. *Behavior Modification, 6,* 407–420.

Simons, J., Vansteenkiste, M., Lens, W., & Lacante, M. (2004). Placing motivation and future time perspective theory in a temporal perspective. *Educational Psychology Review, 16,* 121–139.

Sinai, M., Kaplan, A., & Flum, H. (2012). Promoting identity exploration within the school curriculum: A design-based study in a junior high literature lesson in Israel. *Contemporary Educational Psychology, 37,* 195–205.

Sinatra, G. M., & Mason, L. (2008). Beyond knowledge: Learner characteristics influencing conceptual change. In S. Vosniadou (Ed.), *International handbook on conceptual change* (pp. 560–582). New York: Routledge.

Sinatra, G. M., & Pintrich, P. R. (Eds.). (2003a). *Intentional conceptual change.* Mahwah, NJ: Erlbaum.

Sinatra, G. M., & Pintrich, P. R. (2003b). The role of intentions in conceptual change learning. In G. M. Sinatra & P. R. Pintrich (Eds.), *Intentional conceptual change* (pp. 1–18). Mahwah, NJ: Erlbaum.

Sinatra, G. M., Southerland, S. A., McConaughy, F., & Demastes, J. (2003). Intentions and beliefs in students' understanding and acceptance of biological evolution. *Journal of Research on Science Teaching, 40,* 510–528.

Singley, M. K., & Anderson, J. R. (1989). *The transfer of cognitive skill.* Cambridge, MA: Harvard University Press.

Sins, P. H. M., van Joolingen, W. R., Savelsbergh, E. R., & van Hout-Wolters, B. (2008). Motivation and performance within a collaborative computer-based modeling task: Relations between students' achievement goal orientation, self-efficacy, cognitive processing, and achievement. *Contemporary Educational Psychology, 33,* 58–77.

Siskin, L. S. (2003). When an irresistible force meets an immovable object: Core lessons about high schools and accountability. In M. Carnoy, R. Elmore, & L. S. Siskin (Eds.), *The new accountability: High schools and high-stakes testing* (pp. 175–194). New York: Routledge Falmer.

Sizer, T. R. (2004). *Horace's compromise: The dilemma of the American high school.* Boston, MA: Houghton Mifflin.

Skaalvik, E. M. (1997). Self-enhancing and self-defeating ego orientation: Relations with task avoidance orientation, achievement, self-perceptions, and anxiety. *Journal of Educational Psychology, 89,* 71–81.

Skaalvik, E. M., & Skaalvik, S. (2008). Teacher self-efficacy: Conceptual analysis and relations with teacher burnout and perceived school context. In H. W. Marsh, R. G. Craven, & D. M. McInerney (Eds.), *Self-processes, learning, and enabling human potential* (pp. 223–247). Charlotte, NC: Information Age.

Skinner, B. F. (1938). *The behavior of organisms: An experimental analysis.* Englewood Cliffs, NJ: Prentice Hall.

Skinner, B. F. (1948). Superstition in the pigeon. *Journal of Experimental Psychology, 38,* 168–172.

Skinner, B. F. (1953). *Science and human behavior.* New York: Macmillan.

Skinner, B. F. (1954). The science of learning and the art of teaching. *Harvard Educational Review, 24,* 86–97.

Skinner, B. F. (1958). Reinforcement today. *American Psychologist, 13,* 94–99.

Skinner, B. F. (1966). An operant analysis of problem solving. In B. Kleinmuntz (Ed.), *Problem solving: Research, method and theory* (pp. 225–257). New York: Wiley.

Skinner, B. F. (1968). *The technology of teaching.* New York: Appleton-Century-Crofts.

Skinner, B. F. (1971). *Beyond freedom and dignity.* New York: Alfred Knopf.

Skinner, B. F. (1973). The free and happy student. *Phi Delta Kappan, 55,* 13–16.

Skinner, B. F. (1989). The origins of cognitive thought. *American Psychologist, 44,* 13–18.

Skinner, E., Furrer, C., Marchand, G., & Kindermann, T. (2008). Engagement and disaffection in the classroom: Part of a larger motivational dynamic? *Journal of Educational Psychology, 100,* 765–781.

Skinner, E. A. (1995). *Perceived control, motivation, and coping.* Thousand Oaks, CA: Sage.

Slater, A., Mattock, A., & Brown, E. (1990). Size constancy at birth: Newborn infants' responses to retinal and real size. *Journal of Experimental Child Psychology, 49,* 314–322.

Slater, W. H. (2004). Teaching English from a literacy perspective: The goal of high literacy for all students. In T. L. Jetton & J. A. Dole (Eds.), *Adolescent literacy research and practice* (pp. 40–58). New York: Guilford Press.

Slavin, R. E. (1983a). *Cooperative learning.* New York: Longman.

Slavin, R. E. (1983b). When does cooperative learning increase student achievement? *Psychological Bulletin, 94,* 429–445.

Slavin, R. E. (1990a). *Cooperative learning: Theory, research, and practice.* Upper Saddle River, NJ: Prentice Hall.

Slavin, R. E. (1990b). Mastery learning re-reconsidered. *Review of Educational Research, 60,* 300–302.

Slavin, R. E. (2011). Instruction based on cooperative learning. In R. E. Mayer & P. A. Alexander (Eds.), *Handbook of research on learning and instruction* (pp. 344–360). New York: Routledge.

Sligte, I. G., Scholte, H. S., & Lamme, V. A. F. (2009). V4 activity predicts the strength of visual short-term memory representations. *Journal of Neuroscience, 29,* 7432–7438.

Slocum, S. K., & Tiger, J. H. (2011). An assessment of the efficiency of and child preference for forward and backward chaining. *Journal of Applied Behavior Analysis, 44,* 793–805.

Slotta, J. D., & Chi, M. T. H. (2006). Helping students understand challenging topics in science through ontology training. *Cognition and Instruction, 24,* 261–289.

Sloutsky, V. M., Lo, Y.-F., & Fisher, A. V. (2001). How much does a shared name make things similar? Linguistic labels, similarity, and the development of inductive inference. *Child Development, 72,* 1695–1709.

Smiley, P. A., Coulson, S. L., Greene, J. K., & Bono, K. L. (2010). Performance concern, contingent self-worth, and responses to repeated achievement failure in second graders. *Social Development, 19,* 779–798.

Smith, B. L., & MacGregor, J. T. (1992). What is collaborative learning? In A. Goodsell, M. Maher, & V. Tinto (Eds.), *Collaborative learning: A sourcebook for higher education* (pp. 9–22).

University Park: National Center on Postsecondary Teaching, Learning, and Assessment, The Pennsylvania State University.

Smith, C. A., & Kirby, L. D. (2001). Affect and cognitive appraisal processes. In J. P. Forgas (Ed.), *Handbook of affect and social cognition* (pp. 75–92). Mahwah, NJ: Erlbaum.

Smith, C. L. (2007). Bootstrapping processes in the development of students' commonsense matter theories: Using analogical mappings, thought experiments, and learning to measure to promote conceptual restructuring. *Cognition and Instruction, 25,* 337–398.

Smith, C. L., Maclin, D., Grosslight, L., & Davis, H. (1997). Teaching for understanding: A study of students' preinstruction theories of matter and a comparison of the effectiveness of two approaches to teaching about matter and density. *Cognition and Instruction, 15,* 317–393.

Smith, E. E. (2000). Neural bases of human working memory. *Current Directions in Psychological Science, 9,* 45–49.

Smith, E. E., Shoben, E. J., & Rips, L. J. (1974). Structure and process in semantic memory: A feature model of semantic decisions. *Psychological Review, 81,* 214–241.

Smith, E. R., & Conrey, F. R. (2009). The social context of cognition. In P. Robbins & M. Aydede (Eds.), *The Cambridge handbook of situated cognition* (pp. 454–466). Cambridge, England: Cambridge University Press.

Smith, P. K., & Dutton, S. (1979). Play and training on direct and innovative problem-solving. *Child Development, 50,* 830–836.

Smith, R. E., & Smoll, F. L. (1997). Coaching the coaches: Youth sports as a scientific and applied behavioral setting. *Current Directions in Psychological Science, 6*(1), 16–21.

Smith, S. M., & Moynan, S. C. (2008). Forgetting and recovering the unforgettable. *Psychological Science, 19,* 462–468.

Smyth, M. M., (2004). Exploring psychology's low epistemological profiles in psychology textbooks. *Theory and Psychology, 14,* 527–553.

Sneider, C., & Pulos, S. (1983). Children's cosmographies: Understanding the earth's shape and gravity. *Science Education, 67,* 205–221.

Snow, R. E. (1989). Aptitude-treatment interaction as a framework for research on individual differences in learning. In P. L. Ackerman, R. J. Sternberg, & R. Glaser (Eds.), *Learning and individual differences: Advances in theory and research* (pp. 13–59). New York: Freeman.

Snow, R. E., Corno, L., & Jackson, D., III. (1996). Individual differences in affective and conative functions. In D. C. Berliner & R. C. Calfee (Eds.), *Handbook of educational psychology* (pp. 243–310). New York: Macmillan.

Snowdon, D. (2001). *Aging with grace: What the nun study teaches us about leading longer, healthier, and more meaningful lives.* New York: Bantam Books.

Snowman, J. (1986). Learning tactics and strategies. In G. D. Phye & T. Andre (Eds.), *Cognitive classroom learning: Understanding, thinking, and problem solving* (pp. 243–275). Orlando, FL: Academic Press.

Snyder, C. R., Shorey, H. S., Cheavens, J., Pulvers, K. M., Adams, V. H., III, & Wiklund, C. (2002). Hope and academic success in college. *Journal of Educational Psychology, 94,* 820–826.

Snyder, K. A. (2007). Neural mechanisms of attention and memory in preferential looking tasks. In L. M. Oakes & P. J. Bauer (Eds.), *Short- and long-term memory in infancy and early childhood: Taking the first steps toward remembering* (pp. 179–208). New York: Oxford University Press.

Snyder, M., & Swann, W. B. (1978). Behavioral confirmation in social interaction: From social perception to social reality. *Journal of Experimental Social Psychology, 14,* 148–162.

Soemer, A., & Schwan, S. (2012). Visual mnemonics for language learning: Static pictures versus animated morphs. *Journal of Educational Psychology, 104,* 565–579.

Soenens, B., Sierens, E., Vansteenkiste, M., Dochy, F., & Goosens, L. (2012). Psychologically controlling teaching: Examining outcomes, antecedents, and mediators. *Journal of Educational Psychology, 104,* 108–120.

Sokal, R. R. (1974). Classification: Purposes, principles, progress, prospects. *Science, 185*(4157), 1115–1123.

Solomon, P., Kubzansky, P. E., Leiderman, P. H., Mendelson, J. H., Trumbull, R., & Wexler, D. (1961). *Sensory deprivation: A symposium held at Harvard Medical School.* Cambridge, MA: Harvard University Press.

Somerville, L. H., Jones, R. M., & Casey, B. J. (2010). A time of change: Behavioral and neural correlates of adolescent sensitivity to appetitive and aversive environmental cues. *Brain and Cognition, 72,* 124–133.

SooHoo, S., Takemoto, K. Y., & McCullagh, P. (2004). A comparison of modeling and imagery on the performance of a motor skill. *Journal of Sport Behavior, 27,* 349–366.

Sorhagen, N. S. (2013). Early teacher expectations disproportionately affect poor children's high school performance. *Journal of Educational Psychology, 105,* 465–477.

Sosa, G. W., Berger, D. E., Saw, A. T., & Mary, J. C. (2011). Effectiveness of computer-assisted instruction in statistics: A meta-analysis. *Review of Educational Research, 81,* 97–128.

Southerland, S. A., & Sinatra, G. M. (2003). Learning about biological evolution: A special case of intentional conceptual change. In G. M. Sinatra & P. R. Pintrich (Eds.), *Intentional conceptual change* (pp. 317–345). Mahwah, NJ: Erlbaum.

Sowell, E. R., & Jernigan, T. L. (1998). Further MRI evidence of late brain maturation: Limbic volume increases and changing asymmetries during childhood and adolescence. *Developmental Neuropsychology, 14,* 599–617.

Sowell, E. R., Thompson, P. M., Holmes, C. J., Jernigan, T. L., & Toga, A. W. (1999). *In vivo* evidence for post-adolescent brain maturation in frontal and striatal regions. *Nature Neuroscience, 2,* 859–861.

Spalding, K. L., Bergmann, O., Alkass, K., Bernard, S., Salehpour, M., Huttner, H. B., et al. (2013). Dynamics of hippocampal neurogenesis in adult humans. *Cell, 153,* 1219–1227.

Spaulding, C. L. (1992). *Motivation in the classroom.* New York: McGraw-Hill.

Spear, L. P. (2007). Brain development and adolescent behavior. In D. Coch, K. W. Fischer, & G. Dawson (Eds.), *Human behavior, learning, and the developing brain: Typical development* (pp. 362–396). New York: Guilford.

Speer, N. K., Reynolds, J. R., Swallow, K. M., & Zacks, J. M. (2009). Reading stories activates neural representations of visual and motor experiences. *Psychological Science, 20,* 989–999.

Spelke, E. S. (1994). Initial knowledge: Six suggestions. *Cognition, 50,* 431–445.

Spelke, E. S. (2000). Core knowledge. *American Psychologist, 55,* 1233–1243.

Spelke, E. S., Breinlinger, K., Macomber, J., & Jacobson, K. (1992). Origins of knowledge. *Psychological Review, 99,* 605–632.

Spence, K. W. (1956). *Behavior theory and conditioning.* New Haven, CT: Yale University Press.

Sperling, G. (1960). The information available in brief visual presentations. *Psychological Monographs, 74*(11; Whole No. 498), 1–29.

Sperling, G. (1967). Successive approximations to a model for short-term memory. *Acta Psychologia, 27,* 285–292.

Spielberger, C. D. (1966). The effects of anxiety on complex learning in academic achievement. In C. D. Spielberger (Ed.), *Anxiety and behavior* (pp. 361–398). New York: Academic Press.

Spielberger, C. D., & DeNike, L. D. (1966). Descriptive behaviorism versus cognitive theory in verbal operant conditioning. *Psychological Review, 73,* 306–326.

Spiro, R. J., & DeSchryver, M. (2009). Constructivism: When it's the wrong idea and when it's the only idea. In S. Tobias & T. M. Duffy (Eds.), *Constructivist instruction: Success or failure?* (pp. 106–123). New York: Routledge.

Spivey, N. N. (1997). *The constructivist metaphor: Reading, writing, and the making of meaning.* San Diego, CA: Academic Press.

Spörer, N., & Brunstein, J. C. (2009). Fostering the reading comprehension of secondary school students through peer-assisted learning: Effects on strategy knowledge, strategy use, and task performance. *Contemporary Educational Psychology, 34,* 289–297.

Sporer, S. (1991). Deep-deeper-deepest? Encoding strategies and the recognition of human faces. *Journal of Experimental Psychology: Learning, Memory, and Cognition, 17,* 323–333.

Spunt, R. P., Falk, E. B., & Lieberman, M. D. (2010). Dissociable neural systems support retrieval of *how* and *why* action knowledge. *Psychological Science, 21,* 1593–1598.

Squire, K. (2011). *Video games and learning: Teaching and participatory culture in the digital age.* New York: Teachers College Press.

Squire, L. R., & Alvarez, P. (1998). Retrograde amnesia and memory consolidation: A neurobiological perspective. In L. R. Squire & S. M. Kosslyn (Eds.), *Findings and current opinion in cognitive neuroscience* (pp. 75–84). Cambridge, MA: MIT Press.

Sran, S. K., & Borrero, J. C. (2010). Assessing the value of choice in a token system. *Journal of Applied Behavior Analysis, 43,* 553–557.

Stacey, K. (1992). Mathematical problem solving in groups: Are two heads better than one? *Journal of Mathematical Behavior, 11,* 261–275.

Staddon, J. E. R., & Higa, J. J. (1991). Temporal learning. In G. H. Bower (Ed.), *The psychology of learning and motivation: Advances in research and theory* (Vol. 27, pp. 265–294). San Diego, CA: Academic Press.

Stahl, S. A., & Shanahan, C. (2004). Learning to think like a historian: Disciplinary knowledge through critical analysis of multiple documents. In T. L. Jetton & J. A. Dole (Eds.), *Adolescent literacy research and practice* (pp. 94–115). New York: Guilford Press.

Standage, M., Duda, J. L., & Ntoumanis, N. (2003). A model of contextual motivation in physical education: Using constructs from self-determination and achievement goal theories to predict physical activity intentions. *Journal of Educational Psychology, 95,* 97–110.

Stanovich, K. E. (1999). *Who is rational? Studies of individual differences in reasoning.* Mahwah, NJ: Erlbaum.

Starr, E. J., & Lovett, S. B. (2000). The ability to distinguish between comprehension and memory: Failing to succeed. *Journal of Educational Psychology, 92,* 761–771.

Steele, C. (1997). A threat in the air: How stereotypes shape intellectual identity and performance. *American Psychologist, 52,* 613–629.

Steenbergen-Hu, S., & Cooper, H. (2013). A meta-analysis of the effectiveness of intelligent tutoring systems on K–12 students' mathematical learning. *Journal of Educational Psychology, 105,* 970–987.

Stefanou, C. R., Perencevich, K. C., DiCintio, M., & Turner, J. C. (2004). Supporting autonomy in the classroom: Ways teachers encourage student decision making and ownership. *Educational Psychologist, 39,* 97–110.

Stein, B. S. (1978). Depth of processing reexamined: The effects of the precision of encoding and test appropriateness. *Journal of Verbal Learning and Verbal Behavior, 17,* 165–174.

Stein, B. S. (1989). Memory and creativity. In J. A. Glover, R. R. Ronning, & C. R. Reynolds (Eds.), *Handbook of creativity* (pp. 163–176). New York: Plenum Press.

Stein, B. S., & Bransford, J. D. (1979). Constraints on effective elaboration: Effects of precision and subject generation. *Journal of Verbal Learning and Verbal Behavior, 18,* 769–777.

Steinberg, L. (2007). Risk taking in adolescence. *Current Directions in Psychological Science, 16,* 55–59.

Steinberg, L. (2009). Should the science of adolescent brain development inform public policy? *American Psychologist, 64,* 739–750.

Steinberg, L., Cauffman, E., Woolard, J., Graham, S., & Banich, M. (2009). Are adolescents less mature than adults? *American Psychologist, 64,* 583–594.

Stepans, J. (1991). Developmental patterns in students' understanding of physics concepts. In S. M. Glynn, R. H. Yeany, & B. K. Britton (Eds.), *The psychology of learning science* (pp. 89–115). Hillsdale, NJ: Erlbaum.

Stephan, W. G., & Stephan, C. W. (2000). An integrated threat theory of prejudice. In S. Oskamp (Ed.), *Reducing prejudice and discrimination* (pp. 23–45). Mahwah, NJ: Erlbaum.

Sternberg, D. A., & McClelland, J. L. (2012). Two mechanisms of human contingency learning. *Psychological Science, 23,* 59–68.

Sternberg, R. J. (2003). *Wisdom, intelligence, and creativity synthesized.* Cambridge, England: Cambridge University Press.

Sternberg, R. J. (2005). Intelligence, competence, and expertise. In A. J. Elliot & C. S. Dweck (Eds.), *Handbook of competence and motivation* (pp. 15–30). New York: Guilford Press.

Sternberg, R. J. (2010). Teaching for creativity. In R. A. Beghetto & J. C. Kaufman (Eds.), *Nurturing creativity in the classroom* (pp. 394–414). New York: Cambridge University Press.

Sternberg, R. J., & Frensch, P. A. (1993). Mechanisms of transfer. In D. K. Detterman & R. J. Sternberg (Eds.), *Transfer on trial: Intelligence, cognition, and instruction* (pp. 25–38). Norwood, NJ: Ablex.

Sternberg, S. (1966). High-speed scanning in human memory. *Science, 153,* 652–654.

Steuer, G., & Dresel, M. (2011, April). *Dealing with errors in mathematics classrooms: The relevance of error climate and personal achievement motivation.* Paper presented at the annual meeting of the American Educational Research Association, New Orleans, LA.

Stevens, R. J., & Slavin, R. E. (1995). The cooperative elementary school: Effects of students' achievement, attitudes, and social relations. *American Educational Research Journal, 32,* 321–351.

Stevenson, H. C., & Fantuzzo, J. W. (1986). The generality and social validity of a competency-based self-control training intervention for underachieving students. *Journal of Applied Behavior Analysis 19,* 269–276.

Stevenson, H. W., Chen, C., & Uttal, D. H. (1990). Beliefs and achievement: A study of black, white, and Hispanic children. *Child Development, 61,* 508–523.

Stiggins, R. (2012). *Introduction to student-involved assessment FOR learning* (6th ed.). Upper Saddle River, NJ: Pearson.

Stiles, J., & Thal, D. (1993). Linguistic and spatial cognitive development following early focal brain injury: Patterns of deficit and recovery. In M. Johnson (Ed.), *Brain development and cognition* (pp. 643–664). Oxford, England: Blackwell.

Stipek, D. J. (1996). Motivation and instruction. In D. C. Berliner & R. C. Calfee (Eds.), *Handbook of educational psychology* (pp. 85–113). New York: Macmillan.

Stipek, D. J. (2002). *Motivation to learn: From theory to practice* (4th ed.). Boston, MA: Allyn & Bacon.

Stipek, D. J., & Gralinski, J. H. (1991). Gender differences in children's achievement-related beliefs and emotional responses to success and failure in mathematics. *Journal of Educational Psychology, 83,* 361–371.

Stodolsky, S. S., Salk, S., & Glaessner, B. (1991). Student views about learning math and social studies. *American Educational Research Journal, 28,* 89–116.

Stokes, J. V., Luiselli, J. K., & Reed, D. D. (2010). A behavioral intervention for teaching tackling skills to high school football athletes. *Journal of Applied Behavior Analysis, 43,* 509–512.

Stokes, J. V., Luiselli, J. K., Reed, D. D., & Fleming, R. K. (2010). Behavioral coaching to improve offensive line pass-blocking skills of high school football athletes. *Journal of Applied Behavior Analysis, 43,* 463–472.

Stokes, S. A., Pierroutsakos, S. L., & Einstein, G. (2007, March). *Remembering to remember: Strategic and spontaneous processes in children's prospective memory.* Paper presented at the biennial meeting of the Society for Research in Child Development, Boston, MA.

Stokes, T. F., & Baer, D. M. (1977). An implicit technology of generalization. *Journal of Applied Behavior Analysis 10,* 349–367.

Stone, J. R., III, Alfeld, C., & Pearson, D. (2008). Rigor *and* relevance: Enhancing high school students' math skills through career and technical education. *American Educational Research Journal, 45,* 767–795.

Stone, N. J. (2000). Exploring the relationship between calibration and self-regulated learning. *Educational Psychology Review, 12,* 437–475.

Storm, B. C. (2011). The benefit of forgetting in thinking and remembering. *Current Directions in Psychological Science, 20,* 291–295.

Storm, B. C., & Angello, G. (2010). Overcoming fixation: Creative problem solving and retrieval-induced forgetting. *Psychological Science, 21,* 1263–1265.

Straus, M. A. (2000a). The benefits of never spanking: New and more definitive evidence. In M. A. Straus, *Beating the devil out of them: Corporal punishment by American families and its effects on children* (pp. 193–214). New Brunswick, NJ: Transaction.

Straus, M. A. (2000b). Corporal punishment by parents: The cradle of violence in the family and society. *The Virginia Journal of Social Policy & the Law, 8*(1), 7–60.

Strayer, D. L., & Drews, F. A. (2007). Cell-phone–induced driver distraction. *Current Directions in Psychological Science, 16,* 128–131.

Strayer, D. L., & Johnston, W. A. (2001). Driven to distraction: Dual-task studies of simulated driving and conversing on a cellular telephone. *Psychological Science, 12,* 462–466.

Strick, M., Dijksterhuis, A., & van Baaren, R. B. (2010). Unconscious-thought effects take place off-line, not on-line. *Psychological Science, 21,* 484–488.

Stright, A. D., Neitzel, C., Sears, K. G., & Hoke-Sinex, L. (2001). Instruction begins in the home: Relations between parental instruction and children's self-regulation in the classroom. *Journal of Educational Psychology, 93,* 456–466.

Strike, K. A., & Posner, G. J. (1992). A revisionist theory of conceptual change. In R. A. Duschl & R. J. Hamilton (Eds.), *Philosophy of science, cognitive psychology, and educational theory and practice* (pp. 147–176). Albany: State University of New York Press.

Strozer, J. R. (1994). *Language acquisition after puberty.* Washington, DC: Georgetown University Press.

Stull, A. T., & Mayer, R. E. (2007). Learning by doing versus learning by viewing: Three experimental comparisons of learner-generated versus author-provided graphic organizers. *Journal of Educational Psychology, 99,* 808–820.

Stupnisky, R. H., Stewart, T. L., Daniels, L. M., & Perry, R. P. (2011). When do students ask why? Examining the precursors and outcomes of causal search among first-year college students. *Contemporary Educational Psychology, 36,* 201–211.

Suárez, L. D., Smal, L., & Delorenzi, A. (2010). Updating contextual information during consolidation as result of a new memory trace. *Neurobiology of Learning and Memory, 93,* 561–571.

Sue, S., & Chin, R. (1983). The mental health of Chinese-American children: Stressors and resources. In G. J. Powell (Ed.), *The psychosocial development of minority children* (pp. 385–397). New York: Brunner/Mazel.

Suina, J. H., & Smolkin, L. B. (1994). From natal culture to school culture to dominant society culture: Supporting transitions for Pueblo Indian students. In P. M. Greenfield & R. R. Cocking (Eds.), *Cross-cultural roots of minority child development* (pp. 115–130). Hillsdale, NJ: Erlbaum.

Sullivan, J. R., & Conoley, J. C. (2004). Academic and instructional interventions with aggressive students. In J. C. Conoley & A. P. Goldstein (Eds.), *School violence intervention* (2nd ed., pp. 235–255). New York: Guilford Press.

Sullivan, J. S. (1989). Planning, implementing, and maintaining an effective in-school suspension program. *Clearing House, 62,* 409–410.

Sullivan, R. C. (1994). Autism: Definitions past and present. *Journal of Vocational Rehabilitation, 4,* 4–9.

Sun-Alperin, M. K., & Wang, M. (2008). Spanish-speaking children's spelling errors with English vowel sounds that are represented by different graphemes in English and Spanish words. *Contemporary Educational Psychology, 33,* 932–948.

Surber, J. R. (2001). Effect of topic label repetition and importance on reading time and recall of text. *Journal of Educational Psychology, 93,* 279–287.

Sussman, D. M. (1981). PSI: Variations on a theme. In S. W. Bijou & R. Ruiz (Eds.), *Behavior modification: Contributions to education* (pp. 63–96). Hillsdale, NJ: Erlbaum.

Sutton, J. (2009). Remembering. In P. Robbins & M. Aydede (Eds.), *The Cambridge handbook of situated cognition* (pp. 217–235). Cambridge, England: Cambridge University Press.

Swanson, H. L., & Lussier, C. M. (2001). A selective synthesis of the experimental literature on dynamic assessment. *Review of Educational Research, 71,* 321–363.

Swanson, H. L., O'Connor, J. E., & Cooney, J. B. (1990). An information processing analysis of expert and novice teachers' problem solving. *American Educational Research Journal, 27,* 533–556.

Sweller, J. (1988). Cognitive load during problem solving: Effects on learning. *Cognitive Science, 12,* 257–285.

Sweller, J. (1994). Cognitive load theory, learning difficulty, and instructional design. *Learning and Instruction, 4,* 295–312.

Sweller, J. (2008). Human cognitive architecture. In J. M. Spector, M. D. Merrill, J. van Merriënboer, & M. P. Driscoll (Eds.), *Handbook of research on educational communications and technology* (3rd ed., pp. 369–381). New York: Erlbaum.

Sweller, J. (2009). Cognitive bases of human creativity. *Educational Psychology Review, 21,* 11–19.

Sweller, J. (2010). Cognitive Load Theory: Recent theoretical advances. In J. L. Plass, R. Moreno, & R. Brünken (Eds.), *Cognitive Load Theory* (pp. 29–47). Cambridge, England: Cambridge University Press.

Sweller, J., & Levine, M. (1982). Effects of goal specificity on means-end analysis and learning. *Journal of Experimental Psychology: Learning, Memory, and Cognition, 8,* 463–474.

Swenson, L. C. (1980). *Theories of learning: Traditional perspectives/contemporary developments.* Belmont, CA: Wadsworth.

Talarico, J. M., LaBar, K. S., & Rubin, D. C. (2004). Emotional intensity predicts autobiographical memory experience. *Memory & Cognition, 32,* 1118–1132.

Talarico, J. M., & Rubin, D. C. (2003). Confidence, not consistency, characterizes flashbulb memories. *Psychological Science, 14,* 455–461.

Talmi, D. (2013). Enhanced emotional memory: Cognitive and neural mechanisms. *Current Directions in Psychological Science, 22,* 430–436.

Talmi, D., Grady, C. L., Goshen-Gottstein, Y., & Moscovitch, M. (2005). Neuroimaging the serial position curve: A test of single-store versus dual-store models. *Psychological Science, 16,* 716–723.

Tamburrini, J. (1982). Some educational implications of Piaget's theory. In S. Modgil & C. Modgil (Eds.), *Jean Piaget: Consensus and controversy* (pp. 309–325). New York: Praeger.

Tamin, R. M., Bernard, R. M., Borokhovski, E., Abrami, P. C., & Schmid, R. F. (2011). What forty years of research says about the impact of technology on learning: A second-order meta-analysis and validation study. *Review of Educational Research, 81,* 4–28.

Tamir, M. (2009). What do people want to feel and why? Pleasure and utility in emotion regulation. *Current Directions in Psychological Science, 18,* 101–105.

Tang, J.-C., Kennedy, C. H., Koppekin, A., & Caruso, M. (2002). Functional analysis of stereotypical ear covering in a child with autism. *Journal of Applied Behavior Analysis 35,* 95–98.

Tate, W. F. (1995). Returning to the root: A culturally relevant approach to mathematics pedagogy. *Theory Into Practice, 34,* 166–173.

Taylor, J. C., & Romanczyk, R. G. (1994). Generating hypotheses about the function of student problem behavior by observing teacher behavior. *Journal of Applied Behavior Analysis, 27,* 251–265.

Taylor, M., Esbensen, B. M., & Bennett, R. T. (1994). Children's understanding of knowledge acquisition: The tendency for children to report they have always known what they have just learned. *Child Development, 65,* 1581–1604.

Teasley, S. D., & Roschelle, J. (1993). Constructing a joint problem space: The computer as a tool for sharing information. In S. P. Lajoie & S. J. Derry (Eds.), *Computers as cognitive tools* (pp. 229–258). Hillsdale, NJ: Erlbaum.

Tennyson, R. D., & Cocchiarella, M. J. (1986). An empirically based instructional design theory for teaching concepts. *Review of Educational Research, 56,* 40–71.

Tennyson, R. D., Youngers, J., & Suebsonthi, P. (1983). Concept learning by children using instructional presentation forms for prototype formation and classification-skill development. *Journal of Educational Psychology, 75,* 280–291.

Thapa, A., Cohen, J., Guffey, S., & Higgins-D'Alessandro, A. (2013). A review of school climate research. *Review of Educational Research, 83,* 357–385.

Thapar, A., & Greene, R. (1993). Evidence against a short-term store account of long-term recency effects. *Memory and Cognition, 21,* 329–337.

Théberge, C. L. (1994, April). *Small-group vs. whole-class discussion: Gaining the floor in science lessons.* Paper presented at the annual meeting of the American Educational Research Association, New Orleans, LA.

Thiagarajan, S. (1989). Interactive lectures: Seven more strategies. *Performance and Instruction, 28*(2), 35–37.

Thiede, K. W., Anderson, M. C. M., & Therriault, D. (2003). Accuracy of metacognitive monitoring affects learning of texts. *Journal of Educational Psychology, 95,* 66–73.

Thiede, K. W., Griffin, T. D., Wiley, J., & Redford, J. S. (2009). Metacognitive monitoring during and after reading. In D. J. Hacker, J. Dunlosky, & A. C. Graesser (Eds.), *Handbook of metacognition in education* (pp. 85–106). New York: Routledge.

Thoman, D. B., Sansone, C., Fraughton, T., & Pasupathi, M. (2012). How students socially evaluate interest: Peer responsiveness influences evaluation and maintenance of interest. *Contemporary Educational Psychology, 37,* 254–265.

Thomas, J. G., Milner, H. R., & Haberlandt, K. F. (2003). Forward and backward recall: Different response time patterns, same retrieval order. *Psychological Science, 14,* 169–174.

Thomas, J. W. (1993a). Expectations and effort: Course demands, students' study practices, and academic achievement. In T. M. Tomlinson (Ed.), *Motivating students to learn: Overcoming barriers to high achievement* (pp. 139–176). Berkeley, CA: McCutchan.

Thomas, J. W. (1993b). Promoting independent learning in the middle grades: The role of instructional support practice. *Elementary School Journal, 93,* 575–591.

Thomas, J. W., Bol, L., Warkentin, R. W., Wilson, M., Strage, A., & Rohwer, W. D., Jr. (1993). Interrelationships among students' study abilities, self-concept of academic ability, and achievement as a function of characteristics of high-school biology courses. *Applied Cognitive Psychology, 7,* 499–532.

Thomas, M. S. C., & Johnson, M. H. (2008). New advances in understanding sensitive periods in brain development. *Current Directions in Psychological Science, 17,* 1–5.

Thomas, R. M. (2005). *High-stakes testing: Coping with collateral damage.* Mahwah, NJ: Erlbaum.

Thompson, A. G., & Thompson, P. W. (1989). Affect and problem solving in an elementary school mathematics classroom. In D. B. McLeod & V. M. Adams (Eds.), *Affect and mathematical problem solving: A new perspective* (pp. 162–176). New York: Springer-Verlag.

Thompson, R., Emmorey, K., & Gollan, T. H. (2005). "Tip of the fingers" experience by deaf signers: Insights into the organization of a sign-based lexicon. *Psychological Science, 16,* 856–860.

Thompson, R. A., & Nelson, C. A. (2001). Developmental science and the media: Early brain development. *American Psychologist, 56,* 5–15.

Thorkildsen, T. A., Golant, C. J., & Cambray-Engstrom, E. (2008). Essential solidarities for understanding Latino adolescents' moral and academic engagement. In C. Hudley & A. E. Gottfried (Eds.), *Academic motivation and the culture of school in childhood and adolescence* (pp. 73–98). New York: Oxford University Press.

Thorndike, E. L. (1898). Animal intelligence: An experimental study of the associative processes in animals. *Psychological Review Monograph Supplement, 2*(8).

Thorndike, E. L. (1911). *Animal intelligence.* New York: Macmillan.

Thorndike, E. L. (1924). Mental discipline in high school studies. *Journal of Educational Psychology, 15,* 1–22, 83–98.

Thorndike, E. L. (1932a). *The fundamentals of learning.* New York: Teachers College Press.

Thorndike, E. L. (1932b). Reward and punishment in animal learning. *Comparative Psychology Monograph, 8*(39).

Thorndike, E. L. (1935). *The psychology of wants, interests, and attitudes.* New York: Appleton-Century-Crofts.

Thorndike, E. L., & Woodworth, R. S. (1901). The influence of improvement in one mental function upon the efficiency of other functions. *Psychological Review, 8,* 247–261, 384–395, 553–564.

Thorndike-Christ, T. (2008, March). *Profiles in failure: The etiology of maladaptive beliefs about mathematics.* Paper presented at the annual meeting of the American Educational Research Association, New York.

Thyne, J. M. (1963). *The psychology of learning and techniques of teaching.* London: University of London Press.

Tiger, J. H., Hanley, G. P., & Hernandez, E. (2006). An evaluation of the value of choice with preschool children. *Journal of Applied Behavior Analysis 39,* 1–16.

Tillema, H. (2000). Belief change towards self-directed learning in student teachers immersion in practice or reflection on action. *Teaching and Teacher Education, 16,* 575–591.

Timberlake, W., & Lucas, G. A. (1989). Behavior systems and learning: From misbehavior to general principles. In S. B. Klein & R. R. Mowrer (Eds.), *Contemporary learning theories: Instrumental conditioning theory and the impact of biological constraints on learning* (pp. 237–275). Mahwah, NJ: Erlbaum.

Tirosh, D., & Graeber, A. O. (1990). Evoking cognitive conflict to explore preservice teachers' thinking about division. *Journal for Research in Mathematics Education, 21,* 98–108.

Tobias, S. (1980). Anxiety and instruction. In I. G. Sarason (Ed.), *Test anxiety: Theory, research, and applications* (pp. 289–309). Hillsdale, NJ: Erlbaum.

Tobias, S., & Duffy, T. M. (Eds.). (2009a). *Constructivist instruction: Success or failure?* New York: Routledge.

Tobias, S., & Duffy, T. M. (2009b). The success or failure of constructivist instruction: An introduction. In S. Tobias & T. M. Duffy (Eds.), *Constructivist instruction: Success or failure?* (pp. 3–10). New York: Routledge.

Tobias, S., & Everson, H. T. (2009). The importance of knowing what you know: A knowledge monitoring framework for studying metacognition in education. In D. J. Hacker, J. Dunlosky, & A. C. Graesser (Eds.), *Handbook of metacognition in education* (pp. 107–127). New York: Routledge.

Tobias, S., & Fletcher, J. D. (Eds.). (2011). *Computer games and instruction.* Charlotte, NC: Information Age.

Tobias, S., & Fletcher, J. D. (2012). Reflections on "A review of trends in serious gaming." *Review of Educational Research, 82,* 233–237.

Tobias, S., Fletcher, J. D., Dai, D. Y., & Wind, A. P. (2011). Review of research on computer games. In S. Tobias & J. D. Fletcher (Eds.), *Computer games and instruction* (pp. 127–221). Charlotte, NC: Information Age.

Tobin, K. (1987). The role of wait time in higher cognitive level learning. *Review of Educational Research, 57,* 69–95.

Tobin, K., & Tippins, D. (1993). Constructivism as a reference for teaching and learning. In K. Tobin (Ed.), *The practice of constructivism in science education* (pp. 39–50). Washington, DC: American Association for the Advancement of Science.

Tollefson, N. (2000). Classroom applications of cognitive theories of motivation. *Educational Psychology Review, 12,* 63–83.

Tolman, E. C. (1932). *Purposive behavior in animals and men.* New York: Century.

Tolman, E. C. (1938). The determiners of behavior at a choice point. *Psychological Review, 45,* 1–41.

Tolman, E. C. (1942). *Drives toward war.* New York: Appleton-Century.

Tolman, E. C. (1959). Principles of purposive behavior. In S. Koch (Ed.), *Psychology: A study of a science* (Vol. 2, pp. 92–157). New York: McGraw-Hill.

Tolman, E. C., & Honzik, C. H. (1930). Introduction and removal of reward, and maze performance in rats. *University of California Publications in Psychology, 4,* 257–275.

Tolman, E. C., Ritchie, B. F., & Kalish, D. (1946). Studies in spatial learning: I. Orientation and the short-cut. *Journal of Experimental Psychology, 36,* 13–24.

Tomasello, M., & Herrmann, E. (2010). Ape and human cognition: What's the difference? *Current Directions in Psychological Science, 19,* 3–8.

Tomlinson, C. A., & McTighe, J. (2006). *Integrating Differentiated Instruction and Understanding by Design.* Alexandria, VA: Association for Supervision and Curriculum Development.

Tomporowski, P. D., Davis, C. L., Miller, P. H., & Naglieri, J. A. (2008). Exercise and children's intelligence, cognition, and academic achievement. *Educational Psychology Review, 20,* 111–131.

Toplak, M. E., & Stanovich, K. E. (2002). The domain specificity and generality of disjunctive searching for a generalizable critical thinking skill. *Journal of Educational Psychology, 94,* 197–209.

Topolinski, S., & Reber, R. (2010). Gaining insight into the "aha" experience. *Current Directions in Psychological Science, 19,* 402–405.

Torney-Purta, J. (1994). Dimensions of adolescents' reasoning about political and historical issues: Ontological switches, developmental processes, and situated learning. In M. Carretero & J. F. Voss (Eds.), *Cognitive and instructional processes in history and the social sciences* (pp. 103–122). Mahwah, NJ: Erlbaum.

Tossman, I., Kaplan, A., & Assor, A. (2008). Academic achievement goal structures and young adolescents' biased preferences for peers as cooperation partners: A longitudinal study. *Revue Internationale de Psychologie Sociale, 21*(1/2), 181–215.

Tourniaire, F., & Pulos, S. (1985). Proportional reasoning: A review of the literature. *Educational Studies in Mathematics, 16,* 181–204.

Trachtenberg, J. T., Chen, B. E., Knott, G. W., Feng, G., Sanes, J. R., Welker, E., & Svoboda, K. (2002). Long-term *in vivo* imaging of experience-dependent synaptic plasticity in adult cortex. *Nature, 420,* 788–794.

Trautwein, U., Lüdtke, O., Kastens, C., & Köller, O. (2006). Effort on homework in grades 5–9: Development, motivational antecedents, and the association with effort on classwork. *Child Development, 77,* 1094–1111.

Trautwein, U., Lüdtke, O., Schnyder, I., & Niggli, A. (2006). Predicting homework effort: Support for a domain-specific, multilevel homework model. *Journal of Educational Psychology, 98,* 438–456.

Trautwein, U., Marsh, H. W., Nagengast, B., Lüdtke, O., Nagy, G., & Jonkmann, K. (2012). Probing for the multiplicative term in modern expectancy–value theory: A latent interaction modeling study. *Journal of Educational Psychology, 104,* 763–777.

Treisman, A. M. (1964). Verbal cues, language and meaning in selective attention. *American Journal of Psychology, 77,* 215–216.

Trevarthen, C. (1980). The foundations of intersubjectivity: Development of interpersonal and cooperative understandings in infants. In D. R. Olson (Ed.), *The social foundations of language and thought* (pp. 316–342). New York: W. W. Norton.

Trevarthen, C., & Hubley, P. (1978). Secondary intersubjectivity: Confidence, confiding and acts of meaning in the first year. In A. Lock (Ed.), *Action, gesture, and symbol: The emergence of language* (pp. 183–229). London: Academic Press.

Trosclair-Lasserre, N. M., Lerman, D. C., Call, N. A., Addison, L. R., & Kodak, T. (2008). Reinforcement magnitude: An evaluation of preference and reinforcer efficacy. *Journal of Applied Behavior Analysis, 41,* 203–220.

Tryon, G. S. (1980). The measurement and treatment of test anxiety. *Review of Educational Research, 50,* 343–372.

Tsai, J. L. (2007). Ideal affect: Cultural causes and behavioral consequences. *Perspectives on Psychological Science, 2,* 242–259.

Tschannen-Moran, M., Woolfolk Hoy, A., & Hoy, W. K. (1998). Teacher efficacy: Its meaning and measure. *Review of Educational Research, 68,* 202–248.

Tucker-Drob, E. M., Briley, D. A., & Harden, K. P. (2013). Genetic and environmental influences on cognition across development and context. *Current Directions in Psychological Science, 22,* 349–355.

Tulving, E. (1962). Subjective organization in free recall of "unrelated" words. *Psychological Review, 69,* 344–354.

Tulving, E. (1983). *Elements of episodic memory.* Oxford, England: Oxford University Press.

Tulving, E., & Thomson, D. M. (1973). Encoding specificity and retrieval processes in episodic memory. *Psychological Review, 80,* 352–373.

Tunstall, P., & Gipps, C. (1996). Teacher feedback to young children in formative assessment: A typology. *British Educational Research Journal, 22,* 389–404.

Tuominin-Soini, H., Salmela-Aro, K., & Niemivirta, M. (2011). Stability and change in achievement goal orientations: A person-centered approach. *Contemporary Educational Psychology, 36,* 82–100.

Turkanis, C. G. (2001). Creating curriculum with children. In B. Rogoff, C. G. Turkanis, & L. Bartlett (Eds.), *Learning together: Children and adults in a school community* (pp. 91–102). New York: Oxford University Press.

Turkheimer, E., Haley, A., Waldron, M., D'Onofrio, B., & Gottesman, I. I. (2003). Socioeconomic status modifies heritability of IQ in young children. *Psychological Science, 14,* 623–628.

Turner, J. C. (1995). The influence of classroom contexts on young children's motivation for literacy. *Reading Research Quarterly, 30,* 410–441.

Turner, J. C., Meyer, D. K., Cox, K. E., Logan, C., DiCintio, M., & Thomas, C. T. (1998). Creating contexts for involvement in mathematics. *Journal of Educational Psychology, 90,* 730–745.

Turner, J. C., & Patrick, H. (2008). How does motivation develop and why does it change? Reframing motivation research. *Educational Psychologist, 43,* 119–131.

Turner, J. C., Warzon, K. B., & Christensen, A. (2011). Motivating mathematics learning: Changes in teachers' practices and beliefs during a nine-month collaboration. *American Educational Research Journal, 48,* 718–762.

Turner, J. E., Husman, J., & Schallert, D. L. (2002). The importance of students' goals in their emotional experience of academic failure: Investigating the precursors and consequences of shame. *Educational Psychologist, 37,* 79–89.

Turner, L. A., & Johnson, B. (2003). A model of mastery motivation for at-risk preschoolers. *Journal of Educational Psychology, 95,* 495–505.

Turnure, J., Buium, N., & Thurlow, M. (1976). The effectiveness of interrogatives for promoting verbal elaboration productivity in young children. *Child Development, 47,* 851–855.

Turvey, M. T., & Kravetz, S. (1970). Retrieval from iconic memory with shape as the selection criterion. *Perception and Psychophysics, 8,* 171–172.

Tversky, B. (1981). Distortions in memory for maps. *Cognitive Psychology, 13,* 407–433.

Tweed, R. G., & Lehman, D. R. (2002). Learning considered within a cultural context. *American Psychologist, 57,* 89–99.

Tyler, K. M., Uqdah, A. L., Dillihunt, M. L., Beatty-Hazelbaker, R., Connor, T., Gadson, N., . . . Stevens, R. (2008). Cultural discontinuity: Toward a quantitative investigation of a major hypothesis in education. *Educational Researcher, 37,* 280–297.

Tzuriel, D. (2000). Dynamic assessment of young children: Educational and intervention perspectives. *Educational Psychology Review, 12,* 385–435.

Ulke-Kurcuoglu, B., & Kircaali-Iftar, G. (2010). A comparison of the effects of providing activity and material choice to children with autism spectrum disorders. *Journal of Applied Behavior Analysis, 43,* 717–721.

Underwood, B. J. (1948). "Spontaneous recovery" of verbal associations. *Journal of Experimental Psychology, 38,* 429–439.

Underwood, B. J. (1954). Studies of distributed practice: XII. Retention following varying degrees of original learning. *Journal of Experimental Psychology, 47,* 294–300.

Underwood, B. J. (1961). Ten years of massed practice on distributed practice. *Psychological Review, 68,* 229–247.

Underwood, B. J., & Erlebacher, A. H. (1965). Studies of coding in verbal behavior. *Psychological Monographs, 79* (Whole No. 606).

Underwood, B. J., Kapelak, S., & Malmi, R. (1976). The spacing effect: Additions to the theoretical and empirical puzzles. *Memory and Cognition, 4,* 391–400.

Underwood, B. J., & Schulz, R. W. (1960). *Meaningfulness and verbal learning.* Philadelphia, PA: J. B. Lippincott.

Unsworth, N., Heitz, R. P., & Parks, N. A. (2008). The importance of temporal distinctiveness for forgetting over the short term. *Psychological Science, 19,* 1078–1081.

Urbach, T. P., Windmann, S. S., Payne, D. G., & Kutas, M. (2005). Mismaking memories: Neural precursors of memory illusions in electrical brain activity. *Psychological Science, 16,* 19–24.

Urdan, T. C. (2004). Predictors of academic self-handicapping and achievement: Examining achievement goals, classroom goal structures, and culture. *Journal of Educational Psychology, 96,* 251–264.

Urdan, T. C., & Maehr, M. L. (1995). Beyond a two-goal theory of motivation and achievement: A case for social goals. *Review of Educational Research, 65,* 213–243.

Urdan, T. C., & Mestas, M. (2006). The goals behind performance goals. *Journal of Educational Psychology, 98,* 354–365.

Urdan, T. C., & Midgley, C. (2001). Academic self-handicapping: What we know, what more there is to learn. *Educational Psychology Review, 13,* 115–138.

Urdan, T. C., Ryan, A. M., Anderman, E. M., & Gheen, M. H. (2002). Goals, goal structures, and avoidance behaviors. In C. Midgley (Ed.), *Goals, goal structures, and patterns of adaptive learning* (pp. 55–83). Mahwah, NJ: Erlbaum.

Urdan, T. C., & Turner, J. C. (2005). Competence motivation in the classroom. In A. J. Elliot & C. S. Dweck (Eds.), *Handbook of competence and motivation* (pp. 297–317). New York: Guilford Press.

Urgolites, Z. J., & Wood, J. N. (2013). Visual long-term memory stores high-fidelity representations of observed actions. *Psychological Science, 24,* 403–411.

Usher, E. L. (2009). Sources of middle school students' self-efficacy in mathematics: A qualitative investigation. *American Educational Research Journal, 46,* 275–314.

Usher, E. L., & Pajares, F. (2008). Sources of self-efficacy in school: Critical review of the literature and future directions. *Review of Educational Research, 78,* 751–796.

Valentine, J. C., DuBois, D. L., & Cooper, H. (2004). The relation between self-beliefs and academic achievement: A meta-analytic review. *Educational Psychologist, 39,* 111–133.

Valiente, C., Lemery-Calfant, K., Swanson, J., & Reiser, M. (2008). Prediction of children's academic competence from their effortful control, relationships, and classroom participation. *Journal of Educational Psychology, 100,* 67–77.

van den Broek, P., Bauer, P. J., & Bourg, T. (Eds.). (1997). *Developmental spans in event comprehension and representation: Bridging fictional and actual events.* Mahwah, NJ: Erlbaum.

van der Veen, J. (2012). Draw your physics homework? Art as a path to understanding in physics teaching. *American Educational Research Journal, 49,* 356–407.

van de Sande, C. C., & Greeno, J. G. (2012). Achieving alignment of perspectival framings in problem-solving discourse. *Journal of the Learning Sciences, 21,* 1–44.

van Dijk, T. A., & Kintsch, W. (1983). *Strategies of discourse comprehension.* New York: Academic Press.

Van Dooren, W., De Bock, D., Hessels, A., Janssens, D., & Verschaffel, L. (2005). Not everything is proportional: Effects of age and problem type on propensities for overgeneralization. *Cognition and Instruction, 23,* 57–86.

van Drie, J., van Boxtel, C., & van der Linden, J. (2006). Historical reasoning in a computer-supported collaborative learning environment. In A. M. O'Donnell, C. E. Hmelo-Silver, & G. Erkens (Eds.), *Collaborative learning, reasoning, and technology* (pp. 265–296). Mahwah, NJ: Erlbaum.

van Garderen, D. (2004). Reciprocal teaching as a comprehension strategy for understanding mathematical word problems. *Reading and Writing Quarterly, 20,* 225–229.

Van Houten, R., Nau, P., MacKenzie-Keating, S., Sameoto, D., & Colavecchia, B. (1982). An analysis of some variables influencing the effectiveness of reprimands. *Journal of Applied Behavior Analysis 15,* 65–83.

van Kraayenoord, C. E., & Paris, S. G. (1997). Australian children's self-appraisal of their work samples and academic progress. *Elementary School Journal, 97,* 523–537.

van Laar, C. (2000). The paradox of low academic achievement but high self-esteem in African American students: An attributional account. *Educational Psychology Review, 12,* 33–61.

VanLehn, K. (2011). The relative effectiveness of human tutoring, intelligent tutoring systems, and other tutoring systems. *Educational Psychologist, 46,* 197–221.

Van Leijenhorst, L., Crone, E. A., & Van der Molen, M. W. (2007). Developmental trends for object and spatial working memory: A psychophysiological analysis. *Child Development, 78,* 987–1000.

van Merriënboer, J. J. G., & Kester, L. (2008). Whole-task models in education. In J. M. Spector, M. D. Merrill, J. van Merriënboer, & M. P. Driscoll (Eds.), *Handbook of research on educational communications and technology* (3rd ed., pp. 441–456). New York: Erlbaum.

van Merriënboer, J. J. G., & Sweller, J. (2005). Cognitive load theory and complex learning: Recent developments and future directions. *Educational Psychology Review, 17,* 147–177.

Van Meter, P. (2001). Drawing construction as a strategy for learning from text. *Journal of Educational Psychology, 93,* 129–140.

Van Meter, P., Yokoi, L., & Pressley, M. (1994). College students' theory of notetaking derived from their perceptions of notetaking. *Journal of Educational Psychology, 86,* 323–338.

Van Patten, J. R., Chao, C. I., & Reigeluth, C. M. (1986). A review of strategies for sequencing and synthesizing information. *Review of Educational Research, 56,* 437–472.

VanSledright, B., & Brophy, J. (1992). Storytelling, imagination, and fanciful elaboration in children's historical reconstructions. *American Educational Research Journal, 29,* 837–859.

vanSledright, B., & Limón, M. (2006). Learning and teaching social studies: A review of cognitive research in history and geography. In P. A. Alexander & P. H. Winne (Eds.), *Handbook of educational psychology* (2nd ed., pp. 545–570). Mahwah, NJ: Erlbaum.

Vansteenkiste, M., Lens, W., & Deci, E. L. (2006). Intrinsic versus extrinsic goal contents in self-determination theory: Another look at the quality of academic motivation. *Educational Psychologist, 41,* 19–31.

Vansteenkiste, M., Zhou, M., Lens, W., & Soenens, B. (2005). Experiences of autonomy and control among Chinese learners: Vitalizing or immobilizing? *Journal of Educational Psychology, 97,* 468–483.

Vansteenwegen, D., Crombez, G., Baeyens, F., Hermans, D., & Eelen, P. (2000). Pre-extinction of sensory preconditioned electrodermal activity. *Quarterly Journal of Experimental Psychology B: Comparative and Physiological Psychology, 53B,* 359–371.

Varma, S., McCandliss, B. D., & Schwartz, D. L. (2008). Scientific and pragmatic challenges for bridging education and neuroscience. *Educational Researcher, 37*(3), 140–152.

Vaughn, B. J., & Horner, R. H. (1997). Identifying instructional tasks that occasion problem behaviors and assessing the effects of student versus teacher choice among these tasks. *Journal of Applied Behavior Analysis 30,* 299–312.

Vaughn, K. E., & Rawson, K. A. (2011). Diagnosing criterion-level effects on memory: What aspects of memory are enhanced by repeated retrieval? *Psychological Science, 22,* 1127–1131.

Vaughn, S., Klingner, J. K., Swanson, E. A., Boardman, A. G., Roberts, G., Mohammed, S. S., & Stillman-Spisak, S. J. (2011). Efficacy of collaborative strategic reading with middle school students. *American Educational Research Journal, 48,* 938–964.

Vecera, S. P., Vogel, E. K., & Woodman, G. F. (2002). Lower region: A new cue for figure-ground assignment. *Journal of Experimental Psychology: General, 131,* 194–205.

Veenman, M. V. J. (2011). Learning to self-monitor and self-regulate. In R. E. Mayer & P. A. Alexander (Eds.), *Handbook of research on learning and instruction* (pp. 197–218). New York: Routledge.

Veenman, S. (1984). Perceived problems of beginning teachers. *Review of Educational Research, 54,* 143–178.

Verdi, M. P., & Kulhavy, R. W. (2002). Learning with maps and texts: An overview. *Educational Psychology Review, 14,* 27–46.

Vergauwe, E., Barrouillet, P., & Camos, V. (2010). Do mental processes share a domain-general resource? *Psychological Science, 21,* 384–390.

Verkhratsky, A., & Butt, A. (2007). *Glial neurobiology.* Chichester, England: Wiley.

Vermeer, H. J., Boekaerts, M., & Seegers, G. (2000). Motivational and gender differences: Sixth-grade students' mathematical problem-solving behavior. *Journal of Educational Psychology, 92,* 308–315.

Vernon, M. D. (1969). *Human motivation.* Cambridge, England: Cambridge University Press.

Veroff, J., McClelland, L., & Ruhland, D. (1975). Varieties of achievement motivation. In M. T. S. Mednick, S. S. Tangri, & L. W. Hoffman (Eds.), *Women and achievement: Social and motivational analyses* (pp. 172–205). New York: Halsted.

Vintere, P., Hemmes, N. S., Brown, B. L., & Poulson, C. L. (2004). Gross-motor skill acquisition by preschool dance students under self-instruction procedures. *Journal of Applied Behavior Analysis 37,* 305–322.

Vladescu, J. C., & Kodak, T. (2010). A review of recent studies on differential reinforcement during skill acquisition in early intervention. *Journal of Applied Behavior Analysis, 43,* 351–355.

Volet, S. (1999). Learning across cultures: Appropriateness of knowledge transfer. *International Journal of Educational Research, 31,* 625–643.

Volet, S., Vaura, M., & Salonen, P. (2009). Self- and social regulation in learning contexts: An integrative perspective. *Educational Psychologist, 44,* 215–226.

Vollmer, T. R., & Hackenberg, T. D. (2001). Reinforcement contingencies and social reinforcement: Some reciprocal relations between basic and applied research. *Journal of Applied Behavior Analysis, 34,* 241–253.

von Glasersfeld, E. (1995). A constructivist approach to teaching. In L. P. Steffe & J. Gale (Eds.), *Constructivism in education* (pp. 3–15). Mahwah, NJ: Erlbaum.

von Stumm, S., Hell, B., & Chamorro-Premuzic, T. (2011). The hungry mind: Intellectual curiosity is the third pillar of academic performance. *Perspectives on Psychological Science, 6,* 574–588.

Vosniadou, S. (1991). Conceptual development in astronomy. In S. M. Glynn, R. H. Yeany, & B. K. Britton (Eds.), *The psychology of learning science* (pp. 149–177). Hillsdale, NJ: Erlbaum.

Vosniadou, S. (1994). Universal and culture-specific properties of children's mental models of the earth. In L. A. Hirschfeld & S. A. Gelman (Eds.), *Mapping the mind: Domain specificity in cognition and culture* (pp. 412–430). Cambridge, England: Cambridge University Press.

Vosniadou, S. (Ed.). (2008). *International handbook on conceptual change.* New York: Routledge.

Vosniadou, S., & Brewer, W. F. (1987). Theories of knowledge restructuring in development. *Review of Educational Research, 57,* 51–67.

Vosniadou, S., Vamvakoussi, X., & Skopeliti, I. (2008). The framework theory approach to the problem of conceptual change. In S. Vosniadou (Ed.), *International handbook on conceptual change* (pp. 3–34). New York: Routledge.

Voss, J. F. (1987). Learning and transfer in subject-matter learning: A problem-solving model. *International Journal of Educational Research, 11,* 607–622.

Voss, J. F., Greene, T. R., Post, T. A., & Penner, B. D. (1983). Problem-solving skill in the social sciences. In G. H. Bower (Ed.), *The psychology of learning and motivation* (Vol. 17, pp. 165–213). New York: Academic Press.

Voss, J. F., Tyler, S. W., & Yengo, L. A. (1983). Individual differences in the solving of social science problems. In R. F. Dillon & R. R. Schmeck (Eds.), *Individual differences in cognition* (pp. 205–232). New York: Academic Press.

Voss, J. F., Wolfe, C. R., Lawrence, J. A., & Engle, R. A. (1991). From representation to decision: An analysis of problem solving in international relations. In R. J. Sternberg & P. A. Frensch (Eds.), *Complex problem solving: Principles and mechanisms* (pp. 119–158). Hillsdale, NJ: Erlbaum.

Vukovic, R. K., Kieffer, M. J., Bailey, S. P., & Harari, R. R. (2013). Mathematics anxiety in young children: Concurrent and longitudinal associations with mathematical performance. *Contemporary Educational Psychology, 38,* 1–10.

Vygotsky, L. S. (1978). *Mind in society: The development of higher psychological processes.* Cambridge, MA: Harvard University Press.

Vygotsky, L. S. (1986). *Thought and language* (rev. ed; A. Kozulin, Ed. and Trans.). Cambridge, MA: MIT Press. (Original work published 1934)

Vygotsky, L. S. (1987a). *The collected works of L. S. Vygotsky* (R. W. Rieber & A. S. Carton, Eds.). New York: Plenum Press.

Vygotsky, L. S. (1987b). Thinking and speech (N. Minick, Trans.). In R. W. Rieber & A. S. Carton (Eds.), *The collected works of L. S. Vygotsky* (Vol. 1, pp. 39–285). New York: Plenum Press.

Vygotsky, L. S. (1997). *Educational psychology.* Boca Raton, FL: St. Lucie Press.

Wade, S. E. (1992). How interest affects learning from text. In K. A. Renninger, S. Hidi, & A. Krapp (Eds.), *The role of interest in learning and development* (pp. 255–277). Hillsdale, NJ: Erlbaum.

Wade-Stein, D., & Kintsch, E. (2004). Summary Street: Interactive computer support for writing. *Cognition and Instruction, 22,* 333–362.

Wagner, R. K. (1996). From simple structure to complex function: Major trends in the development of theories, models, and measurements of memory. In G. R. Lyon & N. A. Krasnegor (Eds.), *Attention, memory, and executive function* (pp. 139–156). Baltimore, MD: Paul H. Brookes.

Wahler, R. G., Vigilante, V. A., & Strand, P. S. (2004). Generalization in a child's oppositional behavior across home and school settings. *Journal of Applied Behavior Analysis, 37,* 43–51.

Walczyk, J. J., Wei, M., Griffith-Ross, D. A., Goubert, S. E., Cooper, A. L., & Zha, P. (2007). Development of the interplay between automatic processes and cognitive resources in reading. *Journal of Educational Psychology, 99,* 867–887.

Waldmann, M. R., Hagmayer, Y., & Blaisdell, A. P. (2006). Beyond the information given: Causal models in learning and reasoning. *Current Directions in Psychological Science, 15,* 307–311.

Walker, E., Shapiro, D., Esterberg, M., & Trotman, H. (2010). Neurodevelopment and schizophrenia: Broadening the focus. *Current Directions in Psychological Science, 19,* 204–208.

Walker, E. F. (2002). Adolescent neurodevelopment and psychopathology. *Current Directions in Psychological Science, 11,* 24–28.

Walker, J. E., & Shea, T. M. (1995). *Behavior management: A practical approach for educators* (6th ed.). Englewood Cliffs, NJ: Merrill/Prentice Hall.

Walker, M. P. (2005). A refined model of sleep and the time course of memory formation. *Behavioral and Brain Sciences, 28,* 51–104.

Walkington, C., Sherman, M., & Petrosino, A. (2012). "Playing the game" of story problems: Coordinated situation-based reasoning with algebraic representation. *Journal of Mathematical Behavior, 31,* 174–195.

Wallas, G. (1926). *The art of thought.* New York: Harcourt Brace Jovanovich.

Waller, R. D., & Higbee, T. S. (2010). The effects of fixed-time escape on inappropriate and appropriate classroom behavior. *Journal of Applied Behavior Analysis, 43,* 149–153.

Walls, T. A., & Little, T. D. (2005). Relations among personal agency, motivation, and school adjustment in early adolescence. *Journal of Educational Psychology, 97,* 23–31.

Walshaw, M., & Anthony, G. (2008). The teacher's role in classroom discourse: A review of recent research into mathematics classrooms. *Review of Educational Research, 78,* 516–551.

Walters, G. C., & Grusec, J. E. (1977). *Punishment.* San Francisco, CA: Freeman.

Walters, R. H., & Parke, R. D. (1964). Influence of response consequences to a social model on resistance to deviation. *Journal of Experimental Child Psychology, 1,* 269–280.

Walters, R. H., & Thomas, E. L. (1963). Enhancement of punitiveness by visual and audiovisual displays. *Canadian Journal of Psychology, 17,* 244–255.

Walters, R. H., Thomas, E. L., & Acker, W. (1962). Enhancement of punitive behavior by audio-visual displays. *Science, 136,* 872–873.

Walther, E., Weil, R., & Düsing, J. (2011). The role of evaluative conditioning in attitude formation. *Current Directions in Psychological Science, 20,* 192–196.

Walton, G. E., & Bower, T. G. R. (1993). Newborns form "prototypes" in less than 1 minute. *Psychological Science, 4,* 203–205.

Walton, G. M., & Spencer, S. J. (2009). Latent ability: Grades and test scores systematically underestimate intellectual ability of negatively stereotyped students. *Psychological Science, 20,* 1132–1139.

Wang, A. Y., & Thomas, M. H. (2000). Looking for long-term mnemonic effects on serial recall: The legacy of Simonides. *American Journal of Psychology, 113,* 331–340.

Wang, J., & Lin, E. (2005). Comparative studies on U.S. and Chinese mathematics learning and the implications for standards-based mathematics teaching reform. *Educational Researcher, 34*(5), 3–13.

Wang, M.-T., Eccles, J. S., & Kenny, S. (2013). Not lack of ability but more choice: Individual and gender differences in choice of careers in science, technology, engineering, and mathematics. *Psychological Science, 24,* 770–775.

Wang, M.-T., & Holcombe, R. (2010). Adolescents' perceptions of school environment, engagement, and academic achievement in middle school. *American Educational Research Journal, 47,* 633–662.

Wang, Q., & Ross, M. (2007). Culture and memory. In S. Kitayama & D. Cohen (Eds.), *Handbook of cultural psychology* (pp. 645–667). New York: Guilford Press.

Wannarka, R., & Ruhl, K. (2008). Seating arrangements that promote positive academic and behavioural outcomes: A review of empirical research. *Support for Learning, 23*(2), 89–93.

Want, S. C., & Harris, P. L. (2001). Learning from other people's mistakes: Causal understanding in learning to use a tool. *Child Development, 72,* 431–443.

Ward, T. B., Vela, E., & Haas, S. D. (1990). Children and adults learn family-resemblance categories analytically. *Child Development, 61,* 593–605.

Ward, W., Cole, R., Bolaños, D., Buchenroth-Martin, C., Svirsky, E., & Weston, T. (2013). My Science Tutor: A conversational multimedia virtual tutor. *Journal of Educational Psychology, 105,* 1115–1125.

Warren, J. S., Bohanon-Edmonson, H. M., Turnbull, A. P., Sailor, W., Wickham, D., Griggs, P., & Beech, S. E. (2006). School-wide positive behavior support: Addressing behavior problems that impeded student learning. *Educational Psychology Review, 18,* 187–198.

Warschauer, M. (2011). *Learning in the cloud: How (and why) to transform schools with digital media.* New York: Teachers College Press.

Was, C. A. (2010). The persistence of content-specific memory operations: Priming effects following a 24-h delay. *Psychonomic Bulletin and Review, 17,* 362–368.

Wasley, P. A., Hampel, R. L., & Clark, R. W. (1997). *Kids and school reform.* San Francisco, CA: Jossey-Bass.

Wasserman, E. A. (1993). Comparative cognition: Toward a general understanding of cognition in behavior. *Psychological Science, 4,* 156–161.

Waterman, A. S. (2013). The humanistic psychology–positive psychology divide: Contrasts in philosophical foundations. *American Psychologist, 68,* 124–133.

Waters, H. S. (1982). Memory development in adolescence: Relationships between metamemory, strategy use, and performance. *Journal of Experimental Child Psychology, 33,* 183–195.

Waters, H. S., & Kunnmann, T. W. (2010). Metacognition and strategy discovery in early childhood. In H. S. Waters & W. Schneider (Eds.), *Metacognition, strategy use, and instruction* (pp. 3–22). New York: Guilford Press.

Watkins, M. J., & Watkins, O. C. (1974). Processing of recency items for free-recall. *Journal of Experimental Psychology, 102,* 488–493.

Watson, J. B. (1925). *Behaviorism.* New York: W. W. Norton.

Watson, J. B., & Rayner, R. (1920). Conditioned emotional reactions. *Journal of Experimental Psychology, 3,* 1–14.

Watson, M., & Battistich, V. (2006). Building and sustaining caring communities. In C. M. Evertson & C. S. Weinstein (Eds.), *Handbook of classroom management: Research, practice, and contemporary issues* (pp. 253–279). Mahwah, NJ: Erlbaum.

Watts, G. H., & Anderson, R. C. (1971). Effects of three types of inserted questions on learning from prose. *Journal of Educational Psychology, 62,* 387–394.

Weaver, C. A., III, & Kelemen, W. L. (1997). Judgments of learning at delays: Shifts in response patterns or increased metamemory accuracy? *Psychological Science, 8,* 318–321.

Webb, N. M. (1989). Peer interaction and learning in small groups. *International Journal of Educational Research, 13,* 21–39.

Webb, N. M., & Farivar, S. (1999). Developing productive group interaction in middle school mathematics. In A. M. O'Donnell & A. King (Eds.), *Cognitive perspectives on peer learning* (pp. 117–149). Mahwah, NJ: Erlbaum.

Webb, N. M., & Mastergeorge, A. M. (2003). The development of students' helping behavior and learning in peer-directed small groups. *Cognition and Instruction, 21,* 361–428.

Webb, N. M., Nemer, K. M., Chizhik, A. W., & Sugrue, B. (1998). Equity issues in collaborative group assessment: Group composition and performance. *American Educational Research Journal, 35,* 607–651.

Webb, N. M., Nemer, K. M., & Zuniga, S. (2002). Short circuits or superconductors? Effects of group composition on high-achieving students' science assessment performance. *American Educational Research Journal, 39,* 943–989.

Webb, N. M., & Palincsar, A. S. (1996). Group processes in the classroom. In D. C. Berliner & R. C. Calfee (Eds.), *Handbook of educational psychology* (pp. 841–873). New York: Macmillan.

Webber, J., & Plotts, C. A. (2008). *Emotional and behavioral disorders: Theory and practice* (5th ed.). Boston, MA: Allyn & Bacon.

Webber, J., Scheuermann, B., McCall, C., & Coleman, M. (1993). Research on self-monitoring as a behavior management technique in special education classrooms: A descriptive review. *Remedial and Special Education, 14*(2), 38–56.

Weiner, B. (1984). Principles for a theory of student motivation and their application within an attributional framework. In R. Ames & C. Ames (Eds.), *Research on motivation in education: Vol. 1. Student motivation* (pp. 15–38). Orlando, FL: Academic Press.

Weiner, B. (1986). *An attributional theory of motivation and emotion.* New York: Springer-Verlag.

Weiner, B. (1994). Ability versus effort revisited: The moral determinants of achievement evaluation and achievement as a moral system. *Educational Psychologist, 29,* 163–172.

Weiner, B. (1995). *Judgments of responsibility: Foundations for a theory of social conduct.* New York: Guilford Press.

Weiner, B. (2000). Intrapersonal and interpersonal theories of motivation from an attributional perspective. *Educational Psychology Review, 12,* 1–14.

Weiner, B. (2004). Attribution theory revisited: Transforming cultural plurality into theoretical unity. In D. M. McNerney & S. Van Etten (Eds.), *Big theories revisited* (pp. 13–29). Greenwich, CT: Information Age.

Weiner, B. (2005). Motivation from an attribution perspective and the social psychology of perceived competence. In A. J. Elliot & C. S. Dweck (Eds.), *Handbook of competence and motivation* (pp. 73–84). New York: Guilford Press.

Weinraub, M., Clemens, L. P., Sockloff, A., Ethridge, T., Gracely, E., & Myers, B. (1984). The development of sex role stereotypes in the third year: Relationships to gender labeling, gender identity, sex-typed toy preference, and family characteristics. *Child Development, 55,* 1493–1503.

Weinstein, C. E., Goetz, E. T., & Alexander, P. A. (Eds.). (1988). *Learning and study strategies: Issues in assessment, instruction, and evaluation.* San Diego, CA: Academic Press.

Weinstein, R. S. (2002). *Reaching higher: The power of expectations in schooling.* Cambridge, MA: Harvard University Press.

Weinstein, R. S., Madison, S. M., & Kuklinski, M. R. (1995). Raising expectations in schooling: Obstacles and opportunities for change. *American Educational Research Journal, 32,* 121–159.

Weisberg, R. W., DiCamillo, M., & Phillips, D. (1979). Transferring old associations to new situations: A nonautomatic process. *Journal of Verbal Learning and Verbal Behavior, 17,* 219–228.

Weisgram, E. S., Bigler, R. S., & Liben, L. S. (2010). Gender, values, and occupational interests among children, adolescents, and adults. *Child Development, 81,* 778–796.

Weiss, M. R., & Klint, K. A. (1987). "Show and tell" in the gymnasium: An investigation of developmental differences in modeling and verbal rehearsal of motor skills. *Research Quarterly for Exercise and Sport, 58,* 234–241.

Weisz, J. R. (1986). Understanding the developing understanding of control. In M. Perlmutter (Ed.), *Cognitive perspectives on children's social and behavioral development. Minnesota Symposia on Child Psychology* (Vol. 18, pp. 219–278). Hillsdale, NJ: Erlbaum.

Weisz, J. R., & Cameron, A. M. (1985). Individual differences in the student's sense of control. In C. Ames & R. Ames (Eds.), *Research on motivation in education: Vol. 2. The classroom milieu* (pp. 93–140). Orlando, FL: Academic Press.

Welder, A. N., & Graham, S. A. (2001). The influence of shape similarity and shared labels on infants' inductive inferences about nonobvious object properties. *Child Development, 72,* 1653–1673.

Wellman, H. M. (1990). *The child's theory of mind.* Cambridge, MA: MIT Press.

Wellman, H. M., & Gelman, S. A. (1992). Cognitive development: Foundational theories of core domains. In M. R. Rosenzweig & L. W. Porter (Eds.), *Annual review of psychology* (Vol. 43, pp. 337–375). Palo Alto, CA: Annual Reviews.

Wellman, H. M., & Hickling, A. K. (1994). The mind's "I": Children's conception of the mind as an active agent. *Child Development, 65,* 1564–1580.

Wells, G. (2011). Motive and motivation in learning to teach. In D. M. McInerney, R. A. Walker, & G. A. D. Liem (Eds.), *Sociocultural theories of learning and motivation: Looking back, looking forward* (pp. 87–107). Charlotte, NC: Information Age.

Wells, G. L., Olson, E. A., & Charman, S. D. (2002). The confidence of eyewitnesses in their identifications from lineups. *Current Directions in Psychological Science, 11,* 151–154.

Wenger, E. (1998). *Communities of practice: Learning, meaning, and identity.* Cambridge, England: Cambridge University Press.

Wentzel, K. R. (1999). Social-motivational processes and interpersonal relationships: Implications for understanding motivation at school. *Journal of Educational Psychology, 91,* 76–97.

Wentzel, K. R., Battle, A., Russell, S. L., & Looney, L. B. (2010). Social supports from teachers and peers as predictors of academic and social motivation. *Contemporary Educational Psychology, 35,* 193–202.

Wentzel, K. R., & Watkins, D. E. (2011). Instruction based on peer interactions. In R. E. Mayer & P. A. Alexander (Eds.), *Handbook of research on learning and instruction* (pp. 322–343). New York: Routledge.

Wentzel, K. R., & Wigfield, A. (1998). Academic and social motivational influences on students' academic performance. *Educational Psychology Review, 10,* 155–175.

Wertheimer, M. (1912). Experimentelle Studien über das Sehen von Bewegung. *Zeitschrift für Psychologie, 61,* 161–265.

Wertheimer, M. (1959). *Productive thinking* (Enl. ed., M. Wertheimer, Ed.). New York: Harper.

Wertsch, J. V. (1984). The zone of proximal development: Some conceptual issues. *Children's learning in the zone of proximal development: New directions for child development* (No. 23). San Francisco, CA: Jossey-Bass.

Wessa, M., & Flor, H. (2007). Failure of extinction of fear responses in posttraumatic stress disorder: Evidence from second-order conditioning. *American Journal of Psychiatry, 164,* 1684–1692.

West, R. F., Toplak, M. E., & Stanovich, K. E. (2008). Heuristics and biases as measures of critical thinking: Associations with cognitive ability and thinking dispositions. *Journal of Educational Psychology, 100,* 930–941.

Wheeler, J. J., & Richey, D. D. (2010). *Behavior management: Principles and practices of positive behavioral supports* (2nd ed.). Columbus, OH: Merrill/Pearson.

Whitaker Sena, J. D., Lowe, P. A., & Lee, S. W. (2007). Significant predictors of test anxiety among students with and without learning disabilities. *Journal of Learning Disabilities, 40,* 360–376.

White, A. G., & Bailey, J. S. (1990). Reducing disruptive behaviors of elementary physical education students with sit and watch. *Journal of Applied Behavior Analysis, 23,* 353–359.

White, B. Y., & Frederiksen, J. (2005). A theoretical framework and approach for fostering metacognitive development. *Educational Psychologist, 40,* 211–223.

White, R. (1959). Motivation reconsidered: The concept of competence. *Psychological Review, 66,* 297–333.

White, T., & Pea, R. (2011). Distributed by design: On the promises and pitfalls of collaborative learning with multiple representations. *Journal of the Learning Sciences, 20,* 489–547.

Whitehead, A. N. (1929). *The aims of education and other essays.* New York: Macmillan.

Whitlock, C. (1966). Note on reading acquisition: An extension of laboratory principles. *Journal of Experimental Child Psychology, 3,* 83–85.

Whitten, S., & Graesser, A. C. (2003). Comprehension of text in problem solving. In J. E. Davidson & R. J. Sternberg (Eds.), *The psychology of problem solving* (pp. 207–229). Cambridge, England: Cambridge University Press.

Wickelgren, W. A. (1973). The long and the short of memory. *Psychological Bulletin, 80,* 425–438.

Wickelgren, W. A. (1974). *How to solve problems: Elements of a theory of problems and problem solving.* San Francisco, CA: Freeman.

Wigfield, A. (1994). Expectancy–value theory of achievement motivation: A developmental perspective. *Educational Psychology Review, 6,* 49–78.

Wigfield, A., Byrnes, J. P., & Eccles, J. S. (2006). Development during early and middle adolescence. In P. A. Alexander & P. H. Winne (Eds.), *Handbook of educational psychology* (2nd ed., pp. 87–113). Mahwah, NJ: Erlbaum.

Wigfield, A., & Eccles, J. (1992). The development of achievement task values: A theoretical analysis. *Developmental Review, 12,* 265–310.

Wigfield, A., & Eccles, J. (2000). Expectancy–value theory of achievement motivation. *Contemporary Educational Psychology, 25,* 68–81.

Wigfield, A., & Eccles, J. (2002). The development of competence beliefs, expectancies for success, and achievement values from childhood to adolescence. In A. Wigfield & J. Eccles (Eds.), *Development of achievement motivation* (pp. 91–120). San Diego, CA: Academic Press.

Wigfield, A., Eccles, J. S., Mac Iver, D., Reuman, D., & Midgley, C. (1991). Transitions at early adolescence: Changes in children's domain-specific self-perceptions and general self-esteem across the transition to junior high school. *Developmental Psychology, 27,* 552–565.

Wigfield, A., Eccles, J. S., & Pintrich, P. R. (1996). Development between the ages of 11 and 25. In D. C. Berliner & R. C. Calfee (Eds.), *Handbook of educational psychology* (pp. 148–185). New York: Macmillan.

Wigfield, A., & Meece, J. L. (1988). Math anxiety in elementary and secondary school students. *Journal of Educational Psychology, 80,* 210–216.

Wigfield, A., Tonks, S., & Eccles, J. S. (2004). Expectancy value theory in cross-cultural perspective. In D. M. McNerney & S. Van Etten (Eds.), *Big theories revisited* (pp. 165–198). Greenwich, CT: Information Age.

Wiggins, G., & McTighe, J. (2005). *Understanding by Design* (2nd ed.). Alexandria, VA: Association for Supervision and Curriculum Development.

Wijnia, L., Loyens, S. M. M., & Derous, E. (2011). Investigating effects of problem-based versus lecture-based learning environments on student motivation. *Contemporary Educational Psychology, 36,* 101–113.

Wiley, J., & Bailey, J. (2006). Effects of collaboration and argumentation on learning from Web pages. In A. M. O'Donnell, C. E. Hmelo-Silver, & G. Erkens (Eds.), *Collaborative learning, reasoning, and technology* (pp. 297–321). Mahwah, NJ: Erlbaum.

Wiley, J., Goldman, S. R., Graesser, A. C., Sanchez, C. A., Ash, I. K., & Hemmerich, J. A. (2009). Source evaluation, comprehension, and learning in Internet science inquiry tasks. *American Educational Research Journal, 46,* 1060–1106.

Wiley, J., & Jarosz, A. F. (2012). Working memory capacity, attentional focus, and problem solving. *Current Directions in Psychological Science, 21,* 258–262.

Wiley, J., & Voss, J. F. (1999). Constructing arguments from multiple sources: Tasks that promote understanding and not just memory for text. *Journal of Educational Psychology, 91,* 301–311.

Willatts, P. (1990). Development of problem solving strategies in infancy. In D. F. Bjorklund (Ed.), *Children's strategies: Contemporary views of cognitive development* (pp. 23–66). Hillsdale, NJ: Erlbaum.

Willems, R. M., Hagoort, P., & Casasanto, D. (2010). Body-specific representations of action verbs: Neural evidence from right- and left-handers. *Psychological Science, 21,* 67–74.

Williams, D. (1996). *Autism: An inside-out approach.* London: Jessica Kingsley Publishers.

Williams, J. J., Lombrozo, T., & Rehder, B. (2013). The hazards of explanation: Overgeneralization in the face of exceptions. *Journal of Experimental Psychology: General, 142,* 1006–1014.

Williams, J. P., Stafford, K. B., Lauer, K. D., Hall, K. M., & Pollini, S. (2009). Embedding reading comprehension training in content-area instruction. *Journal of Educational Psychology, 101,* 1–20.

Williams, S. B. (1938). Resistance to extinction as a function of the number of reinforcements. *Journal of Experimental Psychology, 23,* 506–522.

Williams, S. M. (2010, April–May). *The impact of collaborative, scaffolded learning in K–12 schools: A meta-analysis.* Paper presented at the annual meeting of the American Educational Research Association, Denver, CO.

Williams, T., & Williams, K. (2010). Self-efficacy and performance in mathematics: Reciprocal determinism in 33 nations. *Journal of Educational Psychology, 102,* 453–456.

Willingham, D. B., & Goedert-Eschmann, K. (1999). The relation between implicit and explicit learning: Evidence for parallel development. *Psychological Science, 10,* 531–534.

Willingham, D. T. (2004). *Cognition: The thinking animal* (2nd ed.). Upper Saddle River, NJ: Prentice Hall.

Wilson, B. L., & Corbett, H. D. (2001). *Listening to urban kids: School reform and the teachers they want.* Albany: State University of New York Press.

Wilson, P. T., & Anderson, R. C. (1986). What they don't know will hurt them: The role of prior knowledge in comprehension. In J. Orasanu (Ed.), *Reading comprehension: From research to practice* (pp. 31–48). Hillsdale, NJ: Erlbaum.

Wilson, T. D., & Gilbert, D. T. (2008). Explaining away: A model of affective adaptation. *Perspectives on Psychological Science, 3,* 370–386.

Wilson-Mendelhall, C. D., Barrett, L. F., & Barsalou, L. W. (2013). Neural evidence that human emotions share core affective properties. *Psychological Science, 24,* 947–956.

Windschitl, M. (2002). Framing constructivism in practice as the negotiation of dilemmas: An analysis of the conceptual, pedagogical, cultural, and political challenges facing teachers. *Review of Educational Research, 72,* 131–175.

Wine, J. D. (1980). Cognitive-attentional theory of test anxiety. In I. G. Sarason (Ed.), *Test anxiety: Theory, research, and applications* (pp. 349–385). Hillsdale, NJ: Erlbaum.

Winer, G. A., & Cottrell, J. E. (1996). Does anything leave the eye when we see? Extramission beliefs of children and adults. *Current Directions in Psychological Science, 5,* 137–142.

Winer, G. A., Cottrell, J. E., Gregg, V., Fournier, J. S., & Bica, L. A. (2002). Fundamentally misunderstanding visual perception: Adults' belief in visual emissions. *American Psychologist, 57,* 417–424.

Winik, M. (1994). *Telling.* New York: Random House.

Winkielman, P., & Berridge, K. C. (2004). Unconscious emotion. *Current Directions in Psychological Science, 13,* 120–123.

Winn, W. (1991). Learning from maps and diagrams. *Educational Psychology Review, 3,* 211–247.

Winne, P. H. (1995). Inherent details in self-regulated learning. *Educational Psychologist, 30,* 173–187.

Winne, P. H., & Hadwin, A. (2008). The weave of motivation and self-regulated learning. In D. Schunk & B. Zimmerman (Eds.), *Motivation and self-regulated learning: Theory, research, and applications* (pp. 297–314). Mahwah, NJ: Erlbaum.

Winne, P. H., & Stockley, D. B. (1998). Computing technologies as sites for developing self-regulated learning. In D. H. Schunk & B. J. Zimmerman (Eds.), *Self-regulated learning: From teaching to self-reflective practice* (pp. 106–136). New York: Guilford Press.

Winograd, E., & Neisser, U. (Eds.). (1992). *Affect and accuracy in recall: Studies of "flashbulb" memories.* Cambridge, England: Cambridge University Press.

Winsler, A., & Naglieri, J. (2003). Overt and covert verbal problem-solving strategies: Developmental trends in use, awareness, and relations with task performance in children aged 5 to 17. *Child Development, 74,* 659–678.

Winters, F. I., Greene, J. A., & Costich, C. M. (2008). Self-regulation of learning within computer-based learning environments: A critical analysis. *Educational Psychology Review, 20,* 429–444.

Wirkala, C., & Kuhn, D. (2011). Problem-based learning in K–12 education: Is it effective and how does it achieve its effects? *American Educational Research Journal, 48,* 1157–1186.

Wiser, M., & Smith, C. L. (2008). Learning and teaching about matter in grades K–8: When should the atomic–molecular theory be introduced? In S. Vosniadou (Ed.), *International handbook on conceptual change* (pp. 205–231). New York: Routledge.

Wisner Fries, A. B., & Pollak, S. D. (2007). Emotion processing and the developing brain. In D. Coch, K. W. Fischer, & G. Dawson (Eds.), *Human behavior, learning, and the developing brain: Typical development* (pp. 329–361). New York: Guilford Press.

Wittenbaum, G. M., & Park, E. S. (2001). The collective preference for shared information. *Current Directions in Psychological Science, 10,* 70–73.

Wittrock, M. C., & Alesandrini, K. (1990). Generation of summaries and analogies and analytic and holistic abilities. *American Educational Research Journal, 27,* 489–502.

Wixted, J. T. (2005). A theory about why we forget what we once knew. *Current Directions in Psychological Science, 14,* 6–9.

Wixted, J. T., & Ebbesen, E. B. (1991). On the form of forgetting. *Psychological Science, 2,* 409–415.

Wolf, M., Gottwald, S., Galante, W., Norton, E., & Miller, L. (2009). How the origins of the reading brain instruct our knowledge of reading intervention. In K. Pugh & P. McCardle (Eds.), *How children learn to read: Current issues and new directions in the integration of cognition, neurobiology and genetics of reading and dyslexia research and practice* (pp. 289–299). New York: Psychology Press.

Wolpe, J. (1969). *The practice of behavior therapy.* Oxford, England: Pergamon Press.

Wolpe, J., & Plaud, J. J. (1997). Pavlov's contributions to behavior therapy: The obvious and the not so obvious. *American Psychologist, 52,* 966–972.

Wolters, C. A. (2000). The relation between high school students' motivational regulation and their use of learning strategies, effort, and classroom performance. *Learning and Individual Differences, 3,* 281–299.

Wolters, C. A. (2003a). Regulation of motivation: Evaluating an underemphasized aspect of self-regulated learning. *Educational Psychologist, 38,* 189–205.

Wolters, C. A. (2003b). Understanding procrastination from a self-regulated learning perspective. *Journal of Educational Psychology, 95,* 179–187.

Wolters, C. A. (2004). Advancing achievement goal theory: Using goal structures and goal orientations to predict students' motivation, cognition, and achievement. *Journal of Educational Psychology, 96,* 236–250.

Wolters, C. A., & Rosenthal, H. (2000). The relation between students' motivational beliefs and their use of motivational regulation strategies. *International Journal of Educational Research, 33,* 801–820.

Wong, B. Y. L., Hoskyn, M., Jai, D., Ellis, P., & Watson, K. (2008). The comparative efficacy of two approaches to teaching sixth graders opinion essay writing. *Contemporary Educational Psychology, 33,* 757–784.

Wood, D., Bruner, J. S., & Ross, G. (1976). The role of tutoring in problem-solving. *Journal of Child Psychology and Psychiatry, 17,* 89–100.

Wood, E., Willoughby, T., Bolger, A., & Younger, J. (1993). Effectiveness of elaboration strategies for grade school children as a function of academic achievement. *Journal of Experimental Child Psychology, 56,* 240–253.

Wood, J. (2007). Visual working memory for observed actions. *Journal of Experimental Psychology: General, 136,* 639–652.

Wood, P., & Kardash, C. A. M. (2002). Critical elements in the design and analysis of studies of epistemology. In B. K. Hofer & P. R. Pintrich (Eds.), *Personal epistemology: The psychology of beliefs about knowledge and knowing* (pp. 231–260). Mahwah, NJ: Erlbaum.

Woodman, G. F., Vogel, E. K., & Luck, S. J. (2001). Visual search remains efficient when visual working memory is full. *Psychological Science, 12,* 219–224.

Woods, D. W., & Miltenberger, R. G. (1995). Habit reversal: A review of applications and variations. *Journal of Behavior Therapy and Experimental Psychiatry, 26,* 123–131.

Woodworth, R. S. (1918). *Dynamic psychology.* New York: Columbia University Press.

Woolfolk, A. E., & Brooks, D. M. (1985). The influence of teachers' nonverbal behaviors on students' perceptions and performances. *Elementary School Journal, 85,* 513–528.

Woolley, M. E., Rose, R. A., Orthner, D. K., Akos, P. T., & Jones-Sanpei, H. (2013). Advancing academic achievement through career relevance in the middle grades: A longitudinal evaluation of CareerStart. *American Educational Research Journal, 50,* 1309–1335.

Wright, R. (1994). *The moral animal: The new science of evolutionary psychology.* New York: Pantheon Books.

Wu, X., Anderson, R. C., Nguyen-Jahiel, K., & Miller, B. (2013). Enhancing motivation and engagement through collaborative discussion. *Journal of Educational Psychology, 105,* 622–632.

Wynn, K., & Chiang, W. (1998). Limits to infants' knowledge of objects: The case of magical appearance. *Psychological Science, 9,* 448–455.

Xu, J. (2008). Models of secondary school students' interest in homework: A multilevel analysis. *American Educational Research Journal, 45,* 1180–1205.

Yang, F.-Y., & Tsai, C.-Ch. (2010). An epistemic framework for scientific reasoning in informal contexts. In L. D. Bendixen & F. C. Feucht (Eds.), *Personal epistemology in the classroom: Theory, research, and implications for practice* (pp. 124–162). Cambridge, England: Cambridge University Press.

Yeager, D. S., & Dweck, C. S. (2012). Mindsets that promote resilience: When students believe that personal characteristics can be developed. *Educational Psychologist, 47,* 302–314.

Yeager, D. S., & Walton, G. M. (2011). Social-psychological interventions in education: They're not magic. *Review of Educational Research, 81,* 267–301.

Yeager, D. S., Bundick, M. J., & Johnson, R. (2012). The role of future work goal motives in adolescent identity development: A longitudinal mixed-methods investigation. *Contemporary Educational Psychology, 37,* 206–217.

Yerkes, R. M., & Dodson, J. D. (1908). The relation of strength of stimulus to rapidity of habit-formation. *Journal of Comparative Neurology and Psychology, 18,* 459–482.

Young, C. B., Wu, S. S., & Menon, V. (2012). The neurodevelopmental basis of math anxiety. *Psychological Science, 23,* 492–501.

Youniss, J., & Yates, M. (1999). Youth service and moral-civic identity: A case for everyday morality. *Educational Psychology Review, 11,* 361–376.

Zacks, R. T., Hasher, L., & Hock, H. S. (1986). Inevitability and automaticity: A response to Fisk. *American Psychologist, 41,* 216–218.

Zahorik, J. A. (1994, April). *Making things interesting.* Paper presented at the annual meeting of the American Educational Research Association, New Orleans, LA.

Zajonc, R. B. (1980). Feeling and thinking: Preferences need no inferences. *American Psychologist, 35,* 151–175.

Zajonc, R. B. (2000). Feeling and thinking: Closing the debate on the primacy of affect. In J. P. Forgas (Ed.), *Feeling and thinking: The role of affect in social cognition* (pp. 31–58). New York: Cambridge University Press.

Zaragoza, M. S., Payment, K. E., Ackil, J. K., Drivdahl, S. B., & Beck, M. (2001). Interviewing witnesses: Forced confabulation and confirmatory feedback increase false memories. *Psychological Science, 12,* 473–477.

Zaromb, F. M., & Roediger, H. L. (2010). The testing effect in free recall is associated with enhanced organizational processes. *Memory and Cognition, 38,* 995–1008.

Zeelenberg, R. (2005). Encoding specificity manipulations do affect *retrieval* from memory. *Acta Psychologia, 119,* 107–121.

Zeidner, M. (1998). *Test anxiety: The state of the art.* New York: Plenum Press.

Zeidner, M., & Matthews, G. (2005). Evaluation anxiety: Current theory and research. In A. J. Elliot & C. S. Dweck (Eds.), *Handbook of competence and motivation* (pp. 141–163). New York: Guilford Press.

Zelazo, P. D., Müller, U., Frye, D., & Marcovitch, S. (2003). The development of executive function in early childhood. *Monographs of the Society for Research in Child Development, 68*(3), Serial No. 274.

Zentall, T. R. (2003). Imitation by animals: How do they do it? *Current Directions in Psychological Science, 12,* 91–95.

Zhang, J., Scardamalia, M., Reeve, R., & Messina, R. (2009). Designs for collective cognitive responsibility in knowledge-building communities. *Journal of the Learning Sciences, 18,* 7–44.

Zhang, W., & Luck, S. J. (2009). Sudden death and gradual decay in visual working memory. *Psychological Science, 20,* 423–428.

Zhang, W., & Luck, S. J. (2011). The number and quality of representations in working memory. *Psychological Science, 22,* 1434–1441.

Zhao, Q., & Linderholm, T. (2008). Adult metacomprehension: Judgment processes and accuracy constraints. *Educational Psychology Review, 20,* 191–206.

Zhong, C.-B., Dijksterhuis, A., & Galinsky, A. D. (2008). The merits of unconscious thought in creativity. *Psychological Science, 19,* 912–918.

Ziegert, D. I., Kistner, J. A., Castro, R., & Robertson, B. (2001). Longitudinal study of young children's responses to challenging achievement situations. *Child Development, 72,* 609–624.

Ziegler, S. G. (1987). Effects of stimulus cueing on the acquisition of groundstrokes by beginning tennis players. *Journal of Applied Behavior Analysis, 20,* 405–411.

Zigler, E. (2003). Forty years of believing in magic is enough. *Social Policy Report, 17*(1), 10.

Zimmerman, B. J. (1981). Social learning theory and cognitive constructivism. In I. E. Sigel, D. M. Brodzinsky, & R. M. Golinkoff (Eds.), *New directions in Piagetian theory and practice* (pp. 39–49). Hillsdale, NJ: Erlbaum.

Zimmerman, B. J. (1994, April). *From modeling to self-efficacy: A social cognitive view of students' development of motivation to self-regulate.* Paper presented at the annual meeting of the American Educational Research Association, New Orleans, LA.

Zimmerman, B. J. (1998). Developing self-fulfilling cycles of academic regulation: An analysis of exemplary instructional models. In D. H. Schunk & B. J. Zimmerman (Eds.), *Self-regulated learning: From teaching to self-reflective practice* (pp. 1–19). New York: Guilford Press.

Zimmerman, B. J. (2004). Sociocultural influence and students' development of academic self-regulation: A social-cognitive perspective. In D. M. McNerney & S. Van Etten (Eds.), *Big theories revisited* (pp. 139–164). Greenwich, CT: Information Age.

Zimmerman, B. J. (2008). In search of self-regulated learning: A personal quest. In H. W. Marsh, R. G. Craven, & D. M. McInerney (Eds.), *Self-processes, learning, and enabling human potential* (pp. 171–191). Charlotte, NC: Information Age.

Zimmerman, B. J. (2010). Self-efficacy: An essential motive to learn. In G. S. Goodman (Ed.), *Educational psychology reader: The art and science of how people learn* (pp. 223–230). New York: Peter Lang.

Zimmerman, B. J. (2013). From cognitive modeling to self-regulation: A social cognitive career path. *Educational Psychologist, 48,* 135–147.

Zimmerman, B. J., & Campillo, M. (2003). Motivating self-regulated problem solvers. In J. E. Davidson & R. J. Sternberg (Eds.), *The psychology of problem solving* (pp. 233–262). Cambridge, England: Cambridge University Press.

Zimmerman, B. J., & Kitsantas, A. (1997). Developmental phases in self-regulation: Shifting from process to outcome goals. *Journal of Educational Psychology, 89,* 29–36.

Zimmerman, B. J., & Kitsantas, A. (1999). Acquiring writing revision skill: Shifting from process to outcome self-regulatory goals. *Journal of Educational Psychology, 91,* 241–250.

Zimmerman, B. J., & Kitsantas, A. (2002). Acquiring writing revision and self-regulatory skill through observation and emulation. *Journal of Educational Psychology, 94,* 660–668.

Zimmerman, B. J., & Kitsantas, A. (2005). The hidden dimension of personal competence: Self-regulated learning and practice. In A. J. Elliot & C. S. Dweck (Eds.), *Handbook of competence and motivation* (pp. 509–526). New York: Guilford Press.

Zimmerman, B. J., & Moylan, A. R. (2009). Self-regulation: Where metacognition and motivation intersect. In D. J. Hacker, J. Dunlosky, & A. C. Graesser (Eds.), *Handbook of metacognition in education* (pp. 299–315). New York: Routledge.

Zimmerman, B. J., & Risemberg, R. (1997). Self-regulatory dimensions of academic learning and motivation. In G. D. Phye (Ed.), *Handbook of academic learning: Construction of knowledge* (pp. 106–125). San Diego, CA: Academic Press.

Zimmerman, B. J., & Schunk, D. H. (2003). Albert Bandura: The scholar and his contributions to educational psychology. In B. J. Zimmerman & D. H. Schunk (Eds.), *Educational psychology: A century of contributions* (pp. 431–457). Mahwah, NJ: Erlbaum.

Zimmerman, B. J., & Schunk, D. H. (2004). Self-regulating intellectual processes and outcomes: A social cognitive perspective. In D. Y. Dai & R. J. Sternberg (Eds.), *Motivation, emotion, and cognition: Integrative perspectives on intellectual functioning and development* (pp. 323–349). Mahwah, NJ: Erlbaum.

Zirpoli, T. J. (2012). *Behavior management: Positive applications for teachers.* Upper Saddle River, NJ: Pearson.

Zohar, A., & Aharon-Kraversky, S. (2005). Exploring the effects of cognitive conflict and direct teaching for students of different academic levels. *Journal of Research in Science Teaching, 42,* 829–855.

Zola-Morgan, S. M., & Squire, L. R. (1990). The primate hippocampal formation: Evidence for a time-limited role in memory storage. *Science, 250,* 288–290.

Zook, K. B. (1991). Effects of analogical processes on learning and misrepresentation. *Educational Psychology Review, 3,* 41–72.

Zuckerman, M. (1994). *Behavioural expressions and biosocial bases of sensation seeking.* Cambridge, England: Cambridge University Press.

Zuriff, G. E. (1985). *Behaviorism: A conceptual reconstruction.* New York: Columbia University Press.

Zusho, A., & Barnett, P. A. (2011). Personal and contextual determinants of ethnically diverse female high school students' patterns of academic help seeking and help avoidance in English and mathematics. *Contemporary Educational Psychology, 36,* 152–164.

Zusho, A., & Clayton, K. (2011). Culturalizing achievement goal theory and research. *Educational Psychologist, 46,* 239–260.

찾아보기

【기타】

역자 소개

김인규

서울대학교 교육학과 학사

서울대학교 교육학과 석 · 박사(교육상담 전공)

현재 전주대학교 상담심리학과 교수

강지현

연세대학교 아동학과 학사

서울대학교 교육학과 석사(교육상담 전공)

연세대학교 심리학과 박사(임상 전공)

현재 동덕여자대학교 아동학과 교수

여태철

서울대학교 교육학과 학사

서울대학교 교육학과 석 · 박사(교육심리 전공)

현재 경인교육대학교 교육학과 교수

윤경희

서울대학교 교육학과 학사

서울대학교 교육학과 석 · 박사(교육심리 전공)

현재 경남대학교 교육학과 교수

임은미

이화여자대학교 교육심리학과 학사

서울대학교 교육학과 석 · 박사(교육상담 전공)

현재 전북대학교 교육학과 교수

임진영

서울대학교 교육학과 학사

서울대학교 교육학과 석 · 박사(교육심리 전공)

현재 청주교육대학교 초등교육과 교수

하혜숙

경상대학교 심리학과 학사

서울대학교 교육학과 석 · 박사(교육상담 전공)

현재 한국방송통신대학교 청소년교육과 교수

황매향

서울대학교 교육학과 학사

서울대학교 교육학과 석 · 박사(교육상담 전공)

현재 경인교육대학교 교육학과 교수